KB200309

중국철학사 · 상

풍우란
박성규 옮김

까치

A HISTORY OF CHINESE PHILOSOPHY 中國哲學史

by Feng You-Lan 馮友蘭

역자 박성규(朴星奎)
전라남도 신안 출생
서울대학교 철학과 졸업
현재 같은 대학교 대학원 박사과정 수학중
한국고등교육재단과 태동고전연구소에서 한학 수학
논문:「공자의 향원비판」,「대학 격물론 소고 — 주희를 중심으로」

중국철학사·상

저자 / 풍우란
역자 / 박성규
발행처 / 까치글방
발행인 / 박후영
주소 / 서울시 용산구 서빙고로 67, 파크타워 103동 1003호
전화 / 02·735·8998, 736·7768
팩시밀리 / 02·723·4591
홈페이지 / www.kachibooks.co.kr
전자우편 / kachibooks@gmail.com
등록번호 / 1-528
등록일 / 1977. 8. 5
초판 1쇄 발행일 / 1999. 3. 15
30쇄 발행일 / 2024. 5. 30

값 / 뒤표지에 쓰여 있음

ISBN 978-89-7291-221-7 94150
978-89-7291-220-0 (전2권)

차례

일러두기

1. 1947년 상무인서관(商務印書館) 최종판 『中國哲學史』(상·하)의 1992년 중화서국 중인본(重印本) 상·하권을 대본으로 삼아 번역했다.
2. －제1장 제6절, 부록 1, 2, 3, 5의 경우, 대본에서 " "로 묶은 것 중 일부를 역자가 독립 인용문으로 분리 처리했다.
   －저자가 병렬 인용문 앞에 "又曰"을 쓴 경우 번역하지 않고 ○표를 했다.
   －인용문 구절 가운데 본문에서 반복 언급했을 때에는 인용문의 해당 구절을 고딕체로 했다. (각주에서는 그 본문 구절을 고딕체로 했다.)
3. －서명, 인명은 저자의 표현을 그대로 썼다. 다만 생소한 자나 호는 이름으로 바꾸었고, 그 자나 호를 ( ) 안에 밝혔다. 저자의 사우(師友)의 호칭인 "선생"은 그대로 따랐다.
   예) 『서』, 『상서』, 한비, 한비자 등.
   －인물의 생졸년을 표시했다. 맹자의 경우처럼 대본과 틀린 것들도 있다.
   －역자가 필요하다고 판단했을 경우에는 ( ) 안 쌍점 다음에 "역자 참고 문헌"에 근거하여 설명을 붙였다.
   예) 사(事 : 항목, 명제)
   －각주에서의 원문에 대한 영어 표현은 저자의 영문 저서 *A Short History of Chinese Philosophy*와 『삼송당전집』XI 등에서 채록했다.
4. 번역 전반에 걸쳐서 『중국철학사신편』을 참고했다. 독자의 이해를 돕고 저자의 변화된 관점을 소개한다는 차원에서 『신편』의 내용 일부를 번역하여 역자 주에 편입했다.
5. 고전 인용문의 번역 어투는 가능한 한 원래의 문맥을 따랐다.
6. 근대 인물의 인용문 중에서 비철학적인 내용은 각주에 원문을 싣지 않았다.
7. 대본에서는 제1편을 상권으로, 제2편과 부록을 하권으로 묶었으나, 이 번역본에서는 제1편과 부록을 상권으로, 제2편을 하권으로 묶었다. 하권에는 역자가 추가한 내용인 부록 6을 수록했다.
8. 고전 인용문의 전거(典據)는 대본에서는 『사부총간(四部叢刊)』본 위주로 밝혀져 있지만, 많은 경우에 역자가 참고한 대표 서적으로 바꾸어 표시했다(각 대표 서적은 "역자 참고 문헌" 참조).
9 【주】 : 저자의 원주(原註).
   * : 역자의 주(譯註).
   ( ) : 저자의 표현 또는 대본의 내용이다. 각주의 원문 중의 ( ) 속의 내용은 글자 해석상 저자가 채택한 설(說)이다(『신편』에서 보충한 것은 그때마다 밝혔다). 다만 역자가 대체가능한 낱말을 넣을 때도 사용했다.
   예) 공(성과)
   [ ] : 역자가 덧붙인 내용들이다. 대본과 다른 한자어를 밝힐 때, 각주 속에서 글자 해석상 역자가 택한 설이나 설명을 보충할 때 썼다.
   〈 〉 : 인용문 구절이 다시 인용될 때 이 책에서의 그 관련 위치를 밝힐 경우에 썼다.

머리말 1

나는 역사가가 아니므로, 이 철학사는 "철학" 방면에 치중했다. 다만 "사(史)" 방면의 경우 한 가지 언급할 점이 있다.

중국은 근래에 사학이 꽤 발전했다. 중국 고대사 연구에서 현재 우리의 관점은 선인(先人)들과 다르다. 중국 고대에 대한 지식도 선인들의 지식과 크게 다르다. 고대 사물에 대한 선인들의 전통적인 견해를 현재 우리는 많이 변정(辨正)했다. 이 "고사변(古史辨)" 작업은 왕부지와 최술이 이미 공헌했는데, 근래에 이 방향으로 더욱 의식적인 노력을 한 셈이다.

이 철학사에는 중국 고대사에 대한 나 자신의 견해도 꽤 들어 있다. 오랜 검토 끝에 고대 사물에 대한 선인들의 전통적인 견해도 완전히 틀렸다고만은 할 수 없음을 알았다. 관료들의 조사 보고서 가운데 자주 "사안은 발생원인이 있을 텐데, 실증을 찾을 수 없다(事出有因, 查無實據)"는 말이 있다. 고대 사물에 대한 선인들의 전통적인 견해는 대부분의 "실증을 찾을 수 없는" 경우였음이 현재 밝혀졌다. 그러나 동시에 대부분 "사안은 발생원인도 있을" 터인즉 우리가 살펴야 할 점이다.

나는 헤겔주의자는 아니지만, 중국 고대사에 대한 이 철학사의 관점은 헤겔의 관점과 연결해볼 경우 그의 역사철학의 한 예증이 될 듯하다. 헤겔은 역사의 진보는 항상 "정(正)", "반(反)", "합(合)"의 3단계를 거친다고 했다. 고대 사물에 대한 선인들의 전통적인 견해는 "정"이다. 근래에 선인들의 견해가 대부분 "실증을 찾을 수 없다"고 지적함은 "반"이다. 만약 선인들의 견해가 대부분 "실증은 찾을 수 없을"지언정 대부분의 "사안은 발생원인이 있다"고 여긴다면 "합"이다. "반" 방면의 작업도 아직 많이 못 했다는 고힐강 선생의 지적에 나는 깊이 동감한다. 나 역시 감히 이 철학사에서 말한 중국의 고사(古史)가 참으로 사실과 상합한다고는 말할 수 없다. 다만 현재의 "고사변" 작업 중에서 이 철학사는 "사" 방면에서 이 한 가지만은 언급할 수 있을 것 같다.

이 책의 초고를 완성한 후에 먼저 청화(清華)에서 강의한 강의본을 사우(師友)들께 보내어 정정을 청했었다. 정정한 내용과 책 중에 채용한 사우들의 설(說)은 모두 주(註)에 밝혔다. 삼가 여러 사우들께 감사드린다.

1930년 8월 15일 청화원(清華園)에서 풍우란

머리말 2

이 책의 제1편을 출판했을 때 호적 선생은 이 책의 주요 관점이 정통파적이다고 여겼다. 계속 출판하는 이 제2편은 그 주요 관점이 더욱 정통파적이다. 이 점은 그 누구보다도 내가 이미 잘 알고 있다. 그러나 정통파적인 나의 관점은 비판적인 태도를 거쳐서 얻은 것이다. 따라서 내 경우의 정통파적인 관점이란 헤겔이 말한 "합(合)"이지 "정(正)"이 아니다.

나는 이 책을 쓰면서 역사상 한 시대의 대유(大儒)로서 스스로 일가를 세운 분들은 사상과 학설이 대부분 탁월하게 수립되어 현재의 안목으로 보아도 불멸의 가치가 있음을 발견했다. 일가를 세울 수 없었던 경우는 거의가 결코 창견(創見)이 없었던바, 현존하는 그들의 책을 보면 알 수 있다. 여기서 적어도 이 측면에서만은 역사상의 "사실(是)"과 "당연(應該)"이 상당히 부합하는 면이 많음을 알았다. 인류가 소유한 진, 선, 미는 역사상 상당한 지위를 얻고 있다. 상당한 지위를 얻지 못한 것들은 대체로 참된 진, 참된 선, 참된 미가 아닌 것들이다. 나는 이 말에 예외가 없다고는 감히 말하지 않지만, 역사의 대세상 참으로 그러하다.

이 제2편 원고를 마지막 교정할 때 고도(故都)는 위급한 지경에 있었다. 직접 그러한 지경에 처하고서야 동타형극(銅駝荊棘 : 낙양의 중심가 동타의 황폐화)을 말했던 옛사람의 비애를 알았다. 존망의 갈림길에서 우리의 선철(先哲)의 사상을 반추하는 심정은 몸이 몹시 아플 때 부모를 찾는 심정이었다. 우리 선철의 사상에 전혀 잘못이 없는 것은 아니나, "우주적인 뜻을 세우고 민생을 위한 사명을 수립하여 과거 성왕의 학문을 계승하고 만세의 태평성세를 건설하는 것(爲天地立心, 爲生民立命, 爲往聖繼絶學, 爲萬世開太平)"이 바로 우리의 모든 선철이 책을 짓고 주장을 수립한 종지였다. 학파 여하를 막론하고 모든 주장의 구절마다 이 정신이 충만해 있는바, 훌륭한 독자는 깨달아 알 것이다. "영혼이여, 돌아오라! 애달픈 고국으로(魂兮歸來哀江南 / 무양)!" 이 책이 영혼을 일깨우러 하강했던 무양(巫陽)의 역할을 해낼 수 있을지? 그것이 소망이다.

제2편 가운데 사우들의 설을 채용했거나 지정(指正)을 받은 곳은 모두 그때마다 주에 밝혔다. 책을 출판하는 이 자리를 빌려 삼가 감사드린다.

1933년 6월 풍우란

머리말 3

이 책 제1편은 1931년에, 전서(全書)는 1934년에 출판되었으니 어느덧 10여 년 전이다. 이 10여 년 새 내 사상은 크게 변했다. 지금 『중국철학사』를 다시 쓴다면 필시 이 책과는 많이 다를 것이다. 그러나 다시 쓰지 않은 것은 역사서는 "한 글자도 내력이 없으면 안 되는데" 전쟁의 와중에 옮겨다니다 보니 필요한 서적을 갖출 수 없었던 것이 한 이유요, 또 하나는 요즘의 관심이 『중국철학사』에서 중국철학과 철학으로 옮아갔기 때문이다. 이 세 가지를 한 가지로 혼동하기도 하지만 사실 같은 것이 아니다. 이런 이유로 개작작업(改絃更張)은 불가능할 수밖에 없었다. 다만 전서 출판 후 잇따라 「원유묵」「원유묵보」「원명법음양도덕」 세 편을 써서 『중국철학사보』 속에 간행했고, 장가위 군과 함께 「원잡가」를 썼다. 이 네 편은 선진시대(先秦時代)의 여러 학파의 기원을 논한 것으로서 이 책의 미비점을 보충할 수 있다. 또 「『맹자』 호연지기장 강해」를 썼는데, 『맹자』에 대한 이해가 이 책의 미흡한 점이었기 때문이다. 모두 부록에 넣었으니 독자의 참고를 바란다. 또한 중국철학에 대한 최근 생각은 최근 간행한 『신원도(新原道)』(일명 『중국철학의 정신』)에 들어 있다. 이 책을 읽는 데 참고하기 바란다.

1944년 4월 풍우란

---

* [중화서국 중인본의 "새 머리말(新序)" 요지]

1961년 중화서국에서 이 책을 중인할 때 나는 「새 머리말」을 썼다. 20여 년이 흐른 지금 중국사회는 또 몇 차례 중대한 변화가 일어 새로운 시기에 진입했다. 현재 그것은 이미 새롭지 않게 되었으므로 다시 「새 머리말」을 쓴다.

역사학은 진보하는 것이고 그 연구대상인 역사 외에 그 자체의 역사가 있으니 바로 역사학사(史學史)이다. 원래 상무인서관에서 출간된 나의 이 책은 이미 그 자체로 중국철학사의 역사학사 사료가 되었다. 이 책을 중인하는 것은 『24사(二十四史)』나 『자치통감(資治通鑑)』을 중인하는 것과 마찬가지다. 이미 사료인 이상 내용을 쉽게 변경할 수 없었다. 변경하면 사료가 아닌 것이다.

나는 지금 『중국철학사신편』을 쓰고 있다. 그것은 7권본 『중국철학사』가 될 것이다. 그것이 어느 수준에 이를지는 아직 말할 수 없다. 나는 그것 역시 장래 중국철학사의 역사학사 사료가 되기를 바란다. 사료상으로 그것은 이 양권본 『중국철학사』를 대체할 수 없다. 7권본은 20세기 말 중국사회의 산물이고, 양권본은 20세기 초 중국사회의 산물이기 때문이다.

이 책 내용의 시비득실에 대해서 독자는 혹 엄격히 포폄(褒貶)하여 공과(功過)를 평가하거나 혹 감별(鑑別)하여 지양하는 바가 있을 것이다. "강산은 대대로 재인을 낳느니(江山代有才人出)", 백발이 성성한 이 저자가 다시 무슨 말을 더하리오?

1983년 10월 30일 풍우란

제1편

자학시대(子學時代)

제1장
서론

1. 철학의 내용

철학이라는 말은 본시 서양 말이었다. 중국철학사 강론에서 주요 작업의 하나가 중국역사상의 각종 학문 가운데 서양의 소위 철학이라는 것으로 이름할 수 있는 것을 골라 서술하는 일이다. 이런 작업에 앞서 서양에서의 철학이라는 말의 뜻부터 밝혀야겠다.

철학이라는 말은 서양에서 매우 오랜 역사를 가지고 있고, 철학에 대한 각 철학자의 정의 역시 서로 다르다. 편의상 철학으로 통상 여겨지는 것의 내용을 먼저 서술한다. 그 내용을 알면 철학이 무엇인지 알 수 있을 것이므로, 철학이라는 말의 정의 역시 별도로 정식 거론할 필요는 없겠다.

그리스 철학자들은 철학을 대체로 다음의 세 부문으로 나누었다.

물리학(Physics), 윤리학(Ethics), 논리학(Logic).

이 시대의 물리학, 윤리학, 논리학은 그 범위가 현재 이 이름들이 지칭하는 것보다 더 넓었다. 현재의 술어로는 다음의 세 부문을 포함한다.

우주론(宇宙論) —— "세계에 관한 이론"의 탐구가 목적.

인간론(人生論) —— "삶에 관한 이론"의 탐구가 목적.

인식론(知識論) —— "지식(인식)에 관한 이론"의 탐구가 목적.

이 삼분법은 플라톤[427-347B.C.] 이후 중세 말까지 널리 유행했으며, 근대까지도 많이 사용되었다. 철학의 내용은 대략 이렇다.

이상의 세 부문을 다시 나누면, 우선 우주론은 두 부문으로 나뉜다.

"존재(存在)"의 본체(本體)와 "실재(眞實 : reality)"의 본질(要素 : essence)을 탐구하는 "본체론(Ontology)"과, 세계의 발생과 역정 및 그 귀착을 탐구하는 "우주론(Cosmology)"(협의의).

인간론도 두 부문으로 나뉜다.

인간이란 무엇인가를 탐구하는 심리학의 연구대상과, 인간이란 마땅히 어떠해야 하는가를 탐구하는 윤리학(협의의)과 정치·사회철학 등의 연구대상.

인식론 역시 두 부문으로 나뉜다.

인식의 성격을 탐구하는 인식론(Epistemology)(협의의)과 인식의 규범을 탐구하는 논리학(협의의).

이상의 세 부문[1] 중에서 우주론과 인간론은 서로 불가분의 밀접한 관계에 있다. 모든 철학의 인간론은 그 우주론에 근거한다. 예컨대, 『열자(列子)』「양주편(楊朱篇)」에서는 우주를 물질적이고 맹목적이고 기계적이라고 보기 때문에 인간이란 다른 희망은 없고 오직 눈앞의 쾌락만 추구해야 한다고 했는데, 서양의 에피쿠로스 학파(Epicureanism)가 동일한 전제를 가지고 동일한 결론을 내리고 있는 사실이 그 한 예이다. 철학자 중에는 자기의 인식론을 근거로 우주론을 구성한 인물도 있고(예컨대 버클리, 칸트, 후대의 인식론적 관념론〔Epistemological Idealism〕 및 불교의 상종〔相宗〕 등), 사람이란 무엇인가를 연구하여 인식문제로 연계한 사람도 있다(로크, 흄 등). 즉 철학의 각 부문은 서로 관련된다.*

---

1) 【주】몬터규(1873-1953 : 미국의 신〔新〕실재론자) 역시 철학은 방법론, 형이상학, 가치론의 세 부문으로 나눌 수 있다고 했다. 방법론은 상술한 인식론인데 다시 둘로 나누었고, 형이상학은 상술한 우주론인데 역시 둘로 나누었으며, 모두 상술한 바와 같다. 가치론도 두 부문으로 나누어, 첫째 윤리학은 선(善)의 성격과 어떻게 그것을 행위에 응용할 것인가를 연구하는 것이고, 둘째 미학은 미(美)의 성격과 어떻게 그것을 예술에 응용할 것인가를 연구하는 것이라고 했다(『앎의 방법들(*The ways of Knowing*)』, 1쪽).

* 『신편』I, 11-13쪽("철학이란 무엇인가") : 헤겔의 『정신현상학』은 형식상으로든

2. 철학의 방법

철학을 연구하는 방법은 과학을 연구하는 방법과 다르다고들 말한다. 과학의 방법은 논리적이고 이지적이나, 철학의 방법은 직각적이고 반이지적이라는 것이다. 그러나 사실 모든 직각(直覺), 돈오(頓悟), 신비경험이라는 것들이 설령 매우 높은 가치가 있다손 치더라도, 반드시 철학의 방법 내로 혼입할 필요는 없다. 과학이든 철학이든 모두 서술하거나 언표한 이론(道理)이므로, 반드시 엄격한 이지적인 태도로써 표출해야 한다. 무릇 문장으로 주장을 내세운(著書立說) 사람치고 그렇게 하지 않는 사람이 없다. 따라서 불가(佛家)의 최고 경지가 "말로는 도저히 설명할 수 없고(不可說, 不可說)"

내용상으로든 하나의 완전한 철학적 저작이다. 그가 강론한 것은 확실히 정신의 성찰(反思 : 省察)이다.……하나의 철학체계로서 『정신현상학』은 인류의 정신발전의 전과정을 강론했다. 인류의 정신은 각고의 투쟁과 복잡한 경로를 거쳐 최후에는 자각에 도달한다. 마치 현장(玄奘)이 서역으로 불경을 구하러 가는 도중에 온갖 위험을 통과하고 갖가지의 마귀를 물리친 다음 마침내 뇌음사(雷音寺)에 도착하여 여래불(如來佛)을 본 것과 같다. 그런데 여래불은 바로 그 자신이었다. 여래불을 보는 것은 바로 그 자신을 인식하는 것이다. 이른바 정신의 자각이란 곧 정신이 그 자신을 인식함이다.……/칸트의 3대 "비판서(批判書)"는 연합해보면 철학에 관한 하나의 완전한 저작이자, 인류의 정신에 관한 하나의 완전한 성찰이다. "비판"이라는 말은 성찰의 의미를 표명한다.……칸트의 『순수이성 비판』은 "순수이성"에 대한 사색과 분석과 검토인데, 즉 자기에 대한 "순수이성"의 성찰이다.……칸트는 문제적 각도에서 인류의 정신생활 속에 존재하는 주요 문제를 분석하고 해명했는데, "진(眞)"의 문제는 『순수이성 비판』에서, "선(善)"의 문제는 『실천이성 비판』에서, "미(美)"의 문제는 『판단력 비판』에서 논했다. "진", "선", "미" 이 세 방면에 관한 비판은 인류의 전(全)정신생활에 대한 성찰이었다.……/중국철학사 가운데 『주역(周易)』은 (수세대에 걸쳐 여러 사람이 완성한) 하나의 『정신현상학』이라고 할 수 있다. 주돈이(周惇頤)의 「태극도설(太極圖說)」과 「통서(通書)」는 수천 자에 불과하나 하나의 간명한 『주역』이자 간명한 『정신현상학』이다. /철학사상 대 철학체계는……"정신현상학"이라는 이름을 쓴 것도 아니고 또 『정신현상학』과 같은 그런 형식을 갖춘 것도 아니지만 자연과 사회와 인간사의 각 방면을 포괄하는 광범한 체계인 만큼, 내용상으로 하나의 완전한 "정신현상학"이다. 플라톤의 대화편도, 동중서(董仲舒)의 『춘추번로(春秋繁露)』도, 주희(朱熹)의 사서오경에 대한 주해도 하나의 『정신현상학』이다.

깨달음에 달려 있다고 하더라도 "말로는 도저히 설명할 수 없는" 것은 철학이 아니니, 엄격한 이지적인 태도로써 표출한 이론이라야 비로소 소위 불가철학이다. 그러므로 우리가 직각을 통해서 일종의 신비경험을 얻을 수 있다고는 말할 수 있어도(이 경험이 과연 "실재"와 부합하는지의 여부는 또 다른 문제), 직각의 방법을 통해서 어떤 철학을 얻을 수 있다고는 말할 수 없다. 다시 말해서 직각은 우리로 하여금 하나의 경험에 이르게 하지만, 어떤 이론을 수립하게 할 수는 없다. 하나의 경험 그 자체는 이른바 진위(眞妄 : 眞僞)가 없지만, 하나의 이론은 하나의 판단이므로, 판단이란 반드시 논리에 맞아야 한다. 각종 학설의 목적은 경험을 서술하는 데에 있지 않고 이론을 수립하는 데에 있으므로, 그 방법은 반드시 논리적이며 과학적이어야 한다. 근래에 이런 까닭을 이해하지 못하고 과학적 방법에 대해서 일대 논쟁을 벌였던 것이지만, 사실상 소위 과학적 방법이란 실제 우리가 통상 사고하는 방법 가운데 비교적 진지하고 비교적 정확한 것일 뿐, 어떤 기묘한 점은 없다. 오직 그렇기 때문에 논리와 과학적 방법을 반대하는 사람일지라도 그의 논변은 여전히 논리와 과학적 방법에 의지해야 한다. 이런 까닭에 우리는 직각 등의 가치를 인정하기는 하지만, 그것을 철학의 방법으로 인정하지는 않는다. 과학적 방법이 바로 철학의 방법이며, 우리가 통상 사고하는 방법과 다만 정도상의 차이는 있을지언정 종류상의 차이는 없다.

3. 철학에서의 논증의 중요성

논리적인 측면에서 모든 철학은 두 부분을 포함하는데, 최종 결론(斷案)과 그 결론을 얻게 된 근거 즉 그 결론의 전제(前提)이다. 모든 철학적인 결론은 본래 참된 것이어야 하지만 결론이 참되기만 하면 그만인 것은 결코 아니다. 우주와 인간, 예컨대 신의 존재와 영혼의 유무 문제에 대해서 보통 사람도 대체로 각자의 견해가 있고, 그 견해는 전문 철학자들의 견해와 다르지 않을 수 있다. 다만 보통 사람의 견해는 어디서 들은 말이거나 직각적으로 얻은 것이다. 보통 사람은 단지 자기가 견지하는 견해를 견지할 줄만 알지, 왜 그것을 견지해야 하는지 이론적으로 설명할 수는 없다. 전문 철학자의 경우는 그렇지 않다. 그는 어떤 견해를 견지할 뿐더러 그 견해를 견지하는 이유에 대해서 반드시 증명할 수 있다. 그는 결론을 가질 뿐더러 전제도 가진다. 비유하건대, 보통 사람은 자기가 견지하는 견해에 약진해갔지만, 전문 철학자는 자기가 견지하는 견해에 걸어들어간 것이다.[2)]

따라서 철학이란 바로 이지적인 산물이며, 철학자는 이론을 수립하려고 할 때 반드시 논증으로써 그 성립을 증명한다. "주장이 근거가 있고 말은 이치가 섰다"[3)]는 순자(荀子)의 말이 그것이다. 맹자(孟子)는 "내가 어찌 논변을 능사로 여기겠느냐(好辯)? 나로서는 부득이한 일이다"[4)]고 했다. 논변이란 논증으로써 타인의 그름을 공격하고 자기의 옳음을 증명하는 것인데, 인명가(因明家:고대 인도의 논리학자)가 말한 파사현정(顯正摧邪 : 破邪顯正)이 그것이다. 맹자만이 논변을 좋아했던 것이 아니니, 논변을 초월하고자 했던 『장자(莊子)』「제물론(齊物論)」의 작자 역시 반드시 대논변(大辯)을 통해서 논변하지 않음(不辯)이 옳다는 것을 보여주어야 했다. 철학적 이론을 수립하여 어떤 내용을 주장하는 것과 그 내용을 실행하는 것은 별개라고 할 수 있다. 논변 반대(不辯)를 실행할 경우 그저 침묵하면 그만이겠지만, 하나의 철학적 이론을 수립하기 위해서, 논변하지 않는 것이 옳다는 것을 말하려면 대논변이 아니면 안 되고, 논변하는 이상 논리적 방법에 의하지 않는 사람은 없다. 논변 가운데 혹 논리적 오류는 있을 수 있다. 그러나 이것은 논리운용 능력의 수준차이의 문제이지, 논리사용 여부의 문제는 아니다.

---

2) 윌리엄 제임스(1842-1910), 『다원적 우주(*The Pluralistic Universe*)』, 13-14쪽.

3) 其持之有故, 其言之成理. (「비십이자(非十二子)」, 『순자(荀子)』) 〈제7장,주31,주41,주83 ; 제2편,제5장,주83〉

4) 余豈好辯哉? 余不得已也. (『맹자(孟子)』 6 : 9) 〈제6장,주4〉

4. 철학과 중국의 "의리지학"

앞에서 말한 철학의 내용을 보면 서양에서 말하는 철학은, 중국의 위진인(魏晉人)이 말한 현학(玄學), 송명인(宋明人)이 말한 도학(道學) 그리고 청인(淸人)이 말한 의리지학(義理之學)이란 것과 그 연구대상이 대체로 같다고 할 수 있다. 만약 몬터규의 삼분법을 참고하면〈주1〉, 우리는 철학을 우주론과 인간론 그리고 방법론의 세 부문으로 나눌 수 있다. 『논어(論語)』에 "성(性)과 천도(天道)에 대한 선생님의 말씀"[5]이라는 언급이 있는데, 이 한 마디가 뒷날 의리지학의 연구대상의 두 부문을 제시했다. 천도를 연구한 부문은 서양철학 중의 우주론과 대체로 같고, 성명(性命)을 연구한 부문은 서양철학 중의 인간론과 대체로 같다. 오직 서양철학 중의 방법론 부문만은 중국사상사에서 자학시대(子學時代)에는 그래도 논급되었으나, 송명시대 이후로는 연구자가 없다. 어떤 면에서 보면, 후기의 이 의리지학 역시 방법론이 있다. 즉 "학문의 방법(爲學之方)"에 대한 논의가 바로 그것이다. 그러나 이 방법론이 논한 것은 지식을 구하는 방법이 아니라 수양하는 방법, 즉 진리가 아니라 선을 추구하는 방법이었다.

나는 처음부터 중국의 의리지학을 주체로 삼아 중국 의리지학사를 저작할 수도 있다. 아울러 서양역사상의 각종 학문 가운데 의리지학으로 이름할 수 있는 것을 골라내어 서술함으로써 하나의 서양 의리지학사를 완성할 수도 있다. 원칙상 이것은 본래 불가능할 것이 없다. 그러나 사실 근대 학문은 서양에서 일어났으며 과학의 경우는 더욱 현저하다. 만약 중국 및 서양 역사상의 각종 학문의 어떤 부문을 지칭하여 의리지학이라고 일컫는다면, 근대 학문 내에서의 그것의 위치 그리고 그것과 각종 근대 학문과의 관계를 파악하기가 쉽지 않을 것이다. 하지만 철학이라고 일컫는다면 그런 곤란은 없

5) 夫子之言性與天道. [子貢曰 : "夫子之文章, 可得而聞也 ; ~, 不可得而聞也."] (『논어』 5 : 12)

을 것이다. 이것이 바로 근래에 중국철학사에 대한 저작은 있으나 서양 의리지학사에 대한 저작은 없는 까닭이다.

이런 까닭에 필자는 이하 곧바로 중국철학과 중국철학자라는 명사를 쓴다. 이른바 중국철학이란 중국의 모종의 학문 혹은 모종의 학문의 어떤 부분 가운데 서양에서 일컫는 철학으로 이름할 수 있는 것을 말하고, 이른바 중국철학자란 중국의 모종의 학자 가운데 서양의 소위 철학자로 이름할 수 있는 사람을 말한다.

5. 중국철학의 약점과 그 까닭

중국철학자의 철학은 논증이나 설명의 측면에서 서양이나 인도 철학자의 철학에 비하면 크게 뒤떨어진다. 이것은 물론 중국철학자들이 안했기 때문이지, 할 수 없었기 때문은 결코 아니다. 말하자면 "나뭇가지를 꺾는 유였지, 태산을 겨드랑이에 끼고 북해를 건너는 유는 아니었다."[6] 중국철학자들은 대체로 지식 그 자체를 가치 있는 것으로 여긴 적이 없었기 때문에 지식을 위한 지식을 추구하지 않았다. 지식을 위한 지식을 추구하지 않았을 뿐더러, 직접 인간의 행복을 증진할 수 있는 지식의 경우 중국철학자들은 역시 그것을 행하여 인간의 행복을 증진할 수 있기를 희망했지 공언(空言)으로 토론하기를 원하지 않았다. 이른바 "공언에 가탁하느니 행위와 사건 속에 절실하게 천명하는 것이 낫다"[7]는 말이다. 그러므로 중국인은 애초부터 책을 저술하여 주장을 수립하는 일을 그다지 중시하지 않았다. "최상의 일은 덕을 수립하는 것(立德)이요, 그 다음은 공을 세우는 것(立功)이요, 그 다음이 주장을 수립하는 것(立言)이다."[8] 중국철학자들은 대체로 이른바 내성외왕의 도(內聖外王之道)

6) 乃折枝之類, 非攜泰山以超北海之類. ["挾太山以超北海,……是誠不能也. 爲長者折枝,……是不爲也. 非不能也, 故王之不王, 非挾太山以超北海之類也 ; 王之不王 折枝之類也." (『맹자』 1:7)]

7) 吾欲託[託:혹은 '載']之空言, 不如見之行事之深切著明也. [「태사공자서(太史公自序)」에 인용된 공자의 말] [『사기(史記)』, 3297쪽]

8) 太上有立德, 其次有立功, 其次有立言. [「양공(襄公)」 24년, 『좌전(左傳)』, 1088쪽]

를 논했다. "내성"은 "입덕"이요, "외왕"은 "입공"이다. 즉 그들의 최고 이상은 실제로 성인의 덕을 소유하고 실제로 제왕의 공을 일으켜 소위 성왕(聖王)이 되는 것으로서, 플라톤이 말한 철인왕(哲學王)이다. 제왕의 공을 일으켜 성인의 도를 추진할 수 없게 된 부득이한 경우에나 물러나 주장을 수립했다. 따라서 책을 저술하여 주장을 수립하는 일은 중국철학자가 보기에는 가장 불우한 경우로서 부득이한 경우에나 할 일이었다. 그러므로 중국철학사상 심혈을 기울여 수미일관하게 아퀴지어진 철학책은 비교적 드물다. 가끔 철학자 본인 혹은 제자와 후학들이 일상의 서신과 어록 등을 섞어모아 그대로 책을 만들기도 했는데, 책을 만든 것이 무계획적이었던 만큼 그 주장(道理 : 이론)이 비록 충분히 자립적이었을지라도, 그 주장을 떠받치는 의론은 늘 간략하거나 너절한 것이 되고 말았는데, 이 또한 숨김없는 사실이다.[9)]

요컨데 중국철학자들은 대체로 인간이 무엇인가에 중점을 두었지, 인간이 무엇을 가지고 있는가에 중점을 두지 않았다. 만약 누가 성인(聖人)이라면 털끝만큼의 지식이 없어도 역시 성인이며, 누가 악인이라면 무한한 지식을 가졌어도 역시 악인이다. 왕양명(王陽明)은 순금에 성인을 비유하여, 지식이나 재능은 대소의 차이가 있을지라도, 오직 순도만 순수하면 곧 성인이니, 마치 8,000일(鎰 : 1일≒740g)의 금이든 9,000일의 금이든 비록 분량은 다를지라도 순금임에는 동일한 경우와 같다고 여겼다. 금의 순도는 "무엇이냐"의 측면에 속하며, 그 분량은 "무엇을 가졌느냐"의 측면에 속한다. 중국인은 "무엇이냐"를 중시했지 "무엇을 가졌느냐"는 중시하지 않았기 때문에, 지식을 중시하지 않았다. 중국에는 다만 과학의 싹은 있었으나 정식 과학은 없었는바, 그 이유 중의 하나가 이것이었다.[10)]

9) 【주】고대 중국에서 글을 쓰는 데에 사용한 죽간(竹簡)은 지나치게 부피가 컸다. 그래서 책(册)을 써서 주장을 수립할 경우 간단하게 하려고 애를 썼는데 어떤 때는 결론만을 써놓기도 했다. 이런 격식이 풍습이 되었기 때문에 그후의 저작자는 그런 물질적 제약이 없어진 뒤에도 여전히 그 습속을 고치지 않은 것이라는 고찰도 있는데 설득력 있는 학설이다.

10) 풍우란, 「중국에는 왜 과학이 없는가(*Why China Has No Science*)」, 『삼송당전

또 중국철학은 제1절에서 서술한 인식의 문제(협의의)를 철학의 중요 문제로 삼지 않았다. 그 까닭은 중국철학자들이 본래 지식을 위한 지식을 추구하려고 하지 않았기 때문이기도 하지만, 중국철학에서는 한번도 개인과 우주를 뚜렷이 분리한 적이 없기 때문이다. 서양 근대사에서 가장 중요한 사건은 바로 "아(我 : 개인, 나)"의 자각이었다. "아"가 일단 자각한 후에는 "아"의 세계가 둘로, 즉 "아"와 "비아(非我 : 나 아닌 것)"로 분리된다. "아"는 주관적이며, "아" 이외의 객관적 세계는 모두 "비아"이다. "아"와 "비아"로 분리된 만큼, 주관과 객관 사이에는 넘을 수 없는 한계가 존재하게 되었고, 이로부터 "아"가 어떻게 "비아"를 알[인식할] 수 있는가라는 문제가 뒤따라 생겼고, 마침내 인식론은 서양철학의 중요 부문의 하나가 되었다. 중국인의 사상 속에는 한번도 "아"에 대한 뚜렷한 자각이 없었기 때문에 역시 한번도 "아"와 "비아"가 뚜렷이 분리된 적도 없었고, 따라서 인식의 문제(협의의)는 중국철학에서 한번도 큰 문제가 되지 못했던 것이다.

철학자는 논변하지 않으면 몰라도 논변한다면 반드시 논리학을 사용해야 한다고 이미 말했다. 그러나 중국철학자들은 대체로 주장을 수립하는 데에 진력하지 않았기 때문에, 일어났다가 금방 사라진 이른바 명가(名家)를 제외하고는, 사상과 논변의 과정 및 방법 자체를 의식적으로 문제시하거나 연구한 사람이 드물었다. 따라서 인식론의 제2부(第二部)인 논리학 역시 중국에서는 발달하지 못했다.

중국철학자는 또 인간사(人事)를 특별히 중시한 까닭에, 우주론에 대한 연구 역시 매우 간략했다. 따라서 앞에서 열거한 철학의 각 부문마다 서양철학은 극히 발달한 학설이 있지만 중국철학은 그렇지 못하다. 그러나 중국철학자는 "내성"의 도를 중시했기 때문에, 수양의 방법 이른바 "위학지방(爲學之方)"에 대한 강의는 지극히 상세하고 빠짐이 없다. 이것은 혹 철학이라고 이름할 수 없을지는 모르겠으나 이 방면에서 중국은 실로 지대한 공헌을 했다.[11]

집』 XI, 31-53쪽(원래 *The International Journal of Ethics*, Vol. 32, No. 3에 발표).

11) 【주】 혹자는 말했다. **"우리 중국의 철학은 방법과 조직이 소략하다**. 근래에 다들 이것

6. 철학의 통일성

앞에서 말한 우주론과 인간론의 관계로부터, 철학자의 사상은 모두 총체적이라는 것을 알 수 있다. 무릇 진정한 철학체계란 가지와 잎이 무성한 나무처럼 각 부분은 모두 수미일관한 일체를 이루고 있다. 다시 말해서 한 그루의 나무같이 비록 가지, 잎, 뿌리, 줄기 등의 각 부분이 존재하지만 그 자체는 스스로 총체적이다. 윌리엄 제임스는 철학자들은 각자 그 소견(見, vision)을 가지고 있으며, 그 소견을 근본사상으로 하여 그것을 각 방면에 적용하는데, 적용이 광범하면 할수록 체계도 더욱 커진다고 했다. 공자(孔子)는 말했다.

> 나의 도는 하나의 원리로 관철되어 있다.[12]

그러나 사실상 모든 대(大)철학체계는 "저마다 하나의 원리로 관철되어 있다." 황종희(黃宗羲, 1610-95, 호가 梨洲)는 말했다.

> 모든 학설(學)은 종지(宗旨 : 핵심취지)가 있는데, 그것은 학설 수립자의 특징적인 역량이 발휘된 곳이자 배우려는 자들이 입문해야 할 곳이기도 하다. 천하의 이치(義理 : 주장)란 무궁무진한지라 한두 마디로 정립하지 못하

을 병폐로 여기는데, 이는 우리나라의 철학정신이 바로 여기에 있음을 깨닫지 못한 때문이다. 철학의 미언대의(微言大義)는 깨달음을 통하지 않으면 안 된다. ……문자란 단지 도(道)를 싣는 수단에 불과하니, 도조차도 문자 밖에 있는데 하물며 조직을 논하고 방법을 논할 수 있겠는가?"(육무덕[陸懋德], 『주진철학사(周秦哲學史)』). 이 말은 현재 일부 인사들의 의견을 대표한다고 할 수 있다. 나 역시 깨달음을 중시하지 않는 바는 아니지만, 다만 깨달아 얻는 것은 일종의 경험일 뿐 무슨 학문은 아니므로 철학이 아니다는 말이다. 철학은 반드시 말과 글로써 표출하는 주장(道理)인 만큼, "도"가 설령 말과 글에 존재한다고 하더라도, 철학은 반드시 말과 글에 존재한다. 마치 과학에서 말하는 사물 역시 말과 글 바깥에 존재하지만 그런 사물은 그저 사물일 뿐 과학은 아니고, 말과 글로 표현한 원리와 공식 등이라야 과학인 것과 같다. 이런 원리와 공식에 따라 제작된 사물 즉 각종 공산품 따위는 역시 물건이지 과학은 아니다.

12) 吾道一以貫之[All my teachings are linked together by one principle]. (『논어』 4 : 15) [貫 : 거느리다, 통괄하다] 〈제4장,주124〉

고서야 그 이치가 내게 체현되기를 어떻게 기약할 수 있겠는가? 따라서 강학하면서 종지가 없다면 아무리 좋은 말도 두서없이 헝클어진 실타래나 마찬가지다. 또 배우는 자로서 그 학설 수립자의 종지를 터득하지 못하면 그의 저서를 읽어봤자, 그 또한 마치 장건(張騫)이 [천신만고 끝에] 마침내 대하(大夏)에 이르렀으나 월지국(月氏國)의 회답(要領 : 요점, 본령)은 끝내 얻어내지 못한 것과 같은 격이다. 두목(杜牧, 803-52)이 말하기를 "구슬이 쟁반에서 구를 때, 옆으로 구르고 비껴 구르고 뱅 돌아 구르고 곧바로 구르고 하는 등등은 모두 다 알기가 불가능하다. 그러나 꼭 알아야 할 것은 구슬이 쟁반을 벗어나지는 않는다는 사실이다" 했는데, 무릇 종지란 것도 이와 같은 것이다.[13]

중국철학자 가운데 순자가 철학비평에 뛰어났다. 순자는 철학자마다 모두 소견(所見)을 가지고 있다고 여겼다. 그는 말했다.

신도(愼子 : 愼到)는 소극적 입장(後 : 추종)에 대한 소견은 있었으나 적극적 입장(先 : 선도)은 간과했다. 노자(老子)는 겸양(詘 : 묵종)에 대한 소견은 있었으나 노력(信 : 伸, 자강불식)은 간과했다. 묵자(墨子)는 획일성(齊 : 균등)에 대한 소견은 있었으나 개성(畸 : 분별성, 다양성)은 간과했다. 송경(宋子 : 宋牼)은 조금 욕망한다는 것(少)에 대한 소견은 있었으나 많이 욕망한다는 것(多)은 간과했다.[14]

순자는 또 철학자마다 모두 편견(所蔽 : 가로막힌 곳, 無知)이 있다고 여겼다. 따라서 말했다.

묵자는 실용(用 : 효용)에 가로막혀 형식(文 : 문화)의 가치를 몰랐고, 송경은 욕망문제(欲)에 가로막혀 성취(得)의 가치를 몰랐고, 신도는 법(法)에 가로막혀 현능(賢 : 賢能)의 가치를 몰랐고, 신불해(申子 : 申不害)는 세(勢 : 권

---

13) 大凡學有宗旨是其人之得力處, 亦是學者之入門處. 天下之義理無窮, 苟非定以一二字, 如何約之使其在我? 故講學而無宗旨, 卽有嘉言, 是無頭緖之亂絲也. 學者而不能得其人之宗旨, 卽讀其書, 亦猶張騫初至大夏, 不能得月氏要領也. 杜牧之曰 : "丸之走盤, 橫斜圓直, 不可盡知 ; 其必可知者, 知是丸不能出於盤也." 夫宗旨亦若是而已矣. (「명유학안발범(明儒學案發凡)」, 『황종희전집』VII, 5쪽)

14) 「천론(天論)」, 『순자』 권11 : 36-37쪽. 원문은 〈부록4,주22〉 참조.

세)에 가로막혀 지혜(智)의 가치를 몰랐고, 혜시(惠子：惠施)는 언사(辭：명제)에 가로막혀 실상(實)을 몰랐고, 장자(莊子)는 자연(天)에 가로막혀 인간사(人：인간의 역량)를 몰랐다."[15]

윌리엄 제임스는 말하기를, 한 철학자가 만약 세계의 어떤 측면에 특별히 관심을 집중하게 되면 그는 곧 그 한쪽에 집착한 나머지 이윽고 그것으로써 전체를 개괄하기에 이른다고 했다(『다원적 우주』). 따라서 철학자에게 편견(所蔽)이 있는 까닭은 그가 소견(所見)을 가지고 있기 때문이다. 그렇기 때문에 대(大)철학자의 사상은 모두 총체적일 뿐만 아니라, 각 철학자마다 특별한 정신과 특별한 면목도 가지고 있다.

중국철학자의 책은 심혈을 기울여 수미일관하게 아퀴지어진 것이 비교적 적기 때문에, 근래에 논자들은 대체로 중국철학은 체계(系統)가 없다고 말한다. 앞에서 인용한 "우리 중국의 철학은 방법과 조직이 소략하다"〈주11〉는 혹자의 말도 이것을 지칭한 것 같다. 그러나 이른바 체계는 두 종류가 있으니, 즉 형식상의 체계와 실질상의 체계이다. 이 양자 사이에 서로 연대관계는 없다. 중국철학자의 철학이 비록 형식상의 체계가 없기는 하지만, 만일 실질상의 체계도 없다면 중국철학자의 철학은 철학이 될 수 없으므로 중국은 철학이 없다는 말과도 같다. 형식상의 체계는 고대 그리스 철학에서도 없었다. 소크라테스는 본래 책을 쓴 적이 없고, 플라톤의 저작은 대화체로 되어 있다. 아리스토텔레스는 각 문제들에 대해서 모두 조리가 뚜렷한 논문으로써 토론했다. 형식상의 체계를 따지면 아리스토텔레스의 철학이 더욱 체계가 있다. 그러나 실질상으로는 플라톤의 철학 역시 체계가 있다. 앞에서 말한 바에 따르면 한 철학자의 철학이 철학으로 일컬어지려면 실질상의 체계는 필수적이다. 이른바 철학체계라고 할 때의 체계란 어떤 철학의 실질상의 체계를

15) 墨子蔽於用而不知文；宋子蔽於欲而不知得；愼子蔽於法而不知賢；申子蔽於勢而不知智；惠子蔽於辭而不知實；莊子蔽於天而不知人. (「해폐(解蔽)」, 『순자』 권15：8쪽) 〈제5장,주73；제7장,주67；제9장,주7〉

가리킨다. 중국철학자의 철학의 형식상의 체계가 서양철학자만 못하기는 하지만, 실질상의 체계는 똑같이 존재한다. 중국철학사를 강론하는 주요 의의의 하나는 바로 형식상의 체계가 없는 철학 가운데서 실질상의 체계를 찾아내려는 데에 있다.

7. 철학과 철학자

앞에서 말했듯이 한 철학자의 철학은 그 자신의 인격(즉 한 개인의 마음씨, 기질, 경험 등을 총칭) 혹은 개성과 커다란 관계가 있다. 이 점에서 철학은 문학이나 종교와 비슷하다. 모든 철학문제는 과학문제에 비해서 성격이 더욱 광범한지라 아직도 완전히 객관적으로 연구할 수는 없다. 따라서 그 해결은 주로 철학자들의 주관적인 사고나 "소견(見)"에 의지한다. 그러므로 과학이론은 온 세상이 인정하는 공언(公言)이 될 수 있지만, 한 사람의 철학은 그저 한 개인의 말일 뿐이다. 윌리엄 제임스에 따르면, 철학자들은 성정과 기질에 따라 두 부류로 나눌 수 있다. 하나는 유연한 마음(軟心 : tender-minded)의 철학자들인데, 마음이 유연한 만큼 아무래도 우주간에 가치 있는 것들을 차마 무가치한 것으로 귀납해버리지 못하기 때문에, 그들의 철학은 유심론적, 종교적, 자유의지론적, 일원론적이다. 또 하나는 강경한 마음(硬心 : tough-minded)의 철학자들인데, 마음이 강경한 만큼 가차 없이 우주간에 가치 있는 것들을 모조리 무가치한 것으로 귀납시켜버리기 때문에, 그들의 철학은 유물론적, 비종교적, 결정론적, 다원론적이다(『다원적 우주』). 또 회프딩에 따르면, 철학에서의 여러 문제들은 우리 인식의 한계선상에 위치하여 엄밀한 방법(exact methods)이 미칠 수 없는 지대에 존재하기 때문에, 철학자의 인격이 바로 사상의 방향을 때로는 자기도 모르게 결정한다. 뿐만 아니라 때로는 철학에서 어떤 문제의 발생은 바로 그 철학자의 인격이 선결조건이 되기도 한다. 어떤 사상은 단지 모종의 심리상황에서만 발생할 수 있고, 또 철학자가 문제해결을 위한 근거로서 인용한 내용 자체도 그의 문제해결에 관련이 있다. 따라서 우리가 한 사람의 철학에 대해서 역사적 연구를 행할 때에는 그 시대의 정세와 각 방면의 사상적 배경에 대해서도 주의해야 한다.[16] 이것은 모두 철학사 연구자가 주의해야 할 점이다. 맹자는 "아무개의 시를 읊고 글을 읽으면서 그 사람을 알지 못한다면 말이 되겠느냐? 따라서 그가 살았던 시대를 규명하는 것이다"[17]고 했다. 송유(宋儒)는 옛 성인의 "기상(氣象)"에 대해서 가장 주의를 기울였다. 그들의 동기는 수양 방면에 있었지만, 한 사람의 철학에 대해서 역사적 연구를 할 때는 실로 그 "기상"에도 주의를 기울여야 한다.*

8. 역사와 철학사

역사에는 두 가지 뜻이 있다. 하나는 사건 자체를 가리킨다. 가령 누가 중국은 4,000년의 역사를 가지고 있다고 할 때 그는 속으로 『통감(通鑑)』 따위의 어떤 역사책을 가리키는 것은 아니다. 중국은 과거에 이미 4,000년의 일을 쌓아왔다는 것을 말할 뿐이다. 이때의 역사란 당연히 사건 자체를 가리킨다. 역사의 또 하나의 뜻은 사건의 기술을 가리킨다. 가령 『통감』, 『사기(史記)』를 역사라고 할 때가 바로 그 뜻이다. 요컨대 이른바 역사란 주인공들의 활동 전체를

---

16) 회프딩(1843-1931, 덴마크의 철학자), 『현대철학사』, 영역본, 16쪽.

17) 誦其詩, 讀其書, 不知其人可乎? 是以論其世也. (『맹자』 10 : 8)

* 『신편』I, 27-28쪽("철학과 세계관") : 철학은 결코 신조를 기억하고 격언을 외우는 것이 아니라, 학습자에게 정신활동에 대한 성찰을 요구한다. 성찰하는 가운데 여러 체득에 도달하고 여러 이해를 증가시키며 여러 이치를 깨닫는다. 이것은 정신의 경지를 풍부하게 하고 고양시켜준다. /중국의 옛말을 써서 말하면, 철학은 우리에게 하나의 "안신입명(安身立命 : 근심 없이 의연히 살아감)의 경지"를 줄 수 있다.……즉 인간은 그 속에서 "도리에 맞게 마음 편안히(心安理得)" 살아갈 수 있다는 말이다. 그의 삶은 착실히 진보하여 화평을 이룰 수도 있고, 빗발치는 총탄을 무릅쓰고 전쟁을 할 수도 있다. 미풍과 보슬비 아래에서든 노도와 격랑의 파도 속에서든 항상 태연자약하게 살아갈 수 있다.……철학이 준 것이라고 말했지만 실제로는 그 스스로 찾아낸 것이고, 스스로 창조한 것이다. 스스로 창조한 것이라야 자신이 향수할 수 있다. 중국철학에서 철학이란 사람에게 안락과 향수를 주는 것이라고 말한다. 철학을 공부하고도 어떤 안락과 향수를 얻지 못한다면, 천만 마디 말도 그저 빈말이요 헛소리일 뿐이다.

말하기도 하고, 그 활동에 대한 역사가의 기술을 말하기도 한다. 만약 두 이름으로 이 두 뜻을 표시하려면, 사건 자체는 역사 혹은 객관적 역사라고 이름할 수 있고, 사건의 기술은 "쓰인 역사(寫的歷史)" 혹은 주관적 역사라고 이름할 수 있다.

한 시대의 정세 및 각 방면의 사상적 배경이 한 철학자의 철학에 영향을 줄 수 있다고 앞에서 말했다. 반면 한 철학자의 철학 역시 그 시대의 정세 및 각 방면의 사상에 영향을 줄 수 있다. 다시 말해서 역사는 철학에 영향을 줄 수 있고, 철학 역시 역사에 영향을 줄 수 있다. "영웅이 시대를 만들고 시대가 영웅을 만드는" 상호 인과관계에 있다. 한 시대에는 그 시대의 시대정신이 있으며, 한 시대의 철학이 곧 그 시대정신의 결정(結晶)이다. 한 철학자의 철학을 연구하려면 진실로 "그 사람을 알고 그가 살았던 시대를 규명해야"〈주17〉 하고, 또한 한 시대 혹은 한 민족의 역사를 연구하려면 그 철학을 알아야 한다. 베이컨에 따르면, 많은 사람들이 자연계나 정치와 종교에 대해서는 잘 기록했지만, 유독 역대 학술의 일반적인 상황에 대해서는 아무도 서술하여 기록한 사람이 없다. 이 부분의 기록이 없음으로 인해서, 세계 역사는 눈 없는 조각상마냥 사람의 정신과 생활을 가장 잘 나타낼 수 있는 부분이 도리어 빠져버렸다.[18] 한 시대 한 민족의 역사를 서술하면서 철학을 언급하지 않으면, 마치 "화룡(畵龍)에 점정(點睛)하지 않은" 격으로, 베이컨이 말한 대로이다. 한 시대 한 민족의 역사를 연구하면서 철학을 연구하지 않으면, 그 시대 그 민족을 철저히 이해하기는 곤란할 수밖에 없다. "사람 간의 사귐에서 마음을 아는 것이 가장 중요하듯이",[19] 우리가 한 시대 한 민족을 연구할 경우 그 시대 그 민족의 마음을 알아야 한다. 따라서 철학사라는 전문역사가 통사에서 차지하는 위치는 매우 중요하고, 철학사는 역사 연구자에게도 대단히 중요하다.

모든 철학체계에는 저마다 특별한 정신과 특수한 면목이 있으며, 한 시대 한 민족 또한 각각 그 철학이 있다. 현대의 철학자가 수립

18) 베이컨(1561-1626),『학문의 진보(*The Advancement of Learning*)』

19) 人之相知, 貴相知心. [이릉(李陵),「소무에게 답하는 편지(答蘇武書)」]

한 이론을 만인이 옳다고 공인한 적도 없고, 과거의 철학자가 수립한 이론을 만인이 그르다고 공인한 적도 없다. 따라서 철학 연구는 한편으로는 철학사 연구를 통하여 온갖 대철학체계가 세계 및 인간에 대해서 수립한 이론을 고찰하고, 한편으로는 직접 실제 세계와 인간을 관찰함으로써 스스로 이론을 세울 것을 기약해야 한다. 따라서 철학사는 철학을 연구하는 사람에게 더욱 중요하다.*

9. 역사와 쓰인 역사

앞에서 말했듯이 "역사"와 "쓰인 역사"는 뚜렷이 구별된다. '역사' 자체는 '쓰인 역사' 밖에서 '쓰인 역사'를 초월하여 따로이 우뚝 영존하며 우리의 인식과는 완전히 독립해 있다. '쓰인 역사'는 역사의 뒤를 따라 기술된 것이므로, 그것의 좋고 나쁨은 오로지 그 기술의 진실성 여부, 즉 기술된 실제와의 상합(相合) 여부에 달려 있다.

---

* 『신편』I, 7-8쪽 : 철학사 연구에서 의거할 가장 좋은 자료는 각 시대 철학자의 저작이다.……그들의 저작물을 진정으로 이해하는 일은 결코 쉬운 일이 아닌데, 두 관문을 통과해야 한다. 첫번째, 문자의 관문이다. 이 관문은 특히 고대철학을 연구할 때 통과하기 어려운데, 고대철학자들이 사용한 문자가 고문(古文)이어서 고문을 알기 위해서는 반드시 일련의 고증과 훈고의 작업을 거쳐야 하기 때문이다. 그러나 일반적인 상황하에서의 일련의 작업은 대체로 이미 그 방면의 전문가들의 노력을 거쳤다. 철학사 연구자는 그들의 작업성과를 이용할 수 있다. 그러나 문자를 아는 것은 그 문자가 표현하는 사상(義理)을 아는 것과는 다르다.……따라서 첫번째 관문인 문자의 관문을 지났으면 두번째로 사상의 관문을 통과해야 한다. 사상의 관문을 통과한다고 함은 이전의 철학자들의 저작에서 말하는 사상에 대해서 상당한 수준으로 이해(了解)하고 체득(體會)해야 한다는 말이다. 이른바 이해란 어떤 철학자의 철학체계의 논리구조를 포착할 수 있음을 말하고, 체득이란 일정한 수준으로 그들의 철학이 도달할 수 있었던 정신적 경지를 체험할 수 있는, 즉 자신의 체험으로써 그들의 철학사상을 실증(印證 : 實證)할 수 있음을 말한다. 이때 비로소 아무 철학자의 철학을 안다고 할 수 있다. 철학사 연구자는 아무 철학자 연구에서 이런 수준에 도달해야 아무 철학자의 자료에 정통했다고 할 수 있고, 그리하여 아무 철학자의 철학적 내용을 살아 있는 듯이 생동감 있게 서술할 수 있다. /철학사 연구자가 선인들의 저작에 대해서 단지 문자의 관문만 통과하고 그 문자가 표현하는 사상에 대해서는 일정한 이해와 체득이 없다면, 그 논술은 "암중모색일 뿐 결코 참모습은 아니다(暗中摸索總非眞)."

요사이 '쓰인 역사'는 역사적 사건에서 그 인과관계의 탐색을 중시해야 한다고들 말한다. 그러나 사실 한 사건의 원인이란 그 사건의 불가결한 전제(先行者, Antecedent : 전건)일 뿐이고, 한 사건의 결과란 그 사건의 불가결한 결론(後起者, Consequent : 후건)일 뿐이다. 무릇 한 사건 앞에 생긴 일은 다 그 사건의 전제이고, 한 사건 뒤에 생긴 일은 다 그 사건의 결론이다. 하나의 사건은 고립하여 일어날 수 없으니, 그 앞에는 반드시 허다한 사건이 존재하고 그 후에도 반드시 허다한 사건이 존재한다. '쓰인 역사'에서 한 사건을 서술할 때는 반드시 그 전후사와 관련지어 서술해야 하는데, 그 전후사란 너무 많아 다 서술하기가 불가능하기 때문에 반드시 불가결한 전제와 결론을 선택하여 서술한다. 원래 '쓰인 역사'란 모두 이러했기 때문에 꼭 "새로운 역사"만이 비로소 인과관계를 중시한 것은 아니었다. 그러나 '쓰인 역사'에서 서술된 한 사건의 불가결한 전제와 결론에는 불가결한 것이 아닌 것도 존재한다. 예컨대 어떤 전쟁의 전제를 서술하면서 앞서 혜성이 나타났었다고 한다든지, 무도한 제왕의 결말을 서술하면서 일식을 언급하는 따위가 그것이다. 이것은 각 시대의 역사가의 일반 사물에 대한 견해가 다르기 때문에 비롯된 것이며, '쓰인 역사'의 목적 또는 방법이 달랐기 때문이 아니다. '쓰인 역사'의 목적은 서술하는 실제와의 상합을 추구하는 데에 있고, 그것의 가치 역시 "신빙성"("信"字)을 얻었느냐에 달려 있다.

역사에서 일어난 일은 한번 지나가면 영원히 재현되지 않으므로, '쓰인 역사'가 의거한 사료란 직접 본 것이거나 혹은 사건 참가자의 진술 및 그 사건과 관련 있는 서류나 유적에 불과한 것인데 이른바 "문헌"이 그것이다. 이런 자료는 서술하는 역사와 직접 관계가 있기 때문에 "원사료(Original Source)"라고 한다. 또 원래는 어떤 사물을 공식적 혹은 비공식적으로 기록한 '쓰인 역사'이지만, 다만 그 사물이 발생했거나 존재했던 시기와 비교적 가깝기 때문에 그후의 역사가들이 그것을 인용하여 근거로 삼을 때 사료 역할을 하게 되는 그런 사료를 "보조사료(Secondary Source)"라고 한다.

역사가가 이런 사료에 의거하여 과연 완전히 "신빙성 있는" 역사를 쓸 수 있을지의 여부는 자못 의문이다. 세상에는 위협이나 물욕 그밖의 특별한 목적이 있어서 애초부터 신빙성 있는 역사(책)의 저작에는 뜻이 없는 역사가도 있었다. 물론 이런 부류는 논할 필요가 없다. 문제는 신빙성 있는 역사서 저작에 성의를 가졌던 사람이 저작한 역사서 역시 역사적 실제와는 완전히 부합하기 어려운 점이 있다는 사실이다. 막스 노르다우에 따르면, '객관적 실상'과 '쓰인 역사'와의 관계는 바로 칸트가 말한 "물자체"와 '인간의 인식'과의 관계와 같다. '쓰인 역사'는 영원히 실제 역사와 상합할 수 없다.[20] 노르다우의 말이 혹 지나칠지도 모르겠으나 역사가가 완전히 신빙성 있는 역사서를 저작하려는 데에는 실로 허다한 곤란이 있다. 『역(易)』「계사(繫辭)」는 "글은 말을 다 나타낼 수 없고, 말은 뜻을 다 나타낼 수 없다"[21]고 했고, 『장자』는 "옛 사람이 깨달은 전해질 수 없는 진리는 그와 함께 죽었으므로, 임금님께서 읽으시는 것은 옛 사람의 찌끼에 불과합니다"[22]고 했다. 말은 여전히 뜻을 다 드러낼 수 없다. 두 사람이 대면하여 말할 경우에도 오히려 서로를 이해할 수 없을 때가 있거늘, 하물며 이런 말조차도 다 나타낼 수 없는 글에 있어서랴? 또한 말과 글은 옛날과 지금이 또 다르다. 우리에게 완벽한 사료가 있다고 한들 우리가 그것을 틀림없이 완전히 이해했다고 보증할 수 있을까? 우리가 고대사를 연구할 경우 본래 오로지 서적에만 의거하는 것은 아닐지라도, 금석문자라는 것 역시 "글은 말을 다 나타낼 수 없고, 말은 뜻을 다 나타낼 수 없는" 경우의 것이다. 역사의 연구란 다만 옛 사람의 찌끼에 의지할 따름인데 그 찌끼조차도 우리가 완전히 이해할 수 있는 대상이 아닌 것이다. 이것이 첫번째 곤란이다. 설령 우리가 옛 책을 완전히 이해할 수 있고 또 사려 깊은 호학(好學)의 선비가 그 책의 저자의 뜻을 마음으로부

20) 막스 노르다우, 『역사의 해석(*The Interpretation of History*)』, 12쪽.

21) 書不盡言, 言不盡意. [「계사상」, 『주역』, 541쪽]

22) 古之人與其不可傳者死矣. 然則君之所讀者, 古人之糟粕已夫. [不可傳者 : 古法, 남에게 전할 수 없는 심오한 진리] (「천도(天道)」, 『장자』, 491쪽)

터 이해했다손 치더라도, 옛 책이란 다 믿을 만한 것은 아니다. 맹자는 말하기를 "『서(書)』에 있는 말을 글자 그대로 다 믿는다면, 아예 『서』가 없느니만 못하다. 나는 「무성(武成)」 편의 경우 두세 쪽만을 취할 따름이다"[23]고 했다. 역사가는 물론 과학적인 방법으로 사료를 심사하여 신빙성 있는 것은 취하고 신빙성 없는 것은 버릴 수 있는데, 이른바 사료에 대한 분석작업을 가한다는 말이다. 서적이나 문자 외에 역사가는 그밖의 믿을 만한 사료를 따로 소유할 수도 있다. 그러나 사료란 대부분 단편적이고 서로 연결이 안 되는 것들이므로, 역사가는 사료를 분석한 다음 반드시 종합하는 작업을 계속하여 상상력을 운용하여 그런 단편적인 사료들을 일관되게 연결해야 한다. 그러나 일단 상상력을 운용한 이상 주관적 요소가 개입되는 것이므로, 그 서술이 모두 객관적 역사에 부합되기는 어렵다. 이것이 두번째 곤란이다. 자연과학 연구는 만약 가설이 있으면 실험을 통해서 그 진위를 정할 수 있다. 그러나 역사가는 역사적 사실의 가설을 절대로 실험할 수 없다. 한비자(韓非子)는 말하기를 "공자나 묵자나 다같이 요순(堯舜)을 강론하지만, 취사선택한 것이 다르다. 그러나 각자는 요순의 진정한 계승자라고 주장한다. 요순이 다시 살아나지 않는 이상, 장차 누구로 하여금 유묵(儒墨)의 진실을 가리게 하랴?"[24]고 했는데, 이른바 "죽은 사람은 말이 없다(人死無對證)"는 말이다. 이것이 세번째 곤란이다. 이런 여러 곤란 때문에 역사가는 다만 신빙성 있는 역사를 저술하려고 정성을 다할 수 있을 뿐, 그 역사서가 과연 신빙성이 있을지는 보증할 수 없다.

역사가 "역사"와 "쓰인 역사"로 구분되듯이, 철학사 역시 "철학사"와 "쓰인 철학사"로 구분된다. '쓰인 역사'가 역사(자체)와 부합하기 어렵듯이, '쓰인 철학사'도 철학사(자체)와 부합하기 어렵다. 또 '쓰인 철학사'가 의거한 사료란 순전히 서적과 문자여서 앞에서 말한 세 가지 곤란을 더욱 면하기 어렵다. 그래서 서양철학사는 오

---

23) 『맹자』 14 : 3. 원문은 〈제6장,주13〉 참조.

24) 孔子墨子俱道堯舜, 而取舍不同, 皆自謂眞堯舜. 堯舜不復生, 將誰使定儒墨之誠乎? (「현학(顯學)」, 『한비자(韓非子)』, 1080쪽)

직 하나이지만, '쓰인 서양철학사'는 비단 100종만이 아니고 그중에서 어느 것도 똑같은 것은 없다. 중국철학사 역시 오직 하나이지만 '쓰인 중국철학사'는 그 수가 날로 증가하는 추세이다. 그러나 갑이 쓴 것은 을이 그르다고 하고, 을이 쓴 것은 또 병이 그르다고 하리니, 옛 철학자가 다시 살아나지 않는 한 누가 판정할 수 있으랴? 결국 판정할 수 있는 사람이 없다면 이른바 '쓰인 역사'나 '쓰인 철학사'는 오직 다시 쓰일 수밖에 없다.*

10. 서술식 철학사와 선록식 철학사

'쓰인 철학사'에는 대체로 두 체재가 있다. 하나는 서술식(敍述式)이고 하나는 선록식(選錄式)이다. 서양인이 쓴 철학사는 대부분 서술식이다. 이 방식은 철학사가(哲學史家)가 자기 소견의 철학사를 양껏 서술할 수 있다. 다만 단점은 독자가 만약 그 책만 읽고 만다면, 원사료와는 접할 수 없으므로 철학사가의 소견에 기울어지기 쉽고 또 철학사가의 서술 내용 자체도 잘 이해하기 어렵다는 점이다. 반면에 중국인이 저술한 이 방면의 책들은 거의가 선록식이다. 예컨대 『송원학안(宋元學案)』과 『명유학안(明儒學案)』은 황종희가 저작한 송, 원, 명의 철학사이고, 『고문사류찬(古文辭類纂)』과 『경사백가잡초(經史百家雜鈔)』는 각각 요내(姚鼐, 1731-1815)와 증국번(曾國藩, 1811-72)이 저작한 중국문학사이다. 이 방식은 철학사가나 문학사가가 철학자 또는 문학가의 원저작물에서 선록하는 방식이다. 물론 선록할 때 선록자의 주관적인 견해가 개입될 수밖에 없지만 독자는 직접 원사료와 접할 수 있으므로 연구하는 철학사나

* 『신편』I, 2쪽 : 원래 역사는 객관적 존재이고, 쓰인 역사는 주관적 인식이다. 모든 학문은 객관에 대한 인간적 주관의 인식이다. 주관적 인식은 끝내 그것이 인식한 객관적 대상과 완전히 부합할 수 없다. 따라서 인식이란 일반적으로 말해서 기껏해야 상대적 진리일 뿐이다. 쓰인 역사 역시 본래의 역사와 완전히 부합할 수는 없다. 따라서 자연과학이 영원히 진보해야 하고 자연과학자는 영원히 해야 할 과제가 있듯이, 쓰인 역사도 영원히 다시 쓰여야 하고 역사가 역시 영원히 해야 할 과제가 있다.

문학사에 대해서 비교적 명확한 지식을 얻을 수 있다. 그러나 오직 이 방식만 택하면 철학사가나 문학사가는 체계적인 소견을 표현하기 어렵고 독자도 이해하기 어렵다. 본서는 두 방식을 겸용해보았는데, 더 나은 결과를 얻을 수 있지 않을까 한다.

11. 역사는 진보적이다

사회조직은 단순에서 복잡으로 나아가고, 학술은 명석(明晳)하지 못한 데서 명석에 도달한다. 뒷사람은 앞사람이 소유했던 경험에 근거하기 때문에 앞사람에 비해서 정수만을 취하여 확장시킬 수 있다. 따라서 역사는 진보적이다. 중국철학사의 경우에도 예외가 아님을 알 수 있다. 중국의 한대(漢代) 이후에 다루어진 철학의 문제나 범위는 한대 이전에 철학의 연구대상이 다양하고 광범했던 것만 못하다. 그러나 한대 이후의 철학적 이론은 한대 이전의 것에 비해서 실로 더욱 명료하고 정연하다. 논자들은 깊이 고찰하지도 않고, 공자는 요순을 논했고, 동중서와 주희와 왕양명은 공자를 논했으며, 대동원(戴東原)과 강유위(康有爲) 역시 여전히 공자를 논한 사실을 보고, 마침내 옛 사람은 모두를 가졌지만 지금 사람은 아무것도 없다고 여긴다. 그러나 실제로 동중서는 동중서, 왕양명은 왕양명일 뿐이다. 만약 동중서의 『춘추번로(春秋繁露)』는 동중서의 철학이고, 왕양명의 「대학문(大學問)」은 왕양명의 철학일 뿐임을 안다면, 중국철학의 진보는 더욱 명확해진다. 사회조직이 단순에서 복잡으로 나아가고, 학술이 명석하지 못한 데서 명석에 도달함은 실연적(實然的)이지 당연적(當然的)이 아니다. 당연이란 그럴 수도 있고 그렇지 않을 수도 있겠으나, 실연이란 그럴 수 있고 없고가 불가능하다.

혹자는 생각하기를, 동중서나 왕양명 등이 논한 내용은 이전의 유가서적 내에 이미 그 단서가 있던 것이고 이들은 그것을 심화 발전시킨 것에 불과하니, 어떻게 자신의 철학일 수 있겠으며 언급할 만한 공헌이 있겠는가라고 한다. 그러나 설령 이 두 철학자가 심화 발전시킨 것에 불과했다고 인정하더라도, 우리는 바로 그 심화 발전시킨 내용을 경시할 수 없다. 심화발전이 곧 진보이다. 아이가 자라 어른이 되지만, 어른은 아이가 이미 잠재적으로 갖추고 있던 감각능력(官能)을 심화발전시킨 것에 불과하다. 달걀은 닭으로 변화하지만, 닭 역시 달걀 중에 이미 있던 감각능력을 심화발전시킨 것에 불과하다. 그러나 그렇다고 해서 아이가 곧 어른이며 달걀이 곧 닭이라고 할 수 있겠는가? 아리스토텔레스의 용어로 말하면 잠세태(潛能, Potentiality)와 현실태(現實, Actuality)는 완전히 구별된다. 즉 잠세태에서 현실태에 도달하는 것이 진보이다. 중국철학의 진보의 자취를 살피려면, 우선 각 시대의 자료는 바로 그 시대에 귀속시키고 아무개의 말은 바로 그 아무개에게 귀속시켜야 한다. 이렇게 하면 각 철학자의·철학의 진면목을 살필 수 있고, 중국철학의 진보 역시 뚜렷해질 것이다.

지금까지 중국학문 연구자들은 진서(眞書)와 위서(僞書) 자체를 분별할 줄 몰랐거나, 알았더라도 위서를 무가치하게 여겼는데, 이 또한 중국철학이 표면상 진보가 없는 듯이 보인 하나의 원인이다. 우리가 철학사를 연구할 때 반드시 사료의 진위를 가려야 하는 까닭은 그렇지 않으면 각 시대의 사상의 진면목을 살필 수 없기 때문이다. 단지 철학을 연구하기 위해서라면 어떤 책에서 말한 내용 자체가 옳은지의 여부만 중요시하면 된다. 그 내용이 과연 누구의 말이며 어느 시대의 것인지는 전혀 중요하지 않다. 어떤 책이 위서일지라도 본래 가치가 있다면 결코 위서라고 해서 가치를 상실하는 것도 아니며, 어떤 책이 진서일지라도 본래 가치가 없다면 진서라고 해서 가치를 지니는 것도 아니므로, 철학사적 견지에서 보면 위서란 그것이 가칭한 시대의 사상을 대표할 수는 없을지라도 그것이 생산된 시대의 사상이므로 그 시대 철학사의 사료이다. 예컨데 『열자』의 「양주편」은 양주의 학설은 아닐지라도, 위진시대(魏晉時代)에 유행했던 한 사상의 체계적인 표현인 만큼, 위진시대의 철학사 사료이다. 따라서 「양주편」을 위서로 간주한다는 것은 「양주편」을 버린다는 말이 아니라 그 시대를 뒤로 옮긴다는 말에 불과하다. 그 시대를 반드시 뒤로 옮기는 까닭은 '쓰인 역사'를 실제와 상합시켜 신빙성을 획득하려는 것일 따름이다.

12. 중국철학사 사료 선택의 기준

철학이라는 말은 본시 중국에 없었다. 일반인은 철학의 범위나 내용에 대한 명확한 관념이 없으므로, 옛날의 이른바 "경(經)"과 "자(子)"에 가까운 입언(立言)은 모두 철학사의 사료로 삼을 수 있다고 여긴다.[25] 그러나 앞의 설명에 따라 철학의 내용에 대해서 이미 명확한 관념을 가졌으므로, 철학사를 쓰면서 사료선택 역시 당연히 일정한 기준이 있어야 한다. 옛 사람의 저술에서 철학사 사료로 삼을 수 있는 것은 다음과 같다.

(1) 앞에서 말한 철학의 내용이 이미 철학의 범위를 확정하고, 아울러 철학에 존재하는 문제들을 명시하고 있다. 옛 사람의 저술 가운데 이런 여러 문제들과 관련이 있는 것, 즉 토론한 내용이 앞에서 말한 범위 내에 있는 것이라야 비로소 철학사 사료로 삼을 수 있다. 그렇지 않다면 철학사 사료로 삼을 수 없는데, 예컨대 각주에서 말한 병가(兵家)의 저술류 따위이다.

(2) 앞에서 말했듯이, 철학자란 반드시 자신의 "소견(見)"을 가지고 자신의 체계를 수립해야 한다. 따라서 반드시 새로운 "소견"이 들어 있는 저술이어야 철학사 사료로 삼을 수 있다. 즉 진부한 말을 서술한 것은 철학사 사료로 삼을 수 없다. 황종희가 말하기를 "학문의 도는 스스로 옳다고 믿는 바를 저술할 수 있어야 참되다. 무릇 남의 학설에만 의지하거나 아무 창의성 없이 그저 모방만 하는 일은 세속적인 선비 또는 경학서생의 업일 따름이다.……물에 물을

25) 【주】 일본인 다카세(高瀨武次郎, 1868-1950, 京都帝大 교수)의 『중국철학사(支那哲學史)』(1910)가 자못 이런 일반 사람들의 견해를 대표한다고 할 수 있다. 이 책은 뜻밖에 병가(兵家)의 서적들에 대해서 각각의 요점을 제시하고 있다. 『손자(孫子)』에 대해서 말하기를, "『손자』의 문장은 주도 면밀하면서도 간명하고, 곡절하면서도 준엄 간결하여 『춘추(春秋)』에 손색이 없는 걸작이다. 그 문장 또한 허허실실(虛虛實實), 간진연통(簡盡淵通 : 지극한 간결함은 그윽함으로 통함)하여, 한 글자라도 증감할 수 없다.……따라서 『손자』는 병가의 비보일 뿐더러 표현상 흔하지 않은 일대 웅편(雄篇)이다"(趙蘭坪 역본, 상, 286쪽)고 했다. 독자로 하여금 정말 읽고 있는 것이 병학사나 문학사가 아닌가 하고 의심하게 한다.

타는 경우가 어찌 학문일 수 있겠는가?"[26] 했는데, 바로 그 뜻이다.

(3) 앞에서 말했듯이, 하나의 철학에는 반드시 중심 관념(철학자의 소견)이 있어야 한다. 중심 관념이 없는 모든 저술은 『여씨춘추(呂氏春秋)』나 『회남자(淮南子)』 따위의 잡가(雜家)의 책으로서, 철학사의 원사료로 삼을 수 없다. 다만 다른 사상가들의 말을 기술하고 있으므로 보고적인 가치가 있어서 보조사료로는 삼을 수 있다.

(4) 앞에서 말했듯이, 철학자의 철학이란 반드시 이지적인 논변으로 표출되어야 한다. 따라서 한두 마디의 글귀 예컨데 『시(詩)』의 "민지병이, 호시의덕(民之秉彝, 好是懿德)"[27] 따위의 구절은 철학사의 원사료가 될 수 없다. 다만, 앞에서 말했듯이 한 시대의 철학은 그 시대의 정세 및 각 방면의 사상적 배경과 상호 인과관계에 있는 만큼, 이런 언설들을 수집하면 한 시대에 유행한 사상을 살피고 철학체계의 배경을 살필 수는 있다.

(5) 앞에서 말했듯이, 한 철학자의 철학은 그의 인격과 관계가 있다. 따라서 한 철학자에 관한 서술 가운데 그의 인격을 드러내는 것 역시 철학사 사료로 삼을 수 있다.

이와 같은 기준에 따라 중국철학사의 사료*를 수집하면, "설령 적중하지는 못하더라도 아주 멀지는 않을 것이다."[28]

---

26) 學問之道, 以各人自用得著者爲眞, 凡依門傍戶, 依樣葫蘆者, 非流俗之士, 則經生之業也.……以水濟水, 豈是學問? (「명유학안발범」, 『황종희 전집』Ⅶ, 6쪽)

27) 民之秉彝, 好是懿德 : 만민은 떳떳한 법도를 지녔기에 아름다운 덕성을 좋아하네. 『시』「대아」「증민」의 구절. 〈제6장,주10〉

* 『신편』II, 110쪽 : 『장자』의 「천하편(天下篇)」은 비교적 후기의 저작이지만 철학사적 성격의 논문이다. 이것은 실제적으로 한 편의 간명한 선진시대(先秦時代) 철학사이다. 관점은 장주(莊周) 일파의 것이지만 내용은 우언(寓言)이 아니다. 이것은 선진시대 철학에 대하여 체계적이며 나름대로 객관적인 방식으로 적절하게 서술, 평론하고 있다. 이 편은 선진시대 철학 연구의 한 지렛목으로 삼을 수 있다. 무릇 역사 연구는 어느 부분이든지 반드시 모든 사람들이 신빙성이 있다고 인정하는 몇 가지 사료를 지렛목으로 삼아 그것을 기준으로 여타의 사료들을 감별해야 한다. 그렇지 않고는 연구를 진행할 수 없다. 「천하편」은 바로 그와 같은 지렛목이다. 사실상 현재 선진시대 철학을 연구하는 사람들은 모두 이 편을 그와 같은 지렛목으로 삼고 있다. [이 책에 「천하편」의 원문은 거의 전부(96%) 인용되었다.]

28) 雖不中, 不遠矣. [「대학(大學)」, 『예기(禮記)』] 〈제14장,주80〉

제2장
자학시대 통론

1. 자학시대(子學時代)의 개시

중국문화는 주(周)에 이르러 규모를 갖추었다. 공자는 말하기를 "주는 이전의 두 왕조를 조망하여 거울 삼았으니 그 문화가 찬란하다! 나는 주를 추종한다!"[1]고 했다. 공자가 보기에 주의 전장제도(典章制度)는 실로 "위로는 과거 성왕의 업적을 계승하고 아래로는 미래의 학술을 개척할"[2] 수 있는 것이었다. 공자는 일생 동안 문왕과 주공의 업적을 계승할 것을 사명으로 삼았다. 이것은 『논어(論語)』에 명시된 내용이다(제4장 제2절에서 상론).

주의 문화(이른바 문〔文〕)와 전장제도(이른바 예〔禮〕)는 상당한 수준이기는 했지만, 공자(孔子, 551-479B.C.) 이전에는 아직 개인이 저술한 사례가 없었다.[3] 장학성(章學誠, 1738-1801, 字가 實齋)은 말했다.

1) 周監於二代, 郁郁乎文哉! 吾從周. [『논어』 3 : 14] 〈제4장,주44〉

2) 上繼往聖, 下開來學.
[주희(朱熹), 「중용장구서(中庸章句序)」: "우리 스승 공자는 비록 성왕의 지위는 얻지 못하셨으나, 과거 성왕의 업적을 계승하고 미래의 학술을 개척하셨으므로, 그 공은 도리어 요순 임금보다도 훌륭한 점이 있었다(若吾夫子, 則雖不得其位, 而所以繼往聖, 開來學, 其功反有賢於堯舜者)."]

3) 【주】공자 이전의 개인 저술로 현재 전해지는 것들은 모두 위서(僞書)이다. 물론 『노자(老子)』라는 책도 뒤에 나온 것이다. 이하에서 상론한다.

옛날에는 저술하는 사례가 없었다. 관사(官師 : 관리의 우두머리)가 전장(典章)을 관장했고, 사관이 관직의 문서를 기록했다. 문자의 기능(道)이란 백관들로 하여금 통치할 수 있게 하고 만민들로 하여금 상황과 형편을 파악할 수 있게 하는 것이므로, 그것으로써 그 기능은 이미 완벽했다. 그래서 성왕(聖王)은 문자를 통일함으로써 천하를 평정했는데, **정치와 교화의 전장**(政教典章)에 소용되지 않는데도 **문자로써 개인적인 저술을 도모한** 경우란 없었다. 오직 도가 행해지지 않자 사유(師儒 : 덕행과 육예를 사적으로 가르치는 사람)가 그 가르침을 [문자로써] 수립하게 되었던 것이니, 이것이 바로 우리 스승 공자의 공이 요순보다 훌륭한 까닭이다.[4)]

이 말은 비록 고대를 이상화한 감이 있으나, 이상화한 부분만 제거한다면 사실에 가까운 것 같다. 고대는 본디 귀족정치였으므로, 정권의 소유자가 곧 재산의 소유자이자 지식의 소유자였다. 즉 정치경제상의 통치계급이 곧 지식계급이었으니, 이른바 관료와 스승이 분리되지 않았다는 말이다. 귀족들은 집정하여 일을 맡은 만큼 자연히 책을 저술할 여가가 적었고, 또 이미 정권을 잡고 있어서 어떤 이상(理想)이 있으면 실제 행위로 나타내어 "정치와 교화의 전장"으로써 실현할 수 있었으므로, 반드시 책을 저술할 필요도 없었다. 책을 짓는 일(著書)이란 부득이한 이후에 할 일이었으니, 중국철학자들 대부분은 진실로 이런 견해를 품고 있었다(앞에서 상론했다). 철학이란 철학자의 체계적인 사상이므로 개인적인 저술 속에 표현해야 한다. 공자 이전에는 개인이 저술한 사례가 없으므로 정식 철학이 있었는지의 여부는 알 수 없다. 공자 본인도 "문자로써 개인적인 저술을 도모한" 적은 없으나, 일생 동안 줄곧 벼슬도 않고 다른 일도 하지 않으면서 오로지 강학만 한 때가 있었다. 이것은 지금에는 흔한 일이지만 옛날로서는 실로 처음 있는 경우였다. 그의 제자들이 기록한 것을 보면 공자는 실제로 체계적인 사상을 가지고

---

4) 古未嘗有著述之事也. 官師守其典章, 史臣錄其職載. 文字之道, 百官以之治, 萬民以之察, 而其用已備矣. 是故聖王書同文以平天下, 未有不用之於政教典章, 而以文字爲一人之著述者也. 道不行而師儒立其教, 我夫子之所以功賢堯舜也. (장학성, 「시교상(詩教上)」, 『문사통의(文史通義)』, 62쪽)

있었다.[5] 이 점에서 중국철학사상 공자는 개조(開山 : 開祖)의 위치를 차지한다. 후세에 유일한 사표(師表)로 숭앙된 것이 설사 타당하지 않았다손 치더라도 까닭이 없지는 않았던 것이다. 이런 이유로 이 철학사는 공자부터 시작하는데, 공자 이전에는 철학이라고 할 만한 체계적인 사상이 없었다고 할 수 있다.

2. 자학시대 철학 발달의 원인

중국철학사상 철학 학파의 수에서나, 토론한 문제의 다양성과 그 범위의 광범함에서나 그리고 연구 흥취의 농후함과 기상의 왕성함 등에서나, 자학시대가 제일이었다. 그와 같은 특수한 정황이 존재할 수 있었던 데에는 반드시 특수한 원인이 있었다. 이제 그것을 나누어 서술한다.[6]

춘추시대(春秋時代)부터 한나라 초에 이르기까지는 중국역사상 일대 해방의 시대였다. 당시의 정치제도, 사회조직, 경제제도에 모두 근본적인 변화가 일어났다. 고대(上古) 사회는 귀족정치 사회였는데, 여러 나라들은 주나라 왕실의 봉함을 받은 나라였거나 본래부터 존재해온 나라였다. 각국의 경대부 역시 모두 공족(公族 : 임금의 동족)이었고 관직을 세습했다. 소위 서인(庶人)은 정권에 참여할 수 없었다. 『좌전(左傳)』 소공(昭公) 7년[535B.C.]조에, "하늘에는

---

5) 【주】전국시대[403-221B.C.] 이전의 개인적인 저술이란 반드시 그 개인이 친필로 쓴 것은 아니다. 상세한 내용은 이 장 제5절 참조.

6) 【주】호적(胡適, 1891-1962, 자가 適之) 선생은 노자와 공자 이전의 시세를 논하면서 "정치는 그토록 암흑이었고, 사회는 그토록 혼란했고, 빈부는 그토록 불평등했고, 민생은 그토록 고통스러웠다. 이런 형세하에서는 자연히 갖가지의 사상적 반향이 생길 수밖에 없었다"고 결론지었다(「중국철학사대강(中國哲學史大綱)」, 『호적문집』, 35쪽). 그러나 중국역사상 이런 종류의 형세가 없던 시대는 없었으므로, 비록 고대 철학의 발생과 전혀 무관한 것은 아니더라도, 그것으로써 고대철학의 특수한 상황을 설명할 수는 없다. 양계초(梁啓超, 1873-1929, 자가 任公) 선생의 지적이 바로 그것이었다. 그러나 양계초 선생이 거론한 "주의해야 할" 사항들 역시 대부분 후대에도 공통으로 존재한 것인 만큼 여기서는 모두 언급하지 않는다(『양임공학술강연집(梁任公學術講演集)』 1집 : 11쪽, 16쪽 참조).

10날짜(十日：十干)가 있고 사람에게는 10등급이 있어서, 아랫사람은 웃사람을 섬기고 웃사람은 신(神)에게 제사를 지낸다. 그러므로 왕은 공(公)을 다스리고, 공은 대부(大夫)를 다스리고, 대부는 사(士)를 다스리고, 사는 조(皂)를 다스리고, 조는 여(輿)를 다스리고, 여는 예(隸)를 다스리고, 예는 요(僚)를 다스리고, 요는 복(僕)을 다스리고, 복은 대(臺)를 다스리고, 말을 먹이는 일은 어(圉)가 맡고, 소를 치는 일은 목(牧)이 맡는다. 이렇게 하여 모든 일에 대처한다"[7]고 했다. 고대에는 정치상으로 귀족이 관직과 봉록을 세습하는 제도였기 때문에, 사회조직의 경우도 이런 각종 계급이 있어야 했던 것이다. 귀족정치가 파괴되자 고대의 정치·사회 제도에 근본적인 변화가 일어났다. 조익(趙翼, 1727-1814)은 말했다.

진한시대(秦漢時代) 무렵은 천지가 온통 뒤바뀐 국면이었다고 할 수 있다. 예전부터 봉건제였으므로 제후는 각각 그 나라의 임금이 되었고, 경대부들 역시 관직을 세습하는 것이 관례로 답습되었던 까닭에 원래부터 그런 것인 양 보여졌다. 그후 폐단이 날로 누적되고 심화하여, 포악하고 거친 군주들이 인민을 가혹하게 취급하여 멈출 줄을 몰랐고, 강한 신하와 대(大)호족들이 찬탈과 시해를 서로 답습하여 화란이 끊이지 않았다. 7국으로 병합되면서 더욱 전쟁에 힘써 시체 조각들로 온 땅이 도배되자, 결국 형세는 변하지 않을 수 없게 되었다. 그러나 수천 년 동안 지속된 귀족의 세습체제 정국이 일시에 변화하기가 또한 쉽지 않았다.

그리하여 우선 하류계층에서부터 흥기했으니, 유세를 통해서는 범저(范雎), 채택(蔡澤), 소진(蘇秦), 장의(張儀) 등이 두 발의 힘만으로 재상이 되었고, 정벌전쟁을 통해서는 손빈(孫殯), 백기(白起), 악의(樂毅), 염파(廉頗), 왕전(王剪) 등이 맨몸 하나로 장수가 되었다. 이것은 이윽고 후세의 포의장상(布衣將相)의 선례를 열었으나, 천하를 겸병할 힘은 여전히 나라의 임금에게 달려 있었다. 하늘은 장차 그들의 힘을 빌어 통일을 이룩하려고 했으니, 진실로 하루아침에 저들을 깨끗이 쓸어버리고, 필부로 하여금 천하를 지배

7) 天有十日, 人有十等. 下所以事上, 上所以共神也. 故王臣公, 公臣大夫, 大夫臣士, 士臣皂, 皂臣輿, 輿臣隸, 隸臣僚, 僚臣僕, 僕臣臺, 馬有圉, 牛有牧, 以待百事. (「소공」 7년, 『좌전』, 1284쪽)

하게 할 수는 없었다. 그리하여 진시황으로 하여금 6국을 전부 멸하고 통일 국면을 열게 했던 것이다.

만약 진시황이 곧바로 인정을 베풀어(發政施仁) 인민과 더불어 소모된 국력의 회복에 힘썼더라면 화란은 일어나지 않았을 것인데, 아래로 세록지신(世祿之臣 : 대대로 공을 세워 녹을 받는 신하)은 아직 없을지라도 위로는 엄연히 체제를 계승한 군주였기 때문이다. 그러나 진시황은 오히려 [인민을] 공포 속으로 을러대고 모질고 독하게 들볶아서, 사람마다 반란의 마음을 품게 되었다. 온 천하는 들끓어올랐고 백성들은 사방에서 다투어 분연히 일어섰다. 이에 한 고조(漢高祖)가 필부로서 거사하여 군웅과 겨루어 물리치고 일존(一尊 : 통일 천하의 최고 지위)을 확정했다. 한 고조가 포의(布衣)로부터 일어난 만큼, 자연히 그의 신하들 역시 대부분 망명객이나 무뢰한의 무리였는데, 공을 세워 장군도 되고 재상도 되었으니 그것은 시운 때문이었다. 이로써 하늘에 의한 변동 국면은 마침내 정립되었다.

그러나 **초한 대립 시기(楚漢之際)에 6국이 각기 후예들을 내세웠을 때** 여전히 초(楚)나라 회왕(懷王) 심(心) ; 조(趙)나라 왕 알(歇) ; 위(魏)나라 왕 구(咎), 표(豹) ; 한(韓)나라 왕 성(成) ; 제(齊)나라 왕 전담(田儋), 전영(田榮), 전광(田廣), 전안(田安), 전시(田市) 등이 존재했고, 또 한나라가 공신을 봉할 때도 봉지를 떼어 팽월(彭越), 한신(韓信) 등을 제후왕으로 삼았고, 그뒤로도 주발(周勃), 관영(灌嬰)등을 열후로 봉했다. 사람들의 생각이 이전의 봉건제도에 익숙해 있던 까닭에 일시에 바꾸지 못했던 것이다. 그러나 결국 수년이 못 되어 6국의 임금들은 다 멸망했고, 한이 봉한 이성(異姓)의 8왕 가운데 7왕도 모두 멸망했다. 사람들 생각은 여전히 전통적 사고방식에 젖어 있었지만, **하늘의 뜻(天意)**이 이미 신국면으로 대치하는 것이었으므로, 그들을 제거하고 쉽게 변혁할 수 있었음을 알 수 있다. 그런데 그때에도 아직 천자의 자제들에게는 여러 나라를 나누어 봉해주었다가, 7국의 반란사건을 계기로 제후왕의 친정[親政]은 엄격히 금지되었고 천자의 조정에서 임명된 관리가 파견되었으며 제후왕은 조세권만은 가지고 있었으나, 대부분 사정에 의해서 제후의 지위를 상실했다.

그리하여 3대 이래로 후경(侯卿)의 세습제도는 마침내 말끔히 사라졌고, 그후로는 서인 가운데 과거를 통해서 관리를 선발하는 세상이 되었으니, 어찌 하늘의 뜻이 아니었겠는가?[8)]

우리가 조익이 말한 하늘의 뜻이란 것에는 동의하지 않더라도 귀족정치의 붕괴는 실로 당시의 대세였다. 이는 춘추시대에 이미 그 실마리가 보였었다. 즉 영척(寗戚)은 소를 먹이다가 제(齊)나라에서 벼슬자리를 얻었고, 백리해(百里奚)는 전쟁노예였다가 진(秦)나라에서 벼슬했는데, 이것은 서인이 관리로 상승한 경우였다. 『시(詩)』에는 [위(衛)에서 더부살이한] 여(黎)나라 제후의 부(賦)인 「식미(式微)」 편이 있고, 『좌전』은 "난씨, 극씨, 서씨, 원씨, 호씨, 속씨, 경씨, 백씨 등의 대부가 노예로 전락했다"[9)]고 했다. 공자는 본시 송(宋)나라의 귀족이었으나 "가난 때문에 벼슬하여", "창고지기를 한 적도 있고", "축사지기를 한 적도 있는데",[10)] 이것은 귀족이 서민으로 하강한 경우였다. 이처럼 계급제도는 점차 소멸하여 한 고조에 이르러서는 마침내 필부가 천자가 되었으니, 이는 정치제도와 사회조직의 근본적인 변동이었다.

귀족정치와 상호 연대적인 경제제도가 이른바 정전제도(井田制度)이다. 『시』에, "온 하늘 아래 임금의 땅 아닌 데 없고, 땅이 뻗치는 곳 어디에서나 임금의 신하 아닌 자 없다"[11)]고 했고, 『좌전』 소공 7년에, 우윤 무우(芋尹無宇)는 "천자는 천하를 경영하고 제후는 봉역을 다스리는 것이 고대 제도이다. 변경 안 어디인들 왕의 땅이 아니며, 그 땅의 소출을 먹는 자라면 누구인들 왕의 신하가 아니겠는가?"[12)]라고 말했다. 소위 왕토(王土) 또는 왕신(王臣)이라는 말을 후세에 오직 정치적 의미로만 해석했으나, 고대의 봉건제도하에서는 실제로 경제적인 의의를 겸하고 있었다. 앞에서 서술한 사회상의 여러 계급들은 정치적, 사회적 계급일뿐더러 경제적 계급이기도

8) 조익, 『입이사찰기(廿二史札記)』 권2.

9) 欒, 郤, 胥, 原, 狐, 續, 慶, 伯, 降在皂隸. (「소공」 3년, 『좌전』, 1236쪽)

10) "爲貧而仕", "嘗爲委吏矣", "嘗爲乘田矣." [『맹자』 10 : 5] 〈제4장,주19〉

11) 普天之下, 莫非王土 ; 率土之濱, 莫非王臣. [「소아(小雅)」 「북산(北山)」, 『시』]

12) 天子經略, 諸侯正封, 古之制也. 封略之內, 何非君土? 食土之毛, 誰非君臣? (『좌전』, 1283-84쪽) [芋尹 : 관직명]

했다. 고대의 봉건제도하에서 천자, 제후, 경대부는 정치적으로 경제적으로 인민의 주인이었다. 예컨대 주나라는 토지로써 그 자제들을 제후로 봉했으므로, 그 자제들은 그 토지의 군주 겸 지주였다. 제후가 다시 또 그 토지를 자제들에게 나누어주면, 그 자제들은 다시 서인들에게 나누어주고 경작하게 했다. 서인은 자신이 토지를 소유할 수 없었기 때문에, 오직 정치적으로나 경제적으로나 주인인 그들의 농노(農奴)일 뿐이었다. 『좌전』과 『국어(國語)』에 기록된 당시의 정치란 모두 몇몇 귀족들의 활동에 불과했고, 이른바 인민이란 평시에는 귀족을 위해서 일하고 전시에는 귀족을 위해서 목숨을 버릴 뿐이었다. 왕부지(王夫之, 1619-92, 호가 船山)는 말했다.

> 하, 은, 주 삼대의 나라들은 국토 면적이 좁아 지금의 한 현 정도였다. 벼슬살이가 100리를 벗어나지 않았으며 항상 경대부의 자제들이 가신(士 : 家臣)이 되었기 때문에 봉록을 세습하는 자는 토지를 세습했는데, 그것이 대대로 경영한 업이었다. 이름은 경대부였으나 실제로는 지금의 지방 호족에 불과했다. 그들은 대대로 자기 토지에 살면서, 대대로 그 경계 안에서 일을 보고, 대대로 저수지 따위를 수리하고, 대대로 **그들의 조경지맹**(助耕之氓 : 정전〔井田〕에서 농사 짓는 백성들)을 다스렸다.……[13]

"그들의 조경지맹"은 농노이다. 하증우(夏曾佑, 1863-1924)는 말했다.

> 정전제도에 대해서는 예나 지금이나 의견이 분분하다. 한당(漢唐)의 유자들이 하는 말에 의거하면, 옛날에 정말로 그런 사실이 있었고 또 옛 사람들이 그것을 바른 정치 실현의 근본으로 생각했던 것 같다. 그러나 근대 진화론의 관점에서 이해하면 그것은 있을 수 없었을 것 같다. 사회의 변화에는 천만 가지의 원인과 연유가 상호 견제작용을 하는데, 어떻게 천하의 재산을 일시에 균등하게 분배하는 일이 가능했겠는가? 그러므로 정전제도는 유가

13) 三代之國, 幅員之狹, 直今一縣耳. 仕者不出於百里之中, 而卿大夫之子恒爲士, 故有世祿者有世田, 卽其所世營之業也. 名爲卿大夫, 實則今鄕里之豪族而已. 世居其土, 世勤其疇, 世修其陂池, 世治其助耕之氓……. (『독통감론(讀通鑑論)』 권19, 『전서』 10, 711쪽)

> 의 이상에 불과했다는 말이다. 이 두 학설은 아직까지 미정이다.
>
> 이제 진한 교체기에 유가를 비난했던 전적에 의거하여 고증하건대, 옛날에 실제로 정전제도가 있었고 교화의 근간이었던 것 같다. 당시의 실정은 토지는 귀족의 전유물이었고 농부는 모두 토지에 딸린 노예였다고 할 수 있는데, 이것이 곧 **서민**(民)과 백관족성(百姓 : '百官族姓'을 지칭함, 고대에는 유덕한 인물에게 성씨를 하사했음)의 구분이었다. 이런 제도는 진(秦)의 상앙에 이르러서야 폐지될 수 있었다. 이것 역시 사회적 진화의 한 면이었다.[14)]

역사는 상앙(商鞅, 390-338B.C.)이 "정전을 파괴하고 논밭의 구획 경계를 없애자……마침내 왕제는 멸절되고, 신분과 분수가 무시되고 법도가 없어져서, 서인들 가운데 막대한 재산을 쌓은 부자가 생겼다"[15)]고 한다. 즉 농노해방(農奴解放) 뒤 "서민(民)"이 일어나 세력을 잡아 대지주가 될 수 있었던 것이다. 이른바 정전제도의 붕괴 역시 당시의 일반적인 추세였으니, 상앙은 다만 국가권력을 이용하여 의식적이고 대대적으로 파괴했을 뿐이다.

또한 상인계급도 기회를 타 세력을 잡았다. 『한서(漢書)』는 말한다.

> 주 왕실이 쇠약해져서 **예법이 무너졌다**……영향은 사서인(士庶人)에까지 미쳐 제도를 이탈하여 본업(本:농업)을 버리지 않는 자가 없었으므로, 농사짓는 인민은 줄어들고 떠도는 상인은 많아져 곡식은 부족했으나 상품은 남아돌았다.……이에 상인은 희귀한 재화를 유통시켰고, 공인은 쓸모 없는 기물들을 제작했고, 선비는 도에 배반되는 행실로 시대풍조를 붙좇고 세속적 물질을 취했다.……부자들은 건축물마다 아름다운 장식을 입히고 집안의 개나 말도 고기와 곡식을 남길 만큼 포식했다.……**호적에 편입된 서민은 똑같은 지위였건만 재력을 바탕으로 서로 지배했다.**[16)]

14) 하증우, 『중국역사(中國歷史)』 1권, 258쪽.

15) 壞井田, 開阡陌……王制遂滅, 僭差無度, 庶人之富者累鉅萬. (「식화지(食貨志)」, 『한서』, 1126쪽) [開 : '開設'이 아니라 '打開(깨다, 풀다)'의 뜻/『신편』]

16) 及周室衰, 禮法墮.……其流至乎士庶人莫不離制而棄本, 稼穡之民少, 商旅之民多, 穀不足而貨有餘.……於是商通難得之貨, 工作無用之器, 士設反道之行, 以追時好而取世資.……富者土木被文錦, 犬馬餘肉粟.……其爲編戶齊民, 同列而以財力相君. (「화식전(貨殖傳)」, 『한서』, 3681-82쪽)

즉 "왕제가 멸절되고" "예법이 무너졌기" 때문에, 서인들이 일어나 사유재산을 경영하여 부호가 되었다는 설명이다. 그러나 경제사관적 관점에서 보면, 농노와 상인들의 경제적 세력이 날로 증대했기 때문에, 귀족정치가 파괴되고 "왕제가 멸절되고" "예법이 무너졌다"고 할 수 있다. 상인계급이 일어나, 현고(弦高)는 상인으로서 진(秦)나라의 음모를 물리치고 정(鄭)나라를 보존했고, 여불위(呂不韋)는 거상으로서 진나라 재상이 되었다. 이것은 자본가가 당시의 정치외교상으로 직접적 관계를 낳은 경우이다. 요컨대 봉록의 세습제와 정전제가 파괴되고, 서민이 해방되어 사유재산을 경영하여 부호가 된 것인데, 이는 고대 경제제도의 일대 변동이었다.[17]

이런 여러 대변동은 춘추시대에 태동하여 한나라 중엽에 완성되었다. 이 수백 년간은 중국사회 진화의 일대 전환기였다. 이 시기에 중국인들이 만난 환경의 새로움이나 향수한 해방감의 크기는, 우리가 현재 만나고 향수하는 것을 제외하면, 지난 중국역사 가운데 아마 비교할 만한 것이 없을 것이다. 세계역사 가운데서도 근대인이

---

17) 【주】『좌전』 소공 16년조에 : 한선자(韓宣子 즉 韓起, 〈제4장,주39〉)에게 옥고리가 있었는데 다른 한 개가 정나라 상인의 수중에 있었다. 선자는 정나라 임금에게 그것을 얻어줄 것을 요청했다. 그러자 정나라 자산(子產)이 거절하며 대답하기를, "전에 우리 나라 선대 임금이신 환공(桓公)께서 주 왕실로부터 상인들과 함께 동으로 옮겨와 함께 협력하여 토지를 개간하여, 잡초와 잡목을 베어내고 나란히 살았습니다. 그리고 세세대대로 맹세함으로써 상호 신뢰했습니다. 그 맹세의 말인즉 '너는 나를 배반하지 말고, 나는 너의 물건을 강제로 사지 않겠고, 구걸하거나 강탈하지 않겠고, 네가 장사에서 이문을 남겼거나 값진 보화를 소유하더라도 나는 참견하지 않겠다'는 것이었습니다. 이런 신실한 맹세에 의지했기 때문에 지금까지 상호 지지할 수 있었습니다. 이제 그대가 우호적인 정의로써 우리 나라에 몸소 왕림하셨으면서도 우리에게 상인의 물건을 강탈하라고 하시니, 이는 우리 나라로 하여금 맹세를 배반하라는 말씀이시니, 불가한 일이 아니겠습니까?"(宣子有環, 其一在鄭商. 宣子謁諸鄭伯. 子產弗與.……曰 : "昔我先君桓公, 與商人皆出自周. 庸次比耦, 以艾殺此地. 斬之蓬蒿藜藿, 而共處之. 世有盟誓, 以相信也. 曰 : '爾無我叛, 我無強賈, 毋或匄奪. 爾有利市寶賄, 我勿與知.' 恃此質誓, 故能相保, 以至於今. 今吾子以好來辱, 而謂敝邑強奪商人, 是教敝邑背盟誓也. 毋乃不可乎?") (『좌전』, 1378-80쪽) 했다. 맹세의 내용을 살펴보건대 지금 보기에는 당연한 것을 두고 단단히 맹세했던 것이니, 귀족들이 상인을 속이고 억압하는 일이 당시에는 흔한 일이었고, 상인은 원래 지위가 낮았다는 사실을 엿볼 수 있다.

만나고 향수한 것을 제외하면, 아마 비교할 만한 것이 드물 것이다. 따라서 이 시기는 실로 중국역사 가운데 하나의 중요한 시기였다.

한 사회의 구제도가 날로 붕괴되는 과정 중에 자연히 보수적인 경향의 사람들은 "세상풍조가 예전과 같지 않고, 인심이 날로 하락하는 것"[18)]을 목도하고, 마침내 구제도의 옹호자로 나서게 되는데, 공자가 바로 그런 인물이었다. 그런데 구제도가 아직 동요하지 않을 때에는 그것이 구제도라는 사실 하나만으로도 사람들의 존경심을 일으키기에 충분했으나, 구제도가 이미 동요했다면 구제도의 옹호자는 당대의 군주 및 일반인들이 믿고 따르게 하려면 반드시 옹호하는 이유를 밝혀 구제도에 대한 이론상의 근거를 부여해야 했다. 이런 종류의 작업은 공자가 실마리를 열었고, 그후에 유가학파가 계승했다. 유가의 공헌은 바로 여기에 있다.

그러나 당시에 구제도의 점차적인 붕괴는 대세의 추이였기 때문에, 유가가 옹호한다고 해서 정지되지는 않았다. 공자에 이어 등장한 선비들 가운데 구제도를 비판하거나 반대한 자도 있었고, 구제도를 수정하려는 자도 있었고, 별도로 신제도를 수립하여 구제도를 대체하려는 자도 있었고, 모든 제도를 반대한 자도 있었다. 이는 구제도가 권위를 잃었으나 신제도가 아직 확정되지 않은 과도기에 사람들이 갈림길에서 배회할 때의 당연한 현상이다. 유가에서 이미 구제도를 이론적으로 옹호했기 때문에, 다른 각도에서 유가와 의견을 달리했던 자들도, 당대의 군주 및 일반인들이 그들의 주장을 믿고 따르게 하려면 반드시 그런 주장의 이유를 밝혀 이론적인 근거를 부여해야 했다. 순자(荀子)의 말처럼 열두 철학자들(十二子)은 모두 "주장이 근거가 있고 말이 이치가 섰던"[19)] 것이다. 사람들 사이에 이론을 중시하는 습관이 생겨, 그로부터 이른바 명가(名家)의 "견백동이(堅白同異)" 따위의 논변처럼 순전히 이론적인 흥취만 띤 것들도 일어났다. 이론화(理論化)의 시작이 곧 철학화(哲學化)의 개시이다.

18) 世風不古, 人心日下.

19) 持之有故, 言之成理. 〈제1장,주3 ; 제7장,주31,주41,주83〉

맹자는 말했다.

> **성왕은 출현하지 않고**, 제후는 방자하고, **처사(處士)들은 멋대로 의론한다.**[20]

장자는 「천하편(天下篇)」에서 말했다.

> 세상이 크게 어지러워져 **현성(賢聖)이 자취를 감추자**(不明 : 세상의 빛이 되지 못하다), **도덕에 일정한 기준이 없어져** 세상의 많은 사람들이 일면적 통찰을 얻어 자부했다.……**세상 사람들은 각기 소망사항을 추구하면서 스스로 도**(方 : 道)**라고 자처했다.**[21]

『한서』「예문지(藝文志)」는 말한다.

> 제자 10가(諸子十家) 중에서 일정 수준에 이른 것은 9가 뿐이다. 그것들은 모두 **왕도**(王道 : 주왕실 중심의 정치체제)**가 이미 쇠미하고** 힘의 정치를 구사할 즈음, **당시 군주들의 희로의 취향이 달랐던 데서** 비롯되었다. 그리하여 9가의 학술이 벌떼처럼 일제히 일어나, 각기 한 측면을 바탕으로 스스로 진리로 여긴 내용을 숭상하여, 그것을 가지고 변설을 구사하여 제후와의 영합을 도모했다.[22]

이른바 "성왕은 출현하지 않고", "현성이 자취를 감추고", "왕도가 이미 쇠미했다"고 함은 원래 있던 제도와 조직이 붕괴했다는 말이다. 이런 붕괴로 인하여 "도덕에 일정한 기준이 없어졌고", 따라서 "당시 군주들의 희노의 취향이 달랐고", "세상 사람들은 각기 소망사항을 추구하면서 스스로 도라고 자처했다." 고대철학의 발달은 당시의 사상과 언론의 자유에서 비롯되었는데, 사상과 언론이 자유로울 수 있었던 까닭은 당시가 하나의 커다란 해방의 시대이자 과도기였기 때문이다.[23]

---

20) 聖王不作, 諸侯放恣, 處士橫議. (『맹자』 6 : 9) 〈제7장,주2〉

21) 天下大亂, 賢聖不明, 道德不一, 天下多得一察焉以自好.……天下之人, 各爲其所欲焉以自爲方. (『장자(莊子)』, 855-56쪽) 〈부록4,주42,주29〉

22) 『한서』, 1746쪽. 원문은 〈부록4,주141〉 참조.

23) 【주】「예문지」에서 말한 "당시 군주들의 희노의 취향이 달랐다"는 점은 본디 전

3. 자학시대의 종결

흔히들 전국시대 말기를 고대철학의 종결시기로 여긴다. 대체로 일반인들은 진시황이 분서(焚書)를 단행하고[213B.C.] 온 천하에 "『시』, 『서(書)』와 백가의 학설서"[24] 소장을 금했기 때문에, 진나라 시대를 야만의 시대처럼 느끼며 이전의 학설들이 이때에 모두 소멸되었다고 여긴다. 그러나 사실 진시황은 "다만 민간 소장의 책만 불살랐지 관청의 서적은 불사르지 않았으며, 다만 학설의 사적인 전수만 금했지 국가의 박사에게 나아가 배울 수는 있게 했다."[25] 진시황과 이사(李斯)의 의도는 사상을 통일하려는 것이었지 당시의 학설을 모두 없애려는 것이 아니었다고 할 수 있다.[26] 그러므로 진시황이 세운 박사들 중에는 각 학파(各家)의 학자가 있었다.[27] 정연하고 획일적인 제도하에서 사상과 언론은 자유를 잃고, 학술의 발전은 참으로 상당한 저애를 받을 수밖에 없었지만, 진의 멸망이 급속했으므로 큰 영향을 끼치지는 못했다. 따라서 한(漢)나라 초에도 여

국시대 사상 발달의 한 원인이기도 하다. 그후의 황제나 고관 및 부호거상들의 학술에 대한 관계를 살펴보면 분명히 알 수 있다. 다만 춘추시대 당시의 군주들과 당시의 사회가 제창한 학술이 어째서 그 이후의 황제 등이 제창한 것과 달랐느냐 하는 점은 춘추전국시대의 정치적, 사회적, 경제적 배경을 떠나서는 설명할 수 없다. 당시의 군주들과 사회의 학술 제창은 춘추전국시대 특유의 형편이 아니기 때문에 자세히 논급하지 않는다.

24) 詩書百家語. [『사기(史記)』의 「진시황본기(秦始皇本紀)」 중의 이사의 건의문 참조]

25) 第燒民間之書, 不燒官府之書 ; 第禁私相授受, 可詣博士受業. (최적〔崔適, 1852-1924〕, 『사기탐원(史記探源)』, 57쪽 ; 정초〔鄭樵, 1104-1162〕, 『통지교수략(通志校讎略)』; 강유위〔康有爲, 1858-1927〕, 『신학위경고(新學僞經考)』 등 참조.)

26) 【주】진시황과 이사의 분서사건에 관하여, 그들이 불사른 범위의 분서와 의도에 대해서 아직까지 역사가들간에 정론이 없다. 그러나 전통의 통념처럼 진시황과 이사가 정말로 당시의 학설을 모조리 멸하여 "우민화(以愚黔首 : 愚民化)"를 기도했다손 치더라도, 진나라가 분서령을 내린 때부터 한나라의 군대가 함곡관에 진격할 때까지는 수년에 불과하므로, 당시의 학설을 모조리 멸하기는 사실상으로도 불가능했다.

27) 왕국유(王國維, 1877-1927), 「한위박사고(漢魏博士考)」, 『관당집림(觀堂集林)』 권4.

러 학파의 학설은 여전히 번성했다. 문제(文帝)는 황로 학파(黃老家)의 말을 좋아하여 자애와 검약(慈儉)*을 정치의 종지로 삼았고, 두태후(竇太后) 역시 황로의 말을 좋아했다. 개공(蓋公)은 조참(曹參)에게 청정(淸淨)으로 치국할 것을 가르쳤고, 급암(汲黯, ?-112B.C.)은 황로술을 닦아 청정을 위주로 인민을 다스렸다. 회남왕(淮南王)은 빈객들을 모아 책을 지으면서 각 학파의 학설을 섞어넣었다.[28] 사마담(司馬談)은 6가(六家)를 서술하면서 도가를 최고로 여겼다. 가의(賈誼)는 신불해와 상앙에 밝았고, 조착(鼂錯)은 일찍이 신불해와 상앙의 형명(刑名)의 학설을 배웠다. 공안국(孔安國)은 한비자(韓子)의 잡설(雜說)을 전수받았고, 주부언(主父偃)은 유세술(長短縱橫術 : 遊說術)을 배웠다. 『사기』와 『한서』에 다같이 명시된 내용들이다. 유흠(劉歆)은 「이양태상박사서(移讓太常博士書)」에서, "효문황제에 이르러 천하의 뭇 서적이 자주 상당히 발견되었다. 모든 제자(諸子)의 전승된 학설들은 학관에 모아졌고 담당 박사가 배치되었다"[29] 했다. 한 문제 때의 박사 중에는 각 학파의 학자들도 있었다는 사실을 알 수 있다. 『예기(禮記)』와 소위 『역(易)』「십익(十翼)」의 경우는 유가의 중요한 전적인데, 그 가운데에는 한나라 초의 유가 학파가 지은 것도 있다. 『춘추(春秋)』 공양가(公羊家)의 사상도 한나라에 이르러 비로소 유명학문(顯學)이 되었다. 따라서 유가 철학도 한나라 초에 비로소 완비된 것이다. 동중서의 대책문 내용을 보아도 당시의 정세를 알 수 있다.

동중서(董仲舒, 179?-104B.C.)는 대책문[136B.C.]에서 말했다.

---

* 『노자』 67장 : 三寶 : 一曰慈. 二曰儉. 三曰不敢爲天下先. 〈제8장,주72〉

28) 【주】『염철론(鹽鐵論)』「조착(鼂錯)」에 "지난날 회남왕과 형산왕이 문학을 정리, 편찬하면서 사방의 선비들을 불러모으자, 산동 지방의 유가, 묵가의 선비들은 모두 양자강과 회수 사이[즉 회남과 형산]에 모여들었다. 이치를 논하고 의론을 결집하여 수십 편의 책을 지었다(日者淮南衡山, 修文學, 招四方遊士. 山東儒墨, 皆聚於江淮之間. 講義集論, 著書數十篇)"고 했다(『염철론』, 113쪽). 당시에 묵가도 여전히 존재하고 있었음을 알 수 있다.

29) 至孝文皇帝,……天下衆書, 往往頗出. 皆諸子傳說, 猶廣立於學官, 爲置博士. (「유흠전(劉歆傳)」, 『한서』, 1968-69쪽)

> 『춘추』의 대일통(大一統) 원칙은 우주의 영원한 이치요, 만고불변의 지당한 도리입니다. 그러나 오늘날 스승된 자들은 저마다 이념(道)이 다르고, 사람마다 주의주장(論)을 달리하며, 백가(百家)는 서로 방침(方)이 다른지라 근본 사상 또한 저마다 다릅니다. 그리하여 통치자들은 일통(一統)을 유지할 수단을 얻지 못하고 그에 따라 법제가 자주 바뀌는 바람에, 아래의 백성들은 무엇을 준수해야 할지 모르게 되었습니다.
>
> 따라서 신(臣)의 생각에는, 육예(六藝)의 과목 혹은 공자의 학술에 해당되지 않는 것들은 전부 다 그 이념을 단절하고 나란히 행세하지(더 이상 발전하지) 못하게 하여 사특하고 괴이한 설들이 멸식된 다음에야 비로소 일통의 기강을 확립할 수 있고 법도(法度)를 밝힐 수 있으며 나아가 백성들도 따라야 할 바를 알게 되리라고 봅니다.[30]

> ○선비 양성이라는 중대사에서 태학(太學)보다 더 중요한 것은 없습니다. 태학이란 현명한 선비가 탄생되는 곳이자 교화의 본원입니다.……바라건데 폐하께서는 태학을 진흥하셔서 명철한 스승을 임직시켜 천하의 선비들을 양성하소서.[31]

"한 무제(漢武帝 : 재위 140-87B.C.) 초기에, 위기후(魏其侯)와 무안후(武安侯)가 재상에 임명되면서부터 유가는 융성했다. 드디어 동중서의 대책문에서는 공자를 공공연히 찬양하고 여타의 백가를 억눌러 배척했는데, 학교의 관청을 세워 주(州), 군(郡)마다 수재(茂材 : 秀才)와 효렴(孝廉)을 천거한 것은 모두 동중서로부터 비롯되었다."[32] 이 이후부터 이익과 봉록에의 길로서 유학이 제창되고, 동시

30) 『春秋』大一統者, 天地之常經, 古今之通誼也. 今師異道, 人異論, 百家殊方, 指意不同. 是以上無以持一統, 法制數變, 下不知所守. 臣愚以爲諸不在六藝之科, 孔子之術者, 皆絕其道, 勿使並進, 邪辟之說滅息, 然後統紀可一, 而法度可明, 民知所從矣. (「동중서전(董仲舒傳)」, 『한서』, 2523쪽) [大一統 : the principle of Great Unification]

31) 養士之大者, 莫大乎太學. 太學者, 賢士之所關也, 教化之本原也.……臣願陛下興太學置明師, 以養天下之士. (「동중서전」, 『한서』, 2512쪽)

32) 自武帝初, 立魏其武安侯爲相, 而隆儒矣. 及仲舒對冊, 推明孔氏, 抑黜百家, 立學校之官, 州郡擧茂材孝廉, 皆自仲舒發之. (「동중서전」, 『한서』, 2525쪽)

에 유학은 결국 위에서 규정하는 유학이 되었다. 이리하여 "천하의 영웅은 모두 제도권에 흡수되고 말았으니",[33] 춘추시대 이후 언론과 사상의 지극히 자유롭던 분위기는 여기서 없어지고 말았다.

동중서의 주장이 시행되면서 자학시대(子學時代)는 끝이 나고, 동중서의 학설이 수립되면서 경학시대(經學時代)가 시작된다. 대체로 음양오행가(陰陽五行家)의 사상은 유가(儒家)와 결합되어, 동중서에 이르러 체계적으로 표현되었다. 이 이후부터 공자는 신(神)으로, 유가는 유교(儒敎)로 변했다. 소위 고문학(古文學)이 출현하고 나서야 공자는 점차 인간으로, 유교는 점차 유가로 회복되었다. 상세한 내용은 제2편(하권)에서 다룬다.

4. 고대 대(大)과도기의 종결

한 무제와 동중서의 사상통일 정책은 바로 진시황과 이사의 정책이었다. 어째서 진시황은 실행에 실패했으나, 한 무제는 실행에 성공했는가? 여기에 대한 원인은 실로 매우 복잡하다. 그러나 분명한 점은 춘추시대부터 개시된 정치적, 사회적, 경제적 대변동이 한나라 중엽에 이르러서는 점차 정지했는데, 그런 특수한 정세가 이미 사라졌기 때문에 그 시대 학술상의 특징, 즉 "처사들은 멋대로 의론하고"〈주20〉 "세상 사람들은 각기 소망사항을 추구하면서 스스로 도라고 여겼던"〈주21〉 특징은 자연히 존재의 근거를 상실했다는 사실이다. 앞에서 춘추전국시대에 일어난 각 방면의 여러 대변동은 모두 구문화와 구제도의 붕괴에서 비롯되었다고 말했다. 구문화와 구제도가 붕괴하면 할수록 사상과 언론은 더욱 자유로워진다. 진나라는 6국을 멸하고 통일을 이룩하자, 황실을 제외한 여타의 본래 귀족들을 전부 평민으로 평정해버렸다. 표면상으로는 춘추시대 이래의 변동 국면이 끝맺어졌다고 할 수 있다. 그러나 실제로는 귀족의 잔존 무리가 아직도 일부 세력을 보유하고 있었기 때문에, 진

33) 天下英雄, 盡入彀中. [文皇帝修文偃武,……喜曰:'天下英雄入吾彀中矣.']

시황이 사망하자마자 귀족들은 다시 일어났고, "초한 대립 시기에 6국이 각기 후예들을 내세웠던 것이다."〈주8〉 그러나 이 귀족 부흥은 일종의 "회광반조(迴光返照 : 해 지기 직전의 반사광)"로서 최후의 몸부림(強弩之末) 같은 것이었기에, 평민 출신의 한 고조가 마침내 군웅을 멸하고 일존(一尊)을 확정했다. 한 고조는 비록 여전히 자제와 공신들을 제후로 봉하기도 했지만, 이때와 그 이후의 봉건제도는 정치적 의미만 있었고 경제적 의미는 없었다. 한나라 중엽에 이르러 정치 및 사회상의 신질서는 이미 점차 안정되었다. 경제방면에서도 사람들은 경제의 자연적인 추세로부터 발생한 신제도에 점차 안정했다. 『한서』에 따르면 "호적에 편입된 서민은 똑같은 지위였건만 재력을 바탕으로 서로 지배했으므로〈주16〉 설령 종이 되더라도 성을 내는 기색은 없었다."[34] 귀족정치의 안목으로 본다면 호적에 편입된 서민이 똑같은 지위에서 어떻게 재력으로써 상대를 지배하겠는가! 그러나 경제의 자연적인 추세에 따라 마침내 그와 같이 된 것이다. "설령 종이 되더라도 성내는 기색은 없었으니", 이미 사람들은 그런 신경제질서에 안정했음을 알 수 있다. 한나라는 비록 중농억상(重農抑商) 정책을 펴기는 했지만 이런 사회적, 경제적 질서를 결코 근본적으로 변경할 수는 없었다. 춘추시대부터 개시된 대과도기는 여기서 종결되고, 한때 왕성했던 사상도 여기서 쇠했다. 이 이후부터 현대 이전에 이르기까지 중국의 정치·경제 제도와 사회조직은 왕망(王莽 : 재위 8-23A.D.)이 정치적 힘으로써 한때나마 강제 개혁한 것 외에는 근본적인 변동이 없었기 때문에, 자학시대의 사상적 특수 상황도 다시 나타나지 않았던 것이다.

5. 고대의 저술체재

앞에서 중국철학 진보의 자취를 살피려면, 첫째로 각 시대의 자료는 바로 그 시대에 귀속시키고, 아무개의 말은 바로 그 아무개에

34) 其爲編戶齊民, 同列而以財力相君, 雖爲僕虜, 猶無慍色. (「화식전」, 『한서』, 3682쪽)

게 귀속시켜야 한다고 말했다〈제1장,제11절〉. 이것은 참으로 이상적인 방법이지만, 고대철학을 논할 때에 적용하는 것은 상당한 곤란이 뒤따른다. 가령 이 기준을 가지고 통상 춘추전국시대의 것이라고 여기는 서적을 분별하면, 예컨대 『열자(列子)』는 바로 위진시대 사람의 저작이므로, 위진시대 일부 사람들의 사상을 대표하는 것으로 보아야 한다. 현재 이 책은 당연히 위서(僞書)로 여겨지고 있으므로 이처럼 시대를 뒤로 옮겨야 한다. 그런데 우리가 진서(眞書)로 여기는 책, 예컨데 『묵자(墨子)』나 『장자(莊子)』 등은 물론 고대로 귀속시킬 수 있지만, 현재 『묵자』나 『장자』의 사상 가운데 어느 부분이 과연 참으로 묵자나 장자 자신의 것인지는 상당히 단정하기가 어렵다. 이 점에서 우리는 고대의 저술체재를 밝히지 않을 수 없다. 장학성은 말했다.

> 제자(諸子)는 저마다 자기의 학설을 바탕으로 천하를 개혁하려고(易天下) 생각했다. 본래 그들은 자기들의 도(道)를 아무도 능가할 수 없는 것으로 만들려고 했으므로 말과 글의 출처를 사사로이 가린 적이 없었다……한 사상가의 언행을 편집할 때 모두가 반드시 그 자신이 논술한 것일 필요는 없었다. 관중(管仲)이 [『관자(管子)』에] 자신의 사후에 생긴 일을 기록한 것이나, 한비가 [『한비자(韓非子)』에] 그에 대한 이사의 반박의론을 실어놓은 것 등이 그렇다. 『장자』의 「양왕(讓王)」, 「어부(漁父)」 편 등을 소식[蘇軾]은 위작(僞託)이라고 했는데, 위작이 아니라 장자 학파가 덧붙인 것일 뿐이다. 『안씨춘추(晏氏春秋)』를 유종원[柳宗元]은 묵학도의 글이라고 했는데, 안자(晏子)가 묵학도였던 것은 아니고, 묵학(墨學)을 좋아한 사람이 안자의 사례를 서술하여 책 이름으로 삼은 경우로서, 마치 맹자가 「고자(告子)」, 「만장(萬章)」 등으로 편명을 삼은 경우와 같았다.……
>
> 제자(諸子)의 분연한 홍기는, 도술이 이미 분열되자, 각자의 편향적인 총명과 재능을 바탕으로, 저마다 대도(大道)의 한 측면을 획득하여, 마침내 그것으로써 천하를 개혁하려고 한 데서 비롯되었다. 그들은 주장이 근거가 있고 말은 이치가 섰었으므로(其持之有故而言之成理者), 이윽고 그들의 학술은 부연되고 추종자들에게 전수되었던 것이다. 충분히 그 도술을 드러내고

그 종지를 수립하면 그만이었고, **맨 먼저 저술한 부분과 나중에 덧붙인 부분**이 주장수립(立言)의 업적 측면에서 서로 분리된 적이 없었다.[35]

이 말은 여전히 고대를 이상화한 감이 농후하나, 옛 사람들의 저술 체재에 대한 설명은 사실에 부합하는 것 같다. 옛 사람들은 역사 관념과 "저작자" 관념에 밝지 못했기 때문에, 현재 전국시대 이전의 아무아무자(子)라고 이름 붙여진 모든 책들은 원래부터 꼭 아무아무자가 손수 써서 완성한 것임을 뜻하지는 않는다. 그 가운데 "맨 먼저 저술한 부분과 나중에 덧붙인 부분"을 옛날에는 본시 분간할 필요가 없다고 여겼지만, 지금은 대부분 분간할 수 없게 되었다.[36] 따라서 현재 전국시대 이전의 아무아무자라고 이름 붙여진 대다수의 책들은 아무아무자 일파의 책으로 보아야지, 아무아무자 한 사람의

35) ……諸子思以其學易天下. 固將以其所謂道者爭天下之莫可加, 而語言文字, 未嘗私其所出也.……輯其言行, 不必盡其身所論述者, 管仲之述其身死後事, 韓非之載其李斯駁議是也. 『莊子』「讓王」「漁父」之篇, 蘇氏謂之僞託 ; 非僞託也, 爲莊氏之學者所附益耳. 『晏氏春秋』, 柳氏以爲墨者之言 ; 非以晏子爲墨, 好墨學者述晏子事以名其書, 猶孟子之「告子」「萬章」, 名其篇也.……諸子之奮起, 由於道術旣裂, 而各以聰明才力之所偏, 每有得於大道之一端, 而遂欲以之易天下. 其持之有故而言之成理者, 故將推衍其學術, 而傳之其徒焉. 苟足顯其術而立其宗, 而援述於前, 與附衍於後者, 未嘗分居立言之功也. (「언공상(言公上)」, 『문사통의』, 170-71쪽)

36) 【주】이 점은 이미 많이 언급되었다. 손성연(孫星衍, 1753-1818)은 "자(子)라고 지칭되는 모든 책들은 대부분 그 자신이 지은 책이 아니다"고 했고(「안자춘추서(晏子春秋序)」, 『문자당집(問字堂集)』 권3, [漢文大系 21, 『안자춘추』 부록]), 엄가균(嚴可均, 1762-1843)은 "선진시대(先秦時代)의 제자(諸子)는 모두 제자나 빈객 혹은 자손이 편찬한 것이고 반드시 직접 지은 것은 아니었다"고 했다(「서관자후철교만고(書管子後鐵橋漫稿)」). 대체로 현존하는 선진시대의 책들은 모두 한나라 사람의 정리와 편집을 거친 것들이다. 예컨대 『묵자』와 『장자』의 경우 현재 전하는 모습의 것은 본디 선진시대에 없었다. 선진시대에 있었던 것은 다만 서로 연결되지 않는 각 편들, 예컨대 「상동(尙同)」, 「겸애(兼愛)」, 「제물론(齊物論)」, 「소요유(逍遙遊)」 등이었다. 한인이 선진시대의 전적을 정리할 때, 동일 학파의 각 편들을 모아 한 책으로 편집하여 아무개자(子)라고 이름 붙였던 것으로서, 아무개 학파의 저작임을 뜻했을 따름이다. 여기에는 하나의 예외도 있다. 즉 『여씨춘추(呂氏春秋)』는 선진시대의 책이지만 본래부터 하나의 온전한 저서이다. 이 책이 완성되자 여불위는 서울 성문에 걸어놓고 자신을 과시했는데, 그것이 당시로서는 드문 성취였음을 알 수 있다.

책으로 보아서는 안 된다. 예를 들면 현재 『묵자』나 『장자』로 이름 붙여진 책은, 묵학 총서나 장자학 총서로 보아야지, 한 사람의 저작으로 보아서는 안 된다. 근래에 사람들이 이 책들을 이미 공들여 분석한 덕분에, 예컨대 『묵자』 속의 「경(經)」과 「경설(經說)」 편 등은 묵자 본인의 말이 아닌 것으로 인식할 수 있지만, 「천지(天志)」나 「상동(尙同)」 등과 그외의 여러 편들 중에서 "맨 먼저 저술한 부분과 나중에 덧붙인 부분"을 과연 절대적으로 분간할 수 있을까? 이 책에서 고대 제가(諸家)의 학설을 서술하는 것은 다만 고대에 이런 학설이 있었고 이런 사상체계가 있었다는 것일 뿐이지, 그런 체계가 과연 그 체계를 대표하는 한 사람이 수립한 것인지 아니면 이미 "후세"의 수정과 보완을 거친 것인지 등에 대해서는 감히 단정할 수 없다.

고대철학은 대부분 바로 과거의 이른바 제자의 학(諸子之學) 안에 존재한다. 따라서 중국철학사상 고대는 자학시대라고 할 수 있다. 이 시대의 제자를 사마담은 음양(陰陽), 유(儒), 묵(墨), 명(名), 법(法), 도덕(道德)의 6가(家)로 나누었다.[37] 가(家)라고 이름한 이유는 제자가 모두 개인적으로 강학했기 때문이다. 유흠은 6가 외에 농(農), 종횡(縱橫), 잡(雜), 소설(小說)의 4가를 더하여 모두 10가로 하면서, "그중에서 일정 수준에 이른 것은 9가 뿐이다"〈주22〉고 했다. 그러므로 이 9가에는 철학과는 무관한 것도 들어 있다. 이제 철학과 관계 있는 것을 골라 발생순서에 따라 차례대로 논한다.

37) 「태사공자서(太史公自序)」, 『사기』, 3288쪽.

제3장 공자 이전과 당시의 종교·철학사상

공자 이전에는 개인의 저작이 없었으므로, 이제 『시(詩)』, 『서(書)』, 『좌전(左傳)』, 『국어(國語)』[3-4B.C. 편집]에 나오는 말을 수집해보면, 공자 이전과 당시의 종교·철학사상을 대표할 수 있고, 공자 이전과 당시의 인지(人智)의 대강을 엿볼 수 있을 것이다.

1. 귀신

원시시대에 인간의 인식이 처음 열릴 즈음, 흔히들 우주간 사물은 모두 신(神)이 통치하고 있다고 여겼다. 『국어』는 말한다.

> 초(楚)나라 소왕(昭王 : 재위 515-489B.C.)이 관역보(觀射父)에게 물었다.
>
> "『주서(周書)』에 중(重)과 여(黎)가 천상과 지상의 상통을 차단했다는 말이 있는데 무슨 뜻인가? 그렇지 않았다면 사람이 장차 승천할 수도 있었다는 이야기인가?"
>
> "그런 말이 아니옵니다. 고대에는 사람과 신령은 [그 영역이] 서로 섞여 있지 않았습니다. 사람들 중에서 그 영혼이 투명하고 영험하여 의심을 품을 줄 모르는 순일한 사람이 경건하고 엄숙하며 치우침 없이 올곧을 경우, 천상과 지상 간에서 항상 이치에 합당한 도리만을 유추할 수 있을 만큼 지혜롭고(知), 멀리까지 빛이 되어 광명을 널리 베풀 수 있을 만큼 성스럽고(聖), 모든 것을 훤히 비추어볼 수 있을 만큼 사리에 밝고(明), 모든 것을

죄다 간파할 수 있을 만큼 총명하게(聰) 되었습니다. 그렇게 되면 곧 신명이 강림했는데, 신명이 강림한 남자의 경우 격(覡 : 박수)이라고 했고 여자의 경우 무(巫 : 무당)라고 했습니다. 이들을 통해서 신령들의 **처소와 지위와 서열을 제정하고** 희생제물과 제기 및 시절에 맞는 제복을 제작했습니다. ……그리하여 천(天), 지(地), 신(神), 민(民), 만물(萬物)에 대한 관직(官)이 각각 존재했는데, 이것을 5관(五官)이라고 일컬었으며, 이들은 각자의 질서를 수호하여 서로 문란되는 법이 없었습니다. 그래서 사람들은 충직하고 신실할 수 있었고, 신령들은 신명한 덕을 보존할 수 있었습니다. 사람과 신령은 그 소임이 달랐으므로 서로 삼가고 모독하지 않았습니다. 따라서 신령은 축복스러운 생산물을 내려주었고, 사람들은 제물을 장만하여 제사를 올렸으므로 어떠한 재앙도 닥치지 않았고 구하는 물품들이 결핍되는 일도 없었습니다.

그런데 소호(少皞)*에 이르러 마침내 세상은 쇠했고, 구려(九黎 : 소호 때의 제후, 나중의 三苗氏)가 도덕체계를 뒤집어엎자, **사람과 신령은 분별 없이 혼잡되었고**, 만사만물의 본분을 바룰 도리가 없어졌습니다. 대체로 사람들은 제멋대로 제사를 지냈으며 집집이 무(巫)와 사(史)의 일들을 벌였는데, 그러나 그것은 진실에의 희구와는 거리가 멀었습니다. 사람들은 제사에 재물을 탕진하면서도 [진정한 제사가 주는] 복의 의미를 깨닫지 못했습니다. 제사의 제물을 올리는 데에도 절도가 없어졌고, **사람과 신령의 지위가 같아졌습니다.** 사람들은 재계와 맹세를 모독하여 경외심이 없어졌고, 신령은 **사람들 방식에 친압하여** 그 소임을 정화할 수 없었습니다. 그리하여 축복스런 생산물은 더 이상 지상에 내려지지 않았고 따라서 제사에 올릴 제물도 장만할 수 없게 되었습니다. 마침내 재난과 재앙이 거듭 닥쳐 아무도 제 운세를 다할 수 없었습니다. 전욱(顓頊)**이 이런 세상을 이어받아 바로 남정(南正 : 陽位의 長)인 중(重)에게 천상을 관장하게 하여 신령은 신령대로 회합시키고, 북정(北正 : 陰位의 長)인 여(黎)에게 지상을 관장하게 하여 사람은 사람대로 회합시켰습니다. 그리하여 고대 법도를 다시 회복함과 동시에 서로 범하거나 모독

* 少皞 : 少昊. 황제(黃帝)의 아들, 형벌(刑)을 주관하는 금덕(金德)의 추제(秋帝).

** 顓頊 : 황제의 손자. 고양씨(高陽氏). 소호를 보좌했고 20세에 제위에 올랐다.

하지 못하도록 했던 것입니다. 이것을 일컬어 절지천통(絕地天通)*이라고 했습니다."[1)]

여기에 나오는 말들이 비록 모두 역사적 사실인 것은 아니겠지만 고대 미신의 상황은 대략 이런 부류였다. 박수와 무당이 신령들(神)을 위해서 "처소와 지위와 서열을 제정"해야 했은즉, 신령들이 많았음을 알 수 있다. 신령은 복을 주고 흠향하고 사람의 몸을 통해서 강림할 수 있었은즉, 인격적이었음을 알 수 있다. "사람과 신령이 분별 없이 혼잡된" 즈음에 이르러서는, "사람과 신령"은 "지위도 같아졌고" "신령"은 "사람들 방식에도 친압"했은즉, 신령의 행동거지 역시 사람과 다름이 없었다. 당시 사람들은 미신은 있었으나 지식은 없었고, 종교는 있었으나 철학은 없었다. 당시 사람들이 믿은 내용은 바로 그리스 인이 믿었던 종교와 같고, 그들이 믿은 신들은 바로 그리스 인의 신들과 같았다. 하(夏), 상(商) 이후에는 "천(天 : 하늘)"과 "제(帝 : 하느님)"의 관념이 생겼고 일신론이 점차 세

* 『신편』I, 61쪽 : 고대에 "중과 여에게 명하여 '절지천통'을 단행했다(乃命重黎, 絕地天通)"(『서경』, 「여형」)는 전설이 있었다. 그후 관역보의 해석에 따르면 "절지천통"은 "지상의 백성들이 천상의 신령과 상통하는 술책(道)을 차단했다"(『국어』, 위소〔韋昭〕 주〔注〕)는 것으로서, 즉 그들의 환상적인 것이 천상의 신령적인 것과 교통하는 것을, 신령을 전문적으로 제사하는 사람들 수중으로 제한했다는 뜻이다. 이런 부류의 사람들을 "무(巫)"혹은 "축(祝)"이라고 일컬었는데, 왕은 바로 "무"와 "축"의 수령이었다. 그리하여 왕은 마음대로 "하느님(上帝)"의 이름을 이용하여 일반 백성을 통치하고 압박하고 수탈할 수 있었다.

1) 昭王問於觀射父曰 : "『周書』所謂重黎實使天地不通者, 何也? 若無然, 民將能登天乎?" 對曰 : "非此之謂也. 古者民神不雜, 民之精爽不携貳者, 而又能齊肅衷正, 其知能上下比義, 其聖能光遠宣朗, 其明能光照之, 其聽能聽徹之, 如是則神明降之, 在男曰覡, 在女曰巫. 是使制神之處·位·次主, 而爲之牲·器·時服.……於是乎有天·地·神·民·類物之官, 謂之五官, 各司其序, 不相亂也. 民是以能有忠信, 神是以能有明德, 民神異業, 敬而不瀆. 故神降之嘉生 ; 民以物享, 禍災不至, 求用不匱. 及少皞之衰也, 九黎亂德, 民神雜糅, 不可方物. 夫人作享, 家爲巫史, 無有要質. 民匱於祭祀而不知其福. 烝享無度, 民神同位. 民瀆齊盟, 無有嚴威. 神狎民則, 不蠲其爲. 嘉生不降, 無物以享. 禍災荐臻, 莫盡其氣. 顓頊受之, 乃命南正重司天以屬神, 命火[火 : 北]正黎司地以屬民. 使復舊常, 無相侵瀆. 是謂絕地天通." (「초어(楚語)」 하, 『국어』, 559-62쪽)

력을 얻는 듯했지만, 다신론이 결코 소멸하지는 않았다. 『좌전』과 『국어』에서는 "하늘" 외에 신령(神)도 많이 언급하고 있다. 주 여왕(周厲王 : 재위 878-42B.C.) 때, 병량부(芮良夫)가 말했다.

> 무릇 인민의 왕인 사람은 마땅히 온갖 이익을 창출하여 상하 모든 사람들에게 베풀어주어야 합니다. 신령(神)과 사람 모두가 저마다 최대한의 역량을 발휘할 수 있게끔 해야 합니다.[2)]

『좌전』 환공(桓公) 6년[706B.C.], 계량(季梁)이 말했다.

> 이른바 도(道)란 인민에게 충직하고 신령에게 신실한 것을 말합니다. 위정자가 인민의 이익에 대해서 숙고하는 것이 충(忠 : 충직)이며, 축사(祝史 : 제사의 기도 주관자)가 [임금에 대한 헛된 찬사 대신] 숨김 없이 바르게 말하는 것이 신(信 : 신실)입니다.[3)]

또 장공(莊公) 10년[684B.C.], 조귀(曹劌)가 말했다.

> [의식의 분배 따위의] 소소한 혜택은 모든 사람에게 베풀 수 없는 것이므로 [그것을 베푼다고 해서] 인민이 붙좇을 리 없습니다. 잠깐 동안의 정성이 모든 것을 포괄할 수는 없으므로 신령(神)이 복을 줄 리 없습니다.[4)]

『국어』 혜왕(惠王) 15년[662B.C.], 신(莘) 지방에 신령이 강림하자, 내사(內史)* 과(過 : 周의 大夫)가 말했다.

> 장차 흥성할 국가는 임금이 공명정대하여 치우침 없이 올곧고 깨끗하고 은혜롭고 온화합니다. 그의 덕은 덕화의 향기를 드날리기에 넉넉하고, 그의 은혜는 인민을 하나로 화합하기에 넉넉합니다. 신령은 흠향하고 인민은 청종하여 인민도 신령도 원망이 없는 까닭에, 그 나라에 신명한 신령이 강림하여 정치적 덕망을 관찰하고는 골고루 복을 내립니다. 장차 망할 국가는 임금

---

2) 夫王人者, 將導利而布之上下者也. 使神人百物, 無不得其極. (「주어(周語)」 상, 『국어』, 12쪽)

3) 所謂道, 忠於民而信於神也. 上思利民, 忠也 ; 祝史正辭, 信也. (『좌전』, 111쪽)

4) 小惠未偏, 民弗從也.……小信未孚 神弗福也. (『좌전』, 182쪽)

* 內史 : 주나라의 관명. 천자의 팔방(八枋 : 爵, 祿, 廢, 置, 殺, 生, 予, 奪)을 관장했다.

이 탐욕스럽고 부정하여 음란, 방탕하고 거칠고 게으릅니다.……인민과 신령은 원통하여 하소연할 데조차 없는 까닭에, 그 나라에 신령이 왕림하여 학정과 악행을 살피고는 재앙을 내립니다.……이로써 보건대 그것은 아마 **단주**(丹朱 : 堯의 아들)**의 신령**임에 틀림없습니다.[5)]

『좌전』 희공(僖公) 5년[647B.C.], 궁지기(宮之奇 : 虞의 대부)가 말했다.

신령은 결코 특정인을 친애하지 않고 오직 유덕자를 지지합니다.……그러므로 덕이 아니면 인민은 화합하지 않으며 신령은 흠향하지 않습니다. 만약 진(晋)나라가 우(虞)나라를 차지한 다음 명덕(明德)을 향기로운 제물로 삼아 신령께 바친다면 신령이 어찌 역겨워하겠습니까?[6)]

『국어』「진어(晋語)」 문공(文公) 4년[647B.C.], 서신(胥臣 : 晉의 대부)이 말했다.

[문왕은] **백신**(百神 : 모든 신령)**을 편안하게 하고, 만민을 화평하게 했습니다.** 그런 까닭에 『시』는 이렇게 말합니다.

"[문왕은] 대신들의 의견을 좇았으니, 원한을 품은 신령이 없었네."[7)]

『국어』 주 양왕(周襄王) 18년[634B.C.], 왕이 말했다.

옛날 나의 선왕은 천하를 다스리면서 사방 1,000리를 구획하여 왕성[王城]으로 삼아, 하느님 및 명산대천의 백신(百神)께 제를 올렸다.[8)]

---

5) 國之將興, 其君齊明衷正, 精潔惠和. 其德足以昭其馨香, 其惠足以同其民人. 神饗而民聽, 民神無怨, 故明神降之. 觀其政德, 而均布福焉. 國之將亡, 其君貪冒辟邪, 淫佚荒怠.……民神怨痛, 無所依懷. 故神亦往焉, 觀其苛慝, 而降之禍.……若由是觀之, 其丹朱之神乎? (「주어」 상, 『국어』, 30-32쪽)

6) 鬼神非人實[實:是]親, 惟德是依.……如是則非德, 民不和, 神不享矣.……若晉取虞, 而明德以薦馨香, 神其吐之乎? (『좌전』, 309-10쪽)

7) 億寧百神而柔和萬民, 故『詩』云 : "惠於宗公, 神罔時恫." (「진어」 4, 『국어』, 387쪽)

8) 昔我先王之有天下也, 規方千里, 以爲甸服,以供上帝山川百神之祀. (「주어」 중, 『국어』, 54쪽) [甸服 : 왕성 주위 오백 리(즉 사방 천 리) 이내의 지역]

『좌전』 양공(襄公) 14년[569B.C.], 사광(師曠 : 晉의 樂大師인 子野)이 말했다.

무릇 임금이란 신령의 제사 주관자이자 인민의 희망이옵니다.[9)]

또 소공(昭公) 원년[541B.C.], 유정공(劉定公)이 말했다.

……그것은 바로 조맹(趙孟)을 두고 한 말입니다.……조맹은 신령과 인민 모두를 저버렸습니다. **신령이 노하고 인민이 배반하는** 형국에 어떻게 장구할 수 있었겠습니까?[10)]

이상의 인용에서 누차 백신(百神)을 언급했은즉 신령이 많았음을 알 수 있다. 신령과 인민을 병칭했은즉, 집정자의 최대 책무는 "백신을 편안하게 하고, 만민을 화평하게 하는" 데에 있었다. 그러지 못하면 "신령이 노하고 인민이 배반하여" 장구할 수 없었다. 주나라 양왕이 또 하느님(上帝)과 백신을 병칭했은즉, 하느님은 백신의 하나가 아니었다. 내사 과는 신 지방에 강림했다는 어떤 신령을 단주의 신령으로 여겼은즉, 적어도 신령의 일부는 바로 인귀(人鬼)였다. 귀신에 대한 기록은 『좌전』의 여러 곳에 있다. 『묵자(墨子)』 「명귀편(明鬼篇)」 역시 귀신에 관한 많은 고대 전설을 서술했다. 귀신에 대한 이러한 신앙은 그후 점차 쇠퇴했다. 공자는 "귀신은 공경하되 멀리했으며",[11)] "조상께 제사를 드릴 때에는 조상이 앞에 계신 듯이 정성을 다하고, 신령께 제사를 드릴 때에는 신령이 앞에 계신 듯이 정성을 다했다."[12)] 그는 또 "사람도 제대로 돌보지 못하거늘, 어떻게 귀신을 돌볼 수 있겠느냐?"[13)] 했다. 공자는 귀신의 존재에 대해서 회의적인 태도를 지녔던 까닭에 보류해두고 논하지 않았다면(存而不論), 묵자는 사람들이 귀신을 불신하여 세상이 대혼란

9) 夫君, 神之主也, 而民之望也. (『좌전』, 1016쪽)
10) ……其趙孟之謂乎?……棄神人矣. 神怒民叛, 何以能久. (『좌전』, 1210-11쪽)
11) 敬鬼神而遠之. [子曰 : 務民之義, ～, 可謂知矣.] (『논어』 6 : 22) 〈제4장,주69〉
12) 祭如在, 祭神如神在. (『논어』 3 : 12) 〈제4장,주68〉
13) 未能事人 ; 焉能事鬼? (『논어』 11 : 12) 〈제4장,주70〉

에 빠졌다고 탄식, 통한했던 까닭에 "귀신의 존재 증명(明鬼)"에 진력했다고 하겠다.

2. 술수

고대인은 대체로 우주간 사물들을 인간사와 상호 영향관계에 있는 것으로 인식했다. 따라서 고대인은 이른바 술수(術數 : Occult Arts)의 법, 즉 각종 술법으로써 우주간에 사람의 주의를 끌 만한 현상들을 관찰하여, 인간의 화복을 예측했다. 『한서(漢書)』「예문지(藝文志)」는 말한다.

> 술수(數術 : 術數)는 명당(明堂)*에 소속된 희씨와 화씨(羲和 : 요 임금 때의 인물] 같은 태사(史 : 太史)와 태복(卜 : 太卜)**에 의해서 관장되었다. 사관(史官)의 제도는 이미 오래 전에 폐지되었기 때문에 관련 서적들은 이미 온전한 것이 없고, 간혹 약간의 서적이 발견되어도 그것을 이해할 수 있는 사람이 없다. 『역(易)』의 "합당한 인물이 아니면, 도가 홀로 공허히 행해지는 법은 없다"는 말이 그 말이다.
>
> 춘추시대 노나라의 자신〈주26〉, 정나라의 비조〈주24〉, 진나라의 복언, 송나라의 자위 그리고 6국[〈제2장,주8〉의 6국]시대 초나라의 감공, 위나라의 석신부, 한나라의 당도 등은 술수의 대략을 파악한 인물들이었다. 술수는 다음 여섯 가지로 분류된다.[14)]

여섯 가지란, 첫째 천문(天文 : Astrology)이다. 「예문지」는 말한다.

> 천문이란 28별자리의 질서를 관찰하고 오성(五星 : 목성, 화성, 토성, 금

---

* 明堂 : 주(周)나라 천자가 상제와 선조를 제사 지내고 제후의 입조 등을 비롯한 각종 정령(政令)을 시행한 곳.

** 史 : 전적(典籍)과 달력 등을 관장하고 역사를 기록했다.
卜 : 복서(卜筮)의 통괄자.

14) 數術者, 皆明堂羲和史卜之職也. 史官之廢久矣, 其書旣不能具, 雖有其書而無其人. 『易』曰 : "苟非其人, 道不虛行." 春秋時, 魯有梓愼, 鄭有裨竈, 晋有卜偃, 宋有子韋. 六國時, 楚有甘公, 魏有石申夫. 漢有唐都, 庶得序[illegible]*角*……序數術爲六種. (『한서』, 1775쪽)

성, 수성)과 일월(日月)의 운행을 계측하여 길흉의 조짐을 포착하는 것으로서, 성왕(聖王)이 정치에 참고했던 사항이다. 『역』[「비(賁)」괘의 단사]은 말하기를 "천문을 관찰하여 시세의 변화를 고찰한다"고 했다.[15)]

둘째, 역보(歷譜 : Almanacs, 책력)이다. 「예문지」는 말한다.

역보란 사계절의 질서를 정하고, 춘분, 추분, 하지, 동지의 절기를 정하고, 일월과 오성의 주기를 추적하여, 한서(寒暑)와 성쇠의 실상을 고찰하는 것을 말한다. 따라서 성왕은 반드시 달력(歷數)을 정하여, 삼통(三統 : 黑, 白, 赤의 3체계)과 복색(服色)의 제도를 결정했다. 또 오성과 일월의 주기, 흉하고 궁색한 재앙과 길하고 왕성한 경사 등을 탐지하는 술수는 모두 이로부터 도출되었다. 이것은 즉 운명을 간파하는 성인의 도술이다.[16)]

셋째, 오행(五行 : 水, 火, 木, 金, 土, Five Elements)이다. 「예문지」는 말한다.

오행이란 오상(五常 : 仁, 義, 禮, 智, 信)의 물질적인 기운(形氣)을 말한다. 『서(書)』[「홍범(洪範)」]에 따르면 "첫째는 오행이요, 둘째는 삼가 오사(五事 : 貌, 言, 視, 聽, 思의 다섯 기능)를 사용한다"고 했는데, 오사의 사용은 오행에 순응해야(順) 한다는 말이다. 태도(貌), 언어(言), 시각(視), 이해력(聽), 생각(思) 등이 마음 속에서 그르쳐지면 오행의 질서가 혼란되고 따라서 오성

15) 天文者, 序二十八宿, 步五星日月, 以紀吉凶之象, 聖王所以參政也. 『易』曰 : "觀乎天文, 以察時變." (『한서』, 1765쪽)
[『신편』II, 300쪽 : **"28별자리의 질서를 관찰하고, 오성과 일월의 운행을 계측하는 것"**은 천문학이요, **"길흉의 조짐을 포착하는 것"**은 점성술(占星術)이다. 고대에는 천문학과 점성술이 혼재했던 것이다.]

16) 歷譜者, 序四時之位, 正分至之節, 會日月五星之辰, 以考寒暑殺生之實. 故聖王必正歷數以定三統服色之制. 又以探知五星日月之會, 凶阨之患, 吉隆之喜, 其術皆出焉. 此聖人知命之術也. (『한서』, 1767쪽)
[『신편』II, 200쪽 : 역보 중에는 역법(曆法), 역사연대학(歷史年代學), 산학(算學)이 있었는데, 이것들은 과학이다. 그러나 그중에는 **"흉하고 궁색한 재앙과 길하고 왕성한 경사"**를 논한 것이 적지 않았는데, 그것들은 무술(巫術)이다. 줄곧 청조(淸朝) 말년에 이르기까지 봉건정부가 매년 발표한 연력(年曆)에는 갖가지의 무술적 "금기(禁忌)"가 뒤섞여 있었다.]

(五星)에 변란이 발생한다. 이 모든 이치는 율력(律歷 : 1년 12개월의 음양 계절에 관한 법칙)의 수(數)에서 도출되어 일정한 운수로 결정되는 것이다. 이런 이법은 역시 오덕(五德 : 수, 화, 목, 금, 토의 역량, Five Powers)의 순환(終始 : 循環)에서 비롯되는데, 이 오덕은 극한까지 확장될 때 적용되지 않는 곳이 없다.[17)]

넷째, 시구(蓍龜 : 시초점과 거북점)이다. 「예문지」는 말한다.

시구란 성인께서 사용한 것이다. 『서』[「홍범」]는 "만약 하려는 일에 큰 의심이 생기면 시구로써 결단하라"고 했고, 『역』[「계사상(繫辭上)」]은 이렇게 말한다.

"천하사의 길흉을 판정하고 천하 인민의 분발을 촉구하는 데에 시구를 능가하는 것은 없다. 따라서 군자는 장차 도모할 일과 행동할 일이 있으면 그 내용을 말로써 시초[蓍草]에 물어본다. 시초는 운명에 대해서 마치 소리에 대한 반향처럼 감응하여 길흉을 제시함으로써, 원근(遠近)과 유심(幽深)을 막론하고 마침내 장래 일을 알게 하는 것이니, 천하의 지극히 영명한 존재가 아니고서야 누가 그 경지에 이를 수 있겠는가?"[18)]

다섯째, 잡점(雜占)이다. 「예문지」는 말한다.

잡점이란 만사의 조짐을 포착하여 선악의 징후를 점치는 것이다. 『역』[「계사하」]은 말하기를 "일이 있으면 점을 쳐서 다가올 징험을 살핀다" 했다. **여러 가지 점들은 한결같지 않으므로, 그중에서 해몽점이 가장 중요하다.** 따라서 주나라에는 해몽을 전담하는 관직이 있었다. 그래서 『시』에는 곰, 큰곰, 살무사, 뱀, 고기 떼, 거북과 뱀을 그린 기, 송골매를 그린 기 등을 본 꿈들이 적혀 있는데, 성인이 점을 쳐서 길흉을 상고한 것으로, 아마 복서(卜筮 : 거

17) 五行者, 五常之形氣也. 『書』云 : "初一曰五行 ; 次二曰羞[羞 : 敬]用五事." 言進用五事以順五行也. 貌言視聽思心失而五行之序亂, 五星之變作. 皆出於律歷之數而分爲一者也. 其法亦起五德終始, 推其極則無不至. (『한서』, 1769쪽)

18) 蓍龜者, 聖人之所用也. 『書』曰 : "女則有大疑, 謀及卜筮." 『易』曰 : "定天下之吉凶, 成天下之亹亹者, 莫善於蓍龜. [……]是故君子將有爲也, 將有行也, 問焉而以言, 其受命也如嚮. 無有遠近幽深, 遂知來物[物 : 事], 非天下之至精, 其孰能與[與 : 及]於此?" (『한서』, 1771쪽) [『주역』, 532쪽, 539쪽 참조]

북점, 시초점)를 참고했을 것이다.[19]

여섯째, 형상법(形法)이다. 「예문지」는 말한다.

> 형상법이란 대체로 구주(九州 : 중국 전토)의 지세를 바탕으로 내성, 외성, 가옥, 건물 등을 설립하고, 또한 사람이나 육축의 골격의 풍채 그리고 각종 기물의 생김새를 유형화하여 그 기맥(聲氣 : 氣脈)과 귀천과 길흉을 탐색하는 것을 말한다. 마치, 다섯 음률이 그 장단이 정해져 있고 각각 고유한 소리를 상징하는 것은 거기에 귀신이 들어 있기 때문이 아니라 본래 이치가 그렇기 때문인 것과 같다. 그런데 형상(形 : 꼴)과 기운(氣)은 서로 수미(首尾)의 관계에 있음에도, 형상만 있고 기운이 없는 것도 있으며 기운만 있고 형상이 없는 것도 있다. 이것이 바로 깊고도 오묘한 특이성이다.[20]

이 여섯 술수 가운데 시구와 잡점이 『좌전』에 많이 언급되고 있다. 『좌전』에 "복점을 쳤다(卜之)", "서점을 쳤다(筮之)"는 말이 누차 나오는데, 복이란 거북점(龜)이고 서란 시초점(蓍)이다. "여러 가지 점들이 한결같지 않았으므로, 그중에서 해몽점이 가장 중요했다." 『좌전』에 서술된 해몽점은 모두 잡점법을 사용한 것들이다. 『좌전』은 주나라의 내사 숙복(叔服)이 "사람의 관상을 잘 보았다"[21]고 했고, 『순자』「비상편」에 "옛날에는 고포자경이, 오늘날에는 양나라의 당거라는 자가 사람의 생김새나 안색을 보고 길흉화복을 알아맞힌다고 세인들은 감탄한다"[22]고 했는데, 바로 "형상법(形法)"의 술(術)이다. 『좌전』에서 볼 수 있는 천문, 역보, 오행의 세 술수는 다

---

19) 雜占者, 紀百事之象, 候善惡之徵. 『易』曰 : "占事知來." 衆占非一, 而夢爲大. 故周有其官, 而『詩』載熊羆虺蛇衆魚旐旟之夢, 著明大人之占, 以考吉凶, 蓋參卜筮. (『한서』, 1773쪽) [候 : 정탐하다, 점을 치다, 길흉을 헤아리다]

20) 形法者, 大擧九州之勢, 以立城郭室舍. 形人及六畜骨法之度數, 器物之形容, 以求其聲氣貴賤吉凶. 猶律有長短, 而各徵其聲, 非有鬼神, 數自然也. 然形與氣相首尾, 亦有有其形而無其氣, 有其氣而無其形 ; 此精微之獨異也. (『한서』, 1775쪽)

21) 能相人. [王使內史叔服來會葬. 公孫敖聞其能相人也, 見其二子焉.] [「문공(文公)」 원년, 『좌전』, 510쪽]

22) 古者有姑布子卿, 今之世梁有唐擧, 相人之形狀顏色, 而知其吉凶妖祥, 世俗稱之. (「비상(非相 : 관상술 비판)」, 『순자』 권3 : 1쪽)

음과 같다. 소공(昭公) 8년[534B.C.],

초(楚)가 진(陳)을 멸했다.……진(晉)나라의 임금이 사조(史趙 : 晉의 太史)에게 "진(陳)은 결국 멸망하고 말겠는가?" 라고 묻자 사조는 말했다.

"아니옵니다.……진(陳)나라는 전욱의 후손국입니다. 세성(歲 : 歲星)*이 순화(鶉火) 성좌에 있던 해에 전욱이 붕어했으므로, 진도 장차 그렇게 될 것입니다[즉 세성이 순화 성좌에 있는 해에나 망한다]. 현재는 세성이 석수(析水)의 나루[기수(箕宿)와 두수(斗宿) 사이의 은하수]에 있으므로, 오히려 장차 부흥할 것입니다."[23)]

또 소공 9년[533B.C.]

여름 4월에 진(陳)에 화재가 일어났다. 정(鄭)나라의 비조(裨竈)가 말했다.

"5년 만에 진(陳)나라는 새로 봉해질 것이고, 봉해진 지 52년 만에 망할 것입니다.……진나라는 수(水)에 속합니다. 수의 상대인 화(火)는 초를 지배하고 있습니다. 이제 대화성(火 : 大火星, 心宿)이 출현하여 진나라에 화재가 발생했으니, 이는 초를 축출하고 진을 건립한다는 뜻입니다. 오행의 배열은 다섯이기 때문에 5년이라고 말했습니다. 또 세성이 5회째 돌아 순화 성좌에 이르면, 진나라는 마침내 멸망하고 초나라가 승리하여 그 나라를 점유하게 되는데, 이것은 **하늘의 이치**(天之道)입니다. 따라서 52년이라고 말한 것입니다."[24)]

---

* 歲 : 목성(木星), 공전주기가 12년(11년 314일)이므로 옛날에는 이것의 운행궤도를 세월의 근본으로 삼았다.

23) 楚滅陳. 晉侯問於史趙曰 : "陳其遂亡乎?" 對曰 : "未也.……陳, 顓頊之族也. 歲在鶉火, 是以卒滅, 陳將如之. 今在析水之津, 猶將復由. (『좌전』, 1305쪽)

24) 夏四月, 陳災. 鄭裨竈曰 : "五年陳將復封, 封五十二年, 而遂亡.……陳, 水屬也. 火, 水妃也, 而楚所相也. 今火出而火陳, 逐楚而建陳也. 妃以五成, 故曰五年. 歲五及鶉火而後陳卒亡, 楚克有之, 天之道也. 故曰五十二年." (『좌전』, 1310-11쪽)
[양백준 : 두예(杜預, 222-84)의 주(注)는 "이 해의 세성은 성기(星紀) 성좌에 있었는데, 5년 후 대량(大梁) 성좌에 이르렀을 때 진(陳)은 다시 봉해졌고, 이후 4년 후 순화(鶉火) 성좌에 이르고 다시 4주기 48년이면 총 5회째 순화 성좌에 이르므로 모두 52년이다. 하늘의 이법(天數)은 5가 근본이기 때문에 5회째 순화 성좌에 이를 때 화(火)가 성하고 수(水)가 쇠한다"고 했다. 실제로 진은 기원전 534년에 초에 망하고 기원전 529년에 다시 봉해졌다가 기원전 478년에 망했다.]

또 소공 10년

봄, 주력(周曆) 정월에 신성(星 : 新星, 갑자기 빛나다가 이내 사라짐)이 무녀(婺女) 성좌 근처에 출현했다. 정나라의 비조가 자산(子產)에게 말했다.

"7월 무자일(戊子日)에 진(晉)나라 임금이 죽을 것입니다."[25)]

또 소공 15년조

봄, 무공(武公)에게 체제(禘 : 禘祭, 천자 제후의 여름 종묘 제사)를 올리기 위해서 모든 관원에게 제계가 명해졌다. 이때 자신(梓愼 : 魯의 대부)이 말했다.

"체제를 지내는 날에 재앙이 있을 것 같습니다! 내 눈에 붉고 검은 색깔의 요기[妖氣]가 보입니다. 제사의 상서로운 징조가 아니라 초상이 날 기운입니다. 아마 제례 주관자의 신상에 일이 생길 것 같습니다."[26)]

또 소공 17년

겨울, 혜성이 대화성(大辰 : 大火星, 心宿) 근처에 출현하여 꼬리의 빛이 서쪽으로 은하수까지 뻗었다. 이에 대해서 신수(申須 : 魯의 대부)가 말했다.

"혜성(彗 : 비, 쓸다)은 옛것을 쓸어버리고 새것을 살포하는 것이다. 천체의 사건은 항상 길흉을 상징한다. [혜성이] 지금 대화성(火)을 쓸어버렸은즉 [혜성의 광채로 대화성이 빛을 잃었음], 대화성이 다시 나타날 즈음에는 반드시 재앙이 살포될 것이다. 제후의 나라들이 아마도 화재를 당할 것 같다."

또 자신이 말했다.

"화재가 발생할 경우 네 나라 즉 송(宋), 위(衛), 진(陳), 정(鄭)이 당할 것 같다.……아마 병자일(丙子日) 혹은 임오일(壬午日)에 발생할 것이다."

또 정나라의 비조는 자산에게 건의했다.

"만약 내가 관(瓘 : 서옥), 가(斝 : 옥술잔), 옥찬(玉瓚)*을 사용할 수 있다면

---

25) 春, 王正月, 有星出於婺女. 鄭裨竈言於子產曰 : "七月戊子, 晉君將死."(『좌전』, 1314쪽) [子產 : 40여 년 동안 정나라 국정을 맡은 공손교(公孫橋)의 字]

26) 春, 將禘於武公, 戒百官. 梓愼曰 : "禘之日, 其有咎乎! 吾見赤黑之祲, 非祭祥也, 喪氛也, 其在涖事乎? [祲 : 요기. 재앙을 일으키는 기운. 햇무리] (『좌전』, 1369쪽)

* 玉瓚 : 울창주(울금향을 넣어 빚은, 降神에 쓰이는 술)를 담는 그릇. 자루는 옥, 술 담는 부위는 황금, 겉은 납, 중앙은 구슬, 앞은 용의 입 모양으로 장식되어 있다.

[즉 신에게 제사를 올리게 하면] 나라가 틀림없이 화재를 면할 것입니다."[27)]

또 소공 18년[524B.C.]

봄, 주력(周曆) 2월 을묘일에, 주나라의 모득(毛得)이 동족인 모백과(毛伯過 : 周의 대부)를 살해하고 그 자리를 차지했다. 이에 대해서 장홍(萇弘)이 말했다.

"모득은 반드시 망할 것이다. 그날은 곤오(昆吾)의 악덕이 열매를 거둔 흉한 날이기 때문이다(곤오는 사치와 악덕을 쌓다가 을묘일에 걸왕〔桀王〕과 함께 주살당했다)."[28)]

또 소공 32년[510B.C.]

여름, 오(吳)가 월(越)을 쳤다. 이에 대해서 사묵(史墨 : 晉의 史官)이 말했다.

"40년 안에 월은 오를 차지할 것이다. 월이 세성을 얻는 시기에 오가 월을 침벌했으니, 오는 그 흉액(凶 : 凶厄)을 감수할 수밖에 없다."[29)]

앞의 인용 내용을 보건대, 사조, 비조, 자신, 신수, 장홍, 사묵 등은 모두 자연현상 또는 그밖의 "하늘의 이치(天之道)"를 바탕으로 인간사(人事)를 예측했다. 그들이 사용한 술수는 명백히 "천문"인 것도 있고, "역보"와 "오행"이 뒤섞인 듯한 것도 있다. 요컨대 이른바 "천문", "역보", "오행" 등은 모두 "천인지제(天人之際 : 하늘과 사람 사이의 관계)"에 주목한 것으로서, "천도(天道)"와 인간사는 서로 영향을 미친다고 여겼던 것이다. 이후의 소위 음양오행가(陰陽

27) 冬, 有星孛於大辰, 西及漢. 申須曰 : "彗所以除舊布新也. 天事恒象, 今除於火, 火出必布焉. 諸侯其有火災乎?" 梓愼曰 : "……若火作, 其四國當之. 在宋衛陳鄭乎?……其以丙子若壬午作乎?……" 鄭裨竈言於子產曰 : "……若我用瓘斝玉瓚, 鄭必不火." (『좌전』, 1390-91쪽)

28) 春王二月, 乙卯, 周毛得殺毛伯過而代之. 萇弘曰 : "毛得必亡, 是昆吾(昆吾侈惡積熟, 以乙卯日與桀同誅)稔之日也."[稔 : 곡식이 익다, 쌓이다] (『좌전』, 1394쪽)

29) 夏, 吳伐越.……史墨曰 : "不及四十年. 越其有吳乎? 越得歲而吳伐之, 必受其凶." (『좌전』, 1516쪽)
[양백준 : 38년 뒤에 월은 오를 멸했다. 그러나 사실상 『좌전』의 예언은 전부 나중에 첨가된 것들이다.]

五行家)는 모두 이런 사상을 부연한 것으로서, 중국철학사상 심대한 세력을 떨쳤다.

3. 하늘

백신(百神) 외에 또 하늘(天)과 하느님(帝)이 있다. 『상서(尙書)』「탕서(湯誓)」는 말한다.

하(夏)의 죄악이 많기 때문에 하늘의 명에 따라 그를 치는 것이다.……나는 하느님(上帝)이 두려운지라 감히 정벌하지 않을 수 없다.……하늘의 징벌을 완수하도록 하자![30]

150자가 못 되는 연설문 가운데 하늘에 대한 언급이 세 차례나 나온다. 『시』「상송(商頌)」[「현조(玄鳥)」]은 말한다.

하늘(天)은 제비(玄鳥)에게 **명**하사,
내려가 상(商 : 殷의 시조 설〔契〕*을 지칭)을 낳게 하셨다.……
옛날 하느님(帝)께서 용맹스런 탕왕께 **명**하셨다.……
사방에 각 임금들께 **명**하사,……
받은 **명**(受命)을 태만히 여기지 않아,……
은(殷)나라가 받은 **명**(受命)은 모두 합당했다.……[31]

100자가 채 못 되는 송사(頌辭) 가운데 하늘, 하느님, 수명(受命)에 대한 언급이 다섯 차례나 된다. 『국어』는 말한다.

괵(虢)나라 임금이 꿈에 종묘에서 신령을 보았는데, 사람 얼굴에 하얀 머리털과 호랑이 발톱을 하고서 도끼를 들고 서쪽 처마 밑에 서 있었다. 임금이 무서워서 달아나려고 하자, 그 신령이 말하기를 "달아나지 마라. 하느님

30) 有夏多罪, 天命殛之……予畏上帝, 不敢不正.……致天之罰. (『상서』, 49-50쪽)

* 契 : 전설에 따르면, 유융씨(有娀氏)의 딸이자 제곡(帝嚳) 고신씨(高辛氏)의 비(妃)인 간적(簡狄)이 제비 알을 삼키고 낳은 아들이 설이다. 설은 요 임금 때 사도(司徒)였고 상(商) 땅에 봉해졌다.

31) 天命玄鳥, 降而生商.……古帝命武湯.……方命厥后……受命不殆……殷受命咸宜.

께서 진(晉)나라로 하여금 너희 나라 성문을 들어가도록 명하셨다"고 했다. 임금은 이마가 땅 닿게 절을 했다. 잠에서 깨어나 임금은 사은(史嚚 : 괵의 太史)으로 하여금 점을 치게 했는데, 사은은 이렇게 대답했다.

"임금님 말씀대로라면 욕수(蓐收)임에 틀림없습니다. 형벌을 관장하는 하늘의 신령입니다. 하늘이 화를 내릴지 복을 내릴지는 관직을 통해서 계시됩니다[즉 괵나라에 형벌이 내려질 것이라는 뜻]."[32)]

『시』, 『서』, 『좌전』, 『국어』에 하늘(天)과 제(帝)를 언급한 곳이 매우 많은데, 대부분 인격적인 하느님(上帝)을 지칭한다. 여기서 전부 인용할 수는 없다. 사은의 말에서 하늘과 신령의 관계를 개관할 수 있다. 대체로 하느님은 지고무상(至高無上)의 권위자로서, 여러 관직을 설치해두고 있다. 여러 신령들은 그 지위나 권위가 하느님에 미치지 못하므로 복종했다. 이것은 곧 중국의 일반 평민의 종교적 신앙인데, 옛날부터 이미 존재했던 것이다.

중국 문자 가운데 이른바 하늘(天)에는 다섯 의미가 있다. 첫째, 물질지천(物質之天) 즉 땅과 상대적인 하늘이다. 둘째, 주재지천(主宰之天) 즉 소위 황천상제(皇天上帝)로서 인격적인 하늘이다. 셋째, 운명지천(運命之天) 즉 우리 삶 가운데 어찌 할 도리가 없는 대상을 지칭한 것인데, 예컨대 맹자가 "성공 여부는 하늘에 달려 있다"[33)]고 한 하늘이다. 넷째, 자연지천(自然之天) 즉 자연의 운행을 지칭한 것인데, 예컨대 『순자』「천론편(天論篇)」에서 말한 하늘이다. 다섯째, 의리지천(義理之天) 즉 우주의 최고 원리를 지칭한 것인데, 예컨대 『중용(中庸)』에서 "하늘이 부여한 것이 성(性)이다"[34)]고 한 하늘이다.* 『시』, 『서』, 『좌전』, 『국어』에 나오는 하늘은 물질지천을

32) 虢公夢在廟, 有神人面白毛虎爪執鉞立於西阿. 公懼而走. 神曰 : "無走. 帝命曰 : '使晉襲於爾門.'" 公拜稽首, 覺, 使史嚚占之. 對曰 : "如君之言, 則蓐收也, 天之刑神也, 天事官成." (「진어(晉語)」 2, 『국어』, 295쪽) [稽 : 머리를 조아리다]

33) 若夫成功則天也. (『맹자』 2 : 14) 〈제6장,주60〉

34) 天命之謂性. 〈제14장,주105〉

* 『신편』I, 89쪽 : 첫째, "물질지천"은 일상생활에서 보게 되는 끝없이 푸른 하늘, 즉 땅과 상대적인 하늘을 지칭하는데, 바로 우리가 현재 말하는 창공(天空)이다. 둘째, "주재지천" 내지 "의지지천(意志之天)"은 종교에서 말하는 인격이 있고 의

지칭한 것 외에는 모두 주재지천을 지칭한 것 같다. 『논어』에서 공자가 말한 하늘 역시 모두 주재지천이다.

4. 일부 사람들의 개명적인 사상

그러나 춘추시대에는 비교적 진보적인 일부 선비들이 점차 귀신 혹은 소위 천도라는 것을 믿지 않게 되었다. 예를 들면 『좌전』 장공(莊公) 32년[662B.C.], 사은(史嚚)이 말했다.

> 나라가 장차 흥하려면 백성의 소리에 귀 귀울이고, 나라가 장차 망하려면 귀신의 소리에 귀 귀울인다.[35]

소공(昭公) 18년[524B.C.], 자산(子產)이 말했다.

> 천도(天道)는 멀고 인도(人道)는 가까우므로, 양자는 서로 상관할 수 있는 바가 아니다. 어떻게 천도로 말미암아 인도를 알 수 있겠는가?[36]

정공(定公) 원년[509B.C.], 중기(仲幾)가 말했다.

> 설(薛)나라는 사람에게서 증거를 찾고, 송(宋)나라는 귀신으로부터 증거를 찾았으니, 송나라의 죄가 더욱 크다.[37]

이른바 천도 혹은 귀신의 존재를 부인하지는 않지만, 이미 "공경하되 멀리하는(敬而遠之)"〈주11〉 태도를 취하고 있다.

지가 있는 "최고신(至上神)"을 지칭한다. 셋째, "운명지천"은 구사회에서 일컫던 명운(運氣)을 지칭한다. 넷째, "자연지천"은 유물주의(唯物主義) 철학자들이 말하는 자연을 지칭한다. 다섯째, "의리지천" 혹은 "도덕지천(道德之天)"은 유심주의(唯心主義) 철학자들의 허구적인, 우주의 도덕법칙을 지칭한다.……은(殷), 주(周)의 통치자들은 모두 "최고신"의 존재를 강조했는데, 이 "최고신"은 원래 "제(帝)" 혹은 "상제(上帝)"로 불리다가 "하늘(天)"로 불려졌다. 유물주의 사상은 그런 "하늘"을 인정하지 않을 뿐더러, "의리지천"과 "도덕지천"도 인정하지 않는다. 유물주의자가 말하는 "하늘"이란 "물질지천" 혹은 "자연지천"이다.

35) 國將興, 聽於民 ; 將亡, 聽於神. (『좌전』, 252쪽)

36) 天道遠, 人道邇, 非所及也. 何以知之? (『좌전』, 1395쪽)

37) 薛徵於人, 宋徵於鬼, 宋罪大矣. (『좌전』, 1524쪽)

이밖에 매우 이른 시기에 이미 음양의 학설로써 우주간의 현상에 대한 해석을 시도한 것도 있었다. 『국어』 유왕(幽王) 3년[780B.C.], 서주(西周)* 삼천(三川) 유역 전역에 지진이 발생하자, 백양보(伯陽父 : 周의 大夫)가 말했다.

주나라는 장차 망할 것이다. 무릇 천지의 기운은 원래 질서 정연한 법이다. 그것이 질서에서 벗어난 경우는 인민이 문란시킨 때문이다. 양기(陽 : 陽氣)가 밑에서 나오지 못하고, 음기(陰 : 陰氣)가 그것을 압박하여 상승하지 못하게 하면 지진이 발생한다. 지금 삼천 유역에 지진이 발생한 것은 양기가 제자리를 상실하고 음기에 의해서 압박당한 때문이다. 양기가 제자리를 상실하고 음기의 자리에 있은즉, 강물의 근원은 틀림없이 막힐 것이다.[38)]

『좌전』 희공(僖公) 16년[644B.C.], "여섯 마리의 익새가 송나라 서울 위를 거꾸로 날아갔는데, 그것은 강풍 때문이었다."[39)] 주나라의 내사(內史) 숙흥(叔興)이 말했다.

그것은 음양의 자연현상이지 길흉의 원천과는 무관합니다. 길흉이란 사람의 행위[의 선악]에서 비롯되는 것입니다.[40)]

『국어』, 월왕(越王) 구천(勾踐) 3년(노 애공〔魯哀公〕 원년), [오나라를 치려하자] 범여(范蠡)가 말했다.

천도(天道)는 충만하나 범람하지 않으며, 성대하나 교만하지 않으며, 노고하나 그 공을 자랑하지 않습니다. 무릇 성인은 당시의 객관적인 조건에 따라 자신의 행동을 결정하는데, 이것을 일컬어 수시(守時)라고 합니다. 하늘로부터 유리한 기회가 형성되지 않으면 적을 공격하지 않으며, 사회적인 분위기(적국의 민심, 동요 따위)가 조성되지 않으면 공격을 시작하지 않는 법

* 西周 : 유왕이 있는 호경(鎬京)을 말한다. 근처의 기산(岐)이 경(涇), 위(渭), 낙(洛) 삼천의 발원지이다.

38) 周將亡矣. 夫天地之氣, 不失其序. 若過其序, 民亂之也. 陽伏而不能出, 陰迫而不能烝[烝 : 升], 於是有地震. 今三川實震, 是陽失其所而鎭陰也. 陽失而在陰, 川源必塞. (「주어」 상, 『국어』, 26-27쪽)

39) 六鷁退飛過宋都, 風也. (『좌전』, 369쪽) [鷁 : 바람에 강하다는 백로 비슷한 새]

40) 是陰陽之事, 非吉凶所出也. 吉凶由人.…… (『좌전』, 369쪽)

> 입니다.……오직 대지만이 만물을 차별 없이 포용합니다. 대지가 하는 일은 실수가 없어서 만물을 산생하며 금수를 포용하고 양육합니다. 그런 연후에 대지는 [만물을 통해서 성취된] 명성을 받아들이고 그 이익을 만물과 공유하는데, 미추(美惡 : 美醜)를 막론하고 모든 생물의 양육을 조성합니다. 때가 이르지 않으면 억지로 산생할 수 없고, 일이 무르익지 않으면 억지로 성취할 수 없습니다. 반드시 천지의 영원한 법칙을 깨달아야만 천하의 완전한 이익을 장악할 수 있습니다.……음양의 항상성에 의거하고 천지의 영원성에 순응한다면 유순하면서도 비굴하지 않고 강력하면서도 사납지 않을 수 있습니다.……하늘은 인간의 선악을 바탕으로 응감하며, 성인은 하늘의 계시에 따라 행동합니다. 인간은 스스로 길흉을 초치하는바, 천지가 그 길흉의 조짐을 현시하면 성인은 그것을 바탕으로 상벌을 내리게 됩니다.[41]

음양으로써 우주현상을 해석한 것이다. 막연하고 혼돈스러운 감은 여전하지만, 하느님이나 귀신으로 해석한 것보다는 더 낫다. 범여가 말한 하늘은 자연지천으로서, 그 언어가 노자(老子)와 상당히 비슷한즉, 아마도 노자학의 효시(先河)인 것 같다.

5. 인간의 발견

사회의 각종 제도에 관해서도 인간은 처음에 하느님(天帝)이 만든 것으로 여겼다. 『서』는 말한다.

> 각종 관직을 비워두어서는 안 됩니다. 하늘이 정한 일을 인간이 대신 완성하기 때문입니다. 하늘이 법도를 마련하시어 우리가 오법도(五典)를 저마다 도탑게 실현하도록 경계했습니다. 하늘이 예를 등급으로 구별하시어 우리에게 오례(五禮)를 일상생활화하도록 했습니다.……하늘이 유덕자에게

41) 天道盈而不溢, 盛而不驕, 勞而不矜其功. 夫聖人隨時以行, 是謂守時. 天時不作, 弗爲人客. 人事不起, 弗爲之始.……惟地能包萬物以爲一, 其事不失. 生萬物, 容畜禽獸. 然後受其名而兼其利. 美惡皆成以養生. 時不至, 不可強生. 事不究, 不可強成.……必有以知天地之恒制, 乃可以有天地之成利.……因陰陽之恒, 順天地之常. 柔而不屈, 彊而不剛.……天因人, 聖人因天. 人自生之, 天地形之, 聖人因而成之. (「월어(越語)」 하, 『국어』, 641-46쪽)

명하여 오복(五服)*을 드러내었고, 하늘이 죄인을 토벌하여 오형(五刑)**을 시행했습니다.[42]

○하늘은 세상에 뭇 백성을 산생하면서, 임금도 두었고 스승도 두었다.[43]

○위대한 하느님이 뭇 백성에게 분명히 물었다.……그리하여 세 군주(三后 : 백이, 우, 직)에게 명하여 인민을 다스리는 일에 신중하도록 했다. 그래서 백이(伯夷 : 요순시대에 예를 관장)는 법전을 반포하여 법에 의거하여 죄인을 다스렸고, 우(禹)는 강물과 토지를 평정하고 각 산천에 이름을 붙이는 일을 주관했고, 직(稷)은 인민들에게 파종법을 전파하여 좋은 곡식을 심게 했다. 세 군주가 성공하자 비로소 인민들은 바르게 되었다.[44]

『시』는 말한다.

하늘이 뭇 백성을 산생할 때, 만물이 저마다 법칙이 있게 하셨네.[45]

○부지불식간에, **하느님의 법도**(帝之則)를 따르네.[46]

"하느님의 법도"란 하느님이 제작한 예교와 제도이다. 고대 그리스인들 역시 여러 국가제도는 신이 만들었다고 여겼는데, 고대인들은 대부분 이런 견해를 가지고 있었다.

춘추시대에 이르러 점차 각종 제도에 인본주의적(Humanistic) 해석을 부여하려고 시도한 사람들이 나타나, 각종 제도는 모두 인간이 설치한 것이며 또 인간을 위해서 설치되었다고 생각했다. 정 환공(鄭桓公 : 재위 806-771B.C.) 때 사백(史伯)이 말했다.

---

* 五服 : 천자(天子), 제후(諸侯), 자남(子男), 대부(大夫), 사(士)의 5등급의 예복.

** 五刑 : 얼굴에 죄명을 자자(刺字)하는 묵(墨 또는 黥), 코를 베는 의(劓), 다리를 베는 비(剕 또는 刖), 생식기를 베는 궁(宮), 사형인 대벽(大辟).

42) 無曠庶官, 天工人其代之. 天敍有典, 勑我五典五惇哉. 天秩有禮, 自我五禮有庸哉. ……天命有德, 五服五章哉. 天討有罪, 五刑五用哉. (「고요모(皐陶謨)」, 『상서』, 22쪽)

43) 天降下民, 作之君, 作之師. (『맹자』[2 : 3]의 인용문에만 보이는 『서』의 내용)

44) 皇帝淸問下民,……乃命三后, 恤功於民. 伯夷降典, 折民惟刑. 禹平水土, 主名山川. 稷降播種, 農殖嘉穀. 三后成功, 惟殷於民. (「여형(呂刑)」, 『상서』, 177-78쪽)

45) 天生烝民, 有物有則. (「대아(大雅)」「증민(烝民)」, 『시』) 〈제6장,주10〉

46) 不識不知, 順帝之則. (「대아」「황의(皇矣)」, 『시』)

무릇 **화합(和)은 실제로 사물을 산생하지만, 같은 것(同)끼리라면 아무것도 산생할 수 없습니다. 다른 것에다 다른 것을 조합하는 것이 화합입니다**. 그렇기 때문에 풍성한 성장이 가능하며 만물이 산생합니다. 만일 **같은 것에다 같은 것을 보태는 경우**라면 둘 다 못 쓰게 되고 맙니다. 따라서 선왕께서는 흙(土)에다가 쇠(金), 나무(木), 물(水), 불(火)을 섞어서 온갖 기물들을 완성했습니다.* 그래서 5미(五味 : 신맛, 쓴맛, 매운맛, 단맛, 짠맛)를 화합시켜 입맛에 맞게 했으며, 4지(四支 : 四肢)를 강건히 하여 몸을 보호하게 했으며, 6률(六律)**을 화합시켜 소리가 뚜렷이 구별되게 했으며, 7체(七體 : 이,목,구,비의 일곱 구멍)의 감각기관을 바르게 유지하여 심(心)에 충실히 봉사하도록 했으며, 8색(八索)***을 바로하여 사람을 완성했고, 9기(九紀)****를 세워 순덕(純德)을 수립했고, 10수(十數)*****를 합하여 100체(百體 : 百官)를 교도했고, 1,000품(千品 : 1,000가지 물품)을 생산하여 1만 방(萬方 : 1만 가지 官位)의 소용에 대비했고, 1만 가지 일을 도모하여 100만 가지 사물을 처리했고, 1,000만의 수입을 거두어들여 1억의 극한을 행한 것입니다.

따라서 왕은 9억의 토지에 군림하여 1,000만의 수입을 징수하여 100만의 인민을 먹이고, 충심으로 [인민을] 교도하고 최선의 방법으로 [관리를] 임용함으로써, 만민이 한 집안처럼 화락(和樂)합니다. 무릇 이와 같은 것이 화합의 극치입니다. 그리하여 선왕들은 다른 성씨의 왕비를 맞이하고, 물자를 여러 나라에서 구하고, 신하를 선택하고, 간언하는 관리를 두고, 여러 사물의 이치를 검토하여 화합에 힘썼던 것입니다. 소리가 한 가지라면 들을 수 없고, 사물이 한 가지 색이라면 무늬가 없고, 맛이 한 가지라면 느낌이 없고,

---

* 『신편』I, 75-76쪽 : 여기서도 아직 오행(五行)을, 자연계를 구성하는 다섯 가지 원질 혹은 자연계를 운행하는 다섯 가지 작용이나 세력으로 간주하지 않고 있다. 오행을 분명히 인간이 제작한 기물의 다섯 가지 원재료로 간주하고 있다.

** 六律 : 황종(黃鍾), 태족(太簇), 고세(姑洗), 유빈(蕤賓), 이칙(夷則), 무역(無射). 황제 때 영윤(伶倫)이 길이가 다른 12개의 대롱으로 소리의 청탁과 고하를 구별하여, 모든 악기의 음의 표준으로 삼았다고 한다. 여섯 개씩 음양으로 나누어 양을 율(律), 음을 여(呂)라고 했고, 12율이라고 통칭했다.

*** 八索 : 八體, 즉 머리, 배, 발, 넓적다리, 눈, 입, 귀, 손.

**** 九紀 : 생명의 아홉 가지 벼리, 즉 오장인 간장, 심장, 비장, 폐장, 신장과 위, 방광, 장, 쓸개.

***** 十數 : 10등급의 위계, 즉 王, 公, 大夫, 士, 皂, 輿, 隸, 僚, 僕, 台. 〈제2장,주7〉

만물이 한 종류라면 서로 비교, 검토할 수 없습니다.[47)]

“다른 것과 다른 것을 조합하는 것이 화합(和)인데”, 예컨대 짠맛을 신맛에 가미하면 또 다른 어떤 맛을 얻는다. 신맛은 짠맛의 “다른 것”이고, 짠맛은 신맛의 “다른 것”이니, “다른 것과 다른 것을 조합하면” 또 다른 어떤 맛을 얻을 수 있다는 것이므로, 이른바 “화합은 실제로 사물을 산생한다”는 말이다. 만약 짠맛에 짠맛을 더하면 얻는 것도 여전히 짠맛이다. 짠맛은 짠맛과 “같은 것(同)”이므로, 이는 “같은 것에다 같은 것을 보태는 경우”로서, “같은 것끼리라면 아무것도 산생할 수 없다”는 말이다. 나아가 만일 한 가지 소리만이라면 어떤 식으로 중복하든 역시 음악이 될 수 없다. 마치 한 가지 색깔이면 어떤 식으로 중복하든 역시 화려한 색채를 이룰 수 없는 것과도 같다. 반드시 “다른 것”으로 보조해주어야 비로소 성과를 얻을 수 있다. 이것은 “화(和 : 화합)”와 “동(同 : 뇌동, 동일)”의 차이를 제시하여, 예악 및 각종 제도가 반드시 풍부하고 다양해야 하는 까닭을 설명한 것이다. 그후 안자(晏子 : 晏嬰, 585-500B.C.) 역시 그런 종류의 의론을 했다. 『좌전』 소공 20년[522B.C.]조는 말한다.

제(齊)나라 임금이 사냥터에서 돌아온 뒤, 안자가 천대(遄臺 : 제나라의 서울인 임치 근방의 누대)에서 시종하고 있었다. 이때 양구거(梁丘據, 즉 子猶)가 수레를 타고 도착했다. 임금은 안자에게 말했다.

“오직 양구거만은 나와 화합(和)하고 있다.”

“그도 역시 뇌동(同)하고 있습니다. 어찌 화합이라 할 수 있겠습니까?”

---

47) 夫和實生物, 同則不繼. 以他平他謂之和, 故能豊長而物生之. 若以同裨同, 盡乃棄矣. 故先王以土與金木水火雜以成百物. 是以和五味以調口, 剛四支以衛體, 和六律以聰耳, 正七禮以役心, 平八索以成人, 建九紀以立純德, 合十數以訓百體, 出千品, 具萬方, 計億事, 材兆物, 收經入, 行姟極. 故王者居九垓之田, 收經入以食兆民. 周訓而能用之, 和樂如一. 夫如是, 和之至也. 於是乎先王聘后於異姓, 求財於有方, 擇臣取諫工, 而講以多物, 務和同也. 聲一無聽, 物一無文, 味一無果, 物一無講. (「정어(鄭語)」, 『국어』, 515-16쪽) [고대에는 1만(萬)의 10배가 1억(億). 나머지도 마찬가지]

"화합과 뇌동은 다른가?"

"다릅니다. 화합이란 마치 국을 끓이는 것과 같습니다. 물, 불, 식초, 젓갈, 소금, 매실 등을 준비하여 생선과 고기를 요리하는데, 한 사람이 장작으로 불을 때면 요리사는 양념을 합니다. 간을 맞추면서, 부족한 것은 더 넣고 지나친 것은 묽게 합니다. 군자(임금)는 그런 국을 먹고 마음을 평정합니다. 군신관계도 역시 그렇습니다. 임금이 옳다고 여기는 일에 그른 점이 내재할 경우 신하는 그 그른 점을 지적함으로써 옳은 일을 [바르게] 성취할 수 있도록 하며, 임금이 그르다고 여기는 일에 옳은 점이 내재할 경우 신하는 그 옳은 점을 지적함으로써 그른 일을 제거할 수 있도록 합니다. 그럼으로써 정치가 평정되어 과오를 범하지 않게 되면, 백성들은 불평하는 마음이 없어지게 됩니다. 따라서 『시』에 '제사의 탕도 양념이 잘되었고(和) 경건하고 화평스러우니 신령이 응감하여 허물하지 않으면 아무런 다툼이 없도다'고 했습니다. 선왕께서는 5미(五味)를 조합하고 5성(五聲 : 宮, 商, 角, 徵, 羽 5음)을 조화함으로써, 마음을 평정하고 국정을 완성했던 것입니다. 소리도 역시 맛과 마찬가지로, 1기(一氣 : 소리가 생기는 근원), 2체(二體),* 3류(三類 : 風, 雅, 頌), 4물(四物),** 5성, 6률, 7음(七音),*** 8풍(八風 : 八方의 바람), 9가(九歌)****로써 상호 조성되며, 청탁, 대소, 단장, 완급, 애락, 강유, 조만, 고하, 출입, 소밀한 것으로써 상호 보조합니다. 군자는 그 음악을 감상함으로써 마음을 평정합니다. 마음이 평정하면 심덕이 화평해집니다. 그래서 『시』에 '좋은 말에는 흠이 없다'고 했습니다.

그런데 저 양구거는 그렇지 못합니다. 임금이 옳다고 하는 것은 그 역시 옳다고 하고, 임금이 그르다고 하는 것은 그 역시 그르다고 합니다. 이처럼 물에 물을 탄 것(以水濟水)이라면 누가 먹을 수 있겠으며, 거문고 연주에 한 가지 음만 퉁긴다면 누가 들을 수 있겠습니까? 뇌동이 옳지 않은 이유도 이

* 二體 : 문무(文舞)와 무무(武舞) 또는 양성(陽聲)과 음성(陰聲).

** 四物 : 악기의 재료로 쓰이는 쇠, 돌, 실, 대, 바가지, 흙, 가죽, 나무 따위의 사방의 물건.

*** 七音 : 중국의 음계. 궁(宮 : 도), 상(商 : 레), 각(角 : 미), 치(徵 : 솔), 우(羽 : 라), 변궁(變宮), 변치(變徵).

**** 九歌 : 우(禹) 임금의 구공(九功)의 노래. 구공은 6부(六府 : 水, 火, 金, 木, 土, 穀)와 3사(三事 : 正德, 利用, 厚生).

와 같습니다."[48]

그밖에 예악(禮樂)과 정치조직(政刑)의 기원 및 그 기능을 설명했는데, 『좌전』 환공 2년[710B.C.], 장애백(臧哀伯)이 말했다.

임금이란 마땅히 덕을 밝히고 악의 근원을 봉쇄하여 백관에 군림해야 하므로 도리어 실수하지 않을까 늘 조심해야 합니다. 따라서 훌륭한 덕을 명백히 밝혀 후대 임금들(子孫)에게 현시합니다. 그리하여 태묘(淸廟 : 太廟, 明堂)는 띠풀로 지붕을 이고, 대로(大路)*에는 왕골로 짠 자리를 깔고, 대갱(大羹 : 조미하지 않은 고기즙)은 맛을 내지 않고, 자식(粢食 : 제사의 기장밥)은 곱게 깍지 않는 법인데, 이는 검소를 천명한 것입니다. 곤룡포, 면류관, 폐슬(黻 : 蔽膝)**, 옥홀, 관대, 치마, 행전, 석(舃)***, 면류관 비녀, 면류관 줄, 면류관 끈, 면류관 싸개 등은 법도를 천명한 것입니다. 조(藻)****, 솔(率 : 허리에 차는 수건), 병(鞞 : 칼집 두겁 장식), 봉(鞛 : 칼집 장식), 혁(鞶 : 혁대), 여(厲 : 혁대 장식), 유(游 : 깃발 장식 띠), 영(纓 : 말고삐) 등은 위계(數)를 천명한 것입니다. 화(火 :), 룡(龍), 보(黼 :), 불(黻 :) 등은 무늬를 천명한 것입니다. 5색(五色 : 靑, 黃, 赤, 白, 黑)으로 각종 모양을 그린 것은 색채를 천명한 것입니다. 석(錫 : 말 이마의 금속장식), 난(鸞 : 마차의 말고삐 방울), 화(和 : 수레 앞가로대 방울), 영(鈴 : 깃발 위의 방울) 등은 소리를 천명한 것입니다. 삼신(三辰 : 해, 달, 별)을 그린 깃발은 빛을 천명한 것입니다.

---

48) 齊侯至自田, 晏子侍於遄臺. 子猶馳而造焉. 公曰 : "唯據與我和夫." 晏子對曰 : "據亦同也. 焉得爲和?" 公曰 : "和與同異乎?" 對曰 : "異. 和如羹焉, 水火醯醢鹽梅, 以烹魚肉, 燀之以薪, 宰夫和之, 齊之以味, 濟其不及, 以洩其過. 君子食之, 以平其心, 君臣亦然. 君所謂可而有否焉, 臣獻其否以成其可. 君所謂否而有可焉, 臣獻其可以去其否. 是以政平而不干, 民無爭心. 故『詩』曰 : '亦有和羹, 旣戒旣平, 無言, 時靡有爭.' 先王之濟五味, 和五聲也, 以平其心, 成其政也. 聲亦如味. 一氣, 二體, 三類, 四物, 五聲, 六律, 七音, 八風, 九歌, 以相成也. 淸濁, 小大, 短長, 疾徐, 哀樂, 剛柔, 遲速, 高下, 出入, 周疏, 以相濟也. 君子聽之, 以平其心, 心平德和, 故『詩』曰 : '德音不瑕.' 今據不然. 君所謂可, 據亦曰可. 君所謂否, 據亦曰否. 若以水濟水, 誰能食之. 若琴瑟之專壹, 誰能聽之. 同之不可也如是." (『좌전』, 1419-20쪽)

* 大路 : 금수레. 하늘에 제사 지낼 때 천자가 탄 수레. 나중에는 제후도 썼다.

** 黻 : 조복이나 제복을 입을 때 가슴에 늘여 무릎을 가리는 가죽 제품.

*** 舃 : 천자와 제후가 길사(吉事)의 경우에 신는 바닥이 두 겹인 가죽신.

**** 藻 : 무두질한 가죽으로 덮은 널빤지에 백분으로 수조(水藻) 무늬를 그린 옥받침.

> 무릇 행위의 준칙(德)은 검소하면서도 절도가 있고, 등급에 따라 증감하는 법입니다. [임금은] 무늬와 색채를 써서 표지하고 소리와 빛을 통하여 발현함으로써 백관을 굽어봅니다. 그리하여 마침내 **백관은 경계하고 두려워하여 감히 기율을 위반하지 못하는 것입니다**.[49)]

즉 임금이 예악을 사용하는 이유는 바로 "백관이 경계하고 두려워하여 감히 기율을 위반하지 못하도록" 하려는 것이다는 말이다. 또 소공 6년, 숙향(叔向 : 晉人)은 자산에게 준 글에서 말했다.

> 옛날 선왕(先王)은 사건의 경중을 헤아린 다음 그것에 근거하여 단죄했지 별도의 형법을 만들지 않았습니다. 그 까닭은 [형법으로는] 백성들 사이에 발생하게 될 쟁론의 심리(爭心)를 금지할 수 없다는 사실을 우려했기 때문입니다. 그러므로 도의(義 : 道義)로써 방비하고, 정령으로써 단속하고, 예에 따라 시행하고, 신뢰를 바탕으로 실행하고, 자애로써 보살폈습니다. 관직과 녹봉의 등급제도를 제정하여 순종적인 사람들을 권면했으며, 엄정한 형벌로 단죄하여 방종적인 사람들을 위압했습니다. 또한 이것의 미흡한 점을 보충하기 위해서 충성을 가르치고 선행을 장려했으며, 본업(농업)에 힘쓰도록 교화했고, 화합정신을 바탕으로 인민을 동원했으며, 엄숙하고 진지하게 사람을 대했으며, 위엄을 가지고 업무에 임했고, [죄인은] 견결히 단죄했습니다. 나아가 총명하고 슬기로운 재상, 사리에 밝은 관리, 충직하고 신실한 단체장, 자애롭고 총명한 스승을 선발, 임용했으니, 인민은 잘 다스려질 수 있었고 재난과 혼란은 발생하지 않았던 것입니다.
>
> 그런데 만약 백성들이 따로 법률이 존재한다는 사실을 알게 된다면 통치자를 경외하지 않을 것이며, 아울러 쟁론의 심리가 발생하여 저마다 형법 조문을 따져 요행으로 목적을 이루려고 할 텐데, 그래서는 안 될 일입니다. 하대에 발생한 정치혼란으로 우형(禹刑)이 제정되었고, 은대에 발생한 정치혼

49) 君人者將昭德塞違, 以臨照百官, 猶懼或失之. 故昭令德以示子孫. 是以淸廟茅屋, 大路越席, 大羹不致, 粢食不鑿, 昭其儉也. 袞冕黻珽, 帶裳幅舃, 衡紞紘綖昭其度也. 藻率鞞鞛, 鞶厲游纓, 昭其數也. 火龍黼黻, 昭其文也. 五色比象, 昭其物也. 錫鸞和鈴, 昭其聲也. 三辰旂旗, 昭其明也. 夫德儉而有度, 登降有數, 文物以紀之, 聲明以發之, 以照臨百官, 百官於是乎戒懼, 而不敢易[易:違]紀律. (『좌전』, 86-89쪽)

란으로 탕형(湯刑)이 제정되었고, 주대에 발생한 정치혼란으로 구형(九刑)이 제정되었는데, 이 세 형법은 모두 말세에 흥성한 것들입니다. 이제 그대는 재상으로서 정(鄭)나라를 보필하면서, 논밭의 경계를 만들고 서인들의 정치의론을 허락하고 저 세 형법을 개편하여 형법 조문을 주조했으니, 그러고도 백성의 안녕을 꾀하는 것이 어렵지 않을 수 있겠습니까?[50)]

자산의 형법 공포를 반대한 말이다. 보수적인 견해이기는 하지만, 형법에 인본주의적 해석을 부여하고 있다. 또 소공 25년[517B.C.], 자태숙(子太叔 : 鄭의 正卿인 游吉)이 말했다.

저는 돌아가신 대부 자산으로부터 이렇게 들었습니다.

"무릇 예(禮)란 하늘의 떳떳한 이치이자 대지의 올바른 법도요, 사람의 행위준칙이다. 천지의 떳떳한 이치이므로 만민이 본받는바,* 천상의 영명함을 본받고 대지의 본성을 준거한다는 말이다. 천지는 6기(六氣 : 陰陽,風雨,晦明)를 산생하고 인간은 대지의 5행(五行)을 이용한다. 기(氣)로부터 오미(五味)가 되고 오색(五色)이 나타나며 오성(五聲)이 드러나는데, 이것들이 일정한 한도를 넘으면 **혼란**(昏亂)이 발생하여 인민은 본성을 상실하고 만다. 그런 까닭에 예를 제정하여 그것들을 보양했다. 6축(六畜 : 말, 소, 양, 닭, 개, 돼지), 5생(五牲 : 소, 양, 돼지, 개, 닭), 3희(三犧 : 소, 양, 돼지)의 예를 통해서는 오미를 보양하고 ; 9문(九文)**, 6채(六采)***, 5장(五章)****의 예를 통해

50) 昔先王議事以制, 不爲刑辟, 懼民之有爭心也, 猶不可禁禦. 是故閑之以義, 糾之以政, 行之以禮, 守之以信, 奉之以仁. 制爲祿位以勸其從, 嚴斷刑罰以威其淫. 懼其未也, 故誨之以忠, 聳之以行, 敎之以務, 使之以和, 臨之以敬, 涖之以彊, 斷之以剛. 猶求聖哲之上, 明察之官, 忠信之長, 慈惠之師, 民於是乎可任使也, 而不生禍亂. 民知有辟, 則不忌於上, 並有爭心, 以徵於書, 而徼幸以成之, 弗可爲矣. 夏有亂政而作禹刑, 商有亂政而作湯刑, 周有亂政而作九刑. 三辟之興, 皆叔世也. 今吾子相鄭國, 作封洫, 立謗政, 制參辟, 鑄刑書, 將以靖[靖 : 安]民, 不亦難乎? (『좌전』, 1274-76쪽).

* 양백준, 1274쪽 : 이 구절은 '예' 자가 '효(孝)' 자로 바뀌어 『효경(孝經)』에 편입되었다. 〈제14장,주59〉

** 九文 : 아홉 가지 무늬. 용(龍), 산(山), 화충(華蟲 : 꽃과 벌레), 화(火), 종이(宗彜 : 호랑이와 긴꼬리원숭이)의 다섯 가지는 상의에 그리고, 조(藻 : 수초), 분미(粉米 : 백미), 보(黼), 불(黻) 네 가지는 하의에 그린다.

*** 六采 : 여섯 가지 색깔. 곧 청(青), 백(白), 적(赤), 흑(黑), 현(玄), 황(黃).

서는 오색을 보양하고 ; 9가(九歌), 8풍(八風), 7음(七音), 6률(六律)의 예를 통해서는 오성을 보양했다. 또한 군신 상하간의 예는 대지의 법도(地義)를 ; 부부 내외간의 예는 음양을 ; 부자, 형제, 고모, 누이, 외삼촌, 생질과 혼인으로 맺어진 사돈, 동서 등 간의 예는 하늘의 영명함을 ; [임금의] 청정과 [신하의] 직무 및 노동과 부역, 생업과 복무 등에 관한 예는 사계절의 변화를 ; 엄정한 형벌로 단죄하여 인민을 두려워하고 삼가게 하는 것은 벼락과 번개의 위세를 ; 온화, 자애, 은혜, 화합의 정치는 만물을 생육하는 자연의 현상을 각각 모방한 것이다. 사람들의 호오(好惡), 희노(喜怒), 애락(哀樂)의 감정은 6기에서 발생하는 것이므로, [선왕은] 이치와 법도를 살펴서 이 여섯 가지 감정들을 절제하도록 했다. 슬프면(哀) 울고, 즐거우면(樂) 노래하고 춤추며, 기쁘면(喜) 베풀고, 분노하면(怒) 싸우는데, 기쁨은 사랑(好)에서 생기고, 분노는 증오(惡)에서 생긴다. 그렇기 때문에 [선왕은] 행동을 삼가고 정령을 신실하게 베풀어, 화복(禍福)의 상벌제도로써 생사를 제어했던 것이다. 삶은 모두가 좋아하는 일이요 죽음은 모두가 싫어하는 일이다. 좋은 일은 즐거움(樂)이요 싫은 일은 슬픔(哀)이니, 실로 [만민의] 애락(哀樂)을 그르치지 않고 천지의 본성(天地之性)에 합치시킬 수 있다면 영구히 번영할 것이다."[51]

즉 예악과 형벌의 효용은 백성이 '혼란'하지 않도록 하는 데에 있고, 그 기원은 바로 천지를 모방할 수 있는 인간의 능력에서 비롯되었다는 말이다.

**** 五章 : 문(文 : 青과 赤), 장(章 : 赤과 白), 보(黼 : 白과 黑), 불(黻 : 黑과 青), 수(繡 : 모든 5색을 갖춘 것).

51) 吉也聞諸先大夫子產曰 : "夫禮, 天之經也, 地之義也, 民之行也. 天地之經, 而民實則之. 則天之明, 因地之性, 生其六氣, 用其五行. 氣爲五味, 發爲五色, 章爲五聲, 淫則昏亂, 民失其性. 是故爲禮以奉之. 爲六畜, 五牲, 三犧, 以奉五味 ; 爲九文, 六采, 五章, 以奉五色 ; 爲九歌, 八風, 七音, 六律, 以奉五聲 ; 爲君臣, 上下, 以則地義 ; 爲夫婦, 外內, 以經二物 ; 爲父子, 兄弟, 姑姊, 甥舅, 昏媾, 姻亞, 以象天明 ; 爲政事, 庸力, 行務, 以從四時 ; 爲刑罰. 威獄, 使民畏忌, 以類其震曜殺戮 ; 爲溫慈. 惠和, 以效天之生殖長育. 民有好惡. 喜怒. 哀樂, 生於六氣, 是故審則宜類, 以制六志. 哀有哭泣, 樂有歌舞, 喜有施舍, 怒有戰鬪. 喜生於好, 怒生於惡. 是故審行信令, 禍福賞罰, 以制死生. 生, 好物也 ; 死, 惡物也 ; 好物, 樂也 ; 惡物, 哀也. 哀樂不失, 乃能協於天地之性, 是以長久." (『좌전』, 1457-59쪽)

제사에 대해서도 인본주의적 해석을 부여한 사람이 있었다. 관역보는 [왕에게] 말했다.

제사(祀)란 효(孝)를 천명하고, 사람을 번성하게 하며 국가를 안위하며, 인민을 안정시키는 것이므로 결코 폐지할 수 없습니다. 무릇 [제사를 드리지 않아 경외심이 없어져] 인민의 마음이 방종해지면 난관에 봉착하고, 난관에 봉착하면 정체되고, 오랫동안 정체되면 부진한 상태를 면하지 못하는바, 그렇게 되면 생명은 번식하지 못하고 또한 임금의 명령에도 따르지 않게 됩니다. 생명이 번식하지 못하면 국가도 존속할 수 없습니다. 그러므로 옛날 선왕은 날마다 제(祭), 달마다 향(享), 계절마다 유(類), 해마다 사(祀)의 제사를 올렸습니다. 제후는 날마다의 제사를 생략했고, 경대부(卿大夫)는 달마다의 제사를 생략했고, 사서인(士庶人)은 계절마다의 제사를 생략했습니다. 다시 말해서 천자는 뭇 신령과 만물에게 제사 지냈고, 제후는 천지와 삼신(三辰) 및 자기 영토의 산천에게 제사 지냈으며, 경대부는 예에 규정된 대상에게 제사 지냈고, 사서인은 오직 자기의 조상에게만 제사 지냈습니다. 해와 달이 용투(龍豘 : 전갈자리의 꼬리)에서 만날 즈음,* 토기(土氣)는 수축하고 [즉 만물이 退藏함], 하늘의 영명한 기운은 왕성하게 상승하여, 온갖 곡식들은 익어서 수확되고, 뭇 신령은 함께 내려옵니다. 국가는 이 때를 맞이하여 증(蒸 : 겨울의 제사), 상(嘗 : 햇곡식을 바치는 가을의 제사)의 제사를 지내고, 집집마다 상과 사(祀)의 제사를 지내는 것입니다. 백관의 부부는 길일을 택하여, 희생(犧牲)과 자성(粢盛 : 제수 곡식)을 경건하게 준비하고, 정결히 소제하고, 채복(采服 : 王畿 바깥 일정 구역의 하나)에 삼가며, 주례(酒醴)를 깨끗이 담아 자손과 종족을 거느리고, 그 계절의 제례에 따라서 종인(宗 : 宗人)과 대축(祝 : 大祝)**을 공경하여 그들로 하여금 교훈된 글을 읽게 함으로써 환히 선조께 제사 지내는데, **마치 신령이 임하여 계신 듯이 엄숙하고 경건합니다**. 그런 다음 고을과 마을의 친구와 외척을 부르고, 형제 및 친척들과 친애하며, 온갖 나쁜 일들은 그만두고 중상비방은 서로 해소하여, 우호를 다지

* 구스야마, 724쪽 : 주력(周曆) 12월 초하루, 하력(夏曆) 10월 초하루, 현재 12월의 월령(月齡)이 0인 날(즉 해와 달이 수직선상에 오는 날)에 해당한다.

** 宗 : 종묘사직의 제례 주관자.
祝 : 축문과, 신령에 대한 기도 등의 신을 섬기는 일의 주관자.

> 고 친목을 도모함으로써, 상하간의 화목을 성취하고 종족을 공고히 하는 것입니다. 그럼으로써 윗사람은 인민에게 경건을 가르치며, 아랫사람은 윗사람 섬기는 일을 명백히 하는 것입니다. 체교(禘郊)의 제사 때 천자는 반드시 몸소 희생을 잡고 왕후는 반드시 몸소 방아를 찧어 제수 곡식을 마련하며, 종묘(宗廟)의 제사 때 제후는 반드시 몸소 소를 잡고 양을 잡고 돼지를 잡고, 부인은 반드시 몸소 방아를 찧어 제수 곡식을 마련합니다. 그러니 하물며 그 아랫사람들이야 누가 감히 전전긍긍(戰戰兢兢) 백신(百神)을 섬기지 않을 수 있겠습니까? 또 천자는 친히 방아를 찧어 제수 곡식을 마련하며, 왕후는 친히 제복의 실을 잣습니다. 그러므로 공(公)이하 서인에 이르기까지 누가 감히 엄숙하고 공경하게 귀신에게 온 힘을 기울이지 않을 수 있겠습니까? 이와 같이 제사야말로 **인민을 굳건히 단속하는** 것이거늘 어찌 폐지할 수 있겠습니까?[52]

"마치 신령이 임하여 계신 듯이 엄숙하고 경건하다" 함은 반드시 임하는 존재가 있다는 말은 아니다. 반드시 신령이 강림하는 것은 아니라고 인식하면서도 여전히 제사를 지내는 것은, 그 기회를 빌어 마을 사람들과 친족들이 한 자리에 모여 아울러 경건한 마음을 훈련시키려는 것이었다. 따라서 제사의 기능은 "인민을 굳건히 단속하는" 데에 있었다. 이런 관점에서 보면 제사란, 순자의 말대로, 군자는 "인간의 도리(人道)"로 여기고 백성들은 "귀신의 일(鬼事)"로 여기는 그런 것이었다〈제14장,주35〉. 또 『국어』에서, [날아든 이

52) 祀所以昭孝息民, 憮國家, 定百姓也, 不可以已. 夫民氣縱則底, 底則滯, 滯久不震, 生乃不殖, 是用不從. 其生不殖, 不可以封. 是以古者先王日祭, 月享, 時類, 歲祀. 諸侯舍日, 卿大夫舍月, 士庶人舍時, 天子偏祀羣神品物. 諸侯祀天地三辰及其土之山川, 卿大夫祀其禮, 士庶人不過其祖. 日月會於龍豵, 土氣含收, 天明昌作, 百嘉備舍, 羣神頻行, 國於是乎蒸嘗, 家於是乎嘗祀. 百姓夫婦, 擇其令辰, 奉其犧牲, 敬其粢盛, 絜其糞除, 愼其采服, 禋其酒醴, 帥其子姓, 從其時享, 虔其宗祝, 道其順辭, 以昭祀其先祖. 肅肅濟濟, 如或臨之. 於是乎合其州鄕朋友婚姻, 比爾兄弟親戚 ; 於是乎弭其百苛, 殄其讒慝, 合其嘉好, 結其親暱, 億其上下, 以申固其姓. 上所以敎民虔也, 下所以昭事上也. 天子禘郊之事, 必自射其牲, 王后必自舂其粢. 諸侯宗廟之事, 必自射牛刲羊擊豕, 夫人必自舂其盛. 況其下之人, 其誰敢不戰戰兢兢, 以事百神. 天子親舂禘郊之盛, 王后親繰其服. 自公以下, 至於庶人, 其誰敢不齊肅恭敬, 致力於神. 民所以攝固者也, 若之何其舍之也. (「초어」 하, 『국어』, 567-70쪽)

상한 새를 장문중(臧文仲)이 제사 지내게 하자, 이에 반대하며] 유하혜(柳下惠 : 魯의 대부 展獲의 호, 자가 展禽)가 말했다.

무릇 제사란 국가의 중요한 제도로서, 제도를 통해서 국가정치는 완성됩니다. 따라서 신중하게 제사를 제정하여 국전(國典 : 국가의 전례)으로 삼았던 것입니다.……무릇 성왕께서 국가적 제사를 제정한 경우는 다음과 같습니다. 즉 모범적인 업적이 인민에게 베풀어진 경우[五帝,契,文王 등], 목숨을 바쳐 국가적 사업에 힘쓴 경우[冥, 周棄 등], 노고하여 국가를 평정한 경우[幕, 杼, 上甲微, 高圉, 大王 등], 능히 큰 재난을 제어한 경우[禹], 능히 큰 환란을 막아낸 경우[湯,武王 등]에 국가적인 제사를 지냈습니다. 이런 부류가 아니면 국가적인 제사 전례(祀典 : 祭典)에 포함시키지 않았습니다.

고대에 열산씨(烈山氏 : 炎帝)가 천하를 통치했을 때, 그의 아들 주(柱)는 오곡백과를 번식시켰는데, 하(夏)나라가 홍기했을 때 주(周)나라의 기(棄 : 주나라의 시조 后稷)가 주의 직무를 계승했기 때문에 기는 직(稷 : 기장,穀神)으로 모셔져 제사 지내졌습니다. 공공씨(共工氏)가 구주(九有 : 九州, 천하)의 패권을 장악했을 때, 그의 자손인 후토(后土)가 구주의 토지를 능히 평정했기 때문에 후토는 사(社 : 토지신)로 모셔져 제사 지내졌습니다.

황제(黃帝)는 만물의 이름을 명명하여 인민을 계몽하고 자연 생산물을 공유하게 했고, 전욱(顓頊)은 그 유업을 다져나갔고, 제곡(帝嚳 : 황제의 증손)은 삼신(三辰 : 해,달,별)의 운행질서를 밝혀 인민을 안정시켰고, 요(堯)는 각종 형법을 공평하게 정비하여 인민을 선도했고, 순(舜)은 인민을 위한 일에 힘쓰다가 들에서 죽었고, 곤(鯀)은 홍수를 막다가 주벌로 죽었고, 그의 아들 우(禹)는 덕으로써 곤의 유업을 성공적으로 완수했고, 설(契)은 사도(司徒 : 문교 장관)가 되어 인민을 화합시켰고, 명(冥)은 관직에 충실하다가 물에서 죽었고, 탕(湯)은 관용으로써 인민을 다스려 그들의 사악한 임금 걸왕을 제거했고, 직(稷)은 오곡백과 재배에 힘쓰다가 산에서 죽었고, 문왕(文王)은 문덕으로 온 세상을 비추었고, 무왕(武王)은 인민의 재앙인 주왕을 제거했습니다. 따라서 유우씨(有虞氏 : 순의 후손)는 황제께는 체(締), 전욱께는 조(祖), 요께는 교(郊), 순께는 종(宗)의 제사를 지냈고 ; 하 왕조(夏后氏 : 우의 후손)는 황제께는 체, 전욱께는 조, 곤께는 교, 우께는 종의 제사를 지냈으며 ;

상 왕조(商人 : 탕의 후손)는 제곡께는 체, 설께는 조, 명께는 교, 탕께는 종의 제사를 지냈고 ; 주 왕조(周人 : 무왕의 후손)는 제곡께는 체, 직께는 교, 문왕께는 조, 무왕께는 종의 제사를 지냈던 것입니다.

또한 막(幕)은 전욱을 훌륭히 받들었으므로 유우씨가, 저(杼)는 우를 훌륭히 받들었으므로 하 왕조가, 상갑미(上甲微)는 설을 훌륭히 받들었으므로 상 왕조가, 고어(고)와 태왕(大王)은 직을 훌륭히 받들었으므로 주 왕조가, 각각 보(報 : 報德의 제사)의 제를 올렸습니다.

무릇 체, 교, 조, 종, 보 이 다섯 가지가 국가의 전례적인 제사이고, 이것에 사(社), 직(稷) 및 명산대천의 신령의 제사를 더했습니다. 이 모두는 인민에게 혁혁한 공이 있는 경우에 해당합니다. 즉 선철영덕(先哲令德)의 인물들은 인민이 신뢰하기 때문이요, 천상의 삼신은 인민이 우러르기 때문이요, 지상의 5행(五行 : 金,木,水,火,土)은 만물을 생장시키기 때문이요, 구주의 명산대천은 재화를 산출하기 때문이라는 말입니다. 이런 부류가 아니라면 국가적인 제사 전례에 포함시키지 않는 것입니다.[53)]

즉 보은의 도리(報恩之義)를 제사의 근거로 여겼다. 이 관점에서 보면 제사는 역시 "인간의 도리"이지 "귀신의 일"이 아니다.

각종 제도가 다 인본주의적으로 해석된 이상, 임금의 존재도 신성불가침적인 존엄을 상실했다. 『국어』「노어(魯語)」는 말한다.

---

53) 夫祀, 國之大節也, 而節, 政之所成也 ; 故愼制祀以爲國典.……夫聖王之制祀也, 法施於民則祀之, 以死勤事則祀之, 以勞定國則祀之, 能禦大災則祀之, 能扞大患則祀之 ; 非是族也, 不在祀典. 昔烈山氏之有天下也, 其子曰柱, 能殖百穀百蔬. 夏之興也, 周棄繼之, 故祀以爲稷. 共工氏之伯九有也, 其子曰后土, 能平九土, 故祀以爲社. 黃帝能成命百物, 以明民共財. 顓頊能修之. 帝嚳能序三辰以固民. 堯能單均刑法以儀民. 舜勤民事而野死. 鯀鄣洪水而殛死. 禹能以德修鯀之功. 契爲司徒而民輯. 冥勤其官而水死. 湯以寬治民而除其邪. 稷勤百穀而山死. 文王以文昭. 武王去民之穢. 故有虞氏禘黃帝而祖顓頊, 郊堯而宗舜. 夏后氏禘黃帝而祖顓頊, 郊鯀而宗禹. 商人禘舜[舜 : 嚳]而祖契, 郊冥而宗湯. 周人禘嚳而郊稷, 祖文王而宗武王. 幕, 能帥[帥 : 循] 顓頊者也, 有虞氏報焉. 杼, 能帥禹者也, 夏后氏報焉. 上甲微, 能帥契者也, 商人報焉. 高圉, 大王, 能帥稷者也, 周人報焉. 凡禘郊祖宗報, 此五者, 國之典祀也, 加之以社稷山川之神, 皆有功烈於民者也. 卽前哲令德之人, 所以爲明質也. 及天之三辰, 民所以瞻仰也. 及地之五行, 所以生殖也. 及九州名山川澤, 所以出財用也. 非是, 不在祀典. (「노어」 상, 『국어』, 165-70쪽)

진인(晉人)이 그 임금인 여공(厲公)을 시해했을 때, 노(魯)의 국경관리가 조정에 보고했다. 성공(成公)이 조회에서 말했다.

"신하가 그 임금을 시해했는데 누구의 잘못인가?"

대부 가운데 아무도 대답하는 이가 없었는데, 이혁(里革 : 大夫)이 말했다.

"물론 임금의 잘못입니다. 무릇 임금이란 그 위엄이 막대하거늘, 위엄을 상실하고 살해되는 지경에 이르렀으므로 그 잘못이 지대합니다. 또한 임금은 마땅히 인민을 돌보고 악을 바로잡아야 합니다. 그런데 만일 임금이 자기 좋을 대로 잘못을 범하고 인민을 다스리는 일을 방기하여, 인민이 멋대로 악을 행하는데도 제대로 규찰하지 못한다면 악은 더욱 증가할 것입니다. 만약 이렇듯 악한 모습으로 인민에게 군림하여, 인민이 도탄에 빠졌는데도 구제하지 못하고, 선인을 임용하더라도 온전히 신임하지 않는다면, 아랫사람을 제대로 부릴 수 없게 됩니다. 그리하여 마침내 멸망에 빠졌어도 아무도 동정하지 않는 지경에 이르렀으니, 어떻게 임금이라고 할 수 있겠습니까?"[54)]

『좌전』 소공 32년[510B.C.]조는 말한다.

조간자(趙簡子 : 趙鞅, 晉의 相)가 사묵(史墨)에게 문의했다.

"계씨가 그 임금을 내쫓았음에도 불구하고 인민은 계씨를 붙좇고 제후는 동조하여, 결국 임금이 이국 땅에서 죽었건만 아무도 계씨를 단죄할 생각을 않으니, 그것은 무엇 때문인가?"

"만물은 생길 때, 어떤 것은 쌍으로, 어떤 것은 셋으로, 어떤 것은 다섯으로 생겨나고, 어떤 것은 보조자가 있습니다. 따라서 하늘에는 삼신, 땅에는 5행, 몸에는 좌우가 있으며, 사람마다 짝이 있습니다. 왕에게는 공(公)이 있고, 제후에게는 경(卿)이 있는데, 모두 보조자 역할을 합니다. 하늘이 계씨로 하여금 노나라의 임금을 보조하게 한 지가 이미 오래인지라, 인민이 그를 붙좇는 것 역시 당연한 일이 아니겠습니까? 노나라 임금은 대대로 실정을

54) 晉人殺厲公, 邊人以告. 成公在朝. 公曰 : "臣殺其君, 誰之過也?" 大夫莫對. 里革曰 : "君之過也. 夫君人者, 其威大矣. 失威而至於殺, 其過多矣. 且夫君也者, 將牧民而正其邪者也. 若君縱私回[回 : 邪]而棄民事, 民旁有慝, 無由省之, 益邪多矣. 若以邪臨民, 陷而不振, 用善不肯專, 則不能使. 至於殄滅而莫之恤也, 將安用之?" (「노어」상, 『국어』, 181쪽)

> 반복했지만, 계씨는 대대로 갖은 노력을 다했습니다. 그리하여 인민은 이미 임금을 저버렸으니, 비록 이국 땅에서 죽었기로 그 누가 가련하게 여기겠습니까? 사직(社稷)은 영원히 모셔지는 것이 아니며 군신의 지위는 영원불변한 것이 아님은 자고이래의 진실입니다. 따라서 『시』에 이르기를 '높은 언덕도 골짜기가 되고, 깊은 계곡도 구릉이 된다' 했습니다. 저 삼후(三后 : 虞, 夏,商)의 후손들이 지금은 서인이라는 사실은 주군께서도 잘 아시는 바이옵니다."[55]

즉 신하의 임금 시해를 옳다고 여겼으니, 당시로서는 실로 일종의 혁명적인 언론이었다. 비록 "좌구명(左氏 : 左丘明, 『좌전』과 『국어』의 작자)은 과장적이어서",[56] 그가 서술한 몇몇 인물들의 말에 수식이 가해지지 않았다고 보기는 어렵다고 하더라도, 이 여러 인물들의 근본사상은 실로 인본주의적 경향을 지녔다. 그리스의 "소피스트" 프로타고라스는 "인간은 만물의 척도이다(Man is the measure of all things)"고 했는데, 앞에 인용한 여러 인물들의 말 역시 이런 의미가 있다. 그러나 이들은 대대로 직업을 세습한 사관 혹은 정치에 종사한 귀족이어서, 그리스의 "소피스트"처럼 학생들을 불러모아 강학하며 주장을 선전할 수는 없었다. 따라서 중국사상사상 권위의 자리는 부득불 공자나 묵자 같은 그후에 등장한 제자(諸子)의 차지가 될 수밖에 없었다.

---

55) 趙簡子問於史墨曰 : "季氏出其君, 而民服焉, 諸侯與之. 君死於外, 而莫之或罪也[也 : 何也]." 對曰 : "物生有兩, 有三, 有五, 有陪貳. 故天有三辰, 地有五行, 體有左右, 各有妃耦. 王有公, 諸侯有卿, 皆有貳也. 天生季氏, 以貳魯侯, 爲日久矣. 民之服焉, 不亦宜乎? 魯君世從其失, 季氏世修其勤. 民忘君矣, 雖死於外, 其誰矜之! 社稷無常奉, 君臣無常位, 自古以然, 故『詩』曰 : '高岸爲谷, 深谷爲陵.' 三后之姓, 於今爲庶. 主所知也." (『좌전』, 1519-20쪽)

56) 左氏浮誇. [『春秋』謹嚴, ~, 『易』奇而法, 『詩』正而葩. (한유〔韓愈〕, 「진학해(進學解)」)]

제4장
공자와 유가의 흥기

『사기(史記)』[「공자세가(孔子世家)」]는 말한다.

공자(孔子, 551-479B.C.)는 노나라 창평향 추읍에서 태어났다. 그의 선조는 송인(宋人 : 송의 公族)이다.……노나라 양공 22년에 탄생한 것이다.

공자 시대에는 주 왕실이 쇠미하여 예악(禮樂)은 행해지지 않았고, 『시(詩)』, 『서(書)』도 많이 흩어졌다. 그래서 공자는 삼대(三代 : 夏,殷,周)의 예(禮 : 예악문물제도, 즉 문화)를 추적했으며, 『서전(書傳)』을 정리했다. 그는 위로는 요순시대부터 아래로는 진(秦)나라 목공시대까지의 역사를 차례대로 엮으면서, "하의 예를 나는 직접 설명할 수 있지만 기(杞 : 夏의 후손국)에 충분한 증거가 남아 있지 않고, 은의 예를 나는 직접 설명할 수 있지만 송(宋 : 殷의 후손국)에 충분한 증거가 남아 있지 않다. 만약 문헌만 충분하다면 나는 그것을 입증할 수 있을 것이다"〈주43〉고 했다. 그리고 하와 은의 예[문화]에 대하여 각각 감손, 증익된 내용(損益)을 고찰한 다음, "앞으로 100세대 후의 문화라도 알 수가 있다"〈부록1,주15〉고 했으며, 하나는 세련된 형식문화(文), 다른 하나는 질박한 바탕문화(質)로 파악한 후, "주(周)는 이 두 왕조를 조망하여 거울삼았으니 그 문화가 찬란하다! 나는 주(周 : 즉 주의 문화, 周禮)를 추종한다!"〈주44〉고 했다. 따라서 『서전』과 『예기(禮記)』는 공자에 의해서 비롯되었다.

공자는 노나라 태사(太師 : 樂官)에게 말하기를, "음악이라면 저도 좀 알고 있습니다. 연주를 시작할 때에는 여러 음을 함께 내다가, 이어 조화롭게 어우르고, 각 음을 서로 분명히 하고, 음조가 끊이지 않고 이어지게 하여 연주를 완성하는 것이지요.〈주97〉 내가 위(衛)에서 노(魯)로 돌아온 이후로 비로소 음악이 바루어졌고, 「아(雅)」와 「송(頌)」이 각기 합당하게 안배되었습니다”[『논어』 9 : 15]고 했다. 그전에는 『시』가 3,000여 편이었는데, 공자는 그중에서 중복된 것을 빼고, 예절과 의리를 북돋우기에 도움될 것만 취하여, 설(契 : 殷의 시조)과 후직(后稷 : 周의 시조)에 관한 것을 비롯하여, 은·주의 번성 그리고 유왕과 여왕의 실정에 관한 것까지를 망라했는데, 일상적인 시를 앞에다 놓았다. 그래서, 「풍(風)」은 「관저(關雎)」부터, 「소아(小雅)」는 「녹명(鹿鳴)」부터, 「대아(大雅)」는 「문왕(文王)」부터, 「송(頌)」은 「청묘(淸廟)」부터 시작했다. 이렇게 정리한 『시』 305편에 대해서 공자는 모두 현악에 맞추어 노래 부를 수 있었는데, 「소(韶)」, 「무(武)」, 「아(雅)」, 「송(頌)」의 음률에 맞추려고 노력했다. 이로부터 예악(禮樂)이 밝혀져, 왕도(王道)가 갖추어지고 육예(六藝)가 확립되었다.

공자는 말년에 『역(易)』을 좋아하여 「단(彖)」, 「계(繫)」, 「상(象)」, 「설괘(說卦)」, 「문언(文言)」 등을 편찬했다. 책을 묶은 가죽끈이 세 번이나 닳아 끊어질(韋編三絕) 정도로 『역』을 읽으면서, “내가 이런 식으로 몇 년만 더 읽으면, 『역』에 대해서 갖추갖추 알 것 같다”고 말했다.

공자는 『시』, 『서』, 예, 악으로 제자들을 가르쳤는데, 그 수가 3,000명에 달했고, 그중에서 72명은 육예에 통달했다.……

그는 향당(鄕黨)에서는 마치 말을 못하는 사람인 양 공손했고, 종묘나 조정에서는 분명한 말을 하되 어디까지나 삼갔다. 조정에서 상대부들과 이야기할 때에는 중용을 지켜 치우치지 않았으며, 하대부들과 이야기할 때에는 화락[和樂]했다. 공문(公門)을 들어갈 때에는 몸을 움츠렸으며, 빠른 걸음으로 나아갈 때에도 새가 날개를 펴듯 단아했다. 임금이 불러 외빈접대를 맡기면 낯빛을 장중히 했고, 재직시에 임금이 명(命)으로 부르면 수레가 채비되기를 기다리지 않고 즉시 달려갔다. 생선이나 고기가 상했거나 바르게 잘리지 않은 것은 먹지 않았고, 자리가 바르지 않으면 앉지 않았다. 또 상(喪)을 당한 사람 옆에서 식사할 때에는 포식한 적이 없고, 곡을 한 그날에는 노래를 부르지 않았다. 상복 입은 사람이나 소경을 보면, 비록 어린아이이더라도 낯빛을 고쳤다. 그는 말하기를, “세 명이 동행할 때에도 그중에는 나의 스승이 있으며, 덕은 닦인 것이 없고, 학문을 함께 강습하지 않으며, 옳다고 알아들은 일을 실천하지 못하며, 착하지 못한 일을 고치지 못하는 것, 이것이 나의 근심이다"[『논어』 7 : 3] 했다. 그는 누가 노래를 잘 부르면 재창을 부탁했으며 그런 뒤에 자기도 따라불렀다. "공자는 괴이한 것과 폭력과 분란과 귀신에 대해서는 언급하지 않았다."〈주71〉……

그는 『사기』를 바탕으로 『춘추(春秋)』를 지었는데, 이것은 노나라 은공부터 시작하여 애공 14년까지의 12공(公)에 걸친다. 『춘추』는 노를 중심으로 하여 주나라를 가깝게 여기며, 은나라의 문물을 고전삼아, 3대(三代 : 또는 3대의 禮樂의 근본정신)를 운용했다. 그 문장은 간결하지만 함축성은 광대하다. 예를 들면 오, 초의 군주가 왕(王)을 자칭했을 때 『춘추』는 자(子)라고 폄하여 기록했고, 천토의 동맹(踐土之會)이란 실은 (제후국에서) 주나라 천자를 부른 것인데, 『춘추』는 "천왕(天王)이 하양을 순수했다"고 휘하여 기록했다. 이런 식으로 해당 시대를 바루었던 것이다. 그리하여 [최고 통치자의 실정에 대한] 비난과 배척의 대의명분을 모든 후세의 성왕(聖王)들은 일제히 춘추에 준거하기 시작했으니, 『춘추』의 대의[大義]가 행해질 때 천하의 난신적자(亂臣賊子 : 임금을 시해한 신하와 부모를 해한 자식)들은 두려울 수밖에 없었다.……

공자는 애공 16년 4월 기축일에 73세의 나이로 세상을 떠났다.[1)]

---

1) 孔子生魯昌平鄕陬邑, 其先宋人也.……魯襄公二十二年而孔子生.……孔子之時, 周室微, 而禮樂廢, 『詩』『書』缺. 追迹三代之禮, 序『書傳』. 上紀唐虞之際, 下至秦繆, 編次其事, 曰 : "夏禮吾能言之, 杞不足徵也 ; 殷禮吾能言之, 宋不足徵也 ; 足則吾能徵之矣." 觀殷夏所損益, 曰 : "後雖百世可知也." 以一文一質, "周監於二代, 郁郁乎文哉, 吾從周." 故『書傳』『禮記』自孔氏. 孔子語魯太師 : "樂其可知也. 始作, 翕如 ; 縱之, 純如皦如, 繹如也, 以成. 吾自衛反魯, 然後樂正, 「雅」「頌」各得其所." 古者『詩』三千餘篇, 及至孔子去其重, 取可施於禮義. 上采契后稷, 中述殷周之盛. 至幽厲之缺, 始於衽席. 故曰 : "「關雎」之亂, 以爲「風」始, 「鹿鳴」爲「小雅」始, 「文王」爲「大雅」始, 「淸廟」爲「頌」始." 三百五篇, 孔子皆絃歌之, 以求合「韶」「武」「雅」「頌」之音. 禮樂自此可得而述, 以備王道, 成六藝. 孔子晩而喜『易』, 序「彖」, 「繫」, 「象」, 「說卦」, 「文言」. 讀『易』韋編三絶, 曰 : "假我數年, 若是, 我於『易』則彬彬矣." 孔子以『詩』『書』禮樂敎弟子, 蓋三千焉. 身通六藝者, 七十有二人.……其於鄕黨, 恂恂似不能言者. 其於宗廟朝廷, 辯辯言, 唯謹爾. 朝與上大夫言, 誾誾如也 ; 與下大夫言, 侃侃如也. 入公門, 鞠躬如也 ; 趨進, 翼如也 ; 君召使儐, 色勃如也 ; 君命召, 不俟駕行矣. 魚餒肉敗, 割不正不食 ; 席不正不坐. 食於有喪者之側, 未嘗飽也 ; 是日哭, 則不歌. 見齊衰瞽者,

이것이 수천 년 동안 대부분 사람들 마음 속의 공자였다. 지금 살펴보면 「공자세가」는 사실과 맞지 않는 부분이 많다. 그러나 당시 전한시대의 일반인들은 바야흐로 공자를 신으로 여기던 터여서, 사마천(司馬遷, 145-86B.C.)이 공자를 사람으로 본 것은 오히려 특별한 식견이었다고 하지 않을 수 없다. 앞에서 인용한 글 가운데 『논어』에 근거하고 있는 것들은 대체로 믿을 만하지만, 문제가 되는 것은 공자와, 『역』, 『시』, 『서』, 『예』, 『악』, 『춘추』, 즉 소위 육예(六藝) 혹은 육경(六經)과의 관계이다. 다음 절에서 논한다.

1. 중국역사상 공자의 위치

종래 육예에 대해서 금문학파(今文家)는 공자의 창작(所作)이라고 주장했고, 고문학파(古文家)는 공자가 계술한 것(所述)이라고 주장했다. 그 설이 각기 다르긴 하지만, 요점은 모두가 공자와 육예는 밀접한 관계가 있다는 것이었다. 그러나 소위 육예란 춘추시대 고유의 학문으로서, 공자보다 앞서 존재했던 것이고 실제로 공자가 제작한 것이 아니다.

공자가 육예를 제작한 적이 없다는 증거는 이미 많은 사람들이 제시해왔다. 나는 다른 글에서 발표한 적이 있으므로[2] 여기서 자세히 논하지는 않겠다. 공자는 비록 육예를 제작하지는 않았지만 일찍이 육예로써 제자들을 가르쳤다. 따라서 그후로 육예를 특히 공자와 밀접하게 관련시킨 것도 전혀 근거 없는 일은 아니다. 『국어(國語)』에 따르면 사미(士亹)가 초나라 태자에게 가르친 학과목 중

雖童子必變. 三人行, 必得我師. "德之不修, 學之不講 ; 聞義不能徙, 不善不能改 ; 是吾憂也." 使人歌, 善則使復之, 然後和之. 子不語,怪力亂神.……乃因『史記』, 作『春秋』; 上至隱公, 下訖哀公十四年, 十二公. 據魯, 親周, 故殷, 運之三代, 約其文辭而指博. 故吳楚之君自稱王, 而『春秋』貶之曰 : "子." 踐土之會, 實召周天子, 而『春秋』諱之曰 : "天王狩於河陽." 推此類以繩當世. 貶損之義, 後有王者擧而開之, 『春秋』之義行, 則天下亂臣賊子懼焉.……孔子年七十三, 以魯哀公十六年四月己丑卒. (『사기』 1905-45쪽)

2) 「중국역사상 공자의 위치」, 『삼송당전집』XI, 151-65쪽.

에는 『시』, 『예』, 『악』, 『춘추』, 『고지(故志)』 등이 이미 들어 있었다. 『좌전(左傳)』이나 『국어』에 기록된 당시 인물들의 대담문구는 모두 『시』, 『서』를 늘 인용했다. 그들은 교제할 때에는 『예』를, 점칠 때에는 『역』을 사용했던 것이다. 즉 당시에 적어도 일부 귀족들은 이런 종류의 교육을 받았다는 말이다. 그런데 공자는 이 육예를 일반인에게 가르친 최초의 인물이었다. 이 점은 뒤에 상술한다. 우리가 말하고 싶은 것은 공자의 강학은 그후의 다른 제자백가와는 달랐다는 점이다. 그들은 그들 자신의 학설만을 중시했는데, 이를테면 『장자(莊子)』「천하편(天下篇)」에서 보여지듯이 묵가의 제자들은 『묵경(墨經)』을 암송했던 것이다. 그러나 공자는 교육가였다. 그의 강학목적은 "인재(人)" 양성에 있었다. 특히 국가를 위해서 일할 인재를 양성했지, 어떤 한 학파(一家)의 학자를 양성하지 않았다. 따라서 학생들에게 각종 서적을 읽게 했고, 각종 과목을 가르쳤다. 그래서 안연(顏淵)은 "각종 문헌으로써 나의 지식을 넓혀주셨고, 예로써 나의 행동을 단속해주셨다"[3]고 했고, 『장자』「천하편」은 유가에 대해서 "『시』로써 뜻을, 『서』로써 정치를, 『예』로써 행실을, 『악』으로써 화합을, 『역』으로써 음양의 이치를, 『춘추』로써 명분을 계도했다"[4]고 설명했던 것이다. 이 여섯 가지가 바로 유가에서 교육한 여섯 과목이었다.

이런 까닭에 공자의 제자들의 성취도 일률적일 수 없었다. 『논어』에 따르면 "덕행은 안연, 민자건, 염백우, 중궁이 ; 변설은 재아, 자공이 ; 정치적 수완은 염유, 자로가 ; 학식은 자유, 자하가 뛰어났다."[5] 또 예컨대 자로는 "병권을 맡을 만했고", 염유는 "읍재[邑宰]가 될 만했고", 공서화는 "외교사절을 응대할 만했으니",[6] 모두들

3) 博我以文, 約我以禮. (『논어』 9 : 11)

4) 『詩』以道[道 : 導]志, 『書』以道事, 『禮』以道行, 『樂』以道和, 『易』以道陰陽, 『春秋』以道名分. [名分 : 이름과 그 직분] 〈제16장,주2〉

5) 德行 : 顏淵, 閔子騫, 冉伯牛, 仲弓 ; 言語 : 宰我, 子貢 ; 政事 : 冉有, 季路 ; 文學 : 子游, 子夏. (『논어』 11 : 3)

6) "可使治賦" ; "可使爲宰" ; "可使與賓客言". (『논어』 5 : 8) [子曰 : "由也, 千乘之國, 可使治其賦也. 求也, 千室之邑, 百乘之家, 可使爲之宰也. 赤也, 束帶立於朝, 可使與

"천승의 제후국 통치(爲千乘之國)" 업무를 맡을 수 있었던 것이다. 즉 공자는 제자들을 전적으로 "인재"가 되게끔 했지, 자기가 주창한 학파의 학자로 가르치지는 않았다는 말이다.

공자는 이미 있던 책을 가지고 교육했는데, 가르칠 때 다소 취사선택을 가한 것도 있었을 것이다. 가르치면서 수시로 새로 해석한 사실은 후술하는 바와 같다. 만약 이렇듯 수시로 취사선택하여 강해한 사실을 두고 "육경을 산정(刪正)했다"고 한다면, 공자가 "산정"한 것은 사실이다. 그러나 이런 "산정"이란 사실 아무런 비상한 의미가 없다. 그후 유가는 관습대로 여전히 계속해서 육예를 교재로 사용한 반면, 다른 학파에서는 오직 자기들의 새로운 학설만을 강할 뿐 옛 서적은 강하지 않았던 까닭에, 육예는 마침내 유가의 전유물처럼 되어 공자가 제작한 것처럼 여겨졌고, 산정(산정을 했다면) 역시 중대한 의의가 있는 것인 양 여겨졌던 것이다.

『한서(漢書)』「예문지(藝文志)」는 제자(諸子)를 모두 육예의 "분파나 후예(支流餘裔)"로 보았다.〈부록4,주141〉『장자』「천하편」도 같은 견해인 듯하다. 이는 결코 이유가 없지 않은데, 이른바 육예란 본래 그 시대의 공동지식이었기 때문이다. 각 학파가 오직 그들의 신학설만 강하게 된 뒤부터, 육예 하면 곧 유가의 전유물인 양 여겨졌으나 사실은 본래 모두의 공유물이었다. 다만 각 학파의 학설이 다 육예 중에 이미 들어 있었다고 주장한 점은 옳지 않다.

유가(儒家)라는 이름과 관련하여, 『설문(設文)』에서는 "유는 유순하다는 뜻이고, 술사(術士 : 학예에 능통한 선비)를 지칭한다"[7]고 했고, 『논어』에서는 "공자는 자하에게 '너는 군자유가 되어야지 소인유가 되어서는 안 된다'고 했다."[8] 유(儒)란 본디 지식과 재예를 소유한 사람에 대한 통칭이었기 때문에, 군자와 소인의 구별이 있을 수 있었던 것이다. 유가가 제일 먼저 일어났기 때문에 사람들은 유라는 이름으로 그들을 칭했던 것이다. 그후 한 학파의 이름으로

賓客言也."]

7) 儒, 柔也. 術士之稱. 〈부록1,주2〉

8) 子謂子夏曰 : "女爲君子儒! 毋爲小人儒!" (『논어』 6 : 13) 〈부록1,주2〉

되어버렸지만 처음에는 통칭이었다.

요컨대 공자는 한 교육가였다. "계술만 하고 창작하지 않았으며, 신념을 가지고 옛것에 심취했으며",[9] "학문에 싫증을 낸 적이 없었고, 인재교육에 게으른 적이 없었다"[10]는 말은 바로 공자가 자신에게 내린 평어(考語 : 評語)였다.

이로써 보건대 공자는 단지 한 "선생님(老敎書匠)"이었지만, 중국역사상 여전히 지극히 높은 위치를 점하고 있다. 나는 다음과 같이 생각한다.

(1) 공자는 중국 최초로 학술을 민중화했고, 교육을 직업삼았던 교수노유(敎授老儒)였고, 전국시대의 강학과 유세의 풍습을 열었으며, 중국에서 농부도, 공인도, 상인도, 관료도 아닌 선비라는 계급을 창립했거나 적어도 선양발전(發揚光大)시켰다.

(2) 공자의 행적은 그리스의 "소피스트(智者)"를 방불케 한다.

(3) 공자의 행적 및 중국역사상의 영향은 소크라테스의 행적 및 서양역사상의 영향과 서로 비슷하다.

앞에서 말했듯이 사미가 가르친 초나라 태자의 교과목 중에는 이미 『시』, 『서』, 『예』, 『악』, 『춘추』, 『고지』 등이 있었다. 그러나 이런 교육을 일반인들이 받을 수 있는 것은 결코 아니었다. 당시의 평민이 그런 완전교육을 받을 기회가 꼭 있었던 것도 아니었고, 당시의 귀족 역시 모두 그런 완전교육을 받을 기회가 있었던 것이 아니었다. 한선자(韓宣子)는 진(晉)의 대대로 이어온 경이었으나 노(魯)에 가서 외교를 하면서 "태사씨의 서적을 보고서야" 비로소 "『역』의 괘상(象 : 卦象)과 노의 『춘추』를 볼 수 있었으며" 〈주39〉, 계찰(季札) 역시 노에 갔을 때에야 비로소 각국의 시(詩)와 악(樂)을 보고 들을 수 있었던 것으로 보아〈주38〉, 『역』, 『춘추』, 『악』, 『시』 등은 당시에 매우 진귀한 학문 전적이었음을 알 수 있다.

---

9) 述而不作, 信而好古. [子曰 : "～, 竊比於我老彭"] (『논어』 7 : 1) 〈부록1,주71〉 [述 : "夫孝者, 善繼人之志, 善述人之事者也." 〈제14장,주56〉에서의 계술(繼述)의 뜻]

10) 爲之不厭, 誨人不倦. (『논어』 7 : 34).

공자는 바로 "누구에게나 차별 없이 교육을 실시한다"[11]는 근본 입장(宗旨)에서, "속수(束脩) 이상을 예물로 가져온 이에게 가르쳐 주지 않은 적이 없었다."[12] 이와 같이 학생들을 크게 불러모아 출신을 따지지 않고 학비를 바친 자라면 받아들여 일률적으로 각종 과목과 각종 진귀한 전적들을 읽게 했던 것인즉, 이는 실로 커다란 해방이었다. 따라서 육예를 가지고 교육한 것이 공자가 최초는 아니었을지언정, 육예를 일반인에게 가르쳐서 육예를 민중화한 것은 실로 공자에서 시작되었다.

공자가 최초로 육예를 일반인에게 가르쳤다고 말한 것은 공자 이전에 일찍이 누가 대규모로 학생들을 불러모아 교육했다거나, 더욱이 "누구에게나 차별 없이 교육을 실시했다"는 말을, 믿을 만한 고서 내에서는 찾아볼 수 없기 때문이다. 공자와 동시대에 소정묘(少正卯)가 있었는데, "거처마다 무리를 모아 도당을 이루었고, 설교 솜씨는 입에 발린 말로 사람들을 미혹하기에 넉넉했고, 억지 수완은 진리를 뒤집어엎고 자기의 교설을 세우고도 남았다"[13]고 한다. 그가 얼마나 많은 학생들을 불러모았는가 하면, "공자의 제자들이 세 번 들어찼다가 안연만 빼놓고 다들 쏠려가버려 텅텅 비었다"[14]고 한다. 또 장자는 "노나라에 형벌로 발뒤꿈치를 잘린 왕태(王駘)라는 자가 있었는데, 그를 추종하는 사람 수가 공자와 맞먹었다"[15]고 했다. 그러나 공자가 소정묘를 처단했다는 것은 이미 신빙성이 의문시되었고, 소정묘가 과연 존재했는지조차 알 수 없다. 『장자』는 "우언이 열에 아홉"[16]인지라, 왕태란 자가 "공자와 노나라를 양분했는지는"[17]

---

11) 有教無類. (『논어』 15 : 39)

12) 自行束脩以上, 吾未嘗無誨焉. (『논어』 7 : 7) [束脩 : 건포 한 묶음]

13) 其居處足以撮徒成黨, 其談說足以飾褒榮衆, 其強禦足以反是獨立. (「시주(始誅)」, 『공자가어(孔子家語)』 권1 : 8쪽)

14) 孔子門人三盈三虛, 惟顔淵不去. (유협〔劉勰, 465-532〕, 「심은(心隱)」, 『신론(新論)』 권4)

15) 魯有兀者王駘, 從之遊者與仲尼相若. (「덕충부(德充符)」, 『장자』, 187쪽)

16) 寓言十九. [『장자』, 947쪽] 〈제9장,주10〉

17) 與孔子中分魯. ["與夫子中分魯."] (『장자』, 187쪽)

더욱 믿을 수 없다. 따라서 대규모로 학생들을 불러모아 교육한 사람은 공자가 최초였다. 그후 각 학파(各家)가 벌떼처럼 일어나 학생들을 다투어 끌어모았으나 그런 풍기는 실제로 공자가 열었던 것이다.

공자는 또 끊임없이 임금들에게 유세하며 학생들을 데리고 여러 나라를 돌아다녔다. 이런 거동도 전에 없었으나 그후 풍기로 되었는바, 이런 풍기 역시 공자가 열어놓은 셈이다.

다시 말하지만 공자 이전에는 농사도 공업도 장사도 벼슬도 하지 않고 오직 강학만을 직업삼아 생계를 도모한 사람은 없었다. 옛날에 귀족으로서 세습적으로 벼슬살이한 사람 외에, 우리가 알기로는 미천한 데서 출세한 인물도 있었다. 이런 인물들은 벼슬하기 전에는 다들 농사나 공업 혹은 장사를 해서 생활했었다. 맹자(孟子)는 말했다.

> 순은 농사짓다가, 부열은 공사판에서, 교력은 생선소금장수 하다가, 관중(管仲, ?-645B.C., 名이 夷吾)은 옥관에게 붙잡혀 있다가, 손숙오는 바닷가에서, 백리해는 저자에서 발탁등용되었다.[18]

맹자의 말을 다 믿을 수는 없더라도, 벼슬하지 않으면서 다른 생업에도 종사하지 않은 사람은 공자 이전에는 없었다고 할 수 있다. 『좌전』에 나오는 기결(冀缺)* 역시 벼슬하기 전에는 농사를 지었었다. 맹자에 따르면 공자는 젊었을 때 가난 때문에 벼슬하여 "창고지기를 한 적도 있었고", "축사지기를 한 적도 있었다."[19] 다만 "대부의 벼슬을 한 뒤"부터 많은 학생들을 받아들인 이래로는 순전히

18) 舜發於畎畝之中；傅說擧於版築之間；膠鬲擧於魚鹽之中；管夷吾擧於士；孫叔敖擧於海；百里奚擧於市. (『맹자』 12 : 15)

* 「희공(僖公)」 33년[627B.C.], 『좌전』, 501-02쪽 : 어느날 기결이 들에서 김을 매고 있었다. 그의 처가 새참을 가져왔을 때 내외는 마치 빈객을 마주하듯 서로 공경했다. 마침 서신(胥臣 : 〈제3장,주7〉)이 지나가다 이 모습을 보고 임금에게 다음과 같이 말하며 그를 천거했다. "공경은 덕이 몸에 쌓인 것인데, 공경이 그와 같을진대 유덕자임에 틀림없습니다. 그 덕으로 백성을 다스릴 것입니다.……듣건대 문밖을 나서면 빈객을 접대하듯 하고 일은 제사 모시듯 하는 것이 인의 원칙이라고 합니다(出門如賓, 承事如祭 仁之則也)."

19) "嘗爲委吏矣", "嘗爲乘田矣." (『맹자』 10 : 5) 〈제2장,주10〉

강학만을 직업으로 하여 생계의 방편을 삼았다. 그는 스스로 생산활동에 종사하지 않았을 뿐더러, 제자들이 생산에 종사하는 것도 원하지 않았다. 제자 번지(樊遲)가 "농사와 원예 배우기를 청하자", 공자는 "번지는 소인이다"[20]고 평했다. 자공(子貢)이 상업을 경영하자, 공자는 "자공은 소명은 저버리고 재화나 불려 잇속 계산은 거의 귀신이다"[21]는 식으로 말했다. 이렇듯 생산활동을 도외시하는 그의 태도는 당시 사람들의 질책을 받았다. 『논어』에 따르면 하조장인(荷條丈人)은 공자를 일컬어 "손가락 하나 꿈쩍이지 않고 오곡도 분간 못 한다"[22]고 했다. 안영(晏嬰 : 齊의 정치가)도 말했다.

> 무릇 유자(儒者)란 약디 약아서 법도를 좇으려 않으며, 오만하고 제멋대로여서 아랫사람으로 삼기 힘들고, 상례를 숭상하여 애도를 다한답시고 파산할지라도 장례는 후히 하니 풍속에 득이 없고, 유세나 하고 다니면서 재물만 빌어먹으니 나라에 득이 없습니다.[23]

『장자』도 도척(盜跖 : 이름난 도적)이 공자에게 한 말을 실었다.

> 너는 말이나 꾸미고 장난하며 문왕, 무왕을 망령되이 들먹이고,……되지도 않는 소리를 지껄이며, 일하지 않고 밥 먹고, 길쌈하지 않고 옷 입으며, 입술과 혀만 놀려 시와 비를 멋대로 생산하여, 천하 임금들이 미궁을 헤매게 하고, 온 세상 학자들이 근본을 상실하게 하며, 거짓 효제(孝弟)를 조작하여 제후와 귀족의 부귀영화에 빌붙어 지내려는 자가 아니더냐?[24]

---

20) "請學稼", ……"請學爲圃", ……"小人哉樊須也!" (『논어』 13 : 4)

21) 賜不受命而貨殖焉 ; 億則屢中. (『논어』 11 : 19)

22) 四體不勤, 五穀不分. (『논어』 18 : 7) 〈제7장,주19〉

23) 夫儒者, 滑稽而不可軌法 ; 倨傲自順, 不可以爲下 ; 崇喪遂哀, 破產厚葬, 不可以爲俗 ; 游說乞貸, 不可以爲國. (「공자세가」, 『사기』, 1911쪽) [『사기』에 따르면, 이것은 제 경공(齊景公)이 공자의 유세를 듣고 그를 등용하려고 하자 안영이 반대하며 한 말이다. 반면에 공자는 "안영은 타인과의 교우관계가 몹시 좋았다. 관계가 오래 지속될수록 더욱 그들의 존경을 받았다"(『논어』 5 : 17)라고 안영을 찬양했다.]

24) 爾作言造語, 妄稱文武.……多辭繆說, 不耕而食, 不織而衣, 搖脣鼓舌, 擅生是非, 以迷天下之主, 使天下學士, 不反其本, 妄作孝弟, 而徼倖於封侯富貴者也. (「도척(盜跖)」, 『장자』, 777쪽) [繆 : 잘못하다, 어긋나다, 위배되다, 속이다]

이런 비평들이 꼭 안영이나 도척이 직접 한 말일 필요는 없다. 『장자』에 나오는 말은 더욱 사실로 볼 수 없다. 다만 이런 비평이 바로 그 당시에 있을 수 있었다는 사실이다.

전국시대에 학문이 있으면서도 벼슬하지 않고 직접 노동을 해서 먹고 살았던 사람도 있었다. 예를 들면 허행(許行)은 "그의 추종자가 수십 인이었는데, 모두가 갈옷을 입었으며 짚신을 삼고 자리를 짜서 생계를 유지했고",[25] 진중자(陳仲子)는 "몸소 짚신을 삼고 처는 길쌈해서"[26] 살아갔다. 그러나 맹자는 그렇지 않았다. 맹자 자신은 "뒤따르는 수레가 수십 대에 시종 수백 명을 거느리고 제후에게서 자고 먹었는데", 이를 두고 그의 제자인 팽경(彭更)이 "너무 지나치다(泰)"고 여겼을 정도이니,[27] 다른 사람들의 비평이야 더 말할 나위도 없다. 맹자는 또 자사(子思)가 "봉양받던" 상황을 기술하면서 이렇게 말했다.

> "옛날 노나라 목공이 문안 명목으로 자주 삶은 고기를 보내오자, 자사는 불쾌히 여긴 끝에 마침내 사자를 손짓하여 문 밖으로 물리치고, 북면하여 엎드려 재배하고 거절하면서 말하기를, '이제 임금께서 나를 개나 말 기르듯이 하신다는 것을 알았다' 하셨다."……
>
> 그러자 제자가 맹자에게 물었다.
>
> "그러면 임금이 군자를 봉양하려면 어떻게 해야 가히 봉양이라고 말할 수 있습니까?"
>
> "임금의 명으로 전달되면 [그때마다 꼭꼭] 재배하고 머리 숙여 받아야만 한다. 따라서 나중에는 식량은 곳간지기가, 고기는 푸줏간 주인이 대주게 해야 하고 임금의 명으로 전달되듯이 해서는 안 된다. 자사가 생각하기에 고깃덩어리를 가지고 자기를 자꾸 귀찮게 절이나 하게 한 격이니 군자를 봉양하는 도가 아니라고 여겼던 것이다."[28]

25) 其徒數十人, 皆衣褐, 捆屨, 織席, 以爲食. (『맹자』 5 : 4)

26) 身織屨, 妻辟纑. (『맹자』 6 : 10) 〈제7장,주43〉

27) (彭更問曰)"後車數十乘, 從者數百人, 以傳食於諸侯," 不以"泰"乎? (『맹자』 6 : 4)

28) 繆公之於子思也, 亟問亟餽鼎肉. 子思不悅. 於卒也, 摽使者出諸大門之外, 北面稽

이것을 보면 유가의 한 풍기를 알 수 있다. 그 풍기가 이와 같았기 때문에 그후로 농부도 공인도 상인도 관료도 아닌 선비가 존재하게 되었고, 선비는 생업에는 종사하지 않으면서 타인의 봉양만 기대했다. 이런 선비계급은 공자 이전에는 없었던 것 같다. 이전의 소위 사(士)란 주로 대부·사(大夫士)의 사였거나 혹은 남자 병사의 칭호였지 후세의 소위 사농공상(士農工商)의 사는 아니었다.[29)]

이들 선비계급은 오직 벼슬살이와 강학이라는 두 종류의 일만 할 수 있었다. 현재에 이르기까지 각 학교 졸업생들은 농업학교와 공업학교를 막론하고, 여전히 교원과 관리라는 두 생계의 길이 있을 뿐이므로, 이른바

> 벼슬을 하다 여력이 있으면 학문을 하고, 학문을 하다 여력이 있으면 벼슬을 한다[30)]

는 말이다. 공자는 바로 이런 계급의 창립자는 아니었을지언정, 적어도 선양, 발전시킨 사람이었다.

이런 선비계급은 그후 법가(法家)의 통렬한 증오의 대상이 되었다. 한비자(韓非子)는 말했다.

> 논변과 지혜에 통달하기를 공자·묵자같이 한다 한들, 공자·묵자라면 밭 갈고 김 매려고 하지 않을진대, 나라에 무슨 득이 있겠는가? 효심을 닦고 욕심을 없애기를 증자·사추같이 한다고 한들, 증자·사추라면 전쟁, 공격하려고 하지 않을진대, 나라에 무슨 이득이 있겠는가?[31)]

○유자들은 문예로써 법을 어지럽히고 협객들은 무예로써 금령을 범한다.

首再拜而不受, 曰 : "今以後知君之犬馬畜伋." ……曰 : "敢問國君欲養君子, 如何斯可謂養矣?" 曰 : "以君命將之, 再拜稽首而受. 其後廩人繼粟, 庖人繼肉, 不以君命將之. 子思以爲鼎肉使己僕僕爾亟拜也, 非養君子之道也." (『맹자』 10 : 6)

29) 【주】『국어』「제어(齊語)」에서 말한 사농공상의 사는 병사(軍士)를 지칭한 듯하다. 자세한 것은「중국역사상 공자의 위치」(『삼송당전집』XI, 163쪽) 참조.

30) 仕而優則學 ; 學而優則仕. (『논어』 19 : 13)

31) 博習辯智如孔墨 ; 孔墨不耕耨, 則國何得焉? 修孝寡欲如曾史 ; 曾史不戰攻, 則國何利焉? (「팔설(八說)」, 『한비자(韓非子)』, 974쪽)

……이제 그럴듯한 학설을 연구하고 말솜씨만 익힌다면, 땀 흘려 일하지 않아도 실속 있는 부자가 되고, 위험을 무릅쓰고 전쟁하지 않아도 존대받는 귀인이 되는 판국이라면, 어느 놈이 마다하겠는가?[32)]

공자는 그리스의 소피스트들과 행동이 비슷했다. 그들은 모두 그때까지의 관행을 깨고 정식으로 학생들을 모아 교육하기 시작했다. 소피스트들은 학생들이 내는 학비로 생활을 유지했는데, 역시 당시에 대단한 비난을 받았다. 공자는 "속수 이상을 예물로 가져온 이에게 가르쳐주지 않은 적이 없었거니와"〈주12〉, 그는 규정된 학비를 받은 것은 아니지만 다만 "예물(贄)"류는 반드시 정하여 받았다. 공자는 설사 임금의 봉양을 미더워했을지언정, 제자들의 학비에만 의지하여 생활을 유지한 것은 아니었을지라도, 다만 제자들의 수가 많았다는 사실만으로도 그들의 봉양을 받을 자격이 충분했다. 중국역사상 공자는 처음으로 강학을 직업삼아 생활을 유지했다. 이 사실이 결코 공자의 평가에 손상이 되지는 않는다. 생활이란 어쨌든 유지해야 하기 때문이다.

공자가 "소피스트"와 닮은 점은 또 있다. "소피스트"는 모두 박학다능하여 학생들에게 각종 과목을 가르쳤는데, 그 주요 목적은 학생들에게 정치활동 역량을 길러주는 데에 있었다. 공자 역시 박학다능했다. 그래서

달항 마을 사람이 말하기를 "공자는 참으로 위대하다. 박학하여 어느 한 분야를 지목할 수 없도다!" 했다.[33)]

태재(太宰 : 官名)가 자공에게 공자에 대해서 물었다.
"공자는 성인이신가? 어째서 그렇게 다재다능하신가?"
"원래 하늘이 성인으로 보낸 분이시기에 다재다능하신 것입니다."[34)]

---

32) 儒以文亂法, 俠以武犯禁.……今修文學習言談, 則無耕之勞而有富之實, 無戰之危而有貴之尊, 則人孰不爲也? (「오두(五蠹)」, 『한비자』, 1057-67쪽)

33) 達巷黨人曰 : "大哉孔子, 博學而無所成名!" (『논어』 9 : 2)

34) 太宰問於子貢曰 : "夫子聖者與, 何其多能也?" 子貢曰 : "固天縱之將聖, 又多能也." (『논어』 9 : 6) [天縱 : 〈부록1,주49〉]

공자는 여러 과목을 가르쳤는데 육예가 바로 그것이다. 정치활동 역량에 대해서도 공자는 주의를 기울여서, 그의 제자들은 "천승의 제후국"에서 "병권을 맡거나 읍재가 될" 만했다.〈주6〉 계강자(季康子)가 자로, 자공, 염유에 대해서 정치를 맡길 만한 인물이냐고 묻자, 공자는 "자로는 과단성이 있고, 자공은 사리에 밝고, 염유는 재능이 많으니, 정치를 담당하기에 무슨 어려움이 있겠는가?"[35]라고 했다. 이는 마치 요즘 정부기관에서 총장에게 추천을 의뢰하면 각 대학의 총장이 평어를 붙여 졸업생을 추천하는 것과 같다.

공자는 소크라테스와 흡사했다. 소크라테스도 원래 "소피스트"였지만, 그들과 다른 점은 학생들에게 학비를 받지 않았고 지식을 팔지 않았다는 점이다. 그는 우주론적 문제에는 흥미가 없었으며, 신의 문제에 관해서는 전통적 견해를 받아들였다. 공자 역시 그랬다고 이미 말했다. 소크라테스는 자신에게 신성한 사명이 주어져 있다고 여겼으며, 그리스 인을 각성시키는 것이 자기의 임무라고 생각했다. 공자도 그랬기 때문에 "하늘이 내게 덕을 부여하셨다"[36]고 했고, "하늘이 이 문물을 없애려고 하지 않는데 광(匡) 땅 사람들이 감히 나를 어쩌겠느냐?"〈주45〉고 했던 것이다. 소크라테스는 (아리스토텔레스에 따르면) 귀납법으로써 정의(定義)를 구했고, 정의로써 우리 행위의 기준으로 삼았다. 공자 역시 정명(正名)을 주장했고, 명(名)에 대한 정의로써 우리 행위의 기준으로 삼았다. 소크라테스는 인간의 도덕성을 강조했다. 공자도 인간의 "인(仁)"이 "정치담당(從政)" 능력보다 더욱 중요하다고 보았다. 그래서 자로, 염유, 공서화 등이 비록 "천승의 제후국"에서 "병권을 맡고", "읍재가 되고", "외교사절을 응대할"〈주6〉 만하다고 그 능력들은 인정했지만, 유독 그들이 "인(仁)"하다고는 인정하지 않았던 것이다. 소크라테스는 직접 책을 쓰지는 않았지만, 그후로 책을 쓴 사람들이 그의 이름을 가탁한 경우는 많다(플라톤의 대화편 등). 공자도 책을 쓰지는 않았지만, 그후로 책마다 '공자왈(子曰)'하는 곳은 극히 많

35) "由也果", "賜也達", "求也藝", "於從政乎何有?" (『논어』 6 : 8)

36) 天生德於予. [子曰 : "~, 桓魋其如予何?"] (『논어』 7 : 23)

다. 소크라테스 사후에 그의 학파는 플라톤과 아리스토텔레스의 선양, 발전 과정을 거쳐 마침내 서양철학의 정통이 되었다. 공자의 학파도 맹자와 순자의 선양, 발전 과정을 거쳐 마침내 중국철학의 정통이 되었다. 자세한 것은 후술한다.

공자는 중국의 소크라테스라는 사실만으로도 이미 매우 높은 위치에 있다. 더구나 공자는 학술을 보편화한 최초의 인물이었으며, 선비계급의 창립자 또는 적어도 선양, 발전시킨 인물이었으므로, 그의 업적의 위대함은 어쩌면 소크라테스를 능가한다고 하겠다.

2. 전통적 제도와 신앙에 대한 공자의 태도

중국문화는 주대(周代)에 이르러 규모를 갖추었다고 앞에서도 말했는데, 고문경학파의 주장처럼 주나라의 모든 전장제도가 문왕과 주공이 제작한 것은 아니라고 하더라도, 문왕과 주공이 주대 문화를 창조한 주요 인물임은 사실인 것 같다. 노나라는 주공의 후손국이었기 때문에 종주(宗周 : 宗國인 周)의 문물이 타국에 비해서 많이 남아 있었다. 축타(祝佗 : 大祝, 『논어』6 : 16의 祝鮀)는 말했다.

> 주공은 왕실을 도와 천하를 바로잡은 사람이어서 주 왕실과는 제일 친한 사람이었다. 그래서 그의 아들 노공(魯公 : 伯禽)에게 대로(大路)와 대기(大 : 대로에 꽂는 용틀임이 그려진 기)를 주었고,……주공의 명덕을 선양하게 했다. 또 토지와 부용국, 대축[大祝]과 종인[宗人], 태복[太卜]과 태사[太史] 그리고 각종 문물과 전적, 백관과 상용기물 등을 보내어 구비하도록 했다.[37]

계찰은 사절로 노나라를 방문하여 "주의 음악을 감상하며 살필 수 있었고",[38] 한선자는 사절로 노나라를 방문하여 "태사의 서적들을 보게 되었는데, 『역』의 괘상과 노의 『춘추』를 대하고는, '주례가 모두 노에 있었구나! 나는 이제야 비로소 주 왕조의 통치에 공헌한 주

37) 周公相王室以尹天下, 於周爲睦, 分魯公以大路大旂,……以昭周公之明德, 分之土田陪敦, 祝宗卜史, 備物典策, 官司彝器. (「정공(定公)」 4년, 『좌전』, 1536-37쪽)
38) 觀於周樂. (「양공(襄公)」 29년, 『좌전』, 1161-65쪽)

공의 크신 덕과 주가 천하의 왕이 될 수 있었던 까닭을 알겠다!'고 말했다."[39] 이들의 칭송을 보건대 노나라의 문물은 원래 종주의 축소판이었음을 알 수 있다. "찬란한 종주가 포사 때문에 망하고,"[40] 평왕이 동천한 뒤로 문물이 많이 상실한 터여서, 종주의 문물은 노나라에서나 찾아볼 수 있게 되었다.

공자는 평생 호학(好學)을 자부하며 이렇게 말했다.

나는 날 때부터 다 알고 태어난 사람이 아니다. 다만 옛 사람들이 남긴 업적을 사모하여 끊임없이 배우고 추구했을 따름이다.[41]

○열 가구의 작은 마을에도 반드시 나만큼 충직하고 신실한 사람이야 있겠지만, 나처럼 학문을 사랑하는(好學) 사람은 아마 없을 것이다.[42]

○하(夏)의 예를 나는 직접 설명할 수 있지만 기(杞)에 충분한 증거가 남아 있지 않고, 은(殷)의 예를 나는 직접 설명할 수 있지만 송(宋)에 충분한 증거가 남아 있지 않다. 만약 문헌만 충분하다면 나는 그것을 입증할 수 있을 것이다.[43]

공자가 태어난 노나라는 주례(周禮)를 입증할 문헌이 충분했기 때문에, 공자는 주례에 대해서 깊이 알았고 간절히 사모했다. 그래서 말했다.

주는 이전의 두 왕조를 조망하여 거울삼았으니, 그 문화가 찬란하다! 나는 **주**(周 : 즉, 주의 문화, 周禮)**를 추종한다!**[44]

---

39) 觀書於太史氏, 見『易』象與魯『春秋』, 曰 : "周禮盡在魯矣! 吾乃今知周公之德與周之所以王也!" (「소공(昭公)」 2년, 『좌전』, 1226-27쪽) 〈부록1,주39〉

40) 赫赫宗周, 褒似滅之. [「소아」「정월(正月)」], 『시』 [유왕(幽王)은 총애하는 왕비 포사에 빠져 불의를 행하다 망했다.]

41) 吾非生而知之者, 好古敏以求之也. (『논어』 7 : 20)

42) 十室之邑必有忠信如丘者焉, 不如丘之好學也. (『논어』 5 : 28) 〈부록1,주69〉

43) 夏禮吾能言之, 杞不足徵也 ; 殷禮吾能言之, 宋不足徵也. 文獻不足故也, 足則吾能徵之矣. (『논어』 3 : 9)

44) 周監於二代, 郁郁乎文哉! 吾從周. (『논어』 3 : 14) 〈제2장,주1〉

오직 "주를 추종했기" 때문에 공자는 문왕과 주공의 업적을 영속화하는 일을 일생의 사명으로 삼았고, 그래서 그가 광 땅에서 위협을 당했을 때 이렇게 말했다.

> 문왕께서 이미 돌아가셨으나 그 문물제도는 바로 내게 있지 않느냐? 하늘이 이 문물제도를 없애려고 했다면, 나와 같은 후세인들은 아예 이 문물제도에 접할 수 없었을 것이다. 하늘이 이 문물제도를 없애려고 하지 않을진대, 광(匡) 땅 사람들이 감히 나를 어쩌겠느냐![45]

그는 마음 속에 품은 생각을 이렇게 말했다.

> 만일 누가 나를 임용해준다면, 나는 동주(東周)를 건설할 것이다![46]

동주를 건설한다 함은 주를 모태로 하는 문화를 동쪽 땅에 완전히 실현하겠다는 말이다. 자신의 의지가 약해졌음을 깨달았을 때 공자는 이렇게 탄식했다.

> 내가 꿈에 다시 주공을 뵙지 못한 지가 정말로 오래 되었구나.[47]

후세 경학자들 중에서 고문주장자들은 육예란 주공의 창작(作)을 공자가 계술한(述) 것이다고 여겼고, 금문주장자들은 공자가 『춘추』를 창작하여 스스로 문왕에 비견했다고 여겼다. 어느 쪽도 사실과 반드시 부합한 것은 아니지만, 요컨대 공자 스스로 자신의 책임으로 부가한 것이 문왕과 주공의 유업을 계승하는 일이었음은 매우 명백하다.

그렇기 때문에 그후 유가들은 한결같이 주공과 공자를 병칭했던 것이다. 맹자는 말했다.

> 진량(陳良)은 남방의 초나라 출신이다. 주공과 공자의 도에 심취하여 북

45) 文王旣沒, 文不在玆乎? 天之將喪斯文也, 後死者不得與於斯文也 ; 天之未喪斯文也, 匡人其如予何! (『논어』 9 : 5) 〈부록1,주62〉

46) 如有用我者, 吾其爲東周乎. (『논어』 17 : 5) 〈부록1,주63〉

47) 久矣吾不復夢見周公. [子曰 : "甚矣吾衰也! ~!"] (『논어』 7 : 5)

으로 중원에 가서 유학했다.[48)]

순자(荀子)는 말했다.

> 공자는 어질고 슬기로웠으며 가려막히지(蔽) 않았다. 그러므로 천하통치에 대한 그의 학술은 선왕(先王)에 비해서 손색이 없었다. 일가(一家)의 언설로서 주도(周道 : 周의 정치철학)의 핵심을 파악했고, 나아가 그것이 널리 앙양되고 통용하게 된 것은, 그가 어떠한 기성의 잡설에도 가려막히지 않았기 때문이다. 그리하여 공자의 덕은 주공에 비견되었으며, 이름은 삼왕(三王 : 하의 우왕, 은의 탕왕, 주의 문왕 또는 무왕)과 더불어 드날리게 되었다.[49)]

한대 사람들도 역시 공자는 주공의 도를 계승했다고 말했다. 『회남자(淮南子)』는 말한다.

> 공자는 성왕과 강왕의 도를 닦았고, 주공이 가르친 뜻을 계술했다.[50)]

사마천은 말했다.

> 주공이 돌아간 후 500년 만에 공자가 탄생했던 것이다.[51)]

공자는 "계술만 하고 창작하지 않았으며, 신념을 가지고 옛것에 심취했다."〈주9〉 그가 계술한 것은 바로 주례였다.

공자는 주례에 대해서 깊이 알았고 간절히 사랑했기 때문에, 당시에 주례가 무너지는 현실을 두고 한없는 통한을 금할 수 없었다. 그래서 계씨가 천자의 무악인 팔일무를 자기 뜰에서 행사하자, "도저히 용인할 수 없다"[52)]고 했으며, "계씨가 태산의 신에게 여(旅 : 천자만이 드릴 수 있는 제사)를 드리자", "아! 태산의 신이 임방(林放)만도 못한 줄로 여긴단 말이냐?"[53)]라고 탄식했다. 관중(管仲)의

48) 陳良楚產也, 悅周公仲尼之道, 北學於中國. (『맹자』 5 : 4) 〈제8장,주15〉
49) 「해폐(解蔽)」, 『순자』 권15 : 9-10쪽. 원문은 〈제12장,주5〉 참조.
50) 孔子修成康之道, 述周公之訓. (「요략(要略)」, 『회남자』, 709쪽)
51) 周公卒五百歲而有孔子. (「태사공자서(太史公自序)」, 『사기』, 3296쪽)
52) 不可忍. [孔子謂季氏, "八佾舞於庭, 是可忍也, 孰不可忍也?"] (『논어』 3 : 1)
53) "季氏旅於泰山"……"嗚呼, 曾謂泰山, 不如林放乎?" (『논어』 3 : 6)

"반점(反坫 : 제후들 연회용 술잔 받침대) 설치"에 대해서, 공자는 "예를 무시한 처사이다"[54]고 비판했다. "진성자가 그 임금인 간공을 시해하자, 공자는 목욕 재계하고 조정에 나아가 애공 임금께 고해 말하기를 '진항이 그 임금을 시해했으므로 부디 그를 토벌하소서' 했다."[55] 공자 자신의 행실에서는 스스로 "대부의 축에 끼므로 걸어다닐 수는 없다"[56]고 여겼다. 「향당편(鄉黨篇)」 기록을 보면 기거와 음식이 엄연히 귀족적이었다. 공자가 꼭 사치를 즐겼다기보다는 그렇게 하지 않으면 "예가 아니기" 때문이었을 것이다.

전통 신앙에 대한 태도에서는 공자도 보수적이었다. 『논어』는 하늘(天)에 대해서 다음과 같이 언급한다.

왕손가(王孫賈)가 공자에게 [넌지시] 물었다.

"안방(귀신)에 잘 보이기보다는 부엌(귀신)에 잘 보여야 한다고들 말하는데, 무슨 뜻입니까?"

"그렇지 않다. 하늘에 죄를 지으면 빌 곳이 없다(獲罪於天, 無所禱也)."[57]

공자가 남자(南子 : 음란하기로 이름난, 위령공의 부인)를 만나자, 자로가 몹시 못마땅해했다. 이에 공자는 맹세하며 말하기를 "만일 내가 잘못을 했다면, 하늘(天)이 나를 벌할 것이다! 하늘이 나를 벌할 것이다!"고 했다.[58]

공자가 앓아눕자 [장차 성대한 장례를 대비해] 자로가 문인 중에서 가신(家臣)을 삼아두었다. 병이 좀 나았을 때 공자는 이렇게 말했다.

"자로는 오랫동안 거짓을 꾸며왔구나! 가신이 없어야 하는데도 가신을 만들어두었으니! 내가 누구를 속이란 말이냐? 하늘을 속이란 말이냐?"[59]

[『신편』I, 154쪽 : 태산의 신은 반드시 예를 알 것인데, 예를 아는 이상 계씨의 참월적인 제사를 받아들일 리가 없다는 뜻이다.]

54) "有反坫"……"不知禮" ["……管氏亦有反坫. 管氏而知禮,孰不知禮?"] (『논어』 3 : 22)

55) 陳成子弑簡公. 孔子沐浴而朝, 告於哀公曰 : "陳恒弑其君, 請討之." (『논어』 14 : 21)

56) 從大夫之後, 不可徒行. (『논어』 11 : 8)

57) 王孫賈問曰 : "與其媚於奧, 寧媚於竈, 何謂也?" 子曰 : "不然 ; 獲罪於天, 無所禱也." (『논어』 3 : 13)

58) 子見南子, 子路不悅. 夫子矢之曰 : "予所否者, 天厭之! 天厭之!" (『논어』 6 : 28)

59) 子疾病. 子路使門人爲臣. 病間曰 : "久矣哉! 由之行詐也! 無臣而爲有臣. 吾誰欺? 欺天乎?" (『논어』 9 : 12)

제자 안연(顏淵, 521-490.B.C.)이 죽자 공자는 이렇게 통곡했다.

"아아! 하느님(天)이 나를 멸하시는구나! 하느님이 나를 멸하시는구나!"[60)]

공자는 말했다.

"하늘을 원망하지 않고 사람도 탓하지 않는다! 내가 할 수 있는 노력을 다하여 높은 곳을 향해서 나아갈 따름이다. 나를 알고 있는 것은 아마도 하늘(天)뿐이리라!"[61)]

이상에서 보면 공자가 말하는 하늘이란 바로 의지를 가진 하느님(上帝)으로서 곧 "주재지천(主宰之天)"이다.[62)] 『논어』는 명(命)에 대해서 다음과 같이 언급한다.

공자는 말했다.

"나는 열다섯에 (도를 추구하는) 학문에 뜻을 두었고(志於學), 서른에 예에 따라 행할 수 있었고, 마흔에 미혹하지 않을 수 있었고, 쉰에 천명(天命 : 하늘의 뜻, 하느님의 명령)을 알았다……"[63)]

제자 백우(伯牛)가 몹쓸 병으로 앓아눕자 공자가 문병을 갔다. 공자는 [방에 들어가지 못하고] 문 밖에서 그의 손을 잡고 이렇게 탄식했다.

"이럴 수가! 운명(命)이란 말인가! 이런 사람이 이런 병에 걸리다니! 이런 사람이 이런 병에 걸리다니!"[64)]

공자는 말했다.

---

60) 顏淵死. 子曰 : "噫! 天喪予! 天喪予!" (『논어』 11 : 9)

61) 子曰 : "不怨天, 不尤人 ; 下學而上達. 知我者其天乎!" (『논어』 14 : 35)

62) 【주】 혹자는 『논어』(17 : 19)의 "하늘이 무슨 말을 하더냐?(天何言哉)"는 말을 증거로 공자가 말한 하늘은 자연지천(自然之天)이라고 한다. 그러나 이것은 다만 하늘이 "작위 없이 다스린다(無爲而治)"는 말일 뿐이지, 꼭 하늘을 자연지천으로 볼 것까지는 없다. 또 '하늘은 말하지 않는다'는 명제는 '하늘은 말할 수 있지만 말하지 않는다'는 뜻을 내포한다. 그렇지 않다면 이 명제는 무의미하다. 예를 들면 우리는 '돌은 말하지 않는다'라거나 '책상은 말하지 않는다'라고는 말하지 않는다. 왜냐하면 돌이나 책상 따위는 본래 말할 수 있는 사물이 아니기 때문이다.

63) 子曰 : "吾十有五而志於學 ; 三十而立 ; 四十而不惑 ; 五十而知天命." (『논어』 2 : 4)

64) 伯牛有疾, 子問之, 自牖執其手曰 : "亡之! 命矣夫! 斯人也而有斯疾也! 斯人也而有斯疾也!" (『논어』 6 : 10) [伯牛 : 성품이 어질고 선했다. 〈주5〉]

"나의 도(道)가 실현되는 것도 명운(命 : 命運)에 달려 있고, 실현되지 못하는 것도 명운에 달려 있다. 어찌 공백료 따위가 명운에 간여하겠느냐!"[65]

공자는 말했다.

"군자는 세 가지를 두려워한다. 천명(天命 : 우주의 최고 주재자의 명령)을 두려워하고, 대인(大人 : 사회의 최고 통치자)을 두려워하고, 성인의 말씀(聖人之言 : 개인이 신봉하는 최고 권위자의 가르침)을 두려워한다."[66]

하늘이 의지를 가진 하느님이라면 천명은 바로 하느님의 의지인 셈이다. 공자는 자기가 떠맡은 신성한 사명은 바로 하늘이 명한 것이라고 생각했다. 그러므로 "하늘이 이 문물제도를 없애려고 하지 않을진대, 광(匡) 땅 사람들이 감히 나를 어쩌겠느냐!"〈주45〉고 했다. 공자와 동시대 사람들 중에는 공자가 천명을 받은 사람이라고 여기는 사람도 있었는데, 의봉인(儀封人)은 "천하에 도가 없어진 지 오래므로, 하늘이 선생님을 목탁(木鐸)*으로 삼으시려는 것이다"[67]고 했다.** 그런데 공자는 귀신에 대해서만은 비교적 새로운 견해를 보인 것 같다. 『논어』는 귀신에 대해서 다음과 같이 말한다.

65) 子曰 : "道之將行也與命也. 道之將廢也與命也. 公伯寮其如命何!" (『논어』 14 : 36)

66) 孔子曰 : "君子有三畏 ; 畏天命, 畏大人, 畏聖人之言." (『논어』 16 : 8)

* 木鐸 : 문사(文事)에 관한 정교(政敎)를 베풀 때 흔들던, 추가 나무로 된 금속 방울. 문교(文敎)를 베푼 인물 혹은 세상의 지도자를 뜻함.

67) 天下之無道也久矣, 天將以夫子爲木鐸. (『논어』 3 : 24)

** 『신편』I, 155-56쪽 : 요컨대 공자에 따르면, 개인의 생활 중에는 자신의 역량의 지배하에 놓여 있는 일들이 있는가 하면, 자신의 역량이 지배할 수 없는 일들이 있다. 이 후자의 측면에서 보면, 마치 개인이 규제할 수 있는 역량이 아닌 어떤 것이 존재해서 지배하고 있는 것 같다. 이런 역량은 마치 의지가 있는 것도 같고 없는 것도 같으며, 이해할 수 있을 것도 같고 없을 것도 같다. 의지가 있는 것도 같고 이해할 수 있을 것도 같은 측면에서 말할 때의 역량이 "하늘(天)"이다. 의지가 없는 것도 같고 이해할 수 없을 것도 같은 측면에서 말할 때의 역량이 "명(命)"이다. 전통 종교 속에서 "하늘"과 "명"은 함께 연결되어 있다. "천명"은 곧 하느님의 명령이다. 공자도 역시 "천명"을 논했다. 그러나 공자의 논의에서 "하늘"과 "명"은 늘 분리되어 언급되었는데, 어떤 곳에서는 서로 바꿀 수 있고 어떤 곳에서는 서로 바꿀 수 없다. 예컨대 자하는 "듣건대 사생은 명이고(死生有命), 부귀는 재천이다(富貴在天)"고 했는데(『논어』 12 : 5), 여기서의 "천"과 "명" 두 글자는 서로 바꿀 수 있다. 즉 "사생은 재천이고(死生在天), 부귀는 명이다(富貴有命)"라고 말

조상께 제사를 드릴 때에는 조상이 앞에 계신 듯이 정성을 다해야 하고, 신령께 제사를 드릴 때에는 신령이 앞에 계신 듯이 정성을 다해야 한다.[68)]

공자는 말했다.

"인민이 의롭게 되는 일에 전심전력하고, **귀신은 공경하되 멀리하는 것**(敬鬼神而遠之)이 지혜라고 할 수 있다."[69)]

자로가 귀신 섬기는 일을 묻자, 공자는 말했다.

"사람도 제대로 섬기지 못하는데, 어떻게 귀신을 섬길 수 있겠느냐?"

"감히 여쭙건대 죽음이란 무엇입니까?"

"삶도 아직 이해하지 못하거늘, 어떻게 죽음을 알 수 있겠느냐?"[70)]

해도 안 될 것이 없다. 이처럼 서로 바꿀 수 있는 까닭은 여기서 말한 "천"과 "명"이 모두 개인이 지배할 수 없는 역량을 통칭하기 때문이다. 한편 공자는 "내가 누구를 속이란 말이냐, 하늘을 속이란 말이냐!" 했고, "나를 알고 있는 것은 아마도 하늘뿐이리라" 했는데, 이 두 "하늘" 자는 "명" 자로 바꿀 수 없다. 즉 "내가 누구를 속이란 말이냐, 명을 속이란 말이냐!" 또는 "나를 알고 있는 것은 아마도 명뿐이리라"라고는 말할 수 없다. 이 "하늘"과 "명"이 서로 바뀔 수 없는 까닭은 공자가 여기서 말한 "하늘"은 바로 의지가 있는 것도 같고 이해할 수 있을 것도 같은 하늘의 측면에 중점을 두고 있기 때문이다.

68) 祭如在, 祭神如神在. [神 : 外神] (『논어』 3 : 12) 〈제3장,주11〉

69) 子曰 : "務民之義, 敬鬼神而遠之, 可謂知矣." (『논어』 6 : 22) 〈제3장,주12〉

70) 季路問事鬼神, 子曰 : "未能事人, 焉能事鬼?" 曰 : "敢問死?" 曰 : "未知生, 焉知死?" (『논어』 11 : 12)
[『신편』I, 154-55쪽 : 귀신의 문제에 대한 공자의 태도는 대체로 귀신의 존재를 명확히 부인하지는 않았으나 강조하지도 않았다. 그는 천과 천명의 존재를 인정하는 것이 가장 중요한 것이고, 천명의 존재를 인정하고 천명에 따라 행하는 데에는 귀신의 도움이나 보호를 요망할 필요가 없다고 여겼다. 『논어』를 보면, 공자가 한번은 병이 들었는데 제자인 자로가 "천지신명(上下神祇)"께 기도를 드리며 도움과 보호를 기원했다. 공자는 병이 나은 후 자로에게 그런 일이 있었는지 물었다. 자로가 있었다고 대답하자, 공자는 "나의 기도는 이미 오래되었다(丘之禱久矣)"고 말했다.(『논어』 7 : 35) 즉 그는 지금까지 모든 일을 예에 맞게 행했고, 천명을 두려워했으며 천명을 따랐으니 그것이 바로 기도였다는 뜻이다. 줄곧 기도하고 지냈으니 병이 들었다고 해서 기도해야 하는 것이 아니었다. 거듭 말하지만 공자는 "하늘에 죄를 지으면 빌 곳이 없다"고 여겼다. 즉 천명을 두려워하지 않고 천명에 순종하지 않는다면 그것이 바로 하늘에 죄를 짓는 일인즉, 하늘에 죄를 지으면 어디에 가서 무슨 기도를 하든 아무 소용이 없다.]

"귀신은 공경하되 멀리하는 것"이 지혜라고 했으니, 귀신을 멀리하지 않으면 지혜가 없는 셈이다. 멀리하지 않으면 지혜가 아니라고 하면서 왜 하필 또 공경하는가? 그후 유가는 이 문제의 답으로서 마침내 하나의 체계적인 "제사관(祭祀觀)"을 완성했다. 이 점에 대해서는 제14장에서 상술한다. 여기서 주의할 점은 공자가 이 문제에 관해서 지혜라는 단어를 제시했다는 사실이다. 즉 당시의 미신에 대해서 허다하게 불신했음에 틀림없다. 따라서 "공자는 괴이한 것, 폭력, 분란, 귀신에 대해서는 언급하지 않았다."[71)]

3. 정명론

공자는 당시 뭇 제도의 붕괴를 목도하고 "천하무도"라고 여기며, "천하유도"했던 때를 늘 그리워했다. 그러므로 말했다.

> **천하유도**(天下有道 : 정치와 사회의 모든 면이 질서 있는)의 시대이면, 예악정벌(禮樂征伐 : 예의의 제정과 음악의 제작 및 출병과 정벌 등의 모든 중대사)이 최고 통치자인 천자로부터 결정된다. **천하무도**(天下無道 : 정치와 사회의 모든 질서가 파괴된)의 시대이면, **예악정벌이 제후로부터 결정된다.** 제후로부터 결정되면 10대 안에 무너지지 않는 경우가 드물고, **대부로부터 결정되면** 5대 안에 무너지지 않는 경우가 드물고, **배신**(陪臣 : 대부의 가신)**이 정권을 장악하면** 3대 안에 무너지지 않는 경우가 드물다. 천하에 도가 서 있다면 국가의 정권이 결코 대부의 수중에 있을 리 없고, 천하에 도가 서 있다면 서인들이 국가의 정치를 의론할 리 없다.[72)]
>
> ○작록 관장권이 군주에게서 떠난 지 이미 5대요, 정권이 대부의 손아귀에 장악된 지 이미 4대이다. 따라서 저 **삼환**(三桓)*****의 자손도 곧 쇠미할 것이다.**[73)]

71) 子不語怪, 力, 亂, 神. (『논어』 7 : 21)

72) 天下有道, 則禮樂征伐自天子出. 天下無道, 則禮樂征伐自諸侯出. 自諸侯出, 蓋十世希不失矣. 自大夫出, 五世希不失矣. 陪臣執國命, 三世希不失矣. 天下有道, 則政不在大夫. 天下有道, 則庶人不議. (『논어』 16 : 2)

* 三桓 : 노나라 환공(桓公)의 후예로서 당시 노나라의 실권자인 맹손(孟孫), 숙손(叔孫), 계손(季孫)의 세 대부.

73) 祿之去公室, 五世矣. 政逮於大夫, 四世矣. 故夫三桓之子孫微矣. (『논어』 16 : 3)

공자는 여러 정치적, 사회적 계급의 붕괴는 위에서부터 비롯되는 것으로 보았다. "예악정벌이 제후로부터 결정되면" 10대 후에는 반드시 더 내려가 "대부로부터 결정되고", "대부로부터 결정되면" 5대 후에는 반드시 "배신이 정권을 장악할 것이므로", 따라서 "삼환의 자손들도 곧 쇠미할 것이다"고 말했다. "배신이 정권을 장악하면" 3대 후에는 뭇 백성 가운데서 봉기하는 자가 꼭 있게 된다. 즉 맹자가 이른대로, "정말 의리를 무시하고 잇속을 앞세우면 결국 모두 빼앗지 않고서는 만족할 줄 모른다"[74]는 말이다.

이런 상황하에서 공자는 진실로 "어지러운 세상을 바로잡아 정상상태를 회복"[75]하려면, 무엇보다도 천자는 여전한 천자, 제후는 여전한 제후, 대부는 여전한 대부, 배신은 여전한 배신, 백성은 여전한 백성이지 않으면 안 된다고 여겼다. 즉 실상(實)을 이름(名)에 부합케 하는 것으로서, 소위 정명론(正名主義 : 正名論)이다. 공자는 이것이 극히 중요하다고 인식했다. 따라서 『논어』는 말한다.

> 자로(子路 : 542-480B.C.)가 공자에게 물었다.
>
> "위나라 임금께서 선생님을 모셔다가 정치를 맡기면 선생님께서는 무슨 일부터 먼저 하시겠습니까?"
>
> "그야 물론 이름을 바루는 일(正名)*이다."[76]

> 제 경공(齊景公)이 정치에 대해서 물었다. 공자가 말했다.
>
> "임금은 임금답고 신하는 신하답고 아버지는 아버지답고 자식은 자식답게 되는 것입니다(君君, 臣臣, 父父, 子子)."
>
> "훌륭한 말씀입니다. 정말로 **임금이 임금답지 못하고 신하가 신하답지 못하고 아버지가 아버지답지 못하고 자식이 자식답지 못하다**면, 비록 곡식이 있다고

---

74) 苟爲後義而先利, 不奪不饜. (『맹자』 1 : 1)

75) 撥亂世而反之正. ["~, 莫近於『春秋』." (「태사공자서」, 『사기』, 3297쪽)]

* *SH*, 41쪽 : 正名 : 실제의 사물은 이름에 의해서 그 사물에 결부된 함축과 부합하게끔 되어야 한다(Things in actual fact should be made to accord with the implication attached to them by names).

76) 子路曰 : "衞君待子而爲政, 子將奚先?" 子曰 : "必也正名乎!" (『논어』 13 : 3)

한들 임금인 나 역시 어디 제대로 얻어먹을 수나 있겠습니까?"[77)]

각각의 이름들은 그 정의가 있으며, 그 정의가 의미하는 바는 그 이름이 지칭하는 그 사물이 다름 아닌 바로 그 사물인 까닭 즉 그 사물의 본질 혹은 개념(이데아)이다. 예를 들면 "임금"이라는 이름의 정의가 의미하는 바는 곧 임금을 임금이게끔 하는 본질이다. "군군, 신신, 부부, 자자(君君, 臣臣, 父父, 子子)"에서, 앞의 군 자는 실제 임금을 지칭하고 뒤의 군 자는 군이라는 이름 즉 군에 대한 정의를 지칭한다. 신, 부, 자 등도 모두 마찬가지다. 만약 (실제) 군, 신, 부, 자가 그 정의에 부합한다면 모두 각자의 도를 다하는 것이고 그러면 "천하에 도가 서게 된다(天下有道)." 공자는 "임금이 임금답지 못하고 신하가 신하답지 못하고 아버지가 아버지답지 못하고 자식이 자식답지 못한" 당시의 세상을 목도하고 감개한 나머지, 빗대어 말하기를

고(觚 : 모난 술잔의 이름)가 모나지 않으면, 그것을 고라고 할 수 있겠느냐! 고라고 할 수 있겠느냐! [즉 이미 고가 아니다.][78)]

했다. 공자는 당시에 이름(名)이 바르지 못해서 어지러워졌다고 생각했기 때문에 이름을 바룸으로써 당시의 폐단을 구제하고자 했다.

또한 당시에 이름이 그르쳐진 것은 모두 위에서부터 비롯되었으므로 "정상 상태의 회복(反正)" 역시 위에서부터 시작해야 한다고 여겼다. 『논어』는 말한다.

계강자(季康子 : 魯의 실권자)가 정치에 대해서 묻자, 공자가 대답했다.

"정치란 정의 그 자체(正 : 正義,正直)입니다. 그대가 정의(정직)로써 솔선한다면 감히 누가 부정을 행할 수 있겠습니까?"[79)]

---

77) 齊景公問政於孔子, 孔子對曰 : "君君, 臣臣, 父父, 子子." 公曰 : "善哉! 信如君不君, 臣不臣, 父不父, 子不子 ; 雖有粟, 吾豈得而食諸?" (『논어』 12 : 11) 〈제12장,주56〉

78) 觚不觚, 觚哉! 觚哉! (『논어』 6 : 25)

79) 季康子問政於孔子. 孔子對曰 : "政者, 正也. 子率以正, 孰敢不正?" (『논어』 12 : 17)

계강자가 도둑[이 많은 현실]을 걱정하며 자문하자 공자가 대답했다.

"그대 스스로 탐욕을 부리지 않는다면, 설령 상을 준다고 해도 아무도 도둑질하지 않을 것입니다."[80)]

계강자가 정치에 대해서 공자에게 물었다.

"만일 무도한 자를 죽임으로써 백성들이 옳바른 도로 나아가게 하면 어떻겠습니까?"

"그대가 정치를 하면서 어찌 살인의 방법을 쓰려고 하십니까? 그대가 선을 추구하면 백성도 선해질 것입니다. 군자의 덕은 바람이요 소인의 덕은 풀이니 풀 위로 바람이 불면 풀은 저절로 수그리는 법입니다."[81)]

귀족정치 시대에 인민은 털끝만한 지식도 못 가졌으므로, 군자 즉 귀족의 행위는 소인 즉 서민에게 깊은 영향을 끼칠 수밖에 없었다.

공자가 그의 정명론을 실행하고자 『춘추』를 지었다고 흔히들 생각한다. 맹자에 따르면 공자가 『춘추』를 지은 목적이나 효용은 "난신적자를 두렵게"[82)] 하려는 데에 있었다. 그러나 『좌전』 「선공(宣公)」 2년조에 조천(趙穿 : 조돈의 사촌)이 진 영공(晉靈公)을 시해하자

진의 태사(太史 : 이름이 董狐)는 "조돈(趙盾)이 그의 임금을 시해했다"고 기록하여 조정에서 공포했다. 조돈이 "그렇지 않다" 하자, 태사가 대답했다.

"그대는 일국의 정경(正卿)이면서 달아났지만 국경을 넘지는 않았던 것이고, 또한 돌아와서는 살인범을 징벌하지 않았으므로 바로 그대[의 책임]가 아니고 누구[의 책임]란 말씀입니까?"

이에 대해서 공자가 이렇게 평했다.

"동호는 옛날의 훌륭한 사관이다. 필법(書法 : 筆法)에 숨김이 없었다."[83)]

---

80) 季康子患盜, 問於孔子. 孔子對曰 : "苟子之不欲, 雖賞之不竊." (『논어』 12 : 18)

81) 季康子問政於孔子曰 : "如殺無道, 以就有道, 何如?" 孔子對曰 : "子爲政, 焉用殺? 子欲善而民善矣. 君子之德風, 小人之德草. 草上之風, 必偃." (『논어』 12 : 19)

82) 亂臣賊子懼. ["孔子成春秋而～."] (『맹자』 6 : 9) 〈주1 ; 제6장,주4〉

83) 太史書曰 : "趙盾弑其君" 以示於朝. 宣子曰 : "不然." 曰 : "子爲正卿, 亡不越竟, 反不討賊, 非子而誰?"……孔子曰 : "董狐, 古之良史也 ; 書法不隱." (『좌전』, 662-63쪽) [조돈은 충신이었는데 포악한 영공이 죽이려고 하자 도망쳤다가, 영공이 시해되자 도중에 되돌아와 다시 경이 되었다.]

또 『좌전』「양공」25년조에 최저(崔杼 : 『논어』5 : 19의 崔子)가 제 장공(齊莊公)을 시해하자,

> 제의 태사는 "최저가 그의 임금을 시해했다"고 기록했다. 그러자 최저는 그를 살해했다. 그의 뒤를 이어 동생들이 계속 그 내용을 기록하다가 둘이 더 죽임을 당했다. 또 다른 동생이 또 기록하자 최저는 할 수 없이 그만두고 말았다. 한편 남사(南史 : 齊의 이름난 사관)는 태사들마다 모두 죽임을 당했다는 소식을 듣고, [자기가 직접 기록할 요량으로] 책을 들고 왔다가 제대로 기록이 되었다는 말을 듣고 되돌아갔다.[84)]

이처럼 춘추시대에 적어도 진, 제 두 나라 태사의 사필(史筆)은 모두 "난신적자를 두렵게 할" 수 있었은즉, 특별히 『춘추』만이 그랬던 것은 아니다. 고대 사관들에게는 본래 역사를 기록하는 관습법이 있었을 것이다. 맹자는 말했다.

> 진의 『승(乘)』, 초의 『도올(檮杌)』, **노의 『춘추**(春秋)』는 매한가지다. 그 내용은 제 환공, 진 문공의 사건이고 그 문장은 태사가 기록한 글이지만, 오직 **그 대의**(義 : 大義)만은 공자가 **은밀히 채납했다**.[85)]

"그 대의"란 『춘추』의 대의일 뿐만 아니라 실은 『승』이나 『도올』의 대의이기도 했다는 사실은 동호의 사필로 보아 알 수 있다. 공자는 다만 그 대의를 "채납했을(取)" 뿐 "창작(作)"하지 않았다. 맹자의 이 말은 공자가 『춘추』를 지었다고 한 그의 말과는 맞지 않지만 오히려 사실에 가까운 것 같다.[86)]

---

84) 太史書曰 : "崔杼弑其君." 崔子殺之. 其弟嗣書而死者二人. 其弟又書, 乃舍之. 南史氏聞太史盡死, 執簡以往, 聞旣書矣, 乃還. (『좌전』, 1099쪽)

85) 晉之『乘』, 楚之『檮杌』, 魯之『春秋』, 一也. 其事則齊桓晉文. 其文則史, 其義則丘竊取之矣. (『맹자』 8 : 21)

86) 【주】유사배(劉師培, 1884-1919)는 말했다. "『맹자』(6 : 9)에 '공자는 [세상의 무질서에 대한] 경각심에서 『춘추』를 작(作)했다(孔子懼, 作『春秋』)'라는 구절이 있다. 후대 유자들은 이 구절에 근거하여 『춘추』는 전부 공자의 저작이라고 여겼다. 그러나 작(作)은 두 가지 의미를 겸하고 있으니, 시(始 : 창시하다)로도 풀이하고 위(爲 : 삼다, 설명하다)로도 풀이한다. 시로 풀이한 경우는 『설문(說文)』인데, 즉 창

다만 노가 주공의 후예에 의해서 다스려졌고 "예의지국(禮義之邦)"이었기 때문에 "노의 『춘추』"가 이런 서법에 각별히 충실했다고는 할 수 있겠다. 한선자가 노를 방문하여 태사씨의 서적들을 보았을 때 "노의 『춘추』"에 대해서, 혹은 "노의 『춘추』"가 과연 진의 『승』이나 초의 『도올』에 비해서 특별한 곳이 있는지를 특히 주의했던 것으로 보아 공자 이전에 이미 『춘추』를 교육용 교과서로 쓴 사람이 있었다는 말이 된다. 초나라 장왕이 사미(士亹)를 태자 잠(箴)의 사부로 임명하자 사미는 신숙시(申叔時 : 초의 賢大夫)에게 자문했는데, 숙시가 이렇게 말했다.

> 그에게 『춘추』를 가르쳐서 **선을 북돋우고 악을 물리치게 하여** 마음을 삼가고 권면토록 하십시오.[87]

작(創作)의 작(作)이다. 『악기(樂記)』의 '작자지위성(作者之謂聖 : 창작하는 이를 일컬어 성인이라고 한다)'의 작이 그 예이다. 위로 풀이한 경우는 『이아(爾雅)』인데, 창작의 작과는 다르다. 예컨대 『서』의 '여작사도(汝作司徒)'에서는 설(契)을 사도(司徒)로 삼았다(爲)는 뜻이지, 사도라는 관직이 설에서 시작되었다(始)는 뜻이 아니다. 『논어』에 '시작흡여(始作翕如 : 연주를 시작할 때 여러 음을 함께 낸다)' 〈주97〉라고 했고, 『좌전』[857쪽]에 '금주작어하(金奏作於下 : 아래에서는 종을 치며 음악을 연주한다)'라고 했으니, 음악의 연주도 작락(作樂)이라고 했다는 말이다. 따라서 '작악숭덕(作樂崇德 : 음악을 창작하여 공덕을 찬양함)'[『주역』, 187쪽]의 작(作)과는 다르다. 『좌전』에 '소목(召穆)이 성주(成周)에서 종족을 규합해놓고 시를 노래했는데(作詩), 밝은 아가위꽃 활짝 피지 않았는가?(常棣之華鄂不韡韡)라는 시였다'고 했으니, 시를 노래하는 것도 작시(作詩)라고 했다는 말이다. 따라서 '시인 맹자가 이 시를 작(作)했다(侍人孟子, 作爲此詩)'에서의 작과는 다르다. 대체로 창작을 작(作)이라고 했지만, 앞사람의 뜻에 의거하여 설명하는(爲) 것도 작이라고 했던 것이다. '공자가 『춘추』를 작했다(孔子作『春秋』)'는 맹자의 말은, 공자가 고사(古史)에 의거하여 『춘추』를 설명했다(爲)는 말이다. 따라서 '**그 내용은 제 환공, 진 문공의 사건이요 그 문장은 태사의 글이었다**'고 말했던 것이다. '『시』가 없어진 연후에 『춘추』를 작했다(詩亡然後, 『春秋』作)'[『맹자』 8 : 21]에서의 작(作)은 시(始)의 뜻으로서, '작『춘추』(作『春秋』)'의 작(作)과는 다르니, '『춘추』가 기록한 사건은 동주(東周)에서 시작했다'는 말이다."(『좌암집(左菴集)』 권2) 이처럼 음악의 연주를 작락(作樂)이라고 하고, 시를 노래한 것을 작시(作詩)라고 할 수 있었던 예를 따르면, '작『춘추』'란 『춘추』를 강론했다는 말일 따름이다. 공자가 『춘추』를 강론하면서 특별히 정명(正名)을 강조한 사실이, 이른바 '**『춘추』의 대의만은 공자가 은연중에 취했다**'는 말이다. 그럼으로써 '**난신적자를 두렵게**' 했던 것이다."

87) 敎之『春秋』而爲之聳善而抑惡焉, 以戒勸其心. (「초어(楚語)」 상, 『국어』, 528쪽)

『춘추』가 이미 일종의 교육용 교재였음을 알 수 있다. 다만 공자가 장성하기 이전의 일이므로 공자와는 무관한 사실이다.

『춘추』가 "선을 북돋우고 악을 물리치게 하며", 난신적자를 단죄하고, "『춘추』로써 명분(본분)을 계도했다"〈주4〉는 말에 공자도 동의할 것이다. 그러나 사실상 공자가 정명론을 주장하여 『춘추』를 지었다는 전통적 설명과는 달리, 공자가 『춘추』 등의 책에서 의(義)를 취해서 정명론을 주장했다고 해야 옳을 것 같다. 그 대의만은 공자가 "은밀히 채납했다"는 맹자의 말이 그것이다.

4. 계술을 통한 창작자로서의 공자

공자는 "계술만 하고 창작하지 않았으니"〈주9〉 『춘추』의 경우도 예외일 수 없다. 그러나 공자는 『춘추』와 기타 옛 사관의 각종 필법을 정명(正名) 두 글자에 귀납시켰는데 이는 실로 『춘추』를 이론화한 것이었다. 중국문화에 대한 공자의 공헌은 바로 원래의 제도를 이론화하고 이론적인 근거를 부여하는 시도를 개시했다는 데에 있다. 『논어』는 말한다.

> 재아(宰我)가 공자에게 여쭈었다.
>
> "삼년상 제도는 1주년으로도 충분히 깁니다. 군자가 3년간 예(禮)를 행하지 않으면 예는 무너지기 마련이고, 3년간 악(樂)을 돌보지 않으면 악도 무너지기 마련입니다. 묵은 곡식은 다하고, 햇곡식이 다시 오르며, 불을 얻는 부시나무도 새로 바꾸는 1주년을 기한으로 끝내면 괜찮을까 싶습니다."
>
> "[빨리 끝내고] 쌀밥 먹고 비단옷 입는 것이 너는 편하단 말이냐?"
>
> "예, 편합니다."
>
> "네가 편하거든 그렇게 하라. 군자란 상을 당하면 맛난 것을 먹어도 달지 않고, 음악을 들어도 즐겁지 않고, 좋은 거처라도 편하지 않기 때문에 그것을 행하지 않는 법이다. 그런데 너는 편하다면 그렇게 하라."
>
> 재아가 나가자, 공자는 말했다.
>
> "재아는 정말 글렀다(不仁). 자식은 태어나고 3년 뒤에야 부모의 품을 벗

어날 수 있기 때문에, 삼년상은 천하의 보편적인 상례(通喪)인 것이다. 재아 역시 부모의 품속에서 3년 사랑을 받았을 것이 아니더냐?"[88]

이것은 공자가 삼년상 제도에 이론적 근거를 제시한 것이다.[89]

공자는 육예로써 교육할 때 종종 독창적이었다.* 정명론이란 공자가 특별히 『춘추』나 기타 옛 사관들의 서법 가운데서 귀납하여 얻어낸 이론이란 것은 앞에서 이미 말했다. 그밖에 자하가 『시』의 "우아한 미소 예쁜 보조개로다. 아름다운 눈동자 흑백이 뚜렷하여라!"라는 구절로부터, "예란 [진실된 마음의 바탕이 있은] 연후에

---

88) 宰我問:"三年之喪, 期已久矣. 君子三年不爲禮, 禮必壞;三年不爲樂, 樂必崩. 舊穀既沒, 新穀既升, 鑽燧改火, 期可已矣." 子曰:"食夫稻, 衣夫錦, 於女安乎?" 曰:"安." "女安則爲之. 夫君子之居喪, 食旨不甘, 聞樂不樂, 居處不安, 故不爲也. 今女安則爲之." 宰我出, 子曰:"予之不仁也. 子生三年, 然後免於父母之懷. 夫三年之喪, 天下之通喪也, 予也有三年之愛於其父母乎?" (『논어』 17:21) 〈부록1,주43〉

89) 【주】혹자는 삼년상 제도는 공자가 정했다고 한다. 그러나, 『좌전』에서 숙향이 "천자께는 한 해에 [왕후와 태자의 상사로] 삼년상이 둘이나 겹쳐 있다.……삼년상은 비록 귀한 천자라도 그 기간을 다 마치는 것이 예이다. 천자는 삼년 복상도 **완수하지 않고서** 그토록 일찍 오락과 잔치를 재개하는 것은 더욱 예가 아니다(叔向曰:王一歲而有三年之喪二焉.……三年之喪, 雖貴遂服, 禮也. 王雖弗遂, 宴樂以早, 亦非禮也)"(「소공」 15년, 1374쪽)라고 말한 것을 보면, 본래 삼년상은 **"천하의 보편적인 상례였다."** 그런데 공자 당시에 이미 행하는 사람이 많지 않았기 때문에 천자도 역시 "완수하지 않았던"것이다. 이에 공자가 이 삼년상제를 다시 제창했고 이론적 근거도 제시했던 것이다.

* 『신편』I, 163쪽:그의 교육의 한 중요한 내용은 학생들에게 고대로부터 전해져오는 전적과 생활방식 및 시가 등의 문예, 즉 시(詩), 서(書), 예(禮), 악(樂)으로 총칭되는 것을 학습시키는 일이었다.……공자는 학생들에게 이런 것들을 가르치면서, 그것들 속에서 여러 원칙과 교훈을 도출(引申:재해석)하고, 그것들을 이해하고, 체득하고, 재해석하고, 해명할 수 있도록 지도했다. 그는 학생들에게 "**공부**만 하고 사색하지 않으면 어둡고(學而不思則罔), **사색**만 하고 공부하지 않으면 위험하다(思而不學則殆)"고 가르쳤다(『논어』 2:15). "공부"는 시, 서, 예, 악을 학습하는 일이고, "사색"은 이것들을 재해석하고, 해명하고, 이해하고, 체득하는 일이다. 공자는 학생들에게 훈계하기를, 시, 서, 예, 악에 대하여 "공부만 하고 사색하지 않으면" 배운 것이 많을지라도 헛된 공부이니 기력만 헛되이 낭비하는 셈이고, "사색만 하고 공부하지 않으면" 삿된 문 비뚤어진 길로 빠질 가능성이 있으니 매우 위험하다(殆)고 했다. 그가 학생들에게 가르친 이 두 구절은 바로 그의 평생과업의 정신이 담긴 말(所在)이기도 했다.

행한다는 말씀입니까?" 하고 깨달아 반문하자, 공자는 "더불어 시를 논할 만하다"고 인정했다〈주99〉. 또 말했다.

『시』 300편은 한마디로 "생각에 사특함이 없다(思無邪)."[90)]

『시』를 읽으면, 착한 마음을 진작시킬 수 있고(興), [역사에 대한] 통찰력을 키울 수 있고(觀), 이웃과 더불어 살아가는 도리를 배울 수 있고(群), 카타르시스를 느낄 수 있고(怨), 가까이는 부모를 모시고 멀리는 임금을 섬길 수 있고, 조수초목의 이름도 많이 알 수 있다.[91)]

공자는 『시』를 강론하면서 그 속의 도덕적 의미를 중시했으니, 응대 연습만 시키거나 "외교사절로 간 곳마다 임금의 명을 잘 받들 수"[92)] 있도록만 하지는 않았음을 알 수 있다. 『논어』는 또 말한다.

어떤 사람이 공자에게 물었다.

"그대는 왜 정치에 참여하지 않는가?"

"『서』에 이르되 '효도하라! 부모에게 효도할 줄 아는 사람은 자연히 형제들과 우애가 있게 된다'고 했는데, 그렇게만 하면 정치하는 데에 베풀어지는 것이니, 이 또한 정치에 참여하는 셈이다. 왜 꼭 정치를 그렇게(벼슬살이로)만 생각하는가?"[93)]

이것은 "제가(齊家)"를 "치국(治國)"의 근본으로 여긴 것으로서, 공자는 『서』를 해석할 때 도덕적 교훈의 도출에 지대한 관심을 두었지 그저 문구나 내용만 기억하지 않았다는 사실을 보여준다. 『논어』는 또 말한다.

임방〈주53〉이 예의 근본(禮之本)에 대해서 묻자, 공자는 말했다.

"정말로 중요한 질문이다! 예란 사치하느니 차라리 검소해야 하고, 치상

90) 『詩』三百, 一言以蔽之曰 : "思無邪." (『논어』 2 : 2) [思無邪 : have no depraved thoughts]

91) 『詩』可以興, 可以觀, 可以群, 可以怨. 邇之事父, 遠之事君. 多識於鳥獸草木之名. [觀 : 본받다, 유람하다. 怨 : 한탄하다, 힐책하다] (『논어』 17 : 9)

92) 使於四方, 不辱君命. [子曰 : "行己有恥, ～ ～. 可謂士矣."] (『논어』 13 : 20)

93) 或謂孔子曰 : "子奚不爲政?" 子曰 : "『書』云 : '孝乎惟孝, 友於兄弟', 施於有政, 是亦爲政, 奚其爲爲政." (『논어』 2 : 21)

이란 형식만 구비하느니 정녕 슬퍼해야 한다."[94)]

○예의 운용(禮之用)은 화합을 추구하는 일이 가장 중요하다. 옛 성왕의 도가 그래서 훌륭했던 것이다.[95)]

공자는 말했다.

예의이니 예절이니 하는 말이 무슨 옥이나 비단에 대한 얘기인 줄 아느냐! 악이니 음악이니 하는 말이 무슨 종이나 북에 대한 얘기인 줄 아느냐![96)]

○음악이라면 저도 좀 알고 있습니다. 연주를 시작할 때에는 여러 음을 함께 내다가, 이어 조화롭게 어우르고, 각각의 음을 서로 분명히 하고, 음조가 끊이지 않고 이어지게 하여 연주를 완성하는 것이지요.[97)]

공자는 예악(禮樂)*을 논하면서 "예의 근본" 및 음악의 원리를 매우 강조했지 형식이나 리듬만 설명한 것이 아님을 알 수 있다. 공자는 또 말했다.

남방 사람의 말에 "사람으로서 한결같은 마음이 없으면 무당이나 의생도 될 수 없다" 했는데, 썩 좋은 말이다. **"지조 없이 이랬다 저랬다 하면 수치당하기 십상일 것이니"**, [그런 사람은] 아예 점을 쳐볼 필요조차 없을 것이다.[98)]

"지조 없이 이랬다 저랬다 하면 수치당하기 십상일 것이다"는 말은

---

94) 林放問禮之本. 子曰 : "大哉問! 禮,與其奢也,寧儉 ; 喪,與其易也,寧戚."(『논어』 3 : 4)
95) 禮之用, 和爲貴. 先王之道, 斯爲美. (『논어』 1 : 12)
96) 禮云禮云, 玉帛云乎哉! 樂云樂云, 鍾鼓云乎哉! (『논어』 17 : 11) 〈부록2,주6〉
97) 樂其可知也 : 始作, 翕如也 ; 從之, 純如也, 皦如也, 繹如也, 以成. (『논어』 3 : 23)
* 『신편』I, 157쪽 : 공자는 예와 악을 병칭했다. 그가 말한 악은 광의적(廣義的)이어서 시가와 무용 등을 포괄하는데, 대략 현재의 문예(文藝)와 같다. 그는 악은 심지어 예보다도 더욱 중요한 교육적인 작용이 있다고 여겼다. 그는 "예에 의해서 인격이 정립되고, 악에 의해서 인격이 완성된다(立於禮, 成於樂)"고 말했다(『논어』 8 : 8). 예에 의해서 "정립"이 되었어도 다시 또 악을 경과해야 완성될 수 있다. 예는 사람에게 준칙을 잘 지키게 해주지만, 악은 준칙에 동화되도록 해준다.
98) 南人有言曰 : "人而無恒, 不可以作巫醫." 善夫. "不恒其德, 或承之羞." 子曰 : "不占而已矣." [恒 : 언제나 변하지 아니함. 정직함, 순박함] (『논어』 13 : 22)

『역』 항괘(恒卦)의 효사(爻辭)인바, 공자가 『역』을 설명하면서 괘의 효사의 함축성을 드러내는 데에 중점을 두었지, 점치는 일만 중시한 것은 아님을 알 수 있다. 즉 단지 "계술만 하고 창작하지 않은(述而不作)"것이 아니고, 사실은 계술을 통해서 창작했다(以述爲作)는 말이다.* 이런 정신과 경향은 그후 유가에 전해져 맹자나 순자 그리고 이른바 70명의 제자들도 다들 계술을 통한 창작에 힘써 마침내 유가의 정연한 사상체계를 구성하게 되었다. 따라서 『역(易)』은 전부터 있던 것이지만 유가가 계술했고, 「계사(繫辭)」와 「문언(文言)」 등은 유가가 창작한 것이다. 그러나 『역』의 사상사적 가치는 바로 「계사」와 「문언」 등에 있다. 『춘추(春秋)』는 본래부터 있던 것이지만 유가가 계술했고, 『공양전(公羊傳)』 등은 유가가 창작한 것이다. 그러나 『춘추』의 사상사적 가치는 바로 『공양전』 등에 있다. 『의례(儀禮)』는 본래부터 있던 것이지만 유가가 계술했고, 『예기(禮記)』는 유가가 창작한 것이다. 그러나 『예기』의 사상사적 가치는 『의례』를 훨씬 능가하고 있다. 그러므로 육경(六經)은 모두 사(史)이고 공자는 계술했을 뿐 창작한 것이 아니라는 고문학파의 주장도 물론 틀린 말이 아니고, 공자가 창작했지 계술한 것이 아니라는 금문학파의 주장도 전혀 근거 없는 말이 아닌 것이다. 그런즉 그후 공자를 선성(先聖)이자 선사(先師) 즉 소위 지성선사(至聖先師)**라고 여긴 것도 까닭이 없지 않다는 말이다. 왜냐하면 『주역』은 「계사」「문언」 등을 떼어내면 점서에 불과하고, 『춘추』는 『공양

* 『신편』I, 165-66쪽 : 공자는 그 자신은 **"계술만 하고 창작하지 않았다(述而不作)"**고 말했지만 사실은 계술을 통해서 창작했다. 또 스스로 "신념을 가지고 옛것을 좋아했다(信而好古)"고 했는데, 사실 "옛것을 좋아한" 그 속에는 자신의 이해와 체득이 들어 있었다. 공자가 창시한 유가학파는 그의 이런 정신을 계승 발전시켜, 공자의 이해와 체득을 공자가 "계술한" "옛것" 속에 보태어, 그가 "계술한" "옛것"의 내용을 풍부하게 했다. 그후 유가학자들은 이런 작업을 하는 중에 또한 그들 자신의 이해와 체득을 가지게 되었다. 그들의 이해와 체득은 다시 그들의 후학들에 의해서 그들이 "계술한" "옛것" 안에 보태어짐으로써, 마치 굴리면 굴릴수록 더욱더 커지는 눈덩이마냥, 유가학파의 사상은 갈수록 더욱 풍부해졌다.

** 至聖先師 : 명(明)나라 가정(嘉靖) 9년에 추칭(追稱)된 공자의 존칭.

전』 등을 떼어내면 "어수선한 단편 기록들"에 불과하고, 『의례』는 『예기』를 떼어내면 하나의 의례 모음집(禮單)에 불과하므로, 그런 책들이 2,000년의 오랜 세월 동안 영향을 끼쳤을 리 없을 것이기 때문이다. 중국역사상 한(漢)에서 청(淸)에 이르기까지 사람들의 마음에 커다란 영향을 끼친 것은 그냥 『주역』이 아니라 「계사」「문언」 등이 곁들여진 『주역』이었으며, 그냥 『춘추』가 아니라 『공양전』 등이 곁들여진 『춘추』였으며, 그냥 『의례』가 아니라 『예기』를 근거로 한 『의례』였던 것이다. 그러나 이른바 금문학파가 공자를 지성선사라고 했을 때, 그들이 말한 공자는 이미 역사상의 공자가 아니라 바로 이상적인 공자 즉 유가의 이상적인 대표자였다는 사실을 알아야 한다.

5. 직(直)·인(仁)·충(忠)·서(恕)

공자는 예를 논하면서 "예의 근본"을 강조했다고 앞에서 말했다. 『논어』는 말한다.

> 자하가 공자에게 물었다.
> "『시(詩)』에 이르기를
> '우아한 미소 예쁜 보조개로다.
> 아름다운 눈동자 흑백이 뚜렷하여라!
> 새하얀 바탕이라야 색깔을 칠할 수 있다!'
> 했는데, 무엇을 말하는 것이옵니까?"
> **"채색은 흰 바탕이 있은 연후에야 가능하다는 말이다."**
> **"예란** [진실된 마음의 바탕이 있은] **연후에 행한다는 말씀입니까?"**
> "네가 나를 깨우쳐주었구나! 이제는 더불어 시를 논할 만하다!"[99]

자하는 "채색은 흰 바탕이 있은 연후에야 가능하다"는 공자의 말에

99) 子夏問曰: "『詩』云: '巧笑倩兮, 美目盼兮, 素以爲絢兮.' 何謂也?" 子曰: "繪事後素." 曰: "禮後乎?" 子曰: "起予者商也. 始可與言詩已矣." (『논어』 3:8)

서 "예란 연후에 행한다"는 것임을 깨달았는데, 사람에게 진실된 마음(眞性情)이 있은 연후에 예를 행할 수 있음은, 마치 미녀에게 우아한 미소와 아름다운 눈동자 등이 있은 연후에 분과 입술 연지를 바를 만한 것과 같다. 진실된 마음이 없으면 예는 허위와 형식이 되어 가치도 없을 뿐더러 심히 천해질 수 있다. 그래서 공자는 말했다.

> 사람이 어질지 못하면[사람답지 못하면] 예의(禮)가 무슨 소용이겠는가!
> 사람이 어질지 못하면[사람답지 못하면] 음악(樂)이 무슨 소용이겠는가?[100)]

어질지 못한 사람은 진실된 마음이 없기 때문에, 설령 예악(禮樂)으로써 단장하더라도 그 허위만 더할 따름이다. 공자는 말했다.

> 군자란 의(義)를 **바탕(質)**으로 삼고, **예(禮)에 맞게 행하며**, 겸손하게 자신을 표현하고, 신실함을 통하여 성취하는 것이다.[101)]

예와 "바탕"이 상호 부합하게 행해야 한다는 말이다.

공자는 인간의 진실된 마음을 중시하여 허위(虛僞)를 증오하고 바탕의 정직(質直)을 숭상했기 때문에, 『논어』에는 누차 정직(直 : 솔직)이 언급되고 있다. 공자는 말했다.

> 인간의 태어날 때부터의 모습은 정직(直)이다. 허위(罔)의 삶은 용케 화를 면한 경우일 뿐이다.[102)]

정직이란 안으로 자신을 속이지 않고 밖으로 남을 기만하지 않고, 심중의 좋고 싫음을 사실 그대로 나타내는 것을 말한다. 『논어』는 또 말한다.

> 섭공(葉公 : 초나라 섭 지방 현장)이 공자에게 말했다.

100) 人而不仁如禮何! 人而不仁如樂何! (『논어』 3 : 3) ["仁者, 人也"(『중용』) 참조]
101) 君子義以爲質, 禮以行之, 孫以出之, 信以成之. (『논어』 15 : 18)
102) 人之生也直, 罔之生也, 幸而免. (『논어』 6 : 19)

"우리 고장에 정직을 몸소 실천한 사람이 있는데, 아버지가 양을 훔치자 아들이면서도 그 사실을 일러바쳤습니다."

"저희 고장의 정직한 사람은 그와 다릅니다. 아버지는 자식을 감싸주고 자식은 아버지를 감싸줍니다. 정직은 바로 그 가운데에 있다고 봅니다."[103)]

정직이란 마음속에서 우러나온다는 말이고 자기 마음으로부터 만족한다는 말이다. 아버지가 남의 양을 훔쳤으면 통상 그 자식은 결코 그 사실이 밖으로 드러나기를 바라지 않는 것이 인지상정이니, 이런 마음속의 심정을 그대로 드러내는 것이 정직이다. 그런데 자기 아버지가 남의 양을 훔쳤다고 증명하기에 이르렀으니, 이는 정직을 팔아 이름을 사려는 자가 아니면 몰인정한 사람일 것이므로 진정한 정직은 될 수 없다는 말이다. 『논어』는 또 말한다.

공자는 말했다.

"누가 미생고(微生高)를 정직하다고 했는가? 어떤 사람이 식초를 얻으러 오자 이웃에서 빌려다 주기까지 했다."[104)]

정직한 사람은 안으로 자신에게 물어보는(內忖諸己) 사람이고, 부정한 사람은 밖으로 남을 의식하는(外揣於人) 사람이다. 집에 마침 식초가 없다면 사양해도 될 일이다. 그런데 내가 사양하면 상대가 상심할까봐 어떻게든 그의 요구에 응하려고 한 것은, 안으로 자신에게 묻지 못하고 스스로 남의 의향을 의식하여 움직였다고 하지 않을 수 없는데, 그 극은 결국 교언영색(巧言令色)할 것이기 때문에

103) 葉公語孔子曰 : "吾黨有直躬者, 其父攘羊, 而子證之." 孔子曰 : "吾黨之直者異於是. 父爲子隱, 子爲父隱, 直在其中矣." (『논어』 13 : 18)
[『신편』I, 132쪽 : 아버지가 행한 나쁜 일을 증명한 것은 진실한 감정이 아니므로, 겉보기에는 "정직"인 듯하지만 사실은 "허위"이다.]

104) 子曰 : "孰謂微生高直? 或乞醯焉, 乞諸其隣而予之." (『논어』 5 : 24)
[양백준, 52쪽 : 『장자』, 『전국책』 등에 미생고(尾生高)의 수신(守信)의 이야기가 있다. 그는 어떤 여자와 다리 아래에서 만나기로 서로 약속했다. 약속 시간이 지나도 여자는 오지 않았지만 그는 기다렸다. 홍수로 물이 불어도 돌아가지 않고 있다가 물에 빠져 죽었다. 고대에 微 자와 尾 자는 통했으므로 흔히들 둘은 동일인이라고 여긴다.]

정직이 될 수 없다. 공자는 말했다.

> 번지르르한 말과 알랑거리는 낯빛(巧言令色)과 지나친 공손을 좌구명(左丘明)은 수치로 여겼는데 나 역시 수치로 여긴다.105)

수치로 여겼다 함은 정직(솔직)하지 못함을 수치로 여겼다는 말이다. 『논어』는 또 말한다.

> 자공이 공자에게 물었다.
>
> "고장 사람 모두가 좋아하는 사람은 어떻습니까?"
>
> "그가 진정 좋은 사람인지는 알 수 없다. "
>
> "고장 사람 모두가 미워하는 사람은 어떻습니까?"
>
> "그가 진정 나쁜 사람인지는 알 수 없다. 고장의 착한 사람들에게는 사랑을 받지만, 부정한 사람들에게는 미움을 받는 사람이야말로 진짜 좋은 사람이기 쉽다."106)

모든 사람이 미워하는 사람이라면 틀림없이 인정에서 벗어난 사람일 것이다. 반면에 고장 사람 모두가 좋아하는 사람이라면 그는 오로지 누구에게나 잘 보일려고만 애쓰는 향원의 무리이기 십상이다. 역시 허위일 뿐, 한 점 취할 바가 없다고 하겠다.

그러나 정직이 아무리 중요할지라도 역시 "예에 따라 행해야(禮以行之)" 한다. 『논어』는 말한다.

> 공자가 말했다.
>
> "공손도 예가 없으면 피곤이 되고, 신중도 예가 없으면 두려움이 되고, 용기도 예가 없으면 난폭이 되고, 정직도 예가 없으면 각박이 된다."107)

또 말하기를 "정직을 숭상하고 공부를 게을리하면 각박의 병집이

105) 巧言·令色·足恭, 左丘明恥之, 丘亦恥之. (『논어』 5 : 25)

106) 子貢問曰 : "鄕人皆好之, 何如?" 子曰 : "未可也." 曰 : "鄕人皆惡之, 何如?" 子曰 : "未可也 ; 不如鄕人之善者好之, 其不善者惡之." (『논어』 13 : 24)

107) 子曰 : "恭而無禮則勞, 愼而無禮則葸, 勇而無禮則亂, 直而無禮則絞." (『논어』 8 : 2)

생긴다"[108]고 했는데, 공부는 곧 예에 대한 공부(學禮)*이다. 고대에 예의 뜻은 매우 넓었다. 현재의 예라는 글자가 가지고 있는 뜻 외에도 옛날에는 예란 일체의 풍속습관, 정치·사회 제도를 모두 지칭했다. 자산(子産)은 "예란 하늘의 떳떳한 이치이자 대지의 올바른 법도요, 사람의 행위준칙이다"[109]고 했고, 『장자』「천하편」은 "예로써 행실을 계도한다"〈주4〉고 했다. 무릇 인간의 행위규범에 관한 것은 모두 예라고 했다고 할 수 있다. 공자는 주례의 옹호자였으므로 제자를 교육할 때에는 지식을 가르치는 한편 예로써 단속했던 것이다. "각종 문헌으로써 나의 지식을 넓혀주셨고 예로써 나의 행동을 단속해주셨다"〈주3〉는 안연의 말이 그것이다. 그런데 공자는 동시에 "예의 근본"을 강조했기 때문에 또한 정직을 말했던 것이다. 정직을 논한 것은 개인의 성정(性情)의 자유를 중시한 것이고, 예를 논한 것은 개인에 대한 사회규범의 제재를 중시한 것이다. 전자는 공자의 독창이고, 후자는 고대의 상규(成規 : 常規)이다. 공자의 이상적인 "군자"란 진실된 마음으로 예를 행할 수 있는 사람이다. 그러므로 말했다.

> 바탕(質 : 참된 마음, 진실한 감정)이 형식(文 : 예의범절 등의 격식)을 압도하면 거칠고, 형식이 바탕을 압도하면 태깔만 난다. **형식과 바탕을 잘 어울러야**(文質彬彬) 비로소 군자이다.[110]

---

108) 好直不好學, 其蔽也絞. (『논어』 17 : 8)

* 『신편』I, 135쪽 : 공자는 인간은 반드시 참된 마음과 진실한 감정이 있어야만 "인(仁)"의 품성을 지닐 수 있지만, 참된 마음과 진실한 감정이 곧 "인"은 아니므로, 그것은 "인을 행하는" 필요조건은 되지만 충분조건은 아니다고 여겼다. 왜냐하면 참된 마음과 진실한 감정은 잘못하면 과격해질 수 있기 때문에 반드시 참된 마음과 진실한 감정은 가공을 해야 한다. 마치 한 덩어리의 아름다운 옥도 그 본바탕이 아무리 아름답더라도 반드시 연마해야만 하나의 완전한 보물이 되는 것과 같다. 이것이 바로 가공이다. 헤겔의 말을 빌리면, 선한 본바탕은 자연의 선물이고 가공은 인위의 예술이다. 사람의 경우 그의 참된 마음과 진실한 감정이 자연의 선물이라면, 가공은 그것을 향한 사회의 연마이다. 가공의 목적은 개인으로 하여금 사회에 적응하여 모순 없이 상호 화합하도록 하는 데에 있다. 연마의 방법이 곧 예에 대한 공부(學禮)인 것이다.

109) 夫禮, 天之經也, 地之義也, 民之行也. 〈제3장,주51〉

110) 質勝文則野, 文勝質則史 ; 文質彬彬, 然後君子. (『논어』 6 : 18)

○중용의 선비(中行)와 더불지 못한다면 반드시 광자[狂者]나 견자[狷者]와 더불겠다. 광자는 진취적이요 견자는 하지 않는 바가 있기 때문이다.[111)]

○향원은 도덕의 반역자(賊 : 파괴자)이다.[112)]

"형식과 바탕을 잘 어우르는" 것이 중용(中行 : 中庸)이다. 광자와 견자의 행동은 중용에 합당하지는 않지만, 진실된 마음의 발로(眞性情之流露)가 아닌 것이 없기 때문에 가히 본받을 만하다. 향원이라면 거짓 군자이므로 정말 소인보다도 더욱 못하다.[113)]

어질지 못한 사람은 진실된 마음이 없다고 앞에서 말했다. 『논어』에는 인(仁)을 언급한 곳이 매우 많은데, 요컨대 인이란 우리 마음의 진실되고도 예에 맞는 발로로서, 동정심을 바탕으로 자기 마음을 미루어 남을 헤아리는(推己及人) 것을 말한다. 『논어』는 말한다.

공자가 말했다.
"번지르르한 말과 알랑거리는 낯빛에 **어진 마음은 거의 없다.**"[114)]

○공자가 말했다.
"강직하고 의롭고 소박하고 어눌함(剛毅木訥)은 **인에 가깝다."**[115)]

---

111) 不得中行而與之, 必也狂狷乎! 狂者進取, 狷者有所不爲也. (『논어』 13 : 21) [狂者 : 천성대로 행하여 새 것을 창조하는 데에 용감하고 상규를 타파하는 데에 과감한 인물. 狷者 : 삼가고 신중하여 법도에 고지식한 인물. 中行 : 광자와 견자의 장점을 겸한 인물. (『신편』I, 145쪽)]

112) 鄕愿, 德之賊也. (『논어』 17 : 13) [賊 : "亂臣賊子", "亂德"(『맹자』 14 : 37 참조)]

113) 【주】'공자는……누차 정직이 언급되고 있다'에서부터 여기까지는 전목(錢穆) 선생의 『논어요략(論語要略)』에서 따왔고, 미국인 학자 호머 H. 덥스의 「고대 중국의 윤리학에서의 권위와 자유의 충돌(The Conflict of Authority and Freedom in Ancient Chinese Ethics)」(『오픈 코트(*Open Court*)』, 제40권 제3호)에서도 의미를 취했다.

114) 子曰 : "巧言令色鮮矣仁." (『논어』 1 : 3)

115) 子曰 : "剛毅木訥, 近仁." (『논어』 13 : 27)
[『신편』I, 131-33쪽 : "강의목눌(剛毅木訥)"의 인물과 "교언영색(巧言令色)"의 인물은 선명하게 대비된다. 전자는 자신을 위주로 자신의 참된 마음과 진실한 감정에 따라 모든 일을 그야말로 착실하게 행하는 사람이고, 후자는 남을 위주

번지르르한 말과 알랑거리는 낯빛은 억지로 꾸며 남의 비위를 맞추는 것으로서 진실된 마음의 발로가 아니므로 "어진 마음이 거의 없다." "강직하고 의롭고 소박하고 어눌한" 사람은 질박하여 진실된 마음이 있으므로 "인에 가깝다."『논어』는 또 말한다.

> 번지가 인에 대해서 묻자, 공자가 말했다.
> "[인이란] 남을 사랑하는 것이다(愛人)."[116)]

인은 동정심을 근본으로 삼기 때문에 남에 대한 사랑이 인이다.『논어』는 또 말한다.

> 원헌(原憲)이 공자에게 여쭈었다.
> "이김질, 자랑, 원망, 욕심을 행하지 않으면 어질다고 할 수 있습니까?"
> "그렇게 행하기도 어렵겠지만, 어진 것인지는 나로서는 모르겠다."[117)]

초순(焦循, 1763-1820)은 말했다. "맹자는 공유는 재물을 좋아하고 태왕은 호색했으나, 백성과 함께 하여 백성들 창고에 곡식이 차 있게 했고 원망을 품은 남녀가 없게 했던 사실을 칭송했다. 맹자의 학문은 공자를 온전히 이어받은 것으로서 자기가 통하고 싶으면 남도 통하게 해주고 자기가 서고 싶으면 남도 세워준다는 의미이다. 만일 애써 여색도 물리치고 의식비도 줄이지만, 백성들의 굶주림, 추위, 부부이별 등에도 그저 무관심하다면, 표주박 조각이나 다를 것

로 언행을 도모하고 오로지 남의 환심만을 사는 허위의 인간이다. 공자는 전자를 "인(仁)에 가깝다"고 여겼다. 즉 아직 "인"은 아니더라도 "인"에 접근했다는 말이다. 후자는 "어진 마음이 거의 없다." 즉 이런 사람들 중에 "어질게" 될 사람은 거의 없다는 말이다. 이런 대비로부터 살필 수 있는 점은 공자는 "인"의 기초는 인간의 참된 마음과 진실한 감정이라고 여겼다는 점이다. 진실한 감정을 소유한 착실한 사람이 반드시 어진 사람인 것은 아직 아니다. 하지만 오로지 그럴듯하게 꾸미고 번지르르한 언행으로 남의 환심만을 사는 자가 "어진" 사람으로 되기는 아예 불가능하다.……그는 이미 "인"의 품성적 기초, 즉 "인을 행하는" 데에 필요한 소질(素質)을 상실했기 때문이다.]

116) 樊遲問仁. 子曰 : "愛人." (『논어』 12 : 22)

117) 憲問 : "……克, 伐, 怨, 欲不行焉, 可以爲仁矣?" 子曰 : "可以爲難矣, 仁則吾不知也."(『논어』 14 : 1)

이 없다. 따라서 이김질, 자랑, 원망, 욕심은 아예 멀리하고, 결벽에 고심하는 선비류를 공자는 본받지 않았다. 자기 욕망을 확인하고 이응고 남의 욕망을 인정하며, 자기가 싫어한다는 사실로부터 남도 싫어할 것이라고 이해하는 차원과는 비교가 안 되기 때문이다. 자기 마음을 재는 잣대로 남을 헤아리는 데에 인색하지만 않으면, 인은 이미 내 곁에 와 있다. 자기의 욕망을 끊어버린다면 온 세상 사람들의 뜻과는 상통할 수 없을 것이므로, 인을 행한다는 명분이 못 된다."[118]

공자는 또 말했다.

> 사람의 잘못은 그 부류에 따라 제각각이다. 따라서 **무슨 일로 잘못을 범했는지 살펴보면 곧 그가 어진 사람인지**[아닌지] **알 수 있다.**[119]

사람의 진실된 마음의 발로는 혹 치우쳐 잘못될 수도 있지만, 어디까지나 진실된 마음의 발로였던 까닭에, "무슨 일로 잘못을 범했는지 살펴보면 곧 그가 어진 사람인지 알 수 있다." 『논어』는 또 말한다.

> 안연이 인에 대해서 물었다. 공자가 말했다.
>
> **"사심을 극복하고 예를 실천하는 것**(克己復禮)**이 인이다.*** 하루라도 사심을 극복하고 예로 돌아간다면 이 세상 누구로부터도 어질다는 말을 들을 것이다. 인을 행하는 일이 내게 달려 있지 남에게 달려 있겠는가?"

---

118) 孟子稱公劉好貨, 太王好色, 與百姓同之, 使有積倉而無怨曠. 孟子之學, 全得諸孔子. 此卽己達達人, 己立立人之義. 必屛妃妾, 減服食, 而於百姓之飢寒仳離, 漠不關心, 則堅瓠也. 故克伐怨欲不行, 苦心絜身之士, 孔子所不取. 不如因己之欲, 推以知人之欲. 契卽己之不欲, 推以知人之不欲. 絜矩取譬不難, 而仁已至矣. 絕己之欲則不能通天下之志, 非所以爲仁也. (『논어보소(論語補疏)』) [『논어집석』, 949쪽]

119) 人之過也, 各於其黨, 觀過斯知仁矣. (『논어』 4 : 7)

* 『신편』I, 137쪽 : 공자는 당시 사람들이 예에 따라 행하지 않는 까닭을, 모두가 그들 자신의 욕구를 만족시키려고 자신의 욕구에 따라 행하기 때문이라고 여겼다. 따라서 "예를 실천(復禮)"하려면 반드시 "극기(克己)"해야 한다. "극(克)"이란 즉 싸워서 이긴다는 뜻이다. "극기"란 "예"로써 자기의 욕구와 싸워서 이기려는 것이므로, "극기"할 수 있으면 자연히 "예를 실천"하게 된다. "극기"와 "예의 실천"은 실제로 한가지 일이다.

"그 조목을 말씀해주십시오."

"예가 아니면 보지도 말고, 예가 아니면 듣지도 말고, 예가 아니면 말하지도 말고, 예가 아니면 움직이지도 말아야 한다."[120)]

"정직을 숭상하고 [예에 대한] 공부를 게을리하면 각박의 병집이 생긴다."〈주108〉 따라서 우리 마음이 진실되고 동시에 예에 합당하게 드러나야 인이다. 『논어』는 또 말한다.

중궁이 인에 대해서 물었다. 공자는 말했다.

"문 밖을 나서면 귀한 손님을 접견하듯이 하고, 백성을 사역할 때는 큰 제사를 받들 듯이 하라[즉 일종의 지성(至誠)스런 마음이 있어야 함/『신편』]. **자기가 싫어하는 것은 남에게 강요하지 말라**(己所不欲, 勿施於人). 그러면 온 나라 어디서든 원망이 없고 지역사회 어디서든 원망이 없을 것이다."

"제가 비록 불민하지만 노력을 다하겠습니다."[121)]

○자공이 공자에게 물었다.

"만약 백성들에게 널리 은혜를 베풀어서 뭇 사람을 구제(博施濟衆)할 수 있다면, 어떠한지요? 인하다고 할 수 있습니까?"

"어찌 인할 뿐이겠느냐? 반드시 성인일 것이다! 요순 임금께서도 다하지 못한 바가 아니더냐! 무릇 인한 사람이란 **자기가 서고 싶으면 남도 세워주고 자기가 통하고 싶으면 남도 통해주는 것이다. 자기 처지로부터 남의 처지를 유추해내는 것**(能近取譬)*이 **인을 행하는 방법**이라고 할 수 있다."[122)]

---

120) 顔淵問仁. 子曰："克己復禮爲仁. 一日克己復禮, 天下歸仁焉. 爲仁由己, 而由人乎哉?" 顔淵曰："請問其目." 子曰："非禮勿視, 非禮勿聽, 非禮勿言, 非禮勿動." (『논어』 12:1) [克己復禮: conquest of self and return to propriety/보드 역본]

121) 仲弓問仁. 子曰："出門如見大賓, 使民如承大祭. 己所不欲, 勿施於人; 在邦無怨, 在家無怨." 仲弓曰："雍雖不敏, 請事斯語矣." (『논어』 12:2) [己所不欲, 勿施於人: Do not do to others what you do not wish yourself]

* 『신편』I, 148-49쪽: "능근취비(能近取譬: To be able from one's own self to draw a parallel for the treatment of others)"란, 내 자신에게 어떤 욕구가 있으면 반드시 다른 사람에게도 그와 같은 욕구가 있을 것이라는 사실을 늘 염두에 두고, 자신의 욕구를 충족시킬 때에는 반드시 다른 사람도 그와 같은 욕구를 충족시킬 수 있도록 늘 생각하는 것을 말한다.

"인을 행하는 방법(爲仁之方)"은 "자기의 경우로부터 남의 처지를 유추해내는 것"에 있으므로, 인을 행하는 방법은 곧 자기 마음을 미루어 남을 헤아리는 데(推己及人)에 있다는 말이다. "자기 욕망을 확인하고 이윽고 타인의 욕망을 인정함"은 곧 "자기가 서고 싶으면 남도 세워주고 자기가 통하고 싶으면 남도 통해주는 것"이니, 곧 충(忠)이다.[123] "자기가 싫어한다는 사실로부터 남도 싫어할 것이라고 이해함"은 곧 "자기가 싫어하는 것은 남에게 강요하지 않는 것"이니 곧 서(恕)이다. 충과 서를 실행한다고 함은 인을 실행한다는 말이다. 『논어』는 말한다.

> 공자는 증자(曾子)에게 말했다.
>
> "삼아, 내 도는 하나의 원칙으로 일관되어 있다(吾道一以貫之)!"
>
> "예, 알고 있습니다."
>
> 공자가 나가자 다른 제자들이 증자에게 물었다.
>
> "무슨 말씀입니까?"
>
> "선생님의 도는 오직 충, 서일 따름입니다."[124]

---

122) 子貢曰 : "如有博施於民而能濟衆, 何如? 可謂仁乎?" 子曰 : "何事於仁? 必也聖乎! 堯舜其猶病諸! 夫仁者己欲立而立人, 己欲達而達人, 能近取譬, 可爲仁之方也矣." (『논어』 6 : 30) [爲仁之方也矣 : "謂仁之方也已"를 저자가 이렇게 수정한 듯함]

123) 【주】공자는 자공의 물음에 대답하며, 서(恕)란 "자기가 싫은 것은 남에게 강요하지 않는 것이다"(『논어』 15 : 24)고 했다. 다만 충(忠)의 뜻은 『논어』에 명문화되어 있지 않기 때문에 후세 사람들은 결국 충을 "진기(盡己)"의 뜻이라고 했다[朱子]. 그러나 『논어』 중의 "남을 위해서 일할 경우 불충하지는 않았는가?(爲人謀而不忠乎)"(1 : 4), "남과 사귈 때는 충한다(與人忠)"(13 : 19), "신하는 임금을 충으로 섬긴다(臣事君以忠)"(3 : 19), "임금이 효성스럽고 자애로우면 백성은 충해질 것이다(孝慈則忠)"(2 : 20), "충하면서 깨우쳐주지 않을 수 있겠는가?(忠焉能勿誨乎)"(14 : 8) 등의 구절을 볼 때, 충에는 적극적으로 남을 위한다는 뜻이 있는데, 이것은 『논어』에 명문화된 사실이다. 오히려 "진기"의 의미라면 『논어』에 명문화된 것이 없다. 반드시 공자가 말한 충의 뜻은 아닐 성싶다.

124) 子曰 : "參乎! 吾道一以貫之." 曾子曰 : "唯." 子出. 門人問曰 : "何謂也?" 曾子曰 : "夫子之道, 忠恕而已矣." (『논어』4 : 15) [忠 : conscientiousness to others. 恕 : altruism]
[『신편』I, 137-38쪽 : "추기급인(推己及人)"은 바로 공자가 말한 "충서(忠恕)의 도(道)"이다. "충서의 도"는 말하기는 매우 쉽지만 실행하기는 매우 어렵다.

공자의 일관된 도가 충서라는 말은 즉 공자의 일관된 도가 인(仁)이다는 말이다. 인을 행하는 방법은 이처럼 간단하다. 그래서 공자는 "인이 멀리 있다고 생각하는가? 내가 인을 바라기만 하면 인은 바로 곁에 있다"[125]고 했다.

송명도학(宋明道學)의 육왕(陸王) 학파는 인간에게는 본디 완전한 양지(良知)가 있고, "거리의 모든 사람들이 다 성인이다"라고 가정한다. 따라서 인간은 오로지 자기의 양지를 따라서 행하기만 하면 절대로 그릇되지 않는다고 여긴다. 공자에게 이런 사상은 애초부터 없었다. 인간의 진실된 마음의 발로일지라도 원래 그대로 따라 행한다고 해서 반드시 무소불통한 것이 아니다. 따라서 공자는 "사심을 극복하고 예를 실천하는 것이 인임"을 강조했다. 다만 예는 역시 외부규제라고 하겠으나 이 외부규제 이외에, 우리의 내부에는 여전히 행위의 기준이 될 수 있는 것이 있다. 만약, "자기 처지로부터 남의 처지를 유추하고", 자기 마음을 미루어 남을 헤아려서, 자기가 좋아하는 것은 남에게 베풀어주고, "자기가 싫어하는 것은 남에게 강요하지 않는다"면, 우리 마음의 발로는 자연히 적당한 경우와 합치할 것이다. 따라서 "정직"에 따라 행하면 여전히 통하지 않는 경우가 있지만, 인에 따라 행하면 통하지 않는 데가 없다. 따

어째서 어려운가? 인간에게는 사심이 있고 결국 자신의 이익을 우선시하기 때문이다. "자기가 싫은 것을 남에게 시키지 말라!" 만약 이렇게 했더니 자기의 이익에 방애되었다면 곧 "남에게 시키지 않을" 수 없을 것이다. "남에게 시키지 않을" 수 없을 뿐더러 남에게 강제로 시키려고 할 것이다. "자기가 서고 싶으면 남도 세워주고 자기가 통하고 싶으면 남도 통해주라." 만약 이렇게 하는 것이 자기의 이익에 방애된다면 그는 곧 남을 세워주고 통해줄 수 없을 것이다. 남을 세워주고 통해줄 수 없을 뿐더러 남을 바닥에 때려 엎고 자기가 "서고" "통하도록" 자기 앞길을 개척할 것이다. 이런 사심이 바로 "극기복례(克己復禮)"에서 극복해야 할 그 "기(己)"이다. 이 "기"는 "복례"의 장애물일 뿐더러 또한 "추기급인"의 장애물이다. 이 "기"를 "극복"하지 못하면 "추기급인"할 수 없다. 이런 의미를 갖는 "기"는 "복례(復禮)"를 위해서도 "극복"해야 하고, "추기급인"을 위해서도 "극복"해야 한다. "충서의 도"는 "인을 행하는 방법"이자 동시에 "극기"의 방법이다.]

125) 仁遠乎哉? 吾[吾 : 我의 잘못?]欲仁, 斯仁至矣. (『논어』 7 : 30)

라서 인은 공자의 "일관"된 도이자, 중심 학설이다. 그러므로 『논어』에서도 항상 인을 인간의 완전한 덕(全德)의 대명사로 삼고 있다. 즉 "인을 추구했다가 인을 얻은 셈인데 또 무엇을 원망하겠는가?"[126] "성(聖)이나 인(仁)이라면 내가 어찌 감히 자처할 수 있겠는가?"[127] "구차한 삶을 위해서 인을 해하지 않으며 살신성인(殺身成仁)한다"[128]는 등등의 말에서 인은 한결같이 인간의 완전한 덕(즉 완전한 인격)을 지칭한다.[129]

바로 인이란 완전한 덕의 이름이었던 까닭에 공자는 늘 인으로써 여러 덕목들을 총괄했다. 재아가 삼년상 기간이 너무 길다고 하자 공자는 그를 "불인(不仁)하다"〈주88〉고 했은즉, 인은 효(孝)를 포함한다. 그후 맹자는 "어진 사람이 부모를 버리는 경우란 없다"[130] 고 했고, 『중용』은 "자식에게 바라는 바대로 부모를 모신다"[131]고 했는데, 모두 어진 사람 또는 충서를 행하는 사람은 효성스럽기 마련이다는 말이다.[132] "미자는 떠나고, 기자는 노예가 되고, 비간은 간하다 죽은" 사실에 대해서 공자는 "은나라에 세 어진 사람(三仁)이 있었다"고 했은즉,[133] 인은 충(忠)을 포함한다. 그후 맹자는 "어진 사람이 그 임금을 뒤로 밀치는 경우란 없다"[134]고 했고, 『중용』은 "아랫사람에게 바라는 바대로 임금을 섬긴다"[135]고 했는데, 모두

126) 求仁而得仁, 又何怨? [子貢曰 : ……"伯夷叔齊, 怨乎" 子曰 : "~ ~?"] (『논어』 7 : 15)

127) 若聖與仁, 則吾豈敢? (『논어』 7 : 34)

128) 無求生而害仁, 有殺身而成仁. ["子曰 : 志士仁人, ~, ~."] (『논어』 15 : 9)

129) 【주】『논어』에서 말한 인(仁)은 상술한 이중적 의미가 있다. 지금까지 이 이중적 의미를 분별하지 않았던 것이 근래에 발생한 인에 대한 논란의 원인이다.

130) 未有仁而遺其親者. (『맹자』 1 : 1)

131) 所求乎子以事父. 〈제14장,주101〉

132) 【주】『논어』에서 말한 "복종(服從)"[2 : 5], "양지(養志 : 마음 봉양)"[2 : 7, 8], "기간(幾諫 : 조심스럽고 공손하게 간함)"[4 : 18] 등의 효도는 효의 방법이고 효의 원리는 아니므로 논하지 않는다.

133) 微子去之, 箕子爲之奴, 比干諫而死. 孔子曰 : "殷有三仁焉." (『논어』 18 : 1)

134) 未有仁而後其君者. (『맹자』 1 : 1) [원래 "未有義而後其君者"이다. 저자는 '義'를 '仁'으로 잘못 읽었다.]

135) 所求乎臣以事君. 〈제14장,주101〉

어진 사람 또는 충서를 행하는 사람은 충성스럽기 마련이다는 말이다. 공자는 영윤자문(令尹子文)이나 진문자(陣文子)를 일컬어 "지혜가 없었으니 어찌 어질다고 하겠는가?"[136]라고 했은즉, 인은 지혜(智)를 포함한다. "인자는 반드시 용기가 있다"[137]고 했은즉, 인은 용기(勇)를 포함한다. "안연이 인에 대해서 묻자 공자는 '사심을 극복하고 예로 돌아가는 것이 인이다'고 했은즉"〈주120〉, 인은 예(禮)를 포함한다. "자장(子張)이 인에 대해서 묻자, 공자는 '다섯 가지를 세상에 실천할 수 있으면 인이다'고 했고, 그 내용을 묻자, '공(恭), 관(寬), 신(信), 민(敏), 혜(惠)이니, 공손하면 남에게 모욕당하지 않고, 관대하면 많은 사람의 지지를 얻을 수 있고, 미더우면 남의 신임을 받고, 기민하면 공을 이룰 수 있고, 은혜로우면 남을 부릴 수 있다'고 했은즉",[138] 인은 신(信) 등을 포함한다.

6. 의(義)·리(利)와 성(性)

앞의 서술을 보면 공자는 또한 인간의 마음의 자유를 중시했음을 알 수 있다. 인간의 마음의 진실된 발로는 다만 예에 맞기만 하면 지극히 좋은 것이므로, 우리는 그것에 따라 행하면 되는 것이다. 『논어』는 말한다.

공자는 네 가지를 금했다 : **지레 짐작하지 말며, 기필하지 말며, 기득의 소견에 억매이지 말며, 아집을 내세우지 말라**(毋意, 毋必, 毋固, 毋我).[139]

공자는 말했다.

"같이 학문을 하더라도 더불어 도를 배울 수는 없다. 같이 도를 배우더라도 더불어 예로써 인격을 정립할 수는 없다. **같이 예로써 인격을 정립했더라도**

136) 未知焉得仁? (『논어』 5 : 19) [未知 : 未智. 이런 해석은 『논어집석』, 331쪽 참조]
137) 仁者必有勇. (『논어』 14 : 4)
138) 子張問仁於孔子. 孔子曰 : "能行五者於天下爲仁矣." "請問之." 曰 : "恭, 寬, 信, 敏, 惠, 恭則不侮, 寬則得衆, 信則人任焉, 敏則有功, 惠則足以使人." (『논어』 17 : 6)
139) 子絶四 : 毋意, 毋必, 毋固, 毋我. (『논어』 9 : 4)

더불어 융통성을 발휘할 수는 없다.”[140]

초야에 묻힌 인재(逸民)로서 백이, 숙제, 우중, 이일, 주장, 유하혜, 소련이 있었는데, 이들에 대해서 공자는 이렇게 말했다.

“뜻을 굽히지 않고 몸을 욕되게 하지 않은[사상적으로 굴복하지 않고 정치적으로 타협하지 않은] 이가 백이와 숙제이다! 유하혜와 소련은 [난세에 작은 벼슬을 하며 그럭저럭 살아감으로써] 뜻을 굽혔고 몸을 욕되게 했으나, 다만 말은 도리에 맞고 행실은 사려가 깊었다. 우중과 이일은 숨어살면서 말은 내키는 대로 했으나[즉 몸은 욕되었으나], 처신이 깨끗했고 은둔도 도리가 있었다[즉 뜻은 굽히지 않았다]. 그러나 나는 그들과 달리, **고정된 옳음** 可)**도 없고 고정된 그름**(不可)**도 없다.**”[141]

상술한 바에 의하면 우리 행위의 기준은 적어도 일부는 마음 안에 있는 것이지 밖에 있는 것이 아니며, 살아 있는 것이지 죽어 있는 것이 아니며, 가변적인 것이지 고정적인 것이 아니다. 따라서 우리 행위는 때와 장소에 따라 또는 우리 마음이 쏠리는 바에 따라 상당히 다를 수 있다. 그러므로 “지레 짐작하지 말며, 기필하지 말며, 기득의 소견에 억매이지 말며, 아집을 내세우지 말라”고 했고, 또 “나는 그들과는 달리, 고정된 옳음도 없고 고정된 그름도 없다”고 했던 것이다. 만약 모든 일에 대해서 일정한 원칙을 견지한다면, 이른바 “같이 예로써 인격을 정립했더라도 더불어 융통성을 발휘할 수는 없는” 경우의 사람이다.

인간의 진실된 마음의 발로는 예에 맞기만 하면 지극히 좋은 것이다. 그것을 행위로 옮긴 것이 과연 이로운 결과를 낳을지의 여부까지 꼭 따질 필요는 없다. 사실상 인간의 마음의 진실하고도 예에 맞는 발로가 행위로 표현될 경우 사회에 이익이 되면 되었지 적어

---

140) 子曰：“可與共學, 未可與適道. 可與適道, 未可與立. 可與立, 未可與權.” (『논어』 9：30) [權：저울(질하다). 수단은 상도(常道)가 아니지만 결과는 상도에 맞는 권도(權道)]

141) 逸民伯夷, 叔齊, 虞仲, 夷逸, 朱張, 柳下惠, 少連, 子曰：“不降其志, 不辱其身, 伯夷叔齊與! 謂柳下惠少連, 降志辱身矣, 言中倫, 行中慮, 其斯而已矣. 謂虞仲夷逸, 隱居放言, 身中淸, 廢中權. 我則異於是, 無可無不可.” (『논어』 18：8)

도 해는 없는 것이다. 공자는 다만 이 사실에 큰 관심을 두지 않았을 뿐이다. 예컨대 삼년상제는 증자가 말한 "장례를 정중히 하고 조상의 제사에 정성을 다하면 사람들의 덕이 두터워진다"[142]는 설로써 이론적 근거를 부여할 수도 있었겠으나, 공자는 그저 삼년상을 행하지 않으면 마음이 불편하고 행하면 편하다고만 했을 따름이다. 이 제도가 비록 "인민의 덕을 두텁게" 하는 이로운 결과를 내포했다손 치더라도 공자는 그것으로써 삼년상 제도의 이론적 근거로 삼지 않았다는 말이다. 공자가 행위의 결과를 강조하지 않은 사실은 그의 일생 동안의 행적에서도 마찬가지였다. 자로는 공자를 변호하여 이렇게 말했다.

군자가 벼슬함은 자기의 의(義 : 즉 君臣之義)*를 행하는 것일 따름이다. 도(道)가 실현되지 않을 줄은 이미 알고 있었다.[143]

"도가 실현되지 않을 줄은 이미 알고 있으면서도," 여전히 앉은 자리에 체온이 스며들 겨를이 없이[144] 도의 실현을 추구했기 때문에, 석문(石門 : 魯城 外門)의 신문(晨門 : 성문지기)은 공자를 일컬어 "안 되는 줄 알면서도 행하는 사람"[145]이라고 했다. 동중서(董仲舒)

142) 愼終追遠, 民德歸厚. (『논어』 1 : 9) 〈제6장,주64 ; 제14장,주42〉

* *SH*, 42쪽 : 의(義, righteousness)는 어떤 상황에서의 "당위성(oughtness)"을 뜻한다. 그것은 하나의 지상명령(至上命令 : 무조건적인 도덕률)이다. 사회 속에서의 각 개인에게는, 그가 행해야 할, 그 행위가 도덕적으로 옳기 때문에 그 자체만을 위해서 행해야 할 일정한 일들이 주어져 있다. 그러나 그가 만약 그것을 오직 도덕 외적인 고려 때문에 행한다면, 설령 행해야 할 일을 행한다고 할지라도, 그의 행위는 더 이상 의로운 행위가 못 된다.

143) 君子之仕也, 行其義也. 道之不行, 已知之矣. (『논어』 18 : 7) 〈제5장,주35 ; 제7장,주19〉

[『신편』I, 153쪽 : 공자에 따르면 인간의 생사, 빈부, 귀천 및 성공과 실패는 모두 천명으로부터 결정된다. 그러나 인간은, 성공과 실패를 떠나서, 여전히 자기의 역량을 다하여 자신이 마땅히 해야 할 일이라고 여겨지는 것을 행할 가치가 있다. 공자는 설령 분명히 성공할 수 없는 것으로 보일지라도 다만 응당 해야 할 일로 여겨진다면 여전히 행하려고 노력해야 한다고 생각했다.]

144) 席不暇煖. ["孔席不暇煖."] 〈제5장,주34〉

145) 知其不可而爲之者. (『논어』 14 : 38) 〈제7장,주15〉

는 말하기를 "그 옳은 도리를 바룰 따름이지 그 이익은 꾀하지 않으며, 그 도를 밝힐 따름이지 그 공(성과)은 계산하지 않는다"[146]고 했다. "군자가 벼슬함은 자기의 의를 행하는 것일 따름인즉", "그 옳은 도리를 바룰 따름"이며, "그 도를 밝힐 따름"이다. 도가 과연 행해질지의 여부는 결과로서, "이익"이고 "공(성과)"이니, 반드시 "꾀하고" 반드시 "계산할" 필요는 없다. 『논어』는 말한다.

> 공자는 잇속에 대해서 거의 언급하지 않았다.[147]

공자는 말했다.

> 군자는 의리에 밝고 소인은 잇속에 밝다.[148]

이것이 공자와 맹자의 일관된 주장이고 묵가와의 근본적인 차이점이다.[149]

이상으로 공자의 철학은 인간의 심리(心理 : 마음의 도리와 이치) 측면을 매우 중시했음을 알 수 있다. 그래서 그후 유가는 모두 심리학(心理學)을 중시했다. 공자는 말했다.

> 타고난 품성은 서로 비슷하나, 습관이 서로를 차이 나게 만든다.[150]

비록 성(性)에 대한 명확한 학설은 없지만 심리학을 중시했기 때문

---

146) (夫仁人者), 正其誼, 不謀其利 ; 明其道, 不計其功. [「동중서전(董仲舒傳)」,『한서』, 2524쪽] 〈제5장,주33 ; 제14장,주109〉

147) 子罕言利. (『논어』 9 : 1)

148) 君子喻於義, 小人喻於利. (『논어』 4 : 16) [喻 : comprehend]

149) 【주】논자들은, 공자가 치국의 도를 논하면서, "인구가 늘었으면(既庶矣)" "부유하게 해야 하고(富之)", "부유해졌으면(既富矣)" "교육시켜야 한다(教之)"(『논어』 13 : 9)고 말했고, 또 맹자가 말한 왕도정치 역시 인민생활의 경제적 측면을 중시했기 때문에 유가가 이익(利)를 말하지 않은 것이 아니라고 주장한다. 물론 유가가 이(利)를 말하지 않았다고 한다면 잘못이다. [내 주장은] 매사에 오직 당위성 여부(當否 : 옳고 그름)만 따졌지 그 결과를 반드시 따지지는 않았다는 말이므로 곧 민생일용(民生日用)에 대한 이익을 논하지 않았다는 말이 아니다. 이것이 곧 유가의 반공리주의(非功利主義 : 反功利主義)인데, 묵가의 공리주의와 상반된다. 묵자와 맹자를 논한 장을 참고하면 더욱 명백해질 것이다.

150) 性相近也, 習相遠也. (『논어』 17 : 2) 〈제7장,주47〉

에, 성선(性善)과 성악(性惡) 문제는 마침내 후대 유가의 중요한 문제가 되었다.*

---

* 『신편』I, 169-72쪽 : 춘추시대는 중국사회의 대변동의 시대였다. 사회 대변동은 사회제도와 도덕의 준칙 및 문예와 학술 등의 각 방면에 대한 "비판"을 불러일으켰다. 그것은 바로 인간의 정신생활에 대한 성찰이었고, 모든 상부구조와 문화 전반에 대한 "비판"이었다. 여기서 말한 "비판"은 칸트의 의미로 썼다. 당시는 하나의 위대한 "비판"의 시대였다. 공자는 그런 시대에 태어나서 그런 기회를 맞아 그 책임을 짊어졌다. 앞에서 논한 것을 보건대 그는 확실히 고대의 정신생활을 성찰했고, 당시의 전통적 사회제도와 도덕의 준칙 및 문예와 학술 등을 "비판"했고, 전통 문화를 "비판"했다.……공자는 당시 옛것에 대하여 동정적이었다. 그는 옛것을 "그대로 따른(因)" 것이 많았고 "바꾼(革)" 것은 적었다. 그러나 그는 옛것을 이해하고 체득하고 재해석하고 선양했는데, 그것은 바로 옛것에 대한 자신의 "손익(損益 : 감손과 증익의 작업)"〈부록1,주15〉이었다. 그의 "비판 작업"을 거쳐 인간의 인식은 한층 더 깊어졌고, 사람들의 자각도 더욱더 고양되었다. 이것이 공자의 주요한 공헌이다.

제5장
묵자와 전기 묵가

1. 묵자에 관한 고증

묵자(墨子, 475?-396?B.C.)는 중국역사상 대단히 중요한 인물이다. 전국시대부터 한초에 이르기까지, 사람들은 흔히 공묵(孔墨)으로 병칭했다. 다만 묵자에 대한 『사기(史記)』의 기록은 극히 간략하다. 아마 사마천(司馬遷)이 『사기』를 저작할 당시 사상계는 이미 유가의 천하였기 때문에, 공자(孔子)는 세가(世家)에 모셔졌으나 묵자는 열전(列傳)에도 끼지 못한 것 같다. 청말(淸末)에 이르러서야 묵학(墨學) 연구의 분위기가 일기 시작했고, 묵자에 관한 고증도 점차 늘었다.

『사기』에 따르면 "묵적(墨翟)은 송(宋)의 대부로서 방어술에 능했고 비용절약을 주장했는데, 공자와 같은 시대 사람이라고도 하고 그 이후 사람이라고도 한다."[1] 묵자는 공자 이후라는 것이 현재의 정설이다. 손이양의 「묵자연표(墨子年表)」는 주(周) 정정왕(貞定王) 원년(468B.C.)부터 안왕(安王) 26년(376B.C.)까지, 전목 선생은 주 경왕(敬王) 41년(479B.C.), 즉 공자가 돌아간 해부터 안왕(安王) 21년(381B.C.), 즉 오기(吳起)가 사망한 해까지로 수정했다.[2] 후자

1) 蓋墨翟宋之大夫, 善守禦, 爲節用. 或曰並孔子時 ; 或曰在其後. (「맹자순경열전(孟子荀卿列傳)」, 『사기』, 2350쪽)

2) 전목(錢穆, 1895-1990), 『묵자(墨子)』 제1장, 상무인서관.

가 전자보다 약간 앞당겨져 있다. 『여씨춘추(呂氏春秋)』의 기록을 보면 오기의 사망 당시 묵가(墨家)의 거자(鉅子)는 이미 맹승(孟勝)이었으므로〈주30〉 묵자는 오기 보다 먼저 돌아갔음에 틀림없다. 따라서 전목 선생의 연표가 사실에 더 가깝다. 연표의 범위가 약 100년에 걸쳐 있는데, 이것은 묵자가 꼭 그렇게 장수했다는 말이 아니라, 단지 대략 그 100년 사이에 살았다는 말이다.

묵자는 송인(宋人)이라고도 하고 노인(魯人)이라고도 한다. 노인으로 고증한 손이양의 설이[3] 정론인 것 같다. 묵학의 기원과 관련해서, 『여씨춘추』에 따르면 "노 혜공(魯惠公)이 재상인 양(讓)을 사신으로 평왕 천자께 보내 교(郊 : 천지의 신의 제사)와 묘(廟 : 조상의 사당)의 예를 묻자, 평왕은 사각(史角)을 파견했다. 그뒤 혜공이 사각을 억류하여 그의 후손이 노에 살게 되었는데, 묵자는 바로 그들로부터 공부했다."[4] "묵가 학파는 아마 청묘(淸廟)의 관직에서 나왔다"[5]는 『한서(漢書)』「예문지(藝文志)」의 주장은 아마 이 내용에 바탕한 것 같다. 그러나 여타의 증거가 없으므로 그저 하나의 설일 뿐이다. 『회남왕서(淮南王書)』에 따르면 "공자와 묵자는 선성(先聖)의 학문을 닦았고 육예에 정통했고",[6] 또 "묵자는 유가의 학설을 배웠고 공자의 사상을 받아들였다. 그러나 묵자는 유가의 예는 번쇄하다고 싫어했는데, 후장(厚葬 : 후한 장례)은 재물을 낭비하여 인민들을 곤궁하게 하고, 구복(久服 : 오랜 복상)은 삶을 손상하고 생업을 방해한다고 여겨, 마침내 주도(周道 : 周의 예악 및 전장제도)를 반대하고 하정(夏政 : 하나라의 정강)을 채택했다."[7] 『묵자』 중에는 『시(詩)』, 『서(書)』를 인용한 곳이 적지 않다. 공자가 학생들을 모아 강

3) 손이양(孫詒讓, 1848-1908)의 「묵자연표」와 설은 「묵자후어(墨子後語)」 상 참조.

4) 魯惠公使宰讓請郊廟之禮於天子. 桓[梁玉繩曰 : 桓當作平]王使史角往 ; 惠公止之. 其後在於魯, 墨子學焉. (「당염(當染)」, 『여씨춘추』, 96쪽)

5) 墨家者流, 蓋出於淸廟之守. (『한서』, 1738쪽) [淸廟 : 청명한 덕의 문왕을 모신 사당]

6) 孔丘墨翟修先聖之術, 通六藝之論. (「주술훈(主術訓)」, 『회남자(淮南子)』, 302-03쪽) 〈부록1, 주102〉

7) 墨子學儒者之業, 受孔子之術. 以爲其禮煩擾而不悅, 厚葬靡財而貧民, 久(據王校補)服傷生而害事. 故背周道而用夏政. (「요략(要略)」, 『회남자』, 709쪽).

학하는 기풍을 열었거니와 묵자가 노인(魯人)이었던 만큼, 그러한 기풍 속에서 『시』, 『서』를 배우며 공자의 영향을 받은 것은 당연한 일일 수 있다. 또한 공자 역시 본래 검소숭상과 비용절약의 주장을 했었다. 예컨대 공자는 이렇게 말했다. "제후국의 정치는 정무를 엄숙히 행하여 신뢰를 얻고, 비용을 절약하고, 인민을 사랑해야 한다."[8] "예란 사치할 바에는 차라리 검소할 일이다."[9] "우 임금에 대해서는 감히 비평할 수 없다. 보잘것없는 음식을 드시면서도 귀신은 극진히 모셨고, 헌 의복을 입으시면서도 예복과 예관은 화려하게 하셨고, 허술한 궁실에 사시면서도 수로를 닦는 일에는 진력하셨으니, 우 임금에 대해서는 감히 비평할 수 없다."[10] 그렇다면 검소숭상(尙儉), 비용절약(節用), 귀신의 존재 증명(明鬼), 우 임금 추존(尊禹) 등의 묵자의 주장은 바로 공자의 가르침을 그 측면에서 발전시킨 것이라는 주장도 성립할 수 있겠다.

이상에서 보건대 묵학은 유학과 마찬가지로 노에서 기원했다. 그러나 또한 묵자의 학설이 송과 관련이 있다고 여길 만한 증거도 존재한다. 유정섭(兪正燮, 1775-1840)은 말했다.

> 『관자(管子)』「입정(立政)」에 "겸애주의 학설이 만연하면 병사들은 전쟁을 할 수 없다"고 했고, 「입정구패해(立政九敗解)」에 "적군으로 하여금 아군을 공격하지 못하게 할 수 없는 형국에, 적군은 정예병 아군은 오합지졸, 적군은 뛰어난 장수 아군은 무능한 장수라면, 반드시 패하여 군대는 함몰하고 장수는 전사할 것이다"고 했다.〈부록2,주2〉 이런 경우가 바로 송 양공(宋襄公)의 경우였다.* 『좌전』에서 공자(公子) 자어(子魚, 이름이 目夷)는 양공

8) 道千乘之國, 敬事而信, 節用而愛人. (『논어』 1 : 5)

9) 禮與其奢也寧儉. (『논어』 3 : 4). 〈제4장,주94 ; 부록2,주5〉

10) 禹吾無間然矣. 菲飮食而致孝乎鬼神, 惡衣服而致美乎黻冕, 卑宮室而盡力乎溝洫. 禹吾無間然矣. (『논어』 8 : 21) [菲 : 보잘것없다. ※淺學菲才]

* 「희공(僖公)」 22년, 『좌전(左傳)』, 396-98쪽 : (양공이 초[楚]와 싸우려고 하자 자어는 〈부록1,주51〉처럼 간했지만) 양공은 듣지 않고, 그해 겨울 초와 홍강(泓江)에서 싸우게 되었다. 송군은 대열을 정비했으나 초군은 아직 강을 건너지 못했다. 이에 자어가 "적군은 많고 아군은 적으니 적이 건너기 전에 치십시오" 하자, 양공은 "안 된다"고 했다. 적이 강을 건넌 후, 진을 치기 전에 공격하자고 하자, 또 "안

이 도대체 전쟁을 모른다며 이렇게 말했다. "적이 부상당했다고 동정한다면 처음부터 부상시키지 말 것이며, 적이 노인이라고 동정한다면 차라리 항복하십시오."

이렇듯 겸애(兼愛)와 비공(非攻 : 공격반대)의 주장은 송인(宋人)들의 약점이었다. 『여씨춘추』「심응(審應)」은 "언병(偃兵 : 전쟁종식)의 참뜻은 천하만민을 겸애하는 마음에 있다" 했다. 『좌전』에 따르면 양공이 죽은 후 화원(華元)〈부록1,주10〉과 향술(向戌) 등은 언병을 그들의 사명으로 삼았다. 묵자가 출현하여 처음으로 방어술을 논했다. 따라서 묵자의 취지는「구패해(九敗解)」의 비판과는 사실상 다르다. 묵자는 실제 송의 대부였다. 그후의 송경(宋牼) 역시 묵학도였는데, 진나라와 초나라 간의 전쟁을 중지시키려고 전쟁의 무익성을 주장하기도 했다……

「공맹편(公孟篇)」에서 "묵자는 공맹(公孟 : 유가 학도)에게 '그대는 주(周)를 본받고 하(夏)를 본받지 않으므로 [그대의 주장은] 진정한 옛것이 아니다'고 했다."……순자(荀子)에 따르면 유자(儒者)는 후왕(後王)을 본받았는데 그렇기 때문에 그들은 유가였으며, 묵자는 은의 후예[즉 송나라 태생]여서 주를 본받지 않고 옛것을 본받는 데에 정열적이었으므로 묵가였다.[11]

송인(宋人)은 어리석음(愚)으로 유명했다. 제자(諸子)는 언제나 송인을 어리석은 사람의 대명사로 삼았다. 예컨대, 『장자』에서는 "송인이 장보라는 예관을 짊어지고 월나라에 갔으나 월인들은 머리를

된다"고 했다. 적군이 진을 친 후에야 공격하니, 송군은 크게 패하여 양공은 팔을 부상당하고 호위병들은 전사했다. 모두들 양공을 비난하자, 양공은 "군자란 적이라도 부상병은 거듭 치지 않고 반백의 노인은 사로잡지 않는 법이다. 자고로 전쟁이란 적이 궁지에 있을 시기에는 공격하지 않는 법이다. 과인이 비록 망국(은나라)의 후예이긴 해도 진열을 갖추지 못한 적을 공격하지는 않는다"고 했다.

11) 『管子』書「立政」云 : "兼愛之說勝, 則士卒不戰." 「立政九敗解」云 : "不能令彼無攻我, 彼以教士, 我以驅衆, 彼以良將, 我以無能. 其敗必覆軍殺將." 如此正宋襄公之謂. 『左傳』公子目夷謂襄公未知戰 : "若愛重傷, 則如勿傷 ; 愛其二毛, 則如服焉." [『좌전』, 398쪽] 兼愛非攻, 蓋宋人之蔽. 『呂氏春秋』「審應」云 : "偃兵之意, 兼愛天下之心也." 據『左傳』, 襄公歿後, 華元向戌皆以止兵爲務. 墨子出, 始講守禦之法, 不如「九敗解」所譏. 墨子實宋大夫. 其後宋牼亦墨徒, 欲止秦楚之兵, 言戰不利……「公孟」篇云 : "墨子謂公孟曰 : '子法周而未法夏, 非古也.'"…… 荀子言儒者法後王, 所以爲儒. 墨以殷後, 多感激不法周而法古, 所以爲墨. (『계사류고(癸巳類稿)』 권14)

짧게 깎고 몸에 문신을 하기 때문에 아무도 사는 사람이 없었다"[12] 고 했고, 맹자는 "송인 가운데 곡식의 모가 빨리 자라지 않는다고 억지로 뽑아준 사람이 있었다"[13]고 했으며, 한비자는 송인이 수주대토(守株待兎)했다고 했다.[14] 모두 송인의 어리석음을 일컬은 것이다. 묵자의 도는 "살아서는 고생이요 죽어서는 박장이어서 너무나 각박했고", "몸소 고생하는 것을 근본 도리로 삼았으니",[15] 이른바 "그 지혜는 따라갈 수 있을지라도 그 우직함(愚)은 따라갈 수 없는"[16] 경지로서, 역시 송인의 기풍이 있었다. 혹시 묵자는 먼저 노나라에서 앞에서 말한 몇 가지 영향을 공자로부터 받은 다음, 그뒤에 송의 대부가 된 뒤로 다시 송인의 겸애와 비공의 가르침을 합하여 마침내 묵학(墨學)을 완성한 것일까?

구설(舊說)은 묵자의 성은 묵(墨), 이름은 적(翟)이라고 했다. 근래에 이르러 "고대에 이른바 묵(墨)은 성씨가 아니라 학술에 대한 지칭이었다"[17]고도 하고, 또 묵이란 고대 형벌의 하나로서 그 형을 받은 무리 즉 노역하는 부류였다고도 한다.[18] 묵자의 절용(節用), 단상(短喪 : 복상기간의 단축), 비악(非樂 : 음악 반대) 등의 견해는 모두 극단적이어서, 당시의 대부나 군자들의 생활양식(行事)과는 상반되었고, 그의 생활은 검소하여 노동자와 한가지였다. 따라서 그의 학설을 추종하는 이들을 당시에 묵자(墨者)라고 일컬은 것은 형을 받은 무리로서 노역하는 부류라는 뜻일 뿐이었다. 『묵자』「귀의편(貴義篇)」에 따르면, "초나라 헌혜왕(獻惠王)이 목하(穆賀)를 보내 묵자를 만나게 했는데, 묵자가 목하에게 그의 주장을 말하자, 목하는

12) 宋人資章甫而適諸越, 越人斷髮文身, 無所用之. (「소요유(逍遙遊)」, 『장자(莊子)』, 31쪽)
13) 宋人有閔其苗之不長, 而揠之者. (『맹자』 3 : 2) 〈부록5, 원문[10]〉
14) 「오두(五蠹)」, 『한비자(韓非子)』. 〈제13장,주17〉
15) 其生也勤, 其死也薄, 其道太觳, ……以自苦爲極. (「천하(天下)」, 『장자』, 1075-77쪽) 〈주72〉
16) 其智可及也, 其愚不可及也. [『논어』 5 : 21] 〈부록1,주13〉
17) 강전(江瑔), 「묵자의 '묵'은 성이 아님(論墨子非姓墨)」, 『독자치언(讀子巵言)』
18) 전목 선생, 『묵자』 제1장.

크게 기뻐하면서도, '그대의 말인즉 참으로 훌륭합니다. 하지만 군왕이란 천하의 대왕이십니다. 따라서 당신의 주장은 천인들이나 하는 행위이니 채용할 수 없다고나 하시지 않을까요?'라고 말했다."[19] 즉 묵자가 주장한 내용은 "천인들이나 하는 행위"여서 그 주장이 묵도(墨道)라고 일컬어졌다는 말이다. 그럼에도 불구하고 묵자는 자기의 학파가 묵(墨)으로 일컬어지는 것에 만족했다. 이 점은 마치 그리스의 안티스테네스[444-366B.C.]가 그의 학이 견유학(犬學 : 犬儒學)으로 일컬어지자, 스스로 그것에 만족하여 사후에 묘 옆으로 한 마리 개의 석상을 세워 묘표로 삼게 한 것과 같다.*

묵자는 귀족을 반대했고 나아가 귀족이 의지하고 있는 주제(周制 : 주의 문물제도)를 반대했다. 따라서 그의 학설은 주제를 반대한 주장이 많은데, 주제에 대한 반동이라고 할 수 있다. 유가가 주(周)를 본받을 것을 제창했기 때문에, 묵자는 자신의 학설은 하(夏)를 본받는다고 주장하여 유가에 맞섰다. 당시 전설상의 하의 우 임금이 본래 절약, 검소하고 각고면려한 것으로 유명했음은 『논어』를 보면 알 수 있다. 그래서 묵자는 즐겨 우 임금의 덕목을 제창했던 것이다. 따라서 묵자가 꼭 옛것과 하를 본받았다고 말한다면 "어리석음이 아니면 거짓"[20]인 것이다. 왕중(汪中, 1744-94)은 말했다.

> 묵자라는 인물은 학문을 닦은 연후에 스스로 그 자신의 도를 추구한 사람이라고 할 수 있다. 즉 그의 「절장(節葬)」에는 "성왕이 절장의 법도를 제정했다"는 말과 동시에 "묵자가 절장의 법도를 제정했다"는 말이 있으니, 이른바 묵자 스스로 제도를 정했다는 말은 바로 이 말이다.[21]

---

19) 『묵자』 권12 : 3쪽. 원문은 〈부록1,주109〉 참조.

* 『신편』 I, 202-03쪽 : 자료를 통해서 보건대, 묵적은 원래 목공 수공업주였고 생산노동에 직접 참가하지는 않았다. 나중에 유사(游士)가 되어 가는 곳마다 주장을 발표하며 정치참여를 요망했다. 그의 "묵학도(墨者)" 단체는 아마 당시 수공업 길드의 관습에 따라 조직된 것 같다. 그의 제자들은 수공업 길드의 도제(徒弟)에 상당했고, "거자(巨子)"는 마이스터(老師傅 : 師匠) 혹은 수공업주에 상당했다.

20) 非愚則誣. ["無參驗而必之者, 愚也 ; 不能必而据之者, 誣也." (「현학(賢學)」, 『한비자』, 1080쪽)]

21) 墨子者, 蓋學焉而自爲其道者也. 故其「節葬」曰 : "聖王制爲節葬之法";又曰 : "墨子制

즉 묵자의 학설은 평민의 입장에서 주제(周制)를 반대한 것이었다.

2.「경」,「경설」,「대취」,「소취」 6편의 시대

『묵자』 내의 「경(經)」[상·하] 및 「경설(經說)」[상·하] 등의 편은 전국시대 후기 묵학도(墨者 : 墨子의 추종자)의 저작이다. 전국시대 후기는 유학(遊學)의 풍토가 극성하여 암송 및 학습용 죽간(책)을 간단하고 암기하기 쉽도록 만들 필요가 있어서 각 학파마다 "경(經)"을 제작했다. 묵가의 『묵경(墨經)』, 『순자』의 인용문에 보이는 『도경(道經)』, 『한비자』의 「내외저설(內外儲說)」의 경 등이 그것이다. 전국시대 전기에는 아직 이런 체제의 저작은 없었다.[22]

옛 책들 가운데 개인 저작물로서 현재 알려진 가장 조기의 것은 『논어』이다. 『논어』는 대화체(記言體)로 되어 있는데, 대화체 중에서도 극히 간략한 형태이다. 『맹자』, 『장자』에 이르러서야 간략한 대화에서 정연하게 배열된 대화로 진보했고, 더욱이 우언(寓言)을 설정한 대화도 등장했는데, 이는 전국시대 제자문체(諸子文體)의 제1단계였다. 그후 대화체를 버리고 제목을 달고 논술하는 것이 생겼는데, 예컨대 『순자』의 일부가 그것이다. 대화체를 버리고 제목을 달고 논하는 방식은 전국시대 제자문체 진보의 제2단계였다.[23] 『묵자』의 「대취(大取)」,「소취(小取)」 편 등은 모두 제목을 달고 논술한 저술체(著述體裁)로서, 역시 묵자 당시에 있었던 것이 아니다.

「경」,「경설」,「대취」,「소취」 등의 편에 나오는 "견백동이(堅白同異)", "우마비우(牛馬非牛)" 따위의 논변은 모두 나중에 생긴 것이다. 그러므로 맹자처럼 논변을 좋아한 사람도 이런 문제들에 대해서는 전혀 언급하지 않았던 것이다. 여러 측면들을 고찰할 때 이 여섯 편은 전국시대 후기의 작품임을 알 수 있다. 따라서 이 장에서

爲節葬之法", 則謂墨子自制者是也. (「묵자후서(墨子後序)」, 『술학(述學)』 권2)

22) 고힐강(顧頡剛, 1893-1980) 선생의 설. 「시경의 내력 및 『노자』와 도가의 서적(論詩經經歷及老子與道家書)」, 『고사변(古史辨)』 I, 상편, 56쪽.

23) 부사년(傅斯年, 1896-1950) 선생의 설.

는 묵자와 전기(前期) 묵가(墨家)만 논하고, 이 6편은 별도의 장(제 11장)에서 논한다.

3. 조직단체로서의 묵학도

『묵자』「공수편(公輸篇)」은 말한다.

> 공수반(公輸般)이 초나라를 위해서 운제(雲梯 : 구름 사다리)라는 공격용 무기를 만들었는데, 완성되자 송나라를 공격하려고 했다. 묵자가 이 소식을 듣고, 공수반을 만났다.……묵자는 허리띠를 풀어서 성으로 삼고 작은 막대기를 무기로 삼아 가상전투 상황을 설정했다. 공수반이 성을 공격하는 술책을 아홉 번이나 바꿔가며 시도했지만 묵자는 그때마다 여지없이 막아냈다. 공수반의 공격용 무기의 성능은 바닥이 났어도 묵자의 방어술은 여유가 있었다.……그리하여 묵자는 초나라 왕에게 말했다.
>
> "……저의 제자 금활리(禽滑釐) 등 300명은 이미 이와 같은 방어용 무기를 가지고, 송나라 성 위에서 초의 군사(적병)들을 기다리고 있습니다. 비록 저 한 사람은 죽인다고 할지라도 저들을 다 멸절할 수는 없을 것입니다."
>
> "좋습니다. 우리가 송을 공격하지 않도록 하겠오."[24)]

이 이야기에서 다음 두 가지 사실을 알 수 있다. 첫째, 묵자의 비공(非攻)은 본래 모든 공격전쟁을 반대하는 것이고, 겸애의 주장은 본래 모든 나라를 다 사랑하는 것이다. 그런데 당시에는 강자가 약자를 침탈하고 다수가 소수를 폭압하는 일이 비일비재했음에도, 묵자가 공격당하는 국가를 실제로 구제하고 보호한 경우는 다만 이 경우만 전해지니, 이 역시 아마도 묵자가 송과 특별한 관계가 있었음을 보여주는 것 같다. 둘째, 묵학도는 하나의 조직단체였기 때문에

---

24) 公輸般爲楚造雲梯之械, 成. 將以攻宋. 子墨子聞之,……見公輸般.……墨子解帶爲城；以牒爲械, 公輸般九設攻城之機變, 子墨子九距之. 公輸般之攻械盡, 子墨子之守圉有餘. 子墨子曰 : "……臣之弟子禽滑釐等三百人, 已持臣守圉之器, 在宋城上而待楚寇矣. 雖殺臣不能絕也." 楚王曰 : "善哉, 吾請無攻宋矣."(『묵자』 권13 : 20-25쪽)

송을 구제하는 거사에 조직적인 행동을 취할 수 있었다. 즉 묵자는 초에 가서 공수반을 만나고, 그의 제자 300명은 송에서 성을 수비했던 것이다. 「경주편(耕柱篇)」은 말한다.

묵자가 관검오(管黔敖)를 시켜 **고석자**(高石子)를 위(衞)에 추천했다. 위나라 임금이 매우 후한 봉록과 경(卿)의 벼슬을 주었다. 고석자는 세 차례 임금을 조회하고 그때마다 최선을 다해서 진언했으나 한 번도 채납된 적이 없었다. 그래서 고석자는 벼슬을 그만두고 제(齊)로 돌아가 묵자를 뵙고 말했다.

"위나라 임금께서 선생님과의 연고로 제게 매우 후한 봉록과 경의 벼슬을 주었습니다. 저는 세 차례 임금을 조회하고 그때마다 최선을 다해서 진언했으나 한 번도 채납되지 않았습니다. 그래서 그만두었습니다. 위나라 임금은 저를 미쳤다고 여기지 않았을까요?"

"그만둔 것이 진정 도에 맞았다면 미쳤다는 소리쯤이야 무슨 대순가?"

"제가 그만둔 일이 어찌 감히 도에 맞지 않을 수 있겠습니까?……"

그 말에 묵자는 기뻐했다.[25)]

○묵자가 **경주자**(耕柱子)를 초에 추천하여 벼슬하게 했다. 다른 제자들이 그를 찾아갔을 때, 음식도 형편없었고 대접도 신통치 않았다. 제자들은 돌아가 묵자에게 보고했다.

"경주자가 초에 있어봐야 전혀 무익한 것 같습니다. 저희들이 찾아갔을 때 음식도 형편없었고 대접도 신통치 않았습니다."

"아직은 알 수 없다."

과연 며칠이 안 지나 경주자는 10금(金 : 1금=200돈)을 묵자에게 보내며 말했다.

"저는 참으로 변명할 여지가 없습니다. 여기에 10금을 보내드리오니 선생님의 소용에 쓰시기 바랍니다."

묵자는 제자들을 돌아보며 말했다.

---

25) 子墨子使管黔傲[傲 : 敖]游高石子於衛, 衛君致祿甚厚, 設之於卿. 高石子三朝必盡言, 而言無行者. 去而之齊, 見子墨子曰 : "衛君以夫子之故, 致祿甚厚, 設我於卿, 石三朝必盡言, 而言無行, 是以去之也, 衛君無乃以石爲狂乎?" 子墨子曰 : "去之苟道, 受狂何傷?." 高石子曰 : "石去之, 焉敢不道也……" 子墨子說. (『묵자』 권11 : 40–42쪽)

"봐라! 아직은 알 수 없다고 말하지 않았더냐?"[26]

「노문편(魯問篇)」은 말한다.

> 묵자가 **승작**(勝綽)으로 하여금 항자우(項子牛)를 섬기게 했다. 그런데 항자우가 세 차례나 노를 침범했을 때 승작은 그때마다 추종했다. 묵자가 그 사실을 듣고 고손자(高孫子)를 통하여 **퇴임시키도록 주청했다.**[27]

이상에서 보건대 묵자의 제자들은 벼슬에 나아가거나 물러나는 등의 행동을 할 때 모두 묵자의 지휘를 받았다. 제자가 벼슬에 나아간 후, 만약 섬기는 군주로 하여금 묵가의 진언을 실행하게 하지 못할 경우 스스로 사직해야 했는데, 고석자의 경우가 그것이다. 만약 제자가 벼슬에 나아가 곡학아세(曲學阿世)하면 묵자는 해당 군주에게 "주청하여" "퇴임시키도록 했는데", 승작의 경우가 그것이다. 제자들은 벼슬로 인해서 얻는 수입은 나누어 묵학도의 소용으로 제공해야 했는데, 경주자의 경우가 그것이다. 『회남자』에 따르면 "묵자의 심복 180명은 모두 불 속으로도 뛰어들 수 있었고, 칼날도 밟을 수 있었으며, 죽음 앞에서도 돌아설 줄 몰랐다."[28] 묵자의 제자들은 스승에게 절대 복종했음을 알 수 있다.

묵학도의 수령은 "거자(鉅子 : 혹은 巨子)"라고 했다. 『장자』「천하편」에 따르면 묵학도들은 "거자를 성인으로 받들어 수령으로 삼았고, 저마다 묵자의 정통 후계자일 것을 원했다."[29] 묵학도의 초대 "거자"는 물론 묵자이다. 『여씨춘추』에는 그밖에 맹승, 전양자, 복돈이라는 세 사람이 더 나온다. 『여씨춘추』는 말한다.

---

26) 子墨子游荊(蘇云 : '荊字疑衍')耕柱子於楚. 二三子過之, 食之三升, 客之不厚. 二三子復於子墨子曰 : "耕柱子處楚無益矣. 二三子過之, 食之三升, 客之不厚." 子墨子曰 : "未可知也." 毋幾何而遺十金於子墨子曰 : "後生不敢死, 有十金於此, 願夫子之用也." 子墨子曰 : "果未可知也." (『묵자』 권11 : 36-37쪽) 〈부록1,주111〉

27) 子墨子使勝綽事項子牛, 項子牛三侵魯地, 而勝綽三從. 子墨子聞之, 使高孫子請而退之. (『묵자』 권13 : 16쪽)

28) 墨子服役者百八十人, 皆可使赴火蹈刃, 死不旋踵. (「태족훈(泰族訓)」, 『회남자』, 681쪽)

29) 以巨子爲聖人, 皆願爲之尸, 冀得爲其後世. 〈제9장,주14 ; 제11장,주2〉

묵학도의 거자 맹승(孟勝)은 초나라 양성군과 매우 친밀한 관계였다. 양성군은 그에게 영지[領地]의 수비를 맡겼는데, 서옥을 쪼개어 부절로 삼아 서로 "부절이 합치할 때 명령에 따른다"는 맹약을 했다. 초나라 왕[즉 悼王 : 재위 402-381B.C.]이 죽자, 신하들이 오기를 공격했고 임금의 시신이 모셔진 곳에서 화살을 쏘아 죽였다. [이때 오기는 죽으면서 그들이 쏜 화살을 일부러 임금의 시신에 꽂아놓았다.] 이 거사에 양성군도 가담했다. 초나라 왕실이 이 사건을 문죄하자 양성군은 달아났다. 그래서 초나라 왕실은 그의 영지를 몰수했다. 이에 맹승은 제자들에게 말했다.

"남의 영지를 맡으면서 부절을 나누어가졌다. 현재 따라야 할 부절이 보이지 않으므로, 힘이 있다고 해도 [몰수조치를] 금지할 수 없다. 그러니 죽음밖에는 다른 도리가 없다."

그러자 제자인 서약이 맹승에게 간했다.

"죽음으로써 양성군께 이익이 된다면 죽어도 될 것이오나, 죽음은 전혀 무익할 뿐더러 세상에서 묵학도(墨者)를 단절시킬 것이므로 옳지 않습니다."

"그렇지 않다. 나는 양성군에 대해서 스승이라기보다 벗이었고, 벗이라기보다 신하였다. 내가 죽지 않는다면 지금 이후로 근엄한 스승을 구할 때에도 묵학도는 반드시 배제되고, 현명한 벗을 구할 때에도 묵학도는 반드시 배제되며, 충량한 신하를 구할 때에도 묵학도는 반드시 배제될 것이다. 따라서 내 죽음은 우리 묵학도의 의(義)를 행하는 것일 뿐더러 우리 학설의 계승을 도모하는 일이다. 나는 조만간 거자의 임무를 송나라의 전양자(田襄子)에게 촉탁할 것이다. 전양자는 현자이다. 그러니 세상에서 묵학도가 멸절될 염려는 없다."

이에 서약은 "선생님의 말씀이 정히 그러시면 제가 먼저 죽어 앞길을 열게 해주소서!"라고 말한 후 돌아서서 맹승 앞에서 목을 베고 죽었다.

맹승은 두 사람을 시켜 거자의 임무를 전양자에게 전했다. 마침내 맹승이 죽자 그의 제자들이 뒤를 이어 83명이나 순사했다. 전양자에게 명을 전달한 두 사람 역시 초나라로 돌아가 맹승과 더불어 죽고자 했다. 그러자 전양자는 그들의 생각을 금하면서 "맹 거자께서 이미 거자직을 내게 전했다"고 말했다. 그러나 그들은 듣지 않고 돌아가서 죽었다. 이 일에 대해서 묵학도들은

거자에게 불복종한 것으로 여겼다.[30)]

이것을 보면 묵학도의 행위는 이른바 협자(俠者)와 흡사했다. 즉 『사기』「유협열전(游俠列傳)」에 이른바 "말은 신의가 있었고, 행동은 과단성이 있었고, 일단 승낙한 일은 반드시 지켰고, 자신의 몸을 돌보지 않았으며, 남의 위난과 곤궁에 뛰어들었던"[31)] 이들이다. 『여씨춘추』는 또 말한다.

묵학도의 거자 중에 복돈(腹䵍)이라는 인물이 있었다. 진(秦)에서 살았는데 그의 아들이 살인을 했다. 진나라 혜왕(惠王)이 그에게 이렇게 말했다.

"선생은 나이도 많고 또 다른 아들도 없으시니, 과인이 이미 관리에게 죽이지 말도록 했습니다. 선생은 이런 과인의 뜻을 따르시기 바랍니다."

"묵학도의 법은 살인자는 죽이고 상해를 입힌 자는 형벌을 가하도록 되어 있습니다. 그렇게 함으로써 사람을 살상하는 행위를 금하려는 것입니다. 무릇 사람을 살상하는 행위를 금하는 것은 천하의 대의(大義)입니다. 대왕께서 설령 사면하셔서 관리로 하여금 죽이지 말도록 하시더라도 저로서는 부득불 묵학도의 법을 시행하지 않을 수 없습니다."

복돈은 이렇게 대답하고, 혜왕의 권고를 듣지 않고 결국 아들을 죽였다.[32)]

---

30) 墨者鉅子孟勝, 善荊之陽城君. 陽城君令守於國, 毁璜以爲符. 約曰 : "符合聽之." 荊王薨, 群臣攻吳起, 兵於喪所, 陽城君與焉. 荊罪之, 陽城君走 ; 荊收其國. 孟勝曰 : "受人之國, 與之有符 ; 今不見符而力不能禁, 不能死, 不可." 其弟子徐弱諫孟勝曰 : "死而有益陽城君, 死之可矣. 無益也, 而絶墨者於世, 不可." 孟勝曰 : "不然, 吾於陽城君也, 非師則友也, 非友則臣也. 不死, 自今以來, 求嚴師必不於墨者矣, 求賢友必不於墨者矣, 求良臣必不於墨者矣. 死之所以行墨者之義, 而繼其業者也. 我將屬鉅子於宋之田襄子. 田襄子賢者也, 何患墨者之絶於世也?" 徐弱曰 : "若夫子之言, 弱請先死以辟路." 還歿頭於孟勝前. 因使二人傳鉅子於田襄子. 孟勝死, 弟子死之者八十三人. 二人已致命於田襄子, 欲反死孟勝於荊. 田襄子止之曰 : "孟子已傳鉅子於我矣." 不聽, 遂反死之. 墨者以爲不聽鉅子. (「상덕(上德)」, 『여씨춘추』, 1257-58쪽) 〈부록1,주94,주121〉

31) 其言必信, 其行必果, 已諾必誠, 不愛其軀, 赴士之阨困. 〈부록2,주22〉

32) 墨者鉅子, 有腹䵍, 居秦, 其子殺人. 秦惠王曰 : "先生之年長矣, 非有他子也, 寡人已令吏弗誅矣. 先生之以此聽寡人也." 腹䵍對曰 : "墨子之法, 殺人者死, 傷人者刑, 此所以禁殺傷人也. 夫禁殺傷人者, 天下之大義也. 王雖爲之賜而令吏弗誅, 腹䵍不可不行墨子之法." 不許惠王, 而遂殺之. (「거사(去私)」, 『여씨춘추』, 55-56쪽)

이것을 보면 묵학도의 단체 내에는 기율이 극히 엄했음을 알 수 있다. 거자는 묵학도의 법을 범한 자에 대해서 생살권까지 가지고 있었던 것이다.

4. 공리주의의 묵자 철학

상검(尙儉) 및 절용(節用)과 겸애(兼愛) 및 비공(非攻)은 비록 그 당시에 원래 있던 주장이었지만, 묵자는 그것을 실행했을 뿐더러 이론적 근거를 부여하여 일관된 체계를 세웠다. 이것이 묵자의 철학적 공헌이다.

『묵자』에는 유가를 반대한 곳이 매우 많은데, 묵가 철학은 유가 철학과 근본관념이 다르다. 유가는 "그 옳은 도리를 바룰 따름이지 그 이익은 꾀하지 않으며, 그 도를 밝힐 따름이지 그 공(성과)은 계산하지 않는다."[33] 그러나 묵가는 오로지 "이익(利)"을 중시하고, 오로지 "공(功)"을 중시한다. 공자와 묵자의 개인적인 행위를 살펴보면 "공자가 앉은 자리는 체온이 스며들 여가가 없었고, 묵자가 머무는 집의 굴뚝은 검어질 여가가 없었으니",[34] 두 사람 모두 안절부절 경황 없이(栖栖遑遑) 세상의 폐해를 구제하려고 애썼던 것이다. 그러나 각자의 행위에 대한 변명은 두 사람이 전혀 달랐다. 자로(子路)는 공자를 대신하여 이렇게 변명했다.

> 군자가 벼슬함은 자기의 의(義 : 즉 君臣之義)를 행하는 것일 따름이다. 도(道)가 실현되지 않을 줄은 이미 알고 있었다.[35]

즉 공자가 정치에 관여하려고 한 까닭은 바로 그래야 하는 "당연성(應該)" 때문이었다는 말이다. 그런 행위가 필시 열매를 맺지 못하

33) 正其誼, 不謀其利 ; 明其道, 不計其功. 〈제4장,주146 ; 제14장,주109〉

34) 孔席不暇暖, 墨突不暇黔. [“聖哲之治, 棲棲遑遑, 孔席不暖, 墨突不黔.” (반고〔班固〕, 「답빈희(答賓戲)」) ; “禹過家門不入, 孔席不暇暖, 而墨突不得黔” (한유〔韓愈〕, 「쟁신론(爭臣論)」)] 〈제4장,주144〉

35) 君子之仕也, 行其義也. 道之不行, 已知之矣. (『논어』 18 : 7) 〈제4장,주143〉

리라는 것, 즉 "도가 실현되지 않을 줄"은 "이미 알고 있었다." 그러나 자신의 행위에 대한 묵자의 생각은 달랐다. 『묵자』「귀의편」은 말한다.

묵자가 노(魯)에서 제(齊)로 가는 길에 친구를 만났다. 친구가 물었다.

"지금 온 세상은 아무도 의(義)를 행하는 사람이 없거늘, 그대 홀로 수고하며 의를 행하고 있으니, 그대 역시 그만두느니만 못할 것 같네."

이에 묵자가 말했다.

"가령 어떤 사람이 있는데 그에게 아들이 열 명 있다고 하세. 그중에서 한 명만 농사일을 하고 아홉 명은 놀고 있다면, 일하는 그 한 사람은 더욱 많은 노력을 하지 않을 수 없을 걸세. 왜 그렇겠는가? 먹는 사람은 많은데 일하는 사람은 적기 때문일세. 이제 온 세상에 의를 행하는 사람이 아무도 없으니, 그대는 오히려 나를 권면해야 할 판에 어째서 나를 말리는가?"[36]

「공맹편(公孟篇)」은 말한다.

공맹자(公孟子)가 묵자에게 말했다.

"……지금 선생은 **사방으로 사람들을 쫓아다니며** [인의(仁義)를] **역설**하고 계시는데, 왜 그런 고생을 하십니까?"

"……가령 여기 두 점쟁이가 있는데 모두 점을 잘 친다고 합시다. 갑은 밖으로 돌아다니면서 사람들 점을 쳐주고, 을은 집안에만 들어앉아 밖에는 나가지 않는다고 할 때, 갑과 을 중에서 누구의 복채 쌀이 더 많겠습니까?"

"물론 밖으로 돌아다니며 점을 쳐주는 갑의 복채 쌀이 더 많을 테지요."

"인의도 그와 마찬가지입니다. 밖으로 돌아다니며 사람들에게 역설하는 사람의 공(功)과 선(善)이 역시 더욱 많을 것입니다. 그러니 무엇 때문에 **사람들을 설득하러 돌아다니지 않는단** 말입니까?"[37]

---

36) 子墨子自魯卽齊, 遇故人謂子墨子曰 : "今天下莫爲義, 子獨自苦而爲義, 子不若已." 子墨子曰 : "今有人於此, 有子十人, 一人耕而九人處, 則耕者不可以不益急矣. 何故? 食者衆而耕者寡也. 今天下莫爲義, 則子如勸我者也. 何故止我?" (『묵자』 권12 : 1-2쪽)

37) 公孟子謂子墨子曰 : "……今子徧從人而說之, 何其勞也?" 子墨子曰 : "……且有二生於此, 善筮. 一行爲人筮者, 一處而不出者. 行爲人筮者, 與處而不出者, 其糈孰

즉 의를 행하는 사람이 설령 적을지라도 한두 사람이라도 행하면 그 "공"은 아무도 행하지 않는 것보다 더 낫다는 말이다. "사방으로 사람들을 쫓아다니며 인의를 역설하면", 모든 사람으로 하여금 청종하게 하지는 못한다고 할지라도 그 결과는 "사람들을 설득하러 돌아다니지 않는 것"보다는 낫다. 그 결과는 결국 천하의 이익이다. 공자가 무조건 행했다면(無所爲而爲), 묵자는 조건적으로 행했던(有所爲而爲) 것이다.

"공(功 : 성과)"과 "이(利 : 이익)"는 곧 묵가 철학의 근본 관념이다. 『묵자』「비명상(非命上)」은 말한다.

묵자가 말했다.

"모든 주장(言 : 언설)은 반드시 표준(儀)에 입각해야 한다. 주장에 표준이 없으면, 돌림판(運鈞 : 돌아가는 쟁반) 위에 해시계를 올려놓은 격이어서, 시시비비와 이해득실을 명확히 파악할 수 없다. 따라서 모든 주장에는 반드시 세 표준(三表)이 있다."

그러면 그 세 표준이란 무엇인가? 묵자가 이렇게 언명했다.

"첫째, 그것의 근거 ; 둘째, 그것의 실증성 ; 셋째, 그것의 응용성이다. 어디에 근거해야 하는가? 위로 옛 성왕의 사적(事 : 과거에 경험한 역사적 교훈)에 근거해야 한다. 어디에서 실증되어야 하는가? 아래로 뭇 사람의 이목의 실제 경험에서 실증되어야 한다. 어디에 응용할 수 있어야 하는가? 정치제도에 응용하여 **국가와 모든 인민의 이익**에 적중할지를 살펴야 한다. 이것이 '주장에는 세 표준이 있다'는 말이다."[38]

多?" 公孟子曰 : "行爲人筮者其埒多." 子墨子曰 : "仁義均, 行說人者其功善亦多, 何故不行說人也?" (『묵자』 권12 : 14-15쪽) [糈 : 양식. 젯메쌀. 쌀알]

38) 子墨子言曰 : "言必立儀. 言而毋儀, 譬猶運鈞之上而立朝夕者也 ; 是非利害之辨, 不可得而明知也. 故言必有三表." 何謂三表? 子墨子言曰 : "有本之者, 有原之者, 有用之者. 於何本之? 上本之於古者聖王之事. 於何原之? 下原察百姓耳目之實. 於何用之? 發以爲刑政, 觀其中國家百姓人民之利. 此所謂言有三表也." (『묵자』 권9 : 2-3쪽)

【주】「비명중(非命中)」은 말한다. "모든 주장은 3법식(三法 : 즉 三表)이 있어야 한다. 3법식이란 무엇인가? 첫째, 근거 ; 둘째, 실증성 ; 셋째, 응용성이다. 근거를 둔다는 것은 하느님과 귀신의 뜻 그리고 성왕의 정치(事)에서 상고한다는 말이다. 실증성이란 선왕이 남긴 저서에서 증험한다는 말이다. 어디에 응용되어야 하는

이 세 표준 가운데 가장 중요한 것은 셋째이다. "국가와 모든 인민의 이익"은 바로 묵자가 모든 가치를 평가하는 표준이다. 모든 사물은 반드시 쓸모가 있고, 주장(言論 : 학설)은 반드시 행할 수 있어야만 가치가 있게 된다. 「공맹편」은 말한다.

묵자가 유자(儒者)에게 물었다.

"왜 음악을 연주합니까?"

"음악은 즐거움을 얻기 위해서 연주하는 것입니다."

"선생의 대답은 내 질문에 대한 답이 아닙니다. 가령 '왜 집을 짓는가?'라는 물음에, '겨울에는 추위를 피하고, 여름에는 더위를 피하고, 담을 둘러 남녀를 유별하게 하기 위해서 짓는다'고 대답했다면, 집을 짓는 까닭을 옳게 대답한 셈입니다. 그런데 '왜 음악을 연주하는가?'라는 물음에, '음악은 즐거움을 얻기 위해서 연주하는 것이다'고 대답한 것은, 마치 '왜 집을 짓는가?' 라는 물음에 '집은 살기 위해서 짓는다'고 대답하는 것과 같습니다."[39]

「경주편」은 말한다.

섭공자고(葉公子高)가 공자에게 "좋은 정치란 어떤 것입니까?" 하고 묻자, 공자는 "좋은 정치란 먼 지방 사람의 마음을 끌며, 옛 친구와 관계를 일신시키는 것을 말합니다"고 대답했다. 이에 대해서 묵자는 말했다.

"섭공자고는 질문을 잘못했고, 공자 역시 대답을 잘못했다. 섭공자고가 어찌 '먼 지방 사람들의 마음을 끌며 옛 친구와의 관계를 일신시키는 것이 좋은 정치'임을 몰랐겠는가? 그는 정치를 어떻게 해야 하는가[즉 방법]를 물었던 것이다. 그런데 공자는 상대가 모르는 내용을 새로 깨우쳐준 것이 아니

가? 정치제도에 응용되어야 한다는 말이다. 이것이 '주장의 3법식'이다(使言有三法. 三法者何也? 有本之者, 有原之者, 有用之者. 於其本之也, 考之天鬼之志, 聖王之事. 於其原之也, 徵以先王之書. 用之奈何? 發以爲刑[畢云 : 据上篇有政字]. 此言之三法也)."(『묵자』 권9 : 11-12쪽) 이것은 세 표준(三表) 내에 하느님과 귀신의 뜻을 부가했다. 하느님의 뜻(天志)은 당연히 존재한다는 주장이다.

39) 子墨子問於儒者曰 : "何故爲樂?" 曰 : "樂以爲樂也." 子墨子曰 : "子未我應也. 今我問曰 : '何故爲室?' 曰 : '冬避寒焉, 夏避暑焉, 室以爲男女之別也.' 則子告我爲室之故矣. 今我問曰 : '何故爲樂?' 曰 : '樂以爲樂也.' 是猶曰 : '何故爲室?' 曰 : '室以爲室也.'" (『묵자』 권12 : 22쪽)

라 이미 아는 내용을 말한 것에 불과했다. 즉 '섭공자고는 질문을 잘못했고, 공자 역시 대답을 잘못했다'는 말이다."[40]

묵자가 말했다.

"실천에 옮길 수 있는 것이면 일반법칙화하고, 실천에 옮길 수 없는 것이면 일반법칙화하지 말라. 실천에 옮길 수 없는 것인데도 일반법칙화하는 일은 말장난에 불과하다."[41]

"무엇이 음악인가?(何爲樂)"와 "무엇 때문에 음악이 필요한가?(何所爲而需樂)"라는 두 문제는 묵자가 보기에는 같은 문제이다. 유가는 '음악은 즐거움을 얻기 위해서 연주한다'고 했지만, 묵자는 음악이 어떤 쓸모가 있다고 인정하지 않는다. 음악 연주는 눈앞의 쾌락을 구하는 것일 뿐, 장래의 어떤 유리한 결과도 가져올 수 없다는 말이다. 행할 수 없고 또 남에게 행하도록 권고할 수 없는 성격의 도리에 대한 주장은 일종의 "이지적 조련(理知的操練)"에 불과한즉, 비록 우리에게 눈앞의 쾌락은 제공할지 몰라도 장래적으로는 쓸모없기 때문에 역시 무가치하다.

5. 무엇이 인민의 큰 이익인가?

모든 사물은 반드시 국가와 모든 인민의 이익에 부합해야 비로소 가치가 있다. 국가와 모든 인민의 이익은 바로 인민의 "부(富)"와 "인구증가(庶)"를 말한다. 인민을 부유하게 하고 인구를 증가시킬

40) 葉公子高問政於仲尼曰:"善爲政者若之何?" 仲尼對曰:"善爲政者, 遠者近之而舊者新之." 子墨子聞之曰:"葉公子高未得其問也;仲尼亦未得其所以對也. 葉公子高豈不知善爲政者之遠者近之而舊者新之哉? 問所以爲之若之何也. 不以人之所不知告人, 以所知告之, 故葉公子高未得其問也;仲尼亦未得其所以對也."(『묵자』 권11 : 39-40쪽) [『논어』 13 : 16 : 섭공이 정치에 대해서 묻자 공자는 "정치란 가까운 사람들을 즐겁게 하고 먼 지방 사람들을 찾아들게끔 하는 것이다(近者悅, 遠者來)"고 대답했다.]

41) 子墨子曰:"言足以復行者常之;不足以擧行者勿常. 不足以擧行而常之, 是蕩口也." (『묵자』 권11 : 40쪽) [蕩口 : 쓸데없는 말, 실없이 하는 말]

수 있는 것이면 모두 유용하고, 그렇지 않으면 전부 무익하거나 혹은 유해한즉, 모든 가치는 이것에 따라서 평가된다. 「절용상(節用上)」은 말한다.

> 성인(聖人)이 한 나라의 정치를 맡으면 국가의 역량을 배로 늘릴 수 있다. 크게는 천하의 정치를 맡으면 천하의 역량을 배로 늘릴 수 있다. 배로 늘린다 함은 대외적으로 땅을 빼앗는다는 말이 아니고, 국가가 이미 보유한 자원을 개발하고 쓸데없는 비용을 제거하면 충분히 배로 늘릴 수 있다는 말이다. ……그러면 배로 늘리기 어려운 사항은 무엇인가? 오직 인구를 배로 늘리기가 어렵다. 그러나 인구도 배로 늘릴 수 있다. 옛날에 성왕은 법을 제정하여, "남자는 나이 스물이면 장가를 가야 하고 여자는 나이 열다섯이면 시집을 가야 한다"고 했는데, 그야말로 성왕다운 법이었다. 성왕이 일단 죽자 인민들은 방자해졌다. 그리하여 조혼의 경우 스무 살에 장가를 가기도 했지만, 만혼의 경우에는 마흔 살에 장가를 가기도 했다. 조혼과 만혼의 경우를 서로 상쇄하면 성왕의 법보다 10년이나 뒤진 셈이다. 만약 3년마다 아이를 하나씩 낳는다고 가정할 때 두세 명의 아이는 더 낳을 수 있었다는 말이다. 따라서 인민으로 하여금 조혼하게만 한다면 인구를 배로 늘릴 수 있다는 말이 아니겠는가?[42)]

여기서 공리주의는 역시 계산을 중시함을 알 수 있다. 인민의 부와 인구증가가 국가와 모든 인민의 큰 이익인 만큼, 이 이익에 직접적으로 도움이 되지 않거나 유해한 것들은 전부 폐기해야 한다. 따라서 우리는 절약과 검소를 숭상하고 사치를 반대해야 한다. 「절용중」은 말한다.

> 따라서 옛날에 성왕(聖王)은 절용의 법을 제정하여, "천하의 백공들, 즉

42) 聖人爲政一國, 一國可倍也；大之爲政天下, 天下可倍也. 其倍之, 非外取地也；因其國家, 去其無用之費, 足以倍之.……故孰爲難倍? 唯人爲難倍, 然人有可倍也. 昔者聖王爲法曰："丈夫年二十, 毋敢不處家；女子年十五, 毋敢不事人." 此聖王之法也. 聖王旣沒, 于民恣也. 其欲蚤處家者, 有所二十年處家；其欲晩處家者, 有所四十年處家. 以其蚤與其晩相踐[踐：翦], 後聖王之法十年. 若純[純：皆]三年而字, 子生可以二三年[年：人]矣. 此不惟使民蚤處家而可以倍與? (『묵자』 권6：1-4쪽)

수레 장인, 수레바퀴 장인, 가죽공, 도공, 대장장이, 목공 등으로 하여금 각기 그 전문적인 재능에 맞는 작업을 하게 했고", "인민의 소용을 만족시킬 수 있는 정도에서 그치게 했다. **인민의 이익에 보탬이 되지 않는 재화의 소비**를 성왕은 일절 용납하지 않았던 것이다."……

옛날에 성왕은 의복의 법을 제정하여, "겨울에는 감청색이나 밤색 옷[동물 가죽 옷?]을 입어서 가볍고 따뜻한 정도에서, 여름에는 고운 갈포옷이나 거친 삼베옷을 입어서 가볍고 시원한 정도에서 그치게 했다. **인민의 이익에 보탬이 되지 않는 재화의 소비**를 성왕은 일절 용납하지 않았던 것이다."

옛날에 사납고 교활한 짐승이 사람들을 해쳤기 때문에 성인은 사람들로 하여금 무기를 휴대하도록 가르쳤다. 날마다 휴대하는 검은 찌르면 들어가고, 치면 끊고, 옆으로 쳐도 동강나지 않으면 되었는데, 바로 그것이 검의 장점이었다. 갑옷은 입어서 가볍고 편리하며 몸을 움직일 때 자유자재로 굴신할 수 있으면 되었는데, 바로 그것이 갑옷의 장점이었다. 수레는 짐을 싣고 멀리까지 갈 수 있으면서도 타기에 편하고 말이 끌기에 편리하며, 사람이 다치지 않을 만큼 안전하고, 속도를 내기에 편리하면 되었는데, 바로 그것이 수레의 장점이었다. 옛날에는 넓은 강과 계곡을 건널 수 없었기 때문에 성왕이 배를 만든 것인데, 운행할 수만 있으면 그것으로 충분했다. 설령 삼공이나 제후와 같은 고관이 건널 때에도 배를 바꾸거나 뱃사공을 치장할 필요가 없었는데, 바로 그것이 배의 장점이었다.

옛날에 성왕은 절장(節葬 : 장례비용 절약)의 법을 제정하여, 수의는 세 벌로 하여 살이 고이 썩을 수 있고, 관은 세 치 두께로 하여 뼈가 고이 썩을 수 있는 정도에서 그리고 묘혈의 깊이는 지하수에 닿지 않고 시신의 냄새가 새어나오지 않을 수 있는 정도에서 그치게 했다. 즉 죽은 사람은 이미 장사했으니 산 사람이 오랜 치상으로 슬픔에 잠기지 말도록 하셨던 것이다."

옛날에 사람이 처음 생기고 집을 지을 줄 몰랐을 때에는 언덕에 굴을 파고 살았다. 성왕은 이렇게 굴을 파고 사는 것을 염려하여 말하기를 "비록 겨울에는 바람과 추위를 피할 수 있을지라도, 여름이면 바닥은 축축하고 위는 후덥지근하니 사람의 건강에 해롭겠다"고 했다. 그리하여 편리한 집을 짓고 살게 했다. 그렇다면 그 집 짓는 법은 어떠했는가? 묵자가 말하기를 "외벽은 추위와 바람을 막을 수 있고, 지붕은 눈, 서리, 비, 이슬을 막을 수 있고, 방

> 은 깨끗하여 제사를 모실 수 있고, 내벽은 남녀유별을 유지할 수 있는 정도에서 그치게 했다. **인민의 이익에 보탬이 되지 않는 재화의 소비**(加費)를 성왕은 일절 용납하지 않았던 것이다"고 했다.[43)]

이것을 보면, 묵자는 결코 "재화의 소비"를 반대한 것이 아니고, 다만 "인민의 이익에 보탬이 되지 않는 재화의 소비"를 금해야 한다고 했을 뿐이다.

같은 이유로 우리는 절장(節葬)하고 단상(短喪)해야 한다. 「절장하(節葬下)」는 말한다.

> 일등 선비의 치상(操喪 : 治喪)은 필히 부축을 받아야만 일어설 수 있고 지팡이를 짚어야만 걸음을 옮길 수 있을 상태로 3년을 계속한다. 그들의 주장을 본받고 그런 도를 실천하는 일을, 왕공대인(王公大人)이 행한다면 반드시 아침 일찍 조회할 수 없을 것이고, 농부가 행한다면 반드시 아침 일찍부터 저녁 늦게까지 농사일을 할 수 없을 것이고, 각종 공인들이 행한다면 반드시 배나 수레 또는 그릇 등을 만들 수 없을 것이고, 부녀자들이 행한다면 반드시 숙흥야매(夙興夜寐) 실을 잣고 베를 짤 수는 없을 것이다. **후장**(厚葬 : 후한 장례)은 애써 벌은 재물을 매장하는 짓이요, **구상**(久喪 : 오랜 치상)은 오래도록 생업에의 종사를 방해하는 짓이다. 이미 벌은 재화는 몽땅 쓸어다 묻고서 그 후의 생계의 도모까지도 오래도록 금하는 것인즉, 그러고도 **부를 추**

43) 是故古者聖王制爲節用之法, 曰 : "凡天下群百工, 輪車鞼匏, 陶冶梓匠, 使各從事其所能." 曰 : "凡足以奉給民用則止 ; 諸加費不加於民利者, 聖王弗爲."……古者聖王制爲衣服之法, 曰 : "冬服紺緅之衣, 輕且暖 ; 夏服絺綌之衣, 輕且凊, 則止. 諸加費不加於民利者, 聖王弗爲." 古者聖人爲猛禽狡獸, 暴人害民, 於是敎民以兵行. 日帶劍, 爲刺則入, 擊則斷, 旁擊而不折, 此劍之利也. 甲爲衣則輕且利, 動則兵且從, 此甲之利也. 車爲服重致遠, 乘之則安, 引之則利 ; 安以不傷人, 利以速至, 此車之利也. 古者聖王爲大川廣谷之不可濟, 於是制(本作利,依王校改)爲舟楫, 足以將之, 則止. 雖上者三公諸侯至, 舟楫不易, 津人不飾, 此舟之利也. 古者聖王制爲節葬之法, 曰 : "衣三領足以朽肉, 棺三寸足以朽骸, 掘穴深不通於泉, 流[流 : 氣]不發洩, 則止. 死者卽葬, 生者毋久喪用哀." 古者人之始生, 未有宮室之時, 因陵丘掘穴而處焉. 聖王慮之, 以爲掘穴, 曰 : "冬可避風寒, 逮夏, 下潤溼, 上熏烝, 恐傷民之氣." 于是作爲宮室而利. 然則爲宮室之法將奈何哉? 子墨子曰 : "其旁可以圉寒風, 上可以圉雪霜雨露, 其中蠲潔可以祭祀, 宮牆足以爲男女之別, 則止. 諸加費不加民利者, 聖王弗爲." (『묵자』 권6 : 5-10쪽)

구한다고 함은 농사를 금지하면서 수확을 바라는 격이다. 부에 관한 주장 자체가 성립할 수 없다. 따라서 국가를 부유하게 하는 일은 이미 불가능하다. 그러니 인구증가는 생각이나 할 수 있겠는가? 도대체 성립할 수 없다.

가령 지금 후장과 구상을 정치적으로 행한다면, 임금이 죽어 3년, 부모가 죽어 3년, 처와 맏아들이 죽을 경우 3년, 도합 다섯 번의 삼년상과, 나아가 백부, 숙부, 형제 및 자신의 기타 아들들이 죽었을 때 각각 1년, 그밖의 친족은 각 5개월, 고모, 누이, 조카, 외삼촌 등은 각각 수개월간의 상을 치러야 한즉, 뼈만 남게 할 제도임에 틀림없다. 얼굴은 마르고, 눈은 쑥 들어가고, 안색은 거무튀튀하고, 눈 멀고 귀 먹고 손발은 기운이 없어 제대로 움직이지도 못할 것이다. 거듭 말하거니와 일등 선비의 치상은 부축을 받아야만 일어설 수 있고 지팡이를 짚어야만 걸음을 옮길 수 있을 상태로 3년을 계속한다. 그들의 주장을 본받고 그런 도를 실천할 것 같으면, 정녕 굶주리고 쇠약해진 모습이 그와 같을 것이다. 그러므로 백성들은 겨울에는 추위를 견디지 못하고 여름에는 더위를 견디지 못하고, 병들어 죽는 자가 부지기수일 것이다. 이렇게 되면 부부간의 성관계도 많이 그르칠 터인즉, 그러고도 **인구증가를 추구**하는 일은 비유하건데 칼 위로 엎어지라고 하고서 오래 살기를 바라는 격이다.[44)]

유가가 주장한 후장 및 구상의 제도는 "부를 추구하고" "인구증가를 추구하는" 면에서 심대한 장애가 되기 때문에, 절장과 단상을 주장해야 한다는 말이다.

---

44) 上士之操喪, 必扶而能起, 杖而能行, 以此共三年. 若法若言, 行若道, 使王公大人行此, 則必不能蚤朝. 使農人行此, 則必不能蚤出夜入, 耕稼樹藝. 使百工行此, 則必不能修舟車, 爲器皿矣. 使婦人行此, 則必不能夙興夜寐, 紡績織紝. 計厚葬爲多埋賦財者也；計久喪爲久禁從事者也. 財已成者, 挾而埋之, 後得生者而久禁之. 以此求富, 此譬猶禁耕而求穫也. 富之說無可得焉, 是故求以富[(國)]家而旣已不可矣. 欲以衆人民意者可耶? 其說又不可矣. 今唯無以厚葬久喪者爲政, 君死, 喪之三年；父母死, 喪之三年；妻與後子死者, 五皆喪之三年；然伯父叔父兄弟孼子期；族人五月；姑姊甥舅皆有月數；則毁瘠必有制矣. 使面目陷陬, 顏色黧黑, 耳目不聰明, 手足不勁強, 不可用也. 又曰：上士操喪也, 必扶而能起, 杖而能行, 以此共三年. 若法若言行若道, 苟其飢約又若此矣. 是故百姓冬不忍寒, 夏不忍暑, 作疾病死者, 不可勝計也. 此其爲敗男女之交多矣；以此求衆, 譬猶使人負劍而求其壽也. (『묵자』 권6 : 16-19쪽)

똑같은 이유로 우리는 음악을 반대해야 한다. 「비락상(非樂上)」은 말한다.

물에서 배를 사용하고 뭍에서 수레를 사용하면, 군자는 두 발을 고생시키지 않고 소인은 등과 어깨에 무거운 짐을 지지 않아도 되기 때문에, 너나 없이 재화의 갹출에 응하면서도 원망할 생각을 하지 않는데 그 까닭은 무엇이겠는가? 그것이 도리어 모든 인민의 이익에 부합하기 때문이다. 악기의 경우도 이와 같이 인민의 이익에 부합한다면 나 역시 감히 배격할 수 없을 것이다. 즉 악기를 연주하는 경우가 비유하건데 성왕이 배나 수레를 사용한 경우와 마찬가지라고 한다면 나 역시 감히 배격할 수 없다는 말이다.

인민에게는 3대 고통이 있다. 굶주릴 때 먹지 못하고, 추울 때 입지 못하고, 일에 지쳤을 때 쉬지 못하는 것, 이 세 가지가 인민의 크나큰 고통이다. 이런 상황하에서 도대체 큰 종 치고 북 두드리고 거문고 타고 피리 불며 검무[劍舞]나 추고 있어도, 인민의 의식(衣食)의 재원은 마련될 수 있다는 말인가? 내 생각에는 반드시 불가능할 것 같다. 이 문제는 일단 접어두자.

현재 대국이 소국을 공략하고, 대가(大家)가 소가(小家)를 침벌하며, 강자가 약자를 강탈하고, 다수가 소수를 학대하고, 교활한 자가 우직한 자를 속이고, 귀인이 천인을 업신여기고, 외적, 내란자, 도적 떼가 일제히 일어나도 제압할 수 없는 형편이다. 이런 상황하에서 도대체 큰 종 치고 북 두드리고 거문고 타고 피리 불며 검무나 추고 있어도, 천하의 혼란은 다스려질 수 있다는 말인가? 내 생각에는 반드시 불가능할 것 같다. 따라서 묵자는 말했다.

"만백성에게 무거운 세금을 거두어들여 큰 종, 북, 거문고, 피리 등을 연주하는 행위는, 천하의 이익을 조성하고 천하의 해악을 제거하는 데에 아무런 도움이 되지 못한다고 생각한다."

이런 까닭에 묵자는 "음악을 연주하는 행위는 그르다"고 했다.[45]

---

45) 舟用之水, 車用之陸, 君子息其足焉, 小人休其肩背焉. 故萬民出財, 齎而予之, 不敢以爲慼恨者, 何也? 以其反中民之利也. 然則樂器反中民之利亦若此, 卽我不敢非也. 然則當用樂器, 譬之若聖王之爲舟車也, 卽我不敢非也. 民有三患 : 飢者不得食, 寒者不得衣, 勞者不得息, 三者民之巨患也. 然卽當爲之撞巨鍾, 擊鳴鼓, 彈琴瑟, 吹竽笙, 而揚干戚, 民衣食之財, 將安可得乎? 卽我以爲未必然也. 意舍此. 今有大國卽攻小國, 有大家卽伐小家, 強劫弱, 衆暴寡, 詐欺愚, 貴傲賤, 寇亂盜賊並興, 不可禁止

음악이 이미 쓸모없고 폐지해야 할 것인 만큼, 기타의 미술 역시 당연히 배척대열에 들어 있다. 음악과 미술은 모두 정감의 산물이고 단지 정감만 감동시킬 수 있으므로 묵자는 쓸모없다고 여겨 배척했다. 정감에 대한 그의 태도는 이러했다. 묵자의 극단적 공리주의의 관점에서 보면 인간의 온갖 정감이란 모두 쓸모없을 뿐더러 무의미한즉, 마땅히 억압하여 우리의 행위에 장애가 되지 못하게 해야 한다. 상중에 임하는 도리로서 유가가 말한 안색의 수척함이랄지 곡읍의 슬픔 등은 본래 인간의 정감을 표현한 것이지만, 묵자의 극단적 공리주의의 관점에서 보면 그것은 모두 쓸모없을 뿐더러 무의미하다. 「공맹편」은 말한다.

공맹자가 묵자에게 말했다.

"삼년상은 어린아이가 부모를 사모하는 것을 본딴 것입니다."

"어린아이의 지혜는 오직 부모를 사모할 줄만 압니다. 그래서 부모가 옆에 없을 때는 계속 울기만 하는데 그 이유는 무엇이겠습니까? 다름 아니라 생각이 지극히 모자라기 때문입니다. 그렇다면 유자들의 지혜가 어찌 어린아이보다 낫다고 할 수 있겠습니까?"[46]

유가가 귀신의 존재를 주장하지 않으면서도 제사를 중시한 것은 정감의 만족을 추구한 때문이라고 할 수 있다. 묵자의 극단적 공리주의의 관점에서 보면, 유가가 주장하는 제사 역시 마찬가지로 무의미하다. 「공맹편」은 말한다.

공맹자는 "귀신이란 없다"고 하면서도 "군자는 반드시 제사 예법을 배워야 한다"고 주장했다. 이에 대해서 묵자가 말했다.

也. 然卽當爲之撞巨鍾, 擊鳴鼓, 彈琴瑟, 吹竽笙, 而揚干戚, 天下之亂也, 將安可得而治與? 卽我未必然也. 是故子墨子曰 : 姑嘗厚措斂乎萬民, 以爲大鐘鳴鼓琴瑟竽笙之聲, 以求興天下之利, 除天下之害, 而無補也. 是故子墨子曰 : 爲樂非也. (『묵자』 권22 : 33-4쪽)

46) 公孟子曰 : "三年之喪, 學吾子(依兪校僧)之慕父母." 子墨子曰 : "夫嬰兒之知, 獨慕父母而已. 父母不可得也, 然號而不止, 此其故何也? 卽愚之至也. 然則儒者之知, 豈有以賢於嬰兒子哉?" (『묵자』 권12 : 21-22쪽)

"귀신은 없지만 제사 예법은 배워야 한다는 주장은, 마치 손님이 없는데도 손님 접대의 예를 배우고, 물고기가 없는데도 그물을 던지는 것과 같다."[47]

또 「귀의편」은 말한다.

묵자가 말했다.

"반드시 **여섯 가지 병폐**(六辟)를 제거해야 한다. **침묵할 때는 항상 사색하고, 말할 때는 항상 가르치고, 움직일 때는 항상 일하는**, 이 세 가지 실천사항을 잠시도 쉬지 않고 계속 반복하여 행할 수 있다면 틀림없이 성인이 된다. 반드시 기쁨, 노여움, 즐거움, 슬픔, 사랑, 미움 따위의 여섯 가지 병폐를 제거하고, 손, 발, 입, 코, 귀 등[모든 감각기관]을 오로지 의(義 : 즉 이익 추구에 도움이 되는 일)에 종사시킬 수만 있다면 틀림없이 성인이 된다."[48]

기쁨, 노여움, 즐거움, 슬픔, 사랑, 미움 등은 모두 정감의 측면에 속하므로, 묵자는 "여섯 가지 병폐"로 여겨 제거해야 한다고 여겼다. 반드시 스스로 "침묵할 때는 항상 사색하고, 말할 때는 항상 가르치고, 움직일 때는 항상 일하도록" 하여, 우리의 모든 일거일동이 이지적으로 일을 처리하고 있는 상태 속에 있게끔 해야 한다. 이것이 묵자의 정감배제 명문(明文)이다.

6. 겸애

모든 호화스러운 형식과 겉치레는 국가와 인민의 이익에 부합하지는 않지만 아직 큰 해악은 아니다. 국가와 인민의 큰 해악은 국가나 인민들이 상호 투쟁하여 평화가 없다는 데에 있다. 이런 상호 투쟁의 원인은 사람들이 서로 사랑하지 않는 데서 비롯된다. 「겸애하(兼愛下)」는 말한다.

47) 公孟子曰 : "無鬼神." 又曰 : "君子必學祭祀." 子墨子曰 : "執無鬼而學祭祀, 是猶無客而學客禮也, 是猶無魚而爲魚罟也." (『묵자』 권12 : 20-21쪽)

48) 子墨子曰 : "必去六辟, 默則思, 言則誨, 動則事, 使三者代御, 必爲聖人. 必去喜, 去怒, 去樂, 去悲, 去愛, 去惡(去惡二字,據俞校增), 手足口鼻耳, 從事於義, 必爲聖人." (『묵자』 권12 : 5쪽)

어진 통치자의 임무는 전력을 다해서 반드시 천하의 이익을 조성하고 천하의 해악을 제거하는 데에 있다. 그렇다면 현재 천하의 해악 가운데 무엇이 가장 큰가? "대국이 소국을 공략하고 대가가 소가를 침벌하며, 강자가 약자를 강탈하고, 다수가 소수를 학대하고, 교활한 자가 우직한 자를 속이고, 귀인이 천인을 업신여기는 것, 이것이 바로 천하의 해악이다. 임금이 은혜롭지 못하고 신하가 충성스럽지 못하고, 아버지가 자애롭지 못하고 자식이 효성스럽지 못하는 것, 이것 또한 천하의 해악이다. 그리고 요즈음 천인들이 칼, 독약, 물, 불 등의 각종 무기를 가지고 서로 해치고 살상하는 것, 이것 또한 천하의 해악이다." 그러면 이러한 갖가지의 해악이 발생하는 근원을 한번 추적해보자. 이 모든 해악이 도대체 어디로부터 발생했는가? 남을 사랑하고 남을 이롭게 하는 데서 발생했는가? 틀림없이 "그렇지 않다." 틀림없이 "남을 미워하고 남을 해치는 데서 발생했다." 분명히 말해서, 이 세상에서 남을 미워하고 남을 해치는 것이 겸애주의(兼)인가 아니면 차별주의(別)인가? 틀림없이 "차별주의이다." 그렇다면 이런 차별주의야말로 이 세상에 참으로 크나큰 해악을 초래하고 있는 것이 아닌가? 따라서 차별주의는 그르다고 말한 것이다.……

어떤 것을 그르다고 배척할 때에는 반드시 그 대안이 있어야 한다.……따라서 묵자는 "겸애주의로써 차별주의를 대체한다(兼以易別)"고 했다. 그러면 겸애주의가 차별주의를 대체할 수 있는 이유는 무엇인가? "가령 모든 사람이 남의 나라 위하기를 자기 나라 위하듯이 한다면, 누가 자기 나라를 동원하여 남의 나라를 공략하려고 하겠는가? 남의 나라를 위하는 것이 곧 자기 나라를 위하는 것인데 말이다. 남의 도읍(都) 위하기를 자기 도읍 위하듯이 한다면, 누가 자기 도읍을 동원하여 남의 도읍을 정벌하려고 하겠는가? 남의 도읍을 위하는 것이 곧 자기 도읍을 위하는 것인데 말이다. 남의 가(家 : 大夫의 食邑) 위하기를 자기 가 위하듯이 한다면, 누가 저홀로 자기 가를 동원하여 남의 가를 전복하려고 하겠는가? 남의 가를 위하는 것이 곧 자기 가를 위하는 것인데 말이다." 그러면 각 나라와 도읍들은 서로 공벌하려고 하지 않고, 모든 사람과 가(家)들도 서로 분란을 일으켜 해치려고 하지 않을 것이다. 이것은 천하의 해악인가, 이익인가? 틀림없이 "천하의 이익이다." 그러면 이러한 온갖 이익이 발생하는 근원을 한번 추적해보자. 이 모든 이익이 도대체 어디로부터 발생했는가? 남을 미워하고 남을 해친 데서 발생했는가? 틀림없이 "그렇지 않다." 즉 틀림없이 "남을 사랑하고 남을 이롭게 하는 데서 발생했다." 분명히 말해서, 이 세상에서 남을 사랑하고 남을 이롭게 하는 것이 차별주의(別)인가 아니면 겸애주의(兼)인가? 틀림없이 "겸애주의이다." 그렇다면 이런 겸애주의야말로 이 세상에 참으로 크나큰 이익을 낳고 있는 것이 아닌가? 그러므로 묵자는 "겸애주의란 옳다"고 했다.……

나는 이미 "어진 통치자의 임무는 반드시 천하의 이익을 조성하고 천하의 해악을 제거하는 데에 있다"고 했고, 이제 겸애주의는 세상에 크나큰 이익을 낳고, 차별주의는 세상에 크나큰 해악을 초래한다는 것도 규명했다. 따라서 "차별주의는 그르고 겸애주의가 옳다"는 묵자의 말은 바로 그런 이치에서 도출되었다. 이제 진정으로 천하의 이익을 조성하는 방법을 찾고 채택하는 데에 겸애주의를 원칙으로 채택하면, 모두들 귀 밝고 눈 밝은 사람들은 서로를 위해서 보고 들으며, 팔다리가 성한 사람들은 서로를 위해서 움직이고 사용하며, 도리를 터득한 사람들은 서로에게 가르치고 깨우칠 것이므로, 처자식이 없는 노인들은 봉양을 받으면서 명대로 살고, 어리고 약한 고아들도 의지처를 두고 탈 없이 장성할 수 있을 것이다.* 겸애주의를 원칙으로 채택할 경우 그 이익은 이와 같다. 그런데 왜 세상 선비들은 한결같이 겸애주의에 대해서 알아듣고도 배격하는지, 그 이유를 모르겠다.

천하의 선비들은 겸애주의자의 주장을 계속 배격하면서, "좋기는 좋다. 하지만 무슨 소용이 있는가?"라고 반문한다. 이에 대해서 묵자는 대답했다. "소용이 없다면 나부터 배격했을 것이다. 어찌 좋기는 하지만 소용이 없는 것이 있겠는가?" 그러면 여기서 겸애주의와 차별주의의 논점을 각각 들어보자. 가령 두 선비가 있는데, 갑은 차별주의 선비(別士)이고 을은 겸애주의 선비(兼士)라고 하자. 먼저 차별주의 선비가 말하기를 "내가 어찌 친구의 몸을 내 몸같이 위할 수 있으며, 친구의 부모를 내 부모처럼 위할 수 있겠는가?"라고 하면서, 실제로 친구가 굶주려도 먹여주지 않고, 추위에 떨어도 입혀주지 않고, 병들어도 보살펴주지 않고, 그의 부모가 죽어도 장사를 치러주지

* 『신편』I, 217쪽 : 묵적은 "서로 차별 없는 사랑(兼相愛)"은 반드시 "서로 차별 없는 이익추구(交相利)"로 표현되어야 한다고 생각했다. [그래서 위와 같이] 그는 사람들에게 구체적으로 서로 돕는 일을 실천하도록 호소했던 것이다.

않는다. 차별주의 선비는 말도 그와 같고 행동 또한 그와 같다. 겸애주의 선비는 말도 그렇지 않고 행동 또한 그렇지 않다. 그는 말하기를 "내가 듣건대 천하의 고결한 선비는 반드시 친구의 몸을 내 몸처럼 위하고, 친구의 부모를 내 부모처럼 위한다. 그래야만 천하의 고결한 선비가 될 수 있다"고 하면서, 실제로 친구가 굶주리면 먹여주고, 추위에 떨면 입혀주고, 병들면 보살펴주고, 그의 부모가 죽으면 장사를 치러준다. 겸애주의 선비는 말도 그와 같고 행동 또한 그와 같다. 이처럼 두 선비는 말이 전혀 다르고 행동도 완전히 상반된다. 이제 이 두 선비의 경우, 각각 말은 반드시 지키고 행동은 반드시 완수하여, 언행이 마치 부절을 맞춘 것처럼 꼭 들어맞아, 말만 해놓고 행하지 않는 경우란 없다고 치자. 그렇다면 한번 묻겠다. "누군가가 지금 광막한 황야로 갑옷을 걸치고 투구를 쓰고 싸움터로 나가면서 생사를 기약하지 못할 운명이거나 혹은 한 나라 임금의 대부로서 파, 월, 제, 초처럼 먼 나라에 사신으로 가면서 무사히 돌아올지 기약할 수 없는 처지라고 할 때", "어떤 친구를 찾아가겠는가? 즉 집안의 친척과 처자를 기탁할 때 겸애주의 친구를 찾아가겠는가, 차별주의 친구를 찾아가겠는가?" 내 생각에는 이런 경우에 처한다면, 이 세상 남녀를 불문하고 아무리 어리석은 사람일지라도, 설령 겸애주의를 배격하는 사람일지라도, 틀림없이 겸애주의 친구에게 기탁할 것이다. 그렇다면 이것은 말로는 겸애주의를 배격할지라도 실제 선택은 겸애주의를 택한다는 것인즉, 이것은 언행의 모순이다. 따라서 왜 세상 선비들이 한결같이 겸애주의에 대해서 알아듣고도 배격하는지, 그 이유를 모르겠다.

여전히 천하의 선비들은 겸애주의자의 주장을 계속 배격하면서, "그같이 어떤 친구를 선택하는 경우에는 혹 가능할지도 모르겠지만, 그러나 임금을 선택할 수는 없지 않은가?"라고 반문한다. 그러면 여기서 겸애주의와 차별주의의 논점을 각각 들어보자. 가령 두 임금이 있는데, 갑은 겸애주의 임금(兼君)이고 을은 차별주의 임금(別君)이라고 하자. 먼저 차별주의 임금이 말하기를 "내가 어찌 만백성의 몸을 내 몸같이 위할 수 있겠는가? 그것은 아마 있을 법한 일(세상의 실정)이 아닌 것 같다. 사람이 땅 위에서 살아봐야 얼마나 살겠는가? 내 삶 역시 마치 사두마차가 문틈을 지나가는 것처럼 잠시가 아니겠는가?"라고 하면서, 실제로 만백성이 굶주려도 먹여주지 않고, 추위에 떨어도 입혀주지 않고, 병들어도 보살펴주지 않고, 죽어도 장사를 치러주지 않는다. 차별주의 임금은 말도 그와 같고 행동 또한 그와 같다. 겸애주의 임금은 말도 그렇지 않고 행동 또한 그렇지 않다. 그는 말하기를 "내가 듣건대 천하의 훌륭한 임금은 반드시 만백성의 몸을 먼저 위하고 자기 몸을 나중에 위한다. 그래야만 천하의 훌륭한 임금이 될 수 있다" 하면서, 실제로 만백성이 굶주리면 먹여주고 추위에 떨면 입혀주고 병들면 보살펴주고 죽으면 장사를 치러준다. 겸애주의 임금은 말도 그와 같고 행동 또한 그와 같다. 이처럼 이 겸애주의와 차별주의의 두 임금은 말이 전혀 다르고 행동도 완전히 상반된다. 이제 이 두 임금의 경우, 각각 말은 반드시 지키고 행동은 반드시 완수하여, 언행이 마치 부절을 맞춘 것처럼 꼭 들어맞아, 말만 해놓고 행하지 않는 경우란 없다고 치자. 그렇다면 한번 묻겠다. "지금 전염병이 유행하고 있으며 또한 지치고 고달프고 춥고 배고파서 시궁창 속에서 죽어가는 백성들이 이미 많다고 할 때, 그들은 이 두 임금 가운데 어떤 임금을 택하여 붙좇겠는가?" 내 생각에는 이런 경우에 처한다면, 이 세상 남녀를 불문하고 아무리 어리석은 사람일지라도, 설령 겸애주의를 배격하는 사람일지라도, 틀림없이 겸애주의 임금을 붙좇을 것이다. 그렇다면 이것은 말로는 겸애주의를 배격할지라도 실제 선택은 겸애주의를 택한다는 것인즉, 이것은 언행의 모순이다. 따라서 왜 세상은 한결같이 겸애주의에 대해서 알아듣고도 배격하는지, 그 이유를 모르겠다.[49)]

---

49) 仁人之事者, 必務求興天下之利, 除天下之害. 然當今之時, 天下之害孰爲大? 曰: "大國之攻小國也, 大家之亂小家也. 強之劫弱, 衆之暴寡, 詐之謀愚, 貴之傲賤, 此天下之害也. 又與[與 : 如]爲人君者之不惠也, 臣者之不忠也, 父者之不慈也, 子者之不孝也, 此又天下之害也. 又與今人之賤人, 執其兵刃毒藥水火以交相虧賊, 此又天下之害也." 姑嘗本原若衆害之所自生, 此胡自生? 此自愛人利人生與? 卽必曰: "非然也." 必曰: "從惡人賊人生." 分名乎天下惡人而賊人者, 兼與, 別與? 卽必曰: "別也." 然卽之交別者, 果生天下之大害者與? 是故別非也.……非人者必有以易之. 是故子墨子曰: "兼以易別." 然卽兼之可以易別之故何也? 曰: "藉爲人之國若爲其國, 夫誰獨擧其國以攻人之國者哉? 爲彼者猶爲己也. 爲人之都若爲己都, 夫誰獨擧其都以伐人之都者哉? 爲彼猶爲己也. 爲人之家若爲其家, 夫誰獨擧其家以亂人之家者哉? 爲彼猶爲己也." 然卽國都不相攻伐, 人家不相亂賊, 此天下之害與, 天下之利與? 卽必曰: "天下之利也." 姑嘗本原若衆利之所自生, 此胡自生? 此自惡人賊人生與? 卽必曰: "非然也." 必曰: "從愛人利人生." 分名乎天下愛人而利人者, 別與兼與? 卽必曰: "兼也." 然卽之交兼者果生天下之大利者與? 是故子墨子曰: "兼是也." 且鄉吾本言曰: "仁人之事者, 必務求天下之利, 除天下之害." 今吾本原兼之所生天

천하의 큰 환란은 사람들이 서로 사랑하지 않는 데에 있다. 따라서 겸애설로써 구제해야 한다. 겸애의 도는 타인에게 유리할 뿐더러 겸애의 도를 행하는 사람 자신에게도 유리하다. 즉 "타인에게 이로울" 뿐더러 "자신에게도 이롭다." 즉 순전히 공리적인 측면에서 겸애의 필요성을 증명했다. 이것이 묵가의 겸애설이 유가가 주장한 인(仁)과 다른 까닭이다.

천하의 큰 이익은 사람들이 겸애하는 데에 있고, 천하의 큰 해악

下之大利者也, 吾本原別之所生天下之大害者也. 是故子墨子曰:"別非而兼是者," 出乎若方也. 今吾將正求興天下之利以取之, 以兼爲正, 是以聰耳明目, 相與視聽乎; 是以股肱畢強, 相爲動宰[宰:擧]乎. 而有道肆相教誨, 是以老而無妻子者, 有所侍養以終其壽; 幼弱孤童之無父母者, 有所放依以長其身. 今唯毋以兼爲正, 卽若其利也. 不識天下之士所以皆聞兼而非者, 其故何也? 然而天下之士非兼者之言, 猶未止也. 曰:"卽善矣, 雖然, 豈可用哉?" 子墨子曰:"用而不可, 雖我亦將非之; 且焉有善而不可用者?" 姑嘗兩而進之, 設以爲二士, 使其一士者執別, 使其一士者執兼, 是故別士之言曰:"吾豈能爲吾友之身, 若爲吾身; 爲吾友之親, 若爲吾親?" 是故退睹其友, 飢卽不食, 寒卽不依, 疾病不侍養, 死喪不葬埋, 別士之言若此, 行若此. 兼士之言不然, 行亦不然. 曰:"吾聞爲高士於天下者, 必爲其友之身若爲其身, 爲其友之親若爲其親, 然後可以爲高士於天下." 是故退睹其友, 飢則食之, 寒則衣之, 疾病侍養之, 死喪葬埋之, 兼士之言若此, 行若此. 若之二士者, 言相非而行相反與? 當使若二士者, 言必信, 行必果, 使言行之合猶合符節也, 無言而不行也. 然卽敢問:"今有平原廣野於此, 被甲嬰冑將往戰, 死生之權, 未可識也; 又有君大夫之遠使於巴越齊荊, 往來及否, 未可識也." 然卽敢問:"不識將惡從也, 家室奉承親戚, 提挈妻子, 而寄託之, 不識於兼之友是乎? 於別之友是乎?" 我以爲當其於此也, 天下無愚夫愚婦, 雖非兼之人, 必寄託之於兼之友是也. 此言而非兼, 擇卽取兼, 卽此言行拂也. 不識天下之士, 所以皆聞兼而非之者, 其故何也? 然而天下之士, 非兼者之言, 猶未止也. 曰:"意可以擇士而不可以擇君乎?" 姑嘗兩而進之. 設以爲二君; 使其一君者執兼, 使其一君者執別. 是故別君之言曰:"吾惡能爲吾萬民之身若爲吾身, 此泰非天下之情也. 人之生乎地上之無幾何也, 譬之猶駟馳而過隙也." 是故退睹其萬民, 饑卽不食, 寒卽 不衣, 疾病不侍養, 死喪不葬埋, 別君之言若此, 行若此. 兼君之言不然, 行亦不然. 曰:"吾聞爲明君於天下者, 必先萬民之身, 後爲其身, 然後可以爲明君於天下." 是故退睹其萬民, 饑卽食之, 寒卽衣之, 疾病侍養之, 死喪葬埋之. 兼君之言若此, 行若此. 然卽交兼交別若之二君者, 言相非而行相反與? 常使若二君者, 言必信, 行必果, 使言行之合, 猶合符節也, 無言而不行也. 然卽敢問:"今歲有癘疫, 萬民多有勤苦凍餒, 轉死溝壑中者, 旣已衆矣. 不識將擇之二君者將何從也?" 我以爲當其於此也, 天下無愚夫愚婦, 雖非兼者, 必從兼君是也. 言而非兼, 擇卽取兼, 此言行拂也. 不識天下所以皆聞兼而非之者, 其故何也?" (『묵자』 권4:16-24쪽)

은 사람들이 서로 투쟁하는 데에 있기 때문에, 우리는 전쟁을 배격(非攻)해야 한다. 「비공중(非攻中)」은 말한다.

군사를 일으킬 경우, 겨울에 동원하면 추위가 문제이고 여름에 동원하면 더위가 문제이다. 즉 겨울이나 여름에는 동원할 수 없다는 말이다. 봄에 하면 인민의 밭갈이와 파종을 망치고, 가을에 하면 인민의 추수를 망친다. 만일 한 철이라도 농사일을 돌보지 못하면 추위와 배고픔으로 얼어죽고 굶어 죽는 백성의 수는 헤아릴 수 없게 된다. 군사비 지출을 계산해보자. 화살, 깃발, 장막, 갑옷, 방패, 큰 방패, 칼자루 등등, 일단 가지고 나가면 망가지고 썩어져서 회수불능인 것들이 이루 헤아릴 수 없다. 뿐더러 세모창, 미늘창, 양날창, 칼, 수레 등등, 한 번 가지고 나가면 부서지고 꺾어지고 망가져서 회수불능인 것들 역시 이루 헤아릴 수 없다. 그리고 동원되는 소나 말도 살져서 나갔다가 비쩍 말라서 돌아온 것, 한번 나갔다가 아예 죽어버려 그나마 못 돌아온 것 등이 이루 헤아릴 수 없다. 또 출정의 노정이 멀기 때문에 식량 보급이 끊겨 죽는 백성 또한 이루 헤아릴 수 없다. 거처가 불안하여 제때에 식사를 못하고 굶주림과 과식의 반복으로 도중에 병들어 죽는 백성 또한 이루 헤아릴 수 없다. 패전으로 많은 전사자를 내는 경우도 헤아릴 수 없고, 전멸하는 경우도 헤아릴 수 없으므로, 제사 지낼 후손조차 끊겨 버린 귀신 또한 헤아릴 수 없다. 국가의 정치를 행하면서 인민의 재용을 박탈하고 인민의 이익을 망치는 정도가 이처럼 엄청난데도, 그럼에도 불구하고 왜 전쟁을 도모하는가? [공격과 전쟁 비호자들은] 이렇게 대답한다.

"전승의 명성을 과시함과 아울러 전리품을 획득하려고 전쟁을 한다."

이에 대해서 묵자는 언명했다.

"승전의 명성을 따져보면 실제로 아무 쓸데가 없고, 전리품을 따져보아도 막대한 손실과는 도저히 비교가 안 된다."……

공격과 전쟁을 비호하는 자들은 이렇게도 주장한다.

"남으로 초, 오, 북으로 제, 진(晉)의 군왕들은 처음 봉토를 받을 당시, 토지는 사방 수백 리에도 못 미쳤고, 인구는 수십만 명도 못 되었다. 그러나 공격전쟁을 벌였기 때문에 토지는 수천 리로 넓혀졌고, 인구는 수백만 명으로 불었다. 따라서 공격전쟁은 벌여야 마땅하므로 비난할 수 없다."

이에 대해서 묵자는 이렇게 반박했다.

"설령 너댓 나라가 이익을 얻었다고 해서 지당한 도리라고는 할 수 없다. 비유하건대 어떤 의사가 병자에게 약을 처방하는 경우와 같은데, 의사가 주문(祝)과 함께 천하의 병자들에게 약을 처방하여 1만 명 가운데 4-5명만 효험이 있었다면 마땅한 약이라고 할 수 없을 것이다. 즉 효자라면 그런 약으로 부모를 봉양하지 않으며, 충신이라면 그런 약을 임금께 진상하지 않는다는 말이다. 자고이래로 천하에 허다한 나라가 봉해졌건만, 옛일은 귀로 듣고 현재 일은 눈으로 보아서 알듯이, 공격전쟁 때문에 패망한 나라는 이루 헤아릴 수 없다."[50)]

벤담은 도덕이나 법률의 목적이 "최대 다수의 최대 행복"을 추구하는 데에 있다고 여겼는데, 묵자 역시 그랬다. 묵자는 전쟁을 배격했고, 맹자도 "전쟁을 좋아하는 자는 극형에 처해야 한다"[51)]고 했다. 그러나 묵자가 전쟁을 배격한 것은 전쟁이 이롭지 못한 때문이었고, 맹자가 전쟁을 반대한 것은 전쟁이 의롭지 못한 때문이었다. 이는 맹자와 송경(宋牼)의 논변에서도 살필 수 있다.[52)] 송경은 진나라

50) 今師徒唯毋興起；冬行恐寒, 夏行恐暑, 此不可以冬夏爲者也. 春則廢民耕稼樹藝, 秋則廢民穫斂；今唯毋廢一時, 則百姓飢寒凍餒而死者, 不可勝數. 今嘗計軍出, 竹箭羽旄幄幕甲盾撥劫, 往而靡弊腑冷不反者, 不可勝數. 又與矛戟戈劍乘車, 其往則碎折靡弊而不反者, 不可勝數. 與其牛馬肥而往瘠而反, 往死亡而不反者, 不可勝數. 與其涂道之修遠, 粮食輟絶而不繼, 百姓死者, 不可勝數也. 與其居處之不安, 食飯之不時, 飢飽之不節, 百姓之道疾病而死者, 不可勝數. 喪師多不可勝數, 喪師盡不可勝計, 則是鬼神之喪其主后, 亦不可勝數. 國家發政奪民之用廢民之利, 若此甚衆, 然而何爲爲之? 曰："我貪伐勝之名及得之利, 故爲之." 子墨子言曰："計其所自勝, 無所可用也；計其所得, 反不如所喪者之多."……飾攻戰者言曰："南則荊吳之王, 北則齊晉之君, 始封於天下之時, 其土地之方, 未至有數百里也；人徒之衆, 未至有數十萬人也. 以攻戰之故, 土地之博, 至有數千里也；人徒之衆, 至有數百萬人. 故當攻戰而不可非也." 子墨子言曰："雖四五國則得利焉, 猶謂之非行道也. 譬若醫之藥人之有病者然. 今有醫於此, 和合其祝藥之於天下之有病者而藥之, 萬人食此, 若醫四五人得利焉, 猶謂之非行藥也. 故孝子不以養其親, 忠臣不以食其君. 古者封國於天下, 尙者以耳之所聞, 近者以目之所見, 以攻戰亡者, 不可勝數." (『묵자』 권5 : 3-7쪽)

51) 善戰者服上刑. [『맹자』 7 : 14]

52) 『맹자』 12 : 4. 〈제7장,주62〉

왕과 초나라 왕을 만나 전쟁이 "이롭지 못함(不利)"을 설파하여 "중지시키려고" 했으나, 맹자는 인의(仁義)로써 초나라 왕과 진나라 왕을 설득할 것을 주장했다. 송경이 반드시 묵학도였을 필요는 없겠으나, 이 점은 사실상 맹자와 묵자가 서로 다른 이유이기도 하다.

7. 종교적 제재

묵자는 비록 겸애의 도가 세상을 구제하는 유일한 법도라고 여겼지만, 인간이 본래부터 서로 사랑할 수 있다고는 여기지 않았다. 「소염편(所染篇)」은 말한다.

> 묵자가 실을 염색하고 있는 사람을 보며 감격해서 말했다.
> "파란 색에 물들이면 파래지고, 노란 색에 물들이면 노래진다. 염료가 변함에 따라 색깔도 변한다. 각 색깔을 넣는 족족 그 색깔로 변하는 것이다. 그러므로 물들이는 일에 신중하지 않을 수 없다!"[53)]

묵자는 인성(人性)을 흰 실로 여겨, 인성의 선악은 전적으로 "무엇에 물들여지느냐(所染)"에 달려 있다고 했다. 우리는 진실로 겸애의 도로써 남을 물들여 서로 이익을 도모해야지, 서로 해를 끼쳐서는 안 된다. 그러나 보통 사람들은 소견이 매우 좁아서 겸애의 이익과 "상호 차별"의 해악을 간별하기가 쉽지 않다. 따라서 묵자는 각종 제재(制裁)[54)]를 강조하여 사람들로 하여금 서로 사랑하게끔 했다.

묵자는 종교적인 제재를 중시하여, 천상의 하느님(上帝)이 서로 겸애하는 자는 상을 주고 서로 차별하여 증오하는 자는 벌을 준다고

53) 子墨子見染絲者而歎曰 : "染於蒼則蒼, 染於黃則黃 ; 所入者變, 其色亦變 ; 五入而已則爲五色矣 ; 故染不可不愼也!" (『묵자』 권1 : 11-12쪽)

54) 【주】벤담(1748-1832)은 인간의 쾌락과 고통에는 네 가지 근원, 즉 물질적(物質的 : 肉體的), 정치적, 도덕적(道德的 : 大衆的), 종교적 근원이 있다고 했다. 법률이나 행위규칙 등은 모두 이 네 가지로부터 야기되는 고통과 쾌락을 이용하여 권면하거나 징계할 때 비로소 강제력을 가질 수 있다. 따라서 이 네 가지를 강제(Sanction)라고 이름했던 것이다. (벤담, 『도덕과 입법원리 입문』, 25쪽)

여겼다.* 「천지상(天志上)」은 말한다.

천자(天子)란 천하에서 가장 귀하고 가장 부유한 존재이다. 따라서 부유하고 귀한 존재가 되려면 당연히 하늘(하느님)의 뜻(天意)에 순종하지 않으면 안 된다. 하늘의 뜻에 순종하는 자는 서로 똑같이 사랑하고(兼相愛) 서로 똑같이 이롭게 하므로(交相利) 틀림없이 상을 받고, 하늘의 뜻에 거스르는 자는 서로 차별하여 미워하고(別相惡) 해롭게 하므로(交相賊) 틀림없이 벌을 받는다.

그렇다면 역사상 하늘의 뜻에 순종하여 상을 받은 자는 누구이고, 하늘의 뜻을 거슬러 벌을 받은 자는 누구인가?

묵자가 말했다. "옛날 삼대(三代) 성왕(聖王)이신 우왕, 탕왕, 문왕·무왕은 하늘의 뜻에 순종하여 하늘로부터 상을 받은 인물이고, 옛날 삼대 폭군인 걸왕, 주왕, 유왕, 여왕은 하늘의 뜻을 거슬러 하늘로부터 벌을 받은 인물이다."

그렇다면 우왕, 탕왕, 문왕·무왕은 왜 상을 받았는가?

묵자가 말했다. "그 분들은 위로 하늘을 받들고, 중간으로 귀신을 섬기고, 아래로 인민을 사랑했기 때문에, 하늘의 뜻이 이르기를 '이들은 내가 사랑하는 사람을 평등하게 사랑했고, 내가 이롭게 하는 사람을 평등하게 이롭게 했다. 사람에 대한 사랑이 그토록 광범했고, 사람에 대한 이로운 행위가 그토록 두터웠다'고 했다. 따라서 하늘은 그들을 귀하기로는 천자가 되게 하고, 부유하기로는 천하를 소유하게 하고, 만세토록 업을 계승하여 자자손손 그

---

* 『신편』I, 220-21쪽 : 묵적은 "하느님(上帝)"의 존재를 인정했다. "하느님"은 명확한 의지를 가지고 있으니, 이른바 "천지(天志)"이다. "천지"의 내용은 "겸애"와, "의를 소망하고 불의를 미워하는 것(欲義而惡不義)"(「천지상」)이다. 묵적에 따르면, 하늘은 사람을 사랑하기 때문에 사람을 위해서 만물을 창조했다. 하늘은 일월성신을 창조하여 사람들이 빛을 얻도록 했고, 눈, 서리, 비, 이슬을 내려 오곡과 삼나무를 생장시켜 사람이 먹고 입을 수 있도록 했다. 하늘은 "왕공후백(王公侯伯)"을 세워 그들로 하여금 "선인을 포상하고 악인을 징벌하게"〈주57〉 했다. "왕공후백"은 이른바 "정장(正長 : 정치적 우두머리)"이다. 묵적의 "상동(尙同)" 이론에 따르면, 일반 백성들은 반드시 "위로 천자에 화동해야" 하고 천자는 반드시 "위로 하늘에 화동해야" 한다. "천지"가 겸애를 좋아하는 만큼, 천자는 반드시 "서로 겸애하는(兼相愛)" 사람을 포상하고 "서로 차별하여 증오하는(別相惡)" 사람을 징벌해야 한다. 또한 "서로 겸애하는" 사람은 직접 "하느님"의 상도 받고, "서로 차별하여 증오하는" 사람은 직접 "하느님"의 벌도 받는다.

들의 선정을 칭송하게 하고, 그 가르침을 온 천하에 널리 베풀어 지금까지 성왕으로 칭송하게 했던 것이다."

그렇다면 걸왕, 주왕, 유왕, 여왕은 왜 벌을 받았는가?

묵자가 말했다. "그들은 위로 하늘을 모독했고, 중간으로 귀신을 욕되게 했고, 아래로 인민을 해쳤기 때문에, 하늘의 뜻이 이르기를 '이들은 내가 사랑하는 사람을 차별하여 미워했고, 내가 이롭게 하는 사람을 해쳤다. 사람에 대한 미움이 그토록 광범했고, 사람에 대한 해악이 그토록 심했다' 했다. 따라서 하늘은 그들이 제 목숨을 다하지 못하게 하고, 그들이 죽기 이전부터 지금에 이르기까지 폭군의 대명사로 비방하도록 하셨던 것이다."

그렇다면 하늘이 천하의 백성을 사랑하신다는 것을 어떻게 알 수 있는가? 하늘이 그들[그들의 길]을 평등하게 밝혀주시기 때문이다. 평등하게 밝혀주신다는 것을 어떻게 알 수 있는가? 평등하게 어루만져주시기 때문이다. 평등하게 어루만져주신다는 것을 어떻게 알 수 있는가? 백성의 제물을 평등하게 흠향하시기 때문이다. 평등하게 흠향하신다는 것을 어떻게 알 수 있는가? 사해(四海) 안에 알곡을 먹는(문명화된) 인민이면 [희생에 바칠] 소와 양을 먹이고 개와 돼지를 쳐서 [잡아 바치고], 정결한 곡식과 술과 감주를 담아 올려 하느님과 귀신에게 제사를 드리지 않는 사람은 아무도 없기 때문이다. 하늘은 모든 읍과 인민의 주인인데 어찌 그들을 사랑하지 않겠는가? 또 나는 무고한 사람을 죽인 사람은 재앙을 당할 것이라고 말한다. 무고한 사람을 죽이는 자는 누구이겠는가? 바로 사람이다. 사람에게 재앙을 내리는 존재는 누구이겠는가? 바로 하늘(하느님)이다. 만약 하늘이 천하의 백성을 사랑하지 않는다면 어째서 사람끼리 서로 죽인다고 해서 재앙을 내리겠는가? 이로써 나는 하늘이 천하의 백성을 사랑하신다는 것을 안다.[55]

55) 故天子者, 天下之窮貴也, 天下之窮富也. 故欲富且貴者, 當天意而不可不順. 順天意者, 兼相愛, 交相利, 必得賞 ; 反天意者, 別相惡, 交相賊, 必得罰. 然則是誰順天意而得賞者? 誰反天意而得罰者? 子墨子言曰 : "昔三代聖王禹, 湯, 文, 武, 此順天意而得賞者 ; 昔三代之暴王, 桀, 紂, 幽, 厲, 此反天意而得罰者也." 然則禹湯文武, 其得賞何以也? 子墨子言曰 : "其事上尊天, 中事鬼神, 下愛人 ; 故天意曰 : '此之我所愛, 兼而愛之 ; 我所利, 兼而利之 ; 愛人者, 此爲博焉 ; 利人者此爲厚焉.' 故事貴爲天子, 富有天下, 業萬世, 子孫傳稱其善, 方施天下, 至今稱之, 謂之聖王." 然則桀, 紂, 幽, 厲, 其得罰何以也? 子墨子言曰 : "其事上詬天, 中詬鬼, 下賊人 ; 故天意曰 : '此之我

묵자는 이로써 하느님(上帝)의 존재와 하느님의 의지가 어떠한가를 증명한 셈인데, 그 논증구조는 가히 천박(淺陋 : 淺薄)하다고 하겠다. 그러나 묵자는 원래 형이상학에 대해서는 흥취가 없었으려니와, 그의 의도 역시 다만 이런 제재를 설정하여 사람들이 서로 평등하게 사랑하게끔 하려는 것이었을 따름이다. 「천지중」은 말한다.

하늘의 뜻은 대국이 소국을 공략하거나, 대가가 소가를 침벌하거나, 강자가 약자를 학대하거나, 교활한 자가 우직한 자를 속이거나, 귀인이 천인을 업신여기기를 바라지 않는다. 그것이 하느님이 바라지 않는 바이다. 뿐더러 하늘은 능력 있는 사람은 남을 돕고, 이치를 터득한 사람은 남을 가르치고, 재물이 있는 사람은 남과 나누어 가지기를 바란다. 또 윗사람은 자강불식 정치에 힘쓰고 아랫사람은 열심히 직업에 종사하기를 바란다. 윗사람이 자강불식 정치에 힘쓰면 국가는 안정될 것이고, 아랫사람이 열심히 직업에 종사하면 재화는 풍족해질 것이다. 만약 국가가 안정되고 재화가 풍족하다면, 나라 안으로는 정결한 술과 감주와 곡식을 바쳐 하늘과 귀신에게 제사를 올릴 수 있고, 나라 밖으로는 각종 보옥과 진주를 가지고 주위 국가들과 원만한 외교관계를 맺을 수 있으므로, 제후의 원망은 생기지 않을 것이고 변경을 침략당하는 일도 없을 것이다. 이와 같이 나라 안으로 굶주린 사람을 먹이고 고단한 자를 휴식시켜 만민을 보호하고 양육한다면, 군신 사이에는 은혜와 충성이 넘치고 부자 및 형제 사이에는 자애와 효성이 넘칠 것이다. 따라서 하늘의 뜻을 명확히 깨달아 그것을 받들어 널리 온 천하에 베푼다면, 정치조직(刑政)은 안정을 유지하고 만민은 화합하고 국가는 부유해지고 재화는 풍족해져서, 모든 백성은 따뜻한 옷을 입고 배불리 먹으며 아무런 근심 없이 편안할 것이다. 그러므로 묵자는 말했다. "현재 천하의 군자로서 충심으로 장

所愛, 別而惡之；我所利, 交而賊之；惡人者此爲之博也；賤[賤 : 賊]人者此爲之厚也.' 故使不得終其壽, 不歿其世, 至今毀之, 謂之暴王." 然則何以知天之愛天下之百姓? 以其兼而明之. 何以知其兼而明之? 以其兼而有之. 何以知其兼而有之? 以其兼而食焉. 何以知其兼而食焉? 四海之內, 粒食之民, 莫不犓牛羊, 豢犬彘, 潔爲粢盛酒禮, 以祭祀於上帝鬼神. 天有邑人, 何用不愛也? 且吾言殺一不辜者, 必有一不祥. 殺不辜者誰也? 則人也. 予人不祥者誰也? 則天也. 若以天爲不愛天下之百姓, 則何故以人與人相殺而天予之不祥? 此我所以知天之愛天下之百姓也. (『묵자』 권7 : 5-7쪽)

> 차 참된 도를 준수하고 인민을 이롭게 하고 인의(仁義)의 원천을 근원적으로 고찰하려는 사람이라면, 삼가 하늘의 뜻(天之意)을 받들지 않을 수 없다."[56]

하느님 외에 또 귀신이 있는데, "선인을 포상하고 악인을 징벌할"[57] 수 있는 능력은 하느님과 마찬가지다. 「명귀편(明鬼篇)」은 말한다.

> 옛날 삼대 성왕이 돌아간 이후 온 천하는 의(義)를 망각하여 제후들이 정벌전쟁에 힘쓰게 되자, 군신 사이에는 은혜와 충성이 없어졌고, 부자 및 형제 사이에도 자애, 효성, 우애, 공경, 정숙, 선량 등의 덕목이 없어졌고, 지도자들은 정무를 심사숙고하는 데에 힘쓰지 않고, 아랫사람들은 일하는 데에 노력하지 않게 되었다. 인민들 가운데 간악, 폭력, 약탈, 반역, 도적의 행위를 일삼으며, 칼, 독약, 물, 불 등의 각종 무기를 가지고 아무 죄 없는 사람들을 큰 길과 작은 길에서 요격하여 수레나 말 또는 각종 의복을 강탈하여 자신의 이익을 꾀하는 자들이 일제히 생겨났다. 그리하여 천하는 마침내 혼란스러워졌다. 이런 현상이 초래된 원인은 무엇인가? 그것은 다름 아니라 모든 사람이 귀신의 존재를 의심하고, 또 귀신이 능히 현자에게는 상을 주고 행악자에게는 벌을 줄(賞賢而罰暴) 수 있다는 사실을 명확히 깨닫지 못한 때문이다. 만약 사람들로 하여금 귀신이 능히 현자에게는 상을 주고 행악자에게는 벌을 줄 수 있다는 사실을 믿게 한다면, 천하에 어찌 혼란이 발생하겠는가?[58]

---

56) 天之意不欲大國之攻小國也, 大家之亂小家也, 強之暴寡, 詐之謀愚, 貴之傲賤；此天之所不欲也. 不止此而已；欲人之有力相營, 有道相教, 有財相分也；又欲上之強聽治也, 下之強從事也. 上強聽治, 則國家治矣；下強從事, 則財用足矣. 若國家治, 財用足, 則內有以潔爲酒醴粢盛, 以祭祀天鬼；外有以環璧珠玉以聘撓[撓：交]四隣, 諸侯之冤不興矣, 邊境兵甲不作矣. 內有以食飢息勞, 持養其萬民, 則君臣上下惠忠, 父子弟兄慈孝. 故唯毋明乎順天之意, 奉而光[光：廣]施之天下, 則刑政治, 萬民和, 國家富, 財用足, 百姓皆得煖衣飽食, 便寧[寧：安]無憂. 是故子墨子曰："今天下之君子, 中實將欲遵道利民, 本察仁義之本, 天之意不可不慎[慎：順]也." (『묵자』 권7：10-12쪽)

57) 賞善罰暴. [「천지하」, 『묵자』 권7：25쪽]

58) 逮至昔三代聖王既沒, 天下失義, 諸侯力征, 是以存夫爲人君臣上下者之不惠忠也, 父子弟兄之不慈孝弟長貞良也, 正長之不強於聽治, 賤人之不強於從事也. 民之爲淫暴寇亂盜賊, 以兵刃毒藥水火, 禦無罪人乎道路術徑, 奪人車馬衣裘, 以自利者, 並作. 由此始是以天下亂. 此其故何以然也? 則皆以疑惑鬼神之有與無之別, 不明乎鬼

비록 귀신이 존재할지라도 인간은 역시 "스스로 행복의 증진을 추구"[59] 해야지, 가만히 앉아서 귀신이 도와주기만 빌어서는 안 된다. 「공맹편」은 말한다.

묵자가 병이 들었다. 제자 질비(跌鼻)가 안으로 들어가 여쭈었다.

"선생님께서는 귀신은 신명[神明]하여 길흉화복을 주관할 수 있기 때문에 선행자에게는 상을 주고 행악자에게는 벌을 준다고 말씀하셨습니다. 그런데 성인이신 선생님께서 어찌하여 병이 드신 것입니까? 선생님의 말씀이 틀린 것입니까? 귀신이 신명치 못한 것입니까?"

"내가 병에 걸렸기로, 어찌 귀신이 신명치 못하다고 할 수 있겠느냐? 인간이 병에 걸리는 이유는 가지가지이니, 추위나 더위 때문이기도 하고 일을 많이 했기 때문이기도 하다. 100개의 문 가운데 1개의 문을 잠갔다고 해서 어찌 도둑이 침입할 곳이 없겠느냐?"[60]

묵자는 이미 각종 제재를 바탕으로 사람들이 다 함께 서로 사랑하고 서로 차별하지 말도록 한 만큼, 따라서 숙명론을 부정한다(非命).* 하느님과 귀신 혹은 국가로부터의 상벌(賞罰)은 개인의 행위

神之能賞賢而罰暴也. 今若使天下之人, 偕若信鬼神之能賞賢而罰暴也, 則夫天下豈亂哉? (『묵자』 권8 : 1-2쪽)

59) 自求多福. ["無念爾祖, 聿脩厥德, 永言配命, ~." (「대아」「문왕」, 『시』)]

60) 子墨子有疾 ; 跌鼻進而問曰 : "先生以鬼神爲明, 能爲禍福. 爲善者賞之, 爲不善者罰之. 今先生聖人也, 何故有疾? 意者先生之言有不善乎? 鬼神不明知乎?" 子墨子曰 : "雖使我有疾, 鬼神何遽不明? 人之所得於病者多方 : 有得之寒暑, 有得之勞苦 ; 百門而閉一門焉, 則盜何遽無從入?" (『묵자』 권12 : 27-28쪽)

* 『신편』I, 222-23쪽 : 묵적은 개인의 부귀와 국가의 치안과 같은 모든 것은 사람의 노력("力")에서 비롯되는 것이지 미리 결정된 무슨 운명("命")에서 비롯되는 것이 아니라고 여겼다.……그러나 묵적의 "천지론(天志論)"에 따르면 인간의 노력에 의한 성공 역시 "하늘"의 상급에 의한 것이다. "하늘"은 노력하는 사람을 좋아하는 만큼, 그들이 꼭 성공하게 해준다. 이 논조에 따르면 최후로 인간의 화복(禍福)과 생사를 결정할 힘은 여전히 "하늘"에 있다. 그의 "비명론(非命論)"은 실질상으로 역시 일종의 천명론(天命論)이다. 다만 묵적은 하느님이 인간의 화복과 생사를 미리 결정했다고 여기지 않고, 하느님은 사후에 인간의 노력의 정도에 따라 상을 주고 혹은 징벌을 내린다고 여겼다. 묵적이 비록 인간의 역할을 강조하기는 했지만, 결국 그의 비명론은 여전히 천명론을 초래했다.

가 자초한 결과이지, 숙명으로 정해진 것이 아니다. 만약 그것을 정해진 숙명으로 여긴다면 각종의 상벌은 모두 그 효과를 상실할 것이다. 「비명상(非命上)」은 말한다.

따라서 옛 성왕들은 법을 반포하고 영을 내려, 상벌제도를 설정하여 현명한 행실을 권장하고 포악한 행동을 저지했다. 그래서 사람들은 집 안에서는 가족간에 자애와 효성이 넘쳤고, 집 밖에서는 마을 사람들 사이에 공손과 공경이 넘쳤으며, 평소의 행동도 법도를 따랐고, 처신에 절도가 있었고, 남녀는 유별했다. 그러므로 그들은 관청에서 벼슬할 경우 도둑질하지 않았으며, 성을 수비할 경우 배반하지 않았고, 임금이 위난에 처할 경우 목숨을 바쳤고, 임금이 망명할 경우 붙좇았다. 그리하여 그들은 임금의 상을 받고, 백성의 칭송을 받았다. 이에 대해서 숙명론자는 이렇게 주장한다.

"임금의 상을 받은 것은 그들이 애초부터 숙명적으로 상을 받게끔 되어 있었기 때문이다. 현명해서 상을 받은 것이 아니다."

[이러한 숙명론을 따른다면] 사람들은 집 안에서는 가족간에 자애와 효성이 사라지고, 집 밖에서는 마을 사람들 사이에 공손과 공경이 사라지고, 평소의 행동도 법도를 따르지 않고, 처신에는 절도가 없고, 남녀는 무분별하게 될 것이다. 그러므로 그들은 관청에서 벼슬할 경우 도둑질하고, 성을 수비할 경우 배반하고, 임금이 위난에 처할 경우 몸을 사리고, 임금이 망명할 경우 저버릴 것이다. 그러므로 그들은 임금의 벌을 받고, 백성의 비난과 비방을 받는다. 이에 대해서 숙명론자는 이렇게 주장한다.

"임금의 벌을 받은 것은 그들이 애초부터 숙명적으로 벌을 받게끔 되어 있었기 때문이다. 악해서 벌을 받은 것이 아니다."

이러한 숙명론을 따른다면 임금은 의롭지 못하고 신하는 불충하며, 아버지는 자애롭지 못하고 자식은 불효하며, 형은 우애롭지 못하고 동생은 공손하지 않게 될 것이다. 그럼에도 불구하고 이런 숙명론을 애써 고집하는 것은 온갖 유해학설의 원천이 되는 것인즉, 다만 행악자의 도(道)일 따름이다.[61]

---

61) 是故古之聖王, 發憲出令, 設以爲賞罰以勸賢沮暴. 是以入則孝慈於親戚, 出則弟長於鄉里, 坐處有度, 出入有節, 男女有辨. 是故使治官府則不盜竊, 守城則不崩[崩：倍]叛, 君有難則死, 出亡則送. 此上之所賞, 而百姓之所譽也. 執有命者之言曰："上之所賞, 命固且賞, 非賢故賞也." 是故入則不慈孝於親戚, 出則不弟長於鄉里, 坐處

8. 정치적 제재

종교적 제재 외에 묵자는 정치적 제재도 강조했다. 그는 세계의 평화와 인민의 안락을 위해서는 천상에도 하느님이 존재해야 할 뿐더러, 세상에도 또 하나의 하느님이 존재해야 한다고 여겼다. 「상동상(尙同上)」은 말한다.

옛날에 사람이 처음 생기고 아직 정치조직이 없을 때, 사람들은 저마다 자신의 시비기준(義)을 가지고 있었다. 그리하여 1명이면 1개의 기준, 2명이면 2개의 기준, 10명이면 10개의 기준이 있게 되어, 사람의 수가 많을수록 이른바 시비기준이라는 것도 그만큼 많아졌다. 그에 따라 사람들은 자신의 기준이 옳다면서 남의 기준은 그르다고 했으니, 온통 서로가 서로를 그르다고 했던 것이다. 그리하여 부모형제가 원망과 미움을 품고 뿔뿔이 떠나고 갈라져 화합할 수 없게 되었고, 천하의 백성들은 저마다 물, 불, 독약 따위로 서로 손해를 끼쳤고, 마침내 능력이 있어도 남을 돕지 않고, 썩도록 남는 재물이 있어도 남과 나누어 가지지 않으며, 훌륭한 이치를 터득했더라도 숨겨두고 남에게 가르쳐주지 않았으니, 온 천하는 마치 짐승의 세상처럼 혼란해졌다. 그후 사람들은 천하의 혼란이 정치적 우두머리(政長)가 없기 때문에 발생했음을 명확히 깨닫게 되었다. 그리하여 천하에서 가장 덕망 있고 유능한 사람을 선발하여 천자(天子)로 옹립했다……각급의 정치적 우두머리가 이미 옹립되었으면, 천자는 천하의 백성에게 정령을 발표하여 "좋은 내용이든 나쁜 내용이든 들은 대로 모두 윗사람에게 고해야 한다. 윗사람이 옳다고 한 것은 모두 반드시 옳다고 해야 하고, 윗사람이 그르다고 한 것은 모두 반드시 그르다고 해야 한다"고 했다.[62]

不度, 出入無節, 男女無辨. 是故治官府則盜竊, 守城則崩叛, 君有難則不死, 出亡則不送. 此上之所罰, 百姓之所非毁也. 執有命者言曰: "上之所罰, 命固且罰, 不暴故罰也." 以此爲君則不義, 爲臣則不忠, 爲父則不慈, 爲子則不孝, 爲兄則不良, 爲弟則不弟; 而強執此者, 此特凶言之所自生, 而暴人之道也. (『묵자』 권9 : 7-9쪽)

62) 古者民始生未有刑政之時, 蓋其語人異義; 是以一人則一義, 二人則二義, 十人則十義; 其人玆衆, 其所謂義者亦玆衆. 是以人是其義, 以非人之義, 故交相非也. 是以內

서양 근대 철학사상 홉스에 따르면, 인간이 처음 생겨나 국가가 없는 이른바 "자연의 상태" 속에 있었을 때, 만인은 만인에 대한 적이었으며 서로 쟁탈하고 종일 투쟁했다. 이런 상태에 불만을 느낀 인간은 부득이 하나의 절대적인 통치자를 설정하여 복종할 것을 서로 약속했다. 국가의 기원이 이러했기 때문에 그 권위는 절대적이어야 했다. 그렇지 않으면 국가는 해체되고 인간은 다시 "자연의 상태"로 돌아가고 말 것이었다. 국가권위의 절대성은 마치 하느님의 경우와 같다. 다만 하느님은 영존하지만 국가는 사멸할 따름이다.[63] 묵자의 정치철학은 홉스가 말한 것과 매우 흡사하다고 할 수 있다.[64]

국가의 정치조직(刑政)이 존재하기 전에는 시비기준이 정해지지 않았기 때문에 큰 혼란이 발생했다. 따라서 이미 국가가 수립된 이상 천자의 호령이 당연히 절대적인 시비기준이 되어야 한다. 어떠한 기준이 또 있어서는 안 된다. 따라서 정치적 제재 외에 사회적 제재가 다시 있을 수 없다. 「상동하」는 말한다.

> 오늘날 어찌하여 윗사람(통치자)으로서 아랫사람을 제대로 다스릴 수 없으며, 아랫사람으로서 윗사람을 제대로 섬기지 못하는가? 이것은 상하 모두에게 해가 될 뿐이다. 어찌하여 이런 현상이 초래되었는가? 바로 시비기준(義)이 다르기 때문이다. 만약 진실로 시비기준이 다르다면 파당이 존재할

者父子兄弟作怨惡, 離散不能相和合. 天下之百姓, 皆以水火毒藥相虧, 至有餘力不能以相勞; 腐朽[朽 : 朽]餘財不以相分; 隱匿良道, 不以相教. 天下之亂, 若禽獸然. 夫明乎天下之所以亂者, 生於無政長. 是故選天下之賢可者, 立以爲天子.……正長旣已具; 天子發政於天下之百姓, 言曰 : "聞善而不善, 皆以告其上; 上之所是, 必皆是之; 上之所非, 必皆非之." (『묵자』 권3 : 1-3쪽) 〈부록1,주121〉

63) 홉스(1588-1679), 『리바이어선(*Leviathan*)』, 제2부, 제17장.

64) 【주】「상동중」은 말한다. "옛날에 하느님과 귀신이 국가와 도시들을 건설하고 정치적 우두머리를 옹립한 것은, 그들의 지위를 높여주고 녹봉을 후하게 주어 부귀영화를 즐기라고 그런 것이 아니다. 장차 모든 인민을 위해서 이익을 조성하고 해악을 제거하며, 가난한 자를 부유하게 하고 적은 인구를 증가시키며, 위태로움을 안정시키고 혼란을 다스리라고 그런 것이다(則此語古者上帝鬼神之建設國都, 立政長也, 非高其爵, 厚其祿, 富貴佚而錯之也. 將以爲萬民興利, 除害, 富貧, 衆寡, 安危, 治亂也)." (『묵자』 권3 : 15쪽) 여기서도 역시 국가를 하느님과 귀신이 건설한 것으로 여겼다. 하늘의 뜻(天志)이 응당 존재한다는 주장이다.

수밖에 없다. 그리하여 윗사람이 어떤 사람을 선하다고 여겨 상을 줄 경우, 그는 비록 윗사람의 상은 받지만 백성의 비난을 받을 수 있다. 그러므로 선행자를 반드시 상을 통해서 권장할 수 없게 된다. 또 윗사람이 어떤 사람을 악하다고 여겨 벌을 줄 경우, 그는 비록 윗사람의 벌은 받지만 은근히 백성의 지지를 받을 수 있다. 그러므로 행악자를 반드시 벌을 통해서 저지할 수 없게 된다. 따라서 윗사람의 포상이나 표창으로는 선을 권장할 수 없고, 윗사람의 비난이나 벌로는 악을 저지할 수 없게 되었다. 어찌하여 이렇게 되고 말았는가? 바로 시비기준이 달랐기 때문이다.[65)]

홉스는 "국가의 병폐"가 다양하겠지만 그중의 하나가 바로 "모든 개개인이 선악행위의 판관이다라고 주장하는 선동적인 학설의 해독"에 기인한다고 여겼다.[66)] 묵자의 견해가 바로 이와 똑같다. 그래서 묵자는 천하의 모든 사람들은 한결같이 "윗사람과 화동[和同]하고 아랫사람과 파당을 짓지 말아야"[67)] 한다고 여겼다. 「상동하」는 말한다.

그렇다면 천하의 시비기준(義)을 통일하려면 어떻게 해야 하는가? …… [대가족의] 가장(家君 : 家長)이 집안에 다음과 같은 명령을 발표했다고 하자. "만약 집안을 사랑하고 이롭게 한 사람을 발견하면 반드시 고하고, 마찬가지로 집안을 미워하고 해롭게 한 사람을 발견해도 반드시 고하라." 만약 집안을 사랑하고 이롭게 한 사람을 발견해서 고할 경우 역시 집안을 사랑하고 이롭게 한 경우로 간주하여 윗사람이 상을 준다면, 모두들 그 사람을 찬양할 것이다. 만약 집안을 미워하고 해롭게 한 사람을 발견하고도 고하지 않을 경우 역시 집안을 미워하고 해롭게 한 경우로 간주하여 윗사람이 벌을 준다면, 모두들 그 사람을 비난할 것이다. 그리하여 그 집안의 모든 사람들

65) 今此何爲人上而不能治其下, 爲人下而不能事其上；則是上下相賊也. 何故以然? 則義不同也. 若苟義不同者有黨, 上以若人爲善, 將賞之；若人雖使得上之賞, 而避百姓之毁. 是以爲善者未必可使勸, 見有賞也. 上以若人爲暴, 將罰之；若人雖使得上之罰, 而懷百姓之譽. 是以爲暴者未必可使沮, 見有罰也. 故計上之賞譽不足以勸善, 計其毁罰不足以沮暴；此何故以然? 則義不同也. (『묵자』 권3 : 23쪽)

66) 『리바이어선』, 제2부, 제29장.

67) 上同而不下比. [「상동상」, 『묵자』 권3 : 3쪽]

은 누구나 웃어른의 상과 칭찬은 받으려 하고 비난과 벌은 피하려 할 것이다. 그 결과 선행자를 발견하든 행악자를 발견하든 항상 고할 것이다. 그러면 가장은 선행자는 포상하고 행악자는 징벌할 수 있게 된다. 이처럼 선행자를 포상하고 행악자를 징벌한다면 집안은 틀림없이 다스려질 것이다. 여기서 집안이 다스려지는 까닭이 무엇인가를 고찰해보자. 그것은 오직 윗사람과 화동하여(尙同) 시비기준을 통일해서 다스렸기(爲政) 때문이다.……

이리하여 가장은 집안의 시비기준을 총괄하여 이제는 위로 나라의 임금(國君)과 화동한다.……이리하여 나라의 임금은 그 나라의 시비기준을 총괄하여 이제는 위로 천자와 화동한다. 그러면 천자는 또 천하만민에게 법령을 이렇게 선포한다. “만약 천하를 사랑하고 이롭게 한 자를 발견하면 반드시 고하고, 마찬가지로 천하를 미워하고 해롭게 한 자를 발견해도 반드시 고하라.” 만약 천하를 사랑하고 이롭게 한 자를 발견해서 고할 경우 역시 천하를 사랑하고 이롭게 한 경우로 간주하여 윗사람이 상을 준다면, 사람들도 그 소식을 듣고 찬양할 것이다. 만약 천하를 미워하고 해롭게 한 자를 발견하고도 고하지 않을 경우 역시 천하를 미워하고 해롭게 한 경우로 간주하여 윗사람이 벌을 준다면, 사람들도 그 소식을 듣고 비난할 것이다. 그리하여 온 천하 사람들은 누구나 웃어른의 상과 칭찬은 받으려 하고 비난과 벌은 피하려 할 것이다. 그 결과 선행자를 발견하든 행악자를 발견하든 항상 고할 것이다. 그러면 천자는 선행자는 포상하고 행악자는 징벌할 수 있게 된다. 이처럼 선행자를 포상하고 행악자를 징벌한다면 천하는 틀림없이 다스려질 것이다. 여기서 천하가 다스려지는 까닭이 무엇인가를 고찰해보자. 그것은 오직 윗사람과 화동하여 시비기준을 통일해서 다스렸기 때문이다.

천하가 이미 다스려졌으면, 천자는 천하의 시비기준을 총괄하여 이제는 위로 하늘(하느님)과 화동한다.……[68]

68) 然則欲同一天下之義, 將奈何可?……然胡不嘗試用家君發憲布令其家, 曰 : “若見愛利家者必以告, 若見惡賊家者必以告.” 若見愛利家以告, 亦猶愛利家者也 ; 上得且賞之, 衆聞則譽之. 若見惡賊家者不以告, 亦猶惡賊家者也 ; 上得則罰之, 衆聞則非之. 是以徧若家之人, 皆欲得其長上之賞譽, 避其毁罰, 是以善言之, 不善言之. 家君得善人而賞之, 得暴人而罰之. 善人之賞, 而惡人之罰, 則家必治矣.……然計若家之所以治者何也? 唯以尙同一義爲政故也.……故又使家君總其家之義, 以尙同於國君. 故又使國君選其國之義, 以尙同於天子. 天子亦爲發憲布令於天下之衆曰 : “若見愛

아랫사람은 모두 윗사람과 화동해야 하는 만큼, 윗사람이 오직 서로 똑같이 사랑하고(兼相愛) 서로 똑같이 이익을 얻는(交相利) 원칙에 따라 정령을 내린다면, 천하의 모든 사람들은 틀림없이 겸상애하지 않을 수 없고 교상리하지 않을 수 없을 것이다. 그러나 "상동(尙同)"의 극단에는 필시 사람들의 개성이 발전할 추호의 여지가 없는 까닭에, 순자는 "묵자는 통일성은 통찰했으나 다양성은 간과했다"[69]고 비판했는데, 묵자가 "다양성(개성)을 간과한" 까닭은 다만 그가 "통일성을 통찰하는 데"에 지나쳤기 때문이다. 더욱 주의해야 할 것은 묵자가 비록 사람은 모두 하늘의 뜻에 순종해야 한다고는 했지만, "상동"의 등급에 따르면 오직 천자만이 위로 하늘과 화동할 수 있다. 천자가 하늘을 대표하여 명령을 내려 시행하면 인민은 부득불 거기에 복종할 수밖에 없다. 따라서 묵자의 뜻에 따르면 정치적 제재 밖의 사회적 제재는 없을 뿐더러, 종교적 제재 역시 반드시 정치적 제재에 종속되어야 한다. 이런 생각은 또다시 홉스의 학설과 부합한다. 홉스 역시 교회는 국가 바깥에 서서 독립적 주권을 가져서는 안 되는데, 만약 그렇지 않으면 국가는 분열되어 결국 존립할 수 없게 된다고 여겼다. 홉스는 또 인민이 개인적인 신앙만 받들고 법률에 따르지 않아도 국가는 망할 수밖에 없다고 여겼다.[70] '천자는 위로 하늘과 화동한다'는 묵자의 설에 따르면, 하느님과 주권자의 의지는 완전히 일치하여 다시 충돌하지 않으니, 그가 말한 천자는 군주 겸 교황이었다고 하겠다.

利天下者必以告, 若見惡賊天下者必以告." 若見愛利天下以告者, 亦猶愛利天下者也；上得則賞之, 衆聞則譽之. 若見惡賊天下不以告者, 亦猶惡賊天下者也；上得則罰之, 衆聞則非之. 是以徧天下之人, 皆欲得其長上之賞譽, 避其毁罰, 是以見善不善者告之. 天子得善人而賞之, 得暴人而罰之. 善人賞而暴人罰, 天下必治矣. 然計天下之所以治者何也? 唯以尙同一義爲政故也. 天下旣已治；天子又總天下之義, 以尙同於天.……(『묵자』 권3 : 23-27쪽)

69) 墨子有見於齊, 無見於畸. 〈제1장,주14 ; 부록4,주22〉

70) 『리바이어선』, 제2부, 제29장.

9. 덧붙이는 말

묵자는 모든 것을 희생하여 부(富)와 인구증가(庶)를 추구해야 한다고 주장했는데, 이 설은 상당한 근거가 있다. 생물학자에 따르면 모든 생물은 저마다 자신과 그 종족의 보존을 추구한다. 정신분석학자에 따르면 우리의 여러 욕망 가운데 가장 강한 것은 바로 이기(自私 : 利己)의 욕망과 성욕이다. 중국에도 옛부터 "식욕과 성욕은 본성이다"[71]는 말이 있다. 묵자의 뜻 역시 세상 사람 모두가 생계를 유지하고 결혼하여 아이를 낳아 인류가 날로 번영할 수 있기를 바란 것이었을 따름이다. 겸애의 도리, 국가의 제재, 기타의 방법 등은 모두 이 목적을 달성하기 위한 것들이다.

이 근본 관념은 본래 나무랄 데가 없다. 그러나 이 학설은 우리가 눈앞의 모든 향락을 희생하여 장래의 심원한 목적에 도달해야 한다는 말이니, 진실로 지나친 결산인 셈이다. 『장자』는 말한다.

> 후세에 사치를 물려주지 않고, 사물을 낭비하지 않으며, 본수(數 : 本數, 본질적 예법)나 말도(度 : 末度, 구체적인 제도)의 각종 형식을 요란하게 추구하지 않으며, 엄정한 도덕률로써 자신들을 교정하여, 항상 세상의 급선무(빈곤, 기아 등)를 대비하는 데에 힘썼다. 고대에 이 방면에 도술(道術)을 집중한 이들이 있었으니, 묵적과 금활리가 이런 학풍을 전해듣고 그것에 심취했다.
>
> 그러나 그들은 너무 지나치게 실천했고, 너무 고지식하게 추구했다. 음악의 배격(「非樂」)을 주장하면서, '비용의 절약(「節用」)'을 명분으로 삼았다. 살아서는 노래를 부르지 않았고 죽어서는 복상을 원하지 않았다. 묵자는 모든 사람을 사랑하고(氾愛) 모든 사람을 이롭게 하며(兼利), 투쟁을 배격할(非鬪) 것을 주장했다. 그의 사상에는 분노가 없었다. 그는 학문을 좋아하여 해박했고, 기이한 주장은 없었으나 선왕의 가르침에는 동조하지 않았다. 그리하여 전통적 예법과 음악의 가치를 혹평했다. 예전에 황제는 함지(咸池), 요 임금은 대장(大章), 순 임금은 대소(大韶), 우 임금은 대하(大夏), 탕왕은

71) 食·色, 性也. [食色 : 음식남녀(飮食男女)〈제14장,주4〉와 같은 표현] 〈제7장,주52〉

대호(大濩), 문왕은 벽옹(辟雍)이라는 음악이 있었고, 또 무왕과 주공은 무(武)라는 음악을 지었다. 또 전통적 상례(喪禮)의 경우 귀천에 따라 의례가 다르고 상하에 따라 차등이 있었는데, 예컨대 관과 덧관은 천자는 7겹, 제후는 5겹, 대부는 3겹, 사는 2겹으로 한다는 준칙이 있었다. 그런데 묵자만은 살아서는 노래를 부르지 않고, 죽어서는 복상을 원하지 않으며, 3치 두께의 오동나무 관을 만들되 덧관은 없애는 것을 법식으로 삼았다.

그러나 이러한 법도를 다른 사람에게 가르치는 것은 진정 그 사람을 사랑하는 것이 아니며, 이러한 법도를 스스로 실행하는 것은 정녕 자신을 사랑하는 것이 아니다. 물론 이러한 비판으로 묵자의 사상 자체가 부정되지는 않는다. 그러나 노래를 (부르고 싶어) 불렀는데 노래를 반대하고, 곡을 (하고 싶어) 했는데 곡을 반대하고, 음악을 (하고 싶어) 했는데 음악을 반대하는 일이 과연 인정에 맞는 이치이겠는가? 묵자는 살아서는 고생이요, 죽어서는 박장이어서, 그의 도는 너무나 각박하여 사람을 근심하고 슬프게 했고, 정말로 실천에 옮기기 어려운 것들이었다. 그러므로 필경 성인의 도라고는 할 수 없을 것 같다. 인지상정과 상반되기(反天下之心) 때문에 세상 사람들은 감당하지 못한다. 비록 묵자 자신은 감내할 수 있었을지 몰라도 이 세상 사람들은 어쩌란 말인가? 세상의 인심과 동떨어진 이상, 왕도[王道]로부터도 아주 동떨어진 것이다.[72)]

이러한 비평은 정당하다고 하겠다. 묵학(墨學)이 후세에 행해지지 않은 이유 중의 하나를 제시한 것 같다.

---

72) 不侈於後世, 不靡於萬物, 不暉於數度, 以繩墨自矯, 而備世之急. 古之道術有在於是者, 墨翟禽滑釐聞其風而悅之. 爲之大過, 已之大順, 作爲非樂, 命之曰節用, 生不歌, 死無服. 墨子氾愛兼利而非鬪, 其道不怒, 又好學而博, 不異, 不與先王同, 毀古之禮樂. 黃帝有咸池, 堯有大章, 舜有大韶, 禹有大夏, 湯有大濩, 文王有辟雍之樂, 武王周公作武. 古之喪禮, 貴賤有儀, 上下有等 ; 天子棺槨七重, 諸侯五重, 大夫三重, 士再重. 今墨子獨生不歌, 死不服, 桐棺三寸而無槨, 以爲法式. 以此教人, 恐不愛人 ; 以此自行, 固不愛己 ; 未敗墨子道. 雖然, 歌而非歌, 哭而非哭, 樂而非樂, 是果類乎? 其生也勤, 其死也薄, 其道大觳 ; 使人憂, 使人悲, 其行難爲也, 恐其不可以爲聖人之道. 反天下之心, 天下不堪 ; 墨子雖獨能任, 奈天下何? 離於天下, 其去王也遠矣. (「천하」, 『장자』, 1072-75쪽)

순자는 "묵자는 실용에 가로막혀 형식(文)의 가치를 몰랐다"[73]고 비판했다. 그러나 유향(劉向, 77-6B.C., 歆의 아버지)은 『설원(說苑)』에서 이렇게 말했다.

> 금활리가 묵자에게 물었다.
>
> "금수(錦繡 : 아름답게 수놓아진 비단)와 고운 모시 등은 어디에 사용하는 것입니까?"
>
> "[뭐라고? 그것은 우리의 용무가 아니다.]……가령 흉년이 들었는데, 누가 만약 그대에게 수후의 보옥(隨侯之珠 : 지극히 귀한 보물)을 되팔지 않고 오로지 장식으로만 사용한다는 조건으로 주거나, 아니면 곡식 한 종(鍾 : 약 80말)을 준다고 하면서 보옥을 가지면 곡식을 가지지 못하고 곡식을 가지면 보옥을 가지지 못한다고 할 때, 그대는 어느 것을 선택하겠는가?"
>
> "물론 곡식을 선택할 것입니다. 배고픔을 면할 수 있도록요."
>
> "참으로 옳은 말이다. 그런데 세상은 어찌하여 이렇듯 사치를 일삼고 있는가? 쓸모없는 것들을 조장하고 말초적인 쾌락을 추구하는 따위의 일을 성인은 급선무로 여기지 않는다. 따라서 음식은 늘 배부르게 먹을 수 있게 된 연후에 진미를 찾고, 의복은 항상 따뜻하게 입을 수 있게 된 연후에 멋을 부리고, 거처는 항상 안전할 수 있게 된 연후에 안락을 모색하는 법이다. 즉 늘상 요구되는 것들을 도모하고 지속적으로 소용되는 것들을 추구해야 한다는 말이다. **실질을 앞세우고 형식(격식)은 뒤로 하는 것**(先質而後文), 이것이 바로 성인의 업무이다."[74]

이러한 보고가 과연 사실이라면, 묵자 역시 사치나 겉치레 등이 본래부터 나쁘다고 인식한 것은 아니었다. 즉 "형식(文)" 역시 좋은 것이기는 하지만, "실질을 앞세우고 형식은 뒤로 해야 한다"는 말

73) 墨子蔽於用而不知文. [文 : 예악문물, 예의범절 등의 격식] 〈제1장,주15〉

74) 禽子問於墨子曰 : "錦繡絺紵, 將安用之." 墨子曰 : "……今當凶年, 有欲予子隨侯之珠者, 不得賣也, 珍寶而以爲飾 ; 又欲予子一鐘粟者. 得珠者不得粟, 得粟者不得珠, 子將何擇?" 禽子曰 : "吾取粟耳 ; 可以救窮." 墨子曰 : "誠然, 則惡在事夫奢也? 長無用, 好末淫, 非聖人之所急也. 故食必常飽, 然後求美 ; 衣必常暖, 然後求麗 ; 居必常安, 然後求樂 ; 爲可長[長 : 常], 行可久 ; 先質而後文 ; 此聖人之務." (「반질(反質)」, 『설원』, 174-75쪽)

이다. 일단 생계를 유지할 수 있게 된 연후에 좋은 생활을 추구할 수 있다는 사실, 이 역시 하나의 참된 도리(眞實義)이다. 그러나 세상 사람 모두의 생계를 유지시키는 일은 참으로 심난(甚難)하다. 따라서 묵자는 세상 사람 모두가 저마다 힘써 일하고 비용을 절약하지 않으면 안 된다고 여겼으니, "형식"이 좋은 것임을 모르는 바는 아니었으되, 다만 "형식(격식)"을 추구할 여가가 없었을 따름이었다.

제6장
맹자와 유가 중의 맹자학

1. 맹자의 포부와 중국역사상 그의 위치

『사기(史記)』는 말한다.

공자가 돌아간 후 70여 명의 제자들은 뿔뿔이 흩어져 제후들에게 유세했다. **크게는 사부**(師傅 : 太師와 太傅,임금을 보좌하는 대관)나 경상(卿相)이 되었고, 작게는 사·대부(士大夫)들을 벗하고 가르쳤는데, 더러 은둔하여 나타나지 않기도 했다. 즉 자로는 위(衛), 자장은 진(陳), 담대멸명은 초(楚), 자하는 서하(西河), 자공은 말년에 제(齊)에서 각각 활동했다. 전자방, 단간목, 오기, 금활리 등은 모두 자하 유파로부터 배워 왕의 스승이 된 인물이다.

당시에는 유독 위 문후(魏文侯, 446-396B.C.)가 호학(好學)했다. 그후로는 점차 쇠퇴하여 진시황에 이르기까지 천하는 끝없는 전쟁에 휩쓸렸으니, 유가의 학술(儒術)은 사실상 배척된 셈이었다. 그러나 유독 제나라와 노나라의 관문만큼은 학자들의 발길이 끊이지를 않았다. 제의 위왕, 선왕 시대에 즈음하여, 맹자와 순경(荀卿 : 순자)의 대열은 모두 공자의 학설을 준봉하여 더욱 발전시킴으로써 **학문으로 당대에 이름을 날렸다.**[1)]

1) 自孔子卒後, 七十子之徒, 散游諸侯, 大者爲師傅卿相 ; 小者友敎士大夫,或隱而不見. 故子路居衛, 子張居陳, 澹臺子羽[名 : 滅明]居楚, 子夏居西河, 子貢終於齊. 如田子方, 段干木, 吳起, 禽滑釐之屬, 皆受業於子夏之倫, 爲王者師. 是時獨魏文侯好學, 後陵遲以至于始皇, 天下並爭於戰國, 儒術旣絀焉. 然齊魯之門, 學者獨不廢也. 於威宣之際, 孟子荀卿之列, 咸遵夫子之業而潤色之, 以學顯於當世. (「유림전(儒林傳)」, 『사기』, 3116쪽)

공자가 강학을 직업으로 삼는 풍기를 열자, 그의 제자들과 이후 유자들도 대부분 강학을 직업으로 삼았다. 이른바 "크게는 사부나 경상이 되었고, 작게는 사대부들을 벗하고 가르쳤다"는 말이다. 그러나 "학문으로 당대에 이름을 날린" 인물로는 맹자와 순경을 들고 있다. 두 사람은 실로 공자 이후 유가의 대사(大師)였다. 중국역사상 공자의 위치는 마치 서양역사상의 소크라테스와 같고, 중국역사상 맹자의 위치는 마치 서양역사상의 플라톤과 같은데 그 기상의 고명장쾌함(高明亢爽) 또한 흡사하고, 중국역사상 순자의 위치는 마치 서양역사상의 아리스토텔레스와 같은데 그 기상의 독실해박함(篤實沈博) 또한 흡사하다.

『사기』는 말한다.

> 맹가(孟軻, 371-289B.C.)는 추인(鄒人)이다. 자사의 제자에게서 학업을 전수받았다. 도에 통달한 다음, 타국인 제나라에 가서 선왕을 섬겼으나, 선왕은 그를 등용하지 못했다. 양(梁, 즉 魏)에 갔을 때 양 혜왕은 맹자의 주장을 실천으로 옮기지 않고 도리어 그를 물정에 어둡고 현실감각이 없다고 여겼다. 그 당시에 진(秦)은 상앙(商君 : 商鞅)을 등용하여 부국강병(富國強兵)을 추구하고 있었고, 초와 위는 오기를 등용하여 약한 상대국을 전쟁으로 제압했으며, 제 위왕, 선왕은 손자, 전기의 무리를 등용하여 제후들을 굴복시켜 패주 노릇을 하고 있었다. 온 천하는 바야흐로 합종(合從)과 연횡(連衡)을 놓고 고심하고 있었고, 공격과 정벌전쟁을 능사로 여기고 있었다. 이런 형편에 맹자는 오히려 요순과 삼대 성왕의 덕을 계술, 천명했으니, 유세한 임금들과 부합할 수 없었던 것이다. 결국 은퇴하여 만장 등의 제자와 함께 **『시』, 『서』를 재해석하고**(序) **공자의 사상을 계술, 천명하여**(述) 『맹자(孟子)』 7편을 지었다(作).[2]

맹자의 생졸년은 『사기』에 자세히 언급되어 있지 않다. 원(元)의

2) 孟軻, 鄒人也. 受業於子思之門人. 道旣通, 遊事齊宣王 ; 宣王不能用. 適梁, 梁惠王不果所言, 則見以爲迂遠而闊於事情. 當是之時, 秦用商君, 富國強兵. 楚魏用吳起, 戰勝弱敵. 齊威王宣王用孫子田忌之徒, 而諸侯東面朝齊. 天下方務於合從連衡, 以攻伐爲賢. 而孟軻乃述唐虞三代之德. 是以所如者不合. 退而與萬章之徒, 序『詩』『書』, 述仲尼之意, 作『孟子』七篇. (「맹자순경열전(孟子荀卿列傳)」, 『사기』, 2343쪽)

정복심(程復心)은 「맹자연보(孟子年譜)」에서 '맹자는 주(周)나라 열왕(烈王) 4년(372B.C.)에 태어나 난왕(赧王) 26년(289B.C.)에 돌아갔다'고 했다. 맹자는 추인인데, 추(鄒)와 노(魯)는 매우 가까웠고 모두 유가의 근거지였다. 따라서 유가 학파를 『장자(莊子)』「천하편(天下篇)」은 "추노의 선비, 진신 선생"[3]이라고 일컬었던 것이다. 공자의 일생 사명(職志)은 문왕과 주공의 유업을 계승하는 것이었고, 맹자의 일생 사명은 공자의 유업을 계승하는 것이었다. 따라서 맹자는 말했다.

옛날 우 임금이 홍수를 다스리자 천하는 태평해졌고, 주공이 오랑캐를 아우르고 맹수를 쫓아내자 백성은 안심했고, 공자가 『춘추』를 완성하자 난신적자(亂臣賊子)가 두려워했다. 나 역시 인심을 바로잡고, 간사한 학설을 종식시키고, 그릇된 행실을 배격하고, 궤변을 추방하여, 세 성인을 계승하려는 것이다. 내가 어찌 논변을 능사로 여기겠느냐(好辯)? 나로서는 부득이한 일이다.[4]

○요순부터 탕왕에 이르기까지는 500여 년이다. 요순의 도를 우 임금이나 고요 같은 분은 직접 체험했으며, 탕왕은 전해들었다. 탕왕부터 문왕에 이르기까지는 500여 년이다. 탕왕의 도를 이윤이나 내주 같은 분은 직접 체험했으며, 문왕은 전해들었다. 문왕부터 공자에 이르기까지는 500여 년이다. 문왕의 도를 태공망이나 산의생 같은 분은 직접 체험했으며, 공자는 전해들었다. 공자 이래로 지금까지는 100여 년이다. **성인(공자)의 시대로부터 이처럼 멀지 않고, 성인의 고장과도 이처럼 가깝다. 그런데 아직 그를 계승한 사람이 없으니, 앞으로도 없을지 모른다!**[5]

3) 鄒魯之士, 搢紳先生. [搢紳先生 : 벼슬아치나 지체 높은 사람] 〈제16장,주11〉

4) 昔者禹抑洪水而天下平, 周公兼夷狄驅猛獸而百姓寧, 孔子成春秋而亂臣賊子懼. 我亦欲正人心, 息邪說, 距詖行, 放淫辭, 以承三聖者. 予豈好辯哉, 予不得已也. (『맹자』 6 : 9) [淫辭 : 『呂氏春秋』「淫辭」 편의 음사, 즉 궤변]

5) 由堯舜至於湯, 五百有餘世. 若禹皐陶, 則見而知之 ; 若湯則聞而知之. 由湯至於文王, 五百有餘世. 若伊尹萊朱, 則見而知之 ; 若文王則聞而知之. 由文王至於孔子, 五百有餘世. 若太公望散宜生, 則見而知之 ; 若孔子則聞而知之. 有孔子而來, 至於今百有餘歲. 去聖人之世, 若此其未遠也 ; 近聖人之居, 若此其甚也. 然而無有乎爾, 則亦無有乎爾. (『맹자』 14 : 38)

"성인(공자)의 시대로부터 이처럼 멀지 않고, 성인의 고장과도 이처럼 가깝다"고 함은 맹자가 처한 시대와 장소를 두고 한 말이다. "그런데 아직 그를 계승한 사람이 없으니, 앞으로도 없을지 모른다"고 함은 공자를 계승할 사람이 따로 없으니 공자의 유업을 계승하는 일은 자신의 책임이고 남에게 전가할 수 없음을 보여준 말이다. 따라서 말하기를 "천하태평을 이룰려면, 지금 세상에 나말고 누가 있겠느냐?"[6]고 했고, "소원이라면 공자를 배우는 일이다"[7]고 했다. 맹자는 송유(宋儒)가 말한 도통설(道統說)을 견지했던 듯하다.

2. 주(周)의 제도에 대한 맹자의 태도

공자는 육예(六藝)로써 교육했는데, 그후 유가도 그러했다. 『사기』에 따르면 "맹자는 『시』, 『서』를 재해석하고 공자의 사상을 계술, 천명했고", 조기(趙岐)의 「맹자제사(孟子題辭)」에 따르면 "맹자는 육경에 통달했고, 특히 『시』 『서』에 뛰어났다."[8] 현재 『맹자』에는 『시』의 인용이 30번, 논의가 4번, 『서』의 인용이 18번, 논의가 1번 나온다. 또 『서』를 인용하면서 "서왈(書曰)"하지 않은 곳도 있고, 『예(禮)』나 『춘추(春秋)』도 가끔 언급했다.[9] 맹자는 『시』 『서』를 논하면서 특히 그 속에 담긴 의미를 설명하는 데에 중점을 두었다. 예컨대 맹자는 다음과 같이 말했다.

『시』의

"하늘이 뭇 백성을 산생할 때,
만물은 저마다 법칙이 있게 하셨네.
만민은 떳떳한 법도를 지녔기에,
아름다운 덕성을 좋아하네."

6) 如欲平治天下, 當今之世, 舍我其誰哉? (『맹자』 4 : 13)

7) 乃所願則學孔子也. (『맹자』 3 : 2)

8) 孟子通六經, 尤長於『詩』『書』. [『맹자정의(孟子正義)』, 7쪽]

9) 진례(陳澧, 1810－82, 호는 東塾), 『동숙독서기(東塾讀書記)』 권3 : 9－10쪽.

에 대해서 공자께서 말씀하시기를 "이 시의 작자는 틀림없이 도를 아는 사람이었을 것이다! 사물이 존재하면 곧 그 법칙이 있고, 백성은 그런 불변의 법칙을 지녔기에 아름다운 덕성을 좋아한다는 말이다"고 하셨다.[10)]

○「소반(小弁)」 시의 원망은 육친을 진정 사랑한 때문이었다. 육친을 사랑함은 인(仁)이다. 따라서 고수(高叟)의 **시 해석**은 너무 **고루**하다(固).[11)]

"시 해석(爲詩)"은 "고루"해서는 안 된다. 즉 맹자는 말했다.

『시』를 해설하는 사람은 글자에 얽매여 문구를 곡해해서도 안 되고, 문구에 얽매여 작자의 의도를 곡해해서도 안 된다. 이해를 통하여 작자의 의도를 포착해야만 제대로 『시』를 해석한 것이다.[12)]

맹자의 태도는 『서』를 논할 때에도 마찬가지였다. 따라서 말했다.

『서』에 있는 말을 글자 그대로 다 믿는다면 아예 『서』가 없느니만 못하다. 나는 「무성(武成)」 편의 경우 두세 쪽만 취할 뿐이다. 어진 사람은 천하에 대적할 자가 없거늘, 지극히 어진 무왕이 천하에 못된 주왕을 정벌함에, 어찌 절구공이가 피에 떠내려갈 정도였겠느냐?[13)]

이렇듯 자기의 의견을 바탕으로 자유롭게 『시』 『서』를 해석했는데,

---

10) 『詩』云 : "天生烝民, 有物有則 ; 民之秉彝, 好是懿德." 孔子曰 : "爲此詩者, 其知道乎! 故有物必有則, 民之秉彝也, 故好是懿德." (『맹자』 11 : 6) 〈제3장,주45〉

11) 「小弁」之怨, 親親也 ; 親親仁也, 固矣夫高叟之爲詩也. (『맹자』 12 : 3)
[『신편』1, 162쪽 : 주나라 유왕(幽王)은 신후(申后)에게서 태자 의구(宜臼)를 낳았는데, 그후 다른 왕비를 총애하여 의구를 폐하자, 의구의 사부(師傅)가 이 시를 지었다고 한다. 그 시에는 유왕을 원망하는 뜻이 들어 있다. 고수는, 자식으로서 아버지를 원망한 것이므로 그것은 소인의 시라고 말했다. 맹가는 그렇게 여기지 않았다.……맹가에 따르면, 유왕이 태자를 폐한 것은 국가적 대사에 관계되는 일이지 평범한 작은 실수가 아니다. 즉 「소반」(『시』 「대아」의 한 편)의 원망은 "유왕이 훌륭한 분이 되지 못함을 한스러워하는(恨鐵不成鋼)" 원망이다. 만약 원망하지 않았다면 그것은 도리어 유왕을 소원(疏遠)시한 것이므로 불효이다. 이 원망은 유왕에 대한 친애에서 나왔기 때문에 효(孝)이고 인(仁)이다.]

12) 故說『詩』者, 不以文害辭, 不以辭害志 ; 以意逆志, 是爲得之. (『맹자』 9 : 4)

13) 盡信『書』, 則不如無『書』, 吾於「武成」, 取二三策而已矣. 仁人無敵於天下, 以至仁伐至不仁, 而何其血之流杵也. (『맹자』 14 : 3). 〈제1장,주23〉

이것이 육예에 대한 유가의 계술을 통한 창작(以述爲作)이었다.

맹자는 공자의 유업을 계승하는 것을 사명으로 삼았던 만큼, 당시의 전통 제도에 대해서 대체로 옹호하는 태도를 지녔다. 『맹자』는 말한다.

북궁의(北宮錡)가 맹자에게 물었다.

"주나라 왕실이 제정한 관작과 봉록의 등급제도는 어떠했습니까?"

"상세한 내용은 알 수 없다. 제후들이 그 제도가 자신들에게 불리할까봐 관련 전적을 없애버렸기 때문이다. 그러나 대략은 알고 있다. [천하의 경우] 천자(天子)가 1등급, 공(公)이 1등급, 후(侯)가 1등급, 백(伯)이 1등급, 자(子)와 남(男)이 똑같이 1등급으로, 모두 5등급이었다. [제후국의 경우] 군(君)이 1등급, 경(卿)이 1등급, 대부(大夫)가 1등급, 상사(上士)가 1등급, 중사(中士)가 1등급, 하사(下士)가 1등급으로, 모두 6등급이었다.

천자가 직접 관할한 토지는 사방 1,000리, 공과 후는 사방 100리, 백은 70리, 자와 남은 50리로, 모두 4등급이었다. 사방 50리가 채 못 되는 나라는 천자와 직접 통하지 못하고 제후국에 부속했으므로 부용(附庸)이라고 했다. 천자의 경은 후, 대부는 백, 원사(元士)는 자나 남에 비례하는 크기의 봉지를 받았다. 큰 나라는 봉지가 사방 100리였다. 봉록은 군주가 경의 10배, 경은 대부의 4배, 대부는 상사의 2배, 상사는 중사의 2배, 중사는 하사의 2배였다. 하사와 관가에 근무하는 서인은 봉록이 같았고 봉록은 농사수입을 대신할 만했다. 중간 크기의 나라는 봉지가 사방 70리였다. 봉록은 군주가 경의 10배, 경은 대부의 3배, 대부는 상사의 2배, 상사는 중사의 2배, 중사는 하사의 2배였다. 하사와 관가에 근무하는 서인은 봉록이 같았고 봉록은 농사수입을 대신할 만했다. 작은 나라는 봉지가 사방 50리였다. 봉록은 군주가 경의 10배, 경은 대부의 2배, 대부는 상사의 2배, 상사는 중사의 2배, 중사는 하사의 2배였다. 하사와 관가에 근무하는 서인은 봉록이 같았고 봉록은 농사수입을 대신할 만했다.

경작자의 수확량의 경우, 한 가장이 100무(百畝 : 1무≒133m^2, 40평)를 받아 100무의 땅을 경작하면, 상등(가장 근면한) 농부는 9명, 그 다음은 8명, 중등 농부는 7명, 그 다음은 6명, 하등 농부는 5명의 식구를 각각 부양할 수 있었다. 관가에 근무하는 서인의 봉록도 이런 식으로 차등을 두었다."[14)]

여기서 말한 정치·경제 제도가 반드시 역사상의 주제(周制 : 주의 제도)였다고는 할 수 없고, 또 역사상의 주제가 세세한 항목 면에서까지 모든 나라가 이처럼 정연하고 획일적일 수는 없었다고 할지라도, 주제의 일반 원칙이 이 내용과 큰 차이는 없었을 것이라고 여겨진다. 맹자는 말했다.

> 이루(離婁)의 시력, 공수반(公輸子)의 솜씨일지라도, 컴퍼스와 곱자가 없으면 원과 사각형을 그릴 수 없다. 사광(師曠)의 청력일지라도 6률(六律)이 아니면 5음(五音)을 바로잡을 수 없다. 요순의 도일지라도 인정(仁政)이 아니면 천하를 태평하게 다스릴 수 없다. 임금의 마음이 어질고 또 그렇다고 소문이 난 경우에도 백성에게 그 은택이 돌아가지 않고 후세에 모범이 되지 못하는 까닭은 선왕(先王)의 도를 행하지 않은 때문이다. 『시』에 이르기를 **"어기거나 저버리지 않고, 전통 제도를 따르네"**라고 했듯이, **선왕의 법도를 좇다**가 잘못된 경우는 아직 없다.[15)]

이른바 인정(仁政)이란 곧 상술한 정치·경제 제도이다. 맹자는 말했다.

---

14) 北宮錡問曰 : "周室班爵祿也, 如之何?" 孟子曰 : "其詳不可得聞也. 諸侯惡其害己也, 而皆去其籍. 然而軻也, 嘗聞其略也. 天子一位, 公一位, 侯一位, 伯一位, 子男同一位, 凡五等也. 君一位, 卿一位, 大夫一位, 上士一位, 中士一位, 下士一位, 凡六等. 天子之制, 地方千里, 公侯皆方百里, 伯七十里, 子男五十里, 凡四等. 不能五十里, 不達於天子, 附於諸侯, 曰附庸. 天子之卿受地視侯, 大夫受地視伯, 元士受地視子男. 大國地方百里. 君十卿祿, 卿祿四大夫. 大夫倍上士, 上士倍中士, 中士倍下士, 下士與庶人在官者同祿, 祿足以代其耕也. 次國地方七十里. 君十卿祿, 卿祿三大夫. 大夫倍上士, 上士倍中士, 中士倍下士, 下士與庶人在官者同祿, 祿足以代其耕也. 小國地方五十里. 君十卿祿, 卿祿二大夫. 大夫倍上士, 上士倍中士, 中士倍下士, 下士與庶人在官者同祿, 祿足以代其耕也. 耕者之所獲, 一夫百畝. 百畝之田, 上農夫食九人, 上次食八人, 中食七人, 中次食六人, 下食五人. 庶人在官者, 其祿以是爲差." (『맹자』 10 : 2)

15) 離婁之明, 公輸子之巧, 不以規矩, 不能成方圓. 師曠之聰, 不以六律, 不能正五音. 堯舜之道, 不以仁政, 不能平治天下. 今有仁心仁聞, 而民不被其澤, 不可法於後世者, 不行先王之道也……『詩』云 : "不愆不忘, 率由舊章." 遵先王之法而過者, 未之有也. (『맹자』 7 : 1) 〈제13장,주1〉

> 무릇 인정은 반드시 토지의 경계를 획정하는 데서부터 시작해야 한다. 경계를 바르게 획정하지 못하면 정전[井田]의 토지 분할이 균등하지 못하여 봉록의 수입도 공평하지 못하게 된다.……일단 경계만 바르게 획정되면 **토지 분배와 봉록 제정**은 가만히 앉아서도 결정할 수 있다.[16)]

"어기거나 저버리지 않고 전통 제도를 따르고", "선왕의 법도를 좇아" "토지를 분배하고 봉록을 제정하면", 그 결과는 틀림없이 "주나라 왕실이 제정한 관작과 봉록의 등급제도"와 대략 같을 것이다. 이런 측면에서 보면, 당시의 전통 제도에 대한 맹자의 태도는 보수적이었다.

3. 맹자의 이상적인 정치·경제 제도

이런 측면에서 보면 맹자는 여전히 "계술만 하고 창작하지 않았다(述而不作)." 그러나 유가에서 "계술만 하고 창작하지 않음"은 정말로 창작하지 않은 것이 아니고, 계술을 통한 창작(以述爲作)이라고 이미 제4장에서 상론했다. 이와 같은 계술을 통한 창작의 경향과 정신은 공자에서 이미 발단했는데, 맹자는 그 방향으로 더욱 발전시켰다. 따라서 맹자가 주장한 정치·경제 제도는 비록 표면상으로는 여전히 "전통 제도를 따르고", "선왕의 법도를 좇았지만", 실제로는 이미 "선왕의 법도"를 이상화하고 이론화했던 것이다.

맹자는 여전히 "주나라 왕실이 제정한 관작과 봉록의 등급제도"를 옹호하지만, 정치·경제상의 근본적인 관점은 전통적인 관점과 크게 다르다. 전통적인 관점에 따르면, 모든 정치·경제 제도는 순전히 귀족을 위해서 설치된 것들이다(제2장 제2절). 그러나 맹자의 관점에 따르면 모든 것은 백성을 위해서 설치된 것들이다. 모든 것이 백성을 위해서 설치되었다는 관점이 바로 맹자의 정치·사회 철학의 근본 이념이다. 맹자는 왕도(王 : 王道)를 숭상하고 패도(霸 : 霸

16) 夫仁政必自經界始. 經界不正, 井地不均, 穀祿不平……經界旣正, 分田制祿, 可坐而定也. (『맹자』 5 : 3) [經 : 경계. 經 역시 界의 뜻이다]

道)를 천시하여, "공자의 문하에 제나라 환공이나 진나라 문공의 사적을 언급한 사람은 없다"[17]고 여겼다. 그러나 사실 공자는 제나라 환공과 관중(管仲, ?-645B.C.)을 자못 추앙하여 말하기를 "환공이 누차 제후간의 맹약을 주재하여 전쟁을 종식시킨 것은 모두 관중의 역량이었으니, 바로 관중의 인덕[仁德]이었다! 관중의 인덕이었다!"[18]고 했고, 또 "관중이 환공을 보필하여 제후의 패자로서 천하를 바로잡았기 때문에 인민은 지금까지 그의 은사를 누리고 있다. 관중이 아니었다면 나 역시 머리털을 흩뜨리고 옷깃을 왼쪽으로 여미는 야만의 복장을 했을 것이다"[19]고 했다. 왕도와 패도는 바로 맹자의 이상적인 정치 가운데 두 가지의 상반된 정치이다. 그후 중국의 정치철학은 모든 정치를 이 두 부류로 나누었다. 왕자(王者 : 왕도주의의 왕)의 모든 제정과 시책은 인민을 위한 것인 만큼 모든 인민은 기껍게 추종한다. 그러나 패자(霸者 : 패도주의의 군주)는 오직 무력으로 인민을 정복하여 강제로 추종하게 한다. 따라서 말했다.

> **무력을 바탕으로 인(仁)을 가장하는 것이 패도이다.**……덕을 바탕으로 인을 실천하는 것이 왕도이다.……무력에 의한 복종은 마음으로부터의 복종이 아니고 힘이 부족한 때문이다. 덕에 의한 복종은 마음에서 우러나온 진정한 복종이니, 마치 70명의 제자가 공자에게 복종했던 것과 같다.[20]

또 인민을 위하는 왕자의 행위는 바로 "남에게 모질지 못하는 마음(不忍人之心)"에서 나온 것인 만큼, "남에게 모질지 못하는 마음으로", "남에게 모질지 못하는 정치(不忍人之政)"를 실현하면, 곧 왕도정치(王政)이다(뒤에 상술한다). 패자의 제정과 시책은 종종 인민을 위한 것처럼 보이기도 하지만, 그 의도는 사실상 좋은 명성, 좋

17) 仲尼之徒, 無道桓文之事者. (『맹자』 1 : 7) [桓文 : 패도정치의 대표자]
18) 桓公九合諸侯, 不以兵車, 管仲之力也. 如其仁! 如其仁! (『논어』 14 : 16)
19) 管仲相桓公, 霸諸侯, 一匡天下, 民到於今受其賜. 微管仲, 吾其被髮左衽矣. (『논어』 14 : 17) [其 : 아마도……리라. 장차……하게 될 것이다.]
20) 以力假仁者霸,……以德行仁者王.……以力服人者, 非心服也, 力不贍也. 以德服人者, 中心悅而誠服也, 如七十子之服孔子也. (『맹자』 3 : 3)

은 잇속, 좋은 영예를 달성하는 수단으로 삼으려는 것에 불과하다. 즉 "무력을 바탕으로 인(仁)을 가장하는 것은 패도이다"는 말이다. 맹자는 또 말했다.

> 인의(仁義)에 대해서, 요순은 본성에 자연스럽게 행했고, 탕왕과 무왕은 노력하여 실천했고, 다섯 패자들은 가장하여 구실삼았을 따름이다. 그들은 오랫동안 가장하여 구실삼는 데에 젖어, 본성(본바탕)으로 돌아갈 줄을 몰랐으니, 그들이 결코 인의를 소유한 것이 아님을 어찌 깨달았으랴?[21)]

맹자에 따르면 일체의 정치·경제 제도가 인민을 위해서 존재하는 만큼, 임금 역시 인민을 위해서 존재한다. 따라서 말했다.

> 인민이 귀중하다. 사직(社稷 : 토지와 곡식의 신)은 그 다음이고, 임금은 가볍다. 따라서 **민심을 얻으면** 천자가 되고, 천자의 마음을 얻으면 제후가 되고, 제후의 마음을 얻으면 대부가 된다.[22)]

이것을 보면, 맹자는 여전히 천자, 제후, 대부 등의 통치자들이 "주나라 왕실이 제정한 관작과 봉록의 등급제도"처럼 존재할 것을 주장하지만, 여러 통치자의 존재 근거는 오직 그들이 "민심을 얻을" 수 있느냐에 달려 있다. 만일 임금이 "민심을 얻지" 못하면 임금인 까닭을 상실한 것이므로 임금이 아니다. 따라서 맹자는 말했다.

> 인애(仁 : 仁愛)의 파괴자가 바로 역적(賊)이고, 도의(義 : 道義)의 파괴자가 바로 흉악자(殘)이므로, 역적이자 흉악자는 한 잡배(一夫)일 따름입니다. 주(紂)라는 잡배를 처단했다는 말은 들었어도, 임금을 시해했다는 소리는 금시초문이외다.[23)]

---

21) 堯舜, 性之也；湯武, 身之也；五霸假之也. 久假而不歸, 惡知其非有也. (『맹자』 13 : 30)

22) 民爲貴, 社稷次之, 君爲輕. 是故得乎丘民爲天子, 得乎天子爲諸侯, 得乎諸侯爲大夫. (『맹자』 14 : 14) [丘民 : 미천한 시골 농부 또는 많은 사람]

23) 賊仁者謂之賊, 賊義者謂之殘. 殘賊之人, 謂之一夫. 聞誅一夫紂矣, 未聞弑君也. (『맹자』 2 : 8)
[『신편』II, 65-68쪽 : 주(紂)는 은 왕조의 포학한 군주였다고 전해온다. 주나라 무

이 역시 정명론(正名主義 : 正名論)이다. 옛 사가(史家)와 공자가 이름을 바루자(正名) "난신적자(亂臣賊子)가 두려워했고", 맹자가 이름을 바루자 폭군(亂君)도 두려워했던 것이다.[24)]

맹자는, 비록 사회에는 여전히 군자와 야인 즉 통치자(治人者)와 피통치자(治於人者)의 구분이 있어야 하지만, 다만 그 구분은 순전히 사회적 분업을 통한 상호 부조(分工互助)에 목적이 있다고 여겼다. 맹자는 허행(許行)의 "군신병경(君臣並耕)"*의 설을 반박하며 이렇게 말했다.

왕(武王)은 은 왕조를 멸하고 주를 죽였다. 맹가는 이것을 "임금 시해"로 볼 수 없다고 여겼다. 즉 그는 공자의 "정명론"을 "임금"에게 적용했다. 만약 "임금이 임금답지 못하면(君不君)" 신하는 그를 임금으로 인정하지 않을 수 있다. 주는 "임금일 수 있는 도(爲君之道)"에 부합하지 않았으므로, 실제로는 임금 자리(君位)에 있었을지라도 한 개인에 불과할 뿐이다. 따라서 그를 죽인 것은 다만 한 죄인을 죽인 셈이다. 무도(無道)한 임금이 제거되면 정권 역시 교체된다. 이런 정권교체 방식을 "정주(征誅 : 폭군에 대한 무력주벌)"라고 했다. /맹가는 결코 통치자의 권리를 부정한 것은 아니고 다만 그 권리에 하나의 한계를 정했던 것이다. 그 한계를 넘으면 징벌을 받아야 하는데, 그것에 대한 일반 백성의 "정주"가 바로 그것이다. 맹가의 이론은 도의상(道義上)으로 피통치자의 반항의 권리를 긍정하고, 피통치자의 혁명권(革命權)을 인정한 것이었다. 이 이론은 그후 중국 봉건사회 내에서 통치자에 대한 일정한 견제 역할을 했고, 혁명 중에는 고무적인 작용을 했다.]

24) 【주】 맹자는 이러한 원칙이 아버지에게는 적용될 수 없다고 여겼다. 예컨대 고수가 비록 자애롭지 못했지만 순(舜)은 여전히 효성스러웠기 때문에 순은 대효(大孝)였다고 했다. 맹자는 "인민이 가장 귀하다"는 근본 사상을 정치에 적용할 경우 당연히 앞에 서술한 주장을 따랐지만, 부자 및 형제의 경우에는 여전히 전통적인 견해를 따랐다고 하겠다.

[『신편』II, 76쪽 : 맹가는 자식은 아버지께 절대 복종해야 하며 효가 가장 기본적인 도덕이라고 여겼다. 맹가는 늘 순이 위대한 효자였다고 말했다. 그에 따르면 순의 부친 고수는 매우 자애롭지 못한 아버지여서 순을 몹시 학대했으나, 순은 여전히 모든 일에 순종했다. 맹가의 제자가 하나의 가설적인 문제를 설정하여 "순이 천자이고 고요(皐陶 : 전설상의 매우 정직한 인물)가 법관일 때 고수가 살인했다면 순은 어떻게 했겠습니까?"라고 물었다. 맹자는 "물론 고요는 고수를 잡아들일 것이고 순도 고요에게 부친을 석방하라는 명을 내릴 수 없을 것이다. 순은 부득불 스스로 천자의 직을 버리고 그의 부친을 감옥에서 몰래 탈출시켜 등에 업고 먼 국경지대로 도망하여 부친과 함께 여생을 흔연히 살아갈 것이다"고 대답했다.(『맹자』 13 : 35)]

* 君臣並耕 : 임금과 신하 모두 농사일을 해야 한다. 〈제7장,주44,주45〉

그렇다면, 나라를 다스리는 일만은 유독 밭을 갈면서 해야 한다는 말씀입니까? 대인(大人 : 관직자)이 할 일이 따로 있고 소인(小人 : 일반 백성)이 할 일이 따로 있는 법입니다. 또한 **한 사람의 몸에는 각종 장인들이 만든 물품이 필요한데**, 만약 **모든 물품을 일일이 각자가 만들어 쓰게 한다면**, 이는 온 세상 사람들을 지치게 하는 일일 것입니다. 따라서 말합니다. "어떤 사람은 정신노동을 하고 어떤 사람은 육체노동을 합니다. 정신노동자는 통치자이고, 육체노동자는 피통치자이며, **피통치자**는 부양자이고, **통치자**는 피부양자이니, 이것은 세상의 보편적인 법칙입니다."……요순 임금이 천하를 다스리면서 어찌 마음을 쓰지 않았겠습니까? 다만 밭 가는 일에 마음 쓸 여가가 없었을 뿐입니다.[25)]

○**군자**(君子 : 통치자)가 없으면 **야인**(野人 : 들에서 일하는 일반 백성)을 통치할 수 없고, 야인이 없으면 군자를 부양할 수 없다.[26)]

한 개인의 사회생활에는 허다한 공예의 산물이 필요하다. 이른바 "한 사람의 몸에는 각종 장인들이 만든 물품이 필요하다"는 말이다. "모든 물품을 일일이 각자가 만들어 쓰는 일"은 불가능하기 때문에 반드시 분업을 통해서 상호 부조하는 것이다. 통치자와 피통치자가 맡은 일이 각각 다르기는 하지만, 요점은 모두가 서로를 필요로 하며 피차간에 서로 없을 수 없다는 사실이다.

분업을 통한 상호 부조의 원칙에 의하면, 사람들 중에서 누가 통치자가 되어야 하고, 누가 피통치자가 되어야 하는가? 맹자는 이렇게 생각했다.

천하유도(天下有道 : 정치가 청명한 때)이면, 소덕(小德)의 인물이 대덕(大德)의 인물을 받들고, 소현(小賢)의 인물이 대현(大賢)의 인물을 받든다. 반면에 천하무도(天下無道 : 정치가 혼탁한 때)이면, 몸집이 왜소한 사람이 장

---

25) 然則治天下, 獨可耕且爲與? 有大人之事, 有小人之事. 且一人之身, 而百工之所爲備, 如必自爲而後用之, 是率天下而路也. 故曰 : 或勞心, 或勞力. 勞心者治人, 勞力者治於人. 治於人者食人, 治人者食於人. 天下之通義也……堯舜之治天下, 豈無所用其心哉? 亦不用於耕耳. (『맹자』 5 : 4)

26) 無君子莫治野人, 無野人莫養君子. (『맹자』 5 : 3)

대한 사람을 받들고, 약자가 강자를 받든다. 이 두 상황은 모두 하늘로부터 결정된다. 하늘에 순응하는 자는 살아남고, 하늘에 거역하는 자는 망한다.[27)]

즉 태평성세(治世)에는 소덕의 인물이 대덕의 인물에게, 소현의 인물이 대현의 인물에게 부림을 당하지만, 난세(亂世)에는 왜소한 사람이 장대한 사람에게, 약자가 강자에게 부림을 당한다는 말이다. 그러나 난세에 강자가 약자를 병탄하고 다수가 소수를 폭압하는 것은 사람과 사람 간의 상호 경쟁이지 사람과 사람 간의 상호 부조는 아니므로, 사회적 분업을 통한 상호 부조의 원칙과는 맞지 않는다. 만약 분업을 통한 상호 부조의 원칙에 근거한다면, 반드시 유능한 통치자로 하여금 통치하게 해야 한다. 이는 마치 유능한 도야자(陶冶者 : 도공과 대장장이)로 하여금 도야(陶冶 : 질그릇을 굽고 풀무질을 함)하게 하는 것과 같다. 맹자는 제(齊)나라 선왕(宣王)께 이렇게 말했다.

큰 집을 지으시려면 반드시 공사(工師 : 각종 장인을 다스리는 벼슬)를 시켜 큰 목재를 구하게 하실 것입니다. 공사가 큰 목재를 구해오면 왕께서는 기뻐하며 직무에 유능하다고 여기실 것입니다. 그런데 만약 목공이 그 목재를 작게 깎아버렸다면 왕께서는 노하며 직무에 무능하다고 여기실 것입니다. 그런데 누가 **어려서부터 학문한** 것을 장성하여 실행하고자 하는데, 왕께서 "네 학문은 일단 접어두고 오직 나만 추종하라"고 하신다면 어찌 되겠습니까? 만일 여기에 박옥(璞玉 : 다듬지 않은 옥돌)이 있다면 그것이 아무리 값진 것일지라도 반드시 옥인(玉人)을 시켜서 다듬게 하실 것입니다. 그런데 국정을 처리하는 경우에만 "네 학문은 일단 접어두고 오직 나만 추종하라"고 하신다면, 옥인에게 옥 다듬는 법을 가르치려는 것과 무엇이 다르겠습니까?[28)]

---

27) 天下有道, 小德役大德, 小賢役大賢. 天下無道, 小役大, 弱役強. 斯二者, 天也. 順天者存, 逆天者亡. (『맹자』 7 : 7)

28) 爲巨室則必使工師求大木. 工師得大木, 則王喜, 以爲能勝其任矣. 匠人斲而小之, 則王怒, 以爲不勝其任矣. 夫人幼而學之, 壯而欲行之. 王曰 : '姑舍女所學而從我', 則何如? 今有璞玉於此, 雖萬鎰, 必使玉人彫琢之. 至於治國家, 則曰 : '姑舍女所學而從我', 則何異於教玉人彫琢玉哉? (『맹자』 2 : 9)

국가사회는 마치 큰 목재나 옥과 같으므로, 그것을 다스리는 사람 역시 "어려서부터 학문한" 전문가여야 한다. 이른바 대덕(大德), 대현(大賢)의 인물이 곧 국가사회를 다스릴 수 있는 전문가이다.

이 이치를 밀고나가면 정치상의 지고의 자리는 반드시 최대의 유덕자가 앉아야 한다. 이른바 천자(天子 : 天帝의 子, 하늘의 아들)는 반드시 성인이어야 한다. 따라서 요순의 선양(禪讓)이 맹자의 이상적인 정치제도로 되었다. 『맹자』는 말한다.

제자 만장(萬章)이 맹자에게 물었다.

"요 임금이 천하를 순에게 주었다고 하는데, 사실입니까?"

"아니다. 천자는 천하를 남에게 줄 수 없다."

"그렇다면 순 임금이 천하를 얻은 것은 누가 주었기 때문입니까?"

"하늘이 주었기 때문이다(天與之)."

"하늘이 주었다고 함은 구체적인 언어로 명하셨다는 말씀입니까?"

"아니다. 하늘은 말이 없다. 다만 행위(行)와 정사(事 : 政事)를 통하여 나타내 보일 따름이다."

"행위와 정사를 통하여 나타내어 보인다고 함은 무슨 말씀입니까?"

"천자는 어떤 사람을 하늘에 추천할 수는 있어도, 하늘에게 천하를 그에게 주라고 강요할 수는 없다. 제후는 사람을 천자에게 추천할 수는 있어도, 천자에게 제후의 자리를 그에게 주라고 강요할 수는 없다. 대부는 사람을 제후에게 추천할 수는 있어도, 제후에게 대부의 자리를 그에게 주라고 강요할 수는 없다. 옛날에 요 임금이 순을 하늘에 추천하자 하늘이 그를 받아들였고, 또 백성들 앞에 내세우자 백성들도 그를 받아들였다. 따라서 '하늘은 말이 없다. 다만 행위와 정사를 통하여 나타내어 보일 따름이다'고 한 것이다."

"그러면 '하늘에 추천하자 하늘이 그를 받아들였고, 또 백성들 앞에 내세우자 백성들도 그를 받아들였다'고 함은 무슨 말씀입니까?"

"그로 하여금 제사를 주관하게 하자 모든 신명들이 흠향했다면 하늘이 그를 받아들인 것이요, 그로 하여금 정사를 주관하게 하자 모든 정사가 다 잘되어 백성들이 안심했다면 백성들이 그를 받아들인 것이다. 즉 하늘도 (천하통치 임무를) 그에게 부여했고, 백성들도 그에게 부여했다는 말이다. 따라서 '천자는 천하를 남에게 줄 수 없다'고 말한 것이다. 순이 재상으로서 요 임금을 28년이나 보필한 것은 인력으로 할 수 있는 바가 아니었고 하늘의 뜻이었다. 요 임금이 붕어하자 삼년상을 마치고, 순은 요 임금의 아들 단주가 천하를 승계하도록 자신은 남하(南河)의 남쪽으로 피했다. 그러나 천자를 조회하려는 천하의 제후들은 요 임금의 아들 단주에게 가지 않고 순에게 갔으며, 재판하는 자들도 요 임금의 아들에게 가지 않고 순에게 갔으며, 정치를 찬송하는 사람들도 요 임금의 아들을 찬송하지 않고 순을 찬송했다. 그러므로 '하늘의 뜻이다'고 한 것이다. 그런 연후에야 비로소 순은 서울로 돌아가 천자의 자리에 올랐다. 만약 처음부터 요 임금의 궁전에 거하면서 요 임금의 아들을 핍박했다면, 그것은 찬탈이지 하늘이 준 것이 아니다. 『서경』「태서(泰誓)」에 이르기를 '하늘은 우리 백성들 눈을 통해서 보고, 하늘은 우리 백성들 귀를 통해서 듣는다'고 했는데 바로 이것을 두고 한 말이다."

만장이 맹자에게 또 물었다.

"사람들 말이 '우 임금에 이르러 덕이 쇠하여 천하를 현성(賢 : 賢聖)에게 전하지 않고 자기 아들에게 전했다'고 하는데, 그것이 사실입니까?"

"아니다. 그렇지 않다. 하늘이 현성에게 주었다면 현성에게 준 것이고, 하늘이 아들에게 주었다면 아들에게 준 것이다. 옛날에 순 임금이 우를 하늘에 추천한 후 17년 만에 붕어하자, 우는 삼년상을 마치고 순 임금의 아들 상균이 천하를 승계하도록 자신은 양성으로 피했다. 그러나 천하의 백성들은 우를 따라갔는데, 마치 요 임금이 붕어한 뒤에 요 임금의 아들에게 가지 않고 순에게 간 것과 같았다. 우 임금 역시 익(益)을 하늘에 추천한 후 7년 만에 붕어하자, 익도 삼년상을 마치고 우 임금의 아들을 위해서 기산 북쪽으로 피했다. 그러나 조회나 재판하는 자들 모두 익에게 가지 않고 우 임금의 아들 계(啓)에게 가면서 말하기를 '우리 임금의 아들이시다'고 했다. 또 정치를 찬송하는 사람들도 익을 찬송하지 않고 계를 찬송하면서 말하기를 '우리 임금의 아들이시다'고 했다. 요 임금의 아들 단주는 불초했고 순 임금의 아들 상균 역시 불초했던 반면에, 순이 재상으로서 요 임금을 보필하고 우가 재상으로서 순임금을 보필했던 햇수는 오래였기 때문에 백성들에게 은택을 베푼 기간도 오래였다. 이와는 달리 우 임금의 아들 계는 현명하여 우 임금의 전통을 성실하게 계승할 수 있었던 반면에 익이 재상으로서 우 임금을 보필한 햇수는 짧았기 때문에, 백성들에게 은택을 베푼 기간도 짧았다. 순, 우, 익 세 사람이 각각 그 임금을 보필했던 기간의 차이 그리고 그 아들들의 현불초(賢不肖) 역시 모두가 하늘의 뜻이었으며, 인력으로 할 수 있는 바가 아니었다. **아무도 도모하지 않았건만 행해지는 것이 하늘의 뜻이고, 아무도 초치하지 않았건만 닥치는 것이 운명이다. 필부로서 천하를 얻을 사람은 그 덕망이 반드시 순, 우 같아야 하며, 동시에 천자의 추천이 있어야 한다.** 그래서 공자는 [그런 덕망이 있었어도 천자의 추천이 없었기 때문에] 천하를 얻지 못했던 것이다. **세습에 의해서 천하를 얻은 사람**을 하늘이 폐하는 경우는 반드시 걸(桀), 주(紂)처럼 악덕한 경우에 한한다. 따라서 익, 이윤(伊尹), 주공(周公)은 [덕망이 있었어도 받든 군주가 걸, 주와 같지 않았기 때문에] 천하를 얻지 못했던 것이다."[29]

이것을 보면 맹자의 이상적인 정치제도는 성인의 덕을 소유한 자가 천자의 위치에 거하는 것이다. 이 성인이 연로해갈 즈음 죽기 전에

29) 萬章曰 : "堯以天下與舜, 有諸?" 孟子曰 : "否. 天子不能以天下與人." "然則舜有天下也, 孰與之?" 曰 : "天與之." "天與之者, 諄諄然命之乎?" 曰 : "否. 天不言, 以行與事示之而已矣." 曰 : "以行與事示之者如之何?" 曰 : "天子能薦人於天, 不能使天與之天下. 諸侯能薦人於天子, 不能使天子與之諸侯. 大夫能薦人於諸侯, 不能使諸侯與之大夫. 昔者堯薦舜於天, 而天受之. 暴之於民, 而民受之. 故曰, 天不言, 以行與事示之而已矣." 曰 : "敢問薦之於天, 而天受之 ; 暴之於民, 而民受之, 如何?" 曰 : "使之主祭, 而百神享之, 是天受之. 使之主事而事治, 百姓安之, 是民受之也. 天與之, 人與之 ; 故曰, 天子不能以天下與人. 舜相堯, 二十有八載, 非人之所能爲也, 天也. 堯崩, 三年之喪畢, 舜避堯之子於南河之南. 天下諸侯朝覲者, 不之堯之子而之舜. 訟獄者, 不之堯之子而之舜. 謳歌者, 不謳歌堯之子而謳歌舜. 故曰, 天也. 夫然後之中國, 踐天子位焉. 而居堯之宮, 逼堯之子, 是簒也, 非天與也. 「泰誓」曰 : '天視自我民視, 天聽自我民聽', 此之謂也." 萬章問曰 : "人有言, 至於禹而德衰, 不傳於賢而傳於子, 有諸?" 孟子曰 : "不, 不然也. 天與賢, 則與賢 ; 天與子, 則與子, 昔者舜薦禹於天. 十有七然, 舜崩, 三年之喪畢, 禹避舜之子於陽城. 天下之民從之, 若堯崩之後, 不從堯之子而從舜也. 禹薦益於天, 七年, 禹崩, 三年之喪畢. 益避禹之子於箕山之陰. 朝覲訟獄者, 不之益而之啓. 曰 : '吾君之子也.' 謳歌者, 不謳歌益而謳歌啓, 曰 : '吾君之子也.' 丹朱之不肖, 舜之子亦不肖. 舜之相堯, 禹之相舜也, 歷年多, 施澤於民久. 啓賢, 敬承繼禹之道. 益之相禹也, 歷年少, 施澤於民未久. 舜禹益, 相去久遠, 其子之賢不肖, 皆天也, 非人之所能爲也. 莫之爲而爲者, 天也. 莫之致而致者, 命也. 匹夫而有天下者, 德必若舜, 而又有天子薦之者. 故仲尼不有天下. 繼世而有天下, 天之所廢, 必若桀紂者也. 故益伊尹周公不有天下." (『맹자』 9 : 5-6)

미리 연소한 성인을 뽑아 먼저 재상을 시켜 시험해본다. 그래서 성과가 탁월하면 하늘에 추천하여 그 자신의 대체자로 삼는다. 연로한 성인이 죽으면 이 연소한 성인이 그를 대신하여 천자가 된다. 그러나 하늘의 뜻은 알 수 없고 알 수 있는 것은 민의(民意)뿐이다.* 백성들이 과연 그에게 귀의하면 하늘이 천하를 그에게 준 것이다. 따라서 하늘에 추천한다 함은 백성에게 추천한다는 말이다. "필부로서 천하를 얻을 사람은 그 덕망이 반드시 순, 우 같아야 하며 동시에 천자의 추천이 있어야 하는" 만큼, 천자의 추천이 없으면 미리 재상이 되어 자신을 시험해볼 수 없으므로 백성들에게 은택을 베풀 수 없고 따라서 백성들이 그에게 귀의하지 않는다. 이런 이상(理想)은 플라톤의 『국가』에서의 주장과 매우 흡사하다. 다만 유가는 계술을 통해서 창작하는지라 반드시 역사적 사실에 가탁하여 그 이상을 표현했고, 또 주제(周制)에 의뢰하고 문왕과 주공을 존숭했던지라 "세습에 의해서 천하를 얻은 사람" 역시 공박하지 않았다. 따라서 논리적으로 완벽한 설을 도출하지 못하고, "아무도 도모하지 않았건만 행해지는 것이 하늘의 뜻이고, 아무도 초치하지 않았건만 닥치는 것이 운명이다"라고 귀결지을 수밖에 없었다.

맹자의 이상적인 경제제도 역시 『맹자』에 매우 상세히 서술되어 있다. 맹자는 말했다.

* 『신편』II, 65쪽 : 맹가에 따르면, "하늘(天)"이 한 사람을 골라 "천자"로 삼은 것은 결코 그에게 "천하"에 대한 정치·경제상의 소유권을 준 것이 아니라, 단지 하나의 직위만을 준 것이다. 맹가는 "하늘"이 선택한 "천자"는 반드시 최고의 유"덕"자(有德者), 즉 소위 "성인"이라고 여겼다. 맹가가 품은 이상적인 정권교체 제도는 이른바 "선양(禪讓)"이었다. 천자의 직위에 있는 "성인"은 연로하게 되면 연소한 "성인"을 선발하여 그에게 재상(宰相)의 직무를 맡겨 학습시키고 시험한다. 만약 성적이 매우 좋으면 그를 "하늘"에 추천하여 그로 하여금 자기의 직무를 대신하게 한다. 그러나 "하늘"이 그 추천을 받아들이는지의 여부는 직접 나타나지 않으므로, 곧 일반 백성이 그를 지지하고 그에게 귀순하는지를 살펴야 한다. 만약 일반 백성이 지지한다면 그것은 곧 "하늘"이 그 추천을 받아들였음을 의미한다. "하늘의 선택(天與)"이란 "백성의 귀순(人歸)"으로써 결정되는 것이다. 이것은 사실상 "백성의 귀순"으로써 "하늘의 선택"을 대체한 것이고, 민의(民意)로써 천의(天意)를 대체한 것이다.

나는 이렇게 건의합니다. 교외에서는 9분의 1의 노동력을 바치는 조(助)의 방법을 채택하고, 성 안에서는 소득의 10분의 1을 직접 바치게 하십시오. 경 이하의 관리에게는 반드시 규전(圭田 : 제사 모실 토지)을 소유하게 하되, 규전은 50무(畝)로 하고, 만일 집안에 잉여 노동력이 있으면 한 사람당 25무씩을 더 주십시오. 장사를 하거나 이사를 가더라도 자기 본향의 토지를 벗어나지 않고, 마을의 정전을 함께 경작하는 풍토가 조성될 것입니다. 평일에 출입하면서 서로 우애하고 서로 살펴주고, 병이 나면 서로 돌볼 수 있어서 백성들은 더욱 친목하게 됩니다. 사방 각 1리의 토지를 1개 정전으로 삼으면 1개 정전은 900무의 토지가 됩니다. 그 한복판 100무는 공전(公田)이고, 그 주위는 8가구가 각각 100무씩 소유하며, 공전은 8가구가 공동으로 경작합니다. 공전의 일을 마친 뒤에야 사전의 일을 할 수 있습니다. 즉 군자와 야인(일반 백성)을 구별하기 위해서입니다.[30)]

○농사철을 그르치지 않는다면 곡식은 이루 다 먹을 수 없고, 방죽이나 연못에서 촘촘한 그물을 사용하지 않는다면 물고기와 자라는 이루 다 먹을 수 없고, 철에 맞게 벌목을 한다면 재목은 이루 다 쓸 수 없을 것입니다. 곡식과 물고기는 못다 먹을 정도요 재목은 못다 쓸 정도라면, 곧 모든 인민이 **봉양과 치상에 유감이 없도록 한다**(養生喪死無憾)는 말입니다. 봉양과 치상에 유감이 없도록 하는 것이 바로 **왕도의 시작**입니다. 5무의 택지 주위로 뽕나무를 심으면 쉰 살 이상의 어른은 비단옷을 입을 수 있고, 닭, 돼지, 개 등의 가축을 때를 맞추어 기를 수 있으면 일흔 살 이상의 노인은 고기를 먹을 수 있고, 100무 밭을 때를 맞추어 경작할 수 있으면 한 가족은 배부르게 먹을 수 있을 것입니다. 그런 다음에 학교를 창설하고 교육에 힘써 효성과 우애의 도리를 가르친다면 반백의 노인들이 거리에서 짐을 지는 경우는 없을 것입니다. 일

30) 請野九一而助, 國中什一使自賦. 卿以下必有圭田, 圭田五十畝, 餘夫二十五畝. 死徙無出鄕, 鄕田同井. 出入相友, 守望相助, 疾病相扶持, 則百姓親睦. 方里而井, 井九百畝, 其中爲公田. 八家皆私百畝, 同養公田. 公事畢, 然後敢治私事. 所以別野人也. (『맹자』 5 : 3)
[맹자에 따르면, 8가구의 농민이 공동으로 경작한 중간의 공전(公田)의 수입은 토지 소유자에게 돌리고, 사전(私田)의 수입은 농민 자신이 향유할 수 있는 방법이 "조(助)"의 방법이다. (『신편』II, 72쪽)]

> 흔의 노인들이 비단옷에 고기를 먹을 수 있고, 뭇 백성이 굶주리지 않고 추위에 얼지 않을 수 있도록 하고서도 천하의 왕이 되지 못한 경우는 없었습니다.[31)]

이것은 원래의 정전제도로부터 관점을 옮겨 사회주의적 성격을 띤 경제제도로 변경시킨 것이다. 관점을 옮겼다는 말은 다음과 같다. 대체로 고대에 토지는 군주와 귀족의 사유재산이었고, 농민은 귀족의 토지를 받아 그들의 "조경지맹(助耕之氓 : 정전 경작자)"〈제2장, 주13〉이 되었고 농노가 되었다. 따라서 원래의 정전제도는 귀족에게 유리했다. 맹자의 이상에 따르면 토지는 국가의 공유재산이고, 인민은 국가로부터 토지를 받는 자유 경작인이다. 각 정전 중의 공전의 산물은 여전히 군주와 경대부의 "경작을 대신할" 봉록이 될 것이겠지만, 농민들이 공전을 공동경작하는 일은 바로 국가에 납세하는 것과 같은 성격이었지, 농노처럼 지주에게 복역하는 성격이 아니었다. 이런 이상적인 제도는 모든 인민이 "봉양과 치상에 유감이 없도록 하는 것"인 만큼 인민에게 유리했다. 따라서 맹자가 말한 정전제도가 고대에 실행되었다라는 주장도 잘못이고, 또 맹자가 말한 정전제도가 순전히 이상적이고 창조물이라는 주장도 잘못이다. 거기에는 이 두 측면이 모두 있었으니, 이른바 계술을 통해서 창작했다는 말이다. 묵자는 평민의 관점에서 주제(周制)의 반대면(反面)을 주장했고, 맹자는 평민의 관점에서 주제에 새로운 해석과 새로운 의미를 부여했는데, 이것이 이 측면에서의 맹자와 묵자의 차이점이다.

맹자에 따르면, 국가는 인민에게 항산(恒產 : 안정된 생업)을 가지게 하여 생계 문제를 해결해주고 또한 교육기관을 설립하여 인민

---

31) 不違農時, 穀不可勝食也. 數罟不入洿池, 魚鼈不可勝食也. 斧斤以時入山林, 材木不可勝用也. 穀與魚鼈不可勝食, 材木不可勝用, 是使民養生喪死無憾也. 養生喪死無憾, 王道之始也. 五畝之宅, 樹之以桑, 五十者可以衣帛矣. 雞豚狗彘之畜, 無失其時, 七十者可以食肉矣. 百畝之田, 勿奪其時, 數口之家, 可以無饑矣. 謹庠序之敎, 申之以孝悌之義, 頒白者不負戴於道路矣. 七十者衣帛食肉, 黎民不饑不寒, 然而不王者, 未之有也. (『맹자』 1 : 3)

을 교육해야 한다. 맹자는 말했다.

> 상(庠), 서(序), 학(學), 교(校) 등의 교육기관을 설립하여 인민을 교육해야 합니다. '상'은 교육, '교'는 교도, '서'는 전시를 의미합니다. 하대에는 '교', 은대에는 '서', 주대에는 '상'이라고 했고, 대학의 경우는 3대 모두 '학'이라고 했습니다. 이런 교육의 목적은 모두 **인륜(人倫)을 깨우치는** 것입니다. 제후, 경대부들이 인륜을 깨우친다면 서민들은 서로 친애하고 단결할 것입니다.[32)]

모든 사람이 생계를 유지할 수 있도록, 즉 "봉양과 치상에 유감이 없도록 하는 것"은 "왕도의 시작"에 불과하다. 반드시 모든 사람을 교육시켜 "인륜을 깨우친" 다음이라야 비로소 왕도의 완성이다. 즉 공자가 말한 "부유하게 한 다음 교육시킨다"[33)]는 의미이다.

4. 성선(性善)

이상에서 서술한 각종 이상적인 제도가 바로 맹자가 말한 왕도(王道), 왕정(王政) 또는 인정(仁政)이다. 어째서 인정을 행해야 하는가? 어떻게 해서 인정을 행할 수 있는가? 맹자는 말했다.

> **사람은 누구나 남에게 모질지 못하는 마음**(不忍人之心 : 남의 고통을 차마 보지 못하는 마음)**이 있다**. 선왕(先王)은 바로 남에게 모질지 못하는 마음이 있었기 때문에 **남에게 모질지 못하는 정치**(不忍人之政 : 남의 고통을 차마 묵과하지 못하는 정치)를 펼쳤다.[34)]

---

32) 設爲庠序學校以教之. 庠者, 養也. 校者, 教也. 序者, 射也. 夏曰校, 殷曰序, 周曰庠, 學則三代共之. 皆所以明人倫也. 人倫明於上 ; 小民親於下. (『맹자』 5 : 3)

33) 富之教之. (『논어』 13 : 9) 〈제4장,주149〉

34) 人皆有不忍人之心 ; 先王有不忍人之心, 斯有不忍人之政矣. (『맹자』 3 : 6)
[『신편』II, 75쪽 : 맹가는 "왕도"를 "왕정"이라고도 불렀다. 그는 "왕정"의 근원(根源)은 통치자의 "인(仁)"이라고 여겼기 때문에,"왕정"은 또한 "인정(仁政)"이라고도 일컬었다. 그는 "인"의 주요 내용은 "불인인지심(不忍人之心)", 즉 남의 고통을 차마 보지 못하는 마음이라고 여겼다. 그에 따르면 "인정"이란 통치자가 자신의 "불인인지심"에 근거하여 "추기급인(推己及人)"한 결과이다.]

"남에게 모질지 못하는 정치"가 인정(仁政)이다. "사람마다 남에게 모질지 못하는 마음이 있어서", 남의 고통을 차마 보지(忍見) 못한다는 사실이 곧 반드시 인정을 행해야 하는 까닭이다. 사람마다 이미 인정의 근거인 이 마음이 있다는 사실이 곧 인정을 행할 수 있는 까닭이다. 맹자는 제나라 선왕이 소 한 마리가 "떨면서 사지로 나아가는 것"[35]을 차마 보지 못하자, 왕은 반드시 왕정을 행할 수 있다고 단정하며, 이렇게 말했다.

> 내 집안 노인을 받드는 일로부터 나아가 다른 집안 노인을 받들며, 내 집 아이를 돌보는 일로부터 나아가 다른 집 아이를 돌볼 수 있다면, 천하를 다스리는 일은 손바닥 안에서 운용할 수 있을 것입니다. 『시』에 이르기를
>
> "우선 아내에게 모범을 보여,
> 형제에게 이르고,
> 나아가 봉읍과 국가를 다스린다"
>
> 했는데, [자신과 가족을 사랑하는] **이 마음을 그대로 남에게 적용하기만 하면 된다**는 말입니다. 따라서 은정을 확충하면 온 세상을 보살피기에 넉넉하지만, 은정을 확충할 줄 모르면 처자식조차도 돌볼 수 없게 됩니다. 옛 성현이 남보다 크게 뛰어났던 까닭도 다름 아니라, 오직 **자신의 용심**[用心]**을 남에게 잘 확충했기**(善推其所爲) 때문입니다.[36]

제나라 선왕이 자신은 재물을 좋아하고 호색하므로 왕정을 행할 수 없다고 말하자, 맹자는 "왕께서 설령 재물을 좋아하고 호색할지라도 백성과 함께 추구한다면 왕도를 성취하는 데에 무슨 문제가 되

35) 觳觫而就死地 ["觳觫若無罪而就死地" (『맹자』 1 : 7)]

36) 老吾老以及人之老, 幼吾幼以及人之幼, 治天下可運於掌. 『詩』云 : "刑於寡妻, 至於兄弟, 以御於家邦." 言擧斯心加諸彼而已. 故推恩, 足以保四海 ; 不推恩, 無以保妻子. 古之人所以大過人者無他焉, 善推其所爲而已矣. (『맹자』 1 : 7) [善推其所爲 : extension of one's scope of activity to include others]
[『신편』II, 75쪽 : 자기 마음을 다른 사람에게 적용한다는 맹가의 말은, 바로 공자가 말한 "능근취비(能近取譬 : 자기 경우로부터 남의 처지를 유추하는 일)"〈제4장,주122〉이다. 맹가는 공자와 마찬가지로 이것이 "인을 행하는(爲仁)" 주요 방법이라고 여겼다.]

겠습니까?"[37]라고 반문했다. 자신이 재물을 좋아하고 호색한다는 사실로부터 나아가 백성과 함께 그것을 추구하는 것이 즉 "자신의 마음을 그대로 남에게 적용한다는" 말이다. 만약 이 마음을 정치에 실현한다면 그런 정치가 곧 인정이다. "자신의 용심을 남에게 잘 확충하는 것"은 바로 인(仁)이고, 충서(忠恕)이다. 인과 충서에 대한 공자의 논의는 주로 개인적인 수양 측면에 국한되었지만, 맹자는 그것을 정치·사회 철학에 응용했다. 인과 충서에 대한 공자의 논의는 "내성(內聖 : 성인의 덕성을 닦음)"에 그쳤지만, 맹자의 경우는 "외왕(外王 : 王者의 사업을 성취함)"에까지 미쳤다.

"사람은 누구나 남에게 모질지 못하는 마음이 있다"고 함은 이른바 인성은 모두 선하다는 말이다. 맹자는 말했다.

> **사람은 누구나 남에게 모질지 못하는 마음이 있다**.……가령 막 우물에 빠지려는 아이를 보면, 누구라도 깜짝 놀라 측은지심(惻隱之心)이 생길 것이다. 그것은 속으로 아이의 부모와 어떤 교섭을 한 때문도 아니요, 마을 친구들의 칭찬을 사려는 때문도 아니요, 아이의 울음 소리가 싫은 때문도 아니다.
>
> 이로써 고찰하건대, 측은지심이 없으면 사람이 아니요, 수오지심(羞惡之心 : 자신의 불의를 부끄러워하고 남의 불의를 증오하는 마음)이 없어도 사람이 아니요, 사양지심(辭讓之心)이 없어도 사람이 아니요, 시비지심(是非之心 : 시비를 분간할 줄 아는 마음)이 없어도 사람이 아니다. 측은지심은 인(仁)의 단서(端 : 端緖)요, 수오지심은 의(義)의 단서요, 사양지심은 예(禮)의 단서요, 시비지심은 지(智)의 단서이다. 사람에게 이 4단(四端)*이 있는 것은 마치 몸에 사지가 있는 것과 같다. 이러한 4단이 있음에도 불구하고, 스스로 어쩔 수 없다고 말하는 사람은 자신을 망치는 사람이요, 우리 임금은 어쩔 수 없다고 말하는 사람은 임금을 망치는 사람이다. 무릇 내 속에 내재해 있는 이러한 4단을 모두 확충할(擴而充之 : 발전시키고 완성시킴) 줄 알아야

---

37) "王如好貨",……"王如好色", "與百姓同之, 於王何有?" (『맹자』 2 : 5)

* 仁 : human-heartedness, 義 : righteousness, 禮 : propriety, 智 : wisdom. 四端(four beginnings)은 惻隱之心(feeling of commiseration for others), 羞惡之心(feeling of shame and dislike of anything disonerable), 辭讓之心(feeling of modesty and yielding), 是非之心(sense of right and wrong)이다.

한다. 만일 불길이 타오르고 샘물이 솟아나듯이 확충할 수 있다면 족히 온 세상을 보살필 수 있겠지만, 정녕 확충할 수 없다면 제 부모조차 돌볼 수 없을 것이다.[38)]

진례(陳澧)는 "맹자의 성선론은 모든 사람의 성(性)에 선(善)이 있다는 말이지, 모든 사람의 성이 순전히 선하다는 말이 아니다"[39)]고 했다. 맹자의 성선설은 단지 사람은 모두 인의예지의 "4단서(端)"가 있으니, 이 "4단서"를 확충할 수 있으면 성인이 된다는 말이다.* 사람이 선하지 못한 까닭은 모두 이 "4단서"를 확충하지 못한 탓이지, 그 본성이 본래 선한 사람과 다르기 때문이 아니다. 따라서 말했다.

그 실제(情 : 진상, 자질, 이치)의 측면에서 보면 선을 행할 수 있다는 것이 바로 내가 말한 성이 선하다는 의미이다. 따라서 악을 행하는 경우는 결코 재질(才 : 材質)의 죄가 아니다. 측은지심은 누구에게나 있고, 수오지심도 누

---

38) 人皆有不忍人之心. 今人乍見孺子將入於井, 皆有怵惕惻隱之心. 非所以內交於孺子之父母也, 非所以要譽於鄉黨朋友也, 非惡其聲而然也. 由是觀之, 無惻隱之心, 非人也. 無羞惡之心, 非人也. 無辭讓之心, 非人也. 無是非之心, 非人也. 惻隱之心, 仁之端也. 羞惡之心, 義之端也. 辭讓之心, 禮之端也. 是非之心, 智之端也. 人之有是四端, 猶其有四體也. 有是四端, 而自謂不能者, 自賊者也. 謂其君不能者, 賊其君者也. 凡有四端於我者, 知皆擴而充之矣. 若火之始然, 泉之始達. 苟能充之, 足以保四海 ; 苟不充之, 不足以事父母. (『맹자』 3 : 6)

39) 孟子所謂性善者, 謂人人之性皆有善也, 非謂人人之性, 皆純乎善也. (진례〈주9〉, 『동숙독서기』 권3 : 1쪽)

* 『신편』II, 78-79쪽 : 성이 선하다는 맹가의 말은 모든 사람이 생래적으로 한결같이 도덕적으로 완전한 사람이다는 말이 아니라, 개인이 태어날 때 그의 본성 속에는 저마다 자연히 선한 요소 혹은 원칙이라고 할 것이 있다는 말이다. 이런 요소 혹은 원칙을 그는 "단(端)"이라고 일컬었는데 즉 단서(苗頭 : 경향, 조짐)라는 뜻이다. 그는 모든 개인에게는 생래적으로 "측은지심", "수오지심", "사양지심", "시비지심"이 있다고 여겼는데 이것들을 "4단"이라고 불렀다. "4단"이 만약 능히 발전하면 "인", "의", "예", "지"의 "4덕(四德)"으로 된다. 그는 "4덕"을 "4단"의 발전이라고 여겼으므로, 이 "4덕"은 모두가 **"내게 본디부터 있던 것"**이다. 그는 이른바 "성인"은 바로 "4단"을 최고 완전한 정도로 발전시킬 수 있다고 여겼다. 사람마다 모두 "4단"이 있는 만큼 "4단"을 "확충"할 수만 있으면 모두 "성인"이 될 수 있다. 따라서 그는 "사람은 모두 요순이 될 수 있다(人皆可以爲堯舜)"(『맹자』 12 : 2)고 여겼다. 이 점에서 모든 인간은 똑같다고 맹가는 여겼다.

> 구에게나 있고, 공경지심(恭敬之心)도 누구에게나 있고, 시비지심도 누구에게나 있다. 측은지심은 인(仁)이요, 수오지심은 의(義)요, 공경지심은 예(禮)요, 시비지심은 지(智)이다. 이들 **인의예지는 외부로부터 내게 주입된 것이 아니라, 내게 본디부터 있던 것들이다.** 다만 탐색해내지 않았을 따름이다. 따라서 나는 "인의예지는 구하면 얻고, 버려두면 잃는다"고 말했다. 사람간의 격차가 두 배, 다섯 배 혹은 무한히 벌어지는 까닭은 각자의 재질을 충분히 발휘하지 못한 때문이다.[40]

유정섭은 "정(情)은 일의 실정(實)이다. 『대학(大學)』의 '무정자(無情者 : 실정이 없는 사람)' 구절의, '정은 실(實)과 같다'는 정현(鄭玄)의 주(註)가 그것이다"[41]고 했고, 주희는 "재(才)는 재질과 같다"[42]고 했다. 재는 곧 재료라는 뜻이니, 선하지 못한 사람도 그 실제를 살펴보면 어찌 "선을 행할 수 있는" 재질이 없겠으며, 앞에서 논한 4단이 없겠는가? 확충할 수 없거나 억압하여 잃어버린 경우는 "재질의 죄가 아니다."

사람은 왜 이 선단(善端)을 확충해야 하는가? 이 또한 하나의 문제이다. 공리주의적 관점에 따르면 사람이 이 선단을 확충하면 사회에 유익하고 그렇지 않으면 해롭다는 것인데, 이것이 바로 묵자가 겸애를 주장한 이유였다. 그러나 맹자의 입장에 따르면 사람이 이 선단을 확충해야만 하는 것은 그것이 곧 사람이 사람인 까닭(人之所以爲人)이기 때문이다. 맹자는 말했다.

> 사람이 금수와 다른 까닭(人之所以異於禽獸者)은 아주 미미하다. 다만 뭇 사람은 그것을 버리지만 군자는 보존한다.[43]

---

40) 乃若其情, 則可以爲善矣 ; 乃所謂善也. 若夫爲不善, 非才之罪也. 惻隱之心, 人皆有之. 羞惡之心, 人皆有之. 恭敬之心, 人皆有之. 是非之心, 人皆有之. 惻隱之心, 仁也. 羞惡之心, 義也. 恭敬之心, 禮也. 是非之心, 智也. 仁義禮智, 非由外鑠我也, 我固有之也, 弗思耳矣. 故曰, 求則得之, 舍則失之. 或相倍蓰而無算者, 不能盡其才者也. (『맹자』 11 : 6)

41) 유정섭(兪正燮, 1775-1840), 『계사존고(癸巳存稿)』 권2, 30쪽.

42) 才猶材質. (주희〔朱熹, 1130-1200〕, 『주자집주(朱子集注)』)

43) 人之所以異於禽獸者幾希, 庶民去之, 君子存之. (『맹자』 8 : 19)

사람이 사람인 까닭은 사람의 본질, 즉 사람이라는 이름의 정의(定義)이며, 사람이 금수와 다른 까닭이기도 하다. 사람이 사람인 까닭은 사람에게 인심(人心)이 있기 때문이다. 『맹자』는 말한다.

> 공도자(公都子)가 맹자에게 물었다.
>
> "다 같은 사람이건만 어떤 사람은 대인(大人)이 되고 어떤 사람은 소인(小人)이 되는 것은 무엇 때문입니까?"
>
> "자기의 대체(大體 : 마음)를 따르면 대인이 되고 **소체**(小體 : 귀, 눈 등의 감각)**를 따르면** 소인이 된다."
>
> "다 같은 사람이건만 어떤 사람은 대체를 따르고 어떤 사람은 소체를 따르는 것은 무엇 때문입니까?"
>
> **"귀와 눈 등의 감각기관은 사고력이 없으므로 외물에 가려막히며 외물과 서로 접촉하면 이끌릴 따름이다.** 그런데 마음(心)의 기능은 사고이니, 사고하면 합당함을 얻고 사고하지 않으면 얻지 못한다. 이것은 **하늘이 내게 부여한** 것이다. 먼저 큰 것(大者 : 대체)을 확립하면 작은 것(小者 : 소체)은 점령해들어올 수 없다. 그러면 곧 대인이 된다.[44]

아리스토텔레스는 『윤리학』에서, 식욕과 성욕은 사람과 금수가 공유하는 것이고, 사람이 금수와 구별되는 것은 오직 이성이 있기 때문이라고 했다. "마음의 기능은 사고이고", 사고할 수 있음은 즉 이성이 있음이다. 사고할 수 있는 마음은 인간에게 특유하여, 바로 "하늘이 우리에게 부여한" 것이므로 대체이다. 귀와 눈 등의 감각기관은 사람과 금수가 공유하는 것이므로 소체이다. 만약 오로지 "자기의 소체만 따르면" 소인일 뿐더러 금수이기도 하다(이하 참조). "귀와 눈 등의 감각기관은 사고력이 없으므로 외물에 가려막히며 외물과 서로 접촉하면 이끌릴 따름이다." 감각기관은 그대로

---

44) 公都子問曰 : "鈞是人也, 或爲大人, 或爲小人, 何也?" 孟子曰 : "從其大體爲大人, 從其小體爲小人." 曰 : "鈞是人也, 或從其大體, 或從其小體, 何也?" 曰 : "耳目之官, 不思而蔽於物, 物交物則引之而已矣. 心之官則思, 思則得之, 不思則不得也. 此天之所與我者, 先立乎其大者, 則其小者不能奪也. 此爲大人而已矣." (『맹자』 11 : 15)

내버려두면 "마음을 타락시킬"[45] 수 있는바, 인간에게 불선(不善 : 즉 惡)이 생기는 까닭은 바로 이 때문이다. 사고할 수 있는 마음이 좋아하는 것이 도리(理)와 의리(義)이다. 맹자는 말했다.

무릇 동류(同類)의 것들은 모두가 서로 비슷할진대, 하필 유독 사람의 경우에서만 의심할 수 있겠는가? 성인(聖人)은 나와 동류이다. 따라서 용자(龍子 : 고대 현인)가 말하기를 "남의 발을 재보고 짚신을 삼는 것은 아니지만 삼태기를 만들지는 않는다"고 했다. 짚신의 크기가 비슷비슷한 것은 세상 사람들의 발이 비슷하기 때문이다. 사람들 입은 맛에 대해서 같은 기호를 가지고 있기 때문에, 역아(易牙 : 고대 요리사)는 나보다 앞서 내 입의 기호에 맞추어놓았던 것이다. 만약 맛에 대한 입의 성품(性 : 기호)이 사람마다 달라서, 마치 짐승과 사람이 판이한 것만큼이나 차이가 난다면, 모든 사람들이 어찌 역아가 결정한 맛을 좋아하겠는가? 맛에서 모든 사람들이 역아를 기준으로 삼는 까닭은 모든 사람들의 입이 다 서로 비슷하기 때문이다. 귀도 역시 그러하다. 음악에서 모든 사람들이 사광(師曠 : 고대 음악가)을 기준으로 삼는 까닭은 모든 사람들의 귀가 다 서로 비슷한 때문이다. 눈도 역시 그러하다. 자도(子都 : 춘추시대의 미인)의 아름다움을 모르는 사람은 세상에 아무도 없다. 자도의 아름다움을 모르는 사람은 눈이 없는 사람일 뿐이다.

따라서 나는 말한다. 사람마다 입은 맛에 대해서 동일한 기호가 있고, 귀는 음악에 대해서 동일한 청각이 있고, 눈은 미색에 대해서 동일한 아름다움을 느낀다. 그렇다면 마음만 유독 동일한 점이 없겠는가? 모든 사람의 마음에 동일한 것은 무엇인가? 바로 도리요 의리이다. 성인은 나보다 앞서 내 마음과 동일한 것을 터득했을 따름이다. 따라서 도리와 의리가 내 마음을 흡족시키는 것은 마치 고기 요리가 내 입을 즐겁게 하는 것과 같다.[46]

---

45) 陷溺其心. ["富歲, 子弟多賴 ; 凶歲, 子弟多暴, 非天之降才爾殊也, 其所以陷溺其心者然也."] (『맹자』 11 : 7)

46) 故凡同類者, 擧相似也. 何獨至於人而疑之? 聖人與我同類者. 故龍子曰 : "不知足而爲屨, 我知其不爲蕢也." 屨之相似, 天下之足同也. 口之於味, 有同嗜也. 易牙先得我口之所嗜者也. 如使口之於味也, 其性與人殊, 若犬馬之與我不同類也, 則天下何嗜皆從易牙之於味也? 至於味, 天下期於易牙, 是天下之口相似也. 惟耳亦然, 至於

따라서 인간은 도리와 의리에 따라 행해야 "자기의 대체를 따르는 것"이 된다. 자기의 대체를 따르면 사람이 사람인 까닭을 보존할 수 있어서 '사람'의 정의에 부합하게 된다. 그렇지 못하면 사람은 스스로 사람인 까닭을 상실하고 금수와 같아진다. 맹자는 말했다.

> 누구인들 어찌 **인의의 마음**(仁義之心)이 없겠는가? 사람이 그런 양심(良心 : 즉 仁義)을 상실해버린 경우는, 마치 산림의 나무를 날마다 도끼로 베어낸 것과 같으니 어찌 아름다울 수 있겠는가? 사람은 누구나 평단지기(平旦之氣 : 새벽의 청명한 기운)를 날마다 호흡하고 있건만, 누가 만약 호오(好惡)의 성향이 남과 비슷한 데가 거의 없을 정도로 변해버렸다면, 그것은 바로 그의 낮 동안의(이기적인) 행위가 평단지기를 어지럽혀 망쳐버렸기 때문이다. 이렇듯 어지럽히는 일이 반복되면 **야기**(夜氣 : 밤 동안에 생기는 선한 기운, 즉 평단지기)**가 보존**될 수 없고, 야기가 보존될 수 없으면 금수와 다름없게 된다. 이제 그런 금수 같은 모습을 대하고 애초부터 그에게는 [선한] 재질(才)이 없었다고 여긴다면, 그것이 어찌 인간의 참모습이겠는가?[47]

"야기"는 곧 사람의 "인의의 마음"이 아직 완전히 손상당하지는 않은 것을 말한다. 사람에게 "야기가 보존되지 않으면" "사람인 까닭"을 상실하는 것이므로, 당연히 금수가 된다. 맹자가 "달아난 본심(양심)을 구하고"[48] "본심을 상실하지 말라"[49]고 주장한 것은 반드시 그래야만 사람일 수 있기 때문이다.

사람에게는 누구나 인심(人心)이 있다는 것이 곧 인성(人性)이 선한 이유이다. 맹자는 성선(性善)을 논할 때 그가 논하는 성은 "사

聲, 天下期於師曠, 是天下之耳相似也. 惟目亦然, 至於子都, 天下莫不知其姣也. 不知子都之姣者, 無目者也. 故曰 : 口之於味也, 有同嗜焉. 耳之於聲也, 有同聽焉. 目之於色也, 有同美焉. 至於心獨無所同然乎? 心之所同然者, 何也? 謂理也, 義也. 聖人先得我心之所同然耳. 故理義之悅我心, 猶芻豢之悅我口. (『맹자』 11 : 7)

47) 雖存乎人者, 豈無仁義之心哉? 其所以放其良心者, 亦猶斧斤之於木也, 旦旦而伐之, 可以爲美乎? 其日夜之所息, 平旦之氣, 其好惡與人相近也者幾希. 則其旦晝之所爲, 有梏亡之矣. 梏之反覆, 則其夜氣不足以存 ; 夜氣不足以存, 則其違禽獸不遠矣. 人見其禽獸也, 而以爲未嘗有才焉者, 是豈人之情也哉? (『맹자』 11 : 8)

48) 求放心. ["學問之道無他, 求其放心而已矣." (『맹자』 11 : 11)]

49) 不失本心. ["……此之謂失其本心." (『맹자』 11 : 10)]

람의 성"임을 특별히 상기시켰다. 『맹자』는 말한다.

고자(告子)가 맹자에게 말했다.

"생긴 그대로가 바로 성(性)입니다."

"생긴 그대로가 성이라는 말씀은 마치 흰 물건을 희다고 하는 것과 같다는 말씀입니까?"

"그렇습니다."

"그러면 흰 깃털의 흼은 하얀 눈(雪)의 흼과 같고, 흰 눈의 흼은 흰 옥의 흼과 같다는 말씀입니까?"

"그렇습니다."

"그렇다면 개의 성이 소의 성과 같고, 소의 성이 사람의 성과 같다는 말씀입니까?"[50]

세상의 '흼(白)'은 한 가지이지만 성(性)은 한 가지가 아니다. 소는 사람과 동류가 아니므로 그것의 성 역시 사람과는 다르다. 사람의 성은 "사람이 사람인 까닭"을 포함한다. 그 성을 상실하면 금수와 똑같은 것이다.[51] 맹자는 또 말했다.

인(仁)이란 사람의(사람다운) 마음이요, 의(義)란 사람의 길이다.[52]

인이란 "사람"이면 지녀야 할 마음이요, 의란 "사람"이면 따라야

---

50) 告子曰:"生之謂性." 孟子曰:"生之謂性也, 猶白之謂白歟?" 曰:"然." "白羽之白也, 猶白雪之白;白雪之白, 猶白玉之白歟?" 曰:"然." "然則犬之性猶牛之性, 牛之性猶人之性歟?" (『맹자』 11:3)

[『신편』II, 77-78쪽:고자에 따르면 태어날 때부터 소유한 모든 능력과 성격이 곧 성(性)이다. 그가 말한 "성"은 실제로 본능이다. 맹가는 이것에 반대하여 만약 그 말이 옳다면 인간의 성과 소의 성은 차이가 없다고 말했다. 맹가는 인간의 성을 논하려면 마땅히 인간과 여타 동물의 차이점에 주목해야 한다고 여겼다.]

51) 【주】 만약 인간의 성이 오로지 인간이 인간인 까닭 즉 인간이 금수와 다른 까닭만을 지칭한다면, 인성은 전적으로 선하다고 말해도 안 될 것이 없다. 보통 말하는 인성 가운데 금수와 똑같은 부분, 예컨대 맹자가 말한 소체(小體) 따위는 엄격히 말해서 인간의 성이 아니라 인간의 수성(獸性)일 뿐이다고 할 수 있다. 따라서 오로지 인성(人性)에 대해서만 말하면 사실상 선하지 않은 점이 없다.

52) 仁, 人心也;義, 人路也. (『맹자』 11:11)

할 길이다. 만약 "인에 거하지 않고 의를 따르지 않으면"〈주57〉 곧 사람이 아니다.

이를 바탕으로 맹자의 다음 말을 이해할 수 있다.

> 양주의 위아주의(爲我)는 임금의 존재를 부정한 것이며, 묵자의 겸애주의(兼愛)는 아버지의 존재를 부정한 것이다. 아버지도 없고 임금도 없다면 다름 아닌 금수이다.[53)]

이것은 근거 없는 오만한 비난이 아니다. 유가는 인간의 4단이 사회조직에 표현된 것이 소위 인륜(人倫)이라고 여긴다. 따라서 말했다.

> 인(仁)의 실질(實 : 본질)은 부모를 섬기는 데에 있고, 의(義)의 실질은 형을 따르는 데에 있다. 지(智)의 실질은 이 두 도리를 깨달아 잘 견지하는 데에 있고, 예(禮)의 실질은 이 두 도리를 조절하고 격식화하는(節文) 데에 있으며, 악(樂)의 실질은 그 두 도리를 즐거워하는 것이다.[54)]

> ○성인이란 **인륜**(人倫)***의 극치**이다.[55)]

양주, 묵자의 도는 인륜을 폐기하여 "사람인 까닭"을 상실하고 인간의 정의에 부합하지 않으므로 곧 금수이다. 아리스토텔레스는 인간은 정치적 동물인 만큼, 인성(人性)이 충분히 발달하려면 국가와 사회가 존재해야 하고 그렇지 않으면 진정한 인간이 될 수 없다고 여겼다. 유가에서도 인간은 임금과 아버지가 존재해야 한다고 여겼는데 역시 그 뜻이다.

모든 인간에게는 선단(善端)이 있는데, 이른바 성인은 이 선단을

53) 楊氏爲我, 是無君也. 墨氏兼愛, 是無父也. 無父無君, 是禽獸也. (『맹자』 6 : 9)

54) 仁之實, 事親是也. 義之實, 從兄是也. 智之實, 知斯二者弗去是也. 禮之實, 節文斯二者是也. 樂之實, 樂斯二者. (『맹자』 7 : 27), 〈제14장,주8〉

* 『신편』II, 79쪽 : 인간은 사회적 동물이다. 즉 사회를 떠나서는 살 수 없고 사회를 떠나서는 존재할 수도 없다. 사회 속에 존재하는 만큼 결국 사회와 관계를 맺어야 한다. 이런 관계를 맹가는 "인륜(人倫)"이라고 일컬었다. "군신(君臣)", "부자(父子)", "형제(兄弟)", "부부(夫婦)", "붕우(朋友)" 이 다섯 가지의 주요 사회관계를 오륜(五倫)이라고 일컬었다.

55) 聖人, 人倫之至也[The sage is the acme of human relations]. (『맹자』 7 : 2)

확충하여 "인륜의 극치"에 도달했을 따름이다. 따라서 사람은 누구나 다 성인이 될 수 있다. 맹자는 안연(顔淵)의 말을 빌려서 이렇게 말했다.

> 순 임금은 누구이고, 나는 누구인가? 누구든 스스로 노력한다면 순 임금처럼 될 것이다.[56)]

만약 스스로 "나는 인(仁)에 거하고 의(義)를 따를 능력이 없다"고 여긴다면 "자포자기라고밖에 말할 수 없다."[57)]

맹자는 개인을 극히 중시했기 때문에 개인의 자유를 강조했다. 그러니 이른바 예라는 것도 만약 합당하지 않다고 여겨지면 부인하고 개혁할 수 있다. 『맹자』는 말한다.

> 맹자가 제나라 선왕과 대화를 했는데 이렇게 말을 꺼냈다.
>
> "임금이 신하를 자신의 수족처럼 여긴다면 신하는 임금을 자신의 몸처럼 받들 것입니다. 임금이 신하를 개나 말처럼 대한다면 신하는 임금을 일반인처럼 대할 것입니다. 임금이 신하를 초개처럼 취급한다면 신하는 임금을 원수처럼 여길 것입니다."
>
> "예법의 규정에는 옛 임금의 상에 복을 입는다고 했는데, 그러면 어떤 경우에 신하가 복을 입게 됩니까?"
>
> "[임금이] 신하가 간한 내용을 행하고 건의한 주장을 수용하여 정치상의 은택이 일반 백성에게까지 미치도록 합니다. 또 신하가 어떤 사정 때문에 떠나게 되면 사람을 보내 국경을 넘을 때 인도해주고, 그의 행선지에 먼저 사람을 파견하여 잘 안배해줍니다. 3년이 지나도 돌아오지 않을 때 비로소 그의 토지와 가옥을 회수합니다. 이것을 두고 신하에게 세 번 예를 갖추었다고 말합니다. 이런 경우에 신하는 그 임금을 위해서 복을 입습니다. 그런데 요즘은 신하가 간해도 행하지 않고 건의해도 수용하지 않아 은택이 일반 백성에게 미치지 않습니다. 또한 신하가 사정이 생겨 부득불 떠나게 되면 임금은 그를 잡아들이거나 아니면 행선지에서 곤궁에 빠뜨립니다. 또 떠나간 그날

56) 舜何人也, 予何人也, 有爲者亦若是. (『맹자』 5 : 1)
57) 吾身不能居仁由義, 謂之自棄也. (『맹자』 7 : 10)

로 그의 토지와 가옥을 몰수해버립니다. 이것은 바로 원수입니다. 원수에게 무슨 복을 입겠습니까?"[58)]

이것은 맹자가 구례(舊禮)를 부인한 주장이다. 맹자는 또 말했다.

예(禮)답지 않은 예, 의(義)답지 않은 의를 대인(大人)은 행하지 않는다.[59)]

즉 개인이 내린 판단의 권위가 세속에서 말하는 예의(禮義) 위에 존재한다는 말이다. 앞에서, 공자는 개인의 성정(性情)의 자유를 중시함과 동시에 인간의 행위의 외부규범을 중시했는데, 전자는 공자의 독창이고 후자는 고대의 상규였다고 말했다(제4장, 제5절). 그러나 맹자는 개인의 성정의 자유를 더욱 중시했다. 맹자는 성선설을 주장하여 "인의예지는 외부로부터 내게 주입된 것이 아니라, 내게 본디부터 있던 것들이다"〈주40〉고 여긴 만큼, 개인의 도덕적 판단을 당연히 중시했다.

사람은 다 성인이 될 수 있음은 누구나 스스로 기대할 수 있는 일이다. 그러나 삶 가운데 다른 측면에서의 성패와 길흉은 도모할 수도 없으려니와 도모할 필요도 없다. 맹자는 말했다.

성공 여부는 **하늘**(天)에 달려 있습니다. 임금께서인들 그것을 어떻게 하시겠습니까? **자강불식 선을 행하실** 따름입니다.[60)]

○죽은 사람을 곡하고 슬퍼함은 산 사람들에게 보이기 위해서가 아니다. 도덕에 따라 행하여 어긋나지 않음은 벼슬자리를 얻기 위해서가 아니다. 모든 말을 반드시 신실하게 함은 내 행실을 정당화하기 위해서가 아니다. 군자는

---

58) 孟子告齊宣王曰："君之視臣如手足，則臣視君如腹心；君之視臣如犬馬，則臣視君如國人；君之視臣如土芥，則臣視君如寇讎." 王曰："禮爲舊君有服，何如斯可爲服矣?" 曰："諫行言聽，膏澤下於民. 有故而去，則君使人導之出疆，又先於其所往. 去三年不返，然後收其田里. 此之謂三有禮焉. 如此則爲之服矣. 今也爲臣，諫則不行，言則不聽，膏澤不下於民. 有故而去，則君搏執之，又極之於其所往. 去之日，遂收其田里. 此之謂寇讎. 寇讎何服之有!" (『맹자』 8 : 3) 〈부록1,주100〉

59) 非禮之禮, 非義之義, 大人弗爲. (『맹자』 8 : 6)

60) 若夫成功則天也, 君如彼何哉, 強爲善而已矣. (『맹자』 2 : 14) 〈제3장,주33〉

오직 법도에 따라 행함으로써 **명**(命)을 기다릴 뿐이다.[61)]

여기서의 하늘과 명은 모두 인력으로 어쩔 도리가 없는 것을 지칭한다. 즉 "아무도 도모하지 않았건만 행해지는 것이 하늘의 뜻이고, 아무도 초치하지 않았건만 닥치는 것이 운명이다"〈주29〉는 말이다. 우리는 행위에서 단지 그것의 정당성 여부만을 물을 수 있다. 마땅히 행해야 한다면 행해야 하는 것이니, "자강불식 선을 행할 따름이다"는 말이다. 그것의 성패와 길흉은 각 방면의 환경에 따라 달라진다. 이것은 인력만으로 다스릴 수 있는 것이 아니니, 이른바 하늘이고 명이다. 소위 운명지천(運命之天)이 바로 이것을 지칭한다. 묵가는 비명(非命)의 설을 세워 유가와 대치했다. 그러나 사실상 유가에서 말한 명은, 적어도 맹자 순자가 말한 명은, 미신이 내재해 있지 않으므로, 묵가가 비난한(非) 그 명과는 결코 같지 않다.

5. 맹자의 반(反)공리주의

여기서도 맹자가 이익(利)을 반대한 까닭을 알 수 있다. 맹자는 인간은 누구나 측은, 수오, 사양, 시비의 4단(四端)이 있으며, 그것을 확충하면 인, 의, 예, 지의 4덕(四德)이 된다고 여겼다. 4덕은 인성(人性)이 발전한 자연적인 결과인데, 사람이 인성을 발전시켜야 하는 이유는 반드시 그래야만 "사람이 사람인 까닭"을 다할 수 있기 때문이지, 4덕이 이롭기 때문에 그렇게 하는 것이 아니다. 4덕의 행위는 물론 사회에 이로운 결과를 낳겠지만, 그 결과는 극히 귀중할지라도 역시 부수적인 것이다. 마치, 예술가의 작품이 우리에게 물론 기쁨을 주지만 그것은 부수적인 결과일 뿐이고, 예술가의 창작품은 그의 이상과 감정을 표현한 것인 만큼 사람들의 환희를 얻으려는 것이 아닌 것과 같다.

그러나 맹자는 의(義)를 주장하고 이(利)를 반대하기는 했지만,

61) 哭死而哀, 非爲生者也. 經[經 : 行]德不回, 非以干祿也. 言語必信, 非以正行也. 君子行法以俟命而已矣. (『맹자』 14 : 33) [回 : 違. 예절에 어긋난다는 뜻]

의리지변(義利之辨 : 의와 이의 분별)에 대해서 상세히 설명하지 않았고 또 공리(公利)와 사리(私利)를 분별하지 않았기 때문에 후세에 상당한 논박을 받았다. 다만 맹자와 묵학도인 이지(夷之)의 박장설(薄葬說)에 대한 논변은 공리주의(功利主義)를 반대한 맹자의 요점을 꽤 잘 보여준다. 맹자는 이렇게 말했다.

> 아마도 아주 옛날에 자기 부모를 장사하지 않았던 사람이 있었을 것이다. 그는 부모가 죽자 시신을 들어다 골짜기에 버렸는데, 어느 날 그곳을 지나다가 산짐승에게 뜯기고 파리 떼가 들끓는 시신을 보게 되었고, 순간 이마에는 식은땀이 흐르면서 차마 더 이상 눈 뜨고 바라볼 수 없었다. 무릇 식은땀이 나온 것은 남을 의식했기 때문이 아니라 속마음이 얼굴에 나타난 것이다. 그리하여 집에 가서 소쿠리를 가져다가 시신을 장사했던 것이다. 시신을 장사함은 진실로 옳은 일이었다. 따라서 효자와 어진 사람들의 상례법 역시 반드시 그 도리가 있다.[62)]

> ○고대에는 관과 곽 두께에 정해진 격식이 없었다. 중고시대에 이르러 관 두께가 7치로 정해졌고 곽도 그에 어울리는 두께가 정해졌다. 천자로부터 서민에 이르기까지 관과 곽을 중시하는 것은, 단지 미관 때문만이 아니라 그래야만 **사람의 도리**(人心)**를 다하는 것**이기 때문이다.[63)]

묵가가 유가의 후장(厚葬)과 구상(久喪)을 비판하고 절장(節葬)과 단상(短喪)을 주장한 것은 순전히 공리주의에 따른 것이었다. 그러나 맹자는 전혀 공리주의를 따르지 않았다. 후장과 구상이 사회에 물론 이로울 수도 있다. "장례를 정중히 하고 조상의 제사에 정성을 다하면 사람들의 덕이 두터워진다"[64)]고 함은 공리주의에 따라 후장과 구상을 주장한 말이다. 그러나 맹자는 다만 후장이 "사람의 도리를 다하는 것"이라고만 말했는데, 그것이 유가의 정신이었다.

---

62) 蓋上世嘗有不葬其親者, 其親死則擧而委之於壑. 他日過之, 狐狸食之, 蠅蚋姑嘬之. 其顙有泚, 睨而不視. 夫泚也, 非爲人泚, 中心達於面目. 蓋歸反虆梩而掩之, 掩之誠是也. 則孝子仁人之掩其親, 亦必有道矣. (『맹자』 5 : 5)

63) 古者棺槨無度. 中古棺七寸, 槨稱之. 自天子達於庶人. 非直爲觀美也, 然後盡於人心. (『맹자』 4 : 7)

64) 曾子曰 : "愼終, 追遠, 民德歸厚矣." 〈제4장,주142 ; 제14장,주42〉

6. 천(天)·성(性) 및 호연지기

맹자가 말한 하늘은 때로 주재지천(主宰之天)을 지칭한 듯한데, 예컨대 "요가 순을 하늘에 천거했다"고 할 때의 하늘이다. 또 때로 운명지천을 지칭한 듯한데, 이는 앞에서 말했다. 또 때로 의리지천을 지칭하기도 했다. 맹자는 사람마다 인의예지의 4단이 있기 때문에 성(性)이 선하다고 했다. 인간에게 4단이 있는 까닭과 그리고 성이 선한 까닭은, 바로 성이 "하늘이 내게 부여한 것"〈주44〉, 즉 인간이 하늘로부터 얻은 것이기 때문이다. 이는 성선설의 형이상학적 근거이다. 맹자는 말했다.

> **자신의 마음(心)을 다 발휘한 사람은 자신(인간)의 본성(性)을 알게 되고, 본성을 알면 하늘을 알게 된다.** 자신의 마음을 보존하고 본성을 배양하는 것이 곧 하늘을 섬기는(事天) 방법이다.* 단명과 장수에 상관하지 않고 오직 수신(修身 : 도덕적 수양에의 정진)함으로써 천명을 기다리는 것이 곧 안심입명(安心立命)의 방법이다.[65]

마음이 인간의 "대체(大體)"이므로 "자기의 마음을 다 발휘한 사람"은 "인간의 본성을 알게 된다." 이 본성은 바로 "하늘이 내게 부

---

* 『신편』II, 88-89쪽 : 여기서 말하는 마음은 그가 사람마다 있다고 말한 "측은지심", "수오지심", "사양지심", "시비지심"의 "4단"이다. **마음을 다 발휘한다**는 말은 이 "4단"을 최대한으로 확충한다는 말이다. 확충한 이후에 사람의 본성이 드러나 작용을 발휘할 수 있다. 즉 **"자신의 마음을 다 발휘한 사람은 곧 자신의 본성(性)을 알게 된다"**는 말이다. 맹가는 "성(性)"을 **"하늘이 내게 부여한 것"**으로 여기므로, 그가 보기에 하늘의 본질에는 "인", "의", "예", "지" 등의 도덕적 속성이 있다. 따라서 **"본성을 알면 하늘을 알게 된다"**고 했다. 이때의 "하늘"은 의리지천(道德之天 : 義理之天)이다. /……**"자신의 마음을 보존하고 본성을 배양함"**은 즉 "4단"을 확충하여 "인", "의", "예", "지"의 "4덕"의 작용을 발휘하는 것이다. 맹가는 그것이 "하늘"에 대한 인간의 당연한 의무라고 여겼다. "사천(事天 : 하늘을 섬김)"이란 "하늘"에 대한 인간의 당연한 의무를 다하는 것을 말한다.

65) 盡其心者, 知其性也. 知其性則知天矣. 存其心, 養其性, 所以事天也. 夭壽不貳, 修身以俟之, 所以立命也. (『맹자』 13 : 1)

여한 것이기" 때문에 "자신의 마음을 다 발휘하고" "인간의 본성을 아는 것"은 또한 "하늘을 아는 것(知天)"이다. 맹자는 또 말했다.

무릇 성인(君子 : 聖人)은 한번 지나가면 감화가 되고, 머무르면 신비롭게 되며, **천상과 지상을 관통하여 작용한즉**, 어찌 소소한 혜택에 그치겠는가?[66)]

○**만물이 다 내게 구비되어 있다.** 자신을 돌이켜 참될 수 있으면(자기 수양을 통해서 이것을 깨달으면) 그보다 더 큰 기쁨은 없다. 자강불식 서(恕 : 내 경우에 비추어 남을 헤아림)를 실천하는 것이 인(仁)을 구하는 가장 가까운 길이다.[67)]

"만물이 다 내게 구비되어 있다", "천상과 지상을 관통하여 작용한다"는 등의 말에는 자못 신비주의적 경향이 있다. 그 본뜻이 어떤 것인지는 맹자가 말한 내용이 간략하므로 자세히 알 수 없다.[68)]

---

66) 夫君子所過者化, 所存者神, 上下與天地同流, 豈曰小補之哉? (『맹자』 13 : 13)

67) 萬物皆備於我矣. 反身而誠, 樂莫大焉. 強恕而行, 求仁莫近焉. [All things are complete within us. There is no greater delight than to realize this through self-cultivation. And there is no better way to human-heartedness than the practice of the principle of Shu.] (『맹자』 13 : 4) 〈제10장,주71〉
[『신편』II, 90쪽 : 맹자에 따르면 인간의 "마음(心)"과 "성(性)"은 "하늘(天)"과 본래 일체이다. 따라서 "만물은 다 내게 구비되어 있다." 인간이 만약 "내면으로 돌이켜 자신에게서 구하여(反求諸己)" 확실히 그런 정신적 경지("誠")에 도달할 수 있다면, 그것은 막대한 즐거움이다. 그런 경지에 도달하려면 "인(仁)"을 추구해야 한다. "인을 추구하는(求仁)" 최선의 방법은 "충서의 도"를 행하는("強恕") 것이다.]

68) 【주】신비주의(神秘主義)라는 말은 여러 다른 의미가 있다. 여기서 말한 신비주의란 일부의 철학에서만 승인하는 이른바 "만물일체(萬物一體)"의 경지를 지칭한다. 이 경지 속에서 개인은 "전체(全)"(우주 전체)와 합일하여, 이른바 남과 나 또는 안과 밖의 구분이 이미 존재하지 않는다. 흔히 신비주의는 반드시 유심론적(惟心論的) 우주론과 서로 관련된다고들 말한다. 즉 우주는 유심론적임에 틀림없고 우주 전체는 개인의 심령과 내적 연관을 가지며, 개인의 정신은 본래 우주의 대정신(大精神)과 일체였는데 다만 나중에 생긴 장벽 때문에 개인과 우주는 분리되었다는 것이다. 일부의 불교에서 말한 무명(無明), 송유(宋儒)들이 말한 사욕(私欲) 등은 모두 나중에 생긴 장벽을 지칭한다. 만약 이 장벽을 제거한다면 개인은 우주와 다시 합일하게 되니, 불교에서 말한 진여(眞如 : 영원불변의 진리)를 증험한다는 것이랄지, 송유들이 말한 "인욕이 말끔히 없어지면 천리가 유행한다(人欲淨

만약 맹자의 철학에 과연 신비주의가 내재한다면, 맹자가 말한 호연지기(浩然之氣 : Great Morale)는 곧 개인이 도달할 수 있는 최고 경지 속의 정신상태이다. 따라서 말했다.

호연지기, 그것은 지극히 크고 지극히 굳세다. 아무런 방해 없이 올바로 함양될 수 있으면 **온 천지를 충만시킬** 것이다.[69]

호연지기를 배양하는 방법에 대해서 맹자는 이렇게 말했다.

그 기는 바로 의(義)와 도(道)를 배합해야 한다. 그것들이 없으면 그 기는 이내 풀이 죽는다. 호연지기는 **의를 축적하여**(集義) 생기는 것이지 [단 한 번의] 의로써 습격하여 취해지는 것이 아니다. 어떤 행동을 할 때 심중에 흡족하지 못한 점이 남아 있으면 그 기는 풀이 죽는다. 따라서 나는 말했다. **"고자는 의를 안 적이 없다. 그는 의를 외적인 것으로 여겼기 때문이다."** 반드시 의로운 일에 힘써야 함은 물론이지만, 다만 중단하지도 말고 망각하지도 말고 조

盡, 天理流行)"는 것 등이 모두 이런 경지를 지칭한다. 그러나 이런 신비주의를 반드시 유심론적 우주론과 연결시킬 필요는 없다. 예컨대 장자의 철학은 그 우주론이 꼭 유심론적인 것은 아니지만 신비주의를 중시한다. 중국철학에서 맹자 계열의 유가(儒家)와 장자 계열의 도가(道家)는 신비의 경지를 최고의 경지로 여기며 신비의 경험을 개인 수양의 최고 성취로 여긴다. 그러나 이 최고 경지와 최고 목적에 도달하기 위해서 두 학파가 채용한 방법은 달랐다. 도가가 채용한 방법은 순수경험을 통한 자아의 망각(忘我)이고, 유가가 채용한 방법은 "사랑의 사업(愛之事業)"(쇼펜하우어의 용어)을 통한 사심의 제거(去私)이다. 아집이 없고(無我) 사심이 없으면(無私) 개인은 바로 우주와 합일한다. 맹자의 철학에 과연 신비주의가 내재한다고 하면, **만물이 다 내게 구비되어 있으니,** 즉 나와 만물은 본래 일체이다. 나와 만물은 본래 일체인데 장벽 때문에 나와 만물이 분리된 것처럼 보인다면, 이것은 곧 "참되지(誠)" 못한 것이다. 만일 **"자신을 돌이켜 참될 수 있으면"**, 만물과 더불어 일체가 되는 경지를 회복하는 것이므로 **"그보다 더 큰 기쁨은 없다."** 만물과 일체가 되는 경지를 회복하려면 "사랑의 사업"이라는 방법을 채용해야 한다. 즉 **"자강불식 서(恕)의 원칙을 실천하는 것이 인(仁)을 구하는 가장 가까운 길이다"**는 말이다. 서(恕)를 통하여 인을 추구하고 인을 통하여 참됨(誠)을 추구한다. 서와 인은 모두 남과 나 사이의 간격을 없애는 데에 중점을 둔다고 하겠는데, 남과 나 사이의 간격이 없어지면 나와 만물은 일체가 되는 것이다. 이런 해석이 과연 맹자의 본의에 맞는지의 여부는 알 수 없지만, 어쨌든 송유의 철학은 모두 맹자의 이 사상을 부연한 것이다.

69) 其爲氣也, 至大至剛, 以直養而無害, 則塞於天地之間. 〈부록5,원문〉

장하지도 말아야 한다.[70)]

여기서 말하는 의(義)는 대체로 우리의 성(性) 속의 모든 선"단"(善)을 포괄한다. 또 내재적이고 본유적인 것이기 때문에, "고자는 의를 안 적이 없다. 그는 의를 외적인 것으로 여겼기 때문이다"고 했다. 이 여러 선"단"들은 모두 남과 나 사이의 간격을 제거하는 경향이 있다. 따라서 이것들을 점차 확충하여 조급해하거나 서둘거나 중단하지 말며,[71)] 오랫동안 "의로운 행위를 축적하면", 행동할 때 "심중에 흡족하지 못한 점"은 없어지고 "온 천지를 충만시킬" 정신 상태에 도달할 수 있는 것이다. 이런 경지에 이르면

> 천하의 넓은 저택(廣居 : 즉 仁)에 거하고, 천하의 바른 입장(正位 : 즉 禮)에 서고, 천하의 대도(大道 : 즉 義)를 가는 것이 된다. 정치적인 입지를 이루면 뭇 백성과 더불어 도를 행하지만, 입지를 이루지 못하면 홀로 자기의 도를 행한다. 부귀에도 현혹되지 않고, 빈천에도 동요되지 않고, 위세나 무력에도 굴복하지 않는데, 이런 사람이 바로 대장부(大丈夫)이다.[72)]

---

70) 其爲氣也, 配義與道, 無是餒也 ; 是集義所生者, 非義襲而取之也. 行有不慊於心, 則餒矣. 我故曰 : "告子未嘗知義, 以其外之也." 必有事焉. 而勿正(正 : 止), 心勿忘, 勿助長也.……(『맹자』 3 : 2) 〈부록5,원문〉

71) 【주】"이물정(而勿正)"을 초순(焦循)은 『맹자정의(孟子正義)』에서 『시』 「종풍서(終風序)」 전(箋)과 『장자』 「응제왕(應帝王)」의 『석문(釋文)』 주를 인용하여 "정(正)의 뜻은 지(止)에 통한다"고 풀었다.

72) 居天下之廣居, 立天下之正位, 行天下之大道. 得志與民由之, 不得志獨行其道. 富貴不能淫, 貧賤不能移, 威武不能屈. 此之謂大丈夫. (『맹자』 6 : 2)

제7장
전국시대의 "백가 학설"

지역적으로 맹자의 환경은 공자의 환경과 대체로 같았지만, 시대적으로 공자에서 맹자까지의 100여 년 동안의 일반적인 추세와 사상은 크게 변했다. 사상 측면에서 공자 시대에는, 공자 자신 및 그가 만난 너댓 명의 소극적인 "은자(隱者)" 일파 이외에는 아직 공자와 맞설 만한 세력을 가진 학파가 없었다. 묵자 시대에도 오직 유묵(儒墨) 두 파가 서로 공격하고 논변했을 뿐이다. 그러나 맹자 시대에 이르자 사상의 파별은 이미 몹시 복잡해졌으니,『장자』「천하편(天下篇)」에서 말한 "백가 학설"[1]이 그것이다. 맹자의 말대로 "성왕은 출현하지 않고 제후는 방자해지고 처사들은 무책임하게 의론하던"[2] 것이 당시 정황이었다.

맹자 시대에 제(齊)나라 직하(稷下)*는 학술과 사상의 한 중심지였다.『사기』는 말한다.

> 추연(騶衍, 305?-240?B.C.)과 제의 직하 선생들(稷下先生) 즉 순우곤(淳于髡), 신도(愼到, 395?-315?B.C.), 환연(環淵), 접자(接子), 전변(田駢), 추석(騶奭) 등의 무리는 저마다 책을 저술하며 치란의 이치(治亂之事)를 논했다.……

1) 百家之學. 〈부록4,주42〉
2) 聖王不作, 諸侯放恣, 處士橫議. 〈제2장,주20〉
* 『신편』II, 197쪽 : 제나라 서울의 한 성문이 직문(稷門)이었고, 직문 근처의 한 구역이 직하(稷下)였는데, 이 곳이 당시 지식계층("士")의 거주와 회합의 장소였다.……후한 물질조건 때문에 각국의 선비들이 모여들어 국제적인 학술 중심지가 되었다.

신도는 조인(趙人), 전변과 접자는 제인(齊人), 환연은 초인(楚人)이었다. 그들은 모두 황로(黃老)의 도덕사상을 배웠고 나아가 그 사상을 설명하고 재해석했다. 즉 신도는 12론(論)을, 환연은 상·하편을 각각 저술했고, 전변과 접자 등도 모두 그 방면의 논저가 있다.……[제나라 왕은] 순우곤 이하 모든 학자들을 대부의 반열에 임명하고, 도성의 중심가에 고대광실을 지어주며 존경하고 총애했다. 이것은 천하의 제후의 빈객(賓客)들에게 잘 보여 제나라가 천하의 현명한 선비들을 잘 대접한다는 것을 과시하려는 것이었다.[3)]

○제나라 선왕은 학문과 유세를 행하는 선비들을 좋아했다. 그리하여 추연, 순우곤, 전변, 접자, 신도, 환연 등 76명은 모두 즐비한 저택을 하사받고 상대부(上大夫)가 되었는데, **정치에는 종사하지 않고 학술적 의론에만 전념했다**(不治而議論). 그래서 제나라 직하에는 학문하는 선비(學士)들이 다시 흥성하여 그 수가 수백, 수천 명에 달했다.[4)]

『사기』는 맹자가 “타국인 제에 가서 선왕을 섬겼다”[5)]고 했고, 『맹자』에 맹자와 제나라 선왕의 문답내용이 있는바, 맹자 역시 일찍이 직하에 거하면서 “정치에는 종사하지 않고 학술적 의론에만 전념했던” 것이다. 직하의 여러 선생들의 저서는 현재 모두 산실되었다. 맹자가 말한 “처사들의 무책임한 의론”의 의론 역시 현재 그 전모는 알 수 없다. 이 책에서는 『맹자(孟子)』, 『장자(莊子)』, 『순자(荀子)』, 『여씨춘추(呂氏春秋)』, 『사기(史記)』 등의 내용에 따라 서술한다.

---

3) 自騶衍與齊之稷下先生, 如淳于髡·愼到·環淵·接子·田駢·騶奭之徒, 各著書, 言治亂之事.……愼到, 趙人. 田駢·接子, 齊人. 環淵, 楚人. 皆學黃老道德之術, 因發明序其指意. 故愼到著十二論, 環淵著上下篇, 而田駢, 接子, 皆有所論焉.……自如淳于髡以下, 皆命曰列大夫, 爲開第康莊之衢, 高門大屋, 尊寵之. 覽天下諸侯賓客, 言齊能致天下賢士也. (「맹자순경열전(孟子荀卿列傳)」, 『사기』, 2346-84쪽)

4) 宣王喜文學遊說之士, 自如騶衍·淳于髡·田駢·接子·愼到·環淵之徒七十六人, 皆賜列第, 爲上大夫, 不治而議論. 是以齊稷下學士復盛, 且數百千人. (「전완세가(田完世家)」, 『사기』, 1895쪽) [第 : 집, 저택]

5) 遊事齊宣王. 〈제6장,주2〉

1. 양주와 도가의 흥기

맹자는 당시를 일컬어 "천하의 언설은 양주 아니면 묵적에 귀착하고 있다"〈주21〉 했다. 맹자 심중의 큰 적은 양묵(楊墨)이었고, 그가 스스로 떠맡은 최대의 책임 역시 "양묵을 반대하는 일"[6]이었다. 양은 양주(楊朱)이고, 묵은 묵적(墨翟)이다. 묵적의 학설은 앞에서 서술했다. 양주의 학설은 맹자가 크게 알린 것 외에는 그후 언급한 사람이 매우 적다. 현재 『열자(列子)』 내의 「양주편(楊朱篇)」은 위진시대 인물의 저작이다. 이 편에서 말하는 극단적 쾌락주의 역시 양주의 견해는 아니다. 양주의 주장은 맹자에 따르면 다음과 같다.

> **양자**(楊子 : 즉 양주)**는 '나 자신만을 위한다**(爲我)'는 주장을 하여, 자기의 털 하나를 뽑으면 온 천하가 이롭게 된다고 해도 행하지 않았다.[7]

『여씨춘추(呂氏春秋)』는 말한다.

> **양생**(陽生 : 즉 양주)**은 자신을 존중했다**(貴己).[8]

『한비자(韓非子)』는 말한다.

> 현재, 위태로운 도성에는 들어가지 않고, 군대는 회피하고, **천하 최대의 이익과도 자기 정강이의 하나와 바꾸지 않는다**는 것을 주의[主義]로 삼고 있는 자들이 있다. 세상의 군주들은 그들을 붙좇아 예우하고 그 지혜를 아끼고 그 행실을 고상히 여겨, 경물중생(輕物重生)*의 선비로 여긴다.[9]

『회남자(淮南子)』는 말한다.

---

6) 距楊墨. (『맹자』 6 : 9) [距 : 拒, 겨루다, 대항하다]
7) 楊子取爲我, 拔一毛而利天下不爲也. (『맹자』 13 : 26) 〈부록3,주35〉
8) 楊生貴已. (「불이(不二)」, 『여씨춘추』, 1124쪽) 〈부록4,주78〉
* 輕物重生 : 외물을 경시하고 생명을 중시함(despising of things and valuing of life).
9) 今有人於此, 義不入危城, 不處軍旅, 不以天下大利, 易其脛一毛. 世主必從而禮之, 貴其智而高其行, 以爲輕物重生之士也. (「현학(顯學)」, 『한비자』, 1090쪽)

> 현악에 따라 노래하고 북장단에 춤을 추어 악(樂)을 행하고, 어른의 시중을 들며 읍하고 사양하여 예(禮)를 닦고, 후장(厚葬)과 구상(久喪)으로 죽음을 영결한다는 주장은 공자가 수립한 것인데, 묵자가 비난했다.……**생을 보전하고 참된 것을 보존하며, 외물 때문에 몸을 괴롭히지 않는다**[10]는 주장은 양주가 수립한 것인데, 맹자가 비난했다.[11]

『여씨춘추』의 "양생(陽生)은 자신을 존중했다"는 구절에 대해서 고유(高誘)는 양주에 대한 맹자의 언급을 인용하여 주해했고,* 필원(畢沅, 1730-97)은 말하기를 "이선(李善)은 『문선(文選)』의 사령운의 「술조덕(述祖德)」 시의 주해에서 양주(楊朱)로 고쳐 인용했는데, 양(陽)과 양(楊)은 옛날에 흔히 통용되었다"[12] 했다. 그런즉 이 양생(陽生)은 바로 양주이다. 맹자가 말한 "나 자신만을 위한다(爲我)"는 표현은 『여씨춘추』에서 말한 "자신을 귀중히 여긴다(貴己)"는 뜻이니, 곧 『회남자』에서 말한 "생을 보전하고 참된 것을 보존하며, 외물 때문에 몸을 괴롭히지 않는다"는 뜻이다. 이것이 양주의 학설의 주요 내용이다. 이것을 안다면 『한비자』에서 말한 "경물중생의 선비" 역시 양주의 추종자를 지칭한 말임을 알 수 있다. 『한비자』에 따르면, 양주의 추종자는 자기의 털 하나를 뽑는 대가로 천하를 준다고 해도 그들은 하지 않았다.[13] 이것이 이른바 "외물을 경

---

10) 全生保眞, 不以物累形[Preserving life and maintaining what is genuine in it, not allowing things to entangle one's person].

11) 「범론훈(氾論訓)」, 『회남자』, 436쪽. 원문은 〈부록4,주122〉 참조.

* 『여씨춘추』, 1127쪽[9] : [高注 :] 輕天下而貴己. 『孟子』曰 : "陽子拔體一毛以利天下弗爲也."

12) 李善注『文選』「謝靈運述祖德詩」引作楊朱. 陽楊古多通用.

13) 【주】고힐강(顧頡剛, 1893-1980) 선생은 양주에 대해 "이천하불위(利天下不爲)" 〈주7〉라고 일컬은 맹자의 말 역시 "천하를 주어서 이롭게 해준다 해도 마다 한다"고 풀어야 한다고 주장했다(「『여씨춘추』로부터 추측한 『노자』의 성립연대」, 『고사변(古史辨)』IV, 493쪽). 그러나 『맹자』의 그 다음 문장에 "묵자는 겸애주의자로서 머리끝에서 발끝까지 다 닳더라도 천하를 이롭게 할 수 있으면 행했다(利天下爲之)"고 했으므로, [고힐강처럼] 동일한 문장구조를 다르게 해석하는 것은 별로 온당하지 않을 듯하다. '천하를 주어 이롭게 해줄 테니 털 하나를 뽑자고 해도 하지 않는다'는 것은 바로 양주의 학설이고, '몸의 털 하나를 뽑으면 천하가 이

시하고 생을 중시한다(輕物重生)"는 말이고, "외물 때문에 몸을 괴롭히지 않는다(不以物累形)"는 말이다. 천하는 비록 크지만 외물일 뿐이며, 한 개의 털은 비록 작지만 자신의 몸 혹은 자신의 생의 일부분이므로, 전자는 경시하고 후자는 중시해야 한다는 말이다. 『회남자』에서는 더욱 공자, 묵자, 양주, 맹자 네 사람의 학설 발생순서를 알 수 있다. 공자에서 맹자에 이르는 중간에 묵자와 양주 두 인물의 학설이 끼어 있다. 맹자의 시대에는 유가와 묵가와 양주 학파가 이미 세력을 삼분하여 대립했다. 맹자는 위로 공자를 계승하려고 했기에 힘써 "양주, 묵적을 반대"했던 것이다.

이상에서 선진시대(先秦時代) 사람들의 저서들은, 현재의 「양주편」에서처럼, 양주를 극단적 쾌락주의를 삶의 이상으로 여긴 인물로 묘사한 적이 없음을 알 수 있다. 「양주편」에서 주장한 유의 학설은 전국시대에 이미 있었던 것 같지만(이하에서 상술한다), 양주의 학설은 아니었다. 그런데 양주의 학설이 맹자 당시에 그처럼 성행했건만, 맹자 이후 왜 그를 언급한 사람이 거의 없는가? 표면상으로는 양주의 학은 원류도 없고 하류도 없이, 단지 한 번 피었다가 진 우담화(曇花)*와도 같다. 그리하여 양주를 장주(莊周)로 의심한 학설도 생겼으나 타당한 증거가 부족하다. 또 양주의 학은 고증할 만한 원류가 없는 것도 아니다.

공자 시대에 이미 일종의 "세상을 피한" 사람들이 있었다. 그들

롭게 되더라도 양주는 하지 않는다'는 것은 양주의 학설에 대한 맹자의 해석이니, 이 양자가 꼭 같을 필요는 없다.

[『신편』I, 244쪽 : "털 하나도 뽑지 않겠다"와 "천하를 이롭게 하지 않겠다"는 양주 일파의 구호는 두 가지로 해석될 수 있다. 하나는 양주가 자신 몸의 털 하나만 뽑으면 세계 최대의 이익을 향수할 수 있을 텐데도 하려고 하지 않는다는 것이고, 다른 하나는 양주가 기꺼이 몸의 털 하나만 뽑으면 전세계가 그 이익을 누린다고 해도 양주는 하지 않는다는 것이다. 전자는 한비에 의한 해석으로서 "경물중생"의 한 극단적인 예이다. 후자는 맹자에 의한 해석으로서 "위아사상"의 한 극단적인 예이다. 이 두 해석 모두 정확한 것일 수 있는데, 각각 양주 사상의 한 측면을 설명한 것이다.]

* 曇花 : 우담발라화(Udumbara花)라고도 함. 3,000년에 한 번씩 핀다는 인도의 전설상의 꽃. 꽃이 필 때에는 금륜명왕(金輪明王)이 나타난다고 함.

은 지식과 학문이 있었지만, 당시의 혼란은 구제하기 어렵다고 보고 결국 소극적인 태도로써 세상사에 간여하려고 하지 않았다. 공자는 말했다.

현명한 사람들은 **세상을 피했고**(避世), 그 다음에는 장소를 피했고(避地), 그 다음에는 나쁜 사람을 피했고(避色), 그 다음에는 나쁜 말을 피했다(避言).……이렇게 행한(도피한) 사람이 일곱 사람이었다.[14)]

『논어』의 기록을 보면 공자는 평생 이렇듯 세상을 피한 사람들의 비방(譏評)을 상당히 받았다.* 예를 들면 다음과 같다.

자로(子路)가 석문(石門 : 노나라 도성의 바깥 성문)에서 하룻밤을 묵었다. 신문(晨門 : 성문지기)이 자로에게 물었다.

"어디서 오시오?"

"공(孔) 선생님 문하에서 옵니다."

"아, **안 되는 줄 알면서도 행하는 사람** 말이군요."[15)]

공자가 위(衛)에서 경쇠(磬 : 옛날 타악기의 일종)를 치고 있었다. 삼태기를 등에 메고 공자가 유숙하는 집 앞을 지나가는 자가 이렇게 말했다.

"속심이 있구나! 저 경쇠 소리에는."

이윽고 또 말했다.

"비루하구나! 쨍강거리는 소리가! **아무도 알아주지 않으면 그만두면 그만인 것을!** 물이 깊으면 옷 입은 채로 건너고, 물이 얕으면 바지만 올리고 건너는 것을![난세는 불가피하고, 난세가 아니면 적당히 처신하면 된다.]"[16)]

초(楚)나라의 미친 사람(狂 : 즉 佯狂, 일부러 미친 척함) 접여(接輿)가 공자의 수레를 지나가면서 이렇게 노래했다.

---

14) 賢者避世, 其次避地, 其次避色, 其次避言.……作者七人矣. (『논어』 14 : 37)

* 『신편』I, 240쪽 : 그들은 모두 "일민(逸民)"〈제4장,주141〉이었다. 공자를 향한 그들의 말은 비방처럼 보이나 실은 동정 섞인 권고였다.

15) 子路宿於石門. 晨門曰 : "奚自?" 子路曰 : "自孔氏." 曰 : "是知其不可而爲之者與?" (『논어』 14 : 38) 〈제4장,주145〉

16) 子擊磬於衛, 有荷蕢而過孔氏之門者, 曰 : "有心哉! 擊磬乎." 旣而曰 : "鄙哉硜硜乎, 莫己知也, 斯已而已矣. 深則厲, 淺則揭. (『논어』 14 : 39)

"봉황(鳳 : 공자를 지칭)이여! 봉황이여! 어찌하여 이 꼴이 되었는가? 과거를 한탄할 수 없거늘, 미래를 추구할 수 있단 말인가? 아서라! 아서! **지금 세상의 정치 종사자들, 위태롭기 그지없다!**"[17)]

걸익(桀溺)은 자로에게 이렇게 말했다.

도도한 흙탕의 물결이 바로 온 천하의 형국일진대, 그 누가 **개혁**할 수 있겠는가? 또 자네만 해도 그렇지, 사람을 피하는 선비[공자]를 추종할 바에야, 차라리 세상을 피한 선비[우리]를 추종하는 것이 좋지 않겠는가?[18)]

『논어』는 또 말한다.

자로가 공자를 따라가다가 뒤처졌는데, **하조장인**(荷蓧丈人 : 지팡이에 삼태기를 걸쳐 멘 노인)을 만나게 되었다. 자로가 노인에게 물었다.

"노인장, 혹시 우리 스승님을 못 보셨습니까?"

"손가락 하나 꿈쩍 안 하고 오곡도 분간 못하는데, 누가 스승이란 말인가?"

그리고는 지팡이를 땅에 꽂아두고 김을 매기 시작했다. 자로는 두 손을 맞잡고 공손히 서 있었다. 마침내 노인은 자로를 자기 집에 묵게 하고, 닭을 잡고 가장 귀한 기장밥을 지어 대접한 후, 두 아들을 인사시켰다.

다음날 자로는 길을 떠나 공자를 뵙고 이 일을 전했다. 그러자 공자는 **"은자**(隱者)로다!" 하고는 자로더러 다시 찾게 했다. 그러나 자로가 다시 찾았을 때 노인은 이미 행방을 감추고 없었다. 자로는 이렇게 말했다.

"벼슬하지 않음은 의(義)가 아니다. 이렇듯 장유의 예절도 폐할 수 없거늘, 하물며 군신의 의를 폐할 수 있겠는가? **자기 한 몸 깨끗하게 하려고 대륜**(大倫)**을 어지럽히는 일이다.** 군자가 벼슬함은 자신의 의를 행하는 것일 따름이다. 도가 실현되지 않을 줄은 이미 알고 있었다."[19)]

---

17) 楚狂接輿歌而過孔子曰 : "鳳兮鳳兮, 何德之衰. 往者不可諫, 來者猶可追. 已而已而, 今之從政者殆而." (『논어』 18 : 5)

18) 滔滔者天下皆是也, 而誰以易之. 且而[而=爾]與其從辟[辟=避]人之士也, 豈若從辟世之士哉. (『논어』 18 : 6)

19) 子路從而後, 遇丈人以杖荷蓧. 子路問曰 : "子見夫子乎?" 丈人曰 : "四體不勤, 五穀不分, 孰爲夫子." 植其杖而芸. 子路拱而立. 止子路宿, 殺雞爲黍而食之, 見其二子焉. 明日, 子路行, 以告. 子曰 : "隱者也." 使子路反見之, 至則行矣. 子路曰 : "不仕

석문의 신문은 공자를 비웃어 "안 되는 줄 알면서도 행하는 사람"이라고 했고, 그 자신은 곧 안 되는 줄 알고 행하지 않았다. "아무도 알아주지 않으면 그만두면 그만이었고", "세상의 정치 종사자는 위태롭기 그지없었기" 때문에 정치에 참여하지 않았고, "도도한 흙탕의 물결이 바로 온 천하의 형국"이었던 만큼, "개혁"하려고 하지 않았던 것이다. 바로 이와 같은 소극적인 "은자"는 오로지 자기 한 몸의 선만 꾀하는(獨善其身) 사람으로서, 세상사에 대한 견해 또한 맹자가 "양주는 나 자신만을 위한다는 주장을 하여, 자기의 털 하나를 뽑으면 온 천하가 이롭게 된다고 해도 행하지 않았다"〈주7〉고 한 경우의 인물이다. 자로가 하조장인을 일컬어 "자기 한 몸 깨끗하게 하려다가 대륜(大倫)을 어지럽혔다"고 한 것은, 즉 맹자가 "양주의 위아주의는 임금의 존재를 부정한다"[20]고 한 경우이다. "자신만을 위함(爲我)"은 오로지 "자기 한 몸 깨끗하게 하려는 일"이고, "임금의 존재를 부정함"은 "대륜을 어지럽힌 일이다." 이런 소극적인 "은자"가 바로 양주 학파의 선구자였다.

그러나 공자 시대에는 이런 소극적인 "은자들"은 소극적으로 자기 한 몸의 선만을 꾀했을 따름이고, 그런 행위를 일관된 학설로써 이론적인 근거를 세운 적은 없었던 것 같다. 그러다가 양주가 비로소 일관된 학설로써, 자기 한 몸의 선만을 꾀하는 그런 행위의 이론적인 근거를 마련한 것 같다. 맹자는 말하기를 "양주, 묵적의 언설이 천하에 충만하여 천하의 언설은 양주 아니면 묵적에 귀착하고 있다"[21]고 했다. 양주, 묵적의 언설이란 양죽, 묵적이 견지한 이론이다. 양주, 묵적은 이론이 있었기에 맹자 역시 그들과 논변할 이론이 있어야만 했고, 따라서 이렇게 말했다. "내가 어찌 논변을 좋아하겠느냐? 나로서는 부득이한 일이다."[22]

無義, 長幼之節, 不可廢也. 君臣之義, 如之何其廢之. 欲潔其身, 而亂大倫. 君子之仕也, 行其義也. 道之不行, 已知之矣." (『논어』 18 : 7) 〈제4장,주143 ; 제5장,주35〉

20) 楊氏爲我, 是無君也. [是無君 : to be without the relationship of ruler] 〈제6장, 주53〉

21) 楊朱墨翟之言盈天下. 天下之言, 不歸楊, 則歸墨. (『맹자』 6 : 9)

22) 余豈好辯哉? 余不得已也. (『맹자』 6 : 9) 〈제1장,주4 ; 제6장,주4〉

그러나 어째서 맹자 이후로 양주의 "언설"이 소멸한 듯이 보이는가? 과연 맹자의 "반대(距)"가 완전히 성공했기 때문이었을까? 양주 이후에 노장(老莊)의 무리가 흥기했다고 하겠는데, 노장은 모두 양주의 실마리를 계승했고 또 그들의 사상 중에는 양주가 밝히지 못한 바를 탁월하게 밝힌 부분이 있어서 드디어 양주라는 이름은 노장에 가려지고 말았던 것이다. 따라서 양주의 언설은 소멸한 듯이 보이지만 사실은 소멸하지 않았다. 양주 전통의 학설은 『여씨춘추』 속에 많이 기술되어 있다. 예컨대 『여씨춘추』 「중기편(重己篇)」은 말한다.

> 지금 이 순간 내 생(生)이 나의 소유라는 사실이 나의 막대한 이익이다. 그 귀천(貴賤)을 논하면 천자의 벼슬과도 견줄 수 없고, 그 경중(輕重)을 논하면 온 세상과도 바꿀 수 없고, 그 안위(安危)를 논하면 하루아침에 잃으면 영원히 다시 얻을 수 없는 것이다. 이 세 가지가 도를 터득한 사람이 신중히 여기는 점이다. 생을 **신중히 하다가 도리어 해치고 만 사람**이 있는데, 그것은 성명(性命 : 사람의 본성과 목숨)의 본질을 깨닫지 못한 때문이다. 성명의 본질을 깨닫지 못하고서야 생을 신중히 한들 무슨 소용이 있겠는가?……
>
> 세상의 임금이나 귀인들이라면 인품의 고하를 막론하고 불로장생을 원하지 않는 사람은 아무도 없으련마는, 날이면 날마다 생을 거스르고 있은즉, 장생을 원한들 무슨 소용이 있겠는가? 무릇 생이 장수하려면 생에 순응해야 한다. 생에 순응하지 못하도록 하는 것이 바로 욕망이다. 따라서 성인(聖人)은 **반드시 우선적으로 욕망을 조절**(適 : 절제)**했다.**[23)]

이것은 즉 양주의 "경물중생(輕物重生)"〈주9〉의 설로서, 중생(重生)이란 욕망에 방종한다는 말이 아니다. 욕망에 방종하는 것은 생을 손상할 수 있기 때문이다. 따라서 "기름진 고기와 맛 좋은 술"은

23) 今吾生之爲我有, 而利我亦大矣. 論其貴賤, 爵爲天子, 不足以比焉. 論其輕重, 富有天下, 不可以易之. 論其安危, 一曙失之, 終身不復得. 此三者有道者之所愼也. 有愼之而反害之者, 不達乎性命之情也. 不達乎性命之情, 愼之何益?……世之人主貴人, 無賢不肖, 莫不欲長生久視, 而日逆其生, 欲之何益? 凡生長也, 順之也. 使生不順者, 欲也. 故聖人必先適欲. (『여씨춘추』, 33-34쪽)

"내장을 썩히는 음식"이요, "아름다운 여색"은 "목숨을 앗아가는 도끼"이다.[24] 욕망에 방종함을 중생이라고 여긴 사람들은 바로 "생을 신중히 하다가 도리어 해치고 만 사람들"이다. 따라서 성인의 중생은 "반드시 우선적으로 욕망을 조절했다." 고유는 "조절은 절제(節)와 같은 말이다" 했다. 「본생편(本生篇)」은 말한다.

따라서 성인은 소리, 빛깔, 맛을 생명에 이로우면 취하고 생명에 해로우면 버렸다. 이것이 생명을 보전하는 방법(全性之道)이다.[25]

또 「귀생편(貴生篇)」은 말한다.

성인이 천하사를 심려하면서 생(生)보다 더 중시한(貴) 것은 없었다. 무릇 이목구비는 생에 봉사하는 도구인즉, 귀가 고운 소리를 욕망하고, 눈이 미색을 욕망하고, 코가 향기를 욕망하고, 입이 진미를 욕망할지라도 생에 해로우면 금했던 것이다. 이목구비의 4관에 관련된 것으로서 생에 이로운 것이 아니면 추구하지 않았다.[26]

또 「정욕편(情欲篇)」은 말한다.

하늘은 인간을 산생할 때 탐심(貪)도 있게 했고 욕망(欲)도 있게 했다. 욕망에는 감정(情)이 있고 감정에는 절제(節)가 있다. 성인은 절제를 몸에 익혀 욕망을 자제하는 까닭에 자신의 감정을 지나치게 표출하지 않는다. 귀는 오성(五聲)을 욕망하고, 눈은 오색(五色)을 욕망하고, 입은 오미(五味)를 욕망하는 것이 감정(情)이다. 이 세 가지는 귀천(貴賤), 지우(智愚), 현불초(賢不肖)를 막론하고 모든 사람의 한결같은 욕망이다. 신농(神農), 황제(黃帝)와 같은 성군이라도 그 욕망은 걸왕, 주왕과 같은 폭군과 똑같다. 성인이 일반 사람과 다른 까닭은 적절한 감정을 유지할 수 있기 때문이다. 귀생(貴生 : 생명 중시)의 준칙에 따라 움직이면 적절한 감정을 유지할 것이고, 귀생의 준

24) 肥肉厚酒,……爛腸之食. 靡曼皓齒,……伐性之斧. (「본생(本生)」, 『여씨춘추』, 21쪽)

25) 是故聖人之於聲色滋味也, 利於性則取之, 害於性則舍之 ; 此全性之道也. (『여씨춘추』, 21쪽)

26) 聖人深慮天下, 莫貴於生. 夫耳目鼻口, 生之役也. 耳雖欲聲, 目雖欲色, 鼻雖欲芬香, 口雖欲滋味, 害於生則止. 在四官者, 不欲利於生者則弗爲. (『여씨춘추』, 74쪽)

칙에 따르지 않으면 적절한 감정을 상실할 것이다.[27)]

이 모두는 귀생이란 반드시 우선적으로 욕망을 절제해야 한다는 설이다. 하지만 생이 귀중한 까닭은 바로 생이 소리, 색, 맛 등을 향수할 수 있기 때문이다. 따라서 욕망을 절제하는 까닭은 생을 오래 존속시켜 더 많이 향수하도록 하려는 것일 뿐이다. 향수 자체가 온당하지 않다거나 욕망이 나쁘기 때문이 아니다. 따라서 말한다.

귀로 소리를 즐기지 못하고, 눈으로 미색을 즐기지 못하고, 입으로 진미를 즐기지 못하면 죽은 것이나 진배없다. 고대의 득도자(得道者)는 생(生)을 장수시켜 소리, 색, 맛 등을 오래도록 즐길 수 있었다. 그 이유는 무엇이었겠는가? 귀생의 신념을 일찍 확립했기 때문이다. 귀생의 신념을 일찍 확립하면 **일찍 절제할**(早嗇) 줄 알게 되며, 일찍 절제할 줄 알면 정력은 없어지지 않는다.[28)]

귀는 소리를, 눈은 색을 즐길 수 있어야 생은 비로소 의미가 있다. 그렇지 않으면 그것은 귀생(貴生)이 아니라 귀사(貴死 : 죽음의 찬양)인 것이다. 그러나 오래 즐기려면 매우 일찍 지나치게 즐겨서는 안 되는데, 이것이 소위 "조색(早嗇 : 일찍 절제함)"이다.

『여씨춘추』는 또 자화자(子華子)의 말을 인용하여 말한다.

전생(全生 : 온전한 삶)이 최상이요, 휴생(虧生 : 결핍된 삶)이 그 다음이요, 죽음이 그 다음이요, **박생**(迫生 : 핍박받는 삶)이 최하이다. 따라서 이른바 존생(尊生)이란 전생을 두고 한 말이다.

이른바 전생이란 **6욕**(六欲)***이 모두 적절하게 충족된 경우**이다.

---

27) 天生人而使有貪有欲 ; 欲有情 ; 情有節. 聖人修節以止欲, 故不過行其情也. 故耳之欲五聲, 目之欲五色, 口之欲五味, 情也. 此三者貴賤愚智賢不肖, 欲之若一. 雖神農黃帝, 其欲桀紂同. 聖人之所以異者, 得其情也. 由貴生動, 則得其情矣. 不由貴生動, 則失其情矣. (『여씨춘추』, 84-85쪽)

28) 耳不樂聲, 目不樂色, 口不甘味, 與死無擇. 古人得道者, 生以壽長, 聲色滋味, 能久樂之. 奚故? 論早定也. 論早定則知早嗇, 知早嗇則精不滅. (「정욕」, 『여씨춘추』, 85쪽)

* 六欲 : 소리, 색, 옷, 향기, 맛, 거처에 대한 욕망(聲色衣香味室), 혹은 생, 사, 이, 목, 구, 비의 욕망(生死耳目口鼻/고유).

이른바 휴생이란 6욕이 단지 부분적으로 충족된 경우이다. 휴생은 즉 존중받아야 할 부분[즉 생명]이 박대받은 경우이다. 결핍의 정도가 심하면 심할수록, 존대받아야 할 부분은 그만큼 박대받는 셈이 된다.

이른바 죽음이란 더 이상 [6욕에 대한] **인식능력**(所以知)**이 없는**, 즉 미생(未生 : 세상에 태어나기 이전)의 상태로 돌아간 경우이다.

이른바 박생이란 6욕이 어느 하나도 충족되지 못하고 모두 심히 혐오스러운 상태에 처한 경우로서, 굴복과 굴욕이 그것이다. 그런데 불의(不義)보다 더 큰 굴욕은 없은즉 불의는 박생이다. 박생은 그저 불의에 그치지 않는 까닭에 박생은 죽음보다 못하다는 말이다. 어떻게 그렇다는 것을 아는가? 귀로 듣는 것이 혐오스러운 것이라면 차라리 듣지 않느니만 못하고, 눈으로 보는 것이 혐오스러운 것이라면 차라리 보지 않느니만 못하다. 그러므로 천둥소리라면 귀를 막고, 번갯불이라면 눈을 가리는 경우가 그 좋은 비유이다. 무릇 6욕이란 그것이 심히 혐오스러운 상태임을 느끼면서도 그로부터 벗어날 수 없다면, 차라리 인식능력이 존재하지 않느니만 못한 것이다. 인식능력이 존재하지 않는다는 것은 죽었다는 말이다. 따라서 박생은 죽음보다 못하다는 말이다. 고기를 좋아한다고 함은 썩은 쥐의 고기를 두고 한 말이 아니고, 술을 좋아한다고 함은 부패한 술을 두고 한 말이 아니듯이, 생을 존중한다(尊生)고 함은 박생을 두고 한 말이 아닌 것이다.[29]

이것 역시 양주 일파의 학설이다. "6욕이 모두 적절히 충족되는 경우"라면 "전생(全生)"이지만 6욕이 모두 혐오스러운 상태에 있으면 "박생(迫生)"이므로, "박생"은 오히려 죽음만 못하다. 죽음은 "인식능력이 없는" 데에 불과하나, 박생은 "살면서 고통을 받는(活

29) 全生爲上, 虧生次之, 死次之, 迫生爲下. 故所謂尊生者, 全生之謂. 所謂全生者, 六欲皆得其宜也. 所謂虧生者, 六欲分(高誘注 : 半也)得其宜也. 虧生則於其尊之者薄矣. 其虧彌甚者也, 其尊彌薄. 所謂死者, 無有所以知, 復其未生也. 所謂迫生者, 六欲莫得其宜也, 皆獲其所甚惡者, 服(屈也)是也, 辱是也. 辱莫大於不義. 故不義, 迫生也, 而迫生非獨不義也. 故曰迫生不若死. 奚以知其然也? 耳聞所惡, 不若無聞. 目見所惡, 不若無見. 故雷則揜耳, 電則揜目, 此其比也. 凡六欲者, 皆知其所甚惡, 而必不得免, 不若無有所以知. 無有所以知者, 死之謂也. 故迫生不若死. 嗜肉者, 非腐鼠之謂也. 嗜酒者, 非敗酒之謂也. 尊生者, 非迫生之謂也. (「귀생」, 『여씨춘추』, 75-76쪽)

受罪)" 것이어서 진실로 죽음만 못하기 때문이다. "6욕이 모두 적절히 충족된다" 함은 또 절욕(節欲 : 욕망절제)의 의미도 있다. 그러나 절욕이 곧 무욕(無欲)은 아니므로, 역시 귀생의 의미이지, 귀사의 의미는 아니다. 『여씨춘추』는 또 말한다.

한(韓)과 위(魏)가 서로 영토 침략전을 벌였다. **자화자**가 한의 소리후(昭釐侯)를 배알했을 때 소리후는 수심에 싸여 있었다. 자화자가 말했다.

"가령 천하 사람들이 임금님 앞에서 증서를 작성하여 말하기를, '만약 임금님께서 이것을 왼손으로 잡으시면 오른손을 자르고 오른손으로 잡으시면 왼손을 자르기로 하는데, 어쨌든 잡기만 하면 임금님께 반드시 천하를 드리겠습니다' 한다면, 임금님께서는 잡으시겠습니까? 안 잡으시겠습니까?"

"물론 잡지 않을 것이다."

"정말 옳으십니다. 그러므로 두 팔(손)이 천하보다 중하고, 몸은 두 팔보다 중함을 알 수 있습니다. 한(韓)은 천하에 비하면 보잘것없고, 더욱이 지금 다투시는 대상은 한과도 비교할 수 없는 것인데도, 임금님께서는 오히려 생을 훼상할 만큼 근심하고 계시니, 아니 될 성싶습니다."……

중산공자모(中山公子牟)가 첨자(詹子)에게 말했다.

"몸은 강과 바다에 있으면서도 마음은 여전히 조정에 가 있으니, 어쩌면 좋습니까?"

"생명을 중시하십시오. **생명을 중시하면 명리는 경시됩니다**(重生則輕利)."

"생명을 중시하고 명리를 경시해야 한다는 것은 잘 알고 있습니다. 하지만 제 자신을 자제할 수가 없으니, 어쩌면 좋습니까?"

"자제할 수 없으면 욕망대로 하시면 됩니다. 그러면 정신만은 해를 입지 않을 것 아닙니까? 자제하지 못하면서 또 욕망대로 하지 않으려고 억지로 애쓰는 일은 바로 이중손상을 입는 일입니다. 자고로 이중손상을 입고도 장수한 사람은 아직 없었습니다."[30]

---

30) 韓魏相與爭侵地. 子華子見昭釐侯. 昭釐侯有憂色. 子華子曰 : "今使天下書銘於君之前, 書之曰 : '左手攫之, 則右手廢 ; 右手攫之, 則左手廢 ; 然而攫之必有天下.' 君將攫之乎? 亡其不與?" 昭釐侯曰 : "寡人不攫也." 子華子曰 : "甚善. 自是觀之, 兩臂重於天下也, 身又重於兩臂. 韓之輕於天下遠, 今之所爭者, 其輕於韓又遠, 君固愁身傷生以憂之, 戚[戚 : 近]不得也."……中山子牟謂詹子曰 : "身在江海之上, 心居乎魏

자화자가 소리후에게 한 말이 즉 "생명을 중시하면 명리는 경시된다"는 학설이다. 고유(高誘), 사마표(司馬彪), 양경(楊倞) 모두 중산공자모가 바로 위모(魏牟)라고 여겼다. 순자는 말했다.

> 정욕에 방임하며 태연히 방자하고 오만하면서 그 행위가 금수와 똑같았고, 그 학설이 법식(文 : 격식)에 부합한다거나 치도(治 : 治道)에 통할 수도 없었다. 그러나 그 주장은 근거가 있고 말은 이치가 서 있어서 우직한 대중을 기만하고 미혹하기에 충분했다. 이들이 바로 타효, 위모이다.[31)]

이것을 보면 위모는 『열자』「양주편」에서 말한 극단적 쾌락주의(極端縱欲主義)를 견지했던 듯하다. 그래서 첨자는 그에게 "생명을 중시하면 명리는 경시된다"고 일러주었다. 공자모(위모)가 알고는 있으나 행할 수 없다고 하자, 첨자는 행할 수 없으면 욕망대로 하는 것이 좋다고 했다. 양주 일파는 절욕은 주장했지만 아무튼 욕망충족에 인생의 의미가 있다고 여겼으므로, 생을 중시했지(貴生) 죽음을 찬양한(貴死) 것은 아니었다.

현존 『노자』 속에도 여러 곳에서 "생명을 중시하고 명리를 경시

闕之下, 奈何?" 詹子曰 : "重生. 重生則輕利." 中山子牟曰 : "雖知之猶不能自勝也." 詹子曰 : "不能自勝則縱之. 神無惡乎? 不能自勝而強不縱者, 此之謂重傷. 重傷之人, 無壽類矣." (「심위(審爲)」, 『여씨춘추』, 1453-54쪽)

[『신편』I, 247-48쪽 : 『장자』「도척편」은 위모의 이 사상을 더욱더 발전시켰다.도척은 공자에게 말했다."내가 너에게 인간의 성정이 무엇인지 가르쳐주겠다. 눈은 미색을 보려고 하고, 귀는 고운 소리를 들으려고 하고, 입은 맛있는 것을 찾고, 기분은 충만하기를 바란다." "천지는 무궁한 반면 인간은 때가 되면 죽는 유한한 존재이다. 이 유한한 육체를 붙들고 무궁한 천지 사이에 의탁하기란 홀연 천리마가 문틈을 지나는 격이다. 따라서 욕망을 충족시키고 수명을 보양할 수 없는 자는 모두 도에 통한 자가 못 된다." 이 말들은 도가가 도척의 입을 빌어 자신들의 말을 한 것이다. 어쨌든 이것은 춘추전국시대에 이런 종류의 쾌락주의 사상이 존재했음을 설명한다. 『열자』「양주편」에서 논한 양주 사상이 바로 이런 종류의 사상이다. 이것은 결코 양주 자신의 사상은 아니지만 **"위아"** 사상에서 발전되어온 산물이다. "위아" 사상은 "귀생"에서 그 반면 즉 죽음을 자초하는 길로 전화(轉化)할 수 있었던 것이다.]

31) 縱情性, 安恣睢, 禽獸行. 不足以合文通治, 然而其持之有故, 其言之成理, 足以欺惑愚衆, 是它囂魏牟也. (「비십이자(非十二子)」, 『순자』 권3 : 23쪽)

하는" 설이 주장된다. 예를 들면 『노자』는 말한다.

> **몸(身 : 生)을 천하처럼 중시하는** 사람이면 천하를 맡길 수 있고, 몸을 천하처럼 사랑하는 사람이면 천하를 기탁할 수 있다.[32)]
>
> ○명리(名 : 名利)와 몸(身 : 生) 가운데 무엇이 더 소중한가? 몸과 재산 가운데 무엇이 더 중요한가?[33)]

"몸을 천하처럼 중시하는" 것은 몸을 천하보다 더욱 중시하는 것으로서, "천하 최대의 이익과도 자기 정강이의 털 한 개와 바꾸지 않는" "경물중생(輕物重生)"〈주9〉의 의미이다.

현존 『장자』 속에도 여러 곳에서 "생을 보전하고 참된 것(천성)을 보존하며, 외물 때문에 몸을 괴롭히지 않는다(全形保眞,不以物累形)"〈주10〉는 설이 주장된다. 예컨대 「인간세(人間世)」는 토지신 나무인 역(櫟 : 상수리 나무), 즉 "쓸모없는 나무(不材之木)"를 설정하여 이렇게 말한다.

> 무릇 아가위나무, 배나무, 귤나무, 유자나무 등의 과일나무는 열매가 익으면 박탈당하는데, 박탈당함은 굴욕이다. 또한 큰 가지는 꺾이고 잔가지는 굽혀진다. 이 모두가 **그 유용성 때문에 그 생이 시달리는** 것들이다. **그리하여 천수를 다하지 못하고 중도에 요절하고 마니,** 세속의 공격을 자초한 결과이다. 세상 만물 그 어느 것도 이러하지 않은 것이 없다. 나[즉 역]는 **쓸모없기**(無所可用)를 추구한 지 이미 오래이다. 여러 차례 죽을 뻔하다가 이제야 쓸모없게 되는 데에 성공했으니, 내게는 [이 쓸모없음이] 크나큰 쓸모(大用)인 것이다. 가령 내가 쓸모있었더라면 이렇게 자랄 수 있었겠는가?[34)]

「인간세」는 또 말한다.

---

32) 貴以身爲天下, 若可寄天下 ; 愛以身爲天下, 若可託天下. (『노자』 23장)

33) 名與身孰親 ; 身與貨孰多? (『노자』 44장)

34) 夫柤梨橘柚果蓏之屬, 實熟則剝, 剝則辱. 大枝折, 小枝泄, 此以其能苦其生者也. 故不終其天年而中道夭, 自掊擊於世俗者也. 物莫不若是. 且予求無所可用久矣, 幾死, 乃今得之, 爲予大用. 使予也而有用, 且得有此大也邪? (『장자』, 172쪽)

불구자(支離) 소(疏)라는 자는, 턱은 배꼽에 숨었고, 어깨는 정수리 위에 있고, 척추는 하늘을 가리키고, 오장은 위로 쏠렸고, 두 넓적다리가 옆구리로 되어 있었다. 바느질과 빨래로 족히 호구할 수 있었고, 점대를 흔들고 쌀을 뿌리는 일[즉 점을 치는 일]로 족히 열 사람은 먹일 수 있었다. 나라에 징집령이 내려질 경우 불구였기 때문에 어깨에 힘을 주고 유유히 거리를 활보했고, 나라에서 대규모 사역을 벌릴 경우 불구였기 때문에 복무에서 제외되었고, 나라에서 병자에게 물질을 보상할 경우 곡식 3종(鍾 : 1종=10말 4되)에 땔나무 10속을 받았다. 무릇 신체가 불구인 사람도 오히려 이렇듯 신체를 보양하여 천수를 다할 수 있거늘, 하물며 그 덕이 불구인[정신조차도 무용하게 된] 사람의 경우에랴?[35)]

○공자가 초(楚)에 갔을 때였다. 초의 미친 사람 접여(接輿)가 공자가 유숙하는 집의 문 앞을 지나가며 이렇게 노래했다.

“봉황(鳳 : 공자를 지칭함)이여! 봉황이여!
어찌하여 덕이 이다지도 쇠했단 말인가![어찌하여 이 꼴이 되었는가!]
오는 세상은 기대할 바 못 되고,
지난 시절은 만회할 수 없구나!
천하에 도가 있다면 성인은 포부를 펼 것이로되,
천하에 도가 없다면 성인은 목숨만을 부지할 것이로다.
바야흐로 지금 세상은 겨우 형벌을 면하면 아주 그만이다.
행복은 깃털보다 가볍거늘 아무도 실을(붙들) 줄 모르고,
재앙은 땅덩이보다 무겁거늘 아무도 피할 줄 모르는구나!
내버려두어라! 내버려두어라! 사람들을 오직 유연하게만 대하여라.
위험하다! 위험하다! 지면에 그려진 선을 따라 달리려는 것은.
미친 척하여라! 미친 척하여라! 네 가는 길을 방해받지 않으려거든.
길을 갈 때는 구불구불하게 걸어가라! 네 다리를 상하지 않으려거든.”
산의 나무는 제 자신이 원수이고, 기름의 불은 스스로 불을 끌어당긴다.

35) 支離疏者, 頤隱於齊, 肩高於頂, 會撮指天, 五管在上, 兩髀爲脇. 挫鍼治繲, 足以糊口 ; 鼓筴播精, 足以食十人. 上徵武士, 則支離攘臂而遊於其間. 上有大役, 則支離以有常疾不受功. 上與病者粟, 則受三鍾與十束薪. 夫支離其形者, 猶足以養其身, 終其天年, 又況支離其德者乎? (『장자』, 180쪽)

> 계수나무는 [약재로] 먹을 수 있기 때문에 베어지며, 옻나무는 [옻칠에] 유용하기 때문에 쪼개어진다. 사람들은 쓸모있는 것의 쓸모는 잘 알지만 쓸모없는 것의 쓸모(無用之用)는 모른다.[36)]

이 모두는 "귀기(貴己)"와 "중생(重生)"의 의미이다.

여기서 노장의 책에 양주 학설의 자취가 의연히 존재함을 알 수 있다. 그러나 이것은 노장의 최고 이념(義)은 아니다. 양주(일파)가 말한 것은 주로 우리 스스로 자신의 생을 손상시키지 않을 방법(道)이다. 그러나 이 세계에서 살면서 스스로 자신의 생은 손상시키지 않는다고 하더라도, 나를 손상시키는 다른 사람과 다른 사물은 항상 있는 것이다. 우리는 진실로 자신을 손상시켜서도 안 되지만 또한 나를 손상시키는 다른 사람과 다른 사물에도 대처해야 한다. 이 측면에서의 양주의 방책은 오직 피(避 :도피)라는 한 글자의 비법이 있었을 뿐인 듯하다. 예컨대 "은자"의 "피세(避世)"가 그 예이다. 그러나 인간사는 변화 무궁해서 피하지 못할 해는 늘 있는 것이다. 노자의 학설은 바로 우주간 사물변화의 통칙(通則 : 常)에 대한 발견인바, 그것을 안 사람이 그것을 응용할 수 있으면 가히 "종신토록 위태롭지 않음"[37)]을 희망할 수 있다. 『장자』「인간세」도 우리가 어떻게 해야 이 세상 속에 살면서 세상의 해를 입지 않을 수 있을까를 연구했다.* 그러나 이런 방법은 모두 우리에게 만전(萬全)을

---

36) 孔子適楚. 楚狂接輿遊其門, 曰 : "鳳兮! 鳳兮! 何如德之衰也? 來世不可待, 往世不可追也. 天下有道, 聖人成焉. 天下無道, 聖人生焉. 方今之時, 僅免刑焉. 福輕乎羽, 莫之知載. 禍重乎地, 莫之知避. 已乎! 已乎! 臨人以德. 殆乎! 殆乎! 畫地而趨. 迷陽(迷陽 : 陽迷로서 佯狂의 뜻/『신편』)! 迷陽! 無傷吾行. 吾行郤曲, 無傷吾足." 山木自寇也, 膏火自煎也. 桂可食故伐之, 漆可用故割之. 人皆知有用之用, 而莫知無用之用也. (『장자』, 183-86쪽) 〈제2편, 제6장,주71〉

37) 沒身不殆. [知常, 容. 容乃公.……大乃道. 道乃久.~] 〈제8장,주45〉

* 『신편』I, 250쪽 : 「양생주(養生主)」는 자기 보전의 각종 방법을 하나의 총원칙으로 귀결시켜 "선을 행하여 명예에 나가지 말며, 악을 행하여 형벌에 저촉되지 말라. 그 중간을 따르는 길을 정도로 삼아라(爲善无近名 ; 爲惡無近刑. 緣督以爲經). 그래야 몸을 보호할 수 있고 생명을 보전할 수 있고 정신을 보양할 수 있고 천수를 다할 수 있다" 했다. 즉 인간은 너무 잘해도 안 되니 "나무가 크면 바람이 세찰까" 두렵고, 너무 못해도 안 되니 징벌을 받을까 두려우므로, 오직 잘하지도 못하

보증할 수 없다. 인간사는 변화 무궁해서 그중에는 예측할 수 없는 요소가 너무 많기 때문이다. 그리하여 노자학은 마침내 "핵심을 꿰뚫는(打穿後壁)" 말을 했다.

> 내게 큰 재앙(患)이 있는 이유는 내게 몸이 있기 때문이다. 내게 몸이 없다면 무슨 재앙이 있겠는가?[38)]

이것은 참으로 위대한 깨달음(大澈大悟)의 말이다. 장자학은 이것을 계승하여 "사생을 하나로 여기고[39)] 남과 나를 동일시함(同人我)"에 대해서 논했다. [주관적으로] 해를 해로 여기지 않는다면 해는 비로소 진정 [우리를] 손상시킬 수 없다. 이로써 보건대, 노자의 학설은 양주의 학설의 진일보요, 장자의 학설은 그것의 진이보라고 할 수 있다.*

지도 말아야 자기를 보전하는 묘법이다는 말이다. 현재에도 애써 앞장서지(上游) 않는 사람들이 있다. "앞서도 위험하고 꼬리에 서도 위험하고 중간이 가장 안전하다"는 것이다. 이것이 바로 『장자』에 나오는 저 세 구절의 의미이다. 이처럼 도가가 강론하는 자기 보전의 방법은 "피세(避世)"에서 "혼세(混世 : 세상에 섞여 그럭저럭 살아감)"로 발전했다. 『노자』에서 말한 "화광동진(和光同塵)"이 바로 "혼세"의 의미이다.

38) 吾所以有大患者, 爲吾有身. 及吾無身, 吾有何患? (『노자』 13장)

39) 齊死生[to equalize life and death]. 〈제10장,주47〉

* 『신편』I, 251쪽 : 도가철학은 몰락한 귀족의식의 집중표현이다. "**위아**(爲我)"사상이 도가의 각 파에 관철하고 있음은 우연이 아니다. 몰락한 귀족은 원래의 "천당(天堂)"을 상실하고, 남은 것이라곤 단지 자신들의 신체와 생명뿐이었으니, 드디어 자신들의 신체와 생명이 인생의 가장 중요한 것이라고 여겼다. 그들은 부귀나 공명 따위는 본래가 몸 밖의 물건이므로, 누가 주어도 가지지 않겠다고 말했다. 그들은 몰락했고 따라서 물질적인 향락추구의 욕망을 충족할 수 없었던 까닭에, 그로부터 "과욕(寡欲)"과 "절욕(節欲)"을 제창했던 것이다. 이것은 바로 동화 속에서, 포도를 따먹을 수 없는 여우가 그 포도는 실 것이라고 말한 경우와 똑같다. 그들은 천하에서 가장 요긴한 일이 자기 생존을 보호하는 일이라고 느꼈다. 그리하여 "**털 하나도 뽑지 않겠고, 천하를 이롭게 하지도 않겠다**(不拔一毛, 不利天下)"고 선언했다. 그러나 사실상 애초부터 그들의 털 한 개와 천하의 대리(大利)와는 바꿀 수 없으려니와, 더욱이 상실한 그들의 "천하"를 구해줄 수는 없었다. 장주(莊周)에 이르러서는 천하(사회)가 경중을 따질 만한 가치가 없다고 여겨졌을 뿐더러, 천지(물질세계) 역시 경중을 따질 만한 가치가 없다고 여겨졌다. 이런 극단적

2. 진중자

진중자(陳仲子) 역시 세속에 구애됨이 없이 소신대로 삶을 산(特立獨行) 선비였다. 맹자는 말했다.

나는 제(齊)나라 선비들 중에서 반드시 중자를 으뜸으로 친다.……중자는 제나라 공족 출신이었고 대대로 식읍을 소유했고, 그의 형 대(戴)는 식읍지 합(蓋)의 봉록이 1만 종이나 되었다. 그러나 그는 형의 봉록을 **불의(不義)한 봉록으로 여겨** 먹지 않았고, 형의 집도 **불의한 집으로 여겨** 살지 않았다. 형을 피하고 어머니와 떨어져 오릉(於陵)에 거처했다.[40)]

순자는 말했다.

인간의 본성을 억누르고 심히 상규를 초탈했고, 별나고 특이한 행동을 고상하게 여겨 대중과 화합하거나 대의(大分 : 大義, 禮)를 천명하기에 부족했다. 그렇지만 그 **주장은 근거가 있고 말은 이치가 서 있어서 우직한 대중을 기만하고 미혹하기에 충분했다.** 이들이 바로 진중(陳仲)과 사추(史鰌)이다.[41)]

『전국책(戰國策)』에서 조(趙)나라 위후(威后)가 제나라 사신에게 물었다.

으로 소극적인 사상은 구시대 귀족의 극단적인 몰락의 반영이다. 그들은 날은 저물고 갈 길은 막힌 지경에 이르러, 희망은 환멸로 변했고 전도(前途)는 없어졌다. 이런 정황하에서 나온 최후의 비명이 바로 장주의 사상이다.

40) 於齊國之士, 吾必以仲子爲巨擘焉.……仲子, 齊之世家也. 兄戴蓋祿萬鍾. 以兄之祿爲不義之祿, 而不食也. 以兄之室, 爲不義之室, 而弗居也. 避兄離母, 處于於陵. (『맹자』 6 : 10)
[양백준, 160쪽 : 『회남자』「범론훈」에 "계양(季襄)과 진중자는 절개가 있고 반항적인 행동으로, 타락한 임금 섬기기를 거부하고 난세(亂世)의 음식을 먹지 않고 결국 굶어죽었다" 했고, 고유의 주에 "진중자는 맹자의 제자였다" 했는데 모두 신빙성이 없다.]

41) 忍情性,綦谿利跂(王先謙曰 : 猶言極深離企), 苟以分異人爲高. 不足以合大衆, 明大分. 然而其持之有故, 其言之成理, 足以欺惑愚衆,是陳仲史鰌也. (「비십이자」, 『순자』 권3 : 24쪽)

오릉의 진중자는 아직도 살아 있는가? 그 자는 위로 왕에게 신하답지 못하고, 아래로 집안을 다스리지 않으며 또한 제후와 교제를 모색하지 않는즉, 이는 백성들에게 공공연히 무용한 행실을 솔선하는 짓이거늘 어찌하여 아직까지 죽이지 않았단 말인가?[42]

진중자는 부귀를 버리고 오릉에 살면서, "자신은 짚신을 삼고 처는 길쌈하며",[43] 형의 봉록과 집은 "불의하다고 여겼다." 그가 왜 그것을 불의하다고 여겼는지는 알 수 없으나, "주장은 근거가 있고 말은 이치가 서 있어서 우직한 대중을 기만하고 미혹하기에 충분했음"에 틀림없다. 또 제후들 사이에 이름이 나서 당시 통치계급의 깊은 증오를 받았으니, 한 시대의 명인(名人)이었음에 틀림없다.

3. 허행과 진상

허행(許行)과 진상(陳相)은 『한서(漢書)』「예문지(藝文志)」에서 말한 농가학파(農家者流)에 속한다. 『맹자』는 말한다.

신농(神農 : 농사를 개창한 제왕)의 주장을 도모한 사람으로 **허행**이 있었는데, 초나라로부터 등나라에 도착하여 직접 문공을 알현하고 말했다.

"저는 먼 지방에서 왔습니다만, 임금님께서 인정(仁政)을 행하신다는 소문을 들었습니다. 집 한 칸 얻어 임금님 백성이 되기를 원하나이다."

문공이 그에게 집을 주었다. 그의 제자는 수십 명이었는데, 모두 거친 베옷을 입었고, 짚신을 삼고 자리를 짜서 생활했다.

또 진량(陳良)*의 제자 **진상**이 그의 아우 진신(陳辛)을 데리고 농기구를 짊어지고, 송나라로부터 등나라에 도착하여 문공에게 말했다.

"소문에 임금님께서 성인의 정치를 행하신다 하오니, 임금님 역시 성인이

---

42) 於陵仲子尙存乎? 是其爲人也, 上不臣於王, 下不治其家, 中不索交諸侯, 此率民而出於無用者, 何爲至今不殺乎? (「제책하(齊策下)」, 『전국책』 권4 하 : 46쪽)

43) 身織屨, 妻辟纑. (『맹자』 6 : 10). 〈제4장,주26〉

* 양백준, 131쪽 : 진량은 양계초(梁啓超)의 『선진정치사상사(先秦政治思想史)』에 따르면 『한비자』「현학」에서 말한 "중량씨의 유가(仲良氏之儒)"〈제14장,주1〉이다.

십니다. 바라옵건대 성인의 백성이 되게 해주소서."

진상은 허행을 알게 되자 크게 감동하여, 이전의 학설을 모두 버리고 허행에게서 배웠다. 진상은 맹자를 찾아가, 허행의 주장을 설교하며 말했다.

"등나라 임금은 확실히 현명한 임금입니다. 하지만 아직 진실로 도를 깨닫지는 못했습니다. 현자(賢者)는 인민과 함께 땅을 갈고서야 음식을 먹으며, 손수 밥을 지어먹으면서 국가업무를 관장합니다. 그런데 지금 등나라는 양곡 창고와 재물 창고를 두고 있은즉, 이것은 바로 인민을 괴롭혀 자신을 보양하는 일입니다. 어찌 현명하다고 할 수 있으리까?……*

만약 허자(許子 : 허행)의 학설을 따르면, 시장의 가격을 단일화할 수 있으니, 세상에 속이는 행위가 없어집니다. 설령 어린아이를 시장에 보내더라도 아무도 그 어린아이를 속일 수 없을 것입니다. 시장의 베와 비단은 길이가 같으면, 삼실과 풀솜은 무게가 같으면, 곡물은 용량이 같으면, 신발은 크기가 같으면 값을 같게 하기 때문입니다."[44]

---

* 『신편』II, 103-04쪽 : 『여씨춘추』와 『회남자』에도 이런 주장이 있다.…… "**신농의 법**에 '장부가 장성해서 밭을 갈지 않으면 그 때문에 천하에 굶주리는 사람이 생기고, 부녀자가 나이가 찼어도 길쌈하지 않으면 그 때문에 천하에 얼게 되는 사람이 생긴다'고 했다. 그래서 신농 자신도 몸소 밭을 갈고 왕비도 친히 길쌈을 함으로써 세상을 솔선했다. 그의 영도 방침은 '희귀한 재화와 무용한 기물을 귀히 여기지 않는 것'이었다. 그래서 열심히 밭을 갈지 않는 자는 살아갈 수 없었고, 열심히 길쌈하지 않는 자는 몸을 가릴 수 없었다. 풍족하든 궁핍하든 그 자신에게 책임이 지워짐으로써, 의식은 풍족해졌고 간사한 행위는 발생하지 않았고 안락하고 무사하여 천하는 균평해졌다."(「제속훈」, 『회남자』) 이들 책에서 말한 "신농의 가르침"과 "신농의 법"에 따르면, 사회 안에 만약 한 사람이 직접적인 생산활동에 종사하지 않으면 사회성원의 생필품의 공급은 필연적으로 감소된다. 이 감소는 그들의 생활에 필연적인 영향을 끼칠 것인 만큼, 나라의 임금일지라도 "몸소 밭을 갈고 왕비도 친히 길쌈을 해야" 한다는 것이다. 즉 사회 안의 모든 개인은 누구나 노동을 하고 직접 생산에 종사해야 한다는 말이다.

44) 有爲神農之言者許行, 自楚之滕, 踵門而告文公曰 : "遠方之人, 聞君行仁政, 願受一廛而爲氓." 文公與之處, 其徒數十人, 皆衣褐捆屨織席以爲食. 陳良之徒陳相, 與其弟辛, 負耒耜而自宋之滕, 曰 : "聞君行聖人之政, 是亦聖人也. 願爲聖人氓." 陳相見許行而大悅, 盡棄其學而學焉. 陳相見孟子, 道許行之言曰 : "滕君則誠賢君也. 雖然未聞道也. 賢者與民並耕而食, 饔飧而治. 今也滕有倉廩府庫, 則是厲民而以自養也. 惡得賢!. 從許子之道, 則市價不貳, 國中無僞, 雖使五尺之童適市, 莫之或欺. 布帛長短同, 則價相若 ; 麻縷絲絮輕重同, 則價相若 ; 五穀多寡同, 則價相若 ; 大小同, 則價相若." (『맹자』 5 : 4)

『한서』「예문지」에 따르면, 농가학파는 "성왕을 받들지 않았고, 임금과 신하 모두 쟁기질해야 한다고 하여 상하의 질서를 어지럽혔다."[45] 이 학파의 학자들은 정치와 사회에 대해서 극히 새롭고 이상적인 제도를 가지고 있었다. 전해지는 그들의 말이 별로 없기는 하지만 맹자의 서술내용을 보면 그 대강은 살필 수 있다.[46]

4. 고자와 기타 인성론자

공자는 "타고난 품성은 서로 비슷하나, 습관이 서로를 차이 나게 만든다"[47] 했고, 맹자는 "인성은 본래 선하다고 설교했다."[48] 그리하여 인성과 도덕의 관계는 당시에 하나의 문제가 되었다. 당시에 맹자와 이 문제를 논변하여 맹자와 다른 견해를 가진 사람으로 고자(告子)가 가장 유명했다. 『맹자』는 말한다.

고자가 말했다.

"성(性)은 버들[즉 원시의 재료]과 같은 것이고, 의리(義)는 배권(杯棬 : 버들로 엮어 만든 그릇)과 같은 것입니다. **인성으로부터 인의**(仁義 : 즉 도덕적 품성)**를 도모하는 것은 마치 버들로부터 배권을 만드는 것과 같습니다.**"[49]

고자가 말했다.

"성이란 마치 급류와 같으니, **동으로 물길을 트면 동으로 흐르고, 서로 물길을 트면 서로 흐르는 것입니다.** 인성에 선(善)과 불선(不善)의 구분이 없는 것

[『신편』II, 104쪽 : 허행의 방책은 하나의 합리적인 가격제도를 정하여 등가교환의 공평한 매매를 보장하는 것이었다.……그는 투기로써 교묘한 이득을 얻고 이윤을 구하는 상인을 규제하여 그들이 사기적인 수법으로 농민을 수탈하지 못하게 할 것을 바랐다.]

45) 無所事聖王, 欲使君臣並耕, 誖上下之序. (『한서』, 1743쪽)

46) 【주】전목(錢穆) 선생은 허행은 묵자의 제자의 제자인 허범(許犯)이고, 농가(農家)는 묵가(墨家)에서 나왔다고 여긴다. [「묵자의 재전(再傳) 제자 허행 연구」, 『고사변』IV, 300쪽]

47) 性相近也, 習相遠也. (『논어』 17 : 2) 〈제4장,주150〉

48) 道性善. [『맹자』 5 : 1]

49) 告子曰 : "性猶杞柳也, 義猶杯棬也, 以人性爲仁義, 猶以杞柳爲杯棬." (『맹자』 11 : 1)

은 마치 물길에 동서의 구분이 없는 것과 같습니다."[50)]

고자가 말했다.

"생(生 : 생래적으로 그런 것) **그 자체가 성입니다**(生之謂性)."[51)]

고자가 말했다.

"식욕과 성욕은 본성입니다. **인은 내적인 것이지**(仁內), 외적인 것이 아닙니다. 반면에 **의는 외적인 것이지**(義外), 내적인 것이 아닙니다.……상대가 나보다 연장(長)이기 때문에 연장자 대접한(長) 것이지 연장의 특징이 내게 있기 때문이 아닙니다. 마치 어떤 흰 물건을 희다고 하는 것은 그것이 외적으로 희기 때문인 것과 같습니다. 그래서 의를 외적인 것이라고 했습니다.……

나는 내 동생은 사랑하지만 이방인의 동생은 사랑하지 않습니다. 이 사랑은 나를 위주로 한 감정이기 때문에 내적인 것이라고 했습니다. 반면에 나는 외국의 연장자도 공경하고 내 집안의 연장자도 공경합니다. 이 공경은 연장자로부터 비롯된 감정이기 때문에 외적인 것이라고 했습니다.[52)]

맹계자(孟季子 : 고자 추종자)가 공도자(公都子 : 맹자 제자)에게 물었다.

"어째서 의를 내적인 것이라고 하는가?"

"내 공경심을 표현한 것이기 때문에 내적인 것이라고 말했다."

"마을 사람이 그대의 큰 형보다 한 살 위라면, 누구를 공경하겠는가?"

---

50) 告子曰 : "性猶湍水也, 決諸東方則東流, 決諸西方則西流. 人性之無分於善不善也, 猶水之無分於東西也." (『맹자』 11 : 2)

51) 告子曰 : "生之謂性." (『맹자』 11 : 3) [生之 : that which at birth is so]

52) 告子曰 : "食色性也. 仁內也, 非外也 ; 義外也, 非內也. 彼長而我長之, 非有長於我也. 猶彼白而我白之, 從其白於外也, 故謂之外也. 吾弟則愛之, 秦人之弟則不愛也, 是以我爲悅者也 ; 故謂之內. 長楚人之長, 亦長吾之長, 是以長爲悅者也 ; 故謂之外也." (『맹자』 11 : 4)
[『신편』II, 80쪽 : 맹가는 "의는 외적인 것이다"는 논점을 반박하여, 연장이냐 연장이 아니냐는 물론 외적인 것이지만, 공경(연장자 대접)하느냐 공경하지 않느냐는 여전히 내적인 것이라고 했다. 이런 일련의 문제들은 쟁론의 여지가 많다. 다만 고자의 기본 논점에 따르면, 도덕은 사회적 산물이고, 인류의 생리적인 기본 욕망은 자연적 산물이며, 자연에는 도덕적 속성이란 없다는 것이다. 즉 인간의 도덕적 품성은 후천적인 것으로서 교육을 통해서 습득된 것이지, 결코 천부적인 것 내지 생래적으로 본유한 것이 아니다.]

"형을 공경한다."

"술을 따를 때 누구의 잔에 먼저 따르겠는가?"

"마을 사람에게 먼저 따른다."

"공경한 사람(所敬)은 형이었지만, 연장자 대접한 사람(所長)은 마을 사람이었다. 그런즉 (의란) 외적인 것이지 내적인 것이 아니다."[53)]

고자가 말했다.

"성에는 선도 없고 불선도 없다."[54)]

고자에 따르면 성은 단지 생래적으로 그런 인간의 속성(性質)이다. 즉 "생 그 자체가 성이다"는 말이다. 이 성은 바로 천연의 산물로서 예컨대 물이나 버들처럼, 선(善)이랄 것도 없고 불선(不善)이랄 것도 없다. 즉 "성에는 선도 없고 불선도 없다"는 말이다. 후천적으로 생긴 선악은 교육과 습관의 결과이다. 마치 버들로 배권을 만들 수도 있고 다른 물건을 만들 수도 있으며, 물이 "동으로 물길을 트면 동으로 흐르고, 서로 물길을 트면 서로 흐르는 것"과 같다. 인내의외(仁內義外)란 고자에 따르면 남을 사랑함(愛人)은 내가 남을 사랑하는 것인 만큼 사랑이 내게 있지 그 대상에 있지 않으므로 주관적이고 내적인 것이지만, 남을 공경함(長人)은 그가 연장(年長)이기 때문에 공경하는(長) 것인 만큼, 마치 어떤 것을 희다고 할 때 그 색깔이 희기 때문에 희다고 하듯이, 연장이 대상에 있지 내게 있지 않으므로 객관적이고 외적인 것이다. 고자의 이 설은 나이가 많다는 연장(長)과 그 때문에 내가 공경하는 그 공경(長)을 잘못 혼동했다고 하겠다. 나이가 많다는 연장은 물론 그가 소유한 속성으로서 그에게 있지 내게 있지 않다. 그러나 내가 그리하여 그를 공경하는 공경은 물론 여전히 내게 있다. 따라서 맹자는 "그러니 연장자가 의(義)인가? 아니면 연장자 대접하는(長之 : 공경하는) 것이 의인

53) 孟季子問公都子曰 : "何以謂義內也?" 曰 : "行吾敬, 故謂之內也." "鄉人長於伯兄一歲, 則誰敬?" 曰 : "敬兄." "酌則誰先?" 曰 : "先酌鄉人." "所敬在此, 所長在彼. 果在外, 非由內也." (『맹자』 11 : 5)

54) 告子曰 : "性無善無不善也." (『맹자』 11 : 6)

가?"[55]라고 반문했다. 즉 의는 연장자에게 있지 않고 연장자 대접하는 데에 있다는 말이다. 또 "연장자 대접한다" 함은 존경의 의미가 내포된 만큼, 흰 물건을 희다고 하는 것과는 다르다. 따라서 공도자는 "내 공경심을 표현한 것이기 때문에 내적인 것이라고 말했다"고 했는데 바로 그것이다. 또한 [고자의] "인은 내적인 것이다(仁內)"는 설은 "인성으로부터 인의를 도모하는 것은 마치 버들로부터 배권을 만드는 것과 같다"는 주장과 모순이다. 우리가 아는 고자의 학설은 단편적인 것(東鱗西爪)에 불과하므로 그가 이런 점들을 따로 해석했는지 여부는 알 수 없다. 『맹자』는 또 말했다. "고자도 나보다 먼저 부동심(不動心)에 도달했다.…… 고자는 '말에서 얻지 못한 것은 마음에서 추구하지 말며, 마음에서 얻지 못한 것은 기(氣)에서 추구하지 말라'고 말했다."[56] 맹자는 이 점에 입각하여 고자의 부동심과 자신의 부동심의 차이를 지적했다. 대략 고자의 부동심은 강제로 부동(不動)케 하는 것이고, 맹자의 부동심은 함양의 결과, 즉 "의로운 행위를 축적해서 생긴 것"으로서, 저절로 부동하게 되는 것이다. 고자는 의는 외적인 것임(義外)을 주장했기 때문에, 맹자가 말한 "의로운 행위를 축적해서 생긴다"는 의미를 이해할 수 없었다. 따라서 맹자는 말하기를 "고자는 의를 이해한 적이 없다. 왜냐하면 그는 의를 외적인 것으로 간주했기 때문이다"[57]고 했다.

『맹자』는 또 말한다.

> **혹자**(或者)는 말했다.
>
> "본성은 선하게 될 수도 있고 악하게 될 수도 있다. 그런 까닭에 성왕인 문왕과 무왕이 흥성하자 사람들은 선해졌고, 폭군인 유왕과 여왕이 흥성하자 사람들은 포악해졌다."
>
> 또 **혹자**는 말했다.
>
> "본성이 선한 사람도 있고 악한 사람도 있다. 그런 까닭에 요 같은 성군

55) 且謂長者義乎? 長之者義乎? (『맹자』 11 : 4)

56) 告子先我不動心.…… 告子曰 : "不得於言, 勿求於心 ; 不得於心, 勿求於氣."

57) 我故曰, 告子未嘗知義, 以其外之也. [부동심과 의에 대한 논의는 〈부록5, 원문〉 참조]

아래에 상 같이 악한 신하가 있었고, 고수같이 나쁜 아버지 밑에 순 같이 선한 아들이 있었고, 주같이 악한 조카 임금 밑에 미자 계[주왕의 숙부?]와 왕자 비간[주왕의 서형?] 같은 선한 숙부가 있었다."[58)]

이 두 혹자의 설은 『맹자』에서 공도자가, "성에는 선도 없고 불선도 없다"〈주54〉는 고자의 설과 함께 거론했는데, 당시 이 세 종류의 성설(性說)이 있었던 모양이다. 왕충의 『논형』에 따르면 "주인(周人) 세석(世碩)은 인성에는 선도 있고 악도 있으니, 인간의 선한 성을 들어 배양하고 조성하면 선이 자라고, 악한 성을 배양하고 조성하면 악이 자란다고 주장하여,……「양서(養書)」 한 편을 지었다. 복자천(宓子賤), 칠조개(漆雕開), 공손니자(公孫尼子) 등도 성정(性情)을 논했는데 세석과 서로 차이가 있었다."[59)] 앞의 인용문의 첫번째 혹자의 설이 혹 세석의 설이 아닌지 모르겠다. 두번째 혹자의 설은, 인간은 나면서 선하거나 악하게 고정된다고 여긴 것인데 혹시 복자천 등의 설이 아닌지 모르겠다.[60)]

5. 윤문과 송경

『장자』「천하편」은 말한다.

세속에 얽매이지 않고, 모든 일을 가식으로 대하지 않고, 남을 홀시하지 않으며, 뭇 사람을 거스르지 않았다. **천하의 안녕을 도모하여 인민의 목숨을 살리고, 남과 나의 생계를 모두 충족시키는 데서 그친다는** 염원을 표명했다(白心).

58) 或曰 : "性可以爲善, 可以爲不善. 是故文武興則民好善, 幽興則民好暴." 或曰 : "有性善有性不善. 是故以堯爲君而有象, 以瞽瞍爲父而有舜. 以紂爲兄之子且以爲君而有微子啓·王子比干." (『맹자』 11 : 6)

59) 周人世碩以爲人性有善有惡, 擧人之善性養而致之則善長 ; 惡性養而致之則惡長.……故世子作『養書』一篇. 宓子賤·漆雕開·公孫尼子之徒, 亦論性情, 與世子相出入, (皆言性有善有惡)." (왕충〔王充, 27-97?〕, 「본성(本性)」, 『논형(論衡)』, 190쪽)

60) 【주】 첫번째 혹자의 설은 사실상 맹자의 설과 차이가 없는 듯하지만 논리상으로 다르다. 왜냐하면 맹자에 따르면, 보통 말하는 인성(人性) 중에서 금수와 똑같은 부분 즉 이른바 소체(小體)〈제6장,주44〉는 곧 악을 행할 수 있는 것이어서 인성으로 여길 수 없는 것이기 때문이다.

고대에 이 방면에 도술을 집중한 이들이 있었으니, **송경**(宋牼)**과 윤문**(尹文)이 이런 학풍을 전해듣고 그것에 심취했다.

이들은 화산(華山 : 이 산은 상하의 모양이 균평했음) 모양의 모자를 만들어 쓰고 자신들의 입장을 드러내었다. **만물을 대하면서 울타리(편견)의 제거를 최우선시했고, 마음의 관용이 바로 마음의 작용이라고 언명했다.** 유화적인 태도로 만물을 화합시키고 온 세상을 조화시켰다. 그들은 이것들을 그들의 원칙으로 확립할 것을 희망했고, **"모욕당함은 수치가 아니다**(見侮不辱)**"는 주장으로 사람들의 싸움을 막았고, "금공침병**(禁攻寢兵 : 침공금지와 전쟁종식)"의 주장으로 세상의 전쟁을 막으려고 했다. 이런 기치를 앞세워 **천하를 주유하며 위로 군주에게 유세하고 아래로 인민을 가르쳤는데,** 세상에서 인정하지 않더라도 더욱 요란히 설파하면서 그만두지 않았다. 따라서 "위아래로 모두가 만나기를 꺼려도 억지로 찾아다닌다"는 말을 들었다. 하옇튼 그들은 **남을 위하는 일에 너무 지나쳤고, 자기 자신은 거의 돌보지 않았다.** 그러면서 말하기를 "본심은 본래 조금 욕망한다. 다섯 되의 양식이면 족하다"고 했다. 그들은 스승조차 제대로 먹지 못하고 제자들이 굶을지언정 천하를 망각하지 않고, 밤낮 없이 쉬지도 않고 "우리는 살아나갈 수 있다"고 말했다. 이 얼마나 위대한 구세의 선비들(救世之士)인가! 그들은 "군자는 남을 지나치게 책망하지 않고, 주견 없이 외물에 지배당하지 않는다"고 하면서, 천하에 무익하다고 생각되는 것들은 설교하느니 차라리 그만두는 것이 낫다고 여겼다. **밖으로**(治國)**는 "금공침병"을 주장하고, 안으로**(治身)**는 "정욕과천**(情欲寡淺 : 본심은 조금 욕망함)"을 주장했는데, 그들 학설의 대소(大小), 정조(精粗)의 모든 행동을 오로지 거기에 국한되었다.[61]

61) 不累於俗, 不飾於物 ; 不苟於人, 不忮於衆. 願天下之安寧, 以活民命 ; 人我之養, 畢足而止 ; 以此白心. 古之道術有在於是者, 宋牼·尹文, 聞其風而悅之, 作爲華山之冠以自表, 接萬物以別宥爲始, 語心之容, 命之曰心之行, 以聏合驩, 以調海內. 請欲置之以爲主, '見侮不辱', 救民之鬪. '禁攻寢兵', 救世之戰. 以此周行天下, 上說下敎 ; 雖天下不取, 強聒而不舍者也. 故曰 : "上下見厭而強見也." 雖然, 其爲人太多, 其自爲太少, 曰 : "請欲固置[情欲固寡 /『신편』] ; 五升之飯足矣." 先生恐不得飽, 弟子雖飢, 不忘天下. 日夜不休, 曰 : "我必得活哉." 圖傲乎救世之士哉! 曰 : "君子不爲苛察, 不以身假物", 以爲無益於天下者, 明之不如已也. 以'禁攻寢兵'爲外, 以'情欲寡淺'爲內, 其小大精粗, 其行適至是而止. (『장자』, 1082-84쪽)

『맹자』는 말한다.

송경이 초나라로 가다가, 석구(石丘)에서 맹자와 만났다. 맹자가 물었다.

"선생은 어디로 가시는 길입니까?"

"진나라와 초나라가 전쟁을 계획한다고 들었습니다. 저는 초나라 왕을 알현하고 중지하도록 진언하려고 합니다. 만약 초나라 왕이 반기지 않으면, 다시 진나라 왕을 알현하고 중지하도록 진언할 것입니다. 그 두 왕을 만나러 가는 길입니다."

"제가 자세한 내용은 여쭙지 않겠습니다만 그 취지는 듣고 싶습니다. 장차 어떻게 진언하시렵니까?"

"저는 그 전쟁이 **이롭지 못함**(不利)을 말하려고 합니다." [62)]

장자는 말했다.

어떤 사람은 하나의 관직에 어울리는 지혜가 있고, 어떤 사람은 한 지역을 화합시킬 만한 행실이 있고, 어떤 사람은 하나의 통치자에 부합하는 덕이 있고, 어떤 사람은 한 나라의 신임을 얻을 만한 능력이 있다. 이들 각자가 자신에 대해서 자부하는 것 역시 붕새나 뱁새의 경우와 마찬가지다.

이에 대해서 송영자(宋榮子)는 껄껄 웃었다. 그는 온 세상이 칭찬해도 우쭐하지 않았고, 온 세상이 비난해도 낙담하지 않았은즉, 내심과 외물의 한계를 정립하고, 영욕(榮辱)의 경계를 분명히 할 수 있었다. 하지만 그것이 전부였다. 그와 같은 사람도 세상에 흔하지 않지만 여전히 완전한 경지에는 아직 이르지 못했다.[63)]

순자는 말했다.

송자(宋子 : 송경)는 조금 욕망한다는 것(少)에 대한 소견은 있었으나, 많

62) 宋牼將之楚, 孟子遇於石丘, 曰 : "先生將何之?" 曰 : "吾聞秦楚構兵, 我將見楚王說而罷之. 楚王不悅, 我將見秦王說而罷之. 二王我將有所遇焉." 曰 : "軻也請無問其詳, 願聞其指. 說之將何如?" 曰 : "我將言其不利也." (『맹자』 12 : 4)

63) 故夫知效一官, 行比一鄕, 德合一君, 而徵一國者, 其自視也亦若此矣. 而宋榮子猶然笑之. 且擧世譽之而不加勸, 擧世非之而不加沮, 定乎內外之分, 辨乎榮辱之境, 斯已矣. 彼其於世, 未數數然也 ; 雖然, 猶有未樹也. (소요유(逍遙遊), 『장자』, 16-17쪽) [樹 : 도덕적으로 최고 경지에 이름/조초기] 〈제10장,주25〉

이 욕망한다는 사실(多)은 간과했다.[64)]

○자송자(子宋子)는 말했다.

"모욕당함이 수치가 아님을 깨우칠 수 있다면 사람들의 싸움을 막을 수 있다. 사람들은 모욕당함이 수치라고 여기기 때문에 싸운다. 모욕당함이 수치가 아님을 인식하면 싸우지 않을 것이다."[65)]

○자송자는 "인간의 본심은 조금 욕망한다. 다들 자기의 본심이 많이 욕망한다고(情欲爲多 : 情爲欲多) 여기는 것은 잘못이다"고 했다. 그래서 그는 추종자들을 이끌고 그 설을 논변하고 비유적인 함축을 밝히면서 사람들에게 본심은 조금 욕망한다고(情欲之寡 : 情之欲寡) 인식시키려고 했다.[66)]

○송자는 욕망문제(欲)에 가로막혀 성취(得)의 가치를 몰랐다.[67)]

한비자는 말했다.

칠조(漆雕)의 주장은 어떠한 경우에도 낯빛을 변치 말고, 눈길을 피하지 말며, 자기의 행실이 잘못이면 허름한 천인 앞이라도 몸을 사리지만, 행실이 옳으면 제후를 향해서도 꾸짖는다는 것인데, 군주는 그를 강직하다며 예우한다. **송영**(宋榮)의 주장은 투쟁하지 말며, 원수를 보복하지 말며, 감옥에 갇히는 것을 부끄러워하지 말며, 모욕당함을 수치로 여기지 말라는 것인데, 군주는 그를 관대하다며 예우한다. 무릇 칠조의 강직함(廉)을 옳다고 여긴다면 **송영의 너그러움**(恕)은 비난해야 마땅하고, **송영의 관대함**(寬)을 옳다고 여긴다면 칠조의 강포함(暴)은 비난해야 마땅하다.[68)]

유향(劉向)은 말했다.

64) 宋子有見於少, 無見於多. (「천론(天論)」, 『순자』) 〈제1장,주14 ; 부록4,주22〉

65) 子宋子曰 : "明見侮之不辱, 使人不鬪. 人皆以見侮爲辱, 故鬪也. 知見侮之爲不辱, 則不鬪也." (「정론(正論)」, 『순자』 권12 : 26쪽)

66) 子宋子曰 : "人之情欲寡而皆以已之情欲爲多(情爲欲多 / 『신편』), 是過也." 故率其群徒, 辨其談說, 明其譬稱, 將使人知情欲之寡也. (「정론」, 『순자』 권12 : 31쪽)

67) 宋子蔽於欲而不知得. (「해폐(解蔽)」, 『순자』) 〈제1장,주15〉

68) 「현학」, 『한비자』, 1085쪽. 원문은 〈부록4,주52〉 참조.

(윤문자[尹文子]는) **송견**(宋鈃)과 함께 직하에 유학(遊學)했다.[69]

송견, 송경, 송영은 같은 사람이다.[70] 현재 윤문과 송경에 대한 우리의 지식은 대략 이상이 전부이다.

순자의 「비십이자편(非十二子篇)」은 송견과 묵적을 일파로 여겼다. 대체로 송경은 "금공침병"을 주장했고, "남을 위하는 일에 너무 지나쳤고", "자기 자신은 거의 돌보지 않았다." 학설과 행위 모두 묵가와 같은 점이 있었다. 그러나 「천하편」에 따르면 그는 "밖으로는 금공침병을 주장하고, 안으로는 정욕과천을 주장했다." "금공침병"은 윤문과 송경 일파 학설의 한 측면이지만, "정욕과천" 측면은 묵학(墨學)에서 논한 적이 없다. 윤문과 송경의 이 측면의 학설은 양주학(楊學)의 영향을 받은 듯하다. 이로써 보건대 윤문과 송경은 사실상 양주와 묵적을 합일시키고,[71] 또 각각에 심리학적 근거를 부여했던 것이다.[72]

『장자』「천하편」과 앞에 인용한 책들의 내용에서 보면, 윤문과 송경의 학설은 여섯 가지로 요약된다.

(1)"만물을 대하면서 편견(울타리)의 제거를 최우선시한다."

(2)"마음의 관용이 바로 마음의 작용이라고 언명했다."

(3)"본심은 조금 욕망한다(情欲寡)."*

69) (尹文子)與宋鈃俱遊稷下. (「예문지」 "尹文子一篇"에 대한 顔師古 注의 인용문, 『한서』, 1736-37쪽)

70) 【주】이 설은 당월(唐鉞, 1891-1987) 선생의 「윤문과 『윤문자』」(『청화학보』) 참조.

71) 【주】고힐강 선생의 설. 「『여씨춘추』로부터 추측한 『노자』의 성립연대」 참조.

72) 【주】전목 선생의 설. 그의 『묵자(墨子)』 참조. 다만 전목 선생은 송경이 묵자학에 심리학적인 근거를 부여했다는 점만 말했다.

* 『신편』II, 99쪽 : 순황도 송견의 **"본심은 조금 욕망한다"**의 설에 대해서 매우 긴 비평을 했다. 순황은 인간의 눈은 다 좋은 색깔을 보려고 하고, 귀는 다 좋은 소리를 들으려고 하고, 입은 다 좋은 맛을 맛보려고 하고, 코는 다 좋은 냄새를 맡으려고 하고, 신체는 다 편안히 쉬려고 한다고 지적했다. 이것은 송견도 부인하지 못할 것이다. 인간은 모두 이미 이 다섯 가지를 "욕망한다"는 것을 인정하고서 동시에 인간은 많이 욕구하지 않는다고 말하는 것은 비유하건대 인간의 심정은 모두 부귀를 욕망하면서 재화를 욕구하지 않고, 미색을 욕망하면서 서시(미인)를 욕구하지 않는다고 말하는 것과 같다(『순자』「정론」 참조). 즉 송견은 일반은 긍정하면서 특수는 부정한 셈이었다.

(4) "모욕당함은 수치가 아니다(見侮不辱)는 주장으로 사람들의 싸움을 막는다."

(5) "침공금지와 전쟁종식(禁攻寢兵)의 주장으로 세상의 전쟁을 막는다."

(6) "천하의 안녕을 도모하여 인민의 목숨(民命)을 살리고, 남과 나의 생계를 모두 충족시키는 데서 그친다."

여섯째 관점은 윤문과 송경이 "천하를 주유하며 위로 군주에게 유세하고 아래로 인민을 가르친" 궁극적인 목적이었다. 그중에서 "천하의 안녕을 도모하여 인민의 목숨을 살린다"고 함은 묵학에서 취한 것이고, "남과 나의 생계를 모두 충족시키는 데서 그친다"고 함은 양주학에서 취한 것이다. 천하가 안녕하지 못한 이유는 바로 "사람들의 싸움"과 "세상의 전쟁" 때문이다. 싸움은 개인과 개인 사이의 무력충돌이요, 전쟁은 바로 국가와 국가 사이의 무력충돌이다. "세상의 전쟁을 막기" 위해서 "침공금지와 전쟁종식"을 주장했다. 이것은 완전히 묵가의 주장을 윤문과 송경이 계속 추진한 것이다. 또 맹자의 말을 보면, 송경이 진(秦)나라, 초(楚)나라의 왕들을 만나 전쟁을 그만두도록 유세하려고 했을 때 견지한 이유는 전쟁이 "이롭지 못하기" 때문이었는데, 역시 묵가의 학설이었다.

"사람들의 싸움을 막기" 위해서 윤문과 송경은 "견모불욕(見侮不辱)"의 설을 제창했다. "견모불욕"은 윤문과 송경 일파의 중요한 구호였다. 따라서 『장자』, 『순자』, 『한비자』, 『여씨춘추』 모두 이 네 글자를 계속 사용했다. 순자의 「정명편(正名篇)」은 모욕당함을 수치로 여기지 않으면 사람들이 싸우지 않게 할 수 있다는 설을 반박하여, 사람이 모욕당하면 싸우는 까닭은 모욕당함을 싫어한 때문이지 꼭 모욕당함을 수치로 여긴 때문은 아니라고 주장했다. 따라서 설령 모욕당함이 수치가 아니라고 믿을지라도 모욕당함을 좋아하지 않기 때문에 여전히 싸우는 것이다. 이 반박은 매우 유력하다. 그러나 송견의 "견모불욕" 주장이 결코 전연 근거가 없는 것은 아니다. "싫어함(惡)"은 단지 개인 심중의 불쾌감일 수 있으나, "수치(辱)"는 이른바 체면문제와 관련이 있기 때문이다. 많은 사람들은 실제로 받는 불쾌감 때문에 남과 싸우는 것이 아니고, 체면을 보전하고 기를 꺾이지 않으려는 이유에서이다. 즉 "견모불욕"의 선전은 아무튼 사람들의 싸움을 막는 수단의 일종으로 칠 수 있다. 또 윤문과 송경이 말한 "마음의 관용(心之容)"의 의미는 순자의 이 반박에 대한 답변도 될 수 있다.

윤문과 송경은 "마음의 관용(容)이 바로 마음의 작용이라고 언명했다." 순자는 송경이 "굴용(詘容 : 굴복과 관용)을 자기 주장으로 삼았다"[73]고 했거니와, 용(容)은 즉 굴용의 뜻이다. 윤문과 송경에 따르면 승벽을 부리는 일이 아니라 굴복과 관용이 바로 인심의 자연스러운 경향이므로 "마음의 관용이 바로 마음의 작용이라고 언명한다"고 말했다. "마음의 작용"은 즉 마음의 자연적인 경향이다. 『한비자』가 말한 "송영의 너그러움(恕)", "송영의 관대함(寬)"도 바로 이것을 지칭한 말이다.[74] 사람이 만약 이것을 깨닫을 수 있다면 자연히 모욕당하는 것을 혐오하지(수치로 여기지) 않으며 사람들은 싸우지 않게 되고 국가와 국가도 전쟁하지 않게 된다. 이는 윤문과 송경이 묵학의 이런 측면에 부여한 심리학적 근거이다.

『순자』 「정론편」의 "정욕위다(情欲爲多)"* "정욕지과(情欲之寡)"〈주66〉는 그 다음 문장에 따라 각각 "정위욕다(情爲欲多)", "정지욕과(情之欲寡)"여야 옳다. "욕(欲)"은 여기서는 동사이다. "정욕과천(情欲寡淺)"〈주61〉은 인류의 본성은 조금 바라지 많이 바라지 않는다는 뜻이다. 인간이 비록 "눈은 최상의 미색을 추구하고, 귀는 최상의 소리를 추구하고, 입은 최상의 맛을 추구하나",[75] 사람이 일정 시간 내에 실제로 누릴 수 있는 것은 극히 유한한 즉 "굴뚝새가 차지한 숲은 가지 하나에 불과하고, 두더지가 마시는 강물은 배를 채우는 데에 불과하다"[76]는 말이다. 또한 "현란한 색깔은

73) 詘容爲己. [「정론」, 『순자』 권12 : 30쪽]

74) 【주】이 점은 전목 선생의 설이다. 그의 저서 『묵자』 참조.

* 情欲爲多 : 이 구절은 저자의 착오인 듯하다. 『신편』과 여타의 판본 모두 원래부터 "情爲欲多"로 되어 있다.

75) 目欲綦色, 耳欲綦聲, 口欲綦味,……(『순자』 권7 : 13쪽) [綦 : 極. 극도의]

76) 鷦鷯巢於深林, 不過一枝 ; 偃鼠飮河, 不過滿腹. (『장자』, 24쪽)

눈을 멀게 하고, 현란한 소리는 귀를 먹게 하며, 고량진미는 입을 망쳐놓아"[77] 너무 많이 누리면 무익할 뿐더러 도리어 손해이다. 만약 사람이 이 이치를 안다면 아마 정욕은 많이 바라지 않을 것이다. 인정(人情)이 본래 조금 욕구한다는 윤문과 송경의 말은 물론 사실에 부합하지 않지만, 그들의 본의는 아마 각 사람들로 하여금 향수는 적당한 정도에서 그치게 하여 너무 지나치게 추구하지 않도록 하려는 것으로서, 이른바 "남과 나의 생계를 모두 충족시키는 데서 그친다"는 말이다. 양주학은 절욕(節欲)을 가르쳤는데, 여기서는 인간의 정욕은 본래 조금 욕구한다고 주장하여 우리가 만약 이것을 인식하면 저절로 절욕할 수 있다고 말했다. 이는 윤문과 송경이 양주학에 심리학적인 근거를 부여한 것이었다.

"만물을 대하면서 별유(別宥 : 울타리나 선입견의 제거)를 최우선시했는데", "별유"*에 대해서 『여씨춘추』「거유편(去宥篇)」은 이렇게 말한다.

한 노인이 어떤 사람과 이웃해서 살았다. 그 이웃집에는 말라죽은 오동나무가 서 있었다. 그래서 어느날 노인은 오동나무가 아주 보기 싫다고 말하자, 그 이웃은 곧 베어냈다. 그후 노인은 땔감으로 쓰겠다며 그것을 청했다. 그러자 그 이웃은 버럭 화를 내면서 말하기를 "이웃 사람이 이토록 험악해서야 어떻게 이웃해서 살 수 있겠오?" 했다. **여기에는 선입견**(宥 : 울타리)**이 내재해 있다.** 무릇 땔감으로 쓰겠다고 청했기로, 말라죽은 오동나무의 좋고 나쁜 문제를 의심할 수는 없는 것이다.

제나라 사람 가운데 몹시 금을 탐한 사람이 있었다. 그러던 어느날 이른 아침에 의관을 갖추어 입고 금 파는 곳을 찾아갔다. 그리고는 금을 가지고

77) 五色令人目盲, 五音令人耳聾, 五味令人口爽. (『노자』 12장) 〈제8장,주83〉

* 『신편』II, 99-100쪽 : "별유"는 『여씨춘추』에서 말한 "거유(去宥)"이다. "유(宥)"는 "유(囿)"와 같고, 선입견 혹은 편견의 뜻이다. 『여씨춘추』「거유편」의 내용은 이 방면에 대한 송견과 윤문의 사상일 수 있는데, 혹시 송견의 저작인 『송자(宋子)』 속에서 초록한 것일지도 모른다. 『송자』에는 매우 많은 이야기가 있었고 이야기를 가지고 도리(道理)를 설명했기 때문에, 유향과 유흠이 소설가 속에 배열시킨 것인지도 모른다.

> 있는 사람을 보자마자 그의 금을 움켜쥐고 빼앗았다. 관리가 그를 붙잡아 결박하면서 묻기를 "사람들이 다 보고 있는데 너는 어째서 금을 빼앗았느냐?" 고 하자, 대답하기를 "웬일인지(이상하게도) 사람들은 눈에 보이지 않고 금덩어리만 보였습니다요" 했다. 이야말로 진정 커다란 편견(울타리)이 내재해 있다. 무릇 인간이 편견에 사로잡히면 정녕 낮을 밤으로, 흰 것을 검은 것으로, 선인을 악인으로 여기는즉, 편견의 폐단 역시 크나크다. 망국의 군주들은 모두 심각한 편견(울타리)을 가지고 있었던 것이 아닐까? 따라서 **모든 사람은 반드시 편견(울타리)을 제거해야 비로소 슬기롭게 된다.*** 울타리를 제거한다면 능히 본래의 천성을 온전히 할 수 있을 것이다.[78]

"여기에는 선입견(宥)이 내재해 있다"는 구절에 대해서 필원(畢沅)은 "'유(宥)'는 유(囿 : 울타리)와 같은 말인 것 같다. 무엇에 얽매여서 식견이 넓지 못하다는 뜻이다. 그 다음 문장의 '편견(蔽 : 가로막힘)'이라는 말과 같다"[79]고 했다. 여기서 말한 "울타리(囿)"는 『장자』「추수편(秋收篇)」에서 말한 "장소에 갇혀 있고", "시간에 제약되고", "교육에 속박되는"[80] 따위를 말한다. 「거유편」에서 말한 "모든 사람은 반드시 편견(울타리)을 제거해야 비로소 슬기롭게 된다" 고 함은 모든 사람은 반드시 자신의 지역, 시대, 정교(政敎), 풍속 및 기타의 근원에서 양성된 편견을 간파할 수 있어야 비로소 사물

---

* 『신편』II, 100쪽 : 즉 인간이 자기의 편견과 선입견에 가려막히면, 그가 보는 사물은 모두 전도(顚倒)되어, 어두운 밤을 밝은 낮으로, 흰 것을 검은 것으로 간주한다. 인간은 반드시 자기의 선입견 혹은 편견을 타파해야 비로소 사물의 참모습을 인식할 수 있다.

78) 隣父有與人隣者, 有枯梧樹, 其隣之父言梧樹之不善也, 隣人遽伐之. 隣父因請而以爲薪. 其人不悅曰 : "隣者若此其險也, 豈可爲之隣哉!" 此有所宥也. 夫請以爲薪與弗請, 此不可以疑枯樹之善與不善也. 齊人有欲得金者, 淸旦被衣冠往鬻金者之所, 見人操金, 攫而奪之. 吏搏而束縛之, 問曰 : "人皆在焉, 子攫人之金, 何故?" 對吏曰 : "殊不見人, 徒見金耳." 此眞大有所宥也. 夫人有所宥者, 固以晝爲昏, 以白爲黑, 以堯爲桀 ; 宥之所敗亦大矣. 亡國之主, 其皆甚有所宥邪? 故凡人必別宥然後知. 別宥則能全其天矣. (『여씨춘추』, 1014쪽)

79) 疑宥與囿同, 謂有所拘礙而識不廣也. 以下文觀之, 猶言蔽耳. (『여씨춘추』, 1018쪽 [25])

80) "拘於虛", "篤於時", "束於敎." 〈제9장,주36〉

의 진상을 알 수 있다는 말이다. 대체로 윤문과 송경의 견해에 따르면, 사람들은 보통 모욕당함을 수치로 여기고 또 본심은 많이 욕망한다고 여기는데, 이는 모두 풍속과 습관에서 비롯되었고, 인간의 본성이 본래 그런 것이 아니다. 인간이 그런 까닭은 모두 선입견을 가지는 데서 비롯된다. 만약 이런 울타리를 식별할 수 있으면, 모욕당함은 본래 수치일 것이 없고 정욕(본심)은 본래 많이 욕구하지 않음을 알게 된다. 사람이 모두 이것을 인식한다면 전쟁과 싸움의 경쟁은 저절로 없어지고, 그러면 "천하"는 "안녕"할 수 있고, "인민의 목숨"은 "살릴" 수 있으며, "남과 나의 생계" 역시 "모두 충족시키는 데서 그칠" 수 있을 것이다. 따라서 "만물을 대하면서 울타리(편견)의 제거를 최우선시한다"고 주장했다.[81)]

6. 팽몽, 전변, 신도

『장자』「천하편」은 말한다.

> **공변되어 편당이 없고, 평이하여 사심이 없고, 결연히 아집이 없고**, 사물을 대할 때 마음이 흔들리지 않으며, 사려를 돌아보지 않고, 지혜를 도모하지 않으며, **만물을 골라잡지 않고, 그것과 더불어 나아갔다**. 고대에 이 방면에 도술을 집중한 이들이 있었으니, 팽몽(彭蒙), 전변(田駢, 370?-290?B.C.), 신도(愼到, 395?-315?B.C.) 등이 이런 학풍을 전해듣고 그에 심취했다.
>
> **만물의 평등성을 으뜸으로 삼으면서** 말하기를 "하늘은 만물을 덮지만 실을 수 없고, 땅은 만물을 싣지만 덮을 수 없고, **대도(大道)는 만물을 포용할 뿐 분별할 줄 모른다**"고 했다. **만물은 저마다 적합성이 있고 부적합성이 있음**을 인식하고 말하기를 **"선택하면 두루 미칠 수 없고, 가르치면 완벽할 수 없지만, 도에는 누락된 것이 없다"**고 했다.
>
> 그런 까닭에 신도는 **지식을 폐기하고 자아를 버려, 부득이한(필연적인) 길만**

81) 【주】이 점은 당월 선생의 설이다. 그의 논문 「윤문과 『윤문자(尹文子)』」(『청화학보(淸華學報)』 제4권 제1기)를 참조하라. 현존하는 『윤문자』가 후세의 가탁이라는 설은 당월 선생의 논문 중에 상세하다.

따르고(緣不得已) 사물에 방임함을 도리로 삼았다. 그는 말하기를 **"부지(不知)를 알라"고 했다. 마땅히 지식을 경시하고 나아가 가련하고 슬프게 여겨야 한다. 아무렇게나 내버려두고 천하의 현자숭상주의를 비웃었다. 방종, 소탈하여 되는 대로 행하며 천하의 위대한 성인들을 비난했다.** 귀퉁이는 몽치로 치고 모난 데는 둥글게 다듬는 자세로 **세상을 둥글둥글 살아갔다. 시와 비를 버리면 진실로 (화를) 면할 수 있다. 지식과 사려에 의지하지 않고, 앞뒤를 고려하지 않고, 오직 초연하여, 누가 떠밀어서야 나아가고 누가 끌어서야 따라가고, 마치 회오리바람이 돌듯이, 깃털이 바람에 날리듯이, 맷돌이 돌아가듯이 한다.** 그러니 항상 온전하여 그릇됨이 없고, **매사에 지나침이 없어 죄를 짓는 일이 없게 된다.** 그 까닭은 무엇인가? 무릇 **무지지물**(無知之物 : 앎이 없는 사물)은 **자기 주장을 내세웠다가 화를 겪는 일도 없고, 지혜를 썼다가 궁지에 빠질 일도 없이**(無建已之患, 無用知之累), **매사에 이법에서 벗어나지 않으므로 종신토록 찬양받는 일도 없다.** 따라서 말하기를 "무지지물 같은 경지에 이르면 그만이다. **성현은 필요 없다.** 저 **흙덩이는 도를 상실하지 않는다**"고 했다. 세상의 똑똑한 사람들은 비웃기를 "신도의 도는 **산 사람의 할 일이 아니라 죽은 사람의 이치에 당도시키는 것인즉, 괴상하기 그지없다**"고 했다.

전변 역시 그러했다. 그는 팽몽에게 배워서 가르침 없는 가르침(不教 : 不教之教)을 터득했다. 팽몽의 스승이 말하기를 "고대의 도인은 아무것도 옳은 것이 없고 아무것도 그른 것이 없다는 경지에 이르면 그만이었다" 했다. 마치 바람이 휙 돌아나가는 것과 같은즉, 그것을 또한 무엇이라고 말하겠는가? 그들은 늘 인지상정에 상반되었기에 사람들에게 주목받지 못했으며, 그저 모나지 않게 살아가는 태도를 면하지 못했다. **그들이 말한 도는 도가 아니었고, 그들이 주장한 진리는 거짓을 면하지 못했다. 팽몽, 전변, 신도는 도를 몰랐다. 그렇지만 모두들 대강의 깨침은 있었다.**[82)]

---

82) 公而不黨(本作當, 依『釋文』改) ; 易而無私. 決然無主 ; 趣物而不兩. 不顧於慮 ; 不謀於知. 於物無擇, 與之俱往. 古之道術有在於是者, 彭蒙田駢愼到, 聞其風而悅之. 齊萬物以爲首, 曰 : "天能覆之而不能載之, 地能載之而不能覆之, 大道能包之而不能辯之." 知萬物皆有所可, 有所不可. 故曰 : "選則不徧, 教則不至, 道則無遺者矣." 是故愼到棄知去己, 而緣不得已, 泠汰(郭象云 : '猶聽放也')於物, 以爲道理. 曰 : "知不知." 將薄知而後隣傷之者也. 謑髁無任, 而笑天下之尙賢也. 縱脫無行, 而非天下之大聖. 椎拍輐斷, 與物宛轉. 舍是與非, 苟可以免. 不師知慮, 不知前後, 魏然而已矣.

순자는 말했다.

법을 숭상하면서도 법도가 없고, 옛 법을 좇지 않고 신법의 제작만 좋아하고, **위로는 임금의 신임을 획득하고 아래로는 세속에 부합하며**, 종일토록 겉으로는 그럴 듯한 말(법률조문)을 논하고 있지만, 자세히 고찰하면 몹시 고원할 뿐 중심 사상이 없은즉, 국가를 경영하고 사회적 분별을 수립하는 데에 도움이 못 된다. 그러나 그 주장은 근거가 있고 말은 이치가 서 있어서 우직한 대중을 기만하고 미혹하기에 충분했다. 이들이 바로 신도, 전변이었다.[83]

○신자(愼子 : 즉 愼到)는 소극적 입장(後 : 추종)에 대한 소견은 있었으나, 적극적 입장(先 : 선도)은 간과했다.[84]

『여씨춘추』는 말한다.

전변이 도술(道術)을 제(齊)나라 왕에게 유세했을 때, 왕이 말했다.

"과인이 소유한 것은 제나라입니다. 도술로는 국가의 환난을 막기 어렵습니다. 제나라의 국정에 대한 의견을 한번 들어봅시다."

"신의 주장은 정치와 무관합니다만 정치원칙은 도출할 수 있습니다. 비유하자면, 숲에는 다듬어진 목재가 없지만 거기에서 목재를 얻을 수 있는 것과 같습니다.……저는 다만 비근하게 말했습니다. 심오하게 말하면 어찌 제나

推而後行, 曳而後往, 若飄風之還, 若羽之旋, 若磨石之隧. 全而無非, 動靜無過, 未嘗有罪. 是何故? 夫無知之物, 無建己之患, 無用知之累, 動靜不離於理, 是以終身無譽. 故曰 : "至於若無知之物而已, 無用賢聖, 夫塊不失道." 豪傑相與笑之曰 : "愼到之道, 非生人之行, 而至死人之理, 適得怪焉." 田騈亦然, 學於彭蒙, 得不敎焉. 彭蒙之師曰 : "古之道人, 至於莫之是莫之非而已矣." 其風窢然, 惡可而言? 常反人, 不見觀, 而不免於鯇斷. 其所謂道非道, 而所言之韙, 不免於非. 彭蒙田騈愼到, 不知道. 雖然, 概乎皆嘗有聞者也. (『장자』, 1086-91쪽) ([韙 : 是, 바르다, 옳다]

[『신편』I, 248쪽 : 『장자』「천하편」에 따르면 선진 도가의 발전은 3단계가 있는데, 양주를 논하지 않은 것은 그의 사상이 하나의 체계로는 미흡하다고 여겼기 때문인 듯하다. 제1단계의 대표자는 팽몽, 전변, 신도, 제2단계는 노담, 제3단계는 장주이다.]

83) 尙法而無法, 下修[下修 : 不循/『신편』]而好作. 上則取聽於上, 下則取從於俗. 終日言成文典, 及紃察之, 則倜然無所歸宿, 不可以經國定分. 然而其持之有故, 其言之成理, 足以欺惑愚衆, 是愼到田騈也. (「비십이자」『순자』 권3 : 25-26쪽)

84) 愼子有見於後, 無見於先. (「천론」, 『순자』). 〈제1장,주14 ; 부록4,주22〉

라 국정에 한정될 뿐이겠습니까? 만물의 변화에 응하는 데에는 일정한 법칙이 있는즉, **만물을 본성대로 [스스로 그러하게] 맡겨두면 어느것도 합당하게 되지 않을 것은 없습니다**(因性任物而莫不當). 이 원칙에 의거하여 팽조는 장수했고, 삼대(三代 : 하, 은, 주)는 창성했으며, 오제(五帝)는 빛났고, 신농은 위대해졌습니다.[85]

○어떤 객이 전변을 찾아왔다. 그는 법식대로 옷을 입었고 법도대로 움직였으며, 모든 행동거지가 세련되고 우아했으며, 언사는 공손하고 영민했다. 전변은 그의 말을 들은 다음 작별을 했다. 전변은 객이 나가는 것을 눈으로 전송했다. 제자들이 전변에게 물었다.

"방금 그 객은 선비입니까?"

"선비가 못 되는 것 같다. 그 객이 선비라면 안으로 간직한 것은 응당 표현해야 할 것이었고, 또 선비라면 안으로 간직해야 할 것을 그 객은 밖으로 표현했다. 그 객은 선비가 못 되는 것 같다. 즉 불빛이 한 구석만 비추면 방안의 다른 쪽은 오히려 침침하고, 골격만 조숙하면 전체는 성기고 실하지 못하여 몸은 잘 자라지 못하는 법이다. 뭇 사람은 바른 길(方)을 도모하지 않고 그저 외적인 격식에만 구애되기 때문에 그토록 많은 허위가 생기는 것이다. 심지가 부정하기 때문에 공적을 세울 수 없고, 거두기만 좋아하고 베풀기 싫어하기 때문에 나라가 아무리 커도 천하의 왕은 못 될 뿐더러 재앙이 날마다 닥치는 것이다. 따라서 군자는 그 풍모가 마치 종산(鍾山 : 곤륜산[崑崙山]의 딴 이름)의 옥같이 순수하고 높은 산의 나무같이 빼어나, 어질고 순후하여 삼가고, 자연의 이법을 경외하여 교만하여 자만하지 않고, 근면하여 쉬지 않으며, 취사(取舍)에 엄숙하여 마음이 심히 소박하다."[86]

---

85) 田駢以道術說齊王. 王應之曰 : "寡人所有者, 齊國也. 道術難以除患(『呂氏春秋』無此句,據『淮南子』補). 願聞齊國之政." 田駢對曰 : "臣之言無政而可以得政, 譬若林木無材而可以得材.……駢猶淺言之也. 博言之, 豈獨齊國之政哉? 變化應求而皆有章, 因性任物而莫不當. 彭祖以壽, 三代以昌. 五帝以昭, 神農以鴻."(「집일(執一)」, 『여씨춘추』, 1133쪽)

86) 客有見田駢者. 被服中法, 進退中度, 趨翔閑雅, 辭令遜敏. 田駢聽之畢而辭之. 客出, 田駢送之以目. 弟子謂田駢曰 : "客士與?" 田駢曰 : "殆乎非士也. 今者客所弇斂, 士所術施也. 士所弇斂, 客所術施也. 客殆乎非士也. 故火燭一隅, 則室偏無光. 骨節早成, 空竅哭歷, 身必不長. 衆無謀方, 乞謹視見, 多故不良. 志必不公, 不能立功. 好得

이른바 『신자(愼子)』의 산일된 글(逸文)에 이런 내용이 있다.

새가 하늘을 날고 물고기가 연못을 헤엄치는 것은 술(術)이 아니다. 즉 새나 물고기 자신들은 자기가 날 수 있고 헤엄칠 수 있다는 사실을 의식하지 않는다. 의식하여 일부러 작심하여 그렇게 행한다면 반드시 떨어지고 익사할 것이다. 마치, 사람의 발은 달리고 손은 붙잡고 귀는 듣고 눈은 보는데, 달리고 붙잡고 듣고 보는 순간에 각각의 기미에 저절로 응하는 것이니 그때마다 생각을 한 다음에 행하는 것이 아닌 것과 같다. 반드시 그때마다 생각한 다음에 비로소 행할 수 있다면 완전히 지치고 말 것이다. 그러므로 **스스로 그러하게 맡겨두는 사람은 장구할 수 있으며**, 통칙(常 : 불변의 진리)을 터득한 사람은 일을 성취한다.[87]

「천하편」의 말에서 보면 팽몽 등의 학설은 다섯 가지로 요약된다.

(1) "만물의 평등성(齊萬物)을 으뜸으로 삼는다."

(2) "공변되어 편당이 없고 평이하여 사심이 없고 결연히 아집이 없다."

(3) "지식을 폐기하고 자아를 버려 부득이한 길만 따른다."

(4) "성현은 필요 없다(無用賢聖)."

(5) "흙덩이는 도를 상실하지 않는다(塊不失道)."

"만물의 평등성을 으뜸으로 삼는다" 함은 만물의 평등을 그들 학설 중의 제일의(第一義)로 삼는다는 말이다.* "만물은 저마다 적합성이 있고 부적합성이 있다." 따라서 사물이 비록 1만 가지로 다를

惡予, 國雖大不能爲王, 禍災日至. 故君子之容, 純乎其若鍾山之玉 ; 桔乎其若陵上之木 ; 淳淳乎愼謹畏化, 而不肯自足 ; 乾乾乎取舍不悅, 而心甚素樸." (「사용(士容)」, 『여씨춘추』, 1690쪽)

87) 鳥飛於空, 魚游於淵, 非術也. 故爲鳥爲魚者, 亦不自知其能飛能游. 苟知之, 立心以爲之, 則必墜必溺. 猶人之足馳手捉, 耳聽目視, 當其馳捉聽視之際, 應機自至, 又不待思而施之也. 苟須思之而後可施之, 則疲矣. 是以任自然者久, 得其常者濟. (『신자』, 수산각총서본(守山閣叢書本), 13쪽)

* 『신편』II, 188쪽 : 이것은 바로 『여씨춘추』에서 말한 "전변귀제(田駢貴齊 : 전변은 [만물의] 무차별성을 중시함)"〈부록4,주78〉의 의미이다.

지라도 이 측면에서 보면 실로 평등하지(齊) 않음이 없다. [이것이 바로 소위 제(齊)이다/『신편』] "대도(大道)"의 관점에서 만물을 보면 평등하고 한결같아(平等齊一) 보이므로, 이른바 귀천(貴賤)과 좋고 나쁨의 분별이 없다. 즉 "대도는 만물을 포용할 뿐 분별할(辯) 줄 모른다"는 말이다. "변(辯)"이란 사물을 갖가지로 구별하는 것이다. 만약 사물을 구별하여 그중에서 취사선택하면 반드시 이것을 고려하면 저것은 놓치므로 하나를 얻고 전체는 놓친다. 즉 "선택하면 두루 미칠 수 없고, 가르치면 완벽할 수 없다"는 말이다. 선택한 것이 있으면 반드시 선택되지 못한 것이 있고, 가르친 것이 있으면 가르치지 못한 것이 있을 수밖에 없다.* 『장자』「제물론(齊物論)」에서 말한 "성취하자 훼손이 생긴 경우는 소씨가 거문고를 탄 경우이고, 성취도 훼손도 없는 경우는 소씨가 거문고를 안 탄 경우이다"[88] 고 함이 이 의미이다. "대도"는 만물을 평등하고 한결같이 여기는 것인 만큼 만물을 "포용할" 뿐 "분별하지(辯)" 않는다. 따라서 "도에는 누락된 것이 없다"고 했다.

이런 이치(道理)를 인생에 응용하면, 우리는 사물을 처리할 경우 그것의 자연스러운 경향에 따르고(因其自然) 스스로 그러하게 맡겨둘 뿐이다. 우리의 처신 역시 "지식을 폐기하고 자아를 버려, 부득이 한 길만 따를" 뿐이다. 각 사물이 이미 한결같이 평등하여 이른바 귀천과 좋고 나쁨의 구별이 없어지면, 우리는 당연히 선택을 행할 필요가 없게 된다. 이른바 "만물을 골라잡지 않는다"는 말이다. "만물을 골라잡지 않는" 만큼 "그것과 더불어 나아갈(與之俱往)" 따름이다. 『장자』「대종사(大宗師)」에서 "만약 내 왼팔이 수탉으로 변하면 나는 새벽을 알리겠고, 내 오른팔이 탄알로 변하면 나는 장차 부엉이 구이를 장만하겠다. 만약 내 엉덩이가 수레바퀴로, 정신이 말로 변하면 나는 그것에 올라타리니 어찌 다른 마차가 필요하겠는가?"[89]라고

---

* 『신편』II, 188쪽 : 즉 전변이 말한 **"불빛이 한 구석을 비추면 방 안의 다른 쪽은 오히려 침침하다"**〈주86〉는 의미이다.

88) 有成與虧, 故昭氏之鼓琴也 ; 無成與虧, 故昭氏之不鼓琴也. 〈제10장,주58〉

89) 원문은 〈제10장,주48〉 참조.

한 것은 "만물을 골라잡지 않고 그것과 더불어 나아간다"는 의미이다. 또한 "공변되어 편당이 없고 평이하여 사심이 없고 결연히 아집이 없다"는 말이고, "만물을 본성대로 [스스로 그러하게] 맡겨두면 어느것도 합당하게 되지 않을 것은 없다"〈주85〉는 말이고, "스스로 그러하게 맡겨두는 사람은 장구할 수 있다"〈주87〉는 말이다.

이런 경지에 도달하려면 반드시 "지식을 폐기하고 자아를 버려, 부득이한 길만 따라야" 한다. 지식은 오로지 사물을 구별하는 것인데, "지식을 폐기하면" 사물을 구별하지 않으니 "사물을 골라잡지 않는다." "자아(己)"가 한 사물을 견지하여 "자기 것(己)"으로 삼으면 "결연히 아집을 없앨(無主)" 수 없지만, "자아를 버리면(去己)" 만물에 순응할 수 있어서 "사물과 더불어 나아간다." 지식도 없고(無知) 자아도 없이(無己), "사물에 방임하는 것을 도리로 삼는 것"이 즉 "부득이한(필연적인) 길만 따른다"는 말이다.

"부지(不知)를 알면 지식을 경시하고(薄知) 나아가 가련하고 슬프게(隣傷) 여긴다." "인(隣)"은 "인(憐)"으로 읽어야 한다.[90] 우리는 "부지(不知)"를 알아야 무지(無知)의 경지에 이른다. 지식을 가진 사람은 분별적인 영역에 얽매여 있으니, 『장자』「제물론」에서 "임금은 공경하고 목동은 깔보는 것이 얼마나 고루한가!"[91]라고 했듯이 고루함은 실로 경시할 만하고 가련하여 슬퍼할 만하다. 그러나 지식을 가진 사람들은 바로 세상에서 말하는 성현(聖賢)이다. 세상 사람들은 누가 지식이 많으면 많을수록 그만큼 더욱 성현답다고 여긴다. 만약 "부지(不知)를 알면" "아무렇게나 내버려두고 천하의 현자숭상주의를 비웃고", "방종, 소탈하여 되는 대로 행하며 천하의 위대한 성인들을 비난할" 것이다.

이런 경지에 이를 수 있으면 "자기 주장을 내세웠다가 화를 겪는 일도 없고, 지혜를 썼다가 궁지에 빠질 일도 없이", 하나의 "무지지물(無知之物)"처럼 된다. "무지지물"의 행동은 "지식과 사려에 의지하지 않고 앞뒤를 고려하지 않고 오직 초연하여, 누가 떠밀어야

90) 고실(顧實), 『장자천하편강소(莊子天下篇講疏)』.

91) 君乎, 牧乎, 固哉! (『장자』, 104쪽)

나아가고 누가 끌어야 따라가고, 마치 회오리바람이 돌듯이, 깃털이 바람에 날리듯이, 맷돌이 돌아가듯이 하는" 것이다. 완전히 "부득이한(필연적인) 길만 따르고" "사물과 더불어 나아간다." 진정 무지지물의 행동은 역시 이러할 따름이다.* 따라서 "흙덩이는 도를 상실하지 않는다"고 했다. "흙덩이"란 진실로 앎이 없는 사물이다.

팽몽 등의 학설은 이와 같다. 어느 면에서 이 학설은 노장(老莊), 특히 『장자』「제물론」의 취지와 같은 점이 꽤 많다. 그런데 그 차이점은 바로 "흙덩이는 도를 상실하지 않는다"는 점에 있다. 『노자』는 "웅성을 알고 자성을 지키고……광명을 알고 어둠을 지키고……영광을 알고 굴욕을 지킨다"[92]고 했다. 『장자』「제물론」의 종지는 "고리의 중앙을 얻어 무궁한 변화에 응하는"[93] 데에 있고, "시비를 조화시키고, 천균(天鈞 : 자연의 조화) 속에서 쉬는"[94] 데에 있고, "세월도 잊고 명분(義)도 잊으며 무궁의 경지에 소요하고 그 안에 깃드는"[95] 데에 있었다. 이 여러 말들의 의미는 이하 『노자』(제8장)와 장자(제10장) 장에서 상론한다. 지금은 다만 『노자』와 장자가 비록 "지식을 경시하고 가련하고 슬프게 여겼고", "부지를 알라(知不知)"고 논했지만, 노장은 "부지(不知)"의 경지가 바로 진정 "무지지물"과 같은 무지(無知)라고는 여기지 않았다. 『노자』는 영아(嬰兒)를 누차 언급하는데, 영아는 비록 이지적인 지식은 없을지라도 진정 "무지지물"과 같지는 않다. "자성을 지키지만" "웅성을 알며", "어둠을 지키지만" "광명을 아는" 만큼, 물론 완전히 무지(無知)한 것이 아니다. 『장자』「제물론」에서 말한 순수경험의 세계(이하 상론) 속에는 비록 이지적인 지식은 없을지라도 경험은 존재한다. 경험을 가진 사람은 역시 진정 '무지지물'이 아니다. 장자는 "세월도 잊고 명분도 잊는다"고 했는데, 무엇보다 "잊는다(忘)"는 글

---

* 『신편』II, 189쪽 : 이런 사람의 행동은 즉 행동이 아니라 단지 일종의 운동일 뿐이다. 팽몽, 전변, 신도는 이와 같아야 비로소 도에 부합할 수 있다고 여겼다.

92) 知其雄, 守其雌……知其白, 守其黑……知其榮, 守其辱. (28장) 〈제8장,주76〉

93) 得其環中, 以應無窮. 〈제10장,주41〉

94) 和之以是非, 而休乎天鈞. 〈제10장,주42 ; 부록4,주51〉

95) 忘年忘義, 振於無竟, 故寓諸無竟. 〈제10장,주40〉

자에 주의해야 한다. 잊는다고 함은 없음이 아니라 다만 잊을 뿐이다. 이것이 노장의 이상적인 인격이 "흙덩이"와 다른 까닭이다. 「천하편」은 신도를 비평하여 그의 도는 "산 사람의 할 일(生人之行)이 아니라 죽은 사람의 이치(死人之理)에 당도시키는 것인즉 괴상하기 그지없다"고 했다. 사람을 진정 "무지지물"처럼 되게 하는 것은 즉 사람을 "죽은 사람의 이치에 당도케" 하는 것이다. 「천하편」은 노장 양 파에 대해서는 극히 찬양하면서도 신도의 경우는 특별히 이 점을 지적했는바, 신도와 노장의 차이가 여기에 있음을 알 수 있다. 노장의 관점에 따르면 팽몽 등이 "말한 도는 도가 아니었고, 그들이 주장한 진리는 거짓을 면하지 못했다. 팽몽, 전변, 신도는 도를 모랐다." 그러나 팽몽 등의 학설은 노장의 학설과 같은 점이 많았다. 따라서 「천하편」은 팽몽 등을 일컬어 "그렇지만 모두들 대강의 깨침은 있었다"고 했다. 지금 살펴보면 노장의 학설은 즉 팽몽 등의 학설이 다시 진일보한 것이라고 할 수 있다.[96]

팽몽 등의 학설은 생을 보전하고 화를 면하는(全生免禍) 방법에 주목했다. 예를 들면 "시와 비를 버리면 진실로 (화를) 면할 수 있다", "매사에 지나침이 없으면 죄를 짓는 일이 없게 된다", "매사에 이법에서 벗어나지 않으므로 종신토록 찬양받는 일도 없다"고 했으니, 그들의 학설은 또한 양주로부터 나왔던 것이다. 그러나 주로 어떻게 해야 내가 세상의 해를 면할 수 있는가?에 주목했은즉 양주의 학설이 다시 진일보한 것이다.

신도의 저서는 현재 그 원본을 볼 수 없다. 『한서』「예문지」는 그것을 법가에 배열하며 "신불해(申不害)와 한비(韓非)가 자주 언급

96) 【주】광의의 지식이 있고 협의의 지식이 있다. 광의의 지식은 경험만큼 그 범위가 넓다. 협의의 지식은 오직 이지적인 지식만 지칭한다. 인식론에서 논하는 지식은 광의의 지식이다. 논리학에서 논하는 지식은 협의의 지식이다. 노장이 말한 무지(無知)는 바로 협의의 지식을 없앤다는 것이지만, 신도 등이 말한 무지는 바로 광의의 지식을 없앤다는 것이기 때문에 사람으로 하여금 "죽은 사람의 원리에 당도하게" 한다는 것이다. "모두들 대강의 깨침은 있었다"는 평어는 매우 추앙한 말이다. 「천하편」은 묵자를 재사(才士), 윤문과 송경을 구세지사(救世之士)라고 했지만, 그들에 대해서는 "깨침이 있었다"고 인정하지 않았던 것이다.

했다"[97]고 했다. 『순자』「비십이자편」은 신도와 전변을 일컬어 "위로는 임금의 신임을 획득하고, 아래로는 세속에 부합했다"〈주83〉고 했는데, 물론 "세상을 둥글둥글 살아간다(與物宛轉)"는 의미이다. 또 그들을 일컬어 "법을 숭상하면서도 법도가 없다"〈주83〉고 했고, 또 "법에 가로막혀 현능(賢)의 의미를 몰랐다"[98]고 했는데, 실제로 신도에게는 "상법(尙法 : 법률 숭상)"의 학설이 있었다. 『한비자』「난세편(難勢篇)」도 "세(勢)"를 논한 신도의 말을 인용하고 있다.〈제13장,주18〉 그러나 신도의 "제물(齊物)"설과 "상법"설 사이의 논리적인 관계가 어떤 것인지는 "문헌이 부족하므로"[99] 견강부회할 필요는 없다. 여기서는 다만 「천하편」의 내용을 위주로, 「천하편」의 내용과 비슷한 기타 서적의 내용을 채록했다. "세"를 논한 신도의 말은 이하 제13장에 곁들여 서술한다.

7. 추연과 기타 음양오행가의 언설

앞에서(제3장) 고대의 술수(術數) 가운데 "천문", "역보", "오행" 등은 모두 이른바 "천인지제(天人之際)"에 주목하여 천도와 인간사는 서로 영향을 끼친다고 여겼다고 말했다. 전국시대에 이르러 사람들은 더욱 이런 종교적 사상을 부연하고 이론화하여 하나의 일관된 우주관으로 성립시켰다. 또 상상력을 구사하여 자연계와 인간계에 대해서 갖가지로 추측했다. 이런 사람들이 곧 한인(漢人)이 일컬은 음양가학파(陰陽家者)이다. 이 학파의 전국 말년의 영수가 추연(騶衍, 305?-240?B.C.)이었다.* 『사기』는 말한다.

97) 申韓多稱之. ["『愼子』四十二篇. 名到, 先申韓, 申韓稱之."] (『한서』, 1735쪽)
98) 蔽於法而不知賢. (「해폐」, 『순자』 권15 : 8쪽) 〈제1장,주15〉
99) 文獻不足. [『논어』 3 : 9] 〈제4장,주43〉
* 『신편』II, 319-21쪽 : 음양오행가는 우주에 대하여 체계적이고 전면적인 설명을 하려고 의도했다. 그들이 보기에 온 우주는 질서 정연하고, 만물의 변화는 모두 음양오행의 성질과 작용의 지배를 받아 진행되는 것인 까닭에 각종 현상의 변화 역시 모두 서로 제약하고 영향을 미치는 것이었다.……음양오행가는 하나의 체계로써 자연계와 인류사회에 대해서 일종의 통일적인 해석을 하여, 일련의 원칙으

제(齊)나라에 세 추자(騶子)가 있었다. 첫번째 사람이 추기(騶忌)이다. 그는 거문고를 잘 연주하여 위왕에게서 벼슬을 구했고, 국정을 담당하여 성후(成侯)에 봉해지고 재상이 되었는데, 맹자 이전의 인물이다.

다음은 추연인데 맹자 이후의 인물이다. 추연은 나라의 임금들이 더욱 음란과 사치만 일삼을 뿐, 덕을 숭상하여『시(詩)』「대아(大雅)」의 가르침처럼 자신의 인격을 수양하여 뭇 서민을 교화하지 못하는 현실을 목도하고, 마침내 음양이 소식영허(消息盈虛)하면서 괴이하고 오묘한 변화를 낳는 현상을 깊이 고찰하여,「종시(終始)」와「대성(大聖)」편 등 10여 만 자를 지었다. 그의 말은 너무 굉장하여 황당했지만, 소소한 사물부터 관찰하여 무한의 지경까지 확대하여 추론했다. 먼저 당대를 논한 다음 위로는 황제(黃帝)에까지 거슬러올라갔는데, 이것은 학자들이 공동으로 서술하는 것이다. 대대적으로 각 시대의 흥망성쇠와 아울러 각 시대의 길흉의 제도들을 논하고 더욱 멀리 추론하여, 천지개벽 이전의 그윽하고 아득하여 고찰 불가능한 데까지 궁구했다. 먼저 중국의 명산, 대천, 큰 계곡, 새와 짐승, 기타 수생 및 토생의 각종 생물들과 각종 진귀한 사물들을 열거한 다음, 그로부터 유추하여 눈으로 볼 수 없는 멀리 해외의 일까지 논급했다. 그리하여 **천지개벽 이래 오덕**(五德 : 土, 木, 金, 火, 水의 역량)**이 순차적으로 옮아가며, 그때마다 각 덕에 합당한 정치가 존재하고** 각이한 징조가 그에 부응한다고 주장했다. 그는 유자(儒者)가 말하는 중국(中國)이란 천하 가운데 81분의 1에 불과하다고 주장했다. 그는 중국을 적현신주(赤縣神州)라고 했다. 적현신주 자체 안에 있는 구주(九州)는 우왕(禹王)이 구획한 구주로서, 진정한 주(州) 갯수라고 할 수 없다. 중국 밖에 적현신주 같은 것이 아홉 개 있은즉, 이것이 바로 소위 구주인 것이다. 여기에 비해(裨海)라는 작은 바다가 이 구주를 둘러싸고 있음으로 해서 사람이나 짐승이 상호 교통할 수 없어, 마치 하나의 독립구역 같은 것을 형성한 것이 다시 한 주(州)를 이룬다. 바로 이와 같은 것이 아홉 개 있고[즉 소위 대구주(大九州)], 대영해(大瀛海)가 그 바깥을 둘러싸고 있고, 하늘과 땅이 거기서 만난다. 추연의 학술은 모두가 이런 종류였다. 그러나 그의 귀결점은 결국 인의(仁義), 절검(節儉) 등과 같이 군신 상하와 육친 사이에 시행될 것

로써 자연계와 인류사회를 관철시키려고 의도했다. 추연의 역사관은 바로 이러한 의도의 두드러진 표현이었다.

에 그쳤는데, 다만 시작만 황당하게 거창했을 뿐이다. 왕공대인(王公大人)들은 처음 그의 학술을 대할 때에는 숙연해져서 자기 자신을 돌아보았으나, 그 이상으로 더 나아갈 수는 없었다. 아무튼 추연은 제나라에서 존중받았고, 양(梁)나라에 갔을 때 혜왕(惠王)은 교외까지 나와서 영접하여 빈주지례(賓主之禮)를 행했다. 조(趙)나라에 갔을 때 평원군(平原君)은 그를 가운데로 모시고 걸었고 의자의 먼지를 털었다. 연(燕)나라에 갔을 때 소왕(昭王)은 빗자루를 들고 앞길을 쓸며 인도했고 기꺼이 제자의 자리에 앉아 가르침을 청했고, 또 갈석궁(碣石宮)을 지어주고 몸소 찾아가 스승으로 섬기며 「주운(主運)」 편을 짓게 했다. **그가 제후들을 유세할 때 받은 존경과 예우**가 이러했다.……

추석(騶奭)도 제나라의 여러 추자의 한 사람으로서 추연의 학술을 많이 채용하여 문장을 지었다.……추연의 학술은 아득하고 광대하여 웅대한 논변이었고, 추석의 문장은 체계적이었지만 현실성은 없었다.…… 따라서 제나라 사람들은 "천문을 논한 추연, 용을 조각한 추석"이라고 칭송했다.[100)]

이른바 "오덕이 순차적으로 옮아가며, 그때마다 각 덕에 합당한 정부가 존재한다"고 함에 대해서 『여씨춘추』는 이렇게 말한다.

---

100) 齊有三騶子, 其前騶忌, 以鼓琴干威王, 因及國政, 封爲成侯, 而受相印, 先孟子. 其次騶衍, 後孟子. 騶衍睹有國者益淫侈, 不能尙德, 若大雅整之於身, 施及黎庶矣. 乃深觀陰陽消息, 而作怪迂之變, 終始大聖之篇, 十萬餘言. 其語閎大不經, 必先驗小物, 推而大之, 至於無垠. 先序今以上至黃帝, 學者所共術[術 : 述], 大並世盛衰, 因載其禨祥度制, 推而遠之, 至天地未生, 窈冥不可考而原也. 先列中國名山, 大川, 通谷, 禽獸, 水土所殖, 物類所珍, 因而推之, 及海外人之所不能睹. 稱引天地剖判以來, 五德轉移, 治各有宜, 而符應若玆. 以爲儒者所謂中國者, 於天下乃八十一分居其一分耳. 中國名曰赤縣神州, 赤縣神州內, 自有九州, 禹之序九州是也, 不得爲州數. 中國外如赤縣神州者九, 乃所謂九州也. 於是有裨海環之, 人民禽獸莫能相通者 ; 如一區中者, 乃爲一州. 如此者九, 乃有大瀛海環其外, 天地之際焉. 其術皆此類也. 然要其歸, 必止乎仁義節儉, 君臣上下六親之施, 始也濫耳. 王公大人, 初見其術, 懼然顧化, 其後不能行之. 是以騶子重於齊. 適梁, 惠王郊迎, 執賓主之禮. 適趙, 平原君側行襒席. 如燕, 昭王擁彗先驅, 請列弟子之座而受業. 築碣石宮, 身親往師之, 作「主運」, 其遊諸侯見尊禮如此.……騶奭者, 齊諸騶子, 亦頗采騶衍之術以紀文……騶衍之術, 迂大而閎辯. 奭也文具難施.……故齊人頌曰 : "談天衍, 雕龍奭." (「맹자순경열전」, 『사기』, 2344-48쪽) [五德轉移=the revolutions and transformations of the Five Powers]

무릇 제(帝)와 왕(王)이 장차 흥기할 때마다 하늘은 반드시 먼저 지상의 백성들에게 징조(祥)를 보여주었다. 황제(黃帝) 시대에 하늘은 먼저 [땅에] 커다란 지렁이와 커다란 땅강아지가 나타나게 했다. 황제는 "토기(土氣)가 왕성하구나(土氣勝)!"라고 했다. 토기가 왕성하므로 황제는 황색을 숭상하고 정사에는 흙을 본받았다. 우왕(禹王) 시대에 이르자 하늘은 먼저 초목이 가을, 겨울이 되도록 시들지 않게 했다. 우왕은 "목기(木氣)가 왕성하구나!"라고 했다. 목기가 왕성하므로 우왕은 청색을 숭상하고 정사에는 나무를 본받았다. 탕왕(湯王) 시대에 이르자 하늘은 먼저 물에서 칼날이 나오게 했다. 탕왕은 "금기(金氣)가 왕성하구나!"라고 했다. 금기가 왕성하므로 탕왕은 백색을 숭상하고 정사에는 쇠를 본받았다. 주(周)의 문왕(文王) 시대에 이르자 하늘은 먼저 불을 나타나게 하여 붉은 새가 붉은 책을 입에 물고 주의 묘당에 내려앉게 했다. 문왕은 "화기(火氣)가 왕성하구나!"라고 했다. 화기가 왕성하므로 문왕은 적색을 숭상하고 정사에는 불을 본받았다. 불을 대체하는 것은 반드시 물일 것이다. 그러므로 하늘은 또 먼저 수기(水氣)가 왕성한 징조를 보일 것이다. 수기가 왕성하므로 그때에는 흑색을 숭상하고 정사에는 물을 본받아야 한다. 수기에 이르렀음에도 깨닫지 못한다면 운수가 다 차서 다시금 토(土)로 되돌아갈 것이다.[101)]

---

101) 凡帝王之將興也, 天必先見祥乎下民. 黃帝之時, 天先見大螾大螻. 黃帝曰 : "土氣勝." 土氣勝, 故其色尙黃, 其事則土. 及禹之時, 天先見草木, 秋冬不殺. 禹曰 : "木氣勝." 木氣勝, 故其色尙青, 其事則木. 及湯之時, 天先見金, 刃生於水. 湯曰 : "金氣勝." 金氣勝, 故其色尙白, 其事則金. 及文王之時, 天先見火, 赤烏銜丹書集於周社. 文王曰 : "火氣勝." 火氣勝, 故其色尙赤, 其事則火. 代火者必將水 ; 天且先見水氣勝. 水氣勝, 故其色尙黑, 其事則水. 水氣至而不知, 數備, 將徙於土. (「응동(應同 : 舊作「名類」)」, 『여씨춘추』, 677쪽)

[『신편』II, 316쪽 : 이런 역사관에 따르면, 역사는 늘 변하고 왕조는 영원하지 않다. 역사의 변동과 왕조 교체는 인간의 의지대로 움직이지 않는 역량의 지배를 받는다. 역사의 변동은 위대한 인물의 행동에서 결정되는 것도 아니고, 인간의 의지로써 변화되는 것도 아니다. 이는 추연의 역사관의 합리적인 성분이다. 그러나 그는 "오행상승(五行相勝)"으로써 역사상의 왕조 변화를 설명했으니, 즉 역사적 변화의 순환성을 긍정한 것이었다. 왕조 변화는 역사상의 변화의 표면현상의 하나에 불과했다. 추연은 이런 현상에 본질적 의미가 있는 것으로 보았고, 이런 현상을 "오행상승"의 기계론적 결과로 귀결지었다. 이것은 자연과 사회의 경계를 헛갈리게 하고, 역사 발전의 사회적, 경제적 원인을 경시한 것으로서, 역사적 관념론과 신비주의에 빠져들었다.

『여씨춘추』의 이 글이 추연의 학설로 되어 있지는 않지만, 이선은 「칠략(七略)」을 인용하여 "추연의 오덕순환설이란 [토덕(土德) 다음은] 압도당하지 않는 것이 뒤따르므로 목덕(木德)이 이어지고 금덕(金德)이 그 다음이고 화덕(火德)이 그 다음이고 수덕(水德)이 그 다음이다"[102]고 했고, 또 『추자(鄒子)』를 인용하여 "오덕은 압도당하지 않는 것이 뒤따르는데, 순 임금 시대는 토(土), 하대는 목(木), 은대는 금(金), 주대는 화(火)였다"[103]고 했은즉, 『여씨춘추』의 내용과 부합한다. 따라서 이 글이 바로 추연의 설임을 알 수 있다. 이 설은 오행을 다섯 가지의 자연적 세력 즉 소위 오덕(五德)으로 여겼다. 각각의 세력은 모두 성쇠의 시기가 있는데 성하여 운세를 지배할 때 천도와 인간사 모두가 그것의 지배를 받는다. 그 운이 다하여 쇠하면 그것을 압도하고 이길 수 있는 것이 그것에 이어 성하여 운세를 지배한다. 나무는 흙을 이기고, 쇠는 나무를 이기고, 불은 쇠를 이기고 물은 불을 이기고, 흙은 물을 이긴다. 이와 같이 순환하여 잠시도 멈춤이 없다. 이른바 "천지개벽 이래 오덕이 순차적으로 옮아가며, 그때마다 각 덕에 합당한 정치가 존재한다"는 말이다. 역사적 사변(事變) 역시 모두가 이 여러 자연적인 세력들의 표현으로서, 매 왕조마다 하나의 "덕"을 대표하므로 복색제도(服色制度) 등의 모든 것이 그 "덕"의 지배를 받는다. 이런 관점에 따르면 이른바 천도와 인사는 한 덩어리가 되어 역사는 다름 아닌 하나의 "신곡(神曲)"이 되었는바, 한인(漢人)의 역사철학은 전부 이 관점에 근거했다.[104]

---

102) 鄒子終始五德, [言土德]從所不勝, 木德繼之, 金德次之, 火德次之, 水德次之. (좌사[左思]의 「위도부(魏都賦)」에 대한 주, 『문선(文選)』)

103) 五德從所不勝, 虞土, 夏木, 殷金, 周火. (심휴문[沈休文]의 「고안육소왕비문(故安陸昭王碑文)」에 대한 주, 『문선』)

104) 【주】예컨대 진시황은 진이 수덕(水德)을 얻었다고 여겼다. 그리하여 "1년의 시작을 바꾸고 조정의 하례식도 모두 10월 초하루에 거행했다. 의복, 깃발, 부절의 색은 모두 검은색을 숭상했다. 수(數)는 6을 기초로 했으니, 부절과 법관(法冠)을 모두 6치로 규정하고 가마의 너비도 6자로 정했으며, 6자를 1보(步)라고 하고, 수레 한 대를 6마리의 말이 끌게 했다. 황하를 덕수(德水)라고 개명하여 수덕의 시작을 나타냈다. 강인하고 엄혹하게 모든 일을 법에 따라 결단하고, 징벌과 압박으로써 모든 인애와 은덕을 배제하고 오로지 엄격한 정의에 맡길 때만 오덕

추연의 역사에 대한 견해는 이러했다. 지리에 대한 견해는 대구주(大九州)의 설로서, 모두 뛰어난 상상력의 수완이었으니, "그가 제후들을 유세할 때 받은 존경과 예우"는 지당했다.

『상서(尙書)』 속의 「홍범(洪範)」, 『여씨춘추(呂氏春秋)』와 『예기(禮記)』 속의 「월령(月令)」 등은 작자미상이지만 요컨대 모두 전국시기의 음양오행가의 말이다.[105] 「홍범」은 기자(箕子)의 말이라며 이렇게 말한다.

> 나는 전에 이렇게 들었습니다. 곤(鯀)이 큰 물을 가로막아 오행의 질서를 교란하자, 하느님이 진노하시어 홍범(洪範 : 국가통치의 大法) 구주(九疇 : 아홉 조목)를 내려주지 않아 이륜(彝倫 : 영원한 도덕)이 무너졌습니다. 곤은 주벌로 죽었고 우(禹)가 아버지의 뒤를 이어 흥기하자 하늘이 우에게 홍범 구주를 내렸는바, 이륜이 베풀어졌습니다. [그 구주는 이렇습니다.]
>
> 첫째, 오행(五行). 둘째, 오사(五事)에 정중히 하라. 셋째, 팔정(八政)*을 두터이 시행하라. 넷째, 오기(五紀)**에 협화[協和]하라. 다섯째, 황극(皇極)***을 확립하라. 여섯째, 삼덕(三德)****으로써 다스리라. 일곱째, 계의(稽疑 : 의문점을 점을 통해서 고찰)로써 천명하라. 여덟째, 서징(庶徵)에 유념하라. 아홉째, 오복(五福)*****을 향수하고 육극(六極)******을 경외하라.[106]

(五德)의 운수에 부응할 것이라고 여겼다(改年始朝賀皆自十月朔. 衣服旄旌節旗皆上黑. 數以六爲紀. 符法冠皆六寸, 而輿六尺. 六尺爲步. 乘六馬. 更名河曰德水, 以爲水德之始. 剛毅戾深, 事皆決於法. 刻削毋仁恩和義, 然後合五德之數)." (「진시황본기(秦始皇本紀)」, 『사기』, 237-38쪽)

105) 【주】「홍범」이 전국시대의 작품이다는 설은 유절(劉節, 1901-77) 선생의 「홍범소증(洪範疏證)」에 상세하다. (『고사변』 V, 402쪽)

* 八政 : 8정사(政事). 즉 식(食), 화(貨), 사(祀), 사공(司空), 사도(司徒), 사구(司寇), 빈(賓), 사(師).

** 五紀 : 세시(歲時)의 다섯 가지 근본. 즉 세(歲), 월(月), 일(日), 성신(星辰), 역수(歷數).

*** 皇極 : 치우침 없는 대중(大中)의 도, 군주의 법칙, 인민의 언론과 행동의 최고 기준.

**** 三德 : 3덕성. 즉 정직(正直), 강극(剛克), 유극(柔克).

***** 五福 : 수(壽), 부(富), 강녕(康寧), 유호덕(攸好德), 고종명(考終命).

****** 六極 : 흉단절(凶短折), 질(疾), 우(憂), 빈(貧), 악(惡), 약(弱).

5행(五行)에 대해서 「홍범」은 말한다.

첫째는 물(水), 둘째는 불(火), 셋째는 나무(木), 넷째는 쇠(金), 다섯째는 흙(土)입니다. 물의 속성은 적셔내려가고, 불의 속성은 타올라가며, 나무의 속성은 굽혔다 펴지는 것이 자유롭고, 쇠의 속성은 경우에 따라 모양이 바뀌고, 흙의 속성은 곡식을 심고 거두게 합니다. 적셔내려가는 것은 짠맛, 타올라가는 것은 쓴맛, 굽혔다 펴지는 것은 신맛, 경우에 따라 모양이 바뀌는 것은 매운맛, 심고 거두는 것은 단맛이 됩니다.[107)]

오사(五事)에 대해서 「홍범」은 말한다.

첫째는 태도, 둘째는 말, 셋째는 식견, 넷째는 청각, 다섯째는 생각입니다. 태도는 공경해야 하고, 말은 조리가 있어야 하고, 눈은 식별력이 있어야 하고, 귀는 판별력이 있어야 하고, 생각은 총명해야 합니다. 공경하면 엄숙해지고(肅), 조리가 있으면 조화로워지고(乂), 식별력이 있으면 명석해지고 晢), 판별력이 있으면 신중해지고(謀), 총명하면 슬기로워집니다(聖).[108)]

서징(庶徵, 여러 징조)에 대해서 「홍범」은 말한다.

비, 햇빛, 따뜻함(열), 추위, 바람, 시기적절성 등이 있습니다. 이 다섯 가지 기상이 응당한 질서에 따라 발생하면 온갖 초목들이 무성하게 됩니다. 이 중에서 어느 한 가지가 지나치게 많아도 흉하고, 지나치게 적어도 흉합니다.

좋은 징조(休徵)란, 통치자가 '엄숙하면(肅)' 제때에 비가 내리고, '조화로우면(乂)' 제때에 햇빛이 쏟아지고, '명석하면(晢)' 제때에 따뜻하고, '신중하면(謀)' 제때에 춥고, '슬기로우면(聖)' 제때에 바람이 이는 것을 말합니다.

---

106) 我聞在昔, 鯀陻洪水, 汨陳其五行, 帝乃震怒, 不畀洪範九疇, 彝倫攸斁. 鯀則殛死, 禹乃嗣興, 天乃錫禹洪範九疇, 彝倫攸敍. 初一曰, 五行. 次二曰, 敬用五事. 次三曰, 農用八政. 次四曰, 協用五紀. 次五曰, 建用皇極. 次六曰, 乂用三德. 次七曰, 明用稽疑. 次八曰, 念用庶徵. 次九曰, 嚮用五福, 威用六極. (『상서』, 75쪽)

107) 一曰水, 二曰火, 三曰木, 四曰金, 五曰土. 水曰潤下, 火曰炎上, 木曰曲直, 金曰從革, 土爰稼穡. 潤下作鹹, 炎上作苦, 曲直作酸, 從革作辛, 稼穡作甘. (『상서』, 76쪽)

108) 一曰貌, 二曰言, 三曰視, 四曰聽, 五曰思. 貌曰恭, 言曰從, 視曰明, 聽曰聰, 思曰睿. 恭作肅, 從作乂, 明作晢, 聰作謀, 睿作聖. (『상서』, 76쪽)

재앙의 징조(咎徵)란 통치자가 '광기가 있으면(狂)' 폭우를 야기하고, '오만무례하면(僭)' 가뭄을 야기하고, '나태하면(豫)' 폭서를 야기하고, '성급하면(急)' 혹한을 야기하고, '어리석으면(蒙)' 태풍을 야기하는 것을 말합니다.[109)]

임금의 거동과 시책이 만약 합당하지 않으면, 기후(天時)에 영향이 미친다. 즉 역사는 "신곡"인 것이다.

「월령」 역시 작자미상이다. 「월령」의 설에 따르면 소위 "오덕"은 1년 4계절 중에 각각 "왕성(盛)"한 시기가 있다. 즉 봄은 "성덕(盛德 : 자연계의 주도적인 역량, 왕성한 세력)이 목(木)에 있고", 여름은 "성덕이 화(火)에 있고", 가을은 "성덕이 금(金)에 있고", 겨울은 "성덕이 수(水)에 있다."[110)] 천자는 매월 거처가 정해져 있고, 옷색깔도 정해져 있고, 음식 종류도 정해져 있고, 시행할 정사(政事)도 일정하므로, 이른바 "월령"인 것이다. 만약 매월 행하는 영(令)에 착오가 있으면 기후에 영향을 끼쳐 비상한 변화를 일으킨다.* 예컨대

맹춘(孟春)에 하령(夏令 : 여름철의 정령)을 시행하면 비가 제때에 오지 않고

---

109) 曰雨, 曰暘, 曰燠, 曰寒, 曰風, 曰時. 五者來備, 各以其敍, 庶草蕃廡. 一極備凶, 一極無凶. 曰休徵 : 曰肅時雨若, 曰乂時暘若, 曰晳時燠若, 曰謀時寒若, 曰聖時風若. 曰咎徵 : 曰狂恒雨若, 曰僭恒暘若, 曰豫恒燠若, 曰急恒寒若, 曰蒙恒風若. (『상서』, 82쪽)

110) "盛德在木", "盛德在火", "盛德在金", "盛德在水."
【주】「월령」에서는 토덕(土德)이 언제 성한지 말하지 않았다. 1년은 4계절뿐이므로 오덕 중에서 하나는 반드시 배합되지 못한다. 『회남자』「시칙훈(時則訓)」에 "계하(季夏)의 달"에 "성덕이 토에 있다"고 했는데, 이것은 후대의 음양가가 보충한 설이다.

* 『신편』II, 310-11쪽 : 「월령」은 사회 속의 모종의 일은 자연계의 모종의 현상과 동류(同類)라고 여긴다. 음양오행가의 견해에 따르면 통치자의 포상은 양기(陽氣)와, 형벌은 음기와 동류이다. 포상류의 시책은 양기가 왕성한 때에, 형벌류의 시책은 음기가 왕성한 때에 거행하는 것이 가장 좋다.…… /「월령」에 따르면 만약 통치자의 시책이 천시(天時)에 부합하면 직접적으로 자연계의 도움을 받는다. ……반대로 통치자의 시책이 천시에 순응하지 않으면 자연계의 비정상적인 변화를 야기할 수 있다. 예컨대 중춘(仲春)에 "동령(冬令)을 시행하면 양기가 왕성하지 못하여 보리는 익지 않고 많은 백성들이 서로 약탈하게 된다"고 했다. 겨울

> 초목이 일찍 시들고 국가에 재앙이 자주 발생한다. 추령(秋令)을 시행하면 민간에 큰 돌림병이 생기고 돌풍과 폭우가 한꺼번에 닥치고, 명아주, 고들빼기, 쑥과 같은 온갖 잡초가 일제히 무성한다. 동령(冬令)을 시행하면 냇물이 범람하고 눈서리가 마구 쏟아져 기장과 같은 조생곡식을 파종할 수 없게 된다.[111)]

이 역시 임금의 거동과 시책이 합당하지 않으면 기후에 영향을 미칠 수 있다는 말이다. 그러나 「홍범」에서는 하느님(上帝)의 존재를 언급하여 하느님은 "진노하여" 상벌을 베풀 수 있다고 했다. 「월령」에서는 각 달마다 "그 달의 제(帝)", "그 달의 신(神)"이 있다고 했다. 예컨대 "맹춘의 달"은 "제가 태호이고, 신이 구망이다."[112)] 인간사의 영향을 받은 기후의 변동은 천도(天道)가 기계적으로 감응하여 기계적으로 발생한 반동인가? 아니면 임금의 거동과 시책이 부당하여 "제가 진노했기" 때문에 그를 향해서 일종의 시위동작을 한 것인가? 전자의 설에 따르면 일종의 기계론적인 우주관이요, 후자의 설에 따르면 일종의 목적론적인 우주관이다. 음양오행가는 아마 이 두 관점이 서로 용납되지 못함을 느끼지 못하고 늘 양자 사이에서 머뭇거렸던 듯하다. 따라서 우리는 그들의 논지가 늘 이랬다 저랬다 함을 느낀다.

『관자(管子)』「사시편(四時篇)」은 말한다.

> 그러므로 음양은 천지의 큰 이치(理)이고, 사계절은 음양의 큰 법칙(經)이다. 통치자의 형벌과 포상(刑德)은 사계절에 부합하는바[즉 만물이 퇴장하는 추·동은 형에, 만물이 생장하는 춘·하는 덕에 배합], 그것들이 절기에 잘

에 행해야 할 일은 음기와 동류의 것들이다. 만약 봄에 이런 일을 행하면 음기를 초래할 수 있다. 음기가 많아지면 양기가 왕성하지 못하기 때문에 보리도 익을 수 없게 되는 것이다. 이것이 음양오행가의 기본 원리의 하나로서, 소위 "천인감응(天人感應 : 자연계와 인간사의 상호 감응)"이다.

111) 孟春行夏令, 則雨水不時, 草木蚤落, 國時有恐. 行秋令, 則民大疫, 猋風暴雨總至, 藜莠蓬蒿並興. 行冬令, 則水潦爲敗, 雪霜大摯, 首種不入. (「월령」, 『예기』 권5 : 3-4쪽)

112) 孟春之月,……其帝太皞, 其神句芒. (「월령」, 『예기』)

부합하면 복이 오고, 부합하지 못하면 화가 생긴다. 그러면 춘하추동은 어떻게 운행되는가?

동방은 성(星)이다. 그 절기(時)는 봄이고, 그 기운(氣)은 풍(風)인데, 풍은 나무와 뼈를 낳는다. 그 덕성(德 : 본성, 속성, 작용)은 생장을 희구하여 절기를 탄생시킨다. 따라서 [임금이] 봄에 해야할 일(事)은 호령을 내려 신위(神位)가 모셔진 곳을 정결히 하고 삼가 폐경(幣梗 : 신에게 폐백을 바쳐 재해를 예방하는 기도)을 올려 양기를 바로하는 것을 중심으로, 제방을 수리하고, 밭을 갈고 김을 매어 씨앗을 뿌리며, 나루터와 다리를 수리하고, 논밭의 도랑을 정비하고, 지붕의 깨진 기와를 고쳐 물이 잘 흘러내리게 하고, 백성의 원한을 풀어주고 죄를 사면하여 사방을 소통시켜야 한다. 그러면 서늘한 바람에 단비가 내리고, 백성들은 장수하고, 각종 생물은 번식할 것이다. 이것이 바로 성덕(星德)이다……

남방은 일(日)이다. 그 절기는 여름이고, 그 기운은 양(陽)인데, 양은 불과 증기를 낳는다. 그 덕성은 물질을 베풀고 음악을 닦는 것이다……이것이 바로 일덕(日德)이다.

중앙은 토(土)이다. 흙의 덕성은 사계절이 가고 오는 것을 실하게 돕는 것인바, 비바람은 흙의 생산력을 배가시킨다. 흙은 만물을 살찌우는데 그 덕성(속성)은 화평과 평등이다. 그 일은 공평무사하게 사계절을 실하게 돕는 것으로서, 봄의 생육, 여름의 성숙, 가을의 수렴, 겨울의 폐장(閉藏)을 돕는다. ……이것이 바로 세덕(歲德)이다……

서방은 신(辰)이다. 그 절기는 가을이고, 그 기운은 음(陰)인데, 음은 쇠와 껍질을 낳는다. 그 속성(덕성)은 근심, 슬픔, 고요, 정직, 엄숙, 신중 그리고 감히 정도를 벗어나지 않는 거동이다……이것이 바로 신덕(辰德)이다……

북방은 월(月)이다. 그 절기는 겨울이고 그 기운은 찬 것(寒)인데, 찬 것은 물과 피를 낳는다. 그 덕성은 스산함, 분노, 주도면밀함이다……이것이 바로 월덕(月德)이다.

따라서 봄에 초목이 시들고, 가을에 꽃이 피고, 겨울에 천둥이 치고, 여름에 눈서리가 내리는 것 따위는 모두 기의 이상함(氣之賊)이다. 형덕(刑德)이 절도에 어긋나 절기의 질서를 상실하면, 이상한 기운이 엄습하는 것이다. 이상한 기운이 엄습하면 국가에 많은 재앙이 발생한다. 그러므로 성인은 절기에 부합하는 일에 정치의 역점을 두었고, 교화를 베풀면서 무예를 추구했고, 제사를 받들면서 덕성을 추구했던 것이다. 이 세 가지로써 성인은 **천지의 운행에 부합했던** 것이다.[113)]

정교(政教)는 반드시 "천지의 운행에 부합해야" 한다는 것이니, 이 역시 음양가의 말이다.

『관자』「수지편(水地篇)」*은 말한다.

대지(地)는 만물의 본원(本原)이요, 온갖 생물의 뿌리이다. 아름답고 추하고 잘나고 못나고 영리하고 우둔한 모든 것들이 생겨나는 곳이다. 물(水)은 대지의 피이니, 마치 혈맥이 유통하는 것과 같다. 따라서 물은 완전무결한 재질을 갖추었다고 말했다.……물은 천지간에 모여 만물 속에 들어 있고, 금석(金石 : 혹은 산)에서 생겨나 온갖 생물체 안에 들어찬다. [물은 만물을 생장시키므로] 따라서 수신(水神)이라고 일컬어진다. 물은 초목에 흡수되어 뿌리를 뻗게 하고 꽃을 활짝 피우고 열매를 많이 영글게 한다. 또 동물에 흡수되어 몸을 살찌우고 깃과 털을 풍부하게 하고 색깔과 모습을 선명하게 만든

---

113) 是故陰陽者, 天地之大理也. 四時者, 陰陽之大經也. 刑德者, 四時之合也. 刑德合於時則生福, 詭[詭 : 違]則生禍. 然則春夏秋冬將何行? 東方曰星, 其時曰春, 其氣曰風. 風生木與骨. 其德喜嬴, 而發出節時. 其事號令, 修除神位, 謹禱弊[弊 : 幣]梗, 宗正陽, 治隄防, 耕耘樹藝, 正津梁, 修溝瀆, 甃屋行水, 解怨赦罪, 通四方. 然則柔風甘雨乃至, 百姓乃壽, 百蟲乃蕃, 此謂星德……南方曰日, 其時曰夏, 其氣曰陽. 陽生火與氣. 其德施舍修樂……此謂日德……中央曰土, 土德實輔四時入出, 以風雨節土益力. 土生皮肌膚, 其德和平用均. 中正無私(戴望『管子校正』云 : "丁云,'中正上脫其事二字'") 實輔四時. 春嬴育, 夏養長, 秋聚收, 冬閉藏……此謂歲德……西方曰辰, 其時曰秋, 其氣曰陰. 陰生金與甲. 其德憂哀, 靜正嚴順[順 : 愼], 居不敢淫佚……此謂辰德.……北方曰月, 其時曰冬, 其氣曰寒. 寒生水與血. 其德淳[淳 : 淸]越溫[溫 : 慍]怒周密.……此謂月德.……是故春凋, 秋榮, 冬雷, 夏有霜雪 ; 此皆氣之賊也. 刑德易節失次, 則賊氣速至. 賊氣速至, 則國多菑殃. 是故聖王務時而寄政焉, 作教而寄武焉, 作祀而寄德焉. 此三者, 聖王所以合於天地之行也. (『관자』 권14 : 9-14)

* 『신편』II, 199쪽 : 「수지편」의 특징은 철학적 수준에서 물과 흙의 중요성를 논했다는 점이다. 여기서 말하는 흙(地)은 오행 중의 토에 상당한다. 오행에 관한 학설의 기원은 매우 이르지만, 오행 혹은 그중의 몇몇 "행(行)"을 만물의 근원으로 명확히 인정한 것은 후기에나 생겼다. 「수지편」의 "수(水), 지(地)"에 관한 사상이 바로 그것이다.

다. 즉 만물이 저마다 각각의 잠재력을 다 발휘하여 정상상태로 자라는 것은 만물 속에 물이 적절히 차 있기 때문이다.……

인간도 물이다. 남녀의 정기(精氣)가 합쳐지면 물이 형체에 유포된다.…… 그래서 물(水 : 정액)이 옥(玉)에 모여 구덕(九德)*이 생기고, 응결하여 사람이 되고, 구규(九竅 : 생리기관인 아홉 구멍)와 오려(五慮 : 다섯 가지 사유활동)가 생긴다. 이것이 바로 그 정기(精)이다. 그러면 완전무결한 재질이란 무엇인가? 물이 바로 그것이다. 만물 치고 물에 의하지 않고 생긴 것은 하나도 없은즉, 이 이치에 의탁할 줄 아는 사람만이 올바로 도모할 수 있다.……

대체로 제(齊)나라의 물은 빠르고 선회하기 때문에 그 백성들은 탐욕스럽고 거칠고 용맹을 즐긴다. 초(楚)나라의 물은 잔잔하고 맑기 때문에 그 백성들은 경박하고 요사스럽다. 월(越)나라의 물은 탁하고 텁텁하기 때문에 그 백성들은 우둔하고 질투심이 많고 불결하다. 진(秦)나라의 물은 달짝지근하고 정체되고 잡스럽기 때문에 그 백성들은 탐욕스럽고 사납고 몽매하고 일 벌리기를 좋아한다.……

따라서 성인이 세상을 교화하는 관건은 물에 있었다. 즉 물이 순수하면 인심이 바르고 물이 맑으면 민심이 평온하다. 인심이 바르면 욕망이 방종하지 않고, 민심이 평온하면 행실이 사특하지 않다. 그러므로 성인이 천하를 통치할 때 모든 사람에게 일일이 알리고 집집마다 유세하지 않았어도 되었던 것은 그 해결책이 물에 있었기 때문이다.[114)]

---

* 九德 : 인(仁), 지(知), 의(義), 행(行), 결(潔), 용(勇), 정(精), 용(容), 사(辭).

114) 地者, 萬物之本原, 諸生之根菀也. 美惡賢不肖愚俊之所生也. 水者, 地之血氣, 如筋脈之流通者也. 故曰 : 水具材也.……集於天地, 而藏於萬物, 產於金石, 集於諸生. 故曰水神. 集於草木, 根得其度, 華得其數, 實得其量. 鳥獸得之, 形體肥大, 羽毛豐茂, 文理明著. 萬物莫不盡其幾, 反[反 : 返]其常者, 水之內度適也……人, 水也. 男女精氣合而水流形.……是以水集於玉, 而九德出焉 ; 凝蹇而爲人, 而九竅五慮出焉 ; 此乃其精也……是故具者何也? (戴望『管子校正』云 : "丁云, '具下當有材字. 上文云, 水具材也'") 水是也. 萬物莫不以生, 惟知其託者, 能爲之正……夫齊之水道[道 : 遒]躁而復, 故其民貪䴥而好勇. 楚之水淖弱而淸, 故其民輕果而賊. 越之水濁重而洎, 故其民愚疾而垢. 秦之水泔最而稽, 淤滯而雜, 故其民貪戾罔而好事……是以聖人之化世也, 其解在水. 故水一則人心正, 水淸則民心易. 一則欲不污(安井衡云 : "當作人心正則欲不污") 民心易則行無邪. 是以聖人之治於世也, 不人告也, 不戶說也, 其樞在水. (『관자』 권14 : 1-7)

즉 물이 만물의 본원이고, 치수(治水)가 치세(治世)의 핵심이라는 말이다. 치세를 이루려면 인심(人心)을 개량해야 하고 인심을 개량하려면 물을 개량하면 된다. 논점이 매우 기이한데 역시 음양가의 말인 듯하다.

『여씨춘추』「유시편(有始篇)」은 말한다. "하늘에는 구야(九野 : 중앙과 8방의 九天), 지상에는 구주(九州), 땅에는 구산(九山), 산에는 구색(九塞 : 아홉 요새지), 못에는 구수(九藪 : 아홉 늪지), 바람에는 여덟 가지, 물에는 육천(六川)이 있다."[115] 또 말한다.

사해 안(四海之內 : 즉 중국)은 동서가 2만8,000리, 남북이 2만6,000리, 수로가 8,000리, 강 유역이 또 8,000리이고, 거대한 강이 6개, 큰 강이 600개, 내륙성 하천이 3,000개, 작은 물줄기는 수만 개이다.

사극 안(四極之內 : 전세계)은 동서가 59만7,000리, 남북 역시 59만7,000리이다. 북극성은 하늘과 함께 운행하지만 천극 자체는 움직이지 않는다. 동지 때 태양은 천극에서 가장 먼 궤도(遠道 : 남회귀선)를 운행하고 4극점을 주행하는데, 이것을 현명(玄明 : 겨울철 어두운 빛)이라고 한다. 하지 때 태양은 천극에서 가장 가까운 궤도(近道 : 북회귀선)를 운행하는데, 태양은 사람 바로 위에 위치한다. 천극 아래에서는 낮과 밤의 구별이 없다. 백민(白民 : 바다 바깥의 상상의 나라)의 남쪽에 서 있는 나무는 태양이 남중할 때 그림자가 없고 소리쳐도 메아리가 없는데, 천지의 중앙이기 때문이다.

천지만물은 마치 한 사람의 몸과 같은데, 이것이 바로 대동(大同)이다. 사람에게는 여러 이목구비가 있고, 천지만물에는 여러 오곡과 한서(寒暑) 등이 존재하는데, 이것이 바로 중이(衆異 : 각종 차이)이다. 이렇게 하여 만물은 완비된다. 하늘이 만물을 주재하면, 성인은 그 현상을 고찰하고 그 종류를 통찰하여, 천지가 형성된 이치, 천둥과 번개가 발생하는 원인, 음양이 만물을 구성하는 오묘한 원리, 인민과 금수가 태평을 누릴 방법 등에 대해서 해명한다.[116]

115) 天有九野, 地有九州, 土有九山, 山有九塞, 澤有九藪, 風有八等, 水有六川. (『여씨춘추』, 657쪽) [藪 : 늪이 얕아 초목이 무성하고 새와 짐승이 사는 곳]

116) 凡四海之內, 東西二萬八千里, 南北二萬六千里, 水道八千里, 受水者亦八千里. 通谷六, 名川六百, 陸注三千, 小水萬數. 凡四極之內, 東西五億有九萬七千里, 南北亦五億有九萬七千里 ; 極星與天俱遊, 而天樞不移. 冬至日行遠道, 周行四極, 命曰玄明 ;

이 또한 추연의 대구주(大九州)의 설과 같은 종류로서, 역시 음양가의 말인 듯하다.

음양오행가는 제(齊)나라가 근거지였다. 제나라 지역은 바다에 연해 있어서 비교적 신기한 견문이 많았던 까닭에 제나라 사람들은 황당한 이야기를 잘했던 것이다. 전국시대 제자(諸子)는 황당한 이야기를 언급할 때면 매번 제나라 사람의 말이라고 했다. 함구몽(咸丘蒙)이 "순 임금이 제위에 오르자 요 임금은 제후를 거느리고 신하가 되어 조회했다"고 하자, 맹자는 "그것은 제나라 동쪽 야만인의 말이다"[117]고 했다. 『장자』「소요유(逍遙遊)」는 "『제해(齊諧)』는 괴상한 것을 기록한 책이다"[118]고 했다. 송(宋)나라 사람의 어리석음(愚), 제나라 사람의 허풍(誇)은 모두 당시 사람들에게 익히 알려진 일이었다. 『한서』「지리지(地理志)」는 말한다.

> 제나라 지역은 허수(虛 : 虛宿)와 위수(危 : 危宿)의 분야(分野)*에 해당한다.……지금까지 그 지방 선비들은 경전 연구를 좋아하여 명예를 숭상하고 유연하고 활달하며 지혜가 풍부하다. 하지만 허풍스럽고 과장적이고 파당적이며 언행이 어긋나고 허황되며 근거가 없는 것이 그들의 결점이다.[119]

제나라 사람들의 허풍은 한대에 이르러서도 여전했다. 그 사람들은 허풍스러웠기 때문에 황당한 말을 좋아했고, 따라서 추연을 비롯한 여러 사람의 학설이 출현했던 것이다. 『사기』는 말한다.

> 제나라의 위왕, 선왕 시대부터 추자(騶子 : 騶衍)의 제자들은 오덕(五德)

夏至日行近道, 乃參於上, 當樞之下, 無晝夜 ; 白民之南, 建木之下, 日中無影, 呼而無響, 蓋天地之中也. 天地萬物, 一人之身也, 此之謂大同. 衆耳目鼻口也, 衆五穀寒暑也, 此之謂衆異, 則萬物備也. 天斟萬物, 聖人覽焉, 以觀其類, 解在乎天地之所以形, 雷電之所以生, 陰陽材物之精, 人民禽獸之所安平. (『여씨춘추』, 658-59쪽)

117) "舜南面而立, 堯帥諸侯北面而朝之."……"此齊東野人之語也." (『맹자』 9 : 4)

118) 『齊諧』者, 志怪者也. (『장자』, 4쪽)

* 分野 : 전국시대 천문가들이 중국 전토를 하늘의 28수에 배당하여 구별했던 명칭이다. 그 분야의 별에 이변이 생길 경우 해당 국가에 재앙이 생긴다고 여겼다.

119) 齊地虛危之分野也.……至今其土好經術, 矜功名, 舒緩闊達而足智 ; 其失誇奢朋黨, 言與行謬, 虛詐不情.…… (『한서』, 1659-61쪽)

> 순환의 운세에 대해서 논하고 저술했다. 진시황 시대에 이르러 제나라 사람들이 그것을 진언하자 진시황은 채택했다. 송무기(宋毋忌), 정백교(正伯僑), 충상(充尙), 선문자고(羨門子高) 등 최후의 인물들은 모두 연(燕)나라 사람들이었다. 그들은 신선의 도술을 닦아 몸은 남겨두고 혼백만 빠져나가 신선이 되고자 했는데 귀신의 일에 의탁한 것들이었다. 추연은 음양의 「주운(主運 : 오덕 순환의 운세 지배)」을 논하여 제후들 사이에서 명성이 높았다. 그러나 연나라와 제나라의 해안지역의 방사(方士 : 道士)들은 그의 학술을 전수하기는 했어도 제대로 이해하지는 못했다. 그렇지만 점차 괴상하고 엉뚱한 소리를 하며 아첨과 아부로 영합하기에 급급한 무리들이 발흥하여 **헤아릴 수 없이 많아졌다.**[120]

『사기』는 추연이 연(燕)에 갔을 때, 대대적인 존경과 예우를 받았다고 했는데, 음양오행가의 학설이 제나라에서 연나라로 전해졌던 것이다. 이후로 괴상하고 엉뚱한 소리를 하는 무리가 "헤아릴 수 없이 많아져", 음양오행가의 분위기(空氣 : 여론)는 마침내 진·한(秦漢)의 세상을 자욱하게 뒤덮었다.

120) 自齊威宣之時, 騶子之徒, 論著終始五德之運. 及秦帝, 而齊人奏之. 故始皇采用之, 而宋毋忌·正伯僑·充尙·羨門子高, 最後皆燕人, 爲方僊[僊 : 仙]道, 形解銷化, 依於鬼神之事. 騶衍以陰陽「主運」, 顯於諸侯. 而燕齊海上之方士, 傳其術, 不能通. 然則怪迂阿諛苟合之徒自此興, 不可勝數也. (「봉선서(封禪書)」, 『사기』, 1368-69쪽) 〈부록3,주30〉

제8장
『노자』와 도가 중의 『노자』학

1. 노담과 이이

『노자(老子)』라는 책은 공자보다 나이 많은 노담(老聃)이 지었고, 공자 이전에 완성되었다고 전해져왔다. 현재 『노자』는 전국시대 인물의 저작으로 여겨지는데, 그 증거는 이미 여러 사람이 상세히 제시했으므로,[1] 다시 군말하지 않는다. 고대 학술계의 대체적인 정황에 관한 본서의 서술을 보더라도, 역시 『노자』는 전국시대의 작품임을 알 수 있다. 첫째, 공자 이전에는 사적인 저술의 사례가 없는지라 『노자』는 『논어』에 앞설 수 없고, 둘째, 『노자』의 문체는 문답체가 아닌지라 『논어(論語)』, 『맹자(孟子)』 이후여야 하고, 셋째, 『노자』의 글은 간명한 "경전(經)"체인지라 전국시대의 작품임이 분명하다고 할 수 있다〈제5장,제2절〉. 이 세 가지와 다른 사람들이 이미 제시한 증거들 중에서 만일 임의의 하나 만을 든다면 논리학상 소위 "선결문제가 요구되는(丐詞)" 혐의가 있음을 면하지 못할 것이다. 그러나 종합하여 보건대 『노자』의 문체와 학설 및 각 방면의 방증은 모두 『노자』가 전국시대의 작품임을 명시하는바, 이는 우연이 아님에 틀림없다.

사마담(司馬談, ?-110B.C. : 사마천의 아버지)은 말했다.

1) 최술(崔述, 1740-1816, 호가 東壁), 『수사고신록(洙泗考信錄)』; 왕중(汪中, 1744-1794), 『노자고이(老子考異)』; 양계초, 「호적의 『중국철학사대강』 서평」 등 참조.

도가(道家)는 인간이 정신을 전일시키고 행동을 무형의 도에 합일시켜 만물에 만족할 수 있게 했다. 그 학술의 특징은 음양가의 대순(大順 : 자연의 질서)의 진리를 비롯하여 유가, 묵가의 장점을 채택하고, 명가, 법가의 요점을 종합했다. 항상 시대적 추이와 함께 하고 사물에 순응하여 변화했으니, 풍속을 수립하고 정사를 베푸는 데에 온당하지 못한 바가 없고, 그 종지가 간략하여 견지하기가 쉽고, 공력은 적게 들여도 효과는 많다.[2)]

이것은 도가가 나중에 발생했기 때문에 각 학파의 장점을 채택했음을 명시한다. 각 학파가 모두 도가로부터 나왔다고 여기는 후대의 설 역시 사마담의 「논육가요지(論六家要指)」*를 잘못 읽은 때문이었다.[3)]

후대에 이런 착오가 생긴 까닭은, 사마천이『사기(史記)』를 쓸 때 이이(李耳)와 전설 속의 노담을 같은 사람으로 오인한 데서 비롯되었다고 할 수 있다. 그러나 사실상『노자』학(老學, 즉 현존하는『노자』에서 논한 학설)의 영수는 전국시대의 이이이고, 전설 속의 "고대의 달통한 진인"〈주10〉은 노담이다. 노담이 과연 역사적 인물인지 여부는 알 수 없으나, 이이의 본적과 가계는 사마천이 매우 확실히 알고 있었다.『사기』「노장신한열전(老莊申韓列傳)」은 말한다.

노자(老子)는 초(楚)의 고현(苦縣) 여향(厲鄉) 곡인리(曲仁里) 사람이다. 이름은 이(耳), 자는 담(聃)이고, 성은 이씨(李氏)이다.……

노자는 도(道)와 덕(德)을 닦았는데, **그의 학설은 스스로를 숨기고 이름을 드러내지 않는 데에 힘쓰는 것이었다**.……

노자는 **숨은 군자**였다. 노자의 아들은 이름이 종(宗)인데, 위(魏)의 장군이

---

2) 道家使人精神專一, 動合無形, 瞻足萬物. 其爲術也, 因陰陽之大順, 采儒墨之善, 撮名法之要. 與時推移, 應物變化. 立俗施事, 無所不宜. 指約而易操, 事少而功多. (「태사공자서」,『사기』, 3289쪽) [撮 : (요점을) 취하다] 〈부록4,주138〉

* 『사기』, 3288쪽 : 談爲太史公……乃論六家之要指曰 : [〈부록4,주137〉문장 계속]

3) 【주】호적 선생은 이 도가는 바로 한나라 초기의 도가를 일컫는 것인즉,『한서』「예문지」에서 말한 잡가(雜家)를 일컫는 것이지 노장을 일컫는 것이 아니다고 했다. 그러나『한서』「예문지」는 잡가 외에 도가를 따로 두고 있은즉, 잡가에 노장이 포함되지는 않는다. 그러나 사마담이 말한 도가는 노장을 포함한다.

되어 단간(段干)의 봉읍을 받았다. 종의 아들은 주(注), 주의 아들은 궁(宮)이다. 궁의 현손은 가(假)인데, 한(漢)의 효문제를 섬겨 벼슬했다. 가의 아들 해(解)는 교서왕(膠西王 : 산동의 교서국에 봉해진 景帝의 일곱째 아들) 앙(卬)의 태부(太傅)가 된 이후로 제(齊 : 즉 산동지방)에 정착했다.[4)]

이 기록에 의거하면 이이는 실존인물이다. 그러나 사마천은 그를 전설 속의 노담과 같은 사람으로 오인했기 때문에, 이 이이전(李耳傳) 속에 온갖 어렴풋하고 아련한 이야기들을 섞어넣어 말하기를, "노자는……어디서 어떻게 생을 마쳤는지 아무도 모른다. 혹자는 그가 노래자(老萊子)라고도 하는데 역시 초인(楚人)이다.……아마 노자는 160여 세를 산 것 같다. 200여 세를 살았다고 하는 사람도 있다……공자 사후 129년 만의 기록에는 '주(周)의 태사담(太史儋)이 진(秦)의 헌공을 알현했다'고 했다.……사람들은 이 담이 곧 노자라고도 하고 아니라고도 하는데, 그 사실 여부는 세상에 아무도 모른다"[5)]고 했다. 이렇듯 이 「노자전」의 처음과 끝은 역사이고 중간은 신화이다. 그리하여 노담은 흡사 사람의 모자를 쓰고 사람의 신을 신고 있는 신령과 같으니 하나의 희극이다.[6)]

그러나 사마천이 이렇게 오인한 것도 까닭이 없지 않다. 이이가 "숨은 군자"였고, "그의 학설은 스스로를 숨기고 이름을 드러내지 않는 데에 힘쓰는 것이었던" 만큼, 그는 아마도 학문을 논하면서 자신의 이름을 드러내기를 원치 않았음에 틀림없다. 마침 당시에 "고대의 달통한 진인" 노담에 대한 전설이 있었기 때문에, 이이는 자신의 학을 바로 노담의 학으로 삼음으로써 자신의 이름을 숨길

4) 老子者, 楚苦縣厲鄕曲仁里人也. 名耳, 字聃, 姓李氏(據『索隱本』)……老子修道德, 其學以自隱無名爲務……老子, 隱君子也. 老子之子名宗, 宗爲魏將, 封於段干. 宗子注, 注子宮. 宮玄孫假, 仕於漢孝文帝. 而假之子解, 爲膠西王卬太傅, 因家於齊焉. (『사기』, 2139-43쪽)

5) 老子……莫知其所終. 或曰, 老萊子亦楚人也.……蓋老子百有六十餘歲, 或言二百餘歲. ……自孔子死之後, 百二十九年, 而史記周太史儋見秦獻公.……或曰, 儋卽老子; 或曰, 非也. 世莫知其然否. (『사기』, 2141-42쪽)

6) 【주】이 문단의 대의는 유여림(劉汝霖, 1905-?) 선생의 『주진제자고(周秦諸子考)』(1929)에서 취했다.

수 있었을 뿐더러, 장자가 말한 "중언(重言)"의 효과까지 거둘 수 있었던 것이다. 따라서 『순자(荀子)』, 『여씨춘추(呂氏春秋)』, 『장자(莊子)』「천하편(天下篇)」 모두 『노자』학을 노담의 학으로 여겼다. 사마천도 이이가 『노자』학의 영수임은 알고 있었지만, 『노자』학을 노담의 학으로 여기는 속설에 젖어 있었기 때문에, 결국 노담과 이이를 혼합하여 같은 사람으로 오인했던 것이다. 우리는 현재 사마천의 말대로 이이를 전국시대 『노자』학의 영수로 인정한다. 그러나 이이는 역사상의 인물이지만 노담은 전설상의 인물이므로, 둘은 다른 사람들이고 같은 사람이 아니라고 인정한다.*

그러나 "기록에 결손이 많고",[7] "증거할 문헌이 부족하므로",[8] 이상의 설명에도 결코 오류가 없다고 고집하기는 어렵다. 현존 『노자』 역시 이미 한인(漢人)의 정리와 편집을 거친 것이므로 꼭 한 개인의 손에서 완성되었다고 할 수 없다. 따라서 본장의 제목도 『노자』라고 하여 책을 본위로 삼았음을 밝혀둔다.

---

* 『신편』II, 31－32쪽 : 총론하건대, 후대에 이른바 『노자』 일파의 사상에는 여러 부분이 있는데 어떤 것은 노래자에서 나왔고 어떤 것은 태사담에서 나왔다. 이 사상들은 모두 운문형식으로 세상에 유전되었다. 이이는 그것들을 수집한 다음 다시 그 자신의 창작을 보태서 이 책을 편집, 완성하여 『노자』라고 제목을 정했다. 이렇게 제목을 붙인 이유는 책 속의 자료가 노래자에서 비롯되었기 때문인 듯하다. 『노자』의 "노"는 바로 노래자의 "노"이다. /『노자』 중의 자료는 노래자에서 이이에 이르는 장시간에 걸쳐 누적된 것이므로 그중에는 비교적 조기의 것도 있고 비교적 후기의 것도 있다. 다만 아무리 빨라도 공자보다 빠를 수 없다. 노래자와 공자는 같은 시대 사람이라고 하기 때문이다. 또 아무리 늦어도 이이보다 늦을 수는 없다.…… 이이의 생졸연대는 상고할 수 없으나 그의 후손의 계보를 사마천이 기록했기 때문에 그의 후손의 계보로부터 그의 연대를 대략 추정할 수 있다. 이것이 『노자』 사상의 발전과 형성에 대한 시간상의 상한과 하한이다. /『노자』 중에는 춘추시대 은자들의 사상이 보존되어 있을지도 모르지만, 『노자』의 중심사상과 기본원칙은 역시 전국시대의 산물이다.

7) 書缺有間. [「오제본기(五帝本紀)」의 찬(贊), 『사기』, 46쪽]

8) 文獻不足徵. [『논어』 3 : 9 참조] 〈제4장,주43〉

2.『노자』학과 장자학

『노자』의 학설을 『순자』는 비평하고, 『장자』「천하편」은 찬양하고, 『한비자(韓非子)』는 "해설하고(解)" "사례를 들어 설명했으며(喩)", 『전국책(戰國策)』 속의 유세의 선비들(遊說之士)도 인용했다.[9] 따라서 그것이 전국시대에는 이미 "유명학문(顯學)"이었음을 알 수 있다.

한(漢)나라 이전에는 도가(道家)라는 명칭이 없었고, 『노자』의 학설 역시 장자와는 달랐다. 앞에서 『노자』학은 양주 학설의 진일보이고, 장자학은 그것의 진이보라고 언급했을 때(제7장,제1절), 이미 대략 말했다. 『장자』「천하편」은 서로 비슷한 학설들 예컨대 송경, 윤문을 일파로 배열하고 있지만, "노담"과 장주는 다른 두 파로 배열했다.「천하편」은 말한다.

> 근본을 정수로 여기고 구체적 사물을 조잡한 것으로 여기며, 학문의 축적을 흡족하게 여기지 않으며, **초연히 홀로 신명과 더불어 거했다**. 고대에 이 방면에 도술(道術)을 집중했던 이들이 있었으니, 관윤(關尹)과 노담(老聃)이 이러한 학풍을 전해듣고 그에 심취했다.
>
> **상무 상유**(常無有 : 常無, 常有)**의 이치를 건립하고, 태일**(太一 : 즉 道)**을 중심으로 삼고**, 온화하고 약함과 겸하(謙下)의 덕목을 표방하고, 마음은 비우고 만물을 훼상하지 않는다는 것을 실질(實 : 학문의 내용)로 삼았다.
>
> 관윤은 말했다.
>
> "마음에 아무런 집착이 없는 사람에게는, 사물의 이치가 저절로 뚜렷해진다. 그는 흐르는 물처럼 움직이고, 거울과 같이 고요하고, 메아리처럼 반응하여, 홀연하여 없는 듯하고 적막하여 청정하다. 남과 화동하면 화합하고 혼자 차지하면 상실하니, 남을 앞선 적이 없고 항상 남의 뒤를 따른다."

9) 【주】예를 들면「제책(齊策)」에서 안촉(顏斶 : 齊의 處士)은 이렇게 말했다. "노자가 이르기를 '귀한 것이라도 천한 것을 근본으로 삼고, 높은 것이라도 아래의 것을 기초로 삼는다. 그래서 임금은 고(孤), 과(寡), 불곡(不穀)으로 자칭한다(雖貴必以賤爲本 ; 雖高必以下爲基. 是以侯王稱孤寡不穀)'고 했다." 〈주69〉

노담은 말하기를 "웅성[雄性]을 알고 자성[雌性]을 지켜 기꺼이 천하의 계곡이 되고, ……영광을 알고 굴욕을 지켜 기꺼이 천하의 골짜기가 된다"〈주76〉고 했다. 남들은 모두 선두를 다투었지만 그 자신은 홀로 뒤에 처하면서 "천하의 오욕을 받아들인다"고 했다. 남들은 모두 실속을 추구했지만 그 자신은 홀로 허심을 추구했다. 저장하지 않았으므로 남음이 있었고, 초연했으므로 풍족했다. 느긋한 처신으로 심신을 소모하지 않았으며, 무위(無爲)의 입장에서 온갖 기교를 비웃었다. 남들은 모두 애써 복락을 추구했지만 그 자신은 홀로 굽힘으로써 온전하기를 추구하며, "재앙을 면하기만 하면 그만이다"고 했다. 심원함을 근본으로 삼고 검약을 준칙으로 삼으며, **"단단하면 깨지고 예리하면 꺾인다"**고 했다. **항상 만물을 관용**(寬容)**으로 대하고** 남에게 모질지 않았으니, 가히 지극한 경지라고 하겠다.

관윤과 노담이야말로 **고대의 달통한 진인**(博大眞人)이었다![10)]

○적막, 공허하고 변화무상한즉, 사(死)인가? 생(生)인가? 천지와 병존하는가? 신명(神明 : 천지의 정신)과 더불어 흘러가는가? 망연히 어디서 왔는가? 홀연히 어디로 가는가? 만물을 전부 살펴보아도 귀착할 만한 곳은 어디에도 없구나! 고대에 이 방면에 도술을 집중했던 이가 있었으니, 장주(莊周)가 이런 학풍을 전해듣고 그에 심취했다.

장주는 심원한 학설, 광대한 언설, 끝도 가도 없는 언표 등을 통하여, 항상 마음대로 추구하여 얽매인 바가 없었으며, 편견을 가지고 살피지 않았다. 세상의 둔탁한 속인들과는 직접 장중한 진리(莊語)를 논할 수 없다고 여겨, 그는 "치언(巵言 : 임기응변식의 두서없는 말)"을 써서 무차별적 경지를 말했고, "중언(重言 : 권위적인 인물에 가탁한 말)"을 써서 진실성을 도모했고,

---

10) 以本爲精, 以物爲粗, 以有積爲不足, 澹然獨與神明居. 古之道術有在於是者, 關尹老聃, 聞其風而悅之. 建之以常無有, 主之以太一, 以濡弱謙下爲表, 以空虛不毁萬物爲實. 關尹曰 : "在己無居, 形物自著. 其動若水, 其靜若鏡, 其應若響. 芴乎若亡, 寂乎若淸. 同焉者和, 得焉者失. 未嘗先人而常隨人." 老聃曰 : "知其雄, 守其雌, 爲天下谿. 知其白, 守其辱, 爲天下谷." 人皆取先, 己獨取後, 曰, "受天下之垢." 人皆取實, 己獨取虛. 無藏也, 故有餘, 巋然而有餘. 其行身也, 徐而不費, 無爲也而笑巧. 人皆求福, 己獨曲全, 曰, "苟免於咎." 以深爲根, 以約爲紀. 曰, "堅則毁矣, 銳則挫矣." 常寬容於物, 不削於人, 可謂至極. 關尹老聃乎, 古之博大眞人哉!(『장자』, 1093-98쪽)

> "우언(寓言)"을 써서 도의 광대무변성을 논했다. 그는 **홀로 천지의 정신과 더불어 교류**하면서도 만물을 경시하지 않았고, 시비를 따지지 않고, 세속에 어울려 살았다. 그의 글이 비록 기이하고 고원하지만, 두루뭉실하므로 누구에게든 상처가 되지 않는다. 그 말들이 비록 들쭉날쭉하지만 이상야릇한 분위기는 정말로 대단하다. 그는 내심에 충만된 그러한 정감을 드러내지 않을 수 없었던 것이다. 그는 위로는 조물자(造物者)와 더불어 노닐었으며, 아래로는 **사생을 도외시하고 시종**(終始 : 시작과 종말)**을 무시하는** 자와 더불어 벗했다.
>
> 장주는 덕(本 : 德)에 대해 광대하게 통달하고 심원하게 꿰뚫었고, 도(宗 : 道)에 대해 조화를 추구하여 천도에 부합했다고 할 수 있다. 그러나 사물의 변화에 응하고 사물의 진상을 해명하면서, 사물의 이치는 무궁하고 그 출현 또한 부단히 계속되는지라, 아득하고 어리숭하여 전모를 밝힐 수는 없었다.[11)]

이 서술을 보면 『노자』와 장자의 학설이 서로 다름을 분명히 알 수 있다. 이 두 문단 가운데 오직 "초연히 홀로 신명과 더불어 거했다"는 말과 "홀로 천지의 정신과 더불어 교류했다"는 말만이 같은 의미이다. 이외에, 『노자』학은 여전히 선후(先後), 자웅(雌雄), 영욕(榮辱), 허실(虛實) 따위의 분별에 주목하여, "단단하면 깨지고 예리하면 꺾임"을 인식하고, 깨지지 않고 꺾이지 않을 술(術)에 주목했음을 알 수 있다. 그러나 장자학은 "사생을 도외시하고 시종을 무시한다." 『노자』학에서 주목한 내용은 장자학에서 주목할 가치가 없다고 여긴 것들이었다.*

---

11) 寂寞無形, 變化無常, 死與? 生與? 天地並與? 神明往與? 芒乎何之? 忽乎何適? 萬物畢羅, 莫足以歸. 古之道術有在於是者, 莊周聞其風而悅之. 以謬悠之說, 荒唐之言, 無端崖之辭, 時恣縱而不儻, 不以觭見之也. 以天下爲沈濁不可與莊語, 以卮言爲曼衍, 以重言爲眞, 以寓言爲廣, 獨與天地精神往來, 而不敖倪於萬物. 不譴是非, 以與世俗處. 其書雖瓌瑋, 而連犿無傷也. 其辭雖參差, 而諔詭可觀. 彼其充實不可以已, 上與造物者遊, 而下與外死生無終始者爲友. 其於本也, 弘大而闢, 深閎而肆. 其於宗也, 可謂調適而上遂矣. 雖然, 其應於化而解於物也, 其理不竭, 其來不蛻, 芒乎昧乎, 未之盡者. (『장자』, 1098-99쪽)

* 『신편』II, 33쪽 : 『노자』는 여전히 자웅, 영욕의 분별을 매우 중시하고 있지만, 장주에 따르면 이런 분별은 본래 존재하지 않는 것이고 인간의 편견에서 비롯된 것인바, 만약 이런 편견을 제거해버리면 자웅, 영욕, 성패, 화복에서 생사에 이르기까지의 모든 분별은 전부 존재하지 않게 된다.

전국시대 이후 『노자』학은 한대 초엽에 성행했고, 장자학은 한대 말엽에 성행했다. 진례는 말했다.

> 홍량길(洪亮吉, 1746-1809, 자가 稚存)은 말하기를 **"한(漢)이 흥기하면서 황로의 학설(黃老之學)이 성행했다**. 문제(文帝 : 재위 179-157B.C.), 경제(景帝 : 재위 156-141B.C.)는 이 학설을 기반으로 태평성세를 이룩했는데, **한 말에 이르러 현허(玄虛 : 虛無, 無爲 등의 심오한 진리)를 숭상하게 되자** 황로는 일변하여 노장으로 일컬어졌다"고 했다. 진수(陳壽)는 『위지(魏志)』「왕찬전(王粲傳)」 끝부분에서, 혜강(嵇康, 224-63)이 노장을 즐겨 논했다고 했는데, 실로 노장은 이곳에서 최초로 병칭되었다. 노자와 장자를 주해한 학자들의 경우, 『노자』를 주해한 인씨(隣氏), 부씨(傅氏), 서씨(徐氏), 하상공(河上公 : 仙人), 유향(劉向, 77-6B.C.), 무구망지(毋丘望之), 엄준(嚴遵) 등은 모두 전한시대 이전의 인물이고, 장자를 언급한 사람은 없다. 『장자』의 주해는 실제로 진(晋)나라의 의랑(議郎)인 청하(淸河), 최선(崔譔)에서 시작되었고, 향수(向秀), 사마표(司馬彪), 곽상(郭象), 이이(李頤) 등이 그 뒤를 이었다.[12]

사마담은 도가를 일컬어 "항상 시대적 추이와 함께 하고 사물에 순응하여 변화했으니, 풍속을 수립하고 정사를 베푸는 데에 온당하지 못한 바가 없고, 그 종지가 간략하여 견지하기가 쉽고 공력은 적게 들여도 효과는 많다"〈주2〉고 했다. 『한서(漢書)』「예문지(藝文志)」는 도가를 일컬어 "군주의 통치술"[13]이라고 했다. 한(漢)나라 사람이 말한 도가는 실은 『노자』학이라고 할 수 있다. 『노자』학은 처세법을 서술하지만 장자학은 인간사를 초월하는 것이었다. "한이 흥기하면서 황로의 학설이 성행하여", 청정무위(淸靜無爲)에 바탕한 정치를 주장했을 때 그것은 『노자』학이었다. "한나라 말에 이르러 현허(玄虛)를 숭상하게 되자", 비로소 『노자』를 장자학화(莊學化)하여 노장(老莊)을 병칭했던 것이다. 그러나 사실 『노자』는 『노자』, 장자는 장자이다.

12) 진례(陳澧, 1810-82), 『동숙독서기(東塾讀書記)』 권12.
13) 君人南面之術. [道家者流,……淸虛以自守, 卑弱以自持, 此～也.(『한서』, 1732쪽)]

도가라는 명칭은 한나라 사람이 수립했다. 그들이 노장을 같은 도가로 여긴 것은, 『노자』학과 장자학이 서로 다르기는 하지만 다 같이 당시의 모든 전통적인 사상과 제도에 대한 반대파였기 때문이고, 또 『노자』학과 장자학이 논한 도·덕의 두 근본 관념도 같았기 때문이다. 이것이 한나라 사람이 그들을 도가로 통칭한 이유였다. 사마담은 도가를 도덕가(道德家)라고 일컬었으니, 그가 이 두 관념을 도가의 근본 관념으로 여겼음을 알 수 있다.

3. 초나라 사람 정신

이이는 초(楚)나라 사람이다. 그리고 『논어』에 기록된 "은자(隱者)"의 부류 역시 『사기』에 따르면 대부분 공자가 초나라에 있을 때 만난 사람들이다. 앞에서 인용한 범여(范蠡)의 말 역시 『노자』와 비슷한 점이 많다(제3장, 제4절). 대체로 초나라 사람들은 신흥 민족으로서 본래 고급스런 문화가 없는, 맹자가 말한 "심한 방언을 쓰는 야만인으로 선왕의 도를 비난했던"[14]고 사람들이다. 맹자는 또 "진량(陳良)은 초나라 출신으로, 주공과 공자의 도에 심취하여 북으로 중원에 유학했는데, 북방의 학자들도 그를 쉽게 능가하지 못했다"[15]고 했다. 초나라 사람은 주(周)나라 문화를 동경할 경우 북으로 유학 가야 비로소 그것을 획득할 수 있었음을 알 수 있다. 그러나 초나라 사람은 비록 주나라 문화의 혜택을 입지는 못했지만, 또한 주나라 문화의 구속도 받지 않았던 만큼 그들에게는 극히 신선한 사상이 많았다. 『한서』「지리지(地理志)」에 따르면 "초나라는 양자강과 한수[漢水]를 비롯하여 강과 못 그리고 산림의 풍요한 혜택을 입어 인민들은 먹을 것이 항상 풍족했다. 그래서 나약하기는 했으나 삶을 즐겼고 재물을 축적할 줄 몰랐다. 음식을 서로 나누어 먹었고 추위나 굶주림을 걱정하지 않았으며 또한 큰 부자도 없었

14) 南蠻鴃舌之人, 非先王之道. (『맹자』 5 : 4) [鴃 : 때까치. 鴃舌 : 알아듣기 힘든 말]
15) 陳良楚產也, 悅周公仲尼之道, 北學於中國. 北方之學者, 未能或之先也. (『맹자』 5 : 4)

다. 무속과 귀신을 신봉하고 음사(淫祀 : 부정한 것을 신으로 모시는 제사)를 중시했다."[16] 그러나, 『이소(離騷)』 가운데 굴원(屈原)은 「원유(遠遊)」에서 귀신을 마음대로 부렸는데, 귀신에 대한 그의 태도는 시적(詩的)이었고 종교적이 아니었다. 더욱이 「천문(天問)」 편은 사람과 귀신에 관한 모든 전설에 대하여 의문을 제기하고, 우주가 생긴 원인과 해와 달이 운행하는 까닭에 대해서도 역시 문제를 제기하고 있다. 아마도 일반인들이 지나치게 "무속과 귀신을 신봉하고 음사를 중시했기" 때문에 의식 있는 사람들의 반동을 야기했던 것 같다.

이른바 "은자" 부류는 당시의 정치에 대하여 반대하는 태도를 취했다. 또한 허행(許行)의 무리는 당시의 정치를 반대했을 뿐만 아니라 전통적인 정치·사회 제도도 반대했다. 그후의 소위 도가학파(道家者流)는 주진 교체기(周秦之際)에 모든 전통적인 사상과 제도를 반대했다. 『노자』와 『장자』 두 책이 바로 그들을 대표한다.[17]

---

16) 楚有江漢川澤山林之饒, 民……食物常足. 故呰窳媮生, 而亡積聚. 飲食還給, 不憂凍餓, 亦亡千金之家. 信巫鬼, 重淫祀. (「지리지」, 『한서』, 1666쪽)

17) 【주】일본인 오야나기(小柳司氣太)는 말했다. "도가의 연원인 육자(鬻子 : 鬻熊. 초의 선조로 90살에 도를 깨닫고 주(周)의 사(師)가 됨. 그의 유언을 편집한 것이 『육자(鬻子)』)와, 도가사상을 선양, 발전시킨 노자, 장자는 모두 초나라 사람이다. 또한 『한서』 「예문지」에 따르건대 연자(蜎子), 장노자(長盧子), 노래자(老萊子), 갈관자(鶡冠子) 역시 모두 초나라 사람이다. 기타 전설 속의 은자인, 광접여(狂接輿), 장저(長沮), 걸익(桀溺)(『논어』에 보임), 첨하(詹何)(『열자』의 「탕문(湯問)」 「설부(說符)」 및 『한비자』의 「해노(解老)」에 보임), 북곽(北郭) 선생(『한시외전(韓詩外傳)』권9에 보임), 강상노인(江上老人)(『여씨춘추』 「이보(異寶)」에 보임), 증봉인(繒封人)(『순자』 「요문(堯問)」에 보임) 등이 모두 초나라 사람이다. 굴원은 「원유(遠遊)」에서 '도란 받아들이는 것이지 전달하는 것이 아니며, 그것이 너무 작아서 속이 없고 너무 거대해서 끝이 없을지라도, 네 영혼을 어지럽히지만 않으면 도는 자연스레 찾아온다(曰道可受兮而不可傳, 其小無內兮其大無垠, 毋滑而魂兮彼將自然)'[『초사』 권5 : 7쪽]고 했는데, 이는 『장자』 「대종사(大宗師)」의 '도란 이심전심하는 것이지 말로 줄 수 있는 것이 아니다(道可傳而不可受)'〈제10장,주6〉는 말과 상통하고, 또 '영혼을 감싸안고 아침 노을 속으로 상승한다(載營魄兮登遐)'[『초사』 권5 : 9쪽]고 했는데, 이는 『노자』의 '영혼을 한결같이 감싸안고 흐트러지지 않을 수 있을까?(載營魄抱一, 能無離乎?)'[『노자』 10장]라는 말과 상통한다. 「어부사(漁父辭)」에서 '성인은 세상물정과 인심에 구애받지 않고 세상의 추이에 맞추어나간다(聖人不凝滯於物, 而能與世推移)'[『초사』 권5 : 22쪽]고 했는데, 이

4. 도(道)·덕(德)

고대의 소위 하늘(天)은 주재지천(主宰之天)이었다. 공자는 그것을 이어받았고, 묵자는 제창했다. 그러나 맹자에 이르면 소위 하늘은 이미 의리지천(義理之天)일 때도 있다. 이른바 의리지천은 보통 도덕적, 유심적(唯心的) 의미를 내포하지만 도덕률을 주관하는 인격적 하느님은 아니다. 『노자』는 곧바로 "천지는 어질지 않다"[18]고 하여, 하늘에서 도덕적 의미를 제거했을 뿐더러 유심론적 의미도 제거했다. 고대의 소위 도는 모두 인도(人道)를 일컬었으나, 『노자』에 이르러 도에 형이상학적 의미가 부여되었다. 천지만물의 생성(生)에는 반드시 그 생성의 총원리(所以生之總原理)가 있다고 여겨, 그 총원리를 도라고 이름했다. 따라서 『한비자』 「해노편(解老篇 : 『노자』 해설)」은 말한다.

> 도(道)란 만물의 본래적인 모습(만물을 구성하는 실체)이요, 온갖 원리(理)의 총체(모든 법칙의 근거가 되는 가장 보편적인 법칙)이다. 원리란 사물을 구성하는 형식(文 : 외적인 결, 무늬)이요, 도란 만물 생성의 원리이다. 따라서 도란 만물에 원리를 부여하는(理之 : 결을 내는) 존재라고 말한다. 사물마다 각각의 원리가 존재하므로, 서로 침범할 수 없는 것이다.……**만물은 각각 다른 원리가 있고, 도는 만물의 원리의 총체이니, 따라서** [사물의 원리는 사물의 변화에 따라 변화하므로 도 역시] **변화할 수밖에 없다**. 변화할 수밖에 없기 때문에 **영구불변의 조리(常操)란 없다.**[19]

즉 각 사물은 저마다 그 생성의 원리가 있고, 만물 생성의 총원리가

는 『노자』의 '화광동진(和光同塵)'[『노자』 4장] 사상과 상통한다."(「문화사적으로 고찰한 고대 초나라(文化史上所見之古代楚國)」, 『동방학보(東方學報)』 제1책, 동방문화학원 동경연구소, 1931년 3월)

18) 天地不仁. (『노자』 5장) 〈제15장,주24〉

19) 道者, 萬物之所然也, 萬理之所稽也. 理者, 成物之文也. 道者, 萬物之所以成也. 故曰 : 道, 理之者也. 物有理不可以相薄.……萬物各異理, 而道盡稽萬物之理 ; 故不得不化. 不得不化, 故無常操. (『한비자』, 365쪽)

곧 도이다는 말이다. 『노자』는 말한다.

혼연일체의 어떤 것이 있어, 천지에 앞서 존재했다.
소리도 없고 형체도 없이,
독립적으로 존재하고 영원불변하며(獨立而不改),
두루 작용하여(周行 : 시작도 끝도 없음) 위태롭지[그치지] 않으므로(不殆),
천하만물의 모체로 삼을 수 있다.
나는 그 이름을 모르는데, **그것의 자(字)를 '도(道)'라고 하고,**
억지로 '위대한 것(大)'이라고 이름한다.[20)]

○대도(大道)는 광범하여 무소부재하다.
만물이 그것에 의지하여 생존하지만 한 마디의 말이 없다.
공을 이룩하지만 그 명성을 누리지 않으며,
만물을 감싸 양육하지만 주재자로 자처하지 않는다.[21)]

도의 작용은 의지가 있는 것이 결코 아니고 단지 스스로 그러할(自然如此) 따름이다. 따라서 말한다.

사람은 땅을 본받고,
땅은 하늘을 본받고,
하늘은 도를 본받고,
도는 스스로 그러함(自然 : 스스로의 본성)을 본받는다.[22)]

도는 즉 만물 생성의 총원리이므로, 도의 작용은 또한 만물의 작용이다. 다만 만물이 만물로 될 수 있는 까닭은 역시 도에서 비롯한다. 따라서 말한다.

도는 언제나 작위하지 않으나(無爲) 이루지 않는 일이 없다.[23)]

---

20) 有物混成, 先天地生. 寂兮寥兮, 獨立而不改, 周行而不殆, 可以爲天下母. 吾不知其名, 字之曰道, 強爲之名曰大. (『노자』 25장) [字 : 이름(名)을 중히 여겨 함부로 부르지 않는 관습에서, 성인이 된 후에 부르기 위해서 짓는, 이름에 준한 것]

21) 大道氾兮其可左右, 萬物恃之而生而不辭, 功成不名有, 衣養萬物而不爲主. (『노자』 34장)

22) 人法地, 地法天, 天法道, 道法自然. (『노자』 25장) 〈제10장,주10〉

23) 道常無爲而無不爲. (『노자』 37장) 〈제10장,주14 ; 제13장,주49 앞의*〉

이로써 보건대, 도는 바로 만물 생성의 원리이므로, 천지만물이 사물인 것과는 다르다. 사물은 유(有)라고 이름할 수 있지만, 도는 사물이 아니므로 다만 무(無)라고만 일컬을 수 있다. 그러나 도는 천지만물을 생성할 수 있기 때문에 유라고도 일컬을 수 있다. 따라서 도는 유무를 겸한 말인데, 무는 도의 체(體)를, 유는 도의 용(用)을 일컫는다. 따라서 『노자』는 말한다.

> 도(道)란 일컬을 수 있는 것이면 영구불변의 도가 아니며,
> 이름(名)이란 호칭할 수 있는 것이면 영구불변의 이름이 아니다.
> 무(無 : 이름할 수 없는 것)는 천지의 시원(始)이고,
> 유(有 : 이름할 수 있는 것)는 만물의 모체(母)이다.*
> 상무(常無)를 통해서는 천지만물의 미묘성을 관찰하고,
> 상유(常有)를 통해서는 천지만물의 명백성을 관찰한다.
> **이 두 가지**는 동일한 근원에서 나왔고 이름만 다를 뿐,
> 다같이 오묘한 것(玄 : 심오하여 헤아릴 수 없음)이라고 일컬을 수 있다.
> 오묘하고 또 오묘한지라 온갖 미묘함이 비롯되는 문(門)이다.[24)]

"이 두 가지"란 즉 유와 무이다. 유와 무가 다 같이 도에서 나왔으므로 도의 두 측면이라고 할 수 있다. 『노자』는 또 말한다.

> **도에서 하나**(一 : 太一, 『신편』에서는 氣)**가 생기고**
> 하나에서 둘(二 : 天, 地, 『신편』은 陰陽의 2氣)이 생기고

---

* The Tao that can be comprised in words is not the eternal Tao ; the name that can be named is not the abiding name. The Unnamable is the beginning of Heaven and Earth ; the namable is the mother of all things. (*SH*, 94-95쪽)

24) 道可道, 非常道 ; 名可名, 非常名. 無, 名天地之始 ; 有, 名萬物之母. 常無, 欲以觀其妙 ; 常有, 欲以觀其徼. 此二者, 同出而異名, 同謂之玄. 玄之又玄, 衆妙之門. (『노자』 1장) 〈제2편,제5장,주20〉
[『신편』II, 46쪽 : [끝부분을 마왕퇴백서본(馬王堆帛書本 : 1973년 발굴)에 따라 '此兩者同出, 異名同謂, 玄之又玄, 衆眇之門'으로 수정하고, 후반부를 이렇게 해석했다.] 상무라는 범주를 통해서는 천지만물의 조짐을 관찰하고, 상유라는 범주를 통해서는 천지만물의 한계, 극한, 귀숙처를 관찰한다. 상유와 상무는 하나의 근원에서 나왔고, 두 개의 다른 명사이지만 동일한 것을 일컫는즉, 심오하고 또 심오하다. 그래서 이해하기 어렵지만, 천지만물의 조짐은 모두 이것으로부터 발생했다.]

둘에서 셋(三 : 陰氣, 陽氣, 和氣)이 생기고, 셋에서 만물이 생긴다.
만물은 저마다 음을 구비하고 양을 함유하는데,
이 음양 2기의 상호작용을 통해서 화기[和氣]가 생긴다.[25)]

○**천지만물은 유**(有)**에서 생기고,** 유는 무(無)에서 생긴다.[26)]

『장자』「천하편」에 "상무 상유(常無有)의 이치를 건립하고, 태일(太一)을 중심으로 삼았다"〈주10〉고 했는데, 상무와 상유는 도의 두 측면이다.* 태일(太一)은 "도에서 하나(一)가 생긴다"의 하나이다. "천지만물은 유에서 생겼으니", "유"가 혹시 "태일"일까? 둘(二)은 천(天), 지(地)이다. 셋은 음기, 양기, 화기이다. 『장자』「전자방편」에 "지극한 음은 냉엄하고 지극한 양은 치열하다. 냉엄함은 땅에서 유출되고 치열함은 하늘에서 발산된다. 이 양자가 서로 교통하고 융합하여 만물을 산생한다"[27)]고 했는데 바로 이 뜻이다.[28)]

도를 일컬어 무라고 했다. 그러나 이 "무"는 구체적인 사물로서의 "유"와 상대적인 말이지 제로가 아니다. 도는 바로 천지만물의 생성의 총원리인데, 어찌 제로의 "무"와 같다고 할 수 있겠는가?

---

25) 道生一 一生二, 二生三, 三生萬物. 萬物負陰而抱陽, 冲氣以爲和. (『노자』 42장) 〈제10장,주16 ; 제15장,주15〉

26) 天地萬物生於有, 有生於無[Being comes into being from Non-being]. (『노자』 40장) 〈제2편,제5장,주12〉

* 『신편』II, 49쪽 : "상무유(常無有)"는 곧 『노자』 1장에서 말한 "상무(常無)"와 "상유(常有)"이고, "태일"은 곧 『노자』 1장에서 말한 "상도(常道)"이다. "상무", "상유", "상도"는 『노자』 철학체계의 세 기본 범주이다. 따라서 「천하편」은 "건립하고" "중심으로 삼았다"고 한 것이다. /"도"는 왜 "태일"이라고 일컬어지는가?…… 도가 하나(一)를 낳았기 때문에 도는 "태일(太一)"이다. 이 "태(太)"는 즉 "태상황(太上皇)", "노태야(老太爺)"에서의 그 "태"이다. 황제(皇帝)의 부친을 "태상황(太上皇)"이라고 일컫고, 노야(老爺 : 나리)의 부친을 "노태야(老太爺 : 영감마님)"라고 일컫듯이, "하나(一)"는 도의 소생(所生)이므로 도를 "태일(太一)"이라고 일컬은 것이다.

27) 至陰肅肅, 至陽赫赫. 肅肅出乎天, 赫赫發乎地. (天地二字, 疑當互易) 兩者交通成和而物生焉. (「전자방편(田子方篇)」, 『장자』, 712쪽)

28) 【주】'둘은 천, 지이다' 이하부터 여기까지 고형(高亨, 1901-86) 선생, 『노자정고(老子正詁)』(96-97쪽)의 설임.

『노자』는 말한다.

> 도라는 것은 아련하고 어렴풋하다(恍惚).
> 어렴풋하고 아련하지만, 그 가운데에 **형상이 존재하고,**
> 아련하고 어렴풋하지만, 그 가운데에 **실체가 존재하고,**
> 그윽하고 아득하지만, 그 가운데에 **정기가 서려 있고,**
> 그 정기가 너무나도 진실하여, 그 가운데에 증표가 있도다![29]

"아련하고 어렴풋하다"고 함은 도가 구체적 사물로서의 유가 아니다는 말이고, "형상이 존재하고" "실체가 존재하고" "정기가 서려 있다"고 함은 도가 제로의 무가 아니다는 말이다. 『노자』 14장의 "모습 없는 모습, 형체 없는 형상"[30]에 대한 왕필(王弼, 226-49)의 주(注)는 "무라고 말하자니 만물이 그것으로 말미암아 생성되었고, 유라고 말하자니 그 형상을 볼 수 없다"[31]고 했는데, 바로 이 뜻이다.

도는 천지만물 생성의 총원리이고 구체적인 사물이 아닌 만큼, 구체적인 사물을 지칭하거나 구체적인 사물의 이름을 묘사함으로써 도를 지칭하거나 묘사하기는 어렵다. 대체로 모든 이름에는 제한하고 결정짓는 힘(力)이 있기 때문이다. 이 사물을 '이것'이라고 이름하는 것은 그 사물은 '이것'이지 저것이 아님을 결정짓는다. 그러나 도는 "두루 작용하며 그치지 않으므로", 이것에도 있고 저것에도 있으며, 이것이기도 하고 저것이기도 하다. 따라서 말한다.

> 도는 영원불변하고 이름이 없다.[32]

○도는 은미하여 이름이 없다.[33]

---

29) 道之爲物, 惟恍惟惚. 惚兮恍兮, 其中有象. 恍兮惚兮, 其中有物. 窈兮冥兮, 其中有精. 其精甚眞, 其中有信. (『노자』 21장) 〈부록3,주45〉

30) 無狀之狀, 無物之象. ["視之不見名曰夷, 聽之不聞名曰希, 搏之不得名曰微. 此三者, 不可致詰, 故混而爲一. 其上不皦, 其下不昧, 繩繩不可名, 復歸於無物, 是謂無狀之象, 無物之象, 是謂恍惚."] (『노자』 14장)

31) 欲言無耶, 而物有以成 ; 欲言有耶, 而不見其形. (『왕필집(王弼集)』, 32쪽)

32) 道常無名[The Tao is eternal, nameless]. (『노자』 32장) 〈주93〉

33) 道隱無名[The Tao, lying hid, is nameless.]. (『노자』 41장)

"도는 만물의 원리의 총체이니, 따라서 변화할 수밖에 없고, 따라서 영원불변의 조리(常操)란 없으니", 본디 이름을 붙일 수 없고, "그것의 자(字)를 도라고 했으나" 역시 억지로 자를 지었을 뿐이다.

도(道)는 천지만물의 생성의 총원리이고, 덕(德)은 한 사물의 생성의 원리이니, 즉 『한비자』가 말한 "만물에는 각각 다른 리(理 : 원리)가 있다"는 그 리(理)이다. 『노자』는 말한다.

> 대덕(孔德 : 大德)의 구현은 오로지 도에 준거한다.[34)]

> ○**도는 만물을 산생하고, 덕은 만물을 양육한다.**
> **물질이 사물의 모습을 형성하면, 자연의 형세가 그것을 완성한다.**
> 따라서 만물 치고 도를 존숭하고 덕을 중시하지 않는 것은 없다.
> **도가 존숭되고 덕이 중시됨은 누가 명령한 것이 아니고 영원히 그러하다.**[35)]

『관자(管子)』「심술상(心術上)」에 따르면, "덕은 도의 거처(舍)이다. 만물은 도로부터 덕을 얻어 생성되고, 생물은 덕을 얻어 도의 정기를 인식한다. 따라서 덕이란 얻는다(得)는 뜻으로, 만물은 저마다 얻은 바에 의해서 그렇게 된다는 것을 뜻한다. 무위(無爲)를 일컬어 도라고 하고, 머물러 있는 것을 일컬어 덕이라고 한다. 따라서 도는 덕과 분간되지 않고, 따라서 그것을 논한 사람들도 구별하지 않았다."[36)] "덕은 도의 거처(舍)이다." 사(舍)는 당연히 머물러 깃든다(舍寓)는 의미로, 덕은 바로 도가 사물에 깃든 것이다는 말이다. 다시 말해서 덕이란 사물이 도로부터 얻은 바에 의해서 그 사물이 되는 것을 말한다. 이것은 도와 덕의 관계에 대한 매우 훌륭한 해설이다. "도는 만물을 산생하고 덕은 만물을 양육한다"는 『노자』의 말도, 도와 덕의 관계를 그와 같이 의미했던 것 같지만 다만 아주

---

34) 孔德之容, 惟道是從. (『노자』 21장) [容 : 내용, 운용, 양태]

35) 道生之, 德畜之, 物形之, 勢成之. 是以萬物莫不尊道而貴德. 道之尊, 德之貴, 夫莫之命而常自然. (『노자』 51장)

36) 德者道之舍, 物得以生, 生得以職[職 : 識]道之精. 故德者得也, 得也者, 其謂(當作謂其/『신편』)所得以然也. 以(衍文/『신편』)無爲之謂道, 舍之之謂德. 故道之與德無間, 故言之者不別也. (『관자』 권15 : 5쪽)

명백하고 확정적인 말로 표현하지 못했을 뿐이다. "물질이 사물의 모습을 형성하면 자연의 형세가 그것을 완성한다"는 구절을, 여혜경(呂惠卿, 자가 吉甫)은 이렇게 풀었다. "하나의 사물이 되는 것은 다만 모습이 형성되면 그만이다.……일단 모습이 생기면 벌거벗은 것[사람]은 벌거벗을 수밖에 없고, 비늘, 껍데기, 깃, 터럭이 있는 것들은 비늘, 껍데기, 깃, 터럭이 있을 수밖에 없고, 또 어리고 장성하고 늙고 죽는 것도 어리고 장성하고 늙고 죽을 수밖에 없는 것인데, 이 모두가 형세의 필연이다."[37] "모습을 형성한다"고 함은 즉 사물의 구체화이다. 사물은 본시 형세가 완성시킨 것이므로, 도덕의 작용 역시 자연적이다. 따라서 "도가 존숭되고 덕이 중시됨은 누가 명령한 것이 아니고 영원히 그러하다."

5. 사물에 대한 관찰

『노자』는 우주간 사물의 변화 속에서 통칙(通則)을 발견할 수 있다고 여긴다. 무릇 통칙은 모두 "영원불변하다(常)"고 할 수 있는데, 『한비자』「해노편」은 말한다.

> 무릇 있다가 곧 없어지고, 죽었다가 이내 생겨나고, 처음에는 왕성하다가 나중에는 쇠락하는 사물은 영원불변(常)이라고 할 수 없다. 오직 천지의 개벽과 더불어 생겨나, 천지가 흩어져 없어질 때까지 죽지도 않고 쇠락하지도 않는 것이라야 영원불변이라고 할 수 있다.[38]

상(常)은 보편적이고 영원하다는 의미가 있다. 즉 도는 영구불변의 도(常道)라는 말이다. 이른바

> 도란 일컬을 수 있는 것이면 영구불변의 도(常道)가 아니다.〈주24〉

---

37) 及其爲物, 則特形之而已.……已有形矣, 則躶者不得不躶; 鱗介羽毛者, 不得不鱗介羽毛; 以至於幼壯老死, 不得不幼壯老死, 皆其勢之必然也. (초굉〔焦竑, 1541-1620〕, 『노자익(老子翼)』 권3 : 25쪽)

38) 夫物之一存一亡, 乍死乍生, 初盛而後衰者, 不可謂常. 唯夫與天地之剖判也俱生, 至天地之消散也不死不衰者, 謂常. (『한비자』, 369쪽)

상도(常道)로부터 나온 덕을 상덕(常德)이라고 이름했다. 이른바

> 상덕(常德 : 영국불변의 덕)은 어긋남이 없는바,
> 무극(無極 : 궁구할 수 없는 진리, 무궁의 원시경지)으로 복귀한다.……
> 상덕이라야 비로소 충족되고,
> 박(樸 : 원초적 소박함, 사물의 질박한 본성)으로 복귀한다.[39)]

도(道)가 "무(無)"임을 언명하여 "상무(常無)"라고 하고, 도가 "유(有)"임을 언명하여 "상유(常有)"라고 했다.(1장) 도의 형용할 수 없음을 언명하여 이렇게 말한다.

> 도는 영원불변하고 이름이 없다.〈주93〉

도의 작용(功用)을 일컬어 이렇게 말한다.

> 도는 언제나 작위하지 않으나 이루지 않는 일이 없다.〈주23〉

도와 덕의 존귀(尊貴)함을 일컬어 이렇게 말한다.

> 누가 명령한 것이 아니고 영원히(常) 그러하다.〈주35〉

또 인간사 가운데서 발견할 수 있는 통칙(通則 : 常)은 다음과 같다.

> 천하의 정복은 영원히(常) 사건을 일으켜서 된 적이 없다.[40)]
> 사람들이 하는 일은 언제나(常) 완성단계에서 그르친다.[41)]
> 살생의 주관자(司殺者 : 즉 天道)가 살생하는 것이 통칙(常)이다.[42)]
> 천도는 편애가 없는지라, 영원히(常) 선인(善人) 편에 있다.[43)]

무릇 이것들은 모두 통칙인바 영구히 그러하다.* 통칙을 알 수 있는

---

39) 常德不忒, 復歸於無極……常德乃足, 復歸於樸. (『노자』 28장)

40) 取天下常以無事[Conquering the world is invariably due to doing nothing. 천하를 장악하려면 늘 억지를 버리고 청정무위해야 한다]. (『노자』 48장)

41) 民之從事, 常於幾成而敗之. (『노자』 64장) [幾 : 곧……하다. 거의……이 되다]

42) 常有司殺者殺. (『노자』 74장) 〈부록3,주38〉

43) 天道無親, 常與善人. (『노자』 79장) [與 : 한 동아리가 되다. 돕다. 편을 들다]

* 『신편』II, 55쪽 : 『노자』에 따르면 사물의 변화에는 법칙이 있으니, 즉 "만사에는

능력이 중요한데, 통칙을 알 수 있는 것이 "개명(明)"이다. 『노자』는 말한다.

만물은 아무리 번성해도, 저마다 그 근본(根 : 道)으로 복귀한다.
근본(도)으로 복귀하는 것이 바로 "정적(靜 : 만물의 본질적 상태)"이고,
그것을 일컬어 "복명(復命 : 운명에의 복종)"이라고 한다.
복명(復命)이 바로 "통칙(常 : 영원한 법칙)"이고,
통칙(常)을 아는 것이 바로 "개명(明)"이다.[44)]

『노자』에 "통칙을 아는 개명(知常曰明)"이 자주 언급된 것을 보면,[*] 개명의 중요성을 알 수 있다. 따라서 『노자』는 말한다.

통칙(常)을 아는 사람은 **관용적이고**(容),
관용적이면 **공평무사하고**(公),
공평무사하면 포용적이고(周),
포용적이면 광대하고(大),
광대하면 도에 부합하고(道),
도에 부합하면 영구하고(久),
종신토록 위태롭지 않다(歿身不殆).[45)]

용(容)은 즉 『장자』「천하편」에서 말한 "항상 만물을 관용(寬容)으로 대한다"〈주10〉의 용이다. 통칙(常)을 아는 사람은 통칙에 따라

주재자가 있다(事有君)"(70장)는 말이다. 그는 자연계 속의 사물의 법칙을 "천도(天道)", 사회 속의 사물의 법칙을 "인도(人道)"라고 지칭했다. 『노자』는 인간은 이런 지식을 기반으로 이익을 추구하고 해악을 피함으로써 자기 보전을 이룩하고 적의 기도를 물리칠 수 있다고 여겼다. 그는 사물변화의 구체적인 법칙을 "상(常)"이라고 칭했다. "상"이란 사물의 변화 중에서 언제나(經常) 불변하는 어떤 것을 가리킨다.……『노자』는 "상"으로써 "도"를 형용하기도 했는데, 그것은 단지 "도"가 언제나 그러하다는 말이지, "도"가 곧 "상"이라는 말은 아니다.

44) 夫物芸芸, 各復歸其根. 歸根曰靜, 是謂復命. 復命曰常, 知常曰明. (『노자』 16장)

* 그밖에, 『노자』 55장 : ……知和曰常, 知常曰明, 益生曰祥, 心使氣曰強.……

45) 知常, 容. 容乃公. 公乃王(馬夷初先生,『老子覈詁』云 : '王本王字作周'). 王乃天(『老子覈詁』云 : '疑天字乃大字之譌'). 天乃道. 道乃久. 歿身不殆. (『노자』 16장)

행하고 자기의 사심을 함부로 달성하지 않기 때문에 "공평무사하다." 도는 "두루 작용하여 위태롭지[그치지] 않으므로", "억지로 위대한 것(大)이라고 이름했다."〈주20〉 통칙을 아는 사람은 통칙에 따라 행하므로 또한 두루 행하여 위태롭지 않을 수 있다. 즉 "공평무사하면 포용적이고, 포용적이면 광대해지고, 종신토록 위태롭지 않다"는 말이다. "통칙을 알면(知常)", 그에 따라 행하는데, 그런 행위를 "습명(襲明)"[46]이라고 한다. 이른바

> 성인은 항상 사람을 잘 구원하기 때문에 쓸모없는 사람이 없게 되고,
> 항상 사물을 잘 구제하기 때문에 쓸모없는 사물이 없게 된다.
> 이것이 바로 습명(襲明 : 사물의 통찰에 바탕한 실천)이다.[47]

혹은 습상(習常 : 통칙에 익숙함)이라고도 한다. 이른바

> 세미한 것을 살피는 것이 개명이고,
> 유연성을 견지하는 것이 강함이고,……
> 자신에게 재앙을 끼치지 않는 것이 바로 **습상**이다.[48]

만약 우리가 우주간 사물변화의 통칙(通則)을 모르고, 멋대로 작위한다면 반드시 불리한 결과가 생긴다. 이른바

> 통칙(常)을 모르고 멋대로 작위하면 흉하다[화를 초래한다].[49]

사물변화의 최대 통칙 중의 하나는, 한 사물이 발달하여 극점에 이르면 반드시 그 정반대(反面 : 정반대 측면)로 일변한다는 사실이다. 이것이 곧 이른바 "반(反)"이고, "복(復)"이다. 『노자』는 말한다.

> **되돌아가는 것**(反 : 역전, 반전)이 도의 운동이다.[50]

---

46) 『노자핵고(老子覈詁)』에 따르면 "습(襲)과 습(習)은 고대에 통용되었다."
47) 是以聖人常善救人, 故無棄人 ; 常善救物, 故無棄物 ; 是謂襲明. (『노자』 17장)
48) 見小曰明, 守柔曰強.……無遺身殃, 是爲習常. (『노자』 52장)
49) 不知常, 妄作, 凶. (『노자』 16장)
50) 反者道之動[Reversal is the movement of the Tao]. (『노자』 40장)

○광대하면 부단히 운행하고,
부단히 운행하면 점점 멀리 가고,
점점 멀리 가면 [결국 원래의 위치로] 되돌아간다(反).[51)]

○만물의 왕성한 생장 가운데서 나는 복귀의 현상(復)을 관찰한다.[52)]

“되돌아가는 것”이 도의 운동이기 때문에, “재앙 속에 행복이 깃들어 있고, 행복 속에 재앙이 숨어 있으며”, “정상이 비정상으로 돌아서고, 경사가 재해로 돌아선다.”[53)] 그렇기 때문에 “구부리면 온전해지고, 굽으면 곧아지고, 비면 채워지고, 낡으면 새로워지고, 적게 가진 자는 얻게 되고, 많이 가진 자는 미혹에 빠진다.”[54)] 그렇기 때문에, “회오리바람은 아침 내내 불지 않고, 폭우는 온종일 쏟아지지 않는다.”[55)] 그렇기 때문에 “도로써 임금을 보좌하는 자는 전쟁으로써 천하를 강압하지 않는데, 전쟁은 전쟁을 부르기 때문이다.”[56)] 그렇기 때문에 “천도(天道)는 활짱에 시위를 메우는 것처럼 위쪽은 누르고 아래쪽은 들어올린다. 또 길이가 지나친 것은 줄이고 부족한 것은 보충한다.”[57)] 그렇기 때문에 “천하에서 가장 유약한 것이 천하에서 가장 굳센 것을 지배하며”,[58)] “천하에 물보다 유약한 것은 없지만, 굳센 것을 공격할 경우 물보다 더 나은 것은 없다.”[59)] 그렇기 때문에 “사물은 항상 감손하면 증익되고, 증익하면 감손된다.”[60)] 무릇 이 모두는 다 사물변화의 자연적인 통칙으로서, 『노자』는 다만 발견하여 서술했을 뿐, 결코 일부러 기이한 학설을 꾸민 것은 아니다. 따라서 말하기를 “바른 말은 거꾸로 들

51) 大曰逝, 逝曰遠, 遠曰反. (『노자』 25장)
52) 萬物並作, 吾以觀復. (『노자』 16장)
53) 禍兮福之所倚, 福兮禍之所伏.……正復爲奇, 善復爲妖. (『노자』 58장)
54) 曲則全, 枉則直, 窪則盈, 敝則新, 少則得, 多則惑. (『노자』 22장)
55) 飄風不終朝, 驟雨不終日. (『노자』 23장) [飄風 : hurricane. 驟雨 : rainstorm]
56) 以道佐人主者, 不以兵強天下, 其事好還. [好還 : 부메랑과 같다] (『노자』 30장)
57) 天之道其猶張弓歟, 高者抑之, 下者擧之. 有餘者損之, 不足者補之. (『노자』 77장)
58) 天下之至柔, 馳騁天下之至堅. (『노자』 43장)
59) 天下莫柔弱於水, 而攻堅強者莫之能勝. (『노자』 78장)
60) 物或損之而益, 或益之而損. (『노자』 42장)

린다"[61]고 했고, "현덕(玄德)은 너무나 심원한지라 사물의 이치와는 상반되어야 비로소 대순(大順)에 도달한다"[62]고 했고, "어리석은 사람은 도를 들으면 크게 웃는다. 그가 웃지 않으면 도가 되기에 부족하다"[63]고 했다.

6. 처세의 방법

사물변화에 이와 같은 통칙이 있으니, "통칙을 아는 개명한(知常曰明)" 사람은 처세(處世接物 : 사회생활)에 반드시 일정한 방법이 있다. 그 요지는 우리가 만약 어떻게 하려고 한다면 반드시 먼저 어떻게 하려는 그 정반대 측면(反面)에 머물러야 한다는 것인바, 수레채를 남으로 하는 까닭은 바로 북으로 가는 길을 택하려는 때문이다는 말이다. 따라서

> 장차 움츠리려면 우선 펴주어야 하고,
> 장차 약화시키려면 우선 강화시켜야 하고,
> 장차 폐할려면 우선 흥성시켜야 하고,
> 장차 빼앗으려면 우선 주어야 한다.[64]

> 지나친 인색은 반드시 크나큰 낭비를 낳고,
> 많은 저장은 반드시 호된 손실을 초래한다.[65]

이것은『노자』에서의 음모숭상설이 아니다.『노자』는 다만 발견한 것을 서술했을 뿐이다. 반대로, 장차 펴려면 우선 움츠려야 하고 장차 강화시키려면 우선 약화시켜야 한다. 따라서

---

61) 正言若反. (『노자』 78장)
62) 玄德深矣遠矣, 與物反矣, 然後乃至大順. (『노자』 65장) [大順 : 自然, 天理]
63) 下士聞道大笑之, 不笑不足以爲道. (『노자』 41장)
64) 將欲歛之, 必固張之 ; 將欲弱之, 必固強之 ; 將欲廢之, 必固興之 ; 將欲奪之, 必固與之. (『노자』 36장)
65) 甚愛必大費, 多藏必厚亡. (『노자』 44장)

성인은 스스로 뒤에 처하기 때문에 항상 앞서고,
자신을 도외시하기 때문에 오히려 몸이 보전된다.
이것은 그가 사심이 없기 때문이 아니겠는가?
그래서 자신의 목적을 달성할 수 있는 것이다.[66]

자신을 드러내지 않기 때문에 저명해지고,
스스로 옳다고 하지 않기 때문에 항상 두드러지고,
자신을 내세우지 않기 때문에 공이 있고,
자신을 자랑하지 않기 때문에 장구하게 된다.
오직 다투지 않기 때문에 이 세상 아무도 그와 다툴 수 없다.[67]

끝내 자기 스스로 위대하다고 여기지 않기 때문에 위대해질 수 있다.[68]

귀한 것은 천한 것을 근본으로 삼고,
높은 것은 밑의 것을 기초로 삼는다.
그래서 임금들은 고(孤), 과(寡), 불곡(不穀)으로 자칭한다.[69]

대국은 소국에 겸하하면 소국의 신뢰를 획득하고,
소국은 대국에 겸하하면 대국의 신임을 획득한다.[70]

그래서 [성인은] 인민을 통치하려고 할 경우 반드시 말로써 겸하하고,
인민을 선도하려고 할 경우 반드시 자신의 이익을 뒤로 한다.……
성인은 다투지 않기 때문에 이 세상 아무도 그와 다툴 수 없다.[71]

자애롭기 때문에 용감할 수 있고,
검약하기 때문에 관대할[은혜를 널리 베풂] 수 있고,
감히 남 앞에 나서지 않기 때문에 만인의 우두머리가 될 수 있다.[72]

---

66) 聖人後其身而身先, 外其身而身存. 非以其無私耶? 故能成其私. (『노자』 7장)

67) 不自見故明, 不自是故彰；不自伐故有功, 不自矜故長；夫惟不爭, 故天下莫能與之爭. (『노자』 22장)

68) 以其終不自爲大, 故能成其大. (『노자』 34장)

69) 貴以賤爲本, 高以下爲基, 是以侯王自謂孤寡不穀. (『노자』 39장)

70) 大國以下小國, 則取小國；小國以下大國, 則取大國. (『노자』 61장)

71) 是以欲上民, 必以言下之；欲先民, 必以身後之.……以其不爭, 故天下莫能與之爭. (『노자』 66장)

72) 慈故能勇, 儉故能廣, 不敢爲天下先, 故能成器長. (『노자』 67장)

[성인은] 바로 병집을 병집으로 인식하기 때문에 병집이 없다.[73)]

이 모두는 "통칙을 인식한 개명한" 사람이 자처하는 도(道)이다. 한 사물이 발전하여 극점에 이르면 반드시 그 정반대로 변한다. 발전을 유지하여 그 정반대로 변하지 않도록 하려는 사람은, 그 안에 반드시 그 정반대의 성분을 먼저 포함함으로써 그 발전이 언제까지나 극점에 이를 수 없도록 해야 한다. 따라서

광명한 도는 마치 어두운 것 같고,
전진의 도는 마치 후퇴하는 것 같고,
평탄한 도는 마치 험난한 것 같고,
숭고한 덕은 마치 계곡처럼 낮은 것 같고,
지극한 결백은 마치 더러운 것 같고,
넓고 큰 덕은 마치 부족한 것 같고,
강건한 덕은 마치 나태한 것 같고,
충실한 덕은 마치 비어 있는 것 같고,
극한의 네모는 도리어 모서리가 없다.……[74)]

지극한 완벽(大成)은 흠이 있는 듯하지만 그 작용은 다함이 없으며,
지극한 충만(大盈)은 비어 있는 듯하지만 그 작용은 무궁하다.
지극한 곧음(大直)**은 마치 굽은 것 같고,**
지극한 기교(大巧)**는 마치 서투른 것 같고,**
지극한 웅변(大辯)은 마치 어눌한 것 같다.[75)]

"통칙을 아는 개명한" 사람은 사물의 진상이 이러함을 알기 때문에

웅성(雄 : 雄性, 강건 등의 남성적 특성)**을 알고 자성**(雌 : 雌性, 유순 등의 여

73) 夫惟病病, 是以不病. (『노자』 71장)
74) 明道若昧, 進道若退, 夷道若纇, 上德若谷, 大白若辱. 廣德若不足, 建德若偸. 質眞[眞 : 德]若渝[渝 : 窬], 大方無隅.……(『노자』 41장)
75) 大成若缺, 其用不弊 ; 大盈若冲, 其用不窮 ; 大直若屈, 大巧若拙, 大辯若訥. (『노자』 45장) 〈제15장,주72〉

성적 특성)**을 지켜** 기꺼이 천하의 계곡이 되고,……

광명을 알고 어둠을 지켜 기꺼이 천하의 식(式 : 점치는 도구)이 되고,……

영광을 알고 굴욕을 지켜 기꺼이 천하의 골짜기가 된다.[76)]

요컨대

성인은 **지나침**을 배제하고, 사치를 배제하고, **극단**을 배제한다.[77)]

성인이 이와 같이 하는 까닭은 아마도 사물의 발전이 만약 "극단적이고" "지나치면" 장차 그 정반대로 변할 것이기 때문이다. 따라서 말한다.

완벽한 상태를 유지하려는 것은 그만두느니만 못하다.

쇠를 불리어 날카롭게 해놓으면 오래갈 수 없다.

금은보화가 집안에 가득하면 도저히 지킬 수 없다.

부귀한 위치에 있으면서 교만하면 스스로 화근을 남긴다.

공을 이룩했으면 몸은 물러나는 것이 하늘의 도(天之道)이다.[78)]

○이런 도를 보유한 사람은 완벽해지려고 하지 않는다.[79)]

헤겔은 역사의 발전은 항상 "정(正)", "반(反)", "합(合)"의 3단계를 거친다고 했다. 한 사물이 발전하여 극점에 이르면 반드시 그 정반대로 변한다. 즉 "정"에서 "반"이 된다. "지극한 곧음은 마치 굽은 것 같고, 지극한 기교는 마치 서툰 것 같다." 오로지 곧음이라면 반드시 굽은 것으로 변할 것이고, 오로지 기교라면 반드시 "기교를 부리려다가 서툴게 될 것이다."[80)] 오직 굽음을 내포한 곧음, 서투름을 내포한 기교라야 지극한 곧음, 지극한 기교인즉, "정"과 "반"의

76) 知其雄, 守其雌, 爲天下谿……知其白, 守其黑, 爲天下式……知其榮, 守其辱, 爲天下谷. (『노자』 28장) 〈제7장,주92〉

77) 聖人去甚[excessive], 去奢[extravagant], 去泰[extreme]. (『노자』 29장)

78) 持而盈之, 不如其已. 揣而銳之, 不可常保. 金玉滿堂, 莫之能守. 富貴而驕, 自遺其咎. 功遂身退, 天之道. (『노자』 9장)

79) 保此道者不欲盈. (『노자』 15장) [盈 : 그득하다, 그득 차서 넘치다, 보름달]

80) 弄巧成拙. ["~爲蛇圖足" (황정견〔黃庭堅〕의 「졸헌송(拙軒頌)」)]

"합"이다. 따라서 지극한 곧음은 굽은 것이 아니라 굽은 것 같을 뿐이고, 지극한 기교는 서툰 것이 아니라 서툰 것 같을 뿐이다. "통칙을 아는 개명한" 사람은 "웅성을 알고 자성을 지켜", 항상 "합(合)"의 경지에 처하므로 "종신토록 위태롭지 않을"〈주45〉 수 있다.[81]

7. 정치·사회 철학

앞에서 말한, 사물의 발전이 극에 달하면 반전한다(物極則反 : 달은 차면 기운다)[82]는 통칙은 어떤 측면을 막론하고 모두 그렇다는 것이다. 예를 들면 오색(五色)은 본래 눈을 즐겁게 하는 것이지만 그 극단은 "사람을 눈 멀게" 할 수 있고, 오음(五音)은 본래 귀를 즐겁게 하는 것이지만 그 극단은 "사람을 귀 먹게" 할 수 있다.[83] 이로부터 추론하면 여러 사회·정치 제도는 모두 종종 그것의 원래 목적과는 상반된 결과를 충분히 낳을 수 있다. 따라서 말한다.

> 천하에 규제와 금령이 많아질수록 인민은 더욱 빈궁해지고,
> 민간에 예리한 무기가 많아질수록 국가는 더욱 혼란해지고,
> 인민의 기술이 공교로워질수록 유해한 기물들은 더욱 많아지고,
> 법령이 정비될수록 도적은 더욱 늘어난다.[84]

법령은 본래 도적을 막으려는 것인데, 법령이 정비될수록 도적은 오히려 더 많이 늘어난다. 또한 사람이 천하를 다스림은 본래 목적

---

81) 【주】한 철학체계에서 각 부분의 발생순서가 그것의 논리적 순서와 반드시 일치하지는 않는다고 생각한다. 이 장에 서술한 『노자』 철학은 논리적 순서를 중시했다. 따라서 먼저 『노자』가 말한 도·덕을 서술한 다음 반(反)·복(復)을 서술했다. 하지만 만약 『노자』 철학의 발생순서에 입각해서 말한다면, 아마 『노자』의 작자는 먼저 "법령이 정비될수록 도적이 더욱 늘어난다" 따위의 반·복의 사실을 통찰한 다음 소위 반·복의 이론을 귀납했을 것이다.

82) 物極則反. ["美惡相飾, 命曰復周, ～, 命曰環流." (「태족훈」, 『회남자』)]

83) 五色令人目盲. 五音令人耳聾. (『노자』 12장) 〈제7장,주77〉

84) 天下多忌諱而民彌貧. 民多利器, 國家滋昏. 人多伎巧, 奇物滋起. 法令滋彰, 盜賊多有. (『노자』 57장)

(所爲)을 이루려는 것이지만 작위(有爲)를 통한 목적의 추구는 도리어 목적을 이룰 수 없게 한다. 따라서 말한다.

> 천하라는 신비한 기물은 결코 작위의 대상일 수 없다.
> 억지로 작위하는 자는 그르치고,
> 한사코 집착하는 자는 상실한다.[85)]

> ○인민의 태평성세를 어렵게 하는 것은 통치자의 작위(有爲) 때문이다.
> 그 때문에 태평성세가 어렵게 되는 것이다.[86)]

또 인간은 생(生)을 너무 지나치게 추구하면, 흔히 죽음을 초래하기에 마침 맞게 된다. 따라서 말한다.

> 인간은 생을 추구하다 사지에 빠지는 경우가 또한 열에 셋이다.
> 이것은 무슨 까닭에서인가? 생을 너무 지나치게 추구한 때문이다.[87)]

> **○생에 대한 탐닉이 바로 재앙이다.**[88)]

> ○인민이 죽음을 경시하는 것(輕死 : 궁지에 몰려 위험을 무릅쓰는 일)은
> 통치자들이 지나치게 생을 추구한 때문이다.
> 그래서 죽음을 경시하는 것이다.[89)]

따라서 성인의 천하통치는 분란을 초래하는 일체의 근원을 없애는 데에 중점을 둔다. 법령과 인의(仁義 : 도덕규범)는 모조리 배제한다. 작위하지 않음(無爲)으로써 도모하고, 다스리지 않음으로써(不治) 다스린다. 작위하지 않지만 오히려 이루지 못하는 일이 없고(無不爲), 다스리지 않지만 오히려 다스려지지 않는 일이 없다(無不治). 따라서 말한다.

---

85) 天下神器, 不可爲也 ; 爲者敗之, 執者失之. (『노자』 29장) 〈부록3,주39〉
86) 民之難治, 以其上之有爲, 是以難治. (『노자』 75장)
87) 人之生動之死地亦十有三, 夫何故? 以其生生之厚. (『노자』 50장)
88) 益生曰祥. (『노자』 55장)
89) 民之輕死, 以其求生之厚, 是以輕死. (『노자』 75장)

내[통치자]가 작위하지 않으면(無爲) 인민은 저절로 순화되고,
내가 조용함을 좋아하면 인민은 저절로 바르게 된다.
내가 일(事 : 부역과 전쟁)을 벌이지 않으면 인민은 저절로 부유해지고,
내가 욕심을 없애면 인민은 저절로 질박해진다.[90)]

성인은 양생(養生) 역시 양생하지 않음(不養)으로써 양생한다. 따라서 말한다.

무릇 양생을 꾀하지 않는 사람이
생명을 중시하는(貴生) 사람보다 더욱 현명하다.[91)]

"인간은 대지를 본받고, 대지는 하늘을 본받고, 하늘은 도를 본받고, 도는 스스로 그러함(自然)을 본받으므로"〈주22〉, 인간 역시 자연을 본받는다. 여태까지의 논의 또한 인간이 자연을 본받는 이치와 부합한다.

그러나 인간은 천지간에 생활을 유지하려면 역시 상당한 제작(制作)이 불가피하다. 다만 그 발전이 극점에 달하여 그 정반대(反面)의 결과를 초래하지 않도록 해야 한다. 그러므로 말한다.

'박(樸 : 질박함 그 자체)**'이 흩어져 기물이 되면,**
성인은 그 기물들을 사용하여 백관의 우두머리가 된다.[92)]

○도는 영원하고 이름이 없고(無名)
제작하지 않은 원재(樸)로서
은미하기는 하지만
이 세상 누구도 그것을 지배할 수 없다.……
제작이 있게 되자 이름들이 생겼다(有名).
이름이 이미 생겼으면, 그칠 줄도 알아야 한다.
그칠 줄 알면 위태롭지 않을 수 있다.[93)]

---

90) 我無爲而民自化, 我好靜而民自正, 我無事而民自富, 我無欲而民自樸. (『노자』 57장)
91) 夫惟無以生爲者, 是賢於貴生. (『노자』 75장)
92) 樸散則爲器, 聖人用之, 則爲官長. (『노자』 28장)
93) 道常無名, 樸雖小, 天下莫能臣也……始制有名. 名亦旣有, 夫亦將知止. 知止可以不殆. (『노자』 32장) [始制有名=Once the block is carved, there are names]

우주 발생의 측면에서 보면 도는 이름이 없고(無名) 만물은 이름이 있다(有名). 사회진화의 측면에서 보면 원시사회는 이름이 없는 이른바 "박(樸 : 제작하지 않은 원재)"이고, 제작에는 이름이 있으니 이른바 "박이 흩어져 기물이 되면, 성인은 그 기물들을 사용하여 백관의 우두머리가 된다"는 말이다. "이름이 이미 생겼으면", 오직 "그칠 줄 알아야 위태롭지 않을 수 있으므로," 너무 많이 제작하여 그 정반대의 결과를 초래하지 않도록 하는 것이다.

8. 욕망과 지식에 대한 『노자』의 태도

『노자』는 자주 욕망(欲)을 언급한다. 대체로 인간은 나면서 욕망을 가지며, 또한 각종 방법을 강구하여 그 욕망을 충족시킨다. 그러나 욕망을 충족하는 방법이 많으면 많을수록 욕망은 더욱 충족될 수 없어서 사람은 그만큼 더 해를 입게 되는데, 이른바 "생에 대한 탐닉이 바로 재앙이고"〈주88〉, "사물은 항상 증익하면 감손된다"〈주60〉는 말이다. 따라서 각종 방법을 강구하여 욕망을 만족시키느니 차라리 근본적으로 욕망을 줄이는(寡欲) 것이 낫다. 욕망이 적으면 적을수록 더욱 충족시키기 쉬워서 사람은 그만큼 더 이익을 얻게 되는데, 이른바 "사물은 항상 감손하면 증익되고"〈주60〉, "무릇 양생을 꾀하지 않는 사람이 생명을 중시하는 사람보다 현명하다"〈주91〉는 말이다. 욕망을 줄이는 방법은 욕망의 대상을 감소하는 데에 있다. 『노자』는 말한다.

> 현자를 숭상하지 않으면(不尙賢) 인민들 사이에 다툼이 없어지고,
> 희귀한 보화를 중히 여기지 않으면 도둑이 없어지고,
> 욕망을 일으킬 만한 것을 보이지 않으면 인민의 생각이 교란되지 않는다.
> 그래서 성인의 통치는 인민의 마음을 비워주되 **그들의 배를 채워주고,**
> 인민의 심지를 약화시키되 **그들의 신체를 강건하게 해주어,**
> 항상 인민을 무지(無知)하고 욕망이 없는(無欲) 상태에 있도록 한다.[94)]

94) 不尙賢, 使民不爭. 不貴難得之貨, 使民不爲盜. 不見可欲, 使民心不亂. 是以聖人之

○**지혜를 끊고 지식을 버리면(絕聖棄智) 인민의 이익은 백배 증가하고,**
인(仁)을 끊고 의(義)를 버리면 자식은 효도하고 부모는 자애로워지며,
기교(巧)를 끊고 이익(利)을 버리면 도적은 없어진다.
이 세 가지는 법도로 삼기에는 부족하다. 따라서 다음의 원칙을 제시한다.
겉으로는 단순하게 표현하고 안으로는 소박한 마음을 품고(見素抱樸),
사심을 감소하고 욕망을 줄여라(少私寡欲).[95)]

○만물은 변화하는 가운데 욕망이 싹트는데,
나는 그것을 무명의 박(無名之樸)인 도로써 진정시킨다.
무명의 박은 장차 욕망도 없앨(無欲) 수 있는 것이니,
욕망이 없어 고요하게 되면 천하는 자연히 안정될 것이다.[96)]

제3장과 제37장은 모두 무욕(無欲 : 욕망의 근절)을 논하고 있지만, 무욕은 실제로 과욕(寡欲 : 욕망의 축소)이다. 『노자』의 뜻은 여전히 사람들이 "그들의 배를 채우고", "그들의 신체를 강건하게 하도록" 하려는 것이다. 사람이 불가(佛家)처럼 삶을 근본적으로 멸절하는 것이 아닌 이상, 완전히 욕망이 없을 수는 없다. 따라서 『노자』의 이상사회 속에서도 사람들은 여전히 "음식을 달게 먹고, 옷을 아름답게 입고, 안온하게 거처하고, 전원생활을 즐기므로"〈주115〉 완전히 욕망이 없는(無欲) 것이 아님이 분명하다. 『노자』의 뜻은 단지 사람들이 "과도함을 배제하고 사치를 배제하고 지나침을 배제하도록"〈주77〉 하려는 것이다. 그렇게 하는 까닭은 대체로 다음과 같다.

만족할 줄 알면 수치를 겪지 않으며,
그칠 줄 알면 위태롭지 않을 터인즉,

治, 虛其心, 實其腹, 弱其志, 強其骨, 常使民無知無欲. (『노자』 3장) 〈제13장,주11〉

95) 絕聖棄智, 民利百倍. 絕仁棄義, 民復孝慈. 絕巧棄利, 盜賊無有. 此三者以爲文不足, 故令有所屬. 見素抱樸, 少私寡欲. (『노자』 19장) 〈 제2편,제6장,주57〉

96) 化而欲作, 吾將鎭之以無名之樸. 無名之樸, 夫亦將無欲. 不欲以靜, 天下將自定. (『노자』 37장)

가히 장구할[장구히 안전할] 수 있다.[97)]

만족을 모르는 것보다 더 큰 재앙은 없고,
탐욕을 부리는 것보다 더 큰 허물은 없다.
따라서 만족을 아는 만족이 영원한 만족이다.[98)]

『노자』는 말한다.

인간을 다스리고 자연을 받드는 데에 절제(嗇)가 제일이다.[99)]

욕망을 줄이는 것(寡欲)은 즉 절제(嗇)이다.

욕망을 줄이려고 하기 때문에 『노자』는 또 지식을 반대한다. 왜냐하면 (1)지식 자체가 본래 욕망의 한 대상이고, (2)지식은 우리로 하여금 욕망의 대상을 많이 알게 하여 "만족할 줄 모르게(不知足)" 하고, (3)지식은 우리가 노력하여 욕망의 대상을 획득하도록 도움으로써 우리로 하여금 "그칠 줄 모르게(不知止)" 하기 때문이다. 즉 "배움(학문)의 추구는 [욕망과 지식을] 끊임없이 더하는 것이다"[100)]는 말이다. 『노자』는 말한다.

지식과 이지(知慧)가 출현하자 크나큰 허위(僞 : 인위, 책략)가 생겼다.[101)]

○인민을 다스리기 어려운 것은 그들이 지혜가 많기 때문이다.
따라서 지혜에 바탕한 정치는 국가의 재앙이고,
지혜에 바탕하지 않은 정치가 국가의 복리이다.[102)]

오직 "지혜에 바탕하지 않은 정치가 국가의 복리이다." 따라서 "지혜(聖)를 끊고 지식(智)을 버리면, 인민의 이익이 백배 증가하고",

97) 知足不辱, 知止不殆, 可以長久. (『노자』 44장)
98) 禍莫大於不知足, 咎莫大於欲得. 故知足之足常足矣. (『노자』 46장)
99) 治人事天莫若嗇. (『노자』 59장)
100) 爲學日益[to work on learning is to increase day by day]. (『노자』 48장)
101) 知慧出, 有大僞[When knowledge and intelligence appeared, Gross Artifice began]. (『노자』 18장)
102) 民之難治, 以其智多 ; 故以智治國國之賊, 不以智治國國之福. (『노자』 65장)

"배움(학문)을 단절하면 근심이 없어진다."[103]

『노자』는 말한다.

> 그래서 성인은 욕망이 없기를 욕망하기(欲不欲) 때문에,
> 희귀한 재화를 중히 여기지 않으며,
> 배움이 없기를 배우기(學不學) 때문에,
> 뭇 사람의 잘못된 방식을 [원래대로] 복구시킨다.[104]

"욕망이 없기를 욕망함"은 무욕(無欲) 또는 과욕(寡欲)의 경지에 도달하려는 것으로서, "욕망이 없기"를 "욕망"으로 삼은 것이다. "배움(학문)이 없기를 배움"은, 무지(無知)의 경지에 도달하려는 것으로서, "배움이 없기"를 "배움"으로 삼은 것이다. 배움을 배움으로 삼는 것은 뭇 사람의 잘못이고, 배움이 없기를 배움으로 삼아야 비로소 성인의 가르침이다.

9. 이상적인 인격과 이상적인 사회

영아의 지식과 욕망은 지극히 단순하다. 따라서 『노자』는 수양한 인물을 언급할 때 영아에 비유한다. 예컨대 다음과 같다.

> 나는 홀로 담박하여 아무런 동요가 없는 것이,
> 마치 영아(嬰兒 : 젖먹이)가 아직 웃을 줄 모르는 것과 같도다![105]

> ○영원불멸한 덕(常德)에서 유리되지 않으면,
> 영아처럼 단순한 상태로 복귀할 것이다.[106]

> ○정기(氣 : 精氣)를 결집하여 유순의 경지에 이르기를,
> 영아와 같을 수 있을까?[107]

---

103) 絕學無憂[Banish learning and there will be no grieving]. (『노자』 20장)
104) 是以聖人欲不欲, 不貴難得之貨 ; 學不學, 復衆人之所過. (『노자』 64장)
105) 我獨泊兮其未兆, 如嬰兒之未孩. (『노자』 20장)
106) 常德不離, 復歸於嬰兒. (『노자』 28장)
107) 專氣致柔, 能嬰兒乎? (『노자』 10장)

○마음에 품은 덕이 두터운 사람은 갓난아이에 비할 수 있다.[108)]

성인의 천하 통치 역시 천하 사람들로 하여금 모두 영아처럼 되게 하려는 것이다. 따라서 말한다.

성인의 천하 통치는 사람들의 심사를 무지, 담박한 상태로 복귀시킨다.
즉 성인은 천하의 모든 사람을 마치 아이처럼 대한다.[109)]

『노자』는 또 어리석음(愚)으로 수양한 인물을 형용했는데, 어리석은 사람의 지식과 욕망은 역시 극히 단순하다. 따라서 말한다.

내 마음은 진정 어리석은 사람의 마음과도 같이 어리숭하구나!
속인들은 모두 저토록 총명한데, 나만은 홀로 흐리멍덩하구나!
속인들은 모두 저토록 영리한데, 나만은 홀로 멍청하구나!
염담[恬澹]한 것은 마치 바다와 같이 드넓고,
표연[飄然]한 것은 마치 머무는 곳이 없는 것 같다!
모두들 저마다 재주가 많은데, 나만은 홀로 둔하고 비루한 것 같다![110)]

또 성인의 천하 통치는 천하의 사람들로 하여금 모두 이와 같을 수 있게 하려는 것이다. 따라서 말한다.

옛날에 훌륭하게 도를 추구했던 분들은
인민을 개명시킨 것이 아니라, 어리석게 했다.[111)]

"지혜에 바탕하지 않은 정치"〈주102〉는 바로 인민을 "어리석게" 하려는 것이다. 그러나 성인의 어리석음은 바로 수양의 결과로서, "지극한 지혜는 어리석음과 같다"[112)]고 할 때의 어리석음으로서, 즉 지혜와 어리석음의 "합(合)"이니, 원래의 어리석음과는 다르다.

108) 含德之厚, 比於赤子. (『노자』 55장)

109) 聖人在天下, 歙歙爲天下渾其心, 聖人皆孩之. (『노자』 49장)

110) 我愚人之心也哉, 沌沌兮. 俗人昭昭, 我獨昏昏. 俗人察察, 我獨悶悶. 澹兮其若海, 飂兮若無止. 衆人皆有以, 而我獨頑似鄙. (『노자』 20장)

111) 古之善爲道者, 非以明民, 將以愚之. (『노자』 65장)

112) 大智若愚[Great wisdom is like ignorance].

『노자』에 따르면 "성인의 통치는 인민의 마음을 비워주되 그들의 배를 채워주고, 인민의 심지를 약화시키되 그들의 신체를 강건하게 해주어, 항상 인민을 무지(無知)하고 욕망이 없는(無欲) 상태에 있도록 하려는 것이니"〈주94〉, 인민들로 하여금 원래의 어리석음에 안주하게 한다는 말이다. 이것이 인민과 성인의 차이이다.

"도의 추구는 [욕망과 지식을] 끊임없이 떨쳐내는 것이니",[113] 만약 사람들로 하여금 "지식(知)"과 "욕망(欲)"을 "떨쳐내고 또 떨쳐내서 무위(無爲)에 이르도록"[114] 한다면, 이상적인 사회는 수립될 수 있다. 『노자』는 말한다.

> 국가는 작고 그 구성원은 적어야 한다.
> 설사 아주 우수한 효력의 기물이 있더라도 [쓸데가 없어] 사용하지 않고,
> 사람들로 하여금 죽음을 중시하고 멀리 이사가지 않게 한다.
> 비록 배와 수레가 있어도 사용할 데가 없고,
> 갑옷과 병기가 있어도 쓸 일이 없다.
> 사람들로 하여금 다시 결승문자[結繩文字]를 사용하게 하고,
> **음식을 달게 먹고, 옷을 아름답게 입고,**
> 안온하게 거처하고, 전원생활(俗)을 즐기도록 한다.
> 이웃 나라가 앞에 보이고 닭 울고 개 짖는 소리가 들려올지라도,
> 사람들은 늙어가도록 서로 왕래하지 않는다.[115]

---

113) 爲道日損. (『노자』 48장) [爲道=to work on Tao(the Way, the Truth)]

114) 損之又損, 以至於無爲. ["爲學日益. 爲道日損, ~~, 無爲而無不爲."] (『노자』 48장)

115) 小國寡民, 使有什伯之器而不用, 使民重死而不遠徙. 雖有舟輿, 無所乘之 ; 雖有甲兵, 無所陳之. 使人復結繩而用之. 甘其食, 美其服, 安其居, 樂其俗. 隣國相望, 雞犬之聲相聞. 民至老死不相往來. (『노자』 80장)
[『신편』II, 60쪽 : 『노자』에서는 이것을 "지극한 정치(至治之極)"로 여긴다. 이것은 결코 하나의 원시적 사회가 아니니, 『노자』의 표현방식〈주76〉을 쓰면, "문명을 알고 소박함을 지키는 것(知其文明, 守其素朴)"이라고 말해야 할 것이다. 『노자』에 따르면, 그의 이상사회는 일반 사람이 말하는 문명을 추구해도 할 수 없는 것이 결코 아니라, 할 수는 있으나 하지 않는 것이다. /이런 방식의 이해에 따르면 이 『노자』 80장에서 말한 것은 결코 하나의 사회가 아니라 어떤 부류의 사람의 정신적 경지라고 말할 수도 있겠다. 그렇다.……『노자』에서 요구하는 것은 바로 그와 같은 정신적 경지이다.]

이것이 즉 『노자』의 이상적인 사회이다. 이것은 그저 원시사회의 야만의 경지가 아니라, 바로 야만을 함유한 문명의 경지인 것이다. 배와 수레가 없는 것이 아니라 있지만 사용할 데가 없을 뿐이다. 갑옷과 병기가 없는 것이 아니라 있지만 쓸 일이 없을 뿐이다. "사람들이 음식을 달게 먹고, 옷을 아름답게 입는 일"이 어찌 원시사회에서 있을 수 있는 일이겠는가? 『노자』의 말투를 빌리면 "지극한 문명은 마치 야만과 같다(大文明若野蠻)"는 말이다.〈주74,주75〉 야만의 문명이 바로 가장 오래 지속될 수 있는 문명이다.[116)]

116) 【주】어떤 민족에게 만약 오직 문명만 있고 야만이 없다면, 바로 쇠망의 징조이다. 중국인은 문채(文采)가 빈빈(彬彬)하여 입은 옷의 무게도 이기지 못할 만큼 연약한 것을 고귀하게 여겼는데, 이는 문명만 있고 야만은 없음이다. 중국 민족이 정녕 쇠락했다면 그것은 너무 문명한 때문이리라.

제9장
혜시와 공손룡 및 기타 변자

1. 변자 학설의 대체적인 경향

한인(漢人)이 말한 명가(名家)는 전국시대에는 "형명지가(刑名之家)"[1] 혹은 "변자(辯者 : 논쟁자)"로 일컬어졌다. 『장자(莊子)』「천지편(天地篇)」에 "변자들의 말 가운데 '굳음과 흼은 분리되었고 약현우(若縣寓)이다'는 것이 있다"〈주3〉고 했고, 「천하편(天下篇)」에 "혜시(惠施, 350?-260?B.C.)는 논변으로써 천하의 일대 관심을 끌었고 변자들을 계도했다. 천하의 변자들은 그와의 논변을 즐겼다. ……환단(桓團), 공손룡(公孫龍) 등은 변자의 무리이다"[2]고 했다. 즉 "변자"는 당시의 "유명 학파(顯學)"였으며, 또 "변자"는 당시에 그 "유명 학파"의 통칭이었음도 알 수 있다.

변자의 저서는 『공손룡자(公孫龍子)』 일부를 제외하고 나머지는 모두 없어졌다. 현재 알려진 혜시나 기타 변자들의 학설은 단지 『장자』「천하편」에 열거된 수십 사(事 : 항목, 명제)뿐이다. 그러나 「천하편」에 열거된 것은 논변에서 얻어진 결론(斷案)일 뿐이고, 그런 결론에 도달하기까지의 전제를 「천하편」은 언급하지 않았다. 논

1) 【주】『전국책(戰國策)』「조책(趙策)」, 여기서 형명(刑名)은 즉 형명(形名)이다. 왕명성(王鳴盛, 1722-97)의 『십칠사상각(十七史商榷)』 권5 참조.

2) 惠施以此爲大觀於天下, 而曉辯者. 天下之辯者, 相與樂之.……桓團, 公孫龍, 辯者之徒. (『장자』, 1105-11쪽) [曉 : 깨우치다. 이해시키다]

리적으로 똑같은 결론도 여러 다른 전제로부터 도출될 수 있다. 우리가 어떤 논변의 전제를 안다면 그 결론은 추측할 수 있다. 그러나 결론만 알고 있으면 그것이 어떤 전제로부터 추론되어나온 것인지는 확정할 길이 없다. 가능한 전제는 매우 많기 때문이다. 따라서 엄격히 말해서 「천하편」에 열거된 혜시 등의 학설 수십 사는 역사적인 연구를 할 수 없다. 즉 그들의 결론에다 임의의 다른 전제를 가해도 모두 통하게 할 수 있어서, 주석자들이 임의로 해석할 여지가 있는 한, 어느 것이 진정으로 혜시 등의 학설에 부합하는지를 단정하기가 쉽지 않다는 말이다. 그러나 중국철학사상 오직 순수이론적인 성격을 띤 학설은 극히 적은지라, 만약 이것조차 논하지 않으면 중국철학사는 더욱 기형으로 느껴질 것이다. 또한 이 수십 사를 논하면서 순 추측의 수준에 머물지 않으려면 우선 변자 학설의 대체적인 경향을 반드시 밝혀야 할 것이다. 변자 학설의 대체적인 경향을 밝히려면, 우선 비교적 옛 서적 중에서 변자 학설에 대한 전언과 비평을 살펴야 할 것이다.

『장자』「천지편」은 말한다.

> 공자(孔子)가 노담(老聃)에게 물었다.
>
> "몹시 분방한 방식으로 도를 추구하는 이들이 있는데, 그른 것을 옳다 했고 그렇지 않은 것을 그렇다 했습니다. 이 **변자들의 말 가운데 '굳음과 흼은 분리되었고(離堅白) 약현우(若縣寓)이다'**라는 것이 있습니다. 이런 사람들이라면 가히 성인이라고 할 수 있겠습니까?"[3)]

또 「추수편(秋水篇)」은 말한다.

> 공손룡이 위모(魏牟 : 魏의 公子)에게 말했다.
>
> "나는 어려서 선왕(先王)의 도를 배웠고 장성하여 인의(仁義)의 행실을 밝혔습니다. 나는 유사성과 차이성을 통합하고(合同異), 굳음과 흼을 분리했으며(離堅白), 그렇지 않은 것을 그렇다고 했고, 그른 것을 옳다고 했으며, 뭇

3) 夫子問於老聃曰 : "有人治道若相放, 可不可, 然不然. 辯者有言曰 : '離堅白, 若縣寓', 若是則可謂聖人乎?" (『장자』, 427쪽) [若縣寓 : 뜻은 미상이다/풍우란]

철학자의 지식을 논박하고 [나를 향한] 뭇 사람의 논변을 궁지에 빠뜨렸는 바, 이미 지극한 경지에 이르렀다고 자부합니다."[4)]

「천하편」은 말한다.

환단, 공손룡 등의 변자 무리들은 사람들의 마음을 현혹하여 의견을 바꾸어놓았다. 그러나 사람들의 입은 이겼을지라도 마음을 승복시키지는 못했으니, 이것이 변자의 한계(囿 : 울타리)였다.……그럼에도 혜시는 자기의 말솜씨가 최고라고 여겼다.……인지상정에 반하는 일을 실질로 삼고, 논변으로 남을 이김으로써 명성을 추구했다. 그래서 대중과 부합하지 못했다.[5)]

『순자(荀子)』「비십이자편(非十二子篇)」은 말한다.

선왕(先王)을 본받지 않고 예절과 의리를 무시하며, 즐겨 괴상한 이론[궤변]을 추구하고 기묘한 명제에 탐닉하기를 좋아하는 이들이 있다. 그 말들은 비록 깊은 고찰이지만 세사에 긴요하지 않고, 교묘한 논변이지만 쓸모가 없고, 복잡하기만 하고 공은 적으므로, 정치의 강령으로 삼을 수 없다. 그러나 그 주장은 근거가 있고 말은 이치가 서 있어서 우직한 대중을 기만하고 미혹하기에 충분했다. 이들이 바로 혜시와 등석(鄧析, ?-501B.C.)이다.[6)]

또「해폐편(解蔽篇)」은 말한다.

혜시는 언사(辭 : 논리적 명제)에 가로막혀 실상(實)을 알지 못했다.……언사(명제)만 가지고 도를 논하면 단지 논변에 그칠 뿐이다.[7)]

사마담(司馬談, ?-501B.C.)[「論六家要指」]은 말했다.

---

4) 公孫龍問於魏牟曰 : "龍少學先王之道, 長而明仁義之行. 合同異, 離堅白. 然不然, 可不可. 困百家之知, 窮衆口之辯, 吾自以爲至達已." (『장자』, 597쪽)

5) 桓團·公孫龍, 辯者之徒, 飾人之心, 易人之意. 能勝人之口, 不能服人之心, 辯者之囿也.……然惠施之口談, 自以爲最賢……以反人爲實, 而欲以勝人爲名, 是以與衆不適也. (『장자』, 1111-12쪽) [適 : 合의 뜻이다]

6) 不法先王, 不是禮義. 而好治怪說, 玩琦辭. 甚察而不惠(王念孫曰 : '惠當爲急之誤'), 辯而無用. 多事而寡功, 不可以爲治綱紀. 然而其持之有故, 其言之成理, 足以欺惑愚衆, 是惠施鄧析也. (『순자』 권3 : 26쪽) 〈부록3,주5〉

7) 惠子蔽於辭, 而不知實.……由辭謂之道, 盡論矣. 〈제1장,주15〉〈부록4,주14〉

> 명가(名家)는 지나치게 따지고 세세하게 고찰하여, 아무도 쉽사리 그들의 논점을 논박할 수 없게 했고, **오로지 이름 자체만으로 모든 것을 결단**하기 때문에 인지상정에서 벗어났다. 따라서 그들은 "사람들로 하여금 분석적이도록 했지만 쉽게 진상을 놓치게 했다"는 비판을 받는다. 그러나 이름을 제어하여 실상을 따지고(控名責實), [명실(名實)을 상호] 비교, 증험하여 틀림없게끔 했던 측면은 살피지 않을 수 없다.[8]

『한서(漢書)』「예문지(藝文志)」는 말한다.

> 명가 학파는 아마 예관(禮官)에서 나왔다. 고대에는 직함과 지위가 다르면 그에 따른 예법 역시 달랐다. 공자는 말하기를 "반드시 이름을 바루어야 한다. 이름이 바르지 못하면 언어가 순리롭지 못하고, 언어가 순리롭지 못하면 아무것도 성사될 수 없다" 했다. 바로 여기에 이 학파의 강점이 있었다. 그러나 논변을 위한 논변의 경우에는 참으로 들추어내고 깨뜨리고 분석하고 어지럽히는 행위일 따름이었다.[9]

이상은 변자 학설에 대한 당시와 그후의 비교적 조기의 학자들의 전언과 비평이다. 비록 이런 비평이 모두 타당한 것도 아니요 이런 전언이 모두 신뢰할 만한 것도 아니라고 할지라도, 변자 학설의 대체적인 경향은 엿볼 수 있다. 다시 말해서 이런 전언과 비평은 변자 학설의 방향을 추측하는 암시가 될 수 있다. 이런 암시를 바탕으로 변자 학설과 유관한 현존의 모든 자료를 해석한다면, 진실을 크게 벗어나지 않을 것이다.

『장자』는 「천하편」을 제외하면 "우언(寓言)이 열에 아홉인"[10] 만큼, 앞에서 인용한 「천지편」과 「추수편」의 내용을 사실로 단정할 수는 없다. 그러나 『장자』가 서술한 역사상 인물들의 언행이 꼭 사

---

8) 名家苛察繳繞, 使人不得反其意, 專決於名, 而失人情. 故曰 : 使人儉而善失眞. 若夫控名責實, 參伍不失, 此不可不察也. (「태사공자서(太史公自序)」, 『사기』, 3291쪽)

9) 名家者流, 蓋出於禮官. 古者名位不同, 禮亦異數. 孔子曰 : "必也正名乎? 名不正則言不順, 言不順則事不成." 此其所長也. 及警者爲之, 則苟鉤鈲析亂而已. (『한서』, 1737쪽)

10) 寓言十九. [『장자』, 947쪽] <제4장,주16>

실은 아니라고 할지라도, 그 인물의 진짜 언행과 반드시 동일한 종류이다. 예를 들면 『장자』에 나오는 공자의 말은 반드시 예의(禮義)나 경전을 논한 것인즉 그 서술 자체가 진짜 공자의 말은 아니라고 할지라도, 요컨대 공자의 주장은 바로 거기에 있었던 것이다. 따라서 『장자』에 서술된 역사상의 인물들의 언행을 진짜라고 인정하는 것은 참으로 안 되지만, 그것이 그 인물들의 언행의 대체적인 경향을 나타낸다고 인정하는 것은 안 될 것이 없다.

이상의 인용문에서 보건대, 변자 학설은 전적으로 이른바 명리(名理)*에 근거를 두었음에 틀림없다는 것을 알 수 있다. 즉 "오로지 이름(名) 자체만으로 모든 것을 결단했다"는 말이다. 그래서 한인(漢人)은 그들을 명가(名家)라고 일컬었다. 우리가 현존하는 변자의 언설을 해석할 때에도 이 측면에 주목해야 한다.

2. 혜시와 장자

순자는 혜시와 등석을 병칭했다. 그러나 『여씨춘추(呂氏春秋)』에 따르면 등석은 단지 사람들에게 송사[訟事]를 가르치는 것을 일삼았는데, 고대의 유명한 변호사(訟師)였다고 할 수 있다. 아마도 그는 궤변으로 유명했기 때문에 그후 변자를 언급할 때 자주 언급되었을 것이다. 그러나 사실상 변자는 논변은 숭상했을지라도 꼭 궤변을 숭상한 것은 아니었다.

혜시는 성이 혜(惠), 이름이 시(施)이다. 송인(宋人)이라고 전해지며,[11] 장자와 벗이었다. 장자가 혜시의 죽음을 볼 수 있었으니 〈주 20〉, 혜시는 장자보다 연장이었던 것 같다. 혜시는 『여씨춘추』에 따르면 "거존(去尊 : 존귀한 지위의 폐지)"[12]을 주장했고, 『한비자』에 따르면 "제나라와 초나라 간의 전쟁을 중지시키고자(偃兵)** 했

* 名理 : 名家의 論理. 이름(개념)에 근거한 판단. 논리학과 대략 같은 뜻.

11) 「음사(淫辭)」의 고유(高誘)의 주(注). (『여씨춘추』, 1194쪽[24])

12) 「애류(愛類)」, 『여씨춘추』, 1463쪽.

** 偃兵 : 정치외교적 방법을 통한 전쟁 저지/『신편』.

고",[13] 『장자』「천하편」에 따르면 "만물을 다 같이 사랑하라. 천지는 한몸이다"〈주43〉고 말했다. 즉 혜시 역시 묵가(墨家)와 마찬가지로 겸애(兼愛)와 비공(非攻)을 주장했다. 그래서 호적(胡適) 선생은 그를 "별묵(別墨)"으로 결론지었다. 그러나 『장자』「천하편」은 혜시를 묵가로 여기지 않았다. 묵가는 하나의 조직단체로서 응당 그 단체에 가입하여 "거자(巨子)를 성인으로 받들어 수령으로 삼고, 묵자의 정통 후계자일 것을 희망한"[14] 자라야 비로소 묵학도라고 할 수 있었으므로, 겸애와 비공의 설을 주장한다고 해서 곧 묵학도인 것은 아니었다. 또 혜시의 "거존"의 설은 자세히 고증할 수는 없지만, 요점은 "거존"은 묵가의 상동설(尙同說)과는 어긋난다는 사실이다. 전국시대에는 전쟁이 빈번하고 격렬했던 만큼 반전론이 매우 성했을 것이다. 따라서 맹자가 전쟁을 반대하고 공손룡 역시 언병(偃兵)을 주장한 것은 당시의 일반적인 조류 중의 하나였고, 혜시나 공손룡이 그로써 유명해진 것은 아니었다.

『장자』「천하편」은 혜시를 변자로 명시하지는 않았지만 이렇게 말했다. "혜시는 논변으로써 천하의 일대 관심을 끌었고 변자들을 계도했다."〈주2〉 "혜시는 자기 지혜를 바탕으로 날마다 사람들과 논변했고, 특히 천하의 변자들과 더불어 궤변을 추구했다."[15] "혜시는 자기의 말솜씨가 최고라고 여겼다."〈주5〉 이로써 보건대 혜시는 실제로 논변을 통해서 유명해졌음을 알 수 있다. 따라서 『장자』「덕충부(德充符)」에서 장자는 혜시를 일컬어, "현재 그대는 정신을 외물의 추구에 쏟아 피곤하게 하며, 나무 아래에 모여 쟁론하고 마른 오동나무 책상에 앉아 사색한다. 하늘이 그대의 존재를 선택해 주었건만 그대는 견백론[堅白論] 따위나 읊고 있다니!"[16]라고 했다. 「제물론(齊物論)」에서도 "혜시는 오동나무 책상에 앉아[즉 논변하

13) 欲以齊·荊偃兵. (「내저설(內儲說)」, 『한비자(韓非子)』, 530쪽)

14) 以巨子爲聖人, 皆願爲之尸, 冀得爲其後世. 〈제5장,주29〉〈제11장,주2〉

15) 惠施日以其知與人之(兪云 : '衍之字')辯, 特與天下之辯者爲怪.(『장자』, 1105-11쪽)

16) 今子外乎子之神, 勞乎子之精. 倚樹而吟, 據槁梧而瞑, 天選子之形, 子以堅白鳴. (『장자』, 222쪽)

고 사색하며]……끝내 견백론의 어리석음을 벗어나지 못했다"[17]고 했다. 순자는 혜시를 일컬어 "언사에 가로막혀 실상을 알지 못했다"〈주7〉고 했는데, 「천하편」의 이른바 "혜시는 끝내 교묘한 논변으로써 명성을 추구했다"〈주51〉는 말이다.

「천하편」은 말한다.

남방에 기이한 사람이 있었으니 이름이 황료(黃繚)라고 했다. 그가 묻기를 "하늘과 땅은 왜 무너지거나 함몰하지 않으며, 또 비바람과 천둥번개 따위가 발생하는 원인은 무엇인가?" 했다. 혜시는 [기다렸다는 듯이] 사양하지 않고 응하고 생각하지 않고 대답하여, 두루 만물을 논했다(萬物說). 쉼 없이 논하여 많은 말을 했지만 끝이 없었고, 오히려 부족하다고 여겨 더욱 궤변을 보태었다.[18]

혜시의 만물설(萬物說)은 현재로서는 알 수 없다. 그 학설 가운데 고찰 가능한 것은 대략 「천하편」에서 말한 10사(事)이다. 이 10사에 대한 해석은 사람마다 상이하다. 내가 보기에 장자의 학설은 혜시의 영향을 매우 많이 받은 것 같다. 「제물론」에 나오는 "생기자마자 죽고 죽자마자 생긴다"[19]는 말은, 혜시의 10사 중에서 "태양은 남중하면서 기울고, 만물은 생기면서 죽는다"〈주28〉는 설과 같다. 또 "천하에 털끝(秋毫)보다 더 큰 것은 없고, 태산도 작다"〈주44〉는 말은, 혜시의 "하늘은 땅만큼 낮고, 산은 못과 수평이 같다"〈주26〉는 설과 같다. 또 "천지는 나와 더불어 생겼고 만물은 나와 더불어 하나이다"〈주44〉는 말은, 혜시의 "만물을 다 같이 사랑하라. 천지는 한몸이다"〈주43〉는 설과 같다. 『장자』「서무귀(徐無鬼)」에, 장자는 혜시의 죽음을 슬퍼하여 [혜시의 무덤을 지나며 제자들에게] 이렇게 말했다.

어떤 영인(郢人 : 楚의 서울인 郢의 미장이)이 백회를 자기 코에 파리의 날

17) 惠子之據梧也,……故以堅白之昧終. (『장자』, 74-75쪽)

18) 南方有倚人焉, 曰黃繚, 問天地所以不墜不陷, 風雨雷霆之故. 惠施不辭而應, 不慮而對, 徧爲萬物說. 說而不休, 多而無已, 猶以爲寡, 益之以怪. (『장자』, 1112쪽)

19) 方生方死 方死方生. (『장자』, 66쪽) 〈제10장,주41〉

> 개 모양으로 발라놓고 장석(匠石)으로 하여금 깎아내게 했다. 장석은 바람처럼 가분히 도끼를 휘날려 태연하게 깎아, 백회만 떨어뜨리고 코는 조금도 다치게 하지 않았다. 영인 역시 얼굴을 꼿꼿이 세우고 낯빛을 변하지 않고 내맡겼던 것이다. 송나라 임금이 이 이야기를 전해듣고 장석을 불러다가 말하기를 "한번 과인을 상대로 그같이 해보라" 하자, 장석은 대답하기를 "저로서는 아직 그렇게 깎을 수 있는 능력이 있습니다. 하지만 저의 상대가 되어줄 수 있는 사람은 이미 오래 전에 죽었습니다"고 했다고 한다.
>
> 이제 혜시 선생이 죽었으니, 정녕 내게는 상대가 되어줄 사람이 아무도 없다. 나와 더불어 논할 수 있는 사람이 이제는 없다는 말이다.[20]

『장자』는 "우언이 열에 아홉"인지라 이 말 역시 진짜 장자의 말로 인정할 수는 없다. 『장자』 가운데 장자와 혜시의 담론이 누차 나오지만 역시 역사적인 사실로 인정할 수 없다. 그러나 앞에서 제시한 「제물론」의 3사(三事) 처럼 장자의 사상에는 이미 혜시와 부합하는 데가 있는 만큼, 『장자』 중의 이런 내용은 물론 가능했다고 인정할 수 있고 또 방증으로도 인용할 수 있다. 우리가 이런 암시를 실마리로 삼는다면, 「천하편」에 서술된 혜시 10사를 이해하기 위해서는 『장자』에서 그 해명을 찾는 것이 제일이고, 그 방법이 고인(古人)을 크게 왜곡하지 않을 것임을 알게 된다.

3. 「천하편」에 서술된 혜시 학설 10사

「천하편」은 말한다.

> 혜시는……사물의 본질과 법칙을 다음과 같이 논했다.
>
> **가장 큰 것은 그 바깥에 아무것도 없다**(至大無外). 그것이 태일(太一)이다. **가장 작은 것은 그 안에 아무것도 없다**(至小無內). 그것이 소일(小一)이다.[21]

---

20) 郢人堊慢其鼻端若蠅翼, 使匠石斲之. 匠石運斤成風, 聽[: 任]而斲之, 盡堊而鼻不傷 ; 郢人立不失容. 宋元君聞之, 召匠石曰 : "嘗試爲寡人爲之." 匠石曰 : "臣則嘗能斲之. 雖然, 臣之質死久矣." 自夫子之死也, 吾無以爲質矣, 吾無與言之矣. (『장자』, 843쪽)

21) 惠施……歷物之意曰 : 至大無外, 謂之大一 ; 至小無內, 謂之小一[The greatest/

이것이 이른바 혜시 10사(事 : 명제) 중의 제1사이다. 『장자』「추수편」은 말한다. "하백(河伯 : 강의 신)이 묻기를 '천지는 크고 털끝은 작다고 해도 되는가?' 하자, 북해약(北海若 : 바다의 신)이 대답하기를 '안 된다.……인간이 아는 것은 모르는 것과 비교가 안 되고, 살아 있는 시간은 살아 있지 않은 시간과 비교가 안 된다. 가장 작은 것(至小)을 바탕으로 가장 큰 것(至大)을 궁구하기 때문에, 미혹과 혼란에 빠지고 자득할 수 없게 된다. 이로써 보건대, 어떻게 털끝을 가장 작은 것의 극한으로 규정하기에 충분한지 알 수 있겠으며, 어떻게 천지를 가장 큰 것의 극한으로 결론짓기에 충분한지 알 수 있겠는가?'라고 했다. 하백이 묻기를 '세상의 논객은 가장 미세한 것(至精)은 형체가 없고, 가장 큰 것(至大)은 에워쌀 수가 없다고 말하는데, 진실로 그러한가?'라고 했다."[22] 「칙양편(則陽篇)」은 "미세함이 극에 이르면 아무런 결이 없고, 큰 것이 극에 이르면 에워쌀 수 없다"[23]고 했다. "가장 미세한 것은 형체가 없고(혹은 결이 없고) 가장 큰 것은 에워쌀 수 없다" 함은 "가장 큰 것은 그 바깥에 아무것도 없고, 가장 작은 것은 그 안에 아무것도 없다"는 말과 뜻이 같다. "세상의 논객"은 물론 혜시를 가리킨다. 보통 사람들은 모두 천지는 크고 털끝은 작다고 여긴다. 그러나 논리적으로 추론하면 반드

---

smallest has nothing beyond/within itself, and is called the Great/Small One]. (이하 10사는『장자』, 1102쪽)

[*SH*, 84-85쪽 : 우리는 실제 경험을 통해서는, 실제 사물 가운데 무엇이 가장 큰 것이고 무엇이 가장 작은 것인지 결정할 수 없다. 그러나 우리는 경험과 독립적으로, **'그 바깥에 아무것도 없는 것이 가장 큰 것이고, 그 안에 아무것도 없는 것이 가장 작은 것이다'**고 말할 수 있다. 이렇게 정의된 "가장 큰 것"과 "가장 작은 것"은 곧 절대적이요 불변적인 개념이다. 이처럼 **"대일**(大一)**"**, **"소일**(小一)**"**이라는 이름을 분석함으로써 혜시는 절대적이요 불변적인 개념에 도달했다. 이런 '개념'에 대한 견해로부터, 그는 실제의 구체적인 사물의 특성과 차이는 모두 상대적이요 가변적이라는 사실을 알았다.]

22) 河伯曰 : "然則吾大天地而小毫末可乎?" 北海若曰 : "否……計人之所知, 不若其所不知. 其生之時, 不若未生之時. 以其至小, 求窮其至大之域, 是故迷亂而不能自得也. 由此觀之, 又何以知毫末之足以定至細之倪, 又何以知天地之足以窮至大之域." 河伯曰 : "世之議者皆曰 : '至精無形, 至大不可圍', 是信情乎?" (『장자』, 568-72쪽)

23) 精至於無倫, 大至於不可圍. (『장자』, 916쪽)

시 "그 바깥에 아무것도 없는(無外)" 것이라야 가장 큰 것(至大)이라고 할 수 있고, "그 안에 아무것도 없는(無內)" 것이라야 가장 작은 것(至小)이라고 할 수 있다. 이로써 추론하면 털끝을 "가장 작은 것의 극한으로 규정"할 수 없고, 천지를 "가장 큰 것의 극한으로 결론"지을 수 없다.

혜시의 제2사는 다음과 같다.

> 두께가 없는 것(無厚)은 축적할 수 없지만, **그 크기는 천리에 이른다.**[24)]

『장자』「양생주(養生主)」에 "칼날이 두께가 없다"[25)]는 말이 있다. 두께가 없다고 함은 엷음의 극치로서, 엷기가 극에 달하면 두께가 없어지는데 기하학적인 "면"과 같은 것이다. 두께가 없는 것은 체적이 있을 수 없다. 그러나 면적은 있기 때문에 "그 크기는 천리에 이를" 수 있다.

혜시의 제3사는 다음과 같다.

> **하늘은 땅만큼 낮고, 산은 못과 수평이 같다.**[26)]

『장자』「추수편」에 "차이의 측면에서 볼 때, 상대적으로 크기 때문에 크다고 하면 세상에서 크지 않은 사물이 없고, 상대적으로 작기 때문에 작다고 하면 세상에서 작지 않은 사물이 없다. 천지도 [우주

---

24) 无厚不可積也, 其大千里[That which has no thickness cannot be increased (in thickness), yet is so great that it may cover one thousand miles].

25) 刀刃者無厚. (『장자』, 119쪽)

26) 天與地卑, 山與澤平[The heavens are as low as the earth ; mountains are on the same level as marshes].
[『신편』II, 151-52쪽 : 노담은 "고하는 서로 뒤집힌다(高下相傾)"(『노자』 2장)고 했다. 즉 고하(高下)는 "서로 반대되면서도 서로를 규정한다(相反相成)"는 말이다. "평지가 없으면 높은 산도 없다(沒有高山不顯平地)." 높은 곳이 없으면 낮은 곳도 없고, 낮은 곳이 없으면 높은 곳도 없다. 혜시의 이 논변은 높거나 낮은 물체는 모두 그 자체의 동일성 가운데 차이를 포함하고 있음을 설명하는 데에 주목했다. 이 두 대립면은 상대적이고 또 상호 전화(轉化)할 수 있다. 실제상으로 일반인은 산은 높고 못은 낮다고 생각한다. 그러나 해발이 높은 지방의 호수는 해발이 낮은 지방의 산만큼 높을 수 있다. 따라서 **"산은 못과 수평이 같다."**]

에 비하면] 좁쌀만하고 털끝도 [미립자에 비하면] 산언덕만하다는 이치를 안다면, 차이의 이치는 파악한 것이다"[27]고 했다. 오직 "바깥이 없는 것"이 "가장 큰 것"이므로, 천지를 "가장 큰 것"과 비교하여 "보다 작기 때문에 작다고 하면" 천지도 좁쌀만하다. 오직 "안이 없는 것"이 "가장 작은 것"이므로, 털끝을 "가장 작은 것"과 비교하여 "보다 크기 때문에 크다고 하면" 털끝도 산언덕만하다. 이 논리(理)를 확장하여 상대적으로 높기 때문에 높다고 하면 만물은 높지 않은 것이 없고, 상대적으로 낮기 때문에 낮다고 하면 만물은 낮지 않은 것이 없다. 따라서 "하늘은 땅만큼 낮고, 산은 못과 수평이 같다."

혜시의 제4사는 다음과 같다.

태양은 남중하면서 기울고, 생물은 생기면서 죽는다.[28]

곽상(郭象, 252-312)은 『장자』「대종사(大宗師)」 주에서 "힘이 없는 힘 중에 변화(變化)보다 더 큰 힘은 없다. 그것은 천지를 일신시키고 산악을 변모시킨다. 옛것은 잠시도 머물지 않고 홀연히 새것이 되는즉 천지만물은 잠시도 변하지 않는 것이 없다"[29]고 했다. "천지만물은 잠시도 변하지 않는 것이 없으므로", "해는 남중하면서 기울고, 생물은 생기면서 죽는다."

혜시의 제5사는 다음과 같다.

27) 『장자』, 577쪽. 원문은 〈제10장,주43〉 참조.

28) 日方中方睨, 物方生方死[The sun at noon is the sun declining; the creature born is the creature dying].
[『신편』II, 152쪽 : 태양은 막 남중하게 되면 그와 동시에 서쪽으로 기울기 시작한다. 한 존재는 막 생기면 그와 동시에 죽기 시작한다. 이 명제는 생사(生死)는 상대적이고, 사물의 발전과정 중에는 생사의 두 측면이 포함되어 있다는 것을 표명한다. 어떤 사물이든 모두 내부모순을 함유하므로, 그 자신의 반면(反面 : 부정적인 면)과 정면(正面 : 긍정적인 면)이 있는데, 이는 곧 자신의 과거와 미래 즉 자신의 쇠락하는 부분과 발전하는 부분이 있다는 것이다. 고정적이고 불변적인 동일성은 존재하지 않는다.

29) 夫無力之力, 莫大於變化者也. 故乃揭天地以趨新, 負山岳以舍故 ; 故不暫停, 忽已涉新 ; 則天地萬物, 無時而不移也. (『장자』, 244쪽[2]) 〈제2편,제6장,주27〉

> 대동(大同)은 소동(小同)과 다르다. 이것이 소동이(小同異)이다. 만물은 어느 면에서는 모두 같고, 어느 면에서는 모두 다르다. 이것이 대동이(大同異)이다.[30]

『장자』「덕충부」에 "사물을 상이성의 관점에서 보면 한몸 안의 간과 쓸개도 초나라와 월나라만큼이나 서로 다르고, 유사성의 관점에서 보면 만물은 모두 하나이다"[31] 했다. 곽상은 주에서 "다른 점을 지적하여 다르다고 하면 천하에 다르지 않은 것은 하나도 없다……같은 점을 지적하여 같다고 하면 만물 가운데 같지 않은 것은 하나도 없다"[32]고 했다. 이 관점은 곧「추수편」에서 말한〈주27〉 내용이다. 천하만물 가운데 만약 같은 점을 든다면 똑같은 부분이 있을 것이므로 만물은 모두 같다고 할 수 있고, 만약 다른 점을 든다면 다른 부분이 있을 것이므로 만물은 모두 다르다고 할 수 있다. 세속에서 말하는 동이(同異)는 바로 이 사물과 저 사물과의 동이로서 소동이(小同異)이지 대동이(大同異)는 아니다.

혜시의 제6사는 다음과 같다.

30) 大同而與小同異, 此之謂小同異；萬物畢同畢異, 此之謂大同異[Great similarity differs from little similarity. This is called little-smilarity-and-difference. All things are in one way all similar, in another way all different. This is called great-smilarity-and-difference].
[*SH*, 85쪽 : '모든 사람은 동물이다'는 진술은 모든 사람은 인간이다는 점에서 유사하고 동물이다는 점에서 유사하다는 것을 말한다. 그러나 인간인 점에서의 유사성은 동물인 점에서의 유사성보다 더욱 크다. 인간이다는 점은 동물이다는 점을 함축하지만 동물이다는 점은 반드시 인간이다는 점을 함축하지는 않기 때문이다. 인간과는 다른 유의 동물도 존재하기 때문이다. 이런 종류의 동이(同異)가 혜시가 말한 소동이(小同異)이다. 한편, 만약 우리가 "존재자(beings : 萬有)"를 보편적인 집합으로 보면 만물은 존재자라는 점에서 유사하지만, 각 사물을 개체로서 보면 각 개체는 저마다 개성이 있고 따라서 다른 사물과는 상이하다. 이런 종류의 동이가 혜시가 말한 대동이(大同異)이다. 이렇듯 만물은 서로 유사하다고도 할 수 있고 서로 상이하다고도 할 수 있은즉, 그것들의 동이(同異)란 모두 상대적이다는 말이다. 명가 학파의 이 논변은 고대 중국에서 유명했고, "합동이의 논변(合同異之辯)"으로 알려졌다.]

31) 自其異者視之, 肝膽楚越也；自其同者視之, 萬物皆一也.〈제10장,주52〉

32) 因其所異而異之, 則天下莫不異……因其所同而同之, 則萬物莫不同. (『장자』, 191쪽[2])

남방은 끝이 없지만 그러나 끝이 있다.[33)]

『장자』「추수편」에 "우물 안 개구리와 더불어 바다를 논할 수 없는 이유는 그것이 장소에 갇혀 있기 때문이다"[34)]고 했다. 당시 일반인들은 갈 수 있는 곳이 유한했던 만큼 남방은 끝이 없다고 여겼다. 그러나 이것은 우물 안 개구리의 소견이다. 만약 "지대무외(至大無外)"의 관점에서 보면 끝없는 남방도 사실은 끝이 있다.

혜시의 제7사는 다음과 같다.

오늘 월나라로 가서 어제 그곳에 도착했다.[35)]

「추수편」에 "여름 벌레와 더불어 얼음을 논할 수 없는 이유는 그것이 오로지 여름밖에 모르기 때문이다"[36)]고 했다. 만약 "옛것은 잠시도 머물지 않고 홀연히 새것이 되는즉 천지만물은 잠시도 변하지 않는 것이 없다"〈주29〉는 사실을 염두에 두고, "오늘 월나라로 가서" 내일 그곳에 도착한다고 가정할 때, 이른바 내일은 홀연히 과거가 될 것이다. 따라서 "오늘 월나라로 가서 어제 그곳에 도착했다"고 했다. 이 조목은 궤변에 속한다. 오늘과 어제라는 말이 비록 일정한 기준은 없을지라도, 한 논변의 범위 내에서는 오늘과 어제라는 말은 반드시 동일한 기준에 따라야 한다. "어제 도착했다"고 할 때의 어제가 어제였다고 하더라도 "오늘 월나라에 가서" 할 때의 "오늘"에 대한 어제는 진정 아닌 것이다. 장자는 이 조목을 인정하지 않은 듯하다. 즉 「제물론」에서 이렇게 말했다. "마음으로 승인한 논거도 없이 안출한 시비가 바로 '오늘 월나라로 가서 어제 도착했다' 따위이다. 이것은 없는 것을 있다고 한 경우이다. 없는 것을 있다고 하는 경우라면, 설사 신통한 우 임금이 계신다고 해도 알 수 없을 텐데, 나라고 별 수 있겠는가?"[37)]

---

33) 南方無窮而有窮[The South has no limit and yet has a limit].

34) 井蛙不可以語於海者, 拘於虛(同墟, 謂爲地域所限)也. (『장자』, 563쪽)

35) 今日適越而昔來[I go to the state of Yüeh today and arrived there yesterday].

36) 夏蟲不可以語於冰者, 篤於時也. (『장자』, 563쪽) 〈제7장,주80〉

37) 未成乎心而有是非, 是今日適越而昔至也. 是以無有爲有; 無有爲有, 雖有神禹, 且不能知, 吾獨且奈何哉? (『장자』, 56쪽)

혜시의 제8사는 다음과 같다.

> 연환(連環 : 연결된 고리)은 풀 수 있다.[38)]

『장자』「제물론」에 "분화는 [부분적인] 완성을 뜻하고, 완성은 [전체 모습의] 파괴를 뜻한다"[39)]고 했다. "태양은 남중하면서 기울고 생물은 생기면서 죽는다." 연환은 완성되면서 파괴되기 시작하므로, 현재는 연환이더라도 홀연히 이미 연환이 아니게 된다. 따라서 "연환은 풀 수 있다"고 말했다.

혜시의 제9사는 다음과 같다.

> 나는 세계의 중앙을 안다. 연나라 북쪽과 월나라 남쪽이 그것이다.[40)]

『장자』「추수편」에 "정말로 천지 안의 세계(四海)는 마치 끝없는 들판 가운데 개미집 하나 같은 것이 아닌가? 또 세계 안의 중국은 마치 커다란 창고 속의 좁쌀 한 알 같은 것이 아닌가?"[41)]라고 했다. 그

【주】김악림(金岳霖, 1895-1984, 1948년에 『인식론(知識論)』 지음) 선생은 이 조목은 이른바 가고 옴(去來)이 상대적임을 지적한 것 같다고 했다. 예컨대 우리가 어제 북평(北平)에서 출발하여 오늘 천진(天津)에 도착한다고 할 때, 천진에서 보면 우리는 오늘 천진에 온 것이지만, 북평에서 보면 우리는 어제 천진에 간 것이 된다. 그러나 『장자』의 "오늘 월나라로 가서 어제 도착했다"〈주37〉는 말을 보면['昔來'가 '昔至'로 바뀌었음], 이 조목[제7사]의 의미는 소위 오늘과 어제의 상대성을 지적한 것인 듯하다.

38) 連環可解也[Connected rings can be separated].
[『신편』II, 153쪽 : 연환은 풀 수 없는 것이지만 파괴될 경우에 자연 풀린다.……연환이 존재하는 순간은 또한 파괴되기 시작하는 순간이고 풀리기 시작하는 순간이다. 연환을 예로 든 것은 당시에 연환에 관한 유명한 고사(故事)가 있었기 때문이다. 어느 외국 사신이 제나라 위왕(威王)의 비에게 하나의 옥연환을 주면서 풀도록 했다. 왕비는 쇠망치로 옥연환을 깨뜨리고 사신에게 연환을 풀었다고 말했다. 혜시의 이 논변 역시 푸느냐 못 푸느냐 하는 것도 상대적이고 조건적인 것임을 설명한다.]

39) 其分也, 成也 ; 其成也, 毁也. (『장자』, 70쪽) 〈제10장,주60〉

40) 我知天下之中央, 燕之北, 越之南是也[I know the center of the world. It is north of Yen and south of Yüeh]. [燕 : 최북단의 나라, 越 : 최남단의 나라]

41) 計四海之在天地之間也, 不似礨空之在大澤乎? 計中國之在海內, 不似稊米之在太倉乎? (『장자』, 563-64쪽) [礨空 : 작은 구멍, 개밋둑]

러나 사람들은 오히려 중국이 세계의 중심이고, 연나라 남쪽과 월나라 북쪽이 중국의 중앙이고, 나아가 중국의 중앙이 세계의 중앙이라고 여겼으니, 진실로「추수편」〈주34〉에서 말한 우물 안 개구리의 소견이었다. 만약 "지대무외"의 관점에서 보면, "세계는 한계가 없으므로 어느 곳이든 중앙이고, 원의 둘레는 시작한 곳이 없으므로 어느 곳이든 시작점이다."[42]

혜시의 제10사는 다음과 같다.

만물을 다 같이 사랑하라. 천지는 한몸이다.[43]

"사물을 상이성의 관점에서 보면 한몸 안의 간과 쓸개도 초나라와 월나라만큼이나 서로 다르고, 유사성의 관점에서 보면 만물은 모두 하나이다."〈주31〉 "만물을 다 같이 사랑하라. 천지는 한몸이다"는 만물을 유사성에서 고찰한 말이다.『장자』「제물론」에 "천하에 털끝보다 더 큰 것은 없고, 태산도 작다. 요절한 아이보다 더 장수한 자는 없고, 팽조도 요절했다. 천지는 나와 더불어 생겼고 만물은 나

---

42) 天下無方, 故所在爲中, 循環無端, 故所在爲始也. (『석문(釋文)』에 인용된 사마표〔司馬彪, 晉나라 시대의 학자〕의 주) (『장자』, 1105쪽[12])

43) 氾愛萬物, 天地一體也[Love all things equally ; Heaven and Earth are one body]. [『신편』II, 154쪽 : 지금까지의 9사의 논점이 증명한 바에 따르면 모든 사물은 모두 변동중에 있고 연계적이라는 것이다. 모든 차별은 모두 상대적이며 조건적이고 또한 상호 전화할 수 있다.『여씨춘추』「유시편(有始篇)」에 "천지만물은 마치 한 사람의 몸과 같다(天地萬物, 猶一人之身也). 이것을 두고 대동(大同)이라고 한다"고 했는데, "한 사람의 몸"이란 바로 **"천지는 한몸이다"**는 뜻이다. 이미 "천지와 한몸"인 만큼 **"만물을 다 같이 사랑해야 한다."** 이것은 10사의 한 결론이다. /혹자는 이것 역시 일종의 "겸애(兼愛)"의 설이고 따라서 혜시는 묵가의 한 지류라고 생각한다. 그러나 사실 묵적의 "겸애"의 주장은 사회의 각 계급을 두고 말한 것이다. 그는 당시 사회 속의 "왕공대인(王公大人)"과 공인, 농부 등의 군중이 서로 애호하고 서로 협조할 것을 희망했다. 그것은 계급조화론이다. 혜시가 논한 것은 우주관 혹은 본체론으로서 우주간의 사물은 모두 상호 연계적이어서 마치 "한 사람의 몸"과 같은 것이라고 여긴 것이다. **"만물을 다 같이 사랑하라"**는 구절은 아마도 단지 **"천지는 한몸이다"**는 말의 어세를 강화한 것일 수 있다. 어쨌든 이것은 혜시의 철학사상의 중심이지만 중점은 아니다.

와 더불어 하나이다"[44]고 했는데, 역시 같은 뜻이다.

4. 혜시와 장자의 차이

혜시의 10사를 이와 같이 해석하면, 혜시는 도처에서 "지대무외(至大無外)"〈주21〉의 관점에서 일반 사물의 유한성과 상대성을 지적했는데, 『장자』의 「제물론」, 「추수편」 등의 말과 아주 흡사하다. 그러나 『장자』 「제물론」은 "천지는 나와 더불어 생겼고 만물은 나와 더불어 하나이다"는 말 바로 다음에 "이미 하나인 이상, 더 이상 무슨 말(言 : 주장, 논의)이 필요하겠는가?"[45]라고 덧붙였다. 이 전회의 말(轉語)에 바로 장자와 혜시의 차이점이 존재한다. 혜시는 단지 지식(知識)으로써 "만물은 어느 면에서는 모두 같고, 어느 면에서는 모두 다르다"〈주30〉, "천지는 한몸이다"〈주43〉는 설을 증명했지만, 우리가 어떻게 해야 실제로 "천지와 한몸인" 경지를 경험할 수 있는지에 대해서는 말하지 않았다. 그러나 장자는 말(言) 외에 또 "무언(無言)"을 말했고, 지식(知) 외에 또 부지(不知)를 말했고, 이른바 "심제(心齋)", "좌망(坐忘)"을 통하여 실제로 망인아(忘人我), 제사생(齊死生), 만물일체(萬物一體), 절대소요(絶對逍遙)의 경지에 도달했다.* 따라서 「천하편」은 장자를 일컬어 "위로는 조물자와 더불어 노닐었으며 아래로는 사생을 도외시하고 시작과 끝을 무시하는 자와 더불어 벗했다"[46]고 한 반면, 혜시는 "도덕수양이 빈약하고 사물의 해설 따위에 뛰어났은즉 매우 협착한 길이었다"[47]고 평했다. 이로써 보건대 장자의 학문은 참으로 혜시에서 다시 진일보한 것이었다. 따라서 앞에서는 비록 장자의 글을 가지고 혜시의 10사를 해석하기는 했어도, 결국 혜시는 혜시, 장자는 장자이다.

---

44) 원문은 〈제10장,주44〉 참조. [彭祖 : 700여 살을 살았다고 함]

45) (天地與我並生, 而萬物與我爲一) 旣已爲一矣, 且得有言乎? 〈제10장,주44〉

* 無言과 不知, 心齋, 坐忘, 齊死生, 萬物一體, 絶對逍遙 : 각각 〈제10장,주65,주61,주62,주47 다음의*, 주43(44),주69〉 참조.

46) 上與造物者遊, 而下與外死生, 無終始者爲友. (『장자』, 1099쪽). 〈제8장,주11〉

47) 弱於德, 強於物, 其塗隩矣. (『장자』, 1112쪽) [隩 : 깊다, 굽어지다, 복잡하다]

『장자』「추수편」에서, 공자모(公子牟 : 〈주4〉의 魏牟)가 공손룡에게 말했다.

> 하물며 네 지혜는 **시비의 한계**도 분간할 수 없거늘 그런데도 장자의 말을 이해하려고 하는 것은, 마치 모기가 산을 짊어지고 노래기가 강을 건너려는 격인즉, 감당할 수 없음은 물론이다. 또 네 지혜의 수준은 지극히 심오한 사상을 논하는 말은 이해할 수 없고, 단지 일시적인 승리만을 추구하기에나 어울리는즉, 우물 안 개구리가 아니고 무엇인가? 저 장자의 사상은 아래로는 황천(黃泉 : 지하 깊은 곳)에 뻗고 위로는 대황(大皇 : 하늘 높은 곳)에 도달하여, 남북을 막론하고 사통팔달하여 측량하기 어렵고, 동서를 막론하고 현명(玄冥 : 심오함)에서 시작하여 **대통**(大通 : 무한자, 무소불통〈제10장,주62〉) **에 복귀해** 있다. 그런데 너는 도리어 자질구레하게 **세세히 따지고 논변하는** 데에만 몰두하고 있은즉, 그야말로 대롱 구멍을 통해서 하늘을 관찰하고 송곳을 써서 땅의 깊이를 재는 격이다. 어찌 좀스럽지 않은가?[48]

즉 장자학의 관점에서 변자를 비평한 말이다. 비록 전부가 온당한 말은 아닐지라도, 실로 장자학은 말(言)에서 시작하여 무언(無言)으로 끝나고, 논변(辯)에서 시작하여 무변(無辯)으로 끝난다. "시비의 한계"를 초월하여 "대통에 복귀"했으니, 처음부터 끝까지 "세세히 따지고" "논변하는" 변자들과는 다르다. 따라서 「천하편」은 혜시를 비평하면서 그가 논변을 좋아했던 사실에 중점을 두어, 그는 "인지상정에 반하는 일을 실질로 삼고, 논변으로 남을 이김으로써 명성을 추구했고"〈주5〉, "특히 천하의 변자들과 더불어 궤변을 추구했다"〈주15〉고 했다. 이와 반대로 장자의 학설을 서술하면서는 특별히 그가 논변을 좋아하지 않은 사실을 강조하여, 이렇게 말했다.

> 장주(莊周)는 심원한 학설, 광대한 언설, 끝도 가도 없는 언표 등을 통하여, 항상 마음대로 추구하여 얽매인 바가 없었으며, **편견을 가지고 살피지 않**

48) 且夫知不知是非之竟, 而猶欲觀於莊子之言, 是猶使蚊負山, 商蚷馳河也, 必不勝任矣. 且夫知不知論極妙之言, 而自適一時之利者, 是非埳井之蛙歟? 且彼方跐黃泉而登大皇, 无南无北, 奭然四解, 倫於不測. 无東无西, 始於玄冥, 反於大通. 子乃規規然而求之以察, 索之以辯, 是直用管窺天, 用錐指地也, 不亦小乎? (『장자』, 601쪽)

았다.……그는 "치언(梔言)"을 써서 무차별적 경지를 말했고, "중언(重言)"을 써서 진실성을 도모했고, "우언(寓言)"을 써서 도의 광대무변성을 논했다.……그는 **시비를 따지지 않고, 세속에 어울려 살았다.** 그의 글이 비록 기이하고 고원했지만, **두루뭉실했으므로 누구에게든 상처가 되지 않았다.** 그 말들이 비록 들쭉날쭉했지만 이상야릇한 분위기는 정말로 대단했다.[49)]

"편견을 가지고 살피지 않았으며", "시비를 따지지 않고, 세속에 어울려 살았으며", "두루뭉실했으므로 누구에게든 상처가 되지 않았다"는 말들은 모두, 혜시가 "인지상정에 반하는 일을 실질로 삼고, 논변으로 남을 이김으로써 명성을 추구하고, 그래서 대중과는 부합하지 못했던"〈주5〉 사실과 대비하고 있는 듯하다. 「천하편」에서의 장자학에 대한 서술은 200여 자에 불과하지만 그중에서 그의 학설의 방법론에 대한 언급이 대략 반을 차지하는바, 아마 이 점에서 장자와 혜시를 구별하려고 했던 듯하다. 『한비자』는 다음과 같은 혜자(惠子, 즉 惠施)의 말을 인용했다.

도망자가 동쪽으로 달리면 추적자도 동쪽으로 달린다. 그들이 동쪽으로 달리는 사실은 똑같지만 그 까닭은 서로 다르다. 즉 서로 똑같은 일을 하는 사람일지라도 자세히 살피지 않으면 안 된다는 말이다.[50)]

장자와 혜시의 차이 역시 이와 같은 경우였다.

그러나 장자의 학설은 "말(言)"과 "지식(知)"의 측면에서는 혜시와 결국 일치하고 있다. 따라서 혜시가 죽자 장자는 더불어 얘기할 사람이 없음을 한했다. 『장자』「천하편」은 말한다.

혜시의 학설은 하나의 학설로서는 손색이 없다. 또한 **더욱 도를 높였으니 도에 가깝다**고 할 수 있다. 하지만 혜시는 **거기에 안주하지 않고**, 온갖 외물에 산만하게 빠져들어 싫증을 못 느끼다가, **끝내 교묘한 논변으로써 명성을 추구했다.** 애석하다! 혜시의 재능이! 방만하여 아무것도 성취하지 못했고 한번

49) 『장자』, 1098-99쪽. 원문은 〈제8장,주11〉 참조.

50) 往者東走, 逐者亦東走；其東走則同, 其所以東走之爲則異. 故曰同事之人之不可不審察也. (「설림상(說林上)」, 『한비자』, 446쪽)

만물에 빠져든 후에는 되돌아 반성할 줄 몰랐다. 마치 소리를 쳐서 메아리를 쫓고, 몸과 그림자가 경주하는 격이었으니, 슬프다![51]

즉 혜시의 학설은 본래 "도"에 "가까웠다"고 할 수 있으나, "혜시는 거기에 안주하지 않았던" 까닭에 방만하고 중심(원칙)이 없이, "끝내 교묘한 논변으로써 명성을 추구했으니", 그의 재능이 매우 애석하여, "슬프다!"고 탄식한 것이다. 장자학의 관점에서 보면 혜시의 학문은 약간 미달(未達)하여 그만 샛길로 들어가고 말았다고 평할 수 있다.[52]

5. 공손룡의 "백마론"

공손룡(公孫龍, 320?-250B.C.)은 조(趙)나라 사람이다.[53] 『장자』「천하편」에 "변자들은 이런 논제들을 가지고 혜시와 더불어 상응하여 종신토록 끝이 없었다. 환단, 공손룡 등은 변자의 무리이다"[54]고 했다. 이 말에 따르면 공손룡은 혜시보다 약간 후기이나, 장자가 이미 그의 지물(指物)과 백마(白馬)의 설을 논박한 적이 있으므로(주 81), 또한 장자와 동시대이다. 공손룡은 일찍이 연(燕)나라 소왕(昭

51) 夫充一尚可, 曰愈貴道幾矣. 惠施不能以此自寧, 散於萬物而不厭, 卒以善辯爲名. 惜乎惠施之才, 駘蕩而不得, 逐萬物而不反 ; 是窮響以聲, 形與影競走也. 悲夫! [駘蕩 : 放蕩. 넓고 공허하다, 흩어져 정리되지 않다] (『장자』, 1112쪽)

52) 【주】「천하편」은 묵자에 대해서 "탁월한 인물이다(才士也夫)"고 했고, 윤문(尹文), 송경(宋經)에 대해서 "구세의 선비(救世之士)"라고 했다. 비록 추앙하기는 했지만 그다지 훌륭한 평어는 아니었다. 그러나 신도(愼到), 전변(田駢)에 대해서는 "모두들 도의 개요는 깨달았다(槪乎皆嘗有聞)"고 찬양했다. 혜시에 대해서는 "더욱 도를 높였으니 도에 가깝다(愈貴道幾矣)"고 찬양했다. 대체로 이 두 파가 장자학과 동일한 데가 있는 것은 사실이다. 장자는 "언어(言)"를 말하면서 "무언(無言)" 을 말했고, "지식(知)"을 말하면서 "무지(無知)"를 말했다. 신도는 "부지(不知)"만을 중시하여 결론(所得)은 "흙덩이는 도를 상실하지 않는다는 것(塊不失道)"이었고, 혜시는 "언어"만을 중시하여 결론은 "끝내 교묘한 논변으로써 명성을 추구한 것"이었다. 두 사람 모두 장자학의 한 측면만을 이해했다고 할 수 있다.

53) 「맹자순경열전」, 『사기』, 2349쪽. ["趙亦有公孫龍爲堅白同異之辯"]

54) 辯者以此與惠施相應, 終身無窮. 桓團公孫龍辯者之徒. (『장자』, 1106-11쪽)

王), 조(趙)나라 혜왕(惠王)에게 언병(偃兵 : 전쟁종식)을 주장, "언병의 참뜻은 천하 만민을 겸애하는 정신에 있습니다"[55]라고 했다. 그러나 언병은 바로 당시 일반 사람들의 의견이었으므로, 공손룡이 유명해진 까닭은 아니다. 『공손룡자』「적부(跡府 : 略傳)」 편은 말한다.

공손룡은 전국시대의 변사(辯士)이다. 그는 당시에 명실(名實 : 이름과 실상, 개념과 사실)의 관계가 일탈되고 혼란되어 있는 상태를 크게 문제삼아, 자기 재능의 특장에 의지하여 수백론(守白之論)을 제시했다. 그는 실물에 가탁해서 비유하여 수백론을 논변했다.……그는 이러한 논변을 널리 보급시켜 명실이 혼란한 현실을 바로잡음으로써 천하를 교화하려고 했다.[56]

○"내[공손룡]가 **유명해진 것은 바로 백마론 때문이다.** 그런데 이제 나한테 그것을 버리라고 하면 나는 더 이상 가르칠 것이 없다."[57]

『장자』「천하편」은 말한다.

환단, 공손룡 등의 변자 무리들은 사람들의 마음을 현혹하여 그들의 의견을 바꾸어놓았다. 그러나 사람들의 입은 이겼을지라도 그들의 마음을 승복시키지는 못했으니, 이것이 변자의 한계(囿 : 울타리)였다.〈주5〉

공손룡이 유명해진 까닭은 "논변(辯)"에 있었다. 그래서 그는 당시에 "변사(辯士)" 또는 "변자(辯者)"라고 불렸다.

공손룡이 "유명해진 것은 바로 백마론 때문이었다." 『공손룡자』「백마론(白馬論)」은 말한다.

흰말은 말이 아니다(白馬非馬).……

[1]'말(馬)'이라는 이름은 형태를 지시하고, "흰(白)"이라는 이름은 색깔을 지시한다. 색깔을 지시하는 것은 형태를 지시하는 것과 다르다. 따라서 "흰

55) 偃兵之意, 兼愛天下之心也. (「심응(審應)」, 『여씨춘추』, 1142쪽) 〈제5장,주11〉

56) 公孫龍, 六國時辯士也. 疾名實之散亂, 因資材之所長, 爲守白之論. 假物取譬, 以守白辯……欲推是辯, 以正名實, 而化天下焉. (『공손룡자』, 1-2쪽) [化 : transform]

57) 龍之所以爲名者, 乃以白馬之論耳. 今使龍去之, 則無以敎焉. (『공손룡자』, 2쪽)

말은 말이 아니다."……*

[2-1]말을 구할 경우 노랑말과 검정말 등을 전부 가져갈 수 있지만, 흰말을 구할 경우 노랑말과 검정말은 가져갈 수 없다.……즉 노랑말과 검정말은 다 같은 말인데도, 말에는 응할 수 있지만 흰말에는 응할 수 없다. 따라서 흰말은 말이 아님이 명백하다.……**

[3]말은 본래 색깔이 있기 때문에 흰말이 존재한다. 만약 말에 색깔이 없다면, 말 그 자체만 존재할 뿐이니(有馬如已耳)[설령 색깔이 없어도, 말은 단지 말이고 그와 같을 따름이다/『신편』], 어떻게 흰말이 나올 수 있겠는가? 즉 '흼'(흰말)이란 '말'과는 무관하다. '흰말'이란 '말'과 '흼'의 결합인즉, '말'과 '흼'의 결합이 '말'일 수 있겠는가?['흰말'이란 "말"과 "흼"이고 "흼"과 "말"이다/『신편』] 따라서 "흰말은 말이 아니다."……***

'흼 (자체)'는 대상을 고정하지 않은 흼이다(白者不定所白). 망각해도 상관 없다. 그러나 **'흰말'의 경우는 흼이 대상을 고정한 흼이다. '대상을 고정한 흼'은 '흼 자체'는 아니다.**

[2-2]'말'이란 색깔을 취사선택하지 않은즉, 노랑말과 검정말이 모두 응할 수 있다. 그러나 '흰말'은 색깔을 취사선택한즉, 노랑말과 검정말은 모두 색깔 때문에 배제되고 오직 흰말만 응할 수 있다. 배제되지 않은 것은 배제된 것과 다르다. 따라서 "흰말은 말이 아니다."[58)]

---

* 『신편』II, 161쪽 : [1]이것은 '말'이라는 이름 및 '흼'이라는 이름의 내포에 입각한 논변이다. '말'이라는 이름의 내포는 말의 형태요, '흼'이라는 이름의 내포는 하나의 색깔이요, '흰말'이라는 이름의 내포는 말의 형태와 한 색깔이다. 이 세 이름의 내포는 각각 다르다. 따라서 "흰말은 말이 아니다."

** *SH*, 88쪽 : [2-1, 2-2] 이 논증은 "말"과 "흰말"이라는 이름의 외연적인 차이를 강조한 것이다. "말"이라는 이름의 외연은 색깔의 구별 없이 모든 말을 포함한다. 그러나 "흰말"이라는 이름의 외연은 해당 색깔을 구별하여 단지 흰말만 포함한다. 그러므로 "말"과 "흰말"이라는 이름의 외연은 다르다. 따라서 "흰말은 말이 아니다."

*** 『신편』II, 161-62쪽 : [3] 이것은 말 일반, 흼 일반, 흰말 일반에 입각하여 이들의 차이를 설명한 것이다. 말 일반은 다만 모든 말이 공유하는 속성이고, 그속에는 결코 색깔의 속성은 없다. 말은 단지 말이고 그와 같을 따름이다("有馬如〔而〕已耳"). 흰말 일반은 모든 말이 공유하는 속성에다 흼의 속성을 더한 것이다. 따라서 "흰말은 말이 아니다."

58) 白馬非馬……[1]馬者, 所以命形也 ; 白者, 所以命色也 ; 命色者, 非命形也, 故曰白

'말(馬)'이라는 이름이 지시하는 대상(所指)은 모든 말들이 공유하는 속성, 즉 단지 말 그 자체(一馬 as such), 이른바 "유마여이이(有馬如已耳)"(已는 己여야 할 것 같고, 如己는 as such의 뜻)이다. 그것은 색깔에 대해서 "고정한 바(所定)"가 없다. 그러나 흰말은 색깔에 대해서 "고정한 바"가 있다. 따라서 '흰말'이라는 이름이 지시하는 대상은 '말'이라는 이름이 지시하는 대상과 실제로 다르다. '흼'의 경우에도 역시 이 흰 물체도 아니요 저 흰 물체도 아닌 일반적인 흼이 존재한다. 이것이 바로 이른바 "대상을 고정하지 않는 흼(不定所白)"으로서의 흼이다. '흰말'의 흼의 경우는 단지 흰말의 흼일 뿐이다. 따라서 이르기를 "'흰말'의 경우는 흼이 대상을 고정한 흼이다. '대상을 고정한 흼'은 '흼 자체'는 아니다"고 했다. 이미 흰말의 흼인 만큼, 일반적인 흼은 아닌 것이다. '흰말'이라는 이름이 지시하는 대상은 '흼'이라는 이름이 지시하는 대상과 역시 다르다.

6. 공손룡이 말한 "지(指)"의 의미

'말'과 '흼' 그리고 '흰말'이라는 이름이 지시하는 대상이 『공손룡자』「지물론(指物論)」에서 말한 "지(指)"이다. 지와 물은 다르다. 이른바 물(物)에 대하여 「명실론(名實論)」은 이렇게 말한다.

> 하늘과 땅 그리고 그 안의 모든 것들이 물(物 : 사물)이다. 하나의 사물을 바로 그 사물이도록 하고 그 이상도 그 이하도 아니게 하는 것이 실상(實)이다. 실상은 반드시 시공 가운데 일정한 위치를 점하는데 그것을 충실하게 해주는 것이 위(位)이다.……실상의 내용을 바로잡는 것이 정명(正名)이다.…… 무릇 **이름은 실상을 지칭한다.** 만약 '이것'이 이것이 아니고['이것'이 이것의

馬非馬.……[2-1]求馬, 黃黑馬皆可致; 求白馬, 黃黑馬不可致……故黃黑馬一也, 而可以應有馬, 而不可以應有白馬, 是白馬之非馬審矣……[3]馬固有色, 故有白馬. 使馬無色, 有馬如已耳; 安取白馬? 故白者, 非馬也. 白馬者, 馬與白也, 馬與白馬也; 故曰白馬非馬也.……白者不定所白, 忘之而可也. 白馬者, 言白定所白也. 定所白者, 非白也. [2-2]馬者無去取於色, 故黃黑皆所以應; 白馬者有去取於色, 黃黑馬皆所以色去, 故惟白馬獨可以應耳. 無去者非有去也; 故曰白馬非馬. (『공손룡자』, 12-16쪽)

실상을 지시하지 않고], ‘이것’의 의미가 이것[의 실상]에 있지 않다고 우리가 인정하면, ‘이것’은 무엇을 지칭하지 못한다. ‘저것’이 저것이 아니고[‘저것’이 저것의 실상을 지시하지 않고], ‘저것’의 의미가 저것[의 실상]에 있지 않다고 우리가 인정하면, ‘저것’은 무엇을 지칭하지 못한다.[59]

이 문단에서 보건대, 물(物)이란 시간과 공간 중에 위치를 점하는 것으로서, 현대철학에서의 구체적인 개체이다. 예컨대 이 말(馬), 저 말, 이 흰 물체, 저 흰 물체 따위가 그것이다. 지(指)란 이름이 지시하는 대상이다. 한편 이름이 지시하는 대상은 개체이므로 곧, “이름은 실상[개체]을 지칭한다.” 또 한편 이름이 지시하는 대상은 보편자(共相 : 일반개념)이다. 예컨대 이 말과 저 말 외에 “말 그 자체(有馬如已耳)”로서의 말이 존재한다. 이 흰 물체와 저 흰 물체 외에 “흼은 대상을 고정하지 않는 흼이다(白者不定所白)” 할 때의 흼이 존재한다. 이런 “말”과 “흼”은 현대철학에서 말하는 “보편자(共相 : 一般, 인식론상의 일반개념)” 혹은 “본질(要素)”이다. 이것 역시 이름이 지시하는 대상이다. 공손룡은 지(指)와 물(物)을 대비했는데, 그가 말한 지가 곧 이름이 지시하는 보편자임을 알 수 있다.[60]

59) 天地與其所產焉, 物也. 物以物其所物而不過焉, 實也. 實以實其所實, 不曠焉, 位也. ……正其所實者, 正其名也.……夫名, 實謂也. 知此之非此也(原作“知此之非也”, 依譚戒甫校改), 知此之不在此也, 則不謂也. 知彼之非彼也, 知彼之不在彼也, 則不謂也. (『공손룡자』, 47쪽, 49쪽)

60) 【주1】엄격히 말하면 이름은 추상명사와 구체명사로 구별된다. 추상명사는 오로지 일반개념(共相)을 지시하고, 구체명사는 개체를 지시하고 일반개념도 내포한다. 지(指)가 지시하는 개체는 곧 지의 외연(外延)이고, 지가 내포하는 일반개념은 곧 지의 내포(內涵)이다. 그러나 중국문자에는 형식상 이런 분별이 없는데, 중국 철학자들 역시 문자상으로 이런 분별을 한 적이 없다. 따라서 개체의 말(馬)을 지시하는 “말”과 말이라는 일반개념을 지시하는 “말”, 이 흰 물체를 일컫는 “흼”과 흼이라는 일반개념을 지시하는 “흼”을 구별하지 않았다. 즉 “말(馬)”과 “흼(白)”은 추상적인 일반개념과 구체적인 개체를 함께 지시하므로, 두 종류의 기능을 겸하고 있다.

【주2】나의 처음 원고는 다음과 같았다. “‘보편자(共相)’ 혹은 ‘본질(要素)’에 대해서 공손룡은 전용명사로 명명하지 않았다. ‘말(馬)’, ‘흼(白)’이란 문자언어상의 대표로서 「명실론」에서 말한 이름이다. 우리는 이 흰말, 저 흰말에 대한 인식(知識)은 ‘지각(知見, Percept)’이라고 하고, ‘말’, ‘흼’, ‘흰말’에 대한 인식은 개념(槪

7. 공손룡의 "견백론"

공손룡의 「백마론」은 "말", "흼", "흰말"이 독립적으로 분리된 일반개념(共相 : 보편자)임을 지적했다. 『장자』 「추수편」은 공손룡의 "이견백(離堅白)"을 언급했는데, "이견백"이란 "굳음(堅)"과 "흼(白)"이 분리된 두 일반개념이라는 말이다. 『공손룡자』 「견백론(堅白論)」은 말한다.

> "[굳고 흰 돌이 있다고 할 때] 굳음, 흼, 돌이 셋이라고 말해도 되는가?"
> "안 된다."
> "둘이라고 말하면 되는가?"
> "된다."
> "왜 그런가?"

念, Concept)이라고 한다. 공손룡이 말한 '지(指)'는 곧 개념이다(진종범〔陳鐘凡, 1888-1982〕 선생은 지〔指〕는 지〔旨〕와 통하고 지〔旨〕는 의미〔意〕라는 뜻으로서 지〔指〕 역시 의미라는 뜻이라고 했다. 자세한 내용은 그의 저서 『제자통의(諸子通誼)』 참조). 공손룡은 보편자를 나타내기 위한 전용명사를 만들지 않고 바로 '지(指)'라고 이름했는데, 마치 플라톤이 말한 이데아(概念, Idea)가 곧 보편자를 지시하는 것과 같다." 이 설명도 통하기는 한다. 그러나 단순, 명쾌하게 단지 지(指)를 이름이 지시하는 대상으로서의 보편자라고 여긴 것보다는 못하다.
[『신원도』, 32-33쪽 : 공손룡은 하나의 기준 내지 관점을 발견하여, 그 기준을 사용하거나 또는 그 관점을 바탕으로, 구체적인 형상세계와 사물에 대한 일반 사람들의 견해를 비판했다. 그는 서양철학에서 말한 "보편자"를 발견했는데, 그것을 지(指)라고 일컬었다. 그가 보편자를 지라고 일컬은 까닭은 두 가지로 해석할 수 있다. 첫째, 지란 이름이 지시하는 대상(名之所指)이라고 할 수 있다. (이름은 개체를 지시하는 한편 보편자를 지시한다.……) 예를 들면 '말(馬)'이라는 이름은 이 말, 저 말 등의 개체를 지시할 수도 있고, '말'이라는 보편자를 지시할 수도 있다. ……보편자는 이름이 지시하는 대상이므로 지(指)라고 일컬은 것이다. 둘째, 지(指)는 지(旨)와 통한다고 할 수 있다. 예컨대 사마담의 「논육가요지(論六家要指)」는 육가의 요지(要旨) 혹은 요의(要義)를 논한 것이다. 이렇게 해석하면 공손룡이 말한 지(指)는 서양철학에서의 관념(觀念)에 해당한다. 이때의 관념은 주관적인 관념이 아니라 객관적인 관념 즉 플라톤의 이데아(idea, 觀念)이다. 플라톤의 이데아는 곧 보편자이다.]

"[볼 때는] **굳음은 없고** 흼만 포착되므로, 상관된 것은 둘(二 : 흼과 돌,즉 흰 돌)이다. [만질 때는] **흼은 없고** 굳음만 포착되므로, 상관된 것은 둘(二 : 굳음과 돌, 즉 굳은 돌)이다.……볼 때는 그것의 굳음은 포착하지 못하고 흼만 포착하므로, 이 경우 **굳음은 없다**. 만질 때는 흼은 포착하지 못하고 굳음만 포착하므로, 이 경우 **흼은 없다**.……오직 흼만 포착하거나 오직 굳음만 포착한다. 즉 감각된 것이 있고 감각되지 못한 것이 있다(見與不見). 즉 감각된 것과 감각되지 못한 것이 분리되는데, 흼과 굳음은 각각 **서로를 포함**(盈 : 包含)**하지 않기** 때문에 분리된다(一一不相盈故離). 분리되는(離) 까닭은 감추어진 채 존재하기(藏) 때문이다.[61]

이른바 "굳음이 없고" "흼이 없다"고 함은 모두 구체적인 돌 속의 굳음과 흼을 두고 한 말이다. 돌을 바라보는 사람은 흼은 보지만 굳음은 보지 못하므로, 굳음을 보지 못하는 이상 굳음은 흼과 분리되어 있다. 돌을 만지는 사람은 굳음은 포착하지만 흼은 포착하지 못하므로, 흼을 포착하지 못하는 이상 흼은 굳음과 분리되어 있다. 즉 "굳음"과 "흼"은 "서로를 포함하지 않음"을 알 수 있다. 이른바 "서로를 포함하지 않는다" 함은 이것이 저것 속에 존재하지 않는다는 말이다. 이는 인식론적으로 굳음과 흼이 분리된 두 일반개념임

61) 堅, 白, 石, 三, 可乎? 曰, 不可 ; 曰, 二, 可乎? 曰, 可. 曰, 何哉? 曰, 無堅得白, 其擧也二 ; 無白得堅, 其擧也二.……視不得其所堅而得其所白者, 無堅也 ; 拊不得其所白而得其所堅, 得其堅也, 無白也.……得其白, 得其堅, 見與不見, 見(此見字據俞 校補)與不見離, 一一不相盈故離. 離也者藏也. (『공손룡자』, 39-40쪽)
[『신편』II, 164쪽 : 즉 인식론적 측면에서 굳음과 흼의 분리를 증명한 것이다. 굳고 흰 돌이 있다고 할 때 눈으로 볼 때는 단지 "그것이 희다는 것만 인식하므로" 흰 돌 한 개로 감각하고, 손으로 만질 때는 단지 "그것이 굳다는 것만 인식하므로" 굳은 돌 한 개로 감각한다. 흼을 감각할 때는 굳음을 감각할 수 없고, 굳음을 감각할 때는 흼을 감각할 수 없는데, 이것이 이른바 **"견여불견**(見與不見)**"**이다. 감각한 것과 감각하지 못한 것으로 분리된다는 말이다. 인간의 감각을 놓고 볼 때, 단지 굳은 돌, 흰 돌이 있을 따름이지 '굳고 흰 돌'이란 없다. 따라서 굳음, 흼, 돌을 셋으로는 볼 수 없으나, 굳음, 흼, 돌을 둘로는 볼 수 있다. 굳음과 돌이 둘이요 또 흼과 돌이 둘이다. 이것이 이른바 "각각 서로를 포함하지 않기 때문에 분리된 것이다"는 말이다. "서로를 포함하지 않는다(不相盈)"고 함은 굳음 가운데 흼이 존재하지 않고, 흼 가운데 굳음이 존재하지 않고, 돌 가운데 흼과 굳음이 존재하지 않는다는 말이다.]

을 증명한 것이다. 「견백론」은 또 다음과 같은 반론자의 반박을 설정했다.

눈으로 굳음을 감각할 수 없고 손으로 흼을 감각할 수 없다고 해서, 굳음이 없다고 말할 수 없고 흼이 없다고 말할 수 없다. 눈과 손은 기능이 다르기 때문에 서로 대신할 수 없을 따름이다. 굳음과 흼은 [다 함께] 돌 속에 존재할진대, 어떻게 분리되겠는가?[62)]

즉 눈과 손은 기능이 달라서 서로 대신할 수 없기 때문에 눈은 흼은 보지만 굳음은 볼 수 없고, 손은 굳음은 감각하지만 흼은 감각할 수 없다. 그러나 이것은 다만 눈이 굳음을 보지 못하고, 손이 흼을 감각하지 못하는 것일 따름이며, 사실상 굳음과 흼이 모두 돌 속에 존재할진대, 어떻게 서로 분리될 수 있겠는가? [이에 대하여] 공손룡은 이렇게 대답했다.

사물의 흼은 그 **대상을 고정하지 않는 흼이다**. 사물의 굳음은 그 **대상을 고정하지 않는 굳음이다.** 고정하지 않는다 함은 [굳거나 흰] 모든 사물의 공통적인 특성이다는 말이다. 그런즉 어찌 **굳음과 흼이 돌 속에 존재**하겠는가? [63)]

사희심(謝希深 : 宋人)은 말했다. "만물에 두루 흼이 존재한즉, 돌에 흼은 고정되어 있지 않다. 굳음과 흼이 어찌 돌의 경우에만 고정되어 있지 않겠는가? 역시 보편적으로 만물에 걸쳐 고정되어 있지 않다. 만물에 걸쳐 고정될 수 없거늘, 어찌 유독 돌에 깃들어(與 : 붙어) 일체가 되겠는가?"[64)] 흼은 "대상을 고정하지 않는 흼이고", 굳음은 "대상을 고정하지 않는 굳음일진대", 어떻게 "굳음과 흼이 돌 속에 존재한다"고 할 수 있겠는가? 천하의 사물 중에는 굳지만 희지 않은 것도 존재하고, 희지만 굳지 않은 것도 존재하므로, 굳음과

62) 目不能堅, 手不能白, 不可謂無堅, 不可謂無白. 其異任也, 其無以代也, 堅白域於石, 惡乎離? (『공손룡자』, 41쪽)

63) 物白焉, 不定其所白 ; 物堅焉, 不定其所堅. 不定者兼, 惡乎其(原作甚, 依陳澧校改)石也. (『공손룡자』, 40쪽)

64) 萬物通有白 ; 是不定白於石也. 夫堅白豈惟不定於石乎? 亦兼不定於萬物矣. 萬物且猶不能定, 安能獨與石同體乎? [『공손룡자형명발미』, 50쪽 참조]

흼이 분리된 두 보편자임은 더욱 명백하다. 이는 형이상학적으로 굳음과 흼의 "분리"를 증명한 것이다. 「견백론」은 또 말한다.

> 굳음은 **돌에 깃들어서만 굳음이 되는 것이 아니고 사물의 공통적인 속성이다. 무엇에 깃들어서만 굳음이 되는 것이 아니고 굳음은 그 자체로서 굳음이다**. 이렇듯 돌이나 기타 물체의 굳음이 아니더라도 굳음인즉, 굳음 자체는 천하에 존재하지 않고 **굳음은 감추어진 채 존재한다**(堅藏). 흼이 진실로 스스로 흴 수 없다면 어떻게 돌과 물체를 희게 할 수 있겠는가? 만약 흼이 저절로 흴 수 있다면 다른 물체에 의존할 필요 없이 저절로 흴 것이다. 노랑, 검정 따위의 색깔들도 마찬가지다. 또한 [굳음과 흼은] 돌이 없어도 상관없은즉, 구태여 굳고 흰 돌에 의존할 필요가 있겠는가? 따라서 [굳음과 흼은] 돌과 분리되어 있음을 알 수 있다.[65)]

사회심의 주(註)에 따르면 "굳음이란 유독 돌에만 굳음이 있는 것이 아니고, 만물에 걸쳐 굳음이 있다. 즉 '돌에 깃들어서만 굳음이 되는 것이 아니고 사물의 공통적인 속성이다'는 말이다. 또 만물에 깃들어서만 굳음이 되는 것이 아니라 스스로 굳음이 된다. 즉 '무엇에 깃들어서만 굳음이 되는 것이 아니고 굳음은 그 자체로서 굳음이다'는 말이다. 천하에 이런 독립적인 굳음이 가시적으로 존재하는 것은 아니지만 또한 굳음이 존재하지 않는다고도 말할 수 없다. 그러므로 '굳음은 감추어진 채 존재한다'는 말이다."[66)] 독립적인 흼이 눈에 보이지는 않지만 흼은 스스로 흴 수 있다. 만약 (대상을 고정하지 않는) 흼이 스스로 흴 수 없다면 돌이나 사물을 희게 할 수 없을 것이다. 만약 (대상을 고정하지 않는) 흼이 스스로 흴 수 있다면 다른 사물에 의존하지 않고도 자존(自存)할 것이다. 노랑, 검

---

65) 堅未與石爲堅而物兼. 未與爲堅而堅必堅. 其不堅石物而堅, 天下未有若堅而堅藏. 白固不能自白, 惡能白石物乎? 若白者必白, 則不白物而白焉. 黃黑與之然, 石其無有, 惡取堅白石乎? 故離也, 離也者因是. (『공손룡자』, 41-42쪽)

66) 堅者不獨堅於石, 而亦堅於萬物, 故曰: "未與石爲堅而物兼"也. 亦不與萬物爲堅而固當自爲堅, 故曰: "未與物爲堅而堅必堅也." 天下未有若此獨立之堅而可見, 然亦不可謂之無堅, 故曰: "而堅藏也." (『공손룡자』)

정 따위의 색깔들도 그와 같다. 흼은 돌이 없어도 된다. 흼은 돌과 상관없는 이상 굳고 흰 돌과도 상관없다.[67] 이로부터 굳음과 흼은 (돌과) 분리된 독립적인 존재임을 알 수 있다. 이는 형이상학적으로 "굳음"과 "흼"의 보편자는 모두 독립적으로 자존(潛存)함을 밝힌 것이다. "굳음"과 "흼"의 보편자가 비록 독립적으로 스스로 굳고 스스로 흴 수 있을지라도, 인간이 감각하는 것은 단지 그것이 구체적인 사물에 표현된 것에 한한다. 즉 인간은 단지 사물에 깃든 굳음, 사물에 깃든 흼만을 감각할 수 있을 뿐이다. 그렇다면 사물에 표현되지 않는 것 역시 존재하지 않는 것이 아니라 사람에게 감각되지 않는 것에 불과하므로, 이른바 "감추어진 채 존재한다"는 말이다. 그것이 "감추어진 채 존재함"은 그것 스스로 감추어져 있는 것이지 감추는 자가 따로 존재하는 것은 아니다. 따라서 「견백론」은 말한다.

> 그것 스스로 감추어진 채 존재하는 것이지 누가 감추었기 때문에 감추어진 채 존재하는 것이 아니다.[68]

플라톤은 개체는 감각할 수 있지만 사유할 수 없고, 개념은 사유할 수 있지만 감각할 수 없다고 했는데, 바로 이 뜻이다. 여기서 다시 "굳음"과 "흼"의 "분리"를 알 수 있다. 어찌 유독 "굳음"과 "흼"만 분리되겠는가? 모든 보편자는 모두 분리되어 존재하는 독립적인 존재이다. 따라서 「견백론」은 말한다.

> '분리'란 모든 존재가 독립되어 참되다는 말이다.[69]

---

67) 白可無石, 白無石則無堅白石矣. [이 구절의 표현을 『신편』II(165쪽)은 다음과 같이 수정했다: "흼은 돌이 없어도 자체로 흼이고, 굳음은 돌이 없어도 자체로 굳음일진대, 구태여 굳고 흰 돌에 의존할 필요가 있겠는가(白可無石而自白, 堅可無石而自堅, 何必待堅白石)?"]

68) 有自藏也, 非藏而藏也. (『공손룡자』, 40쪽)

69) 離也者, 天下故(皆)獨而正[Each is alone and true]. (『공손룡자』, 43쪽)

8. 공손룡의 "지물론"

현대의 신실재론자(新實在論者)에 따르면 개별물은 존재하고, 보편자는 자존한다(潛存 : 自存). 이른바 자존이란 시공 속에 위치를 점한 것도 아니지만 또한 없는 것도 아니다는 말이다. 예컨대 굳음은 설령 사물에 깃들어 굳음이 되지 않더라도 여전히 굳음이 없다고 할 수는 없다. 즉 굳음은 "감추어진 채 존재한다"는 말이고, 굳음은 자존한다는 말이다. "굳음은 감추어진 채 존재한다(堅藏)"〈주 65〉는 의미를 알면 『공손룡자』「지물론(指物論)」을 해독할 수 있다.「지물론」[전문(全文)]은 말한다.

만물은 지(指 : 보편자, 일반개념)**가 아닌 것이 없다. 그러나 지에는 지가 없다. 천하에 지가 없다면 사물은 사물일 수 없다.**[1] 천하에 지가 없고, **천하에 사물이 없다면, 가히 지를 논할 수 있겠는가? 지**(指)**란 천하에 없는 것이요, 물**(物)**이란 천하에 있는 것이다.**[2] 천하에 있는 것을 천하에 없는 것과 같다고 여김은 잘못이다. **천하에 지는 없고, 사물은 지라고 일컬을 수 없다.**[3] 지라고 일컬을 수 없는 것은 지가 아니다. 사물은 지가 아니지만, 한편 만물은 지가 아닌 것이 없다. 세상에 지가 없고 또 구체적인 사물은 지라고 일컬을 수 없다고 하더라도 지가 아닌 것은 존재하지 않는다. '지가 아닌 것이 존재하지 않는' 까닭은 만물은 지가 아닌 것이 없기 때문이다. 만물은 지가 아닌 것이 없지만, 지에는 지가 없다.

천하에 지가 없는 까닭은 사물마다 존재하는 이름이 곧 지는 아니라는 사실에서 비롯된다.[4] 지가 아닌 것을 지라고 지칭하는 일은 (지가) 동시에 지가 아닌 것이 되고 만다. **지가 아닌 존재**[즉 이름]**를 지가 아닌 것이 아니라고 여김은 잘못이다.**[5]

또 지는 천하의 공통적인 속성이다. 천하에 지가 없다고 해서 사물에 지가 없다고 말할 수 없다.[6] **'지가 없다고 말할 수 없다'고 함은 지가 아닌 것은 존재하지 않는다는 뜻이다. '지가 아닌 것은 존재하지 않는다'고 함은 '만물은 지가 아닌 것이 없다'는 뜻이다. 지**(指)**는 비지**(非指 : 즉 사물)**가 아니다. 지가 사물에 깃들 경**

우 비지이다.[7] **천하에 '물지(物指)'가 없다면, 누가 '비지(非指)'를 논하리오? 천하에 사물(物)이 없다면, 누가 지(指)를 논하리오? 천하에 지는 있으나 물지가 없다면, 누가 비지를 논하고, '지가 아닌 사물은 없다'고 논하리오?**[8] **또 무릇 본래 지 스스로 비지가 되는 것이지, 어찌 사물을 기다려 그것에 깃들어 지가 되리오?**[9][70]

천하의 사물(物)이란 그것을 분석하면 약간의(허다한) 일반개념만으로 되어 있음을 알수 있다. 그러나 일반개념은 (일반개념으로 조성된 것이 아니므로) 다시 일반개념으로 분석할 수 없다. 즉 "만물은 지(指)가 아닌 것이 없다. 그러나 지에는 지가 없다. 천하에 지가 없다면 사물은 사물일 수 없다"[1]는 말이다. 그러나 일반개념은 반드시 "대상에 고정되고(有所定)", 대상에 "깃들어(與)" 있어야만, 즉 반드시 사물에 표현되어야만 비로소 시공에 위치를 점하여 우리의 감각대상이 된다. 그렇지 않으면 시공 속에 있지 않으므로 우리의 감각대상이 될 수 없다. 따라서 "천하에 사물이 없다면 가히 지를 논할 수 있겠는가?"라고 했고, 또 "지(指)란 천하에 없는 것이요, 물(物)이란 천하에 있는 것이다"[2]고 했다. 일반개념이 만약 "대상에 고정되지 않고(無所定)" "사물에 깃들어" 있지 않으면, 시공에 존재하지 않고 "감추어진 채 있기(藏)" 때문에 "천하에 없는 것"이다. 사물은 반드시 시공 중에 일정한 위치를 점하는 것이기 때문에 "천하에 있는 것"이다. 그러므로 사물이 비록 약간의(허다한) 일반개념으로 분석될지라도 사물 자체가 지(指)는 아니다. 따라서 한편으로 "만물은 지가 아닌 것이 없다"고 했고, 또 한편으로 "사물은

70) 物莫非指, 而指非指. 天下無指, 物無可以謂(謂 : 爲)物.[1] 非指者, 天下無(原作而, 據兪樾校改)物, 可謂指乎? 指也者, 天下之所無也 ; 物也者, 天下之所有也.[2] 以天下之所有, 爲天下之所無, 未可. 天下無指, 而物不可謂指也.[3] 不可謂指者, 非指也 ; 非指者, 物莫非指也. 天下無指, 而物不可謂指者, 非有非指也. 非有非指者, 物莫非指也. 物莫非指者, 而指非指也. 天下無指者, 生於物之各有名, 不爲指也.[4] 不爲指, 而謂之指, 是兼不爲指. 以有不爲指, 之無不爲指, 未可.[5] 且指者, 天下之所兼. 天下無指者, 物不可謂無指也.[6] 不可謂無指者, 非有非指也. 非有非指者, 物莫非指, 指非非指也, 指與物, 非指也.[7] 使天下無物指, 誰徑謂非指? 天下無物, 誰徑謂指? 天下有指無物指, 誰徑謂非指? 徑謂無物非指?[8] 且夫指固自爲非指, 奚待於物, 而乃與爲指?[9] (『공손룡자』, 20-22쪽)

지라고 일컬을 수 없다"[3]고 했다. "천하에 지는 없다"고 함은 일반개념 자체는 시공 중에 존재하지 않는다는 말이다. 그렇지만 천하의 사물은 모두 그 이름이 있다. "이름이란 실상을 지칭한다." 〈주59〉 즉 이름은 실상을 지칭하는 것으로서, 실상은 개체이고 이름은 일반개념을 대표한다. 그러나 이름은 다만 보편자(일반개념)의 대표이지 보편자는 아니다. 천하에 이름은 존재할지라도 보편자는 존재하지 않는다. 즉 "천하에 지가 없는 까닭은 사물마다 존재하는 이름이 곧 지는 아니라는 사실에서 비롯된다"[4]는 말이다. 이름이 지가 아닌 만큼 그것을 지라고 일컬을 수는 없다. 즉 "지가 아닌 존재[즉 이름]를 지가 아닌 것이 아니라고 여김은 잘못이다"[5]는 말이다. 하나의 일반개념은 그 유(類)의 사물이 공유하는 바이다. 예컨대 "말(馬)"의 일반개념은 말 종류의 사물이 공유하는 바이고, "흼"의 일반개념은 흰 종류의 사물이 공유하는 바이다. 따라서 "천하에 지는 없다"고 함은 천하의 사물에 지가 없다는 말이 아니다. 즉 "지는 천하의 공통적인 속성이다. 천하에 지가 없다고 해서 사물에 지가 없다고 말할 수 없다."[6] 한편으로 "만물은 지가 아닌 것이 없다"고 한 것은 구체적인 사물이란 모두 일반개념이 취합하여 시공에 위치를 점하고 있는 것이기 때문이고, 또 한편으로 사물은 "지가 아니다(非指)"고 한 것은 시공에 위치를 점하고 있는 것은 개체일 뿐 일반개념이 아니기 때문이다. 따라서 한편으로 "'지가 없다고 말할 수 없다'고 함은 지가 아닌 것은 존재하지 않는다는 뜻이다. '지가 아닌 것은 존재하지 않는다'고 함은 '만물은 지가 아닌 것이 없다'는 뜻이다"고 하면서, 한편으로 "지(指)는 비지(非指 : 즉 사물)가 아니다. 지가 사물에 깃들 경우 비지이다"[7]고 했다. "지가 사물에 깃들 경우 비지이다"고 함은 몇몇 일반개념이 연합하여 시공 중의 "위치(位)"에 현현되면 사물이 된다는 말이다. 사물 가운데 현현된 지는 "사물에 깃든" 지, 이른바 "물지(物指)"이다. 만약 지가 없다면 사물은 존재할 수 없다. "물지"가 없어도 사물은 존재할 수 없다. 만약 지는 존재하나 사물이 존재하지 않는다면, 다만 "감추어진 채(藏)" 현현되지 않은 보편자만 존재할 뿐, 물지를 논할 사람 역시 존재할 수 없다. 따라서 말했다. "천하에 '물지'가 없다면 누가 '비지'를 논하리오? 천하에 사물(物)이 없다면 누가 지(指)를 논하리오? 천하에 지는 있으나 물지가 없다면, 누가 비지를 논하고, '지가 아닌 사물은 없다'고 논하리오?"[8] 그러나 일반개념이 연합하여 시공의 위치로 현현되어 사물이 되는 것은 자연적인 일일 뿐, 그렇게 시키는 이가 존재하기 때문이 아니다. 따라서 말했다. "무릇 본래 지 스스로 비지가 되는 것이지, 어찌 사물을 기다려 그것에 깃들어 지가 되리오?"[9] "비지"란 곧 (개별적인) 사물이다.

9. 공손룡의 "통변론"

일반개념은 불변하는 것이고, 개체는 항상 변하는 것이다. 어떤 것은 변하고 어떤 것은 변하지 않는데, 『공손룡자』「통변론(通變論)」은 바로 이 문제에 대해서 토론한다. 「통변론」은 말한다.

"'2'에 '1'이 존재하는가?"

"'2'에 '1'은 없다.*

"'2'에 '오른쪽'이 존재하는가?"

"'2'에 '오른쪽'은 없다."

"'2'에 '왼쪽'이 존재하는가?"

"'2'에 '왼쪽'은 없다."

"'오른쪽'을 '2'라고 일컬어도 되는가?"

"안 된다."

"'왼쪽'을 '2'라고 일컬어도 되는가?"

"안 된다."

"'왼쪽과 오른쪽'은 '2'라고 일컬어도 되는가?"

"된다."[71)]

---

* 『신편』II, 170쪽 : '2'의 보편자는 단지 2일 뿐, '1'의 보편자 두 개가 아니기 때문에 "'2'에 '1'은 없다."

71) 曰, 二有一乎? 曰, 二無一. 曰, 二有右乎? 曰, 二無右. 曰, 二有左乎? 曰, 二無左. 曰, 右可謂二乎? 曰, 不可. 曰, 左可謂二乎? 曰, 不可. 曰, 左與右可謂二乎? 曰, 可. (『공손룡자』, 27-28쪽)

'2'의 일반개념은 '2'일 뿐 그밖의 어떤 것도 아니다. 따라서 '1'도 아니고 '왼쪽'도 아니고 '오른쪽'도 아니다. 그러나 '왼쪽'과 '오른쪽'을 더하면 그 수가 2이다(두 개의 일반개념이다). 따라서 "'왼쪽과 오른쪽'은 '2'라고 일컬어도 된다." 「통변론」은 말한다.

> "**변하는 것은 불변하는 것이 아니다**고 말해도 되는가?"
> "된다."
> "**오른쪽이 [사물에] 깃들어 있을 경우**(右有與), '변한다'고 말해도 되는가?"
> "된다."
> "그러면 무엇이 변하는가?"
> "오른쪽이 변한다."[72)]

일반개념은 불변하나 개체는 항상 변하므로, "변하는 것은 불변하는 것이 아니다." "오른쪽이 [사물에] 깃들어 있을 경우"의 "깃듬(與)"은, 즉 「견백론」에서 "굳음은 돌에 깃들어서만(與石) 굳음이 되는 것이 아니다"〈주65〉고 한 때의 "깃듬"이다. 대체로 일반개념 자체는 불변일지라도 일반개념을 나타내고 있는 개체는 가변적이다. 따라서 '오른쪽'의 일반개념은 불변이지만 "[사물에] 깃들어 있는" 오른쪽은 가변적이다. 예컨대 어떤 물건의 오른쪽에 있는 물건은 변하여 그 물건의 왼쪽에 있을 수 있다. 질문자가 "무엇이 변하는가?"라고 묻자, "오른쪽이 변한다"고 대답했다. 그러나 이 오른쪽은 구체적인 사물 속의 오른쪽, 즉 "[사물에] 깃들어 있는" 오른쪽이지, '오른쪽'의 일반개념은 아닌 것이다.[73)] 「통변론」은 말한다.

---

72) 曰, 謂變非不變可乎? 曰, 可. 曰, 右有與, 可謂變乎? 曰, 可. 曰, 變奚?(原作隻, 據兪樾校改) 曰, 右. (『공손룡자』, 28-29쪽)

73) 【주】이 부분은 김악림(金岳霖) 선생의 지적을 받고 고친 것이다. 이렇게 해석하면, 보편자는 불변하지만 개체는 늘 변한다고 여긴 공손룡의 취지를 알 수 있다. 내 원고는 다음과 같았다. "보편자 자체는 불변일지라도 만약 개체에 표현되면 **변화가 생긴다고 말할 수 있다**(可謂爲有變). 즉 오른쪽의 보편자가 '**[사물에] 깃들어 있는 경우**'라면 '**변했다고 말할 수 있다**(可謂變).' 무엇으로 변하는가? 여전히 오른쪽으로 변하는가? 하지만 이 오른쪽은 구체적인 사례 중의 오른쪽이지(예컨대 이 물건의 오른쪽), '오른쪽'의 보편자는 아닌 것이다." 이도 통하기는 한다. 그러나 보편자도 "변화가 생긴다고 말할 수 있다"는 표현은, 현대철학의 관점에서 보면 어

"오른쪽이 정말 변했다면 어떻게 여전히 오른쪽이라고 할 수 있겠는가? 변하지 않았다면 어떻게 그것이 변했다고 할 수 있겠는가?"

"2는 이미 왼쪽도 아니요 오른쪽도 아닌데, **2란 왼쪽과 오른쪽**이라니 무슨 말인가?[어떻게 2가 왼쪽과 오른쪽이라고 말할 수 있는가?]"[74)]

질문자는, 가변적인 오른쪽은 구체적인 사례 속의 오른쪽으로서 설령 이 오른쪽은 변할지라도 '오른쪽'의 일반개념은 여전히 불변한다는 점을 깨닫지 못했기 때문에 이렇게 물었다 : 만약 오른쪽이 변했다면 어떻게 여전히 오른쪽이라고 할 수 있으며, 만약 변하지 않았다면 어떻게 그것이 변했다고 할 수 있는가? 질문자는 또, 왼쪽과 오른쪽을 서로 더하면 그 수가 2이기 때문에 2라고 일컬었다는 점을 깨닫지 못했기 때문에 이렇게 물었다 : 2는 이미 왼쪽도 아니요 오른쪽도 아닌데, 어떻게 "2란 왼쪽과 오른쪽이다"고 말할 수 있는가? 「통변론」은 말한다.

"양과 소를 합해도 말이 아니고, 소와 양을 합해도 닭이 아니다".

"어째서 그런가?"[75)]

즉 왼쪽과 오른쪽을 더하면 그 수가 2이므로 2라고 일컬은 것이지, '왼쪽'의 일반개념과 '오른쪽'의 일반개념이 하나로 합하여 2가 된다는 말이 아니다. '왼쪽'의 일반개념과 '오른쪽'의 일반개념이 합하여 2가 될 수 없음은, 마치 '양'의 일반개념과 '소'의 일반개념이 합하여 '말'이 될 수 없고, '소'의 일반개념과 '양'의 일반개념이 합하여 '닭'이 될 수 없음과 같다. 「통변론」은 말한다.

양과 소가 비록 다르나, 양은 앞윗니가 있지만 소는 없기 때문에 소가 양이 아니고 양이 소가 아닌 것은 아니다. 즉 그들 둘 다 [앞윗니가] 있는 것은 아니지만 유사한 데는 있다. 양도 뿔이 있고 소도 뿔이 있기 때문에 양이 소이고 소가 양인 것은 아니다. 둘 다 (뿔이) 있기는 해도 다른 유에 속한다. 양

폐(語病 : 語弊)가 있다.

74) 曰, 右苟變, 安可謂右? 苟不變, 安可謂變? 曰, 二苟無左又無右, 二者左與右, 奈何? (『공손룡자』, 29쪽)

75) 羊合牛非馬, 牛合羊非雞. 曰 : 何哉? (『공손룡자』, 29쪽)

과 소는 뿔이 있으나 말은 뿔이 없고, 말은 갈기가 있으나 양과 소는 갈기가 없다. 따라서 **양과 소를 합해도 말이 아니다**고 말했다. 여기서 '말이 아니다'고 함은 즉 말은 없다는 뜻이다. (양과 소 속에) 말이 없는 경우와 마찬가지로, **양은 2가 아니고 소도 2가 아니지만 '양과 소'는** (그 수가) **2이다**. 그러므로 양과 소는 말이 아님이 증명된다. **이런 예에서도 유(類)는 역시 상이한 경우이다. 이는 왼쪽과 오른쪽을 든 경우도 마찬가지다.**[76)]

즉 소, 양, 말의 일반개념의 내용이 다르기 때문에, '양'의 일반개념과 '소'의 일반개념을 합해도 말이 될 수 없음을 열거한 것이다. 그러나 '양'의 일반개념과 '소'의 일반개념을 합해도 말이 될 수는 없지만, '양'의 일반개념과 '소'의 일반개념을 더하면 그 수는 2이기 때문에, "양은 2가 아니고 소도 2가 아니지만 양과 소는 2이다." 양과 소는 같은 유는 아니지만 더해서 2가 되기에는 무방한데, 왼쪽과 오른쪽이 2가 되는 경우도 역시 이와 같다. 따라서 말하기를 "이런 예에서도 유는 역시 상이한 경우이다. 이는 왼쪽과 오른쪽을 든 경우도 마찬가지다"고 했다. 「통변론」은 말한다.

소와 양은 터럭이 있고 닭은 깃이 있다. **닭발의 일컬음**(謂雞足)이 1이고 발 수가 2이다. 2 더하기 1이므로 3이다. **소나 양의 발의 일컬음**(謂牛羊足)이 1이고 발 수가 4이다. 4 더하기 1이므로 5이다. 소나 양의 발은 5요 닭발은 3이다. 또 소와 양을 합하면 닭이 아닌데, [닭이] 없기 때문에 닭이 아닌 것이다. 이 예시의 경우 **말과 닭 가운데 말이 더 낫다.** 어떤 속성이 있는 것과 없는 것을 나란히 견줄 수 없는 것은 자명한 이치이다. 그런데도 그런 예를 든다면 바로 **난명**(亂名 : 용어의 문란화)**이요 광거**(狂擧 : 그릇된 예시)**이다.**[77)]

---

76) 曰 : 羊與牛唯[唯 : 雖]異 ; 羊有齒, 牛無齒, 而牛之非羊也, 羊之非牛也(原作 "而牛羊之非羊也, 之非牛也." 依孫詒讓校改), 未可. 是不俱有, 而或類焉. 羊有角, 牛有角, 牛之而羊也, 羊之而牛也, 未可. 是俱有, 而類之不同也. 羊牛有角, 馬無角 ; 馬有尾, 羊牛無尾, 故曰 : 羊合牛非馬也. 非馬者, 無馬也. 無馬者, 羊不二, 牛不二, 而羊牛二 ; 是而羊而牛, 非馬可也. 若擧而以是, 猶類之不同. 若左右, 猶是擧. (『공손룡자』, 30쪽)

77) 牛羊有毛, 雞有羽. 謂雞足一, 數足二 ; 二而一, 故三. 謂牛羊足一, 數足四 ; 四而一, 故五. 羊牛足五, 雞足三, 故曰, 牛合羊非雞, 非有以非雞也. 與馬以雞, 寧馬. 材不材, 其無以類審矣. 擧是, 謂亂名, 是狂擧. (『공손룡자』, 31쪽)

즉 소와 양은 닭과는 더욱 다르다는 말이다. '닭발'의 일반개념 혹은 "닭발을 일컫는" 언표(言) 1에 실제 닭발 2를 더하면 3이다. 만약 소나 양의 발의 일반개념 혹은 "소나 양의 발을 일컫는" 언표 1에 실제 소나 양의 발 4를 더하면 5이다.[78] 아무튼 소의 일반개념과 양의 일반개념은 합하여 닭이 될 수 없다. 소의 일반개념과 양의 일반개념이 합하여 닭이 될 수 있다고 할 바에야 차라리 그것들이 합하여 말이 될 수 있다고 하는 것이 낫다. 닭에 비해서 말이 소나 양과 더 가깝기 때문이다. 따라서 "말과 닭 가운데 말이 더 낫다"는 말이다. 만약 기어이 소와 양이 닭이 될 수 있다고 한다면 그것은 바로 "난명"이요 "광거"이다. 이 편(篇)의 후반부는 그다지 명료하지 않지만, 그 대의는 다음과 같다. 청색과 백색이 (합하여) 황색이 될 수 없고, 백색과 청색이 (합하여) 녹색이 될 수 없는 것은, 마치 "양과 소를 합해도 말이 아니고, 소와 양을 합해도 닭이 아닌"〈주75〉 것과 같다. 따라서 "황색은 (상술한) 말의 경우와 같고 녹색은 (상술한) 닭의 경우와 같다"[79]고 했다.* 이것은 기타의 예를 들어서 앞글의 뜻을 해석한 것인 듯한데, 이른바 "타변(他辯)"이다.

10. "합동이(合同異)"와 "이견백(離堅白)"

『장자』「덕충부」에 "사물을 상이성의 관점에서 보면 한몸 안의 간과 쓸개도 초나라와 월나라 만큼이나 서로 다르고, 유사성의 관

78) 【주】'닭발'의 일반개념과 실제의 닭발은 사실상 서로 더할 수가 없다. (이것은 일종의 궤변이다/『신편』) 그러나 공손룡파의 "변자들"에게는 이런 설이 있었기 때문에, 『장자』「천하편」은, 변자들에게 "닭발은 셋이다"〈주96〉, "노랑말-검정소는 셋이다"〈주106〉는 설이 있다고 말했다.

79) 黃其馬也,……碧其雞也. (『공손룡자』, 30쪽)

* 『신편』II, 172쪽 : 당시 오행가(五行家)의 학설에 따르면 "황색은 흙의 색깔이고 중앙에 거하며, 청색, 백색과 동일한 유이다. 녹색은 그것과 동일한 유가 아니며, 또 "정색(正色)"이 아니라 "여색(驪色 : 잡색?)"이다. 그래서 황색은 청색과 백색에 더 가깝다. 따라서 그 다음 문장에서 "청색과 백색이 합하여 녹색으로 될 수 있다고 할 바에야, 차라리 청색과 백색이 합하여 황색으로 될 수 있다고 말하는 것이 낫다(與其碧, 寧黃……)"고 했다.

점에서 보면 만물은 모두 하나이다"〈주31〉고 했다. 사물을 상이성에 입각하여 논하면 만물은 다르지 않은 것이 없고, 동일성에 입각하여 논하면 만물은 같지 않은 것이 없다고 할 수 있다. 그러나 이것은 다만 개별물의 경우이다. 한 개체에는 본래 허다한 속성이 있으나 그런 속성은 모두 절대적이지 않다. 따라서 태산도 작다고 할 수 있고, 털끝도 크다고 할 수 있다. 하지만 일반개념의 경우는 그렇지 않다. 일반개념은 오직 일반개념이고 그 속성 역시 절대적이다. 예컨대 '큼'의 일반개념은 오직 큼이고, '작음'의 일반개념은 오직 작음이다. 혜시의 관점은 개별물에 주목한 것인 만큼, "만물은 어느 면에서는 모두 유사하고, 어느 면에서는 모두 상이하다"〈주30〉고 했고, "만물을 다 같이 사랑하라. 천지는 한몸이다"〈주43〉고 귀결지었다. 공손룡의 관점은 일반개념에 주목한 것인 만큼, "굳음과 흼을 분리했고", "모든 존재가 독립되어 참되다"〈주69〉고 귀결지었다. 두 학파는 관점이 다르기 때문에 그 학설 역시 완전히 다르다. 전국시대에는 변자 학설을 논급하면서 "합동이, 이견백(合同異, 離堅白)"*이라고 총칭하거나, 혹은 그 학설을 일컬어 "견백, 동이의 논변"80)이라고 총칭했는데, 이것은 뭉뚱그려 일컬은 말이다. 사실상 변자 학설은 두 파 즉 "합동이"파와 "이견백"파로 나누어야 한다. 전자는 혜시가 영수이고, 후자는 공손룡이 영수이다.**

장자의 학설 일부는 혜시와 부합한다. 그래서 장자는 "합동이"는

---

* 合同異 : 유사성과 차이성의 통합(the unity of simiarity and difference).
  離堅白 : 굳음과 흼의 분리(the separateness of hardness and witeness). 〈주4〉

80) 堅白同異之辯. [「천하」, 『장자』; 「맹자순경열전」, 『사기』] 〈제11장,주2〉

** *SH*, 83쪽 : 혜시와 공손룡은 명가의 두 경향을 대표한다. 혜시는 실제 사물의 상대성(relativity of actual things)을, 공손룡은 이름의 절대성(absoluteness of names)을 강조했다.……예를 들면 "이것은 책상이다"는 진술에서, "이것"이라는 말은 일시적이고 가변적이며 구체적인 실제를 지칭하는 반면, "책상"이라는 말은 불변적이고 항구적이며 추상적인 범주 즉 이름을 지칭한다. "이름"은 절대적이지만 "실제"는 상대적이다. 따라서 "아름다움"은 절대적으로 아름다운 것에 대한 이름이지만, "어떤 아름다운 것"은 단지 상대적으로 그럴 수 있을 따름이다. 혜시는 실제 사물이 가변적이고 상대적이다는 사실을 강조했고, 공손룡은 이름이 영원하고 절대적이다는 사실을 강조했다.

찬성했지만, "이견백"은 반대했다. 「제물론」은 말한다.

> **지**(指)**를 가지고 지가 지 아님**(非指)**을 비유**하는 것은, 지 아닌 것을 가지고 지가 지 아님을 비유함만 못하다. **말**(馬)**을 가지고 말이 말 아님**(非馬)**을 비유**하는 것은, 말 아닌 것을 가지고 말이 말 아님을 비유함만 못하다. **우주도 하나의 지**(指)**이고 만물도 하나의 말**(馬)**이다.**[81)]

공손룡은 "만물은 지가 아닌 것이 없다. 그러나 지에는 지가 없다(物莫非指, 而指非指)"〈주70〉고 했는데, 이것이 "지를 가지고 지가 지 아님을 비유한" 것이다. 공손룡은 또 "흰말은 말이 아니다"고 했는데, 이것이 "말을 가지고 말이 말 아님을 비유한" 것이다. 그러나 만약 "사물을 유사성의 관점에서 보면" 지(指)는 비지(非指)인 만물과 한가지이므로 지는 비지이며, 말(馬)은 말 아닌(非馬) 만물과 한가지이므로 말은 '말 아닌 것(非馬)'이다. 따라서 "우주도 하나의 지이고 만물도 하나의 말이다." 따라서 "천지는 나와 더불어 생겼고 만물은 나와 더불어 하나이다."〈주44〉

11. 「천하편」에 서술된 변자 학설 21사

『장자』「천하편」은 "천하의 변자들"의 논변 21사(事)를 제시했다. 그중에는 혜시의 관점에 입각한 것도 있고, 공손룡의 관점에 입각한 것도 있다. 이제 이 21사를 두 조로 나누어, 하나는 "합동이" 조, 하나는 "이견백" 조라고 이름한다.

"합동이(合同異)" 조에 속하는 것은 다음과 같다.

> 알에 터럭이 있다.[82)]
>
> 영(郢 : 초의 서울)에 천하가 있다.[83)]
>
> 개는 양으로 될 수 있다.[84)]

---

81) 以指喩指之非指, 不若以非指喩指之非指也. 以馬喩馬之非馬, 不若以非馬喩馬之非馬也. 天地一指也 ; 萬物一馬也[all things are a horse]. (『장자』, 66쪽)

82) 卵有毛. (이하『장자』, 1105-06쪽)

83) 郢有天下.

84) 犬可以爲羊. 〈부록3,주18〉

말은 알이 있다.[85)]

두꺼비(띵쯔)는 꼬리가 있다.[86)]

산은 입이 있다.[87)]

거북은 뱀보다 길다.[88)]

흰개는 검다.[89)]

『순자』「불구편(不苟篇)」에 "산과 못은 수평이 같다. 하늘과 땅은 서로 가깝다. 제(齊)와 진(秦)은 맞닿아 있다. 산에는 귀와 입이 있다(入乎耳, 出乎口). 여자에게 수염이 있다(鉤有須). 알에 터럭이 있다. 이런 따위의 언설은 견지하기 어려운 것들인데 혜시와 등석은 능숙하게 해냈다"[90)]고 했다. 이로부터 이런 종류의 설들은 다 혜시 일파의 학설임을 알 수 있다.

조류의 털은 깃이고 짐승류의 털은 터럭이다. "알에 터럭이 있다"고 함은 알에서 터럭이 있는 동물이 나올 수 있다는 것이다(조류가 포유류를 낳을 수 있다는 말이다/『신편』). 개는 양이 아닌데 "개는 양으로 될 수 있다"고 했다. 말은 태생동물인데 "말은 알이 있다"고 함은 말도 난생동물이 될 수 있다는 것이다(포유류가 조류를 낳을 수 있다는 말이다/『신편』). 성현영(成玄英)에 따르면 "초나라에서는 두꺼비를 띵쯔라고 불렀다."[91)] 두꺼비(띵쯔)는 꼬리가 없는데, "두꺼비는 꼬리가 있다"고 함은 두꺼비가 꼬리가 있는 동물로 될 수 있다는 말이다. 산은 본래 입이 없는데 "산은 입이 있다"고 함은 산도 입이 있는 사물이 될 수 있다는 말이다. 『순자』 "입호이 출호구(入乎耳, 出乎口)" 구절의 양경(楊倞) 주(注)에 따르면 "혹자는 이것을 산출구(山出口)〈주87〉와 같다고 여겼는데, 산에

85) 馬有卵.

86) 丁子有尾.

87) 山出口.

88) 龜長於蛇. 〈제11장,주77〉

89) 白狗黑. 〈제11장,주76 ; 부록3,주18〉

90) 山淵平, 天地比, 齊秦襲, 入乎耳, 出乎口, 鉤有須, 卵有毛, 是說之難持者也. 而惠施鄧析能之. (『순자』 권2 : 2쪽) 〈부록3,주6〉

91) 楚人呼蝦蟆爲丁子. (『장자』, 1107쪽[8])

는 입과 귀가 있다는 말이다."[92] 『순자』 "구유수(鉤有須)" 구절에 대해서 유월(兪越, 1821-1906)은 "구(姁)는 후(佝)의 가차자인 듯하다"[93]고 했다. 즉 후유수란 여자에게 수염이 있다는 말이다. 이 모두는 사물의 같은 점(同 : 유사성)에 입각한 논의이다. 같은 점에 근거하여 같다고 한다면 어떠한 사물이든 같지 않은 것이 없다. 따라서 이 사물은 저것이고 저 사물은 이것이다고 할 수 있다.

혜시는 "하늘은 땅만큼 낮고 산은 못과 수평이 같다"〈주26〉, "나는 세계의 중앙을 안다. 연나라 북쪽과 월나라 남쪽이 그것이다"〈주40〉고 했다. 같은 이치로 "영에 천하가 있다", "제와 진은 맞닿아 있다"*고 할 수 있다.

"한 자도 짧을(모자랄) 수 있고 한 치도 길(넉넉할) 수 있다"[94]는 속담이 있다. 긴 데에 근거하여 길다고 하면 "거북은 뱀보다 길 수 있다." 『석문(釋文)』은 사마표를 인용하여 "흰개도 눈이 검으므로 검은개라고 할 수 있다"[95]고 했다. 흰개를 희다고 일컫는 것은 그 털이 희기 때문인데, 흰 곳에 근거하여 희다고 한 것이다. 만약 검은 곳에 근거하여 검다고 하면 "흰개는 검다."

"이견백(離堅白)" 조에 속하는 것은 다음과 같다.

> 닭발은 셋이다.[96]
>
> 불은 뜨겁지 않다[불은 뜨거움이 아니다].[97]
>
> 수레바퀴는 땅에 닿지 않는다.[98]

---

92) 或曰, 卽山出口也, 言山有口耳也. (『순자』 권2 : 2쪽)

93) 鉤疑姁之假字. (『순자』 권2 : 2쪽)

* 『신편』II, 177쪽 : 제(齊)는 동쪽에 있고 진(秦)은 서쪽에 있고 서로 매우 멀리 떨어져 있다. 그러나 멀다는 것은 상대적이다. 따라서 가까운 데에 근거하여 가깝다고 하면 제와 진은 매우 가깝고 경계를 접하고 있는 것처럼 보이게 된다고 말할 수 있다.

94) 尺有所短, 寸有所長. [원래 '사람은 저마다 장단점이 있다'는 뜻. (「복거(卜居)」, 『초사(楚辭)』 권5 : 20쪽)]

95) 司馬彪云 : ……白狗黑目, 亦可爲黑狗. (『장자』, 1111쪽[21])

96) 雞三足. (이하 『장자』, 1105-06쪽)

97) 火不熱. 〈제11장,주96〉

98) 輪不輾地.

눈은 보지 못한다.[99)]

지(指)는 포착되지 않으며, 사물은 끊임이 없다.[100)]

곱자는 직각이 아니고 그림쇠(規 : 컴퍼스)로는 원을 그릴 수 없다.[101)]

끌은 끌자루를 둘러싸지 않는다.[102)]

나는 새의 그림자는 결코 움직인 적이 없다.[103)]

쏜 살은 가지도 않고 멈추지도 않을 때가 있다.[104)]

강아지는 개가 아니다.[105)]

노랑말-검정소는 셋이다.[106)]

고아 망아지는 어미가 있은 적이 없다.[107)]

한 자[30cm]의 회초리를 날마다 양분하면 영원히 계속된다.[108)]

"닭발은 셋이다." "노랑말-검정소는 셋이다."『공손룡자』「통변론」에 "닭발의 일컬음(謂雞足)이 1이고 발 수가 2이다. 2 더하기 1이므로 3이다. 소나 양의 발의 일컬음(謂牛羊足)이 1이고 발 수가 4이다. 4 더하기 1이므로 5이다"〈주77〉 했고,『장자』「제물론」에 "하나와 그 언표(言)는 둘이 된다"[109)] 했는데, "닭발의 일컬음"이 바로 그 언표이다. '닭발'의 일반개념 혹은 "닭발을 일컫는" 언표가 1이고 닭발 2를 더하면 3이다. 같은 이치로 '노랑말-검정소'를 일컫

99) 目不見.

100) 指不至, 物不絕.

101) 矩不方, 規不可以爲圓.

102) 鑿不圍枘.

103) 飛鳥之影, 未嘗動也. 〈제11장,주104〉

104) 鏃矢之疾, 而有不行不止之時.

105) 狗非犬.

106) 黃馬驪牛三.

107) 孤駒未嘗有母. 〈제11장,주101〉

108) 一尺之捶, 日取其半, 萬世不竭. 〈제11장,주98〉
[『신편』II, 177쪽 : (『신편』에서는 이 조목을 "합동이"조에 넣었다.) 한 자의 회초리는 하나의 유한한 물체이기는 하지만 그것을 무한히 분할할 수 있다. 이 논변의 주장은 유한과 무한의 통일, 즉 유한 속에 무한이 존재한다는 것이다. 이것은 변증법적인 사상이다.]

109) 一與言爲二. (『장자』, 79쪽) 〈제10장,주44〉

는 언표가 1이고 노랑말-검정소의 수는 2이다. "노랑말-검정소"의 일반개념 혹은 "노랑말-검정소"를 일컫는 언표 1에, 노랑말 1과 검정소 1을 더하면 3이다.

"불은 뜨겁지 않다[불은 뜨거움이 아니다]." 공손룡의 "이견백" 학설은 인식론 및 형이상학(본체론)의 두 측면에 입각하고 있다. 이 조목을 형이상학적 측면에서 논하면 불의 일반개념은 불이고 뜨거움의 일반개념은 뜨거움이다. 이 둘은 절대로 같은 것이 아니다. 구체적인 불에 비록 뜨거운 속성이 있을지라도 불이 곧 뜨거움은 아니다. 인식론적 측면에서 논하면 불의 뜨거움은 우리의 감각에서 비롯된다고 할 수 있다. 즉 뜨거움은 주관적이기 때문에 내게 있는 것이지 불에 있는 것이 아니다.

"수레바퀴는 땅에 닿지 않는다." 수레바퀴가 닿는 곳은 땅의 일부분일 뿐이다. 땅의 일부분이 땅이 아닌 것은 마치 흰말은 말이 아닌 것과 같다. 또 땅에 닿는 바퀴는 구체적인 바퀴이고 바퀴가 닿는 땅은 구체적인 땅일 뿐이고, '바퀴'의 일반개념은 땅에 닿지 않으며, '땅'의 일반개념은 바퀴가 닿는 곳이 아니다라고 말할 수 있다.

"눈은 보지 못한다." 『공손룡자』「견백론」에 "흼은 눈을 통하고 불빛이 있어야 보인다. 하지만 불빛은 (흼을) 보지 못한다. 즉 불빛과 눈은 보지 못하고, 정신이 본다. 그러나 또 정신만으로는 보지 못한다. 이처럼 봄(見)은 분리되어 있다"[110]고 했다. 우리가 볼 수 있으려면 눈과 빛과 신경작용이 있어야 한다. 이 세 가지가 있어야만 우리는 볼 수 있다. 만약 단지 눈만 있다면 볼 수 없다. 이는 인식론 측면에서 말한 것이다. 만약 형이상학적 측면에서 말하면 '눈'의 일반개념은 눈, '불빛'의 일반개념은 불빛, '정신'의 일반개념은 정신, '봄'의 일반개념은 봄이다. 네 가지는 모두 "분리되어 있으므로(離)" 하나로 섞을 수 없다.

"지는 포착되지 않으며, 사물은 끊임이 없다(指不至, 物不絕)." 현존 『장자』에는 "지부지, 지부절(指不至, 至不絕)"로 되어 있으나,

---

110) 白以目以火見, 而火不見, 則火與目不見, 而神見, 神不見而見離. (『공손룡자』, 43쪽)

『열자』「중니편」에 공손룡을 인용하여 "유지부지, 유물부절(有指不至, 有物不絕)"[111]이라고 했으므로, "지부절(至不絕)"은 "물부절(物不絕)"이어야 옳다. 『공손룡자』「지물론」에서 보았듯이 공손룡 무리는 "지"와 "물"을 대비시킨다. 플라톤은 '개념이란 인식할 수 있지만 볼(감각할) 수 없다'고 했다. 우리가 감각할 수 있는 것은 개체이고, 일반개념은 단지 알 수는 있지만 감각할 수는 없다. 즉 "지는 포착되지 않는다"는 말이다. 일반개념은 감각할 수 없지만, 일반개념이 [사물에] "깃들어" 시공에 현현된 바로서의 사물은 계속 상존한다. 즉 "사물은 끊임이 없다"는 말이다.

"곱자는 직각이 아니고 그림쇠로는 원을 그릴 수 없다." 절대적인 직각은 '직각'의 일반개념이고, 절대적인 원은 '원'의 일반개념이다. 실제적인 개체로서의 직각형 물체와 원형 물체는 절대적인 직각이나 원이 아니다. 즉 개체로서의 곱자와 그림쇠 역시 절대적인 직각이나 원이 아니다. 따라서 직각과 원의 일반개념에 비하면 "곱자는 직각이 아니고 그림쇠로는 원을 그릴 수 없다."

"끌은 끌자루를 둘러싸지 않는다." 끌자루를 둘러싼 것은 구체적 개체로서의 끌일 뿐이다. '끌'의 일반개념은 끌자루를 둘러싸지 않는다.*

"나는 새의 그림자는 결코 움직인 적이 없다. 쏜 살은 가지도 않고 멈추지도 않을 때가 있다." 『석문』은 사마표를 인용하여 "형태의 본령(形分)은 정지요, 기세의 본령(勢分)은 운동이다. 형태의 본령(특징)이 뚜렷할수록 운동은 더디고, 기세의 본령이 뚜렷할수록 운동은 빠르다"[112]고 했다. 나는 새의 그림자는 움직이고, 쏜 살은

111) 「중니(仲尼)」, 『열자(列子)』, 141쪽.

* 『신편』II, 179쪽 : [혹은 다음과 같이 해석할 수 있다.] 끌에는 구멍이 있고 끌자루는 구멍 속에 박은 나무이다. 구체적인 끌과 구체적인 끌자루는 절대로 완전히 상합할 수는 없다. 따라서 "끌은 끌자루를 둘러싸지 **못한다**"고 말할 수 있다.

112) 司馬彪云 : 形分止, 勢分行. 形分明者行遲, 勢分明者行疾. (『장자』, 1110쪽[18])
[장음린(張蔭麟, 1905-42, 호가 素癡) : 솔직히 말해서, 이 주해의 글이 원문보다 더 어렵게 느껴진다. 내 자신의 우둔함을 탓해야 하겠지만, 이런 것들은 풍(馮) 선생께서 현대어로 번역하셔서 우둔한 사람들도 덕을 좀 볼 수 있었으면 좋겠다. (「『중국철학사』 상권 서평」, 『삼송당전집』II, 506쪽)]

멈추지 않는다는 말은 기세의 본령에 입각한 말이다. 나는 새의 그림자는 움직이지 않고 쏜 살은 가지 않는다는 말은 형태의 본령에 입각한 말이다. "쏜 살은 가지도 않고 멈추지도 않을 때가 있다"고 함은 형태의 본령과 동시에 기세의 본령에 입각한 말이다. 또 운동하여 가거나 멈추는 것은 구체적인 개체로서의 쏜 살과 나는 새의 그림자일 뿐이지, '쏜 살'과 '나는 새의 그림자'의 일반개념은 운동하지도 않고 가거나 멈추지도 않으니, 모든 일반개념들과 마찬가지다고 말할 수 있다. 또 어떤 사물이 일정한 시간 내에 두 지점에 존재하는 것을 운동이라고 하고, 어떤 사물이 두 시각에 걸쳐 동일한 지점에 존재하는 것을 정지라고 한다면, 어떤 사물이 일정한 시간 내에 동일한 지점에 존재하는 것을 운동하지도 않고 정지하지도 않은 것이라고 말할 수 있다. "나는 새의 그림자는 결코 움직인 적이 없다"고 함은 나는 새의 그림자가 일정한 시간 내에 두 지점에 걸쳐 존재하지 않는다는 점에 입각한 말이다. "쏜 살은 가지도 않고 멈추지도 않을 때가 있다"고 함은 쏜 살이 일정한 시간 내에 동일한 지점에 존재한다는 점에 입각한 말이다. 이것 역시 생각 속의 '나는 새의 그림자'와 생각 속의 '쏜 살'을 지칭한 말로서, 다음의 "한 자의 회초리"의 경우와 동일하다.[113]

"강아지는 개가 아니다."『이아』에 따르면 "아직 빳빳한 털이 나지 않은 개가 강아지이다."[114] 이 강아지는 어린 개일 뿐이다. 어린 개가 개가 아닌 것은 마치 흰말이 말이 아닌 것과 같다.

"고아 망아지는 어미가 있은 적이 없다."『석문』은 이이(李頤)를 인용하여 "망아지는 태어날 때 어미가 있다. 고아란 어미가 없다는 말이다. 고아라는 명칭이 성립되면 어미라는 명칭은 없어진다. 어미란 [어디까지나] 망아지의 어미이다. 따라서 고아 망아지는 어미가 있은 적이 없다"[115]고 했다. 이 또한 '고아 망아지'의 일반개념에

113) 【주】끝 부분은 김악림 선생의 설이다.

114) 犬未成豪曰狗. (『이아(爾雅)』)

115) 駒生有母, 言孤則無母, 孤稱立則母名去也. 母嘗爲駒之母, 故孤駒未嘗有母也. (『장자』, 1111쪽[22]) [李頤 : 典故에 정통한 명대의 학자]

입각한 말이다. 고아 망아지의 뜻이 곧 어미 없는 망아지인 만큼 고아 망아지는 어미가 없다. 그러나 실제 개체로서의 고아 망아지는 반드시 한때 어미가 있었으므로, "고아 망아지는 어미가 있은 적이 없다"고 말할 수 없다.

"한 자[30cm]의 회초리를 날마다 양분하면 영원히 계속된다." 즉 물질을 무한히 분할할 수 있다는 말이다. "한 자의 회초리"를 오늘 반으로 자르고 내일 또 반의 반을 자르고 모래에 또 반의 반의 반을 자르고, 이렇게 "양분한다면" [어쨌든 반은 남기 때문에] "영원히 계속된다"고 할 수 있다. 그러나 이런 분할은 단지 생각 속의 회초리를 가지고 생각 속에서 행할 수 있을 뿐이다. 구체적인 "회초리"의 경우는 "날마다 양분하여 영원히 계속할" 수 없다. 구체적인 사물은 사실상 무한히 분할할 수 없다.

12. 감각과 이지

이상의 서술에서, 혜시의 관점은 개체(個體)를 강조한 것임을 알 수 있다. 개체는 항상 변한다. 따라서 혜시의 철학은 변화의 철학(變之哲學)이라고 할 수 있다. 공손룡의 관점은 일반개념(共相)을 강조한 것이었다. 일반개념은 불변한다. 따라서 공손룡의 철학은 불변의 철학(不變之哲學)이라고 할 수 있다. 두 사람의 학설이 서로 다르기는 하지만 모두 이지(理智)를 통하여 세계를 관찰하여 얻은 결과이다. 변자들이 견지한 논점은 모두 우리의 감각이 보는 것과는 맞지 않는다. 변자들은 이지를 통하여 세계를 관찰했으므로, 이지가 본 세계는 원래 감각이 본 세계와는 맞지 않았던 것이다.

우리의 상식은 모두 우리가 감각을 통해서 얻은 지식을 근거로 한다. 상식의 관점에 따르면 변자의 언설은 "그렇지 않은 것을 그렇다 했고 그른 것을 옳다 한"〈주4〉 것이었다. 모든 상식이 그렇지 않다고 여기는 것을 그들은 그렇다고 했고, 상식이 그렇다고 여기는 것을 그들은 그렇지 않다고 했다. 상식이 그르다고 여기는 것을 그들은 옳다고 했고, 상식이 옳다고 여기는 것을 그들은 그르다고 했다. 즉 “인지상정에 반하는 일을 실질로 삼고, 논변으로 남을 이김으로써 명성을 추구했다”〈주5〉는 말이고, “지나치게 따지고 세세하게 고찰하여 아무도 쉽사리 그들의 논점을 논박할 수 없게 했고, 오로지 이름 자체만으로 모든 것을 결단하기 때문에 인지상정에서 벗어났다”〈주8〉는 말이고, “들추어내고 깨뜨리고 분석하고 어지럽혔다”〈주9〉는 말이다. 이런 방식으로 공손룡은 “뭇 철학자의 지식을 논박하고 뭇 사람의 논변을 궁지에 빠뜨렸던”〈주4〉 것이다. 변자를 비평한 이 여러 언설들은 모두 우리의 상식적인 관점에 입각한 것이었다. 변자가 “즐겨 괴상한 이론[궤변]을 추구하고 기묘한 명제에 탐닉했던”〈주6〉 이유가 과연 오로지 “인지상정에 반하는 일을 실질로 삼고, 논변으로 남을 이김으로써 명성을 추구하려는” 것이었는지, 아니면 진리를 발견하려는 것이었는지, 우리로서는 알 수 없다. 그러나 한 학설의 가치는 그것을 수립한 인물의 동기와는 본디 무관하다.

제10장
장자와 도가 중의 장자학

1. 장자와 초나라 사람 정신

『사기(史記)』는 말한다.

장자(莊子, 369?-286?B.C.)는 몽(蒙 : 山東 曹縣,일설에는 河南 商丘縣) 고을 사람이고, 이름은 주(周)이다. 그는 한때 몽 고을 칠원(漆園)의 벼슬아치였고, 양 혜왕(梁惠王), 제 선왕(齊宣王)과 동시대 사람이다. 그의 학문은 통찰하지 않은 데가 없을 만큼 광범하나, 그 요체는 본래 노자의 사상에 귀착했다. 그의 저서는 10여 만 자에 달하는데, 대부분 우언(寓言)이다.……책을 이해하고 언설을 분석하는 데에 뛰어났고, 이야기를 설정하여 진리를 유추했다. 그로써 **유묵을 공박**했는데, 당시의 석학들도 벗어날 수 없었다. 그의 사상은 측량할 수 없을 만큼 심원하고 또 자유분방했기 때문에, 왕공대인(王公大人)들도 그를 마음대로 부릴 수 없었다. 초 위왕(楚威王 : 재위 339-329B.C.)이 장주가 현명하다는 소문을 듣고, 후한 예물과 함께 사신을 보내어 정승 자리에 모시고자 했다. 그러자 장주는 웃으면서 초의 사자에게 말했다. "천금은 큰 이익이며 정승 자리는 존귀한 벼슬입니다. 하지만 당신은 저 교제(郊祭 : 교외에서 천지신께 올리는 제사)에 희생제물로 쓰이는 소를 보지 못했습니까? 여러 해 동안 잘 먹고 잘 길러지다가 어느날 아름답게 수 놓인 비단 옷을 입고 태묘에 들여보내지는데, 그제서야 평범한 돼지의 신세를 부러워한들 무슨 소용이 있겠습니까? 이것을 아신다면 더 이상 나를 더럽히지 말고 어서 가십시오! 나는 마음 편히 더러운 오물 속에서 뒹굴지언정, 나라님께 얽매일 일일랑은 하지 않겠습니다. 한평생 벼슬하지 않으며 내 뜻대로 살겠습니다."[1)]

몽은 송(宋)나라 땅이므로 장자는 송나라 사람이다. 그러나 장자의 사상은 실은 초(楚)나라 사람과 가깝다. 『사기』는 굴원(屈原)의 「이소(離騷)」를 일컬어 "진창에 빠졌다가 더러움을 허물 벗듯 벗어버리고, 티끌 같은 세상 밖에 소요[逍遙]하여 세속의 때를 입지 않고, 맑고 깨끗하여 진창에서도 더러워지지 않은 것이다"[2)]고 했다. 이른바 초사(楚辭)는 모두 상상이 풍부하고 운치가 표일(飄逸)하다. 이런 문학은 『시(詩)』 300편이 오직 인간사만 읊고 노래한 것과는 다르다. 『장자』의 사상과 문체 역시 초탈적이고 광활하다. 「천운편(天運篇)」은 말한다.

하늘은 운행하고 있는가? 땅은 정지하고 있는가? 해와 달은 다투어 그 위치를 바꿔가고 있는가? 누가 이 모든 것을 주재하고 있는가? 누가 이 모든 것을 통할하고 있는가? 누가 하릴없이 거하면서 이 모든 것을 추진하고 있는가? 생각하건대 기계적이어서 부득이한 것인가? 그 돌고 도는 운행이 저절로 그칠 수 없는 것인가?

구름이 변하여 비가 되는가? 비가 변하여 구름이 되는가? 누가 이것들을 일으키고 내리는가? 누가 하릴없이 거하면서 재미삼아 부추기는가? 바람은 북에서 일어나 서로 불다가 동으로 불며, 상공에서 오가기도 하나니, 누가 이것들을 뿜어내고 들이마시고 하는가? 누가 하릴없이 거하면서 이것들을 일으키는가?

---

1) 莊子者, 蒙人也. 名周. 周嘗爲蒙漆園吏, 與梁惠王, 齊宣王, 同時. 其學無所不窺, 然其要本歸於老子之言. 其著書十餘萬言, 大抵率寓言也.……善屬書離辭, 指事類情, 用剽剝儒墨; 雖當世宿學, 不能自解免也. 其言洸洋自恣以適已, 故自王公大人不能器之. 楚威王聞莊周賢, 使使厚幣迎之, 許以爲相. 莊周笑謂楚使者曰: "千金, 重利; 卿相, 尊位也. 子獨不見郊祭之犧牛乎? 養食之數歲, 衣以文繡, 以入太廟; 當是之時, 雖欲爲孤豚, 豈可得乎? 子亟去, 無汚我. 我寧游戲汚瀆之中自快, 無爲有國者所覊. 終身不仕, 以快吾志焉." (「노장신한열전(老莊申韓列傳)」, 『사기』, 2143-45쪽)

2) 濯淖汙泥之中, 蟬蛻於濁穢, 以浮遊塵埃之外, 不獲世之滋垢, 皭然泥而不滓者也. [「굴원가생열전(屈原賈生列傳)」, 『사기』, 2482쪽]

감히 묻노니 이 모든 것들은 무슨 연고에서 비롯되는가?

무축(巫 : 巫祝)인 함소(咸招)가 말했다.

"좋다. 내가 그대에게 말해주겠다.……"[3)]

이 문단의 형식과 내용은 「천문(天問)」*과 일치한다. 이 문단이 꼭 장자 자신의 저작은 아니라고 할지라도, 요컨대 장자학(莊學)과 초인과의 관계는 엿볼 수 있다. 장자학은 전통적 사상과 제도에 대해서 반대하는 태도를 견지한다. "유묵을 공박했으나", 유독 노담만은 우러러 공경했다. 『장자』「천하편(天下篇)」은 노담을 장주와 일파로 여기지는 않았지만, 지극히 추앙했다. 송나라와 초나라는 가까웠기 때문에 장자는 초나라 사람 사상에 영향받은 한편, 변자의 사상에 영향받았다고 하겠다. 따라서 변자의 논변으로써 광활하고 아득한(超曠恍惚) 사상을 서술하여 스스로 하나의 체계를 완성할 수 있었다.

『사기』에 따르면 장자는 양 혜왕이나 제 선왕과 동시대인이었으므로 맹자와도 같은 시대였을 것이다. 마서륜 선생의 「장자연표」는 주(周) 열왕(烈王) 7년(367B.C.)부터 난왕(赧王) 29년(286B.C.)까지로 했다.[4)] 맹자와 장자는 동시대인이었으면서도 두 사람은 논쟁한

3) 天其運乎? 地其處乎? 日月其爭於所乎? 孰主張是? 孰維綱是? 孰居無事推而行是? 意者其有機緘而不得已耶? 意者其運轉而不能自止耶? 雲者爲雨乎? 雨者爲雲乎? 孰隆施是? 孰居无事淫樂而勸是? 風起北方, 一西一東, 有上徬徨, 孰嘘吸是? 孰居無事而披拂是? 敢問何故? 巫咸袑曰 : "來, 吾語汝……" (『장자』, 493-96쪽).

* 『신편』II, 130쪽 : 굴원의 「천문」에 제출된 자연현상에 관한 여러 문제들도 이와 동일한 부류이다. 예를 들면, 하늘에 있는 아홉 층계는 누가 배치했는가? 누가 처음 만들었는가? 무슨 일을 하고 있는가?(則九重,孰營度之? 惟玆何功? 孰初作之?) 아홉 층계 하늘의 가장자리는 어느 곳에 놓여 있는가?(九天之際, 安放安屬?) 태양과 달은 어떤 물건인가? 수많은 별들은 어디에 진열된 것인가?(日月安屬? 列星安陳?) 태양은 아침부터 밤까지 몇 리나 달리는가? 달은 무슨 조화로 사라졌다가 다시 비추는가?(自明及晦, 所行幾里? 夜光何德, 死則又育?) 오직 이 문제들에서만 보면 장주(莊周)나 그 일파 역시 자연계 속의 변화는 의식적인 주재자로부터 비롯되는 것이 아니라고 여겼다.

4) 마서륜(馬敍倫, 1884-1970, 자가 夷初), 「장자연표(莊子年表)」, 『천마산방총저(天馬山房叢著)』 참조.

적이 없었던 것 같으니 매우 이상해 보인다. 그러나 장자의 학은 양주(楊朱)의 학이 더욱 진보한 것이었으므로 맹자의 관점에서 보면 장자도 양주의 추종자였고, 장자 역시 맹자를 공자의 추종자로 보았던 것이다. 맹자의 "양주, 묵적에 대한 반대(距楊墨)"는 포괄적인 "반대"였으며, 장자의 "유묵에 대한 공박(剽剝儒墨)" 역시 포괄적인 "공박"이었다. 따라서 맹자는 양주만 지목했고 장자는 공자만 지목했을 뿐, 맹자와 장자 두 사람이 반드시 서로 몰랐던 것은 아니다.

2. 도(道)·덕(德)·천(天)

장자학의 철학은 『노자』와 다르지만, 장자학이 논한 "도(道)"와 "덕(德)"은 『노자』와 같다고 앞에서 이미 말했다. 이제 『장자』에서 논한 도를 서술한다. 「지북유(知北遊)」는 말한다.

> 동곽자(東郭子)가 장자에게 물었다.
> "소위 도(道)라는 것은 어디에 있습니까?"
> **"없는 곳이 없습니다**(無所不在)."
> "구체적으로 한정해서 말씀해주십시오."
> "땅강아지나 개미에게 있습니다."
> "어찌 그렇게 낮은 데에 있습니까?"
> "피나 쭉정이에 있습니다."
> "어찌 더욱 낮은 데로 내려가십니까?"
> "기왓장이나 벽돌에 있습니다."
> "아니 어찌 자꾸 더욱 심해지십니까?"
> "똥이나 오줌에 있습니다."
> 동곽자가 더 이상 대꾸하지 않자, 장자는 말했다.
> "그대의 질문은 애초부터 도의 본질에 미치지 못했습니다. 관리가 시장 감독에게 돼지를 밟아 살찐 정도를 알아보게 할 때에도 원래 살이 적은 아랫부분(다리 부분)을 밟을수록 사정은 더욱 잘 밝혀지는 법입니다. 그대는 도를 절대화하지 마십시오. 사실상 도는 각 사물을 떠나 있지 않습니다. 지극한

도란 그런 것이고 위대한 말씀 역시 그렇습니다. 포괄성(周), 편재성(遍), 총체성(咸) 이 셋은 이름은 다르나 실상은 동일한즉, 그 함의는 똑같습니다."[5]

도는 천지만물 생성의 총원리(所以生之總原理)이니, 사물이 있으면 도가 있다. 따라서 도는 "없는 곳이 없다." 「대종사(大宗師)」는 말한다.

도는 실재가 있고 증표가 있지만 무위(無爲)하고 무형(無形)한즉, 전해질 수 있지만 받을 수 없고, 체득할 수 있지만 보여질 수 없다. 그것은 **스스로 독립적으로 존재하고**(自本自根), 천지에 앞서서 참으로 영원토록 존재한다. 귀신과 상제를 신령스럽게 하고, 하늘과 땅을 낳는다. 태극(太極 : 天頂)에 앞서 있지만 높지 않고, 육극(六極 : 天底) 아래에 있지만 낮지 않다. 천지에 앞서 있지만 낡지 않고, **아득한 옛날**보다 나이가 많지만 늙지 않는다.[6]

도는 천지만물 생성의 총원리이기 때문에, "스스로 독립적으로 존재하고" 시작도 끝도 없이 영존(永存)하며, 천지만물은 모두 그것에 의지하여 낳고 낳기를 그치지 않는다.

도의 작용은 또한 자연적이다. 따라서 말한다.

기술(技)은 사무(事)에 통섭되며, 사무는 의(義)에 통섭되며, 의는 덕(德)에 통섭되며, 덕은 도(道)에 통섭되며, **도는 자연(天)에 통섭된다.**[7]

하늘(天)은 즉 자연이라는 의미이다. 따라서 말한다.

무위(無爲)의 원칙으로써 행하는 것을 자연(天)이라고 한다.[8]

---

5) 東郭子問於莊子曰 : "所謂道惡乎在?" 莊子曰 : "無所不在." 東郭子曰 : "期[期 : 限]而後可." 莊子曰 : "在螻蟻." 曰 : "何其下耶?" 曰 : "在稊稗." 曰 : "何其愈下耶?" 曰 : "在瓦甓." 曰 : "何其愈甚耶?" 曰 : "在屎溺." 東郭子不應. 莊子曰 : "夫子之問也, 固不及質. 正獲之問於監市履狶也, 每下愈况[況 : 顯]. 汝唯莫必, 无乎逃物 ; 至道若是, 大言亦然. 周·遍·咸, 三者, 異名同實, 其指一也." (『장자』, 749-50쪽)

6) 夫道有情有信, 無爲無形 ; 可傳而不可受, 可得而不可見. 自本自根, 未有天地, 自古以固存 ; 神鬼神帝, 生天生地. 在太極之先而不爲高, 在六極之下而不爲深, 先天地生而不爲久, 長於上古而不爲老. (『장자』, 246-47쪽) [大宗師 : 근원적인 大道]

7) 技兼於事, 事兼於義, 義兼於德, 德兼於道, 道兼於天. (「천지(天地)」, 『장자』, 404쪽)

8) 無爲爲之之謂天. (「천지」, 『장자』, 406쪽)

○자연(天)이란 본유적인 것이고, 인위(人)란 후천적인 것이다.……예컨대 소나 말에게 네 발이 있는 것은 자연이고, 말 머리에 굴레를 씌우고 소 코를 뚫는 것은 인위이다.[9)]

"도는 자연(天)에 통섭된다"고 함은 『노자』에 이른바 "도는 스스로 그러함(自然)을 본받는다"[10)]는 의미이다.

도란 천지만물 생성의 총원리이니, 이 원리는 바로 만물 가운데에 표현되어 있다. 「천도편(天道篇)」은 말한다.

[도는] 내 스승(師 : 즉 大宗師)이로다! 내 스승이로다! 만물을 파괴해도 사나움이 아니고, 만세토록 혜택을 주어도 어짊이 아니며, 태고(上古 : 太古)보다 나이가 많아도 장수가 아니며, 하늘과 땅을 감싸안고 온갖 형상을 조각했어도 공교로움이 아니니, 이것이 바로 천락(天樂 : 자연의 행복)이다.[11)]

그 까닭이란 무엇인가? 도는 만물 가운데에 표현되어 있기 때문에, 만물이 스스로 생성, 성장, 훼손, 소멸함은, 도가 한 일로 볼 수도 있고 만물이 스스로 한 일로 볼 수도 있다. "내가 무엇을 하랴? 무엇을 하지 말랴? [만물은] 본디 스스로 변화하는 것을!"[12)] 「제물론(齊物論)」은 말한다.

바람이 불 때 사물들이 내는 소리는 만 가지로 다르지만 모두 스스로 소리를 내고 있는 것인즉, **모두 그 스스로 골라잡은**(自取) **것이다.** 어찌 소리를 내도록 시키는 이가 따로 있으리오?[13)]

만물이 그와 같은 까닭은 "모두 그 스스로 골라잡은 것이니", 즉 "본디 스스로 변화한다"는 말이다. 오직 그렇기 때문에, 『노자』의

---

9) 天在內, 人在外……牛馬四足是謂天 ; 落(同絡)馬首, 穿牛鼻, 是謂人. (「추수(秋水)」, 『장자』, 588-90쪽)

10) 道法自然. (『노자』 25장) 〈제8장,주22〉

11) 吾師乎! 吾師乎! 整萬物而不爲戾[戾 : 『대종사』에는 '義'], 澤及萬世而不爲仁, 長於上古而不爲壽, 覆載天地, 刻彫衆形而不爲巧 ; 此之謂天樂. (『장자』, 462쪽)

12) 吾何爲乎? 何不爲乎? 夫固將自化. (「추수」, 『장자』, 585쪽)

13) 夫吹萬不同, 而使其自己[己 : 已 /『신편』]也, 咸其自取, 怒者其誰耶? (『장자』, 50쪽)

말처럼 도는 가히 "작위하지 않으나 이루지 않는 일이 없다."[14)]

도는 사물이 아니기 때문에 "무(無)"라고 일컬을 수 있다. 「천지편(天地篇)」은 말한다.

> **태초에 "무(無)"가 있었다.** 무는 존재(有)도 없고 이름(名)도 없다. 그것으로부터 **'하나(一)'가 생겼고, 그 하나는 있었지만 아직 형체는 없었다. 만물이 그것을 얻어서 생겨나는 것이 덕**(德)**이다.** 덕 역시 아직 형체는 없었지만 이미 도에서 나누어진 것이다. 그러나 본질적으로 도와 덕은 분별이 없다. 이것을 명(命)이라고 한다.* ['하나' 즉 精氣가/『신편』] 유동하면 구체적인 사물이 생성된다. 구체적인 사물이 생성되어 일정한 속성(理)이 생긴 것을 형체(形)라고 한다. 형체가 정신을 보유할 때, **저마다 나름의 의칙**(儀則 ; 구조와 법칙)**이 있으니,** 그것이 바로 그런 유의 사물의 본성(性 : 본질)이다.[15)]

태초에 '무'가 있었으니", 그 무가 도이다. 『노자』는 "도에서 '하나'가 생겼다"[16)]고 했고, 장자 역시 도를 "그것으로부터 '하나'가 생겼고 그 '하나'는 있었지만 아직 형체는 없었던 것"으로 여겼다. 덕(德)은 얻음(得)이니, "만물이 그것을 얻어서 생겨나는 것이 덕이다." 즉 천지만물 생성의 총원리를 도라고 일컫고, 각 사물의 생성의 원리를 덕이라고 일컫는다는 말이다. 따라서 말한다.

> 형체는 도(道) 없이 생길 수 없고, 생성은 덕(德) 없이 구현될 수 없다.[17)]

도·덕이 모두 만물 생성의 원리이므로, 노장의 저서는 도·덕 두

---

14) 無爲而無不爲. (『노자』 37장) 〈제8장,주23〉〈제13장,주48〉

* 『신편』II, 128쪽 : 명(命)과 덕(德)은 같은 '것(東西)'이다. 사람과 사물의 측면에서 볼 때 그 '것'은 사람과 사물이 도(道)로부터 얻은 것인 만큼 "덕"이라고 일컬어진다. 도의 측면에서 볼 때 그 '것'은 도가, 마치 명령을 내리듯이, 사람과 사물에게 부여한 것인 만큼 "명"이라고 일컬어진다.

15) 泰初有"无", 无有無名. 一之所起, 有一而未形. 物得以生謂之德. 未形者有分, 且然無間謂之命. 留動而生物, 物成生理謂之形. 形體保神, 各有儀則, 謂之性. (『장자』, 424쪽) [物得以生謂之德 : When things obtained that by which they came into existence, it was called the Te.]

16) 道生一. (『노자』 42장) 〈제8장,주25 ; 제15장,주15〉

17) 形非道不生 ; 生非德不明. (「천지」, 『장자』, 411쪽)

자를 병칭하여 열거한다. 강무(江袤, 1081-1146)는 말했다.

> 도와 덕은 실상은 같고 이름만 다를 뿐이다.……무소부재한 것을 도라고 하고, 그 도를 자기가 얻은 것을 덕이라고 한다. 즉 **도란 사람들이 공통으로 말미암는 것**(所共由)**이요, 덕이란 각자가 얻는 것**(所自得)**이다.** 물로써 비유해보자. 호수와 바다의 깊은 물과 마당 웅덩이의 고인 물은 진실로 다르나, 물이라는 사실까지 다르겠는가? 장강과 황하의 물은 유유히 흐르지만, 도랑과 개울의 물은 부딪쳐 튀는데, 이는 저마다 얻은 바가 그렇기 때문이다. 이것이 곧 실상(實 : 즉 물)은 같고 이름(名 : 즉 '장강', '개울' 따위)만 다르다는 말인바, 어찌 진실이 아니겠는가?[18)]

"도란 사람들이 공통으로 말미암는 것이요, 덕이란 각자가 얻는 것이다"는 강무의 말은, 도와 덕의 같은 점과 다른 점을 매우 잘 설명해준다. 그러나 장자학의 견지에서는, "도란 만물(物, 사람도 포함)이 공통으로 말미암는 것이요, 덕이란 각 사물이 얻는 것이다"고 해야 한다. 사물의 생성에서 무형에서 유형에 이르는 것을 명(命)이라고 한다. 사물로 되면서 반드시 일정한 형체를 갖는다. 그것의 형체와 그것의 정신은 모두 일정한 구조와 법칙을 가지는데, 즉 "각각 나름의 의칙이 있다"는 말이다. 이것이 그 사물의 성(性)이다.

3. 변화의 철학

그러나 사물의 형체는 한번 이루어진 후에 불변하는 것이 아니다. 장자학의 견지에 따르면 천지만물은 항상 변화(變) 가운데에 있지 않을 때가 없다. 따라서 말한다.

> 일단 선천적으로 타고나 형체가 완성되면, 모든 기능을 명이 다할 때까지 발휘한다. 끊임없이 외물과 부딪치며 화합하면서, 질주하는 말처럼 진행해

18) 道德實同而名異.……無所不在之謂道, 自其所得之謂德. 道者, 人之所共由 ; 德者, 人之所自得也. 試以水爲喩. 夫湖海之涵浸, 與坳堂之所畜, 固不同也 ; 其爲水有異乎? 江河之流注, 與溝澮之湍激, 自其所得如是也. 謂之實同名異, 不信然? (초굉〔焦紘,1541-1620〕의 『노자익(老子翼)』 권6 : 3-4쪽에서 재인용)

가지만, 아무도 정지시킬 수 없으니, 어찌 슬픈 일이 아니겠는가![19)]

또 「추수편(秋水篇)」은 말한다.

> 만물의 생성은 마치 말이 질주하는 것과 같다. 움직여 변하지 않는 것은 없고, 잠시도 변천하지 않는 것은 없다.[20)]

또 「우언편(寓言篇)」은 말한다.

> 만물은 모두 종자(種)와 같은 것이다. 만물은 이 꼴에서 저 꼴로 서로를 대체해간다. 만물의 처음과 끝은 마치 하나의 원처럼 이어져 있어서 아무도 그 차례를 정할 수 없다. 이것을 **천균**(天均 : 자연의 끊임없는 운행, 하늘의 녹로)이라고 한다. 천균이란 천예(天倪 : 자연의 양상)이다.[21)]

"천균(天均)"은 「제물론」에는 "천균(天鈞)"으로 되어 있다. 균(鈞 : 돌아가는 쟁반)이라고 함은 그 운행이 쉬지 않음을 비유한 것이다. 제9장에서 혜시의 철학은 변화의 철학이라고 할 수 있다고 했는데, 장자의 철학 역시 변화의 철학이다.

4. 무엇이 행복인가?

모든 사물은 도로부터 각기 그 덕을 얻으며, 저마다 자연의 본성(性)이 있다. 자연의 본성을 따른다면 행복은 바로 그것이므로 달리 구할 필요가 없다. 『장자』「소요유(逍遙遊)」에서는 일부러 극대, 극소의 사물 즉 곤(鯤 : 붕새로 변한다는 대어)과 붕새는 극대, 매미와 비둘기는 극소로 설정했다. "붕새는 남쪽 바다로 옮아갈 때 삼천 리에 걸쳐 물결을 일으키고 회오리바람을 타고 위로 구만 리나 올라가서 여섯 달 동안 날아간 다음에 쉰다."[22)] 매미와 비둘기는 붕새

---

19) 一受其成形, 不亡以待盡, 與物相刃相靡, 其行盡如馳, 而莫之能止, 不亦悲乎! (「제물론」, 『장자』, 56쪽)

20) 物之生也, 若驟若馳. 无動而不變, 无時而不移. (『장자』, 585쪽)

21) 萬物皆種也, 以不同形相禪. 始卒若環, 莫得其倫. 是謂天均 ; 天均者, 天倪也. (『장자』, 950쪽) [種 : 생장 변화하고 새것을 낳을 수 있는 종자/조초기]

22) 鵬之徙於南冥也, 水擊三千里, 搏扶搖而上者九萬里, 去以六月息者也. (『장자』, 4쪽)

를 비웃으며 말하기를 "나는 팔짝 뛰어 날으면 느릅나무나 다목에 다다르고, 어쩌다 다다르지 못하면 땅에 떨어져도 그만이다. 뭣 때문에 구만 리나 올라가 남쪽으로 가리오?"[23] 했다. 즉 "장자는 극대, 극소를 설정하여 천성적 분수의 합당성을 밝혔다……만약 각자의 본성(性)에 만족하면 대붕(大鵬)도 뱁새(小鳥)에게 교만하지 않고, 뱁새도 천지(天池)*를 부러워하지 않고서도 영광된 소망은 얼마든지 있다. 따라서 각기 크고 작은 차이가 있을지언정 소요(逍遙 : 완전한 자유자재, 행복)의 경지는 똑같다"[24]는 말이다. 사물이 그러하고 사람 역시 그러하다. 「소요유」는 말한다.

> 어떤 사람은 하나의 관직에 어울리는 지혜가 있고, 어떤 사람은 한 지역을 화합시킬 만한 행실이 있고, 어떤 사람은 하나의 통치자에 부합하는 덕이 있고, 어떤 사람은 한 나라의 신임을 얻을 만한 능력이 있다. 이들 각자가 자신에 대해서 자부하는 것 역시 붕새나 뱁새의 경우와 마친가지다.[25]

데카르트는 "인간의 온갖 것들 가운데 총명(聰明 : 良識)이 가장 균등하게 분배되었다. 왜냐하면 다른 모든 경우에 전혀 만족할 줄 모르는 사람도 자기의 총명은 심히 풍부하다고 여긴 나머지 더 이상 추구할 필요가 없다고 생각하기 때문이다"[26]고 했다. 모든 사람은 그 자신이 하늘로부터 타고난 것에 대하여 극히 만족한다. 「마제편(馬蹄篇)」은 말한다.

> 저 인민들은 불변의 천성이 있으니, 길쌈해서 옷 입고 밭 갈아서 밥 먹는다. 이것이 바로 동덕(同德 : 만민이 다 같이 누리는 천성)이다. 모두 의견이 일치하고 치우침이 없는 것을 천방(天放 : 자연에 방임함)이라고 한다.

---

23) 蜩與學鳩笑之曰 : "我決起而飛, 槍榆枋, 時則不至而控於地而已矣, 奚以之九萬里而南爲?" (「소요유」, 『장자』, 9쪽)

* 天池 : Celestial Lake, 대붕(roc)이 노니는 천상의 호수.

24) 故極小大之致, 以明性分之適……苟足於其性, 則雖大鵬無以自貴於小鳥, 小鳥無羨於天池, 而榮願有餘矣. 故小大雖殊, 逍遙一也. (곽상[郭象, 252-31]의 주, 『장자』, 3쪽[2] ; 9쪽[1]) 〈제2편,제6장,주85〉

25) 『장자』, 16쪽. 원문은 〈제7장,주63〉 참조.

26) 데카르트(1596-1650), 『방법서설(*Discours de la méthode*』, 1쪽.

따라서 성덕(至德 : 盛德)의 시대에 인민의 행동은 느긋하고 눈빛은 투명했다. 이런 시대에는 산에 사잇길이 없었고, 강에 배나 징검다리가 없었다. 사람과 만물은 서로 뒤섞여 네 집과 내 집의 경계선 없이 나란히 살았으며, 금수는 무리를 이루었고 초목은 무성히 자랐다. 금수를 끌고다니며 놀 수 있었고, 새 둥지에 올라가 [새끼를 품은 어미를] 들여다볼 수 있었다.

저 성덕의 시대에 인간은 금수와 함께 살며 만물과 나란히 짝이 되었으니 어찌 군자, 소인 따위의 구별이 있었겠는가? 모두들 지모가 없었기에 천성(德)을 상실하지 않았고, 욕심이 없었기에 소박(素樸)할 수 있었고, 소박했으므로 인민의 천성은 보존될 수 있었다.[27)]

또 「천도편(天道篇)」에서 노담은 공자에게 말했다.

선생은 진정 천하가 혼란스러워지는 것을 바라지 않으십니까? **천지는 본래의 법칙이 있고**, 해와 달은 본래의 광명이 있고, 뭇 별은 본래의 질서가 있고, 금수는 본래의 무리가 있으며, 나무는 본래의 특성이 있습니다. 선생 역시 이런 [자연의] **덕(德)에 따라 행하고 도(道)를 좇아 나아가시면** 이미 충분합니다. 그런데 왜 하필 애써 인의(仁義)를 제창하여, 마치 북을 치면서 도망범을 추적하듯 하십니까? 아아! 선생은 인간의 천성을 어지럽히고 계십니다![28)]

"천지는 본래의 법칙이 있다" 등은 자연적, 천연적인 것, 이른바 "천(天)"을 말한다. "덕에 따라 행하고 도를 좇아 나아가는 것"은 즉 인간과 사물의 천성(性)에 순응하는 것이다. 「천도편」은 말한다.

천지의 덕성을 명확히 아는 것이 바로 대본(大本 : 큰 근본), 대종(大宗 : 큰 본원)인데 **자연과 더불어 조화하는**(與天和) 것이다.……자연과 더불어 조화하

---

27) 彼民有常性, 織而衣, 耕而食. 是謂同德. 一而不黨, 命曰天放. 故至德之世, 其行塡塡, 其視顚顚. 當是時也, 山無蹊隧, 澤無舟梁. 萬物群生, 連屬其鄕. 禽獸成群, 草木遂長. 是故禽獸可係羈而遊, 鳥鵲之巢, 可攀援而窺. 夫至德之世, 同與禽獸居, 族與萬物並, 惡乎知君子小人哉? 同乎无知, 其德不離. 同乎无欲, 是謂素樸. 素樸而民性得矣. (『장자』, 334-36쪽) [蹊 : 좁은 길. 隧 : 무덤길, 샛길, 비밀통로]

28) 夫子若欲使天下無失其牧乎? 則天地固有常矣, 日月固有明矣, 星辰固有列矣, 禽獸固有群矣, 樹木固有立矣. 夫子亦放德而行, 循道而趨已至矣. 又何偈偈乎揭仁義, 若擊鼓而求亡子焉? 噫! 夫子亂人之性也! (『장자』, 479쪽)

는 것이 바로 천락(天樂 : 자연의 행복)이다.[29)]

인간과 사물의 본성에 순응함은 자연과 더불어 조화함이니, 곧 천락이다.

정치적, 사회적 각종 제도는 장자학의 관점에서 보면 모두 다만 인간에게 고통을 주기에 충분한 것일 뿐이다. 사물의 본성은 지극히 상이하여 사물마다의 취향(所認爲之好)이 존재하기 때문에, 꼭 같을 필요도 없고 강제로 같게 해서도 안 된다. 사물이 한결같지 않으니, 한결같지 않은 대로 맡겨두어야 한다. 이른바 한결같게 하지 않음으로써 한결같게 한다(以不齊齊之)는 말이다. 정치적, 사회적 각종 제도는 모두 하나의 취향(一好)을 정하여 행위의 기준으로 삼아 사람들로 하여금 따르게 한 것이므로, 한결같지 않은 것을 강제로 한결같게 만든 것으로서 사랑이 오히려 해가 된 경우이다. 「지락편(至樂篇)」은 말한다.

옛날에 어떤 바다새가 노(魯)나라의 서울 교외에 날아와 앉았다. 임금이 나가서 그 새를 맞아들여 종묘에서 술을 권하고, 즐겁게 해주려고 구소(九韶)의 음악을 연주하고, 맛있게 먹도록 소, 양, 돼지를 잡아 음식을 차려주었다. 그러나 바다새는 얼이 빠지고 근심과 슬픔에 잠겨 고기 한 점, 물 한 방울 먹지 못하고 사흘 만에 죽고 말았다. 이것은 임금 자신의 양생법으로 새를 봉양했지, 새의 양생법으로 새를 봉양한 것이 아니었기 때문이다. 무릇 새의 양생법으로 새를 봉양한다 함은, 깊은 숲 가운데에 깃들어 강언덕에서 놀고 호수 위를 떠다니며 미꾸라지와 피라미를 잡아먹고 무리와 더불어 생활하면서 자유로이 살게 하는 것을 말한다. 저 새들은 사람의 말소리조차 싫어하거늘 하물며 그처럼 요란을 피웠음에랴?

함지(咸池)와 구소의 음악을 동정호 벌판에서 연주할 경우, 새가 들으면 날아가고, 짐승이 들으면 달아나고, 물고기가 들으면 숨어버릴 뿐, 사람이 듣고서야 비로소 다투어 몰려들어 구경할 것이다. 물고기는 물 속에 있어야 살지만 사람은 물 속에 있으면 죽는다. 즉 서로 다르게 선천적으로 타고났기

29) 夫明白於天地之德者, 此之謂大本大宗, 與天和者也.……與天和者, 謂之天樂. (『장자』,458쪽) [大本大宗 : 최고의 근본/조초기]

> 때문에 호오(好惡)의 대상 역시 다를 수밖에 없다. 그러므로 옛 성인은 **능력과 직업을 획일화하지 않고, 이름(名)은 실상(實)에 부합시키고, 도리(義)는 적실성(適)을 띠게 했는바**, 즉 조리가 통달하면 행복은 영존한다는 말이다.[30)]

"능력과 직업을 획일화하지 않고, 이름은 실상에 부합시키고 도리는 적실성을 띠게 했기" 때문에 하나의 일정한 기준과 법도(規矩準繩)를 정하여 사람들로 하여금 반드시 따르게 할 필요가 없었다. 성인이 기준과 법도를 만들고 정치적, 사회적 각종 제도를 제정하여 천하 사람들로 하여금 모두 복종하게 한 것은, 설령 그 의도가 선하지 않은 적이 없었고 그 마음이 사람을 사랑하지 않은 적이 없었다손 치더라도, 그 결과는 노나라 임금의 바다새에 대한 사랑처럼, 사랑이 도리어 해가 된 경우이다. 따라서 장자학은 무엇보다도 다스림으로써 천하를 다스리는 것(以治治天下)에 반대하고, 천하를 다스리려면 다스리지 않음(不治)으로써 다스리는 것이 최선이라고 여겼다. 「응제왕(應帝王)」은 말한다.

> 그대가 심정은 염담하게, 의기는 화평하게 유지하고, 자연의 변화에 순응하여 사심을 배제한다면 천하는 태평해질 것이다.[31)]

「재유편(在宥篇)」은 말한다.

> 세상을 있는 그대로 자유자적하게 맡겨둔다는 말은 들었어도, 세상을 다스린다는 말은 못 들었다. 세상을 있는 그대로 두는 것은 사람들의 본성이 오염될까 염려해서요, 세상을 자유자적하게 맡겨두는 것은 사람들의 덕성이 변할까 염려해서이다. 세상이 본성을 혼란시키거나 덕성을 변질시키지 않는

---

30) 昔者海鳥止於魯郊. 魯侯御而觴之於廟, 奏九韶以爲樂, 具太牢以爲膳. 鳥乃眩視憂悲, 不敢食一臠, 不敢飮一杯, 三日而死. 此以已養養鳥, 非以鳥養養鳥也. 夫以鳥養養鳥者, 宜棲之深林, 遊之壇陸, 浮之江湖, 食之鰌鯈, 隨行列而止, 委蛇而處, 彼唯人言之惡聞, 奚以夫譊譊爲乎? 「咸池」「九韶」之樂, 張之洞庭之野, 鳥聞之而飛, 獸聞之而走, 魚聞之而下入, 人卒聞之, 相與環而觀之. 魚處水而生, 人處水而死. 故必相與異, 其好惡故異也. 故先聖不一其能, 不同其事 ; 名止於實, 義設於適 ; 是之謂條達而福持. (『장자』, 621-22쪽) [委蛇 : 여유롭고 만족스럽다]

31) 汝游心於淡, 合氣於漠, 順物自然而无容私焉, 而天下治矣. (『장자』, 294쪽)

다면 구태여 천하를 다스릴 필요가 있을까?[32)]

천하를 다스리지 않아도 천하가 저절로 다스려지는 까닭은 천하의 모든 사람이 저마다의 취향은 다를지라도 다스려지기를 원하지 않는 사람은 아무도 없겠기 때문이다. 따라서 말한다.

온 세상이 태평성세를 바라고 있거늘, 누가 굳이 천하사를 획책하는가?[33)]

○**온 세상이 한결같이 태평성세를 소원할진대**, 왜 하필 세삼스럽게 순 임금을 들먹여야 하는가?[34)]

이미 "온 세상이 한결같이 태평성세를 소원하므로", 자연에 맡겨두면 저절로 다스려지는 것이다. 장자학 역시 다스리지 않음으로써 천하를 다스릴 것을 주장하지만 그 논거는『노자』학과 같지 않다.

만약 인간의 본성에 순응하지 않고 억지로 각종 제도로써 다스리고자 한다면, 그것은 마치 말 머리에 굴레를 씌우고 소 코를 뚫는 것처럼, 인위(人爲)로써 자연(天然)을 개조하는 것이므로, 그 결과 고통이 초래될 수밖에 없다. 이것이 각종 인위의 일반적인 폐단이다.「변무편(駢拇篇)」은 말한다.

그러므로 물오리 다리가 짧다고 해서 늘인다면 물오리는 괴로울 것이요, 학 다리가 길다고 해서 절단한다면 학은 슬퍼할 것이다. 따라서 천성적으로 긴 것은 절단할 일이 아니요, 천성적으로 짧은 것은 늘릴 일이 아니다.[35)]

인위의 목적은 주로 긴 것을 잘라 짧은 것을 보충하는 것, 즉 자연의 개조이다. 따라서 인위가 존재하고부터 인간은 자연에 순응하는 행복을 상실했다. 행복이 없는 한 삶의 흥취도 없다. 비유하건대, 중앙의 제왕은 이름이 혼돈(混沌)이고 본래 일곱 구멍(七竅 : 이목

32) 聞在宥天下, 不聞治天下也. 在之也者, 恐天下之淫其性也. 宥之也者, 恐天下之遷其德也. 天下不淫其性, 不遷其德, 有治天下者哉. (『장자』, 364쪽)

33) 以爲一世蘄乎亂(治也), 孰弊弊焉以天下爲事? (「소요유」,『장자』, 30쪽)

34) 天下均治之爲願, 而何計以有虞氏爲? (「천지」,『장자』, 444쪽)

35) 是故鳧脛雖短, 續之則憂. 鶴脛雖長, 斷之則悲. 故性長非所斷, 性短非所續. (『장자』, 317쪽) [性 : 자연적 본성]

구비의 일곱 감각기관)이 없는 존재인데, 만약 억지로 구멍을 뚫으면 일곱 구멍은 열릴지라도 혼돈은 이미 죽어버린 것과 같다.[36] 「추수편」은 말한다.

> **인위**(人 : 작위)**로써 자연**(天)**을 멸**하지 말며,
> **지모**(故 : 智謀)**로써 성명**(命 : 性命)**을 훼손**하지 말라.[37]

인위로써 자연을 개조함은 "인위로써 자연을 멸하고(以人滅天)", "지모로써 성명을 훼손하는" 일이다.

5. 자유와 평등

이상에서 장자학에서의 사회·정치 철학은 절대적 자유를 주장한다는 것을 알 수 있다. 즉 인간은 모두 절대적 자유가 있기 때문에 저 자연의 본성(性)에 순응하여 행복을 얻을 수 있다. 절대적 자유를 주장하는 것은 필연적으로 절대적 평등을 주장하는 것인데, 만약 사람과 사람, 사물과 사물 사이에 저것이 이것보다 더 좋거나 혹은 이것이 저것보다 더 좋은 어떤 경우가 존재하는 것을 승인한다면, 좋은 것은 마땅히 좋지 않은 것을 개조하여 좋게 해야 하므로, 모든 사물이 저마다 절대적 자유가 있다는 주장을 할 수 없다. 장자학은 인간과 사물은 모두 절대적 자유를 가져야 한다고 여기기 때문에, 천하의 온갖 사물 중에 좋지 않은 것은 없고 천하의 온갖 의견 중에 옳지 않은 것은 없다고 여긴다. 이 점이 장자학과 불학(佛學)의 근본적인 차이점이다. 불학은 천하의 모든 사물은 다 나쁘고 천하의 모든 의견은 다 그르다고 여긴다. 「제물론」은 말한다.

> 내가 한번 묻겠다. 사람은 습한 곳에서 자면 요통으로 반신불수가 되지만, 미꾸라지도 그렇던가? 사람은 나무 위에서 살면 두려워 현기증이 나지만, 원숭이도 그렇던가? 이 셋 중에서 누가 바른 거처(正處)를 안 것인가?

---

36) 「응제왕」, 『장자』, 309쪽 참조. 〈부록4,주69 다음의*〉

37) 無以人滅天, 無以故滅命. (『장자』, 590-91쪽)

사람은 소나 돼지를 잡아먹고, 사슴은 풀을 먹고, 지네는 작은 뱀을 달게 먹고, 올빼미와 갈가마귀는 쥐를 즐겨 먹는다. 이 넷 중에서 누가 바른 맛(正味)을 안 것인가?

원숭이는 개코원숭이와 짝을 맺고, 고라니는 사슴과 교미를 하고, 미꾸라지는 물고기와 어울린다. 모장(毛嬙)과 여희(麗姬)는 사람들이 좋아하는 미인이지만, 물고기가 보면 깊이 숨고, 새가 보면 높이 날아가고, 사슴이 보면 힘껏 달아난다. **이 넷 중에서 누가 천하의 바른 미색(正色)을 안 것인가?**[38)]

반드시 하나를 바른 미색으로 고집할 경우, "넷 중에서 누가 천하의 바른 미색을 안 것인가?" 어느것 하나를 바른 미색으로 고집하지 않으면, 넷 모두 천하의 바른 미색이다. 마치 바다새는 "호수 위를 떠다니고" "미꾸라지와 피라미를 잡아먹지만", 노나라 임금은 "구소의 음악을 감상하고" "소, 양, 돼지를 잡아먹는" 양생법이 각각 전혀 다르기는 하지만 둘 다 천하의 바른 양생법(正養)인 것과 같다.

사람들의 견해는, 「제물론」 앞부분의 논의처럼, 바람이 불 때 만 가지 구멍에서 울려나오는 소리와 같이 만 가지로 다른데, 결국 누가 옳고 누가 그른 것인가? 과연 당시의 이른바 "논변(辯)"이라는 것으로써 "시비를 밝힐(明是非)" 수 있을까? 「제물론」은 말한다.

가령 나와 네가 논변을 하여, 네가 나를 이기고 나는 너를 못 이겼다면, 네가 반드시 옳고 나는 반드시 그른 것일까? 내가 너를 이기고 너는 나를 못 이겼다면, 내가 반드시 옳고 너는 반드시 그른 것일까? 아니면 둘 가운데 한쪽은 옳고 다른 쪽은 그른 것일까? 아니면 둘 다 옳거나 둘 다 그른 것일까? 이렇듯 당사자끼리도 서로 이해가 불가능하다면 제삼자는 더욱 캄캄할 수밖에 없다. 그러니 누구로 하여금 논쟁을 결정짓게 하랴? 너와 같은 견해의 사람에게 결정하게 하면 이미 너와 같은즉 어떻게 결정할 수 있겠는가? 나와 같은 견해의 사람에게 결정하게 하면 이미 나와 같은즉 어떻게 결정할

38) 且吾嘗試問乎女. 民濕寢則腰疾偏死, 鰌然乎哉? 木處則惴慄恂懼? 猨猴然乎哉? 三者孰知正處? 民食芻豢, 麋鹿食薦, 蝍且甘帶, 鴟鴉耆鼠, 四者孰知正味?猨, 猵狙以爲雌, 麋與鹿交, 鰌與魚游, 毛嬙. 麗姬, 人之所美也, 魚見之深入, 鳥見之高飛, 麋鹿見之決驟, 四者孰知天下之正色哉? (『장자』, 93쪽)

수 있겠는가? 우리 둘과 다른 견해의 사람에게 결정하게 하면 이미 우리 둘과 다른즉 어떻게 결정할 수 있겠는가? 우리 둘과 같은 견해의 사람에게 결정하게 하면 이미 우리 둘과 같은즉 어떻게 결정할 수 있겠는가? 이렇듯 나와 너 및 제삼자 모두 서로 이해가 불가능할진대, 또다시 누구를 더 기다려야 할까?[39)]

즉 "논변"이 시비를 결정할 수 없음을 밝혔다. 만약 반드시 어떤 것이 옳다고 고집한다면, 천하 사람들의 견해 가운데 과연 무엇이 옳은 것인가? 하는 문제는 바로 앞에서 말한, 무엇이 바른 거처, 바른 맛, 바른 미색인가 하는 문제와 마찬가지로 결정할 수 없다. 만약 어떤 것을 옳다고 고집하지 않으면 모든 사람의 견해는 모두 옳다. 모두 옳기 때문에 그대로 맡겨두고(聽其自爾), 논변하지 말아야 한다.「제물론」은 말한다.

옳은 것(是)과 그른 것(不是), 그런 것(然)과 그렇지 않은 것(不然)에서, 옳은 것이 과연 옳다면 왜 그것이 그른 것과 다른지에 대해서는 논변할 필요가 없고, 그런 것이 과연 그렇다면 왜 그것이 그렇지 않은 것과 다른지에 대해서도 역시 논변할 필요가 없다. **화성**(化聲)*이 서로 상대적이든 아니든 간에, 그것들을 천예(天倪 : 자연의 한계, 조화, 天均)에 조화시키고, 만연(曼衍 : 자연조화의 과정, 무한한 변화)에 맡겨두자. 그것이 모든 존재가 천수를 다하는 길이다. 세월도 잊고 명분(義)도 잊은 채 무궁의 경지(無竟)에 소요하고 그 안에 깃들자![40)]

39) 旣使我與若辯矣, 若勝我, 我不若勝, 若果是也, 我果非也邪? 我勝若, 若不吾勝, 我果是也, 若果非也邪? 其或是也, 其或非也邪? 其俱是也, 其俱非也邪? 我與若不能相知也, 則人固受其黮闇. 吾誰使正之? 使同乎若者正之, 旣與若同矣, 惡能正之? 使同乎我者正之, 旣同乎我矣, 惡能正之? 使異乎我與若者正之, 旣異乎我與若矣, 惡能正之? 使同乎我與若者正之, 旣同乎我與若矣, 惡能正之? 然則我與若與人, 俱不能相知也, 而待彼也邪? (『장자』, 107쪽)

* 化聲 : 자연의 소리, 바람 불 때 온갖 구멍에서 울리는 소리. 인간의 논쟁.

40) 是不是, 然不然. 是若果是也, 則是之異乎不是也, 亦無辯 ; 然若果然也, 則然之異乎不然也, 亦無辯. 化聲之相待, 若其不相待. 和之以天倪, 因之以曼衍, 所以窮年也. 忘年忘義, 振於無竟, 故寓諸無竟. (『장자』, 108쪽) [無竟 : realm of the infinite] 〈제7장,주95 ; 제11장,주128〉

천하의 견해는 모두 자연의 "화성"과 같고, 「제물론」에서 말한 "구음(鷇音 : 새 소리)"과 같다고 보았다. 새 울음과 바람 소리에 대해서 아무도 그 시비를 따진 적이 없는데, 하필 사람의 언론에 대해서만 굳이 시비를 따져야 하랴? 그대로 맡겨두면 된다.

이런 원리로써 당시 학술계의 쟁변(爭辯)에 대응했다. 「제물론」은 말한다.

말(言)은 그저 바람 소리가 아니다. 말이란 무언인가를 말하려는 것이다. 다만 그 말하려는 내용이 확정되지 않았을 뿐이다. 과연 말하려는 것이 있는가? 아니면 말에는 애초부터 말하려는 것이 없었는가? 말은 **새 소리**(鷇音)와는 다르다고들 여기는데, 그 둘은 과연 구별되는가, 구별되지 않는가?

도(道)는 어떻게 은폐되었기에 진위(眞僞)가 생겼는가? 말(言)은 어떻게 은폐되었기에 시비(是非)가 발생했는가? **도(길)란 어디에든 존재하고, 말이란 무슨 뜻으로든 쓰이는 것이 아닌가**? 도는 소성(小成 : 편파적 주장)에서 은폐되고, 말은 영화(榮華 : 거창한 논변)에서 은폐된다. 그리하여 **유묵**(儒墨)**의 시비**(是非)가 생겼으니, 각각 상대가 그르다고 한 것을 옳다고 하고, 상대가 옳다고 한 것을 그르다고 했다. 상대가 그르다고 한 것을 옳다고 하고 옳다고 한 것을 그르다고 하려면, 밝은 지혜(明 : 明知, 이해의 빛)를 쓰는 것이 제일이다(莫若以明).

사물은 '저것(彼 : 어떤 것의 상대)**' 아닌 것이 없고, 또 '이것**(是 ; 그것 자신)**' 아닌 것이 없다.** 사물은 자신도 '저것'이라는 사실은 모르고, 자신은 '이것'일 뿐이라고 이해한다. 즉 **저것은 이것에서 나오고, 이것 역시 저것에서 되니, 즉 저것과 이것이 나란히 생긴다는 주장이다.** 그러므로 생기자마자 죽고 죽자마자 생기며, 가능이 있자마자 불가능이 있고, 불가능이 있자마자 가능이 있다. 옳은 것 때문에 그른 것이 있고, 그른 것 때문에 옳은 것이 있다. **그래서 성인이 시비의 노선을 따르지** 않고, 하늘(자연)의 관점에 비추어보는 것(照之於天)도 그 때문이다.*

* *SH*, 112쪽 : 만물은 영원히 변화하기 마련이고 많은 양상을 띠고 있다. 따라서 똑같은 사물에 대해서 갖가지의 견해가 제시될 수 있다. 일단 이렇게 말하는 한 우리는 더욱 고차적인 관점이 존재한다는 것을 인정한 셈이다. 우리가 이 전제를 받아들인다면 무엇이 옳고 무엇이 그른가에 대해서 우리가 직접 결정을 내릴 필요가 없

이것은 또한 저것이고, 저것은 또한 이것이다. **저것도 하나의 시비체계이고, 이것도 하나의 시비체계이다.** 저것과 이것은 진정 구별되는가? 저것과 이것은 진정 구별되지 않는가? **저것과 이것이 더 이상 대립물이 되지 않는 것이 도의 축(道樞)이다. 축(樞)만이 비로소 고리의 중앙을 얻어 무궁한 변화에 응한다. 옳은 것도 무궁하고, 그른 것도 무궁하다.** 따라서 "밝은 지혜를 쓰는 것이 제일이다"는 말이다.[41)]

여기서 말한 "저것과 이것"은 공손룡의 설을 반박한 것 같다. 공손룡의 「명실론(名實論)」에 따르면 저것은 오직 저것이고, 이것은 오직 이것일 뿐이다(제9장,제6절). 장자학에 따르면 저것과 이것은 상대적이다. 따라서 "저것은 이것에서 나오고, 이것 역시 저것에서 비롯되니, 저것과 이것이 나란히 생긴다는 주장이다"고 했다. 저것과 이것은 서로 저것과 이것으로 불린다. 유묵의 상호간의 시비(是非)도 이와 같다. 만약 "유묵의 시비"에서, 반드시 한쪽만이 옳다고 고집한다면, "저것도 하나의 시비체계요, 이것도 하나의 시비체계인" 만큼, 끝이 없는 둥근 고리처럼, 결말을 지을 수 없다. 단지 "도(길)란 어디에든 존재하고, 말이란 무슨 뜻으로든 쓰이는 것"임을 아는 사람만이, "유묵의 시비"를 "구음"과 똑같이 자연의 "화성"으로 여기기 때문에, 그대로 맡겨둔다. 즉 "그래서 성인은 시비의 노선을

다. 논변은 저절로 밝혀진다. /이런 전제를 받아들인다는 것은 만물을 더욱 고차적인 관점에서 보는 것, 즉 「제물론」에서 말했듯이, 만물을 **"하늘의 관점에 비추어 보는"** 것이다. **"만물을 하늘의 관점에 비추어보는 것"**은 유한을 초월하여, 즉 도의 관점으로부터 만물을 보는 것을 뜻한다.

41) 夫言非吹也, 言者有言, 其所言者, 特未定也. 果有言邪? 其未嘗有言邪? 其以爲異於鷇音, 亦有辯(辨)乎, 其無辯(辨)乎? 道惡乎隱而有眞僞? 言惡乎隱而有是非? 道惡乎往而不存? 言惡乎存而不可? 道隱於小成, 言隱於榮華. 故有儒墨之是非, 以是其所非, 而非其所是. 欲是其所非而非其所是, 則莫若以明. 物無非彼, 物無非是. 自彼則不見, 自知[知 : 是]則知之. 故曰, 彼出於是, 是亦因彼. 彼是方生之說也. 雖然, 方生方死, 方死方生, 方可方不可, 方不可方可 ; 因是因非, 因非因是. 是以聖人不由, 而照之於天, 亦因是也. 是亦彼也, 彼亦是也. 彼亦一是非, 此亦一是非. 果且有彼是乎哉? 果且無彼是乎哉? 彼是莫得其偶, 謂之道樞. 樞始得其環中, 以應無窮. 是亦一無窮, 非亦一無窮也. 故曰, 莫若以明. (『장자』, 63-66쪽) 〈제11장,주94 ; 부록4,주49 ; 제2편,제6장,주98〉

따르지 않고 하늘(자연)의 관점에 비추어본다"는 말이다. 이것이 이른바 "밝은 지혜를 쓴다(以明)"는 말이다. 옳은 것이 있으므로 그른 것이 있고, 그른 것이 있으므로 옳은 것이 있다. 따라서 시비는 바로 상대적인 것, 즉 "대립물(偶)"이다는 말이다. 피시(彼是 : 저것과 이것)도 마찬가지다. 만약 시비, 피시를 그대로 맡겨두고 시비, 피시를 따지지 않으면 대립은 없어진다. 따라서 "저것과 이것이 더 이상 대립물이 되지 않는 것이 도의 축(본질)이다"고 했다. 피차간에 서로 시비하기 때문에, "옳은 것도 무궁하고 그른 것도 무궁하여", 마치 둥근 고리가 그런 것과 같다. 시비를 따지는 자와 순환논변을 벌이지 않고, 고리의 중앙에 서서 그것 자체에 맡겨두는 것이, 즉 "축(樞)만이 비로소 고리의 중앙을 얻어 무궁한 변화에 응한다"는 말이다. 「제물론」은 또 말한다.

> 그러므로 성인은 시비를 조화시키고, **천균**(天鈞 : 자연의 造化) **속에서 쉰다. 그것이 바로 양행**(兩行 : 두 가지를 동시에 인정함)**이다.**[42)]

"천균"은 「우언편」에 "천균(天均)", "천예(天倪)"라고도 했다. "천균, 천예"는 모두 만물의 자연적인 변화를 일컫는 말인데, "천균 속에서 쉰다" 함은 만물을 자연 그대로 맡겨둔다는 말이다. 성인은 만물 상호간의 시비에 대하여 그대로 맡겨두기 때문에, 그 태도는 시비를 폐하지 않고 초월하는 것인데, "그것이 바로 양행이다."

이런 관점으로써 사물을 고찰하는 것은 곧 도의 관점으로써 사물

---

42) 是以聖人和之以是非, 而休乎天鈞 ; 是之謂兩行. (『장자』, 70쪽) 〈제7장,주94〉 [『신편』II, 117쪽 : 균(鈞)은 일종의 돌아가는 쟁반이다. 쟁반은 그 축을 중심으로 돌아가는데, 그 축이 "추(樞)"이다. 자연계와 사회적 제도는 변동 가운데에 있어서 마치 하나의 '쟁반(鈞)'과도 같으니 "천균(天鈞)"이라고 일컬었다. 이 "천균"의 축을 "도추(道樞)"라고 한다. "성인"은 "도추"의 입장에 서 있으므로 피차(彼此)의 시비(是非)를 따라 뱅뱅 돌지 않는다. 즉 "천균 속에서 쉰다"는 말이다. 피(彼)라는 일련의 시비체계와 차(此)라는 일련의 시비체계는 [조삼모사(朝三暮四)의] 원숭이들의 희노(喜怒)와 같은 것에 불과한즉, 그 스스로 그러하게 맡겨두면 그만이다. 이것이 바로 "시비를 조화시키는 것"이고, "양행(兩行)"이며, 또한 「천하편」에서 말한 "시비를 따지지 않고 세속에 어울려 산다"〈제8장,주11〉는 말이다.]

을 고찰하는 것이다. 「추수편」은 말한다.

도의 관점에서 보면 사물은 귀천이 없다. 사물 자신의 관점에서 보면 **자신은 귀하고 상대는 천하다**. 속인의 관점에서 보면 **귀천은 사람의 인격과는 무관하다** [즉 부나 지위에 달려 있다].

차이(差)의 측면에서 볼 때, 상대적으로 크기 때문에 크다고 하면 세상에 크지 않은 사물은 없고, 상대적으로 작기 때문에 작다고 하면 세상에 작지 않은 사물은 없다. 천지도 [우주에 비하면] 좁쌀만하고 털끝도 [미립자에 비하면] 산언덕만하다는 이치를 안다면, 차이의 이치는 파악한 것이다.

기능(功 : 특성)의 측면에서 볼 때, 어떤 기능이 있기 때문에 기능이 있다고 하면 만물은 다 기능이 있고, 어떤 기능이 없기 때문에 기능이 없다고 하면 만물은 다 기능이 없다. 동쪽과 서쪽이 서로 상반되지만 서로 없어서는 안 된다는 이치를 안다면, 기능의 본질은 이해한 것이다.

소견(趣)의 측면에서 볼 때, 옳다고 여기기 때문에 옳다고 하면 만물은 옳지 않은 것이 없고, 그르다고 여기기 때문에 그르다고 하면 만물은 그르지 않은 것이 없다. 요 임금[성군]과 걸 임금[폭군]이 저마다 자기는 옳고 상대는 그르다고 여겼던 사실을 안다면, 소견의 구조는 파악한 것이다.……

도의 관점에서 보면 무엇을 귀중시하고 무엇을 천시하겠는가? 이런 태도가 바로 반연(反衍 : 漫衍, 무차별, 그대로 놓아둠)이다. 네 심지[心志]를 구속하지 말라, 도에 크게 저촉되기 때문이다. 무엇을 무시하고 무엇을 중시하겠는가? 이런 태도가 바로 사시(謝施 : 오만을 물리침)이다. 네 행동을 외곬으로 하지 말라, 도에서 벗어나기 때문이다. 추호도 사심이 없는 나라님처럼 근엄하라. 공평한 복을 주는, 제사에서 모셔지는 토지신처럼 초연하라. 한계가 없이 무궁무진한 사방처럼 관대하라. 만물을 똑같이 포용하니 그 누구를 특별히 보익하겠는가? 이런 태도가 바로 무방(无方 : 편향이 없음)이다. 만물은 한가지로 똑같은즉 무엇이 못나고 무엇이 잘났으랴! 도는 끝도 시작도 없지만 만물은 사생(死生)이 있다. 만물의 생성변화는 무상한지라 한 번 비었다가 한 번 충만하여 고정불변의 형상이 없다. 가는 해는 막을 수 없고 가는 세월은 잡을 수 없다. 소식(消息 : 소멸과 생장)과 영허(盈虛 : 차고 빔)의 현상은 끝나면 다시 시작한다. 그렇기 때문에 대도(大義 : 大道)의 내용을 이야

> 기하고 만물의 이치를 논하는 것이다.[43]

세속은 사람을 정치적, 사회적 계급에 따라 귀천을 분별하므로, "귀천은 사람의 인격과는 무관하다." 사물 자신의 측면에서 보면 "자신은 귀하고 상대는 천한데", 「소요유」에서 뱁새가 대붕을 비웃는 경우가 그것이다. 그러나 이것은 모두 유한의 관점에서 사물을 고찰한 것이다. 만약 유한을 초월하여 무한의 관점에서 사물을 고찰할 수 있다면, 바로 "도의 관점에서 보는"* 것이다. 도의 관점에서 보면 사물은 동등하지 않은 것이 없다. 더욱이 도와 합일할 수 있다면 일체의 분별을 행하지 않고 "만물은 나와 더불어 하나인" 경지에 도달한다. 이 점은 이하에서 따로 상술한다.

혹자는 장자학은 "양행(兩行)"〈주42〉을 옳다고 여기므로, 여전히 시비를 따지고 있다고 말한다. 「제물론」은 이 점에 대해서도 이미 언급했다. 「제물론」은 말한다.

> 이 점에 대해서 언급해둘 것이 있다. 내 주장이 다른 사람들의 주장과 같은 부류의 것인지 아닌지 나는 모른다. 같은 부류이든 아니든, 하여튼 같은

---

43) 以道觀之, 物无貴賤. 以物觀之, 自貴而相賤. 以俗觀之, 貴賤不在己. 以差觀之, 因其所大而大之, 則萬物莫不大；因其所小而小之, 則萬物莫不小. 知天地之爲稊米也, 知毫末之爲丘山也, 則差數覩矣. 以功觀之, 因其所有而有之, 則萬物莫不有；因其所无而无之, 則萬物莫不无. 知東西之相反而不可以相无, 則功分定矣. 以趣觀之, 因其所然而然之, 則萬物莫不然；因其所非而非之, 則萬物莫不非. 知堯桀之自然而相非, 則趣操覩矣……以道觀之, 何貴何賤, 是謂反衍. 无拘而志, 與道大蹇. 何少何多, 是謂謝施. 无一而行, 與道參差. 嚴乎若國之有君, 其无私德. 繇繇乎若祭之有社, 其无私福. 泛泛乎其若四方之无窮, 其无所畛域. 兼懷萬物, 其孰承翼. 是謂无方, 萬物一齊, 孰短孰長. 道无終始, 物有死生. 不恃其成, 一虛一滿, 不位乎其形. 年不可擧, 時不可止. 消息盈虛, 終則有始. 是所以語大義之方, 論萬物之理也. (『장자』, 577-78쪽, 584-85쪽) 〈제9장,주27；제2편, 제6장,주17〉

* 램프레히트, 352-53쪽: "사물을 그런 방식으로 이해하는 것은 스피노자의 유명한 말을 빌린다면, 사물을 영원의 광명을 통하여 고찰하는 것이다……그것은 가장 고귀한 형태의 인생이기도 하며, 인생의 고요한 행복이다." /러셀, 556쪽: 스피노자에 따르면 "현명한 사람은, 인간의 유한성의 한도 내에서, 이 세계를 신이 고찰하는 방식, 즉 영원상하(永遠相下)에서 고찰하려고 노력한다(endeavours to see the world as God sees it, *sub specie aeternitatis*, under the aspect of eternity)."

> 부류라면 내 주장은 다른 사람들의 주장과 차이가 없을 것이다.……**나는 이미 뭔가를 말했지만, 내가 말한 것이 과연 뭔가를 말한 것인지 아닌지는 모르겠다.**
>
> 천하에 추호(秋毫 : 짐승의 가을철 터럭 끝)보다 더 큰 것은 없고, 태산도 작다. 요절한 아이보다 더 장수한 사람은 없고, 팽조도 요절했다. **천지는 나와 더불어 생겼고 만물은 나와 더불어 하나이다.** 이미 하나인 이상, 더 이상 무슨 말이 필요하겠는가? 그렇지만 하나이다고 말한 이상, 이미 말이 없었다고야 할 수 있겠는가? 하나와 그것의 말(언표)은 둘이 되고, 둘과 하나는 셋이 된다. 이렇게 계속하면 빼어난 산술가라도 답을 얻을 수 없거늘, 하물며 보통 사람의 경우에랴? 따라서 **무에서 유로 나아갔어도 셋에 이르렀거늘 하물며 유에서 유로 나아감에랴? 그러니 더 나아가지 말고 여기서 그치자.**[44]

장자학은 "양행"을 옳다고 여기므로, 역시 시비를 따지는 바가 있는데, 이는 다른 사람들이 시비를 따지는 것과 같은 부류이다. 그러나 "양행"을 옳다고 여긴 것은 시비를 초월하고자 한 것이므로, 다른 사람들이 시비를 따지는 경우와는 종류가 다르다. 따라서 "나는 이미 뭔가를 말했지만, 내가 말한 것이 과연 뭔가를 말한 것인지 아닌지는 모르겠다"고 말했다. 시비를 초월함이 옳다는 주장도 여전히 시비를 따진다는 혐의를 면하기 어려운데 하물며 정말로 시비를 따지는 경우에랴? 따라서 "무에서 유로 나아갔어도 셋에 이르렀거늘 하물며 유에서 유로 나아감에랴?" 하고 말했다. 따라서 "더 나아가지 말고 여기서 그치자."

44) 今且有言於此, 不知其與是類乎? 其與是不類乎? 類與不類, 相與爲類, 則與彼無以異矣.……今我則已有謂矣, 而未知吾所謂之其果有謂乎? 其果無謂乎? 天下莫大於秋毫之末, 而泰山爲小 ; 莫壽於殤子, 而彭祖爲夭. 天地與我並生, 而萬物與我爲一. 旣已爲一矣, 且得有言乎? 旣已謂之一矣, 且得無言乎? 一與言爲二, 二與一爲三. 自此以往, 巧歷不能得,而況其凡乎? 故自無適有, 以至於三, 而況自有適有乎? 無適焉, 因是已. (『장자』, 79쪽) [天地與我並生=Heaven and Earth and I came into existence together] 〈제2편,제6장,주96〉

6. 죽음과 불사

좋지 않은 사물은 없고 옳지 않은 견해는 없다. 이것이 「제물론」의 종지이다. 범위를 넓혀 말하면 모든 존재 방식 역시 좋지 않은 것이 없다. 죽음이란 우리가 하나의 존재방식에서 다른 하나의 존재방식으로 옮겨간 것에 불과하다. 현재 우리가 가진 존재방식을 즐겁다고 여긴다면, 사후에 우리가 얻을 새로운 방식 역시 즐겁지 않을 것이 없다고 할 수 없다. 「대종사」는 말한다.

> 단지 사람의 형체를 얻은 것만으로 사람들은 저토록 좋아한다. 사람의 형체만한 것은 무한한 조화의 과정 가운데 무수한 형태로 예비되어 있다. 그러니 그 즐거움은 계산조차 할 수 없을 것이다![45]

「제물론」은 말한다.

> 삶을 좋아하는 것이 미혹은 아닌지 내 어찌 알랴? 죽음을 싫어하는 것이, 마치 어려서 길을 잃었기 때문에 평생 고향을 찾을 줄 모르는 사람의 경우와 같지 않은지 내 어찌 알랴? 여희〈주38〉는 애(艾) 땅의 국경 관리인의 딸이었다. 처음 진(晉)나라에서 그녀를 데려갈 때 그녀는 옷깃을 적시며 눈물을 흘렸다. 그러나 왕의 처소에서 왕과 함께 고급 침대에서 자고 각종 진미를 먹게 되자 애초에 섧게 울었던 그 사실을 후회했다고 한다. 그러니 죽은 사람이 처음에 삶에 애착했던 사실을 후회하지 않을지 내 어찌 알랴? 꿈속에서 즐겁게 술을 마시던 사람이 아침에 깨어나 슬피 울기도 하고, 꿈속에서 슬피 울던 사람이 아침에 깨어나 즐겁게 사냥하기도 한다. 한참 꿈을 꾸고 있을 때에는 그것이 꿈이라는 사실을 모르며, 꿈속에서 꿈을 해몽하기까지 한다. 깬 다음에야 그것이 꿈이었음을 안다. 그런즉 대각(大覺)이 있어야만 삶 자체가 곧 대몽(大夢)이었음을 아는 것이다.[46]

---

45) 特犯(同逢)人之形而猶喜之. 若人之形者, 萬化而未始有極也. 其爲樂可勝計耶? (『장자』, 243-44쪽)

46) 予惡乎知悅生之非惑邪? 予惡乎知惡死之非弱喪而不知歸者邪? 麗之姬, 艾封人之子也. 晉國之始得之也, 涕泣沾襟. 及其至於王所, 與王同筐牀, 食芻豢, 而後悔其泣

「추수편」에 "도는 끝도 시작도 없지만 만물은 사생이 있다"〈주43〉 고 했는데, 곽상의 주에 "사생이란 무궁한 변화일 뿐, 끝과 시작이 아니다"[47]고 했다. 이런 이치를 알면 삶과 죽음을 한가지로 여길(齊死生)* 수 있다. 「대종사」는 말한다.

> 만약 내 왼팔이 수탉으로 변하면 나는 새벽을 알리겠고, 내 오른팔이 탄알로 변하면 나는 장차 부엉이 구이(鴞炙 : 진미)를 장만하겠다. 만약 내 엉덩이가 수레바퀴로, 정신이 말로 변하면 나는 그것에 올라타리니 어찌 다른 마차가 필요하겠는가? **탄생**(得)**은 때를 만난 것**(時)**이요**("정해진 때에 해당된 것을 세상은 득〔得〕이라고 한다"/곽상), **죽음**(失)**은 자연의 질서에 순응함**(順)**이니**("시간이 잠시도 머물지 않고 자연의 순서에 따라 지나간 것을 세상은 실〔失〕이라고 한다"/곽상), **만난 때에 조용히 머물다가 자연의 질서에 순응하여 돌아가면 애락**(哀樂)**은 개입하지 못한다**. 옛 사람은 이것을 일컬어 현해(懸解 : 거꾸로 매달린 상태에서 풀림)라고 했다.[48]

"애락이 개입하지 못한다"고 함은 이성으로써 정념을 순화한다(以理化情)는 말이다. 스피노자는 정념을 "인간의 속박(Human bondage)"으로 여겼다. 지식을 가진 사람이 우주의 참모습을 깨달아 사

也. 予惡乎知夫死者不悔其始之蘄生乎? 夢飮酒者旦而哭泣, 夢哭泣者旦而田獵. 方其夢也, 不知其夢也, 夢之中又占其夢焉. 覺而後知其夢也. 且有大覺而後知此其大夢也. (『장자』, 103-04쪽)

47) 死生者, 無窮之變耳, 非終始也. (『장자』, 587쪽[11])

* 『신편』II, 117쪽 : 「제물론」에 따르면, 산 사람의 처지와 관점에서 죽음을 죽음이라고 말하지만, 죽은 사람 역시 죽은 사람의 처지와 관점에서 삶이 죽음이라고 말할 수 있다. 비유하건대, 깨어 있는 사람은 깨어 있는 처지에서 꿈을 꿈이라고 말하지만, 꿈을 꾸고 있는 사람은 꿈속의 처지에서 깨어 있는 상태를 꿈이라고 말하는 것과 같다. "장주는 꿈에 나비가 되었다" 함은 장주의 처지에서 한 말이다. 나비의 처지에 서면 "나비는 꿈에 장주가 되었다"고 말할 수 있다. 장주에 따르면, 모든 처지와 관점을 초월하면, 사생(死生)은 전혀 분별되지 않는다. 이것이 바로 소위 "제사생(齊死生)"이다.

48) 浸假而化予之左臂以爲雞, 予因以求時夜. 浸假而化予之右臂以爲彈, 予因以求鴞炙. 浸假而化與之尻以爲輪, 以神爲馬, 予因而乘之, 豈更駕哉? 且夫得者, 時也(郭云 : "當所遇之時, 世所謂得") ; 失者, 順也(郭云 : "時不暫停, 隨順而往, 世謂之失"). 安時而處順, 哀樂不能入也. 此古之所謂懸解也. (『장자』, 206쪽) 〈제7장,주89〉

물의 발생이 필연적임을 안다면, 일을 당해도 정념이 동요되거나 속박되지 않아 "인간의 자유(Human freedom)"를 얻는다. 비유하건대 회오리바람에 기왓장이 날려 아이와 어른의 머리에 부딪쳤다면, 아이는 반드시 화를 내며 기왓장을 원망하겠지만, 어른은 감정이 동요되지 않으므로 받는 고통도 가볍다. 어른의 지식은 기왓장이 떨어진 사실의 진상을 알기 때문에, "애락이 개입하지 못했다"는 말이다. 「양생주(養生主)」에서 진일(秦失)은 노담의 죽음을 슬퍼하는 사람에게 이렇게 말했다.

> 그것은 **자연의 이치를 거역하고**(遁天) **인간의 정념을 배가시키고**, 자연으로부터 품부받은 것을 망각하는 일이다. 옛 사람들은 그것을 **자연의 이치를 거역한 형벌**이라고 불렀다.[49]

죽음은 삶의 자연적 결과이다. 이것을 비통해하고 고뇌하는 것은 "자연의 이치를 거역하고 인간의 정념을 배가시키는 일"이다. "자연의 이치를 거역하는" 자는 반드시 형벌을 받는데, 그가 애통해할 때 받는 고통이 그것이다. 만약 "탄생은 때를 만난 것이요 죽음은 자연의 질서에 순응함이니, 만난 때에 조용히 머물다가 자연의 질서에 순응할" 줄 안다면, "애락이 개입하지 못하여" "자연의 이치를 거역한 형벌"을 받지 않으므로, 마치 거꾸로 매달렸다가 풀린(懸解) 듯할 것이다. 그에게 이것이 가능한 까닭은 이성으로써 정념을 순화했기 때문이다. 「지락편(至樂篇)」에서 장자는 아내가 죽자 "동이를 두드리며 노래했는데",[50] 혜자(惠子, 혜시)의 반문에 이렇게 대답했다.

> 아내가 죽었을 때 나라고 어찌 **슬퍼하지 않을 수 있었겠는가**? 그러나 **문제의 시원을 고찰했는데**, 태초에 아내는 생(生)이 없었고, 생이 없었을 뿐더러 형체(形)도 없었고, 형체가 없었을 뿐더러 기(氣)도 없었네. 그러다가 혼돈 가운

---

49) 是遁天倍情, 忘其所受, 古者謂之遁天之刑. (『장자』, 128쪽) [遁天=to violate the principle of nature]

50) 鼓盆而歌. ['고분지탄(鼓盆之歎)', '고분지통(鼓盆之痛 : 아내를 여읜 설움)'의 출처]

> 데 섞여 있다가 변하여 기가 생겼고, 기가 변하여 형체가 생겼고, 형체가 변하여 생명이 생겼다가, 이제 다시 변하여 죽음으로 간 것인즉, 춘하추동 사계절의 운행과 같은 이치가 아니겠는가? 그 사람은 지금 우주의 대저택에서 편히 잠들어 있거늘, 나는 소리쳐 슬피 곡했으니, 스스로 자연법칙에 무식함을 선언하는 것 같아 그만둔 것이네.[51)]

장자 역시 처음에는 "슬퍼하지 않을" 수 없었으니, 그것이 정념(情)이다. 그후 "문제의 시원을 고찰……" 운운은 이성으로써 정념을 순화했다(以理化情)는 말이다. 이성으로써 정념을 순화하면 "애락은 개입하지 못한다."

다른 한편에서, 우리는 삶과 죽음을 똑같이 여길 수 있을 뿐더러, 실제로 사생이 없는 경지에도 도달할 수 있다. 「덕충부(德充符)」는 말한다.

> 사물을 상이성의 관점에서 보면 한몸 안의 간과 쓸개도 초나라와 월나라만큼이나 서로 다르고, 유사성의 관점에서 보면 만물은 모두 하나이다.[52)]

「전자방편(田子方篇)」은 말한다.

> 초식동물은 풀밭 옮기기를 꺼리지 않고, 수생곤충은 연못 바꾸기를 꺼리지 않는다. 작은 변화를 도모했기로 근본적인 것을 상실하지는 않기 때문이다. 무릇 우주란 만물이 하나가 되는 장소이다. **하나가 되는 경지를 체득하여 거기에 동화한다면**, 사지와 온 몸은 먼지나 티끌과 진배없고, 삶과 죽음이나 시작과 끝은 낮과 밤 같은 것이 되어, 아무것도 내심을 문란시키지 못할 것이거늘, 하물며 이해득실이나 길흉화복 따위가 개입할 수 있겠는가?[53)]

51) 是其始死也, 我獨何能無慨然? 察其始而本无生. 非徒无生也, 而本無形. 非徒無形也, 而本无氣. 雜乎芒芴之間, 變而有氣 ; 氣變而有形 ; 形變而有生 ; 今又變而之死 ; 是相與爲春秋冬夏四時行也. 人且偃然寢於巨室, 而我噭噭然隨而哭之, 自以爲不通乎命, 故止也. (『장자』, 614-15쪽) [巨室 : 天地之間을 지칭]

52) 自其異者視之, 肝膽楚越也 ; 自其同者視之, 萬物皆一也. (『장자』, 190쪽)

53) 草食之獸, 不疾易藪 ; 水生之蟲, 不疾易水, 行小變而不實其大常也,……夫天下者, 萬物之所一也. 得其所一而同焉, 則四肢百體將爲塵垢, 而死生終始將爲晝夜, 而莫之能滑, 而況得喪禍福之所介乎? (『장자』, 714쪽)

「대종사」는 말한다.

> 배는 골짜기에 감추고, 오구는 연못 속에 감추면 안전하다고들 말한다. 그러나 한밤중에 힘 센 자가 나타나 몽땅 짊어지고 달아날 수도 있다. 작은 것을 큰 것 안에 아무리 잘 감출지라도 상실할 가능성은 항상 있다는 사실을 우매한 자는 알지 못한다. 만약 우주를 우주에 감추어두면 상실할 여지는 없다. 이것이 바로 일반 사물의 크나큰 진리이다.……따라서 성인은 **상실할 수 없는 경지 속에 소요하여 온전히 존립한다.** 요절도 좋고 장수도 좋고 탄생도 좋고 죽음도 좋다고 여기는 인물도 사람들은 오히려 추종하거늘, 하물며 만물을 연계시키며 갖가지의 조화가 그로부터 비롯되는 존재[즉 도]임에랴?[54)]

우주간 사물은 우리가 어떻게 감추어도 결국 상실할 가능성은 남아 있다. 그러나 온 우주를 온 우주 속에 감추면 상실할 여지는 다시 없다. 따라서 우리의 개체가 우주와 합일하여, "하나가 되는 경지를 체득하여 거기에 동화하면", 우주가 끝도 시작도 없듯이 우리도 끝도 시작도 없을 것이고, 우주가 영구하듯이 우리도 영구할 것이다. 즉 "상실할 수 없는 경지 속에 소요하여 온전히 존립한다"는 말이다. 「대종사」는 말한다.

> 내가 계속 깨우치자, 그는 3일 만에 **세상을 잊을**(外天下) **수 있었다.** 세상을 잊은 이후 계속 깨우치자, 7일 만에 **외물을 잊을**(外物) **수 있었다.** 외물을 잊은 이후 계속 깨우치자, 9일 만에 생을 잊을(外生) 수 있었다. 생을 잊은 이후 비로소 **조철**(朝徹 : 깨달음)**할 수 있다. 조철한 이후 견독**(見獨)*__할 수 있다.__ 견독한 이후 **과거와 현재의 구별을 초월**할 수 있다(無古今). 과거와 현재의 구별을 초월한 이후 **불사불생의 경지에 들어**갈 수 있다. **생을 죽이는 자는 죽지 않고, 생을 살리는 자는 살지 못한다.** 그의 경우 **따르지 않는 것이 없고 받아들이지 않는**

---

54) 夫藏舟於壑, 藏山[山 : 汕]於澤, 謂之固矣. 然而夜半有力者負之而走, 昧者不知也. 藏大小有宜, 猶有所遯, 若夫藏天下於天下, 而不得所遯, 是恒物之大情也.……故聖人將遊於物之所不得遯而皆存, 善夭善老, 善始善終, 人猶效之, 又况萬物之所係而一化之所待乎? (『장자』, 243-44쪽) [一化之所待 : 모든 변화가 의존하는 道, 즉 大宗師]

* 見獨 : 일체의 대립을 초월한 절대 무차별적인 경지에 대한 통찰.

> **것이 없으며,** 훼손하지 않는 것이 없고 성취하지 않는 것이 없다. 그래서 그 이름이 영녕(攖寧 : 외물과의 접촉에서의 평정)이다. 영녕이란 사물과 접촉한(攖) 다음에 비로소 성취된다는 말이다.[55]

성현영(成玄英)은 "외(外)는 잊는다는 뜻이다"[56]고 풀었다. 먼저 세상을 잊고, 다음은 사용하는 사물(物)을 잊고, 다음은 자기의 생(生)조차도 잊는다. 이때에 이르면 별도의 경지에 거하게 되는데, 모든 것이 일신(一新)되어 마치 아침에 일어났을 때 경험하는 것과 같은데, 이른바 "조철(朝徹)"이다. 이때는 오직 "하나가 되는 경지를 체득하여 거기에 동화된다" 할 때의 하나를 통찰하기 때문에, 이른바 "견독(見獨)"이다. 이미 이 하나에 동화되면, "과거와 현재의 구별을 초월하고", "불사불생의 경지에 들어가는즉", 시간을 초월하여 영존(永存)한다. 여기서 생(生)을 잊으면 죽지 않을(不死) 수 있지만, 생을 잊지 못하면 그럴 수 없음을 알 수 있다. 즉 "생을 죽이는 자는 죽지 않고, 생을 살리는 자는 살지 못한다"는 말이다. 이런 경지에 도달한 사람은 일체의 분별을 행하지 않는다. 따라서 "따르지 않는 것이 없고, 받아들이지 않는 것이 없다." 이런 상태 속에서 겪는 경험이 순수경험이다.

7. 순수경험의 세계

이상에서 순수경험 속에서 개체는 우주와 합일할 수 있음을 알 수 있다. 이른바 순수경험(Pure experience)은 [이지적] 지식이 없는 경험이다. 순수경험을 할 때에는 경험자는 경험내용에 대해서 단지

---

55) 吾猶守而告之, 三日而後能外天下. 已外天下矣, 吾又守之, 七日而後能外物. 已外物矣, 吾又守之, 九日而後能外生. 已外生矣, 而後能朝徹. 朝徹而後能見獨. 見獨而後能無古今. 无古今而後能入於不死不生. 殺生者不死, 生生者不生. 其爲物無不將也, 無不迎也, 無不毁也, 無不成也. 其名爲攖寧. 攖寧也者, 攖而後成者也. (『장자』, 252-53쪽) [朝徹 : 심경이 청명하고 통달한 모습/진고응. 一旦豁然貫通/조초기]

56) 外, 遺忘也. [『장자』, 253쪽[4]]

그것이 "그러함"(제임스가 말한 "that"*)을 감각할 뿐 그것이 "무엇"(제임스가 말한 "what")인지는 모른다. 제임스에 따르면, 순수경험은 경험의 "액면가치"(Face value), 즉 순수감각내용으로서, 개념에 의한 구별이 섞이지 않은 것을 말하는데,[57] 불가(佛家)에서 말한 현량(現量)이 곧 그것인 것 같다. 장자학에서의 진인(眞人)의 경험이 곧 이런 종류이고, 진인이 사는 세계도 이런 종류의 경험의 세계이다. 「제물론」은 말한다.

> 옛 사람은 그 지식이 지극했다. 어떻게 지극했는가? 물(物)의 개념조차 가진 적이 없었던 사람들이 있었다(즉 그들은 경험만 있고 이지적 지식이 없었다). 이는 가장 지극한 지식으로서 더할 나위 없다. 그 다음 인물은 물(物)의 존재는 알았지만 물에 대해서 아직 분별을 행하지 않았다. 그 다음 인물은 물에 대해서 분별은 행했지만 아직 시비를 느낀 적이 없었다. 시비의 판단이 창성하자 도는 훼손되었다(虧). 도가 훼손된 까닭은 [사물에 대한] 사적편애가 성취되었기(成) 때문이다. 과연 성취와 훼손은 있는가? 아니면 없는가? 성취하자 훼손이 생긴 경우는 소씨(昭氏)가 거문고를 탄 경우이고, 성취도 훼손도 없는 경우는 소씨가 거문고를 안 탄 경우이다.[58]

경험은 있지만 사물이 있음을 모르고, 분별이 있음을 모르고, 시비가 있음을 모른다는 것인데, 모르면 모를수록 경험은 더 순수하다. 경험에서 경험대상인 사물은 구체적이고, 이름이 지시하는 바는 추상적이다. 그래서 개념으로써 지시하는 바는 사실상 경험의 일부일 뿐이다. 비유하건대 "사람"이라는 이름이 지시하는 바는 단지 인류의 공통적 특질일 뿐이다. 각 개인의 구체적인 특질이나 개성은 모두 포괄될 수 없다. 따라서 한 개념이 있게 되면 성취한 바가 있는 듯하나 실제로는 훼손된 바가 있다. 곽상의 주는 말한다.

---

* "*that* in short (for until we have decided *what* it is, it must be a mere *that*)"

57) 윌리엄 제임스, 『근본적 경험론(*Essays in Radical Empiricism*)』, 13쪽, 48쪽.

58) 古之人其知有所至矣. 惡乎至? 有以爲未始有物者, 至矣盡矣, 不可以加矣. 其次以爲有物矣, 而未始有封也. 其次以爲有封矣, 而未始有是非也. 是非之彰也, 道之所以虧也. 道之所以虧, 愛之所以成. 果且有成與虧乎哉? 果且無成與虧乎哉? 有成與虧, 故昭氏之鼓琴也 ; 無成與虧, 故昭氏之不鼓琴也. (『장자』, 74쪽) 〈제7장,주88〉

무릇 곡조란 한꺼번에 연주할 수 없다. 따라서 피리를 불고 거문고를 퉁길 때 아무리 많은 사람이 참여해도 빠뜨린 곡조가 더 많다. 피리를 불고 거문고를 퉁기는 것은 곡조를 표현하려는 것이다. 일부 곡조를 표현하면 나머지 곡조가 유실되니, 곡조를 표현하지 않으면 곡조는 온전하다. 따라서 성취함으로써 훼손한 경우가 소씨가 거문고를 탄 경우이고, 성취하지 않음으로써 훼손하지 않은 경우가 소씨가 거문고를 안 탄 경우이다.[59]

무릇 모든 개념적 분별은 모두 이와 같다. 따라서 우리는 경험의 "액면가치"만 구해야지, 개념적 구별을 섞어넣어서는 안 된다. 「제물론」은 말한다.

가하다면 가하고 불가하다면 불가하다. 도(道)는 행해서 이룩되고, 사물은 그렇다고 부르니까 그렇다. 어째서 그런가? 그러니까 그렇다. 어째서 안 그런가? 안 그러니까 안 그렇다. 사물은 본래의 속성(所然 : 그런 바)이 있으며, 본래의 합당성(所可 : 가한 바)이 있다. 속성이 없는 사물은 없고, 합당성이 없는 사물은 없다. 따라서 예컨대 막대기와 기둥, 문둥이와 서시(西施 : 미인), 관대함과 사악함, 괴팍함과 기이함 등의 분별은 도에서는 하나로 통한다. 이런 분별(分)은 곧 성취(成)이고, 이 성취는 곧 훼손(毁)이다. 모든 사물은 성취나 훼손을 막론하고 다시 하나로 통한다. 오직 **달인**(達者 : 達人)만이 모든 것은 하나로 통한다는 사실을 아는 까닭에, [개념적] 분별을 피하고 범상(庸) 속에 깃든다. 범상은 유용하다(用)는 말이고, 유용함은 통한다(通)는 말이고, 통함은 체득한다(得)는 말이다. 체득한다면 도에 가깝다. 왜냐하면 그 상태에 그쳐서 머물기 때문이다. 머물러 있지만 그 사실을 의식하지 않는

59) 夫聲不可枚擧也. 故吹管操絃, 雖有繁手, 遺聲多矣. 而執籥鳴絃者, 欲以彰聲也. 彰聲而聲遺, 不彰聲而聲全. 故有成而虧之者, 昭文之鼓琴也. 不成而無虧者, 昭文之不鼓琴也. (『장자』, 76쪽)
[『신편』II, 125쪽 : 즉 아무리 큰 관현악대라도 아무튼 한 번에 모든 곡조를 전부 연주할 수는 없으므로, 결국 누락되는 곡조가 많은 것이다. 연주되는 곡조에 입각하면 성취이지만, 누락되는 곡조에 입각하면 훼손이다. 즉 한 번의 거문고 연주는 성취도 있고 훼손도 있지만, 거문고를 연주하지 않으면 성취도 없고 훼손도 없다는 말이다. 곽상의 견해에 따르면 음악의 연주는 곡조를 표현하려는 것이지만("彰聲"), 곡조를 표현했기 때문에 누락된 곡조들이 생기는 것이므로, 곡조를 표현하지 않으면 곡조는 오히려 온전할 수 있다.]

상태가 바로 도이다.[60]

모든 사물은 가하다면 가하고 그렇다면 그렇다. 우리가 의식적으로 가하다고 하거나 그렇다고 할 필요는 없다. 막대기면 막대기, 기둥이면 기둥, 문둥이면 문둥이, 서시이면 서시이므로, 우리가 의식적으로 분별할 필요는 없다. 개념적 분별이 있으면 성취가 있고, 성취가 있으면 훼손이 있지만, 순수경험에는 성취도 훼손도 없다. 따라서 달인(達人)은 분별을 피하고 순수경험에 머무르므로 거의 도에 가깝다. 그 지극한 경지는 머물러 있으면서도 머물러 있다는 것을 모른다. 이 경지에 이르면 만 가지로 상이한 사물일지라도 우리의 인식상으로는 사실상 이미 구별이 없어진다. 이 경지에 이르면 진정 "천지는 나와 더불어 생겼고 만물은 나와 더불어 하나임"〈주44〉을 깨달을 수 있다.

『장자』가 말한 "심재(心齋)", "좌망(坐忘)"이 곧 그런 경지를 지칭한다고 하겠다. "심재"란? 「인간세(人間世)」는 말한다.

온 마음을 다 기울여, 귀로 듣지 말고 마음으로 들어라. 마음으로 듣지 말고 기(氣)로 들어라. 귀는 듣는 일에 그치고 마음은 개념포착에 그치지만, 기라는 것은 비어 있어서 모든 사물을 받아들일 준비가 되어 있다. 도는 허심(虛 : 사려와 욕망의 배제)에 머문다. 이 허심이 곧 **심재**이다.[61]

["좌망"이란?] 「대종사」는 말한다.

안회(顔回 : 안연)가 공자에게 말했다.

"저는 진보했습니다."

---

60) 可乎可, 不可乎不可. 道行之而成, 物謂之而然. 惡乎然? 然於然. 惡乎不然? 不然於不然. 物固有所然, 物固有所可. 無物不然, 無物不可. 故爲是擧莛與楹, 厲與西施, 恢·詭·譎·怪, 道通爲一. 其分也, 成也. 其成也, 毁也. 凡物無成與毁, 復通爲一. 唯達者知通爲一, 爲是不用而寓諸庸. 庸也者, 用也. 用也者, 通也. 通也者, 得也. 適得而幾矣. 因是已. 已而不知其然謂之道. (『장자』, 69-70쪽)

61) 若一志, 无聽之以耳, 而聽之以心. 無聽之以心, 而聽之以氣. 耳止於聽(本作聽止於耳, 依俞校改), 心止於符, 氣也者, 虛而待物者也. 唯道集虛. 虛者, 心齋也. (『장자』, 147쪽) 〈제2편, 제5장, 주43〉

"무슨 말인가?"

"저는 인의를 잊었습니다(忘仁義)."

"좋다. 하지만 아직 미흡하다." 그후 안회는 다시 공자를 뵙고 말했다.

"저는 진보했습니다."

"무슨 말인가?"

"저는 예악을 잊었습니다(忘禮樂)."

"좋다. 하지만 아직 미흡하다." 그후 안회는 다시 공자를 뵙고 말했다.

"저는 진보했습니다."

"무슨 말인가?"

"저는 **좌망**(坐忘)했습니다."

그러자 공자는 낯빛을 바꾸며 안회에게 물었다.

"좌망이란 무엇인가?"

"사지의 존재를 잊고 정신의 총명성을 배척하여 육체를 벗어나고 지식을 폐기하여, **대통**(大通 : 무한자)**에 합일하는 것**, 그것이 좌망입니다.[62]

소위 "심재"와 "좌망"은 모두 사려와 지식을 제거하여 마음을 비워 "대통에 합일함"을 주장하는데, 이런 상태 속에서의 경험이 곧 순수경험이다. 앞절에서 말한 "세상을 잊고(外天下)", "외물을 잊는다(外物)"〈주55〉는 의미 역시 이와 같다. 「천지편」은 말한다.

본성(性)을 수양하면 덕(德)을 회복한다. 덕이 지극하면 태초에 합일한다. 합일은 공허이고, 공허는 광대함이니, 말이 새 소리와 한가지로 된다("말에 무심하여 자연스럽게 나온 말은 새 소리나 한가지인 것이다"/곽상). 말이

62) 顏回曰 : "回益矣." 仲尼曰 : "何謂也?" 曰 : "回忘仁義矣." 曰 : "可矣, 猶未也." 他日, 復見, 曰 : "回益矣." 曰 : "何謂也?" 曰 : "回忘禮樂矣." 曰 : "可矣, 猶未也." 他日, 復見, 曰 : "回益矣." 曰 : "何謂也?" 曰 : "回坐忘矣." 仲尼蹴然曰 : "何謂坐忘?" 顏回曰 : "墮肢體, 黜聰明. 離形去智, 同於大通. 此謂坐忘." (『장자』, 282-84쪽) [『신편』 II, 122쪽 : "좌망"의 방법은 지식 중의 모든 분별을 부정하고 그것들을 모두 "잊어버림(忘)"으로써 심리상의 혼돈상태에 도달하는 것이다. /장주의 견해에 따르면 "동어대통(同於大通)"은 곧 "도"를 인식한다는 말이다. 도를 인식한다 함은 곧 도와 일체가 된다는 말이다. 도와 일체가 된다 함은 사실상 자신의 생각 속에서, 어떠한 분별도 없는 하나의 혼돈의 경지를 창조한다는 말이다.]

> 새 소리와 한가지로 되면 우주와 합일한다. 이 합일의 경지는 무지무각하여 어리석은 듯하고 혼미한 듯하다. 이것이 바로 **현덕**(玄德 : 신비한 덕)이며, 대순(大順 : 위대한 자연질서, 자연)에 합일하는 것이다.[63]

이른바 현덕도 진인(眞人)이 순수경험 속에 있을 때의 상태이다. 「대종사」에서 말한 진인이 거하는 경지가 이와 같다. 따라서 말한다.

> 고대 진인은 **잠을 잘 때에도 꿈이 없었고,** 깨어 있을 때에도 근심이 없었으며, 음식은 달게 먹지 않았고, 호흡은 깊고 깊었다.……고대 진인은 삶에 애착할 줄도 몰랐고, 죽음을 혐오할 줄도 몰랐다. 이 세상에 태어난 것을 기뻐하지도 않았으며 다시 돌아가는 것을 거부하지도 않았다. 무심히 왔다가 무심히 갈 뿐이었다. 자기 존재의 시원을 망각하지도 않았으며 자기 존재의 종점(종말)을 추구하지도 않았다. 받은 생명은 기뻐하고, 또 무심히 돌려주는 것이다. 즉 자기 마음으로써 도를 저버리지 않으며, 인위로써 자연을 거들지 않는다는 말이다. 이런 인물이 바로 진인(眞人)이다.[64]

진인은 사려나 지식이 없고 "마음이 비어(心虛)" "대통에 합일하기" 때문에, "잠을 잘 때에도 꿈이 없는" 등의 여러 덕목을 지닐 수 있다. 앞절에서 말한 "따르지 않는 것이 없고 받아들이지 않는 것이 없다"〈주55〉는 의미 역시 이와 같다.[65]

---

63) 性修反德, 德至同於初. 同乃虛, 虛乃大, 合喙鳴. (郭云 : '無心於言而自言者, 合於喙鳴') 喙鳴合, 與天地爲合. 其合緡緡, 若愚若昏. 是謂玄德, 同乎大順. (『장자』, 424쪽)

64) 古之眞人, 其寢不夢, 其覺無憂, 其食不甘, 其息深深.……古之眞人, 不知悅生, 不知惡死. 其出不訢, 其入不距. 翛然而往, 翛然而來而已矣. 不忘其所始, 不求其所終. 受而喜之, 忘而復之. 是之謂不以心捐[損]道, 不以人助天. 是之謂眞人. (『장자』, 228-29쪽)

65) 【주】제9장 제4절에서, 장자학은 언어(言)를 넘어선 무언(無言)을 논했고, 지(知)를 넘어선 부지(不知)를 논했다고 한 말이 여기서 명백해진다. 그러나 장자학에서 말한 무지(無知 : 즉 不知)는 지의 단계를 경과했으므로 실제로는 '지'와 원시적인 '무지'의 '합(合)'이다. 또한 이 무지는 지의 단계를 경과했으므로 원시적인 무지와는 다르다. 순수경험에 대해서도 이 분별을 해야 한다. 예컨대 아이는 태어나면

8. 절대적 소요

인간은 이 경지에 이르러야 비로소 절대적 소요가 가능하다. 모든 존재는 본성에 순응하면 소요(逍遙)할 수 있다고는 하지만, 모든 사물의 활동에는 의뢰하는 대상이 있으니 「소요유」에서 말한 "의존(待)"이다. 「소요유」는 말한다.

> 열자(列子)는 무척 신기하게 바람을 타고 다녔는데, 한 보름 만에 돌아오곤 했다. 행복에 도달한 사람 가운데 그런 인물은 세상에 그리 흔하지 않다. 그러나 그는 비록 걷지는 않아도 되었지만 여전히 무엇인가에 **의존**했다.[66)]

열자는 바람을 타고 다녔으므로 바람이 없으면 다닐 수 없었다. 따라서 그의 소요는 바람에 의존한 것이었다. 세상의 보통 사람들의 경우 어떤 사람은 부귀를 얻어야 기쁘고, 어떤 사람은 명예를 얻어야 기쁘고, 어떤 사람은 애정을 얻어야 기쁘니, 그들의 소요는 부귀, 명예, 애정에 의존해 있다. 의존대상(所待)이 있으면 반드시 의존대상을 얻어야 비로소 소요한다. 따라서 그 소요도 의존대상의 제한을 받으므로 절대적일 수 없다. "심재"하고 "좌망"한 사람의 경우, 이미 "사생을 같은 일로 여기고 옳고 그름을 한통속으로 여기니",[67)] 그 소요는 의존대상이 없고 무제한적이고 절대적이다. 「소요유」는 말한다.

> 비유하건대 **자연의 법칙에 따라 육기**(六氣 : 陰,陽,風,雨,晦,明)**의 변화를 다스**

처음에 경험만 있고 지식은 없는데, 이 경험이 순수경험이며, 순수경험 중에서도 원시적인 순수경험이다. 지식이 있는 경험을 경과한 다음 다시 순수경험을 얻었다면, 이 다시 얻은 것은 이미 원시적인 순수경험에 비해서 한 단계 더 높은 것이다. "현덕(玄德)"은 "어리석은 것 같고(若愚)" "혼미한 것 같은(若昏)" 것인즉, "어리석고" "혼미한" 것이 아니라, 어리석은 "것 같고" 혼미한 "것 같을" 따름이다. 그러나 장자학은 이 점에 대해서 충분히 밝힌 것 같지는 않다.

66) 列子御風而行, 泠然善也. 旬有五日而後返. 彼於致福者, 未數數然也. 此雖免乎行, 猶有所待者也. (『장자』, 17쪽) [所待 : to depend upon]

67) 以死生爲一條, 可不可爲一貫. (「덕충부」, 『장자』, 205쪽)

리며 무궁의 세계에 소요하는 사람이라면 다시 또 무엇에 의존하겠는가? 따라서 말한다. "지인(至人 : 완전한 사람)은 **자아가 없고**(無己), 신인(神人 : 영적인 사람)은 **공적이 없고**(無功), 성인(聖人 : 참된 성인)은 **명성이 없다**(無名)."[68]

"자연의 법칙에 따라 육기(六氣)의 변화를 다스리며 무궁의 세계에 소요하는 사람"은 즉 우주와 합일한 사람이다. 이 경지에 도달할 수 있는 이유는 바로 그가 "자아가 없고", "공적이 없고", "명성이 없기" 때문인데, 무엇보다도 "자아가 없기" 때문이다.

이런 사람을 지인(至人)이라고 한다. 「제물론」은 말한다.

지인은 신령스럽다. 온 초지가 불타올라도 그를 뜨겁게 할 수 없고, 큰 강물이 꽁꽁 얼어붙어도 그를 춥게 할 수 없고, 벼락이 산천을 깨뜨리고 폭풍이 바닷물을 뒤흔들어도 그를 놀라게 할 수 없다. ("정신이 온전하고 육체가 완전하여 사물과 더불어 그윽한 이치를 체험하는 사람은 비록 엄청난 변화를 겪더라도 결코 주체를 상실하는 일이 없기에, 호호탕탕 망망한 가슴 속에 조각배 한 척이 없는 격이다."/곽상)

그러하므로 그는 구름 기운에 올라타("사물에 기탁하여 행할 뿐 주체를 동요하지 않는 경지를 말한다"/곽상), 해와 달을 몰아("주야의 교체만 인정하고 생사는 잊는 경지를 말한다"/곽상), 사해(四海) 바깥에서 소요하므로("오직 자기 자신의 지식을 무시하고 천하가 저절로 되어가는 데에 맡겨두기 때문에 만물을 마음대로 대하더라도 궁함이 없다는 말이다"/곽상), **사생도 그의 존재에 영향을 끼칠 수 없거늘**("변화 자체와 일체가 되기 때문에 사생을 같은 일로 여기게 된다는 말이다"/곽상), **하물며 이해(利害)의 말단이랴?**("이해문제는 사생문제보다 더욱 개의치 않는다는 말이다."/곽상)[69]

---

68) 若夫乘天地之正, 御六氣之辨[辨 : 變], 以游無窮者, 彼且惡乎待哉? 故曰 : "至人無己 ; 神人無功 ; 聖人無名. (『장자』, 17쪽) [天地之正 : 自然之道(性), 자연의 법칙(본성)]

69) 至人神矣. 大澤焚而不能熱 ; 河漢冱而不能寒 ; 疾雷破山, 風振海, 而不能驚. (郭云 : '夫神全形具而體與物冥者 ; 雖涉至變, 而未始非我, 故蕩然無蠆介於胸中也.') 若然者, 乘雲氣(郭云 : '寄物而行, 非我動也'), 騎日月(郭云 : '有晝夜而無死生也'), 而遊乎四海之外(郭云 : '夫唯無其知而任天下之自爲故馳萬物而不窮也'), 死生無變於己(郭云 : '與變爲體, 故死生若一'), 而况利害之端乎?(郭云 : '利害於死生, 愈不足以介意.') (『장자』, 96-97쪽) [蠆 : 거룻배, 작은 배]

지인(至人)은 어떤 처지에서든 간에 자득(自得)하지 못하는 경우가 없다.[70] 이것이 소요(逍遙)의 극치이다.

이것이 장자학의 신비주의이다. 신비주의의 의미는 제6장 6절에서 자세히 말했다. 제6장에서, 맹자의 철학 속에 존재하는 신비주의의 경우, 신비주의적 경지에 도달하는 맹자의 방법은 "자강불식 서를 실천하여(強恕)" "인을 구함(求仁)"으로써, "만물이 다 내게 구비되어 있으니, 자신을 돌이켜 참될(誠) 수 있으면 그보다 더 큰 기쁨은 없다"[71]는 경지에 이르는 것이라고 말했다. 장자학이 사용한 방법은 인식의 측면에서 모든 분별을 없애고, "천지는 나와 더불어 생겼고 만물은 나와 더불어 하나이다"〈주44〉는 경지에 이르는 것이다. 이 두 방법은 중국철학사상 분파하여 나란히 대치하여 상당한 이채를 띠었다. 그러나 장자학의 방법은 위진(魏晉) 이래로 다시 거론한 사람이 없게 된 반면, 맹자의 방법은 송명(宋明)의 여러 철학자들에 의해서 발전되고 제창되었으니, 두 파의 운명은 이렇게 달랐다.[72] 장자학에서 무척 특이한 점은 그 신비주의는 유심론적 우주가 필요하지 않다는 점이다. 이 점 역시 장자학은 스피노자의 철학과 합치한다.

9. 장자학과 양주의 비교

이로써 보건대, "은자(隱者)"나 양주(楊朱) 등이 "전생보진(全生保眞)"*의 방법으로 은거(隱居)와 피세(避世)를 고집한 것은 천박했다는 사실을 알 수 있다. 「산목편(山木篇)」은 말한다.

> 장자가 그의 제자를 데리고 산길을 가다가 가지와 잎이 무성한 커다란 나무 한 그루를 발견했다. 벌목꾼(목수)이 그 옆에 있었지만 베려고 하지 않았다. 장자가 그 까닭을 묻자, 목수는 대답했다.

70) 至人無入而不自得. ["君子, 無入而不自得焉."(『중용(中庸)』 14장)에서 따온 표현]
71) 萬物皆備於我矣. 反身而誠, 樂莫大焉. 強恕而行, 求仁莫近焉. 〈제6장,주67〉
72) 풍우란, 「중국철학 속의 신비주의(神秘主義)」, 『삼송당전집』XI, 90-102쪽.
* 全生保眞 : 생을 보전하고 참된 것을 보존함. 〈제7장,주10〉

"쓸 데가 없기 때문입니다."

장자가 그의 제자에게 말했다.

"이 나무는 쓸모(材)가 없어서 천수를 다하는 것이다."

장자는 산에서 내려와 친구 집에 머물게 되었다. 친구는 기뻐하며 하인을 시켜 거위를 잡아 요리하게 했다. 하인이 주인에게 물었다.

"한 놈은 잘 울고, 한 놈은 울 줄을 모르는데, 어느 놈을 잡을까요?"

"울 줄 모르는 놈을 잡아라."

다음 날 제자가 장자에게 물었다.

"어제 산중의 나무는 쓸모가 없어서 천수를 누렸지만, 친구분 집의 거위는 쓸모가 없어서 죽임을 당했습니다. 선생님은 어떻게 하시겠습니까?"

장자는 웃으면서 말했다.

"나는 너무 쓸모(재주) 있지도 너무 쓸모 없지도 않겠다. 도와 비슷하기는 하지만 도가 아니기 때문에 **화를 면하지** 못하는 것이다. 만약 **도·덕**(道德)**을 타고 소요한다면** 그렇지 않을 것이다. 명예도 구하지 않고 허물도 짓지 않고, 때로는 귀한 용이 되었다가 때로는 천한 뱀이 되어, 대세에 따라 더불어 변화해갈 뿐 그 무엇이든 외곬으로 추구하지 않는다. 한번은 올라갔다가 한번은 내려가는 조화의 원칙을 행위의 준칙으로 삼는다. 만물의 근원을 소요하며 **사물을 사물로 부릴 뿐 사물에 의해서 사물로 부림당하지 않는다면**, 무슨 화가 스며들 수 있겠는가? 이것이 바로 신농(神農)과 황제(黃帝)의 원칙이었다. 그러나 **만물의 실상 혹은 사람들의 전통적 관계인즉** 그렇지 못해서 **결합되면 분리되고, 성취되면 훼손되고, 청렴하면 좌절당하고, 존귀하면 비방당하고, 업적을 이루면 마멸되고, 현능하면 모함받고, 어리석으면 속임을 당하는즉, 무엇 하나 기필할 수 있겠느냐?** 슬픈 일이다! 너희들은 명심해라. [안심입명의 길은] 오직 도와 덕의 경지(道德之鄕)뿐임을![73]

---

73) 莊子行於山中, 見大木, 枝葉盛茂, 伐木者止其旁而不取也. 問其故, 曰："無所可用." 莊子曰："此木以不材得終其天年." 夫子出於山, 舍於故人之家. 故人喜, 命豎子殺雁而烹之. 豎子請曰："其一能鳴, 其一不能鳴, 請奚殺?" 主人曰："殺不能鳴者." 明日, 弟子問於莊子曰："昨日山中之木, 以不材得終其天年；今主人之雁, 以不材死. 先生將何處?" 莊子笑曰："周將處乎材與不材之間. 似之而非也；故未免乎累. 若夫乘道德而浮遊, 則不然. 无譽无訾, 一龍一蛇. 與時俱化, 而无肯專爲. 一上一下, 以和爲量. 浮遊乎萬物之祖, 物物而不物於物, 則胡可得而累邪? 此神農·黃帝之法

만일 우리가 "사생을 같은 일로 여기고, 옳고 그름을 한통속으로 여길"〈주67〉 수 없다면, 인간세상(人間世)에서 아무리 교묘하게 회피하든, 결국 완전히 "화를 면할" 수는 없는 것이다. 이른바 "만물의 실상 혹은 사람들의 전통적 관계인즉, 결합되면 분리되고 성취되면 훼손되고 청렴하면 좌절당하고 존귀하면 비방당하고 업적을 이루면 마멸되고 현능하면 모함받고 어리석으면 속임을 당하는즉, 무엇하나 기필할 수 있겠느냐?"는 말이다. 재주가 있고 없고를 막론하고 누구나 복만 받고 화는 당하지 않도록 기필할 수는 없다. 그러나 지인의 경우는 "사생도 그 자신에게 영향을 끼칠 수 없거늘, 하물며 이해(利害)의 말단이랴?"〈주69〉 이해를 이해로 여기지 않으므로 이해 때문에 상처받지 않아 진정으로 "화를 면할" 수 있는 사람이다. 이는 "도·덕을 타고 소요하는" 사람이 "사물을 부릴 뿐 사물에 의해서 부림당하지 않을" 수 있는 까닭이다. "사물을 사물로 부릴뿐, 사물에 의해서 사물로 부림당하지 않는" 사람은 늘 모든 것에 능동적이지 피동적이지 않다.*

則也. 若夫萬物之情, 人倫之傳, 則不然. 合則離, 成則毁, 廉則挫, 尊則議, 有爲則虧, 賢則謀, 不肖則欺, 胡可得而必乎哉? 悲夫! 弟子志之, 其唯道德之鄕乎!" (『장자』, 667-68쪽)

* 『신편』II, 141쪽("은사[隱士] 사상의 총결로서의 장주 철학"): 역사상 어떠한 시대에서든 결국 품은 뜻을 이루지 못한 사람은 있게 마련이고, 한 개인의 일생 가운데서도 결국 뜻대로 되지 않는 일과 마주치게 마련인데, 이것들이 모두 문제이다. 장주의 철학은 뜻을 이루지 못한 사람에게 뜻을 이루어줄 수도 없고, 또 뜻대로 되지 않은 일을 뜻대로 되게 해줄 수도 없다. 그는 문제를 해결할 수 있는 것이 아니라 다만 우리에게 하나의 정신적 경지에 이르도록 해줄 뿐이다. 그런 정신적 경지에 이른 사람에게는 이 문제들이 문제가 되지 않는데, 그는 결코 문제를 해결할 수는 없지만 다만 문제를 취소할 수는 있는 것이다. 사람이 살다보면 반드시 해결할 수는 없고 다만 취소할 수 있을 뿐인 문제들이 있는 것이다.

제11장
『묵경』과 후기 묵가

1. 전국시대 묵가의 상황

『한비자(韓非子)』「현학편(顯學篇)」은 말한다.

묵자가 죽은 이후, 묵가에는 상리씨 유파, 상부씨 유파, 등릉씨 유파가 생겼다.[1)]

『장자(莊子)』「천하편(天下篇)」은 말한다.

상리근의 제자들, 오후의 문하생들 및 남방의 묵학도인 고획, 이치, 등릉자 부류 등의 각 파는 모두 『묵경(墨經)』을 암송했다. 그럼에도 **서로 어긋나고 달랐으며 서로 상대를 별묵**(別墨 : 비정통 묵가)**이라고 불렀다.** '견백'·'동이'의 논변으로써 서로 비방했고, 상반되고 모순적인 명제로써 서로 대응했다. **거자**(巨子)**를 성인으로 받들어 수령으로 삼고, 묵자의 정통 후계자일 것을 원하고들 있으나** 아직까지 결정을 못 보고 있다.[2)]

---

1) 自墨子之死也, 有相里氏之墨, 有相夫氏之墨, 有鄧陵氏之墨. (『한비자』, 1080쪽) [진기유, 1083쪽[13] : 양계초(梁啓超)에 따르면 "묵가는 네 파로 나눌 수 있다. 상리근, 오후 등은 주로 근검(勤儉)과 역행(力行)에, 고획, 이치, 등릉자 등은 주로 이론적인 학문에, 송견(宋鈃)과 윤문(尹文) 일파는 주로 비공(非攻)과 관용(寬恕)에 힘썼다. 상부씨 일파는 미상이다."]

2) 相里勤之弟子, 五侯之徒, 南方之墨者, 苦獲·已齒·鄧陵子之屬, 俱誦『墨經』, 而倍譎不同, 相謂別墨. 以堅白同異之辯相訾, 以觭偶不仵之辭相應. 以巨子爲聖人, 皆願爲之尸, 冀得爲其後世, 至今不決. (『장자』, 1079쪽) 〈제5장,주29 ; 제9장,주14〉

이것이 전국시대 묵가의 상황이다. 이때에 『묵경』이 있었다. 『묵경』의 창작은 변자(辯者)의 학설에 대한 반동이었다. 대체로 변자가 견지한 주장은 모두 우리의 상식과 어긋났다. 유묵의 학설은 모두 실용을 중시하므로, 우주에 대한 견해는 대부분 상식에 근거했다. 유묵 모두 "그렇지 않은 것을 그렇다고 하고 그른 것을 옳다고 한"[3] 변자들의 말을 "궤변(怪說觭辭)"[4]으로 여겨 다투어 논박했다. 그러나 변자들의 입론(立論)은 모두 논리(名理)적인 근거가 있었던 만큼, 그것을 반박하는 입론 역시 논리에 근거해야 했다. 이로부터 출현한 묵가의 『묵경』과 유가의 『순자(荀子)』「정명편(正名篇)」은 모두 상식을 옹호하고 변자의 학설을 논박했다. 유묵은 서로 달랐지만 변자를 반대한 측면은 동일한 관점에 서 있었다. 유묵이 감각적 관점에서 우주를 해석했다면, 변자는 이지적 관점에서 우주를 해석했던 것이다.

한편 유묵은 모두 변자의 영향을 받았기 때문에, 학설을 표명할 때의 입론 역시 이전보다 더욱 정확하고 치밀해졌고, 진영도 더욱 엄격히 정비했다. 이 장에서 논하는 『묵자』의 6편을 『묵자』의 여타 편들과 비교해보고, 『순자』를 『논어』, 『맹자』와 비교해보면 곧 알 수 있다.

『묵경』의 업적은 『순자』「정명편」보다 더욱 크다. 대체로 묵가는 원래 유가보다 더욱 논변(辯)을 중시했다. 묵자는 말하기를 "그런 말(주장)로 내 말(주장)을 비난함은 마치 달걀로 바위를 치는 격이다. 세상의 달걀을 다 던져도 바위는 여전하고 훼손될 수 없다"[5] 했고, 또 "말(주장)은 분량이 아닌 지혜에 그리고 형식(격식)이 아닌 통찰에 힘써야 한다"[6]고 했다. "말(주장)이 갖추어야 할 세 표준"[7] 모두 "지혜에 힘쓰고" "통찰에 힘쓴" 것들이었다. 또 『묵자』

3) 然不然,可不可. [「추수(秋水)」『장자』] 〈제9장,주4〉

4) 怪說觭辭. [怪說琦辭 : 괴상한 이론과 기묘한 명제. 〈제9장,주6〉]

5) 以其言非吾言者, 是猶以卵投石也. 盡天下之卵, 其石猶是也. 不可毁也. (「귀의(貴義)」, 『묵자』 권12 : 12쪽)

6) 言無務爲多而務爲智, 無務爲文而務爲察. (「수신(修身)」, 『묵자』 권1 : 11쪽)

7) 言有三表. 〈제5장,주38〉

「귀의편」에 따르면 "묵자는 남으로 위나라에 유세할 때 수레에 많은 책을 싣고 갔다."[8] 「경주편(耕柱篇)」은 말한다.

> 공맹자(公孟子 : 儒家의 학자)는 "군자는 창작하지(作) 않고 계술(述)만 한다" 했는데, 이에 대해서 묵자가 말했다.
>
> "아니다.……나는 고대의 좋은 것은 물론 계술해야겠지만 현재의 좋은 것은 창작해야 한다고 생각한다. 좋은 것을 더욱 증대하기 위해서이다.[9]

『장자』「천하편」에서도 역시 "묵자는 학문을 좋아하여 해박했으며, 기이한 주장은 없었으나, 선왕의 가르침에는 동조하지 않았다"[10]고 한다. 『묵경』을 보면 묵자 이후의 묵학도들 역시 "학문을 좋아하여 해박했음"을 알 수 있다.

왕중(汪中, 1744-94)은 「묵자서(墨子序)」에서 말했다. "「경상(經上)」에서 「소취(少取)」까지의 6편은 당시에 『묵경』이라고 불렸다. 장주가 일컬은 '상리근의 제자들, 오후의 문하생들 및 남방의 묵학도인 고획, 이치, 등릉자 부류 등의 각 파는 모두 견백·동이의 논변으로써 서로 비방했고, 상반되고 모순적인 명제를 가지고 서로 대응했다'는 것이 그 증거이다."[11] 그러나 이 설은 다른 증거가 없다. 다만 「대취(大取)」「소취(小取)」 두 편 역시 전국시대의 작품이고, 내용도 「경(經)」「경설(經說)」과 대체로 일치한다. 여기서도 『묵경』에 포함시켰다.

진(晉)나라 사람 노승(魯勝, 255?-313?)은 「경」 상·하, 「경설」 상·하를 "묵변(墨辯)"이라고 불렀다. 호적 선생은 이에 따라서 「경」 상·하, 「경설」 상·하, 「대취」, 「소취」를 "묵변"이라고 불렀고, 또 "묵변"의 작자들을 "별묵(別墨)"으로 여겼다.* 그러나 내 생각에는 『묵경』에 "견백·동이의 논변"과 "상반되고 모순적인 명제" 등이

8) 子墨子南遊使衛, 關中載書甚多. (「귀의」, 『묵자』 권12 : 7쪽)

9) 公孟子曰 : "君子不作. 術(同述)而已." 子墨子曰 : "不然.……吾以爲古之善者則誅(卽述之誤)之 ; 今之善者則作之. 欲善之益多也. (『묵자』 권11 : 43쪽)

10) 墨子好學而博, 不異, 不與先王同. 〈제5장,주72〉

11) 왕중, 「묵자서」, 『술학(述學)』

* 호적(胡適), 『중국철학사대강(中國哲學史大綱)』(『호적문집』, 129쪽)

있기는 하지만, 그 주요 목적은 묵학(墨學)을 천명하고 변자를 배격하는 것이었다. 또 "묵변"이라는 명칭은 노승 이전에는 없었다. 묵가의 각 파들은 "서로 어긋나고 달랐으며" "서로 상대를 별묵이라고 불렀는데", 이는 곧 상대를 묵학의 정통이 아니라고 지칭한 것이지, 스스로 "별묵"이라고 일컬은 것이 아니었다. 그러나 모두 "거자를 성인으로 받들어 수령으로 삼고, 묵자의 정통 후계자일 것을 희망하여", 분란 중에도 여전히 통일은 존재했다. 묵학도(墨者)의 철의 조직은 아직 붕괴하지 않았던 것이다.

2.『묵경』중의 공리주의

공리주의(功利主義)는 묵자 철학의 근본이다. 다만 묵자는 이익(利)을 중시했으나 왜 이익을 중시해야 하는지에 대해서는 말하지 않았다.『묵경』은 더욱 진일보하여 공리주의에 심리적 근거를 부여했다.「경상(經上)」은 말한다.

> 이익이란 얻어서 기쁜(좋은) 것(사물)을 말한다.
>
> 「경설」: 무엇을 얻어서 기쁜 것이 이익이다. 손해는 그 반대이다.[12)]
>
> 손해란 얻어서(당해서) 싫은(나쁜) 것(사물)을 말한다.
>
> 「경설」: 무엇을 얻어서 싫은 것이 손해이다. 이익은 그 반대이다.[13)]

우리가 좋아하는 것이 이익이요, 싫어하는 것이 손해이다. 즉 이익을 추구하고 손해를 피함(趨利避害)은 인간 본성에 자연스럽다. 따라서 공리주의가 우리 행위의 정당한 기준이다. 벤담은 말했다.

> "자연"은 인간을 두 전제군주, 즉 쾌락과 고통의 지배하에 두었다. 오직 이 두 군주만이 우리가 무엇을 해야 할 것인가를 결정할 수 있다.……**공리철학**(功利哲學)은 우리가 이 두 군주에게 복종하고 있다는 사실을 승인하고

12) (26)利, 所得而喜也. /得是而喜, 則是利也; 其害也, 非是也.
13) (27)害, 所得而惡也. /得是而惡, 則是害也; 其利也, 非是也.

그것을 그 철학의 기초로 삼는 것이다. 이 철학의 목적은 **이성**과 법률로써 행복의 기초를 건립하는 데에 있다.[14)]

『묵경』이 바로 이와 같이 주장한다. 벤담이 말한 쾌락과 고통은 『묵경』에서의 이익과 손해 즉 쾌락과 고통을 가져오는 것들이다. 벤담이 말한 이성은 『묵경』에서의 지혜(智)이다. 욕망은 맹목적이다. 반드시 지혜의 지도를 받아야 장래의 이익을 추구하고 장래의 해를 피할 수 있다.「경설상(經說上)」은 말한다.

행위(爲): 어떤 사람이 손가락을 베려고 할 때, 그의 지혜가 그 손해를 모른다면 그것은 지혜 탓이다. 만약 지혜가 그 손해를 살핀다면 그런 손해를 입지 않을 것이다. 그럼에도 불구하고 손가락을 베려고 하면 재앙을 입는다. 이는 마치 건포를 먹는 경우와 같다. 냄새(맛)가 좋고 나쁜지(利害)를 모를 경우, [먹고] 냄새를 감수하려고 함은 의심사항이 [먹으려는] 욕망을 제지하지 못한 경우이다. 담장 밖의 이해(利害)의 여부를 모를 경우, 그곳에 가면 돈을 주을 수 있을 텐데도 가지 않는 것은 의심사항이 [나가려는] 욕망을 제지한 경우이다.[15)]

지혜의 기능(功用)은 현재 행위의 결과를 예측하는 데에 있다. 일단 결과를 예측하면, 우리는 지혜의 인도하에 이익을 추구하고 손해를 피하여, 눈앞의 작은 이익을 버리고 장래의 큰 손해를 피하거나 혹은 눈앞의 작은 손해를 감내하고 장래의 큰 이익을 추구할 수 있다.

---

14) 벤담,『도덕과 입법의 원리 입문(*An Introduction to the Principles of Morals and Legislation*)』, 1-7쪽. [Nature has placed mankind under the governance of two sovereign masters, pain and pleasure. It is for them alone to point out what we ought to do.……The principle of utility recognizes this subjection, and assumes it for the foundation of that system, the object of which is to rear the fabric of felicity by the hands of reason and law. (*SH*, 123쪽에서 재인용)]

15) (76)爲欲䉶(斫也, 本作齗,依孫校改)指, 智不知其害, 是智之罪也. 若智之愼之(本作文, 依孫校改)也, 無遺於其害也, 而猶欲䉶之, 則離[離 : 罹]之. 是猶食脯也, 騷之利害(孫云 : '疑言臭之善惡.'), 未可知也 ; 欲而騷, 是不以所疑止所欲也. 牆外之利害, 未可知也 ; 趨之而得刀(本作力, 依孫校改), 則弗趨也, 是以所疑止所欲也.

이것이 바로 소위 "권(權)"이다. 「대취편」은 말한다.

> **체험하는 것들(즉 사물) 가운데 경중을 가늠하는 것**을 권(權 : 취사선택에 대한 숙고 혹은 그 기준)이라고 한다. 권이란 옳음을 논하는 것도 아니고 그름을 논하는 것도 아니다. 권이란 올바름(正 : 바르게 판단하여 결정함)의 뜻이다. 손가락을 자르고 손을 보존했다면, 그것은 이익 중에서 큰 것을 취하고 손해 중에서 작은 것을 취한 경우이다. 손해 중에서 작은 것을 취함은 손해가 아니고 이익이다. 이렇게 선택한 원인은 남에게 있었다. 도적을 만나 손가락을 끊고 목숨을 구했다면 그것은 이익이다. 하지만 도적을 만난 사실 자체는 손해이다.……이익 중에서 큰 것을 취함은 부득이한 경우가 아니고, 손해 중에서 작은 것을 취함은 부득이한 경우이다. 아직 생기지 않은 일 중에서 선택한 경우가 전자의 경우이고, 이미 닥친 일 중에서 포기한 경우가 후자의 경우이다.[16]

「경상」은 말한다.

> 욕망사항은 항상 그 이익을 놓고 **올바로 가늠**(正權)해야 하고, 혐오사항은 항상 그 손해를 놓고 올바로 가늠해야 한다.
>
> 「경설」: 권이란 **두 가지[이익과 손해]를 치우침 없이 고려하는 것이다.**[17]

권이란 "체험하는 것들 가운데 경중을 가늠하는 것이고", "두 가지[이익과 손해]를 치우침 없이 고려하는 것이다." "공리철학"은 우리가 취하고 취해야 할 이익은 눈앞의 작은 이익이 아니라 장래의 큰 이익이며, 피하고 피해야 할 손해는 눈앞의 작은 손해가 아니라 장래의 큰 손해라고 여긴다. 따라서 욕망스러운 것이 꼭 이익은 아닌데, 반드시 "올바른 가늠"을 거쳐 욕망할 만하다고 여겨지는 것이

16) 於所體之中而權輕重之謂權. 權非爲是也, 亦(本作非,依孫校改)非爲非也 ; 權, 正也. 斷指以存擘, 利之中取大, 害之中取小也, 害之中取小也, 非取害也, 取利也 ; 其所取者, 人之所執也. 遇盜人而斷指以免身, 利也 ; 其遇盜人, 害也. 利之中取大, 非不得已也. 害之中取小, 不得已也. 所未有而取焉, 是利之中取大也. 於所既有而棄焉, 是害之中取小也. (『묵자』 권11 : 2-4쪽) 〈제12장,주32〉

17) (85)欲正權利, 惡正權害(惡上原有且字, 依孫校删). /權(原作仗, 依孫校改)者, 兩而無偏.

라야 이익이다. 싫은 것이 꼭 손해는 아닌데, 반드시 "올바른 가늠"을 거쳐 싫어할 만하다고 여겨지는 것이라야 손해이다.[18)]

이러한 관점을 바탕으로『묵경』은 여러 덕목(道德)을 정의했고, 도덕의 본질은 "이익"이다*는 것을 제시했다.「경상」은 말한다.

의(義)란 이로운 일(利)을 행하는 데에 있다.

「경설」: 의란 천하 사랑에 뜻을 두고 천하를 훌륭히 이롭게 할 수 있는 데에 있다. 그 의가 꼭 수용되는 것은 아니다(義, 志以天下爲愛, 而能能利之, 不必用).[19)]

충(忠)이란 임금을 이롭게 하는 데에 있다.

「경설」: 충이란 임금을 위해 힘써(忠, 以君爲強) 임금을 훌륭히 이롭게 할 수 있는 데에 있다. [임금에게] 그 충이 꼭 용납되는 것은 아니다(不必容).[20)]

효(孝)란 부모를 이롭게 하는 데에 있다.

「경설」: 효란 부모를 사랑하여 부모를 훌륭히 이롭게 할 수 있는 데에 있

---

18) 【주】『순자』「불구편(不苟篇)」은 말한다. "욕망하고 싫어하고 취사선택하는 권(權)이란, 욕망스러운 대상을 대하면 반드시 앞뒤로 싫은 일이 부수되지 않는가 살피고, 이로울 듯한 대상을 대하면 반드시 앞뒤로 해될 일이 부수되지 않는가 살펴, 종합적으로 가늠하고 깊이 검토한 다음, 욕망하고 싫어하고 취사선택할 대상을 결정하는 것을 말한다. 이렇게 행하면 항상 궁지에 빠지는 일이 없을 것이다. 인간의 모든 비극은 치우친 판단에서 비롯된다. 욕망스러운 대상을 대하면 (그에 따르는) 싫은 일은 살피지 않고, 이로울 듯한 대상을 대하면 (그에 따르는) 해될 일은 살피지 않는 까닭에, 움직일 때마다 궁지에 빠지고 도모할 때마다 치욕을 당하는바, 이것이 바로 치우친 판단의 비극이다(欲惡取舍之權, 見其可欲也, 則必前後慮其可惡也者 ; 見其可利也, 則必前後慮其可害也者 ; 而兼權之, 孰計之, 然後定其欲惡取舍. 如是, 則常不失陷矣. 凡人之患, 偏傷之也. 見其可欲也, 則不慮其可惡也者 ; 見其可利也, 則不顧其可害也者 ; 是以動則必陷, 爲則必辱 ; 是偏傷之患也)."(『순자』권2 : 17쪽). 순자가 말한 것이 바로『묵경』의 의미와 똑같다.

* *SH*, 122쪽 : Beneficialness is the essence of the good(이익이 선의 본질이다).

19) (8)義, 利也[Righteousness consists in doing the beneficial]. /義, 志以天下爲愛(原作芬, 依孫校改), 而能能利之, 不必用.

20) (12)忠, 利君(原作以爲利而強低, 依張純一校改)也[Royalty consists in benefiting one's ruler]. /忠, 以君爲強, 而能能利君, 不必容(原作忠不利弱子亥足將入止容, 依張純一校改)

다(能能利親). 부모의 뜻에 꼭 맞는 것은 아니다(不必得).[21)]

공적(功,功績)이란 인민을 이롭게 하는 데에 있다.

「경설」: **공적이란 때와 독립적이어야 한다**(功不待時). 그것은 마치 의복을 마련하는 경우와 같다.[22)]

"의, 지이천하위애, 이능능리지, 불필용(義, 志以天下爲愛, 而能能利之, 不必用)"에서, "두번째 능(能) 자는 훌륭히(善)의 뜻이니, '능능리지(能能利之)'란 천하를 훌륭히 이롭게 할 수 있다는 말이다. '불필용(不必用)'이란 남들이 꼭 그 의를 용납하는 것은 아니다는 말이다."[23)] "충, 이군위강(忠, 以君爲強)은 즉『순자』「군도편(君道篇)」에서의 '강군(強君 : 임금을 위해서 힘씀)'의 뜻이다. '불필용(不必容)'은 임금에게 꼭 용납되는 것은 아니다는 말이다."[24)] "능능리친(能能利親) 역시 부모를 훌륭히 이롭게 할 수 있다는 말이다. '불필득(不必得)'은 부모의 뜻에 꼭 맞는 것은 아니다는 말이다."[25)] 묵가의 도가 "인지상정과 상반된다"[26)]는 사실을 묵학도들 스스로도 인식했던 것이다. "공적은 때와 독립적이어야 함"에 대해서「공맹편(公孟篇)」은 "혼란이 닥쳐서 대처함은 비유하건대 목이 마르자 샘을 파고, 죽고 나서 의사를 찾는 격이다"[27)]고 했다. 혼란이 닥쳐서 대처하는 것이 곧 "때에 종속된(待時)" 공적이므로, "때와 독립된(不待時)" 공적이 더 큰 이익인 것만 못하다. 모두 이익이 여러 덕목의 본질이다는 말이다.

---

21) (13)孝, 利親也. /孝, 以親爲愛(原作芬,依孫校改), 而能能利親, 不必得.

22) (35)功, 利民也. /功不待時, 若衣裘. [功 : meritorious accomplishment]

23) 下能字, 善也. 能能利之, 言能善利之也. 不必用, 言不必人之用其義也. (손이양[孫貽讓]의 설)

24) 장순일(張純一 :『墨子閑詁箋』[1922],『墨子集解』[1932] 지음)의 설.

25) 能能利親, 亦謂能善而利之也. 不必得, 謂不必中親之意. (손이양의 설)

26) 反天下之心. (「천하」,『장자』) 〈제5장,주72〉

27) 亂則治之, 譬猶噎而穿井也, 死而求醫也. (「공맹」,『묵자』권12 : 20쪽)

3. 인식론

『묵경』은 상식을 옹호하고 변자를 반대하려고, 특히 인식론(知識論, Epistemology) 측면에서 입론하여 인식의 성질과 기원을 논했다. 「경상」은 말한다.

> 지(知)는 재능(材 : 객관 사물을 인식하는 감각능력과 재질)이다.
>
> 「경설」: 인식능력(知材). 지(知)란 **그것을 통해서 [사물을] 인식하는 것**(所以知)을 말한다. 그러나 그 자체로 꼭 인식이 생기는 것은 아니다. 그것은 마치 눈의 '밝음(明 : 시력)'과 같은 것이다.[28)]

이 지(知)는 우리가 그것을 통해서 인식할 수 있는 재능(所以能知之才能)이다. 이 재능(능력)이 있다고 꼭 인식이 생기는 것은 아니다. 예컨대 눈의 경우 사물을 볼 수 있는 능력이 있고 그것이 바로 눈의 "밝음(明)"이지만, 눈에 그런 "밝음"이 있어도 꼭 '봄'의 인식이 생기는 것은 아니다. 볼 수 있는 눈에 보는 대상이 주어져야 비로소 볼 수[인식이 발생할 수/『신편』] 있다. 인식할 수 있는 지(知)에 인식대상이 주어져야 비로소 인식할 수 있다. 「경상」은 말한다.

> 지각(知 : 지각, 감성인식)은 [감각(인식)능력과 객관 사물의] 접촉이다.
>
> 「경설」: 지각. 지각이란 지(知 : 인식도구로써의 감각능력)가 외물과 서로 접촉하여 그 형상을 모사할(貌) 수 있는 것을 말한다. 예컨대 '봄'과 같다.[29)]

이 지(知)는 인식능력(能知)이 인식대상(所知)과 접촉하여 생긴 지식이다. 인간의 인식능력 즉 "그것을 통해서 인식하는(所以知 : 인식도구로써의)" 감각능력(官能)이 외물 즉 인식대상과 접촉하면 그 형태를 감각할 수 있다. 예컨대 볼 수 있는 눈이 보는 대상인 사물을 보면[사물과 서로 접촉하면/『신편』] 곧 "봄"의 인식이 생긴다['봄'은 보는 대상인 객관 사물에 대한 모사이다/『신편』]. 「경상」은

---

28) (3)知, 材也. /知材 : 知也者, 所以知也, 而不必知(原作'而必知', 依胡適校改), 若明.
29) (5)知, 接也. /知, 知也者, 以其知遇(原作過, 依孫校改)物而能貌之, 若見.

말한다.

> 지(恕 : 사유를 거친 고차적 인식, 이성인식)는 통찰(明 : 명확한 인식)이다.
>
> 「경설」: 지(恕), 지란 **사유를 통해서 그 외물을 해독**(이미 경험한 것들과 비교, 종합)**하여 그것에 대한 앎이 확연해지는** 것이다. 마치 통찰(明)과 같다.[30)]

우리의 인식능력 즉 "그것을 통해서 인식하는" 감각능력이 외물 즉 인식대상을 접촉하면 그 형태를 감각할 수 있을 뿐더러 그것이 무슨 사물인지 알 수 있다. 예컨대 한 그루의 나무를 보면 그 형태를 감각할 뿐더러 그것이 나무임을 안다. 그것이 나무임을 아는 일은 곧 그 객관 사물을 우리의 경험 속의 나무의 종류(類) 가운데 열거하는 일인데, 즉 "사유를 통해서 그 외물을 해독한다"는 말이다. 그러면 나무의 모든 속성들이 그 나무에 있는지 없는지 전부 확인하지 않고서도 반드시 있을 것이라고 단정한다. 그리하여 이 객관 사물에 대한 우리의 인식은 명확해진다. 즉 "그것에 대한 앎이 확연해진다"는 말이다.

이밖에 또 다른 종류의 지식이 있는데, 그것은 감각을 통해서 얻어지는 것이 아니다.「경하(經下)」는 말한다.

> 지식 가운데 다섯 경로(五路)를 거치지 않는 것이 있다. 논거는 시간(久) 개념에 있다.
>
> 「경설」: 인식. 눈을 통해서 본다. 눈은 빛이 있어야 볼 수 있다. 그러나 빛은 (무엇을) 감각할 수 없다. **오직 다섯 경로를 통해서 인식된다.** 그러나 '시간'은 눈을 통하거나 빛을 통해서 볼 수 없다.[31)]

다섯 경로란 오관(五官)이다. 감각기관을 경로라고 일컬은 것은 감각이 경유하는 길(路)이라는 뜻이다. 인간이 얻는 지식은 대부분 다섯 경로에 의존하는데,『순자』가 말한 "천관(天官 : 선천적 감각기

---

30) (6)恕(今畢本作恕.『道藏』本, 吳鈔本, 明嘉靖本均作恕), 明也. /恕, 恕(原皆作恕)也者, 以其知論物而其知之也著, 若明.

31) (147)知而不以五路, 說在久. /知(舊作智下同), 以目見, 而目以火見, 而火不見, 惟以五路知. 久, 不當以目見, 若以火見.

관)에서 비롯된다"[32]는 말이 그것이다. 예를 들면 "봄(見 : 시각)"의 성립에는 반드시 눈과 불(火 : 즉 빛)이 있어야 한다. 만약 눈이 없으면 봄(시각)은 성립할 수 없다. 즉 "오직 다섯 경로를 통해서 인식된다"는 말이다. 그런데 다섯 경로를 통하지 않고 인식하여 얻어지는 지식이 있다. 예컨대 "시간(久)"에 대한 지식이 그것이다. 시간(久)에 대해서 「경상」은 말한다.

> 구(久 : 시간)는 모든 특정 시간을 총괄한 시간이다.
> 「경설」: 시간(久)이란 과거, 현재, 아침, 저녁을 총합한 것이다.[33]

> **우**(宇 : 공간)는 모든 특정 공간을 포괄한 공간이다.
> 「경설」: 공간(宇)이란 동, 서, 남, 북을 포괄한 것이다.[34]

구(久)는 시간, 우(宇)는 공간이다. 시간에 대한 지식은 진정 오관을 통해서 얻어지는 것이 아니다.

「경상」은 말한다.

> 사려(慮)는 추구(求 : 탐구)이다.
> 「경설」: 사려란 지식(지각)상의 **추구행위**이다. **그러나 꼭 [소기의 성과를] 얻는 것은 아니다.** 마치 흘겨보는 행위와 같다.[35]

이 조목은 목적이 있는 지식활동을 말한다. 우리는 지식을 운용하여 어떤 목적을 달성하려고 추구한다. 이런 지식활동이 사려인데 즉 "지식상의 추구행위"이다. 흘겨봄은 눈을 비껴보는 것이다. 눈을 뜨고 사물을 보는 것은 꼭 목적이 있는 것은 아니다. 그러나 흘기며 비껴보는 것은 반드시 "지각상의 추구행위"인 것이다. 하지만 이런 지각이 반드시 그 추구대상을 얻는 것은 아닌데, 즉 "그러나 꼭 (소기의 성과를) 얻는 것은 아니다"는 말이다.

---

32) 緣天官. 〈제12장,주66〉

33) (40)久, 彌異時也. /久, 合古今旦莫(卽暮字). (原作今久古今且莫, 依胡適之先生校改)

34) (41)宇, 彌異所也. /宇, 冢(卽蒙)東西南北(原作東西家南北, 依胡適之先生校改)

35) (4)慮, 求也. /慮也者, 以其知有求也, 而不必得之, 若睨.

『묵경』은 인간의 알(인식할) 수 있는 재능을 인간 생명의 본질로 여겼다. 「경상」은 말한다.

> 생명(生)이란 육체(形)에 지각능력(知)이 깃들어 있는 상태를 말한다.
> 「경설」: 생명이란 육체의 생명이다. 그 항상성은 보증할 수 없다.[36)]

> ○수면(臥)이란 지각재능은 있으나 지각작용이 없는 경우이다.[37)]

육체에 지각능력이 있는 것이 생명이고 그렇지 않으면 죽음이다. 지각능력은 있으나(有知) 지각작용이 없는(無知, 지각의 사실이 없는) 것은 수면이고, 지각능력도 없고 지각작용도 없는 것은 죽음이다.

이밖에도 『묵경』은 논리학(邏輯) 측면에서 우리 인식의 기원과 그 종류에 대해서 논한다. 「경상」은 말한다.

> 지식에는 문지(聞 : 聞知), 설지(說 : 說知), 친지(親 : 親知), 명지(名 : 名知), 실지(實 : 實知), 합지(合 : 合知), 위지(爲 : 爲知)가 있다.
> 「경설」: 지식. 전수된 것이 문지이다. 유추에 장애가 없는 것(方不障)이 설지이다. 몸소 관찰한 것이 친지이다. [사물을] 일컫는 수단(所以謂 : 즉 명칭)이 명지이다. 일컫는 대상(所謂 ; 즉 객관 실체)이 실지이다. 이름과 실상이 배합하는 것(지식)이 합지이다. 뜻(志 : 목적)과 행위(行)가 위지(爲 : 爲知)를 구성한다[뜻을 행위에 옮기는 지식이 위지이다].[38)]

"문지, 설지, 친지"는 인식의 기원을, "명지, 실지, 합지, 위지"는 인식의 종류를 말한 것이다. 따로 나누어 논한다.

"문지(聞 : 聞知)"란 "전수"를 통해서 얻은 지식을 말한다. 역사 방면에서의 지식은 대부분 이 종류에 속한다.

"설지(說 : 說知)"란 추론을 통해서 얻은 지식을 말한다. 「경하」는 말한다.

---

36) (22)生, 刑(同形)與知處也. /生, 形(原作楹,依畢校改)之生, 常(原作商,依孫校改)不可必也.

37) (23)臥, 知無知也.

38) (81)知·聞·說·親·名·實·合·爲 /知 : 傳受之, 聞也. 方不障, 說也. 身觀焉, 親也. 所以謂, 名也. 所謂, 實也. 名實耦, 合也. 志行, 爲也.

> 미지의 것이 이미 아는 어떤 것과 같다고 들으면, 둘 다 알게 된다.
>
> 「경설」: 가령 우리가 실외에 있는 것(색깔)을 알 경우, 누가 **"실내 물건의 색깔은 실외 물건의 색깔과 똑같다"**고 말했다면, 이것은 미지의 것이 이미 아는 것과 똑같다는 말이다. 예컨대 검은색과 흰색 중에서 어느 것이 맞는 것일까? 그 색깔과 같은 것이 맞다. 만약 (한쪽의 색이) 흰색이라면 (다른 쪽의 색은) 반드시 흰색이다. 이제 실내의 색깔이 실외의 색깔과 같음을 알기 때문에, 실내의 색깔이 흰색임을 아는 것이다. **무릇 이름이란 잘 아는 것으로써 미지의 것을 규명하는 것이지, 미지의 것으로써 이미 잘 아는 것을 모사하는 것은 아니다.** [이름은] 마치 자를 가지고 미지의 길이를 재는 것과 같은 역할을 한다. 실외 물건의 색깔에 대한 지식은 "친지(親知)"이고, 실내 물건의 색깔에 대한 지식은 "설지(說知)"이다.[39]

우리가 실외의 흰 물건은 아는데 실내 물건은 무슨 색깔인지 모를 때, 누가 "실내 물건의 색깔은 실외 물건의 색깔과 똑같다"고 말했다면, 우리는 실내 물건의 색깔이 흰색이고 검은색이 아님을 알 수 있다. 세상의 흰 물건은 무궁하지만, 모두 '흰 것'이라는 이름이 지칭하는 종류 안에 있기 때문이다. 마치 세상의 말(馬)은 무궁하지만 모두 '말'이라는 이름이 지칭하는 종류 안에 있는 것과 같다. 우리가 일단 어떤 물건을 '흰 것'이라고 부를 수 있음을 안다면, 꼭 보지 않더라도 그 색깔이 어떻다는 것을 알 수 있고, 일단 어떤 사물을 말이라고 부를 수 있음을 안다면, 꼭 보지 않더라도 그 형태가 어떻다는 것을 알 수 있다. 즉 "유추에 장애가 없다"는 말이다. 우리의 지식은 이 경우에 시공의 제한을 받지 않는다. 이름은 우리에게 이미 아는 것을 근거로 미지의 것을 추측하게(推) 해준다. 즉 "무릇

---

39) (171)聞所不知若所知, 則兩知之. /聞在外者所不(鄧高鏡先生云 : '衍不字' / 『신편』은 원래대로 읽음)知也. 或曰 : "在室者之色, 若是其色." 是所不知若所知也. 猶白若黑也, 誰勝? 是若其色也, 若白者必白. 今也知其色之若白也, 故知其白也. 夫名以所明正所不知, 不以所不知疑(同擬)所明. 若以尺度所不知長. 外, 親知也 ; 室中, 說知也. [『신편』II, 260쪽 : 제삼자가 알려주어 얻는 지식이 "문지"이다. 실외의 색깔은 흰색이라는 "친지"와 "실내의 색깔은 실외의 색깔과 똑같다"는"문지"를 전제로 하면, "실내의 색깔은 흰색이다"는 결론이 도출되는데, 이것이"설지"이다.]

이름이란 잘 아는 것으로써 미지의 것을 규명하는 것이지, 미지의 것으로써 잘 아는 것을 모사하는 것은 아니다"는 말이다.

"친지(親 : 親知)"란 우리가 몸소 경험하여 얻은 지식을 말한다. 즉 인식능력인 우리의 재능이 인식대상인 사물과 접촉하여 얻은 지식이다. 이른바 "몸소 관찰한 것"이 그것이다. 모든 지식은 그 근원을 캐보면 모두 친지를 근본으로 한다. 예컨대 역사상에 서술된 사건에 대해서 우리는 문지(聞)밖에 없으나, 최초로 그 지식을 "전한" 사람은 반드시 그 사건에 대해서 "몸소 관찰한" 친지가 있었다. 우리가 보지 못한 사물도 그 이름을 알면 그것이 대강 어떤 속성이 있고 어떤 형태인지 추측해서 알 수 있으나, 그 이름이 지칭하는 사물의 몇몇 개체에 대해서 우리는 애초에 "몸소 관찰한" 친지가 있었던 것이다. 인식론이 논하는 인식(지식)은 바로 이런 지식이다.

다음으로 인식의 종류 네 가지를 논한다.*

"명지(名 : 名知)"란 이름에 대한 지식을 말한다. 이름은 실상을 일컫는 것으로서, "[사물을] 일컫는 수단"이다. 「경상」은 말한다.

이름에는 달명(達 : 達名, 최고 유 개념), 유명(類 : 類名, 일반개념), 사명(私 : 私名, 고유명사)이 있다.

「경설」: 이름. 물(物)은 달명이다. **실체가 있는 것들은 반드시 지니는 이름이다.** '말(馬)'이라는 이름은 유명이다. **그것과 동일한 실상의 것들은 반드시 그 이름을 쓴다.** '장(臧)'이라는 이름은 사명이다. **이 이름은 그 실체에만 한정된다.**

* 『신편』II, 261쪽 : 지식의 내용에 따라 인식을 네 종류로 나눈 것이다. "명지"는 명사 혹은 개념에 대한 지식이다. 어떤 사람들은 모종의 명사 혹은 개념에 대해서 매우 명확히 분석할 경우라도 그 명사가 지칭하는 사물을 대하면 오히려 인식하지 못한다. 이런 지식은 단지 "명지(名知)"에 불과하다. 또 어린아이들은 어떤 물건을 대하고 아주 자세하게 보지만 그 이름은 모른다. 그런 지식은 단지 "실지(實知)"일 뿐이다. 이름은 실상을 일컫는 것이다. 실상이 주체이고 이름은 그것을 호칭하는 설명어이다.……어떤 물건을 보고 그것을 인식하고 그것이 무엇이라고 불리는지 알 수 있으면, 이것이 즉 명실을 정확히 배합시킨 것으로서 곧 "명실이 배합한(名實耦)", 즉 "합지(合知)"이다. 또 행위(行爲)에 관한 일종의 지식이 곧 "위지(爲知)"이다. ["위지(knowledge of action)"란 미국인들이 말하는 "노하우(know-how)"이다. (*SH*, 120쪽)]

> 소리가 입에서 나와 실상과 함께 하는 이름은 마치 사람에게 이름이 붙여지는 것과 같다.[40)]

물(物)이라는 이름은 모든 사물을 지칭하는 최고 유(最高類, Summum Genus)의 이름, 즉 "달명"이다. 존재하는 모든 개체는 반드시 이 이름을 써야 한다. 따라서 "실체가 있는 것들은 반드시 지니는 이름이다"고 했다. 말(馬)은 한 유(類)의 사물을 지칭하는 "유명"이다. 오직 그 유의 개체에만 그 이름을 쓴다. 따라서 "그것과 동일한 실상의 것들은 반드시 그 이름을 쓴다"고 했다. "장"은 한 사람의 고유명사를 지칭하는 이른바 "사명"이다. 이 이름은 단지 그 개인만이 쓸 수 있다. 따라서 "이 이름은 그 실체에만 한정된다"고 했다.[41)]

"실지(實 : 實知)"란 실상(實)에 대한 지식을 말한다. 실상은 이름이 "일컫는 대상(所謂)"〈주38〉 즉 이름이 지칭하는 개체이다.

"합지(合 : 合知)"란 명실상합(名實相合)의, 이른바 "이름과 실상이 배합하는"〈주38〉 지식을 말한다. 『묵경』에 따르면 이름으로써 실상을 일컫는 언표(謂)에는 세 종류가 있다. 「경상」은 말한다.

> 언표에는 이전(移 : 移轉), 제시(擧 : 호칭), 적용(加)이 있다.
>
> 「경설」: 언표. '강아지는 개이다'는 언표가 이전이다. '강아지'나 '개'는 호칭이다. '강아지(개새끼)!'라고 꾸짖는 것은 적용이다.[42)]

---

40) (79)名, 達·類·私. /名 : 物, 達也. 有實必待之(原作文, 依孫校改)名(原作多,依孫校改)也. 命之馬, 類也. 若實也者, 必以是名也. 命之臧, 私也. 是名也, 止於是實也. 聲出口俱有名, 若姓字麗(原作灑, 依梁校改).

41) 【주】「대취편」에 따르면 이름에는 "형체에 의해서 붙여진 이름(以形貌命者)", "장소에 의해서 붙여진 이름(以居運命者)", "이거량수명자(以擧量數命者)" 등이 있다. "형체에 의해서 붙여진 이름은 예컨대 산, 언덕, 집, 사당 등이 그것이다(若山丘室廟者皆是也)." "장소에 의해서 붙여진 이름은 예컨대 무슨 읍, 무슨 마을, 제나라, 초나라 등이 그것이다(若鄉里齊荊者皆是也)." "이거량수명자"에 대해서는 설명이 없다. 글자만 보고 뜻을 짐작하건대(望文生義), 수량을 지칭하는 이름인 듯하다. 이 삼분법은 매우 불완전하므로 아마도 탈자나 오자가 있는 것 같다.

42) (80)謂, 移·擧·加. /謂 : 命狗, 犬, 移也(原作謂狗犬, 命也. 依伍非百校改). 狗犬, 擧也. 叱狗, 加也. [오비백(伍非百), 『墨子辯經解』(1922) 지음]

강아지는 아직 빳빳한 털이 안 난 개로서, 개의 일종이다. "강아지는 개이다"는 언표는 "흰말은 말이다"는 언표와 같다. 이것은 개라는 이름을 옮겨 강아지라고 부르고, 말이라는 이름을 옮겨 흰말이라고 부른 것이다. 이것이 이른바 "이전"이다. "제시란 실상을 모사하는 것이다." "제시란 그 이름을 고하여 그 실상을 제시하는 것이다."[43] 강아지와 개의 이름을 제시하여 강아지와 개의 실상을 지칭하는데, 이것이 이른바 "제시(호칭)"이다. 한 개체의 강아지를 꾸짖어 "강아지(개새끼)!"라고 소리쳤다면, "이것은 강아지(개새끼)이다"는 의미인데, 이것은 강아지라는 이름을 그 개체에 적용한 것이므로, 이른바 "적용"이다. 우리는 "강아지는 개이다"고 말하는데, 강아지가 과연 개인가? "이것은 강아지이다"고 할 때 그것이 과연 강아지인가? 다시 말해서 우리가 쓰는 이름이 실상과 상합하는지의 여부는 주의해야 할 사항이다. 우리가 쓰는 이름이 실상과 상합하는지의 여부를 아는 지식이, 이른바 "합지(合知)"이다.

"위지(爲 : 爲知)"란 어떤 일을 하는 방법에 대한 지식을 말한다. "뜻(志)과 행위(行)가 위지를 구성한다."〈주38〉 우리가 어떤 일을 할 경우 반드시 그 일을 하는 목적과 그 일을 하는 행위가 있다. 전자를 "뜻", 후자를 "행위"라고 했다. "뜻"과 "행위"를 합한 총칭이 "위지"이다. "위지"에는 여섯 종류가 있다. 「경상」은 말한다.

> 위지(爲)에는 존립(存), 제거(亡), 교역(易), 소탕(蕩), 정상발전(治), 변화(化)가 있다.
>
> 「경설」: 위지. 갑옷과 누대는 존재가 목적이고, 병(病)은 제거가 목적이고, 매매는 교역이 목적이고, 소멸하여 없앰은 소탕이 목적이고, 조성하고 양육함은 정상발전이 목적이고, 개구리와 쥐는 변화가 목적이다.[44]

이것은 행위의 목적 즉 소위 "뜻(志)"의 차이에 따라 "위지(爲)"를 분류한 것이다. 「경상」은 또 "완료(已)에는 완성(成)과 제거(亡)가

---

43) (31)擧, 擬實也. /擧告以之(原作文,依孫校)名擧彼實也.

44) (86)爲 : 存·亡·易·蕩·治·化. /爲 : 甲(原作早, 依孫校改)臺, 存也. 病, 亡也. 買鬻, 易也. 消(原作霄,依孫校改)盡, 蕩也. 順長, 治也. 鼃鼠(原作買,依孫校改), 化也.

있다"고 했고, 「경설」은 "완료란, 옷의 제작은 완성이고, 병의 치료는 제거이다"고 했다.[45] 옷의 제작은 옷의 완성을 완료로 삼고, 병의 치료는 병의 제거를 완료로 삼는다는 말이다. 갑옷의 제작과 누대의 건축이 그것의 "존재"를 목적으로 삼는 것은, 즉 옷의 제작이 '완성'을 완료로 삼은 경우와 같은 의미로서, 이는 "존재"가 "위(爲:爲知)"인 경우이다. 병의 치료는 병을 없앰(無病)이 목적이므로, 이는 "제거"가 "위"인 경우이다. 매매는 교역이 목적이므로, 이는 "교역"이 "위"인 경우이다. 소멸하여 없애는 것이 소탕이다. 우리는 때로 사물을 소멸하여 없애려고 하는데, 이는 "소탕"이 "위"인 경우이다. 조성하고 양육하는 것이 정상발전이다. 우리는 때로 사물을 조성하고 양육하고자 하는데, 이는 "정상발전"이 "위"인 경우이다. 「경상」은 "변화란 특징이 바뀐 것이다"고 했고, 「경설」은 "변화는 마치 개구리가 메추라기로 되는 경우와 같다"[46]였다. 『열자』「천서편」에 "들쥐(두더지)가 메추라기로 된다"[47]는 말이 있다. 개구리와 쥐가 메추라기로 화(化)한다는 것이 고대 전설이었을 것이다. 우리는 때로 사물을 차츰 변화시키려고 하는데, 이는 "변화"가 "위"인 경우이다. 우리는 우리의 "뜻"을 달성하려면 반드시 상당한 "행위"가 있어야 하는데, 어떻게 "행위"할 것인가에 대한 지식을 "위지(爲)"라고 이름한 것이다.

여기서 묵자가 중시한 실용관념이 『묵경』에도 여전히 존재함을 알 수 있다. 「경하」는 말한다.

> 누가 왜 모르는지 그 이유를 밝힐 수 있다. 논점은 **이름에 따른 선택을 할 수 있느냐**(以名取)에 있다.
>
> 「경설」: 앎. 아는 것과 모르는 것을 뒤섞어놓고 질문할 경우, "이것은 아는 것이고, 이것은 모르는 것이다"고 분간해서 대답할 수 있어야 한다. 즉 실제로 취사선택할 수 있어야 이름과 실상을 둘 다 안 것이다.[48]

45) (77)已, 成·亡. /已:爲衣, 成也. 治病, 亡也.
46) (45)化, 徵易也. /化, 若鼃爲鶉.
47) 田鼠瑞之爲鶉. (「천서(天瑞)」, 『열자』, 15쪽)
48) (149)知其所以不知, 說在以名取. /知:雜所知與所不知而問之. 則必曰, 是所知也,

「귀의편」에 따르면 "눈[雪] 빛은 희고, 검댕은 검다는 진술은 뛰어난 시력의 소유자라도 변경할 수 없다. 흑백을 뒤섞어놓고 소경에게 선택하게 하면 [흑백을] 모른다. 즉 '소경이 흑백을 모른다 함은 이름을 모른다는 말이 아니라 선택을 못한다는 말이다."[49] "이름에 따른 선택을 할 수 있는" 사람이라야 지식을 행위에 응용할 수 있다.

4. "논변"(論"辯")

우리의 지식이 언어로 표출된 것이 "말"이다. 「경상」은 말한다.

> **말**(言)은 호칭(擧 : 제시)의 표출이다.……말은 입이 주는 편익(利 : 이로움)이다. 말의 내용에 근거하여 의미를 이해하는 것이 심(心 : 사유기관)의 변별작용이다.
>
> 「경설」: 말이란 입에서 나와 이름을 표출하는 것을 말한다. [실상에 대한] 이름의 관계는 마치 [호랑이에 대한] 호랑이 그림의 관계와 같다. **말은 돌처럼 견고하다.**[50]

「귀의편」에서 묵자는 "그런 말로 내 말을 비난함은 마치 달걀로 바위를 치는 격이다"〈주5〉고 했고, 묵학도들은 "말은 분량이 아닌 지혜에, 형식(격식)이 아닌 통찰에 힘써야 한다"〈주6〉고 주장했다. 즉 말이란 돌처럼 정교하고 굳세야 한다는 것인데, 소위 "말은 돌처럼 견고하다"는 말이다. 이 목적에 도달하려면 우리의 말은 일정한 법칙, 즉 「소취편」에서 말한 "논변(辯)"의 여러 법칙을 준수해야 한

是所不知也. 取去俱能之, 是兩知之也.

49) 鉅(俞云 : '當作豈, 皚之叚字')者, 白也. 黔者, 黑也. 雖明目者無以易之. 兼白黑使瞽取焉, 不能知也. 故我曰 : 不知白黑者, 非以其名也, 以其取也. (『묵자』 권12 : 56쪽) [『회남자(淮南子)』 「주술훈(主術訓)」: "소경에게 '흰 것은 무엇이고 검은 것은 무엇인가?'라고 묻자, '흰 것은 명주실 같은 것이요, 검은 것은 오디 같은 것이다'고 대답했다. 그러나 흰 것과 검은 것을 가져다 주자 선택하지 못했다."]

50) (32)言, 出舉也.……言, 口之利也. 執所言而意得見, 心之辯也. /故言也者, 諸口能之, 出名(原作民,依孫校改)者也. 名(原亦作民), 若畫俿也. 言也, 謂言猶石致也.

다. 논변은 광의와 협의의 것이 있다. 「경」과 「경설」에서 말한 논변은 협의의 논변으로서, 그것에 의하면 "논변"은 "설(說)"과 다르다. 「경상」은 말한다.

> 진술(說 : 논거)이란 그것을 통해서 증명하는 것이다.……**부정하는 바가 있으면**(攸不可) **쌍방이 부정한다**(兩不可也).……논변이란 어떤 사실에 대한 다툼이다. 논변은 옳음을 겨루는 것이다.
>
> 「경설」: 어떤 사실(彼). 쌍방이 쇠나무(牛樞, '나무 이름인 듯하다'/손이양)는 소가 아니다고 하면 **쌍방은 다툴 거리가 없다.** 논변은 갑은 소라고 하고 을은 소가 아니라고 할 경우이다. 이는 어떤 사실에 대한 다툼이다. 이 경우에 둘 다 옳을 수 없다. 둘 다 옳을 수 없은즉 한 쪽은 반드시 옳지 않다.* 옳지 않은 경우는 예컨대 [소를] 개라고 말한 경우이다.[51)]

「경설하」는 또 말한다.

> 논변이란 갑은 그렇다고 말하고 을은 그렇지 않다고 말할 경우에 생긴다. **옳은(사실과 부합하는) 쪽이 이긴다.**[52)]

이 논변은 피차간의 쟁변(爭辯)의 논변이다. 하나의 진술(說, 이 설

---

* 『신편』II, 263쪽 : 『묵경』에 따르면, 시비가 서로 모순인 두 명제는 둘 다 옳을 수 없고 그중에서 하나는 반드시 그르다("是不俱當, 不俱當, 必或不當"). 『장자』「제물론」에서 말한 "둘 다 옳고(俱是)" "둘 다 그르고(俱非)", "나와 너와도 다르고" "나와 너와도 똑같은"〈제10장,주39〉 그런 상황은 근본적으로 존재할 수 없다. 시비가 모순인 두 명제는 둘 다 그를 수 없다("彼[原作攸,依張惠言校改], 不可兩不可也"). **"둘 다 옳을 수 없고**(不俱當)" **"하나는 반드시 그르다**(必或不當)"고 함은 형식논리학상의 모순율(矛盾律)에 상당하고, "둘 다 그를 수 없다(不可兩不可)"고 함은 형식논리학상의 배중률(排中律)에 상당한다.

51) (73)說, 所以明也. (74)攸不可, 兩不可也. (75)辯, 爭彼也. 辯, 勝當也. /(74)彼 : 凡牛樞(孫云 : '疑木名')非牛, 兩也, 無以非也. (75)辯 : 或謂之牛, 或謂之非牛, 是爭彼也. 是不俱當, 不俱當, 必或不當, 不當若犬.

52) (136)辯也者, 或謂之是, 或謂之非 ; 當者勝也.
[『신편』II, 263쪽 : 『묵경』은 객관의 세계는 알 수 있고, 진리는 객관성을 가진 것이고, 객관적 사실이 진리의 최후의 표준임을 믿어 의심치 않았다.……이 논점들은 장주의 상대주의(相對主義)와 불가지론(不可知論)을 겨냥하여 제시된 것들이다.]

〔진술]은 앞의 "설지〔說知]"의 설과는 다르다)만 있는 경우라면, 갑이 무엇을 긍정하면 을도 긍정한다. 또 갑이 "무엇을 부정하면" [즉 부정하는 바가 있으면] 을도 부정한다. 즉 "쌍방이 부정한다." 예컨대 갑이 쇠나무는 소가 아니다고 할 때 을 역시 쇠나무는 소가 아니다고 하면, 이 경우에 "쌍방은 다툴 거리가 없으니" 무슨 논변이 있겠는가? 만약 갑은 쇠나무가 소다고 하고 을은 소가 아니다고 하면, 곧 갑과 을 사이에 다툼이 생겨 논변을 하고, 논변을 하면 "옳은(사실과 부합하는) 쪽이 이긴다." 이 논변은 쟁변의 논변으로서 협의의 논변이다. 그러나「소취편」에서의 "논변"은 더욱 범위가 크다.「소취편」은 말한다.

> 무릇 논변(辯)이란 시비의 분별을 밝히고, 치란(治亂 : 안정과 혼란)의 근본을 규명하고, 유사점과 차이점(同異)의 소재를 밝히고, 이름과 실상(名實)의 이치를 고찰하고,* 이익과 손해를 규정하고, 의심쩍음을 해결하는 것을 말한다. 그러므로 [우선] 만물의 참모습을 규명하고 동시에 뭇 논단 사이의 유추관계를 논구해야 한다.
>
> 이름(名 : 명사, 개념)으로써 실상(實)을 제시(모사)하고(以名擧實), 명제(辭)로써 의미(意, 판단)를 표현하며(以辭抒意), 논증(說, 논거, 설명, 진술)으로써 이유(근거, 원인)를 밝힌다(以說出故).**
>
> 유(類)에 입각하여 채납하고 유에 입각하여 판단하며, 내가 견지하는 것을 남에게 금할 수 없고, 견지하지 않는 것을 남에게 요구할 수 없다.***[53)]

*『신편』II, 264쪽 : 논변과정에서 반드시 맨 먼저 명실관계를 명확히 해야 한다. 가령 논변 중에 쌍방이 사용한 똑같은 이름이 똑같은 실상을 지칭하지 않거나, 똑같은 실상이라도 쌍방이 상이한 이름으로 지칭한다면, 논변을 진행할 수 없다.

**『신편』II, 266쪽 : "설(說)"은 하나의 "사(辭 : 명제)"가 왜 "타당한(當)"지 그 이유를 천명한 논거이다. 논거가 있어야만 남을 설복할 수 있다. 이 "사"는 이런 논거의 결론이고, 이 논거는 바로 이 "사"의 전제이다.

***『신편』II, 267-68쪽 : 이것은 논변에서의 유추추론(類比推論)이다. 갑과 을이 동일한 유라면, 갑을 인정하면 을을 인정하지 않을 수 없고, 갑을 인정하지 않으면 을을 인정할 수 없다. 이것이 "유에 입각한 판단(승인)(以類取)"이다. 갑과 을이 동일한 유라면, 상대방이 갑을 인정하면 나는 을을 제시하여 상대방이 인정하는지를 확인하는 것이 곧 "유에 입각한 제시(以類予)"이다. 갑과 을이 동일한 유라면, 내가 갑을 인정하면 상대방이 을을 주장한다고 반대할 수 없다. 즉 **"내가 견지**

즉 논변의 기능은 (1)시비를 밝히고, (2)치란을 규명하고, (3)유사점과 차이점을 밝히고, (4)이름과 실상을 고찰하고, (5)이익과 손해를 규정하고, (6)의심쩍음을 해결하는 여섯 가지이다. 그 방법은 "이름으로써 실상을 제시하고, 사(辭)로써 의미를 표현하며, 논증으로써 이유를 밝히는" 것이다. "이름으로써 실상을 제시한다"는 내용은 앞에서 이미 상론했다. 사는 요즘의 "명제(命題)"이다. 두 이름을 합하여 하나의 의미를 나타내는 것이 명제(辭)이므로, "사(명제)로써 의미를 표현한다"고 했다. 즉 『순자』「정명편」에서 말한 "서로 다른 실상의 이름들을 연계하여 하나의 의미를 설명하는 것"[54)]이 그것이다. 「경상」은 말한다.

> 고(故 : 원인,이유)란, **그것이 있어야만 어떤 현상이 이룩되는** 것을 말한다.
>
> 「경설」: 고. 소고(小故 : 어떤 현상발생의 필요조건)란 **그것이 있다고 반드시 그런 것은 아니지만 그것이 없으면 반드시 그렇지 않은 것**을 말한다. 예컨대 선 위의 점과 같다. 대고(大故 : 현상이 의뢰하는 조건의 총계)란 그것이 있으면 반드시 그렇고 그것이 없으면 반드시 그렇지 않은 것을 말한다. 예컨대 '봄(시각)'에서 봄이 성립되는 경우이다.[55)]

「경상」에 따르면 "단(端)은 두께가 없으면서 맨 앞끝에 있는 것이다."〈주99〉 점이 있다고 꼭 선을 이루는 것은 아니므로, 이른바 "그것이 있다고 반드시 그런 것은 아니지만 그것이 없으면 반드시 그렇지 않은 것"이다. 이 소고는 곧 현대 논리학에서의 필요조건이고, 대고는 현대 논리학에서의 필요충분조건이다. 또 충분조건은 있으

하는 것을 남에게 금할 수 없다"는 말이다. 갑과 을이 동일한 유라면, 내가 갑을 인정하지 않으면 상대방에게 을을 인정하라고 요구할 수 없다. 즉 "**내가 견지하지 않는 것을 남에게 요구할 수 없다**"는 말이다.

53) 夫辯者, 將以明是非之分, 審治亂之紀, 明同異之處, 察名實之理, 處利害, 決嫌疑焉. 摹略萬物之然, 論求群言之比. 以名擧實, 以辭抒意, 以說出故, 以類取, 以類予. 有諸己, 不非諸人 ; 無諸己, 不求諸人. (『묵자』 권11 : 23쪽)

54) (辭也者), 兼異實之名以論一意(也). 〈제12장,주68〉

55) (1)故, 所得而後成也. /故, 小故有之不必然, 無之必不然. 體也, 若有端. 大故有之必然, 無之必不然, 若見之成見也('大故'下依孫詒讓校).

면 반드시 그렇게 되지만 없다고 해서 꼭 그렇지 않은 것은 아닌 고(故)인데, 『묵경』은 언급하지 않았다. 고(故)는 한 사건의 원인(조건)이므로, "이설출고(以說出故)"〈주53〉란 언어로써 한 사건의 원인을 설명하는 것, 즉 언어로써 어떤 명제를 견지하는 이유를 설명하는 것이다. 즉 "진술(說 : 논거, 논증)이란 그것을 통해서 증명하는 것이다."〈주51〉

주장을 수립하는[논변을 행하는/『신편』] 방법에는 일곱 가지가 있다. 「소취편(小取篇)」은 말한다.

> 혹(或 : 개연판단)이란 전부 그런 것은 아닌 경우를 지칭한다.
>
> 가(假 : 가언판단)란 현재는 그렇지 않은 경우를. 지칭한다.
>
> 효(效 : Imitation)란 본(法)을 취하는 데에 있다. 본받아지는 것이 본으로 여겨진다. 원인(이유, 조건)이 효에 부합하면(故中效) 참된 원인(眞故)이고, 효에 부합하지 않으면 그렇지 않다. 이것이 효의 방법이다.
>
> 비유(辟)란 별도의 사물을 제시하여 어떤 것을 설명하는 방법이다.
>
> 모(侔 : 직접추론/『신편』)란 **명제(辭)를 비교하여 똑같이 간주하는 방법이다.**
>
> 원(援 : 유추)이란 네가 긍정하는데 나라고 긍정하지 못하겠느냐 하는 방법이다.
>
> 추(推)란 아직 채납(승인)되지 않은 것들(미지의 것)이 이미 채납된(아는) 것들과 동일하다고 판단하는 방법이다. 이것은 마치 여타의 것이 동일하다고 하는데 나라고 그것이 다르다고 할 수 있겠느냐 하는 것과 같다.[56]

"혹(或)이란 전부 그런 것은 아닌 경우를 지칭한다." 「경상」에 "진(盡 : 전칭판단)이란 그렇지 않음이 없는 경우이다"[57]고 했다. 어

56) 或也者, 不盡也. 假也者, 今不然也. 效也者, 爲之法也. 所效者, 所以爲之法也[Imitation consists in taking a model. What is imitated is what is taken as a model]. 故中效[if the cause is in agreement with the imitation]則是也 ; 不中效則非也. 此效也. 辟也者, 擧也物而以明之也. 侔也者, 比辭而俱行也. 援也者, 曰, 子然, 我奚獨不可以然也? 推也者, 以其所不取之同於其所取者予之也. 是猶謂也者同也, 吾豈謂也者異也. [辟 : method of comparison, 鉾 : method of parallel, 援 : method of analogy, 推 : method of extension] (『묵자』 권11 : 23-24쪽)

57) (43)盡, 莫不然也.

떤 유의 사물은 어떤 속성에 대해서 "그렇지 않음이 없는 경우"가 아닐 때가 있다. 예를 들면 말(馬)은 꼭 전부 흰 것은 아니다. 이에 대해서 우리는 다만 '말은 흴 수도 있다'고만 할 수 있고, '말은 희다'고 할 수는 없다. 때로 어떤 사물에 대한 지식이 불완전할 경우 우리는 그것에 대해서 단지 개연판단(或然判斷)만 할 수 있다. 예를 들면 저 말이 희더라도, 우리가 그것이 정말로 흰지 어떤지 그 여부를 모른다면, 역시 '그 말은 흴 수도 있다'고만 말할 수 있다.

"가(假 : 가언판단)란 현재는 그렇지 않은 경우를 지칭한다."* 우리는 사물에 대해서 허구적인 조건을 세워 그 조건하에서는 마땅히 어떤 정황일 것이라고 단정할 수 있다. 예를 들면 공자는 말하기를 "만일 누가 나를 기용한다면 1년이면 달라질 것이고 3년이면 치적을 세울 것이다"[58]고 했다. "만일 누가 나를 기용한다면"은 공자가 이렇게 말할 당시의 사실이 아닌, 공자가 허구적으로 세운 조건이므로, 즉 "현재는 그렇지 않은 경우"이다.

"효(效)란 본(法)을 취하는 데에 있다." 법(法)에 대하여 「경상」은 말한다.

법(法 : 공식 혹은 어떤 유의 사물이 그 유의 사물로 되는 기준)이란 그것을 **본받아 그런 유의 사물로 되는**(所若而然) 바로 그것을 말한다.

「경설」: 법. '원'의 개념, 컴퍼스, 그려진 원, 이렇게 세 가지가 있다. 이것들 모두 법으로 삼을 수 있다.[59]

「경하」는 말한다.

하나의 법(法)을 공유하는 것들은 모두 같은 유에 속한다. 예컨대 네모진 사물들은 서로 상합한다. 이유는 바로 네모진 데에 있다.

「경설」: 동일한 네모진 사물들은 모두 같은 유이다. 모두 법을 공유하지

---

* 『신편』II, 268쪽 : "가(假)"는 가언명제를 나타낸 것인데, 현재 아직 발생하지 않은 하나의 정황("今不然")을 가설하여 그 결과를 예언하는 것이다. 예컨대 "만약 비가 오면 땅은 질벅해질 것이다"고 말하는 경우이다.

58) 子曰 : "如[如 : 苟]有用我者, 期月而已可矣[矣 : 也] ; 三年有成." (『논어』 13 : 10)

59) (71)法, 所若而然也. /法 : 意, 規, 圓, 三也, 俱可以爲法.

만 각기 다를 수 있으니, 혹은 나무이고 혹은 돌이다. 그러나 그것들 모두 네모진 점에서 상합하는 데에는 지장이 없다. 모두 여전히 네모진 점에서 동일한 유이다. 사물은 모두 이와 같다.[60)]

법(法)은 공식(公式 : 일반법칙)이다. 한 유의 사물에 대한 공식은 그런 유의 어떠한 개체에도 적용할 수 있다. 예컨대 네모진 물건의 유에 네모진 나무나 네모진 돌이 있는데, 나무와 돌이 서로 달라도 네모진 것에는 지장이 없다. 이로부터, 어떤 사물을 본받아 그 종류의 사물 중의 한 사물이 될 경우, 본받는 대상(所效)이 바로 "법(法)"이고, 본받아서 성립된 사물이 바로 "효(效)"이다. 원을 그리는 일에 비유하면, 생각 속의 원, 원을 그리는 컴퍼스(規), 이미 완성된 원(원형의 물건), 이 모두를 원을 그리는 "법"으로 삼을 수 있다. 법이 확정되면 그 법을 본받은 것은 모두 원형이 될 수 있다. "고중효(故中效)"〈주56〉의 "고"는 앞의 "이설출고(以說出故)"〈주53〉의 고이다. 고는 바로 하나의 일이 성립하는 조건이고 또한 입론의 이유이기도 하다. 도출된 것(입론)의 이유(故)가 참된 이유(眞故)인지의 여부, 즉 "그것이 있으면 반드시 그렇고 그것이 없으면 반드시 그렇지 않은" 바로 그 "고(故)"인지의 여부를 알려면, 가장 좋은 방법*은 그 "고"를 "법"으로 삼아, 그것이 "효에 부합한지(中效)"의 여부를 살피는 것이다. "효에 부합한다" 함은 그것을 본받았더니 역시 그러했다는 말이다. 그것이 "본받았더니 그런 유(의

---

60) (166)一法者之相與也盡類(此類字依王校改), 若方之相合也, 說在方. /一方盡類, 俱有法而異, 或木或石, 不害其方之相合也. 盡類猶方也. 物俱然.

* 『신편』II, 269쪽 : ……가장 좋은 방법은 그 "고(故)"를 "법(法)"으로 삼아, 그것이 "그것을 본받았더니 역시 그러했는지(所若而然)"의 여부를 살피는 것이다. 만약 "본받았더니 역시 그러했다면" "효에 부합하는(中效)" 것이고, "효에 부합했다면" 그 고가 "참된 원인(眞故)"이다. 반대로 "효에 부합하지 않았다면", 그 고는 "참된 원인"이 아니다. 예를 들면 갑이 을의 원인이라고 하자. 이 명제의 진위를 알려면, 가장 편리한 방법은 그 명제를, 본받을 수 있는 하나의 "법"으로 삼아, 그 "법"에 따라 실험해보는 것이다. 만약 갑이 진실로 을의 원인("故")이라면, 실험 중에 갑이 있으면 반드시 을이 있을 텐데, 이것이 바로 "고중효(故中效)"이다. 만약 그럴 경우 그 명제는 참 명제이고 그렇지 않을 경우 거짓 명제이다. 이 방법은 바로 묵적이 말한 제3표의 발전이다.

사물)로 된" 법이었음을 증명할 수 있어야, 그것이 곧 "그것이 있어야만 어떤 현상이 이룩되는" 고(故)〈주55〉임을 알 수 있다. 따라서 "이유가 효에 부합하면 참된 이유이고 효에 부합하지 않으면 그렇지 않다"〈주56〉고 했다.[61] 묵자는 "말(주장)에는 세 표준이 있다"〈주7〉고 했는데, 여기서 말한 내용은 묵자의 제3표[주장의 응용성]와 같다. 다만 여기서는 오로지 정치와 사회상의 이론들에만 한정하지 않았을 따름이다.

"비유(辟)란 별도의 사물을 제시하여 어떤 것을 설명하는 방법이다."* 손이양에 따르면 "왕념손은 '야(也)는 타(他)와 같다. 별도의 사물을 제시하여 해당 사물을 설명하는 것이 비유이다'고 했다."[62] 『잠부론』「석난」에 "비유란 직접 설명할 수 없을 때 그렇거나 그렇지 않은 별도의 사물을 빌어 밝히는 데서 생겼다"[63]고 했고, 『순자』「비상편」에 "논증의 기술은 비유적 방법으로 깨우치고 분석적 방법으로 밝힌다"[64]고 했다.

"모(侔 : 직접추론)란 명제(辭)를 비교하여 똑같이 간주하는 방법이다.** 비유는 이 사물로써 저 사물을 설명하는 것이고, 모는 이 명제로써 저 명제를 비교하는 것이다. 예를 들면 『공손룡자(公孫

---

61) 【주】"어떤 사물을 본받아"부터 이하 여기까지 호적 선생의 「소취편신고(小取篇新詁)」에서 채록했다. [『호적문집』, 특히 684-85쪽, 687-88쪽 참조]

* 『신편』II, 269쪽 : 묵적은 "그런 말(주장)로 내 말(주장)을 비난함은 마치 달걀로 바위를 치는 격이다. 세상의 달걀을 다 던져도 바위는 여전하고 훼손될 수 없다"〈주5〉 했는데, 즉 묵적이 그의 논적에 대한 멸시를 표명한 말이다. 그는 바위라는 **"별도의 사물"**로써 그 자신의 논단의 굳건함을 "설명하고(明)", 달걀이라는 "별도의 사물"로써 논적의 논단의 취약성을 "설명했다."

62) 王云 : "也與他同. 擧他物以明此物謂之譬." (『묵자』 권11 : 23쪽)

63) 夫譬喩也者, 生於直告之不明, 故假物之然否以彰之. (왕부[王符, 80?-162], 「석난(釋難)」, 『잠부론(潛夫論)』, 326쪽)

64) 談說之術,. 分別以喩之, 譬稱以明之. (「비상(非相)」, 『순자』 권3 : 18쪽) ["譬稱以喩之, 分別以明之"가 옳다. /왕념손]

** 『신편』II, 269쪽 : 「소취편」에 **"흰말은 말이다. 흰말을 타는 것은 말을 타는 것이다. 검정말은 말이다. 검정말을 타는 것은 말을 타는 것이다"**〈주110〉고 했다. 이것이 곧 **"명제를 비교하여 똑같이 간주하는 것"**이다. 이 모(侔)가 즉 형식논리학에서 말하는 직접추론이다. "흰말을 탄다"로부터 직접 "말을 탄다"를 추론했다.

龍子)』「적부편(跡府篇)」에서 공손룡은 공천(孔穿)에게 이렇게 말했다.

> 듣건대, 초(楚)나라 왕이 활을 잃었을 때, 신하들이 찾으려고 하자, 왕은 말하기를 "그만두라! 초나라 왕이 활을 잃었으니 초나라 사람이 주을 것이다. 굳이 찾을 필요가 있는가?"라고 했다. 이에 대해서 공자는 말하기를 "'사람이 잃었으니 사람이 주을 것이다?'라고 할 일이지, 하필 초나라 사람인가?"라고 했다. 이처럼 공자는 "초나라 사람"과 "사람"이라는 말을 구별했다. 무릇 공자가 "초나라 사람"과 "사람"을 구별한 것은 긍정하면서, 내가 "흰말"과 "말"을 구별한 것은 비난한다면, 모순이다.[65)]

이것이 곧 "명제를 비교하여 똑같이 간주하는 것"이다.

"원(援 : 유추)이란 네가 긍정하는데 나라고 긍정하지 못하겠느냐 하는 방법이다." 원(援)은 즉 현재의 "원례(援例 : 전례를 듦)"이다. 앞에 인용한 공손룡의 말 역시 원례의 의미가 있다.*

"추(推)란 아직 채납되지 않은 것들이 이미 채납된 것들과 동일하다고 판단하는 방법이다. 이것은 마치 여타의 것이 동일하다고 하는데(也者同也) 나라고 그것이 다르다고(也者異也) 할 수 있겠느냐 하는 것과 같다."[66)] "야자동야(也者同也)", "야자이야(也者異也)"에서, 앞의 두 야(也) 자는 "타(他)" 자여야 옳다. 예컨대 우리

65) 龍聞楚王.……喪其弓, 左右請求之, 王曰 : "止. 楚王遺弓, 楚人得之, 又何求乎?" 仲尼聞之曰 : "……亦曰 '人亡之, 人得之'而已, 何必楚?" 若此仲尼異'楚人'於所謂'人.' 夫是仲尼異'楚人'於所謂'人', 而非龍異'白馬'於所謂'馬', 悖. (『공손룡자』, 2-3쪽)

* 『신편』II, 270쪽 : 공손룡은, 공자가 "초나라 사람"과 "사람"은 분별된다고 여긴 것을 지적하며, 공자가 이미 "초나라 사람"과 "사람"을 다르게 여겼는데 내가 왜 "흰말"과 "말"을 다르게 여길 수 없겠느냐?라고 했다. 이것이 "원"의 방법을 사용한 논변이다.

66) 『신편』II, 270-71쪽 : "추(推)란 상대가 수용하지 않는 내용 역시 그가 주장하는 내용과 동일하다는 사실을 그에게 제시하는 것이다. 시유위(是猶謂 : 마치……라고 하는 것과 같다)란 [두 명제가] 동일함을 뜻하고, 오기위(吾豈謂 : 내 뜻이 어찌……라는 말이겠는가)란 상이함을 뜻한다(推也者, 以其所不取之同於其所取者予之也. 是猶謂也者, 同也 ; 吾豈謂也者, 異也)." "기(其)"는 상대방이다. 나는 상대방의 주장("其所取")을 유추추론(類比推論)의 전제로 삼아, 본질상 그것과 서로 유사하지만 엉터리인 한 결론을 도출하여 상대방에게 제시하여("予之"), 그가 받

는 모든 사람은 다 죽는다고 말한다. 그 이유를 물으면, 우리는 과거에 사람들이 다 죽는 것을 보았고, 현재의 사람과 장래의 사람이 과거의 사람과 동일한 유(類)이기 때문에, 현재와 장래의 사람 역시 틀림없이 죽는다고 “추리하여” 알 수 있다고 대답한다. 우리는, 이미 약간의 개체 사물을 관찰하여 그것이 그러하다는 것을 알면, 곧 이미 관찰한 사례들과 동일한 유의 모든 것들 역시 틀림없이 그러하다고 여긴다. 이미 관찰한 사례들이 “이미 채납된 것들(其所取者)”이고, 아직 관찰하지 못한 동일한 유의 사물들이 “아직 채납되지 않은 것들”이다. “채납하지 않은” 사물과 “채납된 것들”이 똑같기 때문에, 하나의 단언을 내려 모든 이런 유의 것들은 모두 그러하다고 말할 수 있다. 이것이 즉 “유에 입각하여 채납하고 유에 입각하여 판단한다(以類取,以類予)”〈주53〉는 말이다.[67]

「대취편」에는 또 이른바 “어경”이 있다. “어경”이란 언어의 법

아들이는지의 여부를 살핀다. 이 엉터리 결론은 상대방 역시 승인할 수 없는 것(“其所不取”)일 것이다. 그러면 상대방은 자신이 “주장한 내용(所取)” 역시 견지할 수 없게 된다. 『묵자』「공맹편」에 묵적과 유자인 공맹자의 논변이 있는데, 공맹자는 “귀신은 없다”고 하면서, “군자는 반드시 제사를 배워야 한다”고 했다. 묵적은 그대들이 귀신은 없다고 여기면서도 제사를 지내는 것은 마치 손님도 없는데 손님 맞는 예를 행하며, 물고기도 없는데 그물을 던지는 것과 같은 것이다고 말했다. “물고기도 없는데 그물을 던지는 것”과 “귀신은 없다고 여기면서도 제사를 지내는 것”은 동일한 유이다. 그대가 만약 “물고기도 없는데 그물을 던지는 것”을 옳다고 하지 않는다면, 그대는 “귀신이 없다고 여기면서 제사를 지내는 것” 또한 옳다고 할 수 없을 것이다. 이것이 바로 “유에 입각한 제시(以類予)”〈주53〉이다. 이런 논변에서 “시유위(是猶謂)”는 두 명제가 동일함을 나타낸 것이고, “오기위(吾豈謂)”는 두 명제가 상이함을 나타낸 것이다. 예컨대 앞에서 인용한 묵적과 공맹자의 논변 중에서 묵적은 “귀신은 없다고 주장하면서도 제사를 지내는 것은 **마치** 손님도 없는데 손님 맞는 예를 행하는 것**과 같고**(是猶), **마치** 물고기도 없는데 그물을 던지는 것**과 같다**(是猶)”고 했다. 여기서의 두 “시유(是猶 : 마치……과 같다)”가 즉 “시유위(是猶謂)”이다. 공맹자가 묵적의 질문에 어떻게 대답했는지 우리로서는 모른다. 그러나 그는 이렇게 대답할 수 있었을 것이다. “나는 단지 ‘귀신은 없다고 주장하지만 제사를 배우는 것’일 따름이다. ‘**내 뜻이 어찌** 손님은 없지만 손님 맞는 예는 배우며, 고기는 없지만 어망은 만든다’**라는 말이겠는가**(吾豈謂)?”

67) 【주】 “모(侔)란……”부터 여기까지는 호적 선생의 설이다.

칙(言語之常經)이다(손이양의 설). 「대취편」은 말한다.

> **어경**(語經 : 논변의 법칙).……반드시 삼물(三物)이 갖추어져야 논변이 타당하게 성립할 수 있다.……모든 논단(辭 : 명제)은 '고'에 의해서 도출되고(以故生), '이'에 의해서 신장되며(以理長), '유'에 의해서 진행된다(以類行).*
>
> 논단을 수립하고 그것이 도출된 이유(其所生 : 즉 故, 조건)를 모른다면 망언이다. 사람은 길(道 : 즉 理)이 아니면 어디에도 갈 수 없다. 아무리 힘 센 팔다리의 소유자라도 길을 모르면 이내 곤경에 빠질 것은 뻔하다. 무릇 논단이란 유추(類)에 의해서 진행되는 것이다. 논단을 수립하고 그 유추를 잘 모르면 **반드시 곤란에 빠진다.**[68]

이것은 「소취편」〈주53〉의 내용과 대의는 같으나, 안타깝게도 확실한 뜻은 알 수 없다.

---

* 『신편』II, 266-67쪽 : "어경"이란 논변에서 준수해야 할 법칙이다.……"고(故 : 원인, 조건)", "이(理 : 이치)", "유(類)"가 바로 "삼물(三物)"이다. "고"는 앞에서 말한 "고"이다. 결론("辭")을 증명할 수 있는 "고"는 반드시 일정한 객관적인 법칙에 근거하여 결론과 서로 결부되어야 한다. 이 객관적인 법칙이 바로 "이"이다. 이(理)는 우리에게 그런 "고"로부터는 틀림없이 그런 결론을 얻어낼 수 있다는 확신을 준다. 어떻게 우리는 객관적인 법칙을 얻고 동시에 그것이 믿을 만한 것인가를 알 수 있는가? 그것은 바로 유추(類推)("類")로부터 가능하다. 우리의 지식은 개별물에서 시작하여, 아무 유의 개별물에 대한 인식을 가지게 되면 곧 그와 동일한 유의 기타 사물에까지 확장하게 된다. 이것이 곧 초보적인 귀납법으로서, 귀납은 비교적 체계적인 유추인 것이다. /하나의 연역추론 중에서 "이(理)"는 대전제이고, "고(故)"는 소전제이고, "사(辭)"는 대전제와 소전제로부터 도출된 결론이다. 설득력을 강화하기 위하여 다시 결론과 서로 유사한 몇몇 예를 들어 대전제의 예증으로 삼을 수 있다. 결론은 직접적으로 소전제에 의존하기 때문에 "명제(辭)"는 "고에 의해서 도출된다(以故生)." 다시 대전제를 보태면 결론의 신빙성은 높아지기 때문에 "이에 의해서 신장된다(以理長)." 다시 부가적인 사례를 더하면 더욱 설득력이 생기는즉 "유에 의해서 진행된다(以類行)."

68) 語經,……三物必具, 然後足以生.……夫辭(此二字依孫校改)以故生, 以理長, 以類行者也. 立辭而不明於其所生, 妄(原作忘, 依顧校改)也. 今人非道無所行, 唯有強股肱而不明於道, 其困也可立而待也. 夫辭以類行者也. 立辭而不明於其類, 則必困矣. (『묵자』 권11 : 6쪽, 15-16쪽)

5.『묵경』의 “동이의 논변”

비(辟), 모(侔), 원(援), 추(推)의 네 방법은 모두 사물의 유사점(同點)에 입각하여, 우리가 이미 알고 있는 사물에 대한 지식을 미지의 사물에까지 전개하는 방법이다.* 그러나 사물의 유사점은 여러 종류이기 때문에, 이 논단들은 쉽게 오류에 빠진다.「소취편」은 말한다.

> 무릇 사물은 **같은 점(유사점)이 있다**고 해서 완전히 같은 것은 아니다. 명제를 대비시킬(侔) 때에는 일정한 한계가 있다. [원(援)의 경우] 어떤 것이 그렇다고 할 때에도 각기 그런 이유가 있으니 그것들이 그렇다는 점은 유사할지라도 그런 이유까지 반드시 같은 것은 아니다. [추(推)의 경우] 어떤 것이 채납될 때에도 채납되는 이유가 있으니 채납되는 점은 유사할지라도 채납되는 이유까지 반드시 같은 것은 아니다. 그러므로 비유(辟), 비교(侔), 원례(援), 추론(推)을 통한 논단은 진행하면서 달라지고, 전변하면서 위태로워지고, 멀어지면서 잘못되고, 방만해지면서 근본에서 유리되는즉, 신중히하지 않으면 안 되고 고정불변의 통칙처럼 사용할 수 없다. 즉 언어의 의미는 다방면적이고, 유에는 다른 측면이 있고, 또한 각기 다른 원인에서 비롯되기 때문에 단편적인 관찰을 해서는 안 된다.[69]

사물의 상이성(異)에도 여러 유형이 있다.『묵경』에는 동이(同異)에 대한 상세한 토론이 있다.「경상」은 말한다.

> 동(同)이란, 서로 다른 사물이 어떤 한 측면을 공유하는 경우이다.
> 「경설」: 동이란 예컨대 두 사람이 함께 한 기둥을 보는 경우이다.[70]

---

* 『신편』II, 271쪽 : 네 방법들은 상이한 명제의 유사점에 의거한 추론들이다.

69) 夫物有以同而不率遂同. 辭之侔也, 有所至而正(孫 讓云 : '疑當作止'). 其然也, 有所以然也 ; 其然也同, 其所以然不必同. 其取之也, 有所以取之 ; 其取之也同, 其所以取之不必同. 是故辟·侔·援·推之辭, 行而異, 轉而危, 遠而失, 流而離本, 則不可不審也, 不可常用也. 故言多方, 殊類, 異故, 則不可偏觀也. (『묵자』 권11 : 24-25쪽)

70) (39)同, 異而俱於之一也. /同(原作侗), 二人而俱見是楹也.

동(同)에는 중(重), 체(體), 합(合), 유(類) 측면의 동이 있다.

「경설」: 같음(同). 두 이름이 한 실체를 가리킬 경우 중동(重同)이다. 부분이 전체에서 벗어나지 않을 경우 체동(體同)이다. **함께 방에 있을** 경우 합동(合同)이다. 같은 속성이 있을 경우 유동(類同)이다.[71]

이(異)에는 이(二), 불체(不體), 불합(不合), 불류(不類)의 이가 있다.

「경설」: 다름(異). 두 실체가 반드시 다른 것이 이(二)이다. 연속되지 않는 경우가 불체(不體)이다. **같은 장소**에 있지 않은 경우가 불합(不合)이다. 같은 속성이 없는 경우가 불류(不類)이다.[72]

동이는 상대적으로 결정된다(同異交得). 유무(有無)의 경우처럼.

「경설」: 동이는 상대적으로 결정된다. 어떤 부자의 관대함에 대해서 있다고도 하고 없다고도 한다. 비교대상에 따라 똑같은 양을 많다고도 하고 적다고도 한다. 마당을 기어가는 벌레에 대해서 [관찰자 위치에 따라] 기어간다고도 하고 기어온다고도 한다. 새가 앉은 오동나무가 꺾어지면 강하다고도 [새에 대해서] 하고 약하다고도[나무에 대해서] 한다. 검의 역할에 대해서 [당사자 입장에 따라] 죽였다고도 하고 살렸다고도 한다. **처녀**는 나중에 **아이의 어머니**가 되니, 어른도 되고 소녀도 된다. 비교대상에 따라 똑같은 것이 희기도 하고 검기도 한다. 중앙도 가장자리가 된다. 학문과 행실에 대한 논의는 [기준에 따라] 옳기도 하고 그르기도 한다. 기술의 숙달에 대해서 완성이라고도 하고 미완성이라고도 한다. **형과 아우는 같이 해당된다**(兄弟俱適). **몸은 있으나 뜻은 떠나 있는 경우가 '있으면서 없는 것**(存亡)**'이다.** 곽(霍)씨라는 성은 인위적이다(애초에 다른 자를 써도 되었다). 똑같은 물건의 값도 [구매자에 따라] 비싸다고도 하고 싸다고도 한다.[73]

---

71) (87)同 : 重, 體, 合, 類. /同 : 二名一實, 重同也. 不外於兼, 體同也. 俱處於室, 合同也. 有以同, 類同也.

72) (88)異 : 二, 不體, 不合, 不類. /異 : 二必(孫詒讓云 : '讀爲畢,古通用')異, 二也. 不連屬, 不體也. 不同所, 不合也. 不有同, 不類也.

73) (89)同異交得, 放有無. /同異交得 : 於福家良恕, 有無也. 比度, 多少也. 免蚓還園, 去就也. 鳥折用桐, 堅柔也. 劍尤早, 死生也. 處室子, 子母, 長少也. 兩絕勝, 白黑也. 中央, 旁也. 論行行行學實, 是非也. 難宿, 成未也. 兄弟俱適也. 身處志往, 存亡也. 霍爲姓, 故也. 賈宜, 貴賤也.

동(同)과 이(異)라는 것은 각기 네 종류가 있음을 제시했다. 즉 이 사물이 저 사물과 같고 저 사물이 이 사물과 같다고 할 때, 그것들의 같은 점이 같을지라도 같은 이유까지 반드시 같은 것은 아니다. 예컨대 묵자와 묵적이라는 두 이름은 다 같이 하나의 실상을 지칭하는데 이 경우가 중동(重同)이다. 상호 "연속"된 모든 것들 예컨대 손, 발, 머리, 눈은 다 같이 사람 신체의 일부분인데 이 경우가 체동(體同)이다. "같은 장소", "함께 방에 있는", 즉 함께 한 곳에 있는 것, 예컨대 같은 방 안의 사람들은 함께 한 방 안에 있는데 이 경우가 합동(合同)이다. 같은 유의 사물은 모두 똑같은 속성이 있는데 [어느 한 측면에서 같을 경우/『신편』] 이 경우가 유동(類同)이다. 다름(異) 역시 네 종류가 있다. 반드시 우선 '같은 사물'에서 같음이란 것이 과연 어떤 종류의 같음인지, '다른 사물'에서 다름이란 것이 과연 어떤 종류의 다름인지를 안 연후에 비로소 그것에 관한 추론을 할 수 있고 오류에 빠지지 않을 수 있다.

이밖에 상이한 유의 사물도 때로 동일한 이름으로 일컬을 수 있다. 이 역시 주의해야 할 사항이다. 「경하」는 말한다.

> 서로 다른 유의 것들은 비교될 수 없다. 이유는 '척도'에 있다.
>
> 「경설」: 다름(異). 나무와 밤(夜) 가운데 무엇이 긴가? 지혜와 곡식 가운데 어느 것이 많은가? 관작, 부모, 행실, 가치 넷 가운데 무엇이 귀한가?……[74)]

나무와 밤은 다른 유이지만 모두 길고 짧다고 말할 수 있다. 지혜와 곡식은 다른 유이지만 모두 많고 적다고 말할 수 있다. 만약 이 때문에 같은 유라고 단정하면 "반드시 곤란에 빠진다."〈주68〉

이것이 『묵경』 중의 "동이의 논변(同異之辯)"이다. 이 "동이의 논변"은 "합동이(合同異)"파 변자들의 "동이의 논변"과 근본 취지(宗旨)가 다르다. 이것이 꼭 그것에 대한 반박에서 나온 것은 아닐지라도, 『묵경』의 관점에 따르면 혜시와 장자의 "합동이" 설은 실로 오류이다. 혜시는 "만물은 어느 면에서는 모두 같고 어느 면에

74) (107)異類不吡, 說在量. /異 : 木與夜孰長 ; 智與粟孰多 ; 爵·親·行·價, 四者孰貴.

서는 모두 다르다"고 했는데, 만물은 비록 다를지라도 모두 "같은 점이 있고(有以同)"〈주69〉, 만물은 비록 같을지라도 모두 "다른 점이 있기(有以異)" 때문이었다. 그러나 만물에 "같은 점이 있으므로" 유동(類同)이라고는 할 수 있으나, 그렇다고 해서 "만물이 한몸이다"[75]고 함은 유동을 체동(體同)으로 여긴 것이므로 그 잘못이 심하다. 다름 역시 네 종류가 있다. "만물은 어느 면 모두 다르다"는 말 역시 그 다름이 무슨 종류인지를 지적해야지 혼동해서는 안 된다. "동이는 상대적으로 결정된다"는 문단의「경설」내용은 그다지 명료하지 않다. 그 요지는 모든 사물은 다 상반된 속성 예컨대 유무(有無), 다소(多少), 거취(去就), 견유(堅柔), 사생(死生), 장유(長少 : 長幼), 흑백(黑白), 중앙과 가장자리(中央與旁), 시비(是非), 존망(存亡), 귀천(貴賤) 등이 있으니, 어느 측면에서 고찰한 것인지를 살펴야 한다는 말인 듯하다. 예컨대 한 여자는 먼저 "처녀"였다가 나중에 "아이의 어머니"가 되므로, 한 사람이 어른도 되고 소녀도 된다는 말이다. 아무개는 아우에 대해서는 형이고 형에 대해서는 아우이므로, 아무개가 형도 되고 아우도 되어, 즉 "형과 아우는 같이 해당된다"는 말이다. 아무개는 몸은 이 곳에 있으나 뜻은 저 곳에 있을 수 있으므로, 즉 "몸은 있으나 뜻은 떠나 있는 경우가 '있으면서 없는 것(存亡)'이다"*는 말이다. "합동이"파의 변자는 이 점을 이용하여 마침내 "흰개는 검다",[76] "거북은 뱀보다 길다"[77]고 했다. 사실상 흰 개도 검다고 할 수 있고, 거북도 길다고 할 수 있고, 뱀도 짧다고 할 수 있다. 그러나 소위 흑백장단이 비록 절대적인 기준은 없을지라도, 한 논변의 범위 내에서 말하는 흑백장단은 동일한 기준에 따라야 한다. 예컨대 거북은 [그것보다 짧은 사물과 비교하면/『신편』] 물론 길다고 할 수 있지만, 뱀에 비하면 아무튼 짧은 것이 보통이다. 혜시와 장자의 학설은 비록 나름대로의 입각점이 있기는

75) 萬物畢同畢異.〈제9장,주30〉萬物一體.〈제9장,주43〉

* 『신편』II, 285쪽 : "몸"의 측면에서 보면 존(存), "뜻"의 측면에서 보면 망(亡)이다.

76) 白狗黑. [흰개의 눈이 검으므로 흰개는 검다.]〈제9장,주89〉

77) 龜長於蛇.〈제9장,주88〉

하지만 그들이 사용한 "합동이" 논변은 실로 위와 같은 공격을 받을 만했다.

6.『묵경』의 "견백의 논변"

변자는 "동이를 결합하고(合同異)" "견백을 분리했으나(離堅白)",『묵경』은 동이의 분리(離同異)와 견백의 결합(合堅白)을 주장했다. 동이분리설은 이미 서술한 바와 같다.「경상」은 말한다.

> **굳음과 흼은 서로 배제하지 않는다**(不相外).
>
> 「경설」: 굳음과 흼 둘이 있다고 하자. **[각각] 다른 곳에 있으면 서로 포함하지 않고 서로 배척하므로**(相非) **서로 배제한다**(相外).[78]

「경하」는 말한다.

> 굳음과 흼은 서로 의존적이다.
>
> 「경설」: **굳음을 만진 곳에서 흼도 얻으니, 둘은 반드시 서로 포함한다.**[79]
>
> [굳음과 흼 두가지는] 한 곳에 있다. 지각되는 것이 있는가 하면 지각되지 않는 것이 있을 뿐이다. 이유는 [굳음과 흼이 돌에] **'공존**(存)'하기 때문이다.
>
> 「경설」: 돌에 일체가 된다. 굳음과 흼은 둘이지만 돌에 공존한다. 따라서 지각되는 것이 있고 지각되지 않는 것이 있다고는 할 수 있다.[80]
>
> **하나씩 따로 떼어 둘**(二 : 두 독립체)**로 삼을 수 없다.** 왜냐하면 '보면 함께 붙어 있는 것을 보며, 하나는 다른 하나에 붙어 있고, 너비는 길이에 붙어 있기 때문이다.
>
> 「경설」: 감각된 것과 감각 되지 못한 것으로 분리되므로 **하나와 다른 하나는 서로 포함하지 않는다**. 너비와 길이의 관계는 굳음과 흼의 관계와 같다.[81]

---

78) (67)堅白不相外也. /得二, 堅白(此白字據孫校補), 異處不相盈, 相非, 是相外也.

79) (116)堅白, 說在因. /無(梁啓超曰,讀爲撫)堅得白, 必相盈也.

80) (138)於一, 有知焉有不知焉, 說在存. /於石一也, 堅白二也, 而在石, 故有智焉有不知焉. 可.

81) (105)不可偏去而二, 說在見與俱, 一與二, 廣與修(原作循, 據俞校改). /見不見離, 一二不相盈, 廣修堅白.

이것은 견백의 결합(合堅白) 즉 "굳음과 흼은 서로 배제하지 않는다"고 주장하여, "견백의 분리(離堅白)" 즉 굳음과 흼은 반드시 서로 배제한다는 공손룡의 설을 반박한 것이다. 『공손룡자』「견백론」에 따르면 "볼 때에는 그것의 굳음은 포착하지 못하고 흼만 포착하므로, 이 경우 굳음은 없다. 만질 때에는 흼은 포착하지 못하고 굳음만 포착하므로, 이 경우 흼은 없다.……오직 흼만 포착하거나, 오직 굳음만 포착한다. 즉 감각된 것이 있고 감각되지 못한 것이 있다. 즉 감각된 것과 감각되지 못한 것이 분리되는데, [굳음과 흼이] 서로 포함(盈 : 包含)하지 않기 때문에 분리된다."[82] 이것은 공손룡이 인식론적으로 굳음과 흼이 독립된 두 일반개념(共相)임을 증명한 것으로서 이미 자세히 논했다(제9장, 제7절). 「견백론」은 반론자의 말을 삽입하여 "눈으로 굳음을 감각할 수 없고 손으로 흼을 감각할 수 없다고 해서, 굳음이 없다고 말할 수 없고 흼이 없다고 말할 수 없다.……굳음과 흼은 돌 속에 존재할진대(域於石), 어떻게 분리되겠는가?"[83]라고 했고, "돌의 흼과 돌의 굳음, 즉 감각된 것과 감각되지 못한 것 둘은 [돌에 깃들어 돌과] 더불어 셋이다. 너비와 길이가 서로 포함하는 경우가 그 예가 아니겠는가?"[84]라고 했다. 여기 『묵경』의 말이 바로 『공손룡자』에서의 반론자의 말인데, 굳음과 흼은 서로 포함하고 서로 배제하지 않으며 다 같이 돌에 존재한다고 여긴 것으로서, 이른바 "공존한다(存)"는 말이다. 우리가 돌을 볼 때 흼은 포착하지만 굳음은 포착하지 못하고, 돌을 만질 때 굳음은 포착하지만 흼은 포착하지 못한다. 그러나 이것은 물론 우리가 감각했느냐 못했느냐의 문제일 뿐, 돌에 견백이 있고 없음과는 무관하다. 굳음이 하나이면 흼은 다른 하나이고, "감각된 것과 감각되지 못한 것으로 분리되기" 때문에 "하나와 다른 하나는 서로 포함하지 않는다"고 말한 것이다. 그러나 감각되고 감각되지 못함은 돌에 견백이 있고 없음과 무관하다. 굳음과 흼이 돌에 존재함은 마치

82) 「견백론(堅白論)」, 『공손룡자』, 39-40쪽. 〈제9장,주61〉

83) ……堅白域於石, 惡乎離? (『공손룡자』, 41쪽). 〈제9장,주62〉

84) 石之白, 石之堅, 見與不見, 二與三, 若廣修而相盈也, 其非擧乎? (『공손룡자』, 40쪽)

너비와 길이가 종횡으로 서로 포함하는 것과 같다. 이른바 "하나씩 따로 떼어 둘로 삼을 수 없다"는 말이다. 이는 인식론상으로 굳음과 흼이 둘임을 증명한 공손룡의 설을 반박한 것이다. 만약 굳음과 흼이 예컨대 백설의 흼과 굳은 돌의 굳음 처럼 한 곳에 있지 않고, 즉 "다른 곳에 있으면 서로 포함하지 않으므로", 굳음은 흼이 아니고, 흼 역시 굳음이 아니다. 이는 곧 굳음과 흼은 "서로 배척하므로", "서로 배제한다"고 말할 수 있다. 하지만 굳고 흰 돌의 경우 견백이 다같이 "돌 속에 존재하여" 합하여 일체를 이루므로, 굳음 안에 흼이 있고 흼 안에 굳음이 있다. 즉「경설상」에 이른바 "굳음과 흼의 연합은 서로 투철하다"[85]는 말이다. "굳음을 만진 곳에서 흼도 얻으니, 둘은 반드시 서로 포함한다"고 함은 "굳음과 흼은 서로 배제하지 않는다"는 말이다. 이는 형이상학적으로 굳음과 흼이 둘이다고 증명한 공손룡의 설을 반박한 것이다.[86]「경하」는 말한다.

지(指)는 두 측면을 지칭하는데, 어느 측면도 도외시할 수 없다. 이유는 둘의 상호관계에 있다.

「경설」: 지(指 : 지칭하는 바)가 있는데, 그대가 이것을 알고 또 내가 제시하지 않는 것을 안다면 이것은 중복이다. 그대는 이것을 아는데 내가 제시하지 않는 것은 모를 때 이것은 **"하나의 언표(一謂)에는 알려지는 것도 있고 알려지지 않는 것도 있다고 할 수 있다." "만약 안다면 마땅히 지칭하여 내게 보여주면 나도 알 것이다." "겸하여 지칭하는 데에는 두 측면이 있다"**(兼指之,以二也). 형지지, 삼직지야(衡指之,參直之也). 만약 **"반드시 우리가 제시한 것만 지시하고 우리가 제시하지 않는 것은 지시하지 않는다**(우리는 단지 이름이 지칭하는 보편자만 알고, 그것이 지칭하는 개체는 모른다)"고 말한다면, **"즉 진실로 [일반개념] 하나만을 지칭할 수 없는데 지칭하려는 바가 전달되지 못하면 의미가 미흡하다."** 또한

85) (68)堅白之攖相盡.

86) 【주】「경하」에 "불견백, 설재무구여우[(115)]"라고 했다.「경설」에 무구여우(無久與宇)에 대한 설이 없다. 추측하건대 이 조목은 시간과 공간이 존재하지 않는 것처럼 굳음과 흼 역시 존재하지 않는다는 말로서, "굳음 자체는 천하에 존재하지 않고 굳음은 감추어진 채 존재한다(天下未有若堅而堅藏)"〈제9장,주65〉는 공손룡의 설을 반박한 것인 듯하다.

알려지고 있는 것이 시인되고 또 알려지지 않는 것이 시인된다면, 그것은 그때까지 알려지지 않았던 것이 알려진다는 의미이다. **"어떻게 하나의 언표에 알려지는 것이 있고 또 알려지지 않는 것이 있겠는가?"**[87]

○인식대상을 논하면서 지시할 수 없다는 그러한 논증은 엉터리(春)이다.

「경설」: 어리석은 이유는 **그들이 주장하는 대상은 본래부터 지칭할 수 없는 데에 있다.**[88]

이것은 공손룡이 말한 지(指)에 대한 논변(비판)인 듯하다. 공손룡이 말한 지는 바로 이름의 지칭대상인 일반개념(共相)이었다(제9장, 제6절, 제8절). 그러나 이름은 본래 한편으로 [개체 가운데에 깃든/『신편』] 일반개념을 지칭하면서 한편으로 개체를 지칭한다. 예컨대 "굳음"이라는 이름은, 한편으로 [여러 굳은 물체 속에 깃든/『신편』] "굳음"이라는 일반개념을 지칭하고, 한편으로 여러 굳은 물체를 지칭한다. 즉 "지(指)는 두 측면을 지칭하는데, 어느 측면도 도외시할 수 없다"는 말이고, "겸하여 지칭하는 데에는 두 측면이 있다"는 말이다. 공손룡 일파에 따르면 "하나의 언표(一謂)에는 알려지는 것도 있고 알려지지 않는 것도 있다고 할 수 있다." 하나의 언표(一謂)란 즉 한 이름이다. (그들에 따르면) 일반개념을 언급할 때 우리는 단지 그 이름이 지칭하는 일반개념만 알고 그것이 지칭하는 개체는 모른다. 즉 "반드시 우리가 제시한 것만 지시하고 우리가 제시하지 않는 것은 지시하지 않는다"는 말이다. 그러나『묵경』에 따르면 일반개념은 바로 개체 속에 있고, 일반개념 단독으로는 이름이 지칭하는 대상이 될 수 없다. 이름이 오로지 일반개념만 지칭한다면 그 의미는 완전하지 못하다. 즉 "진실로 [일반개념] 하

87) (139)有指於二而不可逃, 說在以二累. /有指, 子智是, 有(同又)智是吾所无(原作先, 依孫校改)擧, 重. 則子智是而不智吾所无(原亦作先)擧也, 是一謂, 有智焉, 有不智焉, 可. 若智之, 則當指之(同此)智告我, 則我智之. 兼指之, 以二也. 衡指之, 參直之也. 若曰, 必獨指吾所擧, 毋指(原作擧, 依梁校改)吾所不擧. 則者(猶此也)固不能獨指. 所欲指(原作相, 依孫校改)不傳, 意若未恔(原作校, 依梁校改). 且其所智是也, 所不智是也. 則是智是之不智也. 惡得爲一謂, 而有智焉, 有不智焉.

88) (140)所知而弗能指, 說在春也. /所, 春也, 其執固不可指也.

나만을 지칭할 수 없는데 지칭하려는 바가 전달되지 못하면 의미가 미흡하다"는 말이다. 따라서 [『묵경』은] "어떻게 하나의 언표에 알려지는 것이 있고 또 알려지지 않는 것이 있겠는가?"라고 하면서 이름이 단독으로 지칭하는 일반개념을 지칭하여 보여줄 수 있는가? 라고 반문했다. 공손룡 일파의 변자가 말한, 대상에 "깃들어 있지" 않는(無所'與') 굳음과 흼이 과연 존재한다면 지칭하여 보여주어야 할 것이다. 즉 "만약 안다면 마땅히 지칭하여 내게 보여주면 나도 알 것이다"는 말이다. 그러나 개체는 지칭하여 보여줄 수 있지만, 일반개념은 본래 알 수는 있어도 볼 수는 없는 것이어서 지칭하여 보여줄 수 없다. 따라서 『묵경』은 논박하기를 "인식대상을 논하면서 지시할 수 없다는 그러한 논증은 엉터리(春)이다"고 했다. 춘(春)은 어리석다(蠢)는 뜻이다.[89] 공손룡 일파가 말한 일반개념은 본래 지칭하여 보여줄 수 없는 것이다. 따라서 "그들이 주장하는 대상은 본래부터 지칭할 수 없다"고 말했다. 일반개념에 대한 공손룡 일파의 학설은 서양 고대철학상의 실재론(實在論)이고, 『묵경』의 경우는 유명론(唯名論)에 가깝다.[90]

「경하」는 말한다.

> **'우마**(牛馬)는 소가 아니다'는 '우마는 소이다'와 같다. 이유는 우마는 겸명(兼 : 兼名, 공통개념)이기 때문이다.
>
> 「경설」: 즉 '우마는 소가 아니다'도 그르고, '우마는 소이다'도 그르다. 이것들은 부분적으로 옳고 부분적으로 그르다. '우마는 소이다'가 그르다는 주장도 옳지 않다. 또 **소는 둘이 아니고 말도 둘이 아니나 우마는 둘이다.** 즉 소는 소가 아닐 수 없고 말은 말이 아닐 수 없으니, '우마는 소도 아니고 말도 아니다'고 함은 무난하다.[91]

89) 【주】등고경(鄧高鏡, 1881-? : 1931년에 『묵자신석(墨子新釋)』 지음) 선생의 설이다.

90) 【주】"지(指)는 두 측면을 지칭하는데……" 항목의 여러 구절은 해석이 안 된다. "참직(參直)" 역시 『묵경』에 나오는 전문용어이다. 「경상」에 "직참야[(53)直參也]"라는 것이 있지만, 안타깝게도 설(說)이 없다. 만약 설이 있었다면 이 항목의 의미가 물론 더욱 명확해졌을지도 모른다.

91) (168)牛馬之非牛, 與可之, 同 ; 說在兼. /故曰, 牛馬, 非牛也, 未可. 牛馬, 牛也, 未

즉 만약 "우마"를 한 명사*로 삼으면 "우마"를 소라고 할 수 없다는 뜻이다. "우마" 중의 소는 물론 소이지만 우마 중의 말은 소가 아니다. 하지만 "우마"는 소가 아니라고도 할 수 없는데, "우마" 중에는 소도 있기 때문이다. 그러나 "소는 둘이 아니고 말도 둘이 아니나 우마는 둘인" 까닭에, 소는 물론 소가 아니라고 할 수 없고 말은 물론 말이 아니라고 할 수 없지만, "우마"는 소도 아니고 말도 아니라고 말할 수 있다. 이것은 공손룡의 "흰말은 말이 아니다(白馬非馬)"는 설과 같은 점이 있다. 다만 공손룡은 "흰말은 말이 아니다"고 단언했지만,** 여기서는 우마가 어느 측면에서는 소가 아니라고 할 수도 없다고 했다. 공손룡은 일반개념 즉 이름의 내포에 입각해서 입론(立論)했으나, 여기서는 개체 즉 이름의 외연에 입각해서 입론했으므로, 이 두 파의 관점은 본디 달랐다.

『묵경』과 공손룡 일파의 변자는 일반개념에 대한 문제에서 견해는 달랐을지라도, "명실을 바루는(正名實)" 점에 대한 주장은 부합했다. "광거(狂擧 : 그릇된 예시, 〈주116〉)로써는 상이성을 변별할 수 없다"92)는 「경하」의 조목은 『공손룡자』「통변론(通變論)」에서 논한 광거(狂擧)〈제9장,주77〉와 부합한다. 「경하」는 또 말한다.

> 저것, 이것. 저것, 이것은 저것, 이것과 동일하다. 이유는 차이에 있다.
>
> 「경설」: 저 정명(正名)은 저것, 이것에 관한 것이다. **저것, 이것이 옳은** 경우 저것의 저것은 저것에 그치고, 이것의 이것은 이것에 그친다. **저것, 이것이 그른** 경우 저것이 이것도 되고 이것이 또한 저것도 된다. **저것은 이것이라고 해도 된다.** 저것, 이것은 저것, 이것에 그치고 만약 그와 같이 저것, 이것이

可. 則或可或不可. 而曰牛馬, 牛也, 未可亦不可. 且牛不二, 馬不二, 而牛馬二. 則牛不非牛, 馬不非馬, 而牛馬非牛非馬無難.

* 『신편』II, 289쪽 : 순황은 이것을 "겸명(兼名)"이라고 불렀다. 〈제12장,주66〉

** 『신편』II, 289쪽 : 묵경에 따르면 "우마"는 내포적 측면에서 보면 소도 아니고 말도 아니라고 말할 수 있지만, 외연적 측면에서 보면 소가 아니라고도 말이 아니라고도 말할 수 없다. 공손룡은 단지 명사의 내포적 측면을 강조하여 "흰말은 말이 아니다"는 명제를 얻어냈다. 후기 묵가는 명사의 내포와 외연 양 측면으로부터 "우마는 소이다"와 "우마는 소가 아니다"는 종류의 명제를 분석했다.

92) (167)狂擧不可以知異.

라면 저것은 또한 이것이기도 하고 이것은 또한 저것이기도 하다.[93)]

이 정명(正名)의 주장은 공손룡과 부합한다[비슷하다/『신편』]. 이 조목의 문장 역시 『공손룡자』「명실론」의 문장〈제9장,주59〉과 대략 같다. 저것은 오직 저것이고 이것은 오직 이것이면 정명이다. 즉 "저것, 이것이 옳다"는 말이다. 만약 저것, 이것의 의미가 정해지지 않고 저것의 의미가 때로 이것이고, 이것의 의미가 때로 저것이면 정명이 아니다. 즉 "저것, 이것이 그르다"는 말이다. 그러나 설령 이름이 바로잡힌(正名) 이후에 저것, 이것의 이름의 의미가 정해졌더라도 저것, 이것이라는 이름이 지칭하는 사물이 반드시 고정불변일 필요는 없다. 어느 측면에서 보면 이 사물이 저것일 수 있고, 또 다른 측면에서 보면 저 사물 역시 이것일 수 있다. 이것은 저것을 저것으로 여기고, 저것 역시 이것을 저것으로 여긴다. 저것, 이것은 본래 상대적인(對待之) 이름이다. 이것이 이른바 "저것은 이것이라고 해도 된다"는 말이다. 『장자』「제물론」의 "피시"론(彼是論)은 이 점에 입각한 논의이다. 「제물론」에 따르면 "사물은 저것 아닌 것이 없고, 또 이것 아닌 것이 없다.……따라서 저것은 이것에서 나오고, 이것 역시 저것에서 비롯되니, 저것-이것이 나란히 생긴다는 주장이다."[94)] 오로지 사물의 개체에 입각해서 보면 여러 사물은 물론 서로 저것, 이것이므로, 그것들이 서로 저것, 이것임은 역시 고정불변적인 것이 아니다. 그러나 저것, 이것의 일반개념은 본디 영원히 확정불변적인데 저것, 이것이라는 이름의 의미는 본래 확정불변하게 할 필요가 있다. 저것, 이것의 이름의 의미를 확정시키는 일이 곧 정명의 일이다.

---

93) (169)彼(原作循)此；彼此, 與彼此同, 說在異. /彼, 正名者, 彼此. 彼此可, 彼彼止於彼, 此此止於此. 彼此不可, 彼且此也(孫云：'疑當云,彼且此也,此亦且彼也'). 彼此亦可, 彼此止於彼此, 若是而彼此也, 則彼亦且此此也(孫云：'疑當作,則彼亦且此,此亦且彼也').

94) 物无非彼；物无非是.……故曰, 彼出於是, 是亦因彼. 彼是方生之說也. 〈제10장,주41〉

7. 여타 변자에 대한『묵경』의 논변

「경하」는 말한다.

불은 뜨겁다. 왜냐하면 갑작스러운 반응을 야기하기 때문이다.

「경설」: 불의 경우 '불이 뜨겁다' 함은 불의 뜨거움이 내게 존재하기 때문이 아니다. 그것은 마치 흰 물건이 흰 것과 같은 이치이다.[95)]

이것은 당시 변자의 "불은 뜨겁지 않다"[96)]는 설(궤변)을 반박한 것 같다. 불은 뜨겁지 않다는 설은 인식론적인 근거가 있다고 하겠는데, 불의 뜨거움은 우리의 감각에서 비롯되므로, 뜨거움은 주관적이고 내게 있는 것이지 불 자체에 존재하는 것이 아니라는 주장이다.『묵경』은 뜨거움은 바로 불의 뜨거움이며, 그 뜨거움은 불에 있지 내게 있지 않다고 반박한다. 비유하건대 흰 사물을 보고 희다고 함은 흰 사물에 달려 있지 내게 달려 있지 않음과 마찬가지다.

「경하」는 말한다.

양분할 수 없는 것은 쪼갤 수 없은즉 변동할 수 없다. 왜냐하면 점(端)이기 때문이다.

「경설」: 비(非 : 아님). 계속 양분하면 결국에는 맨 앞끝을 얻게 된다. 그런데 맨 앞끝은 그 중간을 양분할 수 없는 경우로서 마치 점(端)과 같다. 또 양분하여 계속 반을 남기면, 결국에는 점만이 중앙에 남게 된다. 쪼개는 일은 반드시 양분할 수 있어야 하는데, 양분할 수 없는 것은 더 이상 쪼갤 수 없다.[97)]

이것은 당시 변자의 "한 자의 회초리를 날마다 양분하면 영원히 계

95) (148)火(原作必,依孫校改)熱, 說在頓. /火, 謂火熱也, 非以火之熱我有. 若視白(原作曰,依梁校改).

96) 火不熱. [또는 "불은 뜨거움이 아니다."] 〈제9장,주97〉

97) (161)非半不𣃚則不動, 說在端. /非, 𣃚半, 進前取也. 前, 則中無爲半, 猶端也. 前後取, 則端中也. 𣃚必半, 毋與非半, 不可𣃚也.

속된다"[98]는 설을 논박한 것이다. 단(端)은 점이다.「경상」에 "단은 두께가 없으면서 맨 앞끝에 있는 것이다"고 했고, 그「경설」에 "단은 틈이 없다"고 했다.[99] 즉 단은 극소, 극미하기 때문에 그 속에는 틈이 없어서 다시 쪼갤 수 없다. "한 자의 회초리를 날마다 양분하여" 자르기를 계속하면 최후에는 다시 나눌 수 없는 점만 남으므로 다시 반으로 쪼개어 가질 수 없게 된다. 모든 쪼갤 수 있는 것은 양분할 수 있는 것에 한한다. 만약 반과, 반이 아닌 것이 없다면 더 쪼갤 수 없다.* 이 역시 구체적인 개체에 입각한 말이다.

「경하」는 말한다.

> 애초부터 없었을 수는 있다. 그러나 일단 존재했던 것은 없앨 수 없다(有之而不可去). 왜냐하면 이미 그랬기(존재했기) 때문이다.
>
> 「경설」: 애초부터 없었을 수는 있다. 그러나 이미 그런 것은 일찍이 그러했은즉, 그 사실 자체는 없앨 수 없다.[100]

천하의 사물이 만약 있은 적이 없다면 본래부터 없었을 수 있다. 그러나 이미 일찍이 있었던 사물은 영원히 일찍이 있었으므로 [그 사실은] 없앨 수 없다. 이 조항은 꼭 당시 변자의 "고아 망아지는 어미가 있은 적이 없다"[101]는 설(궤변)을 논박한 것이 아니더라도, 사실상 그것과 함께 비교해볼 수 있다. 고아 망아지의 개체를 보건대, 만약 애초에 어미가 없었다면 그 개체는 어떻게 생겼겠는가? 과연 이전에 어미가 있었다면 지금은 없더라도, "어미가 있은 적이 없다"고는 말할 수 없다.

「경하」는 말한다.

---

98) 一尺之棰, 日取其半, 萬世不竭. 〈제9장,주108〉

99) (62)端, 體之無厚(原作序,依王校改)而最前者也. /端, 是無間(原作同,依梁校改)也.

* 『신편』II, 292쪽 : 물질이 무한히 분할할 수 있음을 인정하지 않은 것인데,……여기서의『묵경』의 오류는 수학상 추상화된 점을 객관 존재의 점과 혼동한 데에 있다.

100) (162)可無也, 有之而不可去, 說在嘗然. /可無也, 已然(原作給, 依孫校改)則嘗然(原作當給,依孫校改), 不可無也.

101) 孤犢未嘗有母. 〈제9장,주107〉

일정 거리를 갈 경우 시간이 경과한다. 논거는 시간상의 선후에 있다.

「경설」: 길을 감. 길을 감은 반드시 먼저 가까운 곳을 거쳐 나중에 먼 곳에 도달한다. 원근은 거리이고 선후는 시간이다. 그러므로 일정한 거리를 갈 경우 반드시 시간이 경과한다.[102)]

이것은 먼 곳을 가는 데에는 반드시 시간이 경과한다는 말인데, "오늘 월나라로 가서 어제 그곳에 도착했다"[103)]는 변자들의 설과 비교해볼 수 있다.[104)]

---

102) (165)行修(原作循,依張校改)以久, 說在先後. /行者, 行者必先近而後遠. 遠近, 修也. 先後, 久也. 民行修, 必以久也.

103) 今日適越而昔至. [「제물론」, 『장자』] 〈제9장,주35,주37〉 [至 : 來(혜시의 제7사)]

104) 【주】「경하」는 말한다. "그림자는 이동하지 않는다. 왜냐하면 그림자는 매순간마다 다른 것이기 때문이다. 「경설」: 그림자. 빛이 옮아가면 그림자는 없어진다. 만약 머문다고 하면 영구히 머물러 있을 것이다([118]景不徙, 說在改爲. /景, 光至景亡. 若在, 盡古息)." 많은 사람들이 이것이 바로 『장자』「천하편」의 "나는 새의 그림자는 결코 움직인 적이 없다(飛鳥之影, 未嘗動也)"〈제9장,주103〉는 의미라고 생각한다. 그러나 사실 「천하편」에서 말한 것은 "나는 새의 그림자"이고, 여기서는 단지 그림자일 뿐이다. '나는 새의 그림자가 움직이지 않는다'고 함은 상식에 어긋나는 설이지만, "그림자는 이동하지 않는다"고 함은 그렇지 않다. 비유하건대 해시계 위에서 12시를 가리키는 그림자는 결코 11시를 가리키던 그림자가 아님을 우리는 잘 알고 있다. 왜 그런가? 그 그림자를 생기게 한 바늘이 움직이지 않았기 때문에 그 그림자도 움직이지 않은 것이다. 11시를 가리키던 그림자는 빛이 옮아갔기 때문에 소멸했고, 12시를 가리키는 그림자는 새로 생긴 그림자이다. 11시를 가리키던 그림자가 머문다고 하면 물론 영구히 머물러 있을 것이다. 본래부터 움직이지 않는 그림자이기 때문이다. 반면에 "나는 새의 그림자"는 본래부터 움직이는 그림자이기 때문에 『묵경』의 그림자와는 전혀 다르다.
[『신편』II, 292쪽 : 묵경의 이 조목은 변자의 조목과 비록 의미는 다르지만, 모두 운동에 관한 문제로서, 묵경의 이 조목 역시 변자를 향해서 제시된 것인지도 모른다. 만약 그렇다면 변자의 논변에는 운동의 상대성에 대한 통찰이 있으므로, '나는 새의 그림자'는 다른 사물의 입장에서는 동적인 것이지만, 나는 새의 입장에서는 부동적인 것이다. 묵경의 논변은 그림자가 만약 존재한다면 만고에 영존할 수 있다고 여긴 것이므로, 이것이 도리어 형이상학적인 견해이다. 또 묵경이 여기서 말한 "진고식(盡古息)"은 앞에서 인용한 **"일단 존재했던 것은 없앨 수 없다**(有之而不可去)"〈주100〉는 조목의 의미일지도 모른다.]

8. 겸애설에 대한『묵경』의 변호

후기 묵가는 이처럼 "논변(辯)"을 중시했다. 따라서 묵가의 겸애설을 비평하는 당시 사람들을, 묵가는 늘 논변으로써 반박했다. 「경」과「소취」등의 편에서 보건대, 묵가의 겸애설에 대해서 당시에 두 종류의 비평이 있었다. 하나는 "[인구의] 무한함은 겸애주의에 방해된다"[105]는 것으로서, 즉 천하의 인구는 무한한데 어떻게 다 사랑할 수 있겠는가? 하는 비평이다. 또 하나는 "도적을 죽이는 것은 살인이다"는 것으로서, 즉 묵가는 겸애를 주장하면서 어찌 또 죄인의 처벌을 주장하는가? 하는 비평이다. 묵가는 이 두 비평에 대해서 다음과 같이 변호한다.「경하」는 말한다.

[인구의] 무한함은 겸애주의에 방해되지 않는다. 논거는 [인구의] 충만 여부에 있다.

「경설」: 무한. [비평] "남방이 유한하다면 [겸애의 대상에] 모두 포함시킬 수 있지만, 무한하다면 모두 포함시킬 수 없다. 유한과 무한조차도 알 수 없다면 전부 포함할 수 있을지의 여부는 더욱 알 수 없다. 인구의 충만 여부를 알지 못하면 전부 포함할 수 있을지의 여부는 더욱 알 수 없거늘 모든 사람을 사랑의 대상에 포함할 수 있다는 그대들의 주장은 모순이다." [대답] "그 무한한 남방에 사람이 충만해 있지 않으면 사람 수가 유한한 것이다. 유한한 사람을 모두 포함하는 것에는 문제가 없다. 무한한 남방에 사람이 충만해 있다면 그런 무한은 사실상 무한하지 않다. 그러므로 유한한 인구를 포함하는 것에 문제가 없다."[106]

그 수를 몰라도 모두를 사랑할 줄 안다. 왜냐하면 물으면 되기 때문이다.

---

105) 無窮害兼[Infinity is incompatible with all-embracing love].

106) (174)無窮不害兼, 說在盈否. /無 : 南者有窮則可盡, 無窮則不可盡, 有窮無窮未可知, 則可盡不可盡不可盡(畢云 : '此三字疑衍')未可知. 人之盈之否未可知, 而必人可盡不可盡亦未可知, 而必人之可盡愛也, 悖. 人若不盈无(原作先, 依孫校改)窮, 則人有窮也. 盡有窮, 無難. 盈無窮, 則無窮盡也. 盡有窮, 無難.

「경설」: [비평] "사람 수도 모르면서 어떻게 모든 사람을 사랑한다고 알 수 있는가?" [대답] "혹 묻는 대상에서 빠뜨린 대상이 있더라도 모든 사람에게 물어보면 되는즉 묻는 대상 모두를 사랑하게 된다. 그런즉 설령 묻는 대상의 수를 모르더라도 모두를 사랑할 줄 아는 데에는 문제가 없다."[107]

도망한 신하, 강아지, 개의 경우, 잃어버린 주인은 설령 **그것들의 소재를 몰라도 사랑하는 데에 방해받지 않는다.** 마치 잃어버린 아이의 경우와 같다.

「경설」: 도망한 신하는 그 소재를 모르고 강아지와 개는 그 이름도 모른다. 설령 교묘히 찾았을지라도 [동일한 것인지] 확인할 수는 없다.[108]

이것은 "[인구의] 무한함은 겸애주의에 방해된다"는 설에 대한 대답이다. 비평자는 '남방이 유한하다면 [겸애의 대상에] 모두 포함시킬 수 있지만 무한하다면 모두 포함시킬 수 없다. 유한과 무한조차도 알 수 없다면 다 포함할 수 있을지의 여부는 더욱 알 수 없을 텐데, 그대들이 인간을 모두 다 사랑할 수 있다고 하는 것은 어찌 모순이 아니겠는가?'라고 했다. 대답은 '만약 그 무한한 남방에 사람이 가득 차 있지 않다면 사람 수는 유한한 것이다. 사람 수가 이미 유한하면 모두를 사랑하는 데에 무슨 문제가 있겠는가? 만약 이 무한한 남방에 사람이 가득하다면 결국 무한한 남방은 결코 무한하지 않다. 지역이 이미 유한하면 모든 사람을 사랑하는 데에 무슨 문제가 있겠는가?'라고 했다. 비평자는 '그대들은 사람 수도 모르면서 어떻게 모든 사람을 사랑한다고 알 수 있는가?'라고 했다. 대답은 '모르는 것이 있으면 모든 사람에게 물어보고 묻는 대상을 전부 사랑하면 된다. 설령 묻는 대상의 수를 빠뜨렸더라도 무슨 방해가 되겠는가?'라고 했다. 비평자는 '모든 사람이 사는 곳을 알지 못하면서 어떻게 모두를 사랑할 수 있겠는가?'라고 했다. 대답은 "그 소재

107) (175)不知其數, 而知其盡也, 說在問(原作明,依孫校改)者. /不, 不(鄧高鏡先生云 : '舊作二, 卽不字.')智其數, 惡智愛民之盡之(舊作文)也? 或者遺乎其問也, 盡問人則盡愛其所問. 若不智其數而智愛之盡之也, 無難.

108) (140)逃臣狗犬, 遺(原作貴,依孫校改)者.(176)不知其所處, 不害愛之, 說在喪子者. /(140) 逃臣不智其處, 狗犬不智其名也, 遺者巧, 弗能兩也.

를 몰라도 사랑하는 데에 방해받지 않는다"고 했다. 비유하건대 도망한 신하, 강아지, 개의 경우 잃어버린 사람은 그들이 어디에 있는지도 모르고 또 지금은 그들이 어떤 이름으로 바뀌었는지도 모르므로, 설령 교묘히 찾더라도 증명할 수 없는 경우와 같다. 이것은 마치 자식을 잃은 사람의 경우와 같은데, 부모는 자식의 소재를 모르더라도 자식을 사랑하는 데에 방해받지 않는다.[109]

「소취편」은 말한다.

흰말은 말이다. 흰말을 타는 것은 말을 타는 것이다. 검정말은 말이다. 검정말을 타는 것은 말을 타는 것이다. '획(獲)'은 사람이다. '획'을 사랑함은 사람을 사랑하는 것이다. '장(臧)'은 사람이다. 장을 사랑함은 사람을 사랑하는 것이다. 이것은 옳은 주장이다.

'획'의 부모는 사람이다. 획이 자기 부모를 섬김은 사람을 섬기는 것이 아니다. 획의 동생은 미남이다. 획이 동생을 사랑함은 미남을 사랑하는 것이 아니다. 수레는 나무이다. 수레를 타는 것은 나무를 타는 것이 아니다. 배는 나무이다. 배를 타는 것은 나무를 타는 것이 아니다. 도적은 사람이다. 도적이 많다 함은 사람이 많다는 뜻이 아니다. 도적이 없다 함은 사람이 없다는 뜻이 아니다. 이것을 어떻게 설명해야 할까? 도적이 많음을 싫어하는 것은 사람이 많음을 싫어하는 것이 아니고, 도적이 없기를 바라는 것은 사람이 없기를 바라는 것이 아니다. 이것은 세상 모든 사람이 인정하는 점이다.

사실이 이렇다면, 도적이 물론 사람이기는 하지만, 도적을 사랑함은 사람을 사랑함이 아니며 도적을 미워함은 사람을 미워함이 아니다. 마찬가지로,

109) 【주】"비평자가 말하기를, 남방이 유한하다면"부터 여기까지는 등고경 선생의 설이다.
[『신편』II, 283쪽 : 비평자가 말한 사람 사랑(愛人)은 사람을 이롭게 함(利人)을 포괄하여 한 말인데, 확실히 원래 묵적의 의미이기도 하다. 그들은, 지역은 무궁하고 인구의 수도 모르고 사람들이 모두 어느 곳에 있는지도 모르는데, 어떻게 실제적으로 사랑할 수 있는가를 물은 것이다. 그러나『묵경』은 사람 사랑을 일종의 심리상태로 한정시켜, "겸상애(兼相愛)"와 "교상리(交相利)"를 분할시켰기 때문에 인구 수의 다소를 막론하고 또 그들이 모두 어디서 살든지에 상관없이 모두 사랑할 수 있다고 주장했다. 그러나 이와 같은 사랑은 추상적인 사랑으로서 실천적인 사랑을 벗어난다. 이런 논변은 문자상의 논쟁이 되고 말았다.]

도적을 죽임은 사람을 죽이는 것이 아니다(殺盜非殺人)는 주장 역시 문제가 없다.* 후자와 전자는 동일한 범주에 속한다. 그런데도 사람들은 전자를 주장하여 스스로 그르다고 여기지 않으면서, 반면에 묵학도가 후자를 주장하면 그르다고 여긴다. 거기에 다른 이유는 없다. 이른바 속마음이 고집스러워 밖으로 불통하여 마음속이 꽉 막혀 완고하여 풀어질 줄 모르기 때문이다. 이것이 바로 옳다고 여기면서도 인정하지는 않는 바로 그것이다.110)

이것은 도적을 죽임은 살인이 아니라는 증명이다. 따라서 도적을 죽임은 사람을 모두 사랑하는 데(兼愛)에 방해받지 않는다.** 「소취

* 『신편』II, 272-78쪽 : 이것은 궤변이다.……"도적을 사람함은 사람을 사랑하는 것이 아니다"는 명제 중의 "사람"은 통칭으로서의 인류를 지칭한 것이겠으나, "도적을 죽임은 사람을 죽이는 것이 아니다"는 명제 중의 "사람"은 곧 피살되는 그 개인을 지칭한다. 두 명제 가운데 "사람"의 지칭대상이 다르므로 그 의미가 다르다고 할 수 있다. 이 두 명제는 함께 논할 수 없는 것들이다. 순황은 "도적을 죽임은 사람을 죽이는 것이 아니다"를 "이름의 사용에 미혹되어 이름을 교란시킨"〈제12장,주70〉 궤변으로 간주했는데, 즉 이 궤변은 애매어의 오류(偸換概念的錯誤)를 범한 것이다. /여기서 사용된 "모(侔)" 방식의 추론은 바로 그 자신들이 말한 **"무릇 사물은 같은 점이 있다고 해서 완전히 같은 것은 아니다. 명제를 대비시킬 때에는 일정한 한계가 있다"**〈주69〉는 점을 주의하지 못한 경우이다. "모"란 **"명제를 비교하여 똑같이 간주하는(俱行) 방법이다."**〈주56〉 "똑같이 간주함"에는 일정한 한도가 있으니, 한도를 넘으면 곧 오류가 된다. "도적을 죽임은 사람을 죽이는 것이 아니다"가 궤변인 까닭은 바로 "똑같이 간주함"이 일정한 한도를 넘었기 때문이다.

110) 白馬, 馬也. 乘白馬, 乘馬也. 驪馬, 馬也. 乘驪馬, 乘馬也. 獲, 人也. 愛獲, 愛人也. 臧, 人也. 愛臧, 愛人也. 此乃是而然者也. 獲之親, 人也. 獲事其親, 非事人也. 其弟, 美人也. 愛弟, 非愛美人也. 車, 木也. 乘車, 非乘木也. 船, 木也. 入船, 非入(原入字皆作人,依蘇時學校改)木也. 盜人, 人也. 多盜, 非多人也. 無盜, 非無人也. 奚以明之? 惡多盜, 非惡多人也, 欲無盜, 非欲無人也. 世相與共是之, 若若是, 則雖盜人, 人也 ; 愛盜, 非愛人也 ; 不愛盜, 非不愛人也 ; 殺盜人, 非殺人也 ; 無難(原衍盜無難三字,依孫校改)矣. 此與彼同類, 世有彼而不自非也. 墨者有此而非之, 無也(卽他字)故焉. 所謂內膠外閉與? 心毋空乎內, 膠而不解也. 此乃是而不然者也. (『묵자』 권11 : 25-27쪽)

** 『보드 역본』(273-74쪽)에 보충된 내용 : 우리가 흰말을 말이라고 일컫는 것은 흰말의 제일 요소가 말이기 때문이지 희기 때문이 아니다. 동생을 사랑하는 것은 그가 동생이기 때문이지 미남이기 때문이 아니다. 그러므로 미남인 동생을 사랑한다는 것은 미남을 사랑한다는 뜻이 아니다. 마찬가지로 도적에 관한 가장

편」은 이 말 다음에 당시 묵가의 비명설(非命說)을 비평한 자의 주장을 반박했는데, 여기에 낱낱이 인용하지는 않는다.

9. 당시의 여타 학파들에 대한 논변

이밖에도 『묵경』에는 많은 논증이 있다. 묵가가 "논변"으로써 당시의 여타 학파를 공격한 듯한 것을 나누어 서술한다. 「경하」는 말한다.

> 한때 그런 것이 언제나 그런 것은 아니다. 이유는 '[이것으로부터 저것에 대한] 추론'에 있다.
>
> 「경설」: 고찰. 요 임금이 잘 다스렸다 함은 지금 옛날 일을 논한 말이다. 옛날에 지금 일을 논한다면 요 임금이라도 잘 다스릴 수 없었을 것이다.[111)]

> **요 임금은 의롭다**(義)는 평판은 지금의 일이지만 그 사실은 옛날의 일이므로 시대를 달리한다. 왜냐하면 그 의로움의 내용이 [이름과 실상으로] 둘이기 때문이다.
>
> 「경설」: 요 임금과 곽 아무개. [우리는 아무개에 대해서] 남에게 말할 때 그 이름(名 : 명성)을 제시하기도 하고 혹은 그 실상(實)을 제시하기도 한다. 남에게 아무개 친구를 일컬어 '그는 **부상**(富商)이다'고 했다면 이름(명성)을 제시한 것이요, '그는 곽 아무개이다'고 했다면 실상을 제시한 것이다. 요 임금의 의로운 명성은 지금 일이고, 의로운 실상은 옛날 일이다.[112)]

이것은 요순을 조술(祖述 : 도를 본받아 계술)하는 유가의 설에 대한 논박이다. 요 임금이 천하를 잘 다스렸다 함은 지금 옛날 일을 논한

중요한 요소는 그가 도적이라는 점이지 사람이라는 점이 아니다. 따라서 묵학도는 도적을 죽이는 경우가 사람을 죽이는 경우와는 같지 않다고 주장한다.

111) (117)在諸其所然未者(同諸)然, 說在於是推之. /在, 堯善治, 自今在諸古也, 自古在之(同諸)今, 則堯不能治也.

112) (154)堯之義也, 生於今而處於古而異時. 說在所義二. /堯霍, 或以名視(借爲示)人, 或以實視(示)人. 擧友富商也, 是以名視人也. 指是霍也, 是以實視人也. 堯之義也, 是聲也於今; 所義之實處於古.

말이다. 만약 옛날에 지금 일을 논한다면 요 임금이 꼭 잘 다스릴 수는 없었을 것이다. 천하를 훌륭히 다스리게 된 까닭(所以然)은 [시대에 따라] 다르기 때문이다.[113] 「경하」는 말한다.

사물의 소이연(所以然 : 한 사물이 그러한 까닭, 사물의 원인) 그 자체, 그것을 아는 방법, 그것을 타인에게 알리는 방법, 이 세 가지는 꼭 같은 것이 아니다. 이유는 병의 경우를 보면 알 수 있다.

「경설」: 누가 상처를 입었다면 그 자체는 현상(然)이다. 상처를 발견함은 그것에 대한 앎이고, 타인에게 말해주는 것은 타인에게 알리는 것이다.[114]

유가가 말한, 요 임금이 천하를 다스렸던 까닭(所以然)은 물론 유가가 인식한 내용일 뿐이지, 참으로 요 임금이 천하를 다스렸던 까닭이라고는 할 수 없다. "요 임금이 의로웠다"는 항목의 내용은 다음과 같다. 의로웠다(義)는 말은 훌륭했다(善)는 말이다. 요 임금의 의로운(훌륭한) 이름은 지금 생겼고, 의로운 실상은 옛날 일이다. 옛날과 지금은 시대가 다르므로, 의로운 이름과 의로운 실상은 반드시 별개사항임을 알 수 있다. 만약 아무개 친구를 일컬어 그는 부상이다고 말했다면 남에게 이름(명성)을 제시한 것이고, 그는 곽 아무개이다고 말했다면 실체(실상)를 남에게 제시한 것이다. 요 임금의 훌륭한 이름을 칭송함은 지금 일이고, 훌륭했던 실상은 옛날 일인데, 이름과 실상이 어떻게 하나일 수 있겠는가.[115] 유가가 부여한 요 임금의 의로운 이름이 반드시 요 임금의 의로운 실상과 부합하는 것은 아니다.

「경하」는 말한다.

인(仁)과 의(義)를 각각 내적인 것, 외적인 것으로 구분함은 그르다. 왜냐하면 모순되기 때문이다.

「경설」: 인(仁)은 사랑(愛)이고, 의(義)는 [이익을] 베푸는 것(利)이다. 사

113) 【주】"요 임금이 천하를 잘 다스렸다"부터 여기까지는 등고경 선생의 설이다.
114) (110)物之所以然, 與所以知之, 與所以使人知之, 不必同. 說在病. /物或傷之, 然也. 見之, 智也. 告之, 使智也.
115) 【주】"의로웠다(義)는 말은 훌륭했다"부터 여기까지는 등고경 선생의 설이다.

> 랑과 베풂은 [주관적인] 속마음이고, 사랑의 대상과 베풂의 대상은 객관적 대상이다. 사랑과 베풂은 상호 내외관계일 수 없고, 사랑의 대상과 베풂의 대상 역시 상호 내외관계일 수 없다. 그런데 '인은 내적인 것이고 의는 외적인 것이다(仁內義外)'는 주장은, 하나는 사랑이라는 주관적 능력을 들고 하나는 베풂의 객관적 대상을 든 것인즉, 다름 아닌 **광거**(狂擧 : 그릇된 예시, 〈주92〉)이다. 마치 왼쪽 눈은 오직 관찰(出 : 보는 능력의 발휘)을 주관하고 오른쪽 눈은 오직 수용(入 : 외계 인상의 접수)을 주관한다는 주장과도 같다.[116)]

인내의외(仁內義外)는 고자(告子) 일파의 설이다(제7장, 제4절). 『관자(管子)』「계편(戒篇)」에서도 "인은 마음속에서 우러난 것이고, 의는 외부로부터 촉발된 것이다"[117)]고 했다. 사랑할 수 있고 베풀 수 있음은 나(我, 주관적 능력/『신편』)이고, 사랑의 대상과 베풂의 대상은 객관(彼)이다. 사랑할 수 있는 능력과 베풀 수 있는 능력은 모두 내적인 것이므로, 전자는 내적인 것이요 후자는 외적인 것이라고 할 수 없다. 사랑의 대상과 베풂의 대상은 모두 외적인 것이므로, 역시 전자는 내적인 것이요 후자는 외적인 것이라고도 할 수 없다. 그런데 인내의외의 주장은 사랑의 경우에는 능력을 들고, 베풂의 경우에는 대상을 들었다. 이것은 마치 왼쪽 눈은 관찰을 주관하고 오른쪽 눈은 오직 수용을 주관한다는 주장과도 같으니, 광거가 아니고 무엇이겠는가?[118)] [이 비판에서 묵경은 주관적 능력과 객관적 대상의 차이를 명확히 분별했다./『신편』]

「경하」는 말한다.

> 오행(五行) 사이에 절대적인 압도(常勝)는 없다. 왜냐하면 상황에 달려 있기 때문이다.

---

116) (177)仁義之爲外內也, 非(舊作內,依孫校改), 說在仵顏[顏字有誤. 孫云 : "當作頡. 『呂氏春秋』「明理篇」云 : '其民頡許.' 高注云 : '頡猶大, 許逆也.'" /『신편』에서는 그대로 '顏'] /仁, 仁愛也. 義, 利也. 愛利, 此也. 所愛所利, 彼也. 愛利不相爲內外 ; 所愛利亦不相爲外內. 其爲(謂也)仁內也義外也, 擧愛與所利也, 是狂擧也. 若左目出, 右目入.

117) 仁從中出 ; 義從外作. (『관자』 권10 : 2-3쪽)

118) 【주】"사랑할 수 있는 능력과 베풀 수"부터 여기까지는 등고경 선생의 설이다.

「경설」: 오행은 금, 수, 토, 화, 목이다. 타오르는 불길이 쇠를 녹이는 경우는 불이 많기 때문이고, 쇠가 숯불을 끄는 경우는 쇠가 많기 때문이다. 쇠가 나무 때문에 썩기도 하고 나무는 물 없이 자라기도 한다.[119)]

이것은 추연(騶衍) 등의 음양오행가의 학설에 대한 논박이다. 금, 목, 수, 화, 토는 [분량이] 많은 것이 적은 것을 압도한다. 무슨 [절대적인] 압도가 존재하겠는가? 이 역시 구체적인 금, 목, 수, 화, 토에 입각한 주장이다.

「경하」는 말한다.

학문은 유익하다. 논거는 그것을 반박하는 주장 자체에 있다.

「경설」: 학문. [학문무익론자는] 사람들이 학문의 무익성을 모른다고 여기기 때문에 깨우치는 것이다. 즉 [사람들에게] 학문의 무익성을 알게 하려는 것인즉, 그 자체로 가르침(학문)이다. 따라서 학문의 무익성을 주장하는 가르침은 모순이다.[120)]

무(無)가 반드시 유(有)에 의존하지는 않는다. 왜냐하면 말하는 내용에 달려 있기 때문이다.

「경설」: 무(無 : 없음). 만약 '**말(馬)이 없다**'고 할 때의 '없음'은 말이 '있었기' 때문에 '없다'고 말한 경우이다. 그러나 '**하늘의 함몰은 없다**'고 할 때의 '없음'은 그런 일이 '없음'에도 불구하도 '없다'고 말한 경우이다.[121)]

이것은 『노자』의 설에 대한 논박이다. 『노자』는 "학문을 단절하면 근심이 없어진다"[122)]고 하면서 학문은 무익하다고 여겼다. 그러나 학문이 무익하다고 여기면서 또 왜 학문의 무익함을 가르침으로 삼

---

119) (144)五行毋常勝, 說在宜. /五, 金(舊作合)水土火木(舊作火). 離[高亨云 : "'離'字涉下文而衍"/『신편』]然[燃/『신편』]火鑠金, 火多也. 今靡炭, 金多也. 金之府(同腐)木, 木離水. (此條據鄧高鏡先生校)

120) (178)學之益也, 說在誹者. /學也, 以爲不知學之無益也, 故告之也. 是使智學之無益也, 是教也. 以學爲無益也, 教誖.

121) (150)無不必待有, 說在所謂. /無, 若無馬(原作焉,依孫校改), 則有之而后無. 無天陷, 則無之而無.

122) 絕學無憂. (『노자』20장) 〈제8장,주103〉

는가? 가르침이 있으면 반드시 학문이 있게 되고, 따라서 여전히 학문의 유익함을 말한 것이다. 『노자』에 또 "유와 무는 서로 생성한다(의존적이다)"[123]고 했다. 그런데 여기서는 "무가 반드시 유에 의존하지는 않는다"고 했다. 예컨대 "말(馬)이 없다"고 할 때의 없음(無)은 있음(有)에 의존하는데, 반드시 세상에 말이 있기 때문에 "말이 없다"고 말할 수 있다. 그러나 "하늘의 함몰은 없다"고 할 때의 없음은 있음에 의존하는 것이 아닌데, 정말로 하늘의 함몰이 있기 때문에 "하늘의 함몰은 없다"고 말할 수 있는 것이 아니다.

「경하」는 말한다.

논변(辯)에는 승자가 없다 함은 반드시 부당하다. 논거는 논변 자체에 있다.

「경설」: 말. 말한 대상에 대해서 같은 견해 아니면 다른 견해를 가진다. 같은 경우가 갑은 강아지라고 말하고 을은 개라고 말한 경우이다. 다른 경우는 갑은 소라고 말하고 을은 말이라고 말한 경우이다. 어느 쪽도 이기는 것이 없으면 논변은 없다. 논변이란 갑은 그렇다고 하고 을은 그렇지 않다고 할 경우에 발생한다. 옳은(타당한) 쪽이 이긴다.[124]

모든 논단은 모두 오류이다라는 논단은 오류이다. 논거는 바로 그 논단에 있다.

「경설」: '[모든 논단은] 모두 오류이다'는 주장은 성립할 수 없다. 만약 그 논단이 성립한다면 적어도 그 논단은 오류가 아니니, 즉 옳은 논단이 있다는 말이다. 만약 그 논단이 성립하지 않는다면 그 논단의 타당성은 따질 필요 없다.[125]

앎이나 모름이나 마찬가지다 함은 오류이다. 왜냐하면 그럴 경우 토론을 진행할 수 없기(無以) 때문이다.

---

123) 有無相生. (『노자』 2장)

124) (136)謂辯無勝, 必不當. 說在辯. /謂, 所謂, 非同也, 則異也. 同則或謂之狗, 其或謂之犬也. 異則或謂之牛, 牛(孫詒讓云:'疑當爲其')或謂之馬也. 俱無勝, 是不辯也. 辯也者, 或謂之是, 或謂之非. 當者, 勝也.

125) (172)以言爲盡誖, 誖. 說在其言. /以誖, 不可也. 之人(原作出入, 依孫校改)之言可, 是不誖, 則是有可也. 之人之言不可, 以當, 必不審.

「경설」: 앎이 있어야 토론(論)을 진행할 수 있다. 앎이 없으면 토론할 방도가 없다.[126)]

'비판은 그르다(非誹)'고 함은 오류이다. 논거는 [비판은] 그르지 않다는 데에 있다.

「경설」: '비판은 그르다'고 함은 주장자 자신이 그르다는 것을 비난한 주장(비판)이다. 자신의 이 비판을 그르다고 여기지 않는다면, [비판은] **그르다고 할 수 있는 것이 아니다**. 그르다고 할 수 없다면 즉 '비판은 그르지 않다.'[127)]

이것은 모두 장자의 설에 대한 논박이다. 장자학에 따르면 모든 사물과 인간의 견해는 만가지로 각기 다르다(萬有不齊). 만약 반드시 하나만을 고집하여(執一) 옳다(是)고 하면 결국 무엇을 옳다고 할 것인가? 만약 하나만을 옳다고 고집하지 않으면 모두가 옳다. 따라서 그것들 자체에 맡겨두고 "천예(天倪 : 자연)에 조화시키고, 만연(曼衍 : 무한한 변화)에 의거하여, 세월도 잊고 명분도 잊은 채 무궁한 경지에 소요하고 그 안에 깃드는 것이다."[128)] 적극적 측면에서 보면, 장자는 시비(是非)를 폐하지 말고 초월할 것을 주장했다. 소극적 측면에서 보면, 그는 오직 '하나만을 고집하지' 않는 것만이 옳다고 여겼고, "논변에는 승리가 없으며" 또 "앎이나 모름이나 마찬가지다"고 주장했을 뿐임을 알 수 있다. 「제물론」에 따르면 "논변에는 항상 통찰하지 못한 부분이 있고", "위대한 논변은 언어를 사용하지 않으며", "말(주장)은 논변하기 때문에 목적을 이루지 못한다."[129)] 오로지 이런 부분만 보면, 장자는 "모든 논단은 모두 오류이다"고 여겼고, 사람들의 상호비판을 그르다고 여겼으니, 즉 "비판은 그르다"고 했던 것이다. 『묵경』은 인간은 시비의 내용이 다르기

126) (135)知, 知之否之是同(原作足用,依伍非百校改)也, 諄(原作諄,依張惠言校改), 說在無以也. /智, 論之, 非智無以也.

127) (180)非誹者諄(原作諄,依張校改). 說在弗非. /非(原作不,依孫校改)誹, 非己之非也. 不非誹, 非可非也. 不可非也, 是不非誹也.

128) 和之以天倪, 因之以曼衍, 忘年忘義, 振於無景, 故寓諸无景. 〈제10장,주40〉

129) "辯也者, 有不見也", "大辯不言[Great argument does not require words]", "言辯而不及[Speech that argues falls short of its aim]." (『장자』, 83쪽)

때문에 논변하고, 논변하면 타당한 쪽이 승리한다고 주장했는데, 이미 앞에서 상론했다. 『묵경』은 또 "모든 논단은 모두 오류이다"는 논단 자체가 곧 오류의 논단이라고 여긴다. 만약 그 논단이 옳다면 적어도 그 논단만은 오류가 아닌데, 어떻게 "모든 논단은 모두 오류이다"고 할 수 있겠는가? 만약 그 논단이 그르다면 물론 논단은 '모두 오류이지' 않은 것이다. "앎이나 모름이나 마찬가지다"는 말 역시 오류의 논단이다. 이 논단 자체가 하나의 앎(견해)을 나타내고, 앎은 모름과는 다르기 때문이다. 이 논단 자체가 바로 하나의 토론이거니와, 앎이 있으므로 토론할 수 있는 것이고 앎이 없다면 토론할 수 없는 것이다. [모든] 비판은 그르다는 논단 자체가 곧 하나의 비판(誹)이 되므로, 비판을 그르다고 여긴 사람은 또 자기 주장을 그르다고 여긴 셈이다. 만약 자신의 그 비판을 그르다고 여기지 않는다면 비판이란 "그르다고 할 수 있는 것이 아니다."

제12장
순자와 유가 중의 순자학

1. 순자의 학문

순자(荀子)는 이름이 황(況)이고, 자가 경(卿)이다. 『사기(史記)』는 말한다.

순경(荀卿, 298?-238?B.C.)은 조인(趙人)이다. 나이 쉰이 넘어 제(齊)에 유학했다.……전변 등의 학자들은 모두 죽고, 양왕(襄王) 시대에 순경은 최고 연배의 학자였다. 제나라는 줄곧 열대부들의 결원을 보충했는데, 순경은 세 차례나 그들의 영수가 되었다. 제나라 사람 중에 순경을 참소한 자가 있어서 순경은 초나라로 갔고, 춘신군(春申君)은 그를 난릉(蘭陵)의 장관으로 삼았다. 춘신군이 사망하자 순경도 면직되었지만, 그는 그대로 난릉에 머물러 살았다. 이사(李斯)는 일찍이 그의 제자였는데, 얼마 후 진(秦)나라의 재상이 되었다.

순경은, 세상의 정치가 혼탁하여 망국적인 무도한 군주들이 연이어 나타나 대도(大道)를 좇지 않고, **무당들에게 현혹되어 귀신의 복을 비는 행위를 신봉하며,** 또한 천박한 유생들은 좁은 소견에 얽매여 있고, 장주(莊周) 같은 이들은 더욱 가치체계를 어지럽혀 사회기풍을 문란시키는, 당시의 현실을 통탄했다(嫉). 그리하여 유가·묵가·도덕가 사상의 사회적 실천의 성패를 논구한 다음, 수만 자에 달하는 글을 체계적으로 저술하고 세상을 떠났다. 그리하여 그는 난릉에 묻혔다.[1]

당시 사람들은 "무당들에게 현혹되어 귀신의 복을 비는 행위를 신봉했다." 이른바 음양가의 학설이 이미 당시의 유행학설(顯學)이었던 것이다. 맹자 이후로 유자들 중에는 걸출한 선비가 없었다. 순경에 이르러 유가의 진영은 비로소 다시 일신되었다. 중국철학자 가운데 순자가 철학비평에 가장 뛰어났다고 앞에서 말했다(제1장, 제6절). 전한의 경학자들(經師) 역시 대부분 순자의 전수를 받았다. 그는 매우 근면하게 노력하여 학문이 지극히 해박했다. 『순자(荀子)』, 「권학편(勸學篇)」은 말한다.

> 백 발 중에서 한 발을 실수했다면 훌륭한 사수라고 할 수 없고, 천리 길 노정에서 반 걸음을 마저 이르지 못했다면 훌륭한 마부라고 할 수 없다. 예법의 유추에 통달하지 못하고 인의(仁義)에 전일하지 못하면 훌륭한 학자라고 할 수 없다. 학문이란 진실로 전일함을 배우는 것이다.……
>
> **온전하고 투철해야**(全之盡之) 비로소 학자이다. 군자는 무릇 온전하지 않고 순수하지 않음(不全不粹)은 결코 찬양할 것이 못됨을 알기 때문에 [여러 경전들을] 반복하고 암송하여 전체를 일이관지하고, 사색하여 그 내용에 통달하며, 또한 바로 그 경전의 인물의 입장에 거한다.[2)]

이것이 순자가 교육한 것인데, 순자 자신의 학문(爲學) 정신이기도 하다.

왕중(汪中)은 「순경자연표(荀卿子年表)」를 조(趙)나라 혜왕(惠王) 원년(298B.C.)에서 도양왕(悼襄王) 7년(238B.C.)에 걸쳐 만들면서 이르기를 "도합 60년인데, 생애를 논하는 학자들에게 그 대강을

---

1) 荀卿, 趙人, 年五十, 始來遊學於齊.……田駢之屬皆已死, 齊襄王時, 而荀卿最爲老師. 齊尙修列大夫之缺, 而荀卿三爲祭酒焉. 齊人或讒荀卿. 荀卿乃適楚, 而春申君以爲蘭陵令. 春申君死而荀卿廢, 因家蘭陵. 李斯嘗爲弟子, 已而相秦. 荀卿嫉濁世之政, 亡國亂君相屬, 不遂大道, 而營於巫祝, 信禨祥. 鄙儒小拘, 如莊周等, 又滑稽亂俗. 於是推儒墨道德之行事興壞, 序列著數萬言而卒, 因葬蘭陵. (「맹자순경열전(孟子荀卿列傳)」, 『사기』, 2348쪽) [嫉 : 〈제13장,주21〉의 疾과 유사한 사마천 특유의 표현]

2) 百發失一, 不足爲善射 ; 千里蹞步不至, 不足爲善御. 倫類不通, 仁義不一, 不足爲善學. 學也者, 固學一之也.……全之盡之, 然後學者也. 君子知夫不全不粹之不足以爲美也, 故誦數[數 : 說]以貫之, 思索以通之, 爲其人以處之. (『순자』 권1 : 19-20쪽)

제시하려는 것이다"[3]고 했다. 순자의 생졸년대는 고증할 수 없지만, 그의 일생의 주요 활동은 대략 이 60년 사이에 있었다.

2. 공자와 맹자에 대한 순자의 견해

맹자는 공자를 존숭했고, 순자 역시 공자를 존숭했다. 순자는 공자가 바로 가장 "전일하고" "투철하고" "순수할" 수 있었던 사람으로 여겼다. 「비십이자편(非十二子篇)」은 말한다.

> 치국의 방책을 총괄하고, 언행을 한결같이 하고, 핵심과 말단을 통일하고, 천하의 영재들을 모아 대도를 일깨우고 지극한 이치를 가르쳤으며, 방안에서든 강론하는 자리에서든 항상 성왕의 전적을 구비했으며, 드디어 의연히 태평성세의 습속을 일으켰는바,……공자와 중궁(仲弓)이 바로 그들이다.[4]

「해폐편(解蔽篇)」은 말한다.

> 무릇 도란 영구불변성을 본질로 삼고 만물의 모든 변수를 총괄하는 것인바, 한 측면만 거론할 수 없다. 그런데 **편파적 인식체계 속의 사람**(曲知之人)은 **도의 한 측면에만 몰입해** 있은즉 도의 전모를 깨달을 수 없다. 따라서 그 한 측면을 완벽한 것으로 여겨 온갖 수식을 함으로써, 안으로는 자기 자신을 혼란에 빠뜨리고 밖으로는 뭇 사람을 미혹하여, 아랫사람은 윗사람을 가리우고 윗사람은 아랫사람을 가리우는 결과를 초래한다. 이것이 바로 폐색된 편견의 인식체계가 빚어낸 화이다.
>
> 공자는 **어질고 슬기로웠으며 가로막히지(蔽) 않았다**. 따라서 천하통치에 대한 그의 학술은 선왕(先王)에 비해서 손색이 없었다. 일가(一家)의 언설로서 주도(周道 : 周의 정치철학)의 핵심을 파악했고, 나아가 그것이 널리 앙양되

3) 凡六十年, 庶論世之君子, 得其梗概云爾. (『술학(述學)』補遺, 사부총간본, 13쪽)

4) 若夫總方略, 齊言行, 壹統類, 而群天下之英傑, 而告之以大古[古 : 道], 敎之以至順. 奧窔之間, 簟席之上, 斂然聖王之文章具焉, 佛然平世之俗起焉.……仲尼子弓是也. (『순자』 권3 : 28-30쪽) [子弓 : 공자의 제자 仲弓/양경. 子夏의 제자 馯臂子弓/『사기』의 顔의 註]

고 통용되게 된 것은 그가 어떠한 기성의 잡설에도 가로막히지 않았기 때문이다. 그리하여 공자의 덕은 주공(周公)에 비견되었으며, 이름은 삼왕(三王 : 하의 우왕, 은의 탕왕, 주의 문왕 또는 무왕)과 더불어 드날리게 되었으니, 이것이 바로 편견 없는(가려막히지 않은) 인식체계의 복이다.[5]

순자에 따르면 당시의 제자백가는 모두 소견(所見)이 있는 동시에 편견(所蔽 : 가려막힌 곳)도 있었는데(제1장, 제5절), 모두 "전일하지" 못하고 "투철하지" 못하고 "순수하지" 못한 것이었다고 할 수 있다. 공자는 "어질고 지혜로웠으며 가려막히지 않아" "도"의 전체를 인식한 만큼, "왜곡된 인식체계 속의 선비들"이 단지 "도의 한 측면에만 몰입한" 것과는 달랐다. 맹자는 공자를 일컬어 "집대성했다(集大成)"고 했는데, 순자의 말 역시 그 의미이다. 다만 맹자가 공자의 도덕(德)에 더욱 치중했다면, 순자는 공자의 학문(學)에 더욱 치중했을 뿐이다.

순자는 비록 공자는 받들었으나 맹자는 극력 공격했다. 「비십이자편」은 말한다.

단지 선왕(先王)의 지엽적인(피상적인) 것만 본받고 선왕의 근본정신을 모르면서도, 오히려 재주를 과시하고 뜻만 커서 견문은 잡다하고 해박했기에, 옛것에 빗대어 새 학설을 조작하여 오행(五行 : 五常)이라고 했다. 그들의 견해는 **기묘하고 모순되어 기준이 없고, 불분명하여 논리적 근거가 없고, 난삽하여 해명할 수 없는** 것들이었다. 그런데도 그 말들을 수식하고 찬양하면서 "이야말로 진정한 선배 군자[즉 공자]의 말씀이다"고 말한다. [이 사조는] 자사(子思)가 창도했고 맹가(孟軻)가 동조했다. 세속의 어리석고 눈먼 유생들은 그저 떠들고 있지만 그것의 그릇됨을 모르고 있다. 드디어 서로 전수하면서 공자와 중궁이 그들 덕분에 후세에 더욱 추존되었다고 주장한다. 이것이

5) 夫道者, 體常而盡變, 一隅不足以擧之. 曲知之人, 觀於道之一隅, 而未之能識也, 故以爲足而飾之, 內以自亂, 外以惑人, 上以蔽下, 下以蔽上, 此蔽塞之禍也. 孔子仁智且不蔽, 故學亂[亂 : 治]術足以爲先王者也. 一家得周道, 擧而用之, 不蔽於成積也. 故德與周公齊, 名與三王並, 此不蔽之福也. (『순자』 권15 : 9-10쪽) 〈부록4,주14〉

바로 자사와 맹자의 죄이다.[6)]

서양인들은, 사람은 플라톤으로 태어나기도 하고 아리스토텔레스로 태어나기도 한다고 말한다. 제임스는 말하기를 "철학자는 그 기질에 따라 강경한 마음과 유연한 마음의 두 파로 나눌 수 있다"고 했다(제1장, 제7절). 플라톤은 유연한 마음 쪽의 대표자이고, 아리스토텔레스는 강경한 마음 쪽의 대표자이다. 맹자는 바로 유연한 마음의 철학자이고, 그의 철학은 유심론적인 경향이 있다. 순자는 강경한 마음의 철학자이고 그의 철학은 유물론적인 경향이 있다. 현존 『중용(中庸)』은 전적으로 자사의 저작인 것은 아니다. 맹자의 예컨대 "본성을 다하면 하늘을 알게 된다"[7)]와 "만물이 다 내게 구비되어 있다"[8)]는 말 등은 유물론에 가까운 순자의 관점에서 보면 진실로 "기묘하고 모순되어 기준이 없고, 불분명하여 논리적 근거가 없고, 난삽하여 해명할 수 없는" 것들이었다. 맹자에 대한 순자의 비판은 두 사람의 기질과 학설이 원래 달랐던 때문이다. 전국시대의 유가 가운데 맹, 순 두 학파의 쟁론은 마치 송명시대의 신유가 가운데 정주(程朱), 육왕(陸王) 두 학파의 쟁론과도 비슷했다.

3. 주의 제도에 대한 순자의 견해

순자는 주(周)의 제도에 대해서 일면 옹호적인 태도도 견지했다. 「왕제편(王制篇)」은 말한다.

왕자(王者 : 왕도주의의 임금)의 제도에서 그 근본이념(道)은 하, 은, 주 3대를 벗어나지 않으며, 그 구체적 법도(法)는 후왕(後王)과 다르지 않다. 이념은 3대를 벗어나면 황당하고, 법도는 후왕과 다르면 부정하다. 의복에는

6) 略法先王而不知其統, 然而猶材劇志大, 聞見雜博, 案往舊造說, 謂之五行, 甚僻違而無類, 幽隱而無說, 閉約而無解, 案飾其辭, 而祗敬之, 曰 : "此眞先君子之言也." 子思唱之, 孟軻和之. 世俗之溝猶瞀儒, 嚾嚾然不知其所非也, 遂受而傳之, 以爲仲尼子游[弓], 爲玆厚於後世. 是則子思孟軻之罪也. (『순자』 권3 ; 26-28쪽) [溝 : 어리석다]

7) 盡性則知天. ["盡其心者, 知其性也, 知其性則知天矣."] 〈제6장,주65〉

8) 萬物皆備於我. 〈제6장,주67〉

일정한 규정이 있고, 각종 건축에도 법도가 있으며, 아전들도 차등이 있고, 상례나 제례용 기물마다 모두 등급과 법식이 있다. 음악은 바른 음악이 아니면 모두 폐하고, 색채는 전통의 바른 색이 아니면 모두 없애며, 기물은 전통의 바른 기물이 아니면 모두 폐기한다. 이것을 두고 복고(復古)라고 하며, 이것이 곧 왕자의 제도이다.[9]

후왕의 법은 주도(周道)를 가리킨다. 「비상편(非相篇)」은 말한다.

인도(人道)**에는 분별**(辨)**이 없을 수 없다. 분별에서는 신분**(分)**이 가장 중대하고, 신분에서는 예**(禮)**가 가장 중대하고, 예에서는 성왕**(聖王)**이 가장 중대하다.** 성왕은 수백 명이니 우리는 그중에서 누구를 본받아야 하는가? 문물(文)은 오래 되면 멸식되고 음악의 리듬은 오래 되면 단절되고, 예법을 주관하는 관리도 시간이 오래 되면 등한해진다. 따라서 말한다.

"성왕의 정치적 업적을 보려면 가장 찬연한 것을 보아야 한즉 후왕(後王)이 바로 그것이다. 저 후왕이란 다름 아닌 천하의 임금이었으니, 후왕을 버려두고 상고시대(임금)를 논하는 것은 비유하건대 자기의 임금을 버려두고 남의 임금을 섬기는 것과 같다."

"천년 전을 알려면 바로 오늘을 헤아릴 일이요, 억만 가지에 통달하려면 한두 가지를 연구할 일이요, 고대를 알려면 **주도**(周道 : 주나라의 도)를 연구할 일이요, 주도를 알려면 바로 그 시대의 인물, 즉 당시의 위대한 군자[즉 후왕인 주나라의 문왕, 무왕]를 연구할 일이다."[10]

맹자와 순자 둘 다 공자를 존숭했으므로, 어느 면에서는 다들 주의 제도를 옹호한 셈이다. 순자는 후왕을 본받을 것(法後王)을 말했고,

---

9) 王者之制, 道不過三代, 法不貳後王. 道過三代謂之蕩 ; 法貳後王謂之不雅. 衣服有制 ; 宮室有度 ; 人徒有數 ; 喪祭械用, 皆有等宜. 聲則凡非雅聲者擧廢 ; 色則凡非舊文者擧息 ; 械用則凡非舊器者擧毁. 夫是之謂復古, 是王者之制也. (『순자』 권5 : 14쪽)

10) 人道莫不有辨, 辨莫大於分, 分莫大於禮, 禮莫大於聖王. 聖王有百, 吾孰法焉? 故曰, 文久而息, 節族[族 : 奏]久而絕, 守法數之有司, 極禮(兪樾云 : "疑禮字衍文.")而褫. 故曰, 欲觀聖王之跡, 則於其粲然者矣, 後王是也. 彼後王者, 天下之君也, 舍後王而道上古, 譬之是猶舍己之君而事人之君也. 故曰, 欲觀千歲, 則數今日 ; 欲知億萬, 則審一二 ; 欲知上世, 則審周道, 欲知周道, 則審其人, 所貴君子. (『순자』 권3 : 10-12쪽)

맹자는 선왕을 본받을 것(法先王)을 말했지만 실은 같은 말이다.*

순자가 "주도"를 후왕의 법으로 여긴 이유는 이렇다. 앞에서 춘추전국시대에 구제도가 날로 붕괴했다고 말했다. 당시에는 지식인들(賢哲) 가운데 구제도를 옹호한 자도 있었고, 구제도를 비판하거나 반대한 자도 있었고, 따로 신제도를 수립하여 구제도를 대체하려는 자도 있었다(제2장, 제2절). 이 지식인들은 주장을 발표할 때 한편으로 그 주장은 근거가 있고 말은 이치가 서 있었으며,[11] 한편으로 저마다 옛 성현의 말에 가탁하여 스스로의 권위를 높였는데, 장자가 말한 중언(重言)이 그것이었다. 공자는 주의 제도를 옹호한 만큼 늘 문왕과 주공을 언급했다. 이어 등장한 묵자(墨子)는 자신은 하(夏)를 본받지 주(周)를 본받지 않는다고 하면서, 일부러 더욱 오랜 우 임금을 내세워 문왕과 주공을 눌렀다. 이어 등장한 맹자는 다시 더욱 오랜 요순을 내세워 우 임금을 눌렀다. 이어 등장한 노장의 문도들은 또 요순 이전의 전설상의 인물들을 내세워 요순을 눌렀다. 맹자 시대에는 문왕과 주공은 여전히 선왕으로, "주도"는 여전히 "선왕의 법"으로 일컬어질 수 있었다. 그러나 순자 시대에 이르자 문왕과 주공은 다만 후왕으로, "주도"는 다만 후왕의 법으로 일컬어질 수 있었다.

당시 노장의 문도들은, 고금의 세태는 크게 다른 만큼 주의 제도는 다시 시행할 수 없다고 했다. 『장자(莊子)』「천운편(天運篇)」은 말한다.

---

* 『신편』II, 365-66쪽 : 요컨대 순황이 말한 "선왕"과 "후왕"은 모두 주의 문왕과 무왕을 지칭한다. 순황은 어떤 곳에서는 이들을 "선왕"이라고 일컬었는데, 그들은 전국시대와 700-800년간의 거리가 있었기 때문이다. 어떤 곳에서는 그들을 "후왕"이라고 일컬었는데, 그들이 3대의 왕 중에서 최후의 왕이기 때문이다....... /따라서 순황이 맹가를 비판한 것은 결코 맹가가 선왕을 본받고 후왕을 본받지 않았기 때문이 아니라, 맹가가 **"선왕의 지엽적인 것만 본받고 선왕의 근본정신을 몰랐기"** 때문이었다. 순황과 맹가의 대립은 결코 "법선왕(法先王)" 혹은 "법후왕(法後王)"이라는 이 두 명사에 있지 않다. [요컨대] 그들의 의도는 모두 주의 문왕과 무왕 즉 "주도(周道)"를 본받으려는 것이었다.

11) 言之有故, 持之成理. 〈제7장,주31,주41,주83 ; 부록4,주13〉

무릇 수로를 가려면 배만한 도구가 없다. 육로를 가려면 수레만한 도구가 없다. 배가 물에서 운행된다고 해서 육지에서도 추진시키려고 한다면 종신토록 애써도 단 몇 걸음도 운행할 수 없을 것이다. 옛날과 지금은 수로와 육로만큼이나 다르고, 주(周)와 노(魯)는 배와 수레만큼이나 다른 것이 아닐까? 옛 주나라의 제도를 지금의 노나라에 시행하려고 함은, 마치 육지에서 배를 추진시키려는 격이다. 헛수고일 뿐더러 그 자신은 반드시 재앙을 입는다.[12)]

순자는 말했다.

따라서 천 사람 만 사람의 마음은 곧 한 사람의 마음이다. **천지의 시작은 오늘이 바로 그날이다.** 백 왕(百王)의 도란 곧 후왕(後王)이 그것이다. 군자가 후왕의 도를 고찰하면, 백 왕의 앞 세대를 논함도 마치 단정히 마주 앉아 토론하듯 쉬울 것이다. 예절과 의리의 근본정신을 추구하고 시비의 한계를 분별하여 천하의 요체를 총괄한다면, 온 세상의 대중을 다스리는 일도 마치 한 사람을 부리는 듯할 것이다. 따라서 견지하는 도가 간략할수록 정사의 범위는 더욱 광대하다. 다섯 치 크기의 곱자만 있으면 세상의 모든 직각체는 판별할 수 있다. 따라서 군자는 집 밖으로 나가지 않아도 나라 안의 모든 실정이 눈앞에 펼쳐지리니,* 그것은 바로 견지한 술(術) 덕분이다.[13)]

○**망인**(妄人 : 망령된 학자)이 말하기를 "사물의 참모습은 옛날과 지금이 다르다. 따라서 정치가 태평하거나 혼란한 원인은 각기 다르다" 하니, 대중은 거기에 미혹된다. 대중이란 어리석어서 주장을 논증할 수 없고 천박하여 이치를 헤아릴 수 없는 사람들이다. 이들은 눈앞의 것조차도 오히려 기만당하거늘 하물며 천 년 전의 전설임에랴! 반면에 망인은 눈앞의 일조차도 오히려 기만할 수 있거늘 하물며 천 년 전의 일임에랴!

---

12) 夫水行莫如用舟, 而陸行莫如用車. 以舟之可行於水也, 而求推之於陸, 則沒世不行尋常. 古今非水陸與? 周魯非舟車與? 今蘄行周於魯, 是猶推舟於陸也. 勞而無功, 身必有殃. (『장자』, 513쪽) [尋 : 8척. 常 : 2심. 蘄 : 구하다, 원하다]

* 왕선겸. "不窺牖, 見天道 ; 不出戶, 知天下"(『노자』 47장)와 비슷하다.

13) 故千人萬人之情, 一人之情是也. 天地始者, 今日是也. 百王之道, 後王是也. 君子審後王之道, 而論於百王之前, 若端拜而議. 推禮義之統, 分是非之分, 總天下之要, 治海內之衆, 若使一人. 故操彌約而事彌大. 五寸之矩, 盡天下之方也. 故君子不下室堂, 而海內之情擧積此者, 則操術然也. (「불구(不苟)」, 『순자』 권2 : 14-15쪽)

성인은 왜 미혹당하지 않는가? 성인은 자신을 척도로 판단하는 사람이기 때문이다. 즉 성인은 사람을 바탕으로 사람을 판단하며, 물정을 바탕으로 물정을 판단하며, 유를 바탕으로 유를 판단하며, 주장을 바탕으로 일의 성과를 판단하며, 도를 바탕으로 궁극적인 것을 고찰한다. 옛날이나 지금이나 판단척도는 한 가지이다. **유(類)란 어긋나지 않으므로 아무리 시간이 흘러도 그 이치는 똑같다.** 따라서 교묘히 왜곡된 학설에도 미혹되지 않으며, 복잡한 사물을 보고도 현혹되지 않는 것은 바로 이와 같은 판단척도 덕분이다.[14)]

이른바 망인은「천운편」의 작자 같은 사람이다. "천지의 시작은 오늘이 바로 그날이다." 오늘의 천지는 어제의 천지와 같다. 오늘의 인류는 어제의 인류와 같다. "유란 어긋나지 않으므로 아무리 시간이 흘러도 그 이치는 똑같으니" 주의 제도를 다시 시행하지 못할 이유가 있겠는가?

4. 천(天)과 성(性)

공자가 말한 하늘은 주재지천(主宰之天)이고, 맹자가 말한 하늘은 주재지천일 때도 있고, 운명지천(運命之天)일 때도 있고, 의리지천(義理之天)일 때도 있다. 순자가 말한 하늘은 자연지천(自然之天)인데, 이는 노장의 영향에서 비롯되었다고 할 수 있다.『장자』「천운편」에서 말한 천지일월의 운행이란 "기계적이어서 부득이한 것이고", "그 돌고 도는 운행이 저절로 그칠 수 없는 것"[15)]인바, 자연주의적 우주관을 견지한 자의 말이다. 순자의 우주관 역시 자연주의적이다. 순자는 말했다.

---

14) 夫妄人曰, 古今異情, 其以[以 : 所以]治亂者異道, 而衆人惑焉. 彼衆人者, 愚而無說, 陋而無度者也. 其所見焉, 猶可欺也, 而況於千世之傳也. 妄人者, 門庭之間, 猶可誣欺也, 而況於千世之上乎. 聖人何以不欺? 曰, 聖人者, 以己度者也. 故以人度人, 以情度情, 以類度類, 以說度功, 以道觀盡. 古今一度也, 類不悖, 雖久同理. 故鄕乎邪曲而不迷, 觀乎雜物而不惑, 以此度之. (「비상」,『순자』권3 : 12-13쪽)

15) "其有機緘而不得已", "其運轉而不能自止." 〈제10장,주3〉

자연계의 운행(天行 : 天道)은 그 자체의 **법칙**(常)이 있은즉, 결코 사회에 선인이 있어서 존재하는 것도 아니요, 사회에 악인이 있어서 소멸하는 것도 아니다.* 안정과 태평을 이룩하여 천도에 응하면 길하고, 혼란으로써 천도에 응하면 흉할 따름이다.……따라서 **하늘과 인간 간의 직분(분별)을 명확히 인식한다면**(明於天人之分) 가히 지인(至人)이라고 할 수 있다. 작위하지 않고 성취하며, 추구하지 않고 획득하는 것을 일컬어 **하늘의 직분**(天職 : 자연계의 직무, 자연 자체의 법칙에 따른 무목적적인 운행/『신편』)이라고 한다. 이에 대해서는 누가 아무리 심오할지라도 더 이상 사려할 수 없고, 아무리 위대할지라도 더 이상 해볼 수 없고, 아무리 정심할지라도 더 이상 궁구할 수 없다. 무릇 **'하늘과 더불어서는 직분을 다투지 않는다'**는 말이 바로 이것이다.

하늘에는 하늘의 절기가 있고, 땅에는 땅의 자원이 있고, **인간에게는 이들을 다스릴 능력이 있다**(人有其治). 무릇 이것이 바로 [인간이 하늘과 땅과 더불어 나란히] 셋일 수 있다(能參)**는 말이다. 나란히 셋일 수 있는 소임은 저버리고, 그렇게 셋일 것만을 바란다면 완전한 미혹(惑 : 무엇에 홀려 제정신을 못 차림)이다.

별들이 질서 정연하게 천구를 선회하고, 해와 달이 번갈아 대지를 비추며, 사계

---

* 『신편』II, 369쪽 : 즉 자연계의 법칙은 인간사회의 법칙과 독립해 있다는 말이다. 사회에서의 사건은 선악을 막론하고 어느것도 자연계를 감동시키거나 그것의 법칙을 변경시킬 수 없다. 이로써 보건대 종교와 신비주의의 "천인감응(天人感應)"의 논조는 완전히 허구적임을 알 수 있다. /순황은 말하기를 "하늘은 인간이 추위를 싫어한다고 해서 겨울을 철수하지 않으며, 땅은 인간이 먼 거리를 싫어한다고 해서 광야를 거두어가지 않는다" 했다. 즉 자연계의 운행은 인간의 의지와 희망에 따라 전이하는 것이 아니다. 그것은 그것 자체의 법칙, 자체의 인과성이 있다.

** 『신편』II, 373쪽 : 오늘날 인류는 이미 태양계 안에 위성을 보태넣을 수 있게 되었다. 이전 사람들이 창조한 새 것들이란 여전히 그저 지상 위에 국한되었지만, 현대인이 창조한 새 것들은 진정 천상에 존재한다고 할 수 있다. 이런 의미에서 인간은 진정 천지와 더불어 나란히 선다고 말할 수 있다. /[물론] 순황이 말하는 "여천지삼(與天地參 : 천지와 더불어 셋이 나란히 섬)"이 완전히 이런 뜻인 것은 아직 아니었다. "인간에게는 다스릴 능력이 있다"는 순황의 말의 핵심은 인간은 사회조직을 가지며 사회질서를 건립할 수 있다는 뜻이다. 이런 조직과 질서는 또한 인간을 떠나서는 존재할 수 없다. 사회도 역시 자연계 속에 존재하지만 사회는 동시에 자연계와 대립적인 존재이다. 사회는 자연계의 하나의 특수 영역이다. 이런 면에서 볼 때 인간은 역시 천지와 더불어 셋이 나란히 선다고 할 수 있다.

절이 차례로 지배하며, 음양은 만물을 화육하고, 바람과 비는 온 천지에 베풀어주고 있다. 만물은 제각기 조화를 얻어 산생하고 영양을 받아 성장, 성숙한다. [자연은] 그 자체의 일은 보이지 않으면서 그 성과만 보여주는바, 무릇 이것을 두고 신묘함(神)이라고 한다. 사람들은 모두 생성된 자연현상은 알지만, 무형(無形)한 그 과정 자체는 아무도 알 수 없다. 이것을 일컬어 하늘(자연계)의 기능(天功 : 무형한 가운데 만물을 생성시키는 것)이라고 한다. 오직 성인만은 **하늘을 알려고 추구하지 않는다**(不求知天).*[16]

"별들이 질서 정연하게 천구를 선회하고, 해와 달이 번갈아 대지를 비추는 것"이 다 자연의 운행인바, 그것이 그러한 까닭(所以然之故)을 성인은 알려고 추구하지 않는다. "하늘을 알려고 추구하지 않고", 다만 인간의 능력(人力)을 다 발휘함으로써 "스스로 행복의 증진을 추구한다."[17] 인간의 능력은 "스스로 행복의 증진을 추구"할 수 있고, "하늘의 절기와 지상의 자원을 다스려 이용할 수 있다"[18]는 사실, 이것이 바로 인간이 천지와 더불어 나란히 셋이 될(與天地參)

---

* 『신편』II, 372-73쪽 : "하늘을 알려고 추구하지 않는다"는 순황의 말은 장주에 대한 비판이자 술수(術數)의 미신에 대한 비판이다.……순황은 "하늘과 인간 간의 직분(분별)을 명확히 인식할 것"을 주장하여, "자연(하늘)의 직분"을 인식하여 무엇이 자연 본유의 것이고 무엇이 인력으로 창조한 것인가를 인식하게 된다면, 바로 "자연(하늘)과 더불어 직무를 다투지 않을" 수 있다고 했다. "하늘을 인식하고" "하늘과 인간 간의 직분을 명확히 인식한" 연후에는 곧 인간의 주체적 능동성의 발휘에 전념할 일이고, "하늘"에 대해서 어떤 환상을 가질 필요는 없다. 이것이 바로 "자기가 해야 할 것과 하지 말아야 할 것에 대한 인식(知其所爲, 知其所不爲)"이다. "하늘을 알려고 추구하지 않는" 것은 바로 "하지 말아야 할 것을 인식한" 때문이다.

16) 天行有常, 不爲堯存, 不爲桀亡. 應之以治則吉, 應之以亂則凶.……故明於天人之分, 則可謂至人矣. 不爲而成, 不求而得, 夫是之謂天職. 如是者, 雖深, 其人不加慮焉. 雖大, 不加能焉. 雖精, 不加察焉. 夫是之謂不與天爭職. 天有其時, 地有其財, 人有其治, 夫是之謂能參. 舍其所以參, 而願其所參, 則惑矣. 列星隨旋, 日月遞炤, 四時代御, 陰陽大化, 風雨博施. 萬物各得其和以生, 各得其養以成. 不見其事, 而見其功, 夫是之謂神. 皆知其所以成, 莫知其無形, 夫是之謂天(天 : 天功/『신편』). 唯聖人爲不求知天. (「천론(天論)」, 『순자』 권11 : 21-24쪽)

17) 自求多福. 〈제5장,주59〉

18) 能治天時地財而用之. ["天有其時, 地有其財, 人有其治" 구절의] 양경(楊倞)의 주.

수 있는 까닭이다. 따라서 말했다.

> **하늘(자연)을 존숭하여 사모**하느니 차라리 물건으로 간주하여 관장하고 제재할 일이다(物畜而制之 : 자연계의 법칙을 이해하여 관장함으로써 자기 소유로 함). **하늘을 순종하여 찬송**하느니 차라리 천명을 제재하여 이용할 일이다(制天命而用之 : 자연계에 없는 물체를 생산하여 자기의 소용에 씀). 기후(계절)의 변화만을 바라보며 그저 기다리느니 차라리 기후의 변화에 주체적으로 대응하여 이용할 일이다. 사물의 자연생장력에 의한 풍족함을 기대하느니 차라리 주체적 능동성을 발휘하여 자연에 변화를 가할 일이다. 사물을 사색하여 그저 그것에 맡겨두느니 차라리 사물을 실제적으로 관리하여 확실한 수확을 얻어낼 일이다. 만물의 생성원리에 참여하려고 하느니 차라리 만물의 성사원리를 획득할 일이다.*
>
> 따라서 사람이 할 일을 저버리고 하늘(天:자연)을 헛되이 사모하면 만물의 참모습(萬物之情)을 이해하지 못한다.**[19]

즉 "하늘의 절기와 지상의 자원을 다스려 이용한다"는 말이다.

맹자가 의리지천을 말하여 본성(性)을 하늘의 일부로 여긴 것은 그의 성선설의 형이상학적인 근거였다. 순자가 말한 하늘은 자연지천으로서 그중에는 결코 도덕적 원리가 없으므로 맹자와 다르다.

---

* 『신편』II, 373쪽 : 이것이 중국 고대철학 중에서 인력을 통한 자연개조의 가장 명확하고 가장 우렁찬 구호이다.

** 『신편』II, 377쪽 : 요컨대 순황은 인간의 길흉화복은 전적으로 인간 자신의 행위의 결과라고 여겼다. 인간은 스스로 노력하고 주체적 능동성을 발휘하기만 하면 자연계를 제압할 수 있고 자신의 행복을 획득할 수 있다는 것이다. 그는 말하기를 "농업에 힘쓰고 비용을 절약한다면 하늘이 사람을 빈궁하게 할 수 없고, 의식을 완비하여 적시에 적당히 활동한다면 하늘이 병 주지 못하고, 법도를 따르고 잘못을 범하지 않는다면 하늘이 재앙을 내릴 수 없으며, 홍수나 가뭄이라도 굶주리게 하지 못하고 추위나 더위가 병을 주지 못하며, 괴이한 자연현상이 재앙이 되지 못한다"고 했다.(「천론편」) "인간은 반드시 자연을 제압한다(人定勝天)"는 사실을 순황은 믿어 의심치 않았다.

19) 大天而思之, 孰與物畜而制之. 從天而頌之, 孰與制天命而用之. 望時而待之, 孰與應時而使之. 因物而多之, 孰與騁能而化之. 思物而物之, 孰與理物而勿失之也. 願與物之所以生, 孰與有物之所以成. 故錯人而思天, 則失萬物之情. (「천론」, 『순자』 권11 : 34-35쪽) [情 : 본성. 사실, 진상. 이치, 진리. 형편, 상태]

그가 말한 본성 역시 맹자와 완전히 상반된다. 「성악편(性惡篇)」은 말한다.

> 인간의 본성은 악하다. 인간이 선하게 됨은 인위(僞:人爲)의 덕분이다.[20]

이른바 성(性:본성)과 위(僞:인위)에 대해서 「성악편」은 말한다.

> 배울 수 없고 도모할 수 없는 천성적인 것을 성(性)이라고 한다. 배워서 얻을 수 있고 도모하여 성취할 수 있는 인위적인 것을 위(僞)라고 한다. 이것이 바로 본성과 인위의 분별(性僞之分)이다.[21]

또 [「예론편(禮論篇)」은] 말한다.

> 성(性)이 원시의 질박한 바탕(本始材朴 : 자연계에 속하는, 원시적 재료)을 뜻한다면, 위(僞)는 문화와 예를 통한 소양과 품위(文禮隆盛 : 인간사에 속하는, 재료의 가공)를 뜻한다. 본성(性 : 즉 바탕)이 없으면 인위를 가할 데가 없고, 인위를 가하지 않으면 본성은 저절로 아름다워질 수 없다.[22]

"생래적으로 그런 것이 바로 성이므로"〈주28〉, 성은 자연(天)에 속한다. 자연은 그 자체로 그것의 "법칙(常)"이 있고, 그 가운데에 이상(理想)도 없고 도덕적 원리도 없는 만큼, 성 가운데에도 역시 도덕적 원리가 있을 수 없다. 도덕은 바로 인위적인 것, 이른바 위(僞)이다.* 「성악편」은 말한다.

> 인간의 본성(人性)은 날 때부터 이익을 좋아하는바, 이 본성을 좇기 때문

---

20) 人之性惡, 其善者僞也[his goodness is acquired training]. (『순자』 권17 : 1쪽)

21) 不可學, 不可事, 而[而:之]在人[人:天]者謂之性. 可學而能, 可事而成之在人者, 謂之僞. 是性僞之分也. (『순자』 권17 : 3쪽)
[『신편』II, 405쪽 : 순황이 말한 "성위지분(性僞之分:본성과 인위의 분별)"은 곧 "천인지분(天人之分 : 자연계와 인간사의 분별)"임을 밝힌 말이다.]

22) 性者, 本始材朴也 ; 僞者, 文禮隆盛也. 無性則僞之無所加 ; 無僞則性不能自美. (『순자』 권13 : 24쪽) [僞 : 사람이 후천적으로 해낸 일. 의식적으로 꾸며서 하는 행위]

* 『신편』II, 405쪽 : 순황의 성악설은 표면상으로는 일종의 추상적인 인성론이다. 그러나 그의 생각의 핵심은 도덕이란 자연계(天)에 속하지 않고 인간사(人)에 속한다는 것이다. 즉 도덕은 자연계에 본유하는 물건이 아니라 사회적 산물이다.

에 쟁탈전이 발생하고 사양지심은 없어진다. 날 때부터 질투와 증오심이 있는바, 이 본성을 좇기 때문에 남을 해치고 비방하는 행위가 생기고 충직과 신실의 도덕은 없어진다. 날 때부터 눈과 귀의 감각적 욕망이 있어서 고운 목소리와 미색을 좋아하는바, 이 본성을 좇기 때문에 음란이 발생하고 **예의문리**(禮義文理 : 예절, 의리, 법식, 사리) 등은 없어진다. 그런즉 인간이 본래의 본성을 따르고 본래의 정욕을 좇으면 반드시 쟁탈전이 발생하고, 자연히 신분질서가 무너지고 사회기강이 문란하게 되어, 결국 흉포한 난동에 귀착한다.

따라서 반드시 스승과 법도에 의한 교화와 예절과 의리에 바탕한 교도를 실시해야 비로소 사양지심이 생기고 법식과 사리(文理)에 부합하고 태평성세에 귀착하게 된다. 이로써 보건대 인간의 본성은 악함이 분명하고 선하게 되는 것은 인위의 덕분이다.[23)]

인성은 비록 악할지라도 사람은 다 선해질 수 있다. 「성악편」은 말한다.

거리의 사람은 다 우 임금이 될 수 있다.* 이것은 무슨 말인가? 무릇 우 임

---

23) 今人之性, 生而有好利焉, 順是故爭奪生, 而辭讓亡焉. 生而有疾惡焉, 順是故殘賊生, 而忠信亡焉. 生而有耳目之欲, 有好聲色焉, 順是故淫亂生而禮義文理亡焉. 然則從人之性, 順人之情, 必出於爭奪, 合於犯分亂理, 而歸於暴. 故必將有師法之化, 禮義之道, 然後出於辭讓, 合於文理, 而歸於治. 用此觀之, 然則人之性惡明矣, 其善者僞也. (『순자』 권17 : 1-2쪽)
[『신편』II, 406쪽 : 즉 악은 인성에서 저절로 생기며, 선은 인성의 개조에서 비롯된다는 말이다.]

* 『신편』II, 407쪽 : 맹가는 "사람은 모두 요순이 될 수 있다"고 했고, 순황도 "거리의 뭇 사람들은 다 우 임금이 될 수 있다"고 했으니, 인간은 누구나 "성인"이 될 수 있다는 말이다. 이 점에서 표면상 맹가와 순황은 서로 같지만 사실상 다르다. 맹가는 인간의 본성 중에는 본래 "사단(四端)"이라는 것이 있어서 만약 그것을 확충하기만 하면 곧 "성인"이 될 수 있다고 여겼다. 순황은 바로 이것을 부인했다. 그러나 순황은, 인간의 본성 속에 비록 "사단"이라는 것은 없을지라도 지식의 측면에서 인간은 누구나 "예절과 의리(禮義)"를 학습할 능력을 소유하고 있다고 여겼다.……순황은 인간은 비록 "예절과 의리"를 학습할 능력은 소유했을지라도 반드시 아주 잘 학습할 수 있는 것은 아니기 때문에, 인간은 다 우 임금이 될 수는(可以爲禹) 있지만 반드시 다 능히 우 임금이 되는(能爲禹) 것은 아니라고 생각했다. 그는 말하기를 "……다만 능히 우 임금이 되는 것은 아니라고 해서 우 임금이 될 수 있다는 말이 틀린 것은 아니다. 마치 발이 온 천하를 다 밟을 수는 있지만, 실

> 금이 우 임금인 까닭은 그가 **인의법정**(仁義法正 : 인애, 도리, 법도, 준칙)을 실행했기 때문이다. 이 인의법정에는 깨달을 수 있고 행할 수 있는 이치(理)가 존재하며, 동시에 거리의 사람은 **누구나 인의법정을 알 수 있는 자질**(質)**이 있고, 누구나 인의법정을 실천할 수 있는 도구**(具)**를 갖추고 있다**. 따라서 그들 모두가 우 임금이 될 수 있음은 명백하다.……가령 지금 어떤 사람이 도를 받들어 학문하여, 일심전력으로 사색하고 고찰하여 장구한 세월 동안 쉬지 않고 선을 쌓으면, 마침내 신명에 통하고 천지와 나란히 셋이 될 것이다. 따라서 '성인'이란 인간이 노력을 집적한 소치이다.[24]

진례(陳澧,1810-82)는 말했다. "대진(戴震, 자가 東原, 1723-77)도 '이것은 성선설과 서로 모순되지 않을 뿐더러 상보적인 해명이 될 듯하다'고 했다. 내가 보기에 거리의 사람들이 다 우가 될 수 있다 함은 바로 사람은 다 요순이 될 수 있다는 맹자의 말인즉, 요순을 우로 바꿨을 뿐이다. 그렇다면 굳이 또 하나의 설을 수립할 필요가 있었을까?"[25] 그러나 맹자의 성선설은 인성 속에 본디 선단(善端)이 있어서 사람이 이 선단을 따라 "확충하면"[26] 곧 요순이 된다는 말이다. 순자의 성악설은 인성 속에는 본디 선단이 없을 뿐더러 오히려 악단(惡端)이 있다는 말이다. 다만 인성 속에 비록 선단은 없을지라도 인간은 상당히 총명한 재능을 갖추고 있다. 인간은 이 재능이 있

지로 능히 온 세상을 걸어다닐 수 있는 사람은 [거의] 없는 것과 같다.……그러므로 실질적 능력(能不能)과 논리적 가능성(可不可) 사이의 차이는 판이한 것이다" 했다(「성악편」). 순황이 말한 능력과 가능성 사이의 분별을 맹가는 인정하지 않는다. 맹가는, 인간은 누구나가 요순이 될 수 있는데, 대다수 사람들이 요순이 되지 못하는 것은, 안하기 때문이지 할 수 없기 때문이 결코 아니라고 여겼다.

24) 塗之人可以爲禹, 曷謂也? 曰:"凡禹之所以爲禹者, 以其爲仁義法正也. 然則仁義法正, 有可知可能之理. 然而塗之人也, 皆有可以知仁義法正之質, 皆有可以能仁義法正之具, 然則其可以爲禹明矣.……今使塗之人, 伏術爲學, 專心一志, 思索孰察, 加日縣久, 積善而不息, 則通於神明, 參於天地矣. 故聖人者, 人之所積而致矣. (『순자』 권17 : 13-14쪽) [伏 : 服膺의 服. /術 : 道. 伏術은 事道의 뜻]

25) 戴東原曰:"此與性善之說, 不惟不相悖, 而且若相發明."(『孟子字義疏證』) 澧謂塗之人可以爲禹, 卽孟子所謂人皆可以爲堯舜, 但改堯舜爲禹耳. 如此則何必自立一說乎? (『동숙독서기(東塾讀書記)』 권3 : 2쪽)

26) 擴而充之. (『맹자』 3 : 6) 〈제6장,주38〉

음으로 해서, 가령 "부자의 도리"나 "군신의 법도"* 등을 알려주면 배워서 행할 수 있다. 배움이 오랫동안 누적되면 습관이 되므로, 성인은 바로 누적하여 도달할 수 있다. 순자는 말했다.

> 거리의 뭇 사람 가운데 전일하고 투철하게 선을 누적한 사람이 바로 성인이다. 선이란 추구해야 얻어지고, 도모해야 성취되고, 누적해야 고매해지고, 투철해야 성인이 된다. 따라서 성인이란 노력을 누적한 결과이다. 사람이 김매고 밭 가는 일을 누적하여 농부가 되고, 깎고 다듬는 일을 누적하여 공인이 되고, 재화를 매매하는 일을 누적하여 상인이 되듯이, 예절과 의리(禮義)를 누적하여 군자가 된다.[27)]

거리의 사람은 "누구나 인의법정을 알 수 있는 자질이 있고, 누구나 인의법정을 행할 수 있는 도구를 갖추고 있다" 함은, 인간의 총명한 재능을 두고 한 말이지, 인간이 원래 도덕적 성향을 가지고 있다는 말이 아니다. 사람이 예절과 의리를 누적하여 군자가 됨은, 밭 갈고 김 매는 일을 누적하여 농부가 되는 등의 경우와 마찬가지로, 지식과 습관 방면의 일이다. 맹자는 인간이 금수와 다른 까닭은 인간이 가진 시비지심(是非之心) 등의 선단(善端)에 있다고 했다. 그러나 순자는 인간이 금수와 다른 까닭은 인간이 가진 뛰어나게 총명한 재능에 있다고 했다. 따라서 순자의 성악설은 실제로 맹자의 성선설과 다르다.

5. 순자의 심리학

이 점은 순자의 심리학을 보면 더욱 분명해진다. 『순자』「정명편(正名篇)」은 말한다.

> 생래적으로 그런 것(生之所以然)이 바로 성(性 : 본성)이다. 생의 조화에

* 「성악」, 『순자』 권17 : 14쪽 : 今塗之人者, 皆內可以知父子之義, 外可以知君臣之正.

27) 塗之人百姓, 積善而全盡, 謂之聖人. 彼求之而後得, 爲之而後成, 積之而後高, 盡之而後聖. 故聖人也者, 人之所積也. 人積耨耕而爲農夫, 積斲削而爲工匠, 積反(同販)貨而爲商賈, 積禮義而爲君子. (「유효(儒效)」, 『순자』 권4 : 36쪽)

의해서 발생하며 정미하게 외물에 감응하며 애쓰지 않아도 저절로 그런 것이 바로 본성(性)이다. 이 본성의 호(好)·오(惡)·희(喜)·노(怒)·애(哀)·락(樂)이 정(情 : 감정, 본성의 자연스러운 반응)이다. 감정이 생긴 후의 심(心)의 취사선택이 바로 **사려**(慮 : 심의 이지적인 작용)이다. 심이 사려하여 그에 따라 행동할 수 있는 능력을 위(僞 : 인위)라고 한다. 사려가 축적되고 능력이 습관화된 연후에 이룩되는 것이 인위(僞)인 것이다. 이익에 부합한 행위가 사업(事)이고, 의리에 부합한 행위가 덕행(行)이다. 인간이 가진 인식능력이 지(知 : 재능)이고, 이 지가 외물과 접촉하는 것이 **인식**(智)이다. 인간이 무엇을 할 수 있는 것이 능력(能)이고, 이 능력이 [어떤 일에] 부합하는 것이 재능(能)이다. 본성이 손상된 것이 질병(病)이고, 우연히 조우함이 운명(命)이다.[28)]

○무릇 정치의 도를 논하면서 욕망제거(去欲)를 주장하는 자는 욕망을 다스릴 수 없을 뿐더러 여전히 존재하는 욕망 때문에 곤혹을 겪는다. 무릇 정치의 도를 논하면서 욕망축소(寡欲)를 주장하는 자는 욕망을 절제할 수 없을 뿐더러 여전히 허다한 욕망에 곤혹을 겪는다.……욕망 자체는 그 충족의 타당성을 고려하지 않는 [맹목적인] 것이지만, [욕망의] 추구자는 타당한 욕망만을 추구한다. 욕망이 그 충족의 타당성을 고려하지 않음은 그것이 자연으로부터 품부받은 것이기 때문이다. 추구자가 타당한 욕망만을 추구하는 것은 그가 마음(心)의 지시를 받기 때문이다. 천성적으로 존재하는 욕망을 마음이 절제하는 것이다.……

인간의 가장 큰 욕망은 삶이고, 가장 큰 혐오는 죽음이다. 그러나 인간은 삶을 버리고 죽음을 택하는 경우가 있는데, 그것은 삶을 바라지 않고 죽음을 바란 때문이 아니라, 삶이 옳지 않고 죽음이 옳기 때문이다. 따라서 욕망은 넘치지만 행동이 미치지 않는 것은 마음이 저지하기 때문이고,……욕망은 내키지 않지만 행동으로 옮기는 것은 마음이 시키기 때문이다.……

본성(性)은 자연의 산물이다. 정감(情)은 본성의 실질적 내용(質)이다. 욕

---

28) 生之所以然者謂之性. 性(王先謙云: "當作生")之和所生, 精合感應, 不事而自然, 謂之性. 性之好惡喜怒哀樂, 謂之情. 情然而心爲之擇, 謂之慮. 心慮而能爲之動, 謂之僞. 慮積焉, 能習焉, 而後成, 謂之僞. 正利而爲謂之事. 正義而爲謂之行. 所以知之在人者謂之知. 知有所合謂之智. 智(盧文弨云:"智字衍")所以能之在人者謂之能. 能有所合謂之能. 性傷謂之病. 節遇謂之命. (『순자』 권16 : 2-4쪽)

망이란 [외물에 대한] 정감의 반응이다. 욕망의 대상을 얻을 수 있다고 여겨 추구하는 것은 정감의 불가피한 측면이고, 그 타당성을 고려한 다음에 욕망을 인도하는 것은 지혜(知)가 시킨 결과이다. .

무릇 선택에는 순전히 욕망대상만 도래하는 것이 아니고, 거부에는 순전히 혐오대상만 떠나가는 것이 아니다. 따라서 우리는 움직일 때마다 판단기준(權 : 마음의 저울)을 갖추지 않으면 안 된다. 저울(衡)이 바르지 않을 경우, 무거운 물건도 [저울대가] 올라가면 가볍다고 간주하고, 가벼운 물건도 [저울대가] 내려가면 무겁다고 간주한다. 이 때문에 인간은 경중에 미혹되는 것이다. 판단기준[마음의 저울]이 바르지 못할 경우 욕망의 대상 속에 화(禍)가 깃들어 있어도 복(福)으로 여기고, 혐오의 대상 속에 복이 깃들어 있어도 화로 여긴다. 이 때문에 **인간은 화·복에 미혹되는** 것이다. **도**(道 : 진리)**란 고금의 올바른 [객관적인] 판단기준**(正權)**이다.** 도를 벗어나 오직 주관적인 판단에 따라 선택하면 화복(禍福)의 소재를 알 수 없다.*

교역에서 한 개를 한 개와 바꿀 경우 이득도 없고 손해도 없다고 말한다. 한 개를 두 개와 바꿀 경우에는 손해가 아니라 이득이라고 말한다. 두 개를 한 개와 바꿀 경우에는 이득이 아니라 손해라고 말한다. 이득을 셈하는 자는 많은 쪽을 취하고, 일을 도모하는 자는 가능성 있는 쪽을 택한다. 두 개를 한 개와 바꾸는 일은 아무도 하지 않거니와, 그 갯수를 잘 알기 때문이다. 도에 준거하여 행하는 것은 마치 한 개를 두 개와 바꾸는 것과 같은즉, 무슨 손해가 있겠는가? 도를 벗어나 오직 주관적인 판단에 따라 선택하는 것은 마치 두 개를 한 개와 바꾸는 것과 같은즉, 무슨 이득이 있겠는가?[29)]

---

* 『신편』II, 382쪽 : "형(衡)"은 바로 "권(權)", 즉 "욕오취사의 권(欲惡取舍之權)" 〈제11장,주18〉이다. 순황은 정확한 "권"으로 삼을 만한 것이 "도"라고 여겼다.

29) 凡語治而待去欲者, 無以道欲, 而困於有欲者也. 凡語治而待寡欲者, 無以節欲, 而困於多欲者也.……欲不待可得, 而求者從所可. 欲不待可得, 所受乎天也. 求者從所可, 受乎心也. 天性有欲, 心爲之制節(此九字據久保愛所據宋本增).……人之所欲生甚矣, 人之所惡死甚矣. 然而人有從[從 : 縱,즉 舍]生成死者, 非不欲生而欲死也, 不可以生而可以死也. 故欲過之而動不及, 心止之也.……欲不及而動過之, 心使之也.……性者, 天之就也. 情者, 性之質也. 欲者, 情之應也. 以所欲爲可得而求之, 情之所必不免也. 以爲可而道之, 知所必出也.……凡人之取也, 所欲未嘗粹而來也. 其去也, 所惡未嘗粹而往也. 故人無動而不可以不與權俱. 衡不正, 則重縣於仰, 而人以爲輕. 輕縣於俛, 而人以爲重. 此人所以惑於輕重也. 權不正, 則禍託於欲, 而人以爲福.

인간은 정욕이 있으나 또한 마음도 있으니, 욕망은 꼭 제거할 필요는 없고 단지 마음으로써 절제하면 된다. 마음은 "사려하고(慮)" "인식할(知)" 수 있으므로 욕망을 절제한다. 마음이 욕망을 절제하는 까닭은, 마음이 욕망에 빠져 행하면 반드시 원하지 않는 결과를 얻을 것임을 알기 때문이다. 인간의 욕망대상은 자주 혐오대상과 서로 관련되고, 혐오대상은 자주 욕망대상과 서로 관련된다. "무릇 선택에는 순전히 욕망대상만 도래하는 것이 아니고, 거부에는 순전히 혐오대상만 떠나가는 것이 아니다." 따라서 우리는 취사선택을 할 경우 반드시 마음의 사려와 인식으로써 각 방면의 이해(利害)를 가늠해야 "화·복에 미혹되지" 않는다. "도란 고금의 올바른 판단기준"이다. 이 도란 이른바 "하늘의 도도 아니요 땅의 도도 아닌 인간의 도인 것이다."[30] "예의문리"〈주23〉와 "인의법정"〈주24〉이 다 "인간의 도(人之所以道)"이고, 다 인간이 삶을 영위하고 욕망을 성취할 수 있게 하는 것들이다. 「해폐편」은 말한다.

> 성인은 사상방법(心術)의 병폐를 알고 폐색된 정신의 화를 보고 있다. 따라서 욕망과 증오(欲惡), 처음과 끝(始終), 먼 것과 가까운 것(遠近), 심오한 것과 천박한 것(博淺), 과거와 현재(古今)를 막론하고 온갖 것들을 나열하고 그 가운데에 판단척도(衡 : 판단의 원칙 또는 기준)를 현시한다. 그러므로 각종 복잡한 현상들(衆異)이 상호 은폐하여 각 유(倫 : 類)를 어지럽힐 수 없다. 그러면 판단척도란 무엇인가? 그것은 바로 도(道)이다.……
>
> 우리는 무엇으로써 도를 인식하는가(知道)? 그것은 바로 심(心)이다. 심은 어떻게 하여 [도를] 인식하는가? **허일이정**(虛壹而靜 : 허심, 전일, 평정)**함으로써 인식한다.** 심은 잠시도 [생각을] 저장하지 않을 때가 없지만 거기에는 이른바 허(虛 : 비어 있음)가 존재한다. 심은 대립적인 것들이 없을 때가 없지

福託於惡, 而人以爲禍. 此亦人所以惑於禍福也. 道者, 古今之正權也. 離道而內自擇, 則不知禍福之所託. 易者以一易一, 人曰無得亦無喪也. 以一易兩, 人曰無喪而有得也. 以兩易一, 人曰無得而有喪也. 計者取所多, 謀者從所可. 以兩易一, 人莫爲, 明其數也. 從道而出, 猶以一易兩也, 奚喪? 離道而內自擇, 是猶以兩易一也, 奚得? (『순자』 권16 : 19-25쪽)

30) 道者, 非天之道, 非地之道, 人之所以道也. (「유효」, 『순자』 권4 : 9쪽)

만 거기에는 이른바 전일함(一 : 專一)이 존재한다. 심은 잠시도 활동하지 않을 때가 없지만 거기에는 이른바 평정(靜)이 존재한다.

인간은 생래적으로 지각(知)이 있고, 지각하면 기억(志)이 생기는데, 기억은 저장(臧)을 뜻하지만 거기에는 이른바 허가 존재한다. **이미 저장된 것 때문에 장차 받아들일 것을 해치지 않는 것**이 바로 허(虛)이다. 심에는 생래적으로 인식(학습)이 있는데 인식에는 식별이 존재한다. 식별이란 동시에 함께 아는 것을 말한다. 동시에 함께 아는 것이 대립적인 앎이다. 그러나 거기에는 전일함이 존재한다. 저 한 가지로써 이 한 가지를 해치지 않는 것이 전일壹)이다. 심은 잠을 자면 꿈을 꾼다. **그대로 내버려두면 멋대로 일어나고(생각하고), 사용하면 궁리한다**(謀). 따라서 심은 잠시도 활동하지 않을 때가 없지만, 거기에는 이른바 평정이 존재한다. **몽극**(夢劇 : 이러저런 잡생각) **때문에 지모**(知 : 知謀, 분별력)**를 어지럽히지 않는 것**이 평정(靜)이다.

도를 아직 얻지 못해 도를 구하는 사람에게는 허일이정을 준칙으로 삼으라고 충고한다. 도가 필요한 자는 허심해야 한즉, 허심하면 그 경지에 들어갈 수 있다. 도를 섬기려는 자는 전일해야 한즉, 전일하면 투철할(盡) 수 있다. 도를 사색하려는 자는 평정해야 한즉, 평정하면 통찰할 수 있다. 도를 통찰할 줄 알고 도를 행할 줄 알면 도를 체득한 사람이다. 허일이정의 경지를 일컬어 대청명(大淸明)이라고 한다.* ["심"이 "대청명"해지면] 만물의 현상을 정확히 관찰할 수 있고, 관찰하면 그 이치를 정확히 헤아릴 수 있고, 이치를 헤아리면 정확히 평가할(位 : 자리매김할) 수 있다.……그러니 어찌 가로막힐(蔽) 수 있겠는가?[31]

---

* 『신편』II, 385쪽 : 순황은, 만약 심이 이런 "대청명"의 상태를 유지할 수 있다면 곧 사물의 총체적 면모를 인식할 수 있으므로 한 측면에 "가로막히지" 않을 것이라고 여겼다. 순황의 인식론의 이런 논점은 대체로 정확하다. 그의 「해폐편」은 진리의 성격 문제를 집중적으로 토론했는데, 사실상 인식론적 각도에서 당시 "백가쟁명(百家爭鳴)"에 대하여 하나의 총 결론을 내린 것이었다.

31) 聖人知心術之患, 見蔽塞之禍, 故無欲無惡, 無始無終, 無近無遠, 無博無淺, 無古無今, 兼陳萬物, 而中縣(縣 : 懸 /『신편』)衡焉. 是故衆異不得相蔽以亂其倫也. 何謂衡? 曰, 道.……人何以知道? 曰, 心. 心何以知? 曰, 虛壹而靜. 心未嘗不臧也, 然而有所謂虛. 心未嘗不兩(原作滿, 依楊倞注 /『신편』)也, 然而有所謂一. 心未嘗不動也, 然而有所謂靜. 人生而有知, 知而有志 ; 志也者, 臧也 ; 然而有所謂虛. 不以所已臧害所

이상의 인용문을 종합해보면 순자의 심리학 중에는 단지 사려할(慮) 수 있고 인식할(知) 수 있는 심(心)과, 추구하여 반드시 만족하려는 정욕(情欲)이 있을 뿐임을 알 수 있다. 심은 정욕을 절제하여, "판단기준(權)"과 "척도(衡)"를 수립하여 "이익 중에서 큰 것을 취하고 손해 중에서 작은 것을 취하는"[32] 것이다. 순자의 학설은 이 측면에서 묵가의 공리주의와 완전히 똑같다고 할 수 있다.[33] 심은 어떻게 하여 도를 인식하는가? "허일이정(虛壹而靜)함으로써 인식한다." 허정(虛靜)은 노장의 상용명사이다. 『노자』는 "지극한 허심(虛)에 도달하고, 돈독한 평정(靜)을 견지한다"[34]고 했고, 『장자』 「천도편(天道篇)」은 이렇게 말한다.

> 성인의 평정(靜)이란 평정을 잘하기 때문에 평정이 아니라, 어떠한 사물도 그의 마음을 어지럽힐 수 없기 때문에 평정인 것이다. 수면이 평정하면 그 맑음은 수염과 눈썹을 비출 수 있고, 물의 수평력은 수준기(準 : 水準器)에 알맞기 때문에 위대한 장인들은 그것에서 본을 취했다. 물이 평정해도 사물을 밝게 비추거늘 하물며 정신의 경우임에랴! 하물며 성인의 마음의 평정임에랴! [성인의 마음은] 바로 천지의 거울이요, 만물의 거울이다.*
>
> 무릇 허정(虛靜), 염담(恬淡), 적막(寂漠), 무위(無爲)란 천지의 수준기

將受, 謂之虛. 心生而有知, 知而有異 ; 異也者, 同時兼知之 ; 同時兼知之, 兩也 ; 然而有所謂一. 不以夫一害此一, 謂之壹. 心臥則夢, 偸則自行, 使之則謀, 故心未嘗不動也 ; 然而有所謂靜. 不以夢劇亂知謂之靜. 未得道而求道者, 謂之虛壹而靜, 作之則. 將須道者虛之, 虛則入. 將事道者, 壹之, 壹則盡. 將思道者, 靜之, 靜則察(自'未得道'以下至此, 據胡適之先生校). 知道察, 知道行, 體道者也. 虛壹而靜, 謂之大淸明. 萬物莫形而不見, 莫見而不論, 莫論而失位.……夫惡有蔽矣哉? (『순자』 권15 : 10-14쪽)

32) 利之中取大 ; 害之中取小. 〈제11장,주16〉

33) 【주】순자의 철학 중에는 공리주의가 존재하기 때문에 묵자에 대한 그의 반박 역시 주로 공리주의에 입각하여 논의를 전개했는데, 「부국편(富國篇)」과 「예론편(禮論篇)」 가운데 묵자를 반박한 주장을 보면 알 수 있다. 이 역시 맹자와 순자의 차이점 중의 하나이다.

34) 致虛極, 守靜篤. (『노자(老子)』 16장)

* 진고응, 338쪽 : 후대 선가(禪家)의 깨달음의 경지인 "명경지수(明鏡止水)"의 관념은 여기에서 근원했다.(福永光司說)

이자 도덕(道德)의 정점이다. 따라서 제왕과 성인은 이 안에서 쉰다. 쉬면 허심해지고(虛), 허심하면 충실해지고(實), 충실하면 완비된다(倫). 허심하면 평정하고(靜), 평정하면 활동하고(動), 활동하면 획득한다(得). 평정하면 무위(無爲)하고, 무위하면 일을 맡은 신하들이 스스로 책임진다. 무위하면 유유자적하고, 유유자적하는 사람은 우환이 깃들 수 없어 장수한다.[35)]

순자도 정허(靜虛)를 강론한다. 그러나 심의 허(虛)란 바로 "이미 저장된 것 때문에 장차 받아들일 것을 해치지 않는 것"이고, 심의 평정(靜)이란 "몽극(夢劇) 때문에 지모(분별력)를 어지럽히지 않는 것"이라고 말했다. 심의 주요 기능은 인식(知 : 분별)과 사려이므로 "그것을 사용하면 궁리한다." "몽극"은 "그대로 내버려두면 멋대로 일어나는" 그때그때의 이러저런 잡생각이다. 이러저런 잡생각으로 지모(知謀)를 방해하지 않는 것이 바로 평정이다. 따라서 순자는 비록 정허를 강론했지만, 장자처럼 "지인의 마음가짐은 거울과 같다"[36)]는 것을 심의 정허상태로 삼지 않았다. 이것은 순자가 노장의 학설을 채용하여 수정과 변화를 가한 것이다.

순자는 또 성(誠)을 논했다. 「불구편(不苟篇)」은 말한다.

군자의 마음 수양은 **성**(誠 : 참됨)보다 더 좋은 것은 없으니, **참됨에 도달하면 더 할 일이 없다. 오로지 인**(仁)**을 지키고 오로지 의**(義)**를 행할 일이다.**

참된 마음(誠心)**으로 인을 지키면** 밖으로 **현현**되고(形), 현현되면 **신명**해지고(神) 신명하면 [사물을] **화육**할(化) 수 있다. **참된 마음으로 의를 행하면 조리 있게** 되고(理) 조리 있으면 **영명**해지고(明), 영명하면 [사물을] **변화**시킬(變) 수 있다. 변화와 화육이 교대로 나타나는 것이 바로 천덕(天德)이다.

하늘은 말이 없건만 인간은 하늘의 고명함을 추앙하고, 대지는 말이 없건만 인간은 대지의 풍성함을 찬송하고, 사철은 말이 없건만 농사 짓는 백성들

35) 聖人之靜也, 非曰靜也善, 故靜也. 萬物無足以鐃[鐃 : 撓]心者, 故靜也. 水靜則明燭鬚眉, 平中準, 大匠取法焉. 水靜猶明, 而況精神! 聖人之心靜乎! 天地之鑑也, 萬物之鏡也. 夫虛靜恬淡, 寂漠無爲者, 天地之平, 而道德之至, 故帝王聖人休焉. 休則虛, 虛則實, 實則倫[倫 : 備]矣. 虛則靜, 靜則動, 動則得矣. 靜則無爲, 無爲也, 則任事者責矣. 無爲則兪兪 ; 兪兪者, 憂患不能處, 年壽長矣. (『장자』, 457쪽)

36) 至人之用心若鏡. [「응제왕(應帝王)」, 『장자』, 307쪽]

은 [어김 없는 계절의 변화를] 예상한다. 무릇 이것들은 그 항상성 때문에 성(誠 : 참됨)에 이른 것들이다.

군자가 완전한 덕에 이르면 말 없이 존재하는 것만으로도 사람을 깨우치며, [은혜를] 베풀지 않아도 친밀해지고, 노하지 않아도 위엄을 지닌다. 무릇 그는 자기의 명(命)에 순종하여 자아의 전일에 성실한(愼其獨) 사람이다.

도를 잘 추구하는 사람은, **참되지**(誠 : 진실되지) **못하면 전일할 수 없고, 전일할 수 없으면 밖으로 나타날 수 없은즉**, 밖으로 나타나지 못하면 비록 마음으로 작정하고 얼굴에 드러내고 말로 표명할지라도 백성들은 여전히 붙좇지 않으며, 설사 붙좇더라도 반드시 의심을 품는다는 것을 잘 안다.

천지는 위대하지만 참되지 않으면 만물을 화육할 수 없다. 성인은 지혜롭지만 참되지 않으면 만민을 교화할 수 없다. 부자지간은 친밀하지만 참되지 않으면 소원해진다. 임금은 존엄하지만 참되지 않으면 비천해진다.

무릇 참됨은 군자가 고수해야 할 것이요, 정사의 근본이다. 오직 우리의 마음가짐에 따라 그와 동일한 부류의 일이 찾아들 것인즉, 붙들면 획득할 것이요 버리면 상실할 것이다. 붙들어 획득하면 홀가분해지고, 홀가분해지면 전일하게 행할 수 있다. **전일하게 행하여 그만두지 않으면** 성취한다. 성취하는 데에 재능을 다 발휘하여 **도야된 성품을 지속시켜 처음 상태로 되돌아가지 않으면 교화된 것이다.**[37]

"성(誠)"은 진실(眞實), "독(獨)"은 전일(專一)의 뜻이 있다. 우리가 만일 어떤 사물을 진실하게 추구할 수 있으면 자연히 그 사물을 전일하게 추구할 수 있다. "참된 마음(誠心)으로 인을 지키고", "참된 마음으로 의를 행할" 수 있으면 자연히 "오로지 인을 지키고 오로

37) 君子養心莫善於誠, 致誠則無它事矣. 唯仁之爲守, 唯義之爲行. 誠心守仁則形, 形則神, 神則能化矣. 誠心行義則理, 理則明, 明則能變矣. 變化代興, 謂之天德. 天不言而人推高焉, 地不言而人推厚焉, 四時不言而百姓期焉. 夫此有常以至其誠者也. 君子至德, 嘿然而喩, 未施而親, 不怒而威. 夫此順命以愼[愼 : 誠]其獨者也. 善之爲道者, 不誠則不獨, 不獨則不形, 不形則雖作於心, 見於色, 出於言, 民猶若未從也. 雖從必疑. 天地爲大矣, 不誠則不能化萬物. 聖人爲知矣, 不誠則不能化萬民. 父子爲親矣, 不誠則疏. 君上爲尊矣, 不誠則卑. 夫誠者, 君子之所守也, 而政事之本也. 唯所居以其類至, 操之則得之, 舍之則失之. 操而得之則輕, 輕則獨行. 獨行而不舍, 則濟矣. 濟而材盡, 長遷而不反其初, 則化矣. (『순자』 권2 : 11-13쪽)

지 의를 행할" 수 있다. 즉 "참됨에 도달하면 더 할 일이 없다"는 말이다. 이러면 자연히 현저한 결과를 얻을 수 있으므로, 이른바 "현현", "신명", "화육", "조리 있음", "영명", "변화" 등은 모두 "인을 지키고" "의를 행한" 결과의 외적 표현이다. 만약 어떤 사물을 진실하게 추구할 수 없으면, 또한 그 사물을 전일하게도 추구할 수 없다. 만약 전일하게 추구할 수 없으면 자연히 현저한 결과도 얻을 수 없으므로, 즉 "참되지(진실하지) 못하면 전일할 수 없고, 전일할 수 없으면 밖으로 나타나지 않는다"는 말이다. 사람은 인의를 반드시 "전일하게 행하여 그만두지 않아야" 비로소 성취할 수 있다. 인의도덕(道德仁義)이란 본래 인성(人性) 속에 없다. 그것을 배우는 것은 바로 성을 변화시켜 인위를 일으키는 것인즉,[38] 마치 물을 거슬러 배를 젓는 것과 같다. 따라서 매우 전념하고 근면하지 않으면 성(性)을 인의도덕으로 변화시킬 수 없다. 성이 인의도덕으로 변화됨은 인의도덕에 익숙해진다는 말이다. 그래서 인의도덕은 인간의 제2의 천성이 된다. 즉 "도야된 성품을 지속시켜 처음 상태로 되돌아가지 않으면 교화된 것이다"는 말이다. 성선론자는 인간으로 하여금 애초의 상태로 돌아가도록 했고, 성악론자는 인간으로 하여금 "오랫동안 옮아가서 애초의 상태로 되돌아가지 않도록" 했다. 이것이 맹자와 순자의 차이점이다.

6. 사회와 국가의 기원

순자는 "인간이 선을 바라는 것은 성이 악하기 때문이다"[39]고 했다. 황백가(黃百家 : 황종희의 아들)는 이것을 논박하며 "만일 성이 악하다면 어떻게 선을 행하려는 마음이 있을 수 있겠는가?"[40]라고 했다. 앞의 설명내용을 보면 황백가의 이 논박도 순자를 혼란시킬 수 없음을 알 수 있다. 이른바 선이란 예의문리(禮義文理)〈주23〉요

38) 化性起僞. ["聖人化性而起僞, 僞起而生禮義." (「성악」, 『순자』 권17 : 6쪽)]
39) 人之欲善者, 其性惡也. ["人之欲爲善者,爲性惡也."(『순자』 권17 : 8쪽)]
40) 如果性惡, 安有欲爲善之心乎? (『송원학안(宋元學案)』 권1 ; 『황종희전집』III, 68쪽)

인의법정(仁義法正)〈주24〉인데, 인간은 본시 이것들을 욕구하는 것이 아니라 부득불 욕구할 따름이다. 순자는 말했다.

만물은 우주에 함께 존재하지만 형체를 달리하며, 고정된 용도는 없지만 인간에게 유용하다. 이것이 자연의 이치(數)이다. 인류는 더불어 살면서 추구하는 대상은 똑같지만 각자 방법(道)을 달리하며, 욕망은 똑같지만 지혜는 서로 다르다. 이것이 인간의 본성(性)이다.

누구나 옳다고 여기는 바가 있는 것은 현자든 어리석은 자든 마찬가지다. 하지만 옳다고 여기는 대상의 차이에서 현자와 어리석은 자가 갈라진다. 형세는 동일한데 지혜가 각기 다르므로, 이기적인 행동을 해도 징벌을 받지 않고, 멋대로 욕망을 추구해도 저지를 받지 않으면, 민심의 문란은 불가피하다.……신하를 제어할 군주가 없고 아랫사람을 다스릴 윗사람이 없으면, 천하 사람들은 멋대로 욕망을 추구하여 해악이 발생하게 된다. 사람이 욕망하고 싫어하는 대상이 똑같고, 욕망은 많은데 그것을 충족시켜줄 물질은 크게 부족하다. 이처럼 부족하므로 반드시 쟁탈전이 발생한다.

온갖 기술자가 만든 물품이 한 사람의 소용에 필요한데, 아무리 유능해도 기술을 겸할 수 없고, 아무리 뛰어나도 관직을 겸할 수 없다. 그러므로 사람은 서로 떨어져 살면서 서로 의존하지 않으면 궁해지고, 공동체(사회) 내에서 분별이 없으면 분쟁이 생긴다. 궁함은 재난이고 분쟁은 재앙이다. 재난과 재앙을 막으려면 분별을 밝혀 공동체를 이루는 것보다 더 좋은 길은 없다.

강자가 약자를 위협하고, 지혜로운 자가 우둔한 자를 겁주고, 아랫사람이 윗사람을 거스르고, 젊은이가 어른을 깔보며, 덕망으로써 정치를 도모하지 않으면, 노약자들은 봉양받지 못하는 근심에 젖고, 장정들은 분쟁의 화를 맞는다. 사람은 모두 일은 싫어하고 영예와 이득은 좋아한다. 직업에 분별이 없으면, 사람들은 각기 사업을 성취하다 재난을 겪고 공적을 다투어 화를 입는다. 남녀의 결합과 부부의 분별 그리고 장가가고 시집가는 혼인에 예가 없으면, 남녀가 결합하지 못하는 우환이 생기고 여색을 쟁탈하는 화란이 발생한다. **그러므로 지자(知者)가 [이를 염려하여] 분별을 정했다.**[41)]

41) 萬物同宇而異體, 無宜而有用爲(同于)人, 數也. 人倫[倫 : 類]並處, 同求而異道, 同欲而異知, 生[生 : 性]也. 皆有可也, 知愚同. 所可異也, 知愚分. 勢同而知異, 行私而無禍, 縱欲而不窮, 則民心奮而不可說[說 : 脫,즉 免]也.……無君以制臣, 無上以制

이것은 공리주의로써 사회와 국가의 기원을 설명하고, 모든 예교제도(禮教制度 : 예법과 도덕제도)에 이론적인 근거를 부여한 것으로서, 『묵자(墨子)』「상동편(尙同篇)」의 설명과 동일하다. 인간은 총명한 재지(才知)가 있어서, 공동체 없이는 존재할 수 없음을 알고, 도덕적 제도 없이는 공동체를 이룰 수 없음도 알기 때문에, 지자는 도덕적 제도를 제정했고 사람들도 그것을 받아들였던 것이다. "그러므로 지자가 분별을 정했다" 했는데, "지자"라는 두 글자가 극히 주목할 만하다. 인간이 그렇게 한 것은 바로 지식이 있었기 때문이지, 본성 중에 본래 도덕이 있었기 때문은 아니었다는 말이다.

순자는 또 말했다.

> 물과 불은 기(氣)는 있으나, 생명(生)이 없다. 초목은 생명은 있으나, 지각(知)이 없다. 금수는 지각은 있으나, 의리(義)가 없다. 인간은 기도 있고 생명도 있고 지각도 있고 **의리도 있다.** 그러므로 천하에서 가장 귀한 존재이다. 사람의 힘은 소만 못하고 달리기는 말만 못한데도 소와 말은 사람의 부림을 당한다. 그 까닭은 무엇이겠는가? 다름이 아니라 사람은 사회(群 : 공동체)를 이룰 수 있지만, 저들은 사회를 이룰 수 없기 때문이다. 사람은 어떻게 사회를 이룰 수 있는가? 바로 분별이 있기 때문이다. 어떻게 분별을 시행할 수 있는가? 바로 의리가 있기 때문이다. 따라서 의리를 바탕으로 분별(신분)을 정하면 서로 화합하고, **화합하면 통일되고, 통일되면 힘이 증대되고, 힘이 증대되면 강해지고, 강해지면 만물을 제압할 수 있다. 그래서 가옥을 짓고 삶을 영위할 수 있다.** 따라서 사계절의 운행질서를 정리하고 만물을 이용하여 모든 사람들이 그 이익을 향유하는 것은 다름 아닌 분별과 의리의 덕분이다. 따라서 사람은 태어나면서부터 사회를 떠날 수 없는데, 사회 내에 분별이 없으면 다

下. 天下害生縱欲, 欲惡同物, 欲多而物寡, 寡則必爭矣. 故百技所成, 所以養一人也. 而能不能兼技, 人不能兼官. 離居不相待則窮 ; 群而無分則爭. 窮者, 患也 ; 爭者, 禍也. 救患除禍, 則莫若明分使群矣. 強脅弱也, 知懼愚也, 民下違上, 少陵長, 不以德爲政, 如是則老弱有失養之憂, 而壯者有分爭之禍矣. 事業, 所惡也. 功利, 所好也. 職業無分, 如是則人有樹事之患, 而有爭功之禍矣. 男女之合, 夫婦之分, 婚姻聘內[內 : 納], 送逆無禮, 如是則人有失合之憂, 而有爭色之禍矣. 故知者爲之分也. (「부국」, 『순자』 권6 : 1－3쪽)

투게 되고, 다투면 혼란이 생기고, 혼란하면 흩어지고, 흩어지면 약해지고, 약하면 만물을 제압할 수 없고, 따라서 가옥을 짓고 삶을 영위할 수 없다. 그런즉 잠시라도 예절과 의리를 버릴 수 없다는 말이다.[42)]

이것은 "의리가 있음"을 "인간이 금수와 다른 까닭"으로 삼은 듯하고, "인간이 인간다운 까닭"으로부터 입론하여 분별(分)과 의리의 필요성을 증명한 듯하다. 그러나 "화합하면 통일되고, 통일되면 힘이 증대되고, 힘이 증대되면 강해지고, 강해지면 만물을 제압할 수 있다. 그래서 가옥을 짓고 삶을 영위할 수 있다" 했으므로, 여전히 공리주의에 입각하고 있다.

순자는 또 말했다.

인간이 인간다운 까닭은 무엇인가? 분별(辨)이 있기 때문이다. 굶주리면 먹으려고 하고 추우면 따뜻하게 하려고 하고 피로하면 쉬려고 한다. 이렇듯, **이익을 좋아하고 해를 싫어함**은 **인간이 나면서부터 가진 것**이다. 이것은 무조건적으로 그런 것이니, 선인이든 악인이든 마찬가지다. 그렇다면 인간이 인간다운 까닭은 단지 두 발로 걷고 털이 없기 때문이 아니라 분별이 있기 때문이다. 저 성성이[오랑우탄]의 형상 역시 두 발로 걷고 [얼굴에] 털이 없다. 그러나, 군자는 그것을 잡아 국을 끓여 먹고 고기를 썰어 먹는다. 따라서 인간이 인간다운 까닭은 오로지 두 발로 걷고 털이 없기 때문이 아니라 분별이 있기 때문이다. 무릇 금수(禽獸)는 부자(父子)는 있으나 부자간의 친함(父子之親)은 없고 암수는 있으나 남녀의 분별(男女之別)은 없다. 따라서 **인도(人道)에는 분별이 없을 수 없다. 분별에서는 신분(分)이 가장 중대하고, 신분에서는 예(禮)가 가장 중대하고, 예에서는 성왕(聖王)이 가장 중대하다.**[43)]

---

42) 水火有氣而無生, 草木有生而無知, 禽獸有知而無義, 人有氣有生有知亦且有義, 故最爲天下貴也. 力不若牛, 走不若馬, 而牛馬爲用, 何也? 曰, 人能群, 彼不能群也. 人何以能群? 曰分. 分何以能行? 曰義. 故義以分則和, 和則一, 一則多, 多力則彊, 彊則勝物, 故宮室可得而居也. 故序四時, 裁萬物, 兼利天下. 無它故焉, 得之分義也. 故人生不能無群, 群而無分則爭, 爭則亂, 亂則離, 離則弱, 弱則不能勝物, 故宮室不可得而居也. 不可少頃舍禮義之謂也. (「왕제」, 『순자』 권5 : 20-21쪽) [群=to form social organizations]

43) 人之所以爲人者, 何已也? 曰, 以其有辨也. 飢而欲食, 寒而欲煖, 勞而欲息, 好利而

즉 "인간이 인간다운 까닭"에 입각하여 예의 필요성을 증명했다. 이 점은 맹자와 같다. 그러나 "인간이 나면서부터 가진 것"은 오직 "이익을 좋아하고 해를 싫어함" 따위일 뿐이라고 했으니, 여전히 맹자와 다르다.

7. 예론과 악론

순자는 「예론편」에서 또 예의 기원에 대해서 이렇게 논했다.

> 예(禮)는 어떻게 해서 생겼는가? 사람은 생래적으로 욕망이 있고, 그 욕망을 충족하지 못하면 충족하려고 추구하지 않을 수 없다. 추구할 때에 일정한 법도와 한계가 없으면 필연적으로 분쟁이 생긴다. 분쟁하면 혼란되고, 혼란하면 궁해지는바, 선왕(先王)은 이런 무질서(혼란)를 우려하여 예절과 의리(禮義)를 제정하여 분별을 두어, 사람들이 욕망을 만족시키고 욕구를 충족시키는 데에 욕구가 지나쳐 물질을 고갈시키거나 혹은 물질이 모자라 욕구에 미치지 못하는 일이 없도록 하여, 양자가 서로 보조하면서 발전할 수 있도록 했는데, 이것이 바로 예의 기원이 되었다.[44]

즉 예란 분별을 정하여 인간의 욕구를 절제한다는 말이다. 앞에서 공자는 학문을 강론하면서 한편으로 개인의 성정(性情)의 자유를 중시했고 또 한편으로 인간 행위의 외부규범을 중시했다고 말했다(제4장, 제5절). 맹자는 개인의 성정의 자유를 더욱 중시했는데, 성선설을 주장한 이상 개인의 도덕적 판단을 중시한 것 역시 당연했

惡害, 是人之所生而有也, 是無待而然者也, 是禹桀之所同也. 然則人之所以爲人者, 非特以二足而無毛也, 以其有辨也. 今夫狌狌形笑, 亦二足而無毛也, 然而君子啜其羹, 食其胾. 故人之所以爲人者, 非特以其二足而無毛也, 以其有辨也. 夫禽獸有父子而無父子之親, 有牝牡而無男女之別. 故人道莫不有辨, 辨莫大於分, 分莫大於禮, 禮莫大於聖王. (「비상」, 『순자』 권3 : 8-10쪽) [禮=rites, ceremonies, customary rules of living]

44) 禮起於何也? 曰, 人生而有欲 ; 欲而不得, 則不能無求 ; 求而無度量分界, 則不能不爭. 爭則亂, 亂則窮. 先王惡其亂也, 故制禮義以分之, 以養人之欲, 給人之求, 使欲必不窮乎物, 物必不屈於欲, 兩者相持而長, 是禮之所起也. (『순자』 권13 : 1쪽)

다(제6장, 제5절). 순자는 인간 행위의 외부규범을 더욱 중시했으므로 예를 더욱 중시한다. 순자는 말했다.

> 학문이란 어디서 시작하여 어디서 끝나는가? 그 순서란 경전을 암송하는 데서 시작하여 예에 관한 책을 읽는 데서 끝난다.[45)]

> ○무릇 혈기, 의지, 사고 등은 예를 따르면 조리에 통달하지만, 예를 따르지 않으면 혼란과 태만의 상태를 면할 수 없다. 음식, 의복, 기거, 행실 등은 예를 따르면 조화와 절도를 얻지만, 예를 따르지 않으면 서로 저촉되어 병폐가 생긴다. 용모, 태도, 진퇴, 거동 등은 예를 따르면 단아하지만, 예를 따르지 않으면 오만하고 편벽되며 속되고 조잡하다. 따라서 사람은 예가 없으면 생존할 수 없고, 사업은 예가 없으면 성취할 수 없고, 국가는 예가 없으면 평화로울 수 없다. 『시』에 이르기를 "모든 예절과 위의(儀)가 법도에 맞으며, 모든 말과 웃음도 합당하도다" 했는데, 바로 이 말이다.[46)]

순자는 "인간의 본성은 악한데, 인간이 선하게 됨은 인위의 덕분이다"〈주20〉고 여긴 만큼, 예를 중시하여 인간의 본성을 바로잡지 않을 수 없었다.

예의 역할(用)은 분별을 정하여 인간의 욕구를 절제하는(節) 것 이외에도, 형식(격식)을 도모하여(爲文) 인간의 감정을 형식화하는(文) 것인데, 이 방면에서의 순자의 논의는 매우 정치하다. 순자가 공리(功利)를 중시한 점은 묵자와 같다. 다만 정감에 대한 순자의 태도는 묵자와 크게 다르다. 묵자는 극단적 공리주의의 관점에서 인간의 허다한 감정을 쓸모없고 무의미하다고 여겨 억압했는데, 그 결과 순자가 말했듯이 "실용에 치우쳐 형식의 가치를 모르게"[47)] 되었다. 순자 역시 공리를 주장했지만 묵자처럼 극단적이지는 않았던

45) 學惡乎始? 惡乎終? 曰, 其數則始乎誦經, 終乎讀禮.(「권학(勸學)」, 『순자』 권1 : 12쪽)

46) 凡用血氣志意知慮, 由禮則治通, 不由禮則勃亂提僈. 食飮衣服居處動靜, 由禮則和節, 不由禮則觸陷生疾. 容貌態度進退趨行, 由禮則雅, 不由禮則夷固僻違, 庸衆而野. 故人無禮則不生, 事無禮則不成, 國家無禮則不寧. 『詩』曰 : "禮儀卒度, 笑語卒獲", 此之謂也. (「수신(修身)」, 『순자』 권1 : 24-26쪽)

47) 蔽於用而不知文. (「해폐」, 『순자』 권15 : 8쪽) 〈제1장,주15 ; 제5장,주73〉

만큼 정감도 중시하여, 실용도 중시하고 형식도 중시했는데, 이것은 상례와 제례에 대한 순자의 논의 속에서 볼 수 있다. 상례와 제례는 처음 인간의 미신에서 일어난 것이다. 순자는 그의 자연주의적 철학에 따라 상례와 제례에 새로운 의미를 부여했는데, 이는 순자의 커다란 공헌이었다. 순자의 음악에 대한 논의 역시 정치한 의미가 많다. 상례와 제례와 음악을 논한 『예기(禮記)』의 여러 편들은 순자와 같은 부분이 많다. 아마 『순자』에서 초록했거나 아니면 순자 학파 후학들의 저작일 것이다. 서술의 편의상 『순자』 중의 「예론(禮論)」과 「악론(樂論)」 두 편은 여기서 논하지 않고 제14장에서 『예기』의 다른 편들과 종합하여 논하겠다.

8. 왕(王)·패(霸)

"인도에는 분별이 없을 수 없다. 분별에서는 신분이 가장 중대하고, 신분에서는 예(禮)가 가장 중대하고, 예에서는 성(聖)·왕(王)이 가장 중대하다."〈주10,주43〉 순자는 말했다.

> 성인(聖)이란 도리(倫 : 윤리)에 투철한 사람이며, 왕(王 : 왕도주의 임금)이란 제도에 투철한 사람이다. 이 성·왕의 도리에 투철한 사람이면 천하의 법도로 삼기에 충분하다.[48)]

순자의 정치철학 역시 반드시 성인이 왕이 되어야 최선의 국가사회가 있을 수 있다고 여겼다. 따라서 말했다.

> 그러므로 오직 천자가 바로 그 인물이다. 천하란 지극히 과중한지라 지극히 강하지 않으면 임무를 감당할 수 없고, 지극히 광대한지라 지극한 변별력이 없으면 사무를 분별할 수 없고, 지극히 거대한 인구인지라 지극히 공명정대하지 않으면 화합시킬 수 없다. 이 세 가지의 지극한 경지는 성인이 아니면 투철할 수 없기 때문에, 성인이 아니면 왕이 될 수 없다.[49)]

48) 聖也者, 盡倫者也. 王也者, 盡制者也. 兩盡者足以爲天下極矣. 〈제14장,주68〉

49) 故天子唯其人. 天下者, 至重也, 非至強莫之能任. 至大也, 非至辨莫之能分. 至衆也, 非至明莫之能和. 此三至者, 非聖人莫之能盡, 故非聖人莫之能王. (「정론(正論)」, 『순자』 권12 : 6쪽)

성인이 왕이 되어 행하는 정치가 곧 왕정(王政)이다. 순자는 왕·패의 구별을 이렇게 논했다.

그러나 공자의 제자는 오척 동자라도 오패(五霸)*를 찬양하는 것을 수치로 여겼는데 그것은 무엇 때문인가? 다름 아니라, 그들은 정치적 교화(政教)를 근본으로 한 것도 아니고, 융고(隆高 : 최고 원칙, 즉 禮義之道)를 받든 것도 아니고, 문리(文理 : 文)**를 궁구한 것도 아니고, 민심을 승복시킨 것도 아니었기 때문이다. 그들은 방침과 책략을 앞세우고 아랫사람들의 노동과 휴식을 주도면밀하게 통제하여 물자를 비축하고 전술을 연마함으로써 적을 전복하고 타도한 이들로서, 기만적인 술책으로 승리했던 것이다. 겸양의 덕목으로 투쟁심을 분장했고 인애를 빙자하여 실리를 추구한, 소인배의 영웅이니, 어찌 위대한 군자의 문하에서 찬양될 수 있었겠는가?

그러나 저 왕자(王者)란 그렇지 않다. 지극히 현명하면서도 기꺼이 못난 사람을 도우며, 지극히 강대하면서도 기꺼이 약자를 관용하며, 싸우면 반드시 전복시킬 수 있더라도 싸우는 것 자체를 수치로 여기며, 의연히 찬연한 덕화를 온 천하에 펼쳐서 강포한 나라들을 저절로 교화시키며, 재앙을 반복하는 경우에만 비로소 주벌했으니, 성왕의 주벌은 아주 드물었다.[50)]

성인이 왕이 되어 행하는 정치가 왕정(王政)이다. 그렇지 않으면 난정(亂政)은 아니더라도 역시 패정(霸政)일 뿐이다. 이것은 맹자의 왕·패 구별과 같다. 그러나 맹자의 왕·패 구별은 동기론에 입각한

---

* 五霸 : 순황에 따르면 오패는 제 환공(齊桓公), 진 문공(晉文公), 초 장왕(楚莊王), 오 합려(吳闔閭), 월 구천(越勾踐)이다. (『신편』II, 363쪽)

** 『신편』II, 404쪽 : 이 문리(文理)는 바로 "묵자는 실용에 치우쳐 형식(文 : 격식)의 가치를 몰랐다(墨子蔽於用而不知文)"〈제5장,주73〉고 할 때의 "문(文)"이다.

50) 然而仲尼之門人, 五尺之豎子, 言羞稱乎五伯, 是何也? 曰, 然, 彼非本政教也, 非致隆高也, 非綦文理也, 非服人之心也. 鄉方略, 審勞佚, 畜積修鬪而能顚倒其敵者也. 詐心以勝矣. 彼以讓飾爭, 依乎仁而蹈利者也. 小人之傑也, 彼固曷足稱乎大君子之門哉! 彼王者則不然. 致賢而能以救不肖 ; 致強而能以寬弱. 戰必能殆之, 而羞與之鬪. 委然成文, 以示之天下, 而暴國安自化矣. 有災繆者, 然後誅之, 故聖王之誅也綦省矣. (「중니(仲尼)」, 『순자』 권3 : 42-43쪽)
[『신편』 : 순황이 말한 정교, 융고, 문리 등은 모두 예 안에 포괄된다. 즉 예는 문화, 도덕 등의 모든 의식형태 측면을 포괄한다.]

주장이었다. 예컨대 왕자(王者)의 왕정(王政)이란 다름 아닌 "남에게 모질지 못하는 마음(不忍人之心)"에서 출발한다고 말했던 것이다. 그러나 순자는 성이 선함을 주장하지 않은 만큼 그것을 바탕으로 왕·패를 구별하지 않았다.*

순자는 왕정 아래서의 인민의 생활상황을 이렇게 서술했다.

> 왕자(王者)가 세금을 차등 부과하고 만사를 바로잡고 만물을 재량하는 것은 만민을 양육하기 위함이다. 들판의 소출은 10분의 1을 세금으로 거두며, 관문과 시내 상가지는 감찰만 하고 세금은 부과하지 않으며, 산림의 채벌과 여울의 통발 등은 절기에 따라 금지하거나 개방하지만 과세하지 않으며, 토지는 등급에 따라 세금을 다르게 부과하며, 운송로의 원근을 고려하여 공물내용을 결정하며, 재물과 곡물을 유통시켜 적체되는 일이 없게끔 상호간에 인원과 물자를 이동시켜 마치 넓은 세상이 한집안 같도록 한다. 따라서 국도 근처 사람들은 각자의 재능을 아낌없이 발휘하고, 먼 지역 사람들은 각자의 노고를 기꺼이 감당한다. 외진 곳, 구석진 곳을 막론하고 모두들 즐거운 마음으로 왕자의 부림에 복종한다. 무릇 이것을 일컬어 인민의 사표라고 하며, 이것이 바로 왕자의 법도이다.[51)]
>
> ○임금이란 공동체(사회)를 잘 경영하는 사람이다. 공동체의 도리가 정당하면 만물은 각기 그 적합성을 획득하고, 육축이 잘 자랄 수 있고, 뭇 생물이 제 명을 다할 수 있게 된다. 따라서 제때에 기르면 육축은 잘 자라고, 제때에 벌목하고 식목하면 초목은 번성하고, 제때에 정령이 발해지면 백성들은 단결하고 어진 인재들은 복종하는데, 이것이 바로 성왕의 제도이다.

---

* 『신편』II, 362쪽 : 순황은 패도(霸) 역시 그런대로 괜찮기는 하지만, 다만 정도상으로 왕도(王)에 비해서 한 단계 아래로서 왕도처럼 그렇게 "순수"하지 못하고, 좀 "난잡"하다고 여겼다. 왕·패는 같은 종류의 것으로서 단지 철저히 나아갔느냐 철저히 나아가지 못했느냐의 문제일 뿐이다. 즉 왕·패의 차이는 정도의 차이이지 종류의 차이가 아니다. 이것이 바로 순황의 왕·패 구별(王霸之辨)인바, 맹가와 다르다. 맹가는 왕·패의 차이는 종류의 차이이며 상호 대립적이다고 여겼다.

51) 王者之等賦政事, 財[財 : 裁]萬物, 所以養萬民也. 田野什一. 關市幾而不征. 山林澤梁, 以時禁發, 而不稅. 相地而衰政. 理道之遠近而致貢. 通流財物粟米, 無有滯留, 使相歸移也. 四海之內若一家. 故近者不隱其能, 遠者不疾其勞. 無幽閒隱僻之國, 莫不趨使而安樂之. 夫是之謂人師, 是王者之法也. (「왕제」, 『순자』 권5 : 15-17쪽)

초목이 무성하게 커나갈 때 벌목을 금지시키면 묘목을 죽이거나 한참 자라는 것을 멸절시키는 일이 없다. 큰 자라, 악어, 물고기, 자라, 미꾸라지, 철갑상어 등이 알을 밸 때와 부화할 때, 그물질하지 않고 독약을 못에 넣지 않으면 새끼들을 죽이거나 어미를 멸절시키는 일이 없다. 봄에 밭 갈고 여름에 김 매고 가을에 거두고 겨울에 갈무리하는 네 가지가 제때에 이루어지면 오곡이 다 잘되어 백성들의 식량이 넉넉하게 된다. 웅덩이, 저수지, 못, 소택지, 내, 늪지에 대해서 개방과 금지를 엄중히 하면 물고기는 풍족하여 백성들의 식용이 넉넉하게 된다. 벌목과 산림녹화를 제때에 알맞게 하면 산림은 벌거벗지 않고 백성들의 재목이 넉넉하게 된다.[52)]

이 내용은 맹자*와 같다. 다만 정전제를 언급하지 않았을 뿐이다.
순자는 탕무의 정주설(征誅說)에 대해서 이렇게 논했다.

세속의 논자들은 말하기를 "걸주(桀紂)가 소유한 천하를, 탕무(湯武)가 찬탈했다"고 하지만, 그것은 그렇지 않다.……

탕무가 천하를 탈취한 것이 아니다. 도를 닦고 정의를 실행하여 천하 공동의 이익을 조성하고 천하 공동의 해악을 제거하자 천하가 그들에게 귀의한 것이다. 걸주가 천하를 저버린 것이 아니다. 각각 우왕(걸왕의 선조)과 탕왕(주왕의 선조)의 덕에 반하고 예의(禮義)의 명분을 어지럽혀, 금수 같은 행동으로 재앙을 쌓고 악행에만 몰두하자 천하가 그들을 저버린 것이다. 천

---

52) 君者, 善群也. 群道當則萬物皆得其宜, 六畜皆得其長, 群生皆得其命. 故養長時則六畜育, 殺生時則草本殖, 政令時則百姓一, 賢良服, 聖王之制也. 草木榮華滋碩之時, 則斤斧不入山林, 不夭其生, 不絶其長也. 黿鼉魚鼈鰌鱣孕別之時, 罔罟毒藥不入澤, 不夭其生, 不絶其長也. 春耕夏耘, 秋收冬藏, 四者不失其時, 故五穀不絶, 而百姓有餘食也. 汚池淵沼川澤, 謹其時禁, 故魚鼈優多而百姓有餘用也. 斬伐養長, 不失其時, 故山林不童而百姓有餘材也. (「왕제」, 『순자』 권5 : 21-22쪽)

* 『맹자』 3 : 5 : 尊賢使能, 俊傑在位, 則天下之士皆悅, 而願立於其朝矣 ; 市, 廛而不征, 法而不廛, 則天下之商皆悅, 而願藏於其市矣 ; 關, 譏而不征, 則天下之旅皆悅, 而願出於其路矣 ; 耕者, 助而不稅, 則天下之農皆悅, 而願耕於其野矣 ; 廛, 無夫里之布, 則天下之民皆悅, 而願爲之氓矣. 信能行此五者, 則隣國之民仰之若父母矣.

『맹자』 1 : 3 : 不違農時, 穀不可勝食也 ; 數罟不入洿池, 漁鼈不可勝食也 ; 斧斤以時入山林, 材木不可勝用也. 穀與漁鼈不可勝食, 材木不可勝用, 是使民養生喪死無憾也. 養生喪死無憾, 王道之始也. 〈제6장,주31〉

하가 귀의한 분이 바로 왕자(王 : 王者)요, 천하가 저버린 자가 바로 패망자이다. 따라서 걸주에게 이미 천하는 없었으니, 탕무가 임금을 시해하지 않았다는 말은 바로 이런 맥락을 따른 것이다.[53)]

순자는 요순의 선양설(禪讓說)에 대해서 이렇게 논했다.

세속의 논자들은 말하기를 "요순이 선양했다"고 하지만, 그것은 그렇지 않다.……

성왕이 이미 돌아가셨으면 천하에는 성인이 없은즉, 진실로 천하를 남에게 줄 수 있는 사람이 없다. 천하의 성덕(聖 : 聖德)이 천자의 아들에게 있으면 천하는 아무 동요가 없고, 조정이 서열을 바꾸거나 국가가 제도를 변경하지 않아도 되는즉, 천하는 여전히 전과 다름이 없게 된다. 성왕이 성왕을 계승한 셈인즉 무슨 변동이 있겠는가? 성덕이 아들에게 있지 않고 삼공(三公)에게 있을 경우에도 역시 천하 사람들은 귀가하듯 귀의하여 마치 다시 한번 분발하듯 하리니, 천하는 여전히 전과 다름이 없게 된다. 성왕이 성왕을 계승한 셈인즉 무슨 변동이 있겠는가? 다만 왕조명과 제도를 변경하는 것이 어려울 뿐이다. 요컨대 천자의 생존시에 천하는 일존(一隆 : 一尊)의 통솔에 의해서 지극히 순리롭게 다스려지고, 각자의 덕망에 따라 관직의 서열이 결정되며, 또한 천자가 죽더라도 천하를 감당할 인물이 반드시 있게 된다는 말이다. 즉 천자는 예의(禮義)의 직분을 다할 뿐이다. 무엇 때문에 선양을 행하겠는가?[54)]

53) 世俗之爲說者曰 : 桀紂有天下, 湯武簒而奪之. 是不然.…湯武非取天下也, 修其道, 行其義, 興天下之同利, 除天下之同害, 而天下歸之也. 桀紂非去天下也, 反禹湯之德, 亂禮義之分, 禽獸之行, 積其凶, 全其惡, 而天下去之也. 天下歸之之謂王, 天下去之之謂亡. 故桀紂無天下, 而湯武不弑君, 由此效之也. (「정론」, 『순자』 권12 : 3–5쪽)

54) 世俗之爲說者曰 : 堯舜擅(同禪)讓. 是不然.……聖王已沒, 天下無聖則固莫足以擅天下矣. 天下有聖而在後子(原無此字, 據兪校增)者, 則天下不離, 朝不易位, 國不更制, 天下厭然, 與鄕無以異也. 以堯繼堯, 夫又何變之有矣. 聖不在後子, 而在三公, 則天下如歸, 猶復而振之矣. 天下厭然, 與鄕無以異也. 以堯繼堯, 夫又何變之有矣. 唯其徙朝改制爲難. 故天子生則天下一隆, 致順而治, 論德而定次. 死則能任天下者必有之矣. 夫禮義之分盡矣, 擅讓惡用矣哉? (「정론」, 『순자』 권12 : 14–16쪽)

즉 탕무의 왕에게 천하의 인민이 스스로 귀의했다는 말이다. 또 요순이 일부러 선양한 것이 아니라, 한 성왕이 죽을 경우 그의 아들 역시 성인이라면 당연히 왕위를 계승하고, 만약 성덕이 아들에게 있지 않고 삼공(三公)에게 있으면 천하는 삼공에게 귀의하므로 요컨대 한 성왕이 죽으면 반드시 천하를 맡을 수 있는 인물이 계승하게 된다는 말이다. 이런 성왕정치의 이상은 맹자와 같다. 다만 맹자는 다시 하나의 하늘(天)이라는 글자를 제시했지만, 순자는 오로지 인사(人事)에 입각하여 논했을 뿐이다.

순자의 정치철학이 맹자와 다른 점은 또 있다. 즉 순자는 인성이 악하다고 여긴 만큼 개인의 성정의 자유를 중시하지 않았고, 따라서 이른바 성왕의 권위는 절대적이어야 한다고 여겼다. 순자는 말했다.

> 천자란 위세와 지위가 지극히 존엄하여 천하무적이다.……천자는 도덕이 완전무결하고 지혜가 매우 밝아 남면하여 천하를 다스리면, 천하의 인민은 분발하여 복종하고 교화에 순응하지 않는 자가 없고, 천하에는 (반대하여) 숨는 선비도 없고 버려진 선인도 없게 된다. 그에 대하여 동조한 자는 옳고 반대한 자는 그르다.[55)]

이것은 묵자의 상동설(尙同說)과 합치한다. 묵자는 꼭 인성이 악하다고 적극 주장하지는 않았지만, 인성에 본래 선단(善端)이 있다고는 여기지 않았던 것이다.

9. 정명

공자[551-479B.C.]는 "정명(正名)"을 말하여, "임금은 임금답고 신하는 신하답고 아버지는 아버지답고 자식은 자식답게"[56)] 하려고

55) 天子者, 勢位至尊, 無敵於天下.……道德純備, 智惠[惠 : 慧]甚明. 南面而聽天下, 生民之屬, 莫不振動從服, 以化順之. 天下無隱士, 無遺善. 同焉者是也, 異焉者非也. (「정론」, 『순자』 권12 : 14-15쪽)

56) 君君, 臣臣, 父父, 子子[Let the ruler be ruler,……]. 〈제4장,주77〉

했다. 맹자[372-206B.C.]는 "아버지도 무시하고 임금도 무시하면 다름 아닌 금수이다"[57]고 말하여, '사람'의 이름을 바루고, 아버지도 무시하고 임금도 무시하는 자를 사람 밖으로 배격했는데, 이 또한 맹자의 정명론이다. 그러나 공·맹의 정명은 다만 도덕적인 착상이었기 때문에 그들의 정명론은 단지 윤리적인 흥취만 있었고 논리적인 흥취는 없었다. 마치 소크라테스[409-399B.C.]가 "귀납법을 써서 정의(定義)를 구한 것" 역시 본래 윤리적인 흥취만 있었던 것과 같다. 플라톤[427-347B.C.]의 이데아론 역시 윤리적인 흥취가 논리적인 흥취보다 더욱 컸다. 아리스토텔레스[384-322B.C.]에 이르러 비로소 순전히 논리를 논한 저작이 나왔다. 순자[298-238B.C.]는 "변자(辯者)"들의 전성시대에 태어났기 때문에 그가 논한 정명은 역시 논리적인 흥취가 매우 컸다.

앞에서 『묵경』이나 『순자』「정명편」 모두 상식을 옹호하고 변자를 논박한 학설이라고 했다(제11장, 제1절). 「정명편」에서 논하는 인식론과 논리학은 그 근본 관점이 『묵경』과 같다. 이제 이것을 『묵경』과 비교하며 논한다.

앞에서 순자의 심리학 중에는 오직 사려할(慮) 수 있고 인식할(知) 수 있는 심(心)과, 추구하여 충족하려는 정욕만 존재한다고 말했다. "지(知)"에 대해서 『순자』「정명편」은 이렇게 말한다.

인간이 가진 인식능력이 지(知)이고, 이 지가 외물과 접촉하는 것이 인식(智)이다.〈주28〉……

형체, 색깔, 무늬는 눈으로 변별하고, 소리의 청탁과 퉁소 연주와 각종 기이한 소리는 귀로 변별하고, 달고 쓰고 짜고 싱겁고 맵고 신 각종 기이한 맛은 입으로 변별하고, 향기, 악취, 꽃내음, 썩은내, 비린내, 노린내 등 산뜻하고 칙칙한 각종 기이한 냄새는 코로 변별하고, 아프고 가렵고 싸늘하고 덥고 매끄럽고 껄끄럽고 가볍고 무거운 느낌 등은 몸으로 변별하고, 쾌활 및 우울과 희·노·애·락·애·오·욕 등은 심(心)으로 변별한다. **심에는 '징지**(徵知 : 심에 의한 변별과 증명을 거친 인식)**가 있는데,** 심이 인상에 의미를 부여해야

57) 無父無君, 是禽獸也. (『맹자』 6 : 9) 〈제6장,주53〉

> 만, **귀로 소리를 알게 되고, 눈으로 형체를 알게 된다.** 그러나 **징지는 반드시 천관**(天官 : 선천적 감각기관)**이 사물을 유에 따라 기록한 연후에야 가능하다. 오관이 기록했지만**(簿) **분류하지 못하고, 심이 증명하려고**(徵) **해도 설명할 수 없는 경우를 일컬어 우리는 '모른다**(不知)**'고 한다.**[58]

『묵경』에 "지(知)는 재능이다"[59]고 했다. 모든 인간에게 있는 인식할 수 있는 재능이 즉 "인간이 가진 인식능력"이다. "지각(知)은 접촉이다."[60] 인식능력인 재능이 인식대상인 사물과 서로 만나면 인식이 생긴다. "지(知)가 외물과 접합하는 것이 인식이다"는 말 역시 이 뜻이다. 인식능력과 인식대상이 상합하면 인식이 생기지만 이 인식은 단지 감각일 뿐이다. 우리가 한 사물을 감각하기만 했다면 엄격히 말해서 아직 인식했다(知)고 말할 수 없다. 『묵경』은 "지는 재능이다", "지각은 접촉이다"는 말 외에 또 "지(恕)는 통찰(明 : 명확한 인식)이다"[61]고 말했다. "지는 통찰이다"의 지는 여기서 말한 "징지(徵知)"에 상당한다. 인간의 인식능력인 재능이 인식대상인 사물과 서로 만나면 그 모습을 감각할 수 있는데, 『묵경』의 이른바 "지(知)가 외물과 서로 접촉하여 그 형상을 모사할 수 있다"[62]는 말이다. 인식대상인 사물의 온갖 상이한 "형체, 색깔, 무늬" 등은 모두 인식능력인 천관(天官)이 감각하는 온갖 상이한 각종 모습들이다. 천관에 대해서 「천론편」은 "이·목·구·비·몸은 각각 [외물과] 접촉하여 서로 상통하거나 상관할 수 없는데 이것이 바로 천관이다"[63]고 했다. 우리의 인식능력인 재능이 외물 즉 인식대상을 만나

58) 所以知之在人者謂之知, 知有所合謂之智.……形體色理以目異. 聲音淸濁, 調竽奇聲, 以耳異. 甘苦鹹淡, 辛酸奇味, 以口異. 香臭芬鬱, 腥臊洒酸奇臭, 以鼻異. 疾癢滄熱, 滑鈹輕重, 以形體異. 說故喜怒哀樂愛惡欲, 以心異. 心有徵知. 徵知則緣耳而知聲可也 ; 緣目而知形可也. 然而徵知必將待天官之當簿其類然後可也. 五官簿之而不知, 心徵之而無說, 則人莫不然謂之不知. (『순자』 권16 : 3-9쪽) [心有徵知 : the mind gives meaning to impressions]

59) 知, 材也. 〈제11장,주28〉

60) 知, 接也. 〈제11장,주29〉

61) 恕, 明也. 〈제11장,주30〉

62) 以其知遇物而能貌之. 〈제11장,주29〉

63) 耳目口鼻形能(王念孫 : '能讀態'), 各有接不相能也, 夫是之謂天官. (『순자』 권11 :

면 그 모습을 감각할 수 있을 뿐더러 그것이 무엇인지를 알 수 있다. 예컨대 한 나무를 보면 그 모습을 감각할 뿐더러 그것이 나무라는 것도 알 수 있다. 이와 같이 할 수 있는 까닭은 우리의 인식능력인 재능 중에 심(心)이 들어 있기 때문이다. 「천론편」은 "심은 텅 비어 있는 상태에서 오관을 다스리는데 그것이 바로 천관이다"[64]고 했다. "심에는 '징지(徵知)'가 있는데", 징(徵)은 증명(證明)의 뜻이다.[65] 우리의 눈이 어떤 나무를 만나 그 형태를 감각하면, 우리의 심은 그것이 나무임을 아는데, 이것이 즉 "징지"의 작용이다. 심에 "징지"가 있어서, "귀로 소리를 알게 되고, 눈으로 형체를 알게 된다." 만약 징지가 없다면 귀, 눈 등의 천관은 인식대상인 사물에 대해서 단지 그 형태만 감각할 수 있을 뿐 그것이 무엇인지는 알지 못한다. 그 나무가 나무임을 아는 것은, 심이 그 개체 사물을 우리가 이미 알고 있는 나무의 유(類) 속에 나열하기 때문이다. 즉 "징지는 반드시 천관이 사물을 유에 따라 기록한 연후에야 가능하다"는 말이다. 만약 우리 경험 속에 본래부터 나무의 유가 없었다면 그 개체 사물이 나무임을 알지 못한다. 즉 "오관이 기록했지만 분류하지 못하고, 심이 증명하려고 해도 설명해낼 수 없는 경우를 일컬어 우리는 모른다고 한다"는 말이다.

이름(名)의 기원과 그 기능에 대해서 『순자』「정명편」은 말한다.

> **이름(名)을 제정하여 실상을 지칭하게 하여, 위로 귀천의 구별을 밝히고**(明貴賤), **아래로 동이를 변별한다**(辨同異). 귀천의 구별이 밝혀지고 동이가 변별되면, **뜻이 전달되지 못할 염려가 없고, 일이 막히고 안 되는 재앙이 없게 된다.** 이것이 바로 이름이 존재하는 목적(所爲有名)이다. 그렇다면 무엇으로부터 같은 것(같은 이름)과 다른 것(다른 이름)이 생기는가? 바로 선천적인 감각기관에서 비롯된다(緣天官).

24쪽) [天官 : 서로 상통하거나 상관할 수 없는 오관들의 각이한 종류의 감각들을 마치 임금처럼 통치하여 종합하는 선천적인 사유기관]

64) 心居中虛, 以治五官, 夫是之謂天官. (『순자』 권11 : 24쪽)

65) 【주】호적(胡適) 선생의 설(說)이다.

무릇 동일한 유, 동일한 실정에 대해서는 [모든 사람의] 천관의 지각(意物) **역시 동일**하기 때문에 누구나 **비슷하게 모사하여 소통한다**[사람들의 지각은 외물을 단지 비슷하게 모사하지만 외물을 공통기반으로 삼고 있기 때문에 인간의 인식은 기본적으로 상통한다/『신편』]. 그렇기 때문에 [모종의 지각에 대해서] 모종의 이름을 붙이기로 함께 약정하여 [상호 이해를] 기약한다. 형체, 색깔, 무늬는 눈으로 변별하고, 소리의 청탁과 퉁소 연주와 각종 기이한 소리는 귀로 변별한다.……이것이 바로 감각기관을 바탕으로 같은 것과 다른 것이 생긴다는(所緣而以同異) 말이다.

그런 연후에 이름은 사물에 부여되는데, 사물이 같으면 이름이 같고, 다르면 이름이 다르다. [하나의 사물을] 한 글자로 나타내기에 충분하면 한 글자(單)로, 한 글자로 나타내기에 충분하지 못하면 두 글자(兼)로 한다. 단명(單名)과 겸명(兼名)이 서로 모순되지 않으면 총괄하는 데에 방해되지 않는다.* 다른 실상의 것들은 다른 이름을 가져야 함을 인식한다면, **다른 실상의 것들은 반드시 다른 이름을 가지도록 하여** 혼란이 없게 한다. 마찬가지로 **같은 실상의 것들은 반드시 같은 이름을 가지도록 한다.**

따라서 만물은 비록 수없이 많지만 때때로 그 전부를 언급하고자 할 경우 물(物)이라고 일컫는다. 물이라는 것은 대공명(大共名)인데, 이것은 총괄하고(共) 또 총괄하여, 총괄할 수 없게 된 연후에 그친다. 때때로 한 측면만을 언급하고자 할 경우 조수(鳥獸)라고 일컫는다. 조수라는 것은 대별명(大別名)인데, 이것은 구별하고(別) 또 구별하여, 구별할 수 없게 된 연후에 그친다.**

---

* 이척생, 516쪽 : 말을 '말'이라고 명명하고, 색깔을 겸하려면 '흰말'이라고 명명하는데, '말'과 '흰말'이 모두 한 사물을 지칭하더라도 둘이 서로 방해되지 않는다.

** 『신편』II, 390-91쪽 : 한 유(類)의 사물을 거론할 때 "공명"을 쓰고, 한 유 가운데 일부의 사물을 거론할 때 "별명"을 쓴다. 한 유의 사물 위에 더 큰 유가 있을 수 있으므로 "공명" 위에 더 큰 "공명"이 있을 수 있는데, **"총괄하고(共) 또 총괄하여 총괄할 수 없게 된 연후에 그친다."** 최대의 "공명"이 바로 "물(物)"이고,……"물"은 바로 최고의 유이다. 한 유의 일부분 중에 또 부분이 있을 수 있으므로, "별명" 아래 또 "별명"이 있을 수 있는데, **"구별하고**(別) **또 구별하여 구별할 수 없게 된 연후에 그친다."** 더 이상 구별할 수 없는 이름에 이르면 그것이 곧 개별 사물의 이름자로서, 예컨대 베이징(北京), 상하이(上海) 등이다. 한 유의 (사물) 이름은 그 위의 "공명"에 대해서는 "별명"이다. 그러나 이런 "별명"은 개체의 이름자와는 다른 만큼 순황은 "대별명(大別名)"이라고 칭했다.…… /이름에 대한 순황의 이런 구별

> **이름 자체에 본래의 합당성이 있는 것이 아니다**(名無固宜). 이름은 약정에 의해서 명명된다. 일단 약정이 확립되어 습속이 된 것이 바로 합당한 이름이다. 약정과 다르면 합당하지 못한 이름이다. **이름 자체에 본래의 실상이 있는 것이 아니다**(名無固實). 약정에 의해서 실상이 결정된다. 약정이 확립되어 습속이 된 것이 바로 실명(實名 : 실질적 이름)이다. 그러나 이름에는 본래 좋은 이름이 있다(名有固善). 평이하여 부르기 쉬운 것이 바로 좋은 이름이다.[66]

"무릇 동일한 유, 동일한 실정에 대해서는 [모든 사람의] 천관의 지각(意物) 역시 동일하다." 우리는 동일한 인류(人類)이므로 동일한 감각기관이 있고 따라서 외물에 대해서 동일한 지식을 가진다. 따라서 "이름을 제정하여 실상을 지칭하게 하여" 상호 각자의 뜻을 전달한다. 실상은 개체이므로, 이름은 개체의 모든 속성들을 지칭할 수 없다. 따라서 이름은 개체에 대해서 단지 "비슷하게 모사하여 소통할" 따름이다. 이름은 실상을 지칭하는 것인 이상, 그 지칭 대상은 반드시 확정적이어야 한다. 동일한 사물이면 동일한 이름으로 지칭하고, 상이한 사물이면 상이한 이름으로 지칭한다. "다른 실상의 것들은 반드시 다른 이름을 가지도록 하고", "같은 실상의 것들은 반드시 같은 이름을 가지도록 한다"면, 이름으로써 "동이를 변별"할 수 있게 된다. 공명(共名 : 유개념)과 별명(別名 : 종개념)의

은 『묵경』과 일치한다. 순황이 말한 "대공명", "대별명"을 『묵경』은 각각 "달명(達名)", "유명(類名)"이라고 했고, 순황이 말한 "구별할 수 없게 된 경우(至於無別)"의 "별명"을 『묵경』은 "사명(私名)"이라고 했다.

66) 制名以指實, 上以明貴賤, 下以辨同異. 貴賤明, 同異別, 如是則志無不喩之患, 事無困廢之禍, 此所爲有名也. 然則何緣而以同異? 曰 : 緣天官. 凡同類同情者, 其天官之意物也同, 故比方之疑似而通, 是所以共其約名以相期也. 形體色理以目異. 聲音淸濁, 調竽奇聲, 以耳異.……此所緣而以同異也. 然後隨而命之, 同則同之, 異則異之. 單足以喩則單, 單不足以喩則兼. 單與兼無所相避則共, 雖共不爲害矣. 知異實者之異名也, 故使異實者莫不異名也, 不可亂也. 猶使異實(楊注云 : "或曰當爲同實.")者莫不同名也. 故萬物雖衆, 有時而欲徧擧之, 故謂之物. 物也者, 大共名也, 推而共之, 共則有共, 至於無共, 然後止. 有時而欲偏(原作徧, 據兪校改)擧之, 故謂之鳥獸. 鳥獸也者, 大別名也, 推而別之, 別則有別, 至於無別, 然後止. 名無固宜, 約之以命. 約定俗成謂之宜, 異於約則謂之不宜. 名無固實, 約之以命實. 約定俗成, 謂之實名. 名有固善, 徑易而不拂, 謂之善名. (『순자』 권16 : 6-11쪽)

구분은 일반 논리학 책에 나오는 "포르피리오스 나무"로 표시할 수 있다. 그 "나무"는 이렇다.

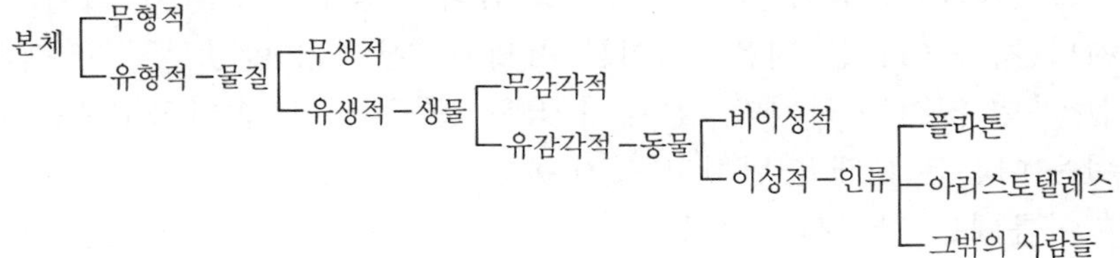

이것은 서양의 고대 논리학자 포르피리오스(233-305)가 만들었는데, 유와 종의 관계를 설명한 것이다. 순자의 술어로 말하면 이중의 "본체(本體)"는 최대의 공명(共名)으로서, 그 위로는 "총괄할(共) 것이 없다." "인류"는 최소의 별명(別名)으로서, 그 아래로 "구별할(別) 것이 없다." "물질", "생물", "동물" 등의 경우는 그 위의 것에 대해서는 별명이 되고 그 아래의 것에 대해서는 공명이 된다.

사물을 지칭하는 이름의 효용은 동이(同異)의 변별에 있다. 사회적으로 사람과 사람 사이의 각종 관계를 지칭하는 이름은 그 효용이 귀천의 구별에 있다. 예컨대 임금, 신하, 아버지, 아들 등의 이름은 모두 이 사람의 저 사람에 대한 관계를 가리키는 것이다. 공자가 말한 정명(正名)은 오로지 이런 이름들을 바룬 것으로서, 임금된 자는 반드시 임금이라는 이름에 부합하고, 신하된 자는 반드시 신하라는 이름에 부합하게 하려는 것이었다. 순자는 유가의 전통적 정신을 이어받은 만큼 그가 말한 정명은 논리적인 의미 외에 아직 윤리적인 의미도 있다. 따라서 "위로 귀천의 구별을 밝히고, 아래로 동이를 변별한다"고 말했다.

"이름 자체에 본래의 합당성이 있는 것이 아니다"고 함은 최초에 어떤 이름이 어떤 실상을 지칭하도록 이름을 지을 때 본래 사람들이 임의로 약정했다는 말이다. 사람들은 서로 개 이름을 개라고 약정했는데, 처음 이름을 지을 때 본래 말 이름을 개라고 약정할 수도 있었다. 이른바 "이름 자체에 본래의 합당성이 있는 것이 아니고", "이름 자체에 본래의 실상이 있는 것이 아니다"는 말이다. 그러나 이미 약정되어 사람들이 아무 이름을 아무 실상을 지칭하는 데에 쓰는 일이 이미 습속이 되었다면, 바로 이름에 본래의 합당성이 생기고 본래의 실상이 있는 것이므로 임의로 함부로 고칠 수 없다. 그러나 처음 이름을 지을 때 이름 자체에 "본래의 합당성", "본래의 실상"이 없기는 하지만 "본래의 좋은 것"은 있다. 순탄하고 부르기 쉬운 이름은 본래 순탄하고 쉽지 못한 것보다 좋다.

이름에는 반드시 일정한 의미가 있어야 비로소 "뜻이 전달되지 못할 염려가 없고, 일이 막히고 안 되는 재앙이 없게 된다." 통일하기 위해서 모든 이름은 정부로부터 제정되어야 하고, 제정된 뒤에는 인민이 마음대로 바꿀 수 없다. 「정명편」은 말한다.

> 따라서 왕자(王者)가 이름을 제정하면 이름은 고정되고 실상은 변별된다. 그리하여 그들의 원칙은 실행되고 그들의 의지는 관철될 수 있다. 그리하여 그들은 신중하게 인민을 계도하여 통일시킨다. 따라서 함부로 말들을 분석하고 새 말들을 만듦으로써 정명(正名 : 바른 이름 체계)을 혼란시켜 인민을 의혹에 빠뜨리고 사람들 사이에 시비(송사)를 야기시키는 행위는 바로 크나큰 사악(大姦)이다. 그 죄는 부절과 도량형 위조의 죄와 같은 것이다. 그러므로 인민은 아무도 감히 궤변에 의탁하여 정명을 어지럽히지 않는다. 그리하여 인민이 순박해지면 국가에 기꺼이 복무할 것이고, 기꺼이 복무하면 국가적 과업을 성취할 수 있다. 인민이 아무도 감히 궤변에 의탁하여 정명을 어지럽히려고 하지 않기 때문에 한결같이 법에 복종하고 삼가 정령에 순종한다. 이와 같으면 국가적 역량은 탄탄대로이다. 역량의 탄탄함과 과업의 성취가 곧 정치의 극치이다. 이것이 바로 약정된 이름에 삼가 고수한 효과이다. ……만약 참된 왕이 홍기하면 반드시 옛 이름을 준수하는 한편 새 이름을 만들 것이다.[67]

67) 故王者之制名, 名定而實辨, 道行而志通, 則愼率民而一焉. 故析辭擅作名, 以亂正名, 使民疑惑, 人多辨訟, 則謂之大姦, 其罪猶爲符節度量之罪也. 故其民莫敢託爲奇辭, 以亂正名. 故其民慤, 慤則易使, 易使則功(原作公, 依顧校改). 其民莫敢託爲奇辭, 以亂正名. 故壹於道法, 而謹於循令矣. 如是則其迹長矣. 迹長功成, 治之極也. 是謹於守名約之功也.……若有王者起, 必將有循於舊名, 有作於新名. (『순자』 권16 : 4-5쪽)

지식이 늘어나면 이름도 늘어나야 한다. 일단 이름이 생기면 그것을 써서 말하고 논변하여 심중의 뜻을 전달할 수 있다. 「정명편」은 말한다.

> 이름을 들으면 그 실상이 전달되는 것이 이름의 효용이다. 이름을 합하여 문장을 이루는 것이 이름의 나열법(麗)이다. 효용과 나열법을 다같이 터득해야 이름을 아는 것이다. 이름이란 서로 다른 실상(異實)을 표시하는 것이다. 명제(辭)란 **서로 다른 "실상"의 "이름들"을 연계하여 하나의 의미를 설명하는 것이다.** 변설이란 **이름과 실상에 대해서 일관된 주제를 가지고 동적이고 정적인 측면에서의 법칙을 논구하는 것이다.** 남을 이해시키는 것이 "변설"의 작용이다. 변설이란 [분석하고 연구하는] 심(心)의 형상과 도(道)이다. 심은 도의 교묘한 주재자이고, 도는 정치의 보편적인 원칙이다.
>
> 심의 인식은 "도"와 상합하고, 수립한 "설"은 심의 인식과 상합하고, 모든 명제는 주제와 상합하며, 사용한 명사는 모두 정확히 [사물을] 표시할 수 있고, 참모습을 나타내어 이해하기 쉽고(質請而喩), **분석이 그릇되지 않고 유추가 모순되지 않으며, 남의 말을 듣고 합리적인 부분을 흡수하며, 논변하면 모든 논거를 밝힐 수 있다.** 그리하여 **마치 먹줄로써 곡직(曲直)을 바로잡듯 정도(正道)로써 간교한 학설을 변별**하기 때문에, 사설(邪說)이 횡행할 수 없고 백가(百家)는 달아날 데가 없게 된다……이것이 바로 성인의 변설이다.[68)]

사(辭 : 명제)는 "서로 다른 실상의 이름들을 연계하여 하나의 의미를 설명하는 것"으로서, 예컨대 "사람은 동물이다"는 언표 따위이다. 즉 『묵자』 「소취편(小取篇)」에서 "사로써 의미(판단)를 표현한다"[69)] 할 때의 사이다. 어떤 사물에 대해서 상세히 토론하는 것이

---

68) 名聞而實喩, 名之用也. 累而成文, 名之麗也. 用麗俱得, 謂之知名. 名也者, 所以期累(當作異/『신편』)實也. 辭也者, 兼異實之名, 以論(王念孫云 : "論當爲諭字之誤." /『신편』은 '論' 그대로)一意也. 辨說也者, 不異實名, 以喩動靜之道也. 期命也者, 辨說之用也. 辨說也者, 心之象道也. 心也者, 道之工宰也. 道也者, 治之經理也. 心合於道, 說合於心, 辭合於說, 正名而期, 質請而喩, 辨異而不過, 推類而不悖, 聽則合文, 辨則盡故, 以正道而辨姦, 猶引繩以持曲直. 是故邪說不能亂, 百家無所竄.……是聖人之辨說也. (『순자』 권16 : 14-16쪽) 〈제11장,주54〉

69) 以辭抒意. 〈제11장,주53〉

변설(辯說)이다. 예컨대 「예론편」은 예에 대해서 상세히 토론한 것인데, 이른바 "이름과 실상에 대해서 일관된 주제를 가지고 동적이고 정적인 측면에서의 법칙을 논구한 것이다." "질청이유(質請而喩)" 구절에 대해서, 왕념손(王念孫)은 "청(請)은 정(情)으로 읽고, 정은 실정(實)이다" 했다. 변설할 때 사용하는 이름이 바르면 제시하는 실상도 파악된다. 또 "분석이 그릇되지 않고 유추가 모순되지 않으며, 남의 말을 듣고 합리적인 부분을 흡수하며, 논변하면 모든 논거를 밝힐 수 있는데", "마치 먹줄로써 곡직을 바로잡듯 정도로써 간교한 학설을 변별하는" 것이다. "유추가 모순되지 않는다"와 "논변하면 모든 논거를 밝힐 수 있다"는 두 점은 『묵자』「소취편」에서 더욱 자세히 논했는데, 순자는 언급만 했다.

순자는 당시의 여러 학파(諸家)의 학설들을 모두 논박했다. 「정명편」은 정명(正名)의 관점에서 그가 오류(誤謬)로 인식한 당시의 유행 학설을 세 종류로 분류했다. 첫째 종류는 다음과 같다.

> "모욕당함은 수치가 아니다(見侮不辱)."
> "성인은 자기를 사랑하지 않는다."
> "도적을 죽이는 것은 사람을 죽이는 것이 아니다."
> 이것들은 이름으로써 이름을 교란시킨 오류(惑於用名以亂名者)이다. 이름이 존재하는 이유를 검토하고, [사람들이] 이름을 어떻게 생각하는지를 고찰하면 이런 오류는 금할 수 있다.[70]

"모욕당함은 수치가 아니다"는 송경[과 윤문/『신편』]의 학설이다. "성인은 자기를 사랑하지 않는다. 도적을 죽이는 것은 사람을 죽이는 것이 아니다"는 묵학도의 학설이다. 『묵자』「대취편(大取篇)」에 "사람 사랑에는 자기가 배제되지 않는즉 자기도 사랑의 대상 속에 들어 있다. 자기가 사랑의 대상 속에 들어있으므로 사랑은 자기에게 베풀어진다. 합당한 자기 사랑이 곧 사람 사랑이다"[71]고 했는데,

70) 見侮不辱, 聖人不愛己, 殺盜非殺人也. 此惑於用名以亂名者也. 驗之所以(王引之曰 : 以字衍/『신편』)爲有名, 而觀其孰行, 則能禁之矣. (『순자』 권16 : 12쪽)

71) 愛人不外己, 己在所愛之中. 己在所愛, 愛加於己, 倫列之愛己, 愛人也. (『묵자』

여기서 "합당한 자기 사랑"이 곧 "사람 사랑"이기 때문에 "성인은 자기를 사랑하지 않는다"고 했던 것이다. 그러나 "모욕을 당한다(見侮)"는 이름의 내포에는 수치를 당한다(見辱)는 뜻이 들어 있고, "도적"이라는 이름의 내포에도 사람의 뜻이 들어 있고, "자기(己)"라는 이름과 "사람(人)"이라는 이름의 내포와 외연은 각각 다르다. 이제 "모욕당함은 수치가 아니다. 도적을 죽이는 것은 사람을 죽이는 것이 아니다. 자기 사랑이 곧 사람 사랑이다"고 한다면 "이름으로써 이름을 교란시킨" 경우이다. 이 여러 이름들이 이 이름들이 된 까닭을 고찰하라. 즉 "모욕을 당한다"는 이름의 내포 속에 수치를 당한다는 뜻이 있는지의 여부와 "도적"이라는 이름의 내포 속에 사람이라는 뜻이 있는지의 여부를 고찰하라. 또 "사람"과 "자기"라는 이름의 내포와 외연을 비교하면, 곧 그렇게 말한 사람들의 잘못 여부를 알 수 있다.

둘째 종류는 다음과 같다.

> "산과 못은 수평이 같다."
> "본심은 조금 욕망한다."
> "육식이 더 맛있는 것은 아니다."
> "음악이 즐거움을 보태는 것은 아니다."*

권11 : 5쪽)

[『신편』II, 394쪽 : 애인(愛人)의 "인(人)"이, 인류를 지칭하면 "자기"도 물론 그 속에 들어 있지만, "자기"와 상대적인 "남(人)" 즉 "다른 사람"을 지칭하면 "자기"는 그 속에 포함될 수 없다. 이 두 가지 "인(人)"은 글자는 똑같지만 지칭하는 개념은 다르다. 개념이 다른 "이름"은 표면상으로는 똑같더라도 실제상으로는 별도의 "이름"이다. 별도의 "이름"으로써 원래 존재하는 "이름"을 교란시킨 것이 즉 "이름으로써 이름을 교란시킨 오류"이다.]

* 『신편』II, 394쪽 : 개별적인 정황에 의하면 예컨대 해발이 낮은 지방의 산은 해발이 높은 지방의 산의 못과 수평이 같을 수 있다. 또 개인에 따라서는 본심(정욕)이 조금 욕망하고 많이 욕망하지 않는 사람도 있고, 또 육식이나 음악감상을 좋아하지 않는 사람도 있다. 하지만 일반적인 정황을 말하자면 산은 어쨌든 못보다 높고, 인간의 정욕은 어쨌든 많이 욕구하고 조금 욕구하지 않으며, 인간은 어쨌든 육식과 음악감상을 즐긴다. 이름이 개괄하는 것은 일반적인 것이지만, 구체적인 사실은 개별적인 것이다. 이 궤변들은 개별적인 예외를 가지고 일반법칙을 반박

이것들은 실상으로써 이름을 교란시킨 오류(惑於用實以亂名者)이다. 감각기관을 통해서 사물간의 동이점을 직접 관찰하여 무엇이 사실에 부합한지를 고찰하면, 이런 오류는 금할 수 있다.[72]

"산과 못은 수평이 같다"고 함은 혜시가 말한 "산은 못과 수평이 같다"[73]는 말이다. "본심은 조금 욕망한다"는 송경[과 윤문/『신편』]의 학설이다. "육식이 더 맛있는 것은 아니고, 음악이 즐거움을 보태는 것은 아니다"는 아마 당시 묵학도들이 행한 논변으로서, 육식은 본래 더 맛있는 것이 아니고 음악은 본래 즐거움을 보태는 것이 아니다고 하여 그들의 절용(節用)과 비락(非樂)의 학설을 옹호한 것인 듯하다. 개개 "실상"의 측면에서 보면 산도 낮다고 할 수 있는 것이 있고, 못도 높다고 할 수 있는 것이 있다. 고지대에 있는 못은 때로 저지대의 산과 수평이 같을 수도 있고, 어떤 이들의 정욕(본심)은 때로 조금 욕망할 때도 있고, 육식은 때로 어떤 이들에게는 더 맛있는 것이 아닐 경우도 있고, 음악은 때로 어떤 이들에게는 즐거움을 보태주지 못할 경우도 있다. 그러나 그렇다고 해서 산은 모두 못과 수평이 같고, 인간의 본심(정욕)은 모두 조금 욕망하고, 육식은 모든 사람들에게 더 맛있는 것이 아니고, 음악은 모든 사람들에게 즐거움을 보태주지 못한다고 말하는 것은, 개별 실체에게 때로 있는 특수사정을 그 이름이 지칭하는 같은 유의 사물의 공통사정으로 간주한 것이다. 이것은 이른바 실상으로써 이름을 교란시킨 경우이다. 우리가 천관(天官)을 통해 산이 모두 못과 수평이 같은지를 직접 관찰하고, 우리의 경험에서 정욕은 조금 욕망하는지의 여부와 육식이 더 맛있는지의 여부, 음악이 즐거움을 보태주는지의 여부를 살핀다면 이런 설을 주장한 자들의 잘못 여부를 알 수 있다.

한 것이고, "단편(偏)"을 가지고 "전체(全)"를 개괄한 것이므로, 이름의 외연의 모종의 특수정황("實")을 가지고 이름의 내포의 의미("名")를 왜곡한 것들이다. 이들은 모두 "실상으로써 이름을 교란시킨 오류"이다.

72) 山淵平, 情欲寡, 芻豢不加甘, 大鐘不加樂, 此惑於用實以亂名者也. 驗之所緣無(郭云 : 無字衍文)以同異, 而觀其孰調, 則能禁之矣. (『순자』 권16 : 12-13쪽)

73) 山與澤平. 〈제9장,주26〉

셋째 종류는 다음과 같다.

> "비이알영(非而謁楹)." "우마는 말이 아니다."*
>
> 이것들은 이름으로써 실상을 교란시킨 오류(惑於用名以亂實者)이다. 이름이 약정되어 [습속을 이루어] 일반 사람들이 받아들이는 용법을 살펴보고 이런 궤변의 교란을 지적하기만 하면, 이런 오류는 금할 수 있다.[74)]

"비이알영"과 "우마는 말이 아니다"는 모두 『묵경』에 나온다. 전자는 의미가 미상이다. "우마는 말이 아니다" 함은, "우마"라는 이름은 소와 말을 포괄하기 때문에, 소도 아니고 말도 아니다고 할 수 있다는 것이다. 이 조목은 앞에서 이미 상론했다.〈제11장,주91〉 순자에 따르면 우마 속에는 말이 있으므로 우마는 말이 아니다 함은, 이름으로써 실상을 교란시킨 경우이다. 이름에 대한 원래의 약정을 고찰하여 말을 말이라고 여기는지의 여부를 고찰하라. 만약 말을 말이라고 여긴다면 이런 주장을 한 자들의 잘못을 알 수 있다.

앞에서, '우마는 말이 아니다'는 『묵경』의 조목은 공손룡과 『묵경』의 관점의 근본적인 차이를 나타낸다고 말했다. 『묵경』은 한편으로 우마는 소가 아니다고 하면서 또 한편으로 우마는 소가 아니다고 할 수도 없다고 했다. 이 설은 '흰말은 말이 아니다'는 공손룡의 학설보다 상식에 더 가깝다. 이 세 종류의 학설에 대한 순자의 반박은 더욱더 순전히 상식에 입각하고 있다.

순자는 그가 오류라고 인식한 이와 같은 학설들에 대처하면서, 더욱 단도직입적인 방법을 제시했다. 「정명편」은 계속 말한다.

> 무릇 사특한 학설(邪說)과 그릇된 주장은, 정도를 벗어나 멋대로 조작된

---

* 『신편』II, 395쪽 : 하나의 마소 무리는 "이름"의 측면에서 보면 하나의 "마소 무리"이다. 따라서 이미 말도 아니고 소도 아니다. 그러나 "실상"의 측면에서 보면 그 속에는 말도 있고 소도 있다. 만약 이 무리의 이름이 "마소 무리"라고 해서 그 속에 말도 있을 수 없고 소도 있을 수 없다고 한다면, 이는 바로 "전체"로써 "부분"을 부정한 것이므로, 이름이 내포하고 있는 추상적 뜻을 가지고 이름의 외연의 실제 상황을 왜곡한 것이다. 즉 "이름으로써 실상을 교란시킨 오류"이다.

74) 非而謁楹, 有牛馬非馬也. 此惑於用名以亂實者也. 驗之名約, 以其所受, 悖其所辭, 則能禁之矣. (『순자』 권16 : 13쪽) [非而謁楹 : 묵경에는 '若矢過楹'으로 되어 있다]

> 것들인데, 이 세 가지 오류 중의 하나로 분류되지 않는 것은 없다.* 따라서 현명한 군주는 그의 본분을 깨닫고 더불어 논변하지 않는다. 무릇 **일반 백성은 도로써 통일시키기는 쉬워도 더불어 이치**(故 : 원인, 원리)**를 논할 수는 없다.** 따라서 현명한 군주는 위세로써 군림하고, 도로써 계도하고, 칙명으로써 천명하고, 의론으로써 밝히고, 형벌로써 금지시킨다. 그런 까닭에 백성들은 귀신같이 도에 교화된다. 여기에 변설 따위가 무슨 필요가 있겠는가?
>
> 이제 성왕은 이미 돌아가셨고 천하는 혼란하여 간교한 주장이 일어났으나, 군자에게 군림할 권세가 없고 금지시킬 형벌권이 없기 때문에 변설을 행하는 것이다. 실상을 이해시킬 수 없을 때 [이름을] 명명하고(命), 명명으로써 이해시킬 수 없을 때 판단을 내리며(期), 판단으로써 이해시킬 수 없을 때 논증하며(說), 논증으로써 이해시킬 수 없을 때 논변한다(辨). 따라서 판단, 명명, 논변, 논증이란 실제로 활용의 중요 형식이자 왕업의 기점이다.[75]

"일반 백성은 도로써 통일시키기는 쉬워도 더불어 이치를 논할 수는 없다." '이치'란 사물의 그러한 까닭(所以然)을 말한다. 이 말은 공자가 말한 "백성은 따라오게 할 수 있을지언정 깨우칠 수는 없다"[76]는 뜻이다. 이사는 순자의 제자였다. 순자의 이 말을 보면 진시황과 이사의 사상통일 정책의 이론적인 근거를 알 수 있다.

* 『신편』II, 395쪽 : 논리학적 용어로, 이 세 종류는 바로 애매어(偸換槪念), 섣부른 일반화(以偏概括全), 전체로 인한 부분의 부정(以全否認偏)이다.

75) 凡邪說辟言之離正道而擅作者, 無不類於三惑者矣. 故明君知其分而不與辨也. 夫民易一以道, 而不可與共故. 故明君臨之以勢, 道之以道, 申之以命, 章之以論, 禁之以刑. 故其民之化道也如神, 辨說(原作勢, 據盧校改)惡用矣哉? 今聖王沒, 天下亂, 姦言起, 君子無勢以臨之, 無刑以禁之, 故辨說也. 實不喩然後命, 命不喩然後期, 期不喩然後說, 說不喩然後辨. 故期命辨說也者, 用之大文也, 而王業之始也. (『순자』 권16 : 13-14쪽)

76) 民可使由之, 不可使知之. (『논어』 8 : 9)

제13장
한비와 기타 법가

1. 법가의 학설과 당시의 사회, 정치, 경제 각 방면의 추세

유묵(儒墨)과 노장(老莊)은 각기 정치사상이 있다. 이 학파들의 정치사상은 서로 같지는 않지만 모두 인민의 관점에서 정치를 논했다. 오로지 군주와 국가의 관점에서 정치를 논한 사람을 당시에는 법술지사(法術之士)라고 불렀고〈주54〉, 한대에는 법가(法家)라고 불렀다. 법가의 학설은 제(齊)와 삼진(三晉 : 韓, 魏, 趙)에서 성행했다. 제나라 환공(桓公 : 재위 685-643B.C.)과 진나라 문공(文公 : 재위 637-628B.C.)은 모두 한 시대의 패주(霸主)였고, 제나라와 진나라 양국의 정치적 혁신과 진보 역시 반드시 상당한 성과가 있었을 것이기 때문에, 당시 현실의 정치추세를 이론화하여 스스로 일파의 정치사상을 완성할 수 있었던 사람들은 주로 제와 삼진 사람이었다.

춘추전국시대에 귀족정치가 붕괴한 결과, 한편으로 평민은 해방되었고 한편으로 군주는 권력을 집중했다. 당시 현실의 정치추세는 귀족정치에서 군주전제정치로, 인물정치(人治)와 예치(禮治)에서 법치(法治)로 향하고 있었다. 대체로 원래의 봉건정치제도하에서는 이른바 일국(一國)의 국토면적은 본디 매우 협소했고, 일국은 다시 몇몇 "가(家)"로 나누어졌다. 일국 내의 귀족들은 "어기거나 저버리지 않고 전통제도를 따랐으니",[1] 소위 예(禮)로써 국(國)·가(家)

1) 不愆不忘, 率由舊章. [「대아(大雅)」「가락(假樂)」, 『시(詩)』] 〈제6장,주15〉

의 업무를 다스렸던 것이다. 농노의 경우는 오직 주인의 명령에 복종하고 혹사의 대상일뿐이었다. 당시의 귀족은 위의(威儀 : 위엄과 거동)를 지극히 중시했다. 『좌전(左傳)』 양공(襄公) 31년[542B.C.], 위(衛)나라의 북궁문자(北宮文子)는 말했다.

> 『시』에 이르기를
> "위의(威儀)에 삼가고 신중할지니,
> 백성들의 법도가 되기 때문이다."
> 했습니다.……**서려 있는 위엄이 두려움을 자아내는 것**을 위(威 : 위엄)라고 하고, **배어 있는 자태가 모범이 될 만한 것**을 의(儀 : 거동)라고 합니다. 임금이 임금의 위의를 지니면 신하가 경외하여 받들고 준칙으로 본받을 것이기 때문에, 국가를 보존하고 명성을 후세에 길이 남길 수 있습니다. 신하가 신하의 위의를 지니면 아랫사람들이 경외할 것이기 때문에 자신의 관직을 유지하고 가문을 보호하고 가정을 화목하게 할 수 있습니다. 이런 질서에 따라 아랫사람들 모두 그러할 것이므로 위아래를 공고히할 수 있습니다.[2)]

또 성공(成公) 13년[578B.C.], 유강공(劉康公)은 말했다.

> 듣건대, 사람은 천지의 중화의 기운(中 : 中和之氣)을 얻어 탄생하며 그것이 바로 명(命)이라고 합니다. 그러므로 동작(動作)과 예의(禮義)와 위의(威儀)의 준칙을 수립함으로써 명(命)을 안정시킵니다. 현능한 자는 그것들을 잘 보존하여 복을 얻고 그렇지 못한 자는 그것들을 그르쳐 화를 당합니다. 그러므로 군자는 예법에 힘쓰고 소인은 일에 힘씁니다. 예법에 힘쓰는 데에는 공경함이 제일이고, 일에 힘쓰는 데에는 독실함이 제일입니다. 공경은 신령을 받드는 데에 있고, 독실은 본분에 안주하는 데에 있습니다.[3)]

---

2) 『詩』云 : "敬愼威儀, 維民之則."……有威而可畏謂之威 ; 有儀可象謂之儀. 君有君之威儀, 其臣畏而愛之, 則而象之, 故能有其國家, 令聞長世. 臣有臣之威儀, 其下畏而愛之, 故能守其官職, 保族宜家. 順是以下皆如是 ; 是以上下能相固也. (『좌전』, 1194쪽)

3) 吾聞之民受天地之中以生, 所謂命也. 是以有動作禮義威儀之則, 以定命也. 能者養以取福, 不能者敗以取禍. 是故君子勤禮, 小人盡力. 勤禮莫如致敬, 盡力莫如敦篤. 敬在養神, 篤在守業. (『좌전』, 860-61쪽)

당시에는 소위 국가사회의 범위가 좁은 만큼 조직도 간단했다. 따라서 사람과 사람의 관계는 임금과 신하, 주인과 노예 사이를 막론하고 모두가 직접적이었다. 따라서 귀족들은 귀족에 대해서는 예를 갖추면 합당한 관계를 유지할 수 있었고, 농노에 대해서는 오직 "서려 있는 위엄이 두려움을 자아내고, 배어 있는 자태가 모범이 되기만" 하면 곧 "풀 위를 지나는 바람"[4]이 될 수 있었다. 귀족정치가 점차 파괴되자, 한편으로는 일국의 군권(君權)이 점차 커지자 각국의 세습군주(舊君) 혹은 한두 귀족들은 점차 정권을 나라의 중앙에 집중시켰다. 또 한편으로는 인민은 점차 독립하고 자유롭게 되고, 국가사회의 범위는 넓어지고 조직은 날로 복잡해짐에 따라, 사람과 사람의 관계 역시 날로 소원해졌다. 즉 "인물로써 사람을 다스리던"[5] 방법의 실행은 자연히 곤란해졌다. 따라서 당시 여러 나라들은 차차 법률을 반포했다. 예컨대 정(鄭)나라 자산(子産)은 형서(刑書 : 형법 조문)를 제작했고,[6] 진(晉)나라는 형정(刑鼎 : 형법 조문을 새긴 솥)을 주조하여 "거기에 범선자가 만든 형서를 새겼는데",[7] 모두 이런 추세의 표현이었다. 정이 형서를 제작했을 때 숙향(叔向)이 반대하자〈제3장,주51〉, 자산은 "세상을 구제하기 위해서이다"[8]고 대답했는데, 아마 자산은 당시에 그 필요성을 절감했을 것이다. 진이 형정을 제작했을 때, 공자(孔子)는 이렇게 비평했다.

> 진(晉)은 아마 망할 것이다. 법도(度)를 상실했기 때문이다. 진은 마땅히 당숙(唐叔 : 주 무왕의 아들로, 晉의 시조)이 물려준 법도를 준수하여 인민을 다스리고, 경대부(卿大夫)들은 그들의 서열을 바탕으로 그것을 옹호해야, 인민들은 귀인(통치자)을 존경할 줄 알고 귀인들은 저마다의 직분을 유지할 수 있다. 귀천의 분별이 혼란되지 않는 것이 이른바 법도라고 할 수 있다.…… 그런데 이제 그런 법도를 폐기하고 형정을 주조했은즉, 인민의 관심이 형정

---

4) 草上之風. [『논어(論語)』 12 : 19]〈제4장,주81〉
5) 以人治人. [「중용(中庸)」, 『예기(禮記)』]〈제14장,주101〉
6) 「소공(昭公)」 6년, 『좌전』, 1274쪽.〈부록3,주1〉
7) 著范宣子所爲刑書焉. (「소공」 29년, 『좌전』, 1504쪽)〈부록3,주2〉
8) 吾爲救世也. [『좌전』, 1277쪽. 爲는 원래 以.]

> 에만 있게 되면, 무엇으로 통치자의 권위가 서겠으며, 무엇으로 통치자는 직분을 유지할 수 있겠는가? 이처럼 귀천의 질서가 무너진다면 어떻게 국가를 다스릴 수 있겠는가?[9)]

숙향과 공자의 말은 당시의 비교적 보수적(守舊的)인 인물의 견해를 대표한다. 그러나 이런 보수적인 의견으로 당시 현실의 정치적 추세가 변화될 수는 없었다. 그런 추세는 바로 사회 경제조직의 변화로 발생한 결과였기 때문에, 일부 사람들의 견해로 저지될 수 있는 바가 아니었다.

공자의 정치적 견해는 보수적이기는 했어도, 다른 면에서 그는 당시에 새로운 인물이었다. 공자가 유세와 강학의 풍기를 열자, 마침내 생산에 종사하지 않고 오로지 유세와 강학만을 일삼는 사람들이 늘어났다. 제나라의 직하(稷下)에는 "수백, 수천 명"[10)]이 있었고, 그밖에 맹상군, 신릉군 같은 공자(公子)나 경상(卿相)은 저마다 "선비(士 : 식객)"를 수천 명씩 양성했다. 그중에는 소위 "사이비(混子)"들도 물론 많았다. 귀족계급이 무너지자 선비계급이 일어났는데, 그것은 유묵(儒墨)이 현자 숭상(尙賢)을 제창한 결과였다고 할 수 있다. 군주나 국가의 관점에서 보면, 의론만 내놓기 좋아하고 책임은 회피하는 이들 지식계급은 심히 미움받을 만했다. 또한 일반 인민들은 이처럼 생산하지 않고 오직 소비만 하는 신귀족계급에 끼기 위해서 투쟁했는데, 여기에 끼지 못한 자들은 질투와 증오의 마음을 품을 수밖에 없었다. 『노자(老子)』는 "현자를 숭상하지 않으면 인민들 사이에 다툼이 없어진다"[11)]고 했고, 순자는 각 학파의 논변에 대해서 "위세로써 군림하고, 도로써 계도하고, 칙명으로써 천명하고, 의론으로써 밝히고, 형벌로써 금하려고"[12)] 했다. 이런 주장

9) 晉其亡乎! 失其度矣. 夫晉國將守唐叔之所受法度, 以經緯其民, 卿大夫以序守之. 民是以能尊其貴 ; 貴是以能守其業. 貴賤不愆, 所謂度也.……今棄是度也, 而爲刑鼎. 民在鼎矣, 何以尊貴? 貴何業之守? 貴賤無序, 何以爲國? (「소공」 29년, 『좌전』, 1504쪽)
10) 數百千人. 〈제7장,주4〉
11) 不尙賢, 使民不爭. (『노자』3장) 〈제8장,주94〉
12) 臨之以勢, 道之以道, 申之以命, 章之以論, 禁之以刑. 〈제12장,주75〉

은 각각 그 전제가 다르기는 하지만 역시 모두 시폐(時弊)를 겨냥한 말들이었다.

『상군서(商君書)』「개색편(開塞篇)」(開塞 : 폐색된 길의 소통)은 말한다.

천지가 형성되고 사람이 생겼다. 이 원시시대에 사람들은 어머니만 알았지 아버지는 몰랐다. 그들의 도덕원칙은 친친(親親 : 친족을 친애)과 이기주의의 애호였다. 친족만 친애하여 [친소의] 분별이 생겼고, 이기주의를 애호하여 부정이 생겼다. 인구가 증가하고 분별과 부정만 일삼게 되자 세상은 혼란해졌다. 이 시대에는 인민들은 오직 상대를 제압하는 데에 힘쓰고 재물의 쟁탈에 진력했다. 제압하는 데에 힘쓰니 투쟁이 생겼고, 재물의 쟁탈에 진력하니 송사[訟事]가 생겼다. 그러나 송사에 바른 판결기준이 없어서 인민은 저마다의 천성을 다 발휘할 수 없었다. 따라서 현자(賢者)가 중정(中正 : 공명정대)의 원칙을 수립하고 이기주의를 없애자 인민은 인(仁)을 환호했다. 이때에는 친친의 원칙이 폐기되고 상현(上賢 : 현자숭상)의 원칙이 수립되었다.

무릇 인자(仁者)는 사랑의 실천에 힘썼고, 현자(賢者)는 **주장을 경쟁적으로 제시하는 것을 원칙으로 삼았다.** 인구는 증가하고 적절한 제재가 없는 상태에서 **오랫동안 주장을 경쟁적으로 제시하는 것을 원칙으로 삼자 결국 혼란이 발생했다.** 따라서 성인은 이런 세태를 이어받아 토지와 재화와 남녀의 분별을 제도화했다. 분별이 정해지고, 일정한 제재가 없으면 안 되기 때문에 금령을 수립했다. 금령을 수립하고, 그것을 관장하는 사람이 없으면 안 되기 때문에 관리를 설치했다. 관리를 설치하고, 그들을 통일적으로 지휘하는 사람이 없으면 안 되기 때문에 임금을 옹립했다. 임금이 옹립된 이상 상현(上賢)의 원칙은 폐기되고 귀귀(貴貴 : 통치자를 숭앙)의 원칙이 수립되었다.

그러므로 **상세**(上世 : 고대)**에는 친족을 친애하고 이기주의를 애호했고, 중세**(中世)**에는 현자를 숭상하고 인**(仁)**을 환호했고, 하세**(下世 : 근대)**에는 통치자를 숭앙하고 관리를 받들었다.** 현자를 숭상할 때 현자들은 주장을 경쟁적으로 제시했는데, **임금이 옹립되자 현자는 쓸모없게** 되었다. 친족을 친애할 때 이기주의가 원칙이었는데, 중정(中正)의 원칙은 이기주의를 통할 수 없게 만들었다. 이 세 가지는 근본적으로 상반적인 일이 아니다. 인민의 근본 원칙(道)이 세태(환경)에

> 부적합하게 되면 가치기준(所重)도 바뀌는 것이고, 시대적인 문제(세상의 환경적 조건)가 변하면 실천원칙도 달라지는 것이다(世事變而行道異).[13]

여기서 말한 상세, 중세, 하세는 인류학과 사회학적 관점에서 보면 완전 타당하다고는 할 수 없지만, 만약 이로써 춘추전국시대의 역사를 설명하면 이 시대의 역사는 바로 이 세 시기로 나눌 수 있다. 춘추 초기는 귀족정치의 시기로, 그 시기가 "상세로서 친족을 친애하고 이기주의를 애호한" 시기였다. 그후 평민계급이 득세하자 유묵은 모두 "현자를 높이고 능력자를 등용하고",[14] "모든 사람을 사랑하고 어진 이를 친애할 것"[15]을 주장했는데, 이 시기가 "중세로서 현자를 숭상하고 인을 환호한" 시기였다. 군주 혹은 나라 안의 한두 귀족은 현자를 숭상했기 때문에, 현능한 인재의 보필을 얻어 반대세력을 제거하고 일존(一尊)을 확정했다. 그리고 "현자"들은 다시 또 재지(材智)를 바탕으로 서로 겨루어, "주장을 경쟁적으로 제시하는 것을 원칙으로 삼았다." "오랫동안 주장을 경쟁적으로 제시하는 것을 원칙으로 삼아 결국 혼란이 발생하자", 군주는 미워하여 다시 제재를 가했다. 전국 말기가 곧 "하세로서 통치자를 숭앙하고 관리를 받든" 시기였다. "임금이 옹립되어 현자가 쓸모없게 되었으니", 이는 현자숭상주의의 폐단에 대한 반동이었고, 전국 말기의 정치현실은 바로 이런 추세를 좇아 진행되었다.

---

13) 天地設而民生之. 當此之時也, 民知其母而不知其父. 其道親親而愛私. 親親則別, 愛私則險, 民衆而以別險爲務, 則民亂. 當此時也, 民務勝而力征. 務勝則爭, 力征則訟, 訟而無正, 則莫得其性也. 故賢者立中正, 設無私, 而民說仁. 當此時也, 親親廢, 上賢立矣. 凡仁者以愛爲務, 而賢者以相出爲道. 民衆而無制, 久而相出爲道, 則有亂. 故聖人承之, 作爲土地貨財男女之分. 分定而無制, 不可, 故立禁. 禁立而莫之司, 不可, 故立官. 官設而莫之一, 不可, 故立君. 旣立君, 則上賢廢而貴貴立矣. 然則上世親親而愛私, 中世上賢而說仁, 下世貴貴而尊官. 上賢者, 以道相出也; 而立君者, 使賢無用也. 親親者, 以私爲道也; 而中正者, 使私無行也. 此三者, 非事相反也. 民道弊而所重易也; 世事變而行道異也.(사부총간본의 오식을 왕시윤〔王時潤〕의 『상군서각주(商君書斠註)』에 따라 교정함/저자) (『상군서』, 96-97쪽)

14) 尊賢使能. [『맹자』 3 : 5] ["以尙賢使能爲政"(「상현중」, 『묵자』)]

15) 汎愛衆而親仁. [『논어』 1 : 6]

따라서 군권(君權)을 높이고, 법치를 강조하고, 사학(私學)을 금한 것은 바로 당시 현실 정치의 자연스런 추세였다. 법가의 학설은 이것을 이론화한 것에 불과했다. 귀족정치가 파괴되자 인민은 농업과 상업 방면에서 자유경쟁하여 부호가 생겼다. 이 또한 당시 사회 경제의 자연스런 추세였는바, 법가는 또한 그것을 이론적으로 옹호했다.

2. 법가의 역사관

법가의 말은 모두 당시의 정치현실과 각 방면의 추세에 부응한 것이었다. 당시 각 방면의 추세는 옛것의 변혁(變古)이었는데, 법가 역시 옛것의 변혁을 옹호했다. 그들의 논점은 옛것에 가탁하여 주장을 세우는(託古立言) 공자 이래의 관습을 일소하는 것이었다. 『상군서』「경법편(更法篇)」은 말한다.

> 이전 세상은 정치이념(教)이 달랐는데, 어찌하여 옛것을 본받는단 말입니까? 제왕(帝王)은 다시 오지 않는데, 어찌하여 그들의 예를 따른단 말입니까? 복희(伏羲)와 신농(神農)의 제왕 때에는 교화만 있었고 주벌은 없었습니다. 황제와 요순의 제왕 때에는 주벌은 있었으나 연좌는 없었습니다. 문왕, 무왕 시대에 이르러 시대에 맞추어 입법(立法)했고 사례에 근거하여 예를 제정했습니다. 예와 법을 시대에 맞게 정했고, 법령은 적합성을 따져서 제정했습니다. 병기와 갑옷과 각종 기물은 사용하기에 편리하도록 만들었습니다.
>
> 따라서 저는 말합니다. 세상을 다스리는 방법은 한 가지일 수 없고, 국가의 안녕을 도모하는 일은 반드시 옛것을 본받을 필요는 없습니다. 탕왕, 무왕은 옛것을 답습하지 않았어도 흥성했고, 하나라, 은나라는 예를 바꾸지 않았어도 패망했습니다. 그런즉 옛것을 반대한다고 해서 반드시 비난할 수 없고, 예를 답습한다고 해서 그다지 찬양할 만한 일은 못 됩니다.[16]

---

16) 前世不同教, 何古之法? 帝王不相復, 何禮之循? 伏羲神農, 教而不誅. 黃帝堯舜, 誅而不怒[拏]. 及至文武, 各當時而立法, 因事而制禮. 禮法以時而定, 制令各順其宜. 兵甲器備, 各便其用. 臣故曰, 治世不一道, 便國不必法古. 湯武之王也,不循古而興. 商夏之滅也, 不易禮而亡. 然則反古者未必可非, 循禮者未足多是也. (『상군서』, 7-8쪽)

『한비자(韓非子)』「오두편(五蠹篇)」(五蠹 : 나라의 다섯 좀벌레)은 말한다.

만일 누가 하(夏) 시대에 구목(構木)*과 찬수(鑽燧)**를 행했다면 필시 곤(鯤), 우(禹)의 웃음거리가 되었을 것이다. 누가 은, 주 시대에 결독(決瀆)***을 행했다면 필시 탕왕, 무왕의 웃음거리가 되었을 것이다. 그런즉 만일 누가 요, 순, 우, 탕, 무왕의 도를 오늘의 세상에 행하자며 찬미한다면 필시 새 성왕(聖王)의 웃음거리가 될 것이다. 그러므로 성인은 옛것을 실천하려고 기필하지 않았으며, 고정불변의 법칙(常可)을 본받지 않았다. 시대적인 문제를 논하여 그 대비책을 도모했다(論世之事, 因爲之備).

송인(宋人) 중에 어떤 농부가 있었다. 어느날 질주하던 토끼 한 마리가 밭 가운데에 있는 그루터기에 부딪쳐 목이 부러져 죽었다. 그러자 그는 쟁기를 버려두고 그루터기를 지키고 앉아 다시 또 토끼를 얻기를 바랐다[守株待兎]. 토끼는 다시 얻지 못하고 온 나라의 웃음거리만 되었다. 만일 전(前)시대 왕들의 정치방식으로 지금의 인민을 다스리고자 한다면 마치 그루터기를 지키고 앉아 있는 격이다.……즉 각종 문제는 시대에 따라 생기는 만큼, 문제에 대한 대비책 역시 그 문제에 적합해야 한다.[17]

시세(時勢)는 항상 변하므로 정치와 사회의 제도 역시 그에 따라 변해야 한다. 이 이치는 도가의 일부에서도 언급한 사람이 있었다. 법가는 당시 현실의 정치추세에 이론적인 근거를 제시했고, 당시의 보수파를 반박한 법가의 주장은 주로 이 역사관에 근거했다.

---

* 構木 : 맹수의 위험을 피해서 나무 위에 둥지집을 짓게 한 유소씨(有巢氏)의 업적.

** 鑽燧 : 위생을 위해서 부시나무를 비벼서 불을 얻게 한 수인씨(燧人氏)의 업적.

*** 決瀆 : 홍수를 다스리기 위해서 물길을 텄던 곤, 우 부자(父子)의 업적.

17) 今有構木鑽燧於夏后氏之世者, 必爲鯤禹笑矣. 有決瀆於殷周之世者, 必爲湯武笑矣, 然則今有美堯舜湯武禹之道, 於當今之世者, 必爲新聖笑矣. 是以聖人不期修古, 不法常可. 論世之事, 因爲之備. 宋人有耕者, 田中有株, 兎走觸株, 折頸而死. 因釋其耒而守株, 冀復得兎. 不可復得, 而身爲宋國笑. 今欲以先王之政, 治當世之民, 皆守株之類也. 故事因於世, 而備適於事. (『한비자』, 1040-41쪽)

3. 법가의 세 파

법가는 세 파가 있었는데, 각각 세(勢)를 중시하고, 술(術)을 중시하고, 법(法)을 중시했다.* 신도(愼到, 395?-315?B.C.)는 세를 중시했다. 『한비자』「난세편(難勢篇)」(難勢 : 세를 둘러싼 논란)의 인용문에서 신도는 말했다.

비룡(飛龍)은 구름을 타오르고 등사(騰蛇)는 안개 속을 노닌다. 그러나 구름이 걷히고 안개가 흩어지면 비룡, 등사라도 지렁이, 개미나 마찬가지다. 의지처를 상실했기 때문이다. 따라서 현인(賢人)이면서 어중이에게 굴복함은 권세(權)가 하찮고 지위(位)가 낮기 때문이다. 어중이이면서 현인을 굴복시킬 수 있음은 권세가 크고 지위가 높기 때문이다. 요(堯) 같은 성군도 필부일 때에는 단 세 명도 다스릴 수 없었고, 걸(桀) 같은 폭군은 천자가 되자 온 천하를 어지럽힐 수 있었다. 이로써 나는 권세와 지위는 의지할 만한 것이나, 현능(賢 : 賢能)과 지혜(智) 따위는 동경할 만한 것이 못됨을 알겠다.**

---

* *SH*, 157-58쪽 : 세(勢)는 권력과 권위, 법(法)은 법률과 법제, 술(術)은 일을 처리하고 신하를 다루는 방법 혹은 기예, 즉 "정치적 수완"을 뜻한다.

** 『신편』Ⅱ, 422쪽 : 이에 대해서 유가(儒家)의 인물은 이렇게 비판한다. "현능을 배척하고 오로지 권세에만 의지할(釋賢而專任勢)" 수 없다. 구름을 타오르고 안개 속을 노니는 일은 오직 용과 등사라야 가능하다. 지렁이나 개미는 구름과 안개가 있더라도 타오를 수 없다. 옛날의 걸·주와 같은 폭군들은 언제나 천자의 위세(威)로써 그들의 구름과 안개로 삼았어도 천하는 크게 혼란해졌다. 세(勢)를 장악한 사람이 반드시 선한 것은 아니니 , 선인이 그것을 이용하면 천하는 태평해지지만 악인이 그것을 이용하면 천하는 혼란해진다. 세상 사람들은 아무튼 선인은 적고 악인은 많으니, 세로써 천하를 혼란시킨 사람은 많아도 세로써 천하를 태평하게 한 사람은 적다. 따라서 "현능을 배척하고 오로지 권세에만 의지함"은 악인에게 유리할 뿐이다. 신도 일파는 이렇게 대답한다. 세를 중시하는 우리의 주장은 보통의 군주(中人)를 두고 한 말이다. 보통의 군주는 위로 요·순에 미치지는 못하지만, 아래로 걸·주까지 되지는 않는다. 이런 인물이 "법을 장악하고 위세에 의지할(抱法處勢)" 수 있으면 천하는 태평해지지만, "법을 배척하고 위세를 폐기할(背法去勢)" 경우 천하는 혼란된다. 이와 같은 보통의 군주가 가장 많은데도, 법과 세를 강구하지 않고 오로지 요·순 같은 성인이 천하를 다스리기만을 고대하기 때문에, 난세(亂世)는 많으나 태평성세(治世)는 적은 것이다. 그러나 "법을 장악하고 위세

쇠뇌가 약해도 화살이 높이 나는 것은 바람을 타기 때문이요, 됨됨이가 어중되어도 명령이 시행되는 것은 대중이 받쳐주기 때문이다. 요 임금이 일꾼 축에 머물 때에는 아무도 그의 말을 들어주지 않았으나, 왕이 되어 천하에 군림하자 명령(令)은 내리자마자 행해졌고 금령(禁)은 정하자마자 지켜졌다. 이로써 보건대 현능과 지혜 따위는 대중을 복종시키기에 부족하고, 권세와 지위라야 현인도 굴복시킬 수 있다.[18)]

『관자(管子)』「명법해(明法解)」는 말한다.

명철한 군주(明主)가 윗자리에 앉아 필연코 통제할 세(勢)를 장악하면 뭇 신하들은 감히 부정을 행할 수 없다. 그러므로 뭇 신하들이 감히 군주를 속이지 못하는 것은 군주를 사랑하기 때문이 아니라 군주의 위세(威勢)를 두려워하기 때문이다. 백성들이 다투어 복무하는 것은 군주를 사랑하기 때문이 아니라 군주의 법령을 두려워하기 때문이다. 따라서 명철한 군주는 필연코 압도할 책략(數 : 술수,수단)을 장악하여 필연코 복무할 백성을 다스리고, 절대로(필연코) 존엄한 위세(勢)에 처하여 절대로 복종할 신하를 제압한다. 따라서 명령은 행해지고 금령은 지켜지는즉, 군주는 존엄해지고 신하는 비하된다. 따라서 「명법(明法)」에서 말했다. "임금이 존엄해지고 신하가 비하되는 것은 친애심 때문이 아니라 압도적인 위세 때문이다."[19)]

『관자』의 이 말이 꼭 신도의 설일 필요는 없으나, 요컨대 역시 세

에 의지할" 경우 걸·주 같은 폭군에 한해서만 천하는 혼란해질 것이므로, 태평성세는 많아지고 난세는 적어질 것이다. 이렇게 비교하건대 세(勢)는 유용하지만 꼭 현능(賢 : 賢能)에 의존할 필요는 없다는 사실을 알 수 있다.

18) 飛龍乘雲 ; 騰蛇遊霧. 雲罷霧霽, 而龍蛇與螾螘同矣, 則失其所乘也. 賢人而詘於不肖者, 則權輕位卑也. 不肖而能服於賢者, 則權重位尊也. 堯爲匹夫, 不能治三人. 而桀爲天子, 能亂天下. 吾以此知勢位之足恃, 而賢智之不足慕也. 夫弩弱而矢高者, 激於風也. 身不肖而令行者, 得助於衆也. 堯敎於隸屬, 而民不聽 ; 至於南面而王天下, 令則行, 禁則止. 由此觀之, 賢智未足以服衆, 而勢位足以詘(原作缶, 據俞校改)賢者也. (『한비자』, 886쪽) [詘 : 복종하다. 뜻을 굽히다]

19) 明主在上位, 有必治之勢, 則群臣不敢爲非. 是故群臣之不敢欺主者, 非愛主也, 以畏主之威勢也. 百姓之爭用, 非以愛主也, 以畏主之法令也. 故明主操必勝之數, 以治必用之民 ; 處必尊之勢, 以制必服之臣. 故令行禁止, 主尊而臣卑. 故「明法」曰 : "尊君卑臣, 非計親也, 以勢勝也." (『관자』 권21 : 15-16쪽)

(勢)를 중시한 자의 말이다. 이 파는 임금은 위세가 있어야만 신하를 부릴 수 있다고 말한다.

술(術)을 중시한 자는 신불해(申不害, 385?-337B.C.)를, 법을 중시한 자는 상앙(商鞅, 390?-338B.C.)을 종주로 삼았다. 『한비자』「정법편(正法篇)」은 말한다.

> "신불해와 상앙 두 사람의 학설 중에서 어느것이 나라에 더 긴요한가?"
>
> "그것은 판가름할 수 없다. 사람은 열흘 동안 먹지 못해도 죽고, 매서운 추위가 몰아칠 때 옷을 입지 못해도 죽는다. 음식과 옷 가운데 어느것이 사람에게 더 긴요한가 하면, 어느 것 하나라도 긴요하지 않은 것이 없다. 모두 목숨을 유지할 도구이기 때문이다. 지금 신불해는 **술**을 논하고, 상앙은 **법**을 추구한다. 술이란 임무에 따라 관직을 부여하고, 이름(직명)에 따라 그 실상을 따지고(循名而責實), 생살의 권병(柄 : 權柄)을 쥐고 신하들의 능력을 심사하는 것을 말한다. 이것은 군주가 장악해야 할 바이다. 법이란 법령을 관청에 기록해두고 형벌관념을 백성의 심중에 새겨주어, 법을 잘 지킨 자에게는 상을 내리고 법령을 어지럽힌 자에게는 형벌을 가하는 것을 말한다. 이것은 신하가 준수해야 할 바이다. 군주에게 술이 없으면 위로부터 폐단이 발생하며, 신하에게 법이 없으면 아래로부터 혼란이 발생한다. 그러므로 이것들은 하나라도 없어서는 안 될 **제왕의 도구**(具)이다."[20]

술은 군주가 신하를 제어하는 기예요, 법은 신하가 준수할 법규이다. 신불해와 상앙 두 사람의 학설은 강조점이 각각 다르다.

---

20) 問者曰 : "申不害, 公孫鞅, 此二家之言, 孰急於國?" 應之曰 : "是不可程也. 人不食十日則死. 大寒之隆, 不衣亦死. 謂之衣食孰急於人, 則是不可一無也, 皆養生之具也. 今申不害言術, 而公孫鞅爲法. 術者, 因任而授官, 循名而責實, 操殺生之柄, 課群臣之能者也. 此人主之所執也. 法者, 憲令著於官府, 刑罰必於民心, 賞存乎愼法, 而罰加乎姦令者也. 此臣之所師也. 君無術則弊於上 ; 臣無法則亂於下. 此不可一無, 皆帝王之具也." (『한비자』, 906쪽) [循名而責實=holding the actualities responsible for their names] [程 : 계량기, 법도, 헤아리다. 姦 : 속이다, 사사로이하다, 어기다]

4. 세 파와 한비

이 세 파를 집대성하고 또 『노자』학과 순자학을 근거로 하여 스스로 한 학파(一家)의 학설을 이룰 수 있었던 인물이 바로 한비이다. 한비는 진시황 14년(233B.C.)에 진(秦)나라에서 죽었다(『사기(史記)』「진시황본기(秦始皇本記)」). 『사기』는 말한다.

> 한비(韓非, 279?-233B.C.)는 한(韓)의 공자(公子)의 한 사람이다. 그는 **형명·법술(刑名法術)의 학설에 심취했고, 그 근본은 황로(黃老) 사상에 두었다.** 한비는 원래 말을 더듬어 자기의 학설을 말로 표현하지 못했으나 저술에는 뛰어났다. 한비는 이사(李斯, ?-209B.C.)와 함께 순자 문하에서 배웠는데, 이사는 자신이 한비만 못하다고 여겼다.
>
> 한비는 한(韓)나라가 영토가 깎이고 쇠락하는 현실을 보고 한나라 왕에게 여러 차례 글을 올려 간했으나 왕은 채용하지 않았다. 그리하여 한비는, 국가의 통치에, (임금이) 법제를 명확히 정비하고 세(勢)를 장악함으로써 신하를 제어하고 부국강병(富國強兵)을 위한 인재를 구하여 현능한 자를 임용하는 데에 힘쓰지 않고, 도리어 경박하고 간사한 좀벌레를 뽑아 재능과 실력을 갖춘 인재들 윗자리에 앉히는 세태를 통한하여(疾),……과거 역사상 이해득실의 변화를 고찰한 다음, 「고분」, 「오두」, 「내외저설」, 「세림」, 「세난」 등, 10여만 자에 달하는 문장을 저술했다.[21)]

한비는 세(勢), 술(術), 법(法) 세 가지 모두 "제왕의 도구"로서 어느 하나도 폐기할 수 없다고 여겼다. 따라서 말했다.

> 세(勢)는 대중을 제압하는 자본(資 : 밑천)이다.……따라서 **명철한 군주**(明

21) 韓非者, 韓之諸公子也. 喜刑名法術之學, 而其歸本於黃老. 非爲人口吃, 不能道說, 而善著書. 與李斯俱事荀卿, 斯自以爲不如非. 非見韓之削弱, 數以書諫韓王 ; 韓王不能用. 於是韓非疾治國不務修明其法制, 執勢以御其臣下, 富國強兵, 而以求人任賢, 反擧浮淫之蠹, 而加之於功實之上.……觀往者得失之變, 故作「孤憤」, 「五蠹」, 「內外儲說」, 「說林」, 「說難」, 十餘萬言. (「노장신한열전(老莊申韓列傳)」, 『사기』, 2146-47쪽)

> 主)**는 법도를 하늘같이 행사하며, 사람을 귀신같이 부린다.** 하늘 같은즉 잘못이 있을 수 없고, 귀신 같은즉 곤경에 빠지지 않는다. 따라서 세(勢)는 통하고 교령(敎 : 敎令)은 준엄해져, 마음에 거슬릴지라도 아무도 감히 거역하지 못하는 것이다.……그런 후에 **법(法)을 일사불란하게 시행할 수 있다.**[22)]

"명철한 군주는 법도를 하늘같이 행사한다"고 함은 법에 따라 공평무사하게 시행한다는 말이다. "사람을 귀신같이 부린다"고 함은 사람을 통괄할 때 은밀하여 추측할 수 없는 술이 있다는 말이다. 또 상벌(賞罰)의 권위(威)를 가지고 "법을 일사불란하게 시행한다." 세, 술, 법을 병용하면 나라에 다스리지 못할 것이 없다.

5. 법의 중요성

춘추시대에서 전국시대에 이르면서 "법"의 필요성은 날로 높아졌는데, 그 원인은 앞에서 이미 자세히 말했다. 법가는 더욱 이론적으로 법의 중요성을 설명했다. 『관자』「명법해」는 말한다.

> 명철한 군주는 법규(度量)를 통일하고 준칙(表儀)을 건립하여 굳건히 견지한다. 따라서 명령을 내리자마자 인민은 복종한다. 법이란 천하의 판별기준(程式)이고, 만사의 준칙(儀表)이다. [법을 집행하는] 관리에게 인민의 목숨이 달려 있다. 따라서 명철한 군주의 통치방식은 법에 저촉되는 사람을 처단한다. 즉 법에 따라 죄인을 단죄하면 인민은 사형을 당해도 원망을 품지 않고, 법에 따라 공을 평가하면 상을 받아도 은혜에 감격하지 않는다. 이것이 바로 법에 따라 조치한 효과이다. 따라서 「명법」에서 말했다. "법에 의거한 국가통치는 조치만 하면 된다."
>
> 명철한 군주는 법령제도를 장악하고 있기 때문에 뭇 신하는 모두 공명정대한 통치방식을 추종하고 감히 간사한 일을 도모하지 않게 된다. 백성들은 임금이 법에 따라 일을 추진한다는 사실을 알기 때문에, 관리가 시키는 내용이 법적 근거가 있으면 추종하고 법적 근거가 없으면 [오히려] 저지한다. 그

---

22) 勢者, 勝衆之資也.……故明主之行制也天, 其用人也鬼. 天則不非, 鬼則不困, 勢行敎嚴, 逆而不違.……然後一行其法. (「팔경(八經)」, 『한비자』, 996-97쪽)

리하여 백성들은 법으로써 관리들과 상호 견제하고, 아랫사람들은 법에 의거하여 윗사람들과 더불어 일을 추진하기 때문에, 간사한 자는 군주를 속일 수 없고, 시기하는 자는 나쁜 심보를 쓸 수 없고, 각종 아첨꾼은 꾀를 부릴 수 없으며, 천리 바깥에서도 감히 멋대로 부정을 행할 수 없다. 따라서 「명법」에서 말했다. "법령제도를 장악하고 있는 사람에게는 간사한 허위가 통하지 않는다."[23)]

『한비자』 「용인편(用人篇)」은 말한다.

법(法)과 술(術)을 버려두고 임의대로(주관적인 능력에 의존하여) 통치하면 요 임금과 같은 성왕도 [천하는 고사하고] 한 나라도 바로잡지 못할 것이다. 컴퍼스와 곱자를 팽개쳐놓고 눈대중으로 헤아리면 해중(奚仲 : 우 임금 때 수레의 명공)과 같은 장인도 바퀴 하나를 완성하지 못할 것이다. 각종 자를 팽개쳐놓고 길이를 가늠하면 왕이(王爾)와 같은 장인도 반도 적중하지 못할 것이다.

그러나 평범한 군주라도 법과 술을 준봉하고 서툰 장인이라도 컴퍼스와 곱자와 자를 사용한다면 만에 하나의 실수도 없을 것이다. 따라서 군주가, 슬기롭고 공교로운 사람도 불가능한 방법은 물리치고, 평범하고 서툰 사람도 만에 하나의 실수가 없는 방법을 견지한다면, 인민의 모든 잠재력을 이용할 수 있고 따라서 공을 세우고 이름을 날릴 수 있을 것이다.[24)]

또 「난삼편(難三篇)」은 말한다.

23) 明主者, 一度量, 立表儀, 而堅守之. 故令下而民從. 法者, 天下之程式也, 萬事之儀表也. 吏者, 民之所懸命也. 故明主之治也, 當於法者誅之. 故以法誅罪, 則民就死而不怨. 以法量功, 則民受賞而無德也. 此以法擧錯之功也. 故「明法」曰 : "以法治國, 則擧錯而已." 明主者, 有法度之制 ; 故群臣皆出於方正之治, 而不敢爲姦. 百姓知主之從事於法也, 故吏所使者有法, 則民從之 ; 無法則止. 民以法與吏相距, 下以法與上從事. 故詐僞之人不得欺其主 ; 嫉妬之人不得用其賊心 ; 讒諛之人不得施其巧 ; 千里之外, 不敢擅爲非. 故「明法」曰 : "有法度之制者, 不可巧以詐僞." (『관자』 권21 : 21-22쪽)

24) 釋法術而任心治, 堯不能正一國. 去規矩而妄意度, 奚仲不能成一輪. 廢尺寸而差短長, 王爾不能半中. 使中主守法術, 拙匠守規矩尺寸, 則萬不失矣. 君人者, 能去賢巧之所不能, 守中拙之所萬不失, 則人力盡而功名立. (『한비자』, 498쪽)

법이란 서책에 기록하여 관청에 설치하고 백성들에게 공포하는 것이다.[25)]

"명철한 군주"는 법을 제정하여 나라를 다스린다. 법을 완성하면 공포하여 온 나라 사람들로 하여금 준수하게 한다. 또한 명철한 군주는 거동과 시책 역시 법을 원칙과 규범(規矩準繩)으로 삼는다. 이런 원칙과 규범이 있으면 후대에는 평범한 군주더라도 그것을 준봉하면 충분히 통치할 수 있다.

법이 일단 제정되면 온 나라의 군신 상하 모두 준수해야 하고 사사로이 변경해서는 안 된다. 『관자』「임법편(任法篇)」은 말한다.

법이 통일되지 않으면 군주에게 불길하다.……즉 법이란 고정불변적이지 않으면 안 된다는 말이다. 법이란 존망(存亡)과 치란(治亂)이 갈라지는 근원이요, 성군(聖君)이 천하의 대(大)의표가 되는 수단이기 때문이다.……만사 만물은 법에 규정된 것이 아니면 행해서는 안 된다. 따라서 법이란 천하의 지극한 도술(至道)이요, 성군에게 가장 실용적인 기물이다.……법을 만드는 이가 있고, 법을 수호하는 이가 있고, 법에 복종하는 이가 있다. 무릇 법을 만드는 이는 군주요, 법을 수호하는 이는 신하요, 법에 복종하는 이는 일반 백성이다. **군신**(君臣), **상하**(上下), **귀천**(貴賤)**을 막론하고 모두가 법을 따르는 것,** 이것이 바로 **태평성세**(大治 : 太平)이다.[26)]

『한비자』「유도편(有度篇)」(有度 : 법도의 존재이유)은 말한다.

따라서 명철한 군주는 뭇 신하로 하여금 법을 벗어날 궁리를 못하게 하고, 또 법 안에서는 은혜를 생각하지 못하게 하여, 모든 행동은 법에 따르지 않는 것이 없게 한다.[27)]

---

25) 法者, 編著之圖籍, 設之於官府, 而布之於百姓者也. (『한비자』, 868쪽)

26) 法不一, 則有國者不祥.……故曰, 法者, 不可恒也(安井衡云 : 恒上脫不字). 存亡治亂之所從出, 聖君所以爲天下大儀也.……萬物百事, 非在法之中者, 不能動也. 故法者, 天下之至道也, 聖君之實用也.……有生法, 有守法, 有法於法. 夫生法者, 君也. 守法者, 臣也. 法於法者, 民也. 君臣上下貴賤皆從法, 此謂爲大治. (『관자』 권15 : 8-11쪽)

27) 故明主使其群臣, 不遊意於法之外, 不爲惠於法之內, 動無非法. (『한비자』, 88쪽)

또 「난이편(難二篇)」은 말한다.

군주는 사람을 부릴 때 반드시 법도(度量 : 法度)로써 평가하고, 명실이 상부한지를 살펴야 한다(以刑名參之). 일이 법에 합당하면 시행하고, 법에 합당하지 않으면 금한다.[28)]

"군신, 상하, 귀천을 막론하고 모두가 법을 따르면", 바로 "태평성세"를 이룰 수 있다. 이것이 법가의 최고 이상이지만, 중국역사상 실현된 적은 없다.

법이 일단 이미 수립되면 한 나라의 "군신, 상하, 귀천을 막론하고 모두가 법을 따른다." 모든 사적인 학설은 주로 법령의 비판을 일삼고 있는 만큼 전부 금해야 한다. 『한비자』 「문변편(問辯篇)」은 말한다.

"변설(辯* : 辯說)은 어찌하여 발생하는가?"

"군주가 명철하지(明) 못한 데서 발생한다."

"어찌하여 군주가 명철하지 못하면 변설이 발생하는가?"

"명철한 군주의 국가는 임금의 영(令)이 말 가운데 최고의 권위이고, 법(法)이 정사에서 최고의 준칙이다. 말(임금의 영)에는 두 권위가 있을 수 없고, 법에는 두 준칙이 있을 수 없다. 따라서 언행이 법령(法令)에 부합하지 않는 경우에는 반드시 금한다. 만약 법령에는 없는 내용이지만 임기응변의 묘책으로서 이롭고 또 일리가 있는 종류의 것이면 군주는 그 주장을 채납한 다음 그 실적을 책임지운다. 주장이 맞아떨어지면 큰 상을 부여하고 어긋나면 중죄를 내린다. 그러므로 어리석은 자는 죄가 두려워 감히 주장을 내세우지 않고 영리한 자라도 감히 쟁론하지 않는다. 이것이 바로 변설이 생기지 않는 이유이다. 난세(亂世)의 경우에는 그렇지 못하다. 군주가 영을 내려도 인민은 그럴 듯한 학설(文學)로 비판하고, 관청에 법이 존재해도 인민은 사적인 행위로 보복한다. 그럼에도 군주는 도리어 자신의 법령을 희석시켜 학

28) 人主雖使人, 必以度量準之, 以刑名參之. 以事遇於法則行, 不遇於法則止. (『한비자』, 830쪽) [參 : 헤아리다, 비교 분석하다. 遇 : 合]

* 『신편』Ⅱ, 425쪽 : 한비는 이 "변(辯)"자로써 전국시대의 "백가쟁명(百家爭鳴)"의 국면을 개괄했다.

자들의 지혜와 행실을 존중해준다. 이것이 바로 세상에 그럴듯한 학설이 판을 치는 까닭이다.……따라서 유(儒)의 복장을 하거나 검을 찬 자들은 많으나 농사와 전쟁에 종사하는 사람은 적고, 견백(堅白 : 굳음과 흼)과 무후(無厚 : 두께 없음)의 논변은 창성하나 국법의 효력은 멸식된다. 그런즉 군주가 명철하지 못하면 변설이 발생한다는 말이다."[29]

법이 인민의 언행의 최고 기준인 만큼, 법령에 벗어난 언행은 반드시 금한다. 따라서

명철한 군주의 나라는 죽간에 새긴 글월을 없애고 법을 바탕으로 교화를 실시하며, 선왕(先王)의 유훈을 없애고 관리를 스승으로 삼는다.[30]

6. 명실을 바르게

법가가 논한 술(術 : 술책)은 군주가 신하를 다루는 기예(技藝 : art)이다. 그중에서 비교적 철학적인 흥미가 있는 측면은 명실에 대한 종합적인 고찰[31]이다. 명실을 바룬(正名實) 변자(辯者)의 이론을

---

29) 或問曰 : "辯安生乎?" 對曰 : "生於上之不明也." 問者曰 : "上之不明, 因生辯也, 何哉?" 對曰 : "明主之國, 令者, 言最貴者也. 法者, 事最適者也. 言無二貴 ; 法不兩適. 故言行而不軌於法令者, 必禁. 若其無法令, 而可以接詐應變, 生利揣事者, 上必采其言而責其實. 言當則有大利, 不當則有重罪. 是以愚者畏罪而不敢言, 智者無以訟. 此所以無辯之故也. 亂世則不然. 主上有令, 而民以文學非之. 官府有法, 民以私行矯之. 人主顧漸其法令, 而尊學者之智行. 此世之所以多文學也.……是以儒服帶劍者衆, 而耕戰之士寡. 堅白無厚之詞章, 而憲令之法息. 故曰, 上不明, 則辯生焉." [文學 : 학문, 그럴듯한 논리, 억지 이론/아즈마] (『한비자』, 898-99쪽) 〈부록3,주10〉

30) 明主之國,無書簡之文,以法爲教 ; 無先王之語,以吏爲師.(「오두」,『한비자』,1067쪽) [『신편』II, 426쪽 : 여기서 말한 "명철한 군주의 나라(明主之國)"는 전제주의적 중앙집권적 정치하에서 모든 언론과 행동이 법으로 통일된 그런 나라를 지칭한다. 이것은 한비에게는 일종의 이상(理想)인데 그가 말한 대책은 일종의 건의였다. 진시황은 이사의 보조를 받아, 전중국을 통일하고, 전중국적인 전제주의적 중앙집권적 정권을 건립했다. 이사가 진시황에게 시서(詩書)와 백가(百家)의 학설에 대한 금지를 건의한 것은, 한비의 이런 사상을 현실화한 것이었다.]

31) 綜核名實. ["孝宣之治, 信賞必罰, ～." (「선제기찬(宣帝紀贊)」,『한서(漢書)』)]

실제 정치에 응용한 것이라고 할 수 있다. 『관자』「백심편(白心篇)」은 말한다.

이름이 바르게 되고 법만 완비되면 성인은 더 할 일이 없다.[32)]

또 「구수편(九守篇)」은 말한다.

이름에 비추어 그 실상을 감독하고, 실상에 따라 그 이름을 확정한다. 명(名)이 실(實)을 낳고 실이 명을 낳는데, 이 상호 작용이 명실의 진상이다. 명실이 상부하면 태평이고, 명실이 상부하지 않으면 혼란이다.[33)]

『한비자』「양권편(揚權篇)」(揚權 : 군권의 선양)은 말한다.

하나(一 : 법술의 도)를 장악하는 방법에서 이름이 제일 중요하다. 이름이 바르게 되면 사물은 확립되나 이름이 그릇되면 사물은 변질된다. 따라서 **성인은 하나를 장악하여 고요에 처함으로써 이름은 저절로 정의되고 직무는 저절로 결정되도록 한다.** 그는 자신의 본색(采 : 희노의 취향)을 내보이지 않기 때문에 신하들은 저마다 본래의 정직을 바친다. 그들의 능력대로 임무를 맡기고 그들 스스로 직무를 처리하게 한다. 군주가 신하의 주장을 근거로 직무를 부여하면 신하는 스스로 [합당한] 실적을 바칠 것이다. 군주는 오직 공명정대한 법에 처함으로써 모든 것들이 저마다 스스로 결정되도록 하는데, 군주는 이름에 근거하여 그것들을 거론한다. 이름에 대해서 잘 모르면 우선 그 실체(形)를 살펴본다. 실체와 이름의 상호 부합(形名參同) 여부에 따라 상벌을 결정한다. 실체와 이름이 서로 참되고 신실할 때 신하들은 모든 실정을 보고한다.……**군주가 이름만 잡고 있으면 신하는 스스로 그 실체를 드러낸다**(君操其名,臣效其形). 실체와 이름이 상호 부합하면 위아래 모두 조화롭게 된다.[34)]

32) 名正法備, 則聖人無事. (『관자』 권13 : 15쪽)

33) 修名而督實, 按實而定名. 名實相生, 反相爲情. 名實當則治, 不當則亂. (『관자』 권18 : 6쪽)

34) 用一之道, 以名爲首. 名正物定, 名奇物徙. 故聖人執一以靜, 使名自命, 令事自定. 不見其采, 下故[故 : 乃]素正. 因而任之, 使自事之. 因而予之, 彼將自擧之. 正與處之, 使皆自定之, 上以名擧之. 不知其名, 復修其形. 形名參同, 用其所生. 二者誠信, 下乃貢情.……君操其名, 臣效其形. 形名參同, 上下和調也. (『한비자』, 121-22쪽)

또 「이병편(二柄篇)」(二柄 : 군권의 두 핸들인 상과 벌)은 말한다.

군주가 간사한 행위를 금하려면, **실체와 이름의 부합을 심리해야**(審合刑名)* **하는데, 주장과 직무가 그것이다. 신하된 자가 어떤 주장을 진언하면, 군주는 그의 주장에 근거하여 그에게 직무를 맡기고, 오로지 그 직무에 의거하여 그의 공적**(功)**을 책임지운다.** 공적이 그 직무에 부합하고, 직무가 그가 주장했던 내용에 부합하면 포상한다. 공적이 그 직무에 부합하지 않고, 직무가 그가 주장했던 내용에 부합하지 않으면 징벌한다. 따라서 뭇 신하 가운데 주장은 컸는데 공적이 적은 경우 징벌한다. 공적이 적음을 벌하는 것이 아니라 공적이 이름에 부합하지 못함을 벌하는 것이다. 뭇 신하 가운데 주장은 적었는데 공적이 큰 경우 역시 징벌한다. 큰 공적을 꺼린 때문이 아니라, 이름에 부합하지 못한 것은 그 해악이 큰 공적보다 더욱 심하기 때문에 벌하는 것이다.[35)]

---

* 『신편』II, 431쪽 : 술(術)의 한 요점이 곧 "심합형명(審合形名)"이다. 예를 들면 "전관(典冠)"과 "전의(典衣)"는 관명이다. 이것이 "이름(名)"이다. 전관과 전의는 모두 그들이 해야 할 일이 있다. 이것이 바로 두 관(官)의 "직(職)"이고, 또 두 이름의 내용이기도 하다. 관을 관장하고(典冠) 혹은 옷을 관장하는(典衣) 일을 맡은 사람이 바로 "실(實)"인데, "형(形)"이라고도 한다. 만약 전관 혹은 전의를 맡은 사람이 그의 직을 잘 완수하여 그 직무가 규정하는 임무를 완성하는 것이 바로 형명상합이고 명실상합이다. 만약 상합하면 이런 관직의 인물은 바로 이런 종류의 이름을 소유한 사람이니 곧 상을 받는다. 그렇지 않으면 벌을 받아야 한다. 이것을 "순명핵실(循名核實)"이라고 했고 "종합명실(綜合名實)"이라고도 했다.

35) 人主將欲禁姦, 則審合刑(形 /『신편』)名者, 言與事也. 爲人臣者陳而言, 君以其言授之事, 專以其事責其功. 功當其事, 事當其言, 則賞. 功不當其事, 事不當其言, 則罰. 故群臣其言大而功小者則罰 ; 非罰小功也, 罰功不當名也. 群臣其言小而功大者亦罰 ; 非不說於大功也, 以爲不當名也. 害甚於有大功, 故罰. (『한비자』, 111-12쪽) [『신편』II, 431-32쪽 : 군주에게는 항상 수많은 사람이 계책을 바친다. 어떤 말들이 유용하고 어떤 말들이 무용한지, 또 어떤 말들이 무용할 뿐더러 해롭기까지 한지, 일반적인 정황하에서는 결정하기 매우 어렵다. 한비에 따르면, 술(術)을 쓸 줄 아는 군주는 꼭 무슨 특수한 재능이 없어도 이런 곤란을 해결할 수 있다. 만약 누가 그에게 어떤 대책을 바치면 군주는 그의 말에 근거하여 그에게 관직을 맡기고 또 독자적으로 일을 처리하게 한 다음, 만약 그가 매우 큰 성과를 거두어 성과와 그가 맡은 관직이 부합하면, 즉 그가 맡은 관직이 그가 말한 주장과 부합하면 곧 상을 내린다. 그렇지 못하면 벌을 내린다. 그가 세운 공과 그가 말한 주장은 반드시 부합해야 한다. 공이 적어도 안 되고 커도 안 되는데, 그런 경우에는 벌을 받아야 한다. 이렇게 해야 무능자는 감히 함부로 주장을 말하지 않을 것이고, 유능자

유가의 공자의 정명론은 사회의 각 사람들로 하여금 저마다 해야 할 바를 행하게 하려는 것이었지만, 법가의 정명론은 군주에게 신하를 다루는 방법을 제시하는 것이었다. 명실을 바룬 변자들의 논의는 즉 "언어의 지시대상을 신중히 하여" "이 실상에는 반드시 이 이름을 쓰도록"[36] 하려는 것이었다. 명실을 바루는 법가의 논의는 즉 "실체와 이름의 부합을 심리하여" 이 이름에는 반드시 이 실상이 있도록 하려는 것이었다. 예컨대 군주는 어떤 사람에게 직위를 주었으면 반드시 그 직위의 이름에 따라 그 공효(效)를 따진다. 그 공효를 따진다 함은 그 실상이 반드시 그 이름에 부합하도록 한다는 말이다. 예컨대 신하가 어떤 주장을 제출하면 "군주는 그의 주장에 근거하여 그에게 직무를 맡기고, 오로지 그 직무에 의거하여 그의 공적을 책임지운다." 그의 공적을 책임지운다고 함은 그 실상이 반드시 그 이름에 부합하도록 한다는 말이다. 이렇게 하면 일을 담당한 여러 신하들은 모두 자연히 그 이름에 부합하기 위해서 노력할 것이므로, 군주는 다만 이름을 쥐고 여러 신하들의 성적을 확인하기만 하면 된다. 즉 "군주가 이름만 잡고 있으면 신하는 스스로 그 실체를 드러낸다"는 말이다. 이것이 바로 간명함으로 번잡함을 통제하고(以簡御繁), 하나로써 만사를 통제하는(以一御萬) 술이다. 즉 "성인은 하나를 장악하여 고요에 처함으로써 이름은 저절로 정의되고 업무는 저절로 결정되도록 한다"는 말이다.

7. 상벌을 엄하게

이상의 내용을 보면 또한 법(法)과 술(術)은 모두 군주에게 필수적인 것임을 알 수 있다. 따라서 『한비자』는 말하기를 "이것들은

는 대담하게 말하고 기꺼이 말할 것이다. [이처럼] 군주 자신은 무슨 특수한 재능이 없어도 누가 재능이 있는 사람인지 누가 재능이 없는 사람인지 판단할 수 있다. 이것이 즉 "실체와 이름의 부합을 고찰하고(審合形名), 이름에 따라 실상을 조사한다(循名核實)"는 말이다.]

36) "愼其所謂." "是實也, 必有是名也."〈제11장,주40〉

하나라도 없어서는 안 될 제왕의 도구이다"〈주20〉고 했다. 그렇지만 단지 법과 술만 있고 세(勢 : 위세, 권세)가 없으면 군주는 여전히 신하를 제어할 수 없다. 오직 위세에만 의지해서는 물론 통치할 수 없지만, 위세가 없다면 군주는 그의 법과 술을 추진할 수 없다. 『한비자』「공명편(功名篇)」은 말한다.

> 재능은 있어도 위세(勢)가 없으면 현자라도 어중이를 제압할 도리가 없다. 따라서 한 자 크기의 재목도 높은 산 위에 세우면 천 길 낭떠러지를 굽어보는즉, 재목이 커서가 아니라 위치가 높기 때문이다. 걸(桀)이 천자로서 천하를 제압할 수 있었던 것은 현명했기 때문이 아니라 위세가 높았기 때문이다. 요(堯)가 필부일 때 세 집안도 다스릴 수 없었던 것은 어중되었기 때문이 아니라 지위가 낮았기 때문이다. 천균(千鈞 : 18톤)의 물건도 배에 실리면 뜨지만 치수(錙銖 : 錙≒9g,銖≒1.5g)만큼 가벼운 것도 배에서 버려지면 가라앉는다. 천균이 가볍고 치수가 무겁기 때문이 아니라 세의 유무 때문이다. 따라서 짧은 것이 높이 임하는 것이 위치 때문이듯이, 어중이가 현자를 제압하는 것 역시 위세 때문이다.[37)]

또「인주편(人主篇)」은 말한다.

> 말이 무거운 짐을 지고 수레를 끌고 먼길을 달릴 수 있는 것은 근력(筋力) 때문이다. 만승(萬乘)과 천승(千乘)의 군주가 천하를 제압하고 제후를 정벌할 수 있는 것도 그 위세(威勢) 때문이다. 즉 위세란 군주의 근력이다.[38)]

군주의 위세(勢)가 밖으로 표현된 것이 상벌(賞罰)이다. 상벌은 군주의 두 권병(柄 : 權柄)이다. 『한비자』「이병편」은 말한다.

> 명철한 군주가 신하를 선도하고 제어할 수 있는 것은 두 권병 때문이다.

---

37) 夫有材而無勢, 雖賢不能制不肖. 故立尺材於高山之上, 下臨千仞之谿, 材非長也, 位高也. 桀爲天子, 能制天下, 非賢也, 勢重也. 堯爲匹夫, 不能正三家, 非不肖也, 位卑也. 千鈞得船則浮 ; 錙銖失船則沈. 非千鈞輕而錙銖重也, 有勢之與無勢也. 故短之臨高也以位 ; 不肖之制賢也以勢. (『한비자』, 508쪽)

38) 夫馬之所以能任重引車致遠道者, 以筋力也. 萬乘之主, 千乘之君, 所以制天下而征諸侯者, 以其威勢也. 威勢者, 人主之筋力也. (『한비자』, 1118쪽)

두 권병이란 형(刑)과 덕(德)이다. 형과 덕이란 무엇인가? 사형에 처하는 것이 형이고, 상을 내리는 것이 덕이다. 남의 신하된 사람이란 **형벌을 두려워하고 상을 탐하는** 존재이다. 따라서 군주가 몸소 이런 형과 덕을 장악하기만 하면 뭇 신하는 위엄을 두려워하고 상을 탐하는 쪽으로 돌아간다.[39)]

"형벌을 두려워하고 상을 탐하지" 않는 사람은 없기 때문에, 군주는 사람의 이런 심리를 이용하여 그의 위세를 행사한다. 『한비자』「팔경편(八經篇)」(八經 : 군주의 여덟 治術)은 말한다.

천하를 다스리려면 반드시 인간의 본성(人情)에 따라 행해야 한다. **인간의 본성에 호오**(好惡 : 포상의 이익을 좋아하고 징벌의 해를 싫어함)**의 감정이 있기 때문에 상벌이 효력을 지닐 수 있다.** 상벌이 효력을 지닐 수 있으므로 금령과 명령이 확립될 수 있고 따라서 치국의 도는 완비된다. 군주가 권병(柄)을 장악하고 위세(勢)에 처하기 때문에 명령은 시행되고 금령은 지켜진다. 권병이란 죽이고 살리는 권력이며, 위세란 대중을 제압하는 자본이다.[40)]

"인간의 본성에 호오의 감정이 있기" 때문에 상벌을 사용한다. 즉 인심에 따라 사람을 다스린다는 말이다. 따라서 말하기를 "인심에 거스르면 비록 맹분과 하육 같은 장사라도 힘을 다할 수 없고", "인심에 부합하면 재촉하지 않아도 스스로 힘껏 일한다"[41)]고 했다.

8. 성악(性惡)

"인간의 본성에 호오의 감정이 있기 때문에 상벌이 효력을 지닐 수 있다." 인간의 본성은 이익(利)을 추구하고 해(害)를 피할 줄 알

39) 明主之所導制其臣者, 二柄而已矣. 二柄者, 刑德也. 何謂刑德? 殺戮之謂刑 ; 慶賞之謂德. 爲人臣者, 畏誅罰而利慶賞. 故人主自用其刑德, 則群臣畏其威而歸其利矣. (『한비자』, 111쪽) [二柄 : two hardles, 권력의 두 칼자루]

40) 凡治天下, 必因人情. 人情者有好惡, 故賞罰可用. 賞罰可用, 則禁令可立, 而治道具矣. 君執柄以處勢, 故令行禁止. 柄者, 殺生之制也 ; 勢者, 勝衆之資也. (『한비자』, 996쪽)

41) 逆人心, 雖賁育不能盡人力.……得人心,則不趣而自勸. (「공명」, 『한비자』, 508쪽)

기 때문에 오직 이해(利害)로써 마음대로 부릴 수 있다. 법가는 대체로 인간의 본성은 악하다고 여겼다. 한비는 순자의 제자로서 이 점을 더욱 분명히 주장했다. 『한비자』「양권편」은 말한다.

> 황제(黃帝)는 이런 말을 했다. 군신 상하는 하루에도 수백 번 투쟁한다. 신하는 속마음을 숨기고 군주를 시험하며, 군주는 법도를 잡고 신하의 의중을 해부한다.[42]

「외저설좌상편(外儲說左上篇)」은 말한다.

> 품꾼을 사서 파종하고 밭을 갈 경우, 주인이 비용을 들여 맛있는 음식을 마련하고 베를 골라 돈을 준비하는 것은 품꾼을 사랑해서가 아니라, 그래야만 밭 가는 사람은 깊이 갈고 김 매는 사람은 정성껏 매기 때문이다. 품꾼이 힘을 다해서 열심히 김 매고 밭 갈고 정성껏 밭두둑을 고치는 것은 주인을 사랑해서가 아니라, 그래야만 반찬도 맛있게 나오고 품삯도 수월하게 얻을 수 있기 때문이다. 이처럼 공력의 보상에는 부자지간 같은 은택이 존재한다. 마음의 모든 작용은 **한결같이 자신을 위하는 마음을 끼고 있다**(皆挾自爲心). 따라서 인간은 모든 거래 행위에서 이익이 된다 싶으면 적대적인 사람끼리도 쉽게 화해하지만 손해가 된다 싶으면 부자간에도 돌아서고 원망한다.[43]

「육반편(六反篇)」(六反 : 비난과 찬양의 6가지 모순점)은 말한다.

> 부모가 자식을 대할 경우에도 아들을 낳으면 경축하지만 딸을 낳으면 죽인다. 이처럼 다같이 부모의 몸에서 나왔건만 아들은 경축을 받는 반면 딸은 죽임을 당하는 까닭은, 부모가 훗날의 편리를 고려하고 장기적인 잇속을 계산하기 때문이다. 따라서 부모가 자식을 대할 경우에도 오히려 **계산하는 마**

42) 黃帝有言曰 : 上下一日百戰. 下匿其私, 用試其上. 上操度量, 以割其下. (『한비자』, 123쪽)

43) 夫賣(太田方曰 : 賣當作'買'/『신편』)庸而播耕者, 主人費家而美食, 調布而求易錢者, 非愛庸客也. 曰, 如是, 耕者且深, 耨者熟耘也. 庸客致力而疾耘耕者(顧廣圻曰 : '者'字衍/『신편』), 盡巧而正畦陌畦時(顧云 : 當衍=字)者, 非愛主人也. 曰, 如是, 羹且美, 錢布且易云也. 此其養功力, 有父子之澤矣. 而心調於用者, 皆挾自爲心也. 故人行事施予, 以利之爲心, 則越人易和 ; 以害之爲心, 則父子離且怨. (『한비자』, 638-39쪽)

음을 써서 상대하거늘, 하물며 부자간의 은택도 없는 경우임에랴?[44)]

한비는 세상 사람은 모두 이기적이고 "한결같이 자신을 위하는 마음을 끼고", 상호 "계산하는 마음을 써서 상대한다"고 여겼다. 그러나 바로 그렇기 때문에 상벌의 도(道)가 효력을 지닐 수 있다.*

경제 방면의 경우 한비는 인간은 이미 각자 "자신을 위하는 마음을 끼고 있으므로" 저마다 "자신을 위하도록" 맡겨두어 자유경쟁하도록 해야 한다고 여겼다. 따라서 유자(儒者)의 "토지의 평등분배(平等地權)"의 주장을 반대한다. 『한비자』「현학편(顯學篇)」(顯學 : 유명 학파, 즉 유묵)」은 말한다.

> 요즘 배우는 선비(士)들은 정치를 의론하면서 걸핏하면 빈궁한 사람에게 토지를 분배하고 재물 없는 사람에게 물질을 주자고 말한다. 하지만 조건이 남과 똑같고 또 풍년의 부수입이 따로 있는 것도 아닌데도 유독 살림이 넉넉한 사람은 노력 아니면 검약 때문에 그러한 것이다. 조건이 남과 똑같고 기근, 질병, 재난, 형벌 따위의 재앙이 없었는데도 유독 빈궁한 사람은 낭비 아니면 나태 때문에 그러한 것이다. 낭비하고 나태한 사람은 빈궁하고, 노력하고 검약한 사람이 부유함은 지당하다. 그런데 국가에서 부자한테서 거두어 가난한 사람에게 나누어주자(布施)는 말은, 노력하고 검약한 사람한테서 빼앗아 낭비하고 나태한 사람에게 주자는 말이다. 그러고도 인민이 열심히 일하고 절약할 것을 바라기는 불가능하다.[45)]

---

44) 且父母之於子也, 產男則相賀, 產女則殺之. 此俱出父母之懷衽, 然男子受賀, 女子殺之者, 慮其後便, 計之長利也. 故父母之於子也, 猶用計算之心以相待也. 而况無父子之澤乎? (『한비자』, 949쪽)
[『신편』II, 420쪽 : 한비는……개인적 이익의 추구가 인간 행위의 기초라고 간주했다. 이것은 일종의 개인 이기주의적 윤리학설이다.]

* 『신편』II, 450쪽 : 순황(荀況) 역시 인간은 생래적으로 이기적이다고 여겼지만, 그는 여전히 교육적 방법으로 "본성을 교화하여 도덕심을 조성했다(化性起僞)." 그러나 한비는 통치자는 인간의 이기성을 이용하여, 상벌을 써서 일반 백성을 통치한다고 여겼다. 다시 말해서 만약 사람들이 모두 이기적이지 않다면 상벌 역시 효력을 지닐 수 없는즉, 통치자는 오히려 통치를 행사할 수 없다는 말이다.

45) 今世之學士語治者, 多曰, 與貧窮地, 以實無資. 今夫與人相若也, 無豐年旁入之利, 而獨以完給者, 非力則儉也. 與人相若也, 無饑饉疾疢[疢 : 病]禍罪之殃, 獨以貧窮

사람은 자유경쟁에 맡겨두면 모두 열심히 일하고 절약하여 생산은 증가된다.

유가는 고대에는 풍속이 순후(淳厚)하여 성인도 많았다고 했는데, 한비는 역시 전혀 사실과 다르다며 부정했다. 『한비자』「오두편」은 말한다.

옛날에는 남자들이 농사를 짓지 않아도 산천초목의 열매가 식량으로 충분했다. 여자들이 길쌈하지 않아도 금수의 털가죽이 옷으로 충분했다. 힘들여 일하지 않아도 생계가 풍족했으니, 사람 수는 적은데 재화는 넉넉했기 때문에 사람들은 다투지 않았다. 그러므로 후한 상을 주지 않고 엄한 형벌을 가하지 않았어도 인민들은 저절로 다스려졌다. 그런데 지금은 사람마다 자식 다섯 명은 많다고 여기지 않고, 자식들 마다 또 자식이 다섯 명씩 있으니, 할아버지가 죽기 전에 손자가 25명이나 있게 된다. 그 결과 사람 수는 많아졌으나 재화는 적어져, 힘을 다해서 일해도 생계는 궁박해졌다. 따라서 인민들은 서로 투쟁하게 되었다. 비록 포상을 배가하고 징벌을 가중해도 분란을 피할 수 없게 된 것이다.

요 임금이 천하에 왕노릇할 때, 왕은 띠풀로 지붕을 이었고, 기스락을 자르지 않았고, 베어온 서까래는 다듬지 않은 채 썼고, 알곡은 껍질만 벗기고 [정미하지 않고] 밥을 지었고 명아주잎이나 콩잎으로 국을 끓여먹었으며, 겨울에는 사슴가죽옷, 여름에는 갈포옷을 입었다. 그러니 당시 문지기의 생계 수준이라도 그보다 못하지는 않았을 것이다. 우 임금이 천하에 왕노릇할 때,

---

者, 非侈則惰也. 侈而惰者貧, 而力而儉者富. 今上徵斂於富人, 以布施於貧家, 是奪力儉而與侈惰也. 而欲索民之疾作而節用, 不可得也. (『한비자』, 1089쪽)

[『신편』II, 450쪽 : 상앙(商鞅)이 "논밭의 구획경계를 없앤 것(開阡陌)"은 곧 토지국유제를 폐지하고, 일반 백성으로 하여금 스스로 개간하여 누구든 개간하는 사람이 소유하도록 하는 것이었다. 농사일을 열심히 하여 농사 지을 수 있는 능력만큼 농사 짓게 한다는 것이다. 당시의 상황하에서 이것은 일종의 생산력 해방이었고 생산성을 향상시키는 방책이었다. 이런 방책은 농민 사이에 양 극단으로 분화를 가속화시켰다. 당시의 보수적인 인물들은 이것을 구실로 옛 토지국유제를 부활하려고 했다. 한비가 여기서 말한 "선비(士)"가 바로 이런 인물로서 주로 유가의 부류였다. 이른바 "빈궁한 사람에게 토지를 분배하자"는 말은 국가에서 빈궁한 사람에게 토지를 주자는 것으로서, 이는 옛 토지국유제를 부활하려는 것이었다.]

왕은 몸소 쟁기와 가래를 들고 앞장서서 일하여 넓적다리에서는 흰 살이 없어졌고 정강이는 털이 자랄 겨를이 없었다. 그러니 전쟁노예의 노고라도 그보다 더 힘들지는 않았을 것이다. 이로써 말하건대 옛날의 천자 자리를 선양한 것은 즉 문지기 수준의 녹봉을 뿌리치고 노예가 겪는 노고를 벗어던진 데에 불과했다. 따라서 천하를 남에게 전했다고 해서 찬양할 만한 일은 못된다. 그렇지만 지금의 현령은 하루아침에 죽더라도 자손 대대로 마차를 몰 수 있는 정도이기 때문에 사람들이 그 자리를 중시한다. 그러므로 인간은 양보의 경우, 옛날의 천자 자리는 쉽게 사양했어도 지금의 현령 자리를 물리치기 곤란한 것은, 박하고 후한(薄厚) 실속의 차이 때문이다.

무릇 산속에 살면서 계곡 물을 길어먹는 사람들은 루(膢 : 음식신에 대한 제사)나 납향(臘 : 선조나 百神에 대한 제사) 같은 큰 제사 뒤의 음식 속에 물을 보내주지만, 강가에 살면서 수해로 고초를 겪는 사람들은 품꾼을 고용하여 도랑을 친다. 또한 빈궁한 봄에는 어린 동생에게도 밥 한술 양보하지 않지만, 풍성한 가을에는 과객에게도 반드시 밥을 준다. 이는 골육지친은 멀리하고 과객을 사랑하는 때문이 아니라, 많고 적은(多少) 형편의 차이 때문이다.

그러므로 옛 사람이 재물에 관대했던 것은 [마음이] 어질어서가 아니라 재물이 많았기 때문이요, 지금 사람이 쟁탈전을 벌이는 것은 야비해서가 아니라 재물이 적기 때문이다. [옛날에] 천자 자리를 쉽게 사양한 것은 인품이 고상해서가 아니라 권세가 보잘것없었기 때문이요, [지금] 식객이나 비서 자리를 놓고도 치열하게 다투는 것은 인품이 저질이어서가 아니라 권세가 대단하기 때문이다.* 따라서 성인은 다소(多少)를 따지고 박후(薄厚)를 논하여 정치를 행한다. 그러므로 [옛날에] 형벌이 가벼웠다고 해서 [성인이] 자애로웠다고 할 수 없고, [지금] 형벌이 엄하다고 해서 [성인이] 혹독하다고 할 수 없다. 각 시대의 풍속에 맞추어 시행할 따름이다.[46)]

---

* 『신편』II, 415쪽 : 이 문단에서의 한비의 함축은 인간의 도덕적 품성은 인간의 물질생활의 영향을 받아 그것에 의해서 결정된다는 것이다.

46) 古者丈夫不耕. 草木之實足食也. 婦人不織, 禽獸之皮足衣也. 不事力而養足, 人民少而財有餘, 故民不爭. 是以厚賞不行, 重罰不用, 而民自治. 今人有五子, 不爲多, 子又有五子, 大父未死, 而有二十五孫. 是以人民衆而貨財寡, 事力勞而供養薄, 故民

고금(古今)에 인간의 행위가 같지 않은 것은 고금에 인간의 환경이 같지 않은 때문이지 고금에 인간의 품성(性)이 같지 않은 때문이 아니다. 옛날에 인민의 풍속이 순후(淳厚)했다고는 할 수 있겠지만, 그렇다고 인민의 품성이 선했다고 하면 옳지 않다.

인성(人性)이 이러하므로, 반드시 "정령으로써 계도하고 형벌(刑)로써 다스려야" 비로소 천하의 태평을 보증할 수 있다. 만약 공자와 맹자가 논한 "덕으로써 계도하고 예(禮)로써 다스리는"[47] 정치라면 그 효과를 보증할 수 없다. 『한비자』「현학편」은 말한다.

> 무릇 엄한 집안에 사나운 종 없고, 자애로운 어머니 밑에서 패륜아 생긴다. 이로써 나는 위세(威勢)라야 흉포를 금할 수 있지, 덕후(德厚) 따위로는 혼란을 막을 수 없다고 본다. 무릇 성인은 국가를 통치할 때, 남이 내게 선행할 것에 의지하지 않고, 남이 내게 감히 나쁜 짓을 못하게끔 하는 쪽을 채택한다. 남이 내게 선행할 것에 의지하면 나라 안에 열댓 명도 채 못 되겠지만, 남이 감히 나쁜 짓을 못하게끔 하는 쪽을 택하면 가히 한 나라를 숙정할 수 있다. 나라 통치자는 다수에게 통하는 방식을 택하고 소수에게 통하는 방식은 버린다. 따라서 덕(德)에 힘쓰지 않고 법(法)에 힘쓴다.
>
> 반드시 저절로 곧은 이대(箭 : 화살제작용 대나무)에 의지한다면 백년 걸려 화살 하나 만들지 못하고, 저절로 둥글어진 나무에 의지한다면 천년 걸려 수레 하나 만들지 못할 것이다. 저절로 곧은 이대, 저절로 둥글어진 나무는 백년이 지나도 한 개도 없을 텐데, 세세대대로 수레를 타고 금수를 향해서

爭. 雖倍賞累罰, 而不免於亂. 堯之王天下也, 茅茨不翦, 采椽不斲, 糲粢之食, 藜藿之羹. 冬日麑裘, 夏日葛衣. 雖監門之服養, 不虧於此矣. 禹之王天下也, 身執耒臿, 以爲民先, 股無胈, 脛不生毛. 雖臣虜之勞, 不若於此矣. 以是言之, 夫古之讓天子者, 是去監門之養, 而離臣虜之勞也. 古傳天下而不足多也. 今之縣令, 一日身死, 子孫累世絜駕, 故人重之. 是以人之於讓也, 輕辭古之天子, 難去今之縣令者, 薄厚之實異也. 夫山居而谷汲者, 膢臘而相遺以水. 澤居若水者, 買庸而決竇. 故飢歲之春, 幼弟不饟. 穰歲之秋, 疏客必食. 非疏骨肉, 愛過客也, 多少之實異也. 是以古之易財, 非仁也, 財多也. 今之爭奪, 非鄙也, 財寡也. 輕辭天子, 非高也, 勢薄也. 重爭士橐, 非下也, 權重也. 故聖人議多少, 論薄厚, 爲之政. 故罰薄不爲慈, 誅嚴不爲戾, 稱俗而行也. (『한비자』, 1040-41쪽) [士橐 : 즉 仕託. 권세가의 참모]

47) 道之以政, 齊之以刑,……道之以德, 齊之以禮,……[『논어』 2 : 3] [刑 : penalties, punishments. 禮 : rituals, ceremonies, rules of conduct, mores. (*SH*, 155쪽)]

> 화살을 쏘고 있는 까닭은 무엇인가? 바로 도지개(隱括 : 뒤틀림을 바로잡는 틀)의 이치를 응용했기 때문이다. 그러므로 설령 도지개에 의지하지 않고 저절로 곧은 이대, 저절로 둥글어진 나무가 있다고 하더라도 양공(良工)은 그것을 귀히 여기지 않는다. 왜 그런가? 수레를 탈 사람은 한 명이 아니고, 쏠 화살은 한 발이 아니기 때문이다. 상벌에 의지하지 않고 저절로 선행하는 백성에 의지하는 것을 명철한 군주는 귀히 여기지 않는다. 왜 그런가? 국법이란 홀시할 수 없고 다스릴 사람은 한 명이 아니기 때문이다. 따라서 술(術)을 장악한 군주는 우연의 선행을 추구하지 않고, **필연의 도**(必然之道)를 추진한다.[48)]

법, 술, 세를 사용하면 반드시 태평을 이룩할 수 있으므로 "필연의 도"이다.

9. 무위

만약 군주가 이 도(道)를 사용할 수 있다면 "무위하면서 다스릴(無爲而治)" 수 있다.* 『한비자』「양권편」은 말한다.

48) 夫嚴家無悍虜, 而慈母有敗子. 吾以此知威勢之可以禁暴, 而德厚之不足以止亂也. 夫聖人之治國, 不恃人之爲吾善也, 而用其不得爲非也. 恃人之爲吾善也, 境內不什數. 用人不得爲非, 一國可使齊. 爲治國者用衆而舍寡, 故不務德而務法. 夫必恃自直之箭, 百世無矢 ; 恃自圜之木, 千世無輪矣. 自直之箭, 自圜之木, 百世無有一, 然而世皆乘車射禽者, 何也? 隱括之道用也. 雖有不恃隱括, 而有自直之箭, 自圜之木, 良工弗貴也. 何則? 乘者非一人, 射者非一發也. 不恃賞罰, 而恃自善之民, 明主弗貴也. 何則? 國法不可失, 而所治非一人也. 故有術之君, 不隨適然之善, 而行必然之道. (『한비자』, 1097-98쪽) [適 : 마음 내키는 대로, 우연히. 適然 : 우연]

* 『신편』II, 194쪽 : 공자는 "무위하여 다스린(無爲而治) 분이 바로 순 임금이셨다. 무슨 일이 따로 필요했겠는가? 조정에 장중하고 단정하게 앉아 있으면 그만이었다"(『논어』 15 : 5)고 했는데, 이런 "무위"가 사실 유가에서 말한 "덕치(德治)"이다. 도가에서 말한 "무위"란 작위를 행하지 않는다는 소극적인 것이었다. 법가의 경우는 이 두 가지와 근본적으로 달랐다. 법가는 유가의 덕치를 비판하고, 동시에 도가의 작위하지 않는다는 사상을, 군주가 의거해야 할 법, 술, 세로 개조하여 군주 자신은 무위하고 신하는 유위(有爲)하는 것이라고 했다. 이것이 "무위" 사상의 몇 단계에 걸친 전변인데, 신도의 사상은 도가의 "무위"에서 법가의 "무위"로 전변하는 일환을 담당했던 것이다.

일은 사방에 있지만 관건은 중앙에 있다. 성인(聖人 : 명철한 군주)이 관건을 쥐고 있으면 사방의 신하들이 저마다 공력을 바친다. 군주가 허심한 태도로 신하를 대하면 신하들은 각자의 능력을 운용한다. 군주는 이미 온 천하를 품에 안았으면 은밀한 가운데서 신하들의 동태를 관찰한다. 좌우에 보필하는 신하가 세워졌으면 문을 열고 모든 것을 맞아들이기만 하면 그만이다. 군주가 변경하거나 바꾸지 않고 오직 두 가지(二 : 形, 名)를 바탕으로 행하여, 중단 없이 행하는 것이 바로 "법도의 실천(履理)"이다.

무릇 각종 사물은 모두 그에 적합한 일이 있으며, 각종 재료는 모두 그에 적합한 용도가 있다. 모든 것이 적합한 곳에 처하면 군신 상하는 작위 없이도(無爲) 다스릴 수 있다. 닭은 아침을 알리게 하고 고양이는 쥐를 잡게 하는 식으로, 각 신하들의 능력을 사용하면 임금은 더 할 일이 없어진다.*

만약 군주가 특별히 무엇을 훌륭하게 여기면 업무가 올바르게 진행되지 못한다. 군주가 특정 재능을 가상하게 여기면 신하는 바로 그것을 가지고 군주를 기만한다. 군주가 논변과 총명함을 좋아하면 신하는 바로 그런 재능을 이용한다. 이런 식으로 상하의 역할이 뒤바뀌기 때문에 국가는 다스려지지 못한다.[49)]

---

* 『신편』II, 447쪽 : 닭이 새벽을 알리고 고양이가 쥐를 잡을 수 있는 것은 모두 자연적인 것으로, 결코 도(道)가 그렇게 시킨 것이 아니고 그것들이 자연적으로 그런 것이다. 한비에 따르면, 군주는 도를 법(法)으로 삼아, 닭은 새벽을 알릴 수 있으니 밤을 관장토록 하고, 고양이는 쥐를 잡을 수 있느니 쥐를 잡도록 한다는 것이다. 군주 자신이 밤을 관장할 필요가 없고 단지 닭을 기를 수만 있으면 자연히 닭이 대신 밤을 관장하며, 자신이 쥐를 잡을 필요가 없고 단지 고양이를 기를 수만 있으면 자연히 고양이가 대신 쥐를 잡게 된다. 닭과 고양이는 뭇 신하에 비할 수 있다. 군주는 단지 뭇 신하를 등용하기만 하면 뭇 신하가 그의 일을 처리할 터이므로 자신이 일을 처리할 필요도 없고 또 처리할 일도 없는데, 이것이 바로 **"각 신하들의 능력을 사용하면 임금은 더 할 일이 없다"**는 말이다. 이것이 "작위하지 않으나 이루지 않는 일이 없다(無爲而無不爲 : Doing nothing, yet there is nothing that is not done)"〈제8장,주23〉는 『노자』의 원칙에 대한 한비의 개조(改造)이다.

49) 事在四方, 要在中央. 聖人執要, 四方來效. 虛而待之. 彼自以之. 四海旣藏, 道陰見陽. 左右旣立, 開門而當. 勿變勿易, 與二俱行. 行之不已, 是謂履理也. 夫物者有所宜, 材者有所施. 各處其宜, 故上下無爲. 使雞司夜, 令狸執鼠. 皆用其能, 上乃無事. 上有所長, 事乃不方. 矜而好能, 下之所欺. 辯惠好生, 下因其材. 上下易用, 國故不治. (『한비자』, 121쪽) [各處其宜, 故上下無爲 : 무위에 대한 한비의 정의/진기유]

「대체편(大體篇)」(大體 : 사물의 총체)」은 말한다.

고대에 사물의 총체를 전면적으로 파악할 수 있었던 사람은 천지를 조망하고, 강해(江海)를 관찰하고, 산곡(山谷)에 기반을 두었다. 해와 달이 비추고 사계절이 운행하고 구름이 떠가고 바람이 부는 현상과 마찬가지로, 군주는 지식 때문에 마음을 괴롭히지 않았으며, 이기심 때문에 몸을 괴롭히지 않았다. 치란(治亂)은 법과 술(法術)에, 시비(是非)는 상벌제도에, 경중(輕重)은 저울에 맡겨두고, 천리(天理 : 자연의 이법)를 거역하지 않고 성정을 손상시키지 않았다. 머리털을 불어 작은 부스럼을 찾지 않았고, 때를 씻어 은밀한 흉터를 관찰하지 않았다. 먹줄(법규) 바깥으로 이끌지도 않았고, 먹줄 안으로 밀지도 않았다. 법에 저촉되지 않는 일에 엄격하지 않았고, 법에 저촉된 일에 관대하지 않았다. 정해진 원칙을 견지하고 자연에 순응했다. 화복은 객관적인 도(道)와 법(法)의 준수 여부에서 발생하지, 내면의 애증(愛惡 : 愛憎)에서 생기지 않는다. 또 영욕(榮辱)의 책임 역시 자기 자신에게 있지 남에게 있지 않다.[50)]

군주는 신하들이 스스로 도모하게 맡겨두고, 자신은 "두 권병(二柄)"만 장악하여 그들의 공효만 따진다. 군주의 직책은 마치 큰 배의 키잡이의 경우와 같다. 높고 깊은 곳에 처하여 손발만 살짝 움직이면 배는 저절로 마음먹은 대로 움직일 수 있는 것이다. 이것이 이른바 하나로써 만사를 통제하고(以一馭萬), 고요함으로써 움직임을 다스리는(以靜制動) 도(道)이다.

도가의 일부에 본래 이미 이런 학설이 있었다. 『장자(莊子)』「천

50) 古之全大體者, 望天地, 觀江海, 因山谷. 日月所照, 四時所行, 雲布風動, 不以智累心, 不以私累己. 寄治亂於法術, 託是非於賞罰, 屬輕重於權衡. 不逆天理, 不傷情性. 不吹毛而求小疵, 不洗垢而察難知. 不引繩之外, 不推繩之內. 不急法之外, 不緩法之內. 守成理, 因自然. 禍福生乎道法, 而不出乎愛惡. 榮辱之責, 在乎己, 而不在乎人. (『한비자』, 512쪽)

[『신편』II, 448쪽 : 한비의 이 말은 그가 논한 "무위이무불위(無爲而無不爲)"의 통치술의 한 총결론이다.……이 문단에서 논한 것은 결코 일종의 뜬구름 같은 공담(空談)이 아니라, 확실히 실제적인 내용이 있다. 이것은 한비가 『노자』의 철학을 개조하고 법가가 논한 통치술을 결합하여 그의 철학적 기반으로 삼은 것이다. 이것이 바로 한대인(漢代人)이 말한 황로지학(黃老之學)이다.]

도편(天道篇)」은 말한다.

무릇 **제왕의 덕**은 천지를 근본으로, 도덕을 주체로, **무위**(無爲)**를 법칙**(常)**으로 삼는다. 무위**(無爲)**하면 온 천하를 부리기에 여유가 있지만, 유위**(有爲)**하면 천하로부터 부림당하여 늘 부족하다.** 따라서 고대 제왕은 저 무위를 중시했다. 군주가 무위하는데 신하 역시 무위하면, 이는 신하가 군주와 어울린다(同德)는 말이다. 신하가 군주와 어울리면 더 이상 신하가 아니다. 또 신하가 유위하는데 군주 역시 유위하면, 이는 군주가 신하와 어울린다는 말이다. 군주가 신하와 어울리면 더 이상 군주가 아니다. 군주는 반드시 무위함으로써 천하를 부리고, 신하는 반드시 유위함으로써 천하에서 부림을 당해야 한다. 이것은 영구불변의 도이다. 따라서 **옛날에 천하에 왕노릇한 사람**은 지식이 설령 온 우주에 걸쳤을지라도 몸소 사려하지 않았고, 말솜씨가 설령 모든 사물을 미화할 수 있을지라도 몸소 말하지 않았고, **능력이 설령 천하 제일일지라도 몸소 도모하지 않았다.**

하늘이 산생하지 않아도 만물은 변화되며, 대지가 기르지 않아도 만물은 생육되며, 제왕이 작위하지 않아도(無爲) 천하의 공적은 이룩된다. 따라서 하늘보다 신령한 것은 없으며 땅보다 풍요로운 것은 없으며 제왕보다 위대한 것은 없다고 했고, 또 제왕의 덕은 하늘과 땅과 짝한다고 했다. 이러한 제왕의 무위의 덕이야말로 천지를 운용하고, 만물을 지배하고, **인간사회를 다스리는 도**(用人群之道)이다.

그러므로 옛날에 대도(大道)를 밝힌 사람은 우선 하늘(天 : 자연)을 밝혔고 도덕은 그 다음이었다. 도덕이 밝혀지면 인의(仁義)가 그 다음이었다. 인의가 밝혀지면 분수(分守 : 관직의 분배)가 그 다음이었다. **분수가 밝혀지면 형명**(形名 : 실체와 이름)**이 그 다음이었다. 형명이 밝혀지면 인임**(因任 : 간섭 없이 맡김)**이 그 다음이었다. 인임이 밝혀지면 원성**(原省 : 심사와 판별)**이 그 다음이었다. 원성이 밝혀지면 시비**(是非 : 시비의 판단)**가 그 다음이었다. 시비가 밝혀지면 상벌**(賞罰)**이 그 다음이었다.** 상벌이 밝혀지면 어리석은 사람과 지혜로운 사람이 적당한 지위를 맡고, 귀인과 천인이 적당한 위치를 차지하고, 현명한 사람과 어중된 사람이 그들의 품성에 따라 능력을 분배받고, 그러면 저마다 그 이름(직명)에 부합할 것이다. 이와 같은 방식으로 윗사람을 섬기고, 아랫

> 사람을 부양하며, 사물을 처리하고, 또 자신을 연마한다(修身). 지혜와 계책을 쓰지 않으면 반드시 천성에 복귀한다. 이것이 바로 태평성세(太平), 즉 좋은 정치의 정점(治之至)이다. 어떤 책에 "형(形)이 있고 명(名)이 있다"고 했으니, 형명은 옛 사람이 언급한 것이었으나 다만 **우선시한 것은 아니었다.** 옛날에 대도를 논한 사람은 다섯번째 단계에서야 비로소 형명을 거론했고, 아홉번째 단계에서야 비로소 상벌을 언급했다.[51)]

천하의 일은 매우 많다. 만약 군주 자신이 반드시 모든 일을 행한다고 하면, 그런 만능의 완전한 재주를 가질 수도 없으려니와, 설령 가졌다손 치더라도, 이것을 돌보면 저것을 놓치고 저것을 돌보면 이것을 놓칠 것이다. 한 사람의 시간과 정력은 유한하나 천하의 일은 무궁하기 때문에, "유위(有爲)"하면 "천하로부터 부림당하여 늘 부족하다"는 말이다. 그래서 "옛날에 천하에 왕노릇한 사람은 능력이 설령 천하 제일일지라도 몸소 도모하지 않았다." 따라서 "제왕의 덕"은 반드시 "무위(無爲)를 법칙으로 삼는다." 모든 일을 모두 신하에게 시키면 신하는 능력을 다해서 일을 그르치지 않기 때문에, "무위"하면 "온 천하를 부리기에 여유가 있다"는 말이다. 이것이 제왕이 "인간사회를 다스린 도"였다. 이 도를 시행하는 상세한 방법은 그 다음에 열거한 아홉 가지 단계(九變)가 그것이다. 분수(分守)란 관직(官)을 설치하여 직책을 나누어주고 아울러 관장해야

---

51) 夫帝王之德, 以天地爲宗, 以道德爲主, 以无爲爲常. 无爲也, 則用天下而有餘. 有爲也, 則爲天下用而不足. 故古之人貴夫无爲也. 上无爲也, 下亦无爲也, 是下與上同德. 下與上同德則不臣. 下有爲也, 上亦有爲也, 是上與下同道. 上與下同道則不主. 上必無爲而用天下, 下必有爲爲天下用, 此不易之道也. 故古之王天下者, 知雖落天地, 不自慮也. 辯雖彫萬物, 不自說也. 能雖窮海內, 不自爲也. 天不產而萬物化, 地不長而萬物育, 帝王无爲而天下功. 故曰, 莫神於天, 莫富於地, 莫大於帝王. 故曰, 帝王之德配天地. 此乘天地, 馳萬物, 而用人群之道也. 是故古之明大道者, 先明天而道德次之. 道德已明, 而仁義次之. 仁義已明, 而分守次之. 分守已明, 而形名次之. 形名已明, 而因任次之. 因任已明, 而原省次之. 原省已明, 而是非次之. 是非已明, 而賞罰次之. 賞罰已明, 而愚知處宜, 貴賤履位, 仁賢不肖襲情, 必分其能, 必由其名. 以此事上, 以此畜下, 以此治物, 以此修身. 知謀不用, 必歸其天. 此之謂大平, 治之至也. 故『書』曰, 有形有名. 形名者, 古人有之, 而非所以先也. 古之語大道者, 五變而形名可擧, 九變而賞罰可言也. (『장자』, 465, 471-73쪽)

할 일을 명백히 정하는 것을 말한다. 분수가 이미 밝혀졌으면 아무개를 등용하여 아무 직책을 맡기는데, 아무개는 곧 형(形)이고 아무 직책은 명(名)이다. 즉 "분수가 밝혀지면 형명(形名)이 그 다음이다." 이미 아무개에게 아무 직책을 맡겼으면 그 스스로 행하게 맡겨두고(任) 간섭해서는 안 된다. 즉 "형명이 밝혀지면 인임(因任)이 그 다음이다." 군주는 비록 그가 그 직분 내의 일을 어떻게 처리하는지는 간섭하지 않지만, 그 성과는 항상 고찰한다. 즉 "인임이 밝혀지면 원성(原省)이 그 다음이다." 성(省)은 성찰(省察)의 성이다. 이미 그 성과를 고찰했으면 그 성과 가운데서 좋은 것은 옳고(是), 좋지 않은 것은 그르다(非). 즉 "원성이 밝혀지면 시비(是非)가 그 다음이다." 시비가 밝혀지면 옳은 사람은 상을 주고, 그른 사람은 벌을 준다. 즉 "시비가 밝혀지면 상벌(賞罰)이 그 다음이다." 이렇게 되면 어리석고 지혜롭고 어질고 유능하고 어중된 자들이 각각 응당한 지위에 있게 되어 천하는 태평하게 된다. 「재유편(在宥篇)」은 말한다.

미천하지만 이용하지 않을 수 없는 것이 사물(物)이다. 지위가 낮지만 의지하지 않을 수 없는 것이 백성(民)이다. **은닉되어 있지만 도모하지 않을 수 없는 것**이 일(事)이다. **조잡하지만 실시하지 않을 수 없는 것**이 법(法)이다. 고원하지만 따르지 않을 수 없는 것이 의리(義)이다. 친애적이지만 확충하지 않을 수 없는 것이 인(仁)이다. 형식적이지만 독실하게 행하지 않을 수 없는 것이 예(禮)이다. 중용이지만 고상하지 않을 수 없는 것이 덕(德)이다. 하나이지만 변하지 않을 수 없는 것이 도(道)이다. 신묘하지만 작위하지 않을 수 없는 것이 자연(天)이다.

따라서 성인은 자연을 통찰함에 조장하지 않고, 덕을 성취함에 얽매이지 않고, 도를 따름에 지혜를 쓰지 않고, 인에 부응함에 자만하지 않고, 의에 힘쓰면서 축적하지 않고, 예에 응하면서 회피하지 않고, 일을 맡으면서 사양하지 않고, **법에 통일되어 혼란을 일으키지 않고,** 인민을 의지하여 경시하지 않고, 사물을 이용하여 폐기하지 않았다. **사물이란 영위할 만한 것은 못 되지만 영위하지 않을 수 없는 것이다.** 자연을 명확히 인식하지 못한 사람은 덕에 순수할 수 없다. 도에 통달하지 못한 사람은 제대로 되는 일이 없다. 도를 깨닫지 못한 사람은 가련하다! 도란 무엇인가? 천도(天道)가 있고 인도(人道)가 있다. **무위하고 존귀한 것은 천도이고, 유위하고 얽매이는 것은 인도이다. 군주는 천도에 해당하고 신하는 인도에 해당한다.** 천도는 인도와 서로 멀다는 사실을 살피지 않을 수 없다.[52]

한비는 "형명·법술의 학설에 심취했고, 그 근본은 황로 사상에 두었다."〈주21〉 법가의 학설은 실로 도가의 영향을 크게 받았다. 도가에 따르면 도는 만물 스스로 도모하도록 맡겨두므로, 작위하지 않으나 이루지 않는 일이 없다(無爲而無不爲). 이것을 정치철학에 응용하면, 제왕은 위에서 두 손을 맞잡고만 있으면서 인민 스스로 도모하도록 맡겨둔다. 즉 "무위하고 존귀한 것은 천도이고, 유위하고 얽매이는 것은 인도이다. 군주는 천도에 해당하고 신하는 인도에 해당한다"는 말이다. 그러나 인민들이 만약 저마다 스스로 도모하면 과연 서로 조화를 이루고 충돌을 일으키지 않을 수 있을까? 일부의 도가는 자연(天然)을 이상화하여 만약 인성(人性)의 자연(自然)에 맡기면 저절로 옳지 않은 바가 없을 것이다고 여겼다. 이것이 장자학 정통파의 견해로서, 순자가 말한 "자연에 치우쳐 인간사를 모른"[53] 경우이다. 다른 일부의 도가는 만약 사람마다 지식을 없애고(無知) 욕망을 줄이면(寡欲) 자연히 순박(淳樸)한 상태에 안주할 수 있다고 여겼는데, 이것이 『노자』학의 견해이다. 또 다른 일부의 도가는 "사물이란 영위할 만한 것은 못 되지만 영위하지 않을 수

---

52) 賤而不可不任者, 物也. 卑而不可不因者, 民也. 匿而不可不爲者, 事也. 麤而不可不陳者, 法也. 遠而不可不居者, 義也. 親而不可不廣者, 仁也. 節而不可不積者, 禮也. 中而不可不高者, 德也. 一而不可不易者, 道也. 神而不可不爲者, 天也. 故聖人觀於天而不助, 成於德而不累, 出於道而不謀, 會於仁而不恃, 薄於義而不積, 應於禮而不諱, 接於事而不辭, 齊於法而不亂, 恃於民而不輕, 因於物而不去. 物者, 莫足爲也, 而不可不爲. 不明於天者, 不純於德. 不通於道者, 無自而可. 不明於道者, 悲夫! 何謂道? 有天道, 有人道. 无爲而尊者, 天道也. 有爲而累者, 人道也. 主者, 天道也. 臣者, 人道也. 天道之與人道也, 相去遠矣, 不可不察也. (『장자』, 397-401쪽)

53) 蔽於天而不知人. 〈제1장,주15〉

없고", 일은 비록 "은닉되어 있지만 도모하지 않을 수 없고", 법은 비록 "조잡하지만 실시하지 않을 수 없다"는 것을 인식했다. 따라서 "분수(分守)", "형명(形名)", "인임(因任)", "원성(原省)", "시비(是非)", "상벌(賞罰)"도 논했고, 인민으로 하여금 모두 "법에 통일되어 혼란을 일으키지 않도록" 했다. 이 일파의 도가는 역시 당시 현실의 정치적 추세로부터 영향받은 것으로서, 다른 일파의 도가가 오로지 "유토피아"만 논한 경우와는 달랐다. 법가는 이 점을 더욱 철저히 발전시켰다. 현재 『관자』에는 「내업(內業)」, 「백심(白心)」 등의 편이 있고, 『한비자』에는 「해노(解老)」, 「유노(喩老)」 등의 편이 있다. 비록 이 책들이 모두 후세의 편집물이기는 하지만, 원래 법가의 각 학파는 모두 도가의 학설을 아울러 논했다는 사실을 추측할 수 있다. 그러나 형명과 상벌을 논한 이 일부 도가는 비록 형명과 상벌을 논하기는 했어도 "우선시할 것은 아니다"고 여겼다. 법을 논하면서도 "조잡하다"고 여겼고, "사물"을 "영위하지 않을 수 없다"고 여기면서도 "영위할 만한 것은 못 된다"고 여겼으니, 여전히 도가의 관점을 완전히 벗어나지는 못했다. 이것이 이 일부 도가가 법가와 끝내 다른 이유였다.

10. 법가와 당시의 귀족

당시 현실의 정치적 추세는 귀족정치에서 군주전제정치로 향하고 있었다. 법가는 이 추세에 이론적 근거를 부여했는데, 그들의 재지와 학문 역량은 군주의 철저한 개혁을 보필하기에 충분했다. 따라서 이들은 당시의 대신들과 귀족들이 가장 싫어했다. 『한비자』 「고분편(孤憤篇)」은 말한다.

> 지술지사(智術之士 : 術에 정통한 선비)는 반드시 원대한 식견과 명철한 통찰력이 있어야 한다. 명철한 통찰력이 없으면 음모를 밝힐 수 없다. 능법지사(能法之士 : 법에 능통한 선비)는 반드시 강의롭고 굳세고 곧아야 한다. 굳세고 곧지 못하면 간교한 자를 바로잡을 수 없다.……지술지사의 명철한

통찰력이 채용되면 중인(重人)*의 음모의 진상은 밝혀지고, 능법지사의 굳세고 곧은 정신이 채용되면 중인의 간교한 행실은 바로잡힐 것이다. 따라서 법술지사(智術能法之士, 法術之士)가 등용되면 귀족과 중인의 신하들은 반드시 먹줄 바깥[즉 깎여나갈 곳]에 놓일 것이다. 그런즉 법술지사와 기득의 권력자는 서로 공존할 수 없는 원수이다.……

따라서 그들을 제압할 수 없는 조건인데다 또 상호 공존할 수 없는 형세하에서 법술지사가 어찌 위태롭지 않을 수 있겠는가? 죄과(罪過)로 무고될 수 있으면 공법으로 처단당하고, 죄과를 들씌울 수 없으면 자객의 검(私劍)에 끝장나고 말 것이다. 즉 법술을 천명하다가 군주의 마음을 [사로잡지 못하고 오히려] 거스른다면 관리의 주벌로 죽임을 당하지 않으면 틀림없이 자객의 검에 사망할 것이다.[54)]

「문전편(問田篇)」은 말한다.

당계공(堂谿公)이 한비자(韓子)에게 타일러 말했다.

"듣건대, 예를 행하여 사양하는 것이 안전의 술(術)이요, 행실을 닦아 지혜를 감추는 것이 성공의 도(道)라고 했습니다. 그런데 선생은 **법술(法術)을 수립하고 제도(度數)를 설정**하고 계시니, 제 생각에는 선생의 신상에 해가 될 것 같습니다.……안전과 성공의 도를 버리고 위태로운 행위에 힘쓰시는 일은 그만두시는 것이 좋을 듯합니다."

"선생의 말씀은 잘 알겠습니다. 천하를 다스릴 권병과 백성을 평등하게 다스릴 법도에는 심히 다루기 쉽지 않은 점이 있습니다. 그러나 선생의 충고를 거절하고 감히 제 선택을 따르는 까닭은, 법술을 수립하고 제도를 설정하는 것이 **백성의 이익과 서민의 안녕을 도모하는** 도(道)이기 때문입니다. 따라서 군주를 혼란시킨다는 누명의 화를 꺼리지 않고, 항상 백성의 이익을 평등하

---

* 重人 : 국법을 무시하고 사리사욕에 따라 국사를 천단하는 중신/한비.

54) 智術之士, 必遠見而明察, 不明察不能燭私. 能法之士, 必強毅而勁直, 不勁直不能矯姦.……智[智 : 知]術之士, 明察聽用, 且燭重人之陰情. 能法之士, 勁直聽用, 且矯重人之姦行. 故智術能法之士用, 則貴重之臣必在繩之外矣. 是智法之士, 與當塗之人, 不可兩存之仇也.……故資必不勝, 而勢不兩存, 法術之士, 焉得不危? 其可以罪過誣者, 以公法而誅之. 其不可被以罪過者, 以私劍而窮之. 是明法術而逆主上者, 不僇於吏誅, 必死於私劍矣. (『한비자』, 206-07쪽)

> 게 다스릴 생각을 하는 것은 어질고 지혜로운 행위입니다. 군주를 혼란시킨다는 누명의 화를 꺼려 **사망의 해악을 피해가는** 것은 자신을 돌볼 줄만 알았지 백성의 이익은 외면한 것인즉 이기적이고 야비한 행실입니다. 저는 차마 이기적이고 야비한 행실을 따를 수 없고, 감히 어질고 지혜로운 행위를 손상할 수도 없습니다. 선생 뜻은 저를 아끼는 것이겠으나 사실은 저를 크게 해롭게 하는 것입니다."[55)]

당시에 국가는 범위가 날로 확대되었고 조직이 날로 복잡해졌다. 옛날의 "인간사회를 다스리는 도"〈주51〉는 이미 적용되지 않았고 새로운 것이 필요하게 되었다. 한비의 무리는 "법술을 수립하고 제도를 설정하면", 충분히 "백성의 이익과 서민의 안녕을 도모"할 수 있다고 여겨, "사망의 해악을 피해가지" 않고, 새로이 "인간 사회를 다스릴 도"를 고취했는바, 역시 적극적인 구세의 선비(救世之士)였다.*

55) 堂谿公謂韓子曰 : "臣聞服禮辭讓, 全之術也. 修行退智, 遂之道也. 今先生立法術, 設度數, 臣竊以爲危於身而殆於軀.……夫舍乎全遂之道, 而肆乎危殆之行, 竊爲先生無取焉." 韓子曰 : "臣明先生之言矣. 夫治天下之柄, 齊民萌之度, 甚未易處也. 然所以廢先生之教, 而行賤臣之所取者, 以爲立法術, 設度數, 所以利民萌, 便衆庶之道也. 故不憚亂主闇上之患禍, 而必思以齊民萌之資利者, 仁智之行也. 憚亂主闇上之患禍, 而避乎死亡之害, 知明夫身而不見民萌之資利者, 貪鄙之爲也. 臣不忍嚮貪鄙之爲, 不敢傷仁智之行. 先生有幸臣之意, 然有大傷臣之實." (『한비자』, 903-04쪽)

* *SH*, 165쪽 : 귀족뿐만 아니라 일반 서민도 형벌이 아닌 예에 의해서 다스려져야 한다는 유가의 주장은, 사실상 행위의 고차적인 기준이 서민에게까지 적용되어야 한다는 요구였다. 이런 의미에서 유가는 혁명적이었다. /법가 사상 역시 계급적 구별이 없었다. 만인은 법과 군주 앞에서 평등했다. 일반 서민을 행위의 고차적 기준으로 끌어올리는 대신, 법가는 예를 폐기하고 만인이 똑같이 오로지 상벌에만 의지하게 함으로써 귀족을 낮은 기준으로 끌어내렸다.

제14장

제14장 진한 무렵의 유가

『한비자(韓非子)』「현학편(顯學篇)」은 말한다.

> 공자(孔子)가 죽은 이후, 유가에는 자장(子張) 유파, 자사(子思) 유파, 안씨 유파, 맹씨(孟氏) 유파, 칠조씨(漆彫氏) 유파, 중량씨(仲良氏) 유파, 손씨(孫氏) 유파, 악정씨(樂正氏) 유파가 생겼다.[1)]

이것은 전국시대 말기 유가의 분파이다. 전국시대 말기와 한대(漢代) 초기의 일반 유자들의 저작은 대소(大小) 대씨(戴氏)의 『예기(禮記)』로 결집되었다.* 『효경(孝經)』은 공자가 지었다고 전해오지만 『논어(論語)』에 언급된 적이 없고, 『여씨춘추(呂氏春秋)』에 이르러 비로소 인용되고 있는바(「찰미편(察微篇)」), 역시 전국시대 말기 유자의 저작으로 여겨진다. 모두 이 장에서 논한다.

1) 自孔子之死也, 有子張之儒, 有子思之儒, 有顏氏之儒, 有孟氏之儒, 有漆雕氏之儒, 有仲良氏之儒, 有孫氏之儒, 有樂正氏之儒. (『한비자』, 1080쪽) [안씨는 미상, 맹씨는 맹자(孟子), 칠조씨는 칠조개, 중량씨는 진량(陳良), 손씨는 순자(荀子), 악정씨는 증자(曾子)의 제자 악정자춘이다/양계초]

* 『신편』III, 90-91쪽 : 대덕(戴德 : 대성의 숙부, '大戴'로 불리움)이 선집한 것이 『대대례기(大戴禮記)』이고, 대성(戴聖 : '小戴'로 불리움, 모두 전한 선제[74-49B.C.] 때의 박사)이 선집한 것이 『소대례기(小戴禮記)』이다. 『소대례기』는 『대대례기』의 선집본인 듯한데, 두 선집본에 중복된 편이 없기 때문이다. 현존하는 『대대례기』는 『소대례기』에서 골라지고 남은 저작물이다. 보통 말하는 『예기』는 바로 『소대례기』이다.

1. 예에 관한 일반 이론

앞에서 공자는 "정직(直)"과 "예(禮)"를 논했는데, 정직을 논한 것은 개인의 성정(性情)의 자유를 중시함이요, 예를 논한 것은 개인에 대한 사회규범적 제재를 중시함이라고 말했다〈제4장,제5절〉. 그러나 공자는 비록 예를 중시했지만 일반 이론으로써 예의 성격 및 예와 인간과의 관계를 설명하지는 않았다. 유가는 계술을 통해서 창작했으므로(以述爲作), 예에 대한 공자의 언급은 계술 측면이 컸고 창작 측면은 적었던 것이다.

전국시대 말기와 한대 초기의 유자들은 예에 대해서 비로소 일반 이론으로써 예의 성격 및 예와 인간과의 관계를 설명했다.* 예에 대한 순자의 일반이론은 앞에서 이미 대략 언급했다. 「단궁(檀弓)」은 말한다.

> 증자(曾子)가 자사(子思, 483-402B.C.)에게 말했다.
>
> "급아, 나는 부모 상에 7일 동안 물과 미음을 입에 대지 않았다."
>
> "선왕께서 예를 제정하신 뜻은 과도하게 행하는 이는 예에 맞게 절제하게 하고, 그에 못미치는 자는 예에 미치도록 노력하게 하려는 것일 것입니다. 따라서 군자가 부모 상을 치를 경우 물과 미음을 3일간만 입에 넣지 말게 하여 지팡이를 붙잡으면 곧 일어설 수 있을 정도로 하셨다고 생각합니다."[2)]

---

* 『신편』III, 91-92쪽 : 그들은 "무릇 예는 관례에서 시작하고, 혼례에서는 근본을, 상례와 제례에서는 정중함을, 조빙(朝聘 : 천자와 제후들 사이의 교제의 예)에서는 존중을, [고장에서 연회를 하며 활쏘기 시합을 하는] 향음주례와 사례에서는 화목을 추구하는데, 이것이 예의 근간이다(夫禮始於冠, 本於婚, 重於喪祭, 尊於朝聘, 和於鄉射, 此禮之大體也)"(「혼의(昏義)」, 『예기』)고 개괄했다. 삶과 사회에서의 예의 역할, 특히 관·혼·상·제의 역할을 명료하고 핵심적으로 설명한 말이다. /……한 개인은 성년이 되어야 사회의 정식 성원이 되는데,……그때 사회와 가정에서 베푸는 승인과 경축의 의식이 곧 관례이다.……고대에는 남자가 일정한 연령에 이르면 가정에서 일종의 의식을 거행하여 일정한 신분을 나타내는 관을 씌워주었는데, 마치 서구 중세사회에서 국왕이 즉위할 때 "대관(加冕 : 戴冠)" 예식을 거행하는 것과 같았다. 이것이 관례였다.……이때 "자(字)"가 주어지고 이름(名)은 "휘(諱)"가 되어, 함부로 이름을 부르지 않음으로써 "성인(成人)"이 되었음을 나타내었다.

○자하(子夏)가 상을 마친 다음 공자를 찾아뵈었다. 그에게 거문고를 주자 조율도 못했고, 연주도 가락을 이루지 못했다. 마치고 일어나 말하기를 "아직 슬픔을 이길 수 없습니다만, 선왕이 제정하신 예인지라 감히 넘어설 수 없었습니다" 했다.

자장(子張)이 상을 마친 다음 공자를 찾아뵈었다. 그에게 거문고를 주자 조율도 잘했고, 연주도 가락이 잘 맞았다. 마치고 일어나 말하기를 "선왕이 제정하신 예인지라 감히 미치지(준수하지) 않을 수 없었습니다" 했다.[3)]

「예운(禮運)」은 말한다.

식욕과 성욕은 인간의 본능적 욕망이고, 사망과 빈궁은 인간의 본능적 혐오사항이다. 따라서 욕망과 혐오란 마음(心)의 가장 큰 동기이다. 그러나 사람마다 그 속마음이 감추어져 있기에 측량할 수 없고, 온갖 욕망과 혐오가 마음 가운데에 존재하지만 겉으로 나타나는 것은 아니다. 그러므로 그것들을 통일적으로 한도지우려고 할 경우, 예가 아니면 무엇으로 가능하겠는가?[4)]

「중니연거(仲尼燕居)」는 말한다.

공자가 한거할 때 자장과 자공(子貢), 언유(言遊)가 모시고 있었다.……공자가 말했다.

"자장은 매사에 지나치지만(過), 자하는 매사에 미치지 못한다(不及). 자산(子産 : 정나라 정치가)은 마치 백성의 어머니처럼 그들을 잘 먹였지만 교육하지 못했다[즉 일반 백성에 대해서 너그러움이 지나쳤고(過) 위엄이 부족했다(不及)/『신편』]. [중도를 따라야 비로소 올바르다.]"

자공이 바짝 다가가서 물었다.

---

2) 曾子謂子思曰 : "伋, 吾執親之喪也, 水漿不入於口者七日." 子思曰 : "先王之制禮也, 過之者俯而就之. 不至焉者, 跂而及之. 故君子之執親之喪也, 水漿不入於口者三日, 杖而后能起." (『예기』 권2 : 8쪽) [跂 : 발돋움하다, 심력을 기울이다]

3) 子夏旣除喪而見. 予之琴, 和之而不和, 彈之而不成聲. 作而曰 : "哀未忘也, 先王制禮而弗敢過也." 子張旣除喪而見. 予之琴, 和之而和, 彈之而成聲. 作而曰 : "先王制禮, 不敢不至焉." (『예기』 권2 : 12쪽)

4) 飮食男女, 人之大欲存焉. 死亡貧苦, 人之大惡存焉. 故欲惡者, 心之大端也. 人藏其心, 不可測度也. 美惡皆在其心, 不見其色也. 欲一以窮之, 舍禮何以哉? (『예기』 권7 : 7쪽)

"감히 여쭙건대, 그렇다면 무엇으로 중도(中 : 中道)를 규정합니까?"

"예다! 예! 무릇 예로써 [인정에 대한] 중도를 규정하는 것이다."[5]

「방기(坊記)」는 말한다.

예란 인간의 성정(人之情)에 의거하여 그것을 절제하고(節) 격식화하여(文) 인민의 단속(民坊)을 도모하는 것을 말한다.[6]

예의 기능(禮之用)에는 두 측면이 있는데, 하나는 "인간의 성정"을 "절제하는" 측면이고, 하나는 "인간의 성정"을 "격식화하는" 측면이다. 먼저 "인간의 성정"을 "절제하는" 측면에 대해서 논한다. 인간의 정욕의 발로(情欲之流露)는 적당한 절도와 본분(分限)에 맞아야 한다. 절도와 본분에 맞는 것이 곧 중도(中)에 맞는 것이다. 중도란 인간의 정욕발로의 적절한 한 지점으로서, 이 지점을 넘으면 남 혹은 자기 자신의 다른 측면과 충돌이 생긴다. 예란 인간에게 중도를 얻게 하는 표준적인 외부규범이다. 공자는 인간 성정의 진실된 발로를 중시했으나 동시에 "예로써 절제해야 한다"[7]고 했다. 그 의미는 바로 이와 같은 듯하나, 공자는 다만 분명히 말하지 안했을 뿐이다. 맹자에 따르면 "인의 본질은 부모를 섬기는 데에 있고, 의의 본질은 형을 따르는 데에 있고, 예의 본질은 이 두 도리를 조절하고(節) 격식화하는(文) 데에 있다."[8] 맹자 역시 "절제와 격식화"를 예의 기능(功用)으로 여겼다. 그러나 맹자는 "사양지심"은 모든 사람이 날 때부터 가진다고 여겼다. "두 도리를 조절하고 격식화하는" 예는 이 "사양지심"의 구체적인 표현에 불과하다. 따라서 맹자는 예에 관한 이론을 그다지 언급하지 않았다. 순자는 인성이 악하고 사람마다 욕망이 있으므로 절제하지 않으면 사람들은 서로 충돌하

5) 仲尼燕居, 子張子貢言游侍. ……子曰 : "師爾過, 而商也不及. 子產猶衆人之母也, 能食之, 不能敎也." 子貢越席而對曰 : "敢問將何以爲此中者也?" 子曰 : "禮乎禮, 夫禮所以制中也." (『예기』 권15 : 6쪽) [子曰 : "師也過, 商也不及."(『논어』 11 : 16)]

6) 禮者, 因人之情而爲之節文, 以爲民坊者也. (『예기』 권15 : 12쪽)

7) 以禮節之. [有子曰 : "……不以禮節之, 亦不可行也." (『논어』 1 : 12)]

8) 仁之實, 事親是也. 義之實, 從兄是也. 禮之實, 節文斯二者是也. 〈제6장,주54〉

여 혼란될 수밖에 없기 때문에, "선왕이 예절과 의리(禮義)를 제정하여 분별을 두었다"[9]고 여겼다. 그러나 이것은 주로 사람과 사람 사이의 충돌을 막기 위한 것이 예라고 여긴 말이다. 한 개인 안의 여러 정욕 사이의 충돌을 조화하는 것도 예라고는 말하지 않았다. 그러나 「단궁」의 내용을 보면 예는 또한 한 개인 안의 여러 정욕들을 조화하는 것이기도 한데, 예컨대 부모를 사모하는 정과 육체적 안락을 구하는 욕망 모두 어떤 표준규범을 좇게 하여 서로 충돌하지 않도록 한다는 말이다. 예에 관한 이론을 순자가 이미 상세히 논했는데, 앞에 인용한 『예기』의 여러 편들에서 재차 논술하여, 예에 관한 유가의 일반 이론은 마침내 완성되었다.

『예기』의 여러 편들 중에는 예를 각종 사회적 차별을 규정하는 것으로 여긴 것도 있다. 「곡례(曲禮)」는 말한다.

> 무릇 예란 친소(親疏)를 규정하고, 의심쩍음을 해결하며, 같고 다름을 변별하고, 옳고 그름을 밝히는 것이다.[10]

「애공문(哀公問)」은 말한다.

> 인류의 생활 중에서 예가 가장 중요하다. 예가 없으면 법도에 맞게 천지신령을 섬길 수 없고, 예가 없으면 군신 상하 및 장유의 위계질서를 변별할 수 없고, 예가 없으면 남녀, 부자, 형제 간의 친밀한 정 그리고 혼인과 인척간 교제의 빈도 등에서 분수를 정할 수 없다.[11]

예는 각종 사회적 차별을 규정한 것이다. 이런 각종 차별이 필요한 까닭도 반드시 그래야만 사람과 사람 간에 서로 충돌하지 않게 할 수 있기 때문이다.

일단 예의 원리를 이해하면 시의(時宜)에 따라 변동시킬 수 있으므로 고정불변하는 것이 아님을 알 수 있다. 「예운」은 말한다.

---

9) 先王制禮義以分之. 〈제12장,주44〉

10) 夫禮者, 所以定親疏, 決嫌疑, 別同異, 明是非也." (『예기』 권1 : 2쪽)

11) 民之所由生, 禮爲大. 非禮無以節事天地之神也. 非禮無以辨君臣上下長幼之位也. 非禮無以別男女父子兄弟之親, 昏姻疎數之交也." (『예기』 권15 : 3쪽)

따라서 성왕(聖王)은 의(義 : 도덕원칙)에 준거하여 예절이라는 질서를 제정하여 인정(人情)을 다스렸다.* 왜냐하면 인정이란 성왕의 밭이기 때문이다.** 그리하여 예를 거행하여 밭을 갈았고, 의를 진설하여 씨를 뿌렸으며, 학문을 강하여 김을 맸고, 인(仁)을 바탕으로 수확했고, 악(樂)을 베풀어 안정시켰던 것이다. 따라서 예라는 것은 의의 실질적인 내용이므로, 의에 합당한지의 여부를 따져 합당하면 선왕(先王)이 미처 제정하지 못한 예는 의를 바탕으로 새로 제정할 수 있다.[12]

「예기(禮器)」는 말한다.

예라는 것은 때(時 : 時宜)가 가장 중요하다.…… 요 임금은 순에게 선양하고 순 임금은 우에게 선양했지만, 탕왕은 걸왕을 내쫓고 무왕은 주왕을 정벌했는데, 모두 때에 합당하게 결정된 것이었다.[13]

「악기(樂記)」는 말한다.

오제(五帝)는 각각 시대가 달랐으므로 이전 시대의 음악을 인습하지 않았고, 삼왕(三王) 역시 각각 세상이 달랐으므로 앞 왕조의 예를 답습하지 않았다.[14]

「교특생(郊特牲)」은 말한다.

예에서 소중한 것은 그 의미(義 : 원리,원칙)이다. 그 의미를 상실하고 **그 법식**(其數)만 진설하는 것은 축사(祝史 : 神官)의 일이다. 즉 그 법식은 진설할 수 있더라도 그 의미는 깨닫기 어려운즉, 그 의미를 깨달아 삼가 준수할

---

* 『신편』III, 106쪽 : 즉 "의"는 "예"의 기초요, "예"는 "의"의 표현이다.

** 『신편』III, 106쪽 : 「예운」에 따르면 예란 "인정에 따르는(順人情)" 것이고, 동시에 "인정을 다스리는" 것이다. 즉 인정이란 예의 기초이며 예 교육의 대상인데, 흡사 하나의 밭과도 같아서, 농민이 농작물을 가꿀 때 반드시 밭을 기초로 삼으며, 농작물의 관리 역시 반드시 밭을 관리대상으로 삼는 것과 같다는 말이다.

12) 故聖王修義之柄, 禮之序, 以治人情. 故人情者, 聖王之田也. 修禮以耕之, 陳義以種之, 講學以耨之, 本仁以聚之, 播樂以安之. 故禮也者, 義之實也. 協諸義而協, 則禮雖先王未之有, 可以義起也. (『예기』 권7 : 9쪽)

13) 禮, 時爲大.……堯授舜 ; 舜授禹 ; 湯放桀 ; 武王伐紂 ; 時也. (『예기』 권7 : 12쪽)

14) 五帝殊時, 不相沿樂. 三王異世, 不相襲禮. (『예기』 권11 : 9쪽)

수 있기 때문에 천자는 천하를 다스릴 수 있다.[15)]

예의 "의(義 : 의미)"*가 곧 예의 일반 원리이다. "그 의미"를 알면 "인간의 성정에 의거하여 그것을 절제하고 격식화할"〈주6〉 수 있고 예를 제정할 수 있다. 예의 "의미"는 불변하나 "그 법식" 즉 구체적인 예의 경우는 불변하는 것이 아니다.

예(禮)와 법(法)의 비교를 『대대례기(大戴禮記)』「예찰편(禮察篇)」에서 언급했다.

일반 사람들의 지혜로는 이미 생긴 일은 잘 알지만 장래의 일은 예견하지 못한다. 예란 **일이 생기기 전에 제재하는 것**이며, 법이란 **일이 생긴 후에 제재하는 것**이다. 그러므로 법의 용도는 쉽게 알 수 있지만, 예의 목적은 알기 어렵다. 무릇 포상으로써 선을 권장하고(勸善) 형벌로써 악을 징계하는(懲惡) 경우, 선왕(先王)은 마치 금석처럼 굳고 바르게 집행했고, 사계절의 운행처럼 순리대로 신실하게 추진했고, 하늘과 땅처럼 사심 없이 공평하게 처리했다. 어찌 선왕인들 그것을 시행하지 않을 수 있었겠는가?

그러나 예를 논하고 논하는 이유는, 무엇보다도 악을 채 싹트기 전에 근절하고, 마음에 가치관이 자리잡기 전에 공경심을 북돋아서, 백성으로 하여금 자기도 모르는 사이에 나날이 선으로 나아가고 죄악을 멀리하도록 하는 일을 중요시하기 때문이다. 공자는 말하기를 "송사를 심리하는 일이라면 나도 남만큼은 할 수 있다. 그러나 정녕 추구해야 할 일은 송사 자체가 안 생기도

15) 禮之所尊, 尊其義也. 失其義, 陳其數, 祝史之事也. 故其數可陳也, 其義難知也. 知其義而敬守之, 天子之所以治天下也. (『예기』 권8 : 9쪽)

* 『신편』III, 90쪽 : 동중서(董仲舒)의 춘추공양학(春秋公羊學)은 "탁고개제(托古改制 : 옛것에 가탁한 제도개혁)"의 정신을 봉건사회의 상부구조를 건설하기 위한 하나의 이론적인 강령으로 세웠다. 그밖의 유가의 인물(공양학파도 예외는 아니다)은 상부구조의 각 영역내의 구체적인 항목, 조목에 대해서 구체적인 작업을 했다. 그런 작업은 대부분 그들이 정통한 문헌자료에서 자료를 취해 새로운 해석을 부여하여 새로운 내용, 새로운 의미를 갖게 하여 새 사회에 봉사하도록 하는 것이었다. 그런 해석을 그들은 "의(義)"라고 일컬었다. "의"에는 원리원칙과 의미라는 뜻이 있다. 예컨대 혼례(婚禮)는 바로 혼의(婚義)를 그 원리원칙 혹은 이론의 근거로 삼고 있다. 이런 유가의 공헌은 구사회의 혼례를 거듭 제시한 데에 있지 않고 새로운 "의"를 부여한 데에 있다. 이것은 바로 "탁고개제"의 한 형식이었다.

록 하는 것이다"[『논어』 12 : 13]고 했는데 바로 그 의미이다.……

예의(禮義)로써 다스릴 경우 예의가 쌓이고, 형벌로써 다스릴 경우 형벌이 쌓인다. 형벌이 쌓이면 백성은 원망하고 돌아서나, 예의가 쌓이면 백성은 화합하고 붙좇는다. 세상의 군주들은 한결같이 백성이 선해지기를 바라지만, 백성을 선하게 하는 방법은 다르다. 어떤 군주는 덕교(德教)로 인도하고, 어떤 군주는 법령으로 족대긴다. 덕교로 인도할 경우 덕교가 행해짐에 따라 백성은 편안해하고 즐거워하지만(康樂), 법령으로 족대길 경우 법령이 극심해짐에 따라 백성은 슬픔과 수심에 잠긴다(哀戚). 그런즉 애락(哀樂)의 소재에 따라서 화(禍)·복(福)이 각각 감응(感應)하는 것이다.[16]

이 문장은 가의(賈誼, 200-168B.C.)의 「논시정소(論時政疏)」*에서 취한 것이다.** 물론 예가 꼭 모두 "일이 생기기 전에 제재하는 것"은 아니며, 법 역시 꼭 모두 "일이 생긴 후에 제재하는 것"은 아니다. 그러나 예가 규정하는 것은 주로 적극적인 내용이고, 법이 규정

---

16) 凡人之知, 能見已然, 不能見將然. 禮者, 禁於將然之前 ; 而法者, 禁於已然之後. 是故法之用易見, 而禮之所爲生難知也. 若夫慶賞以勸善, 刑罰以懲惡, 先王執此之正, 堅如金石, 行此之信, 順如四時, 處此之功[功 : 公], 無私如天地爾. 豈顧不用哉? 然如曰禮云禮云, 貴絕惡於未萌, 而起敬於微眇, 使民日徙善遠罪, 而不自知也. 孔子曰 : "聽訟吾猶人也, 必也使無訟乎?" 此之謂也.……以禮義治之者積禮義 ; 以刑罰治之者積刑罰. 刑罰積而民怨倍 ; 禮義積而民和親. 故世主欲民之善同, 而所以使民之善者異. 或導之以德教, 或驅之以法令. 導之以德教者, 德教行而民康樂. 驅之以法令者, 法令極而民哀戚. 哀樂之感, 禍福之應也. (『대대례기』, 22-23쪽)

* 「가의열전」, 『한서』, 2252-53쪽 : 凡人之智, 能見已然, 不能見將然. 夫禮者禁於將然之前, 而法者禁於已然之後. 是故法之所用易見, 而禮之所爲生難知也. 若夫慶賞以勸善, 刑罰以懲惡, 先王執此之政, 堅如金石, 行此之令, 信如四時, 據此之公, 無私如天地耳, 豈顧不用哉? 然而曰禮云禮云者, 貴絕惡於未萌, 而起教於微眇, 使民日遷善遠罪而不自知也. 孔子曰 : "聽訟, 吾猶人也, 必也使毋訟乎!"……以禮義治之者, 積禮義 ; 以刑罰治之者, 積刑罰. 刑罰積而民怨背, 禮義積而民和親. 故世主欲民之善同, 而所以使民善者或異. 或道之以德教, 或驅之以法令. 道之以德教者, 德教洽而民氣樂 ; 驅之以法令者, 法令極而民風哀. 哀樂之感, 禍福之應也.……

** 『신편』III, 21-22쪽 : 가의는 한대(漢代) 초기 최대의 철학자요 사상가요 특출한 정론가(政論家)였다. 그는 18세에 정치와 학술활동을 시작하여, 33세에 세상을 떠났다. 이 15년간 그는 당시 각 방면의 중대한 문제들을 모두 분석하고 적극적인 해결방안을 제시했는데, 이 방안들은 그후 한대 통치자들이 정책을 입안하는 기초가 되었다.

하는 것은 주로 소극적인 내용이다. 또 법은 국가의 상벌이 뒤따르지만, 예는 꼭 그렇지는 않다.

2. 음악에 관한 일반 이론

공자는 음악(樂)을 매우 중시했지만, 음악의 일반 이론, 예컨대 음악의 기원이나 음악과 인간과의 관계 등을 언급한 적은 없다. 순자(荀子)의 「악론편(樂論篇)」과 『예기』「악기」는 이에 대하여 처음으로 상세히 토론했다. 순자의 「악론편」은 말한다.

> 무릇 음악(樂)은 즐거움(樂)에서 비롯된, 인간 정감의 불가피한 표현이다. 따라서 인간은 즐거움이 없을 수 없고, 즐거움이 생기면 반드시 소리에 나타나고 동시에 기거와 동작에 표현된다. 인간의 삶은 이 소리와 기거와 동작 등을 통하여 마음의 모든 내적 변화를 표현한다. 따라서 인간은 즐거움이 없을 수 없고, 즐거움이 생기면 육체적으로 표출될 수밖에 없다. 이런 표출이 올바로 인도되지 않으면 반드시 무질서가 발생한다. 선왕은 이런 무질서를 꺼렸기 때문에 「아(雅)」, 「송(頌)」의 음악을 제정하여 바르게 인도했다. 그리하여 선왕은 그 소리가 즐거우면서도 방탕하지 않으며, 그 형식(리듬)은 뚜렷하면서도 정지되지 않으며, 그 음의 장단, 청탁, 고저, 강약 등을 조절하여 사람들의 선한 마음을 감동시켜 악한 감정이 범접할 수 없도록 했는데, 이것이 바로 선왕이 음악을 정립한 종지였다.[17]

「악기」는 말한다.

> 모든 소리의 발생은 인간의 마음에서 비롯한다. 인간의 마음이 동함은 외물의 영향 때문이다. 외물에 감(感 : 자극되다)하여 동(動)하기 때문에 소리에 표현된다.……그러므로 슬픈 마음이 감하면 소리는 가늘고 급하며, 즐거

17) 夫樂者, 樂也. 人情之所必不免也. 故人不能無樂, 樂則必發於聲音, 形於動靜. 而人之道, 聲音動靜, 性術之變盡是矣. 故人不能不樂, 樂則不能無形. 形而不爲道[道 : 導], 則不能無亂. 先王惡其亂也, 故制雅頌之聲以道之. 使其聲足以樂而不流, 使其文足以辨而不息(原作諰, 依郝懿行校改), 使其曲直繁省, 廉肉節奏, 足以感動人之善心. 使夫邪汙之氣, 無由得接焉, 是先王立樂之方也. (『순자』 권14 : 1쪽)

운 마음이 감하면 소리는 화평하면서 여유가 있다. 기쁜 마음이 감하면 소리는 발산적이다. 분노의 마음이 감하면 소리는 거칠고 사납다. 공경스런 마음이 감하면 소리는 곧고 바르다. 사랑의 마음이 감하면 소리는 온화하고 부드럽다. 이 여섯 가지는 본성(性)이 아니고, 외물에 감한 연후에 동한 것이다. 따라서 선왕은 감정을 촉발하는 대상을 중시했던 것이다.[18)]

여기서 보면, 음악(樂)의 기능은 인간의 정감을 절제하여 그 표출이 "도(道)"에 맞도록, 즉 중용(中)을 얻도록 하는 것이다. 예(禮)는 인간의 욕망(欲)을 절제하고, 음악은 인간의 정감(情)을 절제한다. 예악의 목적은 모두 인간으로 하여금 절제(조절)하여 중용을 얻도록 하는 데에 있다. 「악기」는 말한다.

그러므로 선왕이 예악을 제정한 것은 육체적, 감각적 욕망을 완전히 만족시키려는 것이 아니라, 인민을 교화하여 호오(好惡 : 좋아함과 싫어함)의 정감을 바로잡아 인간의 정도를 회복시키려는 것이었다. 평정은 인간의 타고난 본성(天性)이다. 외물에 감(感)하여 동(動)하는 것은 본성의 욕망이다.……무릇 인간이 외물로부터 받는 자극은 무궁한즉, 인간이 호오의 정감을 절제하지 않을 경우 외물의 유혹이 생기면 거기에 빠지고 만다. 이렇듯 인간이 외물에 빠지는 것은 천리(천성)를 멸하고(滅天理) 인욕만을 끝까지 추구하는(窮人欲) 것을 뜻한다. 이리하여 패역과 허위의 마음이 생겨나고 방종하여 난을 일으키는 일이 발생한다.……이것은 다름 아닌 대란(大亂)의 길이다. 따라서 선왕은 예악을 제정하여 그런 호오의 정감을 절제한 것이다.[19)]

---

18) 凡音之起, 由人心生也. 人心之動, 物使之然也. 感於物而動, 故形於聲.……是故其哀心感者, 其聲噍以殺. 其樂心感者, 其聲嘽以緩. 其喜心感者, 其聲發以散. 其怒心感者, 其聲粗以厲. 其敬心感者, 其聲直以廉. 其愛心感者, 其聲和以柔. 六者, 非性也, 感於物而後動. 是故先王愼所以感之者. (『예기』 권11 : 5-6쪽)

19) 是故先王之制禮樂也, 非以極口腹耳目之欲也. 將以教民平好惡, 而反人道之正也.……人生而靜, 天之性也. 感於物而動, 性之欲也. 夫物之感人無窮, 而人之好惡無節, 則是物至而人化物也. 人化物也者, 滅天理而窮人欲者也. 於是有悖逆詐僞之心, 有淫佚作亂之事.……此大亂之道也. 是故先王之制禮樂, 人爲之節. (『예기』 권11 : 7-8쪽) [『신편』III, 112쪽 : 이 문단은 후대에 송명 도학자들이 늘 인용했다. "천리(天理)"와 "인욕(人欲)"이라는 두 명사 역시 도학(道學)의 중요한 술어가 되었다. 「악기」

예악의 효능(功效)*에 대해서 「악기」는 이렇게 말한다.

예(禮)는 인민의 마음을 절제하고 악(樂)은 인민의 음성을 화평하게 한다. 정치(政)로써 그것을 시행하고 형벌(刑)로써 그것이 어그러지는 것을 방지한다. 예·악·정·형의 네 가지가 세상에 두루 시행되고 어그러지는 일이 없으면 왕도정치는 완성된다. 음악은 [상하] 화합을 도모하고 예는 [귀천의] 분별을 도모한다. [상하] 화합하면 서로 친애하고, [귀천이] 분별되면 서로 존경한다. 음악[즉 화합]을 지나치게 추구하면 방탕해지고, 예절[즉 분별]을 너무 강조하면 소원해진다. 인정을 화합시키고, 풍모를 격식화하는 것이 예악의 목적이다.……음악은 내심의 표현이고 예절은 외적 규정이다.** 음악은 내심의 표현이므로 정적[靜的]이고, 예절은 외적 규정이므로 형식적(文)이다. 위대한 음악(大樂)은 반드시 평이하고, 위대한 예절(大禮)은 반드시 간단하다. 음악이 두루 미치면 원망이 사라지고 예절이 널리 행해지면 분쟁이 없어진다. 그저 읍양(揖讓 : 읍과 사양, 아주 기본적인 예절)을 통해서 천하를 다스린다고 함은 바로 예악을 두고 한 말이다.[20)]

유가는 예·악으로써 천하를 다스릴 것을 주장했고, 정·형은 예·악

에서 말하는 "천리"는 아마 인간의 "천성(天性)", 즉 아직 외물에 감동되지 않은 심리상태를 지칭하는 듯하다. 그러나 이 역시 "천성"과 "외물"을 대립시킨, 즉 "이(理)"와 "욕(欲)"을 대립시킨 것이므로, 소위 "천리" 역시 도덕의 의미를 지닌다.]

* 『신편』III, 110쪽 : 「악기」에 따르면, 인심(人心)은 외물의 자극을 받으면 일정한 정감이 생기고, 일정한 정감으로부터 일정한 음(音)과 소리(聲)가 나오는데, 반대로 일정한 음과 소리를 사용하여 사람들에게 일정한 정감을 가지게 할 수 있다. 이것이 바로 음악(樂)의 교육적 기능(功用)이자 정치적 효용이기도 하다.

** 『신편』III, 110쪽 : **"예절은 외적 규정이다"**는 「악기」의 주장은 순황의 관점에서 말한 것이다. 맹가에 따르면 인간의 성(性)은 본디 선하고 생래적으로 "사양지심"이 있는바 그것이 곧 "예의 단서"이고, 그 관점에서 출발하면 예 역시 "내심의 표현이다." 「악기」에 따르면 예절은 "성왕"이 제정하여 **"인간의 욕망을 절제시키는"** 것이므로 **"외적 규정이고"**, 음악은 인간 정감의 표현이므로 **"내심의 표현이다."**

20) 禮節民心 ; 樂和民聲. 政以行之 ; 刑以防之. 禮樂刑政, 四達而不悖, 則王道備矣. 樂者爲同 ; 禮者爲異. 同則相親 ; 異則相敬. 樂勝則流 ; 禮勝則離. 合情飾貌者, 禮樂之事也.……樂由中出 ; 禮自外作. 樂由中出故靜 ; 禮自外作故文. 大樂必易 ; 大禮必簡. 樂至則無怨 ; 禮至則不爭. 揖讓而治天下者, 禮樂之謂也. (『예기』 권11 : 8쪽)

을 추진시키는 것일 뿐이다. 「악기」는 또 예악은 형이상학적 근거가 있다고 여겼다. 「악기」는 말한다.

하늘은 높고 땅은 낮으며 만물은 각기 다른즉, 예제(禮 : 禮制)가 운행된다. (만물은) 끊임없이 유전하며 상호 조화하고 변화하는즉, 음악(樂)이 흥기한다. 봄의 소생과 여름의 성장은 인(仁)에 해당하고, 가을의 추수와 겨울의 저장은 의(義)에 해당한다. 인은 악(樂)에 가깝고 의는 예(禮)에 가깝다.……

하늘은 높고 땅은 낮으니 군신(君臣)의 위치가 정해진다. 높고 낮은 형세가 이미 배열되어 귀천의 위치가 정해진 것이다. 사물의 동정(動靜)에는 일정한 법칙이 있으니 크고 작은 구별이 생긴다. 동물은 유에 따라 모이고 식물은 무리에 따라 구분되는데(方以類聚, 物以群分), 성격과 명운이 각기 다르다. 천상에서는 일월성신을 이루고 지상에서는 형세를 이룬다. 그러므로 예란 바로 천지의 구별과 같은 것이다.

지기(地氣)는 상승하고 천기(天氣)는 하강하여, 음양(陰陽)이 서로 접촉하고 건곤(乾坤)이 서로 감응한다. 그리하여 천둥과 번개로 고무하고, 비바람으로 불러일으키고, 사계절로 동요시켜, 해와 달로 따뜻이 하여 온갖 화육현상(百化)을 일으킨다. 그러므로 음악이란 바로 천지의 조화와 같은 것이다.

만물의 화육도 시절이 아니면 생성할 수 없고, 남녀간에도 분별이 없으면 혼란이 발생하는 것이 천지의 이치(情 : 참모습)이다. 무릇 예악을 논하자면 그것은 하늘 끝에 닿아 있고 온 땅에 서려 있으며, 음양간에 행해지고 귀신에 통하며, 아무리 고원(高遠)한 곳에도 미치며 아무리 심오한 곳도 헤아린다. 악(樂)은 천지의 시원(大始 : 태초)을 현시[顯示]하고, 예(禮)는 완성된 사물(成物)에 거한다.* 끊임없는 변화를 현시하는 것이 하늘이고 불변부동성을 현시하는 것이 땅이다. 동(動)·정(靜)의 상호작용이 바로 천지의 현상이다. 그러므로 성인은 예악을 논했던 것이다.[21]

---

* 「계사상(繫辭上)」, 『주역(周易)』, 504-06쪽과 대비 : 天尊地卑, 乾坤定矣. 卑高以陳, 貴賤位矣. 動靜有常, 剛柔斷矣. 方以類聚, 物以群分, 吉凶生矣. 在天成象, 在地成形, 變化見矣. 是故剛柔相摩, 八卦相蕩, 鼓之以雷霆, 潤之以風雨. 日月運行, 一寒一暑. 乾道成男, 坤道成女. 乾知大始, 坤作成物.〈제15장,주75〉

21) 天高地下, 萬物散殊, 而禮制行矣. 流而不息, 合同而化, 而樂興焉. 春作夏長, 仁也. 秋斂冬藏, 義也. 仁近於樂 ; 義近於禮.……天尊地卑, 君臣定矣. 卑高已陳, 貴賤位

여기서 보면, 우주에는 본래 자연의 질서, 즉 하나의 위대한 조화가 존재하는데, 예악은 바로 이 질서와 조화의 구체적인 예증이다.

3. 상례에 관한 이론

앞에서 순자는 예는 한편으로 인간의 욕망을 절제하는 것이고, 한편으로 인간의 정감을 격식화하는(飾) 것이다고 했다〈제12장,제7절〉. 또 예의 기능은 두 측면이 있는데 한쪽 측면은 "인간의 정감"을 "절제하는(節)" 것이고, 또 다른 측면은 "인간의 정감"을 "형식화하는(文)" 것이라고 했다. 그중에서 "인간의 정감"을 "형식화하는(文)" 기능은 『순자』와 『예기』에 따르면 상례(喪禮), 제례(祭禮) 속에서 가장 잘 볼 수 있다. 이제 그것을 서술한다.

우리의 마음에는 정감(情感)과 이지(理智)의 두 측면이 있다. 예컨대 우리와 친한 사람이 죽을 경우 이지적 관점에서 보면 죽은 사람은 다시 살 수 없고 그의 영혼이 계속 존재한다는 설 또한 증명이 안 되고 막연하여 믿기 어렵다. 그러나 우리의 정감은 죽은 사람이 다시 살아나고 그의 영혼이 계속 존재하기를 몹시 바란다. 여기서 우리가 만약 오직 이지만 따를 경우 죽은 사람은 "불에 태워도 되고 물에 빠뜨려도 되고 땅에 묻어도 되고 그냥 버려도 되고 거적에

矣. 動靜有常, 小大殊矣. 方以類聚, 物以群分, 則性命不同矣. 在天成象, 在地成形. 如此則禮者, 天地之別也. 地氣上齊, 天氣下降, 陰陽相摩, 乾坤相蕩. 鼓之以雷霆, 奮之以風雨, 動之以四時, 暖之以日月, 而百化興焉. 如此則樂者, 天地之和也. 化不時則不生, 男女無辨則亂升, 天地之情也. 及夫禮樂之極乎天而蟠乎地, 行乎陰陽而通乎鬼神, 窮高極遠而測深厚. 樂著大始, 而禮居成物. 著不息者天也. 著不動者地也. 一動一靜者 天地之間也. 故聖人曰禮樂云. (『예기』 권11 : 9-10쪽)
[『신편』III, 111쪽 : 「악기」에 따르면 총괄적 측면에서 예는 "자연계(天地)"의 질서가 사회생활 속에 구현된 것이고, 악은 자연계의 운동이 사회생활 속에 구현된 것이다. 분별적 측면에서 "악은 하늘에서 모범을 취한 것이고, 예는 땅에서 모범을 취한 것이다(樂由天作, 禮以地制)." 당시의 과학지식에 따르면 "하늘은 움직이나(動) 땅은 고요하기(靜) 때문이다(著不息者天也. 著不動者地也)". 천지의 동·정은 상반되면서도 서로 어울리기 때문에, 사회 속의 예·악 역시 상반되면서도 서로 어울린다.]

싸서 도랑에 버려도 된다"[22]는 『열자(列子)』「양주편(楊朱篇)」의 말을 채용할 것이다. 순전히 이지적인 관점에서 보면 모든 장례예절은 전부 무의미하다. 반대로 만약 오직 정감만 따를 경우 각종 미신을 진리로 여겨 이지적 판단을 부인해야 한다. 세상의 종교는 모두 인간의 정감의 상상에 부합하는 것을 진리로 여겨 이지적 판단을 부인한다.

우리가 죽은 사람에 대해서 순전히 이지적으로만 대하면 정감이 허락하지 않고, 순전히 정감적으로만 대하면 미신에 빠져 진보를 방해한다. 『순자』와 『예기』에서 논한, 죽은 사람을 대하는 도리는 이 양자간을 절충하여 이지와 정감을 아울러 고려하고 있다. 거기서 제시된 이론과 해석에 따르면, 『순자』와 『예기』에서 논한 상례와 제례는 시(詩)와 예술(藝術)이지 종교가 아니며, 죽은 사람에 대한 태도는 시적이고 예술적이지 종교적이 아니다.[23]

근대에 산타야나(1863-1952)는 종교 역시 미신과 독단을 버리고 시처럼 되어야 한다고 주장했다. 그러나 『순자』와 『예기』에서 옹호한 상례, 제례에 관한 해석과 이론을 보면, 『순자』와 『예기』는 그보다 훨씬 전에 고대의 종교를 시(詩)로 수정했다. 고대에 이미 있었던 상례, 제례는 아마 종교적인 의식이었고 그 속에는 아마 적지 않은 미신과 독단이 포함되어 있었을 것이다. 그러나 『순자』와 『예기』는 계술을 통한 창작으로(以述爲作) 그것을 해명하고(澄淸), 새

---

22) 焚之亦可, 沈之亦可, 瘞之亦可, 露之亦可, 衣薪而棄諸溝壑亦可. (『열자』, 223쪽)

23) 【주】시(詩)는 우주와 그 속의 각종 사물에 대하여 때와 장소에 따라 사람의 정감에 의한 추측적 해석을 더할 수 있고, 인간의 정감에 맞는 상상을 마음대로 진실 위에 더할 수 있고, 또 정감에 따라 빤한 거짓의 이야기를 말할 수도 있다. 이것이 시와 산문, 예술과 과학의 근본적인 차이점이다. 그러나 시와 예술이 표현하는 허구(非眞實)는 스스로 그 허구성을 인정하고 있는 것인 만큼, 비록 이지를 떠나 오로지 정감에만 의존할지라도 여전히 이지와는 상충하지 않는다. 시와 예술은 가장 비과학적이지만 도리어 과학과 병행하여 모순되지 않는다. 우리는 시와 예술을 통하여 정감의 위안을 얻지만 그렇다고 해서 이지의 발전을 저애하지는 않는다. 종교 역시 인간의 정감의 표현이지만 시나 예술과 다른 이유는, 종교의 진리는 인간의 정감의 상상에 부합하는 것을 진실로 여겨 그로부터 이지의 판단을 부인하는 데에 있다. 이것이 바로 종교가 독단(dogma)인 이유이다.

로운 의미를 부여하여 종교에서 시로 변화시켰다. 예를 들면 고대에 죽은 사람에게 기물을 마련해준 것은 그의 영혼이 계속 존재하여 그 기물을 사용할 수 있다고 여긴 것인데, 그후 유자들은 이른바 명기(明器 : 부장품)에 새로운 의미를 부여했다. 『예기』는 말한다.

공자가 말했다.

"한번 죽으면 완전 끝이다고 여김은 **어질지 못하기**(不仁) 때문에 행할 수 없고, 죽었는데도 살아 있다고 여김은 **지혜롭지 못하기**(不智) 때문에 행할 수 없다. 따라서 [부장품용] 대나무 그릇은 사용할 수 없고, 질그릇은 음식을 담을 수 없고, 나무 그릇은 다듬지 않고, 거문고와 비파는 줄만 맸지 조율하지 않고, 피리와 생황은 음이 맞지 않고, 종과 경쇠는 있으되 가로대가 없는, 그런 상태로 마련했던 것이다. 이것들을 **명기**(明器)라고 했는데 신명의 그릇이라는 뜻이다."[24)]

○공자는 명기(明器)를 처음 만든 사람을 일컬어 "상도(喪道)를 깨달은 분이다! **기물은 갖추되 쓸 수는 없게 했다**"고 말했다.[25)]

오로지 이지의 관점에서 죽은 사람을 대하여 의식이 없다고 단정하면 "어질지 못하다." 오로지 정감의 관점에서 죽은 사람을 대하여 의식이 있다고 단정하면 "지혜롭지 못하다." 이 양자를 절충하여 죽은 사람을 위해서 "기물은 갖추되 쓸 수는 없게 했다." 죽은 사람을 위해서 "기물을 갖춘" 것은 사용하기를 바람이니, 우리의 정감의 기대에 부합하려는 것이다. "쓸 수는 없게 한" 것은 우리의 이지가 죽은 사람이 그것을 쓸 수 없다는 것을 명확히 알기 때문이다. 상례, 제례에 대한 『순자』와 『예기』의 이론은 오직 주관적 정감 측면에 입각하고 있는데, 우리의 이지는 죽은 사람은 이미 끝임은 객관적 대상의 측면에서 진정 재론의 여지가 없음을 잘 알기 때문일 것이다. 이제 『순자』와 『예기』를 다시 인용하며 그 의미를 밝힌다.

24) 孔子曰 : "之死而致死之, 不仁而不可爲也. 之死而致生之, 不智而不可爲也. 是故竹不成用, 瓦不成味, 木不成斲, 琴瑟張而不平, 竽笙備而不和, 有鐘磬而無簨虡. 其曰明器, 神明之也." (「단궁」, 『예기』 권2 : 14-15쪽)

25) 孔子謂爲明器者, 知喪道矣, 備物而不可用也. (「단궁」, 『예기』 권3 : 5쪽)

『예기』는 말한다.

> 상례(喪禮)란 지극한 슬픔과 비탄에 처하여 슬픔을 절제하고 변고에 순응하는 예식인데, 군자가 존재의 시원을 추념하는 의식이다. 초혼(復 : 招魂)* 은 애모의 정을 다하는 도리인데 [신명에 고하여 죽은 사람의 회생을 비는] 기도와 제사의 마음이 담겨 있다.……죽은 사람의 입에 쌀과 패물[貝物]을 넣는 것은 차마 비워둘 수 없기 때문이다. 그러나 실제 식사 때의 방식을 따르지 않음은 다만 보기에 좋토록 하는 것일 뿐이기 때문이다. 명정(銘 : 銘旌)**이란 신령의 기이다. 죽은 사람은 분별되지 않기 때문에 기로써 표지하는 것이다. 사모하므로 기록하는 것이고 공경하므로 거기에 도를 다하는 것이다.……전(奠 : 장례 전에 드리는 제사)에는 장식이 없는 그릇을 사용하는데, 그것은 산 사람(生者 : 喪主)이 슬픔에 젖어 예의를 갖출 마음의 여유가 없다는 뜻이다. 제사의 예란 오직 **상주**(主人) **스스로 정성을 다하는 것일 뿐, 어찌 신령이 흠향하는지 알 수 있겠는가?** 오직 상주는 엄숙하고 삼가는 마음에서 그렇게 행하는 것이다.[26)]

"상주 스스로 정성을 다하는 것일 뿐, 어찌 신령이 흠향하는지 알 수 있겠는가?" "스스로 정성을 다함"으로써 정감의 위안을 얻고, "신령이 흠향하는지"는 헤아리지 않는데, 즉 정감으로 이지를 속이지 않는다는 말이다.

부모가 돌아가면 사흘 후에 염(斂)을 한다. 『예기』는 말한다.

> "돌아가신 사흘 후에 염을 하는 것은 무엇 때문인가?"
>
> "효자는 부모가 돌아가시면 슬프고 애통하여 마음을 주체하지 못하기 때문에 시신 곁에 엎드려 통곡하여 마치 다시 살아날 것처럼 한다. 그러니 어

* 復 : 사람이 죽은 직후에 높은 곳에 올라 천을 흔들며 죽은 사람의 혼을 부름.

** 銘 : 즉 명정(銘旌), "……의구(柩)"라고 죽은 사람의 관직과 성명을 쓴 기.

26) 喪禮, 哀戚之至也, 節哀順變也, 君子念始之者也. 復, 盡愛之道也. 有禱祠之心焉.……飯用米貝, 弗忍虛也, 不以食道, 用美焉耳. 銘, 明旌也. 以死者爲不可別已, 故以其旗識之. 愛之斯錄之矣, 敬之斯盡其道焉耳.……奠以素器, 以生者有哀素之心也. 惟祭祀之禮, 主人自盡焉耳, 豈知神之所饗? 亦以主人有齋敬之心也. (「단궁」, 『예기』 권3 : 3쪽)

떻게 그로부터 시신을 빼앗아 염할 수 있겠는가? 따라서 사흘 후에 염을 한다고 함은 그때까지 회생하기를 기다린다는 말이다. 사흘 후에도 회생하지 않으면 정말로 회생하지 않는 것이므로 효자의 마음은 더욱 애통해진다. 또한 사흘이면 집안 살림의 회계나 의복 등의 준비도 다 되고, 먼곳의 친척들도 도착할 수 있다. 그러므로 성인께서 결단을 내려 사흘로 예제(禮制)를 삼으신 것이다."[27]

3개월 후에 장례를 행한다. 『예기』는 말한다.

자사가 말했다.

"상을 당한지 사흘 후에 빈례(殯 : 殯禮, 시신을 관에 넣어 정한 장소에 안치함)를 행한다. 시신에 부속되는 모든 것을 마련하는 데에 성심성의를 다하여 후회가 없어야 한다. 3개월 후에는 장례를 행한다. 관에 부속되는 모든 것을 마련하는 데에 성심성의를 다하여 후회가 없어야 한다."[28]

순자는 말했다.

"빈소에 모셔두는 기간은 길어도 70일을 넘어서는 안 되고, 빨라도 50일보다 적어서는 안 되는 까닭은 무엇인가?"

"먼 곳의 친척들도 모두 도착하고 온갖 준비물도 갖추고 모든 일을 완성하기에 알맞은 기간이기 때문이다. 그 정도면 정성은 지극한 것이고 예절은 성대한 것이고 격식은 완비된 것이다. 그리하여 초승에 묘자리를 잡고 그믐에 장례 날을 택일한 다음 장례를 행한다."[29]

장례 후에는 곡을 하면서 돌아온다(反哭). 『예기』는 말한다.

---

27) 或問曰, 死三日而后斂者何也? 曰, 孝子親死, 悲哀志懣, 故匍匐而哭之, 若將復生然, 安可得奪而斂之也. 故曰 : 三日而斂者, 以俟其生也. 三日而不生, 亦不生矣. 孝子之心, 亦益哀矣. 家室之計, 衣服之具, 亦可以成矣. 親戚之遠者, 亦可以至矣. 是故聖人爲之斷決, 以三日爲之禮制也. (「문상(問喪)」, 『예기』 권18 : 6쪽)

28) 子思曰 : "喪三日而殯, 凡附於身者, 必誠必信, 勿之有悔焉耳矣. 三月而葬, 凡附於棺者, 必誠必信, 勿之有悔焉耳矣." (「단궁」, 『예기』 권2 : 3쪽)

29) 殯久不過七十日, 速不損五十日, 是何也? 曰 : 遠者可以至矣. 百求可以得矣. 百事可以成矣. 其忠至矣. 其節大矣. 其文備矣. 然後月朝卜宅, 月夕卜日(據王引之校), 然後葬也. (「예론(禮論)」, 『순자』 권13 : 19쪽)

육신을 떠나보낸 다음 혼백을 맞아서 돌아온다. [육신을 묻으며] 떠나보낼 때에는 사모의 정에 사무쳐 넋을 잃고 마치 할 수만 있다면 그 뒤를 붙좇고 싶지만 그러지 못하는 것처럼 한다. [장례를 마치고] 곡을 하면서 돌아올 때에는 마음의 갈피를 잡지 못하여 마치 찾으나 찾지 못하는 것처럼 한다. 그러므로 떠나보낼 때에는 마치 [떼어 놓은 아이가 엄마를 울부짖으며] 따라가 듯이 하고 돌아올 때에는 마치 행여나 하는 의심을 품은 듯이 한다. 찾아도 찾을 수 없으며, 문에 들어서도 보이지 않고, 마루에 올라도 보이지 않으니, 떠나셨고 돌아가셨으니, 다시는 뵐 수 없는 것이다! 그러므로 곡을 하고 울며 가슴을 치고 발을 구르며 오로지 슬픔이 다하여 넋을 잃는다. 마음은 애통하고 아득하고 멍하여 한숨이 나고 가슴은 에어지는 듯 슬프고 슬플 뿐이다. **종묘에 제사하여 귀신으로 모셔 흠향하시게 함은 요행으로** (혼백이) **다시 돌아오기를 바라는 마음 때문이다.**[30)]

"종묘에 제사하여 귀신으로 모셔 흠향하시게 함"은 정감이 죽은 사람이 "다시 돌아오기"를 바라기 때문이다. "요행으로 다시 돌아오기를 바란다"는 표현은 정감으로 이지를 속이지는 않는다는 뜻이다.

장례 후에 다시 부모를 위해서 3년의 복상(服喪)을 한다. 『예기』는 말한다.

무릇 천지간의 생물 가운데 혈기 있는 무리는 반드시 지각이 있다. 또한 지각을 소유한 무리 중에 저마다 자기와 동일한 유를 사랑할 줄 모르는 무리는 없다. 그래서 조수(鳥獸) 가운데 큰 것들은 무리나 짝을 잃은 경우, 달이 가고 계절이 바뀌어도 반드시 옛 고향으로 돌아가 이리저리 날아다니며 지저귀고 울고 한동안 머뭇거리며 머문 다음에야 그곳을 떠난다. 작은 것으로 제비나 참새 같은 경우도 한참 동안 지저귄 뒤에야 그곳을 떠난다. 그런데 이렇듯 혈기 있는 무리 가운데 사람보다 더 지각 있는 존재는 없다. 그러

30) 送形而往. 迎精而反也. 其往送也, 望望然, 汲汲然, 如有追而弗及也. 其反哭也, 皇皇然若有求而弗得也. 故其往送也如慕, 其反也如疑. 求而無所得之也, 入門而弗見也, 上堂又弗見也, 亡矣, 喪矣, 不可復見已矣! 故哭泣辟踊, 盡哀而止矣. 心悵焉,愴焉, 惚焉, 愾焉, 心絶志悲而已矣. 祭之宗廟, 以鬼饗之, 徼幸復反也. (「문상」, 『예기』 권18 : 3쪽)

> 므로 사람의 경우 부모에 대한 사모의 정은 죽도록 한이 없는 것이다. 그런데 저 사악하고 간사한 자는 부모가 아침에 죽으면 그날 저녁에 망각한다. 이런 방식을 따르는 것은 금수만도 못한 짓인즉, 어찌 더불어 사는 공동체 안에 문란함이 없겠는가? 반면에 저 행실이 극진한 군자는 25개월의 3년상을 마치 달리는 마차가 문틈을 지나가듯 마치고도 평생 비통해할 터인즉 끝이 없다. 그렇기 때문에 선왕(先王)은 중도적인 입장에서 예절을 제정하여, 모든 사람이 저마다 충분히 격식(文 : 예절)과 의리(理)를 성취할 수 있는 정도에서 탈복하도록 했던 것이다.[31] (『순자』「예론편」*과 동일하다.)

이상의 인용은 모두 주관적인 정감 측면에 입각한 논의이다. 상례의 본래 의미는 본시 오로지 정감의 위안을 구하는 것일 뿐이다는 말이다.

순자는 상례를 총론하여 이렇게 말했다.

> 예(禮)란 삶과 죽음을 대하는 데에 신중히 함을 말한다. 삶은 인간의 시작이요, 죽음은 인간의 마지막이다. 인간의 시작과 마지막이 모두 잘 대해지면 인간의 도리(人道)는 완성된다. 따라서 군자는 시작을 공경하고 마지막을 신중히 하는데, 마지막과 시작을 한결같게 하는 것이 군자의 도요, 예의(禮義)의 형식이다. 살아계실 때는 후하게 모시고 돌아가실 때는 박하게 대한다면, 부모가 지각이 있을 때는 공경하고 지각이 없을 때는 소홀히 한다는

31) 凡生天地之間者, 有血氣之屬必有知；有知之屬莫不知愛其類. 今夫大鳥獸, 則失喪其群匹, 越月踰時焉, 則必反巡過其故鄕, 翔回焉, 鳴號焉, 蹢蠋焉, 踟躕焉, 然後乃能去之. 小者至於燕雀, 猶有啁噍之頃焉, 然後乃能去之. 故有血氣之屬者, 莫知於人. 故人於其親也, 至死不窮. 將由夫患邪淫之人與, 則彼朝死而夕忘之. 然而從之, 則是曾禽獸之不若也, 夫焉能相與群居而不亂乎? 將由夫修飾之君子與, 則三年之喪, 二十五月而畢, 若駟之過隙. 然而遂之, 則是無窮也. 故先王焉爲之立中制節, 壹使足以成文理, 則釋之矣. (「삼년문(三年問)」, 『예기』 권18 : 11-12쪽)

* 『순자』 권13 : 32쪽 : 凡生乎天地之間者, 有血氣之屬莫不有知(다른 판본은 必有知)；有知之屬, 莫不愛其類. 今夫大鳥獸, 則失亡其群匹, 越月踰時, 則必反鉛, 過故鄕, 則必徘徊焉, 鳴號焉, 躑躅焉, 踟躕焉, 然後能去之也. 小者是燕爵猶有啁噍之頃焉, 然後能去之也. 故有血氣之屬莫知於人. 故人之於其親也, 至死無窮. 將由夫愚陋淫邪之人與, 則彼朝死而夕忘之. 然而縱之, 則是曾鳥獸之不若也, 彼安能相與群居而無亂乎? 將由夫脩飾之君子與, 則三年之喪, 二十五月而畢, 若駟之過隙. 然而遂之, 則是無窮也. 故先王聖人安爲之立中制節, 一使足以成文理, 則舍之矣.

말밖에 안 된다.……따라서 사람의 죽음은 한번 가면 다시 돌아올 수 없다는 의미인지라, 마지막으로 신하는 군주에게 지극한 정성을 바치고 자식은 부모에게 지극한 정성을 바치는 것이다.……

상례(喪禮)란 산 사람의 예절로써 죽은 사람을 섬기고, **되도록 삶을 모방하여 죽은 사람을 송별하는**(大象其生以送其死) 것인바, 죽은 사람 섬기기를 산 사람 섬기듯하고 없는 사람 섬기기를 있는 사람 섬기듯하여, 시작과 마지막을 한가지로 여기는 의식이다.……산 사람이 사용하는 기물을 부장품으로 묘에 함께 넣는 것은 이사 가는 이치를 본뜬 것이다. 다만 대략만 갖추고 전부를 갖추지 않으며, 모양새만 갖추고 다듬지는 않는다.……따라서 산 사람이 쓰는 기물을 형식만 갖추고 다듬지는 않으며, 신령의 기물(明器)을 모양새만 꾸미고 사용할 수 없는 상태로 한다.……

따라서 상례의 기능은 생사의 의미(死生之義)를 밝혀 슬픔과 공경의 마음으로 죽은 사람을 송별하여 사람의 마지막을 완성하는 것이다.……살아 계실 때의 섬김은 시작을 아름답게 하는 일이며, 돌아가실 때의 송별은 마지막을 아름답게 하는 일인바, 마지막과 시작이 모두 온전히 갖추어져야 효자의 일이 완결되고 성인의 도가 완비된다. 죽은 사람을 박대하여 산 사람을 불리는 것이 묵자[墨子]의 입장이요, 산 사람을 박대하여 죽은 사람을 불리는 것은 미혹이요, 산 사람을 죽여 죽은 사람을 송별함은 잔혹(사악)이다. 되도록 삶을 모방하여 죽은 사람을 송별하며, 죽음과 삶 또는 마지막과 시작 모두가 적절하고도 선하지 않음이 없도록 도모하는 것이 곧 예의의 법식으로서, 바로 유자(儒者)의 입장이다.[32]

---

32) 禮者, 謹於治生死者也. 生, 人之始也；死, 人之終也. 終始俱善, 人道畢矣. 故君子敬始而愼終, 終始如一, 是君子之道, 禮義之文也. 夫厚其生而薄其死, 是敬其有知而慢其無知也.……故死之爲道也, 一而不可得再復也, 臣之所以致重其君, 子之所以致重其親, 於是盡矣……喪禮者, 以生者飾死者也, 大象其生以送其死也, 故事死如生, 事亡如存(據郝懿行校), 終始一也……具生器以適墓, 象徙之道也. 略而不盡, 貌而不功.……故生器文而不功, 明器貌而不用……故喪禮者, 無它焉, 明死生之義, 送以哀敬而終周藏也……事生, 飾始也. 送死, 飾終也；終始具而孝子之事畢, 聖人之道備矣. 刻死而附生謂之墨, 刻生而附死謂之惑, 殺生而送死謂之賊. 大象其生, 以送其死, 使死生終始, 莫不稱宜而好善, 是禮義之法式也, 儒者是矣. (「예론」, 『순자』 권 13 : 15-31쪽)

수의, 관, 곽은 모두 "되도록 삶을 모방하여 죽은 사람을 송별하는" 것들이다. 우리는 이지적으로 죽은 사람은 이미 죽었음을 명확히 알지만, 우리의 정감은 여전히 그가 그래도 살아 있기를 바란다. 이 때 오로지 이지만 따르면 "어질지 못하고", 오로지 정감만 따르면 "지혜롭지 못하다." 따라서 "되도록 삶을 모방하여 죽은 사람을 송별하면", 이지와 정감이 다 같이 고려되어 어질고도 지혜로운 길(道)이 된다. 성인은 이런 제도를 만들 때 또한 독단적이지 않았다.

> 즉 그것은 바로 효자의 뜻이요, 인지상정의 실질이요, 예의(禮義)의 대원칙(經)이다. 하늘에서 떨어진 것도 아니고 땅에서 솟아난 것도 아닌, 오직 인지상정(人情 : 사람의 참모습)일 따름이다.[33)]

4. 제례에 관한 이론

이상은 『순자』와 『예기』의 상례이론이었다. 『순자』와 『예기』의 제례이론 역시 전적으로 주관적인 정감 측면에 입각하고 있다. 제례의 본래 의미는 『순자』와 『예기』의 관점에서 보면 역시 정감의 위안을 구하려는 것일 뿐이다. 『예기』는 말한다.

> 무릇 정치의 도 가운데 예(禮)보다 더 긴요한 것은 없다. 이 예에는 오경(五經)*이 있는데, 그중에서 제례가 가장 중요하다. 무릇 제사(祭)란 밖으로 어떤 이유가 있기 때문이 아니요, 마음속에서 우러나오기 때문이다. 마음이 슬프기 때문에 예로써 받드는 것이다. 그러므로 오직 현자(賢者)만이 제사의 도리를 다할 수 있다. 현자는 제사에서 반드시 복을 받는다. 그러나 그 복은 세상에서 말하는 복이 아니다. 복이란 비(備)의 뜻이다. 비란 모든 일이 순조롭다는 말이다. 순조롭지 않은 바가 없는 것이 바로 비인데 안으로 성심을 다하고 밖으로 도를 따름을 뜻한다.……그러므로 현자는 제사에 성심성의를 다하고, 엄숙, 경건한 마음으로 제물을 올리는데, 예로써 거행하고, 음

---

33) 此孝子之志也, 人情之實也, 禮義之經也. 非從天降也, 非從地出也, 人情而已矣. (「문상」, 『예기』 권18 : 7쪽)

* 五經 : 길례(吉禮), 흉례(凶禮), 빈례(賓禮), 군례(軍禮), 가례(嘉禮)의 오례(五禮).

악으로써 안정하고, 시절을 고려하여, 정결한 마음으로 받들어올리는 것이다. 이렇듯 **어떤 보답을 바라지 않는 것**이 효자의 마음이다.……무릇 하늘이 낳고 땅이 기른 사물 가운데 바칠 만한 것이면 모두 진설하는 것은 제물을 극진히 마련했음을 보이는 것이다. **밖으로 제물을 극진히 마련하고 안으로 성심성의를 다하는 것**, 이것이 제사를 올리는 마음가짐이다.[34)]

"밖으로 제물을 극진히 마련하고 안으로 성심성의를 다할 뿐", "어떤 보답을 바라지 않는다." 오로지 제사 자체를 중시하고 제사의 대상을 중시하지는 않는다. 순자는 말했다.

제사란 **추모의 정**(志意思慕之情)이요, 참마음과 믿음과 사랑과 공경의 지극함이요, 예절(禮節)과 격식의 성대함이다. 진정 성인이 아니면 아무도 제사의 의미를 완전히 알 수 없다. 제사에 대해서 성인은 그 의미를 명백히 알고, 사군자(士君子)는 편안히 행하고, 관리는 그대로 시행하고, 백성은 풍속을 이룬다. 제사를 **군자는 인간의 도리**(人道)**로 여기고, 백성은 귀신의 일**(鬼事)**로 여긴다.**……

점을 쳐서 길일을 택한 다음, 재계를 행하고, 사당을 손질하고 소제하고, 궤연(几筵)*을 갖추고 희생과 기장을 받들어올리고, 시동이 축으로 하여금 제주에게 축복의 말을 고하게 함으로써 마치 [신령이] **흠향하시는 듯**이 하고, 또 일일이 제물을 취하여 제사를 드림으로써 마치 [신령이] **맛을 보시는 듯**이 하고, 또 좌식(利 : 佐食, 시동이 음식을 먹을 때 돕는 사람)에게 잔을 들게 하지 않고 제주가 직접 술을 시동에게 부어주어 마시게 함으로써 마치 [신령이] 마시는 듯이 하며, 빈객들이 물러가면 제주는 배송(拜送)한 뒤에 돌아와 제복을 상복으로 갈아입고 신위 앞에 나아가 마치 [신령이] 그 자리에 계

34) 凡治人之道, 莫急於禮. 禮有五經, 莫重於祭. 夫祭者, 非物自外至者也, 自中出生於心也. 心怵而奉之以禮, 是故惟賢者能盡祭之義. 賢者之祭也, 必受其福. 非世所謂福也, 福者, 備也 ; 備者, 百順之名也. 無所不順謂之備, 言內盡於己而外順於道也……是故賢者之祭也, 致其誠信, 與其忠敬, 奉之以物, 道之以禮, 安之以樂, 參之以時, 明薦之而已矣. 不求其爲, 此孝子之心也……凡天之所生, 地之所長, 苟可薦者, 莫不咸在, 示盡物也. 外則盡物, 內則盡志, 此祭之心也. (「제통(祭統)」, 『예기』 권14 : 15-16쪽)

* 几筵 : 궤(几)는 제향 때 희생을 올려놓는 기구이고, 연(筵)은 땅에 까는 것이다.

시다가 떠나가신 듯이 곡을 한다. 그런즉 얼마나 슬프고 엄숙한 모습인가! 죽은 사람 섬기기를 산 사람 섬기듯 하고 없는 사람 섬기기를 있는 사람 섬기듯 하여, (제사의 대상은) **형체도 그림자도 없으나 격식을 완수**하는 것이다.[35)]

제주는 주관적으로 죽은 분에 대한 "추모의 정"이 있기 때문에 제사를 드린다. 그러나 제사의 대상은 "형체도 그림자도 없고", 다만 "흠향하는 듯하고" "맛을 보는 듯할" 따름이다. 한편으로는 엄숙한 자세로 제사를 드리지만, 한편으로는 제사의 "대상은 형체도 그림자도 없고" "격식만 완수하는 것"임도 잘 알고 있다. 이런 뜻에서 제사는 시(詩)이다.

『예기』는 또 제사를 드릴 때의 심리 상태를 이렇게 묘사했다.

안으로는 치재(致齋)*, 밖으로는 산재(散齋)**를 행한다. 이런 재계를 행하는 날은 부모 생전의 거처를 생각하고, 담소하시던 모습을 생각하고, 생전의 뜻하신 바를 생각하고, 즐거워하신 바를 생각하고, 좋아하신 음식을 생각하는데, 치재 3일이면 재계에서 바라는 바를 볼 수 있게 된다. 즉 제사 당일에 사당에 들면 어렴풋하지만 틀림없이 부모의 모습이 보이는 듯하고, 예를 마치고 문을 나서려고 하면 숙연한 분위기에 틀림없이 부모의 음성이 들리는 듯하고, 문을 나서면 틀림없이 귓전에 부모가 위연히(愾然 : 喟然) 탄식하시는 소리가 들리는 듯이 되는 것이다.……

오직 성인이라야 하느님(帝)으로 하여금 흠향하시게 할 수 있고, 오직 효자라야 부모로 하여금 흠향하시게 할 수 있다. 흠향(饗)이라는 말에는 향한다(鄉 : 마주한다)는 뜻이 있다. 향한(마주한) 연후에 능히 흠향하시게 할 수 있다는 말이다.……지극한 공경과 지극한 성심으로 부모가 흠향하시기를

---

35) 祭者, 志意思慕之情也. 忠信愛敬之至矣, 禮節文貌之盛矣. 苟非聖人, 莫之能知也. 聖人明知之, 士君子安行之, 官人以爲守, 百姓以成俗. 其在君子以爲人道也, 其在百姓以爲鬼事也……卜筮視日, 齋戒脩涂, 几筵饋薦告祝, 如或饗之. 物取而皆祭之, 如或嘗之. 毋利擧爵, 主人有尊, 如或觴之. 賓出, 主人拜送 ; 反, 易服, 卽位而哭, 如或去之. 哀夫敬夫, 事死如事生, 事亡如事存, 狀乎無形影, 然而成文. (「예론」, 『순자』 권13 : 37-39쪽)

* 致齋 : 마음에 떠오르는 생각을 다스려 통일시키려는 3일간의 재계.

** 散齋 : 치재 전에 7일 동안 목욕재계하고 행동을 삼가는 일.

> 절절히 바라는 것이다!……마치 감당하지 못하는 것처럼 마치 영원히 상실하는 것처럼 전전긍긍하니, 그 얼마나 지극한 효경심(孝敬之心)인가!……그리하여 부모에 대한 정을 불러일으켜 **아련하고 어렴풋한**(恍惚) **상태에서 신명**(神明)**과 더불어 교감하며 흠향하시기를 바라는데**, 이렇듯 흠향하시기를 바라는 마음이 바로 효자의 심정이다.[36)]

현대인은 사람이 귀신을 보는 것은 심리작용에서 비롯된다고 여긴다.『예기』의 이 내용에 따르면, 제주는 바로 이런 심리작용을 이용하여 죽은 사람을 "향하여(鄕)" 상상하여 "아련하고 어렴풋한 상태에서" 혼령(鬼)을 볼 수 있기를 바라야 한다. "아련하고 어렴풋한 상태에서 신명과 더불어 교감하면서" 신령이 "흠향하시기를 바라는" 것은, 오직 "추모의 정"이 위안을 얻도록 하는 것일 뿐이다. 즉 제사를 "군자는 인간의 도리로 여기지만" "백성은 귀신의 일로 여긴다."

이런 시적인 태도를 순자는, 조상(祖宗)을 제사하는 제례를 논할 때에만 견지한 것이 아니라, 그 어떤 제례를 논할 때에도 이 태도를 견지했다. 순자는 말했다.

> **기우제를 지내면** 비가 오는데 그 이유는 무엇인가? 아무 이유도 없다. 기우제를 지내지 않아도 비가 오는 경우와 마찬가지다. 일식과 월식이 있으면 그것을 구제하는 의식을 행하고, 날씨가 가물면 기우제를 지내고, **거북점과 시초점을 친 연후에 대사를 결단하는데**, 이 모두는 무슨 효력을 얻을 수 있다고 생각했기 때문이 아니라, 단지 형식(격식)을 갖추는 것일 뿐이다. 즉 군자는 **형식의 일**(文)**로 여기고**, 백성은 **신령의 일**(神)**로 여긴다.** 형식의 일로 여기면 길하지만 신령의 일로 여기면 흉하다.[37)]

---

36) 致齋於內, 散齋於外. 齋之日, 思其居處, 思其笑語, 思其志意, 思其所樂, 思其所嗜, 齋三日乃見其所爲齋者. 祭之日, 入室, 僾然必有見乎其位[位 : 容] ; 周還出戶, 肅然必有聞乎其容[容 : 착간]聲 ; 出戶而聽, 愾然必有聞乎其嘆息之聲……惟聖人爲能饗帝, 孝子爲能饗親. 饗者, 鄕也, 鄕之然後能饗焉……齊齊乎其敬也, 愉愉乎其忠也, 勿勿諸其欲其饗之也……洞洞乎, 屬屬乎, 如弗勝, 如將失之, 其孝敬之心至也與……於是諭其志意, 以其恍惚, 以與神明交, 庶或饗之 ; 庶或饗之, 孝子之志也. [洞洞屬屬 : 깊은 사랑 속에 공경심을 품은 모양] (「제의(祭義)」,『예기』권14 : 5-7쪽)

37) 雩而雨, 何也? 曰 : 無佗[佗 : 何]也, 猶不雩而雨也. 日月食而救之, 天旱而雩, 卜筮然

가물이 들어 "기우제를 지냄"은 단지 황급한 심정을 표현한 데에 불과하고, "거북점과 시초점을 친 연후에 대사를 결단함"은 정중한 마음을 표현한 데에 불과하다. 이것이 이른바 "형식의 일로 여긴다"는 것이다. 만약 "신령의 일로 여기면", 반드시 미신에 빠지므로 흉하다.

조상에 대한 제사는 한편으로는 우리에게 본래 "추모의 정"이 있기 때문이고, 한편으로는 보은(報恩)의 도리를 살펴야 하기 때문이다. 순자는 말했다.

> 예(禮)에는 3대 근본이 있다. 천지는 생성의 근본이요, 조상은 인류의 근본이요, 임금과 스승은 태평성세의 근본이다. 천지가 없다면 어떻게 생겼겠는가? 조상이 없다면 어떻게 태어났겠는가? 임금과 스승이 없다면 어떻게 태평할 수 있겠는가? 이 세 가지 중에서 하나라도 없으면 안정된 인간사회는 존재할 수 없다. 즉 예란 위로 하늘을 섬기고 아래로 땅을 섬기며, 조상을 높이고, 임금과 스승을 받드는 것인데, 이것이 바로 예의 3대 근본이다.[38)]

『예기』는 말한다.

> 만물은 하늘에 근본을 두고 인간은 조상에 근본을 두는데, 이것이 바로 [조상이] 하느님에 견주어지는 이유이다. 따라서 교제(郊祭 : 하늘과 땅에 올리는 제사)는 최대의 **보본반시**(報本反始 : 조상〔근본〕에 대한 보답)이다.[39)]

사람이 조상 이외에 여러 천지신명께 제사를 드리는 이유 역시 모두 보본반시의 의미이다. 『예기』는 말한다.

> 천자의 큰 사(蜡 : 蜡祭)에는 여덟 가지 대상이 있다.……사(蜡)란 구한다

後決大事, 非以爲得求也, 以文之也. 故君子以爲文, 而百姓以爲神. 以爲文則吉, 以爲神則凶. (「천론(天論)」, 『순자』 권11 : 33쪽)

38) 禮有三本 : 天地者, 生之本也. 先祖者, 類之本也. 君師者, 治之本也. 無天地惡生? 無先祖惡出? 無君師惡治? 三者偏亡焉無安人. 故禮上事天, 下事地, 尊先祖而隆君師, 是禮之三本也. (「예론」, 『순자』 권13 : 5쪽)

39) 萬物本乎天, 人本乎祖, 此所以配上帝也. 郊之祭也, 大報本反始也. (「교특생(郊特牲)」, 『예기』 권8 : 6쪽)

(索)는 뜻이다. 해마다 12월에 만물의 신령을 모두 모셔다 제물을 차려놓고 흠향하도록 구하는 일이 **사제**(蜡祭)이다. 그리하여 먼저 선색(先嗇 : 농업의 창시자 神農)을 숭배하고, 사색(司嗇 : 농업의 관장자 后稷)에 제사 지내고, 수확에 대한 보답으로 백종(百種 : 온갖 곡식의 신)에 제사 지낸다. 또 농(農 : 田官의 神)과 우표철(郵表畷)*과 금수(禽獸)를 제사 지내는데 이는 지극한 인의(仁義)의 표현이다. 옛 군자는 반드시 보답의 예를 행했다. 따라서 고양이를 영접함은 들쥐를 잡아먹기 때문이고, 호랑이를 영접함은 [작물을 해치는] 멧돼지를 잡아먹기 때문인데, 영접하여 제를 올리는 것이다. 또 제방과 수로에 제를 올리는 것은 농사일에 대한 보답이다. 제사 축문에 "흙은 제자리를 다시 찾고 물은 계곡으로 흘러가고 해충은 일어나지 말며 초목은 습지에서 자라게 하소서!"라고 했다.…… 한마디로 사제는 지극한 인의의 표현이다.[40)]

○무릇 성왕(聖王)께서 제사를 제정할 때, 모범적인 업적이 인민들에게 베풀어진 경우, 목숨을 바쳐 국가적 사업에 힘쓴 경우, 노고하여 국가를 평정한 경우, 능히 큰 재난을 제어한 경우, 능히 큰 환란을 막아낸 경우에 제사를 지냈다. 따라서 여산씨(厲山氏)가 천하를 통치했을 때 그의 아들 농(農)이 백곡을 번식시켰고, 하나라가 쇠해질 무렵 주기(周棄)가 그것을 계승했기 때문에, 이들을 직(稷)으로 모셔 제사를 지낸다. 공공씨(共工氏)가 구주(九有 : 九州, 천하)의 패권을 장악하자 그의 아들 후토(后土)가 구주를 평정했기 때문에, 그를 사(社 : 토지신)로 모셔 제사를 지낸다.…… 탕(湯)은 관용으로써 인민을 다스려 잔악한 임금 걸왕을 제거했고, 문왕은 문덕으로 세상을 다스렸으며, 무왕은 무공으로 인민의 재앙인 주왕을 제거했는데, 모두 인민에게 혁혁한 공적이 있는 분들이다. 또 저 일월성신은 인민이 우러르는 대상이고, 산림과 계곡과 구릉은 인민의 재용(財用)의 원천이다. 이런 부류가 아니면 제사 전례에 포함시키지 않는다.[41)]

---

* 郵表畷 : 권농관(勸農官)이 백성을 감독, 단속할 수 있도록 전답 사이에 지은 정자.

40) 天子大蜡八……蜡也者, 索也. 歲十二月合聚萬物而索饗之也. 蜡之祭也, 主先嗇而祭司嗇也, 祭百種以報嗇也. 饗農及郵表畷, 禽獸, 仁之至, 義之盡也. 古之君子, 使之必報之. 迎貓, 爲其食田鼠也. 迎虎, 爲其食田豕也. 迎而祭之也. 祭坊與水庸, 事也. 曰 : "土反其宅, 水歸其壑, 昆蟲毋作, 草木歸其澤."……蜡之祭, 仁之至, 義之盡也. [蜡 : 납향(臘享). 동지 뒤 셋째 술일(戌日)에 지냄] (「교특생」, 『예기』 권8 : 6쪽)

41) 夫聖王之制祭祀也, 法施於民則祀之, 以死勤事則祀之, 以勞定國則祀之, 能禦大災

숭덕보공(崇德報功 : 공덕에 대한 추앙과 보답)의 도리에 근본하여 인간을 제사의 대상으로 삼은 것인데, 콩트가 말한 "인류교(人之宗教 : 人類教)"에 그런 뜻이 있다. 중국의 옛 사회에서 모든 직업(行)의 사람들은 각기 그 직업의 신을 모셨으니, 예컨대 목수는 노반(魯班 : 공수반)을, 술집은 갈선(葛仙 : 葛洪)을 모셨다. 즉 각종 기술(手藝)은 저마다 그 발명자가 있다는 사상이다. 그후 이런 기술로써 삶을 영위하는 사람들은, 물을 마실 때 그 근원을 생각하듯이, 숭덕보공했던 까닭에 원래의 발명자를 신명(神明)으로 받들어 제사를 드렸던 것이다. 천지와 성신(星辰), 조수초목의 경우도 숭덕보공의 의미에서 숭배했다. 이것은 어쩌면 원시사회의 배물교(拜物教)에서 기원한 것인지도 모르겠으나, 유가가 부여한 의미에 따르면 이것은 이미 시였지 종교가 아니었다.

일부의 유자들에 따르면 보본반시(報本反始)의 의미를 특별히 제창한 까닭은 인민의 덕을 두텁게 하려는 것이었다. 증자는 말했다.

> 장례를 정중히 하고 조상의 제사에 정성을 다하면(愼終追遠) 사람들의 덕이 두터워진다.[42)]

『대대례기』는 말한다.

> 상례와 제례는 그로써 인애(仁愛)를 가르치는 것이다. 인애를 다하기 때문에 상례와 제례에 치성을 드려, 해마다 봄가을로 제사하여 추모의 정성을 바치는 것이다. 무릇 제사란 음식을 봉양하는 도리를 바치는 것이다. 돌아가셨어도 추모하여 음식을 봉양하거늘 하물며 살아 생존해계실 때야? 따라서 상례와 제례가 밝혀지면 인민은 효성스러워진다고 말했다.[43)]

則祀之, 能捍大患則祀之. 是故厲山氏之有天下也, 其子曰農, 能殖百穀. 夏之衰也, 周棄繼之, 故祀以爲稷. 共工氏之霸九州也, 其子曰后土, 能平九州, 故祀以爲社…… 湯以寬治民, 而除其虐 ; 文王以文治, 武王以武功, 去民之災 ; 此皆有功烈於民者也. 及夫日月星辰, 民之所瞻仰也. 山林川谷丘陵, 民所取財用也. 非此族也, 不在祀典. (「제법(祭法)」, 『예기』 권14 : 3-4쪽) 〈제3장,주53〉

42) 愼終追遠, 民德歸厚矣. (『논어』 1 : 9) 〈제4장,주142 ; 제6장,주64〉

43) 喪祭之禮, 所以教仁愛也, 致愛故能致喪祭, 春秋祭祀之不絕, 致思慕之心也. 夫祭祀, 致饋養之道也. 死且思慕饋養, 況於生而存乎? 故曰 : 喪祭之禮明, 則民孝矣.

죽은 사람, 지각이 없는 사람에 대해서도 그 덕을 숭상하고 그 공을 보답하거늘, 하물며 산 사람, 지각이 있는 사람에 대해서랴? 사회 속의 모든 사람들이 서로 보답하고 서로 투쟁하지 않으면 사회는 태평해진다. 그러나 이런 공리주의(功利主義)를 대다수의 유가 학자들은 견지하지 않았다.

이외에 공공으로 제사를 거행하여 인민에게 일종의 휴식과 유희의 기회를 제공했다. 즉 『예기』 「교특생」은 사제(蜡祭)에 대해서 이렇게 논했다.

> 황색 옷에 황색 관을 쓰고 제사함은 농부들을 휴식시키는 것이다.……사제를 거행하고 작물을 수확했으니 인민들은 휴식한다. 따라서 사제를 거행한 뒤에는 군자(통치자)는 곧바로 부역사업을 일으키지 않는다.[44]

『예기』는 또 말한다.

> 자공이 사제를 참관하고 돌아오자, 공자가 물었다.
>
> "네 마음도 즐거웠느냐?"
>
> "온 나라 사람들이 다 미친 듯이 즐거워하는데 그 이유를 모르겠습니다."
>
> "백 일 동안 일 시키고 하루를 즐겁게 해주는 이유를 너는 모를 것이다. 사람들을 오직 긴장시키기만 하고 풀어주지 않는 일은 문왕, 무왕도 할 수 없고, 풀어놓고 긴장시키지 않는 일은 문왕, 무왕은 시행하지 않는다. 한 번은 긴장시켰으면 한 번은 풀어주는 것이 문왕, 무왕의 시책이다.[45]

이 관점에서 보면 제사는 더더욱 예술이지 종교가 아니다.

(「성덕(盛德)」, 『대대례기』, 143쪽)

44) 黃衣黃冠而祭, 息田夫也.……旣蜡而收, 民息已. 故旣蜡, 君子不興功. (『예기』 권8 : 6-7쪽)

45) 子貢觀於蜡, 孔子曰 : "賜也樂乎?" 對曰 : "一國之人皆若狂, 賜未知其樂也." 子曰 : "百日之蜡[蜡 : 腊], 一日之澤, 非爾所知也. 張而不弛, 文武弗能也 ; 弛而不張, 文武弗爲也 ; 一張一弛, 文武之道也." (「잡기(雜記)」, 『예기』 권12 : 17쪽) [腊 : 고생하다]

5. 혼례에 관한 이론

이상이 『순자』와 『예기』에서 다룬 상례, 제례에 대한 여러 이론이다. 이밖의 또 『예기』에서 명백히 말하지는 않았지만 이론화된 상례, 제례 속에 사실상 내포되어 있는 의미를 여기서 피력한다.

앞의 인용문을 보면, 유자들, 적어도 일부 유자들의, 죽음에 대한 견해는 사후에도 영혼이 계속 존재한다고 여기지 않았다. 그러나 영혼불멸설이 이지적으로 인정되지는 않더라도 죽음이 곧 완전한 단멸과 같은 것이 아님은 사실이다. 사람이 낳은 자손, 즉 자기 신체의 일부는 계속 존재하여 살아 있는 것이다. 따라서 사람에게 후손이 있으면 즉 불사(不死)인 셈이다. 모든 생물이 다 그러함은 특별히 증명할 필요가 없다. 또한 일찍이 아무개가 아무 때에 아무 땅에 살았다는 사실은 하나의 고정 사실로서 어쨌든 소멸될 수 없는데, 이미 있었던 일은 누구든 없었던 일로 할 수 없기 때문이다. 이 측면에서 보면 공자 시대의 일반 사람들 역시 공자와 마찬가지로 소멸될 수 없지만, 그 차이는 단지 남에게 알려졌느냐 알려지지 않았느냐에 있을 뿐이다. 현재 사람들이 똑같이 살고 있지만 알려지는 범위의 크고 작음에 따라 크고 작은 인물로 나주어지는 것과 마찬가지다. 따라서 전혀 남에게 알려지지 않은 인물 역시 존재하지 않는다고는 말할 수 없다. 남에게 알려지는지의 여부는 그의 존재 여부와는 아무 관련이 없기 때문이다. 이런 측면에서 보면 모든 인간은 다 불사이다. 그러나 이런 불사는 생물학적인 불사와는 성격이 다르므로 관념적(理想的)인 불사 혹은 불후(不朽)라고 하겠다.

그러나 남에게 알려지지 않은 불후는 보통 무가치하다고 여겨진다. 따라서 불후 두 글자는 오로지 일찍이 존재하여 남에게 알려진 큰 인물을 일컫는 것이 보통이다. 즉 인간에게는 세 가지 불후가 있으니, '최상의 일은 덕을 수립하는 것(立德)이요, 그 다음은 공을 수립하는 것(立功)이요, 그 다음은 주장을 수립하는 것(立言)이다'[46]는

46) 太上有立德, 其次有立功, 其次有立言. 〈제1장,주8〉

말이다. 사람이 무엇을 수립할 수 있으면 남에게 알려져 남에게 기억될 수 있으므로 불사 혹은 불후이다. 그러나 오직 입덕, 입공, 입언의 인물이라야 남에게 기억될 수 있다면, 세상에서 남에게 알려지는 불후를 획득할 수 있는 사람은 매우 적을 것이다. 대다수의 사람은 평범하여 특출한 점이 없으므로 사회에 알려져 기억될 수 없다. 기억하는 사람은 오직 그의 가족과 자손뿐이다. 따라서 특별히 조상의 제사를 중시하면 사람들은 모두 자손들의 기억 속에서는 남에게 알려지는 불후를 획득할 수 있다. 이것이 유가가 이론화한 상례와 제례 속에 내포되어 있는 의미이다.

그후 유자들은 불사의 문제에 주의를 기울였는데, 혼례에 대한 이론에 나타나 있다. 혼인에 대한 유자의 견해는 완전히 생물학적인 기능에 주목했다. 『예기』는 말한다.

> 혼례란 두 성씨의 남녀를 결합하여 위로 종묘(宗廟 : 즉 조상의 제사)를 받들고 아래로 대를 이으려는 것이다. 따라서 군자는 혼례를 중시한다.[47]
>
> ○하늘과 땅이 교합하지 않으면 만물은 생길 수 없으니, 혼례의 대사는 **만세의 후사를 잇는**(萬世之嗣 : 만세를 이어온 생명의 계승) 것이옵니다. 그런데 임금님께서는 어찌하여 그 예절이 지나치게 정중하다고 말씀하십니까?[48]
>
> ○시부모는 서계(西階 : 빈객이 쓰는 계단)로부터 내려오고, 신부(며느리)는 조계(阼階 : 주인이 쓰는 계단)로부터 내려오는데, 이것은 신부에게 집안을 인계한다는 의미이다.……혼례는 축하하지 않는데, 세대교체를 의미하기 때문이다.[49]
>
> ○딸을 시집보낸 집안에서는 사흘 밤 촛불을 끄지 않는데, 이별에 대한 슬픔 때문이다. 며느리를 맞이한 집안에서는 사흘 동안 음악을 연주하지 않는데,

---

47) 昏禮者, 將合二姓之好, 上以事宗廟, 下以繼後世也. 故君子重之. (「혼의(昏義)」, 『예기』 권12 : 2쪽) [合 : 짝하다. 부부가 되다. 성교]

48) 天地不合, 萬物不生. 大昏, 萬世之嗣也, 君何謂已[已 : 太]重焉? (「애공문(哀公問)」, 『예기』 권15 : 4쪽) [嗣 : 뒤를 잇다. 후계자. 자손]

49) 舅姑降自西階, 婦降自阼階, 授之室也……昏禮不賀, 人之序也. (「교특생(郊特牲)」, 『예기』 권8 : 10쪽) [賀 : 예물을 보내어 경축하다]

세대교체에 대한 슬픔 때문이다.[50]

맹자도 말했다.

불효에는 세 가지가 있는데 후사가 없는 것이 가장 크다. 순 임금이 부모의 허락 없이 아내를 얻은 것은 후사가 없을까 염려했기 때문이다.[51]

앞의 인용문을 보면 유자들은 혼인의 기능은 후손을 얻는 데에 있다고 여겼음을 알 수 있다. 결혼하여 자식을 낳음은 "새로운 나(新吾)"를 창조하여 "종래의 나(故吾)"를 대체함으로써 생물학적인 불사를 획득하는 것이다. 이 관점에서 보면 우리가 결혼하여 자식을 낳으려고 하는 것은 실로 관 재목을 마련하는 것과 같이 슬픈 일로서, 우리에게 죽음이 없다면 이런 것들은 필요하지 않을 것이기 때문이다. 본래 남녀가 결합하는 진정한 목적은 생식에 있다. 그로부터 발생하는 애정과 쾌감 등은 일종의 부수적인 심리상황인데, 생물학적인 안목에서 보면 사실상 대수롭지 않기 때문에 유가 역시 중시하지 않았다. 유자들은 부부관계를 논할 경우 부부유별(夫婦有別)을 말했을 뿐 한번도 부부유애(夫婦有愛)는 말한 적이 없다.

모든 인간은 다 죽는데 대체로 죽음을 두려워한다. 이로부터 갖가지의 미신이 생겼다. 온갖 종교들마다 영혼불사를 호소한다. 유가, 적어도 일부 유가는 영혼불사를 주장하지 않는 만큼, 사람마다 생물학적 불사 내지 관념적 불사의 도를 얻게 하는 데에 특별히 중점을 두었다. 구사회에서 인간은 만년에 이르러 아들이 처를 얻어 손자를 낳으면 자신의 생명은 이미 맡길 데가 있다고 여겨 편안히 죽음을 기다렸는데, 사후 영혼의 존재 여부는 더 이상 고려하지 않았던 것이다. 이는 실로 유가의 사상이 양성한 정신이었다.*

50) 嫁女之家, 三夜不息燭, 思相離也. 取婦之家, 三日不擧樂, 思嗣親也. (「증자문(曾子問)」, 『예기』 권6 : 4쪽) [思 : 쓸쓸해지다, 슬퍼하다]

51) 不孝有三, 無後爲大. 舜不告而娶, 爲無後也. (『맹자』 7 : 26)

* 『신편』III, 100-01쪽 : 「혼의(昏義)」에, 예는 상례와 제례가 중요하다고 했다. 어째서 상례와 제례가 중요한가? 이 두 가지 예는 모두 죽음에 관한 일이기 때문이다. 죽음은 인생의 대사로서, 한 개인은 딱 한 번 죽을 수 있을 뿐이기 때문에 특별히 중요하다. **"한번 가면 다시 돌아올 수 없다는 의미이기에 군자는 중시한다"**〈주32〉는

6. 효에 관한 이론

유자에 의하면 결혼의 기능은 "새로운 나"를 창조하여 "종래의 나"를 대체하는 데에 있다. "새로운 나"에 대한 "종래의 나"의 희망은, 그가 "종래의 나"의 생명과 사업을 계승하여 "만세의 후사를 잇는"〈주48〉 것이다. "새로운 나"가 이런 희망에 부응하면 효자이다. 이런 희망에 부응하는 도, 즉 효자가 "부모를 잇는(嗣親)" 도가 효도(孝道)이다. 효자가 "부모를 잇는" 도는 두 측면으로 나눌 수

순황의 말이 그것이다. /이는 하나의 진정한 철학문제를 반영한 것인데 바로 불사(不死)의 문제가 그것이다. 인간은 모두 죽어야 하지만 누구든 죽음을 바라지 않으며 불사, 특히 개체의 불사를 희망한다. 도대체 불사란 존재하는가? 서양철학에서 이것은 광범하게 토론된 문제이다. 칸트는 "신의 존재", "영혼불사", "자유의지"를 3대 철학명제로 여겼다. /그러나 사실 이것은 구태여 논의할 필요가 있을까? 자연은 본래 모든 생물에게 이 문제를 이미 해결해주고 있다. 자연은 본래 모든 생물을 위해서 이미 불사의 방법을 안배했다. 식물이 꽃을 피워 열매를 맺고 동물이 번식하고 생육하는 것 모두가 종족을 이어나가는 방식이다. 이런 방식이 있으므로 각종 생물은 모두 불사적인데 즉 개체의 불사인 것이다. 한 개인이 낳은 자녀는 확실히 그 자신의 신체의 연장이다. 인간의 결혼은 바로 이런 방식의 실행이다. 「혼의」에 따르면 **"혼례란 두 성씨의 남녀를 결합하여 위로 종묘를 받들고 아래로 대를 이으려는 것이다."**〈주47〉 즉 자연이 규정한 방식에 따라 인간은 불사할 수 있음을 사실 그대로 인정한 것이다. /또한 개체의 불사는 육체의 연장을 요구할 뿐더러 의식의 계속성을 요구한다고 할 수 있다. 『예기』의 내용을 보면 상례와 제례의 의미는 바로 여기에 있었다. 즉 상례와 제례의 주요 의미는 **"죽은 사람 섬기기를 산 사람 섬기듯하고 없는 사람 섬기기를 있는 사람 섬기듯하는 것"**〈주32,주56〉이니, 죽은 사람은 비록 죽었어도 다만 자손의 마음 가운데에 살아 있는 것이다. 본래 기이한 재능과 위대한 공적이 있는 인물은 한 사회에서 잊혀질 수 없는 존재이므로, 그들은 사람들 마음속에 살아 있다. 하지만 결코 모두가 기이한 재능과 위대한 공적이 있는 것은 아니므로 이런 이들은 사람들 마음속에 살아 있을 수 없다. 그런데 그들의 자손이 그들에게 상례와 제례를 행한다면 그들 역시 자기 자손들의 마음속에 살아 있게 되는 것이다. /남녀가 결혼을 통하여 획득하는 불사는 모든 생물에게 공통된 것이다. 다만 사람 이외의 생물들은 이 점을 결코 자각하거나 이해하지 못하지만, 인간은 자각하고 이해한다. 「혼의」는 바로 이런 자각과 이해를 표명했으며, 이런 자각과 이해를 한층 명확하게 설명한 것이다. 인간은 만물의 영장인데, 그 영장이란 바로 이런 면에서의 영장이다.

있다. 하나는 육체적 측면이고, 하나는 정신적 측면이다. 육체적 측면은 다시 세 측면으로 나눌 수 있다. 즉 부모의 신체를 봉양하는 측면, 이 몸은 부모가 남겨준 것임을 명심하여 신중히 보호하는 측면, 따로 "새로운 나"를 만들어 부모의 생명을 계속 전하는 측면이다. 『예기』「제의」는 말한다.

악정자춘(樂正子春)이 대청을 내려오다 발을 다쳤다. 수개월간 바깥 출입을 삼가고 근심스런 낯빛을 하고 있자, 한 제자가 그에게 물었다.

"선생님께서는 발이 나았는데도, 수개월 동안 바깥 출입을 하지 않으시고 근심스런 낯빛을 하고 계시니 무슨 까닭입니까?"

"참으로 좋은 질문이다! 참으로 좋은 질문이다! 나는 증자께 들었는데, 공자님이 말씀하시기를 '하늘이 낳고 땅이 길러낸 것들 가운데 사람보다 더 위대한 것은 없다. **부모가 온전히 낳아주셨으니 자식이 온전히 돌려드린다면** 가히 효라고 할 수 있다. **자기 신체를 훼상하지 않을 뿐더러 몸을 욕되게 하지 않는다**면 가히 온전하다고 할 수 있다. 따라서 군자는 반걸음을 옮기는 순간에도 감히 효를 망각하지 않는 법이다'고 하셨다. 그런데 이제 나는 효의 도리를 망각했으므로 그래서 근심스런 낯빛을 했던 것이다. 한 걸음을 옮기더라도 감히 부모를 망각해서는 안 되고, 한 마디를 말하더라도 감히 부모를 망각해서는 안 된다. 한 걸음을 옮기더라도 감히 부모를 망각하지 않는 까닭에, 길은 샛길을 택하지 않으며 배를 타고 이리저리 유람하지 않음으로써 감히 **부모가 남겨준 몸**(父母之遺體)을 위태롭게 하지 않는 것이다. 한 마디를 말하더라도 감히 부모를 망각하지 않는 까닭에, 악담을 입 밖에 내지 않으며 따라서 남의 욕을 먹지 않는 것이다. 자신의 몸을 욕되게 하지 않아 부모를 부끄럽게 하지 않는다면 가히 효라고 할 수 있다."[52)]

52) 樂正子春下堂而傷其足, 數月不出, 猶有憂色. 門弟子曰 : "夫子之足瘳矣, 數月不出, 猶有憂色, 何也?" 樂正子春曰 : "善如爾之問也! 善如爾之問也! 吾問諸曾子 ; 曾子聞諸夫子曰 : '天之所生, 地之所養, 無人爲大. 父母全而生之, 子全而歸之, 可謂孝矣. 不虧其體, 不辱其身, 可謂全矣. 故君子頃步而弗敢忘孝也.' 今予忘孝之道, 予是以有憂色也. 壹擧足而不敢忘父母, 壹出言而不敢忘父母. 壹擧足而不敢忘父母, 是故道而不徑, 舟而不遊, 不敢以先父母之遺體行殆. 壹出言而不敢忘父母, 是故惡言不出於口, 忿言不反於身. 不辱其身, 不羞其親, 可謂孝矣." (『예기』 권14 : 12-13쪽)

"부모가 온전히 낳아주셨으니 자식은 온전히 돌려드리는 것이다." 증자는 병이 들어 [임종에] 제자들을 불러놓고 말했다. "내 발을 살펴보고 내 손을 살펴보라. 『시(詩)』에서 말했듯이 '전전긍긍 깊은 못에 임하듯, 엷은 얼음 판을 밟듯' 했는데, 이제서야 [부모가 남겨준 몸을 보전하는] 의무를 면하게 될 것 같구나!"[53] 그는 부모가 남겨준 몸을 "온전히 돌려드리게" 된 것을 심히 다행스러워했던 것이다. 그러나 만약 그저 이 몸만 "온전히 돌려드리고" 이 몸이 죽은 후에 부모의 생명을 계승할 "새로운 나"가 없다면 역시 불효이다. 맹자는 "불효에는 세 가지가 있는데 후사가 없는 것이 가장 크다" 〈주51〉고 했다. 사람이 만약 후손이 없으면 옛부터 지금까지 선조로부터 전해온 "만세의 후사(萬世之嗣)"〈주48〉가 자기에서 끊기거나 혹은 가지 하나가 없어지는 것이기 때문에 가장 큰 불효인 것이다.

정신적인 측면의 효란, 부모가 생존해계실 때는 뜻을 순종하여 육체를 봉양할 뿐만 아니라 뜻도 봉양하여,* 과실이 있으면 고쳐서 바르게 되시도록 권해야 한다. 부모가 돌아가신 후에는 한편으로 제사를 드려 추모함으로써 부모가 우리의 추모와 기억 속에서 불후할 수 있게 하는데, 이 점은 앞 절에서 상론했다. 또 한편으로 부모의 사업을 계승하여 다 마치지 못한 뜻이 펴질 수 있게 하거나 혹은 우리 스스로 계술, 창작하여(述作) 부모의 이름이 "아들 덕분에 천리에 이르러"[54] 그로써 또한 뭇 사람의 사모와 기억 속에서도 불후할 수 있게 하는 것이다. 「중용(中庸)」은 말한다.

---

53) "启予足, 启予手.『詩』云:'戰戰兢兢, 如臨深淵, 如履薄冰.' 而今而後, 吾知免夫, 小子!"(『논어』 8 : 3)

* 『맹자』7 : 19 : 맹자가 말했다. "……증자가 아버지 증석을 봉양할 때 반드시 주육(酒肉)을 갖추었고 상을 물릴 때 남은 것을 누구에게 줄지 여쭈었다. 더 있냐고 물으시면 으레 더 있다고 대답했다. 증자의 아들 증원이 증자를 봉양할 때에도 반드시 주육을 갖추었지만, 상을 물릴 때 남은 것을 누구에게 줄지 여쭙지 않았고, 더 있냐고 물으면 없다고 대답했는데, 다음 상에 올리려고 했기 때문이다. 이것은 이른바 입과 육체의 봉양(養口體)이라는 것이다. 증자의 경우라면 뜻을 봉양했다(養志)고 할 수 있다. **부모 섬기기는 증자처럼 한다면 훌륭하다**(事親若曾子者, 可也)."

54) 附驥尾而致千里. ["蒼蠅~, 以譬顏回因孔子而名彰."(『사기』「백이열전」 주)]

공자가 말했다.

"순 임금은 가히 **대효**(大孝 : 위대한 효자)라고 말할 수 있다! 덕은 성인의 덕이요, 존귀는 천자의 지위이며, 부는 온 사해 안을 소유하여, 그로써 종묘에 제사를 지냈고 자손이 보존했으니 그러하다."[55]

○공자가 말했다.

"무왕과 주공은 **달효**(達孝 : 영달한 효자)임에 틀림없다. 무릇 효란 조상(부모)의 뜻을 훌륭하게 이어받아 조상의 사업을 훌륭하게 준행하는 것을 말한다. 봄가을로 조상의 사당을 손질하고, 제사에 쓰이는 그릇들을 진열하고, 조상이 입었던 의복을 펴놓고, 계절에 맞는 음식을 올린다.……자손들은 조상이 서 계셨던 자리에 서서 그분들이 행했던 예를 행하고, 그분들이 연주했던 음악을 연주하며, 그분들이 공경했던 사람들을 공경하고, 그분들이 친애했던 사람들을 친애한다. 죽은 사람 섬기기를 산 사람 섬기듯 하고 없는 사람 섬기기를 있는 사람 섬기듯 하는 것이 효의 지극한 경지이다.[56]

이런 정신적 측면의 효가 대효이고 달효인데, 육체적 측면의 효보다 더욱 중요한 것이다. 「제의」는 말한다.

증자가 말했다.

"효에는 세 가지가 있다. **가장 큰 효는 존친**(尊親)**이요, 다음은 불욕**(弗辱)**이요**, 그 아래가 훌륭한 봉양(能養)이다."

그러자 공명의(公明儀)가 증자에게 이렇게 여쭈었다.

"선생님 같은 경우 효라고 할 수 있겠지요?"

"거 무슨 말이냐? 거 무슨 말이냐? 군자가 말하는 효란 부모의 마음을 미리 살펴 그 뜻에 순종하며 부모님을 바른 길로 깨우쳐드리는 것을 말한다. 나는 겨우 봉양하고 있을 뿐인데, 어떻게 효라고 할 수 있겠느냐?"[57]

---

55) 子曰 : "舜其大孝也歟! 德爲聖人, 尊爲天子, 富有四海之內, 宗廟饗之, 子孫保之." (『예기』 권16 : 4쪽)

56) 子曰 : "武王周公, 其達孝矣乎! 夫孝者, 善繼人之志, 善述人之事者也. 春秋脩其祖廟, 陳其宗器, 設其裳衣, 薦其時食.……踐其位, 行其禮, 奏其樂, 敬其所尊, 愛其所親, 事死如事生, 事亡如事存, 孝之至也." (『예기』 권16 : 5-6쪽) 〈주35〉

57) 曾子曰 : "孝有三 : 大孝尊親 ; 其次弗辱 ; 其下能養." 公明儀問於曾子曰 : "夫子可以

이는 모두 정신적 측면의 효를 가장 중요하게 여긴 것이다.

부모가 남겨준 몸을 효자는 "온전히 돌려드리려고" 하는데, "자기 신체를 훼상하지 않아야" 할 뿐더러, "몸을 욕되게 하지 않아야" 한다.〈주52〉 "가장 큰 효는 존친이요, 다음은 불욕이다." "존친"은 적극적으로 선행을 행하여 부모로 하여금 높은 명성을 누리게 하는 것을 말하고, "불욕"은 소극적으로 악행을 하지 않아 부모에게 오명을 입히지 않는 것을 말한다. 만약 이런 마음을 보존하면 인간은 저절로 여러 덕목들을 행할 수 있다. 따라서 『예기』 중의 여러 편들과 『효경』은 효를 모든 도덕의 근본으로 여겼다. 「제의」는 말한다.

증자가 말했다.

"우리 신체는 부모가 남겨준 몸(父母之遺體)이다. 부모가 남겨준 몸을 움직이면서, 감히 삼가지 않을 수 있겠는가! 평소 생활에 경건하지 않으면 효가 아니고, 임금을 섬길 경우 충성하지 않으면 효가 아니고, 관직을 담당할 경우 정중하지 않으면 효가 아니고, 벗과 사귀면서 신실하지 않으면 효가 아니고, 전쟁터에 나갈 경우 용감하지 않으면 효가 아니다. 이 다섯 가지를 행하지 않으면 재앙이 부모에게 미치는즉 감히 삼가지 않을 수 있겠는가! 고기를 삶고 좋은 밥을 지어 맛있게 장만하여 바치는 것은 효가 아니라 봉양이다. 군자가 말하는 효란 모든 사람들로부터 '부럽다! 그런 자식을 두었으니!'라는 칭송을 들을 수 있는 것을 말한다. 그래야 진정한 효이다. 인류의 가장 기본적인 가르침은 효이고 효성스런 행위는 봉양이다. 봉양은 가능하더라도 공경이 어렵다. 공경은 가능하더라도 편안하게 해드리는 일이 어렵다. 편안하게 해드리는 일은 가능하더라도 시종일관하기가 어렵다. 부모가 돌아가신 후에도 처신에 신중하여 부모에게 오명을 끼치지 않는다면 시종일관했다고 말할 수 있다. 인(仁)이란 이것에 어진 것을 말하고, 예(禮)란 이것을 실천하는 것을 말하고, 의(義)란 이것에 마땅한 것을 말하고, 신(信)이란 이것에 신실한 것을 말하고, 굳셈(強)이란 이것에 굳센 것을 말한다. 복락은 이에 순응

爲孝乎?" 曾子曰 : "是何言與! 是何言與! 君子之所謂孝者, 先意承志, 諭父母於道. 參直養者也, 安能爲孝乎?" (『예기』 권14 : 11쪽)

하는 데서 생기고, 형벌은 이에 어긋나는 데서 초래된다."

증자가 말했다.

"무릇 효란 배치하면 온 우주에 가득차고, 보급하면 온 천하에 충만하고, 먼 후세까지 행하더라도 영원히 변함없는 것을 말한다. 그것은 동해 바깥에 전파해도 준칙이 되고, 서해 바깥에 전파해도 준칙이 되고, 남해 바깥에 전파해도 준칙이 되고, 북해 바깥에 전파해도 준칙이 된다. 『시』에 '동서를 막론하고 남북을 막론하고 복종하지 않는 사람이 없다'고 했는데 바로 이것을 두고 한 말이다."[58)]

『효경』은 말한다.

무릇 효란 모든 도덕의 근본이요, 모든 가르침의 원천이다.……신체발부(身體髮膚)는 수지부모(受之父母)이니 불감훼상(不敢毁傷)함이 효지시야(孝之始也)요(몸과 털과 살은 부모에게서 받았으니 감히 훼상하지 않는 일이 효의 시작이요), 입신행도(立身行道)하고 양명어후세(揚名於後世)하여 이현부모(以顯父母)함이 효지종야(孝之終也)니라(출세하여 도를 행하여 후세까지 명성을 떨쳐서 부모를 영광스럽게 하는 일이 효의 마침이다). 무릇 효는 부모 섬기는 데서 시작하여 임금 섬기는 일이 중간이고 출세하는 데서 끝맺는다. 「대아(大雅)」에 이르기를 '네 조상의 보우하심을 생각하지 말고 오직 네 덕을 닦도록 하라' 했다.……무릇 효란 하늘의 떳떳한 이치(經)이자 대지의 올바른 법도(義)요, 사람이 행할 준칙이다. 하늘과 땅의 떳떳한 이치이므로 사람이 본받는 것이다.[59)]

---

58) 曾子曰 : "身也者, 父母之遺體也. 行父母之遺體, 敢不敬乎! 居處不莊, 非孝也. 事君不忠, 非孝也. 涖官不敬, 非孝也. 朋友不信, 非孝也. 戰陳無勇, 非孝也. 五者不遂, 災及於親, 敢不敬乎! 烹孰羶薌, 嘗而薦之, 非孝也, 養也. 君子之所謂孝也者, 國人稱願然曰 : 幸哉有子如此, 所謂孝也已. 衆之本教曰孝, 其行曰養. 養可能也, 敬爲難. 敬可能也, 安爲難. 安可能也, 卒爲難. 父母旣沒, 愼行其身, 不遺父母惡名, 可謂能終矣. 仁者, 仁此者也. 禮者, 履此者也. 義者, 宜此者也. 信者, 信此者也. 強者, 強此者也. 樂自順此生 ; 刑自反此作." 曾子曰 : "夫孝置之而塞乎天地, 溥之而橫乎四海. 施諸後世而無朝夕. 推而放諸東海而準, 推而放諸西海而準, 推而放諸南海而準, 推而放諸北海而準. 『詩』云 : '自東自西, 自南自北, 無思不服.' 此之謂也." (『예기』 권 14 : 11-12쪽)

59) 夫孝, 德之本也, 敎之所由生也.……身體髮膚, 受之父母, 不敢毁傷, 孝之始也. 立身

이 말에 따르면, 효의 덕이 있는 사람은 반드시 모든 덕이 있고, 따라서 효는 모든 도덕의 근본이다. 이런 학설은 한대에 극히 세력을 떨쳤는데, 당시에 "효(孝), 제(弟), 역전(力田 : 농사에 근면)의"* 인물들은 모두 장려되었던 것이다. 한나라의 여러 황제들의 시호 위에 효 자가 붙어 있으니, 효가 얼마나 중시되었는지 알 수 있다.[60)]

7. 「대학」

『소대례기』[즉 『예기』] 중의 「대학(大學)」, 「중용(中庸)」 두 편은 그후 중국철학에서 심대한 세력을 떨쳤다. 「대학」을 주희(朱熹,

---

行道, 揚名於後世, 以顯父母, 孝之終也. 夫孝始於事親, 中於事君, 終於立身. 「大雅」云 : "無念爾祖, 聿修厥德."……夫孝, 天之經也, 地之義也, 民之行也. 天地之經而民是則之. (『효경』 사부총간본, 1-7쪽) 〈제3장,주51〉

* 孝, 弟, 力田 : 이런 과목의 과거로써 인재를 선발하여 부역을 면제해주고 포상하고, 또 같은 이름의 향관(鄕官)으로 삼아 향리의 풍속을 계도하도록 했다.

60) 【주1】효를 모든 도덕의 근본으로 여기는 학설은 물론 나중에 생겼다. 『논어』에 공자가 효를 언급한 말은 매우 많다. 또 "유자는 '……군자는 근본에 힘쓴다. 근본이 확립되어야 도가 생긴다. 효·제는 바로 **인(仁)의 근본**이다'고 말했다(有子曰 : ……君子務本, 本立而道生. 孝弟也者, 其爲仁之本歟)."(『논어』 1 : 2) 즉 인(仁)의 본질이 추기급인(推己及人)이라는 말이다. 자신의 가족(所親 : 부모형제)과 자신과의 관계는 더없이 친밀한 관계이므로, 만약 자신의 가족에 대해서도 미루어 공경할(推) 수 없다면, 물론 다른 사람에 대해서는 더욱더 미루어 공경할 수 없을 것이다. 따라서 추기급인은 자기의 가족부터 시작해야 한다. 이것이 효·제가 "인의 근본인" 까닭이다. 공자와 맹자는 모두 효를 중시했지만, 아직 효를 모든 도덕의 근본으로 여긴 적은 없었다. 모든 도덕의 근본은 인(仁)이니, 어진 사람은 자연히 효도한다. 따라서 맹자도 "어진 사람이 그 부모를 버리는 경우란 없다(未有仁而遺其親者)"〈제4장,주130〉고 했다.

【주2】『예기』의 여러 편들의 작자들은 모두 서술한 내용이 증자의 말이라고 여겼고, 『효경』 역시 공자가 증자에게 대답한 말이라고 표명한다. 아마 증자는 당시에 효로써 유명했기 때문에, 맹자는 자주 증자가 증석을 섬기는 도리를 칭송하면서 "부모 섬기기는 증자처럼 한다면 훌륭하다"〈주53 다음의*〉고 말했을 것이다. 그러나 증자에게 효행이 있었을지라도, 효를 모든 도덕의 근본으로 여기는 학설이 과연 증자의 주장인지의 여부는 단정하기가 쉽지 않다. 맹자와 순자가 이에 대해서 언급한 것이 없고, 또 『예기』에 진술된 '누가 말했다', '누가 말했다'는 매우 엉터리여서, 어느 것이 진짜 '누구의 말'인지는 거의 변별할 수 없기 때문이다.

1130-1200)는 증자의 저작으로, 왕백(王柏, 1197-1274)은 자사의 저작으로 여겼는데, 모두 추측으로, 그들 이전에는 그런 설이 없다. 「대학」은 말한다.

대학의 도(大學之道)는 명덕의 천명(明明德)에 있고, 친민(親民 : 백성과 친애함)에 있고, 지극한 선에 머무는(止於至善)* 데에 있다. **머물 줄 안 연후에 [목적을] 정립할(定) 수 있고,** 정립한 연후에 평정할(靜 : 외적 유혹에 동요하지 않음) 수 있고, 평정한 연후에 안정할(安) 수 있고, 안정한 연후에 사려할(慮) 수 있고, 사려한 연후에 [소기의 목적을] 달성할(得) 수 있다. **사물에는 본말(本末)이 있고 일에는 시종(終始)이 있는즉, 선후(先後)를 가릴 줄 알면 도에 가깝다.**

옛날에 명덕을 천하에 천명하려는 자는 우선 자기 나라를 다스렸고(治國), **나라를 다스리려는 자는 우선 자기 가정을 다스렸고**(齊家), **가정을 다스리려는 자는 우선 스스로 수신**(修身)**했고,** 수신하려는 자는 우선 마음을 바르게 했고(正心), **마음을 바르게 하려는 자는 우선 뜻을 참되게 했고**(誠意), **뜻을 참되게 하려는 자는 우선 올바른 앎에 도달했는데**(致知), **앎에의 도달은 격물**(格物 : 사물의 참모습에 도달함)**에 달려 있다.** 사물의 참모습에 도달한(物格) 연후에 올바른 앎에 도달하고, **앎에 도달한 연후에 뜻이 참되어지고,** 뜻이 참되어진 연후에 마음이 바르게 되고, 마음이 바르게 된 연후에 수신이 되고, 수신이 된 연후에 가정이 다스려지고, 가정이 다스려진 연후에 나라가 다스려지고, 나라가 다스려진 연후에 천하가 태평해진다.

천자에서 서인에 이르기까지 한결같이 수신(修身)이 근본이다. 근본이 문란한데 말단이 잘 다스려지는 경우는 없다. 중시해야 할 것을 경시하고 경시해야 할 것을 중시해도 되는 그런 경우(법도)란 세상에 아직 없다. 이런 이해가 바로 근본을 아는 것(知本)이고, 앎이 이르렀다는 말의 의미이다.[61]

---

* 止 : 자리를 잡다. 만족하다. 머무르다, 살고 있다. 숙박하다. 마음을 다잡다.

61) 大學之道, 在明明德, 在親民, 在止於至善. 知止而后有定, 定而後能靜, 靜而后能安, 安而后能慮, 慮而后能得. 物有本末, 事有終始, 知所先後, 則近道矣. 古之欲明明德於天下者, 先治其國. 欲治其國者, 先齊其家. 欲齊其家者, 先修其身. 欲修其身者, 先正其心. 欲正其心者, 先誠其意. 欲誠其意者, 先致其知. 致知在格物. 物格而后知至. 知至而后意誠. 意誠而后心正. 心正而后身修. 身修而后家齊. 家齊而后國治. 國

이 문단의 내용이 「대학」의 중심사상이다. 소위 「대학」의 3강령[62] 8조목[63]이다.* 이 문단의 뜻은 대체로 매우 명백하여 해석이 필요없는데, 오직 소위 치지격물(致知格物)만은 그 다음 글에 상세한 논급이 없어서, 후대 학자들의 분분한 해석을 불러왔다. 송명시대(宋明時代)에 정주(程朱)와 육왕(陸王) 두 학파간의 주요 쟁점(서로 다른 철학적 견해의 근거/『신편』) 역시 치지격물에 대한 해석의 차이에 있었다. 이 4자는 그 이후 철학에 매우 중요하므로 해석하지 않을 수 없다. 그러나 해석하려고 할 경우 후대 여러 학자들의 "격물설" 가운데 어느것이 「대학」의 원래 의미에 맞는가? 순자는 전국시대 말기 유가의 큰 스승(大師)이었기에, 후대 유자들은 대부분 그의 문하에서 나왔다. 순자는 예를 많이 논했다. 따라서 대소(大小) 대씨(戴氏)의 『예기』 중의 여러 편들 대부분은 모두 순자학의 관점에서 예를 논했다. 본장의 앞의 여러 절의 내용을 보아도 알 수 있다. 교육론의 경우 『대대례기』는 순자의 「권학(勸學)」을 직접 수록했다.** 『소대례기』 중의 「학기(學記)」 역시 순자의 관점에서 교육을 논했다. 당시 순자학의 세력은 참으로 한대 이후의 사람들이 상상한 것보다 훨씬 컸다. 「학기」는 말한다.

고대의 교육제도는 동네(家)에는 숙(塾 : 글방), 마을(黨 : 500가구)에는 상

治而后天下平. 自天子以至於庶人, 壹是皆以修身爲本. 其本亂, 而末治者, 否矣. 其所厚者薄, 而其所薄者厚, 未之有也. 此謂知本, 此謂知之至也. (『예기』 권19 : 7-8쪽) [明明德=to manifest one's illustrious virtue, 親民=to love the people, 止於至善=to rest in the highest good, 致知在格物=the extension of knowledge consists in the investigation of things]

62) 【주】三綱領[three main cords] : 명덕(明德), 친민(親民), 지어지선(止於至善).

63) 【주】八條目[eight minor wires] : 격물(格物), 치지(致知), 성의(誠意), 정심(正心), 수신(修身), 제가(齊家), 치국(治國), 평천하(平天下).

* 『신편』III, 125-26쪽 : 「대학」의 사상에 따르면, 3강령 8조목 모두 "수신"의 내용이라고 할 수 있다. "격물", "치지", "성의", "정심"은 "수신"의 방법이고 "명덕(明德)"의 일에 속한다. "제가", "치국" "평천하"는 "수신"의 효용(功用)이고 "친민(親民)"의 일에 속한다. "수신"이 가장 완전한 수준에 도달한 것이 곧 "지선(至善)"이다.

** 『대대례기』 「권학」의 앞 3분의 2는 『순자』 「권학」을 거의 그대로 채록했다.

(庠), 고을(術 : 1,000가구)에는 서(序), 나라에는 학(學)이 있었다. 매년 입학을 시켰고 한 해 걸러 시험을 치렀다. 1년차에는 경전의 구두법과 의미를 분별했는지를 평가하고, 3년차에는 학문에 대한 사랑과 교우관계를 평가하고, 5년차에는 광범한 학습과 스승에 대한 공경을 평가하고, 7년차에는 학술적 견해와 교우관계를 평가했는데, 이때까지의 성취가 바로 소성(小成 : 작은 성취)이다. 9년차에 **지식과 유추력에 통달하여 주견이 확립되어 후퇴하지 않는 경지**에 이르면 그것이 바로 대성(大成)이다. 무릇 이런 연후에 **인민을 교화하고 풍속을 변혁하여, 근처 사람들은 기꺼이 복종하고 먼 곳 사람들은 동경하게 할 수 있는 것**이다. 이것이 바로 대학의 도이다.[64]

"주견이 확립되어 후퇴하지 않는다" 함은,『순자』「불구편」에서 말한 "도야된 성품을 지속시켜 처음 상태로 되돌아가지 않으면 교화된 것이다"[65]는 의미이다.* 이 의미는 앞에서 이미 상론했다(제12장, 제5절).「학기」는 "지식과 유추력에 통달하여 주견이 확립되어 후퇴하지 않으며", "인민을 교화하고 풍속을 변혁하여, 근처 사람들은 기꺼이 복종하고 먼 곳 사람들은 동경하게 할 수 있는 것"을 "대학의 도"로 여겼고,「대학」은 "격물, 치지, 정심, 성의, 수신, 제가, 치국, 평천하"를 "대학의 도"로 여겼는데, 양자의 중심 사상은 똑같다.「대학」에서 말한 "대학의 도"는 물론 순자학(荀學)의 관점으로 해석해야 한다.**

『순자』「해폐편(解蔽篇)」은 말한다.

---

64) 古之教者, 家有塾, 黨有庠, 術有序, 國有學. 比年入學, 中年考校. 一年視離經辨志, 三年視敬業樂群, 五年視博習親師, 七年視論學取友, 謂之小成 ; 九年知類通達, 強立而不反, 謂之大成. 夫然後足以化民易俗, 近者悅服而遠者懷之, 此大學之道也. (『예기』 권11 : 1-2쪽) [『논어』 13 : 16참조 : "葉公問政.子曰 : 近者悅,遠者來."]

65) 長遷而不反其初則化矣. 〈제12장,주37〉

* 『신편』III, 126쪽 : 이것은 순황의 성악설과 관련이 있다. 맹가에 따르면 인성은 선한 만큼 교육의 목적과 역할은 사람들에게 "처음 상태를 회복시켜주는(復其初)" 것이다. 순황에 따르면 인성은 악한 만큼 교육의 목적과 역할은 사람들에게 다시 "처음 상태로 되돌아가지 않도록(不反其初)" 하는 것이다.

** 『신편』III, 127쪽 : 순황은 "임금이 그 덕을 밝힐(明其德) 수 있으면 곤충이 불빛에 모여들듯이 천하가 귀순할(天下歸之) 것이다"(『순자』「치사(致士)」) 했다. "덕을 밝힘"은「대학」의 "명명덕"에, "천하가 귀순함"은「대학」의 "친민"에 가깝다.

인식능력은 인간의 성(性)이요, 인식대상은 사물의 법칙(理)이다. 인식능력인 인간의 성을 써서 인식대상인 사물의 법칙을 탐구하면서, 일정한 한도가 없으면 평생을 바쳐도 두루 정복할 수 없다. 사람이 비록 수십만 가지의 법칙을 꿰뚫었을지라도, 만물의 모든 변화에 통달할 수는 없는 일인즉, 어리석은 사람과 결국 마찬가지다. 몸은 늙고 자식들은 장성하도록 학문해도 어리석은 사람과 결국 마찬가지건만, 끝내 그만둘 줄 모른다면 그런 사람은 바로 망인(妄人 : 망령된 학자)이다. 따라서 학문이란 진실로 **머물 데를 배우는** 데에 있다. **어디에 머물러야 하는가**? 바로 **지족**(至足 : 지극한 원만함)**에 머물러야 한다**. 무엇이 지족인가? 다름 아닌 성(聖 : 성인의 도)이다.[66]

「대학」 역시 사람에게 "머물 데를 배우도록" 가르친다. "어디에 머물러야 하는가?" 순자는 "지족(至足)에 머문다"고 했고, 「대학」은 "지선(至善)에 머문다"고 했는데, 그 의미는 같다. 「대학」은 말한다.

『시』에 "왕의 도성 주위 사방 천리가 사람들이 머물러 사는 곳이다[즉 황야 등에 살지 않음]"고 했고, 또 "꾀꼴꾀꼴 꾀꼬리(黃鳥)는 언덕빼기에 머물러 사네"라고 했는데, 이에 대해서 공자는 "머무는 데에 있어서 새도 머물 곳을 안다! 사람이 되어 새만도 못해서야 되겠느냐?"라고 했다. 또 『시』에 "훌륭하신 문왕께서는, 이미 혁혁하셨음에도 공경심에 머무셨다(止 : ……로 시종일관하다)!"고 했다. **임금이 되어서는 인**(仁)**에 머물고**, 신하가 되어서는 공경에 머물고, 자식이 되어서는 효성에 머물고, 부모가 되어서는 자애에 머물고, 사람들과 사귈 때는 신의에 머무는 것이다.[67]

순자는 성(聖)을 "지족(至足)"으로 여겼고, 또 "성이란 도리(윤리)에 투철한 사람이다"[68]고 했는데, 「대학」에서 말한 "임금이 되어서는

66) 凡以知, 人之性也. 可以知, 物之理也. 以可以知人之性, 求可以知物之理, 而無所疑(兪云 : '疑訓定')止之, 則沒世窮年, 不能徧也. 其所以貫理焉雖億萬, 已不足以浹萬物之變. 與愚者若一. 學, 老身長子, 而與愚者若一, 猶不知錯, 夫是之謂妄人. 故學也者, 固學止之也. 惡乎止之? 曰, 止諸至足. 曷謂至足? 曰, 聖也. (『순자』 권15 : 25-26쪽)

67) 『詩』云 : "邦畿千里, 惟民所止." 『詩』云 : "緡蠻黃鳥, 止於丘隅." 子曰 : "於止知其所止, 可以人而不如鳥乎?" 『詩』云 : "穆穆文王, 於緝熙敬止." 爲人君, 止於仁. 爲人臣, 止於敬. 爲人子, 止於孝. 爲人父, 止於慈. 與國人交, 止於信. (『예기』 권19 : 9쪽)

68) 聖也者, 盡倫者也. (「해폐」, 『순자』 권15 : 26쪽). 〈제12장,주48〉

인(仁)에 머물고" 등이 즉 "도리에 투철하다"는 의미이다.

인간이 머물 줄 알면(知止) 일정한 목적을 향해서 나아가므로, 마음이 곁으로 쏠리지 않고 정립되고, 정립되면 평정하게 되고, 평정되면 안정할 수 있고, 안정하면 사려할 수 있고, 사려하면 [목적을] 달성할 수 있는 것이다.〈주61〉

맹자는 말했다.

> 사람들은 걸핏하면 '천하국가'를 논한다. 그러나 사실 천하의 근본은 국가에 있고, 국가의 근본은 가정에 있고, 가정의 근본은 그 자신에게 있다.[69]

즉 그 자신을 가정, 국가, 천하의 근본 소재로 여긴 말이다.「대학」에 "옛날에 명덕을 천하에 천명하려는 자는 우선 자기 나라를 다스렸고, 나라를 다스리려는 자는 우선 자기 가정을 다스렸고, 가정을 다스리려는 자는 우선 수신했다"고 했는데, 혹시 맹자의 이 말에 바탕한 것인지도 모른다. 그러나 『순자』「군도편(君道篇)」도 이렇게 말한다.

> "국정을 도모하는 일을 묻습니다."
>
> "수신(修身)한다는 말은 들었어도 국정을 도모한다는 말은 못 들었습니다. 임금은 **의표**(儀 : 儀表)이니, 의표가 바르면 그림자도 바릅니다. 임금은 대야에 해당한즉 대야가 원형이면 담긴 물도 원형이 되고, 임금은 사발에 해당한즉 사발이 각이 지면 담긴 물도 각이 집니다. 임금이 활쏘기를 좋아하면 신하는 아예 활깍지를 끼고 다닙니다. 초나라 장왕(莊王)이 허리가 가는 여자를 좋아하자 궁중에는 굶는 여자들이 생겼습니다. 이런 의미에서 '수신한다는 말은 들었어도 국정을 도모한다는 말은 못 들었다'고 했습니다."[70]

윗사람(통치자)은 한 나라의 의표(儀表)이다. 따라서 윗사람이 능히 수신하면 나라와 천하의 모든 사람들이 수신할 것이며, 국가는 안

69) 人有恒言, 皆曰天下國家. 天下之本在國 ; 國之本在家 ; 家之本在身. (『맹자』 7 : 5)

70) 請問爲國? 曰, 聞修身, 未嘗聞爲國也. 君者, 儀也 ; 儀正而景正. 君者, 槃也 ; 槃圓而水圓. 君者, 盂也, 盂方而水方. 君射則臣決. 楚莊王好細腰, 故朝有餓人. 故曰, 聞修身, 未嘗聞爲國也. (『순자』 권8 : 7-8쪽)

정되고(國治) 천하는 태평할(天下平) 것이다. 「대학」은 말한다.

[인애를 실천한] 요·순이 천하에 인애주의를 표방하자, 인민들은 추종했다. [폭력을 실천한] 걸·주가 천하에 폭력주의를 표방하자, 인민들은 추종했다. 정치강령의 성격이 주창자의 속성과 정반대이면 인민은 그것을 추종하지 않는다. 그러므로 군자는 스스로 해당 덕목을 갖춘 다음에 그 덕목을 남에게 요구하고, 스스로 해당 결점을 없앤 다음에 남의 결점을 비난한다. 자기 자신 속에 서(恕 : 즉 혈구지도) 덕목이 없으면서 능히(효과적으로) 남을 깨우칠(타이를) 수 있는 사람은 세상에 아직 없다. 따라서 나라를 다스리는 일은 가정을 다스리는 일에 달려 있다. 『시』에 이르기를

"아름다운 복숭아 꽃 그 잎이 무성하구나!
이 아가씨 시집가면 온 집안 화목하게 하리!"

했는데, 집안을 화목하게 한 연후에 인민들을 교화할 수 있다는 말이다. 또 『시』에 "형과 아우의 의가 좋구나!"라고 했는데, 형과 아우의 의가 좋은 연후에 나라 사람들을 교화할 수 있다는 말이다. 또 『시』에 "그 거동에 어긋남이 없으니, 온 세상을 바로 세우겠구나!"라고 했는데, 그 자신이 부자 및 형제 간에 모범(法)이 된 연후에 인민이 본받게 된다는 말이다.[71)]

윗사람이 본받을 만하면 인민은 저절로 그들을 본받는다. 따라서 수신이 제가, 치국, 평천하의 근본이다. 또한 사람이 나라를 다스리는 것은 바로 "사람(자기)을 바탕으로 사람(남)을 다스리는 것"인데, "사람을 바탕으로 사람을 다스리는" "그 원칙은 멀리 있지 않

---

71) 堯舜率天下以仁, 而民從之. 桀紂率天下以暴, 而民從之. 其所令反其所好, 而民不從. 是故君子有諸己而后求諸人, 無諸己而后非諸人. 所藏乎身不恕, 而能喩諸人者, 未之有也. 故治國在齊其家. 『詩』云 : "桃之夭夭, 其葉蓁蓁, 之子于歸, 宜其家人"; 宜其家人, 而后可以教國人. 『詩』云 : "宜兄宜弟"; 宜兄宜弟, 而后可以教國人. 『詩』云 : "其儀不忒, 正是四國"; 其爲父子兄弟足法, 而后民法之也. (『예기』 권19 : 10쪽)

[『신편』III, 127-28쪽 : 여기서 말한 "법(法)"은 바로 순황이 말한 "의표(儀)"〈주70〉이다. /「대학」이 여기서 제시한 것은 "서(恕)"이다. "서"는 추기급인(推己及人)이다. 반드시 "서(恕)"해야 **"남을 깨우칠 수 있다"**는 말 역시 순황의 사상이다. **"성인은 자신을 척도로 판단한다. 즉 사람을 바탕으로 사람을 판단하며, 물정을 바탕으로 물정을 판단한다"**〈주72〉는 순황의 말이, 이른바 "서"이다.]

다"〈주101〉는 말은 「중용」의 말이다. 순자 역시 "성인은 자신을 척도로 판단한다. 즉 사람(자신)을 바탕으로 사람(남)을 판단하며, 물정을 바탕으로 물정을 판단한다"[72]고 했고, 또 "다섯 치 크기의 곱자만 있으면 세상의 모든 직각체는 판별할 수 있다"[73]고 했다. 수신(修身)한 사람은 능히 스스로 "자기(사람)를 바탕으로 남(사람)을 판단하며, 물정을 바탕으로 물정을 판단할" 수 있으므로, "다섯 치 크기의 곱자만 쥐면 세상의 모든 직각체는 판별할 수 있는" 것이다. 「대학」은 말한다.

> 이른바 '평천하(平天下)는 자기 나라를 다스리는 데에 있다' 함은 윗사람이 노인을 봉양하면 인민이 효성스러워지고, 윗사람이 어른을 공경하면 인민이 공손해지고, 윗사람이 고아들을 구휼하면 민심이 이반하지 않는다는 말이다. 그러므로 군자라면 **혈구지도**(絜矩之道 : 자기의 마음을 미루어 남의 마음을 헤아리는 도덕률, 즉 恕의 道)*를 가지는 것이다.
>
> 상관한테서 받은 싫은 방식으로 부하를 부리지 말며, 부하한테서 받은 싫은 방식으로 상관을 섬기지 말라. 선배한테서 받은 싫은 방식으로 후배를 선도하지 말며, 후배한테서 받은 싫은 방식으로 선배를 추종하지 말라. 저 동료한테서 받은 싫은 방식으로 이 동료와 교제하지 말며, 이 동료한테서 받은 싫은 방식으로 저 동료와 교제하지 말라. 이것이 혈구지도이다.[74]

혈구지도는 즉 "다섯 치 크기의 곱자를 쥐고 세상의 모든 직각체를 판별하는" 도(道)이다.

수신(修身)하려면 우선 마음을 바르게(正心)해야 하는 까닭은 성

---

72) 聖人者, 以己度者也. 故以人度人, 以情度情. 〈제12장,주14〉

73) 五寸之矩, 盡天下之方也. [五寸之矩 : 심장, 내 마음을 비유?] 〈제12장,주13〉

* 혈구(絜矩)는 "능근취비(能近取譬)"〈제4장,주122〉이고, 혈구지도(the principle of applying a measuring square)는 "기소불욕, 물시어인(己所不欲, 勿施於人)"〈제4장,주121〉을 뜻한다. (『신편』I, 149쪽)

74) 所謂平天下在治其國者, 上老老而民興孝, 上長長而民興弟, 上恤孤而民不倍 ; 是以君子有絜矩之道也. 所惡於上, 毋以使下, 所惡於下, 毋以事上 ; 所惡於前, 毋以先後, 所惡於後, 毋以從前 ; 所惡於右, 毋以交於左, 所惡於左, 毋以交於右 ; 此之謂絜矩之道. (『예기』 권19 : 11쪽) [絜 : (길이를) 재다, 헤아리다, 고려하다. 矩 : 곱자, 법도]

인(聖)이 되려면 "도를 알아야" 하는데 마음이 "허심하고 전일하고 평정(虛壹而靜)"해야 도를 알 수 있기 때문이다.[75] 『순자』「해폐편」은 말한다.

> 따라서 인간의 마음(心)은 비유하건대 통 속의 물과 같다. **올바로 놓아두고 동요하지 않게 하면** 혼탁한 부분은 아래로 가라앉고 청명한 부분은 위에 있으니, 수염과 눈썹도 비치고 살결도 관찰할 수 있다. 그런데 만약 **미풍이 불어 아래의 혼탁한 부분이 움직이고 위의 청명한 부분이 어지러워지면, 본래의 바른 모습을 유지할 수 없게 된다.** 마음 역시 이와 같다. 따라서 마음을 도리(理)로써 인도하고, 깨끗함으로써 함양하여, 외물이 혼란시킬 수 없게 되면, (마음은) **시비를 판정하여 의혹을 해결할** 수 있게 된다.[76]

「대학」은 말한다.

> 이른바 '수신은 마음을 바르게 하는 데에 있다'고 함은 마음에 분한 감정이 남아 있으면 바를 수 없고, 두려운 감정이 남아 있으면 바를 수 없고, 희열의 감정이 남아 있으면 바를 수 없고, 근심과 걱정의 감정이 남아 있으면 바를 수 없다는 말이다.[77]

마음에 희열 등의 감정이 남아 있는 것은, 마치 "미풍이 불어 아래의 혼탁한 부분이 움직이고 위의 청명한 부분이 어지러워지면, 본래의 바른 모습을 유지할 수 없게 되는" 것과 같다. 마음을 "올바로 놓아두고 동요하지 않게" 할 수 없으면, "시비를 판정하여 의혹을 해결"할 수 없게 된다.

순자는 계속해서 말했다.

---

75) "知道", "虛壹而靜" 〈제12장,주31〉

76) 故人心譬如槃水, 正錯而勿動, 則湛濁在下, 而淸明在上, 則足以見鬚眉而察理矣. 微風過之, 湛濁動乎下, 淸明亂於上, 則不可以得本(原作大, 依王校改)形之正也. 心亦如是矣. 故導之以理, 養之以淸, 物莫之傾, 則足以定是非, 決嫌疑矣. (『순자』 권15 : 18-9쪽)

77) 所謂修身在正其心者, 心有所忿懥, 則不得其正. 有所恐懼, 則不得其正. 有所好樂, 則不得其正. 有所憂患, 則不得其正. (『예기』 권19 : 9쪽) [懥 : 성내다, 원망하다]

사소한 것들에 빠져들면 밖으로 바른 모습이 바뀌고 안으로 마음이 경도되는즉, 뭇 사리를 해결할 수 없다. 따라서 글자를 좋아한 사람이 많았을 텐데 유독 창힐(倉頡 : 전설상의 한자 발명자)만 이름이 난 것은 전일했기 때문이다. 곡식 심기를 좋아한 사람이 많았을 텐데도 유독 후직(后稷 : 요 임금 시대의 농업장관)만 이름이 난 것은 전일했기 때문이다. 음악을 좋아한 사람이 많았을 텐데도 유독 기(夔 : 순 임금 시대의 악관)만 이름이 난 것은 전일했기 때문이다. 의로움을 좋아한 사람이 많았을 텐데도 유독 순 임금만 이름이 난 것은 전일했기 때문이다. 수(倕)가 활을 발명하고 부유(浮游)가 화살을 발명했지만 활쏘기는 예(羿)가 정통했고, 해중(奚仲)이 수레를 발명하고 두(杜)가 사두마차를 발명했지만 수레 모는 일은 조보(造父)가 정통했다. 즉 옛부터 지금까지 두 마음을 쓰고 정통할 수 있었던 사람은 없었다.[78)]

즉 마음이 전일(專一)하지 않으면 혼란되어 바르게 되지 못한다는 말이다. 「대학」은 "마음이 딴 데에 있으면 보아도 보이지 않고, 들어도 들리지 않고, 먹어도 그 맛을 모른다"[79)]고 말한다.* 모두 마음이 전일하지 못한 잘못이다. 이런 잘못이 없으려면 한 사물에 대해서 진실하게 추구해야 한다. 「대학」은 말한다.

「강고(康誥 : 康叔에게 훈계함)」에 이르기를 '갓난아이를 돌보듯이 하라' 했다. **참되게**(성심성의껏) **추구하면** 설령 적중하지 못하더라도 아주 멀지는 않을 것이다. 아이 기르는 법을 학습한 다음에 시집가는 여자는 없다. [하지만 참되게 추구하기 때문에 큰 과실 없이 잘 기른다.][80)]

자모(慈母)는 갓난아이를 진실하게 보호하는데, 이것이 바로 참됨

---

78) 小物引之, 則其正外易, 其心內傾, 則不足以決庶理矣. 故好書者衆矣, 而倉頡獨傳者, 壹也. 好稼者衆矣, 而后稷獨傳者, 壹也. 好樂者衆矣, 而夔獨傳者, 壹也. 好義者衆矣, 而舜獨傳者, 壹也. 倕作弓, 浮遊作矢, 而羿精於射. 奚仲作車乘, 杜作乘馬, 而造父精於御. 自古及今, 未嘗有兩而能精者也. (『순자』 권15 : 19쪽)

79) 心不在焉, 視而不見, 聽而不聞, 食而不知其味.

* 『신편』III, 128쪽 : 이 역시 마음이 **전일**하지 못한 결과를 말한 것이다. 이런 결과를 피하려면 추구하는 사물에 대해서 반드시 전일하고 진실하게 추구해야 한다.

80) 「康誥」曰 : "如保赤子." 心誠求之, 雖不中, 不遠矣. 未有學養子而後嫁者也. (『예기』 권19 : 10쪽) [養 : (낳아) 기르다, 젖을 먹이다, 품어 기르다, 자식을 낳다]

(誠)의 구체적인 예이다. 「대학」은 말한다.

> 이른바 '뜻을 참되게 한다(誠意)'고 함은 스스로를 속이지 않는다는 말이다. 마치 악취를 싫어하듯, 아름다운 여자를 좋아하듯 하는 것인데, 그것을 두고 '스스로 흡족함(自慊 : 양심에 부끄러움이 없음)'이라고 한다. 따라서 군자는 반드시 **신독**(愼獨 : 홀로 있을 때에도 그릇된 일을 삼감)한다. 그러나 소인은 한가하여 나쁜 일을 행하면 못하는 짓이 없으면서, 군자를 만나면 시침을 떼고 나쁜 일은 은폐하고 선한 모습을 드러내지만, 남들이 그 속을 훤히 들여다보고 있으니, 무슨 이익이 있겠는가? 즉 **'속마음이 참되면**(참되어야) **겉으로 드러난다**(誠於中形於外)'는 말이다. 따라서 군자는 반드시 스스로 신독한다. 증자는 말하기를 "열 눈이 지켜보고 열 손이 손가락질하고 있으니, 두렵지 않으랴!"고 했다. 부(富)는 집안을 윤택하게 하고 덕(德)은 몸을 윤택하게 하니, 마음이 넓어지면(너그러우면) 몸도 편안하다(心廣體胖). 그러므로 군자는 반드시 뜻을 참되게 한다.[81)]

사람이 악취를 싫어함은 누구나 진실로 싫어하는 것이고, 아름다운 여자를 좋아함은 누구나 진실로 좋아하는 것인데, 모두 참됨(誠)의 구체적인 예이다. 여기 「대학」의 "속마음이 참되면 겉으로 드러난다"와 "신독" 등의 말은 모두 『순자』에 보인다. 그러나 순자가 말한 "독(獨)"은 바로 전일(專一)의 의미였다. 사람이 만약 어떤 사물을 진실하게 추구하면 저절로 그 사물을 전일하게 추구할 수 있다.[82)] 「대학」에서는 이처럼 "신독"을 내외일치의 의미로 본 듯하므로, 순자와는 약간 다르다.*

---

81) 所謂誠其意者, 毋自欺也. 如惡惡臭, 如好好色, 此之謂自慊, 故君子必愼其獨也. 小人閒居爲不善, 無所不至, 見君子而后厭然, 揜其不善, 而著其善, 人之視己, 如見其肺肝然, 則何益矣. 此謂誠於中, 形於外, 故君子必愼其獨也. 曾子曰 : "十目所視, 十手所指, 其嚴乎!" 富潤屋, 德潤身, 心廣體胖. 故君子必誠其意. (『예기』 권19 : 8쪽)

82) 제12장 제5절 〈주37〉 참조. ["君子至德, 嘿然而喩, 未施而親, 不怒而威. 夫此順命以愼其獨者也. 善之爲道者, 不誠則不獨, 不獨則不形.……"]

* 『신편』 III, 129쪽 : 순황과 「대학」 모두 "신독"을 말했는데, "독"에는 두 측면의 의미가 있다. 한 측면은 전일(專一)의 의미로서, 사람이 만약 어떤 사물에 대해서 진실하게 추구하면 저절로 그 사물에 대해서 전일하게 추구할 수 있다. 또 한 측면은 내외일치의 의미로서, **"속마음이 참되면"** 자연히 **"겉으로 드러나고"**, 속마음이

우리 마음에 반드시 "참되게 추구하는" 바가 있어야, 마음은 혼란되지 않고 바를 수 있다. 이것이 "마음을 바르게 하려면 우선 뜻을 참되게 하는(誠意)" 이유이다. 성의(誠意)는 "머물 줄 안(知止)" 데서 얻어진다. 이것이 "머물 줄 안 연후에 정립할 수 있고"〈주61〉 운운의 의미이다.* 따라서 "뜻을 참되게 하려면 우선 그 지식에 도달했던" 것이다. "사물에는 본말이 있고 일에는 시종이 있는즉, 선후를 가릴 줄 알면 도에 가깝다."〈주61〉 "앎에 도달함(致知)"이란 바로 이것을 아는 것이다. 따라서 "천자부터 서인에 이르기까지 한결같이 수신이 근본이다. 근본이 문란한데 말단이 잘 다스려지는 경우는 없다. 중시해야 할 것을 경시하고 경시해야 할 것을 중시해도 되는 그런 경우란 세상에 아직 없다. 이런 이해가 바로 '근본을 아는 것'이고, '앎이 이르렀다'는 말의 의미이다"〈주61〉고 했다.[83] "근본을 앎"이 "앎의 이르름"이니, 수신이 근본임을 알고 전일하고 진실하게 수신하면 "앎이 이르고 뜻이 참되게 되는" 것이다. 「대학」은 또 "덕이 근본이요 재물은 말단이니, 근본을 홀시하고 말단만 추구하면 인민에게 다툼과 탈취를 조장하는 것이다"[84]고 했다. 덕이 근본임을 알고 전일하고 진실하게 "명덕을 천하에 천명하는 일" 역시 "앎이 이르러 뜻이 참되어진" 경우이다.

그러나 우리가 사물의 본말과 일의 시종을 알려면, 우선 사물에 대해서 약간의 정확한 지식이 있어야 한다. 그렇지 않으면 소위 근본(本)이란 것이 근본이 아닐 수 있고, 소위 말단(末)이란 것이 말단이 아닐 수 있다. 여기서 하나가 잘못되면 이후는 모두 잘못된다. 『순자』「해폐편」은 말한다.

> 무릇 사물관찰에 의심이 있어서 **마음이 혼란되면**(中心不定) 외물을 명확히 파악할 수 없다. 우리의 사고가 명확하지 않으면 진실 여부를 판정할 수 없

참되지 못하면 설령 겉으로 드러나더라도 아무 영향을 발생시킬 수 없다.

* 이 문장은 원래 첫 문장 다음에 있었다. 『신편』(III, 129쪽)에 따라 옮겼다.

83) 【주】송유(宋儒), 차옥봉(車玉峯)과 왕백(王柏)은 이 문단이 바로 치지격물(致知格物)의 전(傳)이라고 주장했다. 『노재집(魯齋集)』 권2 참조.

84) 德者, 本也. 財者, 末也. 外本內末, 爭民施奪. (『예기』 권19 : 11쪽)

다. 어두운 밤길을 걷는 사람은 바위를 보고 호랑이가 엎드려 있다고 생각하고 나무를 보고 사람이 서 있다고 생각하는데, 어둠이 시력을 방해한 때문이다. 술에 취한 사람은 백 보 넓이의 해자도 반 보 넓이의 도랑으로 여기고, 성문을 나갈 때에는 몸을 구부려 샛문을 지나가듯 하는데, 술이 정신을 혼란시킨 때문이다. 눈앞에 대고 바라보면 하나가 둘로 보이고, 귀를 누르고 들으면 고요함이 웅웅 소리로 들리는 것은 형세가 감관을 혼란시킨 때문이다. 따라서 산 꼭대기에서 소가 양 크기만큼 보인다고 해서 양을 찾는 사람이 끌어가려고 산을 내려가지 않는 것은, 거리 때문에 크기가 가려막혔음을 알기 때문이다. 산 밑에서 나무를 쳐다보아 열 길 나무가 젓가락처럼 보인다고 해서 젓가락을 구하는 사람이 꺾으려고 산을 오르지 않는 것은, 높이 때문에 길이가 가려막혔음을 알기 때문이다. 수면이 움직여 그림자가 동요하면 얼굴을 비춰볼 수 없는데, 물의 형세가 혼란스런 때문이다. 소경이 하늘을 쳐다보아도 사람들은 그의 말로써 별의 유무를 판정하지 않는데, 그가 보지 못함을 알기 때문이다. 만약 누가 이처럼 의심스런 상황에서 사물을 판정한다면 그는 천하에 어리석은 사람이다. 저 어리석은 사람의 사물판정은 실로 **의심으로 의심을 해결하는 것인즉, 그 해결은 부당할 수밖에 없다.** 무릇 부당한 것이라면 어찌 오류가 없을 수 있겠는가?[85]

사물을 관찰할 때 사물의 현상에 가로막히면 그것에 대한 참지식을 가질 수 없다. 따라서 치지(致知 : 앎에 이름)는 격물(格物 : 사물의 진상에 도달)에 달려 있다. 격(格)이란 도달한다(至)는 뜻이다.[86] 반드시 사물의 현상을 간파하고 그것의 본래 면목에 도달해야 비로소 그 참모습을 얻을 수 있다. 이것이 "치지가 격물에 달려 있는(致

85) 凡觀物有疑, 中心不定, 則外物不清. 吾慮不清, 則未可定然否也. 冥冥而行者, 見寢石以爲伏虎也, 見植林以爲後(兪樾云 : "疑本作立")人也 ; 冥冥蔽其明也. 醉者越百步之溝, 以爲蹞步之澮也 ; 俯而出城門, 以爲小之閨也 ; 酒亂其神也. 厭目而視者, 視一以爲兩 ; 掩耳而聽者, 聽漠漠而以爲哅哅 ; 勢亂其官也. 故從山上望牛者若羊, 而求羊者不下牽也 ; 遠蔽其大也. 從山下望木者, 十仞之木若箸, 而求箸者不上折也 ; 高蔽其長也. 水動而景搖, 人不以定美惡 ; 水勢玄也. 瞽者仰視而不見星, 人不以定有無 ; 用精惑也. 有人焉, 以此時定物, 則世之愚者也. 彼愚者之定物, 以疑決疑, 決必不當. 夫苟不當, 安能無過乎? (『순자』 권15 : 22-24쪽)

86) 『이아(爾雅)』「석고(釋詁)」

知在格物)"[87] 까닭이다. 그렇지 않으면 "의심으로 의심을 해결하는 것인즉, 그 해결은 부당할 수밖에 없다." 그러나 이와 같으려면 우선 "마음이 혼란되지" 않도록 해야 하는데, 치지격물은 여전히 마음속의 일이어서, 마음을 바르게 하는 일(正心)과는 서로 인과관계에 있기 때문이다.

8.「중용」

『소대례기』 중의「중용(中庸)」은 공자의 손자 자사(子思)의 저작으로 전해온다.『사기』「공자세가(孔子世家)」는 "자사가「중용」을 지었다"[88]고 했고,『순자』「비십이자편(非十二子篇)」은 자사와 맹가(孟軻)를 한 파로 여겼다.〈제12장,주6〉 현재 『소대례기』 중의「중용」은 그 사상 내용 또한『맹자』의 학설과 같은 종류이니, 실제로 자사의 저작인 것 같다. 그러나『소대례기』 중의「중용」에 있는 "현재 천하는 수레의 궤간, 문서의 문자체, 윤리강령이 통일되어 있다"[89]는 말의 내용은 진한(秦漢)의 중국 통일 이후의 현상이다. 또 "화산과 악산[섬서성 소재]을 싣고도 무거워하지 않는다"[90]는「중용」의 표현 역시 노나라[산동성] 사람의 말은 아닌 듯하다. 또한 명(命), 성(性), 성(誠), 명(明) 등에 대한 논의들은 모두 맹자에 비하여 더욱 상세하고 명확한 것을 보면, 맹자의 학설을 발전시킨 것 같다. 따라서 이「중용」 역시 진한 무렵의 맹자 유파 유자들의 저작인 것 같다. 왕백은 다음과 같이 말했다.

87) 【주】정현(鄭玄, 자가 康成)은 말했다. "격(格)은 도래한다(來)는 뜻이고, 물(物)은 사(事)와 같다. 선(善)을 잘 알면 선한 사물(善物)이 도래하고, 악을 잘 알면 악한 사물이 도래한다. 일은 인간이 좋아하는 대상에 인하여 도래한다는 말이다(格, 來也. 物猶事也. 其知於善深則來善物, 知於惡深則來惡物. 言事緣人所好來也)." 이것은 즉 순자가 말한 "오직 우리의 마음가짐에 따라 그와 동일한 부류의 일이 찾아든다(唯所居以其類至)"〈제12장,주37〉는 뜻이다. 그러나「대학」의 이 구절은 **격물**을 **치지**의 방법으로 여긴 것이지, 치지의 결과로 여긴 것이 아니다.

88) 子思作『中庸』. [『사기』, 1946쪽]

89) 今天下車同軌, 書同文, 行同倫.〈부록4,주66〉

90) 載華嶽而不重. [華嶽 : 오악(五嶽)의 일부인 華山과 嶽山] [『중용장구』 26장]

「중용」은 자사가 지은 책이다.……나는 평소 「중용」의 문장에서 자주 어세의 단절감을 느꼈고, 때로 문맥이 앞뒤로 엇갈리는 느낌을 받았다. 그런데 하루는 우연히 전한시대의 「예문지(藝文志)」에 "『중용설(中庸說)』 2편"이라는 말이 있음을 발견하고,……깜짝 놀랄 만한 느낌을 받았다. 즉 반고(班固, 32-92 : 「예문지」 편자)는 당시에 「중용」이 애초에 두 가지였다는 사실을 알았던 것이다. [그렇다면 현 「중용」처럼] 혼합하여 뒤섞인 것은 작은 대씨[즉 『예기』의 작자]의 손에서 나왔다는 말이 아닌가? [91)]

○현재 「중용」이라고 명명되었는데도 중용(中庸) 두 글자가 첫 장에 보이지 않는 까닭은 무엇일까? 그것은 바로, 도란 다른 도가 아니고, 유리될 수 없는 도*가 곧 중용의 도이기 때문일 것이다. 그렇지 않다면, 둘째 장에 갑자기 '군자는 중용에 따른다'〈주94〉고 한 말이 첫째 장과는 전혀 연결되지 않는데, 자사의 문장이 그처럼 비체계적일 리 없기 때문이다.[92)]

이 두 문제를 제기한 왕백은 식견이 있었다고 할 수 있다. 유감스러운 점은 그가 첫째 문제에 대한 답안으로, 「중용」의 뒷부분을 따로 한편으로 분리하여 "성명(誠明)"이라고 이름한 것은 전혀 근거가 없다. 둘째 문제의 경우도 무리한 말이다. 그러나 그의 주장은 우리에게 적지 않은 시사를 주었다. 「중용」의 사상을 자세히 살펴보면, 처음 부분인 "천명지위성(天命之謂性)"〈주105〉부터 "천지위언, 만물육언(天地位焉, 萬物育焉)"**까지와, 끝 부분인 "재하위불획호상(在下位不獲乎上)"***부터 "무성무취, 지의(無聲無臭, 至矣)"****까지

91) 「中庸」者, 子思子所著之書,……愚滯之見, 常覺其文勢時有斷續, 語脈時有交互. 一日偶見『西漢藝文志』有曰, 『中庸說』二篇.……愓然有感, 然後知班固時尚見其初爲二也. 合而亂之, 有出於小戴氏之手乎? (「고중용발(古中庸跋)」, 『노재집』 권5)

* 「중용」: "道也者, 不可須臾離也, 可離, 非道也(도라는 것은 잠시라도 유리될 수 없는 것이다. 유리될 수 있다면 그것은 도가 아니다)."(『중용장구』 1장)

92) 今旣以「中庸」名篇, 而中庸二字, 不見於首章, 何也? 曰, 道也者, 非他道也, 非可離之道也, 卽中庸之道也……不然, 則次章忽曰君子中庸, 與首章全不相屬, 恐子思之文章, 決不如是之無原也. (「중용론(中庸論)」 하, 『노재집』 권2)

** 天地位焉, 萬物育焉 : 하늘과 땅이 바른 위치를 얻고, 만물이 화육된다.

*** 在下位不獲乎上 : 아랫자리에 있으면서 윗사람의 신임을 얻지 못하면.

**** 無聲無臭, 至矣 : 소리도 없고 냄새도 없은즉 지극하다.

는 주로 인간과 우주의 관계를 논한 것으로서, 맹자 철학 중의 신비주의적 경향을 발전시킨 것으로 보인다. 그 문체 역시 대체로 논저체이다. 중간 부분인 "중니왈 : 군자중용(仲尼曰 : 君子中庸)"〈주94〉부터 "도전정즉불궁(道前定則不窮)"*까지는 주로 인간사를 논한 것으로서, 공자의 학설을 발전시킨 것으로 보인다. 그 문체 역시 대화체이다. 이런 차이로부터 추측하건대, 이 중간 부분이 자사가 원래 지은「중용」으로서, 즉『한서』「예문지」유가 부문의『자사(子思)』23편의 부류인 듯하다.[93] 처음과 끝의 두 부분은 후대 유자들이 덧붙인 것으로서, 즉『한서』「예문지」"예 총 13가(凡禮十三家)" 부문의『중용설』2편의 부류이다.** "현재 천하는 수레의 궤간이 통일되어 있다"〈주89〉는 등의 말이 모두 끝 부분에 있다는 사실에서도 더욱 분명하다.『중용설』의 작자는 서명을『중용설』이라고 했으니 이른바 "자사 유파의 유자"임에 틀림없겠으나, 그중에서 맹자의 학설을 발전시킨 이는 이른바 "맹씨 유파의 유자"〈주1〉일 것이다. 두 유파는 본래 가까웠기 때문에『순자』「비십이자편」에서 이들을 일파로 여겼을 것이다.

먼저「중용」의 중간 부분을 논한다.「중용」은 말한다.

> 공자가 말했다.
>
> "군자는 중용에 따르고 소인은 중용에 역행한다. 군자가 중용에 따른다 함은 군자다우면서 시중(時中)을 추구한다는 말이요, 소인이 중용에 역행한다 함은 소인이면서도 아무런 거리낌이 없다는 말이다."[94]

---

* 道前定則不窮 : 사전(事前)에 도가 확립되어 있으면 궁지에 처하지 않는다.

93) 【주】이 역시 대체로 그렇다는 말이다. 사실 중간 부분 역시 후세에 부가된 부분이 없지 않다. 즉 대부분이 자사가 원래 지은「중용」인 것 같다는 말일 따름이다.

** 『신편』III, 114쪽 :『자사』23편 속에「중용」1편이 있었는지도 모른다. 다만 현존「중용」은 예류(禮類)에 들어 있던『중용설』임에 틀림없다. 이것은 혹『자사』속의「중용」사상을 발전시킨 것인지는 모르겠지만, 결코 한 개인 혹은 한 시기의 저작은 아니다.

94) 仲尼曰 : "君子中庸, 小人反中庸. 君子之中庸也, 君子而時中 ; 小人之反中庸也, 小人而無忌憚也." (『예기』권16 : 1쪽) [時中 : 구체적인 정황에 따라 변동하는 중]

중(中)과 용(庸) 관념은 공자가 이미 가지고 있었다고 생각된다.[95] 「중용」은 또 시중(時中)을 말했는데, 인간사에서 중(中 : 중용)이란 아리스토텔레스의 말처럼 상대적이지 절대적이 아니다. 이른바 인간의 정감의 발생과 기타 모든 거동은 때와 장소와 대하는 상대에 따라서 항상 다르다. 따라서 어떻게 해야 중용(中)인지는 규정하기 어렵다.[96] 「중용」이 말한 시중의 의미도 그와 같다. 맹자는 때(時)를 중시하여 이렇게 말했다.

> 이상적인 군주가 아니면 섬기지 않고 이상적인 백성이 아니면 부리지 않으며, 태평하면 벼슬하고 혼란하면 물러난 인물은 백이(伯夷)였다. 어떤 군주라도 섬겼고 어떤 백성이라도 부렸으며, 태평해도 벼슬하고 혼란해도 벼슬한 인물은 이윤(伊尹)이었다. 벼슬할 만하면 벼슬하고 그만두어야 하면 그만두었으며, 오래 머물러야 하면 오래 머물렀고 빨리 그만두어야 하면 빨리 그만둔 인물은 공자였다.[97]

> ○백이는 청렴의 성인이었고, 이윤은 책임의 성인이었고, 유하혜(柳下惠)는 화해의 성인이었고, 공자는 **시중**[時中]**의 성인**이었다(聖之時者).[98]

> ○자막(子莫)은 중도(中)를 고집했다. 중도를 고집한 것은 근사하나, **중도를 고집하는 데에 융통성**(權 : 즉 소위 時中 /『신편』)**이 없었은즉, 집일**(執一 : 하나의 원칙에 대한 집착)**에 불과했다.** 하나의 원칙에 집착하는 사람을 싫어하는 이유는 도(道)를 해치기 때문인데, **그 하나를 내세워 그밖의 전부는 폐기하기 때문이다.**[99]

---

95) 『논어』 6 : 29 참조. [子曰 : "中庸之爲德也, 其至矣乎! 民鮮久矣."]

96) 아리스토텔레스, 『윤리학』 제2장 제5절.

97) 非其君不事, 非其民不使, 治則進, 亂則退, 伯夷也. 何事非君, 何使非民, 治亦進, 亂亦進, 伊尹也. 可以仕則仕, 可以止則止, 可以久則久, 可以速則速, 孔子也. (『맹자』 3 : 2)

98) 伯夷, 聖之淸者也. 伊尹, 聖之任者也. 柳下惠, 聖之和者也. 孔子, 聖之時者也. (『맹자』 10 : 1) [聖之時者 : 시기의 구체적 정황에 따라 행동을 변경했다는 뜻 /『신편』]

99) 子莫執中, 執中爲近之 ; 執中無權, 猶執一也. 所惡執一者, 爲其賊道也, 擧一而廢百也. (『맹자』 13 : 26) [權 : 대소경중을 분별하다. 기지(機智). 權道〈제4장,주140〉]

맹자는 "시중의 성인"으로 공자를 찬양했다. 백이, 이윤, 유하혜는 취임과 사임(出處)에 고정불변의 원칙이 있었다. 즉『논어』에서 말한 "같이 예로써 정립되더라도 더불어 융통성을 발휘할 수 없는"[100] 경우였다. 이것이 이른바 "집일"이다. 만약 오직 중도(中)만 주장하고 때를 따지지 않으면 "중도를 견지하는 데에 융통성이 없은즉 집일에 불과하다." "하나의 원칙에 집착(執一)"하여 중도로 삼으면, 반드시 "그 하나를 내세워 그밖의 전부는 폐기하게 된다."

「중용」은 말한다.

공자가 말했다.

"도(道)는 사람을 멀리하지 않는다. 사람이 도를 추구하면서 사람을 멀리한다면 도라고 할 수 없다.『시』에 이르기를 '도끼자루감을 베는 일은 **그 원칙**(則 : 모델)**이 멀리 있지 않다**' 했거늘, 일반 사람들은 도끼자루를 쥐고 도끼자루감을 베면서 이리저리 흘겨보며 그 원칙(모델)이 멀리에 있다고 여긴다. 즉 군자는 **사람(자신)을 바탕으로 사람(남)을 다스리며**(以人治人), 잘못을 고치면 그친다. 충서(忠恕)는 도와 멀지 않다. 자기가 해보아 싫은 일은 남에게도 시키지 말라(施諸己而不願, 亦勿施於人)!

군자의 도에 네 가지가 있는데, 나는 하나도 잘하지 못한다. 자식에게 바라는 대로 부모 섬기기를 잘하지 못하고, 아랫사람에게 바라는 대로 군주 섬기기를 잘하지 못하고, 동생에게 바라는 대로 형 섬기기를 잘하지 못하고, 친구에게 바라는 대로 내가 먼저 그에게 잘해주지 못한다.* 평범한 덕을 행하고 일상의 말을 삼가라! 행동에 부족한 면은 힘써 노력하지 않으면 안 되고, 말은 할 말이 더 있더라도 다해서는 안 된다. 말할 때는 행동을 돌아보고, 행동할 때는 말을 돌아보아야 하니, 군자가 어찌 삼가지 않을 수 있겠는가?"[101]

---

100) 可與立, 未可與權. (『논어』 9 : 30) 〈제4장,주140〉

* 『신편』I, 149쪽 : 이것이 "능근취비(能近取譬)"〈제4장,주121 다음의*〉이다.

101) 子曰 : "道不遠人, 人之爲道而遠人, 不可以爲道.『詩』云 : '伐柯伐柯, 其則不遠,' 執柯以伐柯, 睨而視之, 猶以爲遠. 故君子以人治人, 改而止. 忠恕違道不遠, 施諸己而不願, 亦勿施於人. 君子之道四, 丘未能一焉. 所求乎子, 以事父, 未能也. 所求乎臣, 以事君, 未能也. 所求乎弟, 以事兄, 未能也. 所求乎朋友, 先施之, 未能也. 庸德之行, 庸言之謹. 有所不足, 不敢不勉, 有餘不敢盡. 言顧行, 行顧言, 君子胡不慥慥爾." (『예기』 권16 : 3쪽) 〈제4장,주131,주135〉

이것은 공자가 말한 "충서의 도"[102]를 발전시킨 것이다.[103] "충서의 도"는 자기 마음을 미루어 남을 헤아리는 것으로서(推己及人), 이른바 "사람을 바탕으로 사람을 다스린다"는 말이니, 진실로 "그 원칙이 멀리 있지 않다." "충서의 도"는 이처럼 간이(簡易)하므로 그래서 소위 용(庸 : 범용, 평상)이다.

「중용」은 말한다.

> 천하의 **달도**(達道 : 영구불변의 도)가 다섯이고, 그 도를 행하는 바탕은 셋이다. 군신(君臣), 부자(父子), 부부(夫婦), 형제(昆弟), 친구(朋友) 관계의 이 다섯 가지가 천하의 달도를 구성한다. 지(知), 인(仁), 용(勇) 세 가지가 천하의 **달덕**(達德 : 영구불변한 덕)인데, 이 덕을 행하는 바탕은 하나이다.* 어떤 사람은 날 때부터 알고 어떤 사람은 배워서 알고 어떤 사람은 고난을 통해서 알게 되지만 앎에 도달하기는 결국 마찬가지다. 어떤 사람은 자연스럽게 행하고 어떤 사람은 순리대로 행하고 어떤 사람은 무척 애를 써서 행하지만 성공에 도달하기는 결국 마찬가지다. 공자는 말하기를 "학문을 좋아하면 이미 지(知)에 가깝고, 행하는 데에 힘쓰면 이미 인(仁)에 가깝고, 수치를 알면 이미 용(勇)에 가깝다" 했다. 이 세 가지를 알면 **수신**(修身)하는 이유를 알 것이고, 수신하는 이유를 알면 어떻게 **치인**(治人)할지를 알 것이고, 어떻게 치인할지를 알면 어떻게 천하국가를 통치할지를 알 것이다.[104]

---

102) 忠恕之道. ["夫子之道, 忠恕而已矣."] 〈제4장,주124〉

103) 【주】충(忠)·서(恕) 모두 추기급인을 주장하기 때문에, 많은 경우 하나로써 둘 다를 개괄할 수 있다. 「중용」에서 말한 **"자식에게 바라는 대로 부모를 섬기고"**, **"아랫사람에게 바라는 대로 군주를 섬기는"** 등의 일은 실은 충(忠)만 논한 것이다. 「대학」에서 말한 **"혈구지도"**나 **"상관한테서 받은 싫은 방식으로 부하를 부리지 말라"** 〈주74〉 등의 일은 실은 서(恕)만 논한 것이다. 종합적으로 고찰하면 '충·서의 도'가 도출된다.

* 『신편』Ⅲ, 115-16쪽 : "솔성지위도(率性之謂道)"〈주105〉의 "도"는 달도와 달덕 두 가지를 포괄한다. "솔성지위도"의 함의에 따르면 소위 "5달도"와 "3달덕" 모두 인성 중의 고유한 것으로서 많건 적건 간에 인간에게 실제로 모두 있는 것이다. 다만 사람들은 가지고 있으나 깨닫지를 못하고 실행하고 있으나 다 발휘하지 못하기 때문에 "닦아야" 하는 것이다. "수도(修道)"가 곧 "교(敎)"로서 이 "교"는 교육과 교화를 가리킨다.

104) 天下之達道五, 所以行之者三. 曰, 君臣也, 父子也, 夫婦也, 昆弟也, 朋友之交也.

이 역시 공자의 학설을 발전시킨 것으로서, 군신, 부자 등의 사람과 사람 간의 관계를 천하의 달도로 여겼고, 지, 인, 용 등 개인 수양의 성취를 천하의 달덕으로 여겼다. 달덕을 바탕으로 달도를 행하면 수신하고 치인할 수 있는 것이다.

이상은 「중용」의 중간 부분에 대한 논의였다. 처음과 끝 부분은 맹자 철학 중의 반공리주의(反功利主義)와 신비주의적 경향을 체계적으로 설명했다. 「중용」은 말한다.

> 하늘이 **부여한 것**(天命)이 성(性)이고, **성을 따르는 것**(率性)이 도(道)이고, 도를 **닦는 것**(修道)이 **교육**(敎)이다.[105]

『대대례기』「본명편(本命篇)」은 말한다.

> **도**(道 : 우주의 최고 원리)**로부터 분배받은 것이 명**(命)**이고, 한 개체에 형상화된 것(특징)이 성**(性)**이다.** 음양(陰陽)의 조화로 말미암아 구체적인 형체를 띠고 피어난 것이 생(生)이고, 조화가 멈추고 운수가 다한 것이 사(死)이다.[106]

「중용」이 말한 하늘은 「본명편」이 말한 도이다. "도로부터 분배받은 것이 명이고, 한 개체에 형상화된 것이 성이다." 유가가 논한 천, 성의 관계는 도가가 논한 도, 덕의 관계와 똑같다.[107] 천은 도덕의 우주적 원리라면, 성은 하늘이 인간에게 "부여한(命)" 것으로서, 인간이 하늘로부터 "분배받은" 것이다. 공자는 한편으로 인간 성정의 진실된 발로를 중시했고, 한편으로 "그것을 예로써 절제해야" 한다고 주장했다. 「중용」 역시 한편으로 "성을 따를 것"을 주장하면서 한편으로 성을 "교육하고" "닦을 것"을 주장했다. 「중용」에 따르

五者, 天下之達道也. 知仁勇三者, 天下之達德也, 所以行之者一也. 或生而知之, 或學而知之, 或困而知之, 及其知之一也. 或安而行之, 或利而行之, 或勉強而行之, 及其成功一也. 子曰 : "好學近乎知, 力行近乎仁, 知恥近乎勇." 知斯三者, 則知所以修身. 知所以修身, 則知所以治人. 知所以治人, 則知所以治天下國家矣. (『예기』 권16 : 7쪽)

105) 天命之謂性, 率性之謂道, 修道之謂敎. (『예기』 권16 : 1쪽) 〈제3장,주34〉

106) 分於道謂之命. 形於一謂之性. 化於陰陽, 象形而發, 謂之生. 化窮數盡謂之死. (『대대례기』, 250-51쪽)

107) 【주】제8장 제4절[특히〈주36〉], 제10장 제2절[특히〈주18〉] 참조.

면 "희로애락이 아직 발현되지 않은 상태가 바로 중(中)이고,* 발현된 뒤의 모두 절도에 맞는 상태가 바로 화(和)이다."[108] 희로애락은 모두 자연스런 것이므로 "발현되게" 맡겨두어야 하지만, 반드시 "교육(敎)"으로써 닦아(修) 그것의 "발현"에 과불급(過不及)이 없도록 해야 한다.

앞에서 묵가 철학은 유가와 다르다고 말했다. 유가는 "그 옳은 도리를 바룰 따름이지 그 이익(利)은 꾀하지 않으며, 그 도를 밝힐 따름이지 그 공(功 : 성과)은 계산하지 않는다."[109] 묵가는 오로지 이익을 강조하고 오로지 공(성과)을 강조한다(제5장, 제4절). 공리(功利)를 도모하지 않은 까닭은 우리 행위의 의의와 가치는 결코 행위 밖에 있지 않으며, 바로 행위 그 자체에 있다고 여겼기 때문이다. 「중용」은 이런 인생태도에 형이상학적 근거를 부여했다. 「중용」은 말한다.

> 『시』에 "오직 하늘의 명(命)은 깊고도 영원하다!"고 했는데, 아마 하늘이 하늘인 까닭을 말한 것이리라. 또 "오! 혁혁하도다! 문왕(文王)의 덕의 도타움이여!"라고 했는데, 아마 문왕이 문(文)인 까닭을 말하고, 그의 도타움 역시 영원하다는 것을 말한 것이다.[110]

> ○따라서 지성(至誠)은 쉼이 없다. 쉬지 않으므로 장구하고(久), 장구하므로 징험이 있고, 징험이 있으므로 유원하며(悠遠), 유원하므로 박후하고(博厚 : 모든 존재를 다 후하게 함), 박후하므로 고명하다(高明). 박후하므로 만물을 실을 수 있고, 고명하므로 만물을 덮을 수 있으며, 유구(悠久)하므로 만물을 완성할 수 있다. 박후함은 대지에 배합하고, 고명함은 하늘에 배합하고, 유구함은 한이 없다는 뜻이다. 이와 같은 존재는 나타내지 않아도 빛나고, 움직이지 않아도 변화하고, 도모하지 않아도 성취된다. 천지의 도(天地之道)는

---

* 『신편』Ⅲ, 116쪽 : 희로애락이 아직 발현되지 않은(未發) 때는 마음에 치우침도 없고 과불급(過不及)도 없기 때문에 중(中)이라고 한 것이다.

108) 喜怒哀樂之未發謂之中, 發而皆中節謂之和. (『예기』 권16 : 1쪽)

109) 正其誼, 不謀其利 ; 明其道, 不計其功. 〈제4장,주146 ; 제5장,주33〉

110) 『詩』曰 : "惟天之命, 於穆不已" ; 蓋曰, 天之所以爲天也. "於乎不顯, 文王之德之純" ; 蓋曰, 文王之所以爲文也, 純亦不已. (『예기』 권16 : 10쪽)

> 한마디로 이렇게 총괄된다 : 그것의 만물창조 작용은 어김이 없으며(不貳), 그것의 만물생성 작용은 측량할 수 없다. 천지의 도는 넓고(博) 두텁고(厚) 높고(高) 밝고(明) 아득하고(悠) 영원한(久) 것이다.[111]

"하늘"의 활동은 쉼 없이(不息) 그저 행한다(無所爲而爲). 군자 역시 "하늘"을 본받는 만큼 자강불식(自強不息) 그저 행해야 한다.

앞에서 맹자 철학에는 신비주의적 경향이 있다고 했다. 「중용」은 다시 맹자의 말을 재해석하고 설명하여, "내외합일의 도"를 사람의 수양의 최고 경지로 삼았다. 그것은 그 경지 안에서 비록 모든 사물과 더불어 여전히 활동하고 있지만 내외 즉 나와 남의 구분은 이미 다시 존재하지 않는 그런 경지라고 하겠다. 「중용」에서 말한 성(誠)이 바로 이와 같은 경지를 가리키는 듯하다. "하늘"은 본래 성(誠)인데, "하늘"은 본래 소위 내외를 구분하지 않기 때문이다. 따라서 「중용」은 말한다.

> **성**(誠) 자체는 하늘의 도(天道)이고, **성**(誠)**을 추구하는 일은 인간의 도**(人道)**이다.***……성(誠)으로부터 개명(明)에 이른 것이 성(性)이고, 개명으로부터 성(誠)에 이르는 것이 **교육**(教)이다. 참되면 밝아지고, 밝으면 참되다.[112]

---

111) 故至誠無息. 不息則久, 久則徵, 徵則悠遠, 悠遠則博厚, 博厚則高明. 博厚所以載物也, 高明所以覆物也, 悠久所以成物也. 博厚配地, 高明配天, 悠久無疆. 如此者, 不見而章, 不動而變, 無爲而成. 天地之道, 可一言而盡也. 其爲物不貳, 則其生物不測. 天地之道, 博也, 厚也, 高也, 明也, 悠也, 久也. (『예기』 권16 : 9-10쪽)

* 『신편』III, 117-18쪽 : 즉 "성(誠)"은 "천도(天道)"의 본연(本然)이기 때문에 "노력하지 않고도 적중하고, 생각하지 않고도 획득된다(不勉而中,不思而得)." "성인" 역시 이 경지에 도달할 수 있다. 그러나 일반인 측면에서 말하면 "노력해야" 비로소 "적중"할 수 있고 "생각해야" 비로소 "획득"할 수 있다. 이런 식으로 "성(誠)"에 노력하는 것이 이른바 "성을 추구하는 것(誠之)", 즉 "인도(人道)"이다.

112) 誠者, 天之道也. 誠之者, 人之道也.……自誠明, 謂之性. 自明誠, 謂之教. 誠則明矣, 明則誠矣. (『예기』 권16 : 8쪽)
[『신편』III, 118쪽 : 「중용」의 견해에 따르면 "하늘이 부여한 것이 성(天命之謂性)"이므로, 성(性)은 "하"에서 온 것으로 이 측면으로부터 "개명(明)"의 과정을 설명하면 즉 "성(性)"의 발전적 과정이기도 하다. 이것이 "성(誠)"으로부터 "개명한(明)" 것이다. 이것은 또한 "솔성지위도"이기도 하다. 그러나 또 "수도지위

참됨(誠)은 하늘의 도이고, 사람은 반드시 "교육"을 통해서 스스로 개명하여 참됨을 구해야 하는데, 즉 "참됨을 추구하는 일이 사람의 도이다"는 말이다. 「중용」은 말한다.

> 성(誠 : 참됨)은 사물의 시작과 끝이니, 참되지 않으면 사물이 없다(不誠無物). 그러므로 군자는 성(참됨)을 중시한다. 성이란 **자기를 성취하고**(成己) **사물을 성취하는**(成物 : 이 物은 '남'을 포함) 것이다. 자기의 성취는 인(仁)이고, 사물의 성취는 지(智)이다.* 참됨은 **본성**(性)**의 덕**이고, **내외합일의 도**이다. 따라서 추구하는 것마다 적절성을 얻는다.[113)]

'자기의 성취'와 '사물의 성취'를 "내외합일의 도"**로 여겼다. 쇼펜하우어의 말을 빌리면 "사랑의 사업(愛之事業)"으로 "개성의 원리(個性原理)"를 초월한다는 의미이다. 참됨은 "본성의 덕"이며, "교육"은 본성 밖에 다시 무엇을 부가시켜줄 수 없고, 본성을 최대한으로 발전하게 도와줄 따름이다. 본성을 최대한 발전시키는 것이 이른바 진성(盡性)이다. 「중용」은 말한다.

> 오직 천하의 지성(至誠)의(지극히 참된) 인물이라야 **자기의 본성을 최대한 발전시킬 수 있다**(盡性). 자기의 본성을 최대한 발전시킬 수 있으면 **다른 사람의 본성도 최대한 발전시킬 수 있다.** 다른 사람의 본성을 최대한 발전시킬 수

교"의 과정이 있다. 이 측면에서 말하면 "도"는 "교육(教)"을 통해서 "닦아야(修)" 한다. 이것이 "개명"으로부터 "참되어진(誠)" 것이다. 이것은 두 과정이 아니고 사실상 하나의 과정의 두 측면이다. 최후에는 모두 하나의 결과에 도달하기 때문에 **"참되면 밝아지고 밝으면 참되다"**고 했다.]

* *SH*, 176쪽 : 여기의 이 인(仁)과 지(智)는 서로 바꾸어야 옳을 것 같다.

113) 誠者, 物之終始, 不誠無物. 是故君子誠之爲貴. 誠者, 非自成己而已也, 所以成物也. 成己, 仁也 ; 成物, 智也 ; 性之德也, 合內外之道也, 故時措之宜也. (『예기』 권16 : 9쪽)

** 『신편』III, 118쪽 : 자기 성취로부터 사물을 성취하는 것이 공자가 말한 **"자기가 서고 싶으면 남도 세워주고 자기가 통하고 싶으면 남도 통해주는 것"**〈제4장,주122〉이고, 또 맹자가 말한 "자강불식 서(恕)를 실천하는 것이 인(仁)을 구하는 가장 좋은 길이다"〈제6장,주67〉는 뜻이다. 「중용」의 견해에 따르면 이로부터 점차 "남(人)"과 "나(己)"의 한계를 없애고 최후로 "내외합일의 도"에 도달할 수 있다. 즉 그런 수양을 쌓은 사람에게는 주관과 객관의 분별이 이미 존재하지 않는다.

> 있으면 **사물의 본성도 최대한 발전시킬 수 있다.** 사물의 본성을 최대한 발전시킬 수 있으면 **천지의 화육(化育)을 찬조할 수 있다.** 천지의 화육을 찬조할 수 있으면 **천지와 더불어 나란히 셋이 될 수 있다.**[114)]

사람과 사물의 본성(性)은 모두 "하늘"의 부분이다. 따라서 "자기의 본성을 최대한 발전시킬 수 있는" 사람은 "다른 사람의 본성도 최대한 발전시킬 수 있고", "사물의 본성도 최대한 발전시킬 수 있다." 지성(至誠)의 인물은 이미 내외의 분별, 나와 남의 관념이 없는 만큼 이미 만물일체의 경지에 이르렀다. 이미 만물과 더불어 일체이므로 "천지의 화육을 찬조하고 천지와 더불어 나란히 셋이 될 수 있다." 이런 인물은 성인의 덕이 있으므로, 나아가 천자의 자리에 거하면 "예를 논정하고 제도를 제정하고 문자를 완성"[115)]할 수 있다.「중용」은 말한다.

> 따라서 군자의 도(君子之道)란 자신의 인격에 뿌리를 두고 서민을 통해서 그 효험을 검증할 수 있으며, 삼대의 성왕에 견주어보아도 그릇됨이 없으며,

114) 唯天下至誠, 爲能盡其性. 能盡其性, 則能盡人之性. 能盡人之性, 則能盡物之性. 能盡物之性, 則可以贊天地之化育. 可以贊天地之化育, 則可以與天地參矣. (『예기』 권16 : 9쪽) 〈부록5,주20〉 [與天地參 : form a trinity with Heaven and Earth] [『신편』III, 118-19쪽 : "지성"이면 어떻게 "천지의 화육을 찬조할" 수 있을까? 천지의 화육(化育)을 아는 것이 곧 천지의 화육을 찬조하는 것이다. "솔개는 하늘에서 날고, 물고기는 못에서 뛰논다(鳶飛戾天,魚躍於淵)." 이 모두가 천지의 화육이다. 인간의 삶 속의 일거일동 역시 모두 천지의 화육이다. 사람이 만약 자신의 일거일동이 모두 천지의 화육임을 이해한다면, 그의 일거일동은 모두 천지의 화육을 찬조하는 것이 된다. 천지의 화육을 찬조할 수 있다면 천지와 더불어 셋이 될 수 있다. 만약 자신의 일거일동이 모두 천지의 화육임을 이해하지 못하면 그의 일거일동은 모두 천지에 의해서 화육당한다. 천지에 의해서 화육당하면 단지 천지 중의 하나의 사물에 불과하고 천지와 더불어 나란히 셋이 될 수 없다. 도가는 늘 "사물을 사물로 부릴 뿐 사물에 의해서 사물로 부림당하지 않는다(物物而不物於物)"〈제10장,주73〉고 말한다. "천지의 화육을 찬조한다"는「중용」의 말은 도가의 사상과 같은 점이 있다. 천지에 의해서 화육당함은 즉 "사물에 의해서 사물로 부림당하는 것"이다. 천지의 화육을 찬조하는 사람은 즉 "사물을 사물로 부릴 뿐 사물에 의해서 사물로 부림당하지 않을" 수 있다.]

115) 議禮, 制度, 考文. ["非天子, 不議禮, 不制度, 不考文." (「중용」)]

온 천지에 내세워도 어그러짐이 없으며, 귀신에게 물어보더라도 의심쩍은 내용이 없으며, 백 세대 후의 성인도 의아해하지 않을 것이어야 한다. 귀신에게 물어서 아무 의심쩍음이 없다면 하늘을 안(知天) 것이고, 백 세대 후의 성인도 의아해하지 않는다면 인간을 안(知人) 것이다. 그러므로 군자의 거동은 세세 영원한 천하의 도가 되고, 행위는 세세 영원한 천하의 법이 되고, 언어는 세세 영원한 천하의 준칙이 된다. 먼 곳의 사람들은 앙망하고, 주위 사람들은 싫어하지 않는다. 그래서『시』는 말했다.

"저기 있어도 미워하는 사람 없고, 여기 있어도 싫어하는 사람 없네.
부디 숙흥야매 노력하셔서 그 명예 영원토록 보전하소서!"

군자로서 이와 같지 않고 천하의 명예를 얻은 사람은 세상에 아직 없다.[116)]

이런 인물이 임금 자리에 있으면 "그저 읍양을 통해서 천하를 다스릴"〈주20〉 것이다. 이러한 정황, 이러한 세계 안에서

만물은 나란히 생육해도 서로 해하지 않고, 도는 나란히 행해져도 서로 어긋나지 않는다. 소덕(小德 : 구체적 조화작용)은 냇물처럼 면면하고, 대덕(大德)은 조화를 도탑게 하니, 이것이 바로 천지가 위대한 까닭이다.[117)]

이로써「중용」의 대부분은 맹자학이요,「대학」의 대부분은 순자학임을 알 수 있다. 이 두 편은 그후 중국철학사상 심대한 세력을 떨쳤는데, 이 두 편이 각각 전국시대 유가의, 맹자와 순자의 양대 학파를 대표한 것 역시 우연이 아니었던 것이다.

116) 故君子之道, 本諸身, 徵諸庶民. 考諸三王而不繆, 建諸天地而不悖, 質諸鬼神而不疑, 百世以俟聖人而不惑. 質諸鬼神而無疑, 知天也. 百世以俟聖人而不惑, 知人也. 是故君子動而世爲天下道, 行而世爲天下法, 言而世爲天下則. 遠之則有望, 近之則不厭.『詩』曰 : "在彼無惡, 在此無射. 庶幾夙夜, 以永終譽." 君子未有不如此而能有譽於天下者也. (『예기』 권16 : 11쪽) 〈제15장,주68〉

117) 萬物並育而不相害 ; 道並行而不相悖. 小德川流 ; 大德敦化. 此天地之所以爲大也. (「중용」,『예기』 권16 : 11-12쪽)
[『신편』III, 117쪽 : 즉 자연계 역시 하나의 커다란 조화(大和)라고 여긴 것이다. (사회 속의 "화(和)"는 자연계 속의 "화"와 서로 부응하는 것이다.)……「중용」과 역전의 이러한 견해는 서양 근대철학에서 말한 예정조화론(預先和協論)과 유사하다.]

9.「예운」

그후 유가 철학은 도가 철학의 영향을 상당히 받았다.[118] 도가의 영향을 받은 일부 유가의 정치사회철학은 『소대례기』 중의 「예운(禮運)」의 첫 문단으로 대표될 수 있다. 「예운」은 말한다.

공자가 말했다.

"대도(大道)가 행해졌을 때와 하·은·주 3대의 군왕들의 업적을 내가 직접 접해보지는 못했지만, 그 내용은 알고 있다.

대도가 행해졌을 때 천하는 모두의 공유물이었다. 유덕하고 유능한 사람이 지도자로 선발되었고, 신의가 강조되었고, 화목이 조성되었다. 따라서 사람들은 자기 부모만 사랑하지 않았고 자기 자식만 사랑하지 않았다. 모든 노인들은 여생을 편히 보냈고, 어른들에게는 각기 알맞은 일자리가 주어졌고, 어린이들은 보살핌을 받았고, 홀아비, 과부, 고아, 무의탁 노인 및 온갖 난치병자들은 모두 부양받을 수 있었다. 남자들은 각자의 직분이 있었고 여자들은 본분이 있었다. 재화는 버려져서는 안 되는 것이었지만 꼭 사적으로 저장되지 않았고, 사람은 저마다 노동하지 않으면 안 되는 것이었지만 꼭 사적인 이익만을 도모하지 않았다. 그러므로 각종 음모는 없어져 생겨나지 않았고, 각종 절도와 반란의 행위도 일어나지 않았은즉, 바깥 문을 잠그지 않았다. 이런 사회가 바로 **대동**(大同)이다.

지금은 대도는 이미 인멸하고 천하는 가족단위로 분열되었다. 각자는 자기 부모만 섬겼고, 자기 자식만 돌보았다. 모든 재화와 노동은 자기만을 위해서 추구했다. 왕공대인은 세습제도를 예(禮)로써 규정했고, 각종 성곽과 해자를 만들어 [각자의 소유를] 굳게 지켰다. 예의(禮義)를 기강으로 삼아, 군신관계를 바루고, 부자 사이를 돈독히 하고, 형제의 화목을 도모하고, 부부간에 화합하고, 제도를 설립하고, 경작지 별로 마을을 획분하고, 용기와 지모를 숭상하고, 각종 공(성과)을 이기적으로 도모했다. 따라서 이로부터 권모술수가 생겼고, 군대가 출현했다. 이리하여 우왕, 탕왕, 문왕, 무왕, 성

118) 【주】순자는 도가 철학의 영향을 받았다. 제12장 제5절에 상세하다.

왕, 주공이 뛰어난 인물로 받들어졌다. 이 여섯 군자들 모두 예에 힘쓰지 않은 경우는 없었다. 그리하여 각자의 의를 드러내었고, 신의를 따졌으며, 잘못을 밝혀내고, 인(仁)을 모범으로 삼고 겸양을 강구하여, 인민들에게 불변적인 법도(常)가 있음을 제시했다. 만약 이런 법도를 무시할 경우 최고 권력자도 제거되었으니, 모든 사람들은 재앙으로 여겼던 것이다. 이런 사회가 바로 **소강**(小康)이다."[119]

즉 보통 유가가 절절히 제창하는 정치사회는 소강의 정치에 불과하고, 그위에 따로 대동의 정치가 존재한다는 말이다. 이것은 도가 학설을 채용한 정치사회철학이다. 유가의 이 새로운 정치사회철학은 최근 인물에 의해서 극력 추앙되었다.*

---

119) 孔子曰 : "大道之行也, 與三代之英, 丘未之逮也, 而有志焉. 大道之行也, 天下爲公, 選賢與能, 講信修睦. 故人不獨親其親, 不獨子其子. 使老有所終, 壯有所用, 幼有所長. 矜[矜 : 鰥]寡孤獨廢疾者, 皆有所養. 男有分, 女有歸. 貨惡其棄於地也, 不必藏於已. 力惡其不出於身也, 不必爲已. 是故謀閉而不興, 盜竊亂賊而不作. 故外戶而不閉, 是謂大同. 今大道旣隱, 天下爲家. 各親其親, 各子其子. 貨力爲已. 大人世及以爲禮, 城郭溝池以爲固. 禮義以爲紀, 以正君臣, 以篤父子, 以睦兄弟, 以和夫婦, 以設制度, 以立田里, 以賢勇知, 以功爲已. 故謀用是作而兵由此起. 禹湯文武成王周公, 由此其選也. 此六君子者, 未有不謹於禮者也. 以著其義, 以考其信, 著有過, 刑仁講讓, 示民有常. 如有不由此者, 在勢者去, 衆以爲殃, 是謂小康." (『예기』 권7 : 1-2쪽)

[『신편』III, 105쪽 : 예를 협의의 의미로 보면 대동사회는 "예가 없는(無禮)" 사회이고, 소강사회는 "예가 있는(有禮)" 사회라고 할 수 있다.……예가 없는 사회에서 예가 있는 사회로 되는 것이 곧 "예운(禮運)"이다. /예를 변동적이라고 인식할 수 있었던 사실, 즉 "예운"을 표제로 삼을 수 있었던 사실이 무척 놀랄 만하다. 유가의 전통상 우왕, 탕왕, 문왕, 무왕, 성왕, 주공 등은 모두 성인이고 그들의 정치는 가장 완벽한 것, 즉 "지치(至治)"로 일컬어졌다. 그런데 「예운」은 그들의 시대를 도리어 "대도가 이미 인멸한" 시대로 여겼은즉 역시 매우 쉽지 않은 일이다. 「예운」은 "대동"은 한번 흘러가고 다시 돌아오지 않을 것으로 여겼으므로, 부득불 "소강"만을 중점적으로 논하고 있다. 「예운」이 논한 것은 각종 예 속에 관철되어 있다고 여겨진 근본 원칙이었는데, 「예운」 1편은 예에 관한 통론이다. 만약 「혼의(婚義)」, 「제의(祭義)」 등의 제목의 예를 따르면 「예운」은 「예의(禮義)」라고 일컬을 수 있겠다.]

* 『신편』III, 105쪽 : 이 대동(大同) 문단은 중국 근대사상 당시의 진보적 인물이 이상적인 사회진보의 사상으로 종종 인용했다. 강유위(康有爲)와 손문(孫文)도 인용했지만, 사실 그들이 인용한 것은 「예운」이 묘사한 것과 완전히 동일한 것은 아니었다.

제15장
『역전』과 『회남홍렬』 중의 우주론

1. 『주역』의 기원과 『역전』의 작자

『역(易)』의 8괘(八卦)는 복희(伏羲)가 그린 것이라고 전해온다. 64괘는 복희 자신이 중첩한 것이라고도 하고(왕필〔王弼〕 등), 문왕(文王)이 중첩한 것이라고도 한다(사마천〔司馬遷〕 등). 괘사(卦辭)와 효사(爻辭)는 문왕의 창작이라고도 하고(사마천 등), 괘사는 문왕의 창작이고 효사는 주공(周公)의 창작이라고도 한다(마융〔馬融〕 등). "「단(彖)」, 「상(象)」, 「계사(繫辭)」, 「문언(文言)」, 「서괘(序卦)」 등의 10편"* 즉 소위 「십익(十翼)」**은 모두 공자의 창작으로 전해진다. 그러나 이 전설들은 모두 근거가 빈약하다. 은대에는 8괘가 없었고, 거북점(卜)만 있었고 시초점(筮)도 없었다. 시초점 방식은 바로 주대인들이 창조한 것으로서 거북점 방식을 대체하고 보조한 것이었다. 괘와 괘효는 거북점의 조짐(兆)에 상당하고, 괘사와 효사는 거북점의 점사(繇辭 : 占辭)에 상당했다. 점사란 거북점 주관자가 조짐을 보고 점친 말이다. 이 임시 점사들은 새로 만들기도

* [「예문지(藝文志)」, 『한서(漢書)』, 1704쪽]

** 「공자세가」〈제4장,주1〉의 주, 『사기』, 1935쪽 : 正義曰. 夫子作十翼, 謂「上彖」, 「下彖」, 「上象」, 「下象」, 「上繫」, 「下繫」, 「文言」, 「序卦」, 「說卦」, 「雜卦」也. [十翼(Ten Wings) : 『역』의 경문(經文, 즉 괘사 효사)의 해설이므로 『역전(易傳)』이라고 불린다. 괘사의 해설이 「단전」이고, 효사의 해설이 「상전」이다.]

했고, 옛 점사를 그대로 쓰기도 했다. 이전에 점친 것과 같은 사안이거나, 점을 쳐서 이전과 같은 조짐을 얻을 경우 점사는 옛것을 그대로 쓸 수 있었으나, 전에 없던 조짐일 경우 새로 만들어야 했다. 구워진 거북 등딱지의 자연적인 조짐의 모양(象)은 그 자체가 너무 복잡하여 판별하기가 쉽지 않은데다가, 이전의 점사들 역시 너무 복잡하여 기억하기가 쉽지 않았다. 시초점 방식*의 출현은 바로 이 곤란을 해결하려는 것이었다. 괘효는 [거북 등딱지의] 조짐을 본뜬 것으로서 그 수가 일정했고, 각 괘효마다 일정한 점사가 달려 있었다. 시초점을 칠 때 아무 괘, 아무 효가 나오면 해당 괘사와 효사에 의거하여 해석하고 추론할 수 있었다. 거북점에 비해서 실로 간이(簡易)했다.[1] 『주역(周易)』이라는 이름은 아마 여기서 생긴 듯하다. 주(周)나라 사람이 창작한 것이므로 주(周)라고 붙였고, 그 용법이 간이했으므로 『역(易 : '쉬울 이')』이라고 했다는 말이다.**

* 『신편』I, 79쪽 : 은대인들, 특히 통치자 귀족들은 무슨 일을 만나면 모두 거북점으로써 길흉을 살폈다. 그들은 거북껍질을 점의 도구로 사용했다. 점을 칠 때 우선 묻고자 하는 문제를 상정한 다음 거북껍질 위에 칼로 구멍을 뚫고 그 구멍 주위를 불에 굽는다. 그러면 구멍 주위로 많은 균열이 생기는데, 이 균열들을 **"조짐"**이라고 했다. 점을 관장하는 관리는 이 균열들을 근거로 몇 마디 말을 하면서 묻는 일의 길흉을 단정한다. 이때의 말들을 **"점사"**라고 했다. 8괘는 "조짐"을 모방한 것이다. 바로 8괘와 64괘는 표준화된 "조짐"이고, 괘사와 효사는 표준화된 "점사"였다. 『주역』은 바로 이 표준화된 것들로 구성된 한 권의 책이다. 이 책이 있으면 거북껍질을 써서 점을 치지 않아도 되었으니, 단지 50개비의 풀대를 써서 여러 배열을 만들어 일정한 수를 얻고, 그 일정한 수로부터 아무 괘, 아무 효를 얻어냈다. 그런 다음 해당 괘사, 효사로부터 묻는 일의 길흉을 알았다. 이런 방법이 **"시초점"**이다.

1) 【주】"은대에는 8괘가 없었고"부터 여기까지는 여영량(余永梁, 1901?-) 선생의 설이다. [「역의 괘효사의 시대와 그 작자」, 『고사변(古史辨)』III, 148-50쪽 참조.]

** 『신편』II, 334쪽 : 『역위(易緯)』「건착도(乾鑿度)」와 정현(鄭玄)의 「역찬(易贊)」과 「역론(易論)」은 한결같이 "역(易)이라는 이름에는 세 의미가 있다. 첫째, 이간(易簡 : 쉽고 간명함), 둘째, 변역(變易 : 전환과 변화), 셋째, 불역(不易 : 불변성)이다" 했다.……「계사전」에 따르면, "역"은 번잡성 속에서 간명성과 평이성(簡易)을 본다.……이것이 "역"의 이간의 의미이다. 또 "역"은 변동(動) 속에서 항상성(常 : 통칙)을 본다. 이것이 "역"의 불변(不變 : 즉 不易)의 의미이다. 또 간명하고(簡) 항상된 것(常)이 역 속의 상(象)과 공식이지만, 상과 공식은 오로지 어떤 특정 종류의 사물만 대입할 수 있는 것이 아닌 까닭에, "역"은 또한 "고정적인 표준을 세울 수 없고 오직 적절한 경우로 변화할 뿐이다."〈주66〉 이것이 "역"의 변역의 의미이다.

『역』은 본래 시초점에 쓰였지만 나중에는 시초점을 치지 않을 때에도 사람들은 항상 괘사, 효사 중의 의미를 재해석(引申)하여 주장의 근거로 삼았다.『좌전(左傳)』 선공(宣公) 12년조는 말한다.

진(晉)의 군대가 정(鄭)을 구원하기 위해서 출동했다……중군의 부장인 체자(彘子 : 체가 食邑)가 자기 멋대로 군사를 이끌고 황하를 건넜다. 이에 지장자(知莊子 : 智가 식읍)가 말했다.

"체자의 군대는 위험하다!『주역』에 그 괘상[卦象]이 있다.「사(師)」괘☷☵가 「임(臨)」괘☷☱로 변한 경우[「사」괘 初六의 효사]에, '군대의 출병은 반드시 군율에 따라야 한다. 군율이 옳지 못하면 흉하다'고 했다. 일을 집행하면서 순리대로 성취하는 것이 옳고, 그에 반하면 그렇지 못하다. 무리는 흩어지면 약해지고 냇물은 막히면 연못이 된다.* 군율이 있는데도 자기 마음대로 행동했으니 '군율이 옳지 못하고' 군율 또한 고갈될 것이다. 연못에 찬 물은 쉽게 고갈되듯, 막히고 무질서할 것이기 때문에 흉한 것이다. 일이 잘 진행되지 못하는 것을 두고 '임(臨)'이라고 한다. 통솔자가 있는데도 복종하지 않는 행위보다 더 심각한 '임'이 있겠는가? 바로 체자의 행위를 두고 한 말이다. 과연 적을 만나면 반드시 패할 것이고, 체자가 그 장본인이다. 설령 죽음을 면하고 돌아오더라도 반드시 큰 재앙을 입을 것이다."[2)]

또 양공(襄公) 28년조는 말한다.

[『신편』에 따라 종종『역』을 서명이 아닌 이치(易理)의 개념인 "역(易)"으로 번역했다. /역자]

* 양백준, 727쪽 :「사」괘☷☵가「임」괘☷☱로 변함은「감(坎)」☵이「태(兌)」☱로 변한 것이다.「감」에는 무리(衆)라는 상(象)이 있으므로「감」이 변함은 무리가 흩어진다는 말이고,「태」는 소녀(少女)이므로 유약(柔弱)을 나타낸다. 따라서「감」이「태」로 변함은 즉 "무리가 흩어져 약하다"는 말이다. 또「감」은 냇물이고「태」는 연못이니,「감」이「태」로 변함은 냇물이 연못이 되는 것인데, 냇물이 막힌 것이 연못이다.

2) 晉師救鄭…… 彘子……以中軍佐濟. 知莊子曰 : "此師殆哉!『周易』有之, 在「師」☷☵之「臨」☷☱曰 : '師出以律, 否臧凶.' 執事順成爲臧, 逆爲否. 衆散爲弱, 川壅爲澤, 有律以如己也, 故曰 '律否臧' ; 且律竭也. 盈而以竭, 夭且不整, 所以凶也. 不行之謂臨 ; 有師而不從, 臨孰甚焉? 此之謂矣. 果遇必敗, 彘子尸之. 雖免而歸, 必有大咎." (『좌전』, 721-27쪽)

자대숙(子大叔)이 말했다.

“초나라 임금은 죽게 될 것입니다. 정치적 덕행을 닦지 않고 도리어 제후가 자기를 받들 것을 탐하여 자신의 욕망을 만족시키려고 했으니 장구하기를 바란들 되겠습니까? 『주역』에 이런 내용이 있습니다. 「복(復)」괘䷗가 「이(頤)」괘䷚로 변한 경우[즉 「복」괘의 上六 효사]에, ‘미복(迷復 : 길을 잘못 들어 되돌아가기 어려움)은 흉하다’고 했는데, 다름 아닌 초나라 임금을 두고 한 말입니다. 자신의 욕망을 실현하려고 본래의 길을 버렸은즉, 되돌아가려고 하지만 되돌아갈 곳이 없는 셈입니다. 이것이 바로 ‘미복(迷復)’입니다. 흉하지 않을 수 있겠습니까?”[3)]

공자는 「항(恒)」괘 구삼(九三) 효사의 의미를 재해석하여 사람은 모름지기 지조(恒)가 있어야 한다고 가르쳤는데(제4장, 주98), 역시 같은 종류였다. 순자도 종종 괘사, 효사의 의미를 다시 설명하여 입론의 근거로 삼았다. 「비상편(非相篇)」은 말한다.

좋은 말(言)을 선물하는 것이 금은보석을 선물하는 것보다 더 귀하고, 좋은 말로 권면하는 것이 각종 현란한 무늬보다 더 아름답고, 좋은 말을 들려주는 것이 아름다운 음악을 들려주는 것보다 더 즐겁다. 따라서 군자는 말을 항상 중시한다. 속된 사람은 이와 반대로 실속만 좋아하고 법식은 고려하지 않는다. 그래서 평생 비루함과 저속함을 면하지 못한다. 따라서 『역』에 이르기를 **“자루의 입을 묶어두면**[아무 말도 하지 않음] **재앙도 없고 영예도 없다”**고 했는데, 다름 아닌 썩은 유생(腐儒)을 두고 한 말이다.[4)]

“자루의 입을 묶어두면 재앙도 없고 영예도 없다”는 『역』「곤(坤)」괘의 육사(六四) 효사(爻辭)이다. 「대략편(大略篇)」은 말한다.

『역』에 **“정도로 되돌아가면 무슨 허물이 있겠는가?”**라고 했다. 『춘추』가 목

3) 子大叔曰 : “楚子將死矣! 不修其政德, 而貪昧於諸侯, 以逞其願, 欲久得乎? 『周易』有之, 在「復」䷗之「頤」䷚曰 : ‘迷復, 凶.’ 其楚子之謂乎? 欲復其願, 而棄其本 ; 復歸無所, 是謂迷復, 能無凶乎?” (『좌전』, 1143-44쪽) [逞 : 왕성하게 추구하다. 즐겁다]

4) 故贈人以言, 重於金石珠玉 ; 觀[觀 : 勸]人以言, 美於黼黻 文章 ; 聽人以言, 樂於鐘鼓琴瑟. 故君子之於言無厭. 鄙夫反是. 好其實不恤其文, 是以終身不免埤汙庸俗. 故易』曰 : “括囊無咎無譽.” 腐儒之謂也. (『순자(荀子)』 권3 : 15-16쪽)

공을 현명하게 여긴 것은 자신의 잘못을 고칠 수 있었기 때문이다.[5)]

"정도로 되돌아가면 무슨 허물이 있겠는가?"는『역』「소축(所畜)」괘의 초구(初九) 효사이다.「대략편」은 말한다.

『역』의「함(咸)」괘는 부부의 도를 나타낸 것이다. 부부의 도는 바르지 않으면 안 된다. 군신(君臣)과 부자(父子) 관계의 근본이기 때문이다. 함이란 상호감응(感)의 뜻인데 [「함」괘䷞는 간(艮 : 少男,山)이 아래에, 태(兌 : 少女,澤)가 위에 있다], 높은 것이 낮은 것 아래에 있고, 남자가 여자 아래에 있고, 강건한 것이 유순한 것 아래에 있기 때문이다.[6)]

역시 괘의 의미를 인용하여 설명한 것인데,『역전(易傳)』의「함」괘의 단사(彖辭)*와 의미가 같고 글자만 다르다. 이런 관점에서『역』을 보면『역』은 이미 점치는 데에 쓰인 책일 뿐더러 각종 의미를 함유한 책이었다.『역전』의 작자는 비단 한 사람이 아니지만, 모두 이런 관점을 바탕으로『역』을 고찰했다. 즉 앞 사람의 설을 바탕으로 자기의 견해를 덧붙여,『역』의 괘효와 괘사 효사에 최대한의 의미를 부여하는 데에 힘써,『역』을 하나의 체계적인 철학서로 만들었다.

이른바「십익」이 공자가 지은 것이 아니라는 점은 지금껏 많은 사람들이 자세히 논했다.[7)]『한서(漢書)』「유림전(儒林傳)」은 말한다.

진(秦)에 이르러 학문이 금지되었지만,『역』은 점치는 책인 관계로 유일하게 금지되지 않았고 그 때문에 전수자가 단절되지 않았다. 한(漢)이 흥기하자, 전하(田何)는 제(齊)의 공족인 전씨였기 때문에 [분산정책에 따라] 두릉(杜陵)으로 이주된 후, 호를 두전생(杜田生)이라고 하고, 동무(東武)의 왕

---

5)『易』曰 : "復自道, 何其咎."『春秋』賢穆公, 以爲能變也. (『순자』 권19 : 15쪽)

6)『易』之「咸」見夫婦, 夫婦之道, 不可不正也, 君臣父子之本也. 咸, 感也. 以高下下, 以男下女, 柔上而剛下. (『순자』 권19 : 12-13쪽) [咸 : 마음이 화합해지다, 머금다]

* 『주역』, 289쪽 :「彖」曰 :「咸」, 感也. 柔上而剛下, 二氣感應以相與, 止而說, 男下女, 是以'亨利貞, 取女吉'也. [二氣 : 음·양 2기(氣)]

7) 【주】구양수(歐陽修, 1007-72),「역동자문(易童子問)」; 최술(崔述),『수사고신록(洙泗考信錄)』; 고힐강(顧頡剛), 『고사변(古史辨)』; 풍우란,「중국역사상 공자의 위치」등 참조.

동(王同, 자가 子中), 낙양의 주왕손(周王孫), 정관(丁寬), 제의 복생(服生) 등에게 [『역』을] 전수했다. 이들은 모두『역전』여러 편을 지었다.[8)]

왕동, 주왕손, 정관, 복생 등이 지은『역전』이 현존하는『역』「십익」속에 들어 있는지의 여부는 모른다. 요점은 현존하는『역』「십익」은 왕동 등이 지었던『역전』과 같은 종류였다는 사실이다.

2. 8괘와 음양

주인(周人)은 8괘를 만들고 또 64괘를 중첩하여 거북 등딱지의 조짐(龜兆)을 본떴다. 애초에 8괘는 꼭 무슨 의미가 있는 것은 아니었지만, 나중에 부연하게 되자 8괘는 각기 대표하는 사물이 생겼다. 예컨대「설괘(說卦)」는 말한다.

건(乾 : ☰)은 하늘의 상징이므로 아버지를 지칭한다. 곤(坤 : ☷)은 땅의 상징이므로 어머니를 지칭한다. 진(震 : ☳)은 첫째 효가 양(男 : 陽)이므로(震一索而得男) 장남(長男)이라고 한다. 손(巽 : ☴)은 첫째 효가 음(女 : 陰)이므로 장녀(長女)라고 한다. 감(坎 : ☵)은 둘째 효가 양이므로 가운데아들(中男)이라고 한다. 이(離 : ☲)은 둘째 효가 음이므로 가운데딸(中女)이라고 한다. 간(艮 : ☶)은 셋째 효가 양이므로 막내아들(少男)이라고 한다. 태(兌 : ☱)는 셋째 효가 음이므로 막내딸(少女)이라고 한다.

건은 하늘(天), 둥근 것, 임금, 아버지의 상징이다.……곤은 땅(地), 어머니의 상징이다.……진은 우뢰(雷)의 상징이다.……손은 나무, 바람(風)의 상징이다.……감은 물(水), 달의 상징이다.……이는 불(火), 해(日)의 상징이다.……간은 산(山)의 상징이다.……태는 못(澤)의 상징이다.[9)]

---

8) 及秦禁學,『易』爲卜筮之書, 獨不禁, 故傳授者不絶也. 漢興, 田何以齊田徙杜陵, 號杜田生. 授東武王同子中 ; 洛陽周王孫 · 丁寬 ; 齊服生 ; 皆著『易傳』數篇. (『한서』, 3597쪽) [「예문지」의 易書 부문에「王氏二篇」「周氏二篇」「丁氏八篇」「服氏二篇」이 있다.]

9) 乾, 天也, 故稱乎父. 坤, 地也, 故稱乎母. 震一索而得男, 故謂之長男. 巽一索而得女, 故謂之長女. 坎再索而得男, 故謂之中男. 離再索而得女, 故謂之中女. 艮三索而得男. 故謂之少男. 兌三索而得女, 故謂之少女. 乾爲天, 爲圜, 爲君, 爲父,……坤爲地,

「설괘」, 「서괘」, 「잡괘(雜卦)」 세 편은 이른바 「십익」 중에서도 더욱 나중에 나왔다. 그러나 『좌전(左傳)』과 『국어(國語)』의 기록을 보면 춘추시대 사람들도 이미 건은 하늘, 곤은 흙(土), 손은 바람,[10] 이는 불, 간은 산,[11] 진은 우뢰, 감은 물, 또 진은 장남, 곤은 어머니의 상징으로 여겼다.[12] 즉 「설괘」의 내용은 앞 사람이 이미 언급한 것을 바탕으로 정리하고 배열했을 뿐이었음을 알 수 있다. 8괘에 이미 이런 여러 의미가 있었을 때 『주역』을 논한 자의 우주론은 개인적 생명의 내원을 근거로 기타 사물의 내원을 유추한 것이었다. 『역』 「계사」는 "천지음양의 기운이 뒤섞여 만물이 고루 화육되고 남녀의 정기가 합하여 만물이 화생한다"[13]고 했다. 남녀가 교합하여 사람을 낳는 까닭에 우주간에도 두 원리가 존재한다고 유추한 것이다. 남성적인 원리가 양(陽)이고 그 괘는 건(乾)이며, 여성적인 원리가 음(陰)이고 그 괘는 곤(坤)인데, 하늘과 땅은 바로 그 구체적인 대표이다. 건·곤이 서로 교합할 때, 건이 첫째 효에 위치한 곤(乾一之坤)*이 진인데, 장남이고 우뢰가 그 구체적인 대표이다. 곤이 첫째 효에 위치한 건이 손(巽)인데, 장녀이고 바람이 그 구체적인 대표이다. 건이 둘째 효에 위치한 곤이 감(坎)인데, 가운데아들이고 물이 그 구체적인 대표이다. 곤이 둘째 효에 위치한 건이 이(離)인데, 가운데딸이고 불이 그 구체적인 대표이다. 건이 셋째 효에 위치한 곤이 간(艮)인데, 막내아들이고 산이 그 구체적인 대표이다. 곤이 셋째 효에 위치한 건이 태(兌)인데, 막내딸이고 못(澤)이 그 구체적인 대표이다. 총괄하건대 우주간에 가장 큰 것이 하늘과 땅이고,

---

爲母,……震爲雷,……巽爲木, 爲風,……坎爲水,……爲月,……離爲火, 爲日,……艮爲山,……兌爲澤,……(『주역』, 620-35쪽)

10) 『좌전』 장공 22년. ["「坤」, 土也 ; 「巽」, 風也 ; 「乾」, 天也." (『좌전』, 223쪽)]

11) 『좌전』 소공 5년. ["「離」, 火也 ; 「艮」, 山也." (『좌전』, 1265쪽)]

12) 『국어』 「진어(晉語)」 4. ["「坤」, 土也……「震」, 雷也, 「坎」, 水也,……「坤」, 母也. 「震」, 長男也."]

13) 天地絪緼, 萬物化醇, 男女構精, 萬物化生. (『주역』, 577쪽)

* 『신편』I, 73쪽 : "건일지곤(乾一之坤)", 즉 건괘의 첫째 효가 곤괘 안에서 곤괘의 첫째 효의 위치를 점하면 진괘☳가 되는데, 이것을 바로 **"진일색이득남**(震一索而得男)"〈주10〉이라고 한다. 진(震)은 우뢰(雷)의 상징이다. [이하의 경우도 같다.]

하늘 위에서 가장 사람의 주의를 끄는 것이 해·달·바람·우뢰이고, 땅 위에서 가장 사람의 주의를 끄는 것이 산·못이고, 생활에 가장 절실한 것이 물·불이다. 옛 사람들은 이것들을 우주의 근본으로 여겨 8괘로써 안배하고, 또 인간의 부모와 자녀 간의 관계에 따라 그것들 간의 관계를 추정했다.

이것은 8괘가 대표하는 것으로써 우주의 근본을 삼은 것이다. 이 8괘설과 앞에서 서술한 오행설(제7장,제7절)은 선진시대에는 각기 독립된 두 체계였던 듯하다. 당시 오행을 논한 이는 8괘를 논하지 않았고, 8괘를 논한 이는 오행을 논하지 않았다. 한대에 이르러 이 두 설은 비로소 혼합되었다. 한대인들은 추연(騶衍) 등을 음양가로 불렀지만, 사실 음양은 8괘설 체계 내에서 논한 것이고, 추연 등은 8괘를 논하지 않았다.

옛날에 본래 이미 음양의 설로써 우주간의 모든 현상을 설명한 이들이 있었다(제3장, 제4절). 이후로 자주 음양을 언급한 이들은 도가였다. 예컨대『노자』에서는 "도에서 하나가 생기고, 하나에서 둘이 생기고, 둘에서 셋이 생기고, 셋에서 만물이 생긴다. 만물은 저마다 음을 구비하고 양을 함유하는데, 이 음양 2기가 상호작용함으로써 화기[和氣]가 생긴다"[14]고 했다.『여씨춘추』도 말한다.

> 태일(太一)이 **양의**(兩儀 : 천지)를 낳고, 양의가 음양을 낳는다.[15]

『예기(禮記)』「예운(禮運)」도 말한다.

> 예(禮)는 반드시 태일(太一)에 근본이 있다.

14) 道生一, 一生二, 二生三, 三生萬物. 萬物負陰而抱陽, 冲氣以爲和. 〈제8장,주25〉

15) 太一出兩儀, 兩儀出陰陽. (「대악편(大樂篇)」,『여씨춘추(呂氏春秋)』, 255쪽) [『신편』II, 239쪽 : 이 "태일(太一)"은 혼돈하고 미분(未分)된 기(氣)이다. 혼돈하고 미분되었기에 "하나(一)"이고, 천지의 근원이기에 "태일(太一)"이다.「대악편」작자에 따르면, 우주가 개시될 때에는 혼돈하고 미분된 기("太一")였고, 그후 분화되어 천지("兩儀")가 나왔고, 천지로부터 다시 음양(陰陽) 2기가 생겼다. 음양 2기는 교대로 오르고 내리는 운동변화를 하면서 각종 구체적인 사물을 형성한다.]

그 태일이 나누어져 하늘과 땅이 되고, 다시 전화하여 음·양이 된다.[16]

『역』「계사」도 말한다.

"역(易)"에 태극(太極)이 있고, 그것이 **양의**(兩 : 즉 음양)를 낳고, 양의가 사상(四象)을 낳고, 사상이 8괘(八卦)를 낳는다.[17]

○음·양이 교대로 작용하는 것이 도(道)**이다**(一陰一陽之謂道). **도를 이어받은 것이 선**(善)**이고, 도에 의해서 성취된 것이 성**(性)**이다.**[18] **[이 도는] 어진 이가 보면 어질다고 하고, 지혜로운 이가 보면 지혜롭다고 하며, 또 백성들은 날마다 도를 사용하면서도 인식하지 못한다.** 따라서 군자의 도를 아는 사람은 거의 없다.

[도는 만물을 생육하는] 인(仁)에 드러나 있지만, 그 작용은 은밀하여 감추어져 있다. **만물을 약동시키지만**[즉 만물에 생명을 불어넣음] **성인처럼 걱정하지 않는다.** 그 도의 성덕(盛德 : 왕성한 능력)과 대업(大業 : 즉 만물)은 지극하다. 우주간의 모든 존재가 대업이고, 끊임없는 혁신(日新)이 성덕이고, 끝임없이 낳고 또 낳는 것이 "역(易)"이다.[19]

---

16) 禮必本於太一, 分而爲天地, 轉而爲陰陽. (『예기』 권7 : 8-9쪽)

17) 『易』有太極, 是生兩儀. 兩儀生四象, 四象生八卦. (『주역』, 538쪽)

18) 一陰一陽之謂道, 繼之者善也, 成之者性也[One Yang and one Yin : this is called the Tao. That which ensues from this is goodness, and that which is completed thereby is the nature (of man and things)].
[『신편』II, 343쪽 : 이것은 "건도변화, 각정성명(乾道變化, 各正性命)"〈주25〉과 일치한다. 즉 인간의 "성(性)"은 직접 "도"로부터 분리되었다는 말이다. "도"의 측면에서 보면 이 분리된 것은 "도"가 사람에게 준 "명(命)"이고, 사람의 측면에서 보면 이 분리된 것은 사람이 받은 "성"이다("成之者性也"). "성"은 직접 "도"로부터 분리된 것이기 때문에 선한 것이다("繼之者善也"). 이 견해는 기본적으로 맹자의 성선설과 일치하는데, 더욱 추상적이고 현묘하게 표현했을 뿐이다.]

19) 一陰一陽之謂道 ; 繼之者善也, 成之者性也. 仁者見之謂之仁, 知者見之謂之知. 百姓日用而不知, 故君子之道鮮矣. 顯諸仁, 藏諸用, 鼓萬物而不與聖人同憂. 盛德大業, 至矣哉. 富有之謂大業 ; 日新之謂盛德 ; 生生之謂『易』. (『주역』, 514-15쪽)
[『신편』II, 336쪽 : "일음일양지위도(一陰一陽之謂道)"는 "역유태극시생양의(易有太極是生兩儀)"〈주17〉와 상응하는 논단이다. "도"는 "태극"에, 음양은 "양의"에 상당한다. 「역전」에 따르면 "역유태극시생양의"는 "역" 체계 중의 총원칙이고, "일음일양지위도"는 모든 사물의 구성과 발전의 총법칙이다. 음양은 『주역』의 주된 개념이다. 『장자』「천하편」은 "역으로써 음양의 이치를 계도한다"〈제4장,주4〉고 했다. 「역전」이 말한 음양은 음양오행가가 말한 음양의 의미일 때도 있지만,

『노자』에서의 둘은 천지를 지칭한다. 『여씨춘추』에서의 양의(兩儀) 역시 천지를 지칭하는 듯하다. 『역』「계사」에서의 양의는 음양을 지칭하는 듯한데, "음·양이 교대로 작용하는 것이 도이다"는 말을 보면 알 수 있다. 초순은 말하기를 "음·양이 교대로 작용하는 것이 도이고, 도에서 분리된 것이 명(命)이고, 개체에 구현된 것이 성(性)이다. 도라는 통일체가 분리되어 한 사람의 성을 이룬다. 만물의 성을 종합한 것이 일관의 도이다. 음·양이 교대로 작용하므로 도의 화육작용은 그치지 않는다"[20]고 했다. 여기서 말한 도와 성의 관계는 바로 도가에서 말한 도와 덕의 관계와 같다. 도는 만물 전체의 생성원리를 지칭하고, 사람과 사물의 성은 도에서 분리된 일부분이다. 도가 낳은 것 치고 악한 것은 없다. 따라서 "도를 이어받은 것이 선이다" 했다. 도가 확정적인 부분으로 분리된 다음에 비로소 완성물(所成)로 결정된다. 따라서 "도에 의해서 성취된 것이 성이다"고 했다. "어진 이가 보면 어질다고 하고, 지혜로운 이가 보면 지혜롭다고 한다"고 함은 『노자』에서 말한 "도란 일컬어질 수 있는 것이면 영구불변의 도가 아니며, 이름이란 호칭할 수 있는 것이면 영구불변의 이름이 아니다"[21]는 말이다. 도는 "(만물을) 낳지만 소유하지 않고, 번성하게 하지만 자만하지 않고, 생장시키지만 지배하지 않는",[22] 까닭에 "백성들은 날마다 도를 사용하면서도 인식하지 못한다." 도는 "만물을 약동시키지만 성인처럼 걱정하지는 않는다." 『노자』도 "천지는 어질지 않아서, 만물을 추구(芻狗)로 여긴다"[23]고 했다. 만물은 자연히 생기므로 천지는 본래 어진 일을 행하는 데에 무심하고, 만물을 걱정하는 데에도 무심하다. 『역전』은 『노자』

주로 대립적인 두 범주를 지칭한다. 「역전」에 따르면 서법(筮法) 속의 양효와 음효는 곧 대립적 범주의 "상(象)"이니, "역" 체계상의 대표이다.]

20) 一陰一陽之謂道；分於道之謂命；形於一之謂性. 分道之一, 以成一人之性. 合萬物之性, 以爲一貫之道. 一陰一陽, 道之所以不已. (초순[焦循, 1763-1820], 「일관충서(一貫忠恕)」, 『논어통석(論語通釋)』)

21) 道可道, 非常道；名可名, 非常名. (『노자』 1장) 〈제8장,주24〉

22) 生而不有, 爲而不恃, 長而不宰. (『노자』 51장)

23) 天地不仁, 以萬物爲芻狗. (『노자』 5장) [芻狗 : 제사 때 쓰고 버리는 짚으로 만든 개]

학의 도 개념과 음양의 학설을 채택하여 건곤(乾坤)에 안배시켜, 건곤을 도 혹은 태극이 낳은 우주의 두 원리로 삼았다. 이 두 원리의 속성(性質)을 『역전』은 이렇게 말한다.

> 위대하도다! 건원(乾元 : 乾道, 건의 법칙)이여! 만물을 **창시하는 바탕**(資始)이고 하늘을 통괄한다.……건도(乾道 : 천도, 天象의 자연법칙)의 변화에 의해서 [만물은] 저마다 본연의 성(性)과 명(命)을 갖춘다.[24)]

> 지극하도다! 곤원(坤元 : 坤道, 곤의 법칙)이여! 만물을 **생육하는 바탕**(資生)이고, 하늘을 순응하며 받든다.〈주29〉

> 건도(乾道)는 남성적 원리요, 곤도(坤道)는 여성적 원리이다. 건은 대시(大始 : 創始)를 주관하고, 곤은 (만물의) 완성을 주관한다. 하늘은 평이함으로써 주관하고, 땅은 간명함으로써 기능한다.[25)]

> **건**(乾)**은 고요할 때는 둥글고 동요할 때는 꼿꼿하다.** 그러므로 거기서 위대한 생성이 이룩된다. **곤**(坤)**은 고요할 때는 닫히고 동요할 때는 열린다.** 그러므로 거기서 광범한 생육이 이룩된다.[26)]

> 건은 양성적인 사물을 대표하고 곤은 음성적인 사물을 대표한다. 음양은 서로 역량을 결합하여, 강건(剛 : 剛健)과 유순(柔 : 柔順)이 형체를 취함으로써 천지의 여러 현상이 구현된다.[27)]

이 역시 개인생명의 근원(來源)을 근거로 만물의 근원을 유추한 것이다. "남녀의 정기가 합하여 만물이 화생되는" 사실을 바탕으로 유추하여 "천지음양의 기운이 뒤섞여 만물이 고루 화육되는"〈주14〉 원리를 상정했다. "하늘은 베풀고 땅은 생육하는 혜택을 만물

---

24) 大哉乾元, 萬物資始, 乃統天. 乾道變化, 各正性命. (「건단(乾彖)」, 『주역』, 53-54쪽)

25) 乾道成男 ; 坤道成女. 乾知大始 ; 坤作成物. 乾以易知 ; 坤以簡能. (「계사상」, 『주역』, 505-06쪽)

26) 夫乾, 其靜也專, 其動也直, 是以大生焉. 夫坤, 其靜也翕, 其動也闢, 是以廣生焉. (「계사상」, 『주역』, 517쪽)

27) 乾, 陽物也 ; 坤, 陰物也 ; 陰陽合德, 而剛柔有體, 以體天地之撰. (「계사하」, 『주역』, 579쪽) [撰 : 갖추어진 내용, 법, 규정, 일]

에게 차별 없이 하는데",[28] 천지는 즉 건곤, 음양의 구체적인 대표이다. 이 두 원리는 하나는 강건하고 하나는 유순하며, 하나는 베풀고 하나는 받아들이며, 하나는 만물이 "창시되는 바탕"이요, 하나는 만물이 "생육되는 바탕"이다. "건은 고요할 때는 둥글고 동요할 때는 꼿꼿하며", "곤은 고요할 때는 닫히고 동요할 때는 열린다." "문을 닫는 것은 곤이고 문을 여는 것은 건이다."〈주39〉 이 모두는 남녀 양성의 생식활동에 근거하여 건곤을 설명한 것이다.

다른 측면에서의 건과 곤의 관계를,『역전』은 또한 당시 남녀의 사회적 지위와 관계에 근거하여 유추했다. 「곤단(坤彖)」은 말한다.

> 지극하도다! 곤원(坤元 : 坤道)이여! 만물을 생육하는 바탕(資生)이고, 하늘을 순응하며 받든다. 땅(坤)은 관후하여서 만물을 실으며, 끝없이 건의 덕에 배합한다. 무한히 함장하고 있고 또 광범하게 미치므로 모든 사물이 고루 양육된다. 암말(牝馬)은 [음성적 사물이므로] 땅과 동류이고 무한히 멀리까지 갈 수 있다. 유순하며 옳고 바른 도를 잘 보유하는 것은 군자가 실천할 바이다. 만약 앞장서서 영도하면 **미혹에 빠져 방향을 상실하므로,** 단지 뒤에서 [乾을] 순종하는 것이 그것의 정상 상태(常 : 바른 길)이다. ……곤은 일에 안정하면 길하고, 어느 곳에서든 무한한 변화에 적응할 수 있다.[29]

「문언」은 말한다.

> 곤(坤)은 지극히 유순하지만 그 작용은 강건하고, 지극히 고요하지만 그 덕은 방정하다. [건의] 뒤에 따르면 **주인을 얻어 정상 상태**(常)**를 소유하고** 만물을 함유하고 두루 화육한다. 곤도(坤道)는 순응 그 자체이다! 하늘을 받들어 때에 맞게 작용한다.……비록 음은 자신의 훌륭한 점이 있더라도 그것들을 속으로 머금고 왕을 위해서 봉사할 뿐 스스로 나서서 성취하려고 하지 않는다. 이것이 땅의 도이고 아내의 도이고 신하의 도이다. 땅의 도는 공을

28) 天施地生, 其益無方. (「익단(益彖)」,『주역』, 362쪽)

29) 至哉坤元, 萬物資生, 乃順承天. 坤厚載物, 德合無疆. 含弘光大, 品物咸亨. 牝馬地類, 行地無疆. 柔順利貞, 君子攸行. 先迷失道, 後順得常.……安貞之吉, 應地无疆. (『주역』, 76-78쪽) [光 : 廣의 가차자]

세우지 않으며 다만 남을 위해서 유종의 미를 이룩한다.[30)]

건양(乾陽)은 주인(主)이고 곤음(坤陰)은 보좌(輔)이다. 곤음 자신이 앞서면 "미혹에 빠져 방향을 상실하지만", 건양의 뒤를 따르면 "주인을 얻고 정상 상태를 소유한다." 즉 "순종이 정도인 것이 부녀자의 도리이다"[31)]는 말이다.

남녀가 반드시 교합해야 자식을 낳을 수 있듯이 음양 역시 반드시 교합해야 만물을 낳을 수 있다. 『역전』은 말한다.

「태(泰 : ䷊)」괘는……천지음양이 서로 교합할 때 만물이 형통하고, 군신상하가 서로 교통할 때 뜻이 같아진다는 의미이다.[32)]

하늘과 땅이 서로 감응(感)하여 만물이 화생(化生 : 변화, 생성)한다.[33)]

하늘과 땅의 기운이 서로 만나 온갖 사물이 갖가지로 창성한다.[34)]

「귀매(歸妹 : ䷵)」괘에 천지의 대의(大義)가 있다. **하늘과 땅이 교합하지 않으면 만물은 흥성할 수 없다.** 귀매는 인류의 시작과 끝이다.[35)]

---

30) 坤至柔而動也剛, 至靜而德方. 後得主而有常, 含萬物而化光. 坤道其順乎? 承天而時行.……陰雖有美, 含之以從王事, 弗敢成也. 地道也, 妻道也, 臣道也 ; 地道無成而代有終也. (『주역』, 83-85쪽)

31) 以順爲正者, 妾婦之道也. [『맹자』 6 : 2]

32) 泰,……則是天地交而萬物通也, 上下交而其志同也. (「태단(泰彖)」, 『주역』, 147쪽)

33) 天地感而萬物化生. (「함단(咸彖)」, 『주역』, 290쪽)
[『신편』II, 337-38쪽 : 함괘 ䷞ 는 간(艮)이 아래, 태(兌)가 위인데, 간은 소남(少男), 태는 소녀(少女)이다. 여자가 남자 위에 있으니 음이 양 위에 있다는 뜻이다. 통상 음기가 아래에, 양기가 위에 있다. 현재 위아래가 교환되었으니, "2기 감응"을 상징한다. 「역전」의 견해에 따르면 자연계에서 음양 2기의 구체적인 표현은 하늘과 땅이니, 2기 "감응"은 곧 하늘과 땅의 "감응"이다. 만물은 모두 하늘과 땅의 "감응"에서 화생된 것들이다.]

34) 天地相遇, 品物咸章也. (「구단(姤彖)」, 『주역』, 376쪽)

35) 歸妹, 天地之大義也. 天地不交, 而萬物不興. 歸妹, 人之終始也. (「귀매단(歸妹彖)」, 『주역』, 439쪽) [고형, 440쪽 : 귀매의 하괘는 태(兌)이고 상괘는 진(震)이다. 태는 기쁨(說 : 悅)을 뜻하고 진은 움직임(動)을 뜻한다. 그러므로 귀매의 괘상(卦象)은 기뻐서 움직인다는 것으로서, 즉 남녀가 서로 기뻐서 결혼한다는 의미이다.]

하늘과 땅은 즉 건곤의 구체적인 표현이고, 건곤은 하늘과 땅으로 대표되는 추상적 원리이다. "하늘과 땅이 교합하지 않으면 만물은 흥성할 수 없고", 하늘과 땅이 교합하면 만물이 생성된다. "천지는 떨어져 있어도 일(事)이 같고, 남녀는 떨어져 있어도 뜻이 통하며, 만물은 떨어져 있어도 (구별되어도) 하는 일이 일정하다."[36] 교합에 의해서 천지는 떨어져 있어도 일이 같고 남녀는 떨어져 있어도 뜻이 통한다.

3. 우주간 모든 사물의 변화발전

건곤이 교감(交感)하기 때문에 만물이 생기고 변화발전이 생긴다. 『역전』은 말한다.

천지가 풀어지면 천둥과 비가 일고, 천둥과 비가 일면 온갖 초목이 껍질을 뚫고 움이 나온다. ("천지가 막히고 맺히면 천둥과 비가 일지 않으며 교감하여 소통하면 천둥과 비가 인다."/왕필)[37]

하늘과 땅이 변혁하여 사계절의 추이가 이룩된다.[38]

[도는 만물을 생육하는] 인(仁)에 드러나 있지만, 그 작용은 은밀하여 감추어져 있다. **만물을 약동시키지만 성인처럼 걱정하지 않는다.** 그 도의 성덕(盛德)과 대업(大業 : 즉 만물)은 지극하다. 우주간의 모든 존재가 바로 대업이고, **끊임없는 혁신**(日新)이 바로 성덕이다.〈주19〉

문을 닫는 것은 곤(坤)이고 문을 여는 것은 건(乾)이다. 닫혔다 열렸다 하는 것이 바로 변화(變)이다. 왕래 무궁한 것이 곧 통(通)이다.[39]

---

36) 天地睽而其事同也；男女睽而其志通也；萬物睽而其事類也. (「규단(睽彖)」, 『주역』, 336쪽) [睽 : 등지다. 배반하다. 헤어지다. 떨어지다]

37) 天地解而雷雨作；雷雨作而百果草木皆甲坼. (王弼注曰 : "天地否結, 則雷雨不作；交通感散, 雷雨乃作也") (「해단(解彖)」, 『주역』, 349쪽) [『왕필집』, 415쪽]

38) 天地革而四時成. (「혁단(革彖)」, 『주역』, 408쪽)

39) 闔戶謂之坤；闢戶謂之乾；一闔一闢謂之變；往來不窮謂之通. (「계사상」, 『주역』, 536-37쪽)

우주간의 모든 사물들은 시시각각(時時) 혁신(革新)하고 시시각각 변화(變化)하는데, 이른바 일신(日新)이다.

우주간의 모든 사물의 변화는 모두 일정한 질서에 따른다. 『역전』은 말한다.

> 우주(天地)는 법칙에 순응하여 운동한다. 따라서 해와 달의 운행은 착오가 없고 사계절의 순환은 어김이 없다.[40]

> 천지의 운행법칙은 절도가 있으므로 사계절이 이룩된다.[41]

> 천지의 도(道 : 법칙)는 영구히 그치지 않는다. 어느 곳을 가든 이로움이 있다. 끝이 있으면 시작이 있기 때문이다. 해와 달은 하늘의 이법을 좇기에 영구히 비추고, 계절은 변화의 법칙이 있기에 영원히 이룩될 수 있다.……이처럼 천지의 항상성을 관찰하면 천지만물의 참모습을 알 수 있다.[42]

> [인간사의] 길흉은 끊임없이 반전하고, 천지간의 도는 끊임없이 현시되며, 해와 달의 이치는 끊임없이 빛을 비추는 것이다. **천하만물의 운행은 오로지 법칙에 통일된다.**[43]

이상은 우주간의 모든 사물은 다 일정한 질서에 따라 영구히 진행한다는 말이다. 「중용(中庸)」에 "천지의 도는 한 마디로 총괄된다 : 도의 만물창조는 어김이 없으며 도의 만물생성은 측량할 수 없다"[44]고

『신편』 II, 350쪽 : 「역전」에 따르면, 우주간의 변화란 그 내용이 사물의 생성과 소멸(成毁)일 따름이다. 괘상(卦象)의 측면에서 보면 사물의 생성소멸은 또한 건·곤의 개합(開闔 : 열리고 닫힘)이다. 사물의 생성은 사물이 옴(來)이요, 그 소멸은 감(往)이다. 한번 왔다 한번 가는 것(一來一往)이 변화(變)이다. 이런 왕래는 무궁하다. 오직 무궁하기 때문에 세계는 다함이 없다. 즉 **"왕래 무궁한 것이 곧 통(通)이다"** 는 말이다.]

40) 天地以順動, 故日月不過, 而四時不忒. (「예단(豫彖)」, 『주역』, 186쪽)

41) 天地節而四時成. (「절단(節彖)」, 『주역』, 473쪽) [節 : 법도. 절제, 절도. 때. 알맞다]

42) 天地之道, 恒久而不已也. 利有攸往, 終則有始也. 日月得天而能久照, 四時變化而能久成.……觀其所恒, 而天地萬物之情可見矣. (「항단(恒彖)」, 『주역』, 297-98쪽)

43) 吉凶者, 貞勝者也. 天地之道, 貞觀者也. 日月之道, 貞明者也. 天下之動, 貞夫[夫 : 于]一者也. (「계사하」, 『주역』, 556-57쪽)

44) 天地之道, 可一言而盡也. 其爲物不貳, 則其生物不測. 〈제14장,주111〉

했는데, 『역전』에서 말한 "천하만물의 운행은 오로지 법칙에 통일된다"고 함이 곧 이런 의미이다. 오직 그러하기 때문에 우주의 진화(演化)는 영원히 쉬는 때가 없다. 따라서 「서괘」는 말한다.

만물은 다하여 끝날 수 없다. 따라서 미제(未濟: ䷿, '미완성')괘가 이어지고 "역"은 그것으로써 종결된다.[45)]

4. 우주간 사물 변화의 순환

우주간의 사물은 시시각각 변화한다. 그 변화는 순환적이다. 『역전』은 말한다.

가면 반드시 되돌아오는 것이 천지의 법칙이다.[46)]

끝이 있는 곳에 시작이 있다. 이것이 하늘의 운행이다.[47)]

그 도를 반복(反復)하는데, 7단계를 거쳐 복귀한다(復)…… **이 복귀에서 [만물을 반복순환시키는] 천지의 마음을 본다**[즉 "복"이 우주의 비밀이다].[48)]

해는 남중하면 기울고 달은 차면 이지러진다. 천지간에 차고 비는 현상은 때(時)에 따라 쇠하고 성한다.[49)]

해가 지면 달이 뜨고 달이 지면 해가 뜬다. 해와 달이 서로 추동해야 주야가 생긴다. 추위가 가면 더위가 오고 더위가 가면 추위가 온다. 추위와 더위

---

45) 物不可窮也, 故受之以未濟終焉. (『주역』, 652쪽) [未濟 : something not yet accomplished. 미제를 "역"의 최후에 위치시켜 만물의 변화발전의 무궁함을 암시했다./아즈마]
[『신편』II, 351쪽 : **"만물은 다하여 끝날 수 없다"** 함은 사물은 무진(無盡)하다는 말이다. 세계는 어느 한 순간을 막론하고 늘 미완성("未濟")이다. 즉 영원히 변화의 과정 속에 있다. 이 또한 「역전」의 변증법적 사상이다.]
46) 無往不復, 天地際也. (「태상(泰象)」, 『주역』, 150쪽) [無往不復 : no departure without a return. 際 : 두 사물의 중간. 際는 蔡이고 蔡는 法이다 /고형]
47) 終則有始, 天行也. (「고단(蠱彖)」, 『주역』, 201쪽) [蠱 : 벌레. 의심. 경계하다. 일]
48) 反復其道, 七日來復.……復, 其見天地之心乎! (「복단(復彖)」, 『주역』, 241쪽)
49) 日中則昃, 月盈則食 ; 天地盈虛, 與時消息. (「풍단(豐彖)」, 『주역』, 447쪽)

가 서로 추동해야 한 해가 이룩된다.* 감(往)은 움추림(屈)이요, 옴(來)은 펼침(信 : 伸)이다. 움추림과 펼침(屈伸)의 상호 감응 속에 결과가 생긴다.50)

"그 도를 반복하고", "가면 반드시 되돌아오는", 우주간의 사물의 "왕래"와 "굴신"**은, 모두 마치 일월(日月)과 한서(寒暑)의 순환 혹은 왕래와 같은데, 이것이 소위 "복귀(復)"이다. 이것이 우주간의 사물 변화가 의거하는 하나의 커다란 통칙(通則)이다. 따라서 "이 복귀에서 천지의 마음을 본다"고 했다.

오로지 그와 같기 때문에 우주간의 어떠한 사물도 발전하여 일정한 정도에 이르면 변하여 그 정반대(反面)로 된다. "해는 남중하면 기울고 달은 차면 이지러지기" 때문에, 「건」괘에서 6효 가운데 구오(九五)***가 가장 좋게 여겨진다. 「건」의 상구(上九)의 경우 "절정에 오른(亢) 용은 회한이 있다"고 했으니, "극점에서의 재앙"이다.51) 이에 대해서 공자는 말했다.

절정에 올랐다(亢)고 함은 전진만 알고 후퇴는 모르고, 존립만 알고 멸망은 모르고, 획득만 알고 상실은 모른다는 뜻이다. 아마 오직 성인이리라! 진퇴(進退)와 존망(存亡)을 인식하고 그 바른 상태를 잃지 않을 사람은 오직

---

* 『신편』II, 347쪽 : 요컨대 이것을 두고 "음양이 교대로 작용하는 것이 도이다(一陰一陽之謂道)"〈주19〉고 한다.

50) 日往則月來, 月往則日來, 日月相推, 而明生焉. 寒往則暑來, 暑往則寒來, 寒暑相推, 而歲成焉. 往者, 屈也 ; 來者, 信也 ; 屈信相感而利生焉. (「계사하」, 『주역』, 570쪽)

** 『신편』II, 350쪽 : 『역경』에 본래 "평지에는 반드시 비탈이 있고, 가면 반드시 되돌아온다(无平不陂, 無往不復)"는 말이 있다. 이는 『역경』의 고유한 변증(辨證) 사상의 맹아이다. 「역전」은 이 사상을 더욱 발휘했다. 「역전」은 **"해는 남중하면 기울고 달은 차면 이지러진다"**고 했고, "변화(變化)란 진퇴(進退)의 상(象)이다"고 했다. 나아갔다 물러나고 물러났다 나아가는 것이 변화의 과정이다. 또 "역(易)은 궁하면 변하고(窮則變) 변하면 통하고(變則通) 통하면 장구한다(通則久)"고 했다. "궁"은 사물의 발전이 극에 도달한 것이고, "변"은 그 반대 측면(反面)으로 변한 것이고, "통"은 반대 측면으로 변한 후의 새로운 발전이고, "구"는 새로운 발전이 경과한 시간이다. 이 "구"는 영원한 것은 아니고, 오래지 않은 시간 내에 다시 "궁"의 단계로 도달하려고 한다. 이것이 바로 "왕래(往來)"와 "굴신(屈伸)"이다.

*** 아래에서 다섯번째의 양효. 그 효사는 "飛龍在天, 利見大人"이다.

51) '亢龍有悔', 窮之災(也). [「문언」, 『주역』, 67쪽]

성인이리라![52]

"물극필반(物極必反 : 사물은 절정에 이르면 반드시 반전한다)"[53]의 이 "역"리(易理)는 『노자』에서 주장한 이치이기도 했다.* 『역전』의 해석에 따르면 64괘의 순서 역시 물극필반의 의미를 나타낸다. 「서괘」[54]는 말한다.

> 예를 이행하여(履) 형통한(泰) 연후에 편안하다. 따라서 [「이(履)」괘] 다음은 「태(泰)」괘가 이어진다. 태(泰)는 형통의 뜻이다. (형통하는) 사물이 언제까지나 형통할 수는 없다. 따라서 다음은 「비(否 : 막히다)」괘가 이어진다. (막힌) 사물이 언제까지나 꽉 막힐 수는 없다. 따라서 다음은 「동인(同人 : 남과 화합)」괘가 이어진다.……[55]
>
> 사물은 대충대충 부합한(合) 상태에서 그칠 수 없다. 따라서 [「서합(噬嗑 :

---

52) 亢之爲言也, 知進而不知退, 知存而不知亡, 知得而不知喪. 其唯聖人乎! 知進退存亡而不失其正者, 其惟聖人乎! (「문언」, 『주역』, 73쪽)

53) 物極必反. [伊川曰 : '……如「復」卦言七日來復,……陽已復生, ～'(「근사록」)]

* 『신편』II, 349쪽 : 구설(舊說)에 "『역』과 『노자』는 상통한다"고 했는데, 지극히 피상적인 견해이다. 사실 『노자』와 「역전」은 근본 관점에서 완전히 상반적이다.……예를 들면 『노자』와 「역전」은 모두 "복(復)"을 중시한다.……그러나 『노자』의 "복"은 이른바 "귀근복명(歸根復命)"〈제8장,주44〉으로, "무(無)"를 중시하고, 정지(靜止)를 사물 변화의 최종 귀착점으로 간주한다. 반면에 「역전」의 "복"은 바로 음양의 소장(消長 : 盛衰)을 논한 것이다. 「역전」은 "유(有)"를 중시하고, 동(動)을 만물의 생성과 성취의 근원으로 여긴다. 『노자』에서는 정(靜)이 첫째 위치에 있으니 정에서 동이 되고 동은 다시 정으로 복귀한다. 정이 절대적이고 동은 상대적이다. 「역전」에서는 동이 첫째 위치에 있으니 동에서 정이 되고, 정의 상태에 있더라도 동은 멈춘 적이 없다. 동이 절대적이고 정은 상대적이다. 이것이 『노자』와 「역전」의 근본적인 차이이다.

54) 【주】「서괘」는 소위 「십익」 중에서도 더욱 나중에 나왔다고 생각된다. 다만 『회남자』 「유칭훈(繆稱訓)」에 이런 말이 있다. "어떤 행동에서 이익이 생기면 손해도 따르기 마련이다. 따라서 『역』은 '깎아내는 일만 끝까지 할 수 없기 때문에 다음에 복괘가 이어진다(動而有益則損隨之. 故『易』曰 : 剝之不可終盡也, 故受之以復)'고 했다."(『회남자(淮南子)』, 326쪽) 그러므로 「서괘」에서 논한 여러 의미들은 이미 회남왕 시대에 존재했던 것이다.

55) 履而泰然後安, 故受之以泰. 泰者通也. 物不可以終通, 故受之以否. 物不可以終否, 故受之以同人.……(『주역』, 645쪽)

합치)」괘] 다음은 「비(賁)」괘가 이어진다. 비(賁)는 장식의 뜻이다. 장식이 지나치면 아름다움이 없어진다. 따라서 다음은 「박(剝)」괘가 이어진다. 박은 벗겨짐의 뜻이다. 사물이 언제까지나 벗겨질 수는 없다. 위로 정점에 도달하면 다시 아래로 돌아간다. 따라서 다음은 「복(復)」괘가 이어진다.……[56]

진(震)은 동요의 뜻이다. 사물이 언제까지나 동요할 수는 없다. [동요는 반드시] 정지된다. 따라서 다음은 「간(艮)」괘가 이어진다. 간은 정지의 뜻이다. 사물이 언제까지나 정지할 수는 없다. 따라서 다음은 「점(漸 : 차츰 나아감)」괘가 이어진다.[57]

오직 이러하므로 우주변화의 과정 중에는 선(好 : 善)도 있고 반드시 악(不好 : 惡)도 있다. 따라서 「계사」는 말한다.

길(吉)·흉(凶)과 후회(悔)·한탄(吝)은 모두 [인간의] 행동(動)에서 생긴다.[58]

효(爻)(괘효의 변동)란 우주간의 사물의 변동(動 : 변화)을 본뜬 것이다. 그런 까닭에 길·흉이 생기고 후회·한탄이 드러난다.[59]

길흉은 이미 행동(動 : 운동)과 항상 밀접한 관련이 있고,[60] 우주의

56) 物不可以苟合而已, 故受之以賁. 賁者, 飾也. 致飾然後亨則盡矣, 故受之以剝. 剝者, 剝也. 物不可以終盡, 剝窮上反下, 故受之以復.……(『주역』, 646쪽)

57) 震者, 動也. 物不可以終動, 止之, 故受之以艮. 艮者, 止也. 物不可以終止, 故受之以漸. (『주역』, 650쪽)
[『신편』II, 350-51쪽 : 「역전」에 따르면 "물극필반(物極必反)"은 사물변화가 준거하는 하나의 통칙이다. 「서괘」의 말을 보면 64괘의 순서는 바로 이 통칙의 표현이다. 64괘는 늘 상반된 괘가 연이어 있다. 예컨대 태(泰)䷊[11]와 비(否)䷋[12], 박(剝)䷖과 복(復)䷗[24], 진(震)䷲[51]과 간(艮)䷳[52], 기제(旣濟)䷾[63]와 미제(未濟)䷿[64]는 괘상(卦象)이 모두 상반적이지만, 64괘의 배열순서상 모두 연이어 있다. 오로지 이 순서를 놓고 볼 때, 이는 아마 『역경』의 고유한 변증법 사상인 것 같다.……**"형통하는(通)"** 사물은 **"언재까지나 형통할 수 없고" "동요하는(動)"** 사물이 **"언제까지나 동요할 수 없다."** 즉 필연적으로 그 정반대(對立面 : 反面)로 전화(轉化)할 것이다는 말이다.]

58) 吉凶悔吝者, 生乎動者也. (『주역』, 556쪽)

59) 爻也者, 效天下之動者也, 是故吉凶生而悔吝著也. (『주역』, 568쪽)

60) 【주】어떤 수필에 "한 신선이 말하기를 '바둑을 둘 때 반드시 이기는 방법은 없지만 반드시 지지 않을 방법은 있다'고 했다. '반드시 지지 않을 방법이 무엇이냐'고

진화는 바로 하나의 운동(動)이다. 따라서 우주에서의 악의 존재는 필연의 형세이다. 따라서 「계사」는 또 "8괘가 길흉을 결정하고 길흉이 대업(大業)*을 낳는다"[61] 했다. 대업은 필연적으로 길흉과 연관되는데, 이것이 곧 쇼펜하우어가 말한 "영원한 정의(永久公道 : eternal justice)"이다.

5. 역상(易象)과 인간사

우주간에는 여러 사물이 존재하고, 여러 사물의 변화발전에는 앞에서 말한 것과 같은 여러 공식(公例 : 일반적인 통례)이 존재한다. 『역』이라는 책은, 『역전』의 말에 따르면, 우주의 여러 사물과 그 변화발전의 공식을 간명한 상징으로써 본뜨고 대표하여 사람이 본받기에 편하게 한 것이다. 『역』이라는 한 권의 책은 즉 우주 전체의 한 축소판(縮影)이다. 「계사」는 말한다.

> "역"은 상(象)으로 되어 있다. 상이란 (객관사물의) 형상이다.[62]

> 상(象)이란 성인이 **객관사물의 번잡한 현상**(天下之賾)을 관찰하여 **그 형상을 모방하고 사물의 본질을 본뜬**(象) 것이다. 그래서 상(象)이라고 했다.[63]

묻자, 신선은 '바둑을 두지 않는 것이다'고 대답했다." 바둑을 두는 것은 하나의 행동(動)이고 일단 행동하면 반드시 길·흉과 후회·한탄은 생기는 것이다.

* 『신편』II, 335쪽 : 이 "태극"의 대업은 64괘, 384효가 나타내는 "상(象)"과 공식이다. "도"의 대업〈주20〉은 우주간의 모든 사물이다. 이 두 "대업"은 같은 것이 아니지만, 「계사전」의 견해에 따르면, 같지는 않지만 완전히 서로 "대등한(准)" 것이다.

61) [易有太極, 是生兩儀,……四象生八卦] 八卦定吉凶, 吉凶生大業. (『주역』, 539쪽)

62) 易者, 象也 ; 象也者, 像也. (「계사하」, 『주역』, 568쪽)

63) 夫象, 聖人有以見天下之賾, 而擬諸其形容, 象其物宜, 是故謂之象. (『주역』, 543-44쪽)

[『신편』II, 331-32쪽 : 「역전」의 작자들에 따르면 각 괘는 모두 하나의 범주를 대표하고, 각 조의 괘사와 효사는 하나의 공식을 대표하고, 각 공식은 모두 자연계와 사회의 원칙에 관한 하나 혹은 여러 원칙을 나타낸다.……"상(象)"은 객관사물의 복잡한(賾) 상황의 모사(摹擬 : 模寫)이고, 객관세계의 형상(形象)이다. 그러나 모사와 형상은 결코 사진처럼 찍거나 그림처럼 그린 것이 아니라, 일종의 부호이다. 부호로써 사물의 "도(道)"나 "이치(理)"를 나타낸다. 64괘와 384효는 모두

[이치가] 현현된 것이 **상**(象)이고, 형체를 이룬 것이 **기물**(器)이고, 제정하여 준용하는 것이 **법**(法)이다. 모든 행동에 이롭게 준용하여 **인민 모두가 준용할 수 있**으므로 신묘한 것(神)이다.[64]

성인은 "객관사물의 번잡한 현상"을 관찰하여 "그 형상을 모방하고 사물의 본질을 본떠" 그 "상"을 얻고, 또 그 상을 모방하여 "기물"을 제조하고 "법"을 제정하여 "인민 모두가 준용하게 했다." 따라서 말했다.

하늘이 산생한 신묘한 사물[즉 시초와 거북]을 성인은 모방했고[즉 점치는 법을 만듦], 천지의 변화를 성인은 본받았으며[즉 괘의 변화로 천지의 변화를 상징함], 하늘이 상(象)을 드리워 길흉을 보이자 성인은 그것을 본떴다[즉 64괘의 괘상에도 길흉이 있음].[65]

우주간의 온갖 사물은 시시각각 혁신(革新)하고 시시각각 변화(變化)한다. 『역』은 우주간의 여러 사물을 모방하고 그 변화를 모방한 것이다. 『역전』은 말한다.

효(爻)란 우주간의 사물의 변동(動 : 변화)을 본뜬 것이다.〈주59〉

『역』이라는 책은 결코 멀리할 수 없다. 그것의 법칙(道)은 부단히 변천하는데, 변하여 움직여서 머물지 않고 6효의 각 자리를 두루 유전하고 위아래

그런 부호이다. 그것들은 마치 (기호)논리학에서 말하는 변항(變項)과 흡사하다. 한 변항에는 한 종류 혹은 여러 종류의 사물을 대입할 수 있는데, 무슨 종류의 사물이든, 단지 모종의 조건에 부합하기만 하면 어떤 한 변항에 대입할 수 있다. 「계사전」은 "모든 법칙은 유에 따라 취합되고 모든 사물은 무리에 따라 분류된다(方以類聚, 物以群分)"고 했는데, 사물은 모두 모종의 유에 속한다고 여긴 말이다. 아무 유(類) 혹은 아무 유의 사물은 모종의 조건에 부합하기만 하면 아무 괘나 효에 대입할 수 있다. 한 괘의 괘사나 한 효의 효사는 모두 공식으로서, 해당 유의 사물이 그런 종류의 상황에서 따라야 할 "도"를 나타낸다. 해당 유의 사물은 그 "도"를 따르면 길하고 "도"를 따르지 않으면 흉하다.]

64) 見乃謂之象 ; 形乃謂之器 ; 制而用之謂之法 ; 利用出入, 民咸用之, 謂之神. (「계사상」, 『주역』, 537쪽)

65) 天生神物, 聖人則之. 天地變化, 聖人效之. 天垂象見吉凶, 聖人象之. (「계사상」, 『주역』, 540쪽)

로 위치를 바꾸어서 강(剛 : 양효)과 유(柔 : 음효)가 서로 전환하므로 고정적인 표준을 세울 수 없고 오직 적절한 경우로 변화할 뿐이다.[66)]

오직 그렇기 때문에『역전』은 "시(時 : 사물 발전의 시간적 조건)"를 누차 언급했다. 사물 발전이 극에 이르면 그 정반대(反面)로 일변하므로『역전』은 누차 "중(中 : 사물발전의 합당한 한도)"을 언급했다. 혜동(惠棟, 1697-1758)은 말했다.

『역』의 도는 심오하다! 한마디로 말하면 '시중(時中)'이다. 공자가 지은「단전(彖傳)」은 시(時)를 말한 것이 24괘에, 중(中)을 말한 것이 35괘에 달한다.「상전(象傳)」은 시를 말한 것이 6괘에, 중을 말한 것이 36괘에 달한다. 시(時)를 말한 것으로는 시(時), 대시(待時), 시행(時行), 시성(時成), 시변(時變), 시용(時用), 시의(時義), 시발(時發), 시사(時舍), 시극(時極)이란 것이 있다. 중(中)을 말한 것으로는 중(中), 중정(中正), 정중(正中), 대중(大中), 중도(中道), 중행(中行), 강중(剛中), 유중(柔中)이란 것이 있다.「몽단」*은 또 시중(時中)을 병칭하고 있다.……자사(子思)가 지은「중용」은 공자의 뜻을 계술하여 "군자다우면서 시중을 추구한다"[67)]고 했고, 맹자도 "공자는 시중(時 : 時中)의 성인이다"[68)]고 했다. '집중(執中)'〈주76〉의 가르침은 중천(中天 : 요순 시대)에서 비롯되었고 '시중(時中)'의 의미는 공자에서 밝혀졌는데, 바로 요순 이래로 전승된 심법(心法)이었다.「풍단」에 "천지간에 차고 비는 현상은 때(時)에 따라 쇠하고 성한다"〈주49〉고 했고,「박(剝)」에 "군자가 사물의 영고성쇠(消息盈虛 : 榮枯盛衰) 현상을 중시하는 것은 그것이 천도이기 때문이다"[69)]고 했다.「문언」에 "진퇴와 존망을 인식하고 그 바른 상태를 잃지 않을 사람은 오직 성인이리라!"〈주52〉고 했는데 이 모두가 시중(時中)의 의미이다.[70)]

---

66)『易』之爲書也不可遠, 其爲道也屢遷. 變動不居, 周流六虛, 上下無常, 剛柔相易, 不可爲典要, 惟變所適. (「계사하」,『주역』, 587쪽)

*「몽단(蒙彖)」,『주역』, 99쪽 :「蒙」'亨', 以亨行時中也.

67) 君子而時中. 〈제14장,주102〉

68) 孔子聖之時. 〈제14장,주98〉

69) 君子尙消息盈虛, 天行也. [「박단(剝彖)」,『주역』, 233쪽]

70)「『역』의 시중(時中) 숭상론(易尙時中說)」,『역한학(易漢學)』권7.

유가가 줄곧 말해온 시중의 의미는 『역전』에 이르러 형이상학적 근거도 얻었던 것이다.[71)]

『역전』은 또 "물극즉반(物極則反 : 사물의 발전이 극에 달하면 反轉한다)" 사상에 근거하여 사람들에게 『노자』에서 말한 내용과 비슷한 처세(處世接物)의 방법을 제시했다. 「겸단(謙彖)」은 말한다.

천도(天道 : 하늘의 법칙)는 양기를 하강시켜 널리 빛을 비추고, 지도(地道 : 땅의 법칙)는 낮은 데서 상승한다. 천도는 충만한 것을 덜어 겸허한(부족한) 것에 보태주고, 지도는 충만한 것을 깎아 겸허한(부족한) 것에 유입시켜준다. 귀신은 교만한 사람에게 손해를 입혀 겸허한 사람에게 복을 준다. 인도(人道 : 인간의 법도)는 교만을 증오하고 겸허를 좋아한다. 사람이 겸허하면, 존귀한 자리에서 영광을 얻고 비천한 자리에서 멸시되지 않는다. 이것이 즉 군자의 유종의 미이다.[72)]

71) 【주】『역전』은 자주 '중(中)'을 언급하기 때문에 적어도 그중의 일부분은 "자사 유파의 유가"〈제14장,주1〉의 저작처럼 의심된다. 「문언」의 문구에도 『중용』과 같은 것이 있다. 예컨대 「문언」 건(乾) 초구(初九)에 "세속에 굽히지 않으며 명예를 추구하지 않으며, 은둔해 있으면서도 번민하지 않으며, 세상의 추앙을 못받더라도 번민하지 않는다(不易乎世, 不成乎名 ; 遯世无悶 ; 不見是而無悶)"(『주역』, 62쪽)고 했는데, 「중용」도 "군자는 중용에 의거하여 은둔하여 알려지지 않더라도 후회하지 않는다(君子依乎中庸, 遯世不見知而不悔)"고 했다. 구이(九二)에 "평소의 말을 신실히 하며, 평소의 행동을 삼간다(庸言之信, 庸行之謹)"(『주역』, 63쪽)고 했는데, 「중용」도 "평소에 덕을 행하고 평소의 말을 삼간다(庸德之行, 庸言之謹)"〈제14장,주101〉고 했다. 「문언」은 또 "무릇 대인(大人)은 그 덕이 천지에 필적하고, 그 빛(통찰력)이 일월에 필적하며, 그 질서는 사계절에 필적하며, 길흉사의 판단은 귀신에 필적하는 것이다. 하늘에 앞서 움직여도 하늘(자연)에 어긋나지 않고 자연에 뒤따라 행해도 계절의 변화를 돕는다(夫大人者, 與天地合其德, 與日月合其明, 與四時合其序, 與鬼神合其吉凶. 先天而天弗違, 後天而奉天時)"(『주역』, 72-73쪽)고 했는데, 「중용」도 "군자의 도는 온 천지에 내세워도 어그러짐이 없으며, 귀신에게 물어보더라도 의심스런 내용이 없다"〈제14장,주116〉고 했다. 「중용」은 또 "지성(至誠)의 도에는 예견능력이 있다. 국가가 장차 흥할 때에는 반드시 길조가 있고 국가가 장차 망할 때에는 반드시 흉조가 있어서, 시초점과 거북점에 나타나고 거동 가운데 표현된다(至誠之道, 可以前知. 國家將興, 必有禎祥 ; 國家將亡, 必有妖孽. 見乎蓍龜, 動乎四體)"고 했은즉, 「중용」에는 『역』에 대한 신앙도 있는 것이다.

72) 天道下濟而光明, 地道卑而上行. 天道虧盈而益謙, 地道變盈而流謙, 鬼神害盈而福謙, 人道惡盈而好謙. 謙尊而光, 卑而不可踰, 君子之終也. (『주역』, 178-79쪽)

「계사」는 말한다.

공로를 세우고도 겸허한 군자는 유종의 미를 거두어 길하다. 공자는 말하기를 "공로를 세우고 자랑하지 않고 덕이 있어도 자처하지 않음은 충후한 마음의 극치이다"고 했는데, 공덕이 있어도 남에게 겸하한다는 말이다. 덕은 덕성의 왕성함을 뜻하고 예는 공경스러움을 뜻한다. 겸허한 사람이란 공경을 다하여 자신의 지위를 보존하는 사람이다.[73)]

○위태로운 사람은 지위에 안주한 사람이고, 멸망하는 사람은 존립에 안주한 사람이고, 혼란에 빠진 사람은 태평에 안주한 사람이다. 따라서 군자는 안정할 때 위험을 잊지 않으며, 존립할 때 멸망을 잊지 않으며, 태평할 때 혼란을 잊지 않기 때문에 몸은 안전하고 국가는 보존된다.『역』에 "망하지 않을까! 망하지 않을까! 염려한다면 무성한 뽕나무보다 견고할 것이다"고 했다.[74)]

이것은『노자』학설을『역전』이 취한 것이다.*

그러나『역전』에서 말한 처세의 방법은『노자』에서 말한 것과 비슷하지만 똑같지는 않다.『노자』는 "합(合)"을 중시했고『역전』은 "중(中)"을 중시했다. "합"이란 양 극단에서 생긴 새로운 정황이지만 "중"이란 양 극단 중간의 어떤 경지이다. 예컨대『노자』는 "지극한 기교는 마치 서투른 것 같다"[75)]고 했는데, 지극한 기교는

73) 勞謙, 君子有終吉. 子曰: "勞而不伐, 有功而不德, 厚之至也." 語以其功下人者也. 德言盛, 禮言恭, 謙也者, 致恭以存其位者也. (「계사상」,『주역』, 521-22쪽)

74) 危者, 安其位者也; 亡者, 保其存者也; 亂者, 有其治者也. 是故君子安而不忘危, 存而不忘亡, 治而不忘亂; 是以身安而國家可保也.『易』曰: "其亡其亡, 繫于苞桑." (「계사하」,『주역』, 574쪽) [繫 : 磬(견고할 격)의 가차/고형. 苞 : 茂]

* 『신편』II, 353쪽:「역전」과『노자』모두, 어떤 사물을 보존하는 최선의 방법은 그것이 절정에까지 발전하지 않도록 항상 미리 정반대 측면을 받아들이는 것이다고 여겼다. 그렇게 하면 정반대 측면으로 변하지 않을 수 있다. 그러나「역전」이 취한 것은 적극적인 태도로서, 그 목적은 자신이 전진하는 가운데 실패에 이르지 않게 하여 이미 획득한 결실을 보존하려는 것이다. 예컨대 기제(旣濟)괘는 성공의 "상(象)"이다. 하지만 그「상사(象辭)」에 "그럼으로써 군자는 우환을 생각하여 미리 예방한다(以思患而預防之)"고 했다. "군자"가 그럴 수 있으면 자신의 "기제(旣濟 : 기왕의 성공)"를 보존할 수 있다.

75) 大巧若拙[=The greatest skill seems like clumsiness].〈제8장,주75〉

기교와 서투름의 중간의 어떤 경지가 아니라 실은 기교와 서투름의 합이다. 『역전』은 다만 "양 극단을 놓고 중용을 취한다"[76]는 사상을 주장한 것 같다. 이것이 『역전』이 유가의 전적(典籍)인 까닭이다.

『역전』은 당시 남녀의 사회적 지위와 관계를 근거로 하여 건곤의 관계를 유추했다. 건곤의 관계가 『역전』의 내용처럼 된 이상 당시 남녀의 사회적 지위와 관계는 더 합리적인 듯했고 형이상학적 근거도 지니게 되었다. 「가인단(家人彖)」은 말한다.

> 「가인(家人)」괘 ☴☲는 여자가 안에서 **바른 위치**(正位)를 얻고, 남자가 바깥에서 바른 위치를 얻는 상이다. 남녀의 위치가 바른 것이 바로 천지간의 대의(大義)이다. 가정에 존엄한 가장(嚴君)이 존재한다는 말은 바로 부모를 두고 한 말이다. 아버지는 아버지답고, 자식은 자식답고, 형은 형답고, 동생은 동생답고, 남편은 남편답고, 아내는 아내답게 됨으로써 가정의 도는 바르게 되며, 가정이 바르게 되면 천하가 안정된다.[77]

남녀의 "바른 위치"를 "천지의 대의"로 여겼는데, 당시 남녀의 사회적 지위와 관계에 형이상학적 근거를 부여한 것이다. 「계사」는 말한다.

> 하늘은 높고 땅은 낮은 데서 건·곤이 정해졌고, 높고 낮은 형세가 배열된 데서 귀천의 지위가 수립되었다.[78]

사회상으로 귀천이 있는 것은 바로 천지에 고하가 있는 것과 똑같이 자연스럽다는 것이 또한 역상(易象)이 명시하는 내용이다.

그밖에 64괘 가운데의 "상왈(象曰)"*은 모두 역상이 인간사(人事)의 본보기가 될 수 있음을 말한 것이다. 예컨대

---

76) 執兩用中. ["子曰:'舜……執其兩端, 用其中於民.……"(「중용」)]

77) 家人, 女正位乎內, 男正位乎外;男女正, 天地之大義也. 家人有嚴君焉, 父母之謂也. 父父, 子子, 兄兄, 弟弟, 夫夫, 婦婦, 而家道正;正家而天下定矣. (『주역』, 329쪽)

78) 天尊地卑, 乾坤定矣. 卑高以陳, 貴賤位矣. (『주역』, 504쪽) 〈제14장,주21〉

* 『신편』II, 327쪽:「역전」 가운데, 주로 순전히 『역경』의 괘사와 효사의 도덕적 의미를 천명하고 더욱 명확히 설명하여, 괘사와 효사에 부회함으로써 그것이 도덕적 의미를 띠도록 하는 데에 치중한 것이 바로 이 「상사(象辭)」이다.

하늘의 운행(天行)이 굳건하듯, 군자는 자강불식(自強不息 : 자신의 능동성을 부단히 발휘)한다.[79]

땅의 존재방식은 순정적이다. 그러므로 군자는 후덕하게 만물을 포용한다.[80]

이는 역상이 개인의 수양에 응용될 수 있는 경우이다. 또 예컨대

위는 하늘(임금), 아래는 못(백성)이「이(履)」괘☰의 상이다. 군자는 이것을 본받아 상하, 귀천의 질서를 변별하여 민심을 안정시킨다.[81]

하늘과 땅이 교합하는 것이「태(泰)」괘☷의 상이다. 임금은 이를 본받아 천지의 운행법칙을 재량하고 천지의 합당한 조화작용을 보조하여 인민을 통치한다.[82]

이는 역상이 정치사회에 응용될 수 있는 경우이다.「계사」는 말한다.

『역』에는 성인의 도가 넷이 있다. 즉『역』으로써 **의론할 경우 괘사와 효사를 중시하고**[즉 시비를 따짐], 행동할 경우 괘효의 변화를 중시하고[즉 진퇴를 결정함], **기물을 만들 경우 괘상을 중시하고**[즉 방법을 터득함], **점을 칠 경우 점의 결과를 중시한다**[즉 길흉을 예견함].[83]

『역』은 본래 시초점에 쓰인 것이기 때문에, "점을 칠 경우 점의 결과를 중시한다"고 했다.『역』의 괘사와 효사의 의미를 재해석하여(引申) 자기 주장을 수립하는(立言) 근거로 삼았은즉, "의론할 경우 괘사와 효사를 중시한다"는 말이다. 역상(易象)에서 본을 취하여 우리의 행위에 응용하는즉, "행동할 경우 괘효의 변화를 중시한다"는 말이다. "기물을 만들 경우 괘상을 중시한다"는 것은「계사」에

79) 天行健, 君子以自強不息.. (「건상」,『주역』, 56쪽)

80) 地勢坤, 君子以厚德載物. (「곤상」,『주역』, 78쪽)

81) 上天下澤, 履, 君子以辯[辯 : 辨]上下, 定民志. (「이상(履象)」,『주역』, 141쪽)

82) 天地交泰, 后以財[財 : 裁]成天地之道, 輔相天地之宜, 以左右民. (「태상」,『주역』, 148쪽) [天地之宜 : 비, 이슬, 눈, 서리 따위가 제때에 내리는 것을 말함]

83)『易』有聖人之道四焉 : 以言者尙其辭, 以動者尙其變, 以制器者尙其象, 以卜筮者尙其占. (「계사상」,『주역』, 531-32쪽)

서 구체적으로 설명했다. 즉

> 옛날 복희씨가 천하를 다스릴 적에 우러러 천상(天象)을 관찰하고, 아래로 땅의 법칙(法)을 관찰하고, 새와 짐승의 모습과 지상의 식물들을 관찰하고, 가까이 자기 신체를 관찰하고 멀리 각종 기물을 관찰하여, [법칙을 발견하고 여덟 가지로 분류하여] 마침내 8괘를 창작했다. 그 8괘의 상(象)으로써 자연계의 신비(神明之德)를 해석하고 만물의 진상(萬物之情)을 유형화할 수 있었다.……복희씨가 죽은 이후 신농씨가 흥기하여 나무를 깎아 쟁기자루를 만들고 나무를 휘어 쟁기날을 만들어서 이런 쟁기의 이로움을 바탕으로 천하를 교화했는데, 「익(益)」괘에서 원리를 취했을 것이다.[84]

「익」괘䷩는 손(巽)이 위에, 진(震)이 아래에 있다. 손은 바람이고 나무이며 진은 우뢰이고 움직임이니, 위에 있는 나무가 아래로 움직이는 상이다. 따라서 신농은 이 상에 의거하여[암시를 받아] 쟁기를 발명했다. 「계사」는 또 말한다.

> 나무를 파내어 배를 만들고 나무를 뾰쪽하게 깎아 노를 만들어, 소통이 안 되던 곳을 건너서 먼 곳까지 도달하게 하여 온 세상을 이롭게 한 것은 「환(渙)」괘에서 원리를 취했을 것이다.[85]

「환」괘䷺는 손이 위에 감(坎)이 아래에 있다. 손은 바람이고 나무이며 감은 물이니, 나무가 물 위에 있는 상이다. 따라서 황제(黃帝)는 이 상에 의거하여 배와 노를 만들었다. 「계사」는 또 말한다.

> 소에 멍에를 메우고 말에 올라타 **무거운 짐을 끌게 하고 먼 곳을 달리게 하여** 세상을 이롭게 한 것은 「수(隨)」괘에서 원리를 취했을 것이다.[86]

---

84) 古者包[包：伏]羲氏之王天下也, 仰則觀象於天, 俯則觀法於地, 觀鳥獸之文與地之宜, 近取諸身, 遠取諸物, 於是始作八卦, 以通神明之德, 以類萬物之情……包羲氏歿, 神農氏作, 斲木爲耜, 揉木爲耒；耒耨[耨；耜의 잘못]之利, 以敎天下, 蓋取諸「益」. (「계사하」, 『주역』, 558-61쪽)

85) 刳木爲舟, 剡木爲楫；舟楫之利, 以濟不通, 致遠以利天下. 蓋取諸「渙」. (『주역』, 562-63쪽) [刳：쪼개다, 파다. 渙：흩어지다, 풀리다]

86) 服牛乘馬, 引重致遠, 以利天下, 蓋取諸「隨」. (『주역』, 563쪽)

「수(隨)」괘 ☱☳는 태(兌)가 위에 진(震)이 아래에 있다. 태는 못이고 기쁨이며 진은 움직임이니, 아래에서 움직일 때 위에서 기뻐하는 상이다. 따라서 황제는 이 상에 의거하여 소와 말을 이용하여 "무거운 짐을 끌게 하고 먼 곳을 달리게 했다."*

총괄하건대 『역』이라는 한 책은 바로 우주 전체의 축소판이다. 따라서 「계사」는 말한다.

> "역"의 체계는 자연계의 법칙과 상응한다. 따라서 천지의 모든 도(道 : 법칙)를 두루 포괄할 수 있다. 위로 천문(天文)을 관찰하고 아래로 지리(地理 : 땅의 질서)를 고찰한 까닭에 유명(幽明 : 감추어진 것과 드러난 것)의 모든 원리를 파악하고, 만물의 순환(始終)을 규명한 까닭에 생사의 내력(이치)을 꿰뚫는다.[87)]
>
> ○무릇 "역"은 광범하고 위대하다. 그 심원한 것을 논할 경우 막힌 곳이 없고, 그 비근한 것을 논할 경우 빈틈이 없고 정확하며, 천지간의 사물을 논할 경우 포함되지 않는 것이 없다.[88)]

우리는 행위할 때 『역』에서 본을 취할 수 있다면 실수에 빠지지 않을 수 있다. 「계사」는 말한다.

> 따라서 군자가 평소에 살피는 것은 "역(易)"에 나타난 질서요, 즐겁게 음

---

* 『신편』II, 341쪽 : 「역전」의 이러한 "관상제기(觀象制器 : 상을 관찰하여 기물을 제작)"의 사상은 사실상 자연현상의 법칙을 관찰하여 인류가 생산도구를 발명했다는 것인데, 인력(人力)을 통한 자연개조의 의미가 있다. ……「계사전」은 복희씨가 그물을 발명하여 사람들에게 어로작업을 가르쳤고, 그후 신농씨는 쟁기를 발명하여 농사를 가르쳤고, 그후 다시 황제와 요순은 옷, 배, 수레, 집짓기, 무덤의 관 그리고 문자 등을 발명하여 야만시대의 생활을 벗어나게 했다고 말한다. 「역전」이 말한 이 "관상제기"의 성인들은 사실상 고대의 사회적, 경제적 발전단계와 고대 문명의 기원과정을 상징한다.

87) 『易』與天地準[these symbols and formulas have their exact counterparts in the universe itself], 故能彌綸天地之道. 仰以觀於天文, 俯以察於地理 ; 是故知幽明之故. 原始反終, 故知死生之說. (『주역』, 511쪽) [準 : 等. 彌 : 遍. 綸 : 絡, 덮다]

88) 夫『易』, 廣矣, 大矣 ; 以言乎遠則不禦, 以言乎邇則靜而正, 以言乎天地之間則備矣. (『주역』, 516-17쪽)

미하는 것은 괘효사의 의미이다. 그러므로 평소에는 상을 관찰하고 효사를 음미하며, 행동할 때에는 변화를 관찰하고 점괘를 음미한다. 그런 까닭에 하늘로부터 도움을 받고 일마다 길하여 순조롭지 않는 것이 없다.[89)]

이런 해석을 거쳐 우리는『역』의 중요성을 알 수 있다.

6.『회남홍렬』 중의 우주론

『회남홍렬(淮南鴻烈)』은 한나라 회남왕(淮南王) 유안(劉安, 177-122B.C.)의 빈객들이 공저한 책이다.* 여러 학파(各家)의 언설이 잡다하게 들어 있어서 중심사상이 없다. 다만 그중에서 우주발생을 논한 부분은 이전 철학자들의 논의보다 더 상세하고 명확하다. 대체로 중국 초기의 철학자들은 모두 주로 인간사에 더 주의를 기울였던 까닭에, 중국철학 중의 우주론 역시 한대 초엽에 이르러서야 비교적 온전한 규모를 갖추었는데,『역전』과『회남홍렬』 등에서 논한 것이 그것이다.「숙진훈(俶眞訓)」은 말한다.

태초(始)가 있었다. 아직 태초가 있지 않을 때가 있었다. 아직 태초가 있지 않을 때조차 없던 때가 있었다. 유(有)가 있었다. 무(無)가 있었다. 아직 유무조차 없을 때가 있었다. 아직 유무조차 없을 때조차 없던 때가 있었다.

이른바 '태초가 있었다'고 함은 무성하고 왕성한 기운이 아직 발산되지 않고 온갖 싹이나 조짐들이 아직 모양을 갖추지 않았지만, 충만한 상태로 꿈틀거리며 막 생명체로 흥성할 듯하면서도 아직은 각종 사물로 형성되지 않은 상태를 말한다.

이른바 '아직 태초가 있지 않을 때가 있었다'고 함은 천기(天氣)가 하강하기 시작하고 지기(地氣)가 상승하기 시작하여, 음양이 서로 결합하여 유유히 떠돌면서 온 우주에서 다투어 창성하고, 덕(德)을 품고 화기(和 : 和氣)를

89) 是故君子所居而安[安 : 按]者, 易之序也. 所樂而玩者, 爻之辭也. 是故居則觀其象而玩其辭, 動則觀其變而玩其占, 是以自天佑之, 吉無不利. (『주역』, 508-09쪽)

* 『신편』III, 136쪽 : 유안이 편집한 것은 원래『회남내』,『회남중』,『회남외』 세 부분이고, 한초(漢初) 황로학의 논문 총집 같은 것이다.……현재『회남내』21편만 전해지는데,『회남홍렬』,『회남왕서(淮南王書)』로 일컬어지고『회남자』로 약칭된다.

머금고 어지러이 섞이고 무성하게 뒤엉켜 다른 물체와 결합하려고 하나 아직 구체적인 조짐을 갖추지 못한 상태를 말한다.

이른바 '아직 태초가 있지 않을 때조차 없던 때가 있었다'고 함은 하늘은 화기(和)를 머금었으나 아직 하강하지 않고 땅은 기(氣 : 생명력을 띤 유체)를 품었으나 아직 상승하지 않아서, 공허하고 적막하고 황량하고 어둑하여 아른거리는 존재조차 없는지라, 기(氣)가 마침내 명명(冥冥 : 천지만물의 근원인 元氣의 상태)에 대통(大通)해 있는 상태를 말한다.

'유(有)가 있었다'고 함은 만물이 함께 뒤엉켜 뿌리, 줄기, 가지, 잎사귀 등을 갖춘 푸른 부들, 도꼬마리, 개여뀌 등이 눈부시게 무성하고 만연해 있고, 기고 날고 꿈틀거리고 달리는 것들이 기어다니고 코로 숨쉬고 있어서, 다가가서 만지고 잡아볼 수 있고 수를 헤아릴 수 있는 상태를 말한다.

'무(無 : '없음'이 아닌 無形의 뜻)가 있었다'고 함은 보아도 보이지 않고, 들어도 들리지 않고, 만져도 붙잡을 수 없고, 아득히 바라보아도 그 끝을 볼 수 없고, 광막하게 둘러싸여 있고, 광대무변하여 생각도 짐작도 추측도 가늠도 할 수 없는, 광요(光耀 : '無形'의 존재인 빛)에 비견되는 상태를 말한다.

'아직 유무조차 없을 때가 있었다'고 함은 온 우주를 감싸고 만물을 창조하고 혼명(混冥 : 高妙하고 深遠한 곳)에 대통(大通)하여, 아무리 심원광대한 것도 더 이상 클 수 없고, 아무리 쪼개고 쪼갠 털끝도 더 이상 작을 수 없는, 한계가 없는 무한한 공간으로서 '유'와 '무'의 근원을 낳는 상태를 말한다.

'아직 유무조차 없을 때조차 없던 때가 있었다'고 함은 천지가 개벽되기 이전 음양도 아직 갈라지지 않고 사계절도 구별되지 않아 만물도 아직 생겨나지 않은, 아득하고 고요하고 적막하고 말끔하여 아무런 형체도 없는, 비유하건대 광요(光耀)가 무유(無有)에게 물었다가 물러나 망연자실한 경지*와

* 「지북유(知北遊)」, 『장자』, 759-60쪽 : 광요(光耀 : 빛)가 무유(無有)에게 물었다. "대체 그대는 유인가? 무인가?" (무유가 응하지 않자) 광요는 더 묻지 못하고, 잠시 무유의 모습을 살펴보니 아득하고 공허하여, 온종일 보아도 보이지 않고 들어도 들리지 않고 만져도 잡을 수가 없었다. 광요는 이렇게 중얼거렸다. "지극한 경지다. 이 경지에 이른 자는 누구란 말인가! 나는 무형을 지녔으나(有無 : 이 '無'는 무형의 빛을 말함) 무형을 없애지는(無無) 못했다[즉 빛은 무형이지만 여전히 존재임]. 아! [그대는] 무유(無有 : 아무것도 없음)에 이르렀구나! 어떻게 이 경지에 이르렀을까!"

같은 상태를 말한다.[90]

또 「천문훈(天文訓)」은 말한다.

천지가 아직 형체를 이루지 않았을(天地未形) 때 아련하고 혼돈하고 공허적막했다. 그것이 태시(太始)이다. 태시는 허확(虛霩 : 공허하여 확 트임)을 낳고, 허확은 우주(宇宙 : 시간과 공간)를 낳고, 우주는 원기(元氣 : 만물을 구성할 시원적인 물질)를 낳았다. 원기에는 한계와 차별이 있었으니, 맑고 가벼운 물질은 가뿐하게 발산하여 하늘이 되었고, 무겁고 탁한 물질은 가라앉아 응축하여 땅이 되었다. 맑고 가벼운 물질은 취합하기 쉽고, 무겁고 탁한 물질은 응고하기 어렵다. 따라서 하늘이 먼저 형성되고 땅은 나중에 정해졌다. 천지의 습정(襲精 : 화합의 정기)이 음양이 되었고, 음양의 전정(專精 : 취합의 정기)이 사계절이 되었고, 사계절의 산정(散精 : 분산의 정기)이 만물이 되었다.* 양의 뜨거운 기운(熱氣)이 오래 축적하여 불이 생기고, 화기(火氣)

---

90) 有始者, 有未始有有始者, 有未始有夫未始有有始者. 有有者, 有無者, 有未始有有無者, 有未始有夫未始有有無者. 所謂有始者, 繁憤未發, 萌兆牙蘖, 未有形埒, 馮馮蝡蝡, 將欲生興, 而未成物類. 有未始有有始者, 天氣始下, 地氣始上, 陰陽錯合, 相與優游競暢於宇宙之間, 被德含和, 繽紛蘢蓯, 欲與物接, 而未成兆朕. 有未始有夫未始有有始者, 天含和而未降, 地懷氣而未揚, 虛無寂寞, 蕭條霄霓, 無有仿佛, 氣遂而大通冥冥者也. 有有者, 言萬物摻落, 根莖枝葉, 青蔥苓蘢, 萑扈炫煌, 蠉飛蝡動, 蚑行噲息, 可切循把握, 而有數量. 有無者, 視之不見其形, 聽之不聞其聲, 捫之不可得也, 望之不可極也, 儲與扈冶, 浩浩瀚瀚, 不可隱儀揆度, 而通光耀者. 有未始有有無者, 包裹天地, 陶冶萬物, 大通混冥, 深閎廣大, 不可爲外;析毫剖芒, 不可爲內. 無環堵之宇, 而生有無之根. 有未始有夫未始有有無者, 天地未剖, 陰陽未判, 四時未分, 萬物未生. 汪然平靜, 寂然淸澄, 莫見其形. 若光耀之間於無有, 退而自失也. (『회남자』, 44-45쪽)

* 『신원도』, 66-68쪽 : 이것이 한대인이 상상한 세계 발생의 순서이다. 여기서 말한 도(道)는 천지에 앞서 존재한 일종의 원질(原質)처럼 보인다. 그렇다면 도는 하나의 사물이고, 도의 개념은 하나의 적극적 개념이다.……여기서 말한 **"천지가 아직 형체를 이루지 않은"** "무형의 모습(無形之貌)"이란 사실 일종의 형체로서 감각이 가능한 일종의 대상이다. 비록 "형체가 없다"고는 했지만 결코 형상 초월적인 대상은 아니다.……엄격히 말해서 한대에는 종교와 과학만 있었고 순수철학은 없었다. 순수철학의 주요 개념과 명제는 모두 형식적(논리적)이고 실제에 관해서 주장하지 않는다.……그러나 한대인은 실제에 주의를 기울였고, 추상적인 사상은 만들 수도 없었고 만들려고 하지도 않았다.……[한대인은 음양가의 영향을 받아 도

의 정수가 태양이 되었다. 음의 차가운 기운(寒氣)이 축적하여 물이 생기고, 수기(水氣)의 정수가 달이 되었다. 일월(日月)의 음기(淫氣 : 넘쳐나는 기운)의 정수가 성신(星辰)이 되었다. 하늘은 일월성신을 포용하고 땅은 물, 비, 먼지, 티끌을 포용한다.

옛날 **공공**(共工)**이 전욱**(顓頊 : 황제의 손자)**과 제위**[帝位]**를 다투다가** 실수로 부주산(不周山)을 들이받자, 그만 하늘을 떠받치고 있던 기둥이 부러지고 땅을 매고 있던 밧줄이 끊어지고 말았다. 그리하여 하늘은 서북쪽으로 기울어져 그에 따라 일월성신도 그리 이동했으며, 땅은 동남쪽이 가득차지 못하여 그에 따라 물, 비, 먼지, 티끌들이 그리로 흘러가고 있다.

천도(天道)는 둥글고 지도(地道)는 네모지다. 네모진 땅은 어둠을 주관하고 둥근 하늘은 빛을 주관한다. 빛나는 것은 기를 토하는 것이므로 불을 일컬어 외경(外景 : 밖으로 발산하는 빛)이라고 하고, 어두운 것은 기를 흡수하는 것이므로 물을 일컬어 내경(內景 : 안에서 비추는 빛)이라고 한다. 기를 토하는 것은 [대지에] 베풀고 기를 흡수하는 것은 [만물을] 화육한다. 따라서 양은 베풀고 음은 화육한다. 천지의 편기(偏氣 : 편파적인 기)가 노한 것이 바람이고, 천지의 합기(合氣 : 화합적인 기)가 조화한 것이 비이다. 음양 2기가 서로 충돌하여 감응하면 우뢰가 되고 격렬해지면 벼락이 되고 어지러워지면 안개가 된다. 양기가 우세하면 발산하여 비와 이슬이 되고 음기가 우세하면 응축하여 서리와 눈이 된다.

터럭과 깃을 가진 동물은 날고 달리는 종류이니 양에 속하고, 껍질과 비늘을 가진 동물은 숨어 엎드려 있는 종류이니 음에 속한다. 해는 양의 주재자이기 때문에, 봄여름에 뭇 짐승이 털을 갈고, 동지에는 고라니의 뿔이, 하지에는 사슴의 뿔이 떨어진다. 달은 음의 근본이기 때문에, 달이 이지러지면 물고기의 뇌가 줄고, 달이 죽으면 소라와 조개의 살이 빠진다. 불은 [양기로 구성되어 가벼워서] 위로 타오르고, 물은 [음기로 구성되어 무거워] 아래로 흐른다. 따라서 새는 [양에 속하므로] 날아 올라가고, 물고기는 [음에 속하므로] 헤엄쳐 내려간다. 사물은 같은 종류끼리 서로 동하고, 근본과 말단은 서로 응한다. 따라서 양수(陽燧 : 햇볕을 받아 불을 얻는 구리 거울)를 해에 쪼

(道), 태일(太一), 무(無), 유(有) 등의 개념을 형식적인 개념이 아닌 형상적이고 적극적인 개념으로 보았다.]

> 이면 타올라 불이 생기고, 방제(方諸 : 보름달로부터 물기를 얻는 거울)를 달에 비추면 축축해져 물이 생긴다. 호랑이가 울부짖으면 곡풍(谷風)이 일고, 용이 일어나면 상서로운 구름이 일고, 기린이 싸우면 일식·월식이 생기고, 고래가 죽으면 혜성이 출현하고, 누에가 실을 뽑으면 상(商) 음의 현이 끊어지고, 유성(賁星 : 流星)이 떨어지면 큰 바다가 터진다(해일이 인다).[91]

이것은 본래 매우 체계적인 우주론이다. 천지만물의 발생을 체계적으로 해석했다. 그런데 중간에 갑자기 삽입된, "공공이 전욱과 제위를 다투었다"는 신화는 전후의 문맥과 유가 다르다. 회남의 빈객 가운데 다른 학파의 학자가 삽입한 것일 것이다. 인간과 우주의 관계 및 우주에서의 인간의 위치도『회남』은 논급하고 있다.「정신훈(精神訓)」은 말한다.

> 태고에 아직 천지(우주)가 생겨나지 않았을 때 단지 무형(無形)의 이미지만 있었다. 깊고 그윽하고 어둡고 가물가물하고 아득하고 캄캄하여 아무도 그 문(門 : 만물이 생겨나는 天門)을 알지 못했다. 두 신령스러운 것(二神 : 음양)이 함께 생겨 하늘과 땅을 경영할 때(經天營地), 얼마나 심원한지 도무지 그 끝을 알 수 없었고, 얼마나 도도한지 도무지 멈추는 곳을 알 수 없었다. 마침내 음양이 나누어지고 팔극(八極 : 팔방의 극점)이 분리되고, 강건한 양

91) 天地未形, 馮馮翼翼, 洞洞灟灟, 故曰太始. 太始生[太始太始生 : 신편은 원래대로 "太昭道始于"]虛霩, 虛霩生宇宙, 宇宙生元氣. 元氣有涯垠, 淸陽者薄靡而爲天, 重濁者凝滯而爲地. 淸陽之合專(專 : 摶 /『신편』)易, 重濁之凝竭難 ; 故天先成而地後定. 天地之襲精爲陰陽, 陰陽之專精爲四時, 四時之散精爲萬物. 積陽之熱氣久者生火, 火氣之精者爲日. 積陰之寒氣爲水, 水氣之精者爲月. 日月之淫氣, 精者爲星辰. 天受日月星辰, 地受水潦塵埃. 昔者共工與顓頊爭爲帝, 怒而觸不周之山, 天柱折, 地維絕. 天傾西北, 故日月星辰移焉 ; 地不滿東南, 故水潦塵埃歸焉. 天道曰圓, 地道曰方. 方者主幽, 圓者主明. 明者吐氣者也, 是故火曰外景 ; 幽者含氣者也, 是故水曰內景. 吐氣者施, 含氣者化 ; 是故陽施陰化. 天地之偏氣, 怒者爲風 ; 天地之合氣, 和者爲雨. 陰陽相薄, 感而爲雷, 激而爲霆, 亂而爲霧. 陽氣勝則散而爲雨露, 陰氣勝則凝而爲霜雪. 毛羽者, 飛行之類也, 故屬於陽 ; 介鱗者, 蟄伏之類也, 故屬於陰. 日者, 陽之主也, 是故春夏則群獸除, 日至而麋鹿解 ; 月者, 陰之宗也, 是以月虧而魚腦減, 月死而嬴蛖膲. 火上蕁, 水下流 ; 故鳥飛而高, 魚動而下. 物類相動, 本標相應 ; 故陽燧見日則燃而爲火, 方諸見月則津而爲水, 虎嘯而谷風至, 龍擧而景雲屬, 麒麟鬪而日月食, 鯨魚死而彗星出, 蠶珥絲而商弦絕, 賁星墜而勃海決. (『회남자』, 79-84쪽)

과 유순한 음이 배합하여 만물이 형성되었다. 번잡한 기(煩氣)는 곤충(각종 동물)이 되고 순수한 기(精氣)는 사람이 되었다. 따라서 정신은 하늘의 소유이고 육체는 땅의 소유이다. 정신은 [형체가 없으므로] 우주의 문으로 들어갈 수 있고, 몸은 [형체가 있으므로] 근원인 대지로 돌아가느니, 내가 또 다른 어디에 어떻게 존재하겠는가?……

무릇 정신은 하늘에서 받은 것이고 육체는 땅에서 품부된 것이다. 바로 "도에서 하나가 생기고 하나에서 둘이 생기고 둘에서 셋이 생기고, 셋에서 만물이 생긴다. 만물은 저마다 음을 구비하고 양을 함유하는데, 이 음양 2기가 상호작용함으로써 화기가 생긴다"〈주15〉는 말이다. 따라서 첫 달에 점액체였다가, 2개월째에는 커지고, 3개월째에는 태아가 되고, 4개월째에는 살이 생기고, 5개월째에는 근육이 생기고, 6개월째에는 뼈가 생기고, 7개월째에는 완전한 모습을 이루고, 8개월째에는 움직이고, 9개월째에는 뛰놀고, 10개월째에 탄생한다. 형체가 이루어지면서 오장도 형성되므로 폐는 눈을, 신장은 코를, 쓸개는 입을, 간은 귀를 주관한다. 외부의 감각기관을 겉으로 하고, 내부의 내장을 속으로 했다. 이것들이 열리고 닫히고 팽창하고 수축하는 데에는 각각 일정한 법칙이 있다. 따라서 머리가 둥근 것은 하늘을 상징하고, 발이 네모진 것은 땅을 상징한다. 하늘에 4계절, 5행(五行), 9해(九解 : 8방과 중앙), 360일이 있듯이, 사람에게도 4지, 5장, 9규(九竅 : 아홉 구멍), 360관절이 있다. 하늘에 바람, 비, 추위, 더위가 있듯이, 사람에게도 탈취, 기부, 기쁨, 분노의 감정이 있다. 따라서 쓸개는 구름, 폐는 공기, 지라는 바람, 신장은 비, 간은 우레로써 천지와 서로 배합하는데 심장이 이것들을 주관한다. 따라서 이목(耳目)은 일월(日月)에, 혈기(血氣)는 풍우(風雨)에 해당된다. 해 안에는 세 발 달린 까마귀가 웅크리고 있고, 달 속에는 두꺼비가 살고 있다. 해와 달이 운행궤도를 상실하면 일식, 월식이 일어나 빛이 없어지고, 비바람이 철에 맞게 오지 않으면 만물이 훼손되고 꺾여서 재해가 발생하며, 오성(五星)이 운행궤도를 상실하면 고을과 나라가 재앙을 입는다.

무릇 천지의 도는 지극히 심원하고 광대한데도 그 광명을 절제하며 그 신명(神明)을 아끼는데, 어떻게 인간이 이목을 오랫동안 수고시키고도 쉬지 않을 수 있으며, 어떻게 정신을 오랫동안 혹사시키고도 소갈되지 않을 수 있겠는가![92]

즉 천지는 하나의 대우주(大宇宙)요 인간의 몸은 하나의 소우주(小宇宙)라고 여겼다. 또 「전언훈(詮言訓)」은 말한다.

> 천지가 일체가 되어 혼돈의 질박함 그대로 아직 만물로 창조되지 않은 상태를 태일(太一)이라고 한다. 만물은 모두 태일에서 나왔지만 형성된 모습은 제각기 다르다. 벌레가 있고 물고기가 있고 새가 있고 짐승이 있는즉 이것을 방물(方物)이라고 한다. 방(方 : 같은 무리)은 종류로 구별되고 사물(物)은 무리로 분류된다(方以類別, 物以群分). 성질과 명운은 다르지만 모두 유(有)에서 형성되었다. 상호 격리되어 소통되지 않는 데서 만 가지 상이한 것들로 나누어지고, 다시 근원(혼돈상태)으로 되돌아 갈 수는 없다. 따라서 활동하는 것을 산다(生)고 말하고, 죽은 것을 [명운이] 다했다(窮)고 말하는 것은 모두 사물이고, 사물이 아닌 물물자(物物者 : 사물을 사물이게 하는 존재)는 아니다. 물물자는 만물 가운데에 들어 있지 않다. [천지개벽 이전의] 태초를 상고하건대, 사람은 무에서 생겨 유(물질)에서 형체를 갖추었고, 일단 형체를 가진 이상 사물의 제약을 받게 되었다. 그런데 **생긴 곳으로 회귀**할 수 있어서 마치 형체를 가진 적이 없었던 것처럼 사는 사람을 두고 진인(眞人)이라고 한다. 즉 진인이란 **태일에서 분리된 적이 없는** 사람이다.[93)]

---

92) 古未有天地之時, 惟像無形, 窈窈冥冥, 芒芠漠閔, 澒濛鴻洞, 莫知其門. 有二神混生, 經天營地, 孔乎莫知其所終極, 滔乎莫知其所止息. 於是乃別爲陰陽, 離爲八極. 剛柔相成, 萬物乃形. 煩氣爲蟲, 精氣爲人. 是故精神, 天之有也 ; 而骨骸者, 地之有也. 精神入其門, 而骨骸反其根, 我尙何存?……夫精神者, 所受於天也 ; 而形體者, 所稟於地也. 故曰, 一生二, 二生三, 三生萬物. 萬物背陰而抱陽, 冲氣以爲和. 故曰, 一月而膏, 二月而肤, 三月而胎, 四月而肌, 五月而筋, 六月而骨, 七月而成, 八月而動, 九月而躁, 十月而生. 形體以成, 五臟乃形. 是故肺主目, 腎主鼻, 膽主口, 肝主耳. 外爲表而內爲裏, 開閉張歙, 各有經紀. 故頭之圓也象天, 足之方也象地. 天有四時·五行·九解·三百六十日, 人亦有四支·五臟·九竅·三百六十節. 天有風雨寒暑, 人亦有取與喜怒. 故膽爲雲, 肺爲氣, 脾爲風, 腎爲雨, 肝爲雷, 以與天地相參也, 而心爲之主. 是故耳目者, 日月也 ; 血氣者, 風雨也. 日中有踆烏, 而月中有蟾蜍. 日月失其行, 薄蝕無光 ; 風雨非其時, 毁折生災 ; 五星失其行, 州國受殃. 夫天地之道, 至紘以大, 尙猶節其章光, 愛其神明 ; 人之耳目, 曷能久勤勞而不息乎! 精神何能久馳騁而不旣乎! (『회남자』, 218-22쪽)

93) 洞同天地, 渾沌爲樸, 未造而成物, 謂之太一. 同出於一, 所爲各異. 有蟲有魚, 有鳥有獸, 謂之方物. 方以類別, 物以群分, 性命不同, 皆形於有. 隔而不通, 分爲萬殊, 莫能反宗. 故動而謂之生, 死而謂之窮, 皆爲物矣, 非不物而物物者也. 物物者, 亡乎萬

진인은 "생긴 곳으로 회귀하여" "태일에서 분리된 적이 없는", 즉 천지만물과 일체가 될 수 있는 사람이다.

物之中也. 稽古太初, 人生於無, 形於有, 有形而制於物. 能反其所生, 若未有形, 謂之眞人. 眞人者, 未始分於太一者也. (『회남자』, 463쪽)
[『신편』III, 163쪽 : 즉 **"물물자"**는 바로 **"태일"**이고, **"혼돈의 질박한"** 기(氣)이다. 사람 역시 "형체 있는(有形)" 것들의 하나이고, 만물의 하나이다. 이런 측면에서 보면 인간 역시 사물의 제한을 받는다. 그러나 만약 자신이 "태일"에서 분리되었음을 이해하고, 정신은 "하늘의 소유"이고 육체는 "땅의 소유"임을 이해하고, 죽으면 정신은 하늘로 육체는 땅으로 복귀한다는 것을 이해하면, 즉 **"생긴 곳으로 회귀할 수 있음"**이니, 실제상으로는 **"태일에서 분리되어 있지만"** 의식상으로는 "태일에서 분리된 적이 없는" 것이다. 이런 사람이 이른바 **"진인"**이다.]

제16장
유가의 육예론과 유가의 독존

1. 유가의 육예론

공자는 각종 과목으로써 교육했는데, 이른바 육예(六藝)가 그것이다(제4장, 제1절). 그러나 공자는 육예로써 교육했으나 육예라는 명칭은 그때 없었고, 육예의 효용을 총론한 적도 없었다. 전국시대 말에 이르러서야 육예의 효용에 대한 총괄적인 일반론이 나왔다. 『순자(荀子)』「권학편(勸學篇)」은 말한다.

> 따라서 『서(書)』는 정사(政事)의 기록이요, 『시(詩)』는 중정화평한 악장의 결집이요, 『예(禮)』는 법도의 대원칙이자 사리유추의 준칙이다.……『예』의 경건과 형식, 『악』의 중정함과 화평함, 『시』와 『서』의 풍부함, 『춘추(春秋)』의 미언대의 등이면 천지간의 모든 것은 포괄된다.[1]

이것은 『시』, 『서』, 『예』, 『악』, 『춘추』의 통론인데, 『역』은 언급하지 않았다. 공자는 『역』 괘효사에서 도덕적 의미를 재해석하여 교육하기도 했지만, 일생동안 『시』, 『서』, 『예』, 『악』 위주로 강론했던 것 같다. 맹자는 시종 『역』을 언급하지 않았다. 순자는 『역』을 말했지만(제15장, 제1절), 『시』, 『서』, 『예』, 『악』, 『춘추』의 효용을

1) 故書者, 政事之紀[紀 : 記]也 ; 詩者, 中聲之所止也 ; 禮者, 法之大分, 類之綱紀也……禮之敬文也, 樂之中和也, 詩書之博也, 春秋之微也, 在天地之間者畢矣. (『순자』 권1 : 12-13쪽)

통론하면서는 『역』을 언급하지 않았다. 순자 이전의 유가는 『역』을 가르치기는 했어도, 본래 『시』, 『서』, 『예』, 『악』, 『춘추』만큼 중시한 것 같지는 않다. 순자 이후의 유자(儒者)는 『역』의 괘사 효사를 인용하여 설명하는 경우가 점차 많아졌고, 마침내 『역』은 『시』, 『서』, 『예』, 『악』, 『춘추』와 더불어 똑같이 중시되었다. 『장자(莊子)』「천하편(天下篇)」은 말한다.

> 『시』로써 뜻을, 『서』로써 정사를, 『예』로써 행실을, 『악』으로써 화합을, 『역』으로써 음양의 이치를, 『춘추』로써 명분을 계도했다.[2)]

『예기(禮記)』「경해(經解)」는 말한다.

> 공자는 말했다.
>
> "한 나라에 들어가면 교화의 수준을 알 수 있다. 그 나라 인민들의 성품이 온유하고 돈후하면 『시』에 의한 교화이고, 일에 통달하고 옛것에 밝으면 『서』에 의한 교화이고, 관대하고 명랑하고 선량하면 『악』에 의한 교화이고, 은미함을 헤아리고 기미에 밝으면 『역』에 의한 교화이고, 공손하고 검소하고 엄숙하고 경건하면 『예』에 의한 교화이고, 선례를 들어 사건을 비유하면 『춘추』에 의한 교화이다. 따라서 『시』의 폐단은 우매, 『서』의 폐단은 미혹, 『악』의 폐단은 사치, 『역』의 폐단은 요사, 『예』의 폐단은 번쇄, 『춘추』의 폐단은 문란이다. 그러므로 사람됨이 온유하고 돈후하면서도 우매하지 않으면 『시』에 통달한 사람이고, 일에 통달하고 옛것에 밝으면서도 미혹되지 않으면 『서』에 통달한 사람이고, 관대하고 명랑하고 선량하면서도 사치하지 않으면 『악』에 통달한 사람이고, 은미함을 헤아리고 기미에 밝으면서도 요사에 빠지지 않으면 『역』에 통달한 사람이고, 공손하고 검소하고 엄숙하고 경건하면서도 번쇄하지 않으면 『예』에 통달한 사람이고, 선례를 들어 사건을 비유하면서도 문란하지 않으면 『춘추』에 통달한 사람이다."[3)]

2) 『장자』, 1067쪽. 원문은 〈제4장,주4〉 참조. 〈부록4,주41〉

3) 孔子曰 : "入其國, 其教可知也. 其爲人也, 溫柔敦厚, 詩教也 ; 疏通知遠, 書教也 ; 廣博易良, 樂教也 ; 絜靜精微, 易教也 ; 恭儉莊敬, 禮教也 ; 屬辭比事, 春秋教也. 故詩之失愚, 書之失誣, 樂之失奢, 易之失賊, 禮之失煩, 春秋之失亂. 其爲人也, 溫柔敦厚而不愚, 則深於詩者也 ; 疏通知遠而不誣, 則深於書者也 ; 廣博易良而不奢, 則深於樂者

『회남홍렬(淮南鴻烈)』「태족훈(泰族訓)」은 말한다.

육예는 과목은 각각 다르지만 모두 상통한다. 온유하고 은혜롭고 선량함은 『시』의 기풍이요, 순후하고 돈독함은 『서』의 교화요, 청명하고 조리가 통달함은 『역』의 도리요, 공손하고 검소하고 남을 높이고 자신을 겸양함은 『예』의 목적이요, 관대하고 여유롭고 소박함은 『악』의 감화요, 정치와 사회에 대한 비판과 토론은 『춘추』의 강점이다. 따라서 『역』의 폐단은 괴이함이요, 『악』의 폐단은 음란함이요, 『시』의 폐단은 우매함이요, 『서』의 폐단은 고루함이요, 『예』의 폐단은 거만함이요, 『춘추』의 폐단은 비방이다. 이 육예를 성인은 고루 채용하여 적절히 안배한다.[4)]

동중서(董仲舒)의 『춘추번로(春秋繁露)』는 말한다.

군자는 관리란 악덕으로써 인민을 복종시킬 수 없음을 잘 안다. 따라서 육예를 간별하여 인민의 덕성을 배양했다. 『시』, 『서』로써 그들의 심지를 바로잡고, 『예』, 『악』으로써 아름다운 본성을 순화시키고, 『역』, 『춘추』로써 지식을 깨우쳤다. 이 **육학**(六學)은 모두 위대하여 저마다 뛰어난 분야가 있다. 즉 『시』는 심지를 계도하는 것이므로 바탕(質 : 품성)에 뛰어나고, 『예』는 예절을 제정한 것이므로 형식(文 : 문화)에 뛰어나고, 『악』은 덕성을 노래한 것이므로 풍기에 뛰어나고, 『서』는 공적을 밝힌 것이므로 정사에 뛰어나고, 『역』은 천지에 근본을 둔 것이므로 술수에 뛰어나고, 『춘추』는 시비를 바로잡는 것이므로 정치에 뛰어나다.[5)]

也 ; 絜靜精微而不賊, 則深於易者也 ; 恭儉莊敬而不煩, 則深於禮者也 ; 屬辭比事而不亂, 則深於春秋者也.” (『예기』 권15 : 1쪽)

4) 六藝異科而皆通(通 : 원래 同道,從王念孫校/부록4). 溫惠柔良者, 詩之風也 ; 淳龐敦厚者, 書之敎也 ; 淸明條達者, 易之義也 ; 恭儉尊讓者, 禮之爲也 ; 寬裕簡易者, 樂之化也 ; 刺幾辯議者, 春秋之靡也. 故易之失, 鬼 ; 樂之失, 淫 ; 詩之失, 愚 ; 書之失, 拘 ; 禮之失, 忮 ; 春秋之失, 訾 : 六者聖人兼用而財制之. (『회남자』, 674-75쪽) 〈부록4, 주130〉 참조.

5) 君子知在位者之不能以惡服人也, 是故簡六藝以贍養之. 詩書, 序其志 ; 禮樂, 純其美 ; 易春秋, 明其知. 六學皆大, 而各有所長 ; 詩道志, 故長於質 ; 禮制節, 故長於文 ; 樂咏德, 故長於風 ; 書著功, 故長於事 ; 易本天地, 故長於數 ; 春秋正是非, 故長於治人. (「옥배(玉杯)」, 『춘추번로』, 35-36쪽) [繁露 : luxuriant dew]

『사기(史記)』「태사공자서(太史公自序)」는 말한다.

『역』은 천지, 음양, 사시, 오행의 원리를 밝힌 것이므로 변화에 뛰어나고, 『예』는 인륜을 관장하는 것이므로 행위에 뛰어나고, 『서』는 선왕의 사적을 기록한 것이므로 정치에 뛰어나고, 『시』는 산천, 계곡, 금수, 초목, 암수, 자웅을 기록한 것이므로 풍속에 뛰어나고, 『악』은 각자 사회적 지위에 만족하도록 하는 것이므로 화합에 뛰어나고, 『춘추』는 시비를 변별하므로 통치에 뛰어나다.[6)]

『한서(漢書)』「예문지(藝文志)」는 말한다.

육예의 문장에서, 『악』은 정신을 화평하게 하므로 인(仁)의 표현이다. 『시』는 말을 바로잡으므로 의(義)의 밑천이다. 『예(禮)』는 행동거지를 명시하는데 명시란 뚜렷이 보여지는 것이므로 별도의 설명은 없다. 『서』는 식견을 넓혀주므로 지(知 : 智)의 수단이다. 『춘추』는 일의 시비를 판단하므로 신(信)의 부절이다. 이 다섯 가지를 오상(五常)의 도(道)라고 하겠는데, 서로 보충하여 완비되며, 『역』은 이것들의 근본이다. 따라서 말하기를 "『역』의 이치가 드러나지 않으면 아마 천지도 멸식할 것이다"고 했는데, 『역』의 이치가 천지와 더불어 시작과 끝을 함께한다는 말이다. 그러나 오학(五學 : 五經, 즉 『시』, 『서』, 『예』, 『악』, 『춘추』)의 경우는 시대에 따라 변경되는데, 마치 오행(五行)이 교대로 옮아가는 것과 같다.[7)]

이 모두는 육예에 대한 후기 유자들의 일반 이론으로서, 여기서 육예의 명칭 역시 확립되었다. 육예는 또 육학이라고도 한다. 『한서』「유림전(儒林傳)」은 말한다.

---

6) 『易』著天地陰陽四時五行, 故長於變;『禮』經紀人倫, 故長於行;『書』記先王之事, 故長於政;『詩』記山川谿谷禽獸草木牝牡雌雄, 故長於風;『樂』樂所以立, 故長於和;『春秋』辯是非, 故長於治人. (『사기』, 3297쪽)

7) 六藝之文, 樂以和神, 仁之表也;詩以正言, 義之用也;禮以明體, 明者著見, 故無訓也;書以廣聽, 知之術也;春秋以斷事, 信之符也. 五者蓋五常之道, 相須而備, 而易爲之原;故曰, "易不可見, 則乾坤或幾乎息矣"[『주역』, 542쪽], 言與天地爲終始也. 至於五學, 世有變改, 猶五行之更用事焉. (『한서』, 1723쪽)

> 고대 유자들은 육예(六藝)의 학문에 박통했다. **육학**(六學)이란 왕도정치에서 교화의 전적이며 또 과거 성왕이 천도를 밝히고 인륜(人倫)을 바로잡아 지치(至治 : 태평성세)를 이룩했던 완전한 법도이다.[8)]

「유림전」은 또 "이리하여 여러 유자들은 비로소 그들의 경학을 정비할 수 있었다"[9)]고 했는데, 경학이란 육학, 즉 육예이다.

한 무제가 동중서의 대책을 채용하여 "육예의 과목 혹은 공자의 학술에 해당되지 않는 것들은 전부 다 그 이념(道)을 단절하고 나란히 행세하지 못하게 하자"〈제2장,주30〉, 마침내 중국사상의 대부분은 유가(儒家)로 통일되었고, 또 유가의 학은 경학(經學)으로 확정되었다. 이후로 동중서에서 강유위(康有爲)에 이르기까지 책을 지어 주장을 수립한(著書立說) 인물은 거의 모두 그 학설의 독창성 여하를 막론하고 경학 속에서 그 근거를 찾아야 비로소 일반 사람들의 신뢰를 얻을 수 있었다. 경학은 항상 시대에 따라 변했지만, 각 시대의 정신은 대부분 경학 내에서 표현해야 했다. 따라서 역사상 중국 학술사상의 변천을 개관하면, 공자에서 회남왕(淮南王)까지는 자학시대(子學時代), 동중서에서 강유위까지는 경학시대(經學時代)이다.

2. 유가가 독존할 수 있었던 원인

유가의 흥기는 자학시대의 개시요, 유가의 독존(獨尊)은 자학시대의 종결이다. 한 시대의 파란 만장한 사상의 정치적, 사회적, 경제적 배경은 앞에서 서술했다(제2장). 한대 초엽에 이르러 정치적으로 전에 없던 대일통(大一統)의 국면을 열었고, 춘추시대부터 개시된 사회와 경제의 각 방면의 변동 역시 드디어 점차 새로운 질서를 형성했다. 따라서 이후의 사상도 점차 통일되는 것은 자연의 추

---

8) 古之儒者, 博學乎六藝之文. 六學者, 王敎之典籍, 先聖所以明天道, 正人倫, 致至治之成法也. (『한서』, 3589쪽)

9) 於是諸儒始得修其經學. (『한서』, 3593쪽)

세였다. 앞서 진시황(秦始皇)과 이사(李斯)가 사상통일 정책을 시행하고, 뒤에 한 무제와 동중서가 사상통일 정책을 시행한 것은 모두 일종의 자연적인 추세를 대표한 것이었지, 다만 한두 사람의 이상을 추진한 것은 아니었다고 할 수 있다.

진시황은 각 학파의 학자들을 박사로 설치하기는 했지만 그 정책은 유가의 사상을 채용한 것이 매우 많았다. 고염무(顧炎武, 1613-82, 호가 亭林)는 말했다.

> 진시황이 새긴 비석이 모두 여섯인데, 모두 자기가 6국을 멸하고 천하를 병탄한 일을 과시한 것이었다. 그 가운데에 일반 백성의 풍속에 관한 것을 언급한 것으로서, 태산[태산 남쪽의 양보산]의 비석에는 "남녀가 예의를 순종하며 각자의 직업을 성실하게 준봉했고, 남녀의 분별이 분명하여 깨끗하지 못한 점이 없었다"고 했고, 갈석문의 비석에는 "남자는 들일에 열심이었고 여자는 길쌈에 열중했다"고 했는데, 모두 이런 부류였다. 다만 회계산의 비석의 경우 그 내용은 "나쁜 짓은 숨기고 옳은 일은 밝히며, 자식이 있는데도 재가하여 죽은 지아비를 배신함은 부정(不貞)이니, 남녀의 유별을 엄격히 하고 음란한 행위를 금하자 남녀는 깨끗하고 성실해졌다. 간통한 남자는 죽여도 무죄라고 정하자 남자들은 모두 도의를 지켰고, 지어미가 다른 남자와 달아나면 자식이 어머니로 여기지 않도록 정하자 여자들은 모두 교화되어 정숙해졌다"고 했는데, 이루 다 열거할 수 없다.……이로써 보건대 진(秦)이 형벌제도를 남용하기는 했어도 **백성들을 단속하고 풍속을 바로잡는** 취지는 실로 3대의 성왕과 다른 적이 없었다.[10)]

진나라는 유가의 학설을 써서 "백성들을 단속하고 풍속을 바로잡았은즉", 진나라가 분서(焚書)를 단행하고 사학(私學)을 금한 것 역시 도덕과 풍속의 통일을 지향하는 유가의 주장과 합치하지 않은

---

10) 秦始皇刻石凡六, 皆鋪張其滅六王, 幷天下之事. 其言黔首風俗, 在泰山則云 : "男女禮順, 愼導職事, 昭隔內外, 靡不淸淨." 在碣石門則云 : "男樂其疇, 女修其業"; 如此而已. 惟會稽一刻, 其辭曰 : "飾省[省 : 過]宣義, 有子而嫁, 倍死不貞. 防隔內外, 禁止淫佚, 男女絜誠. 夫爲寄豭, 殺之無罪, 男秉義程. 妻爲逃嫁, 子不得母, 咸化廉淸." 何其繁而不殺也.……然則秦之任刑雖過, 而其坊民正俗之意, 固未始異於三王也. (『일지록(日知錄)』 권13 : 2쪽)

적이 없었으나 다만 그 정도가 심했을 뿐이었다. 진시황과 이사의 사학폐지는 사상통일의 제1단계였고, 한 무제와 동중서의 백가배척은 사상통일의 제2단계였다. 그러나 전국 말엽에서 한대 초엽까지 각 학파의 파별이 매우 많았는데, 한 무제와 동중서는 왜 하필 유가를 정통사상으로 옹립했는가? 어찌 한(漢)에서 우연히 동중서가 나왔고 또 한 무제가 우연히 동중서의 말을 채용하여 이런 결과를 초래한 것이었는가?

혹자는 유가가 정치상으로 임금을 높이고 신하를 낮출 것(尊君抑臣)을 주장했기 때문에 전제황제들이 좋아했다고 말한다. 그러나 전제황제에게 가장 편리한 학설은 법가이지 유가가 아니었다. 그후 군주들은 대부분 "겉으로는 유가, 속으로는 법가를 따랐는데(陽儒陰法)", "속으로 법가를 따른" 것은 그렇다고 치고, "겉으로 유가를 따른" 이유는 무엇이었는가?

춘추시대부터 한대 초까지 정치, 사회, 경제 각 방면은 모두 근본적으로 변화했다. 그러나 당시는 기계의 발명이 없었던 만큼 무한히 발달할 공업이 없었고 따라서 무한히 발달할 상업도 없었다. 대다수 인민은 여전히 농사를 업으로 삼았는데, 그 전에는 농노였으나 이제는 자유농민이 되었을 뿐이다. 다수의 인민은 여전히 농민으로 그 종족끼리 모여서 그들의 밭을 경작했다. 따라서 옛날의 종법사회는 여전히 보전되었고 크게 파괴되지는 않았다. 따라서 옛날의 예교(禮教) 일부는 여전히 적용할 수 있었다. 그 전에는 귀족만 사용할 수 있었으나 대부분의 평민도 사용하는 데에 불과하게 되었다. 평민은 해방되자 옛날 귀족들의 예교 일부를 즐겨 사용하면서 긍지와 기쁨을 누렸다. 정치적인 면에서 진(秦)과 한(漢)은 옛것을 바꾸기는(變古) 했지만, 진의 황실은 여전히 고대 귀족이었고, 한 고조는 평민에서 일어났으나 그 뒤의 천자는 여전히 세습적이었다. 이 점에서 진과 한은 여전히 옛것을 전부 바꾼 것은 아니었다. 또한 인간은 환경을 떠나 홀로 설 수는 없으므로 천하에 완전히 독창적인 제도란 없다. 즉 진과 한은 대통일 이후 정치상으로나 사회상으로나 각종 신제도를 따로 정립하고자 할 때에도 유자(儒者)의 힘을 빌려야 했다. 유자는 이전의 전적에 통달하고 있었고, 이전의 제도에 밝았고 또 공자 이래로 원래의 제도에 부여한 각종 이론을 소유하고 있었기 때문이다. 『장자』「천하편」은 말한다.

고인은 얼마나 완벽했던가(備)! 신명(神明)에 짝하고 천지를 본받아 만물을 양육하고 천하를 화평시켰다. 그 은택은 모든 백성에 미쳤고, 본수(本數 : 본질적인 법도)에 밝았고, 그것들을 말도(末度 : 말단적인 제도)와도 연계시켰다. 상하 사방 모든 곳과 대소(大小), 정조(精粗 : 심오한 것과 조잡한 것)를 막론하고 그들의 영향은 무소부재했다. 그 가운데 명확히 본수와 말도(數度)에 해당되는 것들은 옛날의 법도와 사관들의 기록 속에 아직 많이 보존되어 있다. 그리고 『시』, 『서』, 『예』, 『악』 속에 기록된 가르침들은 추노의 선비(鄒魯之士)와 진신선생(搢紳先生)들 대부분이 통달하고 있다.[11)]

유자는 이전의 전적에 통달하고 이전의 제도에 밝았고, 또 그것을 이상화하고 이론화하여 질서 정연하게 하고 찬란하게 빛냈다고 할 수 있다. 그러나 다른 학파들은 정치·사회 철학이 있기는 했지만 정치와 사회에 대한 구체적인 방책이 없었고, 또 있더라도 유가만큼 완전하지는 못했으므로, 진한의 대통일 이후 저 "건설의 시대"에는 당연히 유가에 필적할 수 없었다.*

11) 古之人其備乎! 配神明, 醇天地, 育萬物, 和天下. 澤及百姓, 明於本數, 係於末度. 六通四闢, 大小精粗, 其運無乎不在. 其明而在數度者, 舊法世傳之史, 尙多有之 ; 其在於詩書禮樂者, 鄒魯之士, 搢紳先生, 多能明之. (『장자』, 1067쪽) 〈부록4,주37〉

* 사회의 건설은 교육과 불가분하다. 유가와 다른 학파의 근본적인 차이는 바로 "교육" 측면에 있었다. 특이하게도 다른 학파에는 오늘날 우리가 말하는 "교육"의 개념이 사실상 전무했다. 엄격히 말해서 교육에 관한 한, 도가의 경우 무엇을 건설하려는 적극적인 의지 자체를 부정하는 만큼 기존의 인식체계에 대한 철저한 비판 외에 아무런 대안이 없었고, 묵가의 경우 이미 완결된 묵자의 절대적인 가르침(교조)을 실천하는 단체 내로 포섭하는 설득의 일이 있을 뿐이었고, 법가의 경우 법률 조문을 숙지(熟知)시키는 일이 있을 뿐이었다. 이 세 학파 모두 난세 속을 부침하는 구체적 인간(특히 지식인 계층)의 실망스런 모습으로부터 나아가 인간성 자체에 대한 좌절의식을 근저로 하고 있다. 이런 측면에서 도가는 사회에 대한 좌절의 철학이라면, 묵가와 법가는 개인에 대한 좌절의 철학이라고 할 수 있다. "교육 개념"의 부재는 이 사실과 상호 반증이 된다. 유가 역시 구체적 인간의 모습에 실망하기는 마찬가지였으나 인간성에 대해서는 한없는 신뢰와 가능성을 보

또 한 가지 유가의 육예는 본래 한 사람의 가학(家學)이 아니었으므로 그 안에는 갖가지 사상의 맹아가 들어 있어서 누구든 인용하여 부회(附會)하기가 쉬웠다. 탄력성이 풍부한 이 육예는 상이한 여러 사상에 대해서 모든 것을 포괄할 수 있는 가능성이 있었다. 유가의 독존(獨尊) 이후 본래 유가와 다른 학설들도 여전히 육예라는 큰 모자 밑에서 간판만 바꾸고 그 존재를 보존할 수 있었다. 유가가 이미 다른 학파(別家)의 운명을 완전히 제압할 필요는 없었고 다른 학파들 역시 극력 저항할 필요는 없었기 때문에, 유가 독존의 체통은 끝까지 그런 대로 유지될 수 있었다. 이후 중국사상사상 경학(經學)의 지위는 마치 입헌군주국의 군주와 같았다. 군주는 물론 "만세토록 한 혈통"이지만 통치정책은 각 내각에 따라 항상 변경되었던 것이다. 지금까지 중국은 서양과 접촉하면서 정치, 사회, 경제 각 방면에서 다시 근본적인 변화가 생겼고, 그리하여 2,000년 동안 중국사상의 군주였던 경학은 드디어 혁명을 입어 퇴위하고, 중국인의 사상은 마침내 새로운 국면을 맞이하게 되었다.

았다("後生可畏", "人皆可以爲堯舜"). 그런즉 유가는 인간을 특정 사상체계에 입각한 비판과 포섭(설득)과 단죄의 대상이 아닌, (각 개인의 덕성과 능력을 개발시키는) "교육"의 대상으로 보았다. 이처럼 다른 학파들은 한 국가사회의 주도적 이념이 되기에는 이미 개인과 사회에 대한 이해 자체에 미달해 있었던 만큼, 철학사적으로 "유가의 독존"이란 사실상 "사상대결상의 승리"의 의미가 아니라 "유학의 관학화" 또는 "사상의 고착화"의 의미가 컸다.

부록

부록 1

원유묵(原儒墨)*

1. 토론의 주제

1927년, 나는 『연경학보(燕京學報)』에 「중국역사상 공자의 위치(中國歷史中之地位)」를 발표했다. 그 논문에서 나는 이렇게 말했다.

> 본 논문의 주요 의도는 공자는 정말로 육경을 제작했거나 산정한 적이 없고, 산정했다손 치더라도 마치 교수노유(教授老儒)가 문장과 시를 선정한 경우에 불과했고, 그의 일생은 정말로 많은 제자를 거느린 교수노유에 불과했으나, 후세에 지성선사(至聖先師) 등의 존칭을 부여한 것도 까닭은 없지 않다는 것을 증명하는 데에 있다.
>
> ○공자는 '누구에게나 차별 없이 교육을 실시한다'는 근본 입장에서, '속수 이상의 예물을 가져온 이에게 가르쳐주지 아니한 적이 없었다.' 이와 같이 학생들을 크게 불러모아 출신을 따지지 않고 학비를 바친 자라면 받아들여 일률적으로 각종 과목과 각종 진귀한 전적들을 읽게 했던 것인즉, 이는 실로 일대 해방이었다. 따라서 육예를 가지고 교육한 것이 공자가 최초는 아니었더라도, 육예를 일반인에게 가르쳐서 육예를 민중화한 것은 실로 공자에서 시작되었다.[1)]

그로부터 2년 뒤에 부사년(傅斯年) 선생이 광주(廣州)에서 올라와 중산대학교(中山大學校)에서 강의한 유인물을 보여주었는데, 거기에는 『전국시대 제자백가 개설(戰國子家敍論)』이 있었다. "전국시대의 제자(諸子)는 묵자를 제외하고 모두 직업에서 발생했다"는 제목의 절(節)에

---

* 1935년 4월 『청화학보(淸華學報)』에 발표.

1) 각각 『삼송당전집』XI, 152쪽, 159쪽. 〈제4장,제1절〉

서, 그는 말했다.

> 백가의 학설은 모두 재지를 갖춘 선비들(才智之士)로부터 비롯되었는데, 특수한 지역에서 특수한 시대를 맞이하여 일종의 특수한 직업에 근거하여 발생했다.

그는 "유가학파는 훈장들(教書匠)에서 나왔다"고 여겼다.

다시 2년 후에 전목(錢穆) 선생의 『제자계년(諸子繫年)』 초고를 볼 수 있었다. 거기에 유가(儒家)의 기원을 논급한 부분이 있었다. 『제자계년』은 아직 출판되지 않았지만 유가의 기원에 관해서 전목 선생은 이미 다른 데서 논급했다. 전목 선생은 이렇게 말했다.

> 『설문(說文)』에 '유(儒)는 유순(柔)의 뜻이고, 술사(術士)를 지칭한다'고 했다. 유순은 유의 일반적인 뜻이고, 술사는 유의 특칭이었다.
>
> 유(儒)는 술사, 즉 육예에 통달한 선비였다. 고대에 예(禮)·악(樂)·사(射)·어(御)·서(書)·수(數)를 육예라고 했는데, 육예에 통달한 선비는 귀족에게 등용되어 가재(家宰 : 대부의 읍재)나 소상(小相 : 의전관) 등이 되어 배신(陪臣)으로 불리었다. 공자가 그러했고 그 제자들 역시 그러했다. 유자(儒者)는 당시 사회생활의 한 부류(流品)였다. 즉 묵(墨)이 형벌받은 무리로서 고역에 종사했던 것 역시 당시 사회생활의 한 부류였던 것과 마찬가지다.
>
> 공자는 육예의 학술(藝術)로써 등용된 데에 그치지 않고, 육예의 학술에 정통했던 만큼 어느 것이 예에 합당하고 합당하지 않은가를 판별하여 그 근본을 주공과 문왕에서 찾으면서 말하기를, '문왕과 무왕의 도(道)가 서책 가운데에 담겨 있으니, 나는 옛것을 숭상하여 힘써 탐구함으로써 이 시대를 변혁하려고 생각한다'고 했다. 따라서 제자 자하(子夏)에게 타이르기를 '군자유(君子儒)가 되어야지 소인유(小人儒)가 되어서는 안 된다' 했다. 유는 다만 당시 생활의 한 부류였을 뿐, 학자들 스스로 부여한 미명이 아니었기 때문에, 군자와 소인의 구별이 있었던 것이고, 공자는 제자에게 소인유가 되지 말라고 타일렀던 것이다.[2)]

2) 전목(1895-1990, 자가 賓四), 『고사변(古史辨)』IV, 머리말, 1-2쪽.

최근 호적(胡適) 선생은 『중앙연구원 역사언어연구소 논문집(中央研究院歷史語言研究所集刊)』(이하 『논문집』)에 「설유(說儒)」*를 발표했다. 이 논문에서 호적 선생도 유(儒)는 일종의 직업이고 사회생활의 한 부류였으며, 이 부류에서 공자의 유가가 나왔으며(所自出), 공자 역시 이 부류 속의 한 사람이기는 했지만 특수한 관계가 있었기 때문에 특수한 위치를 가지게 되었다고 여겼다.

나는 유가의 기원에 대한 이상의 설들을 옳다고 여긴다. 아마도 하나의 문제가 진정으로 해결될 때에 이르면 모두들 그 해결에 대하여 약속이라도 한 듯이 일치된 견해가 나오는 것 같다. 호적 선생은 예식의 보좌(相禮)**가 유의 직업 가운데 하나였다고 여겼는데, 이 점 역시 옳다.

그러나 호적 선생은 이렇게 주장했다.

> 최초의 유는 모두 은(殷)나라 사람으로서 모두 은나라 유민이었다.
>
> 그들은 고국(故國)의 문화적 유풍을 보존하는 책임을 짊어졌던 만큼, 사회가 격변하고 민족이 혼합, 동화되는 그 몇 백 년간의 형세 속에서, 홀로 은의 옛 의관과 복장을 계속했는데, 아마 은의 옛 문자와 언어도 계속 보존했을 것이다. 그들 동족의 눈에 그들은 '은례(殷禮, 은의 종교문화/호적)'의 보존자이자 선교사였다.[3]

이 점은 부사년 선생도 주장했다.[4] 그러나 이 점에 관한 그들의 논증은 아직 검토할 데가 있다고 여겨진다. 한편 공자의 위치에 관련하여, 호적 선생이 인정한 중국역사상 공자의 특수한 위치는 나도 지극히 찬동한다.

---

* 『호적문집』(613쪽)의 편집자 주: "「설유」는 호적의 중요한 학술논저의 하나로서 1934년 12월 『논문집』에 단행본 형식으로 발행되었다. 1936년 『호적논학근저(胡適論學近著)』에 재수록할 때, 호적은 머리말에서 '「설유」는 중국 고대 학술 문화사에 대한 한 신선한 견해를 제시했다. 나는 이런 견해가, 현재에는 회의적인 평론도 적잖이 있지만, 장래 차차 사학가의 승인을 얻을 것으로 믿는다'고 했다."

** 相禮: 각종 예식에 참가하여 예법을 주재함으로써 예식 주관자를 돕는 일.

3) 각각 호적(1891-1962, 자가 適之), 「설유」, 『호적문집』, 618, 624-25쪽.

4) 부사년(1896-1950, 자가 孟眞), 「주의 동봉(東封)과 은의 유민(遺民)」(『논문집』) 참조. [『호적문집』, 619-20쪽: (부사년에 따르면) 노(魯)나라는 "은의 유민의 나라였고", "노의 통치자는 주인(周人)이었지만 국민은 은인(殷人)이었다.]

그러나 호적 선생에 따르면, 공자는 당시에 은 민족의 "예언(懸記)"에 응하여 탄생한 "구세주"로 여겨졌으며,* "망국 민족의 선교사(教士) 계급에서 하·은·주 3대의 문화를 조화시킨 위대한 스승(師儒)으로 변했다."5) 이 점 역시 매우 문제가 있다고 생각한다. 나는 이 논문에서 유가의 기원에 대해서 일일이 다시 논술하지는 않는다. 내가 옳다고 여기는 견해들

* 『호적문집』, 654-55쪽 : 유태 민족은 망국한 후에 예언에 따라 일찍이 한 민족적 영웅이 출현하여, "만민의 왕이자 명령자로서"(「이사야」55 : 4), "야곱의 지파들을 일으키고 이스라엘 가운데 살아남은 자들을 돌아오게 하는 것은 오히려 가벼운 일이고 나아가 뭇 민족의 빛(外邦人的光)이 되어 여호와의 구원을 땅끝까지 이르게 할 것"(49 : 6)으로 기대했다. 그후 다윗의 자손 가운데 나타난 예수가 지혜와 사랑으로써 민중의 추대를 받아, 고대 선지자가 예언한 "메시아(彌賽亞 : 구세주)"로 여겨져 "유태인의 왕"으로 불리었다. 그후 그는 체포되어,……희롱당한 다음 십자가에 못 박혀 죽었다. 그리하여 유태인의 왕이 "야곱의 지파들을 일으켜 이스라엘로 돌아가게 할" 꿈은 무산되었다. 그러나 십자가 위에서 돌아간 그 순도자(殉道者)는 "부활"하여, "마치 겨자씨 한 알처럼 모든 씨보다 작았으나 자란 후에는 온갖 나무보다 큰 나무가 되어 공중의 새들이 그 가지에 깃들게" 되었으니, 그는 진정 "뭇 민족의 빛이 되어 땅끝까지 이르렀다." /공자의 경우(故事)도 이와 흡사했다. 은 민족은 망국 이후 일찍이 "무정 임금의 후손" 가운데 천하무적의 "강대한 왕(武王)" 〈주58〉이 나타나 "큰 난국을 도맡아" "온 천하를 정벌하기를" 기대했다. 그후 이 희망은 점차 **"500년마다 반드시 왕자(王者)가 흥기한다"**〈주50〉는 예언을 형성했고, 송(宋)나라 양공(襄公)에게 은을 부흥시킬 야심을 불러일으켰다. 이때의 민족부흥은 실패했지만 그후 이 위대한 민족은 여전히 그들의 희망을 계속 장래에 나올 성왕(聖王)에게 기탁했다. 그리고 과연 망국 후 6세기 만에 "학문과 교육에 정열적인(學而不厭, 悔人不倦)" 한 위대한 성인이 탄생했다. 이 위대한 인물은 이내 많은 사람들의 숭앙을 받고 바로 그들이 고대해온 성인으로 여겨졌으며,……그와 접촉한 사람들은 마치 해와 달을 앙망하듯이 그를 앙망했고,……그 자신도 자신에 대한 그들의 기대를 깨달아 자신을 태산이나 대들보로 여겨, "하늘이 자신에게 덕을 부여했다"고 믿었으며, 문왕과 주공의 과업을 스스로 떠맡았다. 그는 죽음에 임해서도 여전히 "지극히 존귀한 자리에 앉아 있는" 꿈을 꾸었다. 그는 **"천하에 그 누가 나를 종주로 받들 것인가?"**〈주64〉라는 유한을 품고 세상을 떠났다. 그러나 그는 죽었으나 또한 "부활"하여, "사람이 도를 넓히지 도가 사람을 넓히는 것이 아니듯", 은·주의 문화적 울타리를 타파하고 은·주의 민족적인 국경을 소통시켜, 지역적인 "유(儒)"를 높이고 확대시켜 은·주 민족의 600년간 공동생활의 신기초 위에 새로이 건립했던 것이다. 그는 중흥한 "유"의 불멸의 종주가 되었고 또한 "뭇 민족의 빛"이 되어 "명성은 온 중국에 넘쳐 오랑캐에까지 미쳤고 발길이 닿는 곳, 인력이 미치는 곳에서……혈기 있는 존재 치고 그를 존경하지 않는 이가 없게 되었다."

5) 「설유」, 『호적문집』, 659쪽.

이 이미 앞에 서술되어 있기 때문이다. 다만 나는 호적 선생과 토론하면서 유의 기원에 대해서 하나의 의견을 발표하고자 한다. 현재 내 견해는 유가(儒家)와 유(儒)는 결코 같은 의미의 명칭이 아니라는 점이다. 유는 교육과 예식의 보좌(教書相禮) 등을 직업으로 삼았던 부류의 사람들이고, 유가는 선진의 제자(諸子) 중의 한 학파를 지칭한다. 유에서 유가가 나왔고, 유가의 인물이 여전히 유의 직업을 가지기도 했겠으나, 이 둘은 결코 같은 것이 아니다.

묵가의 모체(所自出)와 관련하여 부사년 선생은 "묵가학파는 유자(儒者)에 대한 반동에서 나왔고 종교적인 조직이었다"[6]고 여겼다. "유자에 대한 반동"이 일종의 직업일 수는 없으므로, 선진시대(先秦時代)의 제자는 직업에서 나왔다는 부사년 선생의 설은 부득이 묵자를 제외하고 있다. 그러나 유묵 2가는 선진시대의 양대 으뜸 학파(宗派)였을 뿐더러 모두 심대한 사회적 세력을 가지고 있었다. 선진시대의 제자가 직업에서 나왔다는 설은 매우 좋지만, 묵가의 기원까지 포괄할 수 없는 경우라면 그 설 자체가 성립할 수 있을지 매우 의문이다. 묵가는 "형벌을 받고 고역에 종사했던 부류(刑徒苦役)"에서 나왔다고 여긴 전목 선생의 견해가 비교적 더 낳다. 다만 "형벌을 받고 고역에 종사했던 부류"는 여전히 너무 막연한 감이 있고, 또한 "묵(墨)"*이라는 글자를 형벌을 받은 무리로 풀이하는 것말고는 여타의 증거도 매우 적다. 따라서 이 논문에서는 묵가의 기원에 대해서도 하나의 새로운 의견을 발표하려고 한다. 나는 선진시대의 제자가 직업에서 나왔다는 부사년 선생의 설에 찬성한다. 다만 묵가의 기원(所自出) 역시도 이 설의 예외가 되지 않을 뿐더러 오히려 이 설의 유력한 한 예증도 된다고 여긴다.

그러므로 이 글의 토론 주제는 (1)유의 기원, (2)묵가의 기원이다.

2. 유(儒)가 반드시 은 민족과 유관한 것은 아니다

1927년 나는 「중국역사상 공자의 위치」라는 글을 발표한 후, 본래 유

6) 『전국시대 제자백가 개설(戰國子家敍論)』, 유인본(油印本).

* 墨 : 고대 오형(五刑)의 하나로 이마에 죄명을 세기는 "묵형(墨刑)"을 뜻하기도 한다.

의 기원을 논하는 글을 따로 쓸 생각이었지만, 자료가 너무 부족하여 쓰지 못했다. 공자 이전의 서적에서는 유(儒)라는 글자를 볼 수 없다. 『주례』에 "유는 도로써 민심을 얻었다"[7]는 구절이 있지만, 『주례』는 나중에 나온 책이다. 『주례』 전부를 유흠(劉歆, 46?B.C.-23A.D.)의 위조로 보는 금문경학파의 설을 인용하지 않더라도, 현재 『주례』가 "주공이 태평성세를 이룩했던 책"[8]이라는 설을 믿을 사람은 아무도 없을 것이다. 이 외에도 『좌전』에 "그들 유의 서적 때문"[9]이라는 구절이 있지만, 애공 21년조에 나오는 말이므로 역시 공자 이후의 일이다. 이러한 형편하에서 공자로부터 500-600년 전에 이미 유가 존재했다고 증명하기는 불가능하며, 적어도 지극히 어렵다.

호적 선생의 설명에 따르면 은이 멸망한 후에 바로 유가 있게 된다. 그러나 그가 이 설을 증명하기 위해서 인용한 증거는 모두 공자 이후의 사람이 당시의 유에 대해서 한 말이다(『역(易)』의 수괘〔需卦〕의 구절은 증거가 될 수 없는데 이하에서 상론한다). 공자 이후의 사람, 예컨대 묵자는 시대적으로 은의 멸망으로부터 약 600-700년 떨어져 있다. 지금으로 치면 대략 남송시대 중엽에 해당하는 시기이니, 가령 현대인이 비행기에 관한 이야기를 했다고 해서 남송시대에도 비행기가 있었다고 단정하면 얼마나 기괴하겠는가? 호적 선생이 인용한, 『묵자(墨子)』와 『예기(禮記)』「단궁편(檀弓篇)」 및 『순자(荀子)』 속의 유에 대한 비평의 글들은 모두 당시의 유가 그러했음을 말하는 것이다. 여기에는 다음의 명제들이 들어 있다.

(1)당시에 유가 존재했다.

(2)당시의 유는 이러이러했다.

(3)고대에 유가 존재했다.

(4)고대의 유는 이러이러했다.

(1)과 (2)로써 (4)를 증명하는 것은 이미 매우 위험하고, (1)과 (2)로써 (3)

---

7) 儒以道得民. (「천관(天官)」, 『주례(周禮)』)

8) 周公致太平之書. [“鄭玄徧覽群經, 知周禮者乃周公致太平之迹”(賈公彥,「序周禮廢興」)]

9) 唯其儒書. [『좌전(左傳)』, 1718쪽]

을 증명하기는 아마 불가능한 것 같다.

'유(儒)' 자의 본뜻에 유약(柔弱)의 뜻이 있다는 설 역시 비교적 조기의 증거는 없다. 그러나 이 설은 통할 수 있다. 나 역시 '유' 자에는 유약의 뜻이 있다고 여긴다. 그러나 내가 이 설을 주장하는 이유는 호적 선생*과는 다른데, 이하에서 자명해진다. 현재 내 논점은, 비록 '유'자에 '유(柔 : 유약)'의 뜻이 있고 또 '유'라는 부류의 사람들이 약자로 불렸다손 치더라도, 반드시 망국 민족과 연관지을 필요는 없다는 사실이다. 예컨대 여자가 약자라는 말은 남자에 비해서 그렇다는 말이요, 어린이가 약자라는 말은 어른에 비해서 그렇다는 말이다. 망국 민족이라고 해서 모두 꼭 유약한 도(柔道)를 지닌 약자인 것은 아니다. 예컨대 송(宋)은 은(殷) 민족 유민의 나라였지만 송나라 사람들은 결코 약하지 않았다. 호적 선생은 송의 정고보(正考父 : 공자의 7대조)라는 인물이 스스로 겸하함으로써 다스렸던 데서 마침내 이렇게 주장했다.

> 송나라가 장구할 수 있었던 것도 아마 조상 대대로 전래된 그러한 **유순의 도**(柔道)에 준거했기 때문일 것이다.〈주12〉

그러나 실제로 『좌전』을 살펴보면 송은 결코 유순의 도에 준거하여 건립된 나라가 아니었다. 예컨대 선공(宣公) 14년[595B.C.],

> 초나라 장왕은 신주(申舟)를 제나라 사절로 보내면서 '송나라에 통과허락을 요청할 필요는 없다'고 말했다. 신주가 송에 도착하자 송나라 사람들은 저지했다. 즉 화원(華元)은 다음과 같이 말하며 사신 신주를 죽였다.
>
> "우리 나라를 지나면서 통과허락을 요청하지 않음은 우리 나라를 저들의 현으로 취급했다는 말인데, 현으로 취급당함은 망한 것이나 진배없다. 그렇다고 저들의 사신을 죽이면 틀림없이 우리를 칠 텐데 그렇게 될 경우 역시 우리는 망한다. 이나 저나 망하기는 결국 마찬가지다."[10)]

---

* 『호적문집』, 659쪽 : "유(儒)"는 본래 망국 유민의 종교였던 만큼 망국 유민의 유순하고 수용적인 인생관에 충만해 있고, "유"의 옛 뜻도 '연약함(柔儒)'이었다.

10) 楚子使申舟聘於齊曰 : "無假道於宋."……及宋, 宋人止之. 華元曰 : "過我而不假道, 鄙我也. 鄙我, 亡也. 殺其使者, 必伐我. 伐我, 我亡也. 亡一也." 乃殺之. (『좌전』, 755쪽)

과연 초나라는 송을 쳤고 송을 포위하여, "자식들을 서로 바꾸어 먹고, 죽은 사람의 뼈를 쪼개어 불을 지피는" 지경에 이르렀어도, 화원은 여전히 "그렇지만 성하의 맹약(城下之盟 : 굴욕적인 강화)만은 나라와 함께 멸망하는 한이 있어도 응할 수 없다"고 말했다.[11] 이 얼마나 굳세고 강한가![12] 선진시대의 서적은 늘 송인의 우직함(愚)을 말했는데, 화원의 이 같은 태도를 보면 "그 지혜는 따라갈 수 있을지라도 그 우직함은 따라갈 수 없는"[13] 경지라고 하겠다. 이로써 보건대 다른 증거가 없다면 유(儒)가 약자(弱者)로 불렸다고 해서, 그들이 망국민 은인(殷人)과 유관하다고 단정할 수는 없다.

3. 은·주 문화의 동이문제(異同問題)

이 문제에 관련하여 호적 선생이 제시한 다른 몇 가지 증거들은 나누어 토론하겠다. 토론에 앞서 더 일반적인 문제를 먼저 논하여 이하 토론의 근거로 삼고자 한다.

호적과 부사년 두 선생의 논문은 순전히 은·주의 민족문제에 주의한 듯한 감이 있다. 부사년 선생의 경우는 당연했는데, 그가 논한 것은 "주나라의 동봉(東封)과 은나라 유민(遺民)"이었기 때문이다. 이 점은 내가 보기에는, 은·주가 다른 두 민족이어서 원래의 문화 역시 꼭 같은 것은 아니었을지라도 은나라 말, 주나라 초에 은·주 민족간의 경계는 이미 호적과 부사년 두 선생이 상상한 것만큼 뚜렷했던 것 같지는 않다. 주(周)나라 무왕(武王)이 은의 주(紂)를 정벌한 것에 대해서, 구설(舊說)처럼

---

11) 易子而食, 析骸以爨. 雖然, 城下之盟, 有以國斃, 不能從也. (「선공」 15년, 『좌전』, 761쪽)

12) 這是何等的剛強!
[『호적문집』, 643쪽 대조 : "송나라 세 임금께 벼슬한 정고보의 정(鼎)은, '사(士)에 임명되자 상체를 숙였고, 대부에 임명되자 허리를 구부렸고, 경에 임명되자 땅에 닿다시피 엎드렸고 담장의 벽 그늘에 몸을 가리고 걸었다'고 새겼다. **이 얼마나 유순하고 겸양한가**(這是何等的柔遜謙卑)! 송나라가 장구할 수 있었던 것도 아마 조상 대대로 전래된 이런 유순의 도를 준거한 때문일 것이다."]

13) 其智可及也, 其愚不可及也. [『논어』 5 : 21] 〈제5장,주16〉

오로지 정치문제로만 인식하는 것도 물론 옳지 않지만, 두 선생처럼 오로지 종족문제로만 인식하는 것도 옳을 것 같지는 않다. 부사년 선생도 "주나라 초 동정(東征) 부대 속에는, [송·원 교체기의] 범문호(范文虎)와 유몽염(留夢炎), [명청 교체기의] 홍승주(洪承疇)와 오삼계(吳三桂) 같은 부류의 매국노가 적잖이 있었다"[14]고 인정한다. "매국노"도 물론 있었고, 그후 주공(周公)은 관숙(管叔)과 채숙(蔡叔)에게 은(殷)을 감독하게 했는데, 관숙과 채숙이 결국 은을 근거로 반란하자 주공은 동정에 나섰고 관숙과 채숙을 주벌했다. 이러한 모든 투쟁 속에는 사실상 정치 및 종족 문제가 병존한 듯하다. 한걸음 물러나서 은·주의 투쟁이 완전히 종족문제라고 해도 당시 은·주의 문화에 어떤 중요한 차이가 있었는지는 역시 밝히기 매우 어렵다. 다시 한걸음 더 물러나 은·주 교체기의 은·주 문화에 실제로 중요한 차이가 있었다손 치더라도, 무왕이 은을 정복하고 "천하의 왕이 된" 이후 주는 이미 은의 문화를 답습했던 것이다. 그 정세는 대략 은이 하를 답습한 경우와 같다. 구설에 따르면 "3대"의 문화는 일관된 것이었는데 대체로 틀림없다. 공자는 말했다.

> 은(殷)은 하례(夏禮)를 답습했으므로 감손한 것과 증익한 것을 알 수 있다. 주(周)는 은례(殷禮)를 답습했으므로 감손한 것과 증익한 것을 알 수 있다. 앞으로 주를 계승할 왕조의 경우 이후 100세대 후라도 알 수 있다.[15]

토론의 편의상 은·주만을 거론한다. 공자의 이 말에 의거할 때 다음 세 가지 점에 주목할 수 있다. (여기서의 예는 제도와 문물의 총칭이다.)

(1)주례는 은례를 "답습했은즉" 은·주 모두에 해당한 예가 있었다.

(2)주례는 은례를 "감손했은즉" 주례에는 없고 은례에만 있는 예가 있었다.

(3)주례는 은례를 "증익했은즉" 주례에만 있고 은례에는 없는 예가 존재했다.

(2)나 (3)의 부류에 속하는 것들은 비교적 매우 적었던 까닭에 공자는

---

14) 「주의 동봉과 은 유민(周東封與殷遺民)」, 『논문집』, 285쪽.

15) 殷因於夏禮, 所損益可知也. 周因於殷禮, 所損益可知也. 其或繼周者, 雖百世可知也. (『논어』 2 : 23)

"알 수 있다"고 말한 것이다. 따라서 유가의 서적 가운데 3대의 예를 구별하여 논한 경우 그 구별은 단지 사소한 항목에 그쳤다. 예컨대 『논어(論語)』는 말한다.

> 애공이 사(社)에 대해서 재아에게 묻자 재아는 대답했다.
> "하대는 소나무, 은대는 측백나무, 주대는 밤나무를 썼습니다."[16]

"소나무를 쓰고", "측백나무를 쓰고", "밤나무를 쓴" 것은 달랐지만 모두 사(社)가 있었던 것이다. 이밖에도 『예기』 중에는 이러한 종류가 꽤 많다. 하여튼 3대는 서로 계승했던 만큼 (2)나 (3)의 부류에 속한 예는 비교적 적었다. "주나라가 이전의 2대를 조망하여 거울삼아"[17] 제도를 더욱 완비했기에, 공자는 감손하거나 증익할 것이 더욱 적다고 여겼고, 따라서 "앞으로 주를 계승할 왕조의 경우 이후 100세대 후라도 알 수 있다"고 말했다. 이것을 이해한다면, 아무개가 은례를 행했다는 주장을 하려면 반드시 그가 행한 내용이 상술한 (2)의 부류에 속한다는 것을 증명해야 한다. 그렇지 않으면, 그가 행한 내용이 은례이면서 또한 주례일지도 모르기 때문이다. 요즘 어떤 사람이 마고자를 입은 경우를 예로 들면, 마고자는 청대(清代)의 평복이면서 또한 지금 민국시대의 평복인 만큼, 아무개가 마고자를 입었다고 해서 그를 청대의 복장을 한 유신(遺老 : 遺臣)으로 단정할 수 없는 것과 같다.

4. 유의 "고언복"

호적 선생은 "공맹자(公孟子 : 유가의 학자)가 '군자는 고언(古言)과 고복(古服)을 따라야 어질다'고 말했다"[18]는 『묵자』의 구절을 인용하여, 이렇게 주장했다.

> 『묵자』에서 당시의 유(儒) 스스로가 그들의 의복을 '고복(古服)'이라고 불렀다. 따라서 주 시대에서 '고(古)'라고 함은 물론 저 정복당한 은 왕조를 지

16) 哀公問社於宰我, 宰我對曰 : "夏后氏以松, 殷人以柏, 周人以栗." (『논어』 3 : 21)
17) 周監於二代. (『논어』 3 : 14) 〈제2장,주1 ; 제4장,주44〉
18) 公孟子曰 : "君子必古言服然後仁." (『묵자』 권12 : 17쪽)

칭한다.[19]

그러나 『묵자』의 이 문단 다음 문장을 보면, 결코 그렇지 않다는 것을 알 수 있다. 그 다음 문장은 이렇다.

> 묵자는 말하기를 "그대(공맹자)는 **주(周)를 본받고 하(夏)를 본받지 않으니 옛것(古)이 아니다**"[20]고 했다.

이것을 보면 공맹자의 고언과 고복이란 바로 주언(周言)과 주복(周服)이었으니, 묵자 시대에 말한 "고(古)"는 반드시 "정복당한 은 왕조를 지칭한" 것은 아니다. 공맹자의 고언과 고복이 즉 주언과 주복이라면 어째서 "고"언과 "고"복인가? 이 점과 관련하여 춘추전국시대는 경제, 사회, 정치, 사상 등의 각 방면에 걸쳐 하나의 대전환기였다는 사실을 알아야 한다. 구설(舊說)이 이 시기를 "세상의 도가 쇠미하고"[21] "예·악이 붕괴한"[22] 시기로 여긴 것도 바로 이 때문이었다. 각 방면의 제도가 심히 변동하는 시기에는 사상의 번잡성 때문에 새로운 말이 증가하고 새로운 문법이 적용되어 언어도 심하게 변한다. 의복 방면도 늘 새로운 양식이 생길 수밖에 없다. 새 말과 새 문법의 언어를 쓸 경우 처음은 "신문학"이었을지라도 오래 행해져 모든 사람에게 익숙해져버리면, 새 말이나 새 문법을 쓰지 않은 것은 이제 "고언(古言)"이 된다. 새로운 양식의 의복도 처음 유행할 때는 "색다른 복장"이었을지라도 오래 유행되어 일단 모두에게 익숙해져버리면 원래 "색다른 복장"이 아니었던 의복은 "고복(古服)"이 된다. 그렇다면 공맹자의 "고언"의 고(古)는 즉 당시의 새 말과 새 문법에 충만한 "신문학"에 대한 말이고, "고복"의 고(古)는 바로 당시 새로운 양식의 "색다른 복장"에 대한 말이다. 유가는 전통을 옹호하고 변혁을 반대한 사람들인 만큼 그들의 언어와 복장도 시류에 따라 바꾸지 않았다. 시류에 따른 새것들이 이미 익숙해져버리자, 이제는 유가의 인물들의 언어와 복장은 고언과 고복으로 되었지만 사실은 여전히 주제(周

---

19) 「설유」, 『호적문집』, 617-18쪽.

20) 墨子曰 : ……"子法周而未法夏[也], [子之古]非古也." (『묵자』 권12 : 17쪽)

21) 世衰道微. ["～邪說暴行有作, 臣弒其君者有之, 子弒其父者有之." (『맹자』 6 : 9)]

22) 禮壞樂崩.

制)였던 것이다. 그러므로 묵자는 공맹자가 "주를 본받고 하를 본받지 않았기" 때문에 여전히 "옛것이 아니다(非古)"고 여겼던 것이다.

『묵자』에 "공맹자는 장보(章甫 : 옛날 禮冠)를 썼다"[23]는 말이 있고, 또 「사관례(士冠禮)」에 "장보는 은의 격식이다"[24]는 기록이 있다. 호적 선생은 이것을 유복(儒服)이 곧 은복(殷服)인 증거라고 여겼다. 이 문제를 어떻게 해석해야 하는가? 이 점과 관련하여 앞 절에서 서술한 은·주 문화의 동이문제에 주의해보자. 만약 장보가 은의 예관임이 중요한 의미를 지닐려면 장보는 오직 은의 예관이고 주의 예관이 아니어야 한다. 만약 장보가 은·주에서 다같이 사용된 관이면, 아무개 혹은 어떤 부류의 사람들이 장보를 썼다고 해서 은과 유관하다고 단정할 수 없기 때문이다. 마치 현재 아무개 혹은 어떤 부류의 사람들이 마고자를 입었다고 해서 만주인과 유관하다고 단정할 수 없는 것과 같다. 『논어』에서 공서화(公西華)는 말했다.

> 종묘의 제사와 제후들의 회동에 단(端 : 예복 이름)과 장보(章甫)의 의관을 하고 작은 의전관 역할을 하고 싶습니다.[25]

종묘와 회동은 중대한 전례(典禮)이다. 그 일에 참가하는 사람은 반드시 당시의 왕제(王制)에 맞는 의관을 갖추어야 할 것이다. 망국 민족의 의관을 하고 참가하는 일은 온당하지 않을 것 같다. 이로써 보건대 장보는 비록 은에서 기원했을지라도 주제(周制)에서도 통용되었다. 다만 "색다른 복장"이 유행 의복이 되고 장보는 통상 쓰지 않게 된 뒤에도 유자들은 여전히 썼기 때문에 당시에 오히려 기괴한 것이 되었다고 할 것이다. 유럽은 지난 [제1차 세계]대전 후로 생활이 점점 간소해졌다. 대전 전에는 중상층 집안과 호텔 식당에서는 식사 때 반드시 예복을 입었으나, 지금은 입는 사람이 극히 적다. 그러나 큰 호텔 연회의 웨이터들은 여전히 어엿하게 예복을 입는다. 오래 지속되면 이 예복은 고복이 되거나 혹은 웨이터복으로 될지도 모른다. 유(儒)는 예식의 보좌와 교육을 직업으로

---

23) 公孟子戴章甫. (「공맹」, 『묵자』 권12 : 15쪽)
24) 章甫, 殷道也. (「사관례(士冠禮)」, 『의례』)
25) 宗廟之事, 如會同, 端章甫, 願爲小相焉. (『논어』 11 : 26)

삼았던 만큼 종일 예복을 입고 풍채를 유지했다. 생활이 간소해져서 다른 사람들은 예복을 안 입었지만 유자는 여전히 늘 입고 있었기 때문에 그런 예복은 마침내 고복, 유복이 되었던 것이다.

5. 유와 "상축"

호적 선생은 이렇게 말했다.

> 「사상례(士喪禮)」와 「기석례(旣夕禮)」(즉 「사상례」의 하편)를 보면, 당시 상례에는 반드시 축(祝)을 기용했고 그들의 직무는 몹시 복잡하고 엄중했음을 알 수 있다. 「사상례」 두 편 중에는 '상축(商祝)'이 10번, '하축(夏祝)'이 5번, 그냥 '축'이 22번 나온다. 구주(舊注)는 그냥 '축'인 곳은 모두 '주축(周祝)'으로 여겼는데, 근거가 매우 희박하다. **이 두 편을 자세히 살펴보면 '주축'이라는 말을 쓴 곳이 전혀 없다**. 그냥 '축'인 곳 가운데 두 곳은 확실히 '상축'을 지칭하고 한 곳은 '하축'을 지칭한다. 기타 **하(夏)인지 상(商)인지 분명하지 않은 곳은 대체로 모두 '상축(商祝)'이다.**"[26)]

내 견해에 따르면, 그냥 "축"인 곳은 모두 "주축"으로 여긴 구주는 무리가 없다. 「사상례」 두 편 중에 "축"은 "하축", "상축", "축"의 세 종류로 나뉘어 있다. 「사상례」는 주인(周人)의 글이므로 "주축"에 대해서 그저 "축"이라고 지칭한 것은 본래 매우 온당하다. 만약 그냥 "축"인 곳 역시 "상축"을 의미했다면 「사상례」에 왜 "상축"도 있고 "축"도 있겠는가? 호적 선생은 "이 두 편을 자세히 살펴보면 '주축'이라는 말을 쓴 곳이 전혀 없다" 했는데, 이것이 바로 "축"을 주축으로 표기하지 않은 이유였다. "축"이 주축이라면 「사상례」 중에는 주축을 쓴 곳이 은축을 쓴 곳보다 두 배 더 많다. 호적 선생은 "하인지 상인지 명확하지 않은 곳은 대체로 '상축'이다"고 여겼고, 그 근거는 "이러한 사상례(士喪禮)에 하례나 주례의 풍습을 섞어서 쓴 곳이 더러 있기는 했으나 그 근본 예절은 여전히 은례였던 까닭에, 예식을 보좌하는 '축'은 당연히 은인(殷人)이 중

---

26) 「설유」, 『호적문집』, 637쪽.

심이었기"[27] 때문이라는 것이었다. 그러나 이 가정은 바로 호적 선생이 그 논문에서 증명했어야 했다. 따라서 우리가 보기에는, 여타의 증거가 없다면 구주의 설명이「사상례」의 문맥에 더 부합한 것 같다.

나는 결코「사상례」에서 말한 예가 "근본은 여전히 은례였음"을 부인하지 않는다. "주는 은례를 답습했다"는 설을 인정하기 때문이다. 그러나 만약「사상례」에서 말한 예는 오직 은례였고, 주(周)에서는 그저 민간의 은인(殷人)들만 행했고 통치계급인 주인(周人)들은 행하지 않았다고 여긴다면 큰 문제가 있다.「사상례」를 시행하는 "사(士)"는 서민이 아니기 때문이다. 그 말들의 위엄을 보아도 역시 서민이 행할 수 있는 바가 아니다. 호적 선생은 이 점에 관한 한 그의 설을 관철시키지 못한 것 같다. 그러나 이 점에 관해서 그 설을 관철시키지 못한다면, 3년상의 복제(服制)에 대해서도 역시 오직 은인들만 행했고 주인들은 행하지 않았다고 주장할 수 없을 것 같다. 3년상 역시『의례』에 분명히 실려 있다.「사상례」두 편의 내용에 따르면 상례와 장례의 예는 복잡하고 엄중했다. 효자는 "초막에 살면서 거적 위에서 흙덩이를 베고 자며, 수질[首絰]과 요질[腰絰]을 벗지 아니하고, 밤이나 낮이나 무시로 곡을 하며, 상사에 관한 일이 아니면 말하지 않으며, 아침과 저녁에 죽 한 그릇씩만을 먹고 채소나 과일은 먹지 않아야"[28]했다. 초상(初喪)의 예가 이와 같았던 만큼 이후의 상복(喪服)이 수개월로 종료될 수 있었을 것 같지는 않아 보인다. 초상의 예가 그러했다면 이후 25개월의 삼년상도 정말 "준마가 문틈을 지나가는 것처럼"[29] 보냈을 것이다. 이 점에 관해서는 이하에서 별도로 논한다.

우리가「사상례」에서 말한 예가 "근본은 여전히 은례였음"을 부인하지 않는다면, 왜 호적 선생의 주장대로 "축"이 모두 "은축(殷祝)"이라고 여기지 않는가? 그 이유는 첫째, 호적 선생의 주장은 경문(經文)의 내용

27)「설유」,『호적문집』, 637쪽.

28) 居倚廬, 寢苫枕塊, 不稅絰帶, 哭晝夜無時, 非喪事不言. 歠粥朝一溢米, 夕一溢米, 不食菜果.

29) 如白駒之過隙也. ["三年之喪,二十五月而畢,若駟之過隙."(「삼년문(三年問)」,『예기』)]

과 맞지 않고, 둘째, 그런 예는 은·주에 다같이 행해졌으므로 반드시 은인들이 독점했던 것으로 여길 필요는 없다고 생각하기 때문이다. 경(經) 속에 하축(夏祝)도 명백히 언급된 만큼 은인의 독점 국면은 이미 성립하지 않는다.

다시 원래의 유자는 “상축(商祝)”이었는지의 여부를 살펴보자. 설사 원래의 유자는 은(殷)나라 사람이고, 또 「사상례」에서 말한 축은 모두 상축이고, 상축과 축 역시 모두 은나라 사람이라고 할지라도, 여타의 증거가 없다면 여전히 원래의 유자는 모두 상축이었다고 할 수 없다. 예식의 보좌(相禮)가 유자의 직업의 하나임은 틀림없다. 그러나 예식의 보좌와 축이 되는 일은 별개이다. 유자가 축이 된 증거로 호적 선생은 단지 두 개를 들었다. 즉 「단궁」 속의 다음 기록이다.

> 공자의 상은 공서화가 지(志 : 계획)했다. 관을 장(牆 : 관 옆의 널 또는 관을 덮는 옷)으로 장식하고, 삽(翣 : 雲翣, 발인할 때 영구의 앞뒤에 세우고 가는 기구)을 두고, 관줄(披 : 운구할 때 널 좌우에서 널을 들도록 감아놓은 끈)을 설치한 것은 주(周)의 격식이고, 숭아(崇 : 崇牙)를 설치한 것은 은(殷)의 격식이고, 흰 비단으로 깃대를 싸고 조(旐 : 거북과 뱀을 그린, 大夫의 운구 때 앞세우는 검은 빛깔의 기)를 설치한 것은 하(夏)의 격식이었다.[30]
>
> 자장의 상은 공명의가 지했다. 저막(褚幕 : 관을 덮는 천)은 붉은 바탕의 베 네 귀퉁이에 개미가 왕래 교착하는 형상을 그렸는데, 은나라 사(士)의 격식이었다.[31]

여기서 호적 선생은 이렇게 주장했다.

> 「사상례」의 기석례(旣夕禮)에 따르면, 관의 장식과 관줄의 설치는 모두 ‘상축’을 기용하여 행했다. 공서화와 공명의가 ‘지(志)’했으니, 즉 「사상례」에서 말한 ‘상축’의 직무를 집행했다는 사실을 알 수 있다.[32]

“지(志)” 자를 어떻게 해석해야 할지 호적 선생은 설명하지 않았다. 나는

30) 孔子之喪, 公西赤爲志焉. 飾棺牆, 置翣, 設披, 周也. 設崇, 殷也. 綢練設旐, 夏也.

31) 子張之喪, 公明儀爲志焉. 褚幕丹質, 蟻結於四隅, 殷士也. (『예기』)

32) 「설유」, 『호적문집』, 636쪽.

이 “지” 자는 ‘계획했다’는 뜻이라고 생각한다. 공서화는 공자 문하의 제자들 중에서 예식의 보좌에 유능함을 자처한 인물이다. 그의 소원은 “종묘의 제사와 제후들의 회동에 단(端)과 장보(章甫)의 의관을 하고 **작은** 의전관 역할을 하는 것”〈주25〉이었다. “작은”은 겸사였다. 따라서 공자는 “공서화의 소원이 작은 것이라면 무엇을 큰 것이라고 할 수 있겠는가?”[33]고 반문했던 것이다. 공자의 죽음과 같은 큰 상(喪)은 그가 주재하고 계획하여, 관을 장으로 장식하고 삽을 두고 관줄을 설치한 것은 주례에 따랐으며, 숭아를 설치한 것은 은례를 따랐으며, 흰 비단으로 깃대를 싸고 조를 설치한 것은 하례를 따랐다는 말이다. 아마도 공자 문하의 제자들은 공자를 위대한 인물로 여겼던 만큼, 그의 상사(喪事)에 3대의 예를 겸용했던 것이다. 자장의 상을 공명의가 계획했을 때, 아마도 당시의 예에 비해서 다소 차이가 있었기 때문에, 「단궁」은 특별히 기록했을 것이다. 이 모두는 축(祝)이 되는 일과는 무관한 것 같다.

6. 『주역』

호적 선생은 이렇게 주장했다.

> (『주역(周易)』의) 수괘(需卦)의 내용은 하나의 압박받는 지식계층을 지칭하는 것 같다. 그러한 시름과 위난의 환경에 처하여 때를 기다리며 활동하면서 생계의 길을 도모했던 사람들이 바로 유(儒)이다.[34]

호적 선생은 또 『역』의 작자를 은이 망한 후의 은인(殷人)들로 여겼고, “이른바 『주역』은 원래 은 민족의 복서(卜筮) 책의 일종이다”[35]고 했다. 『주역』 수괘의 수(需)는 그 문맥에 따르면 동사로 해석해야 한다. 효사 중에 “수우교(需于郊 : 교외에서 숨어 기다린다)”, “수우사(需于沙 : 모래밭에서 기다린다)” 따위가 그 증거이다. 수(需)를 유(儒)로 읽을 경우 “유우교(儒于郊)”, “유우사(儒于沙)”는 말이 되지 않는다. 유(儒) 자 다

33) 赤也爲之小, 孰能爲之大? (『논어』 11 : 26) [赤 : 公西華의 이름]
34) 「설유」, 『호적문집』, 632쪽.
35) 같은 책, 632쪽.

음에 "재(在)" 자를 보태지 않으면 해석이 통하지 않는다. "글자를 보태어 경전을 해석하는 일" 자체가 이미 옳지 않거늘, 하물며 "수"를 "유"로 읽는 경우는 아마 그 예가 없을 듯하다. 호적 선생이 『주역』을 은의 멸망 이후의 은인의 저작으로 간주한 이유는 다음과 같다.

(1)"책 전체의 곳곳에 시름과 위난의 인생관을 표출하고 있다."

(2)"책 속에 '은나라 을(乙 : 紂의 아버지) 임금이 [주 문왕에게] 작은 딸을 시집보냈다'[36]고 했고, '은나라 고종(高宗 : 武丁)이 귀방(鬼方) 나라를 토벌하여 3년만에 이겼다'[37]고 했으니, 작자가 은나라 사람임을 알 수 있다."[38] 대체로 후세에 『역』을 읽으면서 『역전(易傳)』의 영향을 완전히 벗어나기는 쉽지 않다. 『역전』을 벗어나, 원래 시초점에 쓰였던 『역』 가운데 "인생관"이 있었는지의 여부는 이미 생각해볼 문제이다. 또 그것이 "시름과 위난"의 인생관인지의 여부는 더욱 상고할 필요가 있다. 설사 『역』 속에 그런 인생관이 있다손 치더라도 반드시 망국 민족과 유관한 것은 아닌 만큼, 그런 인생관을 견지한 사람이 꼭 망국 민족은 아닌 것이다. "은나라 을 임금이 작은 딸을 시집보냈던" 것 등등은 원래 당시의 유명한 이야기 중의 하나였으니 반드시 은나라 사람이라야 알 수 있는 것이 아니었다. 이 역시 더 논할 필요가 없다. 『좌전』의 내용을 살펴보면 『주역』은 확실히 "주"나라의 역이었고 또 관청의 서적이었지 결코 민간의 소유가 아니었기 때문이다. 예를 들면 한선자(韓宣子)는 사절로 노(魯)나라를 방문하고 나서야

> 태사의 서적들을 살펴보게 되었고, 『역』의 괘상과 노의 『춘추』를 대하고 나서는 '주례(周禮)가 모두 노에 있었구나! 나는 이제야 비로소 주 왕조의 통치에 공헌한 주공의 크신 덕과 주가 천하의 왕이 될 수 있었던 까닭을 알겠다!' 고 말했다.[39]

대국인 진(晉)나라의 한선자 같은 귀족도 반드시 노나라에 가서 태사의

36) 帝乙歸妹. [「태(泰)」괘, 『주역』, 151쪽]
37) 高宗伐鬼方, 三年克之. [「기제(旣濟)」괘, 『주역』, 492쪽]
38) 「설유」, 『호적문집』, 632쪽.
39) 「소공(昭公)」 2년, 『좌전』, 1226-27쪽. 원문은 〈제4장,주39〉 참조.

서적을 보고서야 비로소 『역』을 볼 수 있었고, 본 다음에 또 주공의 덕을 찬탄했으므로, 『역』은 주의 통치계급의 서적이었음을 짐작할 수 있다. 『좌전』은 또 말한다.

> 주나라의 태사 한 사람이 『주역』을 가지고 와서 진(陳)나라 임금을 알현했다. 진나라 임금이 시초점을 치게 했는데, 관(觀)에서 비(否)로 변하는 점괘를 얻었다.[40)]

이것을 보면 『주역』은 주의 태사가 관장했고, 처음에는 왕실에서 보존했음에 틀림없다. 노나라는 주공의 후손국이었고, 주나라의 "축(祝)·종(宗)·복(卜)·사(史)"[41)]를 나누어가졌기 때문에 그것을 소유할 수 있었다. 진(陳)나라의 경우는 도망온 주의 태사가 있었기에 비로소 그것을 소유할 수 있었다. 이것은 『주역』이 "주"의 역(易)인 이유이다. 이로써 『주역』은 망국민 은인(殷人)들이 저작한 민간 서적이 아닌 것이 매우 분명하다.

7. 삼년상

호적 선생이 유(儒)가 은(殷) 민족과 유관함을 증명하기 위한 증거로 든 것 가운데, 삼년상이 은례(殷禮)였고 또 오직 은례였다는 조목이 가장 유력했다. 이 설은 부사년 선생이 제창했는데 호적 선생에게 매우 유용했다. 왜냐하면 만약 그들의 주장이 성립하면, 삼년상은 오직 은례일뿐 주례(周禮)는 아니므로, 유가 은례를 강론했다는 사실을 증명하는 용도에 가장 적합할 것이기 때문이다. 그러나 우리가 자세히 고찰하면 부사년, 호적 두 선생의 주장의 성립 여부도 여전히 매우 의심스럽게 느껴진다. 이 점은 앞의 제5절에서 부수적으로 논급했다. 이제 다시 두 선생이 제시한 증거를 검토한다.

맹자가 등(滕)나라 세자에게 삼년상의 실행을 권했을 때, 등나라의 왕실(父兄)과 백관들은 이렇게 말했다.

40) 周史有以『周易』見陳侯者 ; 陳侯使筮之, 遇觀之否. (『좌전』, 222쪽) ['觀之否' : 현재는 '觀의 六四'라고 표현한다/양백준]

41) 「정공(定公)」 4년조의 축타의 말. 『좌전』, 1536쪽. 〈제4장,주37〉

우리의 종국(宗國)인 노나라의 선군(先君) 가운데 아무도 행한 분이 없고, 우리의 선군 가운데서도 아무도 행한 분이 없습니다.[42)]

그리고 공자는 말했다.

삼년상은 천하의 보편적인 상례이다.[43)]

이에 대하여 호적 선생은 "만약 공자가 허풍을 친 것이 아니라면 등나라 왕실과 백관이 거짓말한 것이다"고 했다. 만약 등나라 왕실과 백관이 거짓말한 것이 아니라면 공자가 허풍을 친 것이 된다. 호적 선생은 이것을 큰 곤란으로 인식했다. 부사년 선생의 설이 나오자 그 곤란은 풀어졌다. 부사년 선생의 설인즉, 삼년상은 곧 "은나라의 잔존 예법(遺禮)이었지 주나라의 제도가 아니었으므로", 민간의 은나라 사람들은 행했으나 통치자인 주나라 사람들은 행하지 않았다는 것이었다. 즉 공자의 말은 전자에 입각한 것이고, 등나라 왕실의 말은 후자에 입각한 것이니, 공자와 등나라 왕실 모두 거짓이 아니었다는 말이다.[44)]

그러나 사실은 우리가 만약 춘추전국시대가 "예악이 붕괴하는" 시대였음을 상기한다면 호적 선생이 인식한 곤란은 결코 곤란이 아니다. 등 왕실이 말한 노의 선군은 문맥상으로 근래에 죽은 임금을 지칭한 것이지 반드시 먼 주공(周公)과 백금(伯禽 : 魯公)을 지칭한 것이 아니다. 예를 들면 제갈량(諸葛亮)이 "선제께서 창업을 반도 완수하지 못하고 중도에 붕어하셨다"[45)]고 했을 때의 선제란 앞선 군주[즉 유비]를 지칭하지 고조나 광무제를 지칭하는 것이 아닌 것과 같다. 춘추시대 이래는 본디 "예악이 붕괴하는" 시대였다. 맹자 시대에 이르러 사람들은 대부분 이미 삼년상을 행하지 않았으므로, 맹자는 등나라의 세자에게 행할 것을 권했던 것이지만 왕실 역시 근래의 습속에 젖어 있었던지라 행하려고 하지 않은 것이다. 그러므로 이것은 "천하의 보편적인 상례이다"는 공자의 말과 본래 모순되지 않는다. 공자는 예의 법도(常)를 말한 것이었고 등나라 왕실

42) 吾宗國魯先君莫之行, 吾先君亦莫之行也. (『맹자』 5 : 2)

43) 三年之喪[the three years' mourning], 天下之通喪也. 〈제4장,주89〉

44) 「설유」, 『호적문집』, 627-28쪽.

45) 先帝創業未半, 而中道崩 . [「출사표(出師表)」]

은 당시의 변화상(變)을 말한 것이었다.

부사년 선생은 "이 제도(삼년상)가 주나라의 보편적인 제도였다고 하지만, 그러나 『좌전』이나 『국어』에 기록된 주나라의 제도에는 그 흔적이 전혀 없다"고 말했는데, 이 역시 꼭 그렇지는 않다. 호적 선생이 우리를 위해서 다음과 같은 흔적을 찾아주었다. 『좌전』은 말한다.

> 숙향(叔向)이 왕께 말했다.
>
> 천자께옵서는 한 해에 [왕후와 태자의 상사로] 삼년상이 둘이나 겹치셨습니다.……삼년상은 비록 고귀한 천자라도 그 기간을 다 마치는 것이 예입니다. 그럼에도 천자께옵서 삼년 복상을 완수하지 않고 그토록 일찍 오락과 잔치를 재개하는 것은 더욱 예가 아닙니다.

호적 선생은 이것을 인용하여 주나라 왕이 실제로 삼년상을 행하지 않았다는 증거로 삼았다. 나는 도리어 『중국철학사』에서 이것을 인용하여, 삼년상이 주나라 제도였고, 주나라 왕도 행해야 했는데 실제로는 행하지 않았다는 사실의 증거로 삼았다〈제4장,주89〉. 삼년상이 주제(周制)가 아니었고 따라서 왕이 행해야 할 것이 아니었다면, 숙향은 왕이 행하지 않는 사실을 예가 아니다고 지적할 수 없었을 것이기 때문이다. 호적 선생이 인용한 『춘추』의 문공(文公)의 납폐(納幣)와 선공(宣公)의 역녀(逆女) 두 조목의 경우, 문공의 납폐를 『좌전』은 예라고 여겼고, 『공양전(公羊傳)』은 예가 아니라고 여겼다.[46] 왜냐하면 삼년상이란 반드시 36개월 상의 실행을 주장한 것이 아니고 보통 "25개월 만에 마쳤는데", 『좌전』은 25개월로 계산했기 때문에 예라고 여겼고, 『공양전』은 36개월로 계산했기 때문에 예가 아니라고 여겼던 것이다. 다른 일로 인해서 늦게 아내를 맞았을 수도 있었기 때문에, 이 조목을 우리는 문공이 삼년상을 행한 증거로 삼을 수는 없겠지만, 확실히 이 조목을 문공이 삼년상을 행하지 않은 증거로도 삼을 수 없다. 또한 선공은 삼년상을 행하지 않았는데, 그는 아마 등나라 왕실이 지적한 노나라의 선군 가운데 한 사람에 해당할 것이다.

상복의 복제(服制)는 종법제도(宗法制度)와 밀접한 관계가 있었다.

---

46) 「설유」, 『호적문집』, 628쪽.

『의례(儀禮)』「상복(喪服)」의 복제에 따르면 아들은 아버지를 위해서, 제후는 천자를 위해서, 신하는 군주를 위해서, 아버지는 맏아들을 위해서 각각 3년 동안 상복을 입었다. 아버지가 왜 맏아들을 위해서 3년 동안 상복을 입는가? 「전(傳)」은 말한다.

> 선조의 적장자(正體 : 嫡長子)이고 또한 장래에 전하는 바가 중하기 때문이다.[47)]

정현(鄭玄, 127-200)은 「주(注)」에서 이렇게 말했다.

> 선조의 적장자에 해당한다는 것을 중시하며 또 장래에 자신을 대신하여 종묘의 주인이 될 것이기 때문이다.[48)]

은나라에는 형이 죽으면 동생이 계승하는 제도가 있었던 것을 보면 맏아들이 그다지 중시된 것 같지 않다. 그런데 『의례』「상복」은 이처럼 맏아들을 중시한즉, 「상복」에서 논하는 일련의 복제는 주제(周制)였음이 분명하다. 그것이 주제이다는 나의 주장은 그것이 은제(殷制)였을 수도 있었음을 부인하는 것은 결코 아니다. 그 근본은 대체로 여전히 은제였으나, 맏아들을 위한 삼년상 제도는 아마 주나라 사람이 "증익한 것(益)"일 것이다.

8. 은 민족의 "예언" 유무

공자는 비범함을 자처했다. 당시에도 그를 "하늘이 보낸"[49)] 성인으로 여기는 사람이 있었고, 적어도 맹자시대에는 "500년마다 반드시 왕자(王者)가 흥기한다"[50)]는 예언이 있었다. 이것은 모두 사실이다. 공자가 천명을 받아 소왕(素王)이 되었다는 한대인의 설이나, 송유(宋儒)의 도통설

---

47) 正體於上, 又乃將所傳重也. (「상복전(喪服傳)」) [「십삼경주소(十三經注疏)」상, 1100쪽]

48) 重其當先祖之正體, 又以其將代己爲宗廟主也. [「십삼경주소」 상, 1100쪽]

49) 天縱. ["子貢曰 : '固天縱之將聖, 又多能也. "(『논어』 9 : 6)] 〈제4장,주34〉

50) 五百年必有王者興. [『맹자』 4 : 13] 〈제6장,주5〉

(道統說)은 모두 이것을 바탕으로 부연한 것이다. 그러나 이 일은 은 민족과는 무관하다. 은 민족 사이에 "일찍이 한 민족 영웅이 나와서 은나라를 부흥시킬 것이라는 예언(懸記 : 불교 용어, 즉 예언/호적)이 있었고" 그것에 의지했는지의 여부는 매우 문제가 된다. 적어도 호적 선생이 제시한 증거는 그 사실의 존재를 증명하기에 부족하다.

송나라 양공(襄公)이 은을 부흥시킬 웅지를 가졌다는 사실은 공자(公子) 자어(子魚, 이름이 目夷)의 말에서 엿볼 수 있다. 그러나 이것은 꼭 예언의 존재와 유관한 것은 아니다. 이 점에 관하여 자구(字句) 간의 고증문제를 검토할 필요가 있다. 『좌전』에 따르면 홍강(泓江) 전투가 있기 전에,

> 대사마(大司馬 : 국방장관) 자어(固 : 子魚)는 [양공에게] 간했다.
>
> **"하늘이 우리 은 왕조를 버린 지 이미 오래입니다.** 임금께서는 은을 부흥시키시려고 하나, 그것은 [하늘을 어기는 일이니] **불가사야이**(弗可赦也已 : 용서받을 수 없을 것임)입니다."[51]

이 "불가사야이"를 두예(杜預, 222-84)는 "불가, 사야이(弗可, 赦也已 : 불가합니다. 초나라를 그냥 놓아주어야 합니다)"로 잘못 끊어 읽었다. 호적 선생은 "불가사야이(弗可赦也已)"로 읽어야 한다고 하면서 이렇게 주장했다.

> 자어는 처음에는 양공이 패권을 다투는 데에 반대했다. 그러나 막상 전쟁이 붙게 되자 그는 도리어 **초의 군대에 통쾌한 타격을 주자고 주장했다.** 따라서 그 다음 문장에서는 초의 군대가 강을 채 건너기 전에 공격하자고 강력히 주장했다.……'**불가사야이**'란 은(殷)의 중흥이라는 저 대사(大事)를 감당하려는 이상 이번 기회에 적을 놓아주어서는 안 된다는 뜻이다.[52]

나도 "불가사야이"에 대한 호적 선생의 구두법은 좋다고 여긴다. 나도 줄곧 그렇게 읽었다. 그러나 이 구절에 대한 호적 선생의 해석은 내가 보

---

51) 大司馬固諫曰 : "天之棄商久矣. 君將興之, 不可赦也已." (「희공(僖公)」 22년, 『좌전』, 396쪽)

52) 「설유」, 『호적문집』, 643-44쪽. [자어의 공격 주장은 〈제5장,주10 다음의 *〉 참조]

기에는 옳지 않은 것 같다. 자어는 양공의 패권 도모를 줄곧 반대했고, 또 양공의 방식을 따르면 송나라는 반드시 큰 재앙을 입을 것이라고 줄곧 인식해왔다. 「희공」 21년, 양공이 두 차례 초나라와 교섭할 당시의 자어의 말을 보면 알 수 있다.* 22년에 이르러 "초나라가 송나라를 정벌하여 정나라를 구하려고 하자 송나라 양공은 전쟁을 계획했고, 대사마인 자어가 (앞에서와 같이) 간했던 것이다."[53] 간했다는 말은 장차 전쟁을 그만두도록 간한 것으로서 두예의 해석은 본래 틀리지 않다. 자어의 생각인즉, "하늘이 은 왕조를 버린 지 이미 오래인데", 양공은 부흥시키려고 하니 양공의 죄는 용서받을 수 없다는 것이었다. 즉 "하늘이 폐한 것은 아무도 부흥시킬 수 없고",[54] "하늘을 어기면 반드시 큰 재앙을 당한다"[55]는 의미이다. 이것은 양공이 초와 전쟁하려고 할 때[8월경]의 말이었다. 그후[그해 11월] 과연 홍강에서 전쟁이 붙어 양 군이 이미 대치하게 되자, 자어는 전술적 차원에서 초나라 군이 채 건너기 전에 격파하자고 요청했으나 양공은 듣지 않았다〈제5장,주10다음의*〉. 이는 나중의 일이니 "불가사야이" 구절과는 무관하다. 만약 호적 선생처럼 해석하려면 "불가사야이(弗可赦也已)"는 "불가사야이(弗可捨也已 : 놓아줄 수 없다)"였어야만 맞다. 아니라면 송이 어떻게 초를 "사면할(赦)" 수 있겠는가? 『좌전』 은공 11년, 정백(鄭伯 : 鄭莊公)은 말했다.

> 하늘은 이미 주나라를 버렸는데, [쇠락한 주 왕실의 자손인] 내가 어찌 [그렇지 않은 후손인] 허(許)나라와 다툴 수 있겠는가?[56]

---

* 『좌전』, 389-91쪽 : 21년 봄, 송나라 임금이……제후의 맹주가 되겠다며 초나라에 요구하여 허락을 받자, 자어는 "작은 나라가 맹주 자리를 다투는 것은 재앙이다. 송나라는 망할 것이다. 잘해야 패할 것이다"고 말했다.……가을, 제후들이 송나라 양공을 회견하자, 자어는 "재앙이 바로 닥쳤구나! 우리 임금의 욕심이 너무 지나치니 장차 어떻게 감당해낼 것인가!"라고 말했다. 과연 회견 도중에 초나라는 송나라 양공을 붙잡아갔고 이윽고 송나라를 쳤다.

53) 楚人伐宋以救鄭, 宋公將戰, 大司馬固諫曰 : ("天之棄商久矣. 君將興之, 不可赦也已.")

54) 天之所廢, 誰能興之. (『좌전』 양공 23년, 서오(胥午)의 말) [『좌전』, 1073쪽]

55) 違天必有大咎. (『좌전』 희공 23년, 초왕[楚王]의 말) [『좌전』, 409쪽]

56) 天而既厭周德矣, 吾其能與許爭乎? (『좌전』, 75쪽)

자어의 말은 바로 이런 부류의 말이고, 꼭 무슨 예언과 유관한 것이 아니었다. 만약 자어의 이 말만 놓고 보면 도리어 당시 은 민족은 아무 예언도 없었음을 증명한 것 같다. (호적 선생의 말처럼) 만약 어떤 예언이 있었고 또 양공 스스로 예언에 응한다고 여겼으며 그래서 자어도 "초의 군대에 통쾌한 타격을 주자고 주장했다"면, 자어의 뜻은 응당 "하늘이 은을 버린 지 오래이지만, 이제 하늘이 다시 은을 부흥시키려고 하니 놓아줄 수 없습니다"는 말이다. 만약 "불가사야이"에 대한 내 해석에 따르면, 자어의 뜻은 양공이 "하늘을 어겼으니 반드시 큰 재앙을 당할 것이다"는 말이다. 이것은 즉 당시에 결코 은 민족 부흥에 대한 어떠한 예언도 없었다는 증거가 된다. 그리고 "과인이 비록 망국의 후예이기는 해도 진열을 갖추지 못한 적을 공격하지는 않는다"[57]는 양공의 말 역시 스스로 예언에 응했다고 여기는 자신력 따위가 있어 보이지 않는다.

호적 선생은 「상송(商頌)」, 「현조(玄鳥)」* 시의 "대치시승(大糦是承)" 구절을 "대난시승(大艱是承)"으로 고쳤다. 그 이유는 "은(殷)은 무정(武丁) 임금 이후로 국력이 점점 쇠퇴하여, 역사의 기록상 천하무적의 '무왕(武王 : 강대한 왕)'은 더 이상 없기"[58] 때문이라는 것이었다. 따라서 그는 이렇게 주장했다.

> 이 시는 바로 일종의 예언이다.……이 미래의 '무왕'은 천하무적(無所不勝)인지라[武丁孫子武王, 靡不勝], '수레 10대'의 빈약한 무력으로도[龍旂十

---

57) 寡人雖亡國之餘, 不鼓不成列. (『좌전』, 398쪽) 〈제5장,주10 다음의*〉

* 「현조」의 구주(舊注) 해석 :
하늘은 제비(玄鳥)에게 명하사
내려가 상(商)을 낳게 하시고 /광막한 은 땅에 살게 하셨네.
옛날 하느님께서 용맹스런 탕왕께 명하사 /사방 나라들을 획정하셨네.
사방에 각 임금들을 명하셔 /구주(九有 : 九州)를 다스리셨네.
상나라 옛 임금 /받은 명을 태만히 여기지 않아 /후손이신 무정 임금에 이르렀고,
무정 임금의 후손 **'무왕'**(武丁孫子武王)은 **/천하무적하여**(靡不勝)
쌍룡기 꽂은 10대의 수레[즉 제후들]가(龍旂十乘) /제물을 바치리(大糦是承).
사방 천리 왕의 영지는 /백성들의 안식처요 /저 사해(四海)까지 개척하시리.
사해에서 귀순해오니 /귀순자가 많고 많아 /서울 주위는 황하[처럼 넘실거리네.]
은(殷)나라가 받은 명은 모두 합당하여 /온갖 복록을 누리네. 〈제3장,주31〉

58) 「설유」, 『호적문집』, 645쪽.

乘], 능히 대난(大難)을 감당할 수 있었던 것이다[大艱是承].[59)]

이 점에 대해서 우리가 보기에는, '무왕'에 관한 일은 글자를 고치지 않고도 구주(舊注) 중에 무난한 해석들이 있다고 생각된다. 또한 현재 갑골문의 자료를 바탕으로 은 왕조 역사를 연구한 사람들은 이미 은의 말엽에 여전히 무공(武功)이 매우 컸던 시기가 있었음을 발견하고 있으므로,[60)] 결코 호적 선생의 말처럼 "무정 임금 이후로 천하무적의 '무왕'이 더 이상 없었던" 것이 아니다. 「송(頌)」의 체제는 과거의 공덕을 과시하고 선열들을 찬양하는 것인 만큼, 서술한 과거의 공덕이 사실이 아닐 수는 있다. 그러나 장래의 환상 따위를 송 가운데에 편입한 경우는 아마 그 예가 없을 듯하다.

9. 공자와 "은과의 밀접한 관계" 여부

그밖에 호적 선생이 든 예는, 모두 공자가 비범성을 자처했거나 당시 사람들이 그를 성인으로 여긴 사실을 증명해줄 뿐, 은 민족에게 무슨 예언이 있었음을 증명하기에는 부족하다. 또 공자는 스스로 비범성을 자처하기는 했어도 여전히 유(儒)의 태도에서 벗어나지 않았다. 여기서 말한 유의 태도란 유는 반드시 "타인에 의지해서만 일을 성취할" 수 있었던 점을 지칭한 말이다. 유는 본래 타인에게 임용될 것을 준비하고 있는 부류의 사람들이다. 그후 그중에서 비범성을 자처한 사람들이 나타나, 교육과 예식의 보조(敎書相禮)를 자신했을 뿐만 아니라 과거의 계승과 미래의 개척을 통한 태평성세의 달성을 자처했다손 치더라도, 그 목적 달성은 반드시 임용해주는 사람이 있어야만 가능했다. 공자가 열국(列國)을 주유하면서 유세하여 군주들을 찾았을 때 남에게 등용되기를 바라지 않은 경우는 없었다. 심지어 가신(陪臣 : 家臣)들, 예컨대 비(費)의 공산불요(公山弗擾)나 중모(中牟)의 필힐(佛肹) 따위가, 각각 노(魯)나라의

59) 같은 책, 같은 쪽.

60) 동작빈(董作賓, 1895-1963), 「갑골문의 시대 구분(斷代) 연구」, 『차원배 선생 65세 경축 논문집』 상, 366-73쪽 ; 오기창(吳其昌, 1904-44), 「토기총 갑골금문(甲骨金文) 속에 내포된 은력(殷曆)의 추정」, 『논문집』, 297-99쪽 참조.

계씨와 진(晉)나라의 조씨에 대해서 독립을 선포하고 공자를 초빙했을 때조차도 공자는 응할 생각을 했던 것이다.* 그의 일생 소원은 주공을 배우는 데에 있었다. 주공이 무왕을 이어 왕을 자처했었는지의 여부는 본래 하나의 문제이다. 그러나 유가의 전설상의 주공은 단지 "한 사람 아래, 만 사람 위"[61]의 재상일 뿐이었다. 공자는 스스로 오직 주공에만 비견했는데 그는 언재나 남에게 등용되는 위치를 자처했기 때문이다. 그는 물론, "문왕께서 이미 돌아갔으나 그 문(文)은 바로 나에게 있지 않느냐?"[62]고도 말했으니, 그에게 문왕을 모방하려는(學) 뜻이 있었다고도 말할 수 있지만, 그것은 "문(文)"의 측면, 즉 유가의 전설상 문왕의 문화적인 위치에 입각한 말에 불과했다. 유가의 전설상의 문왕은 고대의 문화와 학술의 계승자였다. 예컨대 "500년마다 반드시 왕자가 흥기한다"〈주50〉는 맹자의 도식 속에서 문왕이 탕왕을 계승했다는 말이 그 예이다. 공자는 문화와 학술의 측면에서는 문왕의 "도통(道統)"을 계승하려고 했고, 정치의 측면에서는 주공과 같은 공적을 세우려고 했다. 따라서 그는 말했다.

> 만일 누가 나를 임용해준다면, 나는 동주(東周)를 건설할 것이다![63]

반드시 동주를 도모(건설)하려고 했던 까닭은 동주는 바로 주공의 공적이었기 때문이다. 공자는 마음속에 늘 주공을 사모했던지라, "꿈에 주공을 보지" 못하자, 자신이 쇠했다고 자탄했던 것이다.** 공자는 언재나 타인에게 임용되는 위치를 자처했는데, "명왕(明王)이 흥기하지 않은즉 이제 천하에 그 누가 나를 종주로 받들 것인가?"[64]라는 그의 임종 시의 말이 더욱 그점을 증명해준다. 그는 비록 "천하가 자신을 받들게 할" 야심

* 『논어』 17 : 5 : 公山弗擾以費畔, 召, 子欲往. 子路不說曰 : "末之也已, 何必公山氏之之也?" 子曰 : "夫召我者,而豈徒哉? 如有用我者,吾其爲東周乎?"
『논어』 17 : 7 : 佛肹召, 子欲往. 子路曰 : "昔者由也聞諸夫子曰 : '親於其身爲不善者, 君子不入也.' 佛肹以中牟畔, 子之往也,如之何?" 子曰 : "然, 吾豈匏瓜也哉? 焉能繫而不食?"

61) 一人之下萬人之上.

62) 文王旣沒, 文不在玆乎? (『논어』 9 : 5) 〈제4장,주45〉

63) 如有用我者, 吾其爲東周乎! (『논어』 17 : 5) 〈제4장,주46〉

** 『논어』 7 : 5 : 子曰 : "甚矣吾衰也! 久矣吾不復夢見周公!" 〈제4장,주47〉

64) 明王不興, 而天下其孰能宗予? (「단궁상(檀弓上)」, 『예기』)

이 있었지만 "천하가 자신을 받드는" 일은 여전히 명왕의 흥기에 의지해야 했던 것이다. "명왕이 흥기하지 않고" 따라서 천하가 그를 받들지 못할 경우 그는 오직 장탄식에 부칠 수밖에 없었다. 이것은 공자의 흠일 수는 없다. 원래 유는 본시 타인에게 임용되는 사람이기 때문이다. 그러나 만약 공자를 예언에 응하여 탄생한 구세주로 여겨 예수에 비한다면 그 예수는 너무 "무력했다(乏)"고 하지 않을 수 없다.

부사년 선생 역시 "공자와 유가는 은나라와 밀접한 관계가 있다"고 여겼는데, 그 이유는 다음과 같았다.

(1)「단궁」을 보면 공자는 임종 시의 말에서 "은인(殷人)으로 자처했다."*

(2)공자는 하·은·주를 늘 언급했고, "은·주에 대해서 차별을 두지 않았으니,[65] 주를 추종한(從周) 것은 주가 '찬연한 후왕'[66]이었던 때문이고, 다른 뜻이 있었던 것이 아니었음"을 알 수 있다.

(3)공자는 동주를 건설하려고 스스로 문왕에 견주어, "주를 계승한 제4왕조를 만들 의도가 있었으므로" "주 왕실에 충성을 맹세한 적이" 없다.

(4)"공자는 스스로 노팽(老彭)에 견주었는데 노팽은 은나라 사람이다. 또 사지(師摯)**를 칭송했는데 역시 은나라 사람이다. 또 고종을 일컬으면서 은상(殷商) 자(字)를 앞에 붙이지 않고 바로 '서왈(書曰)'이라고 했다. 또 은의 세 어진 분을 칭송하는 경우에는 더욱 여운이 감도는 운치를 남기고 있다."[67]

공자는 본시 은인(殷人)이므로 스스로 은인이라고 말한 것은 사실을 말한 것에 불과하지 무슨 중대한 의미가 있다고는 할 수 없다고 생각한다. 공자는 "세 사람과 함께 가면 반드시 그 가운데에는 나의 스승이 있으며",[68] "열 가구의 작은 마을에도 반드시 (나만큼) 충직하고 신실한 사

---

* 「단궁」: 夫子曰: "……丘也殷人也, 予疇昔之夜, 夢坐奠於兩楹之間. 夫明王不興. ……"

65) 一視同仁. ["聖人一視而同仁, 篤近而擧遠." (한유, 「원인(原人)」)]

66) 後王燦然. ["於其粲然者矣, 後王是也."] 〈제12장, 주10〉

** 『논어』 8 : 15 : 子曰 : "師摯之始, 關雎之亂, 洋洋乎盈耳哉!" [師摯 : 〈주79〉의 大師摯]

67) 이상은 『논문집』, 287-88쪽 참조.

68) 三人行, 必有我師.……(『논어』 7 : 22)

람이 있다"[69]고 여겼다. 따라서 그가 일생 동안 배우고 싶어한 인물은 매우 많았다. 『논어』는 말한다.

> 위(衛)의 공손조(公孫朝)가 자공(子貢)에게 물었다.
> "공자는 누구한테서 배웠습니까?"
> "**문무의 도**(文武之道)는 결코 유실되지 않고 사람들 속에 남아 있습니다. 현자는 그중의 핵심 진리를 터득했고 불초자도 작은 내용은 잘 아므로, 문무의 도를 지니지 않은 사람은 없습니다. 그러니 저희 선생님께서는 누구한테든 배우지 못하셨겠으며, 또한 일정한 스승을 따로 두실 필요가 있었겠습니까?"[70]

공자는 배우지 않은 것이 없었다. 그래서 일정한 스승도 없었다. 그러나 그가 남한테 배운 것은 주로 한 측면을 취한 것에 불과했다. 예컨대 그가 자신을 노팽에 견준 것은 "계술만 하고 창작하지 않으며 신념을 가지고 옛것에 심취했던"[71] 노팽의 측면을 취한 것에 불과했다. 공자의 평생 소원은 문왕과 주공, 즉 이른바 "문무의 도"를 배우는 것이었다. 어째서 그가 자신을 노팽에 견준 것은 은에 대한 호의였고, 문왕과 주공을 배운 것은 주에 대한 불충이었단 말인가? 고종을 일컬으면서 앞에 은상을 붙이지 않은 것은 그 앞에 "『서(書)』에 고종이 시묘막살이했다고 합니다"는 말이 있었기 때문이었다.* 옛날에 사람을 일컬을 때 꼭 그의 국명을 붙인 것은 아니었다. 예컨대 우는 꼭 하우(夏禹), 걸은 꼭 하걸(夏桀), 요는 꼭 당요(唐堯), 탕은 꼭 상탕(商湯)이라고 말할 필요는 없었으니 그 예는 매우 많다. "은에 세 어진 분이 있었다"[72]는 말의 경우는 보통 옛 사람을 존숭하여 한 말이지, 꼭 무슨 고국(故國)에 대한 생각이 있었다고 볼 수는 없다. 공자는 "은에 세 어진 분이 있었다"고 말했지만 또한 "주에 여

---

69) 十室之邑, 必有忠信. (『논어』 5 : 28) 〈제4장,주42〉

70) 衛公孫朝問於子貢曰 : "仲尼焉學?" 子貢曰 : "文武之道, 未墜於地, 在人. 賢者識其大者, 不賢者識其小者, 莫不有文武之道焉. 夫子焉不學, 而亦何常師之有?" (『논어』 19 : 22)

71) (子曰 :)"述而不作, 信而好古, (竊比於我老彭.)" (『논어』 7 : 1) 〈제4장,주9〉

* 『논어』 14 : 40 : 子張曰 : "『書』云 : 高宗諒陰……" 子曰 : "何必高宗,……"

72) 殷有三仁. [『논어』 18 : 1 : 微子去之, 箕子爲之奴, 比干諫而死. 孔子曰 : "～焉."]

덟 사(士)가 있었다"[73]고도 말한 것이 그 한 예이다. 그러나 여기서의 부사년 선생의 주요 견해 가운데 확실히 주목할 만한 점은 공자는 주제(周制)에 대해서 항상 개선할 의도를 가졌고, 주 왕실에 완전한 충성을 맹서하지는 않았다는 사실이다. 그러나 우리가 두 가지 사실에 주목한다면 이 점은 결코 전혀 기괴하지 않다는 것을 알 수 있다. 알다시피 진한(秦漢) 이전의 중국은 결코 후세와 같은 진정한 통일이 결코 없었다. 이른바 은·주의 왕들은 사실상 후세의 소위 왕(王)과 패(霸) 사이에 있었다. 예컨대 우리는 하·은이 망했다고 말하지만 사실은 여전히 기(杞 : 하의 후손국)와 송(宋 : 은의 후손국)이 존재했으므로, 주 왕실에 대해서는 "불순종한 신하의 의미가 있었고", 명분상의 복종에 불과했다. 이러한 형편하에서 주 왕실에 대한 일반인의 충성은 결코 후세의 천자에 대한 일반인의 충성과 똑같을 수 없었다. 그래서 3대를 논하면서 "차별을 두지 않는" 공자의 태도 역시 기괴할 것이 못 된다. 우리는 또 공자 시대에는 이미 주 왕실이 부진(不振)하여 "왕실의 기강이 해이해진"[74] 시대였다고 알고 있다. 공자가 이러한 단절과 연속이 교차하는 시대에 처하여 어떤 변혁을 모색한 것 역시 당연했다. 이후의 제자(諸子) 모두 그렇지 않은 경우가 없었다. 그러나 공자의 소망은 여전히 주공을 배우는 것에 불과했음은 이미 자세히 살폈다. 또 공자가 공산불요나 필힐 따위의 부름에 응하려고 한 사실은 당시 공자의 지위상으로 본래 도덕적인 문제가 없었다. 이하 따로 상론한다.

10. 유의 기원

내 견해에 따르면 유(儒)의 흥기는 귀족정치 붕괴 이후 이른바 "관리들이 세습 직업을 상실한"〈주80〉 시기에 비롯되었다. 유와 공자에 대한 호적 선생의 견해는 금문경학파와 비슷한 점이 있고, 내 견해는 고문경학파와 비슷한 점이 있다. 소위 유(儒)는 지식과 학문을 갖춘 일종의 전문가로서 민간에 흩어져 남을 교육하고 예식을 보좌함(教書相禮)으로써

73) 周有八士. (『논어』 18 : 11)

74) 王綱解紐.

생계를 유지하는 사람들이었다. 이 점에 관한 한 호적 선생의 견해는 나와 완전히 같다. 다른 점은 호적 선생은 이 전문가들이 은(殷)의 멸망 이후 "노예로 전락하여 민간에 흩어졌다"고 여기지만, 나는 이 전문가들이 귀족정치 붕괴 이후 전에는 관(官)의 전문가였다가 세습 직업을 상실하자 민간에 흩어진 경우였거나 혹은 지식을 소유한 귀족이 몰락하여 그 지식에 의지해서 생활한 경우였다고 여긴다. 이것이 나와 호적 선생과의 주요 차이점이다.

호적 선생이 그의 주장을 증명하기 위해서 제시한 증거는 앞에서 대략 논했다. 우리가 다시 묻는 것은 귀족정치 붕괴 이전에 민간에 전문가가 흩어져 존재할 수 있었는지의 여부이다. 나는 불가능하다고 여긴다. 호적 선생은 은의 멸망 이후 원래의 저 관의 전문가들 및 은의 귀족들이 모두 노예로 전락했거나 혹은 민간에 흩어졌다고 주장한다. 그는 『좌전』의 축타(祝佗)의 말과 『서』「다사(多士)」를 인용하여, 은의 귀족이 노예로 몰락한 것을 증명하고, 이것을 "그리스의 지식계층이 로마 전승자들의 노예가 되었던 경우"에 비유했다.[75] 그러나 사실상 이 비유는 옳지 않은 것 같다. 축타는 이렇게 말했다.

> 노공(魯公 : 주공의 아들 伯禽)에게 은의 유민 여섯 귀족을 분배해주었고, 이 여섯 귀족으로 하여금 각각 그들의 종가의 종족을 거느리고 방계혈족을 집합하고 딸린 노예들을 통솔하여 주공의 법제에 복종하게 하여 주 왕조의 명령을 받들도록 했다. 즉 그들에게 노의 직무를 행하게 한 것이다.[76]

「다사」의 내용은 다음과 같다.

> 그대들[殷의 여러 士들]은 전처럼 그대들의 토지를 보유하고, 전과 같이 직업과 거처에 편안하기 바란다.[77]

이 내용에 따르면 은의 귀족들은 여전히 그들의 토지와 인민을 소유했으

75) 「설유」, 『호적문집』, 624쪽.

76) 分魯公以殷民六族, 使帥其宗氏, 輯其分族, 將其類醜, 以法則周公, 用卽命於周. 是使之職事於魯. (『좌전』, 1536쪽) [〈제4장,주37〉의 "……" 부분에 해당함]

77) 爾乃尙有爾土, 爾乃尙寧幹止. (『상서』, 135쪽)

므로, 전에는 은의 신하였으나 지금은 주의 신하가 된 것에 불과했다. 노에 분배된 귀족들도 여전히 직책을 가졌으므로 서민들의 눈에는 여전히 관직자였다. 귀족정치 시대에 지식과 예악(禮樂)은 모두 귀족의 전유물이었고, 서민들은 본래 지식과 예악을 가질 수 없었다. 즉 "예는 서민에게까지 내려가지 않고, 형벌은 대부에게까지 올라가지 않는다"[78]는 말이다. 예악 전문가는 민간에 흩어져 존재할 수 없었고, 민간에 있는 사람들은 모두 육체 노동자인 피통치자였다.

귀족정치가 붕괴하자 귀족들은 대부분 권세를 잃고 빈궁해져 자기의 전문가를 양성할 수 없게 되었다. 이에 관(官)의 전문가들은 직업을 잃고 사방으로 흩어졌다. 예컨대 『논어』의 기록은 이렇다.

> 태사 지(摯)는 제나라로, 아반악사 간(干)은 초나라로, 삼반악사 요(繚)는 채나라로, 사반악사 결(缺)은 진(秦)나라로 떠났다. 그리고 고수인 방숙(方叔)은 황하 가로, 소고를 흔들던 무(武)는 한수 가로, 소사 양(陽)과 경을 치던 양(襄)은 바닷가로 들어가 살았다. (공안국〔孔安國〕과 정현의 설에 따라 이 기록을 춘추시대의 일로 간주한다./저자)[79]

또 앞에 인용한 『좌전』에서 주의 태사가 『주역』을 가지고 진(陳)나라 임금을 찾아간〈주40〉 경우도 마찬가지다. 귀족들이 자체로 지식과 예악의 전문가를 부양할 수 없게 되자 관의 전문가들이 직업을 잃고 민간에 흩어졌다 함은, 즉 "관리들이 세습 직업을 상실했다"는 말이고, "예가 유실되어 민간에서나 구할 수 있게 되었다"[80]는 말이다. 귀족들이 자체의 전문가를 부양할 수 없게 되었어도 전문가의 필요성은 여전했다. 자제들의 교육과 상례와 장례 등의 예식에는 여전히 전문가가 필요했다. 그래서 예전의 관의 전문가들은 여전히 옛 직업을 유지했다. 다만 특정 귀족의 집안에 전속된 전문가가 아니라 수시로 남에게 고용되는 자유직업적인

78) 禮不下庶人, 刑不上大夫. (「곡례상(曲禮上)」, 『예기』) [「오형해(五刑解)」, 『공자가어(孔子家語)』]

79) 大師摯適齊, 亞飯干適楚, 三飯繚適蔡, 四飯缺適秦, 鼓方叔入於河, 播鼗武入於漢, 少師陽·擊磬襄入於海. (『논어』 18 : 9)

80) "官失其守" "禮失而求諸野." [「예문지(藝文志)」, 『한서(漢書)』]

성격을 띠게 되었다. 마치 전에는 큰 집안의 전속 요리사였으나 지금은 주인이 써주지 않자 일자리를 잃고 스스로 음식점을 연 것과 같다. 전날의 주인은 전속 요리사를 둘 수 없자 음식점에서 식사할 수밖에 없었고, 또 예전의 주인 가운데 가세가 기울어 음식점을 열고 스스로 요리사가 되기도 했는데, 공자가 바로 그런 경우였다. 유(儒)는 처음에는 역시 주로 귀족을 거들었다. 예컨대 공자가 가르친 제자들은 주로 귀족의 가신들이었다. 유가 예식을 보좌한 집안은 주로 귀족이었다. 이것은 『논어』나 「단궁」 중에서 볼 수 있다.

이것이 바로 유의 기원이다. 그후 유 가운데 교육과 예식의 보좌를 일로 삼는 데 그치지 않고, 예전의 예악제도로써 천하를 평정하고자 한 사람도 생겼고 또 옛날의 예악제도에 이론적인 근거를 부여한 사람도 생겼는데, 이런 사람들이 바로 그후의 유가(儒家)이다. 공자는 유의 창시자는 아니었으나 유가의 창시자였다. 후세에는 유가의 천하가 되었으므로 공자도 "지성선사(至聖先師)"가 되었다.

11. 유(儒)·협(俠)

유(儒)는 "사(士)"의 일종이었다. 귀족정치가 붕괴되기 전에는 아마 "사" 계급은 없었을 것이다. 소위 사계급은 생산에 종사하지 않고 오로지 기예와 재능을 팔아 생계의 방편을 삼았던 부류의 사람들이다. 귀족정치가 붕괴되기 전에는 기예와 재능을 갖춘 전문가들은 모두 귀족에 전속되어 부양되고 기용되었으므로, 즉 모두 관(官)에 있었기 때문에, 자체로 계급을 이루지는 않았다. 귀족정치가 붕괴된 후 관의 전문가들이 민간에 유랑하며 그들의 기예를 팔아 생계를 도모하자, 권력과 돈이 있는 사람들은 임시로 그들을 고용할 수 있었다. 이리하여 사계급이 출현했다. 사(士)라는 글자의 본뜻은 재능을 갖춘 사람들의 통칭이었던 듯하다. 예컨대 『서』 「다사」의 "그대들 은(殷)의 많은 사", 『시』 「문왕」의 "사가 많고 많으니 문왕은 편안하겠다"[81]는 말에서는 모두 재능을 갖춘 사람들

81) "爾殷多士." /"濟濟多士, 文王以寧."

을 통칭한 듯하다. "주에 여덟 사가 있었다"〈주73〉는 『논어』의 말도 사를 재능을 갖춘 사람으로 여긴다. 그러나 귀족정치의 시기에는 관록(官祿)을 세습했던 만큼, 오직 기예와 재능을 팔아 생계의 방편으로 삼은 계급은 없었다. 나중에 그러한 부류의 사람이 생기게 되자 사라는 이름은 드디어 그러한 사람들에게만 쓰이게 되었다. 예컨대 전국시대에 군주와 귀공자들이 사를 양성했는데 그 양성 대상이 곧 이러한 부류의 사람들이었다.

이러한 사람들은 크게 두 부류로 나누어졌는데, 한쪽은 지식과 예악의 전문가요, 한쪽은 전쟁 전문가였다. 후대의 용어로는 한쪽은 문(文)의 전문가 혹은 문사(文士)요, 한쪽은 무(武)의 전문가 혹은 무사(武士)이다. 당시의 용어로는 한쪽은 유사(儒士, 『묵자』「비유하(非儒下)」에 보이는 명칭)요, 한쪽은 협사(俠士)이다. 한비자는 말했다.

> 유(儒)는 문예(文 : 文藝)로써 법을 어지럽히고, 협(俠)은 무예(武 : 武藝)로써 금령을 범한다.[82)]

즉 이 두 부류의 사람들을 지칭한다. 유는 문(文) 전문가였다. 따라서

> 위령공(衛靈公)이 군대의 진법에 대해서 묻자, 공자는 이렇게 대답했다.
> "조두의 일(俎豆之事 : 제례 등의 예법)이라면 일찍이 들은 바가 있지만, 군대의 일은 배운 적이 없습니다."[83)]

후세에는 흔히들 이것을 공자의 겸사 또는 공자가 전쟁을 혐오한 표현으로 여겼지만, 실제로 공자의 말은 사실이었다. 유는 본시 오직 지식과 예악의 전문가일 뿐이었다.

앞의 제2절에서 유는 약하다는 뜻이 있을 수 있다고 했는데, 나는 유가 약하다는 말은 협(俠)을 두고 한 말이라고 생각한다. 이들 문 전문가는 종일 높은 관을 쓰고 넓은 허리띠를 매고(古服), 일부러 어려운 문자를 쓰며(古言), "말은 꼭 그대로 지키지도 않았고 행동은 꼭 관철시키지도

---

82) 儒以文亂法, 俠以武犯禁. 〈제4장,주32 ; 부록2,주22 ; 부록4,주53〉

83) 衛靈公問陣於孔子. 孔子對曰 : "俎豆之事, 則嘗聞之矣, 軍旅之事, 未之學也." (『논어』 15 : 1) [俎 : 제향 때 희생을 얹는 그릇. 豆 : 나무로 만든 굽 높은 예식용 그릇]

않았으므로",[84] 무(武) 전문가들이 "수탉 깃 장식의 갓을 쓰고 수퇘지 가죽 장식의 검을 차고",(주114) "말은 반드시 지키고 행동은 기어코 관철시켰던"[85] 경우에 비하면, 당연히 유약하고 미온적이었다.

12. 묵가의 기원

귀족정치가 붕괴되기 전에는 출병하여 전쟁하면 귀족은 장수, 서민은 병사였다. 귀족정치가 붕괴한 후 직업을 잃은 사람으로 오직 남의 전쟁을 거드는 일을 직업으로 삼는 무(武) 전문가가 앞에서 말한 협사(俠士)였다. 이러한 사람들은 자기 단체를 가졌고 자체 내에 기율이 있었다. 묵가(墨家)는 바로 이런 사람들 가운데서 출현했고, 묵자(墨子)가 영도한 단체가 바로 이런 단체였다. 이들의 생활은 『묵자』 가운데서 찾아볼 수 있다.

묵자가 영도한 단체가 바로 이런 단체였다는 것을 어떻게 아는가? 그 증거는 매우 많다. 『회남자(淮南子)』는 말한다.

> 묵자의 심복 180명은 모두 불속이라도 뛰어들고 칼날이라도 밟을 수 있었고 죽음 앞에서도 돌아설 줄 몰랐다.[86]

묵자가 영도한 단체는 줄곧 전쟁을 잘하기로(善戰) 이름 났었음을 알 수 있다. 『묵자』 「공수편(公輸篇)」은 말한다.

> 공수반이 초나라를 위하여 운제(雲梯 : 구름 사다리)라는 공격용 무기를 완성하여 장차 송나라를 공격할 참이었다. 묵자가 이 사실을 듣고, 제나라에서 출발하여 열흘 낮, 열흘 밤을 달려 초나라 서울 영(郢)에 도착했다.……
>
> (그는 영에 도착한 후 초나라 왕에게 이렇게 말했다.)
>
> "저의 제자 금활리 등 300명은 이미 저의 방어용 무기를 가지고, 송나라 성에서 초나라 적병을 기다리고 있습니다."[87]

---

84) 言不必信, 行不必果. (『맹자』 8 : 11)

85) 言必信, 行必果. (「겸애하(兼愛下)」, 『묵자』) 〈제5장,주31,주49 ; 부록2,주22〉

86) 墨子服役者百八十人, 皆可使赴火蹈刃, 死不旋踵. 〈제5장,주28〉

87) 公輸般爲楚造雲梯之械, 成. 將以攻宋. 子墨子聞之, 起於齊, 十日十夜, 而至於郢. "臣之弟子禽滑釐等三百人, 已持臣守圉之器, 在宋城上而待楚寇矣." 〈제5장,주24〉

묵자는 일찍이 제자들을 이끌고 남의 전쟁을 거들었다는 사실을 알 수 있다. 이런 까닭에 묵자의 제자 중에는 전사자도 생겼다. 『묵자』「노문편(魯問篇)」은 말한다.

> 노나라 사람 가운데 자식을 묵자에게 맡겨 공부시킨 사람이 있었는데, 자식이 전쟁에 참가했다가 전사하자, 묵자를 탓했다. 그러자 묵자가 말했다.
>
> "그대는 그대의 자식을 가르치기를 바라지 않았던가요? 이제 학문이 완성되었기에 전쟁에 참가했다가 전사했습니다. 그런데도 그대가 화를 내는 것은 마치 쌀을 팔려고 했으면서 막상 쌀이 팔려나가자 화를 내는 것과 같습니다."[88]

전쟁을 학습하고 또 실제로 전쟁에 참가하는 것은 묵자의 제자들에게는 응당 있는 일이었음을 알 수 있다.[89] 묵자는 국정을 조언할 때도 역시 주로 군사적인 관점에 입각하고 있다.

> 묵자가 말했다.
>
> "국가에는 일곱 재앙이 있다. 일곱 재앙이란 무엇인가? 내성 및 외성과 해자는 방어력을 잃었는데도 궁전 건축에 힘쓰는 것이 첫째 재앙이다. 적국의 군사가 국경을 처들어올 때 사방의 어느 나라도 구원해주지 않는 것이 둘째 재앙이다. 민력(民力)을 쓸데없는 일에 소진시키고, 무능한 자에게 상을 내리고, 쓸데없이 민력을 낭비하며 빈객 접대에 재물과 보물을 허비하는 것이 셋째 재앙이다. 관리는 봉록만 주장하고, 외교관은 사적인 교제만 도모하며, 임금은 법령만 정비하여 신하를 문책하니 신하는 두려움 때문에 감히 직언을 하지 못하는 것이 넷째 재앙이다. 임금이 스스로 성군[聖君]으로 자처하여 정사를 자문하지 않고 안보에 자만하여 수비를 무시하면서 사방의 나라들이 침략을 꾀하는데도 경계할 줄 모르는 것이 다섯째 재앙이다. 임금이 신

---

88) 魯人有因子墨子, 而學其子者. 其子戰而死. 其父讓子墨子. 子墨子曰: "子欲學子之子, 今學成矣. 戰而死, 而子慍, 是猶欲糶, 糶售則慍也." (『묵자』 권13 : 8-9쪽)

89) 【주】『묵자』의 이 내용은 노나라 사람이 묵자에게 자기 아들이 전쟁을 배울 수 있도록 다른 사람에게 소개해줄 것을 부탁했고, 아들이 그 사람을 따라 전사한 경우로도 해석할 수 있다. 이렇게 해석해도 역시 묵자가 이 전쟁 전문가들과 관계가 있었음을 입증한다.

> 임하는 신하는 불충하고 충신은 임금이 신임하지 않는 것이 여섯째 재앙이다. 가축과 식량이 충분하지 못하고, 대신들은 정사[政事]를 맡기에 무능하고, 인민들은 포상으로 권면할 수 없고 징벌로 위엄을 세울 수 없는 것이 일곱째 재앙이다. 이 일곱 재앙을 안고 나라를 다스리면 틀림없이 사직이 끊길 것이고, 이 일곱 재앙을 안고 성을 지키면 적이 닿자마자 무너질 것이다."[90]

또『묵자』속에서 묵자가 무사 양성을 권고한 사례도 볼 수 있다.「귀의편(貴義篇)」에서

> 묵자가 공량환자(公良桓子)에게 말했다.
>
> "위(衛)는 작은 나라인데 제(齊)와 진(晉) 사이에 있으니, 마치 가난한 집이 부잣집 사이에 끼어 있는 경우와 같습니다. 가난한 집이 부잣집의 풍족한 의식(衣食)의 씀씀이를 배운다면 이내 거덜날 것은 틀림없습니다. 지금 선생의 식읍(家 : 食邑)을 살피건대 장식한 수레가 수백 량이요, 콩과 조를 먹는 말이 수백 필이요, 온갖 화려한 치장을 한 여인이 수백 명이나 됩니다. 만약 수레를 장식하고 말을 먹이는 비용과 화려한 치장의 비용을 가지고 사(士)를 양성한다면 반드시 천 명을 양성하고도 남을 것입니다. 만약 환란이 생겼을 때, 사를 백 명 앞세우고 수백 명 뒤에 배치하는 것과, 여인들 수백 명을 앞뒤에 두는 것 중에서 어느 쪽이 안전하겠습니까? 내 생각에는 사를 양성하여 안전을 꾀하는 것이 좋을 것 같습니다."[91]

여기서 말한 사(士)는 분명히 무사(武士)이다.

---

90) 子墨子曰 : "國有七患. 七患者何? 城郭溝池不可守, 而治宮室, 一患也. 邊[邊 : 敵]國至境, 四鄰莫救, 二患也. 先盡民力無用之功, 賞賜無能之人, 民力盡於無用, 財寶虛於待客, 三患也. 仕者持祿, 游者愛佼, 君脩法討臣, 臣懾而不敢拂, 四患也. 君自以爲聖智, 而不問事, 自以爲安彊, 而無守備, 四鄰謀之不知戒, 五患也. 所信者不忠, 所忠者不信, 六患也. 畜種菽粟, 不足以食之, 大臣不足以事之, 賞賜不能喜, 誅罰不能威, 七患也. 以七患居國, 必無社稷 ; 以七患守城, 敵至國傾." (『묵자』 권1 : 23-24쪽)

91) 子墨子謂公良桓子曰 : "衛, 小國也. 處於齊晉之間, 猶貧家處於富家之間也. 貧家而學富家之衣食多用, 則速亡必矣. 今簡[簡 : 閱]子之家, 飾車數百乘, 馬食菽粟者數百匹, 婦人衣文繡者數百人. 若取飾車食馬之費, 與繡衣之財以畜士, 必千人有餘. 若有患難, 則使百人處於前, 數百於後. 與婦人數百人處前後孰安? 吾以爲不若畜士之安也." (『묵자』 권12 : 8-9쪽)

여기서 묵자와 공자의 하나의 커다란 차이점을 볼 수 있다. 공자는 "조두의 일이라면 일찍이 들은 바가 있었지만, 군대의 일은 배운 적이 없었다."〈주83〉 그러나 묵자는 군대에 관한 일을 논했고 조두에 관한 일의 번거롭고 쓸모없는 격식을 경시했다. 『묵자』 가운데 방어의 병법을 논한 것이 20편이다. 아마 이것이 이 단체의 생계의 방편이었던 듯한데, 마치 유의 예악과 같다.

「공수편」은 말한다.

> 공수반이 성을 공격하는 술책을 아홉 번이나 바꿔가며 시도했지만, 묵자는 그때마다 여지없이 막아냈다. 공수반의 공격용 무기의 성능은 바닥이 났어도 묵자의 방어술은 여유가 있었다."[92]

『묵자』「비성문(備城門)」 이하는 주로 방어의 방법과 방어무기를 논한 것이다. 무사는 원래 전쟁 전문가였다고 하겠는데, 후에 전쟁무기가 진보하게 되자 무사들 가운데 예컨대 묵자가 영도한 단체는 동시에 전쟁무기 제조의 전문가이기도 했던 것이다. 전쟁에 참가할 경우 그들은 모두 신식무기를 가지고 참가했다. 예를 들면 묵자는 이렇게 말했다.

> 저의 제자 금활리 등 300명은 이미 저의 방어용 무기를 가지고, 송나라 성에서 초나라 적병을 기다리고 있습니다.〈주87〉

묵자 등이 무기제조에 정통했던 만큼 물리학, 수학 등의 지식도 더욱 발전시킬 필요가 있었다. 그래서 『묵경』에는 그 방면의 연구가 들어 있다.

13. 유·협의 공동도덕

유·묵은 서로 달랐지만 모두 기예와 재능을 파는 전문가였다. 권력자들은 누구나 그들을 임시로 임용할 수 있었다. 만약 임용해주는 사람이 없으면 실업상태가 되었다. 맹자는 말했다.

> 공자는 석 달만 임용되지 않아도 매우 초조해하셨다. 그래서 국경을 넘

92) 『묵자』 권13 : 24쪽. 원문은 〈제5장,주24〉 참조.

을 때는 반드시 [임금께 바칠] 예물(贄 : 초면 예물)을 싣고 다니셨다.……

옛 사람들은 석 달간 임용되지 못하면 위문을 받았다.……

선비가 관직을 상실하는 것은 마치 제후가 국가를 상실하는 것과 같다.……

선비가 벼슬하는 것은 마치 농부가 농사를 짓는 것과 같다.[93)]

공자가 얼마나 초조하게 임용되기를 추구했는지 알 수 있다. 묵학도(墨) 역시 남에게 임용되기를 추구했는데, 『여씨춘추(呂氏春秋)』「상덕편(上德篇)」에 기록된 묵학도의 거자(鉅子) 맹승(孟勝)의 일이 잘 증명해준다. 맹승은 초나라 양성군(陽城君)의 촉탁을 받고 그를 대신해서 나라를 지켰다.

서옥을 쪼개어 부절로 삼아, 서로 '부절이 합치할 때 명령에 따른다'는 맹약을 했다. (그후 양성군이 죄를 범하고 외지로 달아나자) 초 왕실은 그의 영지를 몰수했다. 이에 맹승은 제자들에게 말했다.

"남의 영지를 맡으면서 부절을 나누어 가졌다. 현재 따라야 할 부절이 보이지 않으므로, 힘이 있다 해도 [몰수조치를] 금지할 수가 없다. 그러니 죽음밖에는 다른 도리가 없다."

그러자 제자 서약(徐弱)이 맹승에게 간했다.

"죽음으로써 양성군께 이익이 된다면 죽어도 될 것이오나, 죽음은 전혀 무익할 뿐더러 세상에 묵학도(墨者)를 단절시킬 것이므로 옳지 않습니다."

"그렇지 않다. 나는 양성군에 대해서 스승이라기보다 벗이었고, 벗이라기보다 신하였다. 내가 죽지 않으면 지금 이후로 근엄한 스승을 구할 때도 묵학도는 필히 배제되고, 현명한 벗을 구할 때도 묵학도는 필히 배제되며, 충량한 신하를 구할 때도 묵학도는 필히 배제될 것이다. 따라서 나의 죽음은 묵학도의 의(義)를 행하는 것일 뿐더러 그 학설의 계승을 도모하는 일이다."[94)]

즉 남의 촉탁을 받았으면 반드시 그 일에 충성해야 하니, 그렇지 못하면

93) 孔子三月無君, 則皇皇如也. 出疆必載贄.……古之人三月無君則弔.……士之失位也, 猶諸侯之失國家也.……士之仕也, 猶農夫之耕也. (『맹자』 6 : 3)

94) 『여씨춘추』, 1257-58쪽. 원문은 〈제5장,주30〉 참조.

묵학도의 명예는 단번에 무너지고 이후 다시는 아무도 묵학도를 임용하지 않을 것이다는 말이다. 과연 맹승은 죽었고, "그의 제자들도 83명이나 순사했다." 남의 촉탁을 받고 그 일에 충성한다는 것은, 당시에 이른바 "선비는 자기를 알아주는 사람을 위해서 목숨을 바치고, 여자는 자기를 좋아하는 사람을 위해서 화장을 한다"[95]는 말이고, 후세에 이른바 "임금의 관록을 먹으면 그 은혜에 보답한다"는 말이다. 이것이 바로 선비의 도덕이다. 무사는 물론 그러했고, 문사(文士) 역시 그러했다. 문사는 단지 교육과 예식의 보좌(教書相禮) 일만 할 때는 본시 큰 책임은 없었다. 그러나 벼슬을 하여 직책을 맡거나 국토를 지키는 책임이 있을 경우 그 책임은 역시 중대했다. 증자는 말했다.

> 나이 어린 임금을 **촉탁할** 수 있고 국가의 명운을 **맡길** 수 있으며 위급 존망지추에 절조를 변치 않는다면 군자일까? 군자이다![96]

문사는 관리가 되어 국토를 지킬 경우 때때로 군사적인 일에도 참가해야 했다. 군자는 말했다.

> 만약 남의 군대를 지휘하여 패하면 목숨을 바치고, 남의 영토를 다스려 위태로움에 빠뜨려도 목숨을 바친다.[97]

즉 문사들도 남의 "촉탁"과 "맡김"을 받거나 혹은 남을 위해서 일할 때는 반드시 충성을 다해서 도모했고, 만약 잘못되면 목숨을 바쳐야 했다는 것을 알 수 있다. 『좌전』에 자로(子路)가 위나라의 분란에서 죽은 사건이 매우 상세히 기록되어 있다. 위나라의 태자 괴외(蒯聵)는 [아들인 출공 첩을 몰아내고] 나라를 되찾으려고, 위나라 대신(大臣) 공회(孔悝)의 어머니인 누이와 계책을 꾸며 공회의 집에 들어갔다.

> [괴외는] 공회(결국 괴외를 장공으로 세웠음)를 구석진 곳에 몰아세운 다음 강제로 맹세를 시키고, 협박하여 누대로 데리고 올라갔다. 난영(欒寧 : 공

95) 士爲知己者死, 女爲悅己者容. (『전국책』에 기록된 예양[豫讓]의 말)

96) "可以託六尺之孤, 可以寄百里之命, 臨大節而不可奪也, 君子人與, 君子人也." (『논어』 8 : 6)

97) 君子曰 : 謀人之軍師, 敗則死之 ; 謀人之邦邑, 危則亡之. (『예기』)

씨의 家宰, 출공을 모시고 魯로 도망함)은 마침 술을 마시려고 고기를 굽고 있었다. 고기가 채 익기 전에 분란의 소식을 전해듣고, 그는 계자(季子)에게 알렸다. (계자는 즉 자로로서, 당시 공씨의 읍재였다.)……자로가 들어가려고 하는데, 그때 막 나오고 있던 자고(子羔)를 만났다. 자고가 자로에게 말했다.

"성문은 이미 폐쇄되었습니다."

"어쨌든 나는 들어가야 하겠습니다."

"어쩔 도리가 없습니다. 분란에 말려들어서는 안 됩니다."

"녹을 먹은 이상 환란을 회피할 수는 없습니다."

자고는 결국 달아났지만, 자로는 들어가 성문에 이르렀다. 공손감(公孫敢)이 문을 지키면서, [안에서] "들어올 수 없소"라고 소리쳤다. 그러자 자로가 말했다.

"아, 공손감이 아닙니까! 이익을 누렸으면서 환란을 못 본 척한단 말입니까? 나는 그럴 수 없소이다. 녹봉을 받았으면 환란을 막아내야 합니다."

자로는 때마침 사자(使者)가 나오는 틈을 타서 안으로 들어가 소리쳤다.

"태자는 어찌하여 공숙(孔叔, 공회)을 이용하려고 합니까? 그분을 해하더라도 내가 다시 반격할 것입니다."

또 "태자는 용기가 없으니, 만약 누대를 반쯤만 불태워도 공숙을 풀어주지 않을 수 없을 것입니다!" 하자, 태자는 두려움을 느꼈다. 그래서 석걸과 우염을 시켜 자로를 대적하게 했다. 그들은 창으로 자로를 쳐서 갓끈을 끊었다. 자로는 "군자는 죽어도 갓은 벗지 않는다"고 말하고 갓끈을 매고 죽었다. 공자는 처음 위나라의 환란 소식을 들었을 때 이렇게 말했었다.

"아! 자고는 돌아오겠지만 자로는 이제 죽었구나!"[98)]

98) 迫孔悝於廁, 強盟之, 遂劫以登臺. 欒寧將飮酒, 炙未熟, 聞亂, 使告季子. 季子將入, 遇子羔將出曰: "門已閉矣." 季子曰: "吾姑至焉." 子羔曰: "弗及, 不踐其難." 季子曰: "食焉不避其難." 子羔遂出. 子路入, 及門. 公孫敢門焉. 曰: "無入爲也." 季子曰: "是公孫也, 求利焉而逃其難, 由不然, 利其祿必救其患." 有使者出, 乃入. 曰: "太子焉用孔悝, 雖殺之, 必或繼之." 且曰: "太子無勇, 若燔臺半, 必舍孔叔." 太子聞之懼. 下石乞盂黶敵子路, 以戈擊之, 斷纓. 子路曰: "君子死, 冠不免." 結纓而死. 孔子聞衛亂, 曰: "柴也其來, 由也死矣." (「애공(哀公)」 15년, 『좌전』, 1695-96쪽)

자로는 공씨의 읍재였으므로 죽음으로써 공회를 구원하려고 한 것이다. 이는 맹승이 양성군의 환란에 죽은 일과 앞뒤로 빛을 발하고 있다. 그러나 환란에 목숨을 바치는 유사(儒士)의 태도는 때에 따라 협사(俠士)처럼 외곬스럽지는 않았다. 맹자는 말했다.

죽어도 되고 죽지 않아도 될 경우 죽는 것은 용기를 해친다.[99)]

대체로 유가는 "시중(時中 : 시의적절성)"을 중시한다. "죽어야 되는가 죽지 않아도 되는가"는 당시의 형편을 살펴 결정해야 하고, 하나의 고정 법칙을 고수하여 만사의 변화에 응할 수는 없다. 예컨대 이 위나라의 환란에서도 자고는 "어쩔 도리가 없으니, 분란에 말려들어서는 안 된다"고 여겼지만, 자로는 "녹을 먹은 이상 환란을 회피할 수는 없다"고 여겼다. 자고는 순전한 유였다면 자로는 협에 가까웠다(자로는 원래 협사 출신인 듯하다. 이하 상론). 공자 역시 이것을 알았기 때문에 위나라의 환란 소식을 듣고, "아! 자고는 돌아오겠지만 자로는 이제 죽었구나!"라고 말했던 것이다.

선비는 만약 남에게 임용되면 그 일에 충성한다. 반대로 남에게 임용되지 않으면 선비는 아무런 의무도 없다. 예를 들면 공산불요가 비(費)에서 [계씨에게] 반란하여 공자를 부르자 공자는 가려고 했고, 필힐이 중모(中牟)에서 [조씨에게] 반란하여 공자를 불렀을 때도 공자는 가려고 했다. 후세에 공자가 왜 이렇듯 반역자를 추종하려고 했는지 자못 의아해했다. 그러나 공자는 그 당시에도 제자의 책망을 받기는 했어도 그 제자는 군신지의(君臣之義)로써 책망하지는 않았다.〈주60다음의*〉 공자는 계씨나 조씨의 신하였던 적이 없었기 때문에 또한 어떠한 의무도 없었던 것이다.

권력이 있는 자는 선비를 임시로 임용할 수 있었다. 임용자에 대한 선비의 의무 역시 단지 촉탁받은 일이나 혹은 임용기간에 발생하여 처리해야 할 일에 대해서만 충성을 바치고 힘을 다하면 그만이었다. 예컨대 맹승이 양성군의 촉탁을 받은 것은 오로지 국가를 지키는 한 가지 일이었

99) 可以死, 可以無死, 死傷勇. (『맹자』 8 : 23)

다. 만약 부절이 오면 맹승은 "국가"를 넘겨주면 그만이었다. 그러나 부절은 오지 않았고 또한 다른 사람이 국가를 접수하는 것을 금지할 수도 없었기 때문에 맹승은 "순사하지" 않으면 안 되었던 것이다. 또 선비가 임용자에게 보답하는 정도 역시 임용자의 대우 여하에 따라 달랐다.

맹자가 제나라 선왕(宣王)에게 설명하여 말했다.

"임금이 신하를 수족처럼 여기면 신하는 임금을 제 몸처럼 받들 것입니다. 임금이 신하를 개나 말처럼 대하면 신하는 임금을 일반인처럼 대할 것입니다. 임금이 신하를 초개처럼 취급하면 신하는 임금을 원수처럼 여길 것입니다."[100)]

이 문장 다음에 맹자는 또 선왕과 어떤 정황하에서 신하가 옛 임금을 위해서 상복을 입는지를 논변(辯論)했다. 자사(子思)도 이 일을 논했고(『예기』「단궁」 참조), 전국시대의 유명한 협사 예양(豫讓)도 이렇게 말했다.

범씨와 중행씨는 나를 보통 사람으로 대우했으니 나도 그들께 보통 사람의 보답을 했습니다. 그러나 지백은 나를 국사(國士)로 대우했으니 나도 그분께 국사에 걸맞는 보답을 하려는 것입니다.[101)]

이 측면에서의 도덕은 유(儒)·협(俠)이 모두 같았음을 알 수 있다.

14. 묵가와 일반 협사의 차이점

묵가는 협(俠)에서 나오기는 했으나 보통의 협과는 다른 점이 있다. 유가가 유(儒)에서 나오기는 했으나 보통의 유와는 다른 점이 있는 것과 같다. 묵가와 보통 협의 차이점으로 대략 세 가지를 들 수 있다.

(1)협사는 남의 전쟁을 거드는 전쟁 전문가라면, 묵가학파는 주의(主義)를 가지고 남의 전쟁을 거드는 전쟁 전문가였다. 묵자는 공격전쟁을 반대하여(非攻), 오로지 공격받는 약소 국가를 위해서 싸웠다. 예컨대

100) 『맹자』 8 : 3. 원문은 〈제6장,주58〉 참조.

101) 范中行氏以衆人遇臣，臣故衆人報之，知伯以國士遇臣，臣故國士報之. (「조책(趙策)」, 『전국책(戰國策)』 권6상 : 12쪽) 〈주95〉

「공수편」을 보면, 초(楚)가 송(宋)을 공격할 것이다는 말을 들은 묵자는 서둘러 직접 초로 가서 송의 공격을 중지할 것을 권고했고, 아울러 먼저 그의 제자 300명에게 자기의 방어도구를 가지고 송의 성에서 초나라 병사를 기다리게 했다. 『묵자』「비성문」 이하 20편은 대개가 방어무기와 방어법을 논한 것이다. 특히 공격무기와 공격법을 묵자는 논하지 않았다.

(2)묵자는 주의(主義)가 있는 전쟁 전문가에 그치지 않고 또한 치국의 도(治國之道)를 논했다. 『묵자』「노문편」은 말한다.

묵자는 말했다.

"나는 이렇게 생각해본 적이 있다. 내가 농사를 지어 천하 사람들을 먹인다면, 기껏해야 한 명의 농부가 할 수 있는 몫일 것이다. 그 곡식을 천하에 분배하면 한 사람당 한 되 꼴도 못 될 것인데, 그 한 되로는 천하의 굶주린 사람들을 배불릴 수 없음은 너무나 명백하다. 내가 베를 짜서 천하 사람들을 입힌다면, 기껏해야 한 명의 부인이 할 수 있는 몫일 것이다. 그 베를 천하에 분배하면 한 사람당 한 필 꼴도 못 될 것인데, 그 한 필로는 천하의 헐벗은 사람들을 따뜻하게 할 수 없음은 너무나 명백하다. 내가 **갑옷을 입고 무기를 들고 제후의 환란을 구제한다면,** 기껏해야 한 명의 전사가 할 수 있는 몫일 것이다. 한 명의 전사가 삼군을 막아낼 수 없음은 너무나 명백하다. 따라서 나는 선왕의 도를 의론하고 그 주장을 탐구하며 성인의 말씀에 통달하고 그 의미를 고찰함으로써, 위로는 왕공대인에게, 그 다음은 일반 사람들에게 유세하는 것이 가장 낫다고 생각했다. 왕공대인이 내 말을 수용하면 국가는 틀림없이 다스려지고, 일반 사람들이 내 말을 받아들이면 행실은 틀림없이 바로잡힐 것이다."[102)]

"갑옷을 입고 무기를 들고 제후의 환란을 구제하는 것"은 바로 보통 협

102) 子墨子曰："翟嘗計之矣. 翟慮耕而食天下之人矣. 盛, 然後當一農之耕. 分諸天下, 人不能得一升粟. 藉而以爲得一升粟, 其不能飽天下之飢者, 旣可睹矣. 翟慮織而衣天下之人矣. 盛, 然後當一婦人之織. 分諸天下, 人不能得尺布. 藉而以爲得尺布, 其不能煖天下之寒者, 旣可睹矣. 翟慮被堅執銳, 救諸侯之患. 盛, 然後當一夫之戰. 一夫之戰, 其不御三軍, 旣可睹矣. 翟以爲不若誦先王之道, 而求其說. 通聖人之言, 而察其辭. 上說王公大人, 次匹夫徒步之士. 王公大人用吾言, 國必治. 匹夫徒步之士用吾言, 行必脩." (『묵자』 권13 : 9-10쪽)

사들의 행위였다. 묵자는 이것을 한 전사의 용기에 불과하다고 여겼기 때문에, 더 나아가 치국평천하의 도를 논했다. 이 역시 마치 유가학파가 예악제도를 논구하는 일로부터 더 나아가 치국평천하의 도를 논한 것과 같다. 묵자는 이 점에서 공자와 유가의 영향을 받은 듯하다. 따라서 『회남자』 「요략(要略)」에 "묵자는 유자의 학설을 배웠고 공자의 사상을 받아들였다"[103]고 했다.

(3)협사의 단체는 본시 자체의 도덕이 있었고, 묵자는 그 도덕을 실행했을 뿐더러 체계화하고 이론화했으며 또한 보편화하여 일반 사회의 공동도덕으로 삼으려고 했다. 이 점은 다음에서 상술한다.

15. 유가 및 묵가 교의(敎義)의 사회적 배경

사계층은 사회적인 유동계층이었다. 귀족정치 시대에는 귀족과 관직자들과 아래로 서민에 이르기까지 모두 대대로 각자의 직업을 지켰다. 귀족들은 대대로 토지를 소유하며 그 인민을 다스렸고, 관의 전문가들과 서민들은 대대로 자기 일을 하며 그 임금을 받들었던 만큼, 결코 유동계층은 없었다. 귀족정치가 붕괴하자 세습 직업을 상실한 유민이 생겼고 사계급이 형성되었다. 이 유민들은 대략 두 부류로 나눌 수 있다. 하나는 전에는 축(祝)·종(宗)·복(卜)·사(史), 예관(禮官), 악공(樂工) 따위의 관의 전문가였다가 지금은 관직을 상실한 사람들과, 전에는 귀족이었으나 지금은 세력을 상실한 사람들로서, 이 상층의 실업유민은 대부분 유사(儒士)가 되었다. [또 하나] 원래의 직업이 농업, 공업이었던 하층의 실업유민은 대부분 협사(俠士)가 되었다. 마치 현재의 지식층의 사람들은 대부분 사회의 중상층 출신이고, 비적이나 병사가 된 사람들은 대부분 사회의 하층 출신인 것과 같다. 따라서 유사가 옹호한 제도와 그들이 논하고 행한 도덕은 대체로 당시의 상층사회에서 논하고 행한 것이고, 협사가 옹호한 제도와 그들이 논하고 행한 도덕은 대체로 당시의 하층사회에서 논하고 행한 것이었다. 이 점에서 유사와 협사는 다르다. 유가는 유사에

103) 墨子學儒者之業, 受孔子之術. (『회남자』, 709쪽) 〈제5장,주7〉

서 나왔으나, 유사가 옹호한 제도와 그들이 논하고 행한 도덕을 체계화하고 이론화하고 나아가 보편적으로 일반 사회에 행하고자 했다. 묵가는 협사에서 나왔으나, 역시 협사가 옹호한 제도와 그들이 논하고 행한 도덕을 체계화하고 이론화하고 나아가 보편적으로 일반 사회에 행하고자 했다. 즉 "저마다 자기의 도로써 천하를 개혁하려고 했다"[104]는 말이다. 이 점에서 유가와 묵가는 똑같다.

유사는 주로 사회 상층의 실업유민 출신이었다. 이는 공자, 맹자의 일상적인 겉치레 가운데 엿볼 수 있다. 『묵자』「비제편(備梯篇)」은 말한다.

> 금활리는 묵자를 모신 지 3년이 되어 손발은 못이 박혔고 얼굴은 검게 그을렸다. 몸소 노동하며 시중을 들었고 감히 자신의 욕구에 대해서 언급하지 않았다. 묵자는 몹시 애처로운 생각이 들어 술과 건포를 마련하여 태산의 양지를 찾았다. 풀을 뜯어 깔고 앉아 금활리에게 술을 따라주었다.[105]

묵자의 사제간의 일상생활은 이처럼 소박하고 검소했다. 공자의 경우 "대부의 말석에 몸담았기 때문에 걸어다닐 수 없었고",[106] "곡식은 정미한 것을 원했고 회는 가늘게 썰어먹기를 원했고", "시장에서 사온 술이나 건포 따위는 먹지 않았고",[107] 맹자의 경우 "수십 대의 수레가 뒤따랐고 수백 명의 시종을 거느렸던"[108] 겉치레에 비하면, 그 차이가 매우 크다. 『묵자』「귀의편」은 말한다.

> 묵자가 남으로 초나라에 유세하여 헌혜왕(獻惠王)을 알현하고자 했는데, 헌혜왕은 노쇠함을 핑계로 사양하고 목하(穆賀)를 보내어 묵자를 만나게 했다. 묵자가 목하에게 그의 주장을 설교하자, 목하는 크게 기뻐하면서도 이렇게 말했다.
>
> "그대의 말인즉 참으로 훌륭합니다. 하지만 군왕이란 천하의 대왕이십니

104) 各欲以其道易天下. ["諸子思以其學易天下"〈제2장,주35〉]
105) 禽滑釐子, 事子墨子, 三年, 手足胼胝, 面目黧黑. 役身給使. 不敢問欲. 子墨子其[其 : 甚]哀之, 乃管酒塊脯, 寄於大山, 昧葇坐之, 以醮禽子. (『묵자』 권14 : 43쪽)
106) 以吾從大夫之後, 不可徒行. (『논어』 11 : 8) 〈제4장,주56〉
107) 食不厭精, 膾不厭細.……沽酒市脯不食. (『논어』 10 : 8)
108) 後車數十乘, 從者數百人. (『맹자』 6 : 4) 〈제4장,주27〉

다. 따라서 당신의 주장은 천인이나 하는 소위(所爲)이니 채용할 수 없다고 하시지 않을까요?"[109)]

묵자의 도가 천인들의 소위였다면, 그가 주장한 제도와 논하고 행한 도덕은 하층사회에 가까운 것이었음을 알 수 있다.

겸애(兼愛)는 묵가의 가장 유명한 학설이다. 그것의 최종 목적은 천하 사람들로 하여금 모두 남을 자신처럼 여기고 서로 돕도록 하는 것이다.

> 겸애주의를 원칙으로 채택하면, 모두들 귀 밝고 눈 밝은 사람들은 서로를 위해서 보고 들으며, 팔다리가 성한 사람들은 서로를 위해서 움직이고 사용하며, 이치를 터득한 사람들은 서로에게 가르치고 깨우칠 것이므로, 처자식이 없는 노인들은 봉양을 받으면서 명대로 살고, 어리고 약한 고아들도 의지처를 두고 탈 없이 장성할 수 있을 것이다.[110)]

대체로 협사의 단체 내에서는 "행복은 함께 누리고 말은 같이 탈 것(有福同享, 有馬同騎)"을 주장하는데, 묵자가 영도한 단체 내에서도 확실히 이 도덕을 주장했던 것 같다. 『묵자』「경주편(耕柱篇)」은 말한다.

> 묵자가 경주자(耕柱子)를 초나라에 추천하여 벼슬하게 했다. 다른 제자들이 그를 찾아갔을 때, 음식도 형편없었고 대접도 신통치 않았다. 제자들은 돌아가 묵자에게 보고했다.
>
> "경주자가 초에 있어봐야 전혀 무익한 것 같습니다. 저희들이 찾아갔을 때 음식도 형편없었고 대접도 신통치 않았습니다."
>
> "아직은 알 수 없다."
>
> 과연 며칠이 안 되어 경주자는 금 2,000돈을 묵자에게 보내며 말했다.
>
> "저는 참으로 변명할 여지가 없습니다. 여기에 금 2,000돈을 보내드리오니 선생님의 소용에 쓰시기 바랍니다."
>
> 묵자는 제자들을 돌아보며 말했다.

---

109) 子墨子南遊於楚, 見楚獻惠王. 獻惠王以老辭. 使穆賀見子墨子. 子墨子說穆賀. 穆賀大說, 謂子墨子曰 : "子之言則誠善矣. 而君王, 天下之大王也, 毋乃曰, 賤人之所爲, 而不用乎?" (『묵자』 권12 : 2-3쪽) 〈제5장,주19〉

110) 「겸애하」, 『묵자』 권4 : 19쪽. 원문은 〈제5장,주49〉 참조.

"봐라! 아직은 알 수 없다고 하지 않았더냐?"[111]

즉 묵자가 영도한 단체에서는 돈이 생기면 다 같이 쓰고 음식이 생기면 다 같이 먹었다는 것을 알 수 있다. 또 「노문편」에서 묵자는 제자 조공자(曹公子)에게 이렇게 말했다.

> 현재 그대는 높은 작록을 차지하고 현자에게 양보하지 않으니, 이것이 첫번째 불상(不祥)스런 일이요, 재물이 많으면서 가난한 사람에게 나눠주지 않으니, 이것이 두번째 불상스런 일이다.[112]

부자가 가난한 자를 구제하는 일 역시 묵자가 영도한 단체 내에서 논하고 행한 도덕이었다. 이 도덕은 후세의 "의협" 단체 내에서도 논하고 행했다. 묵가의 겸애주의는 이 도덕을 이론화하고 아울러 일반 사회에 보편화하려고 한 것이었다. 유가는 그들의 종법(宗法) 관점을 견지했던 만큼 사랑에는 차등이 있다고 주장했고, 만약 사랑에 차등이 없으면 친소(親疏)를 구별할 수 없다고 여겼기 때문에 "묵씨의 겸애주의는 아버지를 부정한 것이다"[113]고 말했다.

공자의 제자 중에 자로는 협사 출신인 듯하다. 『사기(史記)』는 말한다.

> 자로의 성품은 거칠었다. 용기와 담력을 좋아했고 뜻이 굳세고 솔직했다. **수탉 깃 장식의 갓을 쓰고 수퇘지 가죽 장식의 검을 차고 있었고,** 공자를 우습게 여기며 난폭하게 굴었다. 공자는 예를 베풀어 차츰 자로를 감화시켰다. 그후 자로는 유복(儒服)을 갖추어 입고 [제자가 되는] 예물을 바치고 공자의 문인을 통해서 기꺼이 제자가 되었다."[114]

『집해(集解)』에서, 서광(徐廣, 351-425)은 『시자(尸子)』를 인용하여 "자로는 변 지방의 서민이었다"[115]고 했다. 이것을 보면 자로는 하층사회 출

111) 『묵자』 권11 : 36-37쪽. 원문은 〈제5장,주26〉 참조.

112) 今子處高爵祿, 而不以讓賢, 一不祥也. 多財而不以分貧, 二不祥也. (『묵자』 권13 : 14쪽)

113) 墨氏兼愛, 是無父也. (『맹자』6 : 9) 〈제6장,주53〉

114) 子路性鄙, 好勇力, 志伉直, 冠雄雞, 佩猳豚, 陵暴孔子. 孔子設禮, 稍誘子路. 子路後儒服委質, 因門人請爲弟子. (「중니제자열전(仲尼弟子列傳)」, 『사기』, 2191쪽)

115) 子路卞之野人. [「중니제자열전」의 주]

신이고 또 전에는 협사였음이 매우 분명하다. "수탉 깃 장식의 갓을 쓰고 수퇘지 가죽 장식의 검을 차는 것"이 당시 협사들의 복식이었던 듯하다. 자로는 공자의 제자가 된 후에도 여전히 이전에 배운 것을 전부 고치지는 못했다. 예컨대 공자는 군대 일은 "배운 적이 없다"〈주83〉고 여겼으나, 자로는 군대 일을 좋아했다. 그의 포부(꿈)는 다음과 같았다.

> 천승의 나라가 큰 나라들 사이에서 시달림을 당하여 군대의 침입을 받고 또 그 때문에 기근이 가중되고 있을 때, 정치를 맡아 3년 안에 사람들에게 용기를 회복시켜 떳떳한 도리를 깨닫도록 하겠습니다.[116)]

> 수레와 말 그리고 가벼운 갖옷 따위를 벗과 더불어 사용하다가 다 해지더라도 아무런 유감이 없는 마음을 가지고 싶습니다.[117)]

모두 협사의 도덕이다. 공자는 그를 대체로 매우 못마땅하게 여겼다. 그래서 이렇게 말했다.

> 자로의 용기숭상 정신은 나를 능가하지만 그다지 본받을 점이 없다.[118)]

> ○자로는 정말 무식하구나(거칠구나)![119)]

> ○국가란 예로써 다스리거늘 자로의 말투는 겸양이 없어서 웃었다.[120)]

자로가 죽을 때 의기롭게(慷慨) 목숨을 버린 것〈주98〉 역시 협사에 가까웠다.

상동(尙同 : 윗사람에게 和同함)은 묵가의 정치학설이다. 이에 따르면, 정부의 기원은 바로 사람들이 군주가 없어서 혼란의 해를 입은 것을 거울삼아 "마침내 천하에서 현명하고 유능한 사람을 선발하여 천자로 옹립한" 데서 비롯되었다. 천자와 정치적 수장이 일단 옹립되었으면 그 아

---

116) 千乘之國, 攝乎大國之間, 加之以師旅, 因之以饑饉, 由也爲之, 比及三年, 可使有勇, 此知方也. (『논어』 11 : 26) [攝 : (사이에) 끼이다. 무서워하다. 으르다]
117) 願車馬, 衣輕裘, 與朋友共, 敝之而無憾. (『논어』 5 : 26) [憾 : 한하다, 서운해하다]
118) 由也好勇過我, 無所取材. (『논어』 5 : 7) [材 : 자질, 재능. 도리, 길. 헤아리다. 보물]
119) 野哉由也. (『논어』 13 : 3)
120) 爲國以禮, 其言不讓, 是故哂之. (『논어』 11 : 26)

랫사람들은 모두 그들에게 절대 복종해야 한다. "윗사람이 옳다고 한 것은 모두 반드시 옳다고 해야 하고, 윗사람이 그르다고 한 것은 모두 반드시 그르다고 해야 한다."[121] 이는 윗사람에 대한 절대복종의 도덕으로서 역시 협사의 단체 내에서도 논하고 행했던 것 같다. 묵자가 영도한 단체 내에서는 거자를 수령으로 삼아 모두 그 호령을 따랐다. 『여씨춘추』를 보면, 맹승은 양성군의 환란에 목숨을 바치려고,

> 두 사람을 시켜 거자의 임무를 전양자(田襄子)에게 전했다. 맹승이 죽자 그의 제자들이 83명이나 순사했다. 전양자에게 명을 전달한 두 사람 역시 초나라로 돌아가 맹승과 더불어 죽고자 했다. 그러자 전양자는 그들의 생각을 금하면서 "맹 거자께서 이미 거자직을 내게 전했다"고 말했다. 그러나 그들은 듣지 않고 돌아가서 죽었다. 이 일에 대해서 묵학도들은 거자에게 불복종한 것으로 여겼다.[122]

또 복돈(腹䵍)은 묵학도의 거자였는데 그의 아들이 살인을 했을 때, 진혜왕(秦惠王)은 그를 사면했지만,

> 복돈은 말하기를 "묵학도의 법은 살인자는 죽이고 상해를 입힌 자는 형벌을 가하도록 되어 있습니다. 그렇게 함으로써 사람을 살상하는 행위를 금하려는 것입니다. 무릇 사람을 살상하는 행위를 금하는 것은 천하의 대의입니다. 대왕께서 설령 사면하셔서 관리로 하여금 죽이지 말도록 하시더라도 저로서는 부득불 묵학도의 법을 시행하지 않을 수 없습니다" 하고, 혜왕의 권고를 듣지 않고 결국 아들을 죽였다.[123]

이상에서 상동은 묵자가 영도한 단체 내의 도덕으로서, 후세의 "의협" 단체 내에서도 계속 실행되었음을 알 수 있다. 유가는 그들의 종법의 관점에 입각하여 부자관계로 군신관계를 이해했기 때문에 그들의 심중에는 피통치자에 대한 통치자의 관계가 그처럼 준엄하지 않았다. 그리고

121) "是故選天下之賢可者, 立以爲天子."……"上之所是, 必皆是之 ; 所非, 必皆非之." (「상동상」, 『묵자』) 〈제5장,주62〉

122) 「상덕(上德)」, 『여씨춘추』, 1258쪽. 원문은 〈제5장,주30〉 참조.

123) 「거사(去私)」, 『여씨춘추』, 55-56쪽. 원문은 〈제5장,주32〉 참조.

"천하에서 현명하고 유능한 사람을 선발하여 천자로 옹립한다"는 『묵자』「상동편」의 말은 얼핏 보면 자못 뜻밖인 것 같다. 중국의 정치철학 가운데 한번도 이런 설이 없었기 때문이다. 그러나 이 설이 본래 협사 단체 내에서 행해진 도덕이었음을 안다면, 결코 하늘에서 떨어진 설이 아님을 알 수 있다. 협사 단체의 수령은 맨 처음에는 본디 추천과 선발을 통해서 나왔던 것이다. 후세의 "의협" 단체 내에서, 예컨대 『수호전(水滸傳)』 속의 조개(晁蓋)나 송강(宋江)이 수령의 지위를 얻은 것 역시 모두 추천과 선발을 통해서였다.

인격적인 하느님과 귀신이 존재하여 선인을 상주고 악인을 벌줄 수 있다는 믿음은 본시 사회 하층민의 신앙이었다. 묵자 시대에 와서는 당시의 경제, 정치, 사회, 사상의 각 방면에 변화가 일어, 이러한 옛 신앙도 점점 유지될 수 없었다. 묵자는 세상이 혼란한 근원은 이 옛 신앙의 실추에서 비롯되었다고 여겨, 이 옛 신앙을 힘써 제창하여 천지(天志 : 하느님의 뜻), 명귀(明鬼 : 귀신의 존재 증명) 등의 학설을 내놓았다. 이는 마치 유가 학파가 세상이 혼란한 근원은 전통적인 제도의 붕괴에서 비롯되었다고 여겨, 전통 제도를 힘써 옹호하여 정명(正名) 등의 학설을 내놓은 것과 같다. 두 경우 모두 옛 신앙의 실추나 구제도의 붕괴는 세태 변화의 결과였지 원인이 아니었다는 사실을 깨닫지 못했다. 이 점에서 유·묵은 모두 보수적(守舊的)이었다. 하나는 원래의 상층사회의 옛것을 고수했고, 하나는 원래의 하층사회의 옛것을 고수했을 따름이다.

절장(節葬 : 장례의 간소화)과 단상(短喪 : 단기간의 복상) 역시 사회 하층민의 관점에 입각한 주장이다. 후장(厚葬)과 구상(久喪)은 사회 하층의 가난한 사람들의 관점에서 보면, 더욱 변경할 필요성이 있었다. 사회 하층의 가난한 사람들은 이미 가난한 만큼 매일매일 노동을 해야 호구할 수 있었는데, 후장은 많은 돈을 써야 했고 구상은 노동을 방해하므로, 부자들처럼 돈도 있고 시간도 있어서 많은 돈을 써도 별 상관이 없고 노동을 안 해도 별 상관이 없는 경우와는 달랐다. 묵자는 순전히 이런 관점에 입각하여 후장과 구상을 반대하고, 다른 새 제도들도 창조하여 준행할 수 있도록 했다. 『묵자』「절장하(節葬下)」는 말한다.

> 묵자는 매장법을 제정하여 말했다.
>
> "관은 세 치 두께이면 뼈가 고이 썩을 수 있고, 수의는 세 벌이면 살이 고이 썩을 수 있다. 묘혈의 깊이는 아래로 물기가 새들지 않고 위로 냄새가 새어나지 않을 정도이면 된다. 봉분은 충분히 묘자리를 표시할 수 있는 정도이면 된다. 곡을 하며 갔다가 곡을 하며 돌아온 뒤에는, 다시 의식의 재화를 생산하는 데에 종사하여 제물을 마련하여 부모에게 효도를 바친다."[124)]

즉 묵자가 매장법을 제정했음을 명시한 말로서 이 법이 새 제도였다. 「절장하」에는 또 이런 말이 있다.

> 현재 후장(厚葬)과 구상(久喪)을 주장하는 자들은 이렇게 말한다.
>
> "후장과 구상이 정말로 성왕의 도가 아니었다면, 어째서 온 나라의 군자들이 계속해서 실행하고 버리지 않고 견지하고 있겠는가?"[125)]

이로부터 또한 묵가가 주장한 것은 묵자가 하층사회의 가난한 사람들의 관점에 입각하여 세운 새 제도였고, 유가가 주장한 것은 당시 상층사회의 군자가 행해야 할 기존의 규범(成規)이었음을 알 수 있다.

절용(節用)과 비락(非樂) 역시 하층사회의 가난한 사람들의 관점에 입각하여 상층사회의 사치와 향락을 반대한 것이었다. 유가는 상층사회 사람들의 관점에 입각하여 귀천의 구분과 예악의 효용을 주장한 것이다.

묵자가 영도한 단체는 또한 전쟁무기 제조의 전문가였다. 따라서 『묵경』에서 물리학과 수학 등을 연구했다는 점은 이미 언급했다. 이 연구가 있었기 때문에 그것을 바탕으로 부연하여 순전히 추리의 방법을 논한 곳도 있다. 즉 『묵경』은 논리학과 인식론적인 문제도 논급했다.

지금까지의 논의를 보면 유가와 묵가가 같을 수 없는 까닭은 상반된 위치 때문이었는데, 실제로 필연적인 이유가 있었다. 당시 묵적과 공자가 나란히 일컬어진 것 또한 까닭이 없지 않았다. 두 사람이 대표한 학파

---

124) 子墨子制爲葬埋之法, 曰 : "棺三寸, 足以朽骨. 衣三領, 足以朽肉. 掘地之深, 下無菹漏. 氣無發洩於上. 壟足以期其所則止矣. 哭往哭來, 反從事乎衣食之財, 佴乎祭祀, 以致孝於親." (『묵자』 권6 : 32쪽)

125) 今執厚葬久喪者言曰 : "厚葬久喪, 果非聖王之道 ; 夫胡說中國之君子, 爲而不已, 操而不擇[擇 : 釋]哉? (『묵자』 권6 : 29쪽)

는 모두 심원한 사회적 배경과 심대한 사회적 세력을 구비했던 것이다. 후에 유가가 득세하고 묵가가 부진한 것 역시 필연적인 이유가 있었다. 역대의 통치자는 그 출신 여하를 막론하고 일단 통치자가 되면 상층사회의 사람인 만큼, 반드시 상층사회의 관점에 입각한 정치·사회 철학을 채용했다고 할 수 있다. 그러나 묵가는 부진하기는 했어도, 협사의 단체와 그 안에서 논하고 행한 도덕은 여전히 계속 존재했다. 후세의 『수호전』 등의 소설에서 묘사한 것과 후세의 비밀단체 내의 모든 인물의 도덕이 그 표현이었다. 이 인물들은 항상 사회의 억압받는 하층민이었기 때문에 "사회의 상층 인물들(士君子)"에 의해서 언급되지 않았을 뿐이다.

주(周) 말에서 청(淸) 말에 이르기까지 중국사회는 큰 변화가 없었다. 유사와 협사 모두 계속 존재했고, 모두 그들의 기예와 재능을 바탕으로 권력자의 임용에 준비했다. 즉 예컨대 『수호전』의 인물들의 최후의 소원 역시 사면을 받고 "등용(上進)"되는 것이었다. 또 황천패(黃天霸)가 "개과천선(改邪歸正)"한 것 따위가 그 예이다. 이른바 "문무의 기예를 배운 다음 제왕의 집안에 판다"[126]는 말이다. 이것이 일반 "선비들(士)"의 심리였다.

비록 기예와 재능은 있을지라도 "제왕의 집안에 파는" 것을 하찮게 여겼거나 혹은 원하지 않았던 이가 곧 은사(隱士)이다. 도가(道家)의 학설이 이 은사들로부터 나왔다는 것은 『중국철학사』에서 자세히 논했다. 공자는 일생 동안 누차 은사와 접촉했다. 『논어』에 기록된 "있으면서 없는 듯하고 충실하면서 빈 듯하며, 업신여김을 받아도 개의치 않으며",[127] "덕으로써 원한을 갚는다"[128]는 따위가 아마 이 인물들의 주장이었던 듯하다.

이밖에 음양가학파(陰陽家者流)는 방사(方士 : 道士), 명가학파(名家者流)는 변사(辯士), 법가학파(法家者流)는 법술지사(法術之士)에서 나왔다. 이것은 따로 논한다.

126) 學成文武藝, 賣於帝王家.

127) 有若無, 實若虛, 犯而不校. (『논어』 8 : 5) 〈부록3,주44〉

128) 以德報怨. (『논어』 14 : 34)

부록 2

원유묵보(原儒墨補)*

「원유묵(原儒墨)」에서 나는 유가는 문사(文士), 묵가는 무사(武士), 즉 유가는 유(儒), 묵가는 협(俠)에서 나왔다고 말했다. 다만 유 자(字)는 주대[周代] 말엽 비교적 조기의 책 속에 자주 보이지만, 협 자는 주대 말엽 비교적 후기의 책 속에 비로소 보인다. 만약 주대 말엽 비교적 조기의 책 속에 협 자가 보이지 않는다면, 우리는 어떻게 묵자 이전 혹은 동시대에 협이 존재했다고 단정할 수 있는가? 만약 묵자 이전 혹은 동시대에 협이 존재했다고 단정할 수 없다면, 우리는 어떻게 묵가가 협에서 나왔다고 말할 수 있는가? 우선 이 점을 논해야 한다.

「원유묵」에서 내가 말한 협(俠) 혹은 협사(俠士)는 본시 남의 전쟁을 거드는 일을 직업으로 삼는 부류의 사람을 지칭한다. 현재 요구되는 것은 묵자 이전 혹은 동시대에 그런 부류의 사람이 있었는지를 증명하는 일이다. 만약 묵자 이전 혹은 동시대에 그런 부류의 사람들이 있었다면, 「원유묵」에서 주장한 견해는 여전히 주장할 수 있다. 이런 부류의 사람들이 당시에 협(俠)으로 일컬어졌는지의 여부는 다른 문제로서, 내가 「원유묵」에서 주장한 주요 견해와는 그다지 관계가 없다.

『관자(管子)』「소문(小問)」은 말한다.

> 환공(桓公)이 관중(管仲)에게 물었다.
>
> "전쟁을 승리할 수 있는 무기에 대해서 묻고 싶습니다."
>
> "**천하의 호걸들**(豪傑)을 모집하고 천하 최고의 재료를 모으고 천하 제일의 장인들을 불러모은다면 전쟁을 승리할 수 있는 무기는 마련될 것입니다."……
>
> "그러면 [호걸들은] 어떻게 **모집해야** 합니까?"

---

* 1935년 10월 『청화학보(清華學報)』에 발표.

> **"받들어 예우하고 후대하며 속이지 않는다면 천하의 무사들**(士)은 모여들 것입니다."[1]

또『관자』「입정구패해(立政九敗解)」는 말한다.

> 군주가 만일 겸애주의를 받아들이면 온 천하 사람들을 자기 백성처럼 여기고 타국을 자국처럼 여길 것인데, 그렇다면 타국의 영토를 겸병하거나 탈취할 마음도 없어지고 적군을 격파하고 적장을 죽이는 일도 없어질 것이다. 그렇게 되면 **활과 전차에 능한 용맹한 무사**(射御勇力之士)는 후한 녹봉을 받지 못하고, 적군을 격파하고 적장을 죽인 신하는 높은 작위를 받지 못할 것이다. 그렇게 되면 활과 전차에 능한 용맹한 무사는 **국외로 빠져나갈 것이다.** 내가 남을 공격하지 않을 수는 있을지라도 남이 나를 공격하지 못하게는 할 수 없을 것인데, 적이 만일 땅을 요구해올 경우 주기는 싫은 일이므로 주지 않고 전쟁을 벌이면 이기지 못할 것은 뻔하다. 적군은 정예병, 아군은 오합지졸 ; 적군은 뛰어난 장수, 아군은 무능한 장수라면, 반드시 패하여 군대는 격파되고 장수는 전사할 것이 뻔하다.[2]

여기서 말한 "천하의 호걸", "천하의 무사"와 "활과 전차에 능한 용맹한 무사"는 "천하"를 마음대로 왕래했으므로, 높은 작위를 주고 "받들어 예우하고" 후한 녹봉으로 "후대하며 속이지 않으면", "천하" 어디에 있든지 "모집하여" 불러올 수 있었다. 만약 이런 대접이 없으면 본국에 있는 사람도 반드시 "국외로 빠져나갔다." 거동에 비추어보건대 이런 부류의 사람들이 바로 우리가 말한, 남의 전쟁을 거드는 일을 직업으로 삼는 무술 전문가 혹은 무사이다. 맹자는 제(齊)나라 선왕(宣王)에게 말했다.

---

1) 公曰 : "請問戰勝之器." 管子對曰 : "選天下之豪傑, 致天下之精材, 來天下之良工, 則有戰勝之器矣."……公曰 : "然則取之若何?" 管子對曰 : "假而禮之, 厚而勿欺, 則天下之士至矣." (『관자』 권16 : 12-13쪽)

2) 人君唯勿聽兼愛之說, 則視天下之民如其民, 視國如吾國, 如是則無幷兼攘奪之心, 無覆軍敗將之事. 然則射御勇力之士不厚祿, 覆軍殺將之臣不貴爵. 如是則射御勇力之士出在外矣. 我能毋攻人可也, 不能令人毋攻我. 彼求地而予之, 非吾所欲也, 不予而與戰, 必不勝也. 彼以教士, 我以驅衆 ; 彼以良將, 我以無能, 其敗必覆軍殺將. (『관자』 권21 : 1-2쪽)

전쟁을 일으켜 **사**(士), **신**(臣)을 위태롭게 해야만 마음이 흡족하시다는 말씀입니까?〈주17〉

묵자는 말했다.

옛날 월나라 왕 구천(勾踐)은 용맹을 숭상하여 **사**(士), **신**(臣)을 3년 동안 훈련시켰다.[3)]

이것은 모두 "사", "신"을 병칭하여 "사"와 "신"을 두 부류로 나눈 것이다. 아마 "신"은 군주에 직속한 인민이고, "사"는 초청해온 무사인 것 같다. 이 점은 분명히 확정할 수는 없지만, 『관자』의 내용을 보면 당시 직업적으로 남의 전쟁을 거든 무술 전문가 혹은 무사가 존재했던 것이 사실이다. 그러한 무사는 귀족정치가 붕괴되기 전에는 존재할 수 없었다. 귀족정치가 붕괴되기 전에는, 출병하여 전쟁을 할 경우 귀족은 각자의 인민을 통솔해, 귀족은 장수, 서민은 졸병이었다. 반드시 귀족정치 붕괴 이후에야 사회적으로 자유직업적인 성격을 띤 유동계층이 생겼다. 문사와 무사가 바로 그중의 양대 부류(流品)였다.

앞에서 인용한 『관자』의 두 문단에 관해서 두 가지 점을 설명해야 한다. 첫째, 「소문」의 문단은 관자의 말을 기술한 것이라고 하더라도, 「입정구패해」의 문단은 분명히 묵가의 겸애(兼愛) 및 비공(非攻 : 공격전쟁 반대) 학설이 행해진 이후의 상황인데, 어떻게 묵자 이전 혹은 동시대에 관한 일을 증명할 수 있겠는가? 하는 점이다. 이 점에 관해서 우리는 전국시대는 바로 춘추시대의 연장이라는 사실을 알아야 한다. 전국시대에 존재한 사회적 상황은 대체로 춘추시대에도 이미 존재했다. 전국시대의 사회적 변화는 성격상 춘추시대보다 더욱 깊었고, 범위상 더욱 확대된 것에 불과했다. 전국시대는 춘추시대에 비해서 "더욱 격화되고 심화되기는"[4)] 했어도, 사실상 "대로(大輅 : 화려한 수레)와 추륜(椎輪 : 조잡한 원시 수레)의 관계"와 같은 것이었다. 물론 「입정구패해」의 문단만 가지고는 묵자 이전 혹은 동시대에 관한 일을 단정할 수 없지만, 「소문」의 문

3) 昔者越王勾踐好勇, 教其士臣三年. (『묵자』 권4 : 30쪽)

4) 踵事增華, 變本加厲. ["蓋踵其事而增華, 變其本而加厲."(소명태자, 『문선』 서)]

단과 연결해보면 두 문단은 상호 증거가 될 수 있다.

둘째, 「입정구패해」의 문단 내용에 따르면 겸애 및 비공 학설은 "활과 전차에 능한 용맹한 무사"에게는 매우 불리하다. 그 학설이 행해지면 그들이 할 일은 없어질 것이기 때문이다. 그런데 묵가는 바로 그 학설을 제창했으니, 묵가가 바로 그런 부류의 사람으로부터 나왔다고 할 수 있는가? 바로 이 점을 밝혀야 한다. 나는 묵가가 이런 부류의 사람으로부터 나왔다고 했지, 묵가의 추종자가 곧 이들이라고 주장한 것이 아니다. 묵가와 일반 무사의 차이점은 「원유묵」에서 이미 상세히 설명했다. 묵자가 무사 출신이지만 무사에게 불리한 학설을 주장한 것은 마치 공자가 교육과 예식의 보좌(教書相禮)를 직업으로 삼은 문사 출신이지만 도리어 예의 번거로운 형식과 잡다한 절차(繁文縟節)를 중요시하지 않은 것과 같다. 예컨대 공자는 이렇게 말했다.

> 예란 사치스러울 바에야 차라리 검소해야 한다.[5]

> ○예의니 예절이니 하는 말이 무슨 옥이나 비단에 대한 얘긴 줄 아느냐!
> 악이니 음악이니 하는 말이 무슨 종이나 북에 대한 얘긴 줄 아느냐![6]

만약 오직 예식의 보좌라는 직업을 놓고 볼 때, 예의 형식(禮文)이 번잡하면 할수록 예식을 보좌하는 사람은 더욱 할 일이 많아진다. 하지만 공자는 예의 번잡성이 귀중하다고는 주장하지 않았다. 공자는 문사 출신이기는 하지만 오로지 문사인 것은 아니었다는 말이다. 겸애는 본시 무사의 도덕이었고 비공은 곧 당시의 일반적인 주장이었다. 다만 다른 학파의 비공에 대한 주장은 한낱 말에 그쳤지만, 묵가는 조직적인 실력을 갖추고 그 주장을 추진했다. 묵가 단체는 실제로 전쟁에 참가할 수 있었고 또한 자체 제작한 방어무기를 갖추고 침략당한 사람을 위해서 방어함으로써 강자의 침략을 저지했다. 이것은 사실이다. 이 사실에 대해서 두 가지 견해가 있을 수 있다. 첫째, 겸애 및 비공 학설과 침략저지 단체의 조직은 모두 묵자가 직접 창안한 것이어서 인습한 대상이 없다고 여기는

---

5) 禮與其奢也寧儉. (『논어』 3 : 4) 〈제4장,주94 ; 제5장,주9〉
6) 禮云禮云, 玉帛云乎哉! 樂云樂云, 鍾鼓云乎哉! (『논어』 17 : 11) 〈제4장,주96〉

견해로서, 전통적인 견해이다. 둘째, 모든 학설의 발생은 반드시 사회적 배경이 있고 한 조직의 성립에도 반드시 사회적 근거가 있는 것이므로, 묵가의 학설과 조직 역시 인습한 대상이 있다고 여기는 견해로서, 바로 우리가 주장하는 견해이다. 이 견해에 따르면 묵가의 단체와 조직은 선례가 없는 독창이 아니니, 당시에 원래 그런 단체가 있었고 묵가 단체는 그중에서 주의(主義)를 지닌 단체였다는 말이다. 이렇듯 "전쟁에 강하고 익숙한(能征慣戰)" 단체는 무사들 가운데서나 찾을 수 있다.

묵가 단체 외에 주의가 없는 여타의 무사 단체의 경우도 선진(先秦)의 서적 가운데 가끔 언급되고 있다. 『여씨춘추(呂氏春秋)』는 말한다.

> 옛날 진(秦)의 목공이 수레를 타고 출행했다. 수레가 부서져 오른쪽 말이 풀어져 달아났고 **야인**(野人)들이 그것을 잡아갔다. 목공이 몸소 찾아나섰다. 기산의 양지 쪽에서 야인들이 그 말고기를 막 먹으려고 하는 것을 발견했다. 목공은 탄식하며 말하기를 "(기름진) 말고기만 먹고 술을 마시지 않으면 몸에 해로울 것이다" 하며, 그들 모두에게 술을 준 다음 돌아갔다. (이로부터 1년 후 진〔秦〕과 진〔晉〕은 한원〔韓原 : 晉의 땅〕에서 전쟁을 하게 되었다.) 목공의 수레가 적국의 병사들에 의해서 포위되었다. 이때, 전에 기산 남쪽에서 말고기를 먹은 적이 있는 야인 300여 명이 수레 아래에서 사력을 다해서 싸워 마침내 진(晉)을 크게 무찔렀다."[7]

이 300여 명은 바로 일종의 무사 단체인 듯하다. 이 문단을 나는 「원유묵」에서 인용하지 않았는데, 이 야인들은 시골 농민으로서 전에 목공의 말고기를 먹었고, 나중에 전쟁에 징발된 사람들일지 모른다고 여겼기 때문이다. 이렇게 보면 이 야인들은 꼭 무사는 아니다. 그러나 목공이 잃은 것은 마차 오른쪽 말 한 필에 불과했는데 어떻게 300여 명이나 먹을 수 있었겠는가? 또 농부들이 말을 잡아먹었다면 하필 기산의 양지까지 갔겠

---

7) "昔者秦繆公[穆公]乘馬而車爲敗, 右服失而野人取之. 繆公自往求之. 見野人方將食之於岐山之陽. 繆公歎曰 :'食駿馬之肉而不還飮酒, 余恐其傷汝也.' 於是徧飮而去." (處一年, 爲韓原之戰.) "晉人已環繆公之車."……"野人之嘗食馬肉於岐山之陽者三百有餘人, 畢力爲繆公疾鬪於車下, 遂大克晉." (「중추기(中秋紀)」 「애사(愛士)」, 『여씨춘추』, 459쪽)

는가? 혹시 목공의 말을 잡아먹은 사람들은 바로 100-300여 명의 유동적인 무사 단체였기에, 목공은 그 단체를 벌하지 않고 술까지 하사한 것은 아니었을까? 한원의 전쟁이 일어나자 이 단체의 무사들은 출전했고, 감격했던지라 특별히 용맹을 떨쳤을 것이다. 그들이 말을 잡아먹거나 출전한 것 등은 모두 단체적 행동이었다. 이 해석도 역시 합리적이다.

도척(盜跖) 역시 무사 단체의 수령이었던 듯하다. 『장자(莊子)』「도척(盜跖)」에 따르면, 도척은 유하혜(柳下惠)의 동생으로 "9,000명의 추종 졸개를 거느리고 천하를 횡행하며 제후를 침탈했다."[8] 이 말은 꼭 믿을 만한 것은 아니지만 도척은 아무튼 맹자 이전 혹은 동시대에 존재했다. 맹자가 그를 언급했기 때문이다.[9] 그의 "추종 졸개"가 꼭 9,000명은 아니었다고 하더라도 상당한 무리였음에 틀림없다. 그가 영도한 단체는 극히 조직적이었다. 『여씨춘추』는 말한다.

> 도척의 제자가 도척에게 물었다.
>
> "도둑에게도 도(道)가 있습니까?"
>
> "어찌 도가 있다 뿐이겠느냐! 척 보고 감춰진 물건을 알아내는 것은 성(聖), 맨 먼저 들어가는 것은 용(勇), 맨 나중에 나오는 것은 의(義), 기회를 잘 포착하는 것은 지(智), **균등하게 분배하는 것**은 인(仁)이다. 이 다섯 가지에 정통하지 못하고서 대도(大盜)가 될 수 있었던 사람은 세상에 아직 없다."[10]

그의 단체의 내부조직은 도덕적이었다. 그래서 『장자』「거협편(胠篋篇)」은 "도척도 성인의 도를 얻지 못하면 행동할 수 없다"[11]고 말했다. 더욱 주의할 것은 그들이 단체 내에서는 "균등한 분배"를 실행했다는 점

---

8) 從卒九千人, 橫行天下, 侵暴諸侯. (『장자』, 990쪽)

9) 『맹자』 1 : 25. [鷄鳴而起, 孳孳爲善者, 舜之徒也. 鷄鳴而起, 孳孳爲利者, 跖之徒也.]

10) 跖之徒問於跖曰 : "盜有道乎?" 曰 : "奚啻其有道也! 夫妄意關內中藏, 聖也 ; 入先, 勇也 ; 出後, 義也 ; 知時, 智也 ; 分均, 仁也. 不通此五者而能成大盜者, 天下無有." (「중동기(仲冬紀)」「당무(當務)」, 『여씨춘추』, 595-96쪽)
[「거협」, 『장자』, 346쪽 : 跖之徒問於跖曰 : "盜亦有道乎?" 曰 : "何適而無有道邪? 夫妄意室中之藏, 聖也 ; 入先, 勇也 ; 出後, 義也 ; 知可否, 知也 ; 分均, 仁也. 五者不備而能成大盜者, 天下未之有也."]

11) 不得聖人之道不行. (『장자』, 346쪽)

이다. 이른바 "행복은 함께 누리고 말은 함께 탄다"는 것으로서, 바로 무사 단체 내에 존재하는 도덕이다. 묵자를 논하면서 도척과 연계한 것은 부적절한 듯하지만, 내 견해에 따르면 묵자와 도척은 사실상 무사의 양 극단의 대표이다. 도척이 만약 "사면(招安)"을 받고 "개과천선(改邪歸正)"하여 추종 무리들을 이끌고 "변경에 이르러 창칼을 들고 공을 세워 관리가 될 것을 도모한다"면 그는 곧 보통의 무사가 된다. 그가 만약 한걸음 더 나아가 그의 단체 내에서 행하는 도덕을 전사회에 추진하고 또 그러한 주의에 의거하여 전쟁에 참가하려고 계획하면 그는 곧 묵자가 된다.

앞에서 서술한 것은 조직이 있는 듯한 무사 단체였다. 이밖에 무사로서 개인적으로 이름 난 사람은 매우 많다. 예컨대 맹자가 일컬은 북궁유(北宮黝)와 맹시사(孟施舍)는 모두 "용기배양(養勇)"을 잘한 것으로 이름이 났다. 또 『여씨춘추』는 말한다.

제나라에 용기를 좋아하는 사람들이 있었다. 갑은 도성 동쪽에 살았고, 을은 도성 서쪽에 살았다. 어느 날 길에서 서로 만났다.

"우리 술 좀 마시는 게 어때?"

술잔이 몇 번 돌았을 때, 갑이 말했다.

"고기를 좀 구하는 게 어때?"

그러자, 을이 대답했다.

"자네도 고기, 나도 고기 아닌가? 무슨 고기를 따로 구할 필요가 있겠는가?"

그리고 국물만 갖추어놓고 칼을 꺼내어 서로 상대를 베어먹었다. 죽자 그쳤다.[12)]

이것은 자기의 살을 "벗과 더불어 공유한(與朋友共)"* 것으로서 무사의 도덕을 실행한 극단적인 예이다. 『여씨춘추』는 또 말한다.

융이(戎夷)가 제(齊)를 떠나 노(魯)로 가고 있었다. 날씨가 몹시 추운 밤이

12) 齊之好勇者, 其一人居東郭, 其一人居西郭, 卒然相遇於塗, 曰 : "姑相飮乎?" 觴數行, 曰 : "姑求肉乎?" 曰 : "子肉也, 我肉也, 尙胡革求肉爲?" 於是具染而已, 因抽刀而相啖, 至死而止. (「중동기(仲冬紀)」「당무(當務)」, 『여씨춘추』, 596쪽)

* 與朋友共 : 『논어』 5 : 26. 〈부록1,주117〉에 나오는 자로의 말 참조.

었는데, 성문이 이미 닫혀서, 제자 한 사람과 함께 도성 밖에서 노숙하게 되었다. 추위가 점점 더 심해졌기 때문에 그는 제자에게 말했다.

"자네가 내게 옷을 벗어주면 내가 살고, 내가 자네에게 옷을 벗어주면 자네가 살 것일세. 나는 국사(國士 : 국가적인 선비)가 아닌가? **천하를 생각하니 죽기가 애석**하네. 하지만 자네는 별볼일 없는 불초자 아닌가? 조금도 애석할 것이 없잖은가? 자네가 내게 옷을 벗어주게."

그러자 제자가 이렇게 대답했다.

"불초자가 어떻게 국사님을 위해서 옷을 벗어줄 수 있겠습니까요?"

"아! 도란 아무런 소용이 없단 말인가!"

융이는 이렇게 크게 탄식하고, **옷을 벗어 제자에게 주고** 밤중에 얼어죽었다. 그리하여 제자는 살았다."[13]

이는 뜻을 얻지 못한 선비의 유랑도(流浪圖)이다. 융이가 "옷을 벗어 제자에게 준" 사실을 보면, 처음에 옷을 벗어주려고 하지 않은 것이 진실로 "천하를 생각하여 죽기가 애석했기 때문이었음"을 알 수 있다. 제자에게 옷을 벗어줄 것을 명한 것이나 나중에 자기 옷을 벗어준 것 모두 모든 것을 "벗과 더불어 공유한다"는 도덕을 실행한 것이었다. 이 문단은 융이를 무사로 명시하지는 않았지만 그 언행을 볼 때 그는 무사라고 할 수 있을 것 같다.

아마 주대 말엽에는 문사, 무사를 막론하고 모두 사(士)로만 일컬어졌거나 사로만 일컬어질 수 있었을 것이다. 사는 당시에 본시 기예와 재능을 팔아 생활을 유지하는 사람들에 대한 통칭이었다. 이러한 기예와 재능은 문(文)·무(武)의 두 방향으로 대별되었다. 이른바 "문(文)으로써 나라를 편안하게 하고 무(武)로써 국가를 안정시킬 수 있는" 사람들이었다. 이들의 사회적 지위는 일반 서민에 비해서 높았던 만큼 때때로 서민과 분별되었다. 예를 들면 『관자』는 말한다.

13) 戎夷違齊如魯, 天大寒而後門, 與弟子一人宿於郭外. 寒愈甚, 謂其弟子曰 : "子與我衣, 我活也, 我與子衣, 子活也. 我, 國士也. 爲天下惜死. 子, 不肖人也, 不足愛也. 子與我子之衣." 弟子曰 : "夫不肖人也, 又惡能與國士衣哉?" 戎夷太息歎曰 : "嗟乎! 道其不濟矣夫!" 解衣與弟子, 夜半而死. 弟子遂活. (「시군람(恃君覽)」 「장리(長利)」, 『여씨춘추』, 1337쪽)

관리는 정사를 맡아 직무에 충실하고, **사**(士)는 수신(修身)하여 재능을 연마하고, **서인**(庶人)은 농사일에 힘쓴다."[14)]

『순자』는 말한다.

사를 좋아하는 임금은 강해지고 사를 좋아하지 않는 임금은 약해지며, **민**(民)을 사랑하는 임금은 강해지고 민을 사랑하지 않는 임금은 약해진다."[15)]

다만 민이 군주나 귀족이 아닌 사람을 일컬을 경우 사 역시 민이었지만 그 첫째였으므로, 이른바 사(士)·농(農)·공(工)·상(商)이란 것이 그것이다. 『관자』「소광」*과 『국어』「제어」**에 나오는, 사·농·공·상이 각각 "거처(居)"를 "고정하여(定)" 저마다의 "소임(事)"을 "완성하도록(成)" 하는 제도가 설사 제나라 환공과 관중이 꼭 실제로 시행했던 것이 아니었다고 하더라도, 그 의론 자체는 당시 사회에서 새로 일어난 사실을 승인한 것으로서, 바로 당시의 새 사회를 반영한 것이었다고 단언할 수 있다. 이 새 사회가 바로 이후 청나라 말까지 2,000여 년간의 사회의 윤곽으로서, 그 사이에 작은 변화는 있었을지라도 대체로 변함이 없었다. 주의할 점은 선진시대의 사(士)는 문사를 지칭할 수도 무사를 지칭할 수도 있었다는 점이다. 『관자』「문(問)」은 말한다.

사(士)로서 전답과 집을 소유하고 몸은 군대행렬에 있는 자는 몇 명인지 파악하고, 여자(餘子 : 정규병 이외의 참전자)로서 무기를 들고 대오에 참가한 자는 몇 명인지 파악한다.[16)]

맹자는 제나라 선왕에게 말했다.

전쟁을 일으켜 사(士), 신(臣)을 위태롭게 하고 제후에게 원한을 맺어야만

---

14) 官長任事守職, 士修身功材, 庶人耕農樹藝. (「오보(五輔)」, 『관자』 권3 : 29쪽)

15) 好士者強, 不好士者弱. 愛民者強, 不愛民者弱. (「의병(議兵)」, 『순자』 권10 : 8쪽)

* 「소광(小匡)」, 『관자』 권8 : 10쪽 : 定民之居, 成民之事, 以爲民紀.……

** 「제어(齊語)」, 『국어(國語)』 : 管子曰 : "四民者勿使雜處.……" 公曰 : "處士農工商若何?"

16) 問士之有田宅, 身在陳列者, 幾何人, 餘子之勝甲兵, 有行伍者, 幾何人. (『관자』 권9 : 23쪽)

마음이 흡족하시다는 말씀입니까?[17]

묵자는 말했다.

옛날 월나라 왕 구천은 용맹을 숭상하여 사(士), 신(臣)을 3년간 훈련시켰다.〈주3〉

여기서 말한 사는 모두 무사(武士)이다.

묵자의 싸움반대론(非鬪)은 얼핏 무사와는 부합하지 않는 듯하다. 하지만 모욕을 당하면 싸운다는 것은 사의 도덕이지 무사만의 도덕은 아니다. 『여씨춘추』는 말한다.

제나라 왕이 윤문(尹文)에게 말했다.

"과인은 선비(士)를 친밀하게 대하고 있습니다."

"어떤 사람을 선비라고 생각하시는지 말씀해주시겠습니까?"

왕이 대답하려고 하지 않았으므로 윤문이 다시 이렇게 물었다.

"가령 여기에 부모를 섬길 때는 효도하고, 임금을 섬길 때는 충성하고, 벗을 사귈 때는 신의를 지키고, 마을에 있을 때는 공손하는 등, 이 네 가지 덕목을 행하는 사람이 있다면 선비라고 말할 수 있습니까?"

"그런 사람이 바로 진정한 선비일 것입니다."

"왕께서 그와 같은 사람을 얻는다면 기꺼이 신하로 삼으시겠습니까?"

"물론 소원하고 있는 바이지만 얻지 못할 따름입니다."

"누가 만일 많은 사람이 모인 묘당과 조정에서 심한 모욕을 당하고도 싸움을 하지 않는다면 왕께서는 그를 신하로 삼으시겠습니까?"

"아니오! 모욕을 당하고도 싸우지 않는 것은 굴욕입니다. 굴욕의 인물을 과인은 신하로 삼지는 않을 것입니다."[18]

모욕을 당하면 싸우는 것은 사의 중요 덕목의 하나였다. 유가 역시 선비에게는 그 덕목이 있어야 한다고 주장했다. 따라서 "자하의 제자들"은

---

17) 抑王興甲兵, 危士臣, 搆構怨於諸侯, 然後快於心與? (『맹자』 1 : 7)

18) 齊王謂尹文曰 : "寡人好士." 尹文曰 : "願聞何爲士." 王未有以應. 尹文曰 : "今有人於此, 事親則孝, 事君則忠, 交友則信, 居鄕則悌, 有此四行者, 可謂士乎?" 齊王曰 : "此眞所謂士矣." 尹文曰 : "王得若人, 肯以爲臣乎?" 王曰 : "所願而不能得也." 尹

묵자에게 "개나 돼지도 싸울 줄 알거늘 어찌 선비로서 싸우지 않을 수 있겠습니까?"[19] 하고 말했다. 묵자는 싸움반대론을 주장했고, 송경(宋牼)은 더 나아가 "모욕당함은 수치가 아니다"고 주장했다. 그러나 그렇다고 해서 묵가가 사에서 나왔다는 설이 부정되는 것은 아니므로, 묵가가 무사에서 나왔다는 설도 부정되는 것은 아니다. 또한 싸움은 개인의 자유행위에 속한다. 묵자는 기율과 조직을 중시했는데, 그가 유가에 앞서 싸움을 반대한 것도 아마 그것 때문이었는지도 모른다.

묵가는 싸움을 반대했으나 전국 후기의 협(俠)은 몹시 싸움을 좋아했다. 모욕을 당하면 싸운다는 도덕은 협이 가장 잘 행할 수 있었다. 묵가는 조직적으로 행동했지만 협은 대부분 개인적으로 행동했다. 한비자(韓非子)는 말했다.

> 검을 가지고 공격살상하는 자는 사납고 오만한 인민인데도, 세상은 그를 "올곧고 용감한 선비"로 존중한다. 도적을 살려주고 악한을 은닉해주는 자는 사형에 처해 마땅할 인민인데도, 세상은 그를 "의리와 명예의 선비"로 존중한다."[20]

> ○형제가 다칠 경우 반드시 반격하는 것을 청렴하다(廉)고 하고, 아는 친구가 굴욕을 당할 경우 원수를 갚아주는 것을 강직하다(貞)고 한다. 청렴하고 강직하다는 행위가 성행하는 곳에 군주의 법은 무시된다. 따라서 유(儒)는 문예로써 법을 어지럽히고 협(俠)은 무예로써 금령을 범하고 있다.[21]

이러한 협은 곧 무사의 일종이다. 「원유묵」에서 나는 협사(俠士)라는 말로 무사를 지칭했는데, 협이라는 글자의 당시 의미에 비춰보면 사실상 적절하지 못한 점이 있다. 그러나 후대의 협이라는 글자의 일반적 의미

文曰 : "使若人於廟朝中, 深見侮而不鬪, 王將以爲臣乎?" 王曰 : "否! 夫見侮而不鬪, 則是辱也 ; 辱則寡人弗以爲臣矣." (「선식람(先識覽)」「정명(正名)」, 『여씨춘추』, 1020쪽)

19) 子夏之徒曰 : "狗豨猶有鬪, 惡有士而無鬪矣?" (「경주(耕柱)」, 『묵자』 권11 : 37쪽)

20) 行劍攻殺, 暴憿之民也, 而世尊之曰 : 磏勇之士. 活賊匿姦, 當死之民也, 而世尊之曰 : 任譽之士. [磏 : 거친 숫돌. 애쓰다. 청렴하다] (「육반(六反)」, 『한비자』, 948쪽)

21) 今兄弟被侵, 必攻者, 廉也 ; 知友辱, 隨仇者, 貞也. 廉貞之行成, 而君上之法犯矣. 儒以文亂法, 俠以武犯禁. (「오두(五蠹)」,『한비자』, 1057쪽) 〈제4장,주32〉

에 비춰보면, 한 글자로 유(儒)와 상대할, 무사의 특성을 표시할 수 있는 글자를 찾는다면 사실상 협(俠) 자가 비교적 적합하다. 사마천은 말했다.

> 현재 유협(游俠)의 행동은 정도(正義 : 正道)에서 벗어나기는 하지만, 약속한 말은 반드시 지켰고 행동은 반드시 과단성이 있었다. 일단 승낙한 사항은 반드시 성심을 다했으며 몸을 아끼지 않고 남의 위급한 곤경에 뛰어들어 이내 목숨을 걸었다. 그러나 그 기량을 뽐내지 않았고 오히려 그런 품행을 자랑하는 것을 수치로 여겼다."[22)]

이것이 후대에 협 자가 지칭하는 일반적인 의미이다. 무사의 미덕과 특성은 대부분 표시된 것 같다. 이것이 「원유묵」에서 협사(俠士)로써 유사(儒士)와 대비시킨 이유였다.

오해를 피하기 위하여, 「원유묵」에서 말한 협사는 무사로 대체할 수 있다. 『회남자』는 초나라 사람 차비(佽非 : 배를 습격한 교룡을 죽인 검객)의 말을 인용하여 "무사란 인의의 예로써 설복할 수 있을 뿐 협박으로써 겁탈할 수는 없다"[23)]고 했으니, 무사 역시 이미 있었던 명사(名詞)이다.

그러나 무사라는 이름은 어쨌든 드물게 보이고 유라는 이름은 자주 보인다. 비록 많은 곳에서 사가 무사를 지칭하는 것이 분명하지만 무사라는 이름이 드물게 보인다는 사실은 요컨대 선진시대의 사회에서 무사와 유사는 중요성에서 대등한 위치를 가질 수 없었다는 것을 증명하는 것 같다. 이 점에 관해서 우리가 주의할 사항은 중국의 서적 가운데 사회적 정황에 관한 기록이 여태까지 극히 적었다는 사실이다. 선진시대의 서적에서 일컬어지는 유 또한 대부분 유가(儒家)의 유를 지칭하지, 유가의 모체인 유사(儒士)의 유를 지칭하는 것은 아니다. 선진시대의 서적 속에서 유가의 유를 빼면 유사의 유 역시 그리 많이 보이는 것은 아니다.

---

22) 今游俠, 其行雖不軌於正義, 然其言必信, 其行必果, 已諾必誠, 不愛其軀, 赴士之阨困, 旣已存亡死生矣. 而不矜其能, 羞伐其德. (「유협열전(游俠列傳)」, 『사기(史記)』, 3181쪽)

23) 武士可以仁義之禮說也, 不可刦而奪也. (「도응훈(道應訓)」, 『회남자(淮南子)』, 413쪽)

「원유묵」에서 나는 제자(諸子)는 모두 사계층에서 나왔고, 사계층의 흥기는 귀족정치의 붕괴로 관의 전문가들이 실직한 데서 비롯되었다고 주장했다. 그러나 만약 그렇다면 관의 전문가들 수는 주 왕실에 가장 많아야 할 것이고 제자(諸子)는 왕실 소재지에서 흥기했어야 할 텐데, 어째서 멀리 추(鄒)·노(魯)에서 흥기했는가? 이 점에 관해서 두 가지를 말할 수 있다. 첫째, 주 왕실의 왕관(王官)이 가장 완비되어 전문가들이 가장 많기는 했지만, 종주(宗周)가 파손되고 문물이 상실되어, 동천(東遷)한 후로는 왕실의 규모도 이미 예전과 같지 않게 되었다. 노(魯)나라는 주공(周公)의 후손국으로 문물이 완비되었고 파손된 적도 없었다. 종주가 멸망한 후 노나라가 동방문화의 중심이 된 것은 사실상 당연했다. 둘째, 하나의 역사상 대운동의 흥기는 본시 환경과 시세에 의해서 조성되지만, 영수 인물 역시 중요하다. 제자 학설의 흥기는 공자가 앞길을 열었다. 공자는 노나라 사람이었으므로 추·노는 유가의 근거지로 되었다. 이후의 여러 학파들은 모두 직접 또는 간접으로 유가의 영향을 받았다. 따라서 제자 학설의 흥기에서 추·노는 중요한 위치에 있었다.

「원유묵」에서 나는 전에는 축(祝)·종(宗)·복(卜)·사(史), 예관(禮官), 악공(樂工) 따위의 관의 전문가였다가 지금은 관직을 상실한 사람들과, 전에는 귀족이었으나 지금은 세력을 상실한 사람들인 상층의 실업유민은 대부분 유사가 되었고, 원래의 직업이 농업, 공업이었던 하층의 실업유민은 대부분 무사가 되었다고 여겼다. 그러나 귀족정치가 붕괴되기 이전에 출병하여 전쟁하면 귀족은 곧 장수였다. 또 세계 역사의 일반 통례로 보더라도 통치권을 장악한 귀족은 틀림없이 용감하고 싸움을 잘하는데, 어떻게 주대 말기에 세력을 상실한 귀족은 문(文)에는 능했지만 무(武)에는 그렇지 않았다고 말할 수 있는가? 이 점에 관하여 우리가 주의할 점은 통치권을 장악한 귀족은 통치권을 쟁취할 때는 본시 우세한 무력에 의지했던 만큼, 통치 초기에는 여전히 용감하고 싸움을 잘하는 특성을 보유했으나, 오랜 향락 끝에는 점점 타락하여 전쟁을 두려워했고 점차 전쟁기능을 상실했다는 사실이다. 역사상의 이런 예증은 매우 많다. 『좌전』은 제(齊)와 노(魯)의 장작(長勺) 전투를 이렇게 기록했다.

제나라의 군사가 우리 노나라에 쳐들어왔다. 장공이 응전을 준비하고 있을 때, 조귀(曺劌)가 알현하기를 청했다. 같은 고향 사람이 그에게 말했다.

"**육식자**(肉食者)들이 하는 일에 왜 또 간여하려고 드는가?"

"육식자들은 **고루 불통하여**(鄙) 원대한 계책을 세우지 못하기 때문일세."[24]

사람은 대대로 "육식[호사생활]"을 계속하면 "고루 불통하게" 되지 않는 경우가 없다. 그러나, "고루 불통한" 귀족인 만큼 비록 자기 조상의 "견실한 재능과 학식(眞才實學)"을 상실하기는 했어도 그들은 예의범절(禮儀)에 익숙하고 말도 잘하여 조상을 능가하기도 했으니, 세력을 상실한 후에 예의범절과 문장에 대한 지식을 바탕으로 생계를 유지할 경우 유사가 되었다. 사회 하층민들의 경우는 교육이라는 것을 받을 기회가 없었던 만큼, 일단 직업을 잃으면 오직 체력을 팔아 호구했다. 비공업사회에서 육체노동 시장은 한정되어 있다. 직업을 잃은 가난한 사람들 일부는 병사가 되거나 비적이 되어야만 했는데 이러한 형편은 자고이래로 그러해왔으니 지금에만 극심한 것은 아니다. 병사가 된 사회 하층민들이 오랫동안 전문으로 그것을 직업으로 삼으면 즉 무사가 되는 것이다.

「원유묵」에서 나는 선진시대와 한대 초에 공묵(孔墨)으로 병칭된 것은 두 사람이 대표한 학파 모두 심원한 사회적 배경과 심대한 사회적 세력을 구비했기 때문이었다고 여겼다. 후세는 공자를 지성선사(至聖先師)인 문성인(文聖人)으로 여겼고, 문성인인 공자 이외에, 관우(關羽) 혹은 관우와 악비(岳飛)를 무성인(武聖人)으로 여겨 "문묘(文廟)" 외에 또 "무묘(武廟)"를 세웠다. 사실상 역사적 위치로 보아 공자는 후세의 문성인으로서 손색이 없으나, 관우와 악비의 위치는 공자에 훨씬 미치지 못한다. 따라서 관우와 악비를 무성인으로 삼아 공자와 필적시키는 것은 사실상 맞지 않다. 공자에 필적할 무성인의 칭호는 실로 오직 묵자라야 합당하다.

24) 齊師伐我, 公將戰, 曺劌請見, 其鄕人曰 : "肉食者謀之, 又何間焉?" 曰 : "肉食者鄙, 未能遠謀." (「장공(莊公)」 10년, 『좌전』, 182쪽) [鄙 : 도량이 좁다. 완고하다]

부록 3
원명법음양도덕(原名法陰陽道德)*

「원유묵(原儒墨)」에서 나는 말했다.

> 도가의 학설이 은사들로부터 나왔다는 것은 『중국철학사』에서 자세히 논했다.……이밖에 음양가학파는 방사(方士), 명가학파는 변사(辯士), 법가학파는 법술지사(法術之士)에서 나왔다. 이것은 따로 논한다.

이 논문은 「원유묵」에 이어 이 여러 학파의 기원(所自出 : 모체)을 토론한다. 독자는 먼저 「원유묵」을 읽기 바란다.

1. 명가의 기원

「원유묵」에서 나는 "명가학파는 변사에서 나왔다"고 했다. 현재 내 견해에 따르면, 변사라는 명칭은 선진의 서적 속에 자주 보이기는 하지만, 일반적으로 "말솜씨 좋은" 사람을 지칭한 듯하고, 사회적으로 확실히 존재한 모종의 사람들을 변사라고 일컬은 것 같지는 않다. 명가학파는 아마 송사(訟師 : 옛날 변호사)에서 나온 것 같다.

『좌전(左傳)』은 말한다.

> 정나라에서 형서(刑書 : 형법조문)를 새긴 솥을 주조하자, 숙향(叔向 : 晉人)이 자산(子產 : 정나라의 재상)에게 글을 보내어 이렇게 말했다.
>
> "만약 백성들이 따로 법률이 존재한다는 사실을 알게 된다면 통치자를 공경하지 않을 것이며, 아울러 쟁론의 심리가 발생하여 저마다 **형법조문을 따져 요행으로 목적을 이루려고 할** 것이므로 그래서는 안 될 일입니다."[1]

* 1936년 4월 『청화학보(淸華學報)』에 발표.

1) 鄭人鑄刑書, 叔向使詒子產書曰 : "……民知有辟, 則不忌於上, 並有爭心, 以徵於書, 而徼幸以成之, 弗可爲矣. (「소공」 6년, 『좌전』, 1274-75쪽) 〈제3장,주50〉

○진(晉)나라에서 "형정(刑鼎)을 주조하여 범선자(范宣子)가 만든 형서를 새겼다." 이에 대해서 공자가 이렇게 비평했다.

"인민의 관심이 형정에만 있으면, 어떻게 통치자의 권위가 서겠는가?"[2)]

춘추시대 말엽에 각국은 차차 법률을 공포했다. 보수적인 사람들의 관점에서 보면, 법률조문이 공포되면 인민들은 반드시 그 조문의 "글귀를 물고 늘어져(咬文嚼字)" 각자에게 유리한 해석을 얻으려고 할 것이었다. 즉 "인민의 관심이 형정에만 있고", "형법조문을 따져 요행으로 목적을 이루려고 할 것이다"는 말이다. 숙향과 공자의 염려는 과연 틀리지 않았다. 자산과 동시대에 교묘한 해석을 전문으로 하는 한 법률 전문가가 출현했으니, 그가 바로 등석(鄧析)이었다. 『여씨춘추(呂氏春秋)』는 말한다.

정나라에는 형법조문을 표방하는(縣書) 자들이 많았다. 자산이 법조문 표방행위를 금하자 등석은 그것을 천착했다(致書). 자산이 형법조문의 천착을 금하자 등석은 그것을 곡해했다(倚書). 명령이 무궁하면 할수록 등석의 대응 또한 무궁했다. 결국 옳음과 그름을 변별할 수 없게 되었다.[3)]

현서(縣書)·치서(致書)·의서(倚書)라는 말의 확실한 의미를 명확히 알 수는 없지만, 이 문단의 대의는 등석이 자산의 법령에 대해서 늘 형식적인 해석을 제시하여 형식상으로만 법령을 준수하여 법령과 실제로는 위반되는 일을 행했다는 말이다. 『여씨춘추』는 또 말한다.

자산이 정나라를 태평하게 하려고 힘쓸 때, 등석은 나라를 혼란시키는 데에 몰두했다. 그는 송사[訟事] 당사자들과 큰 사건은 예복 한 벌, 작은 사건은 바지나 저고리를 대가로 그 해결을 약속했다. 그리하여 **사람들 가운데 예복이나 바지 또는 저고리를 바치고 송사 방법을 배우려는 자들이 수없이 몰려들었다. 그른 것을 옳은 것으로, 옳은 것을 그른 것으로 바꾸어 마침내 시비의 기준을 없앴고, 가한 것과 불가한 것을 날마다 뒤바꾸어 무조건 승소하고자 하면 승소했**

2) "鑄刑鼎, 著范宣子所爲刑書焉." "民在鼎矣, 何以尊貴?" 〈제13장,주7,주9〉

3) 鄭國多相縣以書者, 子產令無縣書, 鄧析致之. 子產令無致書, 鄧析倚之. 令無窮, 則鄧析應之亦無窮矣. 是可不可無辨也. (「심응람(審應覽)」「이위(離謂 : 모순적인 언어표현)」, 『여씨춘추』, 1177쪽)

고 죄 주고자 하면 죄 주었다. 마침내 정나라는 크게 혼란되어 인민들은 의론이 들끓었다. 자산은 이러한 현실을 심히 우려하여 마침내 등석을 사형에 처하여 공개했다.[4)]

이것을 보면 등석의 장기는 법률조문의 "글귀를 물고 늘어져" 승소하려는 송사자에게 유리한 해석을 하는 것이었다. 그리하여 그는 "그른 것을 옳은 것으로, 옳은 것을 그른 것으로 바꾸어 시비의 기준을 없앴고, 가한 것과 불가한 것을 날마다 뒤바꾸어 무조건 승소하고자 하면 승소했고 죄 주고자 하면 죄 줄" 수 있었다. 그에게 이러한 수완이 있었던 만큼, 자연히 "사람들 가운데 예복이나 바지 또는 저고리를 바치고 송사 방법을 배우려는 자들이 수없이 몰려들었던" 것이다.

이것을 보면 등석은 한 송사(訟師)였음이 매우 분명하다. 『순자(荀子)』「비십이자편(非十二子篇)」은 말한다.

선왕(先王)을 본받지 않고 예절과 의리를 무시하며, 즐겨 괴상한 이론(怪說 : 詭辯)을 추구하고 기묘한 명제(琦辭)에 탐닉하기를 좋아하는 이들이 있

---

4) 子產治鄭, 鄧析務難之. 與民之有獄者約 ; 大獄一衣, 小獄襦袴. 民之獻衣襦袴而學訟者, 不可勝數. 以非爲是, 以是爲非, 是非無度, 而可與不可日變. 所欲勝因勝, 所欲罪因罪. 鄭國大亂, 民口讙譁, 子產患之, 於是殺鄧析而戮之. (「심응람」「이위」, 『여씨춘추』, 1178쪽)
【주】『좌전』에 "정나라의 사천이 등석을 죽이고 그의 죽형(竹刑)을 채용했다" 했으니, 『여씨춘추』와는 다르다. 하여튼 당시 사람들의 눈에는 등석은 좋은 인물이 아니었다. 즉 『좌전』은 말한다. "정나라의 사천이 등석을 죽이고 그의 죽형을 채용했다. 군자들은 이 일에 대해서 정나라의 사천이 불충했다고 말했는데, 국가에 보탬이 되었던 인물이라면 개인적인 단점은 접어두어야 한다는 말이다. [남녀의 밀회를 읊은] 「정녀(靜女)」 3장의 시도 그중의 동관(彤管 : 여자 사관이 훈계사항을 기록할 때 사용하는 붉은 칠을 한 붓대)의 의미 때문에 채택되었으며, [단순히 고관의 행차를 읊은] 「간모(竿旄)」의 시는 '무엇을 권고해드릴까'라고 읊은 시인의 충정 때문에 채택되었던 것이다. 따라서 아무개의 주장을 채택했으면 그 개인은 문제삼지 않는 법이다(鄭駟歂殺鄧析, 而用其竹刑. 君子謂子然於是不忠. 苟有可以加於國家者, 棄其邪可也. 「靜女」之三章, 取彤管焉. 「竿旄」'何以告之', 取其忠也. 故用其道, 不棄其人)."(『좌전』, 1571-72쪽) 『좌전』에 따르면 등석은 형법을 연구했던 인물이다. 그는 자산이 반포한 형서(刑書) 외에 별도로 하나의 형법 초안을 입안했는데 바로 죽형이었다.

다. 그 말들은 비록 깊은 고찰이지만 세사에 긴요하지 않고, 교묘한 논변이지만 쓸모가 없고, 복잡하기만 하고 공은 적으므로, 정치의 강령으로 삼을 수 없다. 그러나 그 주장은 근거가 있고 말은 이치가 서 있어서 우직한 대중을 기만하고 미혹하기에 충분했다. 이들이 바로 혜시(惠施)와 등석이다.[5)]

『순자』「불구편(不苟篇)」도 말한다.

산과 못은 수평이 같다. 하늘과 땅은 서로 가깝다. 제(齊)와 진(秦)은 맞닿아 있다. 산에는 귀와 입이 있다. 여자에게 수염이 있다. 알에 터럭이 있다. 이런 따위의 언설은 견지하기 어려운 것들인데 혜시와 등석은 능숙하게 해냈다.[6)]

『여씨춘추』는「이위(離謂)」,「음사(淫辭)」두 편에서 당시의 궤변을 서술하며 등석과 함께 공손룡(公孫龍)을 들었다.『장자(莊子)』「천하편(天下篇)」에서는 변자(辯者)의 설을 서술하며 혜시와 공손룡을 들었다. 당시 사람들의 심중에 이 세 사람은 일파였음을 알 수 있다.

『여씨춘추』는 말한다.

혜시가 위(魏)나라 혜왕(惠王, 370-319B.C.)을 위해서 법을 제정했다. 법을 완성하여 사람들에게 공포했을 때, 사람들은 모두 좋다고 여겼다.[7)]

이것을 보면 혜시 역시 법률가였다.『전국책(戰國策)』은 소진(蘇秦)을 인용하여 말한다.

"형명(刑名)**의 학자들**은 모두 흰말은 말이 아니다(白馬非馬)고 논변한다."[8)]

형(刑)은 형(形)이니 형명(刑名)은 바로 형명(形名)이라고 설명하기도 한다. 물론 잘 통한다. 그러나 흰말은 말이 아니다는 등의 주장을 견지한 변자들이 처음에는 송사(訟師)였기 때문에, 형명(刑名)의 학자라는 칭호

5)『순자』권3 : 26쪽. 원문은〈제9장,주6〉참조.

6)『순자』권2 : 2쪽. 원문은〈제9장,주90〉참조.

7) 惠子爲魏惠王制法. 爲法已成, 以示諸民人. 民人皆善之. (「심응람」「음사(淫辭 : 궤변)」,『여씨춘추』, 1187쪽)

8) 夫刑名之家, 皆曰白馬非馬也已. (「조책(趙策)」,『전국책』)

가 붙었는지도 모른다. 여기서 말한 형명(刑名)은 바로 후세에 말한 형명(刑名 : 법률)의 뜻이다. 이 점은 물론 감히 정론으로 고집하지는 않는다. 다만 한비는 말했다.

> 견백(堅白), 무후(無厚 : 부피가 없음)의 논변은 창성하나, 국법은 효력을 상실한다.[9)]

이것을 보면 견백, 무후의 논변의 본래의 실제적인 용도는 바로 법률조문의 "글귀를 물고 늘어져" 갖가지로 해석하여 변자 자신의 이익을 위해서 상술한 등석과 같은 행위를 추구하는 데에 있었다. 『여씨춘추』는 말한다.

> 인민이 본업(本 : 농업)을 버리고 말업(末 : 상공업)에 종사하면 꾀를 좋아하고, 꾀를 좋아하면 늘상 허위를 조작하며, 늘상 허위를 조작하면 마침내 법령을 농간하여, **옳은 것을 그르다 하고, 그른 것을 옳다 한다.**[10)]

이 말이 분명히 등석의 추종자를 지칭한 것은 아닐지라도 등석의 추종자가 한 일은 사실상 이러한 종류였다.

『장자』에 따르면 변자들의 장기는 당시 사람들의 눈에 바로 "옳은 것을 그르다 하고 그른 것을 옳다 하는" 데에 있었다. 『장자』「천지편(天地篇)」은 말한다.

> 몹시 분방한 방식으로 도를 추구하는 이들이 있는데, 그른 것을 옳다 하고 불가능한 것을 가능하다고 합니다. 이 변자들의 말 가운데 "굳음과 흼은 분리되었고(離堅白), 약현우(若縣寓)이다"는 것이 있습니다.[11)]

또 「추수편(秋水篇)」의 인용에서 공손룡은 말했다.

---

9) 堅白無厚之詞章, 而憲令之法息. (「문변(問辯)」, 『한비자(韓非子)』, 899쪽) 〈제13장,주29〉

10) 民舍本而事末, 則好智, 好智則多詐, 多詐則巧法令, 以是爲非, 以非爲是. (「사용론(士容論)」「상농(上農)」, 『여씨춘추』, 1710쪽)

11) 有人治道若相放, 可不可, 然不然. 辯者有言曰 : "離堅白, 若縣寓." 〈제9장,주3〉

나는 어려서 선왕(先王)의 도를 배웠고 장성하여 인의(仁義)의 행실을 밝혔습니다. 나는 유사성과 차이성을 통합하고(合同異), 굳음과 흼을 분리했으며(離堅白), **그렇지 않은 것을 그렇다고 했고, 그른 것을 옳다고 했습니다**(然不然, 可不可).[12)]

변자들은 이런 것들로 유명해졌다. 그들이 "그렇지 않은 것을 그렇다고 하고, 그른 것을 옳다고 하는 행위"의 본래의 실제적인 용도는 앞에서 말한 따위의 법률소송 사건 방면에 있었던 듯하다.

앞에서 견백, 무후의 논변의 본래의 실제적인 용도는 바로 법률조문의 "글귀를 물고 늘어져" 갖가지로 해석하여 변자 자신의 이익을 추구하는 것이다 했다. 법률조문을 갖가지로 해석할 수 있는 첫째 원인은 우리의 말과 글에 있을 수 있는 '다른 의미(歧義)' 때문이다. 말과 글에 있을 수 있는 '다른 의미'는 『여씨춘추』에서도 예를 들어 설명하고 있다. 『여씨춘추』는 말한다.

초나라 주국(柱國 : 令尹 다음 가는 무관)인 장백(莊伯)이 아버지에게 "해를 보십시오" 하자 아버지는 "하늘에 있구나" 했다. "해가 어떻게 되었는지를 보셔요" 하자 "아주 둥글구나" 했다. "어느 때인지를 보시라구요" 하자 "바로 지금이구나" 했다.

또 알자(謁者 : 전령 담당자)에게 "수레에 말을 메라"는 전령을 내리자 그는 "저는 말이 없습니다요"라고 했다.

또 연인(涓人 : 세탁 담당자)에게 "갓을 취하라(갓을 가지고 가라)"고 하자 그는 (갓을 가지고 오라는 말로 오인하여) "네, 갖다드리겠습니다"라고 했다.

(말의 나이를 알려고) 마치(馬齒)를 묻자 "앞니 12개에다 어금니를 보태면 모두 30개입니다"라고 했다.[13)]

---

12) 龍少學先王之道, 長而明仁義之行. 合同異, 離堅白. 然不然, 可不可. 〈제9장,주4〉

13) 荊柱國莊伯, 令其父視日(原作曰, 依孫鏘鳴校改), 曰(原作日, 依孫校改) : 在天. 視其奚如, 曰 : 正圓. 視其時, 曰(原作日, 依陳昌齊校改) : 當今. 令謁者駕, 曰 : 無馬. 令涓人取冠, 曰 : 進上. 問馬齒, 曰 : 齒十二與牙三十. (「심응람」「음사」, 『여씨춘추』, 1186쪽)

이 문단 가운데 몇몇 대답은 해석이 안 된다. 다만 그 대의는 말과 글에 있을 수 있는 '다른 의미'를 설명하려는 것이다. 해를 보라고 한 것은 시간이 어떤지를 알려는 것인데 하늘에 있다고 대답했고, 마치를 물은 것은 말의 나이를 알려는 것인데 앞니 12개에 어금니를 보태면 30개이다고 대답한 것이다. 이것은 묻는 말에 '다른 의미'가 있었기 때문에 질문한 것과 다른 대답을 얻은 것이다. 『여씨춘추』는 또 말한다.

> 제나라 사람 가운데 남을 섬기는 사람이 있었다. 섬기는 주인이 난을 당했음에도 불구하고 그는 순사(死 : 殉死)하지 않았다. 하루는 길을 가다가 옛 친구를 만났다. 옛 친구가 그에게 물었다.
>
> "자네 정말 순사하지 않는단 말인가?"
>
> "물론이네. 모든 일은 이익을 얻기 위한 것이 아닌가? 그런데 죽음은 이롭지 못하네. 따라서 죽지 않은 것일세."
>
> **"자네는 그러고도 사람들을 볼 수 있겠는가?"**
>
> "그럼 자네는 내가 죽어서도 **사람들을 볼 수 있다**고 생각한단 말인가?"[14)]

여기서 옛 친구가 "자네는 그러고도 사람들을 볼 수 있겠는가?"라고 했을 때, "사람들을 본다"라는 말은 사회적인 의미이다. 제나라 사람이 "내가 만약 죽었다면 아예 사람들을 볼 수 없다"고 했을 때의 "사람들을 본다"라는 말은 생리적인 의미이다. 이것은 "사람들을 본다"라는 말의 '다른 의미'를 이용한 논변이다. 한 문장에 '다른 의미'의 말이 있을 때 그 '다른 의미'를 분석하면 한 문장의 말은 여러 의미를 가질 수 있다. 변자들처럼 이중에서 임의로 선택하면 선택 내용은 화자의 의도에 크게 벗어날 수 있다.

말과 글을 분석해보면, '다른 의미'가 있는 명사의 경우만 그 '다른 의미'를 이용한 논변이 가능할 뿐만 아니라, '다른 의미'가 없는 명사의 경우도 상이한 해석을 할 수 있다는 것을 알 수 있다. 『여씨춘추』는 다음과 같은 논변을 기술하고 있다.

---

14) 齊人有事人者, 所事有難而弗死也. 遇故人於塗, 故人曰 : "固不死乎?" 曰 : "然. 凡事以爲利也 ; 死不利, 故不死." 故人曰 : "子尙可以見人乎?" 對曰 : "子以死爲顧可以見人乎?" (「심응람」「이위」, 『여씨춘추』, 1178쪽)

제(齊)와 진(晉) 사이에 전쟁이 벌어졌다. 평아읍의 한 사졸이 미늘창(戟 : 삼지창)을 잃어버리고 대신 세모창(矛 : 외날창)을 주워들고 퇴각대열에 끼어 돌아가는데 어쩐지 마음이 꺼림했다. 그래서 그는 길가 사람에게 물었다.

"미늘창을 잃어버리고 대신 세모창을 얻었는데 이대로 그냥 돌아가도 괜찮을까요?"

"**미늘창도 병기이고 세모창도 병기이다**. 병기를 잃었다가 다시 병기를 얻었으니 돌아가지 못할 이유가 있겠는가?"

[이 말을 위로삼아] 한참을 가는데 그래도 마음이 꺼림했다. 그래서 고당읍 고(孤 : 읍의 수비담당 大夫) 숙무손(叔無孫)을 만나자 그의 말 앞에 서서 물었다.

"저는 전투 중에 미늘창을 잃어버리고 대신 세모창을 얻었는데, 그냥 돌아가도 괜찮겠습니까?"

"**세모창은 미늘창이 아니고 미늘창 또한 세모창이 아니다.** 이미 미늘창을 잃었은즉 세모창을 얻었기로서니 어떻게 책임을 면할 수 있겠느냐?"

평아읍의 사졸은 "아!" 하고 탄식하며 마침내 싸움터로 되돌아갔다. 달려가 전선에 다다랐고 결국 싸우다 죽었다.[15)]

이 문답 중에서 미늘창과 세모창에 대한 길가 사람의 해석은 외연적이다. 미늘창도 병기류에 속하고 세모창도 병기류에 속하므로, 미늘창과 세모창 모두 병기라고 여겼다. 그러나 미늘창과 세모창에 대한 숙무손의 해석은 내포적이다. 즉 미늘창은 미늘창, 세모창은 세모창일뿐, 상통점은 없다. 이로써 보건대 '다른 의미'가 없는 명사 역시 상이한 해석이 있을 수 있다는 말이다. 만약 변자들처럼 이중에서 임의로 선택하면 선택한 내용은 화자의 의도에서 크게 벗어날 수 있다. 『여씨춘추』는 말한다.

무릇 언사(辭 : 명제)란 의미를 겉으로 표현한 것이다. 따라서 언사의 **겉 표**

---

15) 齊晉相與戰. 平阿之餘子, 亡戟得矛, 却而去不自快. 謂路之人曰 : "亡戟得矛, 可以歸乎?" 路之人曰 : "戟亦兵也, 矛亦兵也. 亡兵得兵, 何爲不可以歸?" 去行, 心猶不自快. 遇高唐之孤叔無孫, 當其馬前曰 : "今者戰亡戟得矛, 可以歸乎?" 叔無孫曰 : "矛非戟也 ; 戟非矛也. 亡戟得矛, 豈亢責也哉?" 平阿之餘子曰 : "噫!" 遂反戰. 趨尙及之, 遂戰而死. (「이속람(離俗覽)」, 『여씨춘추』, 1234-35쪽)

현만 취하고 그 의미를 버리는 것은 오류이다.[16)]

많은 궤변은 모두 "언사의 겉 표현만 취하고 그 의미는 버린" 것들이다. 사마담(司馬談)은 말했다.

> 명가(名家)는 지나치게 따지고 세세하게 고찰하여 아무도 쉽사리 그들의 논점을 논박할 수 없게 했다. 오로지 이름 자체만으로 모든 것을 결단하기 때문에 인지상정에 벗어났다.[17)]

즉 "언사의 겉 표현만 취하고 그 의미를 버렸다"는 말이다. 명가학파, 예컨대 혜시와 공손룡의 학설은 그 자체의 관점이 있는 만큼 물론 이런 식으로 비난할 수는 없겠으나, 당시 사람들에게 비친 그들의 인상은 정말 이러했다.

"미늘창도 병기이고 세모창도 병기이다." 미늘창과 세모창은 모두 병기류에 속한다. 만약 이 논점을 한걸음 더 밀고 나가면, "미늘창도 세모창이고 세모창도 미늘창이다"고 말할 수 있다. 혜시 일파의 명가가 곧 이런 식의 논변을 추구했다. 『장자』「천하편」에 서술한 변자의 논변 가운데 "개는 양으로 될 수 있다", "흰개는 검다"[18)] 따위가 이런 부류의 논변이다.

"세모창은 미늘창이 아니고 미늘창 또한 세모창이 아니다." 미늘창은 미늘창, 세모창은 세모창일 뿐이다. 만약 이 논점을 한걸음 더 밀고 나가면, "미늘창도 병기가 아니고 세모창도 병기가 아니다"고 말할 수 있다. "흰말은 말이 아니다(白馬非馬)"라는 공손룡의 설이 곧 이런 부류의 논변이다. 상술한 논변 가운데 본시 숙무손이 부여한 세모창과 미늘창의 의미가 꼭 내포적일 필요는 없을지도 모른다. 즉 길가의 사람이든 숙무손이든, 세모창과 미늘창의 의미는 모두 외연적일지도 모른다. 이 두 사람의 말을 합해보면, 아마 "만물은 어느 면에서는 모두 같고, 어느 면에서는 모두 다르다"[19)]는 혜시의 설의 예증이 될 수 있을 것 같다. 그러나

16) 夫辭者意之表也. 鑒其表而棄其意, 悖. (「심응람」「이위」,『여씨춘추』, 1179쪽)
17) 名家苛察繳繞, 使人不得反其意, 專決於名, 而失人情. 〈제9장,주8〉
18) 犬可以爲羊. 白狗黑. 〈제9장,주84,주89〉
19) 萬物畢同畢異. 〈제9장,주30〉

"흰말은 말이 아니다"는 명제 속의 흰말과 말의 의미는 반드시 내포적이다. 이 명제와 보통 말하는 "흰말은 말이다"는 명제가 모두 통할 수 있는 까닭은 "흰말은 말이다"는 명제의 경우 흰말과 말의 의미는 외연적이기 때문이다. 후자의 '흰말과 말'과 전자의 '흰말과 말'의 의미는 다르기 때문에 서로 충돌하지 않는다. "흰말은 말이 아니다"는 논변은 결코 공손룡에서 시작된 것이 아니니, 앞에서 인용한 『전국책』에서 이미 소진은 "흰말은 말이 아니다"는 설을 인용했다.〈주8〉 또 한비자는 말했다.

> 아설(兒說)은 송나라 사람인데 논변을 잘했다. **흰말은 말이 아니다**는 주장을 가지고 제나라 직하(稷下)의 변자들을 설복했다.[20]

이 아설 역시 당시에 흰말은 말이 아니다는 설을 주장했다.

혜시와 공손룡은 모두 철학의 대가였다. 다만 문자의 '다른 의미'를 이용하여 추구한 논변들은 결과적으로 궤변이었을 뿐 철학일 수는 없었다. 그러나 그들이 말과 글의 분석에 대한 흥미를 불러일으켰던 점은 매우 주목할 만하다.

2. 법가의 기원

법가학파(法家者流)는 법술지사(法術之士)에서 나왔다. 전국시대에 국가의 범위는 날로 확대되었고, 사회조직은 날로 복잡해졌다. 지난날 정치를 관할하던 방법은 이미 소용 없게 되었다. 그리하여 정치관할의 새 방법을 창안하여 당시의 군주들을 도와 국정을 정비하고 그들의 참모가 되는 사람이 생겼다. 이 새로운 정치 전문가가 이른바 법술지사이다. 한비는 당시 법술지사의 정치적 처지를 논한 적이 있다. 당시 실제 정치적 추세는 군권(君權)의 집중에 있었다. 법술지사가 군주에게 바친 정책 가운데 하나가 바로 귀족의 삭감과 군권의 집중이었다. 따라서 법술지사가 군주에게 등용되는 것을 누구보다도 귀족들이 꺼렸다. 한비는 말했다.

---

20) 兒說, 宋人, 善辯者也. 持白馬非馬也, 服齊稷下之辯者. (「외저설좌상(外儲說左上)」, 『한비자』, 629쪽)

법술지사와 기득의 권력자는 공존할 수 없는 원수이다.[21]

○법술지사는 비천하고 소원(疏遠)한 지위에 있으므로 귀족들과 다투면 절대로 이길 수 없다. "따라서 그들을 제압할 수 없는 조건인데다 또 상호 공존할 수 없는 형세하에서, 어찌 위태롭지 않을 수 있겠는가? 죄과(罪過)로 무고될 수 있으면 공법으로 처단당하고, 죄과로 들씌울 수 없으면 자객의 검(私劍)에 끝장나고 말 것이다."[22]

법술지사는 귀족의 미움을 샀을 뿐더러 일부 민중도 꺼렸다. 한비는 말했다.

군주가 술(術)을 채용하면 대신은 권력을 천단할 수 없고, 측근들도 돈을 받고 권좌를 팔 수 없게 된다. 관(官)에서 법(法)을 시행하면 떠도는 인민들은 농사일을 하지 않을 수 없고, 떠도는 무사들은 위험을 무릅쓰고 전쟁터로 나가지 않을 수 없을 것이므로, 법과 술은 뭇 신하와 무사와 인민 모두에게 재앙의 대상이다. 따라서 군주가 대신의 의론을 물리치고 인민의 비방 따위를 초월하여 독자적으로 주도 면밀하게 도언(道言 : 법술에 관한 주장)을 받쳐줄 수 없다면, 법술지사가 [법술을 상신하다가] 사망의 궁지를 무릅쓸지라도 그의 주장(道)은 논의되지 못할 것이다.[23]

당시의 강성한 국가는 모두 법술지사의 조력을 받았다. 그러나 등용된 법술지사는 그를 등용한 임금이 일단 사망할 경우 자주 반대적인 귀족들에게 죽임을 당했다. 이러한 법술지사들이 바로 당시에 오로지 정치만을 직업으로 삼은 일종의 전문가였다. 법가학파는 이 가운데서 나왔다.

『여씨춘추』「물궁편」과 『한비자』「외저설좌하」에 따르면, 관중(管仲) 자신은 군사, 외교, 재무, 법무 등 어떤 부문의 전문가도 아니라고 여겼지만, "임금께서 패왕이 되고자 하신다면 제가 보필하겠습니다"[24]라고

21) 智法之士, 與當塗之人, 不可兩存之仇也. 〈제13장,주54〉

22) 「고분(孤憤)」, 『한비자』, 207쪽. 원문은 〈제13장,주54〉 참조.

23) 主用術, 大臣不得擅斷, 近習不敢賣重. 官行法則浮萌趨於耕農, 而游士危於戰陣. 則法術者, 乃群臣士民之所禍也. 人主非能倍大臣之議, 越民萌之誹, 獨周乎道言也. 則法術之士, 雖至死亡, 道必不論矣. (「화씨(和氏)」, 『한비자』, 238쪽)

24) 君欲霸王, 則夷吾在此. [「물궁편(勿躬篇)」, 『여씨춘추』, 1079쪽]

말했다. 그의 장기는 패왕의 술책(霸王之術)이니 그의 전문분야는 바로 정치였다. 한비는 말했다.

> 지금 세상은 대신들은 권력을 탐식하고 서민은 혼란에 안주하고 있으니, 진(秦)나라, 초(楚)나라의 습속보다도 더욱 심각하다. 그러나 군주들 중에는 아무도 도왕(悼王 : 오기를 등용한 초의 임금)이나 효공(孝公 : 상앙을 등용한 진의 임금) 만큼의 지지도 하지 않는데, 누가 감히 오기와 상앙이 겪은 위험을 무릅쓰고 자신의 법술을 천명할 수 있겠는가? 이것이 바로 세상은 혼란하나 패왕은 출현하지 못하는 이유이다.[25)]

즉 법술지사들의 장기 역시 패왕의 술책이었다. 관중은 그후의 법술지사들처럼 꼭 "법"과 "술"을 논한 것은 아니었지만, 그 역시 패왕의 술책에 뛰어났던 만큼, 후세 법술지사들은 그를 동지(同志)로 원용했다. 또 그는 제 환공을 도와 제후를 제패했고 게다가 환공 생전에 죽었기 때문에 부귀공명 속에 생을 마칠 수 있었으므로, 법술지사들에게는 가장 성공한 인물로 인식된다. 그래서 일부 법술지사들은 드디어 관중을 영수(首領)로 추존했고 나아가 『관자(管子)』를 탄생시켰다.

유가학파 예컨대 공자와 맹자 역시 모두 정치에 종사하려고 했고, 패도(霸道)는 논하지 않았어도 왕도(王道)는 논했다. 그런데 왜 오직 법술지사만 정치 전문가로 귀결짓는가? 유가도 정치를 논하기는 했지만 그 모체(所自出)인 유(儒)는 정치를 직업으로 삼은 전문가가 아니었다. 전국시대의 제자(諸子)는 저마다 "학파(家)"를 이룩할 즈음에는 정치를 논하지 않은 것이 없었다. 즉 공손룡의 백마론은 지금 보기에는 정치와 전혀 무관하지만, 그 역시도 "그러한 논변을 널리 보급시켜 명실이 혼란한 현실을 바로잡음으로써 천하를 교화하려고 했던"[26)] 것이다. 하지만 법가를 제외한 그밖의 학파들은 직업적인 정치 전문가에서 나온 것이 아닌 만큼, 그들의 정치적 견해는 대체로 이상(理想)에 치우쳤고 실제 정치와

---

25) 當今之世, 大臣貪重, 細民安亂, 甚於秦楚之俗, 而人主無悼王孝公之聽, 則法術之士, 安能蒙二子(吳起商鞅)之危也, 而明己之法術哉? 此世所[所 : 所以]亂無霸王也. (「화씨」, 『한비자』, 239쪽)

26) 欲推是辯, 以正名實, 而化天下焉. (「적부(跡府)」, 『공손룡자』, 2쪽) 〈제9장,주56〉

는 매우 거리가 있었다. 이른바 "물정에 어둡고 현실감각이 없었다"[27]는 말이다. 이후 중국의 정치는 대부분 법가의 학설의 지배를 받았다. 그들의 학설은 실제 정치에서 나온 만큼 실제 적용에 알맞았기 때문이다.

3. 음양가의 기원

음양가학파(陰陽家者流)는 방사(方士 : 道士)에서 나왔다. 고대의 귀족은 대부분 무축(巫祝)과 술수(術數)의 전문가를 두고 있었다. 귀족정치가 붕괴하자 이 전문가들은 "관직을 잃고(官失其守)" 민간에 유랑하며 자신들의 기예(技藝)를 팔아 생활했으니, 즉 방사가 되었던 것이다. 예를 들면 묵자가 북쪽으로 제나라에 갈 때 일자(日者 : 고대 각종 점쟁이의 통칭)를 만났는데, 그 일자는 말했다.

> 오늘은 하느님이 북방에서 흑룡(黑龍)을 죽인 날입니다. 마침 선생의 본색은 흑색이니 북방으로 가시면 안 됩니다.[28]

이 일자가 바로 당시 민간에 있던 술수 전문가이다. 사마천(司馬遷)은 말했다.

> 사마계주(司馬季主)란 자가 장안성 동쪽 시장에서 점을 치며 살았다. 송충(宋忠)과 가의(賈誼, 200-168B.C.)와 담론하면서, "천지의 시작과 종말, 일월성신의 운행법칙을 낱낱이 밝힌 다음 도덕적 원리를 규명하고 길흉의 조짐을 열거했는데, 수천 마디의 말들 모두가 이치에 맞지 않은 것은 하나도 없었다."[29]

이러한 문제들이 바로 음양가가 토론한 것들이었다. 사마천은 또 말했다.

---

27) 迂遠而闊於事情. [「맹자순경열전(孟子荀卿列傳)」, 『사기(史記)』, 2343쪽] 〈제6장, 주2〉

28) 帝以今日殺黑龍於北方, 而先生之色黑, 不可以北. (「귀의(貴義)」, 『묵자』 권12 : 10쪽) 〈제2편, 제2장,주10〉

29) (司馬季主者,……卜於長安東市……) 分別天地之終始, 日月星辰之紀差, 次仁義之際, 列吉凶之符, 語數千言, 莫不順理. (「일자열전(日者列傳)」, 『사기』, 3216쪽)

제(齊)의 위왕(威王), 선왕(宣王) 시대부터 추자(騶子 : 騶衍)의 제자들은 오덕(五德) 순환의 운세에 대해서 논하고 저술했다. 진시황 시대에 이르러 제인(齊人)들이 그것을 진언하자 진시황은 채택했다. 송무기(宋毋忌 : 火仙인 듯함), 정백교(正伯僑 : 仙人), 충상(充尙), 선문자고(羨門子高) 등 최후의 인물들은 모두 연인(燕人)이었다. 그들은 신선의 도술을 닦아 몸은 남겨두고 혼백만 빠져나가 신선이 되고자 했는데 귀신의 일에 의탁한 것들이었다. 추연은 음양의 「주운(主運 : 오덕 순환의 운세 지배)」을 논하여 제후들 사이에 명성이 높았다. 그러나 연과 제의 해안지역의 **방사**들은 그의 학술을 전수하기는 했어도 제대로 이해하지 못했다. 그렇지만 점차 괴상하고 엉뚱한 소리를 하며 아첨과 아부로 영합하기에 급급한 무리들이 발흥하여 헤아릴 수 없이 많아졌다.[30)]

이것은 방사가 추연의 학술을 전했다는 말인데, 실제로는 추연의 학술 역시 방사에서 나왔다. 예컨대 소위 오덕(五德)이 사방(四方)[31)]과 사시(四時)[32)]를 지배하는 세력(力量 : 힘)이라는 설은 본래부터 이미 있던 통설이었고, 추연은 그것을 역사에 적용한 데에 불과했다.

방사와 유가의 모체인 유사(儒士)는 매우 밀접한 관계에 있다. 유사란 예악(禮樂) 전문가였고, 예악의 최대 용도는 원래 상례와 제례에 있었다. 상례와 제례에는 무축도 썼고 예악 전문가도 썼으므로, 이 두 부류의 사람들은 늘 같은 곳에서 같은 일을 했다. 비록 그후의 유가 예컨대 순자 등은 예악 가운데 미신적인 요소를 말끔히 제거하고 새로운 의미와 새로운 해석을 부여하기는 했지만, 유사들이 원래 사용했던 예악과 그 의미는 방사들의 견해와 흡사했다. 『사기』 「봉선서」에 기록된 명산대천과 여러 신들에 대한 제사는 예악 전문가의 일이자 동시에 무축과 방사들의 일이었다. 「봉선서」는 또 말한다.

공자는 6예를 논술했고, 역성혁명으로 왕이 되어 태산에서 봉(封) 의식을, 양부에서 선(禪) 의식을 거행한 70여 왕들을 대략 언급했지만 조두(俎豆) 예법의 상세한 항목은 명확히 말하지 않았다. 아마 말하기를 꺼린 것 같다. 어

30) 「봉선서(封禪書)」, 『사기』, 1368-69쪽. 원문은 〈제7장,주120〉 참조.
31) 【주】 앞에서 인용한 『묵자』 「귀의편」 문장〈주28〉은 바로 이것을 언급하고 있다.
32) 【주】 예를 들면 『여씨춘추』에 수록된 「월령(月令)」.

떤 사람이 체(禘 : 천자만이 거행할 수 있는 장중한 大祭의 예)의 구체적인 내용을 묻자, 공자는 "모른다. 만약 체의 내용을 아는 사람이면 천하통치도 마치 손바닥 들여다보듯이 쉬울 것이다"고 대답했다.……나중에 배신(陪臣 : 大夫의 가신)이 정권을 장악하고, 계씨(季氏 : 魯의 大夫)가 태산에 여(旅 : 천자나 제후가 명산대천에 올리는 제사)를 지내자 공자는 비난했다.[33)]

무축(巫祝)의 관심대상은 공자의 관심대상이기도 했다. 원래 유사와 무축은 본시 때때로 같은 일을 했다. 진한시대에 유사와 방사 두 이름은 늘 뒤섞여 분간되지 않았다. 그 이유는 당시의 유가와 음양가가 혼합된 결과이기도 했겠지만, 유사와 무축의 본래의 관계 자체에도 원인이 있었다.

진한시대에는 유가의 인물은 또한 음양가의 인물이었고, 유사는 또한 방사였다. 예컨대 동중서(董仲舒)라는 인물은 이 네 가지 성격을 모두 갖추었다. 그의 저서 속에 나오는, 비를 부르고 멎게 하는 방법은 실제로 방사의 방술(方術 : 道術)이었다.

4. 도가의 학설이 은사들의 인생태도에서 받은 영향

도가학파(道家者流)는 은사(隱士)에서 나왔다. 도가와 은사의 관계는 『중국철학사』에서 이미 상세히 논술했다.[34)] 여기서는 다만 도가의 학설이 은사들의 인생태도에서 받은 영향을 보충하여 서술한다.

도가는 은사에서 나온 만큼 도가의 이상적인 인물은 허유(許由)*와 무광(務光)** 등이다. 이들은 모두 정치와 사회에 대해서 방관적인 태도를

33) 孔子論述六藝, 傳略言易姓而王, 封泰山, 禪乎梁父者, 七十餘王矣. 其俎豆之禮不章, 蓋難言之. 或問禘之說, 孔子曰 : "不知. 知禘之說, 其於天下也, 視其掌."……及後陪臣執政, 季氏旅於泰山, 仲尼譏之. (『사기』, 1363-64쪽) [封 : 태산 위에 단을 쌓고 하늘에 제사 지내는 일. 禪 : 땅을 정(淨)하게 하고 산천에 제사 지내는 일]

34) 【주】 제7장 제1절. 본절은 새 증보이다.

* 許由 : 요 임금이 천하를 양보했으나 거절하고 기산(箕山)에 은거했다. 또다시 자기를 구주(九州)의 지도자로 삼으려 한다는 전갈을 듣고 얼른 영수(潁水) 물에 달려가 귀를 씻었다("洗耳"). 그때 소부(巢父)라는 사람이 소에게 물을 먹이려다가 물이 더럽다며 상류로 끌고가 물을 먹였다고 한다.

** 務光 : 탕왕이 걸왕을 물리치고 천하를 자신에게 선양하자, 돌을 지고 여수(廬水) 물에 빠져죽었다고 한다.

취했다. 이러한 태도는 도가의 사상 속에 수시로 나타난다. 원래 은사들의 이러한 태도는 한결같이 세상을 피하고 해악을 멀리하여(避世遠害) 자기 한 몸의 처신을 온전하게 하려는(獨善其身) 것이었다. 그들의 이러한 태도는 순전히 자기 자신만을 위한 것이라고 그들은 분명히 인식했다. 이른바 "자기 몸의 털 하나를 뽑아 온 천하를 이롭게 할 수 있다고 해도 하지 않는다"[35]는 말이다. 양주 일파가 제창한 학설은 이러한 태도에 이론적인 근거를 부여한 것으로서, 그 학설의 내용 역시 이 범위를 벗어나지 않는다. 진일보한 도가에 의하면, 우주간의 모든 사물의 변화는 모두 필연적인 보편법칙을 따르고 있다. 자연계도 그러하고 인간계도 그러하다. 인간계에서의 사회상의 모든 변동은 필연적이고 지당하고 자연스런 결과이므로 우리는 실로 그저 기다리기만 하면 된다. 이러한 사상은 『노자』에 가장 잘 나타나 있다. 예컨대 『노자』는 말한다.

> 흉포한 자는 제 명에 죽지 못한다.[36]

"악인은 더 독한 악인에 의해서 마멸될"[37] 것이므로 우리는 그저 그들이 "마멸"되기를 기다리기만 하면 된다. 또 말한다.

> 살생의 주관자(司殺者 : 즉 天道)가 죽이는 것이 통칙(常)이다.
>
> 무릇 살생의 주관자 대신 죽이는 일은 다름 아닌 목수 대신 목재를 깎는 격이다.
>
> 목수 대신 목재를 깎는 사람 치고 손을 다치지 않는 사람은 거의 없다.[38]

마땅히 죽어야 할 사람은 그 시기가 이르면 저절로 누군가가 죽일 것이므로, 내가 죽일 필요는 없다. 아직 시기가 이르지 않았는데 내가 억지로 죽이려고 한다면 그를 죽일 수 없을 뿐더러 내가 먼저 해를 입는다. 이 역시 사회에 대해서 방관적인 태도를 가질 것을 주장한 말이지만, 견지한 이론은 양주와 다르다. 이 이론에 따르면 설령 스스로 어떤 일 속에 있더

35) 拔一毛而利天下不爲. [『맹자』 13 : 26] 〈제7장,주7〉
36) 強梁者不得其死. (『노자』 42장)
37) 惡人自有惡人磨. [원곡(元曲) 등에 나오는 말]
38) 常有司殺者殺. 夫代司殺者殺, 是謂代大匠斲. 夫代大匠斲者, 希有不傷其手矣. (74장)

라도 그 일의 주관자 자신은 주관하는 일에 대해서 자연적인 변천에 따를 뿐, 자신은 그저 방관적인 태도만 견지한다. 예컨대 『노자』는 말한다.

> 천하라는 신비한 기물은 결코 작위(爲)의 대상일 수 없다.
> 억지로 작위하는(爲) 자는 그르치고,
> 한사코 집착하는(執) 자는 상실한다.[39)]

"작위(爲)"란 어떤 일을 행할 시기 즉 소위 객관적인 조건이 아직 이르지 않았는데도 일의 주관자가 억지로 일으키려고 하는 것을 말한다. "집착(執)"이란 어떤 일의 시기가 이미 지나갔는데도 여전히 억지로 지속시키려고 하는 것을 말한다. 정말로 유능한 주관자는 자기가 주관하는 일에 대해서 단지 방관적인 태도만 견지할 뿐, 작위하지 않고 자연적인 변천에 맡겨두어, "작위하지 않으므로 그르치는 일이 없고, 집착하지 않으므로 상실하는 일이 없고",[40)] "작위하지 않으면서도 이루지 않는 일이 없다."[41)]

다시 진일보한 도가는 근본적으로 모든 인위를 반대하고, 현재의 사회는 곧 인위의 산물이므로 죄악과 고통이 있는 것은 당연하다고 여겼다. 가령 원래 사람이 아무 일도 꾸미지(作) 않았다면 물론 사회도 없었을 것이고, 죄악과 고통도 없었을 것이다. 원래 은사(隱士)들은 유묵의 구세(救世) 활동을 헛수고에 불과하다고 비웃었을 뿐인데, 다시 진일보한 이 도가는 사회적인 모든 고통과 죄악은 바로 유묵 따위의 성인들이 적극적으로 활동한 결과라고 여겼다. 『장자』는 말한다.

> 하·은·주 세 왕조에 이르러 마침내 천하는 크게 혼란스러워졌다. 저급한 걸왕과 도척이 나오고, 고상한 증삼과 사추가 등장하고, 유가와 묵가 등이 일제히 흥기했다. 그리하여 저마다 희노(喜怒)의 감정에 따라 서로 불신하고, 어리석네 슬기롭네 하면서 서로 기만했으며, 선악을 다투고 진위[眞僞]를 공방했으니, 온 세상은 타락해갔다.……

---

39) 天下神器, 不可爲也 ; 爲者敗之, 執者失之. (『노자』 29장) 〈제8장,주85〉

40) 無爲故無敗, 無執故無失. (『노자』 64장)

41) 無爲而無不爲. [『노자』 37장, 48장] 〈제8장,주23 ; 제13장,주49 앞의*〉

지금 세상은 처형된 사람들의 시체가 서로 엇갈리고, 형틀에 묶인 이들이 서로 줄을 잇고, 각종 형벌에 의한 불구자들로 가득찬 형국인데, 유묵의 선비들은 차꼬와 수갑 찬 무리 사이로 도리어 어깨를 으쓱이며 활보하고 있으니, 오! 너무나도 심하다! 부끄럼도 수치도 모르는 그들이![42]

○삼황(三皇) 오제(五帝)가 천하를 태평하게 했다고들 하는데, 말이 태평이지 그보다 더 심한 혼란은 없었다.……그런데도 그들은 오히려 성인으로 자처했으니, 도대체 부끄럽지 않았단 말인가? 아니면 철면피였나?[43]

은사란 본시 사회에 대해서 소극적인 태도를 지닌 사람으로, 처음부터 자기 한 몸의 처신을 온전하게 하려고 했을(獨善其身) 뿐이었다. 그러나 은사에서 발생한 도가는 더 나아가 사회의 혼란은 바로 적극적인 태도를 지닌 사람들의 죄라고 여겼다. 이것은 바로 은사들의 태도를 최대한으로 확충한 것으로서, 유묵에 가한, "부끄럼도 수치도 모른다"는 비판은 공자나 묵자도 미처 예상하지 못한 바였다.

『논어』는 말한다.

증자는 말했다. "능력이 있어도 능력이 없는 이에게 가르침을 청하고, 학식이 많아도 학식이 적은 이에게 가르침을 청하며, **(학문이) 있으면서 없는 듯하고 충실하면서 빈 듯하고,** 업신여김을 받더라도 개의치 않았으니, 전날의 **나의 벗** 가운데 일찍이 이렇게 행한 사람이 있었다."[44]

여기서 말한 '나의 벗'은 누구인지 모른다. 다만 "있으면서 없는 듯하고 충실하면서 빈 듯함"은 자못 도가의 인생태도를 표명하기에 충분하다. 은사와 같은 조기의 도가의 인물을 지칭한 말인지도 모른다. 그러나 조

42) 夫施及三王, 而天下大駭矣. 下有桀跖, 上有曾史, 而儒墨畢起. 於是乎喜怒相疑, 愚智相欺, 善否相非, 誕信相譏, 而天下衰矣……今世殊死者相枕也, 桁楊者相推也, 刑戮者相望也, 而儒墨乃始離跂攘臂乎桎梏之間. 意! 甚矣哉其無愧而不知恥也. (「재유(在宥)」, 『장자』, 373-77쪽)

43) 三皇五帝之治天下, 名曰治之, 而亂莫甚焉……而猶自以爲聖人, 不可恥乎, 其無恥也. (「천운(天運)」, 『장자』, 527쪽)

44) 曾子曰 : "以能問於不能, 以多問於寡. 有若無, 實若虛, 犯而不校. 昔者吾友, 嘗從事於斯矣." (『논어』 8 : 5) 〈부록1,주127〉

기의 도가가 지닌 이러한 태도는 목숨을 보전하고 해악을 면하려는 것으로서, 마치 『장자』「인간세(人間世)」에서 말한, 큰 나무가 "쓸모없었기 때문에 천수를 다할 수 있었다"는 사상*과 같은 맥락이다. 『노자』에 이르러 이러한 인생태도를 바탕으로 부연하고 발전시켜, 천지만물의 근본인 "도(道)" 역시 "있으면서 없는 듯하고 충실하면서 빈 듯하다"고 여겼다. 『노자』는 말한다.

> **도**(道)라는 것은 아련하고(恍) 어렴풋하다(惚).
> 어렴풋하고 아련하지만, 그 가운데에 **형상이 존재하고,**
> 아련하고 어렴풋하지만, 그 가운데에 **실체가 존재하고,**
> 그윽하고 아득하지만, 그 가운데에 **정기가 서려 있고,**
> 그 정기가 너무나도 진실하여,
> 그 가운데에 증표가 있도다![45]

이 말들은 모두 "있으면서 없는 듯하고 충실하면서 빈 듯한" 도를 형용한다.

5. 제자(諸子)는 왕실 관직에서 나왔다는 유흠의 설에 대해서

유흠(劉歆)의 「칠략(七略)」에 따르면, 제자(諸子)의 분파는 유·묵·명·법·음양·도덕의 6가 외에도 농(農)·종횡(縱橫)·잡(雜)·소설(小說)의 4가가 있었다. 고대의 이른바 도술(道術)의 관점에서, 소설가는 "일정한 수준에 이른(可觀)" 부류에 들지 못했음을 유흠은 이미 인정했다. 따라서 "일정한 수준에 이른 것은 9가뿐이다" 고 말했다. 잡가는 본래 학파(家)를 이룬 것이 아니고 그들의 책은 백과사전류에 불과했다. 전국시대에는 참으로 많은 사람들이 종횡(縱橫 : 合縱과 連橫)을 주장했지만 종횡의 학설이 있었다고는 듣지 못했다. 농가(農家)의 학설의 경우 『여씨춘추』의 「임지(任地)」, 「변토(辨土)」 같은 기록은 농업기술에 관한 것이고, 맹자가 서술한 허행의 학설은 도가나 묵가의 "아류(支與流裔)"인 것 같다. 지

---

* 『장자』「인간세」의 관련 문장은 〈제7장,주34,주35〉 참조.

45) 『노자』 21장. 원문은 〈제8장,주29〉 참조.

금 말한 이 3가는 사상사적인 중요성 면에서 유·묵 등의 6가와 대등하게 논할 수 없다. 따라서 사마담의 말에 따라 6가만을 취하여 그 기원을 토론한다.

「원유묵」과 그리고 지금까지의 서술에서, 제자(諸子)가 왕실 관직(王官)에서 나왔다는 유흠의 설 역시 역사적인 근거가 전혀 없지는 않음을 알 수 있다.[46] 여러 역사가의 역사에 관한 보고와 해석은 때때로 그 자신이 처한 시대의 영향에서 벗어나지 못한다. 각 시대의 역사가가 처한 시대의 차이성 때문에 역사상의 동일한 사실에 대한 견해 역시 다르다. 후대 역사가의 임무는 다수의 사례에서 이전 역사가의 역사에 관한 보고와 해석을 번복하거나 말살하는 데에 있지 않고, 그 보고와 해석 가운데서 어느 것이 사실에 부합하고 어느 것이 그의 특수한 견해로 말미암은 잘못된 논단인지를 찾아내는 데에 있다. 다시 말해서 후대 역사가가 해야 할 직무는 다수의 사례에서 이전 역사가의 업적에 대한 번복이나 말살이 아니라, 새로운 수정과 해석이다. 이것이 바로 내가 말한 "의고(疑古 : 옛것에 대한 회의)"와 "석고(釋古 : 옛것에 대한 해석)"의 구별이다.

제자가 왕실 관직에서 나왔다는 유흠의 설의 주요 의미는 역사적인 근거가 있다. 그러나 몇 가지 점은 그의 특수한 견해로 말미암은 잘못된 논단이었다. 그가 그런 특수한 견해를 가진 까닭은 그 자신이 처한 시대의 영향 때문이었다. 몇 가지 점에서 우리의 견해는 유흠과 전혀 다르다.

우리와 유흠의 첫째 차이점은 유흠은 고대를 이상화했다는 점이다. 이 점은 결코 유흠 개인의 흠이 아니라 실은 당시의 일종의 "시대정신"이었다. 유흠과 당시 사람들은 유가의 전통적 견해를 이어받아 본래의 주제(周制)를 이상화하여, 그들이 이상화한 주제와 상이한 모든 제도는 온당치 않게 여겼다. 그들이 보기에는, 관(官)의 전문가로 관록을 세습하는 제도에서, 재야의 전문가로 자유직업적으로 생계를 도모하는 제도로 변한 것은 일종의 무질서였다. 그래서 『한서(漢書)』의 「지(志)」에는 세도(世道) 쇠퇴의 분위기가 충만해 있다. 이 일반적인 견해는 현재 우리가 보기에는 완전히 틀린 것이다. 이 점에서 우리의 견해는 유흠과 정반대이다.

46) 【주】이는 부사년 선생이 주목한 점이다. 그의 『전국시대 제자백가 개설』 참조.

한대(漢代)에 중국은 이미 통일제국이었고 중앙정부의 역량은 매우 컸고, 모든 학문과 기예는 모두 중앙집중적인 추세였던 만큼, 유흠과 당시 사람들은 한(漢)으로부터 주(周)를 추론하여, 주대 말엽의 모든 학술은 모두 "왕실(王)"의 관(官)에서 나왔다고 여겼다. 그러나 사실은 주대의 봉건정치제도상의 각 제후는 저마다 자기 나라 내에서는 한 사람의 규모를 갖춘 작은 왕이었고, 각 나라의 공실(公室)은 모두 규모를 갖춘 작은 왕실이었다. 왕은 왕의 "관"이 있었고 각국의 제후들 역시 각자의 "관"이 있었다. 귀족정치가 붕괴하자 "관직을 상실한" 관의 전문가들은 민간에 흘러들어갔다. 따라서 이들 전문가가 모두 꼭 왕실의 관에서 흘러나온 것은 아니고, 더욱이 제자(諸子) 학설의 흥기가 꼭 왕실의 관에서 흘러나온 전문가에서 비롯된 것은 아니다. 따라서 우리는 제자의 학설이 대체로 "관"에서 나왔다고는 할 수 있지만, 반드시 "왕"의 관에서 나왔다고는 할 수 없다. 이것이 우리와 유흠의 둘째 차이점이다.

나는 제자의 학설은 "대체로" "관"에서 나왔다고 말했는데, 내 주장은 당시의 일반적인 추세에 입각한 말이기 때문이다. 관에서 관록을 세습했던 전문가들은 민간에 흘러들 당시 각자의 장기를 직업으로 삼아 생계를 도모했다. 그후 각 직업 내에서 "걸출한"[47] 인물이 나타나, 직업 내에서 특별히 중시한 도덕이나 행위로부터 시사를 받아 마침내 일관된 학설을 도출한 다음 그것을 바탕으로 "천하를 개혁"[48]하려고 한 것이 바로 제자의 학설이었다. 제자는 직업에서 나왔고 직업은 "관"에서 나왔다. 당시의 일반적인 추세에 입각해서 대체로 말하면 본래 이와 같다. 그러나 만일 제자의 각 학파마다 명확히 하나의 "관"을 지정하여 각각의 모체로 간주한다면 견강부회한 면이 있음을 부인할 수 없다. 첫째, 제자가 "관"에서 나온 것은 일종의 사회적 변천이라고 하겠는데, 근원에서 하류까지는 이미 오랜 시간이 지난 만큼, 하류에서 근원으로 거슬러올라갈 경우 해명할 수 있는 것도 있고 해명할 수 없는 것도 있을 것이다. 해명할 수 없는 것까지도 반드시 하나의 "관"을 지정하여 그 모체로 삼는 것은 견강부회이다. 둘째, 춘추전국시대는 사회조직이 날로 복잡해져 사회

47) 出乎其類, 發乎其萃. [『맹자』 3 : 2]

48) 易天下. 〈제2장,주35 ; 부록1,주104〉

는 새로운 건설과 새로운 수요가 생겨 사람들도 새로운 직업을 가지게 되었다. 새로운 직업에는 옛날의 "관"과는 꼭 상응하지 않는 것이 있다. 이 새로운 직업들에서 나온 제자의 학설의 경우까지 꼭 하나의 옛날의 "관"을 지정하여 그 모체로 여긴다면 더욱 견강부회이다. 유흠이 9유파(九流) 10가(十家)에 대해서 모두 하나의 "관"을 지정하여 모체로 삼은 것은 체계를 숭상하고 정연성을 좋아한 한대의 풍조에서 비롯되었다고 할 수 있다. 우리는 유흠의 설 가운데 단지 그 일반적인 견해만 취하고 아무 학파가 꼭 아무 관(官)에서 나왔다는 특수적인 견해는 취하지 않는다. 이것이 우리와 유흠의 세번째 차이점이다.

유흠은 고대 성인은 완벽한 지식을 가졌다고 여겼고, 성인이 죽은 다음 미언(微言 : 微言大義의 미언, 은미하고 심오한 말)이 단절되어 제자(諸子)는 저마다 성인의 한 측면(一體)을 얻었던 만큼, "비록 치우친 단점은 있었어도 귀착점을 합쳐보면 역시 육경의 분파나 지파였다"[49]고 여겼다. 『장자』「천하편」도 이와 동일한 견해인데, "세상이 크게 어지러워져 현성(賢聖)이 자취를 감추었고", "도술이 천하에 분열되었으며",[50] 제자는 "저마다 일면적인 통찰을 얻어 자부했다"[51]고 여겼다. 이 견해 역시 고대를 이상화한 결과였다. 우리의 견해는 이와 전혀 다르다. 이것이 우리와 유흠의 네번째 차이점이다.

앞에 든 네 가지 점에서, 우리는 유흠이 시대의 영향을 받은 특수한 견해로 말미암아 잘못된 논단을 얻었다는 것을 알 수 있다. 우리와 유흠의 차이점은 동시에 그에 대한 우리의 수정이기도 하다. 또 우리는 제자기원설에 대해서 유흠의 설을 수정했고 동시에 새로운 해석을 부여했다고 말할 수 있다.

49) 雖有蔽短, 合其要歸, 亦六經之支與流裔. [「예문지(藝文志)」, 『한서』] 〈부록4,주142〉

50) 天下大亂, 賢聖不明.……道術爲天下裂. [『장자』, 1069쪽] 〈제2장,주21〉

51) (各)得一察焉以自好. 〈제2장,주21〉

부록 4

원잡가(原雜家)*

—— 장가위(張可爲) 군과 공저

1. 머리말

이 논문의 취지는 전국시대 말에서 진한시대(秦漢之際)에 걸쳐 중국 사상계에 발생한 일종의 "도술통일설(道術統一說)"이 사상가와 정치가들 사이에 유행했음을 설명하는 데에 있다. 당시 사상가와 정치가들 사이에는 일종의 사상통일 운동이 있었다. "도술통일설"은 이러한 운동 중에 생긴 것이었다. 이러한 운동과 이러한 학설이 있었기 때문에 사상계 내에 일종의 새로운 유파가 발생했는데, 이 유파가 곧『한서(漢書)』「예문지(藝文志)」에서 말한 "잡가(雜家)"이다.

"도술(道術)"이라는 명사는『장자(莊子)』「천하편(天下篇)」에서 부여한 의미에 따르면, 일부 서양철학자들이 일컫는 "진리"라는 말과 범위가 거의 같다. 대체로 도술이란 도에 대한 논의로서, 도가 만사만물의 총원리라면 이 총원리에 대한 지식이 곧 도술이다. 도술은 도(道)에 대한 지식이므로 때로 도라고 약칭하기도 한다. 순자는 이 소위 진리에 대해서 도라고만 일컬었고 도술이라고는 일컫지 않았다. 도란 없는 곳이 없기 때문에 도술 역시 포함하지 않는 것이 없다. 인간이 소유한 모든 지식과 모든 학파의 학설은 다 도술의 일부분이라고 할 수 있고 도술에서 갈라져나온 것이라고 할 수 있다.『장자』「천하편」에 "도술은 마침내 세상에 분열되고 말았다" 했다. 도술에서 분열되어나온 지식이나 학설은 다 그저 전체 진리의 일부분, 즉「천하편」에서 말한 "방술(方術)"일 따름이다.

우리는 이러한 도술이 있다고 여기고 또 도술의 관점에서 각 파의 학설을 비평, 통일하려는 자의 주장을 "도술통일설"이라 부르고, 그러한

---

* 1939년 4월『운남대학보(雲南大學報)』에 발표.

도술이 있다고 여기지도 않았고 말하지도 않았지만 다른 관점에서 각 파의 학설을 비평, 통일하려고 한 자의 주장을 사상통일 혹은 방술통일이라고 부르기로 한다.

2. 전국시대 말에서 진한시대에 걸친 사상통일 운동의 역사적 원인

춘추시대에서 한나라 초에 이르기까지 중국역사의 추세는 정치적 측면에서는 통치구조가 다원적에서 일원적으로, 분산적에서 통일적으로 변했다. 춘추시대부터 시작하여 춘추시대 이후에는 더욱더 중국의 옛 봉건제후들은 각기 자신들의 "나라(國)"를 단위로, 국내적으로는 귀족 즉 소위 "가(家 : 大夫의 관할지)"의 세력을 멸하여 중앙집권을 이룩하고, 국외적으로는 약소국을 병탄하고 권모술수와 무력을 동원하여 영토를 확장했다. 이러한 국가들은 모두 의식적으로나 무의식적으로 정치기구의 통일이라는 역사적 사명을 완수하려고 기도했는데, 당시의 언어로 즉 "왕천하(王天下 : 천하에 왕노릇함)"를 기도했던 것이다. 이러한 추세가 전국시대 말에는 더욱 두드러져 일반 사람들 역시 이러한 추세가 현실화될 수 있기를 희망했다. "통일로 귀결될 것이다"[1]는 맹자의 말은 바로 이러한 희망의 표시였다.

춘추시대 이래의 각 학파(各家)의 학설의 흥기는 본래 모두가 당시의 각종 문제를 해결하려는, 즉 "세상의 폐단을 구제"하려는 것이었다. 그 소견과 주장들이 각기 달랐고, 또 저마다 군주에게 채용되어 세상에 행해지기를 희망했기 때문에 쟁변은 불가피했다. 각 학파의 학설이 더욱 완비됨에 따라 파별간의 분별은 더욱 뚜렷해졌고, 쟁변 역시 날로 치열해졌다. 춘추시대에 공자는 다만 "도가 다르면 더불어 상의할 수 없다"[2]고만 말했으나, 전국시대 초의 맹자의 경우는 "양주·묵적을 배격하는 주장을 할 수 있어야 성인의 추종자이다"[3]고 역설했는데, "지언(知言)과

---

1) 定於一. [『맹자』 1 : 6] [(梁襄王)問曰 : '天下惡乎定?' 吾對曰 : '定於一.']

2) 道不同, 不相爲謀. [『논어』 15 : 40]

3) 能言距楊墨者, 聖人之徒也. (『맹자』 6 : 9) [距 : 겨루다, 대항하다]

양기(養氣)"에 능했던 맹부자(孟夫子)는 당시에 부득불 "이론투쟁"을 실행하지 않을 수 없었던 것이다.

전국시대 말에 이르자 통일국면이 이미 박두하여, 통치적 정치기구를 일원화하려는 이상은 점점 구체화되었고, 사상계는 백가로 갈라져 충돌하는 국면에 대해서 점차 불만을 느꼈다. 첫번째로 여러 학파의 불만을 야기한 것은 견백동이(堅白同異)를 분석한 변자들이었다. 순자는 변자의 학설을 "긴요하지 않은 고찰"〈주23〉과 "간교한" 주장(姦道)〈주21〉으로 규정했다. 그는 말하기를 "실상과 허상을 서로 번복하며 견백동이를 분리하는 따위의 주장은 아무리 총명한 귀로도 알아들을 수 없고, 아무리 밝은 눈으로도 알아볼 수 없고, 변사라도 말할 수 없고, 성인의 지혜로도 쉽사리 간파할 수 없는 것이므로, 군자로서 몰라도 해가 없고, 소인으로서 알아도 득이 없다"[4]고 했다. 장자와 한비의 경우도 그 관점이 순자와는 다르고 학설도 각각 다르지만, 변자 학설의 타파를 주장한 것은 모두가 일치했다. 장자는 인식론에서 출발하여 이른바 "변자들의 한계(울타리)"[5]를 지적하면서, "혜시는 논변에 만족하지 않고 더욱 궤변에 빠져 남들의 입은 이겼을지 모르지만 마음을 승복시키지는 못했다"[6]고 말했다. 한비는 치국(治國)의 관점에서 출발하여, "변설을 좋아하여 그 쓸모를 따지지 않으며, 형식의 화려함에 빠져 그 효과를 고려하지 않는다면 패망하기 십상이다"〈주57〉고 말했다. 이렇듯 변자를 향한 일치된 공격은 각 학파간의 "이론투쟁"에 대한 당시 사람들의 혐오감을 나타냄과 동시에 당시의 사상통일 운동을 표현한 것이기도 하다.

사상통일 운동의 흥기는 대체로 다음 세 가지 상황에서 비롯되었다.

첫째, 역사적으로 보아 통치자의 입장에서 사상통일은 필수적이었다. 통치자는 정책결정의 측면에서 반드시 하나의 일관된 이론적 근거가 필요했고 또한 정책시행의 측면에서도 지나치게 번잡하고 엇갈린 비평을

---

4) 若夫充虛之相施易也, 堅白同異之分隔也, 是聰耳之所不能聽也, 明目之所不能見也, 辯士之所不能言也. 雖有聖人之知, 未能僂指也. 不知無害爲君子, 知之無損爲小人." (「유효(儒效)」, 『순자』 권4 : 12-13쪽) [僂 : 굽히다, 재빨리 움직이다]

5) 辯者之囿. [「천하」, 『장자』] [囿 : 담을 두른 동산. 얽매이다. 구애] 〈제9장,주5〉

6) "辯之不足, 益之以怪", "能服人之口, 不能服人之心." (「천하」, 『장자』) 〈제9장, 주5〉

받지 않을 필요가 있었기 때문에, 모든 통치자들은 대체로 사상통일을 주장한 것인데, 전국시대부터 진한에 걸쳐 정치적으로 이미 "대통일"로 향해 있었으므로 통치자 역시 사상통일을 제창했던 것이다.

둘째, 진리 더욱이 일부 철학자들이 대문자로 쓰고 있는 바로 그 진리[Truth]란 본래부터 오직 하나만 있을 수 있을 뿐이라고 많은 사람들은 믿고 있다. 진리가 하나라고 믿고 있는 한, 모순되고 갈라진 각 학파의 학설들을 "하나"로 하려는 사람들이 나오기 마련이었다.

셋째, 사상사 발전의 측면에서 "백가쟁명(百家爭鳴)"의 시대가 지나면 항상 뒤를 이어 종합정리의 시대가 오기 마련이었다.

이러한 상황하에서 전국시대 말에서 진한 시대에 걸친 사상통일 운동은 바로 시대의 요구에 따라 생겼다.

이 운동 가운데 일부 사람들은 진리란 본래부터 오직 하나일 뿐이라는 점을 특별히 천명했다. 이러한 사람들의 주장이 바로 이 글에서 논하는 "도술통일설"이다. 순자와『장자』「천하편」은 모두 "도술통일설"에 대해서 논했다. 잡가의 인물들은 "도술통일설"을 주장했거나 혹은 "도술통일설"의 영향을 받았다고 할 수 있다. 각 학파에 대한 그들의 견해는 순자나『장자』「천하편」과 매우 비슷하다. 순자의 견해와 동일한 부분으로서, 그들은 각 학파는 저마다 "소견(所見 : 통찰)"도 있고 또한 저마다 "편견(所蔽)"도 있다고 여겼다. 또 장자 일파의 견해와 동일한 부분으로서, 그들은 각 학파의 "방술"은 저마다 도술을 얻은 점이 있지만 모두 도술의 한 조각(一偏)이라고 여겼다. 이러한 관점에 따라 그들은 진리를 구하는 가장 좋은 방법이란 각 학파의 학설로부터 그 "장점"은 취하되 그 "단점"은 버리며, 그 "통찰(見)"은 취하되 그 "편견(蔽)"은 제거한 다음, 절충하고 집합하여 여러 "조각"들을 모아 "전체(全)"를 완성하는 것이라고 여겼다. 진(秦)나라의 상국(相國)이었던 여불위(呂不韋, ?-235B.C.)가 바로 이 방법을 써서 사상을 통일하려고 생각했다. 역사기록에 따르면, 여불위는 식객(門客)들을 모아『여씨춘추(呂氏春秋)』를 지어, "8람(覽), 6론(論), 12기(紀)로 분류하고, 이 20여만 자로써 천지만물과 고금의 일들을 망라했다고 여겼다."[7] 한나라의 회남왕(淮南王) 유안(劉安,

7) 以爲八覽, 六論, 十二紀 : 二十餘萬言, 以爲備天地萬物古今之事. (「여불위전(呂不韋

177-122B.C.)도 많은 사람을 모아 『회남내편(淮南內篇)』을 짓고 스스로 뽐내며 말하기를 "한 방면의 노선을 좇거나 한 측면의 입장을 묵수하지 않았으며, 찌끼는 버리고 정수만을 포착함으로써 천하를 통괄하고 만물을 질서지을"〈주65〉 수 있었다고 했다. 이러한 태도는 명백히 절충하고 집합하는 태도이다. 이러한 일파의 사상가를 『한서(漢書)』「예문지(藝文志)」는 "잡가"라고 일컬었다. 「예문지」에 따르면 잡가학파는 "유가와 묵가를 아우르고 명가와 법가를 조화시켜, 국가(의 전장제도)에는 이 모두가 필요하다고 인식했고, 왕도정치는 반드시 이 모두를 통합해야 한다고 파악했다."〈주64〉 『여씨춘추』와 『회남내편』을 「예문지」에서는 잡가에 넣었다. 「예문지」의 기록에 따르면 잡가의 저작은 모두 20명의 학자와 403편에 달했지만 현재는 대부분 없어졌다. 그러나 『여씨춘추』와 『회남내편』을 제외한 그밖의 잡가 저작물은 아마 이른바 "어설픈 이들이 시도한 경우로서 방만하기만 하고 도무지 중심 사상이 없는"〈주64〉 부류의 저작이었을 것이다. 『여씨춘추』와 『회남내편』이면 잡가를 대표하기에 매우 충분한데, 마치 『노자』와 『장자』가 도가를 대표하기에 충분한 것과 같다.

3. 전국시대 말의 도술통일설

도술통일설은 전국시대 말에 이미 성립한 것 같다. 이 설의 주장자가 유가와 도가 두 학파에 있었다. 전국시대 말의 도술통일설은 도가의 흥기와 밀접한 관계가 있다. "도(길)이란 어디에든 존재하고, 말이란 무슨 뜻으로든 쓰이는 것이 아닌가?"[8] 하는 견해가 생기자, 비로소 사람들은 당시 상호 공격적인 학파들을 융회, 종합할 수 있다고 깨닫게 되었다. 『노자(老子)』는 말한다.

> 도는 텅 비어 있으나 써도 써도 다함이 없도다.
> 얼마나 심오한가! **만물의 근본**(宗 : 시조의 嫡長子)**과 같다!**[9]

傳)」, 『사기(史記)』, 2510쪽) [備 : 이지러짐이 없다, 완전하다, 가득 차다, 모두]

8) 道惡乎往而不存, 言惡乎存而不可. [「제물론(齊物論)」, 『장자』] 〈제10장,주41〉

9) 道冲(虛也)而用之或不盈, 淵兮似萬物之宗. (『노자』 4장)

> **도란 만물의 오묘함**이다.[10]

이 도는 "만물의 근본과 같고" 또 "만물의 오묘함"이어서, 전부(多)를 포용할 수 있고 전체(廣)를 뒤덮을 수 있으므로, 모든 사물들은 그것으로부터 그야말로 "천지간에 빠져나갈 곳이 없다."[11] 도가 만물의 근본(宗)이므로 도술은 각 학파의 학설, 즉 소위 방술의 근본이다. 이것이 도가의 도술통일설로서, 바로『장자』「천하편」에서 주장한 설이다.

유가는 전통적인 학술을 보존하고 전통적인 제도를 옹호한 학파이다. 만약 우리가 역사에는 연속성이 있음을 인정한다면, 모든 신학설, 신제도는 다 구학설, 구제도 가운데 그 맹아가 있었다고 말할 수 있다. 이 관점에서 보더라도 도술통일의 관념을 도출할 수 있다.『한서』「예문지」는 9가(家) "역시 육경의 분파나 후예"〈주141〉라고 했는데, 바로 이러한 관점을 따른 것이다. 그래서 유가에도 도술통일설이 존재했는데, 그 주장자가 순자이다. 이제『순자』와『장자』「천하편」중의 견해를 나누어 서술한다.

1)『순자』의 왕제론(王制論)

순자는 전국시대 말 유가의 큰 스승(大師)으로서, 당시는 바로 학설의 분파가 가장 복잡한 시대였다. 이론적 발전 면에서 각 학파는 이미 여러 체계들을 상당히 정비했고, 자기와 다른 학파 및 상반된 주장에 대해서도 깊이 이해하고 동시에 배척하는 일에도 더욱 힘썼다. 이러한 상황은 지금 보면 학술흥성의 현상이라고 하겠지만, 당시의 사람들은 오히려 일종의 혼란, 즉 시비가 불분명한 국면으로 인식했다. 순자는 이러한 국면을 특히 통한했다. 그는 당시의 상황을 이렇게 서술했다.

> 오늘에 이르러 세상에는, 사특한 학설과 간교한 주장을 꾸며 온 세상을 혼란에 빠뜨리고, 우직한 대중을 기만하고 미혹하며, 허위, 과장, 기괴, 번쇄의 것들로써 천하를 혼란시켜 시비(是非 : 도덕적 기준)와 치란(治亂 : 안정과 혼란)의 소재를 식별할 수 없게 만든 장본인들이 생겼다.[12]

10) 道者, 萬物之奧. (『노자』62장) [奧 : 속. 깊숙한 안쪽. 방에서 가장 깊은 곳]
11) 無所逃於天地之間. ["兵莫憯於志,……; 寇莫大於陰陽, ～."(「경상초」,『장자』)]

그는 타효(它囂)·위모(魏牟), 진중(陳仲)·사추(史鰌), 묵적(墨翟)·송견(宋鈃), 신도(愼到)·전변(田駢), 혜시(惠施)·등석(鄧析), 자사(子思)·맹가(孟軻) 등, 6개 학파 12명을 열거하면서, 그 학설들은 각기 "그 주장은 근거가 있고 말은 이치가 서 있으나", 다만 실제 결과는 "우직한 대중을 기만하고 미혹하여"[13] 시비체계를 문란시키기에 충분할 뿐이다고 여겼다. 순자는 당시 사상의 혼란을 반드시 통일해야 한다고 여겼는데, "도"란 본래가 하나이고 또 하나일 수밖에 없기 때문이었다. 또 순자에 따르면, 당시 각 학파는 저마다 소견(所見)이 있었는데, 묵자의 "실용(用)", 송자의 "과욕(欲)", 신자(愼子)의 "법(法)", 신자(申子)의 "세(勢)", 혜자의 "명제(辭)", 장자의 "자연(天)"에 대한 소견이 바로 그것이다. 다만 그들의 소견이란 것이 모두 "도"의 한 조각(一偏)에 불과했고 전체(大全)는 아니었기 때문에, 각 학파의 소견이 바로 각 학파의 편견(蔽)이 되고 말았다. 순자는 말했다.

그러므로 오로지 실용(用)의 관점에서 보면 도는 이익추구(利)에 불과하고, 오로지 욕망(欲)(욕망 축소)의 관점에서 보면 도는 만족(嗛)에 불과하고, 오로지 법(法)의 관점에서 보면 도는 규제(數)에 불과하고, 오로지 권세(勢)의 관점에서 보면 도는 임시방편(便)에 불과하고, 오로지 명제(辭)의 관점에서 보면 도는 논변(論)에 불과하고, 오로지 자연(天)의 관점에서 보면 도는 방임(因)에 불과하다. 이 각이한 견해들은 도의 한 측면(一隅)일 따름이다.

무릇 도란 영구불변성을 본질로 삼고 모든 변수를 총괄하는 것이므로, 한 측면만 거론할 수는 없다. 그런데 편파적 인식체계(曲知)를 가진 사람은 도의 한 측면에만 몰입해 있으므로 전체를 인식할 수 없고 그것만을 완벽한 것으로 여겨 온갖 수식을 함으로써, 안으로 자신을 혼란에 빠뜨리고 밖으로 뭇 사람을 미혹시켜, 아랫사람은 윗사람을 가려막고 윗사람은 아랫사람을

12) 假今之世, 飾邪說, 文姦言, 以梟亂天下, 欺惑愚衆, 矞宇嵬瑣, 使天下混然不知是非治亂之所存者, 有人矣. (「비십이자(非十二子)」, 『순자』 권3 : 22-23쪽)
[『신편』II, 22 : 11 : 순황은 자신이 비평한 모든 철학자(各家)의 사상을 모두 "사설(邪說)"이고 "간언(姦言)"이라고 간주했다. 그러한 "철학자"들은 이론상으로는 시비를 헛갈리게 하고, 정치상으로는 혼란을 조성한다고 여겼다.]

13) "持之有故, 言之成理" "欺惑愚衆" 〈제7장,주31,주41,주83 ; 제9장,주6〉

가로막는 결과를 초래한다. 이것이 바로 폐색된 인식이 빚어낸 재앙이다.[14)]

한 측면만을 고찰했으면서도 그것이 한 측면임을 깨닫지 못하고 스스로 도를 안다고 여긴다면 틀림없이 도를 모르는 것인즉, 이른바 "한 부분에 가로막혀 대리(大理)에 몽매한" 것이다. 이렇듯 한 부분에 가로막히는 것이 인간의 크나큰 비극(大患)이다. 순자는 말했다.

> 모든 인간의 비극은 **한 부분(귀퉁이)에 가로막혀 대리**(大理)**에 몽매**한 데에 있다. 이 상태를 잘 다스리면 다시금 바른 길(經 : 正道)을 회복하지만, 양자 사이에서 [중심을 잃고] 혼란을 일으키면 미혹에 빠진다. 천하에는 두 도가 있을 수 없고, 성인에게는 두 마음이 있을 수 없다. 오늘날 제후는 각기 다른 정치노선을 추구하고, 백가는 저마다 상이한 학설을 제창하여, 시비(是非)와 치란(治亂)의 척도가 없어졌다. 국가를 혼란시킨 임금이든 학파를 혼란시킨 사람이든, 처음에는 참된 마음으로 정도(正 : 正道)를 추구하여 스스로 실현하고자 하지 않은 사람은 아무도 없었을 것이다. 그러나 저마다 일단 도에 잘못 빠져들면 각기 취향에 맞는 쪽으로 유혹을 받게 되고, 차츰 자기 선입견만 편애하므로 행여 그것이 비판받을까 두려워하고, 자신의 편견에 기울어져 다른 도술을 대하므로 행여 그것들의 장점을 보지나 않을까 두려워한다. 그래서 그들은 정도에서 점점 멀어졌는데도 여전히 스스로 옳다고 여겨 고칠 줄 모르게 되는 것이다. 어찌, 한 부분에 가로막혀(蔽) 올바른 목표를 상실한 경우가 아니겠는가?[15)]

---

14) 故由用謂之, 道盡利矣 ; 由俗(楊倞曰 : "俗當爲欲")謂之, 道盡嗛矣 ; 由法謂之, 道盡數矣 ; 由勢謂之, 道盡便矣 ; 由辭謂之, 道盡論矣 ; 由天謂之, 道盡因矣 ; 此數具者, 皆道之一隅也. 夫道者, 體常而盡變, 一隅不足以擧之. 曲知之人, 觀於道之一隅, 而未之能識也, 故以爲足而飾之, 內以自亂, 外以惑人, 上以蔽下, 下以蔽上, 此蔽塞之禍也. (「해폐(解蔽)」, 『순자』 권15 : 8-9쪽) [用 : utility, 利 : seeking for profit, 欲 : desires, 嗛 : satisfaction, 法 : law, 數 : regulations, 勢 : authority, 便 : caprice, 辭 : words, 論 : argumentation, 天 : what is of nature, 因 : laissez-faire] 〈제12장,주5〉

15) 凡人之患, 蔽於一曲而闇於大理. 治則復經, 兩疑則惑矣. 天下無二道, 聖人無兩心. 今諸侯異政, 百家異說, 則必或是或非, 或治或亂. 亂國之君, 亂家之人, 此其誠心, 莫不求正而以自爲也. 妬繆於道, 而人誘其所 也 ; 私其所積, 唯恐聞其惡也 ; 倚其所私, 以觀異術, 唯恐聞其美也. 是以與治雖(郝懿行曰 : '雖當作離')走, 而是己不輟也. 豈不蔽於一曲而失其正求也哉? (「해폐」, 『순자』 권15 : 1-2쪽)

만약 한 부분에 가로막히지 않고 시비를 판별하고 치란의 소재를 인식하고 올바로 추구할 수 있으려면 반드시 "도"를 알아야 한다. 순자는 말했다.

> 성인은 사상방법(心術)의 병폐를 알고 폐색된 정신의 화를 보고 있다. 따라서 욕망과 증오(欲惡), 처음과 끝(始終), 먼 것과 가까운 것(遠近), 심오한 것과 천박한 것(博淺), 과거와 현재(古今)를 막론하고 온갖 것들을 나열하고 그 가운데에 판단척도(衡 : 판단의 원칙, 기준)를 현시한다. 그러므로 각종 복잡한 현상들이 상호 은폐하여 각 유를 어지럽힐 수 없다. 그러면 판단척도란 무엇인가? 바로 **도**(道)이다. 따라서 마음은 도를 알지 않으면 안 된다.[16]

도의 구체적인 대표가 곧 왕제(王制)이다. 왕제는 모든 것의 "융정(隆正)"이다. "융정"이라는 말에는 표준(標準)의 뜻이 있다. 백가의 설은 저마다 소견도 있고 편견도 있으니, 무엇이 소견이며 무엇이 편견인지를 판단하려면 반드시 표준이 있어야 한다. 성인이 사용한 표준이 도이다. 보통 사람이 사용하는 표준은 즉 성인이 제정한 왕제이다. 순자는 말했다.

> 송자(宋子 : 宋鈃) 선생은 "모욕당함은 수치가 아니다"고 했다. 이에 대해서 나는 "모든 의론은 반드시 **융정**(隆正 : 표준)을 수립한 연후에 가능합니다. 표준이 없으면 시비를 변별할 수 없고, 쟁론은 해결되지 않습니다"고 대

[『신편』II, 380-81쪽 : 순황의 인식론의 또 하나의 중요 논점은 인식과정 중에서의 단편성과 주관성을 반대한 것이다. 그는 당시 각 학파의 학설의 공통적인 결점은 단지 문제의 한 측면만을 살핀 데에 있고, 그렇기 때문에 진리를 획득할 수 없었다고 여겼다. 그는 「해폐편」에서 전적으로 이 문제를 다루었다. 「해폐편」 첫머리에 **"모든 인간의 비극은 한 귀퉁이에 가로막혀 대리(大理)에 몽매한 데에 있다"**고 했다. "한 귀퉁이"는 곧 일부분이고,"대리"는 전면(全面)이다. 대다수 사람들은 자주 문제를 전면적으로 고찰할 줄을 모른다. 그들은 단지 단편적으로 문제를 고찰하고 단지 일부분만을 보며 전체는 보지 못한다. 단지 나무만 보고 숲은 보지 못한다. 그들은 또 자신의 견해를 견지하면서 자기와 다른 의견은 용납하지 않는다. 즉 순황의 말대로 **"자기 선입견만 편애하므로 행여 그것이 비판받을까 두려워하고, 자기의 편견에 기울어져 다른 도술을 대하므로 행여 그것들의 장점을 보지나 않을까 두려워한다."** 그러므로 그들은 **"한 귀퉁이(부분)에 가로막혀 올바른 목표를 상실할"** 수밖에 없다.]

16) ……何謂衡? 曰, 道. 故心不可不知道. 나머지 원문은 〈제12장,주31〉 참조.

답했다. 즉 나는, 천하의 크나큰 표준이며 시비의 한계이자 동시에 명분과 직위 그리고 이름과 법칙 등이 생기는 근거가 바로 **왕제**라고 들었기 때문이다.[17)]

> 전해오는 말에 "세상에는 두 가지 일이 있다 : 사람들이 그르다고 여기는 것에 옳은 점이 없는지 고찰하고, 사람들이 옳다고 여기는 것에 그른 점이 없는지 고찰해야 한다" 했는데, 즉 **왕제**에 부합하는지의 여부를 고찰해야 한다는 말이다. 세상에 저 왕제를 표준(隆正)으로 삼지 않고서 시비(是非)를 가리고 곡직(曲直)을 다스릴 수 있겠는가?[18)]

왕제에 부합하지 않은 모든 것들은 다 폐단(蔽)이고, 다 간언(姦言)이다. 왕제는 모든 학설을 비평하는 표준이다. 순자는 말했다.

> 선왕의 뜻에 부합하지 않고 **예의**(禮義 : 예절과 의리)에 합당하지 않는 주장이 바로 **간언**(姦言 : 간악한 주장)이다. 그것들이 아무리 논리적일지라도 군자는 귀 기울이지 않는다.[19)]

> 각종 논변과 비유의 말들이 아무리 달변이고 예리할지라도 예의에 합당하지 않으면 바로 간설(姦說)이다.[20)]

> 모든 지식과 학설은 **도리**(理 : 정치적 도리)**에 유익한 것은 추구**하되 도리에 무익한 것은 버린다. 무릇 이것을 일컬어 올바른 학설(中說)이라고 한다.…… 학설이 바르지 못하면 그것이 바로 간도(姦道)이다.[21)]

당시의 각 학파에 대한 순자의 비판 역시 모두 왕제와의 부합 여부에 입각하고 있다. 그는 말했다.

---

17) 子宋子曰 : "見侮不辱." 應之曰 : "凡議必將立隆正然後可也. 無隆正則是非不分, 而辯訟不決." 故所聞曰 : 天下之大隆, 是非之封界, 分職名象之所起, 王制是也. (「정론(正論)」, 『순자』 권12 : 28쪽)

18) 傳曰 : "天下有二 : 非察是, 是察非." 謂合王制與不合王制也. 天下有不以是爲隆正也, 然而猶有能分是非, 治曲直者邪? (「해폐」, 『순자』 권15 : 27쪽)

19) 凡言不合先王, 不順禮義, 謂之姦言. 雖辯, 君子不聽. (「비상(非相)」, 『순자』 권3 : 14쪽)

20) 辯說譬喩, 齊給便利, 而不順禮義, 謂之姦說. (「비십이자」, 『순자』 권3 : 31쪽)

21) 凡知說, 有益於理者爲之, 無益於理者舍之, 夫是之謂中說.……知說失中, 謂之姦道. (「유효(儒效)」, 『순자』 권4 : 12쪽) [理 : 도리. 천성. 성품. 평소의 몸가짐]

신도는 소극적 입장(後 : 추종)에 대한 소견은 있으나 적극적 입장(先 : 선도)은 간과했다. 노자는 겸양(詘 : 굽힘, 묵종)에 대한 소견은 있으나 현시 측면(信 : 伸, 자강불식)은 간과했다. 묵자는 균등(齊)에 대한 소견은 있으나 분별(畸 : 개성, 다양성)은 간과했다. 송경은 조금 욕망한다는 것(少)에 대한 소견은 있으나 많이 욕망한다는 사실(多)은 간과했다.

소극적인 입장만 견지하고 적극적이지 못하면 군중을 선도할 수 없다. 겸양만 강조하고 현시하지 못하면 **귀천을 변별할 수 없다.** 균등만 강조하고 분별을 두지 않으면 **정치적 명령을 시행할 수 없다.** 욕망을 줄이기만 하고 증진하지 않으면 **군중을 교화할 수 없다.**[22]

이른바 "귀천을 변별할 수 없고", "정치적 명령을 시행할 수 없고", "군중을 교화할 수 없는" 것은 명백히 왕제에 부합하지 못한 결점들이다.

왕제를 융정으로 삼고 또 "도", "도리", "예의"를 준칙으로 삼은 이상, 왕제에 부합하고 예의에 합당하고 "도리에 유익한 것은 추구하되", "쓸모없는 논변이나 긴요하지 않은 고찰 등은 폐기하고 추구하지 않으면"[23] 방술은 통일할 수 있다. 성인이 왕위를 얻어 그의 "왕제"를 시행하면 "열두 철학자는 모두 교화된다."[24] 설령 교화되지 않더라도 성왕은 반드시 "여섯 학설들이 스며들거나 열두 철학자들이 근접하지 못하도록"[25] 할 것이다. 그러나 성왕이 왕위를 얻지 못한 이상, 방술통일 사업은 부득이 어진 사람(仁人)에게 바랄 수밖에 없었다. 순자는 말했다.

현재 **어진 사람**(仁人)은 무슨 일에 힘써야 하는가? 위로 순 임금, 우 임금의 제도를 본받고, 아래로 공자와 중궁(子弓 : 仲弓)의 사상을 준칙으로 삼아, 열두 철학자들의 학설을 종식하는 데에 힘써야 한다. 그러면 천하의 해

22) 愼子有見於後, 無見於先. 老子有見於詘, 無見於信(同伸). 墨子有見於齊, 無見於畸. 宋子有見於少, 無見於多. 有後而無先, 則群衆無門 ; 有詘而無信, 則貴賤不分 ; 有齊而無畸, 則政令不施 ; 有少而無多, 則群衆不化. (「천론(天論)」, 『순자』) 〈제1장, 주14〉

23) 無用之辯, 不急之察, 棄而不治. (「천론」, 『순자』 권11 : 32-33쪽)

24) 十二子者(皆)遷化. ["六說者立息, ~."] (「비십이자」, 『순자』 권3 : 30쪽)

25) 六說者不能入也, 十二子者不能親也. (「비십이자」, 『순자』 권3 : 29쪽)

악은 제거될 것이므로 어진 사람의 임무는 완성되고 성왕의 자취는 빛날 것이다.[26)]

2) 『장자』 「천하편」의 도술통일설

도술통일에 대한 「천하편」의 견해는 도가의 견해로서, 순자의 견해와는 상당한 차이가 있다. 「천하편」은 각 학파마다 도술을 얻은 바가 있다고 여겼고, 순자도 각 학파마다 "도"의 한 측면과 한 조각에 대한 소견은 있다고 여겼다. 이 점에서 「천하편」과 순자는 같은 점이 있는 듯하다. 그러나 각 학파에 대한 「천하편」의 태도는 순자와 크게 다르다. 순자가 각 학파는 저마다 소견(所見)이 있고 편견(所蔽)이 있다고 여긴 것은 「천하편」의 견해와 큰 차이가 없는 듯하다. 그러나 사실상 그는 각 학파의 소견을 모두 한 조각(一偏)으로 여겨, 그 한 조각의 소견 때문에 도리어 "대리"를 가로막으므로(蔽), "대리"에서 보자면 그 소견이 바로 폐단(蔽)이다고 여겼다. 따라서 그는 "어리석은 자는 한 사물의 한 측면만을 인식하여 스스로 도를 안다고 여기는데, 이것은 무지함이다"[27)]고 말했다. 도술의 관점에서 보면 각 학파들이 안다고 여긴 것(有知)이 바로 각 학파의 무지(無知)였다. 왕제에 부합하고 예의에 합당해야 비로소 아는 것이 있다(有知)고 할 수 있다. 「천하편」은 각 학파를 논술하면서 때로는 비평도 했지만, 모두 "고대에 그 방면에 도술을 집중했던 사람들"[28)]로 여겼다. 제자백가는 저마다 도술의 일부분을 얻어 "바른 도라고 자처했다."[29)] 고대의 도술은 "천지의 순박함"〈주38〉이었고, 순박했으므로 하나였다. 제자백가는 그 "순박함"을 못 보고 이미 도를 분열시키고, "일단 빠져들어 돌이키지 않으므로 [순박한 도와는] 부합하지 못할 수밖에

---

26) 今夫仁人也, 將何務哉? 上則法舜禹之制, 下則法仲尼子弓之義, 以務息十二子之說. 如是則天下之害除, 仁人之事畢, 聖王之迹著矣. (「비십이자」, 『순자』 권3 : 30쪽)

27) 愚者爲一物一偏而自以爲知道, 無知也. [「천론」, 『순자』 권11 : 36쪽]

28) 古之道術有在於是者. 〈제5장,주72 ; 제7장,주61,주82 ; 제8장,주10,주11〉
【주】혜시를 논한 부분에는 이 말이 없는데, 변자를 탐탁치 않게 여긴 의도의 표현인 것도 같다. 또는 혹자의 주장처럼 「천하편」의 혜시 문단이 별도의 한 편일지도 모른다.

29) 以自爲方. ["天下之人, 各爲其所欲焉 ～."] (「천하」, 『장자』) 〈제2장,주21〉

없었다."[30] 그러나 부합하지 못한 것 역시 부합하지 못하는 대로 내버려 두면 될 텐데, 순자는 왕제와 예의(禮義)로써 각 학파의 설들을 종식시키려고 했다. 이것이 도가와 유가의 태도의 차이점이다.

이하 세 가지로 나누어 「천하편」의 도술통일설을 설명한다.

첫째, 「천하편」이 말한 도술은 포함하지 않는 것이 없는(無所不包) "진리"이다. 「천하편」은 말한다.

> "옛 사람이 말한 도술(道術)이란 것은 과연 어디에 존재하는가?"
>
> "**없는 곳이 없다**(無乎不在)."
>
> "[성인의] 신령함(神)은 어디서 내려오며, [왕의] 영명함(明)은 어디서 생기는가?"
>
> "성(聖)은 생래적인 측면이 강하고 왕(王)은 후천적인 성취의 측면이 강하지만, 모두 하나(一 : 道)에서 비롯된다."[31]

이른바 "없는 곳이 없다"는 것에 대해서 「천하편」은 말한다.

> **근원**(宗 : 만물의 주재로서의 도)**에서 유리되지 않은** 사람이 **천인**(天人)이고, **정수**(精 : 도의 순수부잡성)**에서 유리되지 않은** 사람이 **신인**(神人)이고, **순진**(眞 : 도의 진실무망함)**에서 유리되지 않은** 사람이 **지인**(至人)이다. 하늘을 근원(주재)으로 하고 **덕을 근본으로 삼고 도를 문**(門 : 사물이 생기는 곳)**으로 여겨, 변화의 조짐을 예견하는** 사람이 성인(聖人)이다. 인(仁)으로써 은혜를 베풀고, 의(義)로써 다스리고, 예(禮)에 따라 행위하며, 음악으로써 화합을 도모하고, 자애심으로 감화하는 사람이 군자이다. 법에 따라 각종 직분을 규정하고 직명을 행동지표로 삼고, 비교하고 검토하여 증험하고 심사숙고하여 일을 결단하는 방법에 일·이·삼·사의 네 등급이 있는데 백관들은 그것으로써 서열을 정한다. 농사를 일상사로 삼아 의식(衣食)을 위주로 생산하고 저장하여 노인, 어린이, 고아, 과부 등을 보살펴 모두 부양될 수 있게 하는 것은

30) 往而不返, 必不合矣. [『장자』, 1069쪽 : 悲夫, 百家往而不反, 必不合矣! 後世之學者, 不幸不見天地之純, 古人之大體, 道術將爲天下裂.]

31) "古之所謂道術者, 果惡乎在?" 曰 : "無乎不在!" 曰 : "神何由降? 明何由出?" "聖有所生, 王有所成, 皆原於一." [無乎不在 : 無所不在〈제10장,주5〉] (『장자』, 1065쪽)

일반 백성의 도리이다.[32)]

이 가운데 천인, 신인, 지인은 모두 도술의 체(體)를 얻었기 때문에 "근원에서 유리되지 않고", "정수에서 유리되지 않고", "순진에서 유리되지 않을" 수 있다. 성인은 도술의 용(用)을 얻었기 때문에 "덕을 근본으로 삼고 도를 문으로 여겨 변화의 조짐을 예견하는" 것이다. 군자란 도술의 말단적 자취(末迹)를 얻었기 때문에 인의(仁義)를 숭상하고 예악을 행하는 것인데 이미 도술의 전체를 얻었다고 할 수 없다. 백관과 백성들의 경우는 더욱이 "날마다 사용하면서도 깨닫지 못한다."[33)] 도술의 체·용(體用) 전체를 얻은 사람은 즉 「천하편」에서 말한 "모든 면을 완비했던 고대의 인물"[34)]이다. 그는 "완비했기" 때문에 "신성(神 : 神聖)과 명왕(明 : 明王)에 짝하고, 천지를 준칙으로 삼아 만물을 양육하고 천하를 화평하게 하고 은택을 모든 백성에게 베풀"[35)] 수 있었다. 이것이 "내성외왕의 도"[36)]라는 것이고, 또 "본수(本數)에 밝았고 말도(末度)에 연계시켰다"[37)]는 말이다. 본수는 우주 만사만물의 총원리이고, 말도는 예악(禮樂)과 법제(法制)인데, 이들 각 방면에 대한 모든 진리가 곧 「천하편」이 말한 도술이다.

둘째, 「천하편」은 "고인(古人)"은 도술을 온전히 소유했었다고 여긴다. 이른바 "천지의 순박함과 고인의 대체(大體)"[38)]라는 말이 그것이다. 이러한 도술은 "상하, 사방 모든 곳과 대소(大小)와 정조(精粗)를 막론하고 그 영향이 무소부재하다."[39)] 여기서 크고 정교한(大精) 것은 본수에

---

32) 不離於宗, 謂之天人 ; 不離於精, 謂之神人 ; 不離於眞, 謂之至人 ; 以天爲宗, 以德爲本, 以道爲門, 兆於變化, 謂之聖人 ; 以仁爲恩, 以義爲理, 以禮爲行, 以樂爲和, 薰然慈仁, 謂之君子. 以法爲分, 以名爲表, 以參爲驗, 以稽爲決, 其數一二三四是也, 百官以此相齒, 以事爲常, 以衣食爲主, 蕃息畜藏, 老弱孤寡爲意, 皆有以養, 民之理也. (『장자』, 1066쪽)

33) 日用而不知. [「계사」, 『주역』] 〈제15장,주20〉

34) 古之人其備乎! [「천하」, 『장자』] 〈제16장,주11〉

35) 配神明, 醇天地, 育萬物, 和天下, 澤及百姓. 〈제16장,주11〉

36) 內聖外王之道[Tao of sageliness within and kingliness without]. 〈주45〉

37) 明於本數, 係於末度. 〈제16장,주11〉

38) 天地之純, 古人之大體. [大體 : 전모(全貌), 내성외왕의 도] 〈주30〉

39) 六通四闢, 大小精粗, 其運無乎不在. 〈제16장,주11〉

관한 것이고, 작고 조잡한(小粗) 것은 말도에 관한 것이다. 후대의 사람은 비록 도술 전체는 볼 수 없었지만 도술 가운데 "명확히 수·도(數度)에 해당되는 것들은 옛날의 법도와 사관들의 기록 속에 아직 많이 남아 있었다."[40] 여기서 말한 수는 본수, 도는 말도이다. 말도에 관하여 「천하편」은 이렇게 말한다.

『시』, 『서』, 『예』, 『악』 속에 기록된 가르침은 추노의 선비(鄒魯之士)와 진신(搢紳) 선생들 대부분이 통달하고 있다.……『시』로써 사람의 뜻을, 『서』로써 정치를, 『예』로써 행실을, 『악』으로써 화합을, 『역』으로써 음양의 이치를, 『춘추』로써 명분을 계도했다.[41]

본수에 관하여 「천하편」은 이렇게 말한다.

천하에 흩어져 온 나라 안에서 밝혀진 **본수**는 백가의 학설(百家之學) 중에서 종종 인용되고 이야기된다.……세상이 크게 어지러워져, 현성(賢聖 : 유덕자와 성인)이 자취를 감추자, 도덕에 일정한 기준이 없어져 세상의 많은 사람들은 한 측면적 통찰을 얻어 자부했다.……그들은 각자의 학설을 더할 나위 없는 최상의 것이라고 여겼다.……비유하건대, 이목구비는 저마다 특정 인식 능력이 있지만 서로 상통하지 못하는 것과 같았다. 또 마치 각종 장인들의 기술처럼 그 분야에는 뛰어났기 때문에 저마다 소용이 있는 것과 같았다.[42]

그러나 모두 고대의 성왕과는 비교할 수 없는, "총체적이지 못하고 보편적이지 못한" "한 부분에 치우친 선비"[43]였다. 이 한 부분에 치우친 선비들은 저마다 한 측면적 통찰을 얻어 "일단 빠져들어 돌이키지 않고", 얻어낸 한 부분에 입각하여 "천지의 미(美)를 흩뜨리고 만물의 이치를 쪼개고",[44] "일단 빠져들어(往) 돌이키지 않으므로 [순박한 도와는] 부합하

40) 其明而在數度者, 舊法世傳之史, 尙多有之. 〈제16장,주11〉

41) 『장자』, 1067쪽. 원문은 〈제4장,주4〉 참조. 〈제16장,주2〉

42) "其數散於天下而設於中國者, 百家之學, 時或稱而道之. 天下大亂, 賢聖不明, 道德不一. 天下多得一察焉以自好." "以其有爲不可復加矣", "譬如耳目鼻口, 皆有所明, 不能相通, 猶百家衆技也, 皆有所長, 時有所用." (『장자』, 1065-69쪽)

43) 不該不徧, 一曲之士. [「천하」, 『장자』, 1069쪽]

44) 以判天地之美, 析萬物之理. [『장자』, 1069쪽]

지 못할 수밖에 없었다."〈주30〉 소위 "왕(往)"의 의미는 즉 부연해나간다는 뜻이다. 각 학파는 저마다 도술의 일부분을 얻어 그 일부분에 집착하여 부연해나감으로써 그들은 다시 부합할 줄 모르게 되었고, 고인의 위대한 순박함(大純) 역시 후인들은 다시 볼 수 없게 되었다.

백가의 학설은 그 어느 것도 "총체적이지 못하고 보편적이지 못한" 논의가 아닌 것이 없었다. 고인이 소유했던 도술 전체는 이미 백가로 흩어졌고 백가는 저마다 한 측면을 얻었던 까닭에, 마치 이목구비가 때에 따라 소용되지만 상통할 수 없는 경우와 같았다. 그리하여 "내성외왕의 도는 어둠 속에서 빛을 잃었고 막혀서 피어나지 못했다."[45] "인지상정과 상반되었던"[46] 묵자나, "산 사람이 할 일이 아닌, 죽은 사람의 도리에 도달하게 한"[47] 신도 같은 경우는 말할 것도 없거니와, 노담과 장주 역시 다만 진인(眞人)으로서 이른바 "지인(至人)" 등과 유사하게, 그저 "초연히 홀로 신명과 더불어 거하고" "홀로 천지의 정신과 더불어 교류하면서, 만물을 경시하지 않을"[48] 수 있었을 뿐, "천지를 준칙으로 삼아 만물을 양육하고 천하를 화평하게 하고 은택을 모든 백성에게 베푸는"〈주35〉 성인의 사업을 행하지는 못했던 것이다. 그들은 단지 "내성" 측면은 있었으나 "외왕" 측면은 없었다.

셋째, 각 학파의 방술에 대한 『장자』「천하편」의 견해는 『장자』「제물론」 등의 편과 같은 점이 있다. 『장자』「제물론」에는 "시비를 평정한다(齊是非)"는 주장이 있다. 「제물론」은 말한다.

> 도(道)는 어떻게 은폐되었기에 진위(眞僞)가 생겼는가? 말(言)은 어떻게 은폐되었기에 시비(是非)가 발생했는가? 도(길)란 어디에든 존재하고, 말이란 무슨 뜻으로든 쓰이는 것이 아닌가? 도는 소성(小成 : 편파적 주장)에서 은폐되고, 말은 영화(榮華 : 거창한 논변)에서 은폐된다. 그리하여 유묵(儒墨)의 시비가 생겼으니, 각각 상대가 그르다고 한 것을 옳다고 하고, 상대가 옳다고 한 것을 그르다고 했다.[49]

45) 內聖外王之道, 闇而不明, 鬱而不發. (『장자』, 1069쪽)
46) 反天下之心. [「천하」, 『장자』] 〈제5장,주72〉
47) 非生人之行, 而至死人之理. [「천하」, 『장자』] 〈제7장,주82〉
48) "澹然獨與神明居." "獨與天地精神往來, 不敖倪於萬物." 〈제8장,주10,주11〉

도는 우주만물의 총원리인데, 소성이면 도는 은폐된다. 도술은 저 원리에 대한 지식인데, 지식이 만약 "학파(家)"를 형성하면 도술 역시 은폐된다. 유묵은 각기 주장이 있어서 저마다 스스로 옳다고 여기는 것으로써 그들이 그르다고 여기는 것을 비난했는데, "옳은 것도 무궁하고 그른 것도 무궁하여"[50] 마치 둥근 고리처럼 단초가 없다. 도술의 전체 중에서 만약 한 부분만을 고집한다면 반드시 상대를 비난할 것이기 때문에 「제물론」은 양행(兩行)의 설을 주장했다.

> 그러므로 성인은 시비를 조화시키고, 천균(天鈞 : 자연의 造化) 속에서 쉰다. 이것을 일컬어 **양행**(兩行 : 두 가지를 동시에 인정함)이라고 한다.[51]

이른바 양행이란 시비를 폐기하지 않고 초월하는 것이다. 각 학파의 시비에 대해서 "통일하지 않음(不一)"으로써 통일하고, "평정하지 않음(不齊)"으로써 평정한다는 것이다. 「천하편」에는 이런 종류의 평정법(齊法)은 없지만 도술의 통일에 대해서, 도술은 원래 통일적이었으나 일단 갈라진 이후 각 학파는 상통할 수 없게 되어 그대로 맡겨둘 수밖에 없다고 말했다. 「천하편」은 일정한 표준을 정하여 각 학파들을 통일하려고 하지 않았기 때문에, 각 학파를 절충하여 도술의 통일을 회복하려고도 하지 않았다. 이미 각 학파가 존재한 이상 그대로 맡겨둔다는 것이다. 이것이 바로 도가의 태도이다.

3) "학설 주창자는 법에 귀속시킨다"는 한비자의 주장

법가는 비록 명확한 "도술통일설"은 없으나 사상통일을 극히 강조했다. 따라서 이하 이 점에 관한 한비자(韓非子)의 견해를 약술한다.

법가 학설의 목적은 세상을 다스려 강국(強國)을 만드는 데에 있었다. 따라서 사상통일에 대한 그의 주장은 공리주의적 관점에서 국가적 처지에 입각했다. 한비자는 백가의 학설에 대해서 다음의 세 가지 견해를 주장했다.

---

49) 『장자』, 63쪽. 원문은 〈제10장,주41〉 참조.

50) 是亦一無窮, 非亦一無窮. 〈제10장,주41〉

51) 是以聖人和之以是非, 而休乎天鈞 ; 是之謂兩行. 〈제7장,주94 ; 제10장,주42〉

첫째, 잡반지학(雜反之學), 즉 상호 충돌적인 학설은 병존할 수 없다. 그는 말했다.

묵학도의 장례법은 [규정된 상복이 없고] 겨울에는 동복, 여름에는 하복을 입고 세 치 두께의 오동나무 관을 쓰며 복상은 3개월로 한다는 것이어서, 세상의 군주는 검소하다며 예우한다. 유자들의 경우는 가산을 탕진하며 장례를 치러 복상은 3년으로 하여 지팡이를 짚을 만큼 몸을 크게 훼상하는 것이어서, 군주는 효성스럽다며 예우한다. 무릇 묵자의 검소를 옳게 여긴다면 공자의 사치는 비난해야 마땅하고, 공자의 효성을 옳게 여긴다면 묵자의 박정은 비난해야 마땅하건만, 효성과 박정, 사치와 검소가 유묵에 뒤섞여 있는데도 군주는 다 같이 예우하고 있다.

칠조(漆雕 : 『논어』 5 : 6의 칠조개는 아닌 듯함)의 주장은 어떠한 경우에도 낯빛을 변치 말고 눈길을 피하지 말며, 자기의 행실이 잘못이면 허름한 천인 앞이라도 몸을 사리지만, 행실이 옳으면 제후를 향해서도 꾸짖는다는 것이어서, 군주는 그를 강직하다며(廉) 예우한다. 송영(宋榮)의 주장은 투쟁하지 말며 원수를 보복하지 말며 감옥에 갇히는 것을 부끄러워하지 말며 모욕당함을 수치로 여기지 말라는 것이어서, 군주는 그를 너그럽다며(寬) 예우한다. 무릇 칠조의 강직(廉)을 옳게 여긴다면 송영의 관용(恕)은 비난해야 마땅하고, 송영의 너그러움(寬)을 옳게 여긴다면 칠조의 강포함(暴)은 비난해야 마땅하다. 그런데 너그러움과 강직, 관용과 강포함이 두 사람에게 뒤섞여 있는데도 군주는 다 같이 예우하고 있다.

이렇듯 우롱과 협잡의 학설, 상호 충돌적인 주장들이 다투어 일어나는데도 군주가 다 같이 들어주기 때문에, 온 나라 선비들은 주장에 일정한 법술이 없어졌고 행동에 불변의 주의가 없어졌다. 무릇 얼음과 숯불은 같은 그릇에서 오래 갈 수 없고, 추위와 더위는 같은 시절에 오지 않듯이, 이처럼 상호 충돌적인 학설들이 양립해 있고서는 정치가 잘될 리 없다. 군주가 이렇듯 잡다한 학설과 모순된 행동과 동이(同異)의 궤변 따위를 다 같이 들어주는데 어찌 혼란이 없을 수 있겠는가?[52]

---

52) 墨子之葬也, 冬日冬服, 夏日夏服, 桐棺三寸, 服喪三月, 世主以爲儉而禮之. 儒者破家而葬, 服喪三年, 大毁扶杖, 世主以爲孝而禮之. 夫是墨子之儉, 將非孔子之侈也 ;

둘째, 국가의 정령(政令)을 방해하는 학설은 허용할 수 없다. "유자는 문예로써 법을 어지럽히고 협객은 무예로써 금령을 범하니",[53] 한비자는 이들을 "다섯 좀벌레(五蠹)" 속에 넣고, "군주가 이 다섯 좀벌레를 제거하지 않는다면", "세상에 패망하고 쇠멸하는 국가가 생길지라도 이상할 것이 없다"[54]고 말했다. 한비자는 또 유가, 묵가, 양주, 노자의 학설도 국가적인 이해(利害)의 측면에서 역시 제창할 수 없다고 했다. 그는 말했다.

> 상호 용납되지 않는 일들은 양립할 수 없다. 적의 목을 벤 자를 포상하면서 동시에 자비와 은혜의 행실을 숭상하고, 성을 공략한 자에게 작록을 주면서 동시에 겸애(兼愛)의 학설을 신봉하는,……이런 식의 정령을 거행하면서 강력한 국가를 도모하기는 불가능하다.[55]

여기서 말한 것은 유·묵이다. 또 말했다.

> 죽음을 두려워하고 위난을 멀리하는 자들은 항복하고 도망하는 백성이다. 그런데도 세상은 "생을 중시하는 선비(貴生之士)"라고 존중한다. 도를 배웠다고 방정한 품행을 내세우는 자들은 법에 어긋나는 백성이다. 그런데도 세상은 "학문 있는 선비(文學之士)"라고 존중한다.……세속의 군주는 그러한 헛소리를 받아들여 그들을 예우하고 반드시 이익까지 챙겨준다.……그런즉 이기적이고 사악하여 죄를 받아야 마땅할 백성에게 명예와 포상이 주어지는 것이다.……이러고도 국가의 부강을 모색하기는 불가능하다.[56]

是孔子之孝, 將非墨子之戾也; 今孝戾侈儉, 俱在儒墨, 而上兼禮之. 漆雕之議, 不色撓, 不目逃, 行曲則違於臧獲, 行直則怒於諸侯; 世主以爲廉而禮之. 宋榮子之議, 設(王先愼曰:'設'疑'語'譌)不鬪爭, 取不隨仇, 不羞囹圄, 見侮不辱; 世主以爲寬而禮之. 夫是漆雕之廉, 將非宋榮子之恕也. 是宋榮子之寬, 將非漆雕之暴也. 今寬廉恕暴, 俱在二子, 人主兼而禮之. 自愚誣之學, 雜反之辭爭, 而人主俱聽之; 故海內之士, 言無定術, 行無常議. 夫冰炭不同器而久, 寒暑不兼時而至, 雜反之學, 不兩立而治. 今兼聽雜學謬行, 同異之辭, 安得無亂乎? (「현학(顯學)」, 『한비자』, 1085쪽) [將 : 마땅히～해야 한다] 〈제7장,주68〉

53) 儒以文亂法, 俠以武犯禁. 〈제4장,주32 ; 부록1,주82 ; 부록2,주22〉

54) "世主不除此五蠹之民", "則海內雖有破亡之國; 削滅之朝, 亦勿怪矣." (『한비자』, 1078쪽)

55) 故不相容之事, 不兩立也. 斬敵者受賞, 而高慈惠之行, 拔城者受爵祿, 而信廉[廉 : 兼]愛之說.……擧行如此, 治強不可得也. (「오두(五蠹)」, 『한비자』, 1058쪽)

56) 畏死遠難, 降北之民也, 而世尊之曰"貴生之士." 學道立方, 離法之民也, 而世尊之

여기서 말한 것은 양주와 노자이다.

셋째, 쓸모없는 논변, 미묘하여 알기 어려운 학설은 전부 없애야 한다. 한비자는 말했다.

> 변설(辯說)을 좋아하여 그 쓸모를 따지지 않으며, 형식의 화려함에 빠져 그 효과를 고려하지 않는다면 패망하기 십상이다.[57]

> 무릇 언행이란 그 효용을 목적으로 삼는다.……효용을 목적으로 삼지 않는 것들은 아무리 논리적인 언어, 아무리 견실한 행위일지라도 망발(妄發)의 주장들에 불과하다.[58]

> 소위 지혜란 미묘한 논의에 속한다. 미묘한 논의는 상지(上智 : 뛰어난 지혜의 인물)라도 알기 어려운 것들이다. 만약 대중의 준칙으로서 상지도 알기 어려운 것들을 내세운다면, 백성들은 알아들을 길이 없다. 즉 지게미와 겨조차도 배불리 먹을 수 없는 자는 고량진미를 바라지 않고, 누더기조차도 제대로 갖추지 못한 자는 화려한 비단옷을 바라지 않듯이, 무릇 세상을 통치하는 일이라는 급선무도 해결할 수 없는 처지라면 한가로운 사안 따위는 힘쓰지 않는 법이다. 그런데 다스려야 할 정사와 민간의 업무에서 사람들이 훤히 알 수 있는 것들은 채용하지 않으면서, 상지들의 논의 따위를 동경한다면 그것은 통치 목적과는 완전히 상반된다. 그런즉 미묘한 논의 따위는 백성들이 힘쓸 바가 아니다.[59]

그밖에 상술한 세 가지에 들지 않는 학설 가운데 국가에 이로운 것이 있으면, 법에 귀속시켜 온 나라 백성으로 하여금 모든 사생활과 사회 여론

曰"文學之士."……世主聽虛聲而禮之, 利必加焉.……故名賞在乎私惡當罪之民.……索國之富強不可得也. (「육반(六反)」, 『한비자』, 948-49쪽)

57) 好辯說而不求其用, 濫於文麗而不顧其功者, 可亡也. (「망징(亡徵)」, 『한비자』, 267쪽)

58) 夫言行者, 以功用爲之的彀者也,……不以功用爲之的彀, 言雖至察, 行雖至堅, 則妄發之說也. (「문변(問辯)」, 『한비자』, 898-99쪽)

59) 所謂智者, 微妙之言也. 微妙之言, 上智之所難知也. 今爲衆人法, 而以上智之所難知則民無從識之矣. 故糟糠不飽者, 不務粱肉, 短褐不完者, 不待文繡. 夫治世之事, 急者不得, 則緩者非所務也. 今所治之政, 民間之事, 夫人所明知者不用, 而慕上知之論, 則其於治反矣. 故微妙之言, 非民務也. (「오두」, 『한비자』, 1058쪽)

에서 한결같이 법에 의거하도록 한다. 국가가 전쟁을 하려면 법은 그 취지에 맞추어, 인민은 모두 적을 죽이는 것을 지극한 선으로 여기고 중생(重生)이나 귀기(貴己) 따위의 학설은 주장하지 못하도록 규정해야 한다. 국가가 국토를 확장하려면 법은 그 취지에 맞추어, 인민은 모두 성을 공격하고 토지를 약탈하는 것을 지극한 선으로 여기고 겸애(兼愛)나 비공(非攻) 따위의 학설은 주장하지 못하도록 규정해야 한다. 다만 가령 국가가 절검(節儉)을 제창하려면, 묵자의 절용(節用)과 박장(薄葬)의 설은 금해서는 안 될 뿐더러 관에 설치해두고 인민들로 하여금 준수하도록 해야 한다. 한비자는 말했다.

> 군주가 학설을 들어보고, 그 주장을 옳게 여겼다면 마땅히 관에 설치하고 그 인물은 등용해야 하고, 그 주장을 그르게 여겼다면 **그 인물을 물리치고 그 단서(싹)를 종식시켜야** 한다. 그런데 현재 옳다고 여기면서도 관에 설치하지 않고, 그르다고 여기면서도 그 단서를 종식시키지 않고 있다. 옳은데도 채용하지 않고 그른데도 종식시키지 않는 일이야말로 혼란과 패망의 길이다.[60]

> 명철한 군주의 나라는 죽간에 새긴 글월을 없애고 **법을 바탕으로 교화를 실시하며**, 선왕(先王)의 유훈을 없애고 **관리를 스승으로 삼는다.**[61]

"법을 바탕으로 교화를 실시하고" "관리를 스승으로 삼아", "학설 주창자는 반드시 법에 귀속시키는 것"[62]이 『한비자』의 사상통일 방책이다. 백가의 학설을 그 근본이나 이론체계에 상관없이 오로지 실용성을 근본으로 하고 부국강병(治世強國)을 기준으로 하여, 각 학파의 학설과 주장의 실질적인 영향을 평가한 다음, 각 학파에 대해서 취사선택하여 법에 귀속시켜 통일한다는 것이다. 그는 이러한 방법을 가지고 도가의 청허무위(清虛無爲)의 논의를 채택하여 군도무위(君道無爲 : 임금의 도는 무위

60) 人主於聽學也, 若是其言, 宜布之官而用其身 ; 若非其言, 宜去其身而息其端. 今之爲是也, 而弗布於官, 以爲非也, 而不息其端 ; 是而不用, 非而不息, 亂亡之道也. (「현학(顯學)」, 『한비자』, 1091쪽)

61) 明主之國, 無書簡之文, 以法爲教 ; 無先王之語, 以吏爲師. 〈제13장,주30〉

62) 言談者必歸於法. ["言談者必軌於法." (「오두」, 『한비자』, 1067쪽)]

에 있음)의 설로 삼고, 유가의 충군(忠君)과 정명(正名) 그리고 기타 부국강병에 유리한 각 학파의 학설을 채택하여 법의 내용으로 삼았다. 근래에 왕세관(王世琯)은 "한비자는 실로 유, 도, 법 3가를 집대성했다"[63] 고 말했다. 그렇게도 말할 수 있겠으나, 한비자가 집대성한 내용은 단지 확실하고 간단한 주장으로서 결코 미묘한 말이나 체계적인 논의는 없다. 그의 사상통일 방법은 실용에 치중해 있었고 근본적인 이론 측면에는 없었다. 그러나 법가적 입장에서 보면 그것이 합리적인 방법이었다. 한비자의 사상통일은 대체로 국가 혹은 통치자의 관점에 입각한 것이었으므로, 그에게는 사상통일의 학설은 있었으나 "도술통일"의 학설은 없었다고 우리는 말할 수 있다. 다만 그가 각 학파로부터 취사선택했다는 사실과 그리고 각 학파 역시 때로 유용하다고 여긴 그의 견해는 잡가에게 영향을 주었다.

4. 잡가 총론

『한서』「예문지」는 말한다.

> 잡가학파(雜家者流)는 아마 **의관**(議官 : 정책을 의론하는 관직)에서 나온 듯하다. 그들은 **유가와 묵가를 아우르고 명가와 법가를 조화시켜**, 국가(의 전장제도)에는 이 모두가 필요하다고 인식했고, 왕도정치는 이 모두를 통합해야 한다고 파악했다. 이것이 바로 이 학파의 장점이다. 하지만 어설픈 이들이 시도한 경우에는 방만하기만 하고 도무지 중심 사상이 없었다.[64]

「예문지」는 잡가 서적 목록에 『회남내(淮南內)』 21편, 『회남외(淮南外)』 32편을 열거했다. 현존 『회남자(淮南子)』는 바로 이 내편이다. 맨 끝에 요점을 요약한 편(「요약편(要略篇)」)이 있는데 [유안은] 스스로 이렇게 말했다.

---

63) 韓非子實集儒道法三家之大成.(왕세관, 『한비자 연구(韓非子硏究)』)

64) 雜家者流, 蓋出於議官, 兼儒墨, 合名法, 知國體之有此, 見王治之無不貫, 此其所長也. 及盪者爲之, 則漫羨而無所歸心. (『한서』, 1742쪽) [盪 : 비틀거리다, 방종하다]

> 나의 이 저서는 천지의 현상을 관찰하고 고금의 이치(학설)를 관통하며, 사리를 가늠하여 법도를 수립하고, 형세를 헤아려 합리성을 모색한 것이다. 도를 지향하는 인간의 마음을 궁구하고, 삼대의 성왕의 기풍에 부합시켜 광대한 분야를 섭렵했으며, 오묘한 현상 가운데 깊이 정진하여 미소한 것도 탐색했고, **찌끼는 버리고 정수만을 포착함으로써** 천하를 통괄하고 만물을 질서짓고 변화에 적응하고 상이한 부류에 관통하도록 했다. **한 방면의 노선을 좇거나 한 측면의 입장을 묵수하지 않았고**, 외물에 이끌리고 얽매이거나 세속과 더불어 변천하지 않으려는 일은 없었다. 따라서 일상사에 적용할 경우에는 고루함이 없고 천하에 응용할 경우에도 산만함이 없을 것이다.[65]

앞의 두 문단에서 보면 소위 잡가학파는 바로 "유가와 묵가를 아우르고 명가와 법가를 조화시켜" "한 방면의 노선을 좇거나 한 측면의 입장을 묵수하지 않은" 학파였음을 알 수 있다. 그들은 스스로 이러한 방책이라야 도술의 전체(全)를 얻을 수 있고, 이러한 관점에서 볼 때 각 학파의 학자는 모두 한 부분 한 측면의 선비(一曲一隅之士)라고 여겼다.

전국시대 말에 각 학파는 사상통일에 대한 주장을 나름대로 가지고 있었다. 유가의 순자 일파는 여러 철학자는 저마다 소견이 있으나 바로 그 소견 때문에 한 부분에 가로막혀 대리(大理)에 몽매했다고 여겼다. 도는 대리에 있지 한 부분에 있지 않으며, 전체이지 부분이 아니다. 도의 구체적인 대표가 왕제(王制)이니, "왕제를 높이고" "간언을 금하여" 사상을 통일할 것을 주장했다. 도가의 경우, 『장자』「천하편」은 도술(道術)이 흩어져 방술(方術)이 되었고 방술은 마치 인간의 이목구비처럼 각기 그 용도가 있으나 서로 상통할 수 없는 경우와 같다고 여긴다. 도술의 위대한 순박함(大純)은 이제 상실되었고 다시 얻을 수 없다. 백가는 한 번 갈라져 "일단 빠져들어 돌이키지 않고 있는"〈주30〉 것이다. 「천하편」에도 사상통일의 방법이 있다고 한다면, 그 방책은 역시 통일하지 않음(不一)으로써 통일하는 것일 것이다. 법가는 법치를 주장하여 세상을 다스려

65) 若劉氏之書, 觀天地之象, 通古今之事('事'一本作'論'), 權事而立制, 度形而施宜. 原道之心, 合三王之風, 以儲與扈冶, 玄眇之中, 精搖靡覽, 棄其畛挈, 斟其淑靜, 以統天下, 理萬物, 應變化, 通殊類. 非循一迹之路, 守一隅之指, 拘繫牽連於物, 而不與世推移也. 故置之尋常而不塞, 布之天下而不窕. (『회남자』, 711-12쪽)

강국(強國)으로 만들 것을 목적했다. 이 목적에 부합하는 것은 관에 설치하고 법에 귀속시키며, 이 목적에 부합하지 않는 것은 "그 인물을 물리치고 그 단서를 종식시켜"〈주60〉` "학설 주창자는 반드시 법에 귀속토록"〈주62〉 했는바, 법은 곧 모든 사람의 언행의 최고 표준인 것이다. 이러한 모든 견해들은 춘추시대 이후, 학설들이 벌 떼처럼 일어나 온갖 파벌이 생기고 잡다한 학설들(雜反之說)이 상호 충돌하는 상황에서 제기된 것인데 당시 정치적 통일의 추세에 부합하는 것이기도 했다. 전국시대 말 이후 이러한 견해는 당시 사상의 주조(主潮)를 이루었다. 이러한 사상의 유행은 일련의 절충주의적 학자들을 불러일으켰고, 그들은 일곡지사(一曲之士)가 아니라고 자처하고, 한 학파의 자취를 묵수하지 않고 각 학파를 종합하여 "그 찌끼는 버리고 정수만을 포착하여", 분리된 각 학파의 학설들을 통합하려고 시도했는데, 이러한 부류의 사람들이 『한서』「예문지」에서 말한 "잡가학파"였기 때문이다. 그후 진한시대 무렵에 정치상으로 전국가가 통일되고 "수레의 궤간과 문서의 문자체와 행위규범이 통일되었는데",[66] 이러한 정황하에서 이처럼 여러 학파의 파별을 종합하는 일을 자처하는 일이 가장 성행했던 것이다.

잡가가 의거한 이론적 근거의 핵심은 전국시대 말에 생긴 "도술통일설"이다. 유가, 도가 두 학파 모두 "도술통일설"이 있었지만 여러 학파에 대한 태도는 뚜렷이 달랐다. 순자에 따르면, 각 학파의 소견이 바로 편견(所蔽)으로서 어리석은 자는 한 조각을 얻고 도를 안다고 자처하는데, "대리(大理)"의 측면에서 보면 각 학파는 모두 "무지(無知)"하므로, 오직 왕제에 부합하고 예의(禮義)를 따른 것이라야 견해가 가려막히지 않고 도의 전체를 얻은 것이다. 『장자』「천하편」에 따르면, 백가의 학설은 "총체적이지 못하고 보편적이지 못했지만"〈주43〉 "고대에 그 방면에 도술을 집중했던 것들이니"〈주28〉 결코 완전 무지한 것은 아니었다. 또한 백가의 학설은 이목구비처럼 서로 상통할 수는 없으되 그래도 각각의 용도는 있었다. 다만 각 학파는 "일단 빠져들어 돌이키지 않고 있어서" 순일(純一)한 도술은 천하에 분열되었으므로 "슬프다"고 여겼을 뿐이

66) 車同軌, 書同文, 行同倫. [『중용장구』 28장] 〈제14장,주89〉

다. 반면에 순자가 말한 온전한(總全) 도는 진정 객관적인 관점에서 보면 실제로는 순자 자신의 도였다. 모두가 왕제(王制)를 "융정(최고 표준)"으로 승인해야만 논변이 가능하다면 더 이상 무슨 논변을 할 수 있겠는가? 여타의 학파는 전부 투항할 수밖에 없고 어떠한 화해나 타협도 있을 수 없다. 따라서 순자의 방책에 따르면 오직 "백가 축출론"[67]만 있을 수 있고 여러 학파를 절충하는 잡가는 생길 수 없다. 그러나 『장자』「천하편」은 백가의 학설은 모두 온전한 도술의 일부분을 얻었고 마치 이목구비처럼 저마다 소용이 있다고 여겼다. 「천하편」이 말하는 온전한 도술이란 당시의 여러 방술의 총합으로서 이목구비가 모두 온전한 경우라고 생각할 수 있다.[68] 만약 이렇게 생각한다면 온전한 도술을 얻으려면 반드시 어느 한쪽으로 치우치지 않고 백가를 망라하여 온전함을 성취해야 하는데, 이것이 바로 잡가의 태도였다. 오직 이러한 태도 하에서만 절충주의가 생겨 "유가와 묵가를 아우르고 명가와 법가를 조화시킬" 수 있었다.

그러나 다른 측면에서 볼 때, 만약 전적으로 『장자』「천하편」에서 견지한 태도에 따르면 역시 잡가는 생길 수 없다. 『장자』「천하편」에서 견지한 태도는 도가의 태도인데, 도가는 두 가지 점에 대해서 매우 확고하다: 첫째, 도술은 "천지의 순박함(純)"이다. 순은 순박(純樸)의 뜻이 있는데, 순(純)은 가장 좋고 가장 완전한 것이다. 그것은 개념적 분별(名言分別)을 통해서 얻어지는 것이 아니기 때문에 최고의 지혜이다. 각 학파의 학설은 모두 개념적 분별로부터 부연해나간 것이므로, 각 학파는 모두 순일한 도술을 분열시킨 죄인이고 그들은 서로 소통하거나 서로 부합할 수 없다. 도술이 방술로 분열한 것은 마치 "원목이 흩어져 기물이 되는 것"[69]과 같고, 마치 일곱 구멍이 뚫리자 혼돈이 죽은 것과 같다.* 둘째, 무위(無爲)를 좇는 것 역시 도가가 견지하는 점이다. 백가가 벌 떼처

---

67) 罷黜百家. ["孝武初立, 卓然～, 表章六經."(「무제기찬(武帝紀贊)」, 『한서』)]

68) 【주】이러한 착상(생각)은 사실상 「천하편」의 뜻과 맞지 않는다. 「천하편」이 말한 도술은 순일(純一)한 것이어서 이목구비의 온전함이란 아직 쪼개지지 않은 원목과 같은 것이지 그후 쪼개져버린 것들과 같은 것이 아니다.

69) 樸散而爲器. ["樸散則爲器."(『노자』 28장)] 〈제8장,주92〉

* 「응제왕」, 『장자』, 309쪽: 남해의 제왕은 숙(儵), 북해의 제왕은 홀(忽), 중앙의 제왕은 혼돈(渾沌: 천지개벽 이전의 道體)이었다. 숙과 홀은 늘 혼돈의 땅에서 만났

럼 일어나 잡다한 학설들이 분쟁한 것은 원인이야 어떻든 간에 이미 기성 사실이 되었고, 백가가 "일단 빠져들어 돌이키지 않아"〈주30〉 "도술이 천하에 분열된 것"이 바로 당시의 추세였다. 이러한 추세에 대하여 도가는 다만 "슬프다"라는 탄성을 지를 수 있을 뿐이었다. 후대의 학자들은 "천지의 순박함과 고인의 대체를 볼"〈주38〉 수 없었던 만큼 마음은 간절했다 해도 능력이 미칠 수 없었다. "정신을 고생시켜 통일을 도모함"[70]은 도가가 가장 반대한 일이다. 방술을 통일할 수 없음을 인식한 이상 통일하려고도 하지 않았으니 역시 잡가가 발생할 수 없었다. [반면에] 잡가는 방술은 통일할 수 있다고 여겨 통일을 시도했고, 또 도술은 순박하면 할수록 더욱 좋다는 견해에도 찬성할 수 없었다. 극히 순박하다면 물론 "통일"할 수 있겠으나 그러한 "통일"은 사실상 그다지 큰 쓸모가 없기 때문에, 전적으로 「천하편」에서 견지한 태도를 채용하면 역시 잡가가 발생할 수 없었다. 한비자의 학설과 그가 사상통일의 필요성을 제시한 점 역시 잡가에게 영향을 줄 수 있었음은 앞에서 이미 말했다. 이제 잡가가 전국 말기의 "도술통일설"과 사상통일의 주창자들로부터 계승한 내용을 다음 몇 가지로 열거한다.

첫째, "도술통일설"의 중심 관점은 전국시대 말의 유가, 도가 두 학파가 공인한 것인데, 그 설은 도술 전체는 모든 학설을 포괄하거나 혹은 모든 학설의 "좋은(好)" 측면을 포괄한다고 여긴다.

둘째, "도술통일설"은 백가의 학설에 대해서 각기 온전한(總全) 도술의 한 조각 한 측면(一偏一隅)을 파악했다고 여기는데, 이 역시 순자와 「천하편」이 공동으로 주장한 내용이다.

셋째, 잡가는 또 순자와 한비자의 견해를 채용하여 각 학파의 학설은 통일할 필요가 있다고 여긴다. 실용적 측면에서, 학설은 반드시 통일되고 둘이 아니어야 법령을 혼란하거나 시비를 혼동하지 않게 되고, 인식

는데, 혼돈은 그들을 매우 잘 대해주었다. 숙과 홀은 혼돈의 은덕에 보답할 요량으로 말하기를 "사람은 누구나 일곱 구멍이 있어서 보고, 듣고, 먹고, 숨쉬는데 혼돈만이 그것이 없으니 한번 뚫어줘봅시다" 하고, 날마다 한 구멍씩 뚫었는데, 7일 만에 혼돈은 죽고 말았다. 〈제10장,주36〉

70) 勞神明而爲一. [神明 : 정신] ["勞神明爲一"(「제물론」, 『장자』, 70쪽)]

적 측면에서, 반드시 대전(大全)의 도술을 알아야 온전한 인식의 선비(全知之士)라고 할 수 있다.

이 세 가지가 바로 잡가 성립의 이론적인 기초였다. 그들은 한 학파의 설을 표준으로 삼아 여타 학파를 통일한다는 순자의 주장을 받아들일 수도 없었고, 방술은 통일할 수 없다는 『장자』「천하편」의 이론도 받아들일 수 없었다. 잡가는 처음부터 어느 한 학파만을 종주로 삼지도 않았고 또 단독적으로 어느 한 학파의 학설로부터 발전되어나온 것도 아니었다.

물론 잡가가 한 학파를 종주로 삼지 않았다는 말은 다른 학파의 영향을 받은 적이 없다는 말이 결코 아니다. 앞에서 이미 언급했듯이 도술통일설은 도가의 흥기와 매우 큰 관계가 있다. 중국의 선진시대 철학은 일반적으로 실제 삶의 문제를 중시했던 관계로, 형이상학을 갖춘 것으로는 단지 앞에는 도가, 뒤에는 『역전(易傳)』이 있을 뿐인데, 『역전』은 도가의 영향을 매우 크게 받았다. 또한 도가가 논한 문제는 다른 학파가 논한 것보다 더욱 근본적인 것이 많았기 때문에 잡가는 많은 곳에서 모두 도가의 관점을 채택했다. 예컨대 『여씨춘추』는 벽두에 "본생(本生)"과 "중기(重己)"를 논했고, 『회남내편』에는 벽두에 「원도(原道)」의 가르침(訓)이 있는데, 모두 도가적인 의론이다. 강전(江瑔)은 『독자치언(讀子卮言)』에서 이렇게 말했다.

> 도가(道家)의 정통을 얻었을 뿐만 아니라 도가에서 얻은 사상이 여타의 학파에 비해서 더욱 많았던 것은 오직 잡가였다. 잡가가 도가의 종자(宗子 : 宗家의 맏아들)라면 여타의 학파들은 모두 도가의 방계혈통이라고 할 수 있다. 잡가의 학설은 도가를 근본으로 삼는 한편 다른 사상에도 통달하고 널리 종합했으며 더욱이 유가, 묵가, 명가, 법가의 설을 전고[典故]로 채용했기 때문에, 세상에서 잡가라고 불렀던 것이다. 이것은 여러 학파의 설들을 채용하여 잡가의 사상을 심오하게 함으로써 왕도(王道)가 모든 학파의 사상에 일관적임을 밝힌 것에 불과한 것이고, 잡가의 귀결점은 여전히 도가에 있었다.[71]

71) 其得道家之正傳, 而所得於道家, 亦較諸家爲多者, 則惟雜家. 蓋雜家者, 道家之宗子, 而諸家者, 皆道家之旁支也. 惟其學雖本於道家, 而亦旁通博綜, 更典采儒墨名法

그러나 사실 도가를 종주로 삼고 각 학파의 설로써 심화했다는 말이 현존하는 잡가의 저작 속에서 직접 언급된 적은 없다. 내용 면에서 볼 때도 역시 많은 곳이 도가의 사상과 결코 일치하지 않는다. 잡가의 대표작으로 현재 『여씨춘추』와 『회남내편』이 있다. 『회남내편』의 도가와의 관계는 『여씨춘추』보다 더욱 깊다. 고힐강 선생은 「『여씨춘추』로부터 추측한 『노자』의 성립연대」[72]라는 논문에서, 『여씨춘추』와 『회남내편』 두 책의 도가에 대한 관계정도상의 차이를 논하여, 『노자』라는 책은 이 두 책이 쓰인 중간시기에 저작되었다고 추측한 바 있다. 그러나 『회남내편』 역시 도가를 종주로 삼지는 않았는데, 앞에서 보았듯이, 스스로 "한 방면의 노선을 좇거나 한 측면의 입장을 묵수하지 않았다"〈주65〉고 말했다. 요컨대 잡가는 도가가 아니고 또 어떤 특정 학파를 종주로 삼지도 않았으며, 진한(秦漢)의 통일국면의 요구에 응하여, 전국시대 말의 "도술통일설"을 주요 이론적 근거로 삼아, 실제로 여러 학파를 종합하려고 기도했던 일파의 사상이었다. 이러한 사상이 진한시대에 주조(主潮)를 이루었던 것이다. 진한시대의 모든 학파와 모든 철학자들은 모두 잡가적인 색채를 면할 수 없었다.

『여씨춘추』와 『회남내편』은 『한서』「예문지」에서 모두 잡가로 분류되었는데, 다음 세 가지 공통점이 있다.

첫째, 두 책은 모두 그 종주를 내세우지 않았고, 어느 한 학파를 위주로 한다고도 천명하지 않았다. 『회남내편』은 더욱이 "한 방면의 노선을 좇거나 한 측면의 입장을 묵수하지 않았다"고 직접 명시했다. 『여씨춘추』는 여러 학파를 언급하면서 평등하게 대하여, 노담, 공자, 묵적, 관윤, 열자, 전변, 양주, 손빈, 왕료, 아량 등을 모두 일률적으로 논하여 호사(豪士 : 뛰어난 인물)라고 불렀는바〈주79〉, 결코 무엇이 더 높고 무엇이 더 낮다고 제시한 적이 없다.

둘째, 그렇기는 했지만 이 두 책은 또한 일련의 기존 이론에 근거하여 각기 하나의 표준을 만들어 그 표준을 가지고 상호 충돌적인 각종 학설

之說 : 故世名之曰雜家. 此不過采諸家之說, 以濬其流, 以見王道之無不貫 ; 而其歸宿仍在道家也. (「백가의 모체로서의 도가(論道家爲百家所從出)」 장〔章〕)

72) 고힐강(顧頡剛, 1893-1980), 『고사변(古史辨)』IV, 462-519쪽.

과 주장들을 선택하여 한곳에 모아, "천하 고금의 의론을 총괄하여" "찌끼는 버리고 정수만을 포착함으로써 천하를 통괄하고 만물을 질서짓고 변화에 적응하고 상이한 부류에 관통하도록 하며"〈주65〉, 단점은 버리고 장점은 취하여 "왕도정치는 이 모두를 통합해야 한다고"〈주64〉 천명했던 것이다. 스스로 말하기를 그렇게 하면 천하의 방술을 한 화로에 용해함으로써 도술의 온전함(總全)을 얻을 수 있다고 했다. 그밖에 또 다른 학파와 이론적 관계가 없는 학설들도 다른 학파와 충돌하지만 않으면 역시 편입되었다. 예컨대 『여씨춘추』 중의 '기(紀)'의 월령(月令)과 '논(論)'의 농업기술의 학설들(「상농편(上農篇)」, 「임지편(任地篇)」 따위), 『회남내편』 중의 천문과 지형에 대한 훈(訓)이 그것이다.* 이것이 곧 통일이라는 것이었다.

셋째, 역사기록에 따르면 두 책은 모두 통치권자들이 그들의 식객에게 명하여 편찬한 것들이다. 여불위는 진(秦)나라의 상국(相國)이었고, 유안은 회남(淮南)의 왕이었다. 『사기』에 따르면 "여불위는 식객들에게 각자의 견문을 저술하게 하여 그 의론을 8람(覽), 6론(論), 12기(紀)로 결집했다."[73] 『한서』에 따르면 회남왕은 "빈객과 방술의 선비 수천 명을 불러 모아 21편의 내서(內書)와 매우 많은 외서(外書)를 짓게 했다."[74] 여기서 두 가지 점을 알 수 있는데, 첫째 학설의 통일은 통치권자들의 요구사항이었다는 점이고, 둘째 이러한 결집 및 절충 작업은 식객들에게 시키면 가장 적합했다는 점이다. 「예문지」에 "잡가학파는 의관(議官)에서 나왔다"〈주64〉고 했는데, 즉 잡가학파는 식객들로부터 나왔다고 말할 수 있다.[75]

---

* 『여씨춘추』 12기(紀)는 「맹춘기(孟春紀)」, 「중춘기(仲春紀)」 등의 12편으로 되어 있고, 『회남내편』에는 「천문훈(天文訓)」, 「지형훈(地形訓)」 편이 있다.

73) 呂不韋乃使其客人人著所聞, 集論以爲八覽, 六論, 十二紀. (『사기』, 2510쪽)

74) 招致賓客, 方術之士, 數千人, 作爲內書二十一篇, 外書甚衆. (『한서』, 2145쪽)

75) 【주】『한서』「예문지」에 잡가는 의관에서 발생했다고 했는데, 고대에 과연 의관이 존재했는지의 여부는 아직 고증이 필요하다. 『사기』「전완세가(田完世家)」에 따르면 "제 선왕은 학문과 유세의 선비들을 좋아했다. 그리하여 추연, 순우곤, 전변, 접자, 신도, 환연 등의 76명은 모두 즐비한 저택을 하사받고, 상대부가 되었는데, 정치에는 종사하지 않고 학술적인 의론에만 전념했다(不治而議論)."〈제7장,주5〉 이처럼 정치에 종사하지 않고 의론에만 전념한 상대부를 만약 의관이라고 할 수 있다면, 의관은 사실상 백가의 학설을 갖추었을 것이기에 잡가가 이런 의관

호적(胡適) 선생은 그의 저서 『회남왕서(淮南王書)』에서, 잡가는 싣지 않은 것이 없는 한 대의 쓰레기차라고 말했다. 그러나 실은 쓰레기차였기 때문에 무엇이든 싣지 않을 수 없었던 것이다. 잡가는 "유가와 묵가를 아우르고 명가와 법가를 조화시킨" 학파로서, 진한시대에 유행한 "도술통일"의 사상에 근거하여 성립된 것이다. 따라서 한 부분에 얽매이지 않고 한 학파를 고정하지 않았는데, 그래야 도술 전체를 얻을 수 있다고 여겼다. 그것은 비록 여러 학파에서 채택하기는 했어도 다만 후대의 총서 편찬의 경우처럼 원서 전부를 넣으면 그만인 것과는 달랐다. 잡가 학파는 그들의 주장이 있었으니, 도술은 "하나"요 또한 마땅히 "하나"여야 한다고 주장했다. 그 "하나"란 결코 각 학파를 부정하고 오직 그 하나만을 남긴다는 것이 아니라, 모든 학파를 절충하여 "하나"로 만든다는 것이었다. 다르거나 혹은 상반된 학설들을 절충하고 조화하여 통일시키려는 모든 시도는 모두 잡가적인 태도요 잡가적인 정신이다.*

5. 『여씨춘추』

호적 선생은 말했다.

『여씨춘추』는 여러 빈객의 합작으로 편찬된 책이기는 하지만 그 가운데에는 특별히 강조한 중심사상이 적지 않다. 비록 그 구성이 엄밀하지 못하고 조리도 그다지 분명하지 못하지만 그 내용을 자세히 읽어보면 우리는 그것

에서 나왔다고 해도 통하는데, 다만 이런 부류의 의관은 실은 식객이었던 것이다.

* 『신편』III, 137쪽 : 잡가의 인물은 이 학파(家)에서 한 점, 저 학파에서 한 점을 취하여 한 권의 책 속에 베껴넣었다. 그러나 읽어보면 각 학파의 것들은 여전히 각 학파의 것 그대로였다. 그것은 한 권의 책 내용을 관철하는 하나의 중심 사상이 없기 때문에 실제로는 한 권의 책이 못 되는 것이다. 무릇 한 권의 책이란 아무리 큰 책이라도 어쨌든 그 속을 관철하는 하나의 중심 사상이 있어야 하나의 체계를 이루는 것인데, 잡가가 잡탕인 이유는 하나의 체계를 이루지 못하기 때문이다. / 무릇 대사상가나 철학자는 모두 자연과 사회와 인간을 그 연구대상으로 삼는다. [그러나] 잡가의 인물은 각 학파의 장점을 수집하는 데에 중점을 두었기 때문에 필연적으로 각 학파의 학설을 그 대상으로 삼을 수밖에 없었다. 마치 회화를 배우는 사람이 자연과 삶의 묘사를 중시하는 것이 아니라 다른 사람의 밑그림을 모사하는 데에 중점을 둔 경우와 같았다.

이 **종합을 지향하는**(有意綜合的) 하나의 사상체계를 대표하는 것임을 인정하지 않을 수 없다.[76]

호적 선생은 『여씨춘추』가 특별히 중시한 중심 사상은 개인주의적인 중생(重生 : 생을 중시함)과 귀기(貴己 : 자기를 귀중시함)라고 설명했다. 중생과 귀기는 『여씨춘추』가 중시한 사상이지만 『여씨춘추』 자체의 고유사상은 아니다. 『여씨춘추』 「심분람」에 "양생(陽生)은 자기를 중시했다(貴己)"〈주79〉고 했는데, 귀기는 양생의 설이고 양생은 바로 양주(楊朱)이다.

이런 측면에서 보면 『여씨춘추』는 양주에 가깝지만 또 다른 측면에서 보면 묵자에도 가깝다. 노문초는 말했다.

> 『여씨춘추』는 대체로 묵자의 학설을 종주로 삼고 유가의 학술로 겉을 수식했다. 그 가운데서 「중기(重己)」, 「절상(節喪 : 상례의 간소화)」, 「안사(安死 : 편안한 죽음)」, 「존사(尊師 : 스승 존중)」, 「하현(下賢 : 현자에게 겸손함)」 편 등은 모두 묵가의 도이다.[77]

그러나 『여씨춘추』가 묵가의 도에 가까운 것은 사실 절상(節喪)과 안사(安死) 등의 주장에 있지 않다. 『여씨춘추』가 절상과 안사를 주장한 이유가 묵가가 절장(節喪 : 節葬)과 단상(短喪)을 주장한 이유와는 다르기 때문이다. 묵가는 공리주의를 견지했고, 『여씨춘추』 역시 공리주의를 견지한다. 이 점에서 『여씨춘추』는 묵가의 도에 가깝다. 그러나 양자간에는 하나의 차이점이 있다. 묵가는 천하를 이롭게 하는 것을 이익으로 여기지만, 『여씨춘추』는 생에 순응하고 천성에 부합하는 것(順生適性)을 이익으로 여긴다. 즉 『여씨춘추』는 양주와 묵자의 학설을 혼합해서 말했던 것이다. 『여씨춘추』는 각 학파를 모두 혼합하려고 했으니 이것이 바로 호적 선생이 말한 "종합을 지향함"이었다. "종합을 지향함"이 바로 잡가적인 태도였다.

『여씨춘추』의 중생론적(重生論的) 공리주의는 바로 양주와 묵자를 혼

---

76) 「『여씨춘추』 읽는 법(讀呂氏春秋)」, 『호적문존(胡適文存)』 3집.

77) 노문초(盧文弨, 1717-95), 「서여씨춘추후(書呂氏春秋後)」, 『포경당문집(抱經堂文集)』 [『여씨춘추』, 1864쪽]

합한 설이므로 결코 독특한 창견이 아니다. 잡가는 절충을 위주로 했기에 독특한 사상이 없었다. 잡가의 특성은 바로 혼합과 절충에 있었다. 호적 선생은 중생과 귀기를 『여씨춘추』의 중심 사상으로 여겼는데, 만약 그가 말한 중심 사상이 하나의 체계 속에서 털 하나만 당기면 온 몸이 움직이는 그런 근본 사상을 뜻한다면, 잡가에는 그런 중심 사상은 없었다. 그런 중심 사상이 있었다면 잡가일 수 없었을 것이다. 잡가가 가진 것은 백가(百家)의 학설을 간추릴 표준뿐이었으며, 그 표준이 있으면 "모든 시비(是非)와 가불가(可不可)를 가려낼"[78] 수 있으므로, 이미 충분했던 것이다. 만약 이것도 중심 사상이라고 한다면 그와 같은 중심 사상은 잡가이므로 가질 수 있는 것이었다.

1) 방술통일론(方術統一論)

『여씨춘추』는 말한다.

온갖 사람들의 의론을 청종하여 나라를 다스린다면 국가는 이내 위태로워질 것이다. 이렇게 말하는 근거는 무엇인가? 노담은 유(柔 : 유약), 공자는 인(仁), 묵적은 렴(廉 : 청렴, 검소), 관윤은 청(淸 : 맑고 고요함), 자열자는 허(虛 : 겸허, 淸虛), 전변은 제(齊 : 만물의 무차별성), 양생은 자기(己), 손빈은 세(勢 : 형세, 권세), 왕료는 선(先 : 예비책), 아량은 후(後 : 수습책)를 중시했다. 이 열 사람은 모두 천하의 **뛰어난 인물**(豪士)이다.

[전쟁터에서] 징과 북을 사용함은 명령을 통일하기 위해서요, 반드시 법령을 일률적으로 적용함은 민심을 통일하기 위해서요, 지혜로워도 교묘한 재주를 부리지 못하고 우둔해도 졸렬하지 못하게 함은 대중을 통일하기 위해서요, 용감해도 앞서지 못하고 겁이 나도 뒤쳐지지 못하게 함은 전력을 통일하기 위해서이다. 이처럼 통일되면 태평하지만 분열되면 혼란하며, 통일되면 안정되지만 분열되면 위태롭게 된다. 무릇 **온갖 상이한 것들을 평정**(齊萬不同)하여, 우둔하든 지혜롭든 재주 있든 졸렬하든, 모든 사람이 각자의 역량과 재능을 다 발휘하게 하여 일사불란하게 할 수 있다면 바로 그런 인물이 성인이다.[79]

78) 是非可不可無所遁. (「서의(序意)」, 『여씨춘추』, 648쪽)

79) 聽群衆人議以治國, 國危無日矣! 何以言其然也? 老聃貴柔, 孔子貴仁, 墨翟貴廉, 關

즉 천하를 다스리고자 하는 자는 반드시 방술의 통일을 추구해야 한다는 말이다. 방술통일의 방법은 "온갖 상이한 것들을 평정하는 것"이다. 『여씨춘추』는 또 말한다.

> 사물은 무엇이든 간에 장점이 없는 것도 없고 단점이 없는 것도 없다. 사람도 마찬가지이다. 따라서 잘 배우는 사람은 타인의 장점을 취하여 자신의 단점을 보완한다. 그리하여 여러 사람의 장점을 잘 빌리는 사람이 결국 천하를 점유하게 된다.……세상에 순전히 흰 여우는 없지만 순전히 흰 갖옷은 있는데, 여러 마리의 여우에서 흰 부분만을 취했기 때문이다〈주120〉. 여러 사람의 장점을 채취한 것이 바로 삼황 오제가 위대한 공명(功名)을 세울 수 있었던 까닭이다.[80]

『여씨춘추』는 백가 학설의 통일에 대해서 역시 이런 태도를 견지하고 이런 방법을 썼다. 그러나 여우 가죽의 흰색 여부는 눈으로 보면 되지만, 백가 학설을 간추려 그 시비를 변별하고 가불가를 고찰하려면 반드시 표준으로 삼을 하나의 원칙이 있어야 했다. 이 원칙이 바로 『여씨춘추』의 중생론적 공리주의 즉 의·리론(義利論)이다.

2) 의·리론(義利論)

중생(重生)은 본래 두 측면이 있으니, 신체적 측면의 중생과 정신적 측면의 중생이다. 신체적 측면의 경우, 6욕이 그 욕구대상을 얻는 것이 순생(順生)이고, "하나도 충족되지 못함"은 휴생(虧生)이고 박생(迫生)이다. 정신적 측면의 경우, 인간의 본성은 핍박(服)을 싫어하고 굴욕(辱)을 싫어한다. 따라서 핍박과 굴욕을 당하고 사는 것은 인간의 본성에 반하

尹貴清, 子列子貴虛, 陳駢(田駢)貴齊, 楊生貴己, 孫臏貴勢, 王廖貴先, 兒良貴後 : 此十人者, 皆天下之豪士也. 有金鼓所以一耳, 必同法令, 所以一心也 ; 智者不得巧, 愚者不得拙, 所以一衆也 ; 勇者不得先, 懼者不得後, 所以一力也 : 故一則治, 異則亂, 一則安, 異則危. 夫能齊萬不同, 愚智工拙, 皆盡力竭能, 如出乎一穴者, 其唯聖人矣乎? (「심분람(審分覽)」「불이(不二)」, 『여씨춘추』, 1123-34쪽)

80) 物固莫不有長, 莫不有短, 人亦然. 故善學者, 假人之長, 以補其短. 故假人者遂有天下.……天下無粹白之狐, 而有粹白之裘 ; 取之衆白也. 夫取於衆, 此三皇五帝之所以大立功名也. (「맹하기(孟夏紀)」「용중(用衆)」, 『여씨춘추』, 232-33쪽)

므로 역시 박생이다. 그래서 말한다.

> 소위 박생이란 6욕이 하나도 **충족되지 못하고** 모두 심히 혐오스런 상태에 처한 경우로서, 핍박(服, '여기서는 남에게 곤욕과 핍박을 받는다는 뜻'/호적)이 그것이고, 굴욕이 그것이다. 그런데 불의(不義)보다 더 큰 굴욕은 없다. 따라서 불의는 박생이다.[81)]

또 예를 들어서 이렇게 말한다.

> 동방에 한 선비가 있었으니 그 이름은 원정목(爰旌目)이었다. 먼길을 가는 중에 굶어죽게 되었다. 호부(狐父) 지방의 도둑 '구(丘)'가 그를 발견하고 밥단지를 꺼내어 그에게 먹였다. 원정목이 세 번 받아먹고 눈을 뜨며 사람을 알아보게 되자, "그대는 누구인가?" 하고 물었다. "나는 호부 사람 구입니다" 하자, 원정목은 "뭣이! 그렇다면 당신은 바로 도둑이 아닌가? 어째서 나를 먹였단 말인가? 나는 당신의 음식이라면 먹지 않는 것을 의롭게 여기는 사람이다" 하고, 두 손을 땅에 짚고 먹은 것을 토하려고 했으나 나오지 않았다. 왝왝 구역질을 계속하다가 결국 쓰러져 죽었다.[82)]

이것은 의롭지 못한(不義) 박생은 죽음보다 못하다는 사례이다. 본래 『여씨춘추』가 인간은 생을 중시하고(重生) 자기를 귀중시한다(貴己)고 여겼다고 하는 설도 통한다. 그러나 『여씨춘추』가 오직 중생과 귀기만을 논했다면 오직 양주의 위아(爲我)의 설만이 정당한 결론이 될 것이다. 그렇다면 『여씨춘추』가 어떻게 각 학파를 통일하려고 했겠는가? 양주의 학설에서 따져보면 틀림없이 여러 학파의 학설과 주장은 용납될 수 없다. 예컨대 분골쇄신하여(摩頂放踵) 천하를 이롭게 한다는 묵자의 주장이나, 유가의 살신성인(殺身成仁)과 사생취의(捨生取義), 즉 유묵이 말한

---

81) ……服(胡適謂 : "在此有受人困辱迫勒之意")……앞뒤 원문은 〈제7장,주29〉 참조.

82) 東方有士焉, 曰爰旌目, 將有適也, 而餓於道. 狐父之盜曰丘, 見而下壺餐以餔之. 爰旌目三餔之而後能視. 曰 : "子何爲者也?" 曰 : "我狐父之人, 丘也." 爰旌目曰 : "嘻! 汝非盜邪? 胡爲而食我? 吾義不食子之食也." 兩手據地而吐之, 不出 ; 喀喀然遂伏地而死. (「계동기(季冬紀)」「개립(介立)」, 『여씨춘추』, 628쪽) [狐父 : 공자의 고향 곡부(曲阜)와 음이 비슷하다. 여불위의 식객들이 공자를 조롱한 말 같다/역자]

"의(義)"라는 것은 중생(重生)의 설과는 도저히 병존할 수 없다. [그러나]『여씨춘추』는 "의"와 "중생"을 융합시키려고 했는데, 우리가 중시하는 "생(生)"에서 의(義)의 근거를 찾아내어 이 양자는 하나요 둘이 아니라고 말했기 때문이다. 의롭지 못함은 치욕이고 치욕은 박생이니 박생은 오히려 죽음보다 못하다는 것이다. 여기서 보면 중생에는 광의와 협의의 두 의미가 있다. 광의의 중생은 순생(順生)도 포괄하고 박생도 포괄한다. 협의의 중생은 육체의 존재만을 중시한다. 이생(利生 : 생을 이롭게 함)에도 광의와 협의의 두 의미가 있다. 광의의 이생은 모든 사람을 이롭게 하는 것, 즉 소위 의(義)를 포괄한다. 협의의 이생은 이기(利己 : 자기만 이롭게 함)이다. 중생 측면에서 보면 이(利)도 이익이요 의(義)도 이익인데, 우리로 하여금 박생을 살지 않게 하기 때문이다. 귀기(貴己) 측면에서 보면 자기를 이롭게 함(利己)도 귀기요 남을 이롭게 함 역시 귀기인데, 남을 이롭게 함은 의(義)이므로 자기의 본성에 합치하여 자기를 욕되게 하지 않기 때문이다. 『여씨춘추』는 이러한 하나의 정신적인 교량을 빌려 개인과 사회, 사리(私利)와 공리(公利), 중생(重生)과 의의 추구를 교류시켰던 것이다.

따라서 『여씨춘추』는 구차한(터무니없는) 탐리탐생(貪利貪生)의 주장을 반대하여 이렇게 말한다.

> 세상에서 부족한 것은 도리와 의리요, 넉넉한 것은 허망과 구차함이다.[83]

> 의롭지 못한 것이면 그 이득은 취하지 않는다고 나는 들었다.[84]

의에는 본래 응당 어떠해야 한다는 의미가 있는데, 무엇이 우리가 응당 해야 할 그런 것인가? 『회남자』「주술훈」에서 "의란 보편적으로 타당한 데서 생긴다"[85]고 했고, 또 「유칭훈」에서 "의란 사람의 마음에 견주어 보아 보편타당성에 부합한 것을 말한다"[86]고 했다. 이 말은 자못 『여씨춘추』의 말과 비슷하다. 『여씨춘추』는 사회에 대한 개인의 책임은 남의 생

83) 世之所不足者, 理義也 ; 所有餘者, 妄苟也. (「이속람(離俗覽)」, 『여씨춘추』, 1233쪽)
84) 吾聞之, 非其義不受其利. (『여씨춘추』, 1234쪽)
85) 義生於衆適. [法生於義, ~, 衆適合於人心.] (「주술훈(主術訓)」, 『회남자』, 296쪽)
86) 義者, 比於人心而合於衆適者也. (「유칭훈(繆稱訓)」, 『회남자』, 319쪽)

을 이롭게 하고, 뭇 사람의 생을 이롭게 하는 것이다고 주장한다. 따라서 말한다.

> 순 임금과 탕왕은……사랑과 이익을 근본으로 삼고 만민을 위하는 것을 의(義)로 삼았다.[87]
>
> 사람에게 옷을 입히는 것은 그가 추워하기 때문이요, 사람에게 밥을 주는 것은 그가 굶주리기 때문이다. 굶주림과 추위는 사람의 최대 재앙이다. 따라서 그러한 재앙을 막는 것이 바로 의(義)이다.[88]
>
> 선(善)과 불선(不善)은 의에 근거한다(달려 있다).[89]

선과 불선은 의로운가 의롭지 못한가를 기준으로 삼는다.

의(義)와 이익(利)에 대한 견해에는 두 가지가 있다. 하나는 군자의 견해요, 하나는 소인의 견해이다. 군자는 의(義) 역시 이익으로 인식하여 불의는 굴욕이고 박생(迫生)이라고 느끼기 때문에, 의를 행하고 구차히 살지 않는다. 소인은 오직 협의의 이익인 사리(私利)만 알고 공리(公利) 역시 이익임은 모르며, 오로지 내 몸의 보존만을 중생으로 알고 때로 사생(舍生, 핍박받는 생을 버림) 역시 중생임은 모른다. 『여씨춘추』는 말한다.

> 군자가 행동을 도모할 때는 의를 고려하지만, 소인이 행동을 도모할 때는 이익만 강구하기 때문에 이롭지 못하다. **이익이 아닌 이익**을 아는 사람이라야 더불어 도리를 논할 수 있다.[90]

이 문단은 의가 곧 '이익이 아닌 이익'임을 명시한다. 의는 때로 사리와 충돌하기 때문에 이익이 아닌 것도 같다. 그러나 공리와 사리는 사실상 늘 일치하는 것이다. 『여씨춘추』는 말한다.

---

87) 若夫舜湯……以愛利爲本, 以萬民爲義. (「이속람」, 『여씨춘추』, 1234쪽)

88) 衣人, 以其寒也, 食人, 以其飢也 ; 飢寒, 人之大害也, 救之, 義也. (「중추기(仲秋紀)」「애사(愛士)」, 『여씨춘추』, 458쪽)

89) 善不善, 本於義. (「유시람(有始覽)」「청언(聽言)」, 『여씨춘추』, 698쪽)

90) 君子計行慮義, 小人計行其[其 : 期]利, 乃不利. 有知不利之利者, 則可與言理矣. (「신행론(愼行論)」, 『여씨춘추』, 1481쪽)

> 즉 "천하가 크게 혼란하면 평화로운 국가는 없고, 온 나라가 혼란하면 평화로운 식읍(家 : 食邑)은 없고, 온 식읍이 혼란하면 평화로운 개인은 없다." ……즉 소집단의 안정은 반드시 대집단에 달려 있고 대집단의 안정은 반드시 소집단에 달려 있다.[91)]

개인의 이익 역시 반드시 공리 속에서만 보존될 수 있다는 말이다. 따라서 공리란 '이익이 아닌 이익'인 것이다.

3) "비공" 반대와 박장 등의 주장

우리의 행위와 주장(立論)은 반드시 의(義)·리(利)를 중심으로 한다. 따라서 공격전쟁에 대해서도 먼저 그 시비를 물어야지 일률적으로 비난할 수만은 없다.『여씨춘추』는 말한다.

> 고대의 현명한 왕들은 의로운 전쟁을 주장했지 전쟁을 폐기한 적은 없었다. 집안에 꾸지람과 회초리가 없으면 어린 종과 아이들의 잘못이 금방 눈에 띄고, 국가에 형벌이 없으면 백성들의 상호 침탈행위가 금방 생기고, 천하에 주벌(誅伐 : 토벌전)이 없으면 제후들의 상호 폭압행위가 금방 생길 것이다. 따라서 집안에 꾸지람과 회초리를 없앨 수 없고, 국가에 형벌을 폐기할 수 없듯이, 천하에 주벌을 폐기할 수 없다. 다만 실행에 잘하고 못하는 문제가 있을 뿐이다.[92)]

> 천하의 인민을 위한 군주들의 모든 시책 가운데 유덕자를 장려하고 포악자를 퇴치하며, 의로운 자를 포상하고 불의한 자를 징벌하는 일보다 더 중대한 것은 없다. 그런데 지금 세상에는 많은 학자들이 토벌전(攻伐)을 반대하며 방어전(救守)을 주장하고 있다. 방어전을 주장하면, 앞서 말한 유덕자를 장려하고 포악자를 퇴치하며, 의로운 자를 포상하고 불의한 자를 징벌하는

---

91) 故曰 : "天下大亂, 無有安國 ; 一國盡亂, 無有安家 ; 一家皆亂, 無有安身." ……故小之定也必恃大, 大之安也必恃小. (「유시람」「유대(諭大)」,『여씨춘추』, 723쪽)

92) 故古之賢王, 有義兵而無偃兵. 家無怒笞, 則豎子嬰兒之有過也立見 ; 國無刑罰, 則百姓之(悟)(王念孫曰 : '悟字衍')相侵也立見 ; 天下無誅伐, 則諸侯之相暴也立見. 故怒笞不可偃於家, 刑罰不可偃於國, 誅伐不可偃於天下, 有巧有拙而已矣. (「맹추기(孟秋紀)」「탕병(蕩兵)」,『여씨춘추』, 383쪽)

시책을 행할 수 없다.[93)]

선왕의 법이란 "선행자는 포상하고 행악자는 징벌하는" 것이다. 이것은 옛부터의 원칙으로서 변경할 수 없다. 그런데 의롭고 의롭지 못함을 분별하지 않고 무조건 방어전만 주장한다면 그보다 더 큰 불의는 없으며 천하의 인민에게 그보다 더 심한 해악은 없을 것이다. 따라서 공격전도 무조건 비난하거나 무조건 주장할 수 없고, 방어전도 무조건 비난하거나 무조건 주장할 수 없다. 오직 의로운 전쟁(출병)만이 옳다. 전쟁이 의로우면 공격전도 옳고 방어전도 옳지만, 전쟁이 의롭지 못하면 공격전도 그르고 방어전도 그르다.[94)]

비공(非攻)에 대한 논변은 『여씨춘추』에서 뛰어난 부분인데, 『여씨춘추』가 각 학파를 간추린 일례로 삼을 수 있다. 『여씨춘추』의 비공반대론은 분명히 묵가를 겨냥한 것이다. 『여씨춘추』와 묵가는 모두 이(利)에 바탕한 논의임에도 결론이 이처럼 다른 것은 공격전쟁에 대한 쌍방의 견해차 때문이다. 묵자 당시의 춘추시대에 각국은 모두 세력을 확장하여 강대국이 약소국을 병탄하고 다수가 소수를 폭압하는 이른바 공격전쟁에 힘썼으므로 묵자가 보기에는 사실상 "남의 과수원에 들어가서 복숭아나 자두를 훔치는"[95)] 경우와 흡사했다. 전국시대 말엽인 『여씨춘추』의 시대에 이르자, 국가는 수가 적어지고 모두 강대해져 천하의 왕이 되려고 했기 때문에 그들의 공격전쟁은 천하통일이라는 의미를 지녔으며, 남의 복숭아나 자두를 훔치는 경우와 견줄 수는 없었다. 또한 묵자는 약소국가의 처지에 섰었으므로 남의 공격도 원하지 않았지만 남을 공격해서도 안 되었다. 그러나 『여씨춘추』는 강대국의 처지에 섰기 때문에 견해가 달랐다.

---

93) 凡爲天下之民長也慮, 莫如長有道而息無道, 賞有義而罰不義. 今之世, 學者多非乎攻伐, 而取救守. 取救守, 則鄕之所謂長有道而息無道, 賞有義而罰不義之術不行矣. (「맹추기」「진란(振亂)」, 『여씨춘추』, 394쪽) [長 : 기르다. 존중하다]

94) 先王之法曰 : "爲善者賞, 爲不善者罰." 古之道也, 不可易. 今不別其義與不義, 而疾取救守, 不義莫大焉, 害天下之民莫甚焉. 故(取)攻伐(者)不可非(兪樾曰 : '取''者'二字衍)攻伐不可取 ; 救守不可非, 救守不可取, 惟義兵爲可 : 兵苟義, 攻伐亦可, 救守亦可 ; 兵不義, 攻伐不可, 救守不可. (「맹추기」「금색(禁塞)」, 『여씨춘추』, 401쪽)

95) 入人園圃, 竊人桃李. (「비공상(非攻上)」, 『묵자』 권5 : 1쪽)

『여씨춘추』의 박장(薄葬)에 대한 의론도 묵가와 다르다. 『여씨춘추』는 말한다.

> 선왕께서 검소하고 절약하여 장례를 치르게 한 것은 그 비용이 아깝거나 그 노고가 싫었기 때문이 아니고 오직 죽은 사람을 위한 배려 때문이었다.[96)]

이것은 개인의 이익을 공리주의의 대상으로 삼은 것으로서, 묵자가 온 사회의 이익을 공리주의의 대상으로 삼은 것과는 다르다. 호적 선생이 『여씨춘추』의 중심사상은 개인주의라고 여긴 것도 이 때문이다.

4) 덧붙이는 말

『여씨춘추』는 유묵의 도를 비평하여 그들은 모두 인성의 본질(人性之本)을 몰랐다고 했다. 인성의 본질은 내재적이며 근본적인 것이다. 유묵은 이것을 깨닫지 못하고 단지 외재적인 제도나 도덕만을 사람들에게 무리하게 요구했기 때문에 그들의 학술(術)이 성취되지 못한 것이다. 『여씨춘추』는 말한다.

> 천하는 공자나 묵자의 제자와 추종자들로 가득 차 있다. 모두들 **인의**(仁義)의 학술을 가지고 천하를 교도했지만 실제로 행한 바는 아무 것도 없다. 가르치는 사람조차 오히려 그 학술을 행할 수 없었거늘 하물며 가르침을 받는 사람임에랴? 이것은 무슨 까닭인가? 인의의 학술이 외재적인 것이기 때문이다. 무릇 외재적인 것[인의]으로써 내재적인 것[사심]을 극복하려고 하는 것은 일반 사람들도 실행할 수 없거늘 하물며 임금임에랴? 오직 **성명의 본질**(性命之情 : 人性之本)에 통달한 사람이라야 인의의 도술이 절로 행해진다.[97)]

"성명의 본질"에 따라 인의를 행하는 것은 중생(重生)과 귀기(貴己)의 설에 따라 인의를 행하는 것이다.

---

96) 是故先王以儉節葬死也, 非愛其費也, 非惡其勞也, 以爲死者慮也. (「맹동기(孟冬紀)」「안사(安死)」, 『여씨춘추』, 536-37쪽)

97) 孔墨之弟子徒屬, 充滿天下. 皆以仁義之術, 教導於天下, 然而無所行. 教者術猶不能行, 又況乎所教? 是何也? 仁義之術外也. 夫以外勝內, 匹夫徒步不能行, 又況人主? 唯通乎性命之情, 而仁義之術自行矣. (「사순론(似順論)」「유도(有度)」, 『여씨춘추』, 1651-52쪽)

『여씨춘추』는 "흰 갖옷을 꿰매는" 방법을 써서 방술을 통일하려고 했다. 안으로 생을 중시하고(重生) 자기를 귀중시하며(貴己), 밖으로 "이익을 신장하고(長利)" "의를 높인다면(高義)", 천지의 도를 본받아 하나를 쥐고 만가지 변화에 대응할(執一而應萬變) 수 있다고 여겼다. 그러나 「맹춘(孟春)」 등의 기(紀)는 오로지 절기(時令)만 논했고, 「임지(任地)」와 「변토(辯土)」는 오로지 농사만 논했는데, 물론 쓸모없는 것도 아니고 상충되는 것도 아니로되, 한 벌의 소위 "흰" 여우 갖옷 속에는 이렇듯 검지도 희지도 않고 더욱이 여우 가죽 같지도 않은 것들이 뒤섞여 있었는바, 완성된 흰 갖옷은 사실상 그들이 상상했던 것만큼 썩 훌륭하지가 못했다. 이것이 『여씨춘추』가 잡가인 이유인가?

6. 『회남내편』

『한서』「예문지」는 잡가에 『회남내』 21편과 『회남외』 30편을 열거했다. 안사고(顔師古) 주(注)는 "내편은 도를 논했고 외편은 잡설이다"고 했다. 외편은 이미 산일되었으므로, 여기서는 내편만 논한다.

「회남내편」과 도가와의 관계는 매우 밀접하다. 호적 선생은 『회남왕서』에서 『회남』은 도가라고 했다. 당벽황(唐擘黃) 선생은 「『노자』라는 책과 도가와의 관계」[98]라는 논문에서 여러 학파를 혼합한 잡가가 도가라고 말했는데, 역시 『회남』에 근거한 말이었다. 그러나 도가와 잡가는 결국 다르다. 도가는 독창적인 견해를 가지고 자체적으로 체계를 이룬 하나의 종파(宗派)이지만, 잡가는 전국시대 말기 여러 학파의 "도술통일" 사상을 계승하여 치우침이 없는(不偏不倚) 태도로써 각 학파의 장점을 종합하여 사상계를 통일하려고 했다. 후자는 의식적이고 인위적으로(有爲) 일어났지만, 전자는 여러 학자나 학파를 떠나서 독자적으로 통찰한 진리(所見之眞理)를 발표한 것이었다.

『회남내편』의 "도술통일설"은 『장자』「천하편」의 영향을 매우 크게 받았다. 이 점은 다음에서 밝힌다.

98) 당벽황, 『장국생 고희 기념 논문집(張菊生七十生日紀念論文集)』 참조.

1) 무위의 도(道無爲)

『회남내편』은 말한다.

> 무위(無爲)란 도의 근본(宗)이다.[99]

> 무위란 도의 체(體)이다. 후면을 제어하는 것은 도의 현상(容)이다. 무위로써 유위(有爲)를 다스리는 것은 술(術)이다. 후면을 제어하여 선두의 제어를 다스리는 것은 술수(數 : 책략)이다. 술에 준거하면 강해지고 술수에 신중하면 안정된다.[100]

도의 "체(體)"가 "무위(無爲)"라는 말이다. 『회남』에서 말하는 무위는 노장의 무위와는 다르다. 「수무훈(脩務訓)」은 말한다.

> 혹자는 말하기를 "무위란 적막하여 소리가 없고 아련하여 움직임도 없으며 끌어도 오지 않고 밀어도 가지 않는 것인데, 그와 같아야 비로소 도의 진상을 얻었다고 할 수 있다" 했는데, 나는 그렇게 생각하지 않는다.[101]

> ○내가 말하는 무위란, **사심을 공도**(公道 : 공적인 道義)**에 개입시키지 않으며 욕망이 정술(正術)을 왜곡하지 않게 하며[1], 순리대로 일을 일으키고 여건에 따라 융통성(權)을 발휘하며[2], 자연의 형세에 억지 이론을 끌어들이지 않으며[3], 일을 완성하고도 스스로 자랑하지 않고 공을 수립하고도 명성을 차지하지 않는** 것을 지칭하는 것이지, 결코 감동하고서도 응하지 않고 급박한 경우에도 움직이지 않는 것을 지칭하지는 않는다. 만약 **불로 우물을 태우고 회수물을 팔공산으로 끌어올리는 것이라면 그것은 자기 멋대로 행하여 자연을 위배한 것**이므로 "작위(有爲 : 作爲)"라고 말한다. 그런데 물에서는 배를, 사막에서는 구(鳩 : 모래위를 걸을 때 신는 신)를, 진흙탕에서는 썰매를, 산에서는 징을 박은 나막신을 사용하며, 여름에는 도랑을 내고 겨울에는 둑을 쌓으며, 높은 곳에는 밭

---

99) 無爲者, 道之宗. (「주술훈」, 『회남자』, 278쪽)

100) 無爲者, 道之體也 ; 執後者, 道之容也. 無爲制有爲, 術也 ; 執後制執先, 數也. 放於術則強, 審於數則寧. (「전언훈(詮言訓)」, 『회남자』, 482-83쪽)

101) 或曰 : "無爲者, 寂然無聲, 漠然不動, 引之不來, 推之不往 : 如此者乃得道之像." 吾以爲不然. (『회남자』, 629쪽) [像 : 본떠 그린 모양. 본뜨다. 법]

을 만들고 낮은 곳에는 못을 파는 등의 일이라면 그것은 내가 말하는 "작위(爲之)"가 아니다.[102)]

즉 무위를 분석하여 세 주요 의미를 논했다. 이 세 의미로부터 확충, 부연하면 몇 가지 학설들이 용납된다. 또 하나의 의미는 "일을 완성하고도 스스로 자랑하지 않고 공을 수립하고도 명성을 차지하지 않는다"는 말인데,* 이것은 노자의 겸손과 양보(謙退)의 사상을 설명한 것일 뿐 그다지 중요하지 않으므로 생략한다. 이제 저 세 주요 의미를 다음과 같이 나누어 서술한다.

첫째, "사심을 공도(公道)에 개입시키지 않으며 욕망이 정술(正術)을 왜곡하지 않게 함[1]." 이러한 "무위"는 "무욕(無欲)"이라고도 하는데, 편안하고 허정하다는(安恬虛靜) 의미가 있다. 『회남』은 말한다.

그러므로 임금된 사람은 무위(無爲)하며 고수하는 바가 있어야 하고 무엇을 수립할 때도 사적인 취향을 가져서는 안 된다. 작위하면(有爲) 아첨꾼이 생기고 사적인 취향을 가지면 아부꾼이 일어난다.……따라서 속마음의 욕망을 보이지 않음을 '잠근다(扃 : 빗장)'고 하고 외부의 사특함을 받아들이지 않음을 '봉쇄(塞)'라고 한다. 안을 잠그고 밖을 봉쇄한다면 무슨 일인들 절제하지 못하겠는가? 밖을 봉쇄하고 안을 잠근다면 무슨 일인들 이루지 못하겠는가? 쓰지 않은 연후에야 쓸 수 있고, 하지 않은 연후에야 행할 수 있다.[103)]

따라서 도를 깨달은 군주는 욕망을 없애고 잡념을 제거하여 청정한 허심으로 신하들을 대하고, 그들이 할말을 대신 말하지 않으며 그들이 할 일을 빼앗아 하지 않는다. (임금이 신하들을) 각각 직명에 준거하여 그 실적을 문

---

102) 吾所謂無爲者, 私志不得入公道, 嗜欲不得枉正術 ; 循理而擧事, 因資而立權, 自然之勢, 曲故不得容者. 事成而身弗伐, 功立而名不有. 非謂其感而不應, 攻(從王引之校, 王曰 : '今迫字也')而不動也. 若夫以火熯井, 以淮灌山, 此用己而背自然, 故謂之"有爲." 若夫水之用舟, 沙之用鳩, 泥之用輴, 山之用蔂 ; 夏瀆而冬陂, 因高爲田, 因下爲池, 此非吾所謂"爲之." (『회남자』, 634-35쪽)

* 『노자』 34장 비교 : 大道……萬物恃之而生而不辭,功成不名有,衣養萬物而不爲主.

103) 是故君人者, 無爲而有守 ; 有爲[爲 : 立]而無好. 有爲則讒生, 有好則諛起.……故中欲不出謂之扃, 外邪不入謂之塞. 中扃外閉, 何事之不節? 外閉中扃, 何事之不成 ; 弗用而後能用之, 弗爲而後能爲之. (「주술훈」, 『회남자』, 300-01쪽)

책한다면(循名責實) 관리들은 스스로 알아서 공무를 집행하게 된다.[104)]

> 천하에 신실한 선비가 없지 않건만 재화를 분배할 때 반드시 산가지(댓개비)를 써서 분량을 정하는 것은, 유심(有心)한 존재는 아무리 공평해도 무심(無心)한 존재(댓개비)만 못하기 때문이다. 천하에 청렴한 선비가 없지 않건만 보물을 지킬 때 반드시 열쇠를 채우고 도장을 찍어 봉해두는 것은, 욕망 있는 존재는 아무리 청렴해도 욕망 없는 존재(열쇠)만 못하기 때문이다. 남이 자신의 흉터를 들추면 남을 원망하지만, 거울이 자신의 추한 모습을 비춰주면 거울을 찬미한다. 따라서 인간이 [거울처럼] 자신의 주견을 개입시키지 않고 처세할 수 있으면 모든 재앙으로부터 해방될 것이다.[105)]

이 내용은 아주 명쾌하다. 이로부터 "법"을 추론하여 "형벌을 받은 자도 임금을 원망하지 않고 죄의 당연한 대가로 여기고, 포상을 받는 자도 임금을 칭송하지 않고 공적의 소치로 여긴다. 인민들이 형벌과 포상은 모두 자신에게 달렸다고 인식하므로 공업을 세우는 데에 힘쓰고 임금이 베풀어주기를 바라지 않는다"[106)]고 했다. 이 말은 법에 맡기지 지혜에 맡기지 않는다[107)]는 법가의 견해와 대체로 합치한다. 이러한 종류의 무위가 즉 법가가 주장한 무위이다.

둘째, "순리대로 일을 일으키고 여건에 따라 융통성(權)을 발휘함[2]." 이러한 무위에 어긋나는 경우가, 그 다음에서 말했듯이 "불로 우물을 태우고 회수물을 팔공산으로 끌어올리는" 것처럼, "자기 멋대로 행하여 자연을 위배하는"〈주102〉 일이다.『회남내편』은 말한다.

> 쇳덩이로는 배를 만들 수 없고 나무로는 솥을 만들 수 없다. 적당한 곳에

---

104) 故有道之主, 滅想去意, 淸虛以待；不伐[伐：代]之言, 不奪之事. 循名責實, 官吏自司. (「주술훈」,『회남자』, 301쪽) [循名責實：〈제13장,주20〉 참조]

105) 天下非無信士也, 臨貨分財, 必探籌而定分；以爲有心者之於平, 不若無心者也. 天下非無廉士也, 然而守重寶者, 必關戶而璽(從兪樾)封；以爲有欲者之於廉, 不若無欲者也. 人擧其疵則怨人, 鑑見其醜則善鑑, 人能接物而不與己焉, 則免於累也. (「전언훈」,『회남자』, 472쪽)

106) 誅者不怨君, 罪之所當也；賞者不德上, 功之所致也. 民知誅賞之來, 皆在於身也, 故務功脩業而不受贛於君. (「주술훈」,『회남자』, 282쪽) [贛：하사하다]

107) 任法不任智. 〈제13장,주23,주24〉

사용하고 합당한 곳에 시행한다면 만물은 한결같이 정연해져 상호 잘못되는 일이 없을 것이다.[108]

이윤(伊尹)이 토목공사를 일으킬 때 다리가 긴 사람은 흙을 파게 하고, 척추가 강한 사람은 흙을 져나르게 하고, 외꾸눈인 사람은 측량하게 하고, 곱사등인 사람은 바닥에 흙을 바르게 했다. 즉 저마다 합당한 일을 하게 하자 모든 사람들의 품성이 조화를 이루게 되었다.[109]

사물의 품성에 따라 도모하는 것이 바로 무위이다. 이로부터 예제(禮制)를 추론하면 이렇게 말할 수 있다.

즉 성인은 인민이 좋아하는 대상에 바탕하여 선(善)을 권면했고, 인민이 싫어하는 대상에 바탕하여 간특한 일을 금지시켰다.[110]

성인은 천하를 다스릴 때 인민들의 품성을 변경시킨 것이 아니라, 타고난 그대로를 북돋아주고 [나쁜 점을] 씻어 없애주었다.[111]

사람에게 성욕의 본성이 있기 때문에 혼인의 예절을 제정하고, 식욕의 본성이 있기 때문에 대향(大饗)의 예절을 제정하고, 즐거워하는 본성이 있기 때문에 종과 북, 관악기, 현악기 등의 음악을 제작하고, 애통해하는 본성이 있기 때문에 상복을 입고 곡하는 예절을 제정했다. 이처럼 선왕은 법도를 제정하면서 사람들이 좋아하는 대상에 바탕하여 예절과 형식을 추구할 수 있도록 배려했다.[112]

---

108) ……鐵不可以爲舟, 木不可以爲釜；用之於其所適, 施之於其所宜, 卽萬物一齊, 而無由相過. (「제속훈(齊俗訓)」, 『회남자』, 348쪽)

109) 伊尹之興工也, 修脛者使之跖鏵(從王念孫校), 強脊者使之負土, 眇者使之準, 傴者使之塗, 各有所宜而人性齊矣. (「제속훈」, 『회남자』, 368-69쪽)

110) 故聖人因民之所喜而勸善, 因民之所惡而禁姦. (「범론훈(氾論訓)」, 『회남자』, 454-55쪽)

111) 聖人之治天下, 非易民性也；循其所有而滌蕩之. (「태족훈(泰族訓)」, 『회남자』, 669쪽)

112) 民有好色之性, 故有大婚之禮. 有飮食之性, 故有大饗之誼. 有喜樂之性, 故有鐘鼓筦絃之音. 有悲哀之性, 故有衰絰哭泣之節. 先王之制法也, 因民之所好而爲之節文者也. (「태족훈」, 『회남자』, 670쪽) [誼 : 옳다고 생각하는 바, 도리]

이로부터 유가의 학설 역시 받아들여졌다.

셋째, "자연의 형세에 억지 이론(故 : 智謀)을 끌어들이지 않음[3]." 이것은 때와 장소에 따르는 것의 중요성을 논한 것이다.『회남』은 말한다.

영명한 군주는 눈과 귀가 피로해지지 않고, 정신이 고갈되지 않는다. 사물이 도래하면 그 변동을 관찰하고, 사건이 발생하면 그 변화에 대응한다.[113)]

시류(時)에 부응하려고 힘쓰면 명예는 수립된다.[114)]

우 임금은 양자강과 황하의 물길을 바로잡음으로써 천하 이익의 흥성을 도모했지, 물길을 서쪽으로 돌릴 수는 없었다. 후직은 황무지를 개간함으로써 백성이 농사일에 진력할 수 있게 했지, 겨울에 벼를 자라게 할 수는 없었다. 어찌 사람이 할 일에 최선을 다하지 못했기 때문이었겠는가? 자연의 형세상(勢) 불가능했던 것이다.[115)]

"시(時)", "세(勢)"의 힘은 막대한 것이다. 예를 들면 천하의 치란(治亂)은 대세에 따라 결정되지, 개인이 전환할 수 있는 바가 아니다. "따라서 세상이 태평하면 완악한 사람 홀로 혼란시킬 수 없고, 세상이 혼란하면 지혜로운 사람 홀로 태평하게 만들 수 없다. 자신은 혼탁한 세상 속에 몸 담고 있으면서 도가 행해지지 않는다고 현실을 비판하는 것은 마치 천리마의 두 발을 묶어놓고 천리 길을 달리기를 바라는 격이다."[116)] "시", 세"에 순응하여 도모하는 것, 그것이 바로 무위이다.

이 셋째 항의 무위이론을 정치·사회 제도에 확장하면 정치·사회 제도는 변하는 것이므로 고집할 수 없다는 것이다.『회남』은 말한다.

과거 특정 시대의 제도로써 지금 세상을 다스림은, 비유하건대 어떤 객이 배를 타고 가는 도중에 물 속에 칼을 빠뜨리자 급히 배 돛대에 표시를 해둔

113) 明主之耳目不勞, 精神不竭, 物至而觀其變, 事來而應其化. (「주술훈」,『회남자』, 298쪽)

114) 務合於時則名立. (「제속훈」,『회남자』, 372쪽)

115) 禹決江疏河, 以爲天下興利, 而不能使水西流 ; 稷辟土墾草, 以爲百姓力農, 然不能使禾冬生 ; 豈其人事不至哉? 其勢不可也. (「주술훈」,『회남자』, 284쪽)

116) 故世治, 則愚者不能獨亂 ; 世亂, 則智者不能獨治. 身蹈于濁世之中, 而責道之不行也, 是猶兩絆騏驥, 而求致千里也. (「숙진훈(俶眞訓)」,『회남자』, 77쪽)

다음 해질녘에 정박한 후 그 표시 밑을 수색하는 것[刻舟求劍]과 같다. 사물의 이치를 몰라도 너무 모른 것이다.[117)]

따라서 "고대의 옛것을 원칙으로 삼고 선왕을 본받으라"[118)]고 주장하는 자는 모두 진정으로 도를 안 것이 아니다. 『회남』은 말한다.

무릇 한 측면의 자취에 빠져 [광막한] 천지에 소요할 줄 모른다면 그보다 더 큰 미혹은 없다. 설사 때로 합당한 바가 있더라도 대수로울 것이 못 된다.[119)]

이러한 무위의 세 의미는 『회남』의 특유점은 아니라고 하더라도 『회남』에서 특별히 중시한 것이었다. 『회남』에서 말하는 무위(無爲)는 사실 이미 유위(有爲)이다. 무위를 이와 같이 해석한 까닭은 반드시 그래야만 여러 학파의 학설을 용납하여 통일할 수 있기 때문이었다.

『회남』에서 말하는 도는 광대하여 포함하지 않는 것이 없다(無所不包). 도는 원리이지 주장이 아니니, 원리란 옳을 뿐 그를 수 없기 때문에 근본(本)이고, 주장은 옳을 수도 있고 그를 수도 있기 때문에 말단(末)이다. 이 본말설이 바로 『회남』의 방술통일의 방법이다.

2) 본말론적 도술통일설

상술한 「천하편」의 "도술통일설"에는 일종의 본말론의 실마리가 있었다. 「천하편」에 "본수(本數)에 밝았고 말도(末度)에 연계시켰다"〈주 37〉 했다. 소위 "본수"·"말도"는 『회남』에서 말한 본·말에 상당한다. 『회남내편』에 따르면 무위의 도는 본(本)이요, 정치·사회제도와 그에 대한 각 학파의 학설의 모든 주장은 전부 말(末)이다. 이러한 논의를 바탕으로 각 학파의 학설의 통일을 추구했다.

『회남내편』은 방술통일의 방법론에 대해서 『여씨춘추』와 같은 견해

---

117) 以一世之制度治天下, 譬猶客之乘舟, 中流遺其劍, 遽契其舟桅, 暮薄而求之. 其不知物類已甚矣. (「설림훈(說林訓)」, 『회남자』, 554쪽) [類 : 법도, 형상, 사실. 物類 : 物情]

118) 則古昔, 法先王. ["則古昔稱先王"(「곡례상」, 『예기』)]

119) 夫隨一隅之迹, 而不知因天地以遊, 惑莫大焉. 雖時有所合, 不足貴也. (「설림훈」, 『회남자』, 554쪽)

를 가졌다.『회남』에서도 이렇게 말한다.

세상에 순전히 흰 여우는 없지만 순전히 흰 갖옷은 있는데, 여러 마리의 여우에서 흰 부분만을 채취했기 때문이다. 잘 배우는 사람이란 마치 제나라 왕이 닭을 먹는 경우처럼 반드시 수십 개의 닭발을 먹어야 만족할 수 있었던 것이다.[120)]

이 역시 각 학파를 절충하여 통일을 추구하는 것이므로『여씨춘추』와 똑같다. 그러나 본말론은『회남』에 특유한 것이다.『회남』은 이 본말론을 위주로 도술통일설을 건립했다. 이제 단락을 나누어 다음과 같이 서술한다.

첫째,『회남』은 도란 절대적인 시(是)라고 주장한다.『회남』은 말한다.

절대적인 시(至是)의 시에는 비(非)가 없고 절대적인 비(至非)의 비에는 시가 없다. 이것이 절대적인 시비(是非)이다. 반면에 여기서는 시이지만 저기서는 비이고, 여기서는 비이지만 저기서는 시인 것은 **상대적인 시비**(一是一非)이다.[121)]

도를 품부받아 사물에 통달한 사람들은 서로 비난할 수 없다.……따라서 백가의 주장은 각각 종지는 상반적이더라도 도에 부합한다는 점에서는 일치한다.[122)]

백가의 학설들은 모두 '상대적인 시비(一是一非)'이고 한 측면이자 한 부분이지만, 모두 도에는 부합한다. 또 말한다.

현악에 따라 노래하고 북 장단에 춤을 추어 악(樂)을 행하고, 어른의 시중을 들고 읍하고 사양하여 예(禮)를 닦고, 후한 장례(厚葬)와 오랜 치상(久喪)으로 죽음을 영결한다는 주장은 공자가 수립한 것인데, 묵자가 그르다고 했

120) 天下無粹白之狐, 而有粹白之裘 ; 掇之衆白者也. 善學者, 若齊王之食雞, 必食其蹠, 數十而後足. (「설산훈(說山訓)」,『회남자』, 548쪽) [蹠 : 발바닥. 발]

121) 至是之是無非, 至非之非無是 : 此眞是非也. 若夫是於此而非於彼, 非於此而是於彼者 : 此之謂一是一非也. (「제속훈」,『회남자』, 365쪽)

122) 夫稟道以通物者, 無以相非也.……故百家之言, 指奏相反, 其合道一體也. (「제속훈」,『회남자』, 362-63쪽)

다. 차별 없이 서로 사랑하고(兼愛) 현자를 숭상하며(上賢) 귀신을 받들고(右鬼) 숙명론을 배격하는(非命) 주장은 묵자가 수립한 것인데, 양주가 그르다고 했다. 생을 보전하고 천성을 보존하며(全生保眞) 외물 때문에 몸을 괴롭히지 않는다(不以物累形)는 주장은 양주가 수립한 것인데, 맹자가 그르다고 했다.[123)]

공자, 맹자, 양자, 묵자의 학설은 모두 그르다고 할 수 있는 학설이므로 모두 말단(末)이다. 절대적인 시(是)의 경우는 바로 도(道)로서, 도는 그르다고 할 수 없기 때문에 근본(本)이다. 도는 근본이고 온갖 학설들은 말단이다.

둘째, 근본에는 불변(不變)의 뜻이 있고, 말단은 고집(견지)해서는 안 되는 것이다. "오직 근본을 견지할 수 있으면" '만물에 무한히 응하는데' 말단이 모두 소용이 된다. 『회남』은 말한다.

도와 덕은 영원하지만 권(權)은 영원한 것일 수 없다.[124)]

따라서 근본(本)에 통달한 사람은 말단(末)에 혼란되지 않으며, 관건을 통찰한 사람은 세세한 것에 미혹되지 않는다.[125)]

도의 근본을 터득하면 **만물에 무한히 응할 수 있다.**[126)]

성인은 일이 간략하므로 쉽게 다스리며, 요구사항이 적으므로 쉽게 충족된다.……[성인은] 의연히 천성을 보전하고 덕을 품고 참된 마음을 펴기 때문에, 천하 사람들은 마치 소리에 메아리가 응하듯이, 형체에 그림자가 따르듯이 추종한다. 이러한 성인이 수양하는 것이 바로 근본(本)이다.[127)]

셋째, 예제(禮制)에 관한 모든 일은 전부 말단이다. 『회남』은 말한다.

123) 夫弦歌鼓舞以爲樂, 盤旋揖讓以修禮, 厚葬久喪以送死, 孔子之所立也, 而墨子非之. 兼愛上賢, 右鬼非命, 墨子之所立也, 而楊子非之. 全性[性 : 生]保眞, 不以物累形, 楊子之所立也, 而孟子非之. (「범론훈」, 『회남자』, 436쪽) 〈제7장,주11〉

124) 道德可常, 權不可常. (「설림훈」, 『회남자』, 568쪽) [權 : 〈제14장,주99〉 참조]

125) 故通於本者, 不亂於末 ; 觀於要者, 不惑於詳. (「주술훈」, 『회남자』, 296쪽)

126) 得道之宗, 應物無窮. (『회남자』, 278쪽)

127) ……聖人事省而易治, 求寡而易贍.… 塊然保眞, 抱德推誠, 天下從之, 如響之應聲, 景之像形. 其所脩者, 本也. (「주술훈」, 『회남자』, 272-73쪽)

사람들이 몽매하여 깨닫지 못할까 염려하여 많은 말을 하고 광범한 논의를 했지만 한편으로는 사람들이 근본을 벗어나 말단에 빠질까 염려된다. 즉 도만 논하고 세상사를 의론하지 않으면 세속에 적응할 수 없고, 세상사만 의론하고 도를 논하지 않으면 자연의 이법을 관조할 수 없다.[128)]

○예란 실상의 겉치레요 인위의 형식(文)이어서 급박한 궁지에서는 쓸모가 없는 것이다. 그러므로 성인은 격식(文)을 통해서 세상과 접촉하되 실상에 근거하여 합리적으로 일을 처리하여, 한 가지 방도에 얽매임으로써 정체되어 변화를 거부하는 태도는 취하지 않는다. 따라서 그르친 일은 적으나 성공한 일이 많고, 호령은 행해지고 아무도 비난하지 못하는 것이다.[129)]

현재 상앙의「계색(啓塞)」, 신불해의「삼부(三符)」, 한비의「고분(孤憤)」, 장의와 소진의 종횡(縱橫) 따위의 설들은 모두가 여기저기서 끌어모은 임시방책(權)이요, 일시적인 술책(術)이다. 즉 통치의 대본(大本)도 아니요 사물의 보편적인 법칙도 아니어서 널리 전파하여 대대로 전승할 만한 것이 못된다.[130)]

넷째, 각종 학설과 주장들은 이미 말단이므로, 근본을 얻고 그것들을 쓰게 되면 성인의 도가 되지만, 근본을 잃고 쓰게 되면 혼란될 수밖에 없다.『회남』은 말한다.

육예(六藝)는 과목은 각각 다르지만 모두 상통한다. 온유하고 은혜롭고 선량함은『시』의 기풍이요, 순후하고 돈독함은『서』의 교화요, 청명하고 조리에 통달함은『역』의 도리요, 공손하고 검소하고 남을 높이고 자신을 겸양함은『예』의 목적이요, 관대하고 여유롭고 소박함은『악』의 감화요, 정치

128) 懼(爲)(兪樾曰 : 爲字衍文)人之惛惛然弗能知也, 故多爲之辭, 博爲之說. 又恐人之離本而就末也, 故言道而不言事, 則無以與世浮沈, 言事而不言道, 則無以與化游息. (「요략」,『회남자』, 700쪽)

129) 禮者, 實之華而僞之文也. 方於卒迫窮遽之中, 則無所用矣. 是故聖人以文交於世, 而以實從事於宜, 不結於一迹之塗, 凝滯而不化. 是以敗事少而成事多, 號令行而莫之能非矣. (「범론훈」,『회남자』, 444-45쪽)

130) 今商鞅之「啓塞」, 申子之「三符」, 韓非之「孤憤」, 張儀蘇秦之從衡, 皆掇取之權, 一切之術也. 非治之大本, 事之恒常, 可博聞而世傳者也. (「태족훈」,『회남자』, 692쪽)

사회에 대한 비판과 토론은 『춘추』의 강점이다. 따라서 『역』의 폐단은 괴이함이요, 『악』의 폐단은 음란함이요, 『시』의 폐단은 우매함이요, 『서』의 폐단은 고루함이요, 『예』의 폐단은 거만함이요, 『춘추』의 폐단은 비방이다. 이 육예를 성인은 고루 채용하여 적절히 안배했다. 근본을 잃으면 혼란되지만 근본을 얻으면 태평하게 된다.[131)]

백가의 학설은 오로지 말단에 힘쓴 것들이다. 말단에 힘쓰는 것 자체가 큰 해악은 아니다. 큰 해악은 말단에 힘쓰면서 근본을 버린 데에 있다. 『회남』은 법가(法家)를 공격하여 이렇게 말한다.

신불해, 한비, 상앙의 통치방법은 뿌리를 뽑아놓고 근본을 모조리 폐기하여, 하나의 사회적인 병폐가 어디서 발생하여 왜 그 지경에 이르렀는가 하는 원인규명은 도외시하고, 오로지 오형(五刑)을 정비하여 엄혹하게 추진했는데, 근본인 도덕은 등지고 말단인 형벌에 주력한 것이었다. 뭇 백성을 죽여 태반을 유린하고도 스스로 정치를 잘한다고 흐뭇해하는 모습이란, 마치 땔나무를 안고 불을 끄고 구멍을 뚫으면서 물을 막는 격이다.[132)]

여기서는 법가를 비평하고 있다. 그들이 뿌리를 뽑고 근본을 폐기했다 함은 그들이 단지 "법(法)"과 "술(術)"만 논하고 "도"와 "덕"을 논하지 않았기 때문이다. "도"와 "덕"은 근본이고 법과 술은 말단이므로, 법가는 "근본을 버리고" "말단에만 주력한" 셈이다.

다섯째, '근본을 통찰하고 말단을 알 수 있다면' "도"와 "술"을 안다고 할 수 있다. 『회남』은 말한다.

근본을 통찰하고 말단을 알며, 취지를 고찰하고 귀착지를 포착하며, **하나를 견지하여 만 가지 변화에 대응**하며, 관건을 장악하여 세부사항을 다스리는 것

131) ……失本則亂, 得本則治. (「태족훈」, 『회남자』, 674-75쪽) 원문은 〈제16장,주4〉 참조.

132) 今若夫申韓商鞅之爲治也, 挬拔其根, 蕪棄其本, 而不窮究其所由生, 何以至此也. 鑿五刑, 爲刻削, 乃背道德之本, 而爭於錐刀之末. 斬艾百姓, 殫盡太半, 而忻忻然常自以爲治, 是猶抱薪而救火, 鑿竇而止(從王校)水. (「남명훈(覽冥訓)」, 『회남자』, 215쪽)

을 일컬어 **술**(術)이라고 한다. 평소에는 일의 내용을 알고 행할 때는 목적을 알고 거사할 때는 원칙을 알고 거동할 때는 명분을 아는 것을 일컬어 **도**(道)라고 한다.[133)]

일단 법칙(法則)을 체득하여 일평생 보유할 수 있으면, 온갖 방책에 대응하고 갖가지 변화를 비교, 종합할 수 있다.[134)]

인간의 지식은 유한하나 일의 종류와 변화는 무궁하기 때문에, 반드시 "하나(一)를 견지하여 만 가지 변화에 대응"해야 한다. 이 "하나"는 분명히 불변하면서도 변화에 응할 수 있는 "근본(本)", 즉 "무위(無爲)"의 도이다. 만약 선왕(先王)의 자취만 묵수하고 변화에 응하지 않으면, 각주구검(刻舟求劍)〈주117〉과도 같아서, 국정을 도모할 경우 국가가 위태롭고 처신을 도모할 경우 정신이 상처받는다. 만약 도를 얻어서 견지하여 변화에 응할 수 있다면, 국정의 도모나 처신에서 모두 근심이 없을 것이다. 따라서 말했다.

무위(無爲)의 원칙에 따라 처신하면 자신에게 근심이 없고, 무위의 원칙에 따라 국정을 도모하면 국가는 부강해진다.[135)]

이러한 본말론적 도술통일설은 「천하편」에서 기원하여 『회남』에서 성립되었다. 후대에 본말체용(本末體用)의 설로써 상이한 학설들을 융합하려고 한 것들은 모두 『회남』의 방법을 응용한 것인데 잡가적인 방법을 응용했다고도 할 수 있다.

7. 한대의 그밖의 여러 학자들의 잡가적인 경향

진한시대는 중국 정치의 대통일(大一統)의 시대로서, 중국 학술계의 대통일의 시대이기도 하다. 당시에 잡가만이 전문적으로 각 학파의 "장

133) 見本而知末, 觀指而睹歸, 執一而應萬, 握要而治詳, 謂之術 ; 居知所爲, 行知所之, 事知所秉, 動知所由, 謂之道. (「인간훈(人間訓)」, 『회남자』, 586쪽)

134) 被服法則, 而與之終身, 所以應待萬方, 覽耦百變也. (「요략」, 『회남자』, 701쪽)

135) 無爲以持身, 其身無憂 ; 無爲以治國, 則國強. (「전언훈(詮言訓)」)

점(長)"은 택하고 "단점(短)"은 버려, 각 학파를 하나로 융합하려고 한 것이 아니고, 기타의 각 학파들도 모두 그런 경향이 있었다. 즉 당시의 각 학파는 모두 잡가적인 경향이 있었다고 할 수 있다. 한대의 사상가들을 자세히 살펴보면 순전히 어느 한 학파에 속한 인물은 한사람도 없었다. 다만 그들은 비록 잡다하기는 했어도 여전히 아무 학파 고유의 입장을 유지할 수 있었기 때문에 잡다하지만 여전히 잡가는 아니었다.

사마담(司馬談, ?-110B.C.)은 "당도에게서 천문을, 양하에게서 『역』을, 황자에게서 도론(道論)을 배웠다."[136] 그는 육가의 요지를 논하면서 각 학파에 대해서 대체로 찬양(褒)도 하고 비판(貶)도 했으나 오직 도가에 대해서는 찬양만 했고 비판하지 않았다. 지금까지 그는 도가로 불려왔지만 그의 잡가적인 경향은 매우 분명하다. 그는 말했다.

> 『역전』[「계사하」]에 "세상에는 하나의 목적이 있지만 그 견해는 수백 가지이고, **목적지는 같지만 그 길은 다르다**" 했다. 무릇 음양가, 유가, 묵가, 명가, 법가, 도덕가 등은 모두 태평성세의 추구에 힘썼는데, 다만 **추종하는 학설의 노선이 상이**했고 장점도 있었고 단점도 있었을 뿐이었다.[137]

이것이 백가 학설에 대한 그의 태도인데, 그의 도술통일설이기도 하다. 그에 따르면, 백가 학설의 차이는 "추종하는 학설의 노선의 상이함"에 불과하므로 결국 "그 길은 다르지만 목적지는 같다." 그는 또 도가 이외의 5가(家)를 비평하여 말했다.

> 음양가의 학술은 길흉의 조짐을 숭상하고 각종 터부를 내세워 사람의 마음을 구속하고 많은 두려움을 준다. 그러나 사계절의 대순(大順 : 자연의 위대한 질서)을 밝힌 점은 놓칠 수 없다. 유가는 해박하지만 핵심이 부족하여 노고해도 공이 적었다. 그러나 군신과 부자 간의 예를 밝히고 부부와 장유의 분별을 제시한 점은 아무도 **바꿀 수 없다.** 묵가는 근검했지만 준수하기 어려웠기 때문에 그 주장은 두루 따를 수 없다. 그러나 근본(本 : 농업?)을

136) 學天官於唐都, 受『易』於楊何, 習道論於黃子. (「태사공자서(太史公自序)」, 『사기』, 3288쪽) [「儒林傳」曰 : "黃生好黃老之術"/마지영]

137) 『易大傳』: "天下一致而百慮, 同歸而殊途." 夫陰陽·儒·墨·名·法·道德, 此務爲治者也. 直所從言之異路, 有省不省耳. (「태사공자서」, 『사기』, 3388-89쪽)

강조하고 비용을 절약한 점은 아무도 폐기할 수 없다. 법가는 엄혹하여 은혜가 적었다. 그러나 군신 상하간의 본분을 바로잡은 점은 아무도 고칠 수 없다. 명가는 사람을 분석적이게 하지만 쉽게 진상을 놓치게 한다. 그러나 명실을 바룬 점은 살피지 않을 수 없다.[138)]

즉 각 학파는 저마다 "바꿀 수 없는" 독특한 주장(主義)이 있다고 여겼다. 이것은 잡가적인 태도이다.

사마담에 따르면 또한 도가의 장점은 자체의 주장 외에 다른 학파의 장점도 함께 수용할 수 있는 데에 있었다. 그는 말했다.

도가(道家)는 인간이 정신을 전일시키고 행동을 무형의 도에 합일시켜 만물에 만족할 수 있게 했다. 그 학술의 특징은 음양가의 대순(大順)의 진리를 비롯하여 유가와 묵가의 장점을 채택하고 명가와 법가의 요점을 종합했다. 항상 시대적 추이와 함께 하고 사물에 순응하여 변화했으니, 풍속을 수립하고 정사를 베푸는 데에 온당하지 못한 바가 없고, 그 종지는 간략하여 견지하기가 쉽고 공력은 적게 들여도 효과는 많다.[139)]

호적 선생은 그의 저서 『회남왕서』에서 이 문단에 근거하여 도가가 곧 잡가라고 논증했다. 그러나 사실 이 문단은 잡가적 경향을 띤 도가가 이상으로 삼은 도가는 순전히 노장사상을 종주로 삼은 도가와는 다르다는 사실을 나타낸다. 진정한 도가는 역시 도가일 뿐 잡가라고 할 수 없다. 도가가 곧 잡가라고 하면 노장은 어디에 속하겠는가?

동중서(董仲舒, 179-104B.C.)는 한대 유가의 종사(宗師)였다. 그 당시는 천하가 통일된 지 이미 오래 되어 예악제도가 건설되어 있었으므로, 유가의 학설이 주도적인 위치를 점했지만, 백가 학설이 아직 완전히 단절된 것은 아니었다. 이에 동중서는 일종의 방술통일의 방책을 제시했

138) 陰陽之術, 大祥而衆忌諱, 使人拘而多所畏. 然其序四時之大順, 不可失也. 儒家博而寡要, 勞而少功, 然其序君臣父子之禮, 列夫婦長幼之別, 不可易也. 墨者儉而難遵, 是以其事不可徧循. 然其彊本節用, 不可廢也. 法家嚴而少恩, 然其正君臣上下之分, 不可改矣. 名家使人儉而善失眞, 然其正名實, 不可不察也. (「태사공자서」, 『사기』, 3289쪽)

139) 「태사공자서」, 『사기』, 3289쪽. 원문은 〈제8장,주2〉 참조.

다. 그는 말했다.

> 『춘추』의 대일통(大一統) 원칙은 우주의 영원한 이치요, 만고불변의 지당한 도리입니다. 그러나 오늘날 스승된 자들은 저마다 이념(道)이 다르고, 사람마다 주의주장을 달리하며, 백가는 서로 방침(方)이 다른지라 가르치는 근본이념 또한 저마다 다릅니다. 그리하여 윗사람들은 일통(一統)을 유지할 수단을 얻지 못하고 그에 따라 법제가 자주 바뀌는 바람에 아래의 백성들은 무엇을 준수해야 할지 모르게 되었습니다. 따라서 신의 생각에는, 육예의 과목(六藝之科) 또는 **공자의 학술**(孔子之術)에 해당되지 않는 것들은 전부 다 그 이념을 단절하고 나란히 행세하지(더 이상 발전하지) 못하게 하여, 사특하고 괴이한 설들이 멸식된 다음에야 비로소 일통의 기강을 확립할 수 있고 법도를 밝힐 수 있으며, 나아가 백성들도 따라야 할 바를 알게 되리라고 봅니다.[140]

이 설은 순자와 유사하다. "공자의 학술"로 "왕제(王制)"를 대체했을 뿐이다. 그러나 그가 논한 "공자의 학술"은 실은 여러 학파의 학설을 포함했다. 그의 『춘추번로』 속에서 우리는 도가, 묵가, 음양가 등의 학설을 찾을 수 있다. 동중서의 학설은 잡가적인 경향이 농후했다. 동중서가 주장한 방술통일설은 물론 순자가 왕제를 "융정(隆正 : 최고 기준)"으로 세워 각 학파를 귀속시킨 것과 유사했지만, 동중서는 암암리에 저 "융정" 자체, 즉 소위 "공자의 학술" 속에 도가, 음양가 등의 성분을 첨가했는데, 이것이 순자와 다른 점이었다.

기타 가의(賈誼, 200-168B.C.) 등도 잡가 경향이 있었다. 일본의 와타나베(渡邊秀方)는 가의 학설의 잡다함을 언급하면서 "노자, 유가, 도가, 묵가, 법가 등의 여러 학파를 뒤섞은 것"이 "한대 학자들의 일반적인 폐단(通弊)이었다"고 말한 적이 있다.[141] 그러나 사실상 그것은 그들의 통폐가 아니라 그들이 살았던 시대의 시대풍조였던 것이다.

반고(班固, 32-92)의 『한서』「예문지」는 유흠의 「칠략(七略)」에 근거하여 한(漢) 이전의 학술을 총결산한 것이다. 유흠과 반고에 따르면 각 학파는 저마다 "장점"이 있는데, 단점의 경우는 대체로 나중의 유폐(流

140) 「동중서전(董仲舒傳)」, 『한서』, 2523쪽. 원문은 〈제2장,주30〉 참조.

141) 유간(劉侃) 번역, 『중국철학사개론(中國哲學史概論)』

弊)였다. 그들은 말했다.

> 제자 10가(諸子十家) 가운데 일정 수준에 이른(可觀 : 주목할 만한) 것은 [소설가를 제외한] 9가 뿐이다. 그것들은 모두, 왕도(王道 : 주왕실 중심의 정치체제)가 이미 쇠미하고 제후가 힘의 정치를 구사할 즈음, 당시 군주들이 희로 취향에 따라 주의주장(方 : 道)을 달리했던 데서 비롯되었다. 그리하여 9가의 학술이 벌 떼처럼 일제히 일어나, 각기 한 측면으로부터 비롯하여 스스로 진리로 여긴 내용을 숭상하여, 그것을 바탕으로 변설을 구사하여 제후와의 영합을 도모했다.
>
> 그들 각자의 주장이 다르기는 하지만, 그것은 비유하건대 마치 물과 불이 서로를 멸하면서 동시에 서로를 생성시키며, 또한 인(仁)과 의(義), 공경(敬)과 화합(和)이 상반적이면서 동시에 상호 보완적인 것과 같다. 『역』에 "세상에는 목적지는 같지만 그 길은 다르고, 하나의 목적이 있지만 그 견해는 수백 가지이다" 했다. 현재 각 학파들은 각기 장점을 발전시키고 지식과 사고를 궁구하여 저마다의 취지를 밝혔다. 각기 편견과 결점이 있었지만 각 가르침을 요약해보면, 역시 **육경의 분파나 후예들**(支與流裔)이었다.……지금은 성인의 시대로부터 오래되어 도술(道術)은 결손되어 다시 구할 데가 없어졌다.…… 만약 누가 육예의 학술을 연마하고 이 9가의 주장을 고찰하여 **단점은 버리고 장점만을 취할** 수 있다면 온갖 사상의 개요에 통달할 수 있을 것이다.[142)]

각 학파에 대해서 "그 단점은 버리고 장점만을 취하여" 이미 결손된 도술을 회복한다. 이러한 태도와 견해가 바로 잡가가 견지한 것이었다.

8. 덧붙이는 말

진한시대의 잡가는 당시의 역사적인 요구에 응하여 탄생했다. 그 목적

142) 諸子十家, 其可觀者, 九家而已. 皆起於王道既微, 諸侯力政, 時君世主, 好惡殊方. 是以九家之術, 蜂出並作, 各引一端, 崇其所善. 以此馳說, 取合諸侯. 其言雖殊, 辟猶水火, 相滅, 亦相生也. 仁之與義, 敬之與和, 相反而皆相成也. 『易』曰 : "天下同歸而殊途, 一致而百慮." 今異家者, 各推所長, 窮知究慮, 以明其指, 雖有蔽短, 合其要歸, 亦六經之支與流裔.……方今去聖人久遠, 道術缺廢, 無所更索.……若能修六藝之術而觀此九家之言, 舍短取長, 則可以通萬方之略矣. (『한서』, 1746쪽)

은 당시 상호 충돌하는 모순적인 각 학파와 각 파별을 융합하여 사상계를 통일하려는 것으로서, 즉 도술통일의 이론에 근거한 방술통일이었다. 이것은 여러 학파의 학설의 분쟁(紛爭) 이후에 발생하기 마련인 현상이고 거쳐야 할 단계였다. 그러나 실제상으로 이러한 통일은 잡다함을 면할 수 없었다. "정신을 고생시켜 통일을 도모했지만"〈주70〉 끝내 진정한 통일은 얻지 못했다. 이른바 "억지로 작위하는 자는 그르치며, 한사코 집착하는 자는 상실한"[143] 그런 경우였다.

근 100여 년 동안 서양사상이 중국에 수입되었는데, 여러 새로운 사상들이 중국의 옛 사상과 조화하지 못하여 중국의 사상계는 다시금 혼란이 일고 있다. 각 학파를 융합하여 방술을 통일한 진한시대 잡가의 태도가 다시금 요구되는 시대가 되었다. 먼저 장지동(張之洞, 1837-1909) 등은 진한시대 잡가의 옛 방법을 들고나와 본말론을 모방하여, 중국학문을 체(體)로 삼고 서양학문을 용(用)으로 삼을 것을 주장했다. 이어 강유위(康有爲, 1858-1927) 등은 변법개제(變法改制)를 주장하는 한편 공자를 추존하고 경전을 연구하여 변법개제 등의 과업은 바로 공자의 주장에 부합한다고 여겼다. 그후 문화문제에 관한 각종 논변이 생겼는데, 모두 눈앞의 중국사상의 분란 국면을 통일하려는 운동으로서 역시 잡가적인 운동이었다. 그러나 문제의 진정한 해결은 결코 잡가적인 방법으로 할 수 있는 것이 아니다. 잡가의 흥기는 비록 역사의 어느 단계상 요구되는 것이기는 했지만, 진정한 문제해결에 있어서 잡가는, 바로 진승(陳勝)*과 오광(吳廣)의 경우처럼, 이른바 "이상적인 인물의 출현을 위해서 제난을 제거했을 뿐이었다."[144]

---

143) 爲者敗之, 執者失之. [『노자』 29장] 〈제8장,주85 ; 부록3,주36〉

* 陳勝 : 자가 섭(涉)이다. 그는 오광과 함께 품팔이 농사군으로서 진(秦)의 2세(世) 시대에 반란을 일으켜 6개월 동안 왕노릇을 하다가 살해되었지만, 사람들은 진나라 멸망의 단서를 그가 열었다고 말한다. (「진섭세가(陳涉世家)」, 『사기』 참조)

144) 爲王者驅除難耳.

【주】 이 글의 주요 착상(意思)은 바로 장군(張君)의 창견(創見)이다. "나를 깨우쳐준 제자이다(商也起予)." 감히 내 것으로 삼지 못한다는 것을 밝혀둔다. /풍우란

부록 5

『맹자』 호연지기장 강해(『孟子』浩然之氣章解)*

『맹자』(3 : 2)의 호연지기장(浩然之氣章)은 지금까지 대체로 바르게 해석되지 못했다. 이제 문맥에 따라 해석한다. 우선 그 원문은 다음과 같다.

公孫丑問曰 : "夫子加齊之卿相, 得行道焉, 雖由此霸王, 不異矣. 如此, 則動心否乎?"

孟子曰 : "否. 我四十不動心."

曰 : "若是, 則夫子過孟賁遠矣."

曰 : "是不難, 告子先我不動心."

曰 : "不動心有道乎?" [1]

曰 : "有. 北宮黝之養勇也 : 不膚橈, 不目逃, 思以一豪挫於人, 若撻之於市朝 ; 不受於褐寬博, 亦不受於萬乘之君 ; 視刺萬乘之君, 若刺褐夫 ; 無嚴諸侯, 惡聲至, 必反之. 孟施舍之所養勇也, 曰 : '視不勝猶勝也 ; 量敵而後進, 慮勝而後會, 是畏三軍者也. 舍豈能爲必勝哉? 能無懼而已矣.' 孟施舍似曾子, 北宮黝似子夏. 夫二者之勇, 未知其孰賢, 然而孟施舍守約也. 昔者曾子謂子襄曰 : '子好勇乎? 吾嘗聞大勇於夫子矣 : 自反而不縮, 雖褐寬博, 吾不惴焉 ; 自反而縮, 雖千萬人, 吾往矣.' 孟施舍之守氣, 又不如曾子之守約也." [2]

曰 : "敢問夫子之不動心, 與告子之不動心, 可得聞與?" [3]

"告子曰 : '不得於言, 勿求於心 ; 不得於心, 勿求於氣. ①' 不得於心, 勿求於氣, 可 ; 不得於言, 勿求於心, 不可②. 夫志, 氣之帥也 ; 氣, 體之充也. 夫志至焉, 氣次焉③. 故曰 : '持其志, 無暴其氣. ④'" [4]

"旣曰, '志至焉, 氣次焉.' 又曰, '持其志, 無暴其氣'者, 何也?" [5]

曰 : "志壹則動氣, 氣壹則動志也, 今夫蹶者趨者, 是氣也, 而反動其心." [6]

"敢問夫子惡乎長?" [7]

---

* 1940년 『남도집(南度集)』, 『청화학보(清華學報)』 등에 발표.

曰 : "我知言, 我善養吾浩然之氣." [8]

"敢問何謂浩然之氣?" [9]

曰 : "難言也. 其爲氣也, 至大至剛, 以直養而無害, 則塞於天地之間. 其爲氣也, 配義與道 ; 無是, 餒也. 是集義所生者, 非義襲而取之也. 行有不慊於心, 則餒矣. 我故曰 : '告子未嘗知義.' 以其外之也. 必有事焉, 而勿正, 心勿忘, 勿助長也. 無若宋人然. 宋人有憫其苗之不長, 而揠之者, 芒芒然歸, 謂其人曰 : '今日病矣! 予助苗長矣!' 其子趨而往視之, 苗則槁矣. 天下之不助苗長者寡矣. 以爲無益而舍之者, 不耘苗者也 ; 助之長者, 揠苗者也. 非徒無益, 而又害之." [10]

(曰) : "何謂知言?" [11]

曰 : "詖辭知其所蔽, 淫辭知其所陷, 邪辭知其所離, 遁辭知其所窮. 生於其心, 害於其政. 發於其政, 害於其事. 聖人復起, 必從吾言矣." [12]

[원문을 우리말로 옮기면 다음과 같다.]

제자 공손추가 맹자에게 물었다.

"선생님께서 만약 제(齊)나라의 경상(卿相)이 되시어 평소의 주장을 실현하신다면, 적게는 패업이요 크게는 왕업을 성취할 것임은 이론의 여지가 없습니다. 그러나 그럴 경우에 [두려움과 의구심으로] 마음에 무슨 동요(動心)가 없으시겠습니까?"

"그렇다. 나는 마흔 살에 부동심(不動心 : 마음의 동요가 없음)에 도달했다."

"그렇다면 선생님께서는 맹분(孟賁 : 옛날의 勇士)을 훨씬 능가하시는군요?"

"그것은 어려운 일이 아니다. 고자도 나보다 먼저 부동심에 도달했다."

"부동심에는 무슨 방법이 있습니까?"[1]

"있다. 북궁유의 용기 배양(養勇)은 피부를 찔려도 꿈쩔하지 않고, 눈을 찔려도 깜박이지 않으며, 남에게 사소한 모욕을 당해도 마치 많은 사람이 모인 광장에서 매질을 당한 듯이 여기고, **허름한 천인**은 물론이요 대국의 군주한테도 모욕을 당하지 않고, 대국의 군주 찌르기를 마치 천인 찌르듯이 할 것이며, 제후라도 두려워하지 않고, 험담을 들으면 반드시 보복하는 것이었다. 또 맹시사의 용기 배양은 **승산이 없어도 이길 듯이 여기는 것**이었다. 적을 가늠해본 다음에 전진하고 승산이 있을 때만 맞붙는다면, 그는 대군을 만나면 겁을 먹을 사람이다. **맹시사라고 어찌 반드시 이기기만 했으랴마는 다만 두려워하지 않을 수 있었던 것이다.** 맹시사가 증자의 경우와 비슷하다면, 북궁유는 자하의 경우와 비슷하다. **이 두 사람의 용기 가운데 어느 쪽이 더 훌륭한지는 모르겠으나, 맹시사의 경우가 더욱 요점을 얻었다**(守約). 옛날 증자가 자양에게 말하기를 '자네, 용기를 좋아하는가? 나는 일찍이 공자님으로부터 **대용**(大勇)에 관해서, 나 스스로 돌아보아 바르지 못하면 허름한 천인 앞에서도 두렵지 않을 수 없지만, **스스로 돌아보아 바르면 천만 인이 버티고 있어도 맞서는 것이다**(自反而縮, 雖千萬人, 吾往矣)고 들었네'라고 했다. 그러므로 **맹시사의 수기**(守氣 : 용기 견지)**는 증자만큼 요점을 얻지는**(守約) **못했다.**"[2]

"그러면 선생님의 부동심과 고자의 부동심에 대해서 듣고 싶습니다."[3]

"**고자는 말했다.** '말(言)에서 얻지 못한 것은 마음(心)에서 추구하지 말며, 마음에서 얻지 못한 것은 기(氣:기백)에서 추구하지 말라.' '마음에서 얻지 못한 것은 기(기백)에서 추구하지 말라'고 함은 괜찮지만(可), '말에서 얻지 못한 것은 마음에서 추구하지 말라'고 함은 옳지 않다. 무릇 심지(志)는 기(氣)의 통솔자요, 기는 신체(體)의 충실함이니, 심지만 들어서면 기(기백)는 이내 따라붙는다. **따라서 말했다. '심지를 견지하고**(持其志) 기(氣)를 혼란시키지 말라.'"[4]

"'심지만 들어서면 기(기백)는 이내 따라붙는다' 하고서 또 '심지를 견지하고 기를 혼란시키지 말라' 함은 무슨 뜻입니까?"[5]

"심지를 통일하면 기를 움직이고, 기를 통일하면 심지를 움직인다. 넘어지는 일은 달리는 사람에게 있어서 그의 기가 심지를 동요시킨 예이다."[6]

"그러면 선생님의 장점은 어떤 것입니까?"[7]

"나는 **지언**(知言)하며, 내 **호연지기**(浩然之氣)를 잘 함양한다."[8]

"그러면 호연지기란 무엇입니까?"[9]

"**말로 표현하기 어렵다.** 호연지기, 그것은 지극히 크고 지극히 굳세다. 아무런 방해 없이 올바로 함양될 수 있으면 온 천지를 충만시킬 것이다. 그 기는 바로 **의**(義)**와 도**(道)**를 배합**해야 한다. 그것들이 없으면 그 기는 이내 풀이 죽는다. 호연지기는 **의로운 행위를 축적하여 생기는 것**(集義所生)이지 단 한

번의 의로써 기습, 탈취하듯 취해지는 것이 아니다. 우리가 행위할 때 마음에 꺼림한 바가 있으면 (그 기는) 풀이 죽는다. **따라서 나는 말했다.** '고자는 의를 안 적이 없다. 그는 의를 외적인 것으로 여겼기 때문이다.' 의로운 일에 힘써야 함은 물론이지만, 다만 중단하지도 말고 **망각하지도 말고 조장하지도 말아야** 한다. 즉 어떤 송인(宋人)처럼 해서는 안 된다. 송인 가운데 곡식의 모가 빨리 자라지 않는다고 억지로 뽑아올린 사람이 있었다. 그는 [아무 것도 모른 채] 경황 없이 집에 돌아와 가족에게 말하기를 '모가 자라도록 해놓느라고 오늘은 몹시 피곤하다'고 했다. 그 아들이 모판에 달려가보니 모는 벌써 말라 있었다. 천하에 모가 자라도록 조장하지 않는 사람은 드물다. 무익하다고 여겨 내버려둔 사람은 모판의 잡초를 제거하지 않은 격이고, 억지로 조장하는 사람은 모를 뽑아올린 격이다. 무익할 뿐더러 해롭기까지 하다."[10]

"**지언**(知言)*이란 무엇입니까?"[11]

"편파적인 말에서는 편견의 소재를 알고(知 : 간파하고), 궤변에서는 빠져든 함정을 알고, 위선적인 말에서는 자가당착점을 알고, 자기 변명적인 말에서는 옹색한 구석을 아는 것이다. 마음에서 생긴 것이 정책을 그르치고, 정책에 발현되면 모든 정사를 그르친다. 성인이 다시 태어나신다 하더라도 틀림없이 내 말을 따르실 것이다."[12]

호연지기는 맹자의 특수 명사이다. 그러나 그 확실한 의미는 맹자도 "말로 표현하기 어렵다"고 했다. 이 명사에 대한 후대의 해석 역시 대체로 부적당하다. 예를 들면 동중서(董仲舒, 179-104B.C.)는 말했다.

양(陽)은 하늘의 관대함이요, 음(陰)은 하늘의 급박함이다. 중(中)은 하늘의 작용이요, **화**(和)는 하늘의 공적이다. 온 천지의 도 가운데 화(和)보다 더 위대한 것은 없다. 따라서 만물의 산생은 모두 기(氣)를 중시하여 받들어 함양한다. 맹자가 '나는 내 호연지기를 잘 함양한다'고 한 것이 그것이다.[1)]

---

* 知言 : 언설에 대한 시비 판별과 분석적 통찰[know the right and wrong in speech].

1) 陽者, 天之寬也. 陰者, 天之急也. 中者, 天之用也. 和者, 天之功也. 擧天地之道, 而[(莫)]美於和, 是故物生皆貴氣而迎養之. 孟子曰 : '我善養吾浩然之氣'是也. (「순천지도(循天之道)」,『춘추번로(春秋繁露)』, 447쪽) [『맹자정의(孟子正義)』, 199쪽]

조기(趙岐, 108?-201?)의 『맹자주(孟子註)』에 따르면, 호연지기는

호연(浩然)한 대기(大氣)이다.*

초순(焦循, 1763-1820)은 『맹자정의』에서, 이현(李賢)이 『후한서』「부섭전」 주에서 인용한 조기의 주에 근거하여 이 대기(大氣)는 천기(天氣)가 옳다고 여겼다.** 『한서』「서전상」 주에서 안사고(顔師古, 581-645)는 말했다.

호연하고 순수전일한 기이다.***

주자(朱子, 1130-1200)는 『맹자집주(孟子集註)』에서, 호연지기는

천지의 정기(正氣)로서 인간은 그것을 얻어 생존한다[2)]

라고 했다. 또 정자(程子)를 인용하여 이렇게 말했다.

하늘과 인간은 하나여서 분별되지 않는다. 호연지기는 바로 나의 기(氣)이다. 그것은 잘 함양하여 해하지 않는다면 천지간에 충만하지만, 한번이라도 사심에 의해서 가려막히면 꺼림하여 풀이 죽고 마는데, 좀스러움을 느끼기 때문이다."[3)]

주자는 또 정자의 이 말을 이렇게 해석했다.

천지지기(天地之氣)는 미치지 않는 곳이 없고 침투하지 않는 곳이 없다. 그 기는 굳세어서 금석이라도 꿰뚫는데, 사람은 바로 그러한 기를 완전무결하게 품수받았다. 그래서 정자는 (앞과 같이) 말했다.[4)]

---

* 『맹자정의』, 199쪽 : [조기의 주]孟子云……我能自養育我之所有浩然之大氣也.

** 『맹자정의』, 199쪽 : 正義曰 :……『後漢書』「傅燮傳」"世亂不能養浩然之氣", 李賢注 : "孟子曰 : 養吾浩然之氣. 趙岐曰 : '浩然, 天氣也.'"

*** 『맹자정의』, 199쪽 : 『漢書』「敍傳上」注 "顔師古曰 : 浩然, 純一之氣也."

2) 天地之正氣, 而人得以生者.

3) (程子曰:) 天人一也, 更不分別. 浩然之氣, 乃吾氣也. 養而無害, 則塞乎天地之間. 一爲私意所蔽, 則欿然而餒, 知其小也. (『맹자집주』) [원래 〈주4〉 뒤에 이어진 『어류』의 말]

4) 天地之氣, 無處不到, 無處不透. 是他氣剛, 雖金石也透過去, 人便是稟得這個氣, 無

이 견해들은 모두 소위 호연지기를 천지간에 본유(本有)하는 것으로 여긴 것인데 모두 타당하지 않은 것 같다. 첫째, 호연지기가 이미 천지간에 본유하는 것이라면 하필 왜 사람이 "함양(養)"해야 하는가? 정주(程朱)의 논조에 따르면, "함양"이란 가로막힌 사심의 제거에 불과하고, 인간은 본래 "천지의 정기"를 품수받았으나 사심 때문에 가려막힌 만큼, 반드시 "함양"하여 그 본래 면목을 회복해야 한다. 그러나 맹자는 분명히 호연지기는 "의로운 행위를 축적하여 생기는 것(集義所生者)"이지 결코 "의를 축적하여" 회복하는 것이 아니다고 말했다. 정주의 설명은 뚜렷이 맹자의 뜻과 맞지 않는다. 주자 역시 실제로 이렇게 말한 적이 있다.

> 내가 감히 말하지만 인간은 날 때부터 호연지기가 있는 것이 아니고, 단지 저 기질의 혼탁, 퇴락한 기만 존재했다. 이 호연지기란 함양 여하에 달려 있다.[5]

그렇지만 또 이렇게 말했다.

> 본래는 호연(浩然 : 성대하게 유행함)했으나, 어릴 때부터 이미 파괴되어 버렸다. 그러므로 이제는 의를 축적해야(集義) 비로소 생길(生) 수 있다.[6]

이 또한 "생(生)" 자를 강조한 말이지만, 주자는 결국 인간은 본래적으로 모종의 천지의 "기"를 가진다고 여겼다. 둘째, 만약 이런 논법에 따르면 소위 호연지기의 "기"는, 이 장 앞에서 논한 맹시사의 "수기(守氣)"의 "기" 혹은 "마음에서 얻지 못한 것은 기(氣)에서 추구하지 말라"고 한 고자의 "기"와는 다르게 해석해야 하는데, 이 두 "기" 자는 "천지의 정기"나 "화기(和氣)" 등으로 해석할 수 없기 때문이다. 이렇게 하는 것도 안 될 것은 없겠으나, 다만 만약 별도의 논법이 있어서 이 장 속의 여러 기 자를 모두 한결같이 해석할 수 있다면 물론 더욱 타당할 것이다. 이 별도의 논법을 바로 이제 내가 제시하려고 한다.

欠闕, 所以程子曰 : ……(『어류(語類)』 권52 ; 『사서어류(四書語類)』, 787쪽)

5) 某敢說人生時無浩然之氣, 只是有那氣質昏濁頹塌之氣. 這浩然之氣, 方是養恁地. (『어류』 권52 ; 『사서어류』, 793쪽)

6) 本是浩然, 被人自少時壞了. 今當集義方能生. (『어류』 권52 ; 『사서어류』, 793쪽)

이 별도의 논법 역시 완전히 독창적이다고는 말할 수 없다. 앞에서 인용한 『주자어류(朱子語留)』 구절〈주3〉의 그 다음 문장은 이렇다.

> 주자는 또 말했다.
>
> "호연지기란 기(氣)가 넘쳐서 과감하게 행하는 것을 말한다. 이제 어떤 사람이 두려워서 피하고 움츠러들기만 하여 무슨 일이든 감히 행하려고 하지 않는다면 바로 기가 꺾인 것이다. 어떤 사람이 반드시 도리를 안 것은 아닌데도 일마다 용감하게 행한다면 그는 기가 넘친 것이다. 예컨대 항우의 '역발산기개세(力拔山氣蓋世 : 힘은 산을 빼어 던질 만하고 기는 세상을 뒤덮을 정도임)'가 바로 이러한 종류의 기(기백)이다. 사람은 모름지기 세상을 뒤덮을 기백이 있어야 비로소 완전하다(호연지기를 얻을 수 있다)."
>
> 또 말했다.
>
> "예를 들면 고인(古人)이 위급 존망지추에 임하여 감히 적군을 꾸짖고 용감히 순국했던 것은 바로 그가 이 기(氣)를 크게 함양하여 적을 두려워하지 않았기 때문인데, 역시 그가 이러한 도리를 알았기 때문에 그렇게 행할 수 있었던 것이다."[7)]

주자는 또 말했다.

> 이 양기(養氣) 장(章)의 핵심은 부동심(不動心)에 있고, 부동심의 핵심은 용기(勇氣)에 있고, 용기의 핵심은 기(氣)에 있다.[8)]

주자의 이 말이 내가 이제 논할 별도의 논법의 뜻이기도 한 것 같다. 그러나 기 자의 명확한 의미를 그는 간파하지 못했다. 『집주』는 무엇보다 정자의 말에 얽매여 호연지기를 천지간에 본유하는 것으로 여겼기 때문에, 결국 『맹자』의 이 장의 대의(大義)를 명확히 밝힐 수 없었고, 나아가 이 장 전후의 의미 역시 명쾌하게 설명하지 못했다. 이로부터 내가 말할 별도의 논법을 제기할 필요성이 생긴다.

---

7) 又曰 : "浩然之氣, 只是氣大敢做. 而今一樣人, 畏避退縮, 事事不敢做, 只是氣小. 有一樣人, 未必識道理, 然事事敢做, 是他氣大. 如項羽 '力拔山兮氣蓋世', 便是這樣氣. 人須有蓋世之氣方得." 又曰 : "如古人臨之以死生禍福之變, 敢去罵賊, 敢去殉國, 是他養得這氣大了, 不怕他. 又也是他識得道理, 故能如此." (『사서어류』, 787-88쪽)

8) 養氣一章在不動心, 不動心在勇, 勇在氣. (『사서어류』, 798쪽)

이제『맹자』의 이 장 첫머리부터 논한다.

> 공손추가 묻기를 "부동심에 무슨 방법이 있습니까?"[1]라고 하자, 맹자는 "있다.……" 하고 대답했고,

이 말에 이어 갑자기 용기 배양(養勇)을 논하여, 북궁유의 용기 배양에서 맹시사의 용기 배양을 거쳐 증자의 대용(大勇)에 도달했는데, 이렇게 결론지었다.

> 맹시사의 **수기**(守氣 : 용기 견지)는 증자만큼 요점을 얻지는(守約) 못했다.[2]

이 장의 기(氣) 자가 여기서 최초로 나온다. 여기서 말하는 기의 의미는 여태껏 명확히 설명되지 못했다. 내 견해에 따르면 여기서 말하는 기는 바로 우리가 말하는 "사기(士氣)"의 기이다. 예를 들면 우리는 "전선의 사기(士氣)가 매우 왕성하다"고 말하는데,『좌전(左傳)』에도 이런 말이 있다.

> 사기(氣)는 첫 북소리에 진작되었다가도, 두번째 북소리에 쇠퇴하고, 세번째 북소리에 아주 고갈된다.[9]

이것은 모두 이러한 부류의 기(氣 : 사기)를 말한 것이다. 이러한 종류의 기(사기)는 "배짱(一股勁 : 뚝심)"이라고 말할 수 있다. 이러한 기의 소유자를 "배짱이 세다(弩一股勁)"고 할 수 있다. 이러한 배짱은 군대의 전쟁이나 개인간의 싸움에서 가장 잘 볼 수 있다. 그래서 맹자는 용기 배양(養勇)을 예로 들었던 것이다. 용사들의 용기 배양이란 이러한 기(氣), 이러한 배짱(勁)의 배양을 말한다. 이러한 기, 이러한 배짱이 있으면 "화살이든 돌멩이든 직접 무릅쓰며" 두려울 것이 없을 수 있다. 두려울 것이 없는 것이 곧 부동심(不動心)이다. 용사들의 부동심은 완전히 이러한 기백, 이러한 배짱에 의지한 것이다. 이러한 기, 이러한 배짱을 유지하는 것이 이른바 "수기(守氣)"이다. 북궁유와 맹시사는 수기를 통해서 부동심을 얻었다. 맹자는 말했다.

---

9) 一鼓作氣, 再而衰, 三而竭. [「장공(莊公)」10년,『좌전』, 183쪽]

이 두 사람의 용기 가운데 어느 쪽이 더 훌륭한지 모르겠으나, 맹시사의 경우가 더욱 요점을 얻었다(守約).[2]

주자는 말하기를, 북궁유는 "반드시 이기는 것을 위주로 했고", 맹시사는 "두려워하지 않는 것을 위주로 했으니", "북궁유는 적을 이기는 데에 힘썼고, 맹시사는 자신을 지키는 데(守已)에 전념했다"*고 했다. 그래서 맹시사가 [더욱] 요점을 얻었다는(守約) 것이다. 이 설명도 물론 좋다. 그러나 또 다른 관점에서 보더라도 맹시사가 북궁유보다 더욱 높다. 왜냐하면 "수기(守氣)"란 이겼을 때는 쉽지만 졌을 때는 어렵기 때문이다. 소설에서 승전병을 묘사할 때 항상 "모든 병사들이 열 사람을 당해냈다"는 표현을 쓰고, 패잔병을 묘사할 때 항상 "멀리서 바람 소리만 듣고도 도망을 쳤다"는 표현을 쓴다. 승전병과 패잔병은 실제로 틀림없이 이러하다. 맹시사는

"승산이 없어도 이길 듯이 여겼는데", "맹시사라고 어찌 반드시 이기기만 했으랴마는 다만 두려워하지 않을 수 있었던 것이다."[2]

맹시사는 이길 수 없는 상황에서도 여전히 수기하여, 풀 죽지(餒) 않도록 했던 것이다. 오직 승자에게나 어울리고 패자에게는 어울리지 않는, 눈썹을 치켜올리고 눈을 부릅뜬 북궁유에 비하여 물론 한 단계 더 높이 올라간 것이다. 그러나 이 두 사람의 부동심이 수기로부터 얻어졌다는 점은 마찬가지다.

맹자는 그 다음으로 증자의 대용(大勇)을 언급한다. 『좌전』은 말한다.

전쟁이 정당하면 왕성하고, 정당하지 않으면 쇠락한다."[10)]

왕성이란 기의 왕성을 뜻하고, 쇠락이란 기의 쇠락을 뜻한다. 사람들은 항상 "명분이 정당하면 기가 왕성하다(理直氣壯)"고 말한다. 북궁유와 맹시사의 용기 배양은 기의 왕성함 쪽에 주목했고, 증자 등의 용기 배양

---

* 『맹자집주』: 黝……以必勝爲主而不動心者也. 舍……以無懼爲主而不動心者也. 黝務敵人, 舍專守已.

10) 師直爲壯, 曲爲老. (「희공(僖公)」 28년, 『좌전』, 458쪽)

은 명분의 정당성 쪽에 주목했다. "스스로 돌아보아 바르면 천만 명이 버티고 있어도 맞선다"고 함은 바로 "명분이 정당하면 기가 왕성하다"는 태도이다. 명분이 정당하면 기는 추구하지 않아도 저절로 왕성해지기 때문에, 맹시사에 비해서 증자가 더욱 요점을 얻었다. 증자는 이러한 방법으로 용기를 배양하여 부동심을 얻었다. 증자의 부동심 방법은 "수의(守義)"라고 말할 수 있다.

맹자는 그 다음에 고자의 부동심을 언급한다. 맹자는 말했다.

> **고자는 말했다.** '말(言)에서 얻지 못한 것은 마음(心)에서 추구하지 말며, 마음에서 얻지 못한 것은 기(氣)에서 추구하지 말라.' '마음에서 얻지 못한 것은 기에서 추구하지 말라' 함은 **괜찮지만**(可), '말에서 얻지 못한 것은 마음에서 추구하지 말라'고 함은 옳지 않다. 무릇 심지(志)는 기(氣)의 통솔자요, 기는 신체(體)의 충실함이니, 심지만 들어서면 기(기백)는 이내 따라붙는다. **따라서 말했다.** '심지를 견지하고(持其志) 기를 혼란시키지 말라.'[4]

주자『집주』는 "말에서 얻지 못한 것은 마음에서 추구하지 말며, 마음에서 얻지 못한 것은 기에서 추구하지 말라(不得於言, 勿求於心. 不得於心, 勿求於氣)"의 16자만 고자의 말이고, 나머지는 모두 맹자의 말이라고 여겼고, 또 "심지를 견지하고 기를 혼란시키지 말라"를 맹자의 부동심 방법으로 여겼다. 그러나 "심지를 견지하고 기를 혼란시키지 말라"는 말 앞에 "따라서 말했다"는 글귀가 있는데, 이 말은 과연 누구의 말인가? 맹자는 다음 구절[10]에서는 "**따라서 나는 말했다.** '고자는 의(義)를 안 적이 없다……'"라고 했다. 물론 맹자가 자신이 전에 한 말을 인용한 말이다. 하지만 여기서는 단지 "따라서 말했다"라고 했지 "따라서 나는 말했다"라고 하지 않았는데, 이 "따라서 말했다"는 구절은 아마 앞구절 "고자는 말했다"는 말의 영향권 내에 들기 때문이었던 것 같다. 따라서 "심지를 견지하고 기를 혼란시키지 말라"는 구절 역시 맹자가 인용한 고자의 말인 것 같다. 오직 문법적 측면에서만 보면 이는 가설에 불과하다. 그러나 문맥을 고찰해보면 이 가설을 실증해줄 두 가지 점이 있다.

첫째, "심지를 견지하고(持志) 기를 혼란시키지 말라"는 구절을 [『집주』에서처럼] 맹자의 부동심 방법으로 보면, 그 다음 구절[10]에서 말한

"의와 도를 배합하는(配義與道)" [맹자의 부동심] 방법과 중복되며, 또한 이 두 방법은 서로 크게 어긋난다는 사실이다. 고자의 부동심 방법은 마음을 강제하여 부동하게 하는 것이었다. 주자가 『집주』에서, 고자의 부동심을 일컬어 "몽매하여 깨닫지 못하고 완고하여 반성하지 않는다"〈주 14〉고 한 것이 그것이다. 그러나 "말에서 얻지 못한 것……" 구절의 16자만 가지고는 강제의 흔적이란 없다. 만약 "심지를 견지하고 기를 혼란시키지 말라"는 구절을 고자의 말로 보면, 고자의 부동심 방법은 "지지(持志 : 심지의 견지)"이다. 지(持)라는 글자에는 억지로 견지한다는 뜻이 표출되고 있다. 주자의 『어류』는 말한다.

"이천(伊川) 선생은 [맹자의] 지지(持志)를 논하면서 '이것은 그 자체에는 사사로운 면이 있다. 그러나 배우는 자는 그렇게 하지 않으면 안 된다'고 했는데, 무슨 말씀입니까?" 하고 묻자, 주자는 대답했다.

"지지는 역시 인위(人爲)에 연계되는 것 같다. 다만 정자의 뜻은 사람들이 제멋대로 작위할까 염려하여 그 폐단을 방지하려고, '배우는 자는 그렇게 하지 않으면 안 된다'고 말씀하신 것이다."[11]

"지지"는 일종의 억지로 견지하는 공부이다. 따라서 "사사롭고" "인위에 연계된 것"이다. 맹자가 이러한 종류의 공부를 통해서 부동심을 얻었다는 사실에 대해서, 주자나 이천 역시 석연치 않은 점을 느꼈던 것 같다. 그러나 문맥에 붙잡혀 있었기 때문에 단지 부득이 "배우는 자는 그렇게 하지 않으면 안 된다"고 말할 수밖에 없었던 것이다.

둘째, 『맹자』 원문의 이 문단 다음에서 공손추는 이렇게 물었다.

그러면 선생님의 장점은 어떤 것입니까?[7]

즉 이 질문 역시 앞에서 논한 "지지(持志)"가 고자의 말임을 증명해준다. 만약 『집주』의 방식처럼 맹자가 이미 모든 요점을 다 말한 것이라면, 공손추가 왜 또다시 이렇게 물었겠는가? 지금까지 말한 내용은 모두 다른 사람의 부동심 방법이었기 때문에 공손추는 이렇게 물은 것이고, 맹자

11) 問 : 伊川論持其志, 曰 : "只這箇也是私. 然學者不恁地不得." 先生曰 : "此亦似涉於人爲. 然程子之意, 恐人走作, 故又救之曰 : '學者不恁地不得.'"(『사서어류』, 776쪽)

역시 대답하기를

> 나는 지언(知言 : 언설을 통찰)하며, 내 호연지기를 잘 함양한다[8]

라고 했던 것이다. 이후 비로소 맹자는 자신의 부동심을 논했다.

이러한 여러 측면을 살펴볼 때, 이 문단[4]은 모두 맹자가 고자의 부동심 방법에 대해서 서술한 말이라고 단정할 수 있다. 즉 "말에서 얻지 못한 것은 마음에서 추구하지 말며, 마음에서 얻지 못한 것은 기에서 추구하지 말라"는 구절과 "심지를 견지하고(持其志) 기를 혼란시키지 말라"는 구절은 맹자가 직접 인용한 고자의 말이다. "'마음에서 얻지 못한 것은 기에서 추구하지 말라'고 함은 괜찮지만, '말에서 얻지 못한 것은 마음에서 추구하지 말라'고 함은 옳지 않다"는 구절은 맹자가 고자의 말을 설명하면서 삽입한 비평이다. "무릇 심지는 기의 통솔자요, 기는 신체(體)의 충실함이니, 심지만 들어서면 기(기백)는 이내 따라붙는다"는 구절과 "심지를 통일하면 기를 움직이고, 기를 통일하면 심지를 움직인다. 넘어지는 일은 달리는 사람에게 있어서 그 기가 심지를 동요시킨 예이다"[6]는 구절은 맹자가 고자를 대신하여 해설한 말이다. 이 문단은 부동심을 얻는 고자의 방법을 서술한 것이며, 그 방법은 "지지(持志)"였다.

"말에서 얻지 못한 것은 마음에서 추구하지 말며, 마음에서 얻지 못한 것은 기에서 추구하지 말라"는 구절에 대해서, 주자는

> 고자의 뜻은 말에 대해서 이해하지 못한 점이 있으면 그 말을 내버려두고, 마음으로 반성하여 그 이치를 추구할 필요는 없으며, 마음에 불안한 바가 있으면 마땅히 **마음을 굳건히 견지할**(強持其心) 일이지 기의 도움을 구할 필요는 없다는 것이다[12]

했는데, 이 해석은 타당한 것 같다. 그러나 만약 "지지(持志 : 심지의 견지)"를 고자의 부동심 방법으로 보면 "마음을 굳건히 견지한다"는 4자는 더욱더 타당성을 띠게 된다. 맹시사와 북궁유는 "수기(守氣)"를 통하여 부동심을 얻었다. 이 부동심은 기(氣 : 용기)의 도움을 받은 것이었다.

---

12) 告子[(謂)]於言, 有所未達, 則當舍置其言, 而不必反求其理於心. 於心有所不安, 則當強持其心, 而不必更求其助於氣. (『맹자집주』)

그러나 고자의 경우는 기(기백)의 도움을 구하지 않고 오직 마음을 굳건히 다스려 부동(不動)케 하는 것이다. 굳건히 다스리는 방법이 "지지"이다. 소설에는 자주 아무개가 "오직 한마음으로(把心一橫) 생사를 도외시했다"는 표현이 등장한다. "오직 한마음으로"는 '지지'이고, "생사를 도외시함"은 부동심(不動心)이다. 예를 들면 병사가 전쟁터에서 "의기(一股勁 : 義氣, 패기)"에 고무되어 위험을 각오하는 것은 맹시사 등의 "수기"이고, 위험을 분명히 알고서도 "오직 한마음으로 생사를 도외시하는" 것은 고자의 "지지"이다. 맹자는 본래 오직 "수기"로써 부동심을 얻는 맹시사 따위를 찬성하지 않았기 때문에, "기에서 추구하지 말라(勿求於氣)"는 고자의 말에 대해서 괜찮다(可)고 말한 것이다. 이 점에 대해서 주자는 이렇게 말했다.

괜찮다(可)는 말은 다만 괜찮을 뿐이고 미진한 점은 있다는 뜻이다.[13)]

강유위는 자신의 사상은 이미 30세 전에 고정되었고 그후로는 진보할 수도 없었고 진보하려고도 하지 않았다고 말했다. 호적 선생의 말에 따르면, 일찍이 만난 어떤 경제학자는 소련에 가기를 원하지 않았는데 일단 가면 자기 학설에 대한 신념에 동요가 생길까 두려웠기 때문이었다고 한다. 이것이 바로 "말에서 얻지 못한 것은 마음에서 추구하지 않는" 사례들이다. 또 모든 소위 완고한 부류의 사람들은 새로운 학설, 새로운 사상에 대해서 문을 꽉 닫아걸고 거부하는데 역시 같은 경우이다. 맹자 역시 이것은 옳지 않다고 여겼다. 맹자의 부동심은 의의 축적(集義) 혹은 지언(知言)을 통해서 얻어진 것이라고 할 수 있다. 그 다음의 글을 보면 알 수 있다. 지언이란 즉 "편파적인 말에서는 편견의 소재를 안다"[12]는 등등이다. 맹자는 잘못된 말은 또한 반드시 그 잘못의 소재도 알아야 한다고 여겼다. 이와 달리, 오로지 "오직 한마음으로(把心一橫)" 일체의 것들을 헤아리지 않는 태도 역시 부동심이라고 할 수는 있다. 그러나 그런 부동심은 "아마도 몽매하여 깨닫지 못하고 완고하여 반성하지 않는 경우에 불과하다."[14)]

---

13) 凡曰可者, 亦僅可而有所未盡之辭. (『맹자집주』)

14) 怠亦冥然無覺, 悍然不顧而已爾. (『맹자집주』)

맹자는 또 왜 기백의 도움을 얻지 않고 심지(志)를 굳건히 다스려야 하는가에 대해서 고자 대신 해설했다. 고자의 논조에 따르면, 심지는 "기의 통솔자"요, 기는 "신체의 충실함"이기 때문이다. 그래서 기가 "신체의 충실함"이라고 말한 것은 아마 북궁유 등이 견지한 기백(守之氣)이 사람의 정신을 고무시켜 용왕매진하게 할 수 있었던 것이, 마치 사람의 신체를 충실하게 하는 것과 같다고 본 때문이었을 것이다. 현재 우리는 남을 고무하는 것을 "기를 북돋아준다(打氣)"고 하고, 고개를 떨어뜨리고 기를 상실한 사람을 일컬어 "기가 죽었다(洩氣)"고 말한다. 아마도 똑같은 비유일 것이다. 심지는 기의 통솔자이다. 따라서 심지가 들어선 곳에는 기(기백) 역시 따르는데, 이른바 "심지만 들어서면 기(기백)는 이내 따라붙는다"는 말이다. 따라서 고자는 "지지(持志)"를 주장했다. 그래서 그는 말했다.

> 심지를 견지하고(持其志) 기를 혼란시키지 말라(無暴其氣).

조기 주에 따르면 "포는 혼란의 뜻이다(暴, 亂也)." "심지를 견지하고 기를 혼란시키지 말라" 함은 바로 "마음에서 얻지 못한 것은 기에서 추구하지 말라"는 말과 서로 비슷한 의미가 있다.

그러나 심지가 이미 기의 통솔자라면 단지 "심지를 견지하라(持志)"고만 말하면 되는데, 왜 또 "기를 혼란시키지 말라"고 말했는가? 공손추가 이렇게 캐묻자, 맹자는 고자 대신 해설하여 이렇게 말했다.

> 심지를 통일하면 기를 움직이고 기를 통일하면 심지를 움직인다.[6]

예를 들면 어떤 사람에게 본디 적을 죽여 국가를 보위할 심지가 있으면, 물론 이 심지로 말미암아 소위 "모두의 원수를 향한 적개심"의 사기가 생긴다. 그러나 만약 군악(軍樂)이나 일장 연설을 통해서 사람들에게 "모두의 원수를 향한 적개심"의 사기를 불러일으킬 경우, 역시 이 사기로 말미암아 적을 죽여 국가를 보위할 심지가 생기게 할 수도 있는 것이다. 하나의 "패기(勁 : 배짱)"로 용왕매진하는 사람의 경우 그의 기는 매우 왕성하고 예리하다. 그러나 그가 만약 졸지에 한번 넘어지면 그의 예기(銳氣)는 꺾일 뿐더러 그의 마음도 상당한 영향을 받을 것이다. 이른바

"넘어지는 일은 달리는 사람에게 있어서 그의 기가 심지를 동요시킨 예이다"[6]는 말이다.

혹 다음과 같이 반문할 수도 있다 : 『맹자』 원문을 보면 이 문단 앞에서, "선생님의 부동심과 고자의 부동심에 대해서 듣고 싶습니다"[3]라고 물었은즉, 그 대답 역시 이 두 가지를 겸해야 할 것인데, 만약 이 문단[4]을 오로지 고자의 부동심 방법만 논한 것으로 보면, 그 앞의 물음 내용과 부합하지 않는다. 이에 대한 해명은 이렇다. 공손추도 그렇게 물었고 맹자도 그렇게 대답한 것이지만, 다만 맹자가 고자의 방법을 논하면서 혹은 서술하다 혹은 의론하다 했고 또 공손추 역시 질문 하나를 삽입하여 맹자의 말을 중단시켰기 때문에, 공손추는 다시 원래의 문제 가운데 아직 대답을 듣지 못한 부분을 다시 한번 언급하여,

그러면 선생님의 장점은 어떤 것입니까?[7]

하고 물은 것이다. 앞에서 이미 고자의 방법을 논했기 때문에 이번에는 오로지 맹자의 방법에 대해서만 물은 것이다. 그러자 맹자는

나는 지언(知言)하며, 내 호연지기를 잘 함양한다[8]

고 대답했던 것이고, 이것이 맹자의 부동심 방법이다. 나의 견해는 호연지기(浩然之氣)의 "기"는 맹시사 등의 "수기(守氣)"의 기와 성질상 똑같다는 것이다. 그 차이는 그것이 "호연"하다는 데에 있다. 호연이란 크다(大)는 뜻이다. 그것이 큰 이유는 어디에 있는가? 맹시사 등이 견지한 기는 인간과 인간의 관계에 관한 것이라면, 호연지기는 인간과 우주의 관계에 관한 것이다. 맹시사 등의 기가 있으면 사람들 앞에 당당하게 서서 두렵지 않을 수 있고, 호연지기가 있으면 우주 앞에 당당하게 서서 두렵지 않을 수 있다. 따라서 말했다.

호연지기, 그것은 지극히 크고 지극히 굳세다. 아무런 방해 없이 올바로 함양될 수 있으면 온 천지를 충만시킬 것이다.[10]

맹시사 등의 기(氣) 역시 반드시 배양해야 얻을 수 있는데 그들의 용기 배양(養勇)은 곧 기의 배양(養氣)이다. 호연지기는 더욱더 함양해야 얻

어진다. 어떤 함양의 방법인가? 맹자는 말했다.

> 그 기는 바로 **의(義)와 도(道)를 배합**해야 한다. 그것들이 없으면 그 기는 이내 풀이 죽는다.[10]

이 도에 대해서 조기 주는 "음양의 대도(陰陽大道)"라고 했고, 주자의 『집주』는 "천리의 자연(天理之自然)"이라고 했다. 조기 주가 그릇되었던 까닭에 주자 주 역시 바른 해석이 못된 것 같다. 이 도는 바로 "아침에 도를 들어 깨치면 저녁에 죽어도 좋다"[15]고 할 때의 도로서 즉 의리(義理)이다. 호연지기를 함양하는 방법에는 두 측면이 있는데, 한측면은 우주에 대해서 정확히 이해(理解)를 하는 것인데 이 이해가 곧 도이다. 또 다른 측면은 인간이 우주간에서 해야 할 의무를 힘써 행하는 것인데 이 의무가 바로 도덕적인 의무 즉 의(義)이다.* 이 두 측면을 합하는 것이 곧 "의와 도를 배합하는" 것이다. 항상 의를 행하는 것이 의의 축적(集義)이고, 의의 축적이 오래되면 호연지기는 자연스럽게 생긴다. 조금이라도 강요해서는 안 된다. 즉

> 호연지기는 의로운 행위를 축적하여(集義) 생기는 것이지, 단 한 번의 의로써 기습, 탈취하듯(襲) 취해지는 것이 아니다[10]

는 말이다. 주자에 따르면 "습(襲)은 군사작전의 습격과 같고 습격하여 탈취한다는 뜻이 있다."[16] 이 구절은 바로 맹자가 그 자신과 고자의 차이점을 설명한 곳이다. 고자가 "뜻을 견지하고 기를 혼란시키지 않음"으로써 부동심을 얻는 것은 바로 "의로써 기습, 탈취하듯 취하는 것"이었다. 그래서 그 다음에서 맹자는 말했다.

> 따라서 나는 말했다. "고자는 의를 안 적이 없다. 그는 의를 외적인 것으

---

15) 子曰 : "朝聞道夕死可矣."(『논어』 4 : 8)

* *SH*, 78쪽 : 호연지기를 기르는 방법에는 두 측면이 있다. 한측면은 "도를 아는 것(知道)"이라고 하겠는데, 도란 정신적 경지를 향상시키는 도이다. 또 한측면은 맹자가 "의의 축적(集義 : accumulation of righteousness)"이라고 했는데, 우주의 "천민(天民)"으로서 우리가 마땅히 해야 할 일을 계속하는 것을 말한다.

16) 襲如用兵之襲, 有襲奪之意. (『어류』 권52 ; 『사서어류』, 795쪽)

로 여겼기 때문이다."[10]

고자는 바깥에서 하나의 의(義)를 가지고 와서 마음을 굳건히 다스려서 [동요하지 않게(不動) 했다/『신원도』]. 그러나 맹자는 의를 행하는 것을 마음의 자연적인 발전으로 여겼다. 의를 행함이 이미 오래되면 호연지기는 그 가운데서 자연히 생긴다.

"우리가 행위할 때 마음에 꺼림한 바(不慊)가 있으면 풀이 죽는다"[10] 고 함은 명분이 바르면 기가 왕성하고 명분이 그르면 기가 죽는다는 말이다. [보통 말하는 용기도 이러하고/『신원도』] 호연지기 역시 이와 마찬가지다. 앞에서 증자의 부동심 방법은 "수의(守義 : 도리·명분의 견지)"라고 말했다. 맹자의 "집의(集義)"는 증자의 수의와 동일한 점이 있다. 주자가 『집주』에서 맹자의 부동심은 원래 증자로부터 나왔다고* 한 말은 옳다. 그러나 증자와 맹자는 여전히 차이가 있다. 증자의 "수의"는 한가지 한가지 일에 입각한 논의이다. 그러나 맹자의 "집의"는 일종의 심리상태에 입각한 논의이다. 한가지 한가지 일에 대해서 논하면, 일에 임하여 스스로 돌아보아 바르지 못하면 "허름한 천인"에게도 굽히지만, 바르면 "천만 인이 버티고 있어도 맞선다."[2] 이것이 이른바 "수의"이다. 일종의 심리상태에 대해서 논하면, 이 상태는 수많은 도덕적인 행위의 축적을 통해서 자연히 생긴 것이다. 이것이 이른바 "집의"이다. 또 증자가 수의(守義)를 통해서 얻은 대용(大勇)은 비록 크더라도 여전히 인간과 인간의 관계에 관한 것이다. 맹자가 집의를 통해서 얻은 호연지기(浩然之氣)는 인간과 우주의 관계에 관한 것이다. 이 점에서 맹자의 집의는 원래 증자로부터 나왔지만 그 성취는 증자보다 한 단계 더 높고 또 진일보했다. 이 때문에 맹자의 부동심은 증자와 또 다르다. 『집주』처럼 "지지(持志)"를 맹자의 부동심 방법으로 보면, 그의 부동심이 증자와 어떤 뚜렷한 차이가 있어 보이지는 않는다.

양기(養氣) 공부의 요점은 "망각하지도 않고 조장하지도 않는(勿忘勿助)" 데에 있다. 이 점은 송명(宋明) 도학자들이 매우 많이 논했고 그 대

---

* 『맹자집주』: 孟子之不動心, 其原, 蓋出於此. ("孟施舍之守氣, 又不如曾子之守約也" 구절의 주)

요는 타당하므로, 여기서 다시 논하지 않는다.

『맹자』, 그 다음의 문장에서 공손추는 또 물었다.

> 지언(知言)이란 무엇입니까?[11]

내 견해에 따르면 지언은 도를 이해하는(明道) 다른 한 측면이다. 맹자는 이렇게 대답했다.

> 편파적인 말에서는 편견의 소재를 알고(知 : 간파하고), 궤변에서는 빠져든 함정을 알고, 위선적인 말에서는 자가당착점을 알고, 자기변명적인 말에서는 옹색한 구석을 아는 것이다.[12]

어떻게 알(知) 수 있는가? 바로 이미 의리(義理)에 대한 완전한 지식이 있기 때문이다. 또한 이렇게 말할 수도 있다. 편파적인 말에 대해서는 편견의 소재를 알고, 궤변에 대해서는 빠져든 함정을 알고, 위선적인 말에 대해서는 자가당착점을 알고, 자기 변명적인 말에 대해서는 옹색한 구석을 안다면, 의리에 대해서 더욱 완전한 지식을 가지게 된다.

공자는 말했다.

> 지혜로운 사람은 미혹하지(惑) 않으며, 어진 사람은 근심하지(憂) 않으며, 용기 있는 사람은 두려워하지(懼) 않는다."[17]

미혹하지 않고 근심하지 않고 두려워하지 않음은 곧 부동심(不動心)이다. 우리는 늘 '의구(疑懼)', '우구(憂懼)'라고 말하는데, 의(疑)는 혹(惑)이다. 이 세 가지[惑, 憂, 懼]는 본래 상호 연대적이다. 그러나 공자의 이 말 역시 오로지 사람과 사람 사이에서 미혹하지 않고 근심하지 않고 두려워하지 않음을 논한 것이다. 인간이 사회 속에서 마음을 동요시키지 않을(不動心) 수 있는 일은 물론 쉽지 않지만, 아직 호연지기로부터 얻어진 부동심은 아니다. 호연지기는 그것이 기(氣 : 용기, 기백)인 만큼 두렵지 않게 해준다(不懼). 지언(知言)은 미혹하지 않게 해준다(不惑). 호연지기는 의와 도를 배합하여 생긴 것이기 때문에 호연지기가 있는 사람은 두려워하지도 않고 미혹하지도 않는다. 두려워하지 않고 미혹하지 않는

17) 智者不惑, 仁者不憂, 勇者不懼. (『논어』 9 : 29) [不=are free from~]

데 또 무슨 근심(憂)이 있겠는가? 이때의 미혹하지 않고 두려워하지 않고 근심하지 않음은 단지 사회 속에서만으로 한정되지 않는다. 이런 호연지기가 있는 사람은 능히 "지나는 곳마다 감화를 끼치고, 머무는 곳마다 신묘한 영향을 미치고, 위로 하늘과 더불어 아래로 땅과 더불어 흘러갈"[18] 수 있다.

『중용(中庸)』은 말한다.

> 따라서 군자의 도(君子之道)는 자신의 인격에 뿌리를 두고 서민을 통해서 그 효험을 검증할 수 있으며, 삼대의 성왕에 견주어보아도 그릇됨이 없으며, 온 천지에 내세워도 어긋남이 없으며, 귀신에게 물어보더라도 의심쩍은 내용이 없으며, 백 세대 후의 성인도 의아해하지 않을 것이어야 한다. 귀신에게 물어서 아무 의심쩍음이 없다면 하늘을 안(知天) 것이고, 백 세대 후의 성인도 의아해하지 않는다면 인간을 안(知人) 것이다.[19]

여기서 말하는 앎(知)이란 즉 도에 대한 이해(明道)이다. 또 말한다.

> 천지의 화육을 찬조할 수 있으면 천지와 더불어 나란히 셋이 될 수 있다.[20]

호연지기가 있는 사람은 우주간에 당당히 서서, 비록 유한한 일곱 척의 몸일지언정 이 경지 안에서는 이미 유한을 넘어서 무한에 들어간다.

이 경지에 이른 사람은 사회에서도 자연히 "운수 대통해도 보태지지 않고 곤궁 속에 은거해도 덜어지지 않으니",[21] 자연히 "부귀로도 현혹시킬 수 없고, 빈천으로도 동요시킬 수 없고, 위세로도 굴복시킬 수 없다."[22] 현혹시킬 수 없고 동요시킬 수 없고 굴복시킬 수 없음은 곧 부동심이다. 또한 그가 현혹하지 않고 동요하지 않고 굴복하지 않는 것은 그 심지를 굳건히 다스려서 그렇게 된 것이 아니다. 만약 그랬다면 그 경지는 고자의 경지일 따름이다. 만약 이렇게 행하는 사람들이 마땅히 그래야 하기

18) 所過者化, 所存者神, 上下與天地同流. [『맹자』 13 : 13]

19) 원문은 〈제14장,주116〉 참조.

20) 可以贊天地之化育, 可以與天地參矣. (『중용』) 〈제14장,주114〉

21) 大行不加, 窮居不損. [『맹자』 13 : 21]

22) 富貴不能淫, 貧賤不能移, 威武不能屈. (『맹자』 6 : 2) 〈제6장,주72〉

때문에 그렇게 했다고 여겼다면 그 경지는 증자의 경지일 따름이다. 호연지기가 있는 사람은 자연히 부귀도 부귀로 여기지 않고, 빈천도 빈천으로 여기지 않고, 위세도 위세로 여기지 않는다. 따라서 그가 현혹하지 않고 동요하지 않고 굴복하지 않은 것은 아무런 작위를 하지 않았음에도 그렇게 된 것이다. 주자는 말했다.

> 호연지기는 맑고 깨끗하다(淸明)는 수식어로는 부족하다. '호연(浩然)'이라고 말하면 곧 넓고 크고 굳세고 단호하다는 의미가 있어서, 마치 장강(長江)의 큰 물길이 호호탕탕 흐르는 것과 같다. 부귀, 빈천, 위세 따위에 동요하거나 굴복되지 않는다는 차원은 모두 저급한 경우로, 호연(浩然)을 논할 수 있는 바가 아니다."[23]

주자의 이 말이 바로 내가 지금까지 논한 의미이다. 이 경지에 이른 사람은 진정 "하늘을 떠받치고 땅 위에 우뚝 선"[24] "큰" 사람(大人)인 "대장부(大丈夫)"라고 할 수 있다. 이른바 "하늘을 떠받치고 땅 위에 우뚝 선다"고 함은 바로 "온 천지를 충만시키고"[10] "위로 하늘과 더불어 아래로 땅과 더불어 흘러간다"〈주18〉는 의미이다.

---

23) 浩然之氣, 淸明不足以言之. 纔說浩然, 便有個廣大剛果意思, 如長江大河, 浩浩而來也. 富貴, 貧賤, 威武, 不能移屈之類, 皆底, 不可以於此. (『사서어류』, 778쪽)

24) 頂天立地. ["但我韓厥是一個頂天立地的男兒……" (元曲)]

역자 참고 문헌

(본문에서 그 출전을 표시할 때는 〈 〉 안의 약칭을 사용하였다.)

1. 馮友蘭의 著書

『新原道』, 商務印書館, 重慶, 1945. ……………………………………………〈『신원도』〉

A Short History of Chinese Philosophy. ed. Derk Bodde, 1948. The Macmillan Company(First Free Press Paperback Edition, 1966). …………………………〈*SH*〉

『中國哲學史新編』(全6冊), 人民出版社, 北京, 1982-90.……………………〈『신편』〉

『三松堂全集』, 河南人民出版社, 1985-1992. ………………………〈『삼송당전집』〉

I　　: 『三松堂自序』『人生哲學』

II, III　: 『中國哲學史』(上·下)

VIII, IX : 『中國哲學史新編』 I~IV

XI-XIII: 『三松堂哲學文集』(上)(中)(下)

2. 馮友蘭 著書의 번역본

『中國哲學史(상)』(柿村峻, 『支那古代哲學史』 중역), 柳昌勳 역, 서울, 1975.

『(한글판)중국철학사』, 정인재 역, 형설출판사, 서울, 1989.

『중국철학의 정신「新原道」』, 곽신환 역, 서광사, 서울, 1993.

A History of Chinese Philosopy I,II, tr. Derk Bodde, Princeton, 1953. ··〈보드 역본〉

『中國哲學史-成立篇』, 柿村峻, 吾妻重二 共譯, 富山房, 1995. ……………〈아즈마〉

『中國哲學簡史』, 涂又光 譯, 北京大學出版社, 1985.

3. 『中韓辭典』, 고대민족문화연구소 중국어대사전편찬실 편, 서울, 1989.

『새漢韓辭典』, 동아출판사 편집국 편, 서울, 1990.

『大漢和辭典』(全13卷, 修訂版), 諸橋轍次, 東京, 1984.

『漢語大詞典』(全13冊), 漢語大詞典出版社, 上海, 1990.

4. 『諸子百家의 思想』, 宋榮培 編著, 玄音社, 서울, 1994.

『中國의 科學과 文明 II』, 조셉 니담, 李錫浩 외 역, 을유문화사, 서울, 1988.

Science and Civilisation II, Joseph Needham, Cambridge, 1962.

A Source Book in Chinese Philosophy, Wing-Tsit Chan, Princeton, 1963.

5. 『墨子』(상·하), 기세춘 역저, 나루, 서울, 1992.

『朱註今譯 論語』, 金都鍊 역주, 현음사, 서울, 1990.

『老子-길과 얻음』, 金容沃 역, 통나무, 서울, 1989.

釋紛訂誤-論語新解』, 金鍾武, 『민음사, 서울, 1989.

『禮記』(新完譯四書五經 7, 8, 9), 南晩星 역주, 평범사, 서울, 1980.

『懸吐完譯-大學中庸集註』, 成百曉 역주, 전통문화연구회, 서울, 1991.

『老子』『莊子』(博英文庫 114, 142-45), 禹玄民 역, 박영사, 서울, 1976.

『春秋左傳』(新完譯四書五經 10, 11, 12), 李錫浩 역주, 평범사, 서울, 1980.
『史記-中國古代社會의 形成』, 李成珪 편역, 서울대학교출판부, 1987.
『大學 中庸』(博英文庫 118), 李乙浩 역주, 박영사, 서울, 1976.
『論語』『孟子』(新完譯四書五經 1, 2), 張基槿 역주, 평범사, 서울, 1980.
『史記本紀』, 丁範鎭 외 역, 까치, 서울, 1994.
『莊子』(풀어쓴 古典 4), 조관희 역해, 청아출판사, 서울, 1988.
『論語』『孟子』(乙酉文庫 22, 139), 車柱環 역, 을유문화사, 서울, 1969.
『周易』(惠園東洋古典 6), 崔完植 역해, 혜원출판사, 서울, 1990.
『詩經』(新完譯四書五經 4), 河正玉 역주, 평범사, 서울, 1980.
『孟子』(풀어쓴 古典 2), 허경진 역해, 청아출판사, 서울, 1988.

6. 『尙書今註今譯』, 屈萬里 註譯, 臺灣商務印書館, 1969. ……………………〈『상서』〉
『今古文尙書全譯』, 江灝,錢宗武 譯注, 周秉鈞 審校, 貴州人民出版社, 1992.
『尙書』(漢文大系 12, 蔡沈, 『書經集傳』), 富山房, 東京, 1973.
『尙書今譯今注』, 楊任之 譯注, 北京廣播學院出版社, 1993.
『春秋左傳注』(全4册),楊伯峻 編著, 中華書局, 1981.………………〈『좌전』; 양백준〉
『白話左傳』, 楊伯峻, 徐提 譯, 嶽麓書社, 長沙, 1993.
『左傳譯文』, 沈玉成 譯, 中華書局, 北京, 1981.
『國語』, 韋昭 注, 漢京文化事業有限公司, 臺北. ……………………………〈『국어』〉
『國語』(新釋漢文大系), 楠山春樹, 明治書院, 東京, 1979. ………………〈구스야마〉
『國語全譯』, 黃永堂 譯注, 貴州人民出版社, 貴陽, 1995.
『國語譯注辨析』, 董立章 譯注辨析, 暨南大學出版社, 廣州, 1993.
『史記』, 司馬遷 撰, 中華書局, 北京, 1982. ………………………………〈『사기』〉
『史記今註』, 馬持盈 註, 臺灣商務印書館, 臺北, 1979.……………………〈마지영〉
『漢書』, 班固 撰, 顔師古 注, 中華書局, 北京, 1974.…………………………〈『한서』〉
『十三經注疏』(上·下), 阮元 校刻, 中華書局, 北京, 1980. …………〈『십삼경주소』〉
『詩經直解』, 陳子展 撰述, 復旦大學出版社, 上海, 1983.
『論語集釋』(全4册), 程樹德 撰, 中華書局, 北京,1990. …………………〈『논어집석』〉
『論語譯注』, 楊伯峻 譯注, 中華書局, 北京, 1980. ………………〈『논어』; 양백준〉
『論語正義』(上·下), 劉寶楠 撰, 中華書局, 北京, 1990.
『墨子閒詁』(漢文大系 14), 孫詒讓 撰, 富山房, 東京, 1913.…………………〈『묵자』〉
『墨子校注』(上·下), 吳毓江 撰, 中華書局, 北京, 1993.
『白話墨子』, 梅季, 林金保 校譯, 嶽麓書社, 長沙, 1991.
『墨子今註今譯』, 李漁叔 註譯, 臺灣商務印書館, 臺北, 1988.
『墨辯邏輯學』(修訂本), 陳孟麟, 齊魯書社, 濟南, 1983. …………〈『묵변논리학』〉
『墨經的邏輯學』, 沈有鼎 著, 中國社會科學出版社, 北京, 1982.
『墨經訓釋』, 姜寶昌 著, 齊魯書社, 濟南, 1993.

『孟子譯注』(上·下), 楊伯峻 譯注, 中華書局, 北京, 1960. ………〈『맹자』; 양백준〉
『孟子正義』(上·下), 焦循 撰, 中華書局, 北京, 1987. ………………〈『맹자정의』〉
『呂氏春秋校釋』(上·下), 陳奇猷 校釋, 學林出版社, 上海, 1984. ………〈『여씨춘추』〉
『呂氏春秋譯注』, 張双棣 外 譯注, 吉林文史出版社, 長春, 1993.
『呂氏春秋白話今譯』, 谷聲應 譯注, 中國書店, 北京, 1992.
『管子纂詁』(漢文大系 21), 安井衡 纂詁, 富山房, 東京, 1973.………………〈『관자』〉
『管子通解』(上·下), 趙守正 撰, 北京經濟學院出版社, 北京, 1989.
『管子集校』(『郭沫若全集』V,VI,VII), 人民出版社, 北京, 1984.
『管子今註今譯』(上·下), 臺灣商務印書館, 臺北, 1988.
『王弼集校釋』(上·下), 王弼 著, 樓宇烈 校釋, 中華書局, 1980. …………〈『왕필집』〉
『老子翼』(漢文大系 9), 焦竑 輯, 富山房, 東京, 1973. ……………………〈『노자익』〉
『老子全譯』(中國古代哲學名著全譯叢書 1), 任繼愈 譯, 巴蜀書社, 1992.
『老子正詁』, 高亨 著, 中國書店(1943年開明書店本影印), 1988.
『老子註譯及評介』, 陳鼓應 著, 中華書局, 香港, 1987.
『老子譯注』, 馮達甫 譯注, 上海古籍出版社, 1991.
『老子全譯』, 沙少海, 徐子宏 譯注, 貴州人民出版社, 貴陽, 1989.
『公孫龍子研究』, 龐樸 著, 中華書局, 1979. ……………………………〈『공손룡자』〉
『公孫龍子形名發微』, 譚戒甫 撰, 中華書局, 北京, 1963.
『公孫龍子正名學說研究』, 周云之 著, 社會科學文獻出版社, 1994.
『公孫龍子懸解』, 王琯 撰, 中華書局, 1992.
『莊子集釋』(全4册)(郭象注,成玄英疏), 郭慶藩 撰, 中華書局, 1961. ………〈『장자』〉
『莊子淺注』, 曹礎基 著, 中華書局, 北京, 1982. ……………………………〈조초기〉
『莊子今注今譯』, 陳鼓應 注譯, 中華書局, 香港, 1990.……………………〈진고응〉
『莊子新譯』, 張默生 原著, 張翰勛校補, 齊魯書社, 濟南, 1993.
『莊子譯注』, 劉建國, 顧寶田 注譯, 吉林文史出版社, 長春, 1993.
『白話莊子』, 張玉良 主編, 三秦出版社, 西安, 1990.
The Complete Works of Chuang Tzu, tr. Burton Watson, Columbia, 1968.
『荀子集解』(漢文大系 15), 楊倞注, 王先謙集解, 久保愛增注, 1913. ………〈『순자』〉
『荀子集釋』, 李滌生 著, 臺灣學生書局, 臺北, 1979.………………………〈이척생〉
『荀子全譯』, 蔣南華, 羅書勤, 楊寒清 譯注, 貴州人民出版社, 1995.
『荀子詁譯』, 楊柳橋 著, 齊魯書社, 濟南, 1985.
『白話荀子』, 楊任之 譯, 嶽麓書社, 長沙, 1991.
『商君書全譯』, 張覺 譯注, 貴州人民出版社, 貴陽, 1993.…………………〈『상군서』〉
『韓非子集釋』, 陳奇猷 校注, 復文圖書出版社, 高雄, 1987. ……〈『한비자』; 진기유〉
『韓非子翼毳』(漢文大系 8), 太田方, 富山房, 東京, 1911.
『韓非子全譯』(上·下), 張覺, 貴州人民出版社, 貴陽, 1992.

『評析本白話韓非子』, 王寧主 編, 北京廣播學院出版社, 1992.

『白話商君書韓非子』, 李傳書 譯, 嶽麓書社, 長沙, 1994.

Basic Writings of Mo Tzu, Hsün tzu, Han Fei Tzu, tr. B. Watson, 1967.

『禮記』(全4冊)(『禮記集說大全』), 胡廣等 撰, 學民文化社影印, 대구, 1990.

『禮記章句』(『船山全書』 IV), 王夫之 著, 嶽麓書社, 長沙, 1991.

『禮記今註今譯』, 王夢鷗 註譯, 臺灣商務印書館, 臺北, 1975.

『大戴禮記解詁』, 王聘珍 撰, 中華書局, 北京. 1983.……………………〈『대대례기』〉

『周易大傳今注』, 高亨 著, 齊魯書社, 濟南, 1979. ……………………〈『주역』; 고형〉

『周易大傳新注』, 徐志鋭 著, 齊魯書社, 濟南 1989.

『周易全譯』, 徐子宏 譯注, 貴州人民出版社, 1991.

『周易譯注』, 周振甫 譯注, 中華書局, 北京, 1991.

『淮南鴻烈集解』(上·下), 劉文典 撰, 中華書局, 北京, 1989. ……………〈『회남자』〉

『淮南子譯注』, 陳廣忠 譯注, 吉林文史出版社, 長春, 1990.

7. 『中國歷代思想家傳記彙詮』(上·下), 王蘧常 主編, 復旦大學出版社, 1993.

『楚辭』(漢文大系 22), 朱子集 註, 王逸 註, 岡松甕谷 考, 1916. ……………〈『초사』〉

『戰國策正解』(漢文大系 19), 橫田惟孝 著, 安井衡 補正, 1973. …………〈『전국책』〉

『孔子家語』(漢文大系 20), 王肅 注, 何孟春 補注, 1973. ………………〈『공자가어』〉

『列子集釋』, 楊伯峻 撰, 中華書局, 北京, 1978. ………………………………〈『열자』〉

『說苑』(「四庫全書」本重印), 劉向 撰, 上海古籍出版社, 1990. ……………〈『설원』〉

『春秋繁露義證』, 蘇輿 撰, 鍾哲 點校, 中華書局, 北京, 1992. …………〈『춘추번로』〉

『鹽鐵論校注』(上·下), 王利器 校注, 中華書局, 北京, 1992. ……………〈『염철론』〉

『潛夫論箋校正』, 王符 撰, 汪繼培 箋, 彭鐸 校正, 中華書局, 1985. ……〈『잠부론』〉

『論衡注釋』(全4冊), 王充 撰, 北京大論衡注釋組, 中華書局, 1979. ………〈『논형』〉

『朱子四書語類』, 朱熹 撰, 上海古籍出版社, 1992. ……………………〈『사서어류』〉

『黃宗羲全集』 III～VII(宋元－明儒學案),浙江古籍出版社, 1992.….〈『황종희전집』〉

『文史通義校注』, 章學誠 著, 葉瑛 校注, 中華書局, 1994. ……………〈『문사통의』〉

『史記探源』, 崔適 著, 張烈 點校, 中華書局, 1986. ……………………〈『사기탐원』〉

『胡適學術文集－中國哲學史』(上·下), 中華書局, 1991. …………………〈『호적문집』〉

『古史辨』 I, III, IV, V, 顧頡剛 編著, 上海古籍出版社重印, 1982. ………〈『고사변』〉

8. 『서양철학사』, S. P. 램프레히트, 김태길 윤명로 최명관 역, 을유문화사, 1992.

History of Western Philosophy, B. Russell, G. Allen & Unwin, London, 1961.

대본 교정표(제1편과 부록)

1. 역자가 옮기는 과정에서 착오 또는 식자상(植字上)의 오자로 추정되는 대본의 글자를 교정한 것이다. 각주에는 교정한 것을 실었다.
2. 고전 인용문의 경우, 저자가 채용한 판본 또는 설(說) 때문에 통행본과 다른 글자는 물론 그대로 두었다.
3. 『삼송당전집』 II, III에 편입, 출판되면서 교정된 것은 *표, 교정 안 된 것은 #표, 『신편』에 의거하여 교정한 것은 ※표를 〈 〉 안에 넣었다.
4. 부록 5의 "호연지기장" 원문은 『삼송당전집』을 대본으로 삼았다.

대본의 쪽수 : 행수

自序(1)1 : 6　辯 → 辨 〈*〉
自序(2)2 : 7　辯 → 辨 〈*〉
自序(3)1 : 2　十九 → 二十 ; 二十二 → 二十三 〈#〉
自序(3)1 : 10　明 → 原 〈#〉
9 : 3　行 → 於行 〈#〉
12 : 12　知是 → 是知 〈#〉
26 : 2　依門 → 倚門 〈#〉
27 : 3　趙正平 → 趙蘭坪 〈#〉
31 : 1　有臺 → 臣臺 〈#〉
32 : 7　却 → 郤〈#〉
　　爲皀 → 在皀〈#, ※〉
53 : 8　……在 → 在 〈#〉
55 : 11　爲 → 謂 〈#〉
57 : 3　出 → 生 〈#〉
　7　有天地 → 有天下
60 : 7　大小 → 小大 〈#〉
66 : 4　逑 → 迹 〈#〉
75 : 7　商 → 工商 〈#〉
79 : 3　史 → 史氏 〈#〉
90 : 10　貢 → 夏 〈#〉
92 : 8, 9　詞 → 辭 〈*〉
93 : 1, 3　詞 → 辭 〈*〉
103 : 13　行也 → 行 〈#〉
111 : 1　辯 → 辨 〈*〉
114 : 6　君 → 君也 〈#〉
117 : 1　必 → 言必 〈#, ※〉
120 : 4　모든 杇 → 朽〈#〉
121 : 11　然以 → 然則 〈#〉
　12　當卽 → 卽當 〈#〉
　13　民 → 而揚干戚, 民 〈#〉
124 : 9　哉 → 者哉 〈#〉
125 : 3　妻 → 妻子 〈#〉
129 : 13　모든 爲→ 爲之 〈#〉
130 : 13　甯 → 盜 〈*〉
133 : 1　弱 → 歽 〈#〉
134 : 13　者不 → 不 ; 毁 → 其毁〈#〉
135 : 2　總其家君 → 君總其家 〈#〉
　7　惟 → 唯 〈#〉
145 : 13　모든 服仁 → 服人 〈#〉
146 : 2　「發爲不 → 發爲「不 〈#〉
150 : 7　君 → 居 〈*〉
156 : 11　以與 → 與 〈#〉
160 : 8　草 → 土 〈#〉
168 : 3　子 → 予 〈#〉
178 : 12-13　吾足. ～用也. 』→ 吾足.』 ～用也. 〈*, ※〉
179 : 12　近 → 進 〈#〉

185:11 足矣. ～天下.』→ 足矣.』 ～天下.〈#, ※〉

187:8 滎 → 滎子

194:6 子 → 駢〈#〉

196:6 俱往而已.」→ 俱往」而已.〈#〉

199:11 黀 → 蔽〈*〉

201:5 梁, 梁 → 梁,〈#〉

207:5 民心正 → 民心易〈#〉

211:7 旨 → 指〈#〉

214:4 懦 → 濡〈#, ※〉

222:10 其 → 得也者其〈#, ※〉

11 無別 → 不別〈#, ※〉

237:6 颺 → 飂; 有 → 人〈#〉

240:9 庽 → 寓〈*〉

12 生 → 王〈*〉

246:5 「『河伯曰:然 → 「河伯曰:『然〈*〉

7 是以 → 是故; 自 → 能自〈#〉

249:3-4 「至大無外～觀之」→「至大無外」～觀之〈*〉

257:4-5 知此之非此也, 知此之不在此也, 則不謂也. (原作"知此之非也, 明不爲也."依兪樾校改) → 知此之非此也(原作"知此之非也", 依譚戒甫校改), 知此之不在此也, 則不謂也.〈※〉

278:1 詞 → 辭〈*〉

281:12 流 → 留; 生成 → 成生〈#〉

284:4 遊 → 遙〈#〉

286:5 義止 → 義設〈#〉

292:3 等 → 覩〈#〉

297:4 眛 → 昧〈*〉

305:2 葆 → 保〈#〉

307:6 巳 → 已〈*, ※〉

319:9 止於 → 必以〈#〉

324:3 決嫌疑. 焉 → 決嫌疑焉.〈※〉

329:8-9 偏(孫詒讓云:'與徧同')觀 → 偏觀〈※〉

333:1 堅得白 → 無(梁啓超曰, 讀爲撫)堅得白〈#, ※〉

8 離, 見 → , 見與〈#〉

9 八 → 九〈#〉

335:7 八 → 九〈#〉

341:8 盈有 → 盈無〈#, ※〉

348:4 以言 → 以誹〈#〉

5 誹也 → 非也〈#〉

351:13 詞 → 辭〈*〉

352:1 非 → 所非〈#〉

4 六 → 七〈#〉

7 「及萬物 → 及「萬物〈*〉

355:5 也 → 之〈#〉

367:1 然 → 然而〈#〉

369:5 辯, 辯 → 辨, 辨〈*〉

分, 辯 → 分, 分〈#〉

384:7 定 → 康〈#〉

9 敬以 → 敬在〈#〉

385:4 襄公三十 → 昭公六〈#〉

395:8 入國 → 九守〈#〉

399:8 於子 → 於子也〈#〉

401:8 勇 → 虜〈#〉

414:8, 9 歐 → 驅〈#〉

421:5 謂 → 爲〈#〉

422:11 是故先王 → 故先王焉〈#〉

13 復 → 弗〈#〉

424:8 參 → 安之以樂, 參〈#〉

425:8 時 → 日〈#〉

9 謂 → 爲; 謂齋 → 爲齋〈#〉

日, → 日, 入室,〈#〉

435:6 所爲 → 所謂〈#〉

436:6 服. 此之謂也. 』→ 服. 』此之謂也.〈#〉

442:7 四 → 五〈#〉

445 : 8 胸胸 → 啕啕 〈#〉
454 : 11 背 → 悖 〈#, ※〉
458 : 12 展 → 大叔 〈#〉
460 : 8 辯 → 辨 〈*〉
461 : 6 十五 → 五 〈#〉
462 : 12 모든 生 → 出 〈#, ※〉
463 : 5 爲 → 謂 〈#〉
11 怒 → 恕 〈*〉
474 : 6 「合者」→「合」者 〈*〉
477 : 3 死 → 始 〈#〉
479 : 5, 6 員 → 圓 〈#〉
10 感 → 動 〈#, ※〉
480 : 8 員 → 圓 〈#, ※〉
11 鳥 → 烏 〈#〉
12 又 → 猶 〈#〉
484 : 4 期明 → 明其 〈*〉
486 : 9 導 → 遵 〈#〉
부록 4 : 4 辯 → 辨 〈*〉
부록 18 : 1, 2 趙 → 韓 〈#〉
부록 20 : 7, 11 襄 → 宣 〈#〉
부록 22 : 2 復 → 弗 〈*〉
12 두번째 襄 → 僖 〈*〉
부록 26 : 11 地 → 地, 在人 〈#〉
부록 29 : 3, 6 方 → 士 〈#〉
부록 34 : 1 守城, 必 → 居國, 必 〈#〉
부록 36 : 10 瞶 → 聵 〈#〉
부록 39 : 8 慮 → 慮織 〈#〉
부록 42 : 10 金 → 金於此 〈#〉
부록 46 : 2 喪 → 葬 〈#〉
3 深, 氣 → 深, 下 〈#〉
부록 52 : 5 簡 → 儉 〈*〉
부록 63 : 6 謂 → 爲 〈*〉
부록 65 : 4 不屈 → 淫辭 〈#〉
부록 70 : 13 士 → 世 〈#〉
부록 74 : 12 者. 夫 → 者殺. 夫 〈#〉
부록 75 : 7 不 → 無不 〈#〉
부록 84 : 3 封 → 對 〈#〉
부록 91 : 12 已 → 己 〈#〉
부록 97 : 1 偏 → 徧 〈#〉
부록 109 : 10 二十 → 十二 〈#〉
부록 111 : 5 起 → 墨 ; 生 → 己 〈#〉
부록 112 : 12 維聖人 → 唯聖人矣 〈#〉
부록 113 : 2 碎 → 粹 〈*〉
부록 116 : 1 本 → 不 〈#〉
부록 118 : 5 爭 → 乎 〈*〉
부록 120 : 2 客 → 容 〈#〉
8 蓉 → 容 〈*〉
(從王念孫 → 故(從王引之
부록 120 : 9 瀆 → 瀆 〈*〉
부록 121 : 7 怨, 人鑑 → 怨人, 鑑 〈*〉
부록 121 : 8 善, 鑑人 → 善鑑, 人 〈*〉
부록 121 : 8 免於己 → 不與己 〈#〉
부록 122 : 3 ○ → 鏵 〈*〉
부록 125 : 8 絃 → 弦 ; 循 → 修 〈*, #〉
8 賢 → 賢, 右鬼非命 〈#〉
부록 126 : 2 適 → 通 〈*〉
부록 127 : 3 優 → 柔 〈#〉
8 刀錐 → 錐刀 〈#〉
부록 129 : 6 憂 → 慮 〈#〉
11 偏 → 徧 〈#〉
부록 135 : 11 之, 曰 : → 之. 〈#〉
부록 138 : 7 孚 → 字 〈*〉
부록 141 : 2 錄 → 類 〈#〉
부록 144 : 1 모든 與 → 於 〈*〉
부록 145 : 3 於宇 → 與宇 〈*〉
부록 146 : 12 係人 → 於人 〈#〉
부록 147 : 9 惑者 → 仁者 〈#〉
부록 148 : 8 社 → 社會

상권 인명 색인